Johannes Schuster
Enzianring 35
8028 Taufkirchen
Tel. 089-612 37 21

D1668186

SAMMLUNG TUSCULUM

Herausgeber: Karl Bayer, Max Faltner, Gerhard Jäger

HOMER

ODYSSEE

Griechisch und deutsch

Übertragung von Anton Weiher
Mit Urtext, Anhang und Registern
Einführung von A. Heubeck

ARTEMIS VERLAG MÜNCHEN

Titelvignette: Skyphos aus Chiusi um 450
Telemachos und Penelope am Webstuhl

7. unveränderte Auflage
© 1982 Artemis Verlag München und Zürich
Verlagsort München
Alle Rechte vorbehalten, einschließlich
derjenigen des auszugsweisen Abdrucks
und der fotomechanischen Wiedergabe.
Druck: Fotokop, Darmstadt
Printed in Germany
ISBN 3 7608 1542 1

Täglich habt Ihrs erlebt und mit liebender Sorge gefördert.
Nehmt es am Ende nun hin, daß bei trautem Gedenken es freue!
XAIPEIN

Für meine Frau und die Töchter

ΟΔΥΣΣΕΙΑΣ Α

θεῶν ἀγορά
Ἀθηνᾶς παραίνεσις πρὸς Τηλέμαχον

Ἄνδρα μοι ἔννεπε, Μοῦσα, πολύτροπον, ὃς μάλα πολλὰ
πλάγχθη, ἐπεὶ Τροίης ἱερὸν πτολίεθρον ἔπερσε·
πολλῶν δ' ἀνθρώπων ἴδεν ἄστεα καὶ νόον ἔγνω,
πολλὰ δ' ὅ γ' ἐν πόντῳ πάθεν ἄλγεα ὃν κατὰ θυμόν,
ἀρνύμενος ἥν τε ψυχὴν καὶ νόστον ἑταίρων.   5
ἀλλ' οὐδ' ὣς ἑτάρους ἐρρύσατο, ἱέμενός περ·
αὐτῶν γὰρ σφετέρῃσιν ἀτασθαλίῃσιν ὄλοντο,
νήπιοι, οἳ κατὰ βοῦς Ὑπερίονος Ἠελίοιο
ἤσθιον· αὐτὰρ ὁ τοῖσιν ἀφείλετο νόστιμον ἦμαρ.
τῶν ἁμόθεν γε, θεά, θύγατερ Διός, εἰπὲ καὶ ἡμῖν.   10
  ἔνθ' ἄλλοι μὲν πάντες, ὅσοι φύγον αἰπὺν ὄλεθρον,
οἴκοι ἔσαν, πόλεμόν τε πεφευγότες ἠδὲ θάλασσαν·
τὸν δ' οἶον, νόστου κεχρημένον ἠδὲ γυναικός,
νύμφη πότνι' ἔρυκε Καλυψώ, δῖα θεάων,
ἐν σπέσσι γλαφυροῖσι, λιλαιομένη πόσιν εἶναι.   15
ἀλλ' ὅτε δὴ ἔτος ἦλθε περιπλομένων ἐνιαυτῶν,
τῷ οἱ ἐπεκλώσαντο θεοὶ οἶκόνδε νέεσθαι
εἰς Ἰθάκην, οὐδ' ἔνθα πεφυγμένος ἦεν ἀέθλων
καὶ μετὰ οἷσι φίλοισι· θεοὶ δ' ἐλέαιρον ἅπαντες
νόσφι Ποσειδάωνος· ὁ δ' ἀσπερχὲς μενέαινεν   20
ἀντιθέῳ Ὀδυσῆι πάρος ἣν γαῖαν ἱκέσθαι.
  ἀλλ' ὁ μὲν Αἰθίοπας μετεκίαθε τηλόθ' ἐόντας,
Αἰθίοπας, τοὶ διχθὰ δεδαίαται, ἔσχατοι ἀνδρῶν,
οἱ μὲν δυσομένου Ὑπερίονος, οἱ δ' ἀνιόντος,
ἀντιόων ταύρων τε καὶ ἀρνειῶν ἑκατόμβης.   25
ἔνθ' ὅ γε τέρπετο δαιτὶ παρήμενος· οἱ δὲ δὴ ἄλλοι
Ζηνὸς ἐνὶ μεγάροισιν Ὀλυμπίου ἀθρόοι ἦσαν.
τοῖσι δὲ μύθων ἦρχε πατὴρ ἀνδρῶν τε θεῶν τε·
μνήσατο γὰρ κατὰ θυμὸν ἀμύμονος Αἰγίσθοιο,
τόν ῥ' Ἀγαμεμνονίδης τηλεκλυτὸς ἔκταν' Ὀρέστης· 30
τοῦ ὅ γ' ἐπιμνησθεὶς ἔπε' ἀθανάτοισι μετηύδα·

ERSTER GESANG

Rat der Götter
Athene ermahnt den Telemachos

Muse! Erzähl mir vom wendigen Mann, der die heilige Feste
Trojas zerstörte! Er sah dann auf mannigfaltiger Irrfahrt
Vieler Menschen Städte; er lernte ihr Sinnen und Trachten,
Duldete viel und tief im Gemüte die Leiden des Meeres,
Rang um die eigene Seele, um Heimkehr seiner Gefährten.
Aber dem allen zum Trotz: Sein Bemühen riß die Gefährten
Doch nicht heraus; denn die Toren verdarben am eigenen Frevel,
Aßen die Rinder des Helios Hýperíon und dieser
Machte zunichte den Tag ihrer Heimkehr. Greif in die Fülle,
Göttin, Tochter des Zeus, auch uns davon zu erzählen!
  Alle die andern, soviel sie der jähen Vernichtung entgangen,
Waren jetzt endlich zuhause, entronnen dem Krieg und dem Meere.
Ihn nur ließ eine Nymphe, die hehre Göttin Kalypso,
Weib und Heim nicht finden trotz all seinem Sehnen. Als Gatten
Wollte sie immer ihn haben in ihrer geräumigen Grotte.
Doch als das zwanzigste Jahr im Laufe der Jahre heraufzog,
Als ihm der Schicksalsfaden der Götter bestimmte, er solle
Heimkehr finden nach Ithaka, war er auch dort, bei den eignen
Lieben, noch nicht aus den Nöten; da faßte die Götter das Mitleid,
Alle, nur nicht Poseidon; dem göttergleichen Odysseus
Zürnte er endlos, ehe sein Land er schließlich erreichte.
  Nun aber war er fort bei den fernen Aithiopen —
Dies sind die Menschen am Rande, ihr Volk ist geteilt; bei den einen
Steigt Hyperíon empor, bei den anderen senkt er sich nieder —
Opfer von hundert Stieren und Schafen dort zu empfangen.
Schwelgend saß er mit ihnen beim Mahl, doch die anderen alle
Hielten Versammlung bei Zeus im Palast des Olympos. Vor diesen
Aber begann das Gespräch der Vater der Menschen und Götter,
Grad als Aigisthos', des trefflichen Manns, im Gemüt er gedachte.
Diesen erschlug ja Orestes, der Sohn Agamemnons; sein Ruhm klang
Weit in der Welt. Und bei diesem Erinnern verriet er den Göttern:

"ὦ πόποι, οἷον δή νυ θεοὺς βροτοὶ αἰτιόωνται.
ἐξ ἡμέων γάρ φασι κάκ' ἔμμεναι· οἱ δὲ καὶ αὐτοὶ
σφῇσιν ἀτασθαλίῃσιν ὑπὲρ μόρον ἄλγε' ἔχουσιν,
ὡς καὶ νῦν Αἴγισθος ὑπὲρ μόρον 'Ατρεΐδαο
γῆμ' ἄλοχον μνηστήν, τὸν δ' ἔκτανε νοστήσαντα,
εἰδὼς αἰπὺν ὄλεθρον, ἐπεὶ πρό οἱ εἴπομεν ἡμεῖς,
'Ερμείαν πέμψαντες, ἐΰσκοπον 'Αργεϊφόντην,
μήτ' αὐτὸν κτείνειν μήτε μνάασθαι ἄκοιτιν·
ἐκ γὰρ 'Ορέσταο τίσις ἔσσεται 'Ατρεΐδαο,
ὁππότ' ἂν ἡβήσῃ τε καὶ ἧς ἱμείρεται αἴης.
ὣς ἔφαθ' 'Ερμείας, ἀλλ' οὐ φρένας Αἰγίσθοιο
πεῖθ' ἀγαθὰ φρονέων· νῦν δ' ἀθρόα πάντ' ἀπέτεισε."
  τὸν δ' ἠμείβετ' ἔπειτα θεὰ γλαυκῶπις 'Αθήνη·
"ὦ πάτερ ἡμέτερε Κρονίδη, ὕπατε κρειόντων,
καὶ λίην κεῖνός γε ἐοικότι κεῖται ὀλέθρῳ,
ὡς ἀπόλοιτο καὶ ἄλλος ὅτις τοιαῦτά γε ῥέζοι.
ἀλλά μοι ἀμφ' 'Οδυσῆι δαΐφρονι δαίεται ἦτορ,
δυσμόρῳ, ὃς δὴ δηθὰ φίλων ἄπο πήματα πάσχει
νήσῳ ἐν ἀμφιρύτῃ, ὅθι τ' ὀμφαλός ἐστι θαλάσσης,
νῆσος δενδρήεσσα, θεὰ δ' ἐν δώματα ναίει,
"Ατλαντος θυγάτηρ ὀλοόφρονος, ὅς τε θαλάσσης
πάσης βένθεα οἶδεν, ἔχει δέ τε κίονας αὐτὸς
μακράς, αἳ γαῖάν τε καὶ οὐρανὸν ἀμφὶς ἔχουσι.
τοῦ θυγάτηρ δύστηνον ὀδυρόμενον κατερύκει,
αἰεὶ δὲ μαλακοῖσι καὶ αἱμυλίοισι λόγοισι
θέλγει, ὅπως 'Ιθάκης ἐπιλήσεται· αὐτὰρ 'Οδυσσεύς,
ἱέμενος καὶ καπνὸν ἀποθρῴσκοντα νοῆσαι
ἧς γαίης θανέειν ἱμείρεται. οὐδέ νυ σοί περ
ἐντρέπεται φίλον ἦτορ, 'Ολύμπιε; οὔ νύ τ' 'Οδυσσεὺς
'Αργείων παρὰ νηυσὶ χαρίζετο ἱερὰ ῥέζων
Τροίῃ ἐν εὐρείῃ; τί νύ οἱ τόσον ὠδύσαο, Ζεῦ;"
  τὴν δ' ἀπαμειβόμενος προσέφη νεφεληγερέτα Ζεύς·
"τέκνον ἐμόν, ποῖόν σε ἔπος φύγεν ἕρκος ὀδόντων;
πῶς ἂν ἔπειτ' 'Οδυσῆος ἐγὼ θείοιο λαθοίμην,
ὃς πέρι μὲν νόον ἐστὶ βροτῶν, πέρι δ' ἱρὰ θεοῖσιν
ἀθανάτοισιν ἔδωκε, τοὶ οὐρανὸν εὐρὺν ἔχουσιν;
ἀλλὰ Ποσειδάων γαιήοχος ἀσκελὲς αἰὲν
Κύκλωπος κεχόλωται, ὃν ὀφθαλμοῦ ἀλάωσεν,

„Was nicht gar! Wie die Menschen uns Götter nun wieder verklagen!
Wir seien Spender des Unheils, sagen sie, wo sie doch selber
Leiden empfangen durch eigene Torheit und mehr als vom Schicksal!
Wie ja doch jetzt auch Aigisthos, was gar nicht bestimmt war vom Schicksal,
Hochzeit hielt mit dem Weib des Atriden, den er erschlagen
Grad bei der Heimkehr. Wußte er doch seine jähe Vernichtung.
Wir ja geboten zuvor ihm durch Hermes, den trefflichen Späher,
Nimmer zum Mörder an ihm und zum Buhlen der Gattin zu werden.
Denn Orestes, der Enkel des Atreus, vollziehe die Rache
Einst, wenn er Jüngling geworden, nach eigener Erde sich sehne.
Hermes sprachs und er meinte es gut; doch den Sinn des Aigisthos
Stimmte er doch nicht zum Guten. Der büßte nun alles zusammen."
  Antwort gab ihm Athene, die Göttin mit Augen der Eule:
„Du unser Vater, Kronide, du Oberster sämtlicher Herrscher:
Freilich, dieser verfiel der Vernichtung, wie ers verdiente;
Mög auch ein andrer, der solches verübt, dem Verderben verfallen.
Aber Odysseus, der kluge Denker! Es zerrt mir am Herzen
Dieser Unglücksmann! Er leidet nun wirklich schon lange
Fern von den Lieben auf einsamer Insel, im Nabel des Meeres.
Bäume bedecken die Insel, es haust auf ihr eine Göttin,
Atlas' Tochter, des Übelgesinnten, der sämtliche Tiefen
Kennt auf dem ganzen Meer; es ist jener, der selber die langen
Säulen hält, die bewirken, daß Erde und Himmel getrennt sind.
Dessen Tochter nun läßt ihn nicht fort trotz Jammer und Unglück,
Vielmehr findet sie allzeit weiche und schmeichelnde Worte,
Übt ihren Zauber, daß Ithakas ganz er vergesse. Odysseus
Will aber fort, um den Rauch nur der Heimat steigen zu sehen;
Sehnsucht hat er zum Tode. Und du spürst gar keine Rührung,
Herr des Olympos, im lieben Herzen? Brachte Odysseus
Nicht im breiten Troja Opfer dir dar vor den Schiffen
Deiner Argeier? Zeus! Was ist denn der Grund dieses Grolles?"
  Antwort gab ihr da Zeus, der Wolkentürmer, und sagte:
„Du mein Kind, welch ein Wort entschlüpfte dem Zaun deiner Zähne?
Wie nur könnt ich des hehren Odysseus jemals vergessen?
Sterblichen ist er voraus an Verstand, den unsterblichen Göttern
Brachte er Opfer in Fülle, den Herren im breiten Himmel.
Aber dem Erdbeweger Poseidon kocht doch die Galle
Unentwegt, weil Odysseus das Aug dem Kyklopen geblendet,

ἀντίθεον Πολύφημον, ὅου κράτος ἐστὶ μέγιστον 70
πᾶσιν Κυκλώπεσσι· Θόωσα δέ μιν τέκε νύμφη,
Φόρκυνος θυγάτηρ, ἁλὸς ἀτρυγέτοιο μέδοντος,
ἐν σπέσσι γλαφυροῖσι Ποσειδάωνι μιγεῖσα.
ἐκ τοῦ δὴ Ὀδυσῆα Ποσειδάων ἐνοσίχθων
οὔ τι κατακτείνει, πλάζει δ' ἀπὸ πατρίδος αἴης. 75
ἀλλ' ἄγεθ' ἡμεῖς οἵδε περιφραζώμεθα πάντες
νόστον, ὅπως ἔλθῃσι· Ποσειδάων δὲ μεθήσει
ὃν χόλον· οὐ μὲν γάρ τι δυνήσεται ἀντία πάντων
ἀθανάτων ἀέκητι θεῶν ἐριδαινέμεν οἶος."
   τὸν δ' ἠμείβετ' ἔπειτα θεὰ γλαυκῶπις Ἀθήνη· 80
"ὦ πάτερ ἡμέτερε Κρονίδη, ὕπατε κρειόντων,
εἰ μὲν δὴ νῦν τοῦτο φίλον μακάρεσσι θεοῖσι,
νοστῆσαι Ὀδυσῆα πολύφρονα ὅνδε δόμονδε,
Ἑρμείαν μὲν ἔπειτα, διάκτορον Ἀργεϊφόντην,
νῆσον ἐς Ὠγυγίην ὀτρύνομεν, ὄφρα τάχιστα 85
νύμφῃ ἐϋπλοκάμῳ εἴπῃ νημερτέα βουλήν,
νόστον Ὀδυσσῆος ταλασίφρονος, ὥς κε νέηται.
αὐτὰρ ἐγὼν Ἰθάκηνδε ἐλεύσομαι, ὄφρα οἱ υἱὸν
μᾶλλον ἐποτρύνω καί οἱ μένος ἐν φρεσὶ θείω,
εἰς ἀγορὴν καλέσαντα κάρη κομόωντας Ἀχαιοὺς 90
πᾶσι μνηστήρεσσιν ἀπειπέμεν, οἵ τέ οἱ αἰεὶ
μῆλ' ἁδινὰ σφάζουσι καὶ εἰλίποδας ἕλικας βοῦς.
πέμψω δ' ἐς Σπάρτην τε καὶ ἐς Πύλον ἠμαθόεντα
νόστον πευσόμενον πατρὸς φίλου, ἤν που ἀκούσῃ,
ἠδ' ἵνα μιν κλέος ἐσθλὸν ἐν ἀνθρώποισιν ἔχῃσιν." 95
   ὣς εἰποῦσ' ὑπὸ ποσσὶν ἐδήσατο καλὰ πέδιλα,
ἀμβρόσια χρύσεια, τά μιν φέρον ἠμὲν ἐφ' ὑγρὴν
ἠδ' ἐπ' ἀπείρονα γαῖαν ἅμα πνοιῇς' ἀνέμοιο.
εἵλετο δ' ἄλκιμον ἔγχος, ἀκαχμένον ὀξέϊ χαλκῷ,
βριθὺ μέγα στιβαρόν, τῷ δάμνησι στίχας ἀνδρῶν 100
ἡρώων, τοῖσίν τε κοτέσσεται ὀβριμοπάτρη.
βῆ δὲ κατ' Οὐλύμποιο καρήνων ἀΐξασα,
στῆ δ' Ἰθάκης ἐνὶ δήμῳ ἐπὶ προθύροις Ὀδυσῆος,
οὐδοῦ ἐπ' αὐλείου· παλάμῃ δ' ἔχε χάλκεον ἔγχος,
εἰδομένη ξείνῳ, Ταφίων ἡγήτορι, Μέντῃ. 105
εὗρε δ' ἄρα μνηστῆρας ἀγήνορας· οἱ μὲν ἔπειτα
πεσσοῖσι προπάροιθε θυράων θυμὸν ἔτερπον,

Erster Gesang

Pólyphémos, dem göttlichen, stärksten von allen Kyklopen.
Diesen gebar eine Nymphe Thoósa, die Tochter des Phorkys,
Jenes Pflegers der rastlosen See. In geräumiger Grotte
Hatte sie einst sich in Liebe Poseidon ergeben. Seitdem nun
Tötet zwar nicht den Odysseus der Erderschüttrer Poseidon,
Wohl aber treibt er ihn um und weg vom Land seiner Heimat.
Aber nun kommt! Wir wollen hier alle gründlich beraten,
Wie er doch endlich nach Hause gelange. Poseidon indessen
Wird seinen Groll wohl erleichtern; denn soviel kann er ja doch nicht,
Daß er allein gegen alle unsterblichen Götter sich streite."

Antwort gab ihm Athene, die Göttin mit Augen der Eule:
„Du unser Vater, Kronide, du oberster sämtlicher Herrscher,
Möchten die seligen Götter die Worte zu Herzen sich nehmen:
Heim und nachhause kehre zurück der gescheite Odysseus!
Darum schicken wir gleich den Geleiter, den Schimmernden, Hermes!
Eiligst muß auf der Insel Ogygia jetzt er berichten
Unseren klaren Beschluß an die Nymphe mit herrlichen Flechten:
Heimkehr heißt er! der kluge Dulder Odysseus erreiche
Endlich die Heimat! Ich aber gehe nach Ithaka, will ihm
Tüchtig rütteln den Sohn und den Sinn mit Kraft ihm beleben.
Rufen muß er zum Rat die Achaier mit wallendem Haupthaar,
Allen Freiern sein Haus verbieten, den ewigen Schlächtern
Ängstlicher Schafe und glänzender Rinder mit schleppenden Füßen.
Sparta, das sandige Pylos soll er besuchen und forschen,
Ob er wohl irgendwo hört von des lieben Vaters Heimkehr;
Aber auch edlen Ruhm bei den Menschen soll er erwerben."

Sprachs und band an die Füße sich goldne Sandalen; sie waren
Göttlich schön und trugen sie fort über Wasser und Länder,
Unermeßlich weit und schnell mit dem Wehen des Windes;
Griff dann den wehrhaften Speer mit geschärfter, eherner Spitze,
Wuchtig, gedrungen und groß; mit diesem vernichtet sie Reihen
Heldischer Männer im Zorn, die Tochter des mächtigen Vaters.
Stürmisch brach sie dann auf, herab von den Höhn des Olympos.
Endlich stand sie in Ithakas Volk vor dem Hof des Odysseus,
Trat auf die Schwelle des Hoftors, trug ihre eherne Lanze
Fest in der Faust und glich einem Führer der Taphier, Mentes.
Der war Gastfreund. Hier nun fand sie trotzige Männer,
Freier waren es, die ihr Gemüt mit Würfeln ergötzten

ἥμενοι ἐν ῥινοῖσι βοῶν, οὓς ἔκτανον αὐτοί.
κήρυκες δ' αὐτοῖσι καὶ ὀτρηροὶ θεράποντες
οἱ μὲν ἄρ' οἶνον ἔμισγον ἐνὶ κρητῆρσι καὶ ὕδωρ, 110
οἱ δ' αὖτε σπόγγοισι πολυτρήτοισι τραπέζας
νίζον καὶ πρότιθεν, τοὶ δὲ κρέα πολλὰ δατεῦντο.
    τὴν δὲ πολὺ πρῶτος ἴδε Τηλέμαχος θεοειδής·
ἧστο γὰρ ἐν μνηστῆρσι φίλον τετιημένος ἦτορ,
ὀσσόμενος πατέρ' ἐσθλὸν ἐνὶ φρεσίν, εἴ ποθεν ἐλθὼν 115
μνηστήρων τῶν μὲν σκέδασιν κατὰ δώματα θείη,
τιμὴν δ' αὐτὸς ἔχοι καὶ κτήμασιν οἷσιν ἀνάσσοι.
τὰ φρονέων μνηστῆρσι μεθήμενος εἴσιδ' Ἀθήνην,
βῆ δ' ἰθὺς προθύροιο, νεμεσσήθη δ' ἐνὶ θυμῷ
ξεῖνον δηθὰ θύρησιν ἐφεστάμεν· ἐγγύθι δὲ στὰς 120
χεῖρ' ἕλε δεξιτερὴν καὶ ἐδέξατο χάλκεον ἔγχος,
καί μιν φωνήσας ἔπεα πτερόεντα προσηύδα·
    "χαῖρε, ξεῖνε, παρ' ἄμμι φιλήσεαι· αὐτὰρ ἔπειτα
δείπνου πασσάμενος μυθήσεαι ὅττεό σε χρή."
    ὣς εἰπὼν ἡγεῖθ', ἡ δ' ἕσπετο Παλλὰς Ἀθήνη. 125
οἱ δ' ὅτε δή ῥ' ἔντοσθεν ἔσαν δόμου ὑψηλοῖο,
ἔγχος μέν ῥ' ἔστησε φέρων πρὸς κίονα μακρὴν
δουροδόκης ἔντοσθεν ἐϋξόου, ἔνθα περ ἄλλα
ἔγχε' Ὀδυσσῆος ταλασίφρονος ἵστατο πολλά,
αὐτὴν δ' ἐς θρόνον εἷσεν ἄγων, ὑπὸ λῖτα πετάσσας, 130
καλὸν δαιδάλεον· ὑπὸ δὲ θρῆνυς ποσὶν ἦεν.
πὰρ δ' αὐτὸς κλισμὸν θέτο ποικίλον, ἔκτοθεν ἄλλων
μνηστήρων, μὴ ξεῖνος ἀνιηθεὶς ὀρυμαγδῷ
δείπνῳ ἁδήσειεν, ὑπερφιάλοισι μετελθών,
ἠδ' ἵνα μιν περὶ πατρὸς ἀποιχομένοιο ἔροιτο. 135
χέρνιβα δ' ἀμφίπολος προχόῳ ἐπέχευε φέρουσα
καλῇ χρυσείῃ, ὑπὲρ ἀργυρέοιο λέβητος,
νίψασθαι· παρὰ δὲ ξεστὴν ἐτάνυσσε τράπεζαν.
σῖτον δ' αἰδοίη ταμίη παρέθηκε φέρουσα,
εἴδατα πόλλ' ἐπιθεῖσα, χαριζομένη παρεόντων· 140
δαιτρὸς δὲ κρειῶν πίνακας παρέθηκεν ἀείρας
παντοίων, παρὰ δέ σφι τίθει χρύσεια κύπελλα,
κῆρυξ δ' αὐτοῖσιν θάμ' ἐπῴχετο οἰνοχοεύων.
    ἐς δ' ἦλθον μνηστῆρες ἀγήνορες· οἱ μὲν ἔπειτα
ἑξείης ἕζοντο κατὰ κλισμούς τε θρόνους τε. 145

Neben der Türe. Auf Fellen von Rindern, die selbst sie geschlachtet,
Saßen sie da umgeben von Rufern und hurtigen Dienern.
Weine mußten die einen mit Wasser mischen im Mischkrug,
Andere wuschen mit reich durchlöcherten Schwämmen die Tische,
Stellten sie hin, daß noch andre die Menge des Fleisches verteilten.

Aber der göttergleiche Telemachos sah nun die Göttin
Weitaus zuerst. Er saß ja im Kreise der Freier, das liebe
Herz voller Gram; denn er stellte im Sinn sich den Vater vor Augen,
Ob wohl der Edle noch komme, die Freier versprenge im Hause,
Selbst seine Würde genieße als Herrscher im eignen Besitztum.
Solches erwog er im Kreise der Freier. Da sah er Athene.
Gradwegs ging er der Vortür zu, im Gemüte verärgert;
Stand doch der Fremde schon lang an der Türe. Nun trat er ihm nahe,
Nahm seine Rechte und ließ sich den ehernen Speer überreichen,
Sprach ihn dann an und sagte zu ihm geflügelte Worte:
„Heil dir, fremder Gast! Bei uns hier findest du Freundschaft!
Sättige erst dich am Mahl, dann erzähle uns, was dein Begehr sei."

Also sprach er und führte; es folgte ihm Pallas Athene.
Als sie dann wirklich das Innre des hohen Palastes betraten,
Stellte er erst an der langen Säule den Speer auf den Boden,
Barg ihn im glänzend gefegten Behälter für Speere; es stand dort
Noch viel andres Geschoß des verständigen Dulders Odysseus.
Aber ihr selber bot er den Armstuhl, breitete schöne,
Kunstvolle Linnen darüber; ein Schemel war dran für die Füße.
Aber daneben schob er für sich einen bunten Lehnstuhl
Abseits der Freier; es sollte ihr Lärmen den Fremden nicht kränken,
Nicht die Begegnung mit haltlosen Männern die Eßlust ihm schmälern,
Wollte er doch eine Frage auch tun nach dem Vater, der fort war.
Wasser zum Waschen brachte sodann ein Mädchen; aus schönem,
Goldenem Schöpfer goß sie es aus in ein silbernes Becken
Über die Hände und schob vor ihn hin den gefegten Eßtisch.
Brot aber brachte die ehrfurchtgebietende Schaffnerin, legte
Speisen in Menge dazu, gab gerne von allem, was da war.
Schließlich nahm der Verteiler Stücke verschiedenen Fleisches,
Stellte die Platten daneben und neben sie goldene Becher;
Häufig trat dann der Rufer zu ihnen, mit Wein sie zu füllen.

Jetzt betraten die trotzigen Freier die inneren Räume,
Ließen in Ordnung sich nieder auf hohen Stühlen und Sitzen.

τοῖσι δὲ κήρυκες μὲν ὕδωρ ἐπὶ χεῖρας ἔχευαν,
σῖτον δὲ δμωαὶ παρενήεον ἐν κανέοισι,
κοῦροι δὲ κρητῆρας ἐπεστέψαντο ποτοῖο.
οἱ δ' ἐπ' ὀνείαθ' ἑτοῖμα προκείμενα χεῖρας ἴαλλον.
αὐτὰρ ἐπεὶ πόσιος καὶ ἐδητύος ἐξ ἔρον ἕντο   150
μνηστῆρες, τοῖσιν μὲν ἐνὶ φρεσὶν ἄλλα μεμήλει,
μολπή τ' ὀρχηστύς τε· τὰ γάρ τ' ἀναθήματα δαιτός.
κῆρυξ δ' ἐν χερσὶν κίθαριν περικαλλέα θῆκε
Φημίῳ, ὅς ῥ' ἤειδε παρὰ μνηστῆρσιν ἀνάγκῃ.
ἦ τοι ὁ φορμίζων ἀνεβάλλετο καλὸν ἀείδειν,   155
αὐτὰρ Τηλέμαχος προσέφη γλαυκῶπιν Ἀθήνην,
ἄγχι σχὼν κεφαλήν, ἵνα μὴ πευθοίαθ' οἱ ἄλλοι·
  "ξεῖνε φίλ', ἦ καί μοι νεμεσήσεαι ὅττι κεν εἴπω;
τούτοισιν μὲν ταῦτα μέλει, κίθαρις καὶ ἀοιδή,
ῥεῖ', ἐπεὶ ἀλλότριον βίοτον νήποινον ἔδουσιν,   160
ἀνέρος, οὗ δή που λεύκ' ὀστέα πύθεται ὄμβρῳ
κείμεν' ἐπ' ἠπείρου, ἢ εἰν ἁλὶ κῦμα κυλίνδει.
εἰ κεῖνόν γ' Ἰθάκηνδε ἰδοίατο νοστήσαντα,
πάντες κ' ἀρησαίατ' ἐλαφρότεροι πόδας εἶναι
ἢ ἀφνειότεροι χρυσοῖό τε ἐσθῆτός τε.   165
νῦν δ' ὁ μὲν ὣς ἀπόλωλε κακὸν μόρον, οὐδέ τις ἧμιν
θαλπωρή, εἴ πέρ τις ἐπιχθονίων ἀνθρώπων
φῇσιν ἐλεύσεσθαι· τοῦ δ' ὤλετο νόστιμον ἦμαρ.
ἀλλ' ἄγε μοι τόδε εἰπὲ καὶ ἀτρεκέως κατάλεξον·
τίς πόθεν εἰς ἀνδρῶν; πόθι τοι πόλις ἠδὲ τοκῆες;   170
ὁπποίης τ' ἐπὶ νηὸς ἀφίκεο; πῶς δέ σε ναῦται
ἤγαγον εἰς Ἰθάκην; τίνες ἔμμεναι εὐχετόωντο;
οὐ μὲν γάρ τί σε πεζὸν ὀίομαι ἐνθάδ' ἱκέσθαι.
καί μοι τοῦτ' ἀγόρευσον ἐτήτυμον, ὄφρ' ἐῢ εἰδῶ,
ἠὲ νέον μεθέπεις, ἦ καὶ πατρώιός ἐσσι   175
ξεῖνος, ἐπεὶ πολλοὶ ἴσαν ἀνέρες ἡμέτερον δῶ
ἄλλοι, ἐπεὶ καὶ κεῖνος ἐπίστροφος ἦν ἀνθρώπων."
  τὸν δ' αὖτε προσέειπε θεὰ γλαυκῶπις Ἀθήνη·
"τοιγὰρ ἐγώ τοι ταῦτα μάλ' ἀτρεκέως ἀγορεύσω.
Μέντης Ἀγχιάλοιο δαΐφρονος εὔχομαι εἶναι   180
υἱός, ἀτὰρ Ταφίοισι φιληρέτμοισιν ἀνάσσω.
νῦν δ' ὧδε ξὺν νηὶ κατήλυθον ἠδ' ἑτάροισι,
πλέων ἐπὶ οἴνοπα πόντον ἐπ' ἀλλοθρόους ἀνθρώπους,

Ihnen nun gossen die Rufer Wasser über die Hände,
Brot aber schichteten hoch in den Körben die dienenden Mädchen,
Randvoll füllten die Krüge zum Mischen die jüngeren Diener.
Sie aber streckten die Hände, das Essen lag fertig vor ihnen.
Aber sobald das Verlangen nach Trank und nach Speise verflogen,
Hatten die Freier schon andres im Sinn: denn für Tänze und Lieder
Waren sie gerne zu haben; sie steigern ein Mahl ja zur Feier.
Phemios war der Sänger; dem reichte der Rufer die Leier;
Herrlich war sie; doch sang er den Freiern nur, weil er mußte.
Wirklich hob er auch an recht schön zur Leier zu singen.
Aber Telemachos sprach zu Athene mit Augen der Eule
Nahe Kopf an Kopf, daß keiner der andern es höre:

„Lieber Gastfreund! Wirst du mir zürnen für das, was ich sage?
Die da sind Leute, die halten es gerne mit Leier und Liedern;
Leichthin verzehrt sich ja fremdes Vermögen, da nichts es sie kostet.
Dieses gehört einem Mann, dessen weiße Gebeine im Regen
Irgendwo liegen und faulen, im Meer, wo die Wogen sie rollen,
Oder im Festland. Sähen sie heim ihn nach Ithaka kehren,
O dann, meine ich, beteten alle um schnellere Füße,
Mehr als um größere Fülle an Gold und Gewändern. Indessen:
Jetzt verfiel er dem bösen Geschick, so wie ich es sagte.
Uns aber ist es kein Trost, wenn irgendein Mensch auf der Erde
Kündet, er komme; denn ihm ist verronnen die Stunde der Heimkehr.
Aber nun sage mir dies und erzähle mir ohne Verdrehung:
Wer und woher von den Menschen? Und wo ist die Stadt deiner Eltern?
Wie war das Schiff, mit dem du hier ankamst? Was war die Absicht
Derer, die dich nach Ithaka fuhren? Wie war der Name,
Des sie sich rühmten? Ich meine zu Fuß bist du schwerlich gekommen.
Und auch dies noch erzähle mir ehrlich, daß recht ich es wisse:
Kommst du als Neuling hieher oder bist du vielleicht gar ein Gastfreund
Schon seit der Zeit meines Vaters? Es kommen ja andere, viele
Hier in das Haus; denn auch er ging hin und her bei den Menschen."

Darauf sagte Athene, die Göttin mit Augen der Eule:
„Also mache ich alles dir kund ohne jede Verdrehung:
Mentes, den Sohn des klugen Anchialos, nenn ich mich rühmend.
Herrscher bin ich der Taphier, jener Freunde der Ruder.
Jetzt bin zu Schiff ich soeben gekommen; ich fuhr mit Gefährten
Fort auf dem weinroten Meer zu Menschen mit anderen Sprachen.

ἐς Τεμέσην μετὰ χαλκόν, ἄγω δ' αἴθωνα σίδηρον.
νηῦς δέ μοι ἥδ' ἕστηκεν ἐπ' ἀγροῦ νόσφι πόληος, 185
ἐν λιμένι 'Ρείθρῳ, ὑπὸ Νηΐῳ ὑλήεντι.
ξεῖνοι δ' ἀλλήλων πατρώϊοι εὐχόμεθ' εἶναι
ἐξ ἀρχῆς, εἴ πέρ τε γέροντ' εἴρηαι ἐπελθὼν
Λαέρτην ἥρωα, τὸν οὐκέτι φασὶ πόλινδε
ἔρχεσθ', ἀλλ' ἀπάνευθεν ἐπ' ἀγροῦ πήματα πάσχειν 190
γρηὶ σὺν ἀμφιπόλῳ, ἥ οἱ βρῶσίν τε πόσιν τε
παρτιθεῖ, εὖτ' ἄν μιν κάματος κατὰ γυῖα λάβῃσιν
ἑρπύζοντ' ἀνὰ γουνὸν ἀλωῆς οἰνοπέδοιο.
νῦν δ' ἦλθον· δὴ γάρ μιν ἔφαντ' ἐπιδήμιον εἶναι,
σὸν πατέρ'· ἀλλά νυ τόν γε θεοὶ βλάπτουσι κελεύθου. 195
οὐ γάρ πω τέθνηκεν ἐπὶ χθονὶ δῖος Ὀδυσσεύς,
ἀλλ' ἔτι που ζωὸς κατερύκεται εὐρέϊ πόντῳ,
νήσῳ ἐν ἀμφιρύτῃ, χαλεποὶ δέ μιν ἄνδρες ἔχουσιν,
ἄγριοι, οἵ που κεῖνον ἐρυκανόωσ' ἀέκοντα.
αὐτὰρ νῦν τοι ἐγὼ μαντεύσομαι, ὡς ἐνὶ θυμῷ 200
ἀθάνατοι βάλλουσι καὶ ὡς τελέεσθαι ὀΐω,
οὔτε τι μάντις ἐὼν οὔτ' οἰωνῶν σάφα εἰδώς.
οὔ τοι ἔτι δηρόν γε φίλης ἀπὸ πατρίδος αἴης
ἔσσεται, οὐδ' εἴ πέρ τε σιδήρεα δέσματ' ἔχῃσι·
φράσσεται ὥς κε νέηται, ἐπεὶ πολυμήχανός ἐστιν. 205
ἀλλ' ἄγε μοι τόδε εἰπὲ καὶ ἀτρεκέως κατάλεξον,
εἰ δὴ ἐξ αὐτοῖο τόσος πάϊς εἰς Ὀδυσῆος.
αἰνῶς μὲν κεφαλήν τε καὶ ὄμματα καλὰ ἔοικας
κείνῳ, ἐπεὶ θαμὰ τοῖον ἐμισγόμεθ' ἀλλήλοισι,
πρίν γε τὸν ἐς Τροίην ἀναβήμεναι, ἔνθα περ ἄλλοι 210
Ἀργείων οἱ ἄριστοι ἔβαν κοίλῃς ἐνὶ νηυσίν·
ἐκ τοῦ δ' οὔτ' Ὀδυσῆα ἐγὼν ἴδον οὔτ' ἐμὲ κεῖνος."
  τὴν δ' αὖ Τηλέμαχος πεπνυμένος ἀντίον ηὔδα·
"τοιγὰρ ἐγώ τοι, ξεῖνε, μάλ' ἀτρεκέως ἀγορεύσω.
μήτηρ μέν τέ μέ φησι τοῦ ἔμμεναι, αὐτὰρ ἐγώ γε 215
οὐκ οἶδ'· οὐ γάρ πώ τις ἑὸν γόνον αὐτὸς ἀνέγνω.
ὡς δὴ ἐγώ γ' ὄφελον μάκαρός νύ τευ ἔμμεναι υἱὸς
ἀνέρος, ὃν κτεάτεσσιν ἑοῖς ἔπι γῆρας ἔτετμε.
νῦν δ' ὃς ἀποτμότατος γένετο θνητῶν ἀνθρώπων,
τοῦ μ' ἔκ φασι γενέσθαι, ἐπεὶ σύ με τοῦτ' ἐρεείνεις." 220

Temesa bietet mir Erz, da ich funkelndes Eisen ihm bringe.
Aber mein Fahrzeug ankert gar weit von der Stadt bei den Feldern.
Rheithron heißt der Hafen an Neïons waldiger Höhe.
Aber wir rühmen uns gegenseitiger gastlicher Freundschaft:
Lang ist es her; da geh nur zum alten Laertes und frage!
Freilich, es heißt wohl, er komme nicht mehr in die Stadt, sondern abseits,
Fern auf den ländlichen Feldern müsse er dulden und leiden.
Nur eine dienende Alte, die Speisen und Trank ihm bereitet,
Lebe mit ihm für den Fall, daß vor Müde die Kniee ihm knicken;
Schleichen könne er nur noch an Rainen des Rebengeländes.
Jetzt aber kam ich hieher; denn man sagte, dein Vater sei endlich
Wieder im Land. Doch die Götter störten ihm wohl seine Wege;
Denn noch nicht ist tot auf der Welt der hehre Odysseus.
Irgendwo lebt er noch; aber es bannt ihn im breiten Meere
Ringsumströmt eine Insel voll schwieriger, wilder Männer;
Diese verwehren ihm dauernd die Fahrt, so gern er sie möchte.
Aber jetzt kann ich dir Künftiges melden: die Götter
Senken mirs tief ins Gemüt, und ich meine, so wird es auch enden.
Bin ich auch selber kein Seher und weiß nur wenig von Flügen:
Nicht mehr lang ist er fort vom lieben Land seiner Heimat,
Mögen ihn Fesseln aus Eisen auch hemmen; er wird es verstehen
Wege nach Hause zu finden; er ist ja ein findiger Meister.
Aber nun sage mir dies und erzähl es mir ohne Verdrehung:
Bist du denn wirklich der leibliche Sohn des Odysseus? So groß schon
Bist du geworden? Du gleichst ihm ja grad zum Erschrecken. Die schönen
Augen, der Kopf — wir waren gar häufig und innig beisammen,
Ehe nach Troja er fuhr, wohin ja auch andre Achaier,
Grade die edelsten, fuhren auf hohlen Schiffen. Doch seitdem
Haben Odysseus und ich uns nie mehr wieder gesehen."

Ihr aber hielt der gewandte Telemachos wieder entgegen:
„Gast! Nun mache ich alles dir kund ohne jede Verdrehung:
Mutter sagt mir, ich sei sein Sohn; und freilich, ich selber
Weiß es ja nicht; noch keiner erkannte den eignen Erzeuger.
Wäre ich doch nur der Sohn eines glücklichen Mannes geworden!
Eines, der reich an Besitz zu hohem Alter gelangte.
Jetzt aber bin ich der Sohn des schwerst geschlagenen aller
Sterblichen Menschen. So sagt man; denn darauf zielte dein Fragen."

τὸν δ' αὖτε προσέειπε θεὰ γλαυκῶπις Ἀθήνη·
"οὐ μέν τοι γενεήν γε θεοὶ νώνυμνον ὀπίσσω
θῆκαν, ἐπεὶ σέ γε τοῖον ἐγείνατο Πηνελόπεια.
ἀλλ' ἄγε μοι τόδε εἰπὲ καὶ ἀτρεκέως κατάλεξον·
τίς δαίς, τίς δὲ ὅμιλος ὅδ' ἔπλετο; τίπτε δέ σε χρεώ; 225
εἰλαπίνη ἦε γάμος; ἐπεὶ οὐκ ἔρανος τάδε γ' ἐστίν,
ὥς τέ μοι ὑβρίζοντες ὑπερφιάλως δοκέουσι
δαίνυσθαι κατὰ δῶμα. νεμεσσήσαιτό κεν ἀνὴρ
αἴσχεα πόλλ' ὁρόων, ὅς τις πινυτός γε μετέλθοι."
   τὴν δ' αὖ Τηλέμαχος πεπνυμένος ἀντίον ηὔδα· 230
"ξεῖν', ἐπεὶ ἂρ δὴ ταῦτά μ' ἀνείρεαι ἠδὲ μεταλλᾷς,
μέλλεν μέν ποτε οἶκος ὅδ' ἀφνειὸς καὶ ἀμύμων
ἔμμεναι, ὄφρ' ἔτι κεῖνος ἀνὴρ ἐπιδήμιος ἦεν·
νῦν δ' ἑτέρως ἐβόλοντο θεοὶ κακὰ μητιόωντες,
οἳ κεῖνον μὲν ἄϊστον ἐποίησαν περὶ πάντων 235
ἀνθρώπων, ἐπεὶ οὔ κε θανόντι περ ὧδ' ἀκαχοίμην,
εἰ μετὰ οἷς ἑτάροισι δάμη Τρώων ἐνὶ δήμῳ,
ἠὲ φίλων ἐν χερσίν, ἐπεὶ πόλεμον τολύπευσε.
τῷ κέν οἱ τύμβον μὲν ἐποίησαν Παναχαιοί,
ἠδέ κε καὶ ᾧ παιδὶ μέγα κλέος ἤρατ' ὀπίσσω. 240
νῦν δέ μιν ἀκλειῶς Ἅρπυιαι ἀνηρέψαντο·
οἴχετ' ἄϊστος ἄπυστος, ἐμοὶ δ' ὀδύνας τε γόους τε
κάλλιπεν· οὐδέ τι κεῖνον ὀδυρόμενος στεναχίζω
οἶον, ἐπεί νύ μοι ἄλλα θεοὶ κακὰ κήδε' ἔτευξαν.
ὅσσοι γὰρ νήσοισιν ἐπικρατέουσιν ἄριστοι, 245
Δουλιχίῳ τε Σάμῃ τε καὶ ὑλήεντι Ζακύνθῳ,
ἠδ' ὅσσοι κραναὴν Ἰθάκην κάτα κοιρανέουσι,
τόσσοι μητέρ' ἐμὴν μνῶνται, τρύχουσι δὲ οἶκον.
ἡ δ' οὔτ' ἀρνεῖται στυγερὸν γάμον οὔτε τελευτὴν
ποιῆσαι δύναται· τοὶ δὲ φθινύθουσιν ἔδοντες 250
οἶκον ἐμόν· τάχα δή με διαρραίσουσι καὶ αὐτόν."
   τὸν δ' ἐπαλαστήσασα προσηύδα Παλλὰς Ἀθήνη·
"ὢ πόποι, ἦ δὴ πολλὸν ἀποιχομένου Ὀδυσῆος
δεύῃ, ὅ κε μνηστήρσιν ἀναιδέσι χεῖρας ἐφείη.
εἰ γὰρ νῦν ἐλθὼν δόμου ἐν πρώτῃσι θύρῃσι 255
σταίη, ἔχων πήληκα καὶ ἀσπίδα καὶ δύο δοῦρε,
τοῖος ἐὼν οἷόν μιν ἐγὼ τὰ πρῶτ' ἐνόησα
οἴκῳ ἐν ἡμετέρῳ πίνοντά τε τερπόμενόν τε,

Erster Gesang

Darauf sagte Athene, die Göttin mit Augen der Eule:
„Nein! die Götter fügten es nicht, daß ganz ohne Namen
Euere Sippe verschwinde; denn Penelopeia hat dich ja,
Recht wie du bist, geboren. Doch sage mir ohne Verdrehung:
Welches Geschmause! Welche Gesellschaft treibt hier ihr Wesen?
Festmahl? Hochzeit? Bist du da selber verpflichtet? so gar nicht
Sieht es da aus wie beim Mahl unter Freunden! Haltlose Frevler
Scheinen im Hause zu tafeln! Da fiele wohl einen die Wut an,
Käm ein verständiger Mann und sähe dies schändliche Treiben."

Ihr aber hielt der gewandte Telemachos wieder entgegen:
„Gastfreund! Da du mich endlich fragst und forschest, so wisse:
Ja, es war wohl einst zu erwarten, es werde dies Haus da
Reich sich entfalten und ganz ohne Tadel, solange noch jener
Hier im Lande sich aufhielt. Jetzt aber haben die Götter
Schlimmes geplant und anderes vor. Sie ließen ja jenen
Spurlos verschwinden wie keinen der anderen Menschen. Ich wäre
Gar nicht so traurig, wär er gestorben, bei seinen Gefährten
Untergegangen vor Troja oder in Händen von Freunden,
Wenn er den Krieg überstand. Ein Mal hätten alle Achaier
Dann ihm erstellt; seinem Sohn auch vermachte er große Berühmtheit.
Ruhmlos haben ihn jetzt die Harpyen entrafft. Denn es sah ihn
Niemand, keiner hat Kunde und mir hinterließ er als Erbe
Klage und Leid. Doch um jenen klagend zu seufzen, ist gar nicht
Alles: die Götter belasten mich weiter mit anderen Sorgen.
Alle die Besten, die Herrschaft üben hier auf den Inseln
Same, Dulichion und auf Zakynthos, das Wälder bedecken,
Weiter auch hier auf dem steinigen Ithaka alle die Herren:
Meine Mutter wollen sie freien und plündern das Hausgut.
Sie aber sagt nicht Nein zu der grausigen Ehe und kann sich
Doch nicht zum Letzten entschließen; derweil aber essen mir die dort
Arm unser Haus und mich selber zerreißen sie auch noch in kurzem."

Voller Entrüstung entgegnete jetzt ihm Pallas Athene:
„Was nicht gar! Da fehlt dir ja wirklich der ferne Odysseus,
Daß er den schamlosen Freiern die Fäuste zeige. O käm er
Jetzt doch und träte mit Helm und Schild und den beiden Speeren
Grade herein durch die vorderste Türe des Hauses. So war er,
Als ich zuerst ihn erblickte in unserem Hause. Er ließ sichs
Wohl sein und trank. Aus Éphyra kam er zurück, wo bei Ilos,

ἐξ Ἐφύρης ἀνιόντα παρ' Ἴλου Μερμερίδαο· —
ᾤχετο γὰρ καὶ κεῖσε θοῆς ἐπὶ νηὸς Ὀδυσσεὺς 260
φάρμακον ἀνδροφόνον διζήμενος, ὄφρα οἱ εἴη
ἰοὺς χρίεσθαι χαλκήρεας· ἀλλ' ὁ μὲν οὔ οἱ
δῶκεν, ἐπεί ῥα θεοὺς νεμεσίζετο αἰὲν ἐόντας,
ἀλλὰ πατήρ οἱ δῶκεν ἐμός· φιλέεσκε γὰρ αἰνῶς· —
τοῖος ἐὼν μνηστῆρσιν ὁμιλήσειεν Ὀδυσσεύς· 265
πάντες κ' ὠκύμοροί τε γενοίατο πικρόγαμοί τε.
ἀλλ' ἦ τοι μὲν ταῦτα θεῶν ἐν γούνασι κεῖται,
ἤ κεν νοστήσας ἀποτείσεται, ἦε καὶ οὐκί,
οἷσιν ἐνὶ μεγάροισι· σὲ δὲ φράζεσθαι ἄνωγα,
ὅππως κε μνηστῆρας ἀπώσεαι ἐκ μεγάροιο. 270
εἰ δ' ἄγε νῦν ξυνίει καὶ ἐμῶν ἐμπάζεο μύθων·
αὔριον εἰς ἀγορὴν καλέσας ἥρωας Ἀχαιοὺς
μῦθον πέφραδε πᾶσι, θεοὶ δ' ἐπὶ μάρτυροι ἔστων.
μνηστῆρας μὲν ἐπὶ σφέτερα σκίδνασθαι ἄνωχθι,
μητέρα δ', εἴ οἱ θυμὸς ἐφορμᾶται γαμέεσθαι, 275
ἂψ ἴτω ἐς μέγαρον πατρὸς μέγα δυναμένοιο·
οἱ δὲ γάμον τεύξουσι καὶ ἀρτυνέουσιν ἔεδνα
πολλὰ μάλ', ὅσσα ἔοικε φίλης ἐπὶ παιδὸς ἕπεσθαι.
σοὶ δ' αὐτῷ πυκινῶς ὑποθήσομαι, αἴ κε πίθηαι·
νῆ' ἄρσας ἐρέτῃσιν ἐείκοσιν, ἥ τις ἀρίστη, 280
ἔρχεο πευσόμενος πατρὸς δὴν οἰχομένοιο,
ἤν τίς τοι εἴπῃσι βροτῶν, ἢ ὄσσαν ἀκούσῃς
ἐκ Διός, ἥ τε μάλιστα φέρει κλέος ἀνθρώποισι.
πρῶτα μὲν ἐς Πύλον ἐλθὲ καὶ εἴρεο Νέστορα δῖον,
κεῖθεν δὲ Σπάρτηνδε παρὰ ξανθὸν Μενέλαον· 285
ὃς γὰρ δεύτατος ἦλθεν Ἀχαιῶν χαλκοχιτώνων.
εἰ μέν κεν πατρὸς βίοτον καὶ νόστον ἀκούσῃς,
ἦ τ' ἂν τρυχόμενός περ ἔτι τλαίης ἐνιαυτόν·
εἰ δέ κε τεθνηῶτος ἀκούσῃς μηδ' ἔτ' ἐόντος,
νοστήσας δὴ ἔπειτα φίλην ἐς πατρίδα γαῖαν 290
σῆμά τέ οἱ χεῦαι καὶ ἐπὶ κτέρεα κτερεΐξαι
πολλὰ μάλ', ὅσσα ἔοικε, καὶ ἀνέρι μητέρα δοῦναι.
αὐτὰρ ἐπὴν δὴ ταῦτα τελευτήσῃς τε καὶ ἔρξῃς,
φράζεσθαι δὴ ἔπειτα κατὰ φρένα καὶ κατὰ θυμόν,
ὅππως κε μνηστῆρας ἐνὶ μεγάροισι τεοῖσι 295
κτείνῃς ἠὲ δόλῳ ἢ ἀμφαδόν· οὐδέ τί σε χρὴ

Mermeros' Sohn, er um tödliche Gifte sich mühte, damit er
Eherne Spitzen der Pfeile bestreiche. Auf eilendem Fahrzeug
Ist ja dahin auch Odysseus gekommen. Jener indessen
Gab sie ihm nicht; denn er scheute sich doch vor den ewigen Göttern.
Aber mein Vater hat sie gegeben; er liebte ihn nämlich
Fast zum Erschrecken. Ein solcher Odysseus, möchte ich wünschen,
Sollte erscheinen, um so mit den Freiern zu reden! Ich dächte,
Alle erführen dann schleuniges Schicksal, bittere Hochzeit.
Aber all dies liegt ja doch vor den Knieen der Götter,
Mag er nun wiederkommen und strafen im eigenen Hause,
Oder auch nicht; für dich aber gilt es, recht zu bedenken,
Wie aus dem Saal du die Freier hinauswirfst. Laß es dir raten!
Jetzt aber merke mir auf und bedenk meine Worte: Für morgen
Ruf zur Beratung die heldenhaften Achaier und allen
Sag das entscheidende Wort und rufe die Götter zu Zeugen!
Fordere, daß sich die Freier zerstreun auf die eigenen Güter!
Drängt aber gar das Gemüt deine Mutter nach richtiger Ehe,
Kehre sie wieder zurück in den Saal ihres machtvollen Vaters.
Hochzeit werden dann jene schon machen, Geschenke auch bringen
Reichlichst, wie es die Sitte verlangt für geliebte Töchter.
Dir aber schlage ich kurzweg vor, vielleicht bist du willig:
Richte ein Schiff für zwanzig Ruderer, wähle das beste,
Ziehe auf Kundschaft aus nach dem Vater, der lange schon fort ist.
Möglich wärs, daß ein Sterblicher Nachricht gäbe, vielleicht gar
Hörtest du Kunde von Zeus, die am weitesten dringt bei den Menschen.
Zunächst reise nach Pylos und frage den göttlichen Nestor,
Dann von dort nach Sparta zum blonden Menelaos;
Dieser war ja der letzte Achaier im ehernen Leibrock,
Der wieder kam. Und hörst du von Vaters Leben und Heimkehr,
Dann halt aus noch ein Jahr, trotz aller Bedrängnis und Qualen!
Hörst du indessen, er sei nicht mehr da, er sei schon gestorben,
Fahre dann endlich zurück ins liebe Land deiner Heimat,
Türm ihm ein Denkmal, bring ihm die Gaben an Tote in Fülle,
Wie es die Sitte verlangt und gib deine Mutter dem Manne!
Hast du dies restlos getan, dann mußt du es endlich bedenken
Klar im Gemüt und im Sinn, wie die Freier in deinem Palaste
Tödlich du triffst mit List oder so, daß alle es sehen.
Nimmermehr geht es so weiter mit dir in kindischer Haltung,

νηπιάας ὀχέειν, ἐπεὶ οὐκέτι τηλίκος ἐσσί.
ἦ οὐκ ἀίεις οἷον κλέος ἔλλαβε δῖος Ὀρέστης
πάντας ἐπ' ἀνθρώπους, ἐπεὶ ἔκτανε πατροφονῆα,
Αἴγισθον δολόμητιν, ὅ οἱ πατέρα κλυτὸν ἔκτα; 300
καὶ σύ, φίλος, μάλα γάρ σ' ὁρόω καλόν τε μέγαν τε,
ἄλκιμος ἔσσ', ἵνα τίς σε καὶ ὀψιγόνων ἐὺ εἴπῃ.
αὐτὰρ ἐγὼν ἐπὶ νῆα θοὴν κατελεύσομαι ἤδη
ἠδ' ἑτάρους, οἵ πού με μάλ' ἀσχαλόωσι μένοντες·
σοὶ δ' αὐτῷ μελέτω, καὶ ἐμῶν ἐμπάζεο μύθων." 305
   τὴν δ' αὖ Τηλέμαχος πεπνυμένος ἀντίον ηὔδα·
"ξεῖν', ἦ τοι μὲν ταῦτα φίλα φρονέων ἀγορεύεις,
ὥς τε πατὴρ ᾧ παιδί, καὶ οὔ ποτε λήσομαι αὐτῶν.
ἀλλ' ἄγε νῦν ἐπίμεινον, ἐπειγόμενός περ ὁδοῖο,
ὄφρα λοεσσάμενός τε τεταρπόμενός τε φίλον κῆρ 310
δῶρον ἔχων ἐπὶ νῆα κίῃς, χαίρων ἐνὶ θυμῷ,
τιμῆεν, μάλα καλόν, ὅ τοι κειμήλιον ἔσται
ἐξ ἐμεῦ, οἷα φίλοι ξεινοὶ ξείνοισι διδοῦσι."
   τὸν δ' ἠμείβετ' ἔπειτα θεὰ γλαυκῶπις Ἀθήνη·
"μή μ' ἔτι νῦν κατέρυκε, λιλαιόμενόν περ ὁδοῖο· 315
δῶρον δ' ὅττι κέ μοι δοῦναι φίλον ἦτορ ἀνώγῃ,
αὖτις ἀνερχομένῳ δόμεναι οἶκόνδε φέρεσθαι,
καὶ μάλα καλὸν ἑλών· σοὶ δ' ἄξιον ἔσται ἀμοιβῆς."
   ἡ μὲν ἄρ' ὣς εἰποῦσ' ἀπέβη γλαυκῶπις Ἀθήνη,
ὄρνις δ' ὣς ἀνόπαια διέπτατο· τῷ δ' ἐνὶ θυμῷ 320
θῆκε μένος καὶ θάρσος, ὑπέμνησέν τέ ἑ πατρὸς
μᾶλλον ἔτ' ἢ τὸ πάροιθεν. ὁ δὲ φρεσὶν ᾗσι νοήσας
θάμβησεν κατὰ θυμόν· ὀίσατο γὰρ θεὸν εἶναι.
αὐτίκα δὲ μνηστῆρας ἐπῴχετο ἰσόθεος φώς.
   τοῖσι δ' ἀοιδὸς ἄειδε περικλυτός, οἱ δὲ σιωπῇ 325
εἵατ' ἀκούοντες· ὁ δ' Ἀχαιῶν νόστον ἄειδε
λυγρόν, ὃν ἐκ Τροίης ἐπετείλατο Παλλὰς Ἀθήνη.
   τοῦ δ' ὑπερωιόθεν φρεσὶ σύνθετο θέσπιν ἀοιδὴν
κούρη Ἰκαρίοιο, περίφρων Πηνελόπεια·
κλίμακα δ' ὑψηλὴν κατεβήσετο οἷο δόμοιο, 330
οὐκ οἴη, ἅμα τῇ γε καὶ ἀμφίπολοι δύ' ἕποντο.
ἡ δ' ὅτε δὴ μνηστῆρας ἀφίκετο δῖα γυναικῶν,
στῆ ῥα παρὰ σταθμὸν τέγεος πύκα ποιητοῖο,
ἄντα παρειάων σχομένη λιπαρὰ κρήδεμνα·

Dazu bist du zu alt. Oder hörst du vom hehren Orestes
Gar nichts? Welchen Ruhm in der ganzen Welt er geerntet?
Dieser erschlug seines Vaters schurkisch planenden Mörder,
Der ihm den ruhmvollen Vater erschlagen: jenen Aigisthos.
Du nun mein Freund! Da seh ich dich groß und schön vor mir stehen:
Rüstig zu kraftvoller Wehr, daß auch Spätere rühmend dich nennen.
Ich aber will zum eilenden Schiff; es ist Zeit; die Gefährten
Werden sonst keine Geduld mehr haben und längst auf mich warten.
Du aber sorge nun selbst und bedenke, was ich dir sagte!"
    Ihr aber hielt der gewandte Telemachos wieder entgegen:
„Gastfreund, ja! Von lieber Gesinnung zeugt deine Rede,
Sprichst wie ein Vater zum Sohn und niemals will ichs vergessen.
Komm denn und bleibe noch da, trotz all deiner Eile zu gehen,
Bade doch erst und erquicke dein liebes Herz; eine Gabe
Nimmst du noch mit; dann geh auf dein Schiff in freudiger Stimmung.
Wertvoll ist sie für dich, von mir ein herrliches Kleinod,
Wie es den Freunden die lieben Freunde beim Abschied schenken."
    Antwort gab ihm Athene, die Göttin mit Augen der Eule:
„Halte mich nicht mehr zurück; jetzt wünsche ich weiter zu ziehen.
Doch, was dein liebes Herz dich heißt mir zu schenken, das gib mir,
Kehre ich wieder zurück, damit ich nach Hause es bringe.
Nimm nur dein Allerschönstes, sein Wert wird beim Tausch dir vergolten."
    Also sprach sie und ging, Athene mit Augen der Eule,
Flog aber auf wie ein Vogel. Doch senkte sie Kraft ihm und Kühnheit
Tief ins Gemüt, daß er mehr noch als früher des Vaters gedenke.
Wunderlich ward ihm zumut, er versank in Denken und Sinnen,
Ja, er ahnte, es sei eine Gottheit gewesen. So trat er
Gleich an die Freier heran als ein Mann von göttlichem Aussehn.
    Jenen sang seine Lieder der ruhmvolle Sänger und schweigend
Saßen sie da und lauschten. Er sang von der grausigen Heimfahrt,
Wie sie seit Troja beschied den Achaiern Pallas Athene.
    Aber Ikarios' Tochter, die kluge Penelopeia
Wußte sich oben die göttliche Weise im Sinne zu deuten,
Darum stieg sie im Hause die hohe Treppe hinunter,
Doch nicht allein; denn es gingen mit ihr zwei Mägde zusammen.
Als die erhabene Frau dann wirklich den Freiern sich nahte,
Trat sie neben die Stütze des fest gezimmerten Daches,
Hielt ihre Wangen verhüllt in weichen, glänzenden Schleiern;

ἀμφίπολος δ' ἄρα οἱ κεδνὴ ἑκάτερθε παρέστη. 335
δακρύσασα δ' ἔπειτα προσηύδα θεῖον ἀοιδόν·
"Φήμιε, πολλὰ γὰρ ἄλλα βροτῶν θελκτήρια οἶδας
ἔργ' ἀνδρῶν τε θεῶν τε, τά τε κλείουσιν ἀοιδοί·
τῶν ἕν γέ σφιν ἄειδε παρήμενος, οἱ δὲ σιωπῇ
οἶνον πινόντων· ταύτης δ' ἀποπαύε' ἀοιδῆς 340
λυγρῆς, ἥ τέ μοι αἰὲν ἐνὶ στήθεσσι φίλον κῆρ
τείρει, ἐπεί με μάλιστα καθίκετο πένθος ἄλαστον.
τοίην γὰρ κεφαλὴν ποθέω μεμνημένη αἰεὶ
ἀνδρός, τοῦ κλέος εὐρὺ καθ' Ἑλλάδα καὶ μέσον Ἄργος."
    τὴν δ' αὖ Τηλέμαχος πεπνυμένος ἀντίον ηὔδα· 345
"μῆτερ ἐμή, τί τ' ἄρα φθονέεις ἐρίηρον ἀοιδὸν
τέρπειν ὅππῃ οἱ νόος ὄρνυται; οὔ νύ τ' ἀοιδοὶ
αἴτιοι, ἀλλά ποθι Ζεὺς αἴτιος, ὅς τε δίδωσιν
ἀνδράσιν ἀλφηστῇσιν ὅπως ἐθέλῃσιν ἑκάστῳ.
τούτῳ δ' οὐ νέμεσις Δαναῶν κακὸν οἶτον ἀείδειν· 350
τὴν γὰρ ἀοιδὴν μᾶλλον ἐπικλείουσ' ἄνθρωποι,
ἥ τις ἀκουόντεσσι νεωτάτη ἀμφιπέληται.
σοὶ δ' ἐπιτολμάτω κραδίη καὶ θυμὸς ἀκούειν·
οὐ γὰρ Ὀδυσσεὺς οἶος ἀπώλεσε νόστιμον ἦμαρ
ἐν Τροίῃ, πολλοὶ δὲ καὶ ἄλλοι φῶτες ὄλοντο. 355
ἀλλ' εἰς οἶκον ἰοῦσα τὰ σ' αὐτῆς ἔργα κόμιζε,
ἱστόν τ' ἠλακάτην τε, καὶ ἀμφιπόλοισι κέλευε
ἔργον ἐποίχεσθαι· μῦθος δ' ἄνδρεσσι μελήσει
πᾶσι, μάλιστα δ' ἐμοί· τοῦ γὰρ κράτος ἔστ' ἐνὶ οἴκῳ."
    ἡ μὲν θαμβήσασα πάλιν οἰκόνδε βεβήκει· 360
παιδὸς γὰρ μῦθον πεπνυμένον ἔνθετο θυμῷ.
ἐς δ' ὑπερῷ' ἀναβᾶσα σὺν ἀμφιπόλοισι γυναιξὶ
κλαῖεν ἔπειτ' Ὀδυσῆα, φίλον πόσιν, ὄφρα οἱ ὕπνον
ἡδὺν ἐπὶ βλεφάροισι βάλε γλαυκῶπις Ἀθήνη.
    μνηστῆρες δ' ὁμάδησαν ἀνὰ μέγαρα σκιόεντα· 365
πάντες δ' ἠρήσαντο παραὶ λεχέεσσι κλιθῆναι.
τοῖσι δὲ Τηλέμαχος πεπνυμένος ἤρχετο μύθων·
    "μητρὸς ἐμῆς μνηστῆρες, ὑπέρβιον ὕβριν ἔχοντες,
νῦν μὲν δαινύμενοι τερπώμεθα, μηδὲ βοητὺς
ἔστω, ἐπεὶ τό γε καλὸν ἀκουέμεν ἐστὶν ἀοιδοῦ 370
τοιοῦδ' οἷος ὅδ' ἐστί, θεοῖσ' ἐναλίγκιος αὐδήν.
ἠῶθεν δ' ἀγορήνδε καθεζώμεσθα κιόντες

Links und rechts aber stand eine sorgende Magd ihr zur Seite.
Tränen vergoß sie und sagte sodann zu dem göttlichen Sänger:
„Phemios, anderes weißt du gar viel, was die Menschen bezaubert,
Taten von Männern und Göttern, wie immer die Sänger sie rühmen;
Bleib du nur sitzen und sing ihnen davon beim Weine ein Stückchen!
Schweigend mögen sie trinken. Doch diese grausige Weise
Brich jetzt ab! so oft ich sie höre, zermürbt mirs das liebe
Herz in der Brust; denn ewige Trauer befiel ja vor allen
Mich, die ich allzeit sehnend des männlichen Hauptes gedenke,
Dessen Ruhm sich in Hellas und mitten durch Argos verbreitet."
   Ihr aber hielt der gewandte Telemachos wieder entgegen:
„Liebe Mutter, warum verargst du dem lieblichen Sänger
So zu ergötzen, wie ihn der Gedanke beflügelt? Die Sänger
Sind doch wahrlich nicht schuld; nein, Zeus ist der Schuldige; er gibt
Grad, wie er will, einem jeden der rastlos erwerbenden Menschen.
Darum ists kein Vergehn, wenn der Danaer böses Verhängnis
Er uns im Liede erzählt; denn die Menschen rühmen und hören
Immer am liebsten das neueste Lied, das gerade im Schwang ist.
Also wage dein Herz und Gemüt auch solches zu hören!
Schwand doch vor Troja die Stunde der Heimkehr nicht nur Odysseus;
Viele und andere Männer sind dort ja zugrunde gegangen.
Du aber gehe ins Haus und besorge die eignen Geschäfte,
Spindel und Webstuhl, heiß deine dienenden Frauen, sie sollen
Auch ans Geschäft sich begeben; die Rede ist Sache der Männer,
Aller, vor allem die meine! Denn mein ist die Macht hier im Hause."
   Sie aber ging voll Staunens zurück in die Wohnung und wahrte
Tief im Gemüt des Sohnes gewandte Rede geborgen,
Stieg mit den dienenden Frauen hinauf in die Obergemächer,
Weinte dann dort um Odysseus, den Mann, den geliebten, bis süßen
Schlaf auf die Lider ihr senkte Athene mit Augen der Eule.
   Aber die Freier erfüllten den schattigen Saal mit Getobe,
Alle verlangten, an sie sich zu schmiegen im Lager der Liebe.
Doch der gewandte Telemachos sprach nun als erster zu ihnen:
„Freier ihr meiner Mutter, ihr Männer voll zuchtlosen Hochmuts,
Freun wir uns jetzt doch am Essen; es soll kein lärmendes Schreien
Stören; es ist ja so schön einem Sänger zu lauschen wie diesem.
Klingt doch die Stimme, als wäre es die eines Gottes. Doch morgen
Sollen wir alle zum Markt uns begeben um Sitzung zu halten.

πάντες, ἵν' ὑμῖν μῦθον ἀπηλεγέως ἀποείπω,
ἐξιέναι μεγάρων· ἄλλας δ' ἀλεγύνετε δαῖτας,
ὑμὰ κτήματ' ἔδοντες, ἀμειβόμενοι κατὰ οἴκους. 375
εἰ δ' ὑμῖν δοκέει τόδε λωΐτερον καὶ ἄμεινον
ἔμμεναι, ἀνδρὸς ἑνὸς βίοτον νήποινον ὀλέσθαι,
κείρετ'· ἐγὼ δὲ θεοὺς ἐπιβώσομαι αἰὲν ἐόντας,
αἴ κέ ποθι Ζεὺς δῷσι παλίντιτα ἔργα γενέσθαι·
νήποινοί κεν ἔπειτα δόμων ἔντοσθεν ὄλοισθε." 380

ὣς ἔφαθ', οἱ δ' ἄρα πάντες ὀδὰξ ἐν χείλεσι φύντες
Τηλέμαχον θαύμαζον, ὃ θαρσαλέως ἀγόρευε.

τὸν δ' αὖ Ἀντίνοος προσέφη, Εὐπείθεος υἱός·
"Τηλέμαχ', ἦ μάλα δή σε διδάσκουσιν θεοὶ αὐτοὶ
ὑψαγόρην τ' ἔμεναι καὶ θαρσαλέως ἀγορεύειν. 385
μὴ σέ γ' ἐν ἀμφιάλῳ Ἰθάκῃ βασιλῆα Κρονίων
ποιήσειεν, ὅ τοι γενεῇ πατρώϊόν ἐστιν."

τὸν δ' αὖ Τηλέμαχος πεπνυμένος ἀντίον ηὔδα·
"Ἀντίνο', εἴ πέρ μοι καὶ ἀγάσσεαι ὅττι κεν εἴπω,
καί κεν τοῦτ' ἐθέλοιμι Διός γε διδόντος ἀρέσθαι. 390
ἦ φῂς τοῦτο κάκιστον ἐν ἀνθρώποισι τετύχθαι;
οὐ μὲν γάρ τι κακὸν βασιλευέμεν· αἶψά τέ οἱ δῶ
ἀφνειὸν πέλεται καὶ τιμηέστερος αὐτός.
ἀλλ' ἦ τοι βασιλῆες Ἀχαιῶν εἰσὶ καὶ ἄλλοι
πολλοὶ ἐν ἀμφιάλῳ Ἰθάκῃ, νέοι ἠδὲ παλαιοί, 395
τῶν κέν τις τόδ' ἔχῃσιν, ἐπεὶ θάνε δῖος Ὀδυσσεύς·
αὐτὰρ ἐγὼν οἴκοιο ἄναξ ἔσομ' ἡμετέροιο
καὶ δμώων, οὕς μοι ληΐσσατο δῖος Ὀδυσσεύς."

τὸν δ' αὖτ' Εὐρύμαχος, Πολύβου πάϊς, ἀντίον ηὔδα·
"Τηλέμαχ', ἦ τοι ταῦτα θεῶν ἐν γούνασι κεῖται, 400
ὅς τις ἐν ἀμφιάλῳ Ἰθάκῃ βασιλεύσει Ἀχαιῶν·
κτήματα δ' αὐτὸς ἔχοις καὶ δώμασι σοῖσιν ἀνάσσοις.
μὴ γὰρ ὅ γ' ἔλθοι ἀνήρ, ὅς τίς σ' ἀέκοντα βίηφι
κτήματ' ἀπορραίσει, Ἰθάκης ἔτι ναιεταούσης.
ἀλλ' ἐθέλω σε, φέριστε, περὶ ξείνοιο ἐρέσθαι, 405
ὁππόθεν οὗτος ἀνήρ· ποίης δ' ἐξ εὔχεται εἶναι
γαίης; ποῦ δέ νύ οἱ γενεὴ καὶ πατρὶς ἄρουρα;
ἠέ τιν' ἀγγελίην πατρὸς φέρει ἐρχομένοιο,
ἦ ἑὸν αὐτοῦ χρεῖος ἐελδόμενος τόδ' ἱκάνει;
οἷον ἀναΐξας ἄφαρ οἴχεται, οὐδ' ὑπέμεινε 410

Reden will ich und rücksichtslos und für immer euch sagen:
Geht mir fort aus dem Haus! Versorgt euch an anderen Tischen!
Zehrt doch vom eignen Besitz, heut hier und morgen woanders!
Seid ihr freilich der Meinung, es sei wohl der größere Vorteil,
Daß eines Einzigen Güter verkommen ohne ein Entgelt:
Plündert sie aus! doch ich — ich rufe die ewigen Götter,
Ob denn nicht noch Zeus ein Werk der Vergeltung vollziehe.
Dann aber, denk ich, verkommt ihr im Haus hier ohne ein Entgelt."
  Also sprach er; sie aber alle bissen die Zähne
Fest in die Lippen, bewundernd Telemachos' mutige Rede.
  Aber der Sohn des Eupeithes Antinoos sagte ihm wieder:
„Wirklich und wahrlich, Telemachos, lehrten die Götter dich selber
Kühn und als Sprecher erhabener Worte vor allen zu reden.
Trotzdem soll der Kronide zum König auf Ithakas Insel
Nicht grade dich erheben, obschon du vom Vater es erbtest."
  Ihm aber hielt der gewandte Telemachos wieder entgegen:
„Magst du mir noch so sehr zürnen, Antinoos, was ich auch sage:
Ja, wenn Zeus es gewährte, erwürbe ich gerne auch dieses.
Meinst du denn wirklich, dies sei das schlimmste menschliche Übel?
Herrschen als König ist wirklich kein Übel; da häufen gar rasch sich
Güter im Haus und er selbst steigt höher an Ehre und Würde.
Freilich viele und andre achaiische Könige gibt es,
Junge und alte, die mitten im Meere auf Ithaka herrschen,
Mancher wohl kann es erreichen, es starb ja der hehre Odysseus.
Ich aber herrsche in unserem Haus, über unsere Diener,
Die mir der hehre Odysseus erbeutet, und bleibe der Herrscher."
  Ihm doch entgegnete Polybos' Sohn Eurymachos wieder:
„Ach, Telemachos! all dies liegt vor den Knieen der Götter,
Welcher Achaier als König herrscht auf Ithakas Eiland.
Du doch behältst, was du hast, und herrschst im eignen Palaste.
Komme doch keiner hieher, solang noch ein Ithaka da ist,
Daß er zum Trotz und gewaltsam dir Güter und Habe entreiße.
Aber, mein Bester, ich fragte dich gerne: Wer war denn der Fremde?
Woher kam dieser Mann? Welchem Lande will er gehören?
Wo denn lebt seine Sippe, wo liegen die Fluren der Heimat?
Hat er dir Kunde gebracht vom Vater, der uns verlassen?
Hofft er auf eigne Geschäfte und kam er, diese zu pflegen?
Wie er so plötzlich auf und davon war! Er wartete gar nicht,

γνώμεναι· οὐ μὲν γάρ τι κακῷ εἰς ὦπα ἐῴκει."
  τὸν δ' αὖ Τηλέμαχος πεπνυμένος ἀντίον ηὔδα·
"Εὐρύμαχ', ἦ τοι νόστος ἀπώλετο πατρὸς ἐμοῖο·
οὔτ' οὖν ἀγγελίῃ ἔτι πείθομαι, εἴ ποθεν ἔλθοι,
οὔτε θεοπροπίης ἐμπάζομαι, ἥν τινα μήτηρ   415
ἐς μέγαρον καλέσασα θεοπρόπον ἐξερέηται.
ξεῖνος δ' οὗτος ἐμὸς πατρώϊος ἐκ Τάφου ἐστί,
Μέντης δ' Ἀγχιάλοιο δαΐφρονος εὔχεται εἶναι
υἱός, ἀτὰρ Ταφίοισι φιληρέτμοισιν ἀνάσσει."
  ὣς φάτο Τηλέμαχος, φρεσὶ δ' ἀθανάτην θεὸν ἔγνω. 420
οἱ δ' εἰς ὀρχηστύν τε καὶ ἱμερόεσσαν ἀοιδὴν
τρεψάμενοι τέρποντο, μένον δ' ἐπὶ ἕσπερον ἐλθεῖν.
τοῖσι δὲ τερπομένοισι μέλας ἐπὶ ἕσπερος ἦλθε·
δὴ τότε κακκείοντες ἔβαν οἰκόνδε ἕκαστος.
Τηλέμαχος δ', ὅθι οἱ θάλαμος περικαλλέος αὐλῆς   425
ὑψηλὸς δέδμητο, περισκέπτῳ ἐνὶ χώρῳ,
ἔνθ' ἔβη εἰς εὐνὴν πολλὰ φρεσὶ μερμηρίζων.
τῷ δ' ἄρ' ἅμ' αἰθομένας δαΐδας φέρε κεδνὰ ἰδυῖα
Εὐρύκλει', Ὤπος θυγάτηρ Πεισηνορίδαο·
τήν ποτε Λαέρτης πρίατο κτεάτεσσιν ἑοῖσι,   430
πρωθήβην ἔτ' ἐοῦσαν, ἐεικοσάβοια δ' ἔδωκεν,
ἶσα δέ μιν κεδνῇ ἀλόχῳ τίεν ἐν μεγάροισιν,
εὐνῇ δ' οὔ ποτ' ἔμικτο, χόλον δ' ἀλέεινε γυναικός·
ἥ οἱ ἅμ' αἰθομένας δαΐδας φέρε καί ἑ μάλιστα
δμῳάων φιλέεσκε καὶ ἔτρεφε τυτθὸν ἐόντα.   435
ὤϊξεν δὲ θύρας θαλάμου πύκα ποιητοῖο,
ἕζετο δ' ἐν λέκτρῳ, μαλακὸν δ' ἔκδυνε χιτῶνα·
καὶ τὸν μὲν γραίης πυκιμηδέος ἔμβαλε χερσίν.
ἡ μὲν τὸν πτύξασα καὶ ἀσκήσασα χιτῶνα,
πασσάλῳ ἀγκρεμάσασα παρὰ τρητοῖσι λέχεσσι,   440
βῆ ῥ' ἴμεν ἐκ θαλάμοιο, θύρην δ' ἐπέρυσσε κορώνῃ
ἀργυρέῃ, ἐπὶ δὲ κληῖδ' ἐτάνυσσεν ἱμάντι.
ἔνθ' ὅ γε παννύχιος, κεκαλυμμένος οἰὸς ἀώτῳ,
βούλευε φρεσὶν ᾗσιν ὁδόν, τὴν πέφραδ' Ἀθήνη.

Bis wir ihn kannten. Er hatte ja nicht das Gesicht eines Schurken."
 Ihm aber hielt der gewandte Telemachos wieder entgegen:
„Nein, mein Eurymachos, damit ist es vorbei, mit der Heimkehr
Meines Vaters. Woher sie auch komme, ich glaube der Botschaft
Nimmer! Mich kümmert kein Wort von den Göttern, so oft auch die Mutter
Deuter von Sprüchen beruft in den Saal und befragt. Und der Fremde:
Gastfreund ist er seit Vaters Zeiten im Volke von Taphos;
Mentes, den Sohn des klugen Anchialos, nennt er sich rühmend.
Herrscher ist er der Taphier, jener Freunde der Ruder."
 Also sagte Telemachos, wenn er im Sinn auch erkannte,
Daß die unsterbliche Göttin es war. Doch die anderen blieben
Fröhlich, bis Abend es wurde, bei Tänzen und Liedern der Sehnsucht;
Fröhlich waren sie noch, als der finstere Abend heraufzog.
Dann ging endlich jeder nachhause und legte sich schlafen.
Aber Telemachos ging in die herrliche Kammer im Hofe,
Diese war hoch gebaut und der Platz war allseits umschlossen.
Immer grübelnd im Sinn bestieg er dort endlich sein Lager.
Eurykleia, die Tochter des Ops, des Sohns des Peisenor,
Hielt ihm, wie immer, besorgt und begleitend die brennenden Fackeln.
Einstmals erwarb sie Laertes aus eigenen Mitteln; da bot er
Zwanzig Rinder dafür; sie stand noch in frühesten Jahren.
Ganz wie die sorgende Ehfrau ehrte er sie im Palaste.
Nie doch bestieg er ihr Lager, aus Furcht vor dem Groll seines Weibes.
Diese nun trug ihm begleitend die brennenden Fackeln; sie hatte
Einst ihn als Kindchen genährt und liebte ihn mehr als die andern
Mägde. Sie öffnet die Türe der fest errichteten Kammer.
Er aber saß auf dem Bett, zog aus seinen weichen Leibrock,
Gab ihn der Alten, die allzeit tüchtig plante, zuhanden.
Diese hing dann gefaltet geordnet den Rock an den Nagel
Neben dem Bett, das Löcher hatte für Gurten, und ging dann
Fort aus der Kammer, indem sie am silbernen Ringe die Türe
Zuzog; schließlich schob sie den Riegel noch vor mit dem Riemen.
Hier beriet er nun während der Nacht, gehüllt in den Schafpelz,
Dauernd mit sich im Sinn jene Fahrt, die Athene geraten.

ΟΔΥΣΣΕΙΑΣ Β

Ἰθακησίων ἀγορά   Τηλεμάχου ἀποδημία

Ἦμος δ' ἠριγένεια φάνη ῥοδοδάκτυλος Ἠώς,
ὤρνυτ' ἄρ' ἐξ εὐνῆφιν Ὀδυσσῆος φίλος υἱός,
εἵματα ἑσσάμενος, περὶ δὲ ξίφος ὀξὺ θέτ' ὤμῳ,
ποσσὶ δ' ὑπὸ λιπαροῖσιν ἐδήσατο καλὰ πέδιλα,
βῆ δ' ἴμεν ἐκ θαλάμοιο θεῷ ἐναλίγκιος ἄντην.   5
αἶψα δὲ κηρύκεσσι λιγυφθόγγοισι κέλευσε
κηρύσσειν ἀγορήνδε κάρη κομόωντας Ἀχαιούς.
οἱ μὲν ἐκήρυσσον, τοὶ δ' ἠγείροντο μάλ' ὦκα.
αὐτὰρ ἐπεί ῥ' ἤγερθεν ὁμηγερέες τ' ἐγένοντο,
βῆ ῥ' ἴμεν εἰς ἀγορήν, παλάμῃ δ' ἔχε χάλκεον ἔγχος,   10
οὐκ οἶος, ἅμα τῷ γε δύω κύνες ἀργοὶ ἕποντο.
θεσπεσίην δ' ἄρα τῷ γε χάριν κατέχευεν Ἀθήνη·
τὸν δ' ἄρα πάντες λαοὶ ἐπερχόμενον θηεῦντο.
ἕζετο δ' ἐν πατρὸς θώκῳ, εἶξαν δὲ γέροντες.
τοῖσι δ' ἔπειθ' ἥρως Αἰγύπτιος ἦρχ' ἀγορεύειν,   15
ὃς δὴ γήραϊ κυφὸς ἔην καὶ μυρία ᾔδη.
καὶ γὰρ τοῦ φίλος υἱὸς ἅμ' ἀντιθέῳ Ὀδυσῆϊ
Ἴλιον εἰς εὔπωλον ἔβη κοίλῃς ἐνὶ νηυσίν,
Ἄντιφος αἰχμητής· τὸν δ' ἄγριος ἔκτανε Κύκλωψ
ἐν σπῆϊ γλαφυρῷ, πύματον δ' ὁπλίσσατο δόρπον.   20
τρεῖς δέ οἱ ἄλλοι ἔσαν, καὶ ὁ μὲν μνηστῆρσιν ὁμίλει,
Εὐρύνομος, δύο δ' αἰὲν ἔχον πατρώϊα ἔργα·
ἀλλ' οὐδ' ὣς τοῦ λήθετ' ὀδυρόμενος καὶ ἀχεύων.
τοῦ ὅ γε δάκρυ χέων ἀγορήσατο καὶ μετέειπε·
"κέκλυτε δὴ νῦν μευ, Ἰθακήσιοι, ὅττι κεν εἴπω.   25
οὔτε ποθ' ἡμετέρη ἀγορὴ γένετ' οὔτε θόωκος
ἐξ οὗ Ὀδυσσεὺς δῖος ἔβη κοίλῃς ἐνὶ νηυσί.
νῦν δὲ τίς ὧδ' ἤγειρε; τίνα χρειὼ τόσον ἵκει
ἠὲ νέων ἀνδρῶν ἢ οἳ προγενέστεροί εἰσιν;
ἠέ τιν' ἀγγελίην στρατοῦ ἔκλυεν ἐρχομένοιο,   30
ἥν χ' ἡμῖν σάφα εἴποι, ὅτε πρότερός γε πύθοιτο;
ἦέ τι δήμιον ἄλλο πιφαύσκεται ἠδ' ἀγορεύει;

ZWEITER GESANG

Die Versammlung der Ithakesier / Telemachos' Ausfahrt

    Als nun die Frühe sich zeigte, Eos mit rosigen Fingern,
Hob des Odysseus lieber Sohn sich eilig vom Lager,
Kleidete sich und legte sein scharfes Schwert um die Schulter,
Band an die zarten Füße sich schöne Sandalen, verließ dann
Rasch seine Kammer; er kam wie ein Gott den Menschen entgegen.
Gleich dann gab er Befehl, daß die Rufer mit klingender Stimme
Riefen zum Rat auf den Markt die Achaier mit wallendem Kopfhaar.
Jene erhoben den Ruf und schnellstens erschienen die andern.
Als dann alle sich fanden und nicht ein einziger fehlte,
Schritt auch er zum Markt, in der Faust seine eherne Lanze;
Nicht allein: Zwei Hunde folgten auf hurtigen Füßen.
Göttliche Anmut strömte um ihn nach dem Willen Athenes;
Alle Leute schauten auf ihn, wie so schön er daherkam.
Und er setzte sich hin auf den Platz seines Vaters. Die Greise
Gaben ihm Raum. Doch die Reden begann der vom Alter gebückte
Held Aigyptios; reich war sein Wissen. Sein lieber Sohn fuhr
Einst auf geräumigem Schiff mit dem göttergleichen Odysseus
Ilion zu, wo die Fohlen gediehen, der Meister im Speerkampf,
Antiphos; den aber hatte der wilde Kyklop ihm erschlagen,
Dort im Gewölb seiner Höhle als letzten zum Fraß sich bereitet.
Aber er hatte noch andere drei: Eurýnomos hielt es
Fest mit den Freiern, die anderen zwei doch versahen des Vaters
Felder schon lang. Und trotzdem vergaß er klagend und trauernd
Niemals den einen. Er weinte um ihn und sprach zur Versammlung:
    „Männer von Ithaka, hört jetzt mich, was alles ich sage:
Nie noch ist unser Rat hier zur Sitzung zusammengekommen,
Seit unser hehrer Odysseus ging mit den hohlen Schiffen.
Jetzt aber: Wer hat geladen? Wer hat es so nötig? Ein Junger
Oder ein Mann aus der Reihe der Alten? Bekam er Berichte?
Kann er sie offen uns sagen, da er sie als erster vernommen?
Etwa gar das Nahn eines Heeres? Will eine andre
Sache des Volks er verkünden und hier in der Sitzung erörtern?

ἐσθλός μοι δοκεῖ εἶναι, ὀνήμενος. εἴθε οἱ αὐτῷ
Ζεὺς ἀγαθὸν τελέσειεν, ὅ τι φρεσὶν ᾗσι μενοινᾷ."

ὣς φάτο, χαῖρε δὲ φήμῃ Ὀδυσσῆος φίλος υἱός, 35
οὐδ' ἄρ' ἔτι δὴν ἧστο, μενοίνησεν δ' ἀγορεύειν,
στῆ δὲ μέσῃ ἀγορῇ· σκῆπτρον δέ οἱ ἔμβαλε χειρὶ
κῆρυξ Πεισήνωρ, πεπνυμένα μήδεα εἰδώς.
πρῶτον ἔπειτα γέροντα καθαπτόμενος προσέειπεν·
"ὦ γέρον, οὐχ ἑκὰς οὗτος ἀνήρ, τάχα δ' εἴσεαι αὐτός, 40
ὃς τὸν λαὸν ἄγειρα· μάλιστα δέ μ' ἄλγος ἱκάνει.
οὔτε τιν' ἀγγελίην στρατοῦ ἔκλυον ἐρχομένοιο,
ἥν χ' ὑμῖν σάφα εἴπω, ὅτε πρότερός γε πυθοίμην,
οὔτε τι δήμιον ἄλλο πιφαύσκομαι οὐδ' ἀγορεύω,
ἀλλ' ἐμὸν αὐτοῦ χρεῖος, ὅ μοι κακὰ ἔμπεσεν οἴκῳ, 45
δοιά· τὸ μὲν πατέρ' ἐσθλὸν ἀπώλεσα, ὅς ποτ' ἐν ὑμῖν
τοίσδεσσιν βασίλευε, πατὴρ δ' ὣς ἤπιος ἦεν·
νῦν δ' αὖ καὶ πολὺ μεῖζον, ὃ δὴ τάχα οἶκον ἅπαντα
πάγχυ διαρραίσει, βίοτον δ' ἀπὸ πάμπαν ὀλέσσει.
μητέρι μοι μνηστῆρες ἐπέχραον οὐκ ἐθελούσῃ, 50
τῶν ἀνδρῶν φίλοι υἷες, οἳ ἐνθάδε γ' εἰσὶν ἄριστοι,
οἳ πατρὸς μὲν ἐς οἶκον ἀπερρίγασι νέεσθαι
Ἰκαρίου, ὥς κ' αὐτὸς ἐεδνώσαιτο θύγατρα,
δοίη δ' ᾧ κ' ἐθέλοι καί οἱ κεχαρισμένος ἔλθοι·
οἱ δ' εἰς ἡμετέρου πωλεύμενοι ἤματα πάντα, 55
βοῦς ἱερεύοντες καὶ ὄϊς καὶ πίονας αἶγας,
εἰλαπινάζουσιν πίνουσί τε αἴθοπα οἶνον
μαψιδίως· τὰ δὲ πολλὰ κατάνεται. οὐ γὰρ ἔπ' ἀνήρ,
οἷος Ὀδυσσεὺς ἔσκεν, ἀρὴν ἀπὸ οἴκου ἀμῦναι.
ἡμεῖς δ' οὔ νύ τι τοῖοι ἀμυνέμεν· ἦ καὶ ἔπειτα 60
λευγαλέοι τ' ἐσόμεσθα καὶ οὐ δεδαηκότες ἀλκήν.
ἦ τ' ἂν ἀμυναίμην, εἴ μοι δύναμίς γε παρείη·
οὐ γὰρ ἔτ' ἀνσχετὰ ἔργα τετεύχαται, οὐδ' ἔτι καλῶς
οἶκος ἐμὸς διόλωλε· νεμεσσήθητε καὶ αὐτοί,
ἄλλους τ' αἰδέσθητε περικτίονας ἀνθρώπους, 65
οἳ περιναιετάουσι· θεῶν δ' ὑποδείσατε μῆνιν,
μή τι μεταστρέψωσιν ἀγασσάμενοι κακὰ ἔργα.
λίσσομαι ἠμὲν Ζηνὸς Ὀλυμπίου ἠδὲ Θέμιστος,
ἥ τ' ἀνδρῶν ἀγορὰς ἠμὲν λύει ἠδὲ καθίζει·
σχέσθε, φίλοι, καί μ' οἶον ἐάσατε πένθεϊ λυγρῷ 70

Tüchtig, meine ich, ist er, auf Nutzen bedacht. So gewähre
Zeus denn das Gute ihm selbst, das im eigenen Sinne er anstrebt."
  Sprachs und den lieben Sohn des Odysseus erfreute die Rede.
Darum blieb er nicht lange mehr sitzen, verlangte zu sprechen,
Stellte sich hin in die Mitte des Rates. Peisenor, der Rufer,
Gab ihm das Szepter zuhanden; und nun als gewandter Berater
Sprach er und hielt sich zunächst an die Worte des Alten und sagte:
  „Alter! Der Mann ist nicht fern und du wirst es in kurzem erfahren,
Da ich das Volk hier berief; mich trifft ein besonderer Kummer.
Nicht vernahm ich Gerüchte vom Nahn eines Heeres; Berichte,
Die ich als erster vernommen, vermag ich nicht klar euch zu melden;
Keine andere Sache des Volkes will ich verkünden
Hier in der Sitzung. Nein! Meine eigene Not, die im Haus mir
Doppelte Drangsal schafft. Ich verlor meinen edlen Vater,
König war er bei euch und wirkte als gütiger Vater.
Jetzt aber kommt noch das Zweite, das Größte: Es reißt mir das Haus noch
Gänzlich in Stücke, vernichtet mir restlos all meine Habe.
Freier sind da und bestürmen die Mutter, trotz ihres Neinworts,
Liebe Söhne von Männern, die Blüte des hiesigen Adels.
Aber der bloße Gedanke, sie ginge ins Haus ihres Vaters,
Macht sie schon frieren: Es könnte Ikarios selbst ja die Tochter
Ganz nach Belieben vergeben und dem, der willkommen ihm wäre.
Nein! Sie gehen jetzt alle die Tage in unser Besitztum,
Opfern und schlachten die Rinder, die Schafe, die fettesten Ziegen,
Schlemmen und schmausen und trinken die funkelnden Weine und all das
Nur so drauf los; man verzehrt diese Fülle. Es fehlt ja am Manne,
So wie Odysseus es konnte, der Schmach seines Hauses zu wehren.
Wir vermögen es nicht, ihr zu wehren; wir werden auch künftig
Traurige Leute bleiben, die nicht sich verstehen auf Abwehr.
Gerne schritt ich zur Wehr, wenn die eigenen Kräfte genügten.
Dieses Treiben ist nicht mehr erträglich; mein Haus ist vernichtet,
Wirklich nicht mehr in Schönheit. Zürnt euch endlich doch selber,
Schämt euch endlich doch selbst vor den anderen Leuten, den Nachbarn
Hier in der ganzen Umgebung und fürchtet den Groll der Götter!
Daß sie nur ja nicht anders es drehen; denn solche Verbrechen
Machen sie staunen. So bitt ich beim Zeus im Olympos und Themis,
Sie, die der Männer Versammlungen schließt und beruft: Ihr Freunde!
Haltet jetzt ein und laßt mich allein und in grausiger Trauer

τείρεσθ', εἰ μή πού τι πατὴρ ἐμὸς ἐσθλὸς Ὀδυσσεὺς
δυσμενέων κάκ' ἔρεξεν ἐϋκνήμιδας Ἀχαιούς,
τῶν μ' ἀποτεινύμενοι κακὰ ῥέζετε δυσμενέοντες,
τούτους ὀτρύνοντες. ἐμοὶ δέ κε κέρδιον εἴη
ὑμέας ἐσθέμεναι κειμήλιά τε πρόβασίν τε· 75
εἴ χ' ὑμεῖς γε φάγοιτε, τάχ' ἄν ποτε καὶ τίσις εἴη·
τόφρα γὰρ ἂν κατὰ ἄστυ ποτιπτυσσοίμεθα μύθῳ
χρήματ' ἀπαιτίζοντες, ἕως κ' ἀπὸ πάντα δοθείη·
νῦν δέ μοι ἀπρήκτους ὀδύνας ἐμβάλλετε θυμῷ."
ὣς φάτο χωόμενος, ποτὶ δὲ σκῆπτρον βάλε γαίῃ, 80
δάκρυ' ἀναπρήσας· οἶκτος δ' ἕλε λαὸν ἅπαντα.
ἔνθ' ἄλλοι μὲν πάντες ἀκὴν ἔσαν, οὐδέ τις ἔτλη
Τηλέμαχον μύθοισιν ἀμείψασθαι χαλεποῖσιν·
Ἀντίνοος δέ μιν οἶος ἀμειβόμενος προσέειπε·
"Τηλέμαχ' ὑψαγόρη, μένος ἄσχετε, ποῖον ἔειπες 85
ἡμέας αἰσχύνων, ἐθέλοις δέ κε μῶμον ἀνάψαι.
σοὶ δ' οὔ τι μνηστῆρες Ἀχαιῶν αἴτιοί εἰσιν,
ἀλλὰ φίλη μήτηρ, ἥ τοι περὶ κέρδεα οἶδεν.
ἤδη γὰρ τρίτον ἐστὶν ἔτος, τάχα δ' εἶσι τέταρτον,
ἐξ οὗ ἀτέμβει θυμὸν ἐνὶ στήθεσσιν Ἀχαιῶν. 90
πάντας μέν ῥ' ἔλπει, καὶ ὑπίσχεται ἀνδρὶ ἑκάστῳ,
ἀγγελίας προϊεῖσα· νόος δέ οἱ ἄλλα μενοινᾷ.
ἡ δὲ δόλον τόνδ' ἄλλον ἐνὶ φρεσὶ μερμήριξε·
στησαμένη μέγαν ἱστὸν ἐνὶ μεγάροισιν ὕφαινε,
λεπτὸν καὶ περίμετρον· ἄφαρ δ' ἡμῖν μετέειπε· 95
κοῦροι, ἐμοὶ μνηστῆρες, ἐπεὶ θάνε δῖος Ὀδυσσεύς,
μίμνετ' ἐπειγόμενοι τὸν ἐμὸν γάμον, εἰς ὅ κε φᾶρος
ἐκτελέσω, μή μοι μεταμώνια νήματ' ὄληται,
Λαέρτῃ ἥρωϊ ταφήιον, εἰς ὅτε κέν μιν
μοῖρ' ὀλοὴ καθέλῃσι τανηλεγέος θανάτοιο, 100
μή τίς μοι κατὰ δῆμον Ἀχαιϊάδων νεμεσήσῃ,
αἴ κεν ἄτερ σπείρου κεῖται πολλὰ κτεατίσσας.
ὣς ἔφαθ', ἡμῖν δ' αὖτ' ἐπεπείθετο θυμὸς ἀγήνωρ.
ἔνθα καὶ ἠματίη μὲν ὑφαίνεσκεν μέγαν ἱστόν,
νύκτας δ' ἀλλύεσκεν, ἐπὴν δαΐδας παραθεῖτο. 105
ὣς τρίετες μὲν ἔληθε δόλῳ καὶ ἔπειθεν Ἀχαιούς·
ἀλλ' ὅτε τέτρατον ἦλθεν ἔτος καὶ ἐπήλυθον ὧραι,
καὶ τότε δή τις ἔειπε γυναικῶν, ἥ σάφα ᾔδη,

Selbst mich zermürben. Es sei denn, mein edler Vater Odysseus
Hätte wo trefflich geschiente Achaier feindlich mißhandelt;
Dann mißhandelt auch mich, seid Feinde und laßt es mich büßen;
Laßt es die Söhne vollziehn! Für mich wär es immer noch Vorteil,
Wolltet dafür ihr mein liegendes Gut und die Herden verzehren.
Äßet ihr selber sie auf, dann fände wohl auch die Vergeltung
Irgend ein Ende: Wir könnten die Stadt als Bettler durchziehen,
Geld uns mit werbenden Worten verschaffen, bis alles bezahlt ist.
Jetzt doch belastet ihr schwer mein Gemüt mit endlosen Leiden."
    Also grollend warf er sein Szepter zu Boden, es spritzten
Heiß ihm die Tränen und alles Volk überkam es wie Wehe.
Stille waren indessen die anderen alle; es wagte
Auch nicht einer, Telemachos schwere Worte zu sagen.
Nur Antinoos sprach dagegen und gab ihm zur Antwort:
    „Hoher Redner Telemachos, unwiderstehlich und mutig!
Was du nicht sagtest! du willst uns beschämen, mit Spott uns bewerfen?
Nein! Die Freier Achaias sind dir in gar nichts verschuldet,
Sondern die liebe Mutter versteht sich auf trefflichsten Vorteil.
Sind es doch drei volle Jahre, das vierte wird auch bald verfließen,
Seit sie mit Lügen betrügt das Gemüt in der Brust der Achaier.
Alle vertröstet sie, jedem verspricht sie besondere Aussicht.
Botschaft sendet sie aus, doch ihr Denken sucht andere Ziele.
Denn sie ersann und ergrübelte folgende andere Ausflucht:
Stellte zunächst einen wuchtigen Webstuhl auf im Palaste,
Wob ein feines, umfassendes Stück und sagte uns plötzlich:
Jünglinge! ihr meine Freier: Tot ist der hehre Odysseus.
Wartet! drängt nicht zur Ehe! ich möchte ein Tuch erst vollenden —
Nutzlos, fürcht ich, müßte das Garn sonst verderben — für unsren
Helden Laërtes das Grabtuch, eh noch das grausige Schicksal
Endlich ihn packt, wenn der Tod an ihn kommt, der keinen noch schonte.
Soll mich doch keine Achaierin schelten im Volke und sagen:
„Vieles hat er erworben, doch fehlt seiner Leiche das Laken."
Trotzig war unser Gemüt; ihrem Wort doch gehorchte es wieder.
So nun wob sie am großen Webstuhl alle die Tage,
Nachts aber nahm sie sich Fackeln und trennte und trennte. So blieb sie
Drei volle Jahre verborgen und hielt die Achaier beim Glauben.
Schließlich nahte das vierte Jahr und die Jahreszeiten
Kreisten; da redete endlich eines der wissenden Weiber,

καὶ τήν γ' ἀλλύουσαν ἐφεύρομεν ἀγλαὸν ἱστόν.
ὣς τὸ μὲν ἐξετέλεσσε καὶ οὐκ ἐθέλουσ', ὑπ' ἀνάγκης· 110
σοὶ δ' ὧδε μνηστῆρες ὑποκρίνονται, ἵν' εἰδῇς
αὐτὸς σῷ θυμῷ, εἰδῶσι δὲ πάντες Ἀχαιοί·
μητέρα σὴν ἀπόπεμψον, ἄνωχθι δέ μιν γαμέεσθαι
τῷ ὅτεῴ τε πατὴρ κέλεται καὶ ἁνδάνει αὐτῇ.
εἰ δ' ἔτ' ἀνιήσει γε πολὺν χρόνον υἷας Ἀχαιῶν, 115
τὰ φρονέουσ' ἀνὰ θυμόν, ἅ οἱ πέρι δῶκεν Ἀθήνη,
ἔργα τ' ἐπίστασθαι περικαλλέα καὶ φρένας ἐσθλὰς
κέρδεά θ', οἷ' οὔ πώ τιν' ἀκούομεν οὐδὲ παλαιῶν,
τάων αἳ πάρος ἦσαν ἐϋπλοκαμῖδες Ἀχαιαί,
Τυρώ τ' Ἀλκμήνη τε ἐϋστέφανός τε Μυκήνη· 120
τάων οὔ τις ὁμοῖα νοήματα Πηνελοπείῃ
ᾔδη· ἀτὰρ μὲν τοῦτό γ' ἐναίσιμον οὐκ ἐνόησε. —
τόφρα γὰρ οὖν βίοτόν τε τεὸν καὶ κτήματ' ἔδονται,
ὄφρα κε κείνη τοῦτον ἔχῃ νόον, ὅν τινά οἱ νῦν
ἐν στήθεσσι τιθεῖσι θεοί· μέγα μὲν κλέος αὐτῇ 125
ποιεῖτ', αὐτὰρ σοί γε ποθὴν πολέος βιότοιο.
ἡμεῖς δ' οὔτ' ἐπὶ ἔργα πάρος γ' ἴμεν οὔτε πῃ ἄλλῃ,
πρίν γ' αὐτὴν γήμασθαι Ἀχαιῶν ᾧ κ' ἐθέλῃσι."
    τὸν δ' αὖ Τηλέμαχος πεπνυμένος ἀντίον ηὔδα·
"Ἀντίνο', οὔ πως ἔστι δόμων ἀέκουσαν ἀπῶσαι 130
ἥ μ' ἔτεχ', ἥ μ' ἔθρεψε, πατὴρ δ' ἐμὸς ἄλλοθι γαίης,
ζώει ὅ γ' ἢ τέθνηκε· κακὸν δέ με πόλλ' ἀποτίνειν
Ἰκαρίῳ, αἴ κ' αὐτὸς ἑκὼν ἀπὸ μητέρα πέμψω.
ἐκ γὰρ τοῦ πατρὸς κακὰ πείσομαι, ἄλλα δὲ δαίμων
δώσει, ἐπεὶ μήτηρ στυγερὰς ἀρήσετ' ἐρινῦς 135
οἴκου ἀπερχομένη· νέμεσις δέ μοι ἐξ ἀνθρώπων
ἔσσεται· ὣς οὐ τοῦτον ἐγώ ποτε μῦθον ἐνίψω.
ὑμέτερος δ' εἰ μὲν θυμὸς νεμεσίζεται αὐτῶν,
ἔξιτέ μοι μεγάρων, ἄλλας δ' ἀλεγύνετε δαῖτας
ὑμὰ κτήματ' ἔδοντες ἀμειβόμενοι κατὰ οἴκους. 140
εἰ δ' ὑμῖν δοκέει τόδε λωΐτερον καὶ ἄμεινον
ἔμμεναι, ἀνδρὸς ἑνὸς βίοτον νήποινον ὀλέσθαι,
κείρετ'· ἐγὼ δὲ θεοὺς ἐπιβώσομαι αἰὲν ἐόντας,
αἴ κέ ποθι Ζεὺς δῷσι παλίντιτα ἔργα γενέσθαι·
νήποινοί κεν ἔπειτα δόμων ἔντοσθεν ὄλοισθε." 145

Und wir entdeckten sie wirklich beim Trennen des glänzenden Tuches.
Nun aber mußte, was nie sie doch wollte, aus Zwang sie vollenden.
Diese Antwort geben die Freier; erst dir, daß du selber
Tief im Gemüt es weißt und auch alle Achaier es wissen.
Schick deine Mutter nachhaus und befiehl ihr mit jenem die Heirat,
Dem sie ihr Vater bestimmt, und dem sie auch selber geneigt ist.
Hält sie noch länger so kränkend die Söhne Achaias zum besten,
Denkend in ihrem Gemüt, was Athene ihr gab vor den andern:
Tüchtigen Sinn und Verständnis für hohe Werke der Schönheit,
Schlaues Berechnen — nie noch hörten wir solches von alten
Frauen Achaias mit herrlichen Flechten, die früher einst lebten:
Nicht von Tyro, Alkmene, der herrlich bekränzten Mykene,
Keine von diesen hatte Gedanken wie Penelopeia —
Aber gerade nun hier hat das Schickliche nicht sie gesehen.
Also werden die Männer hier Hab und Gut dir verzehren,
Eben so lange, als jene Gedanken noch hegt, wie die Götter
Jetzt in die Brust sie ihr senken. So schafft sie sich hohe Berühmtheit,
Dir aber Harm und Verzicht auf die vielen Güter des Lebens.
Wir aber gehen im Feld oder sonst wo nicht an die Arbeit,
Bis sie nicht selbst den Achaier sich wählt, den gerne sie möchte."

Ihm aber hielt der gewandte Telemachos wieder entgegen:
„Nein, mein Antinoos! Die mich geboren, die mich erzogen —
Nimmermehr kann aus dem Haus ich sie stoßen, wenn sie nicht selbst will.
Vater ist weit in der Ferne, ob tot, ob lebendig; mein Unheil
Wär es, Ikarios Buße zu zahlen, wenn ich meine Mutter
Wieder von mir aus ihm brächte. Unheil drohte vom Vater,
Anderes schickte ein Gott; denn die Mutter riefe beim Weggang
Fluchend die wilde Erinys; nach Rache schrieen die Menschen.
Darum lasse ein solches Wort ich niemals verlauten.
Freilich, erbost sich darob euer eignes Gemüt, dann befehl ich:
Geht mir doch fort aus dem Haus, versorgt euch an anderen Tischen,
Zehrt doch am eignen Besitz, heut hier und morgen woanders!
Seid ihr indessen der Meinung, es sei doch der größere Vorteil,
Daß eines Einzigen Hab und Gut ohne Entgelt verderbe:
Plündert es aus! Doch ich — ich rufe die ewigen Götter,
Ob denn nicht doch noch Zeus ein Werk der Vergeltung vollziehe.
Dann aber, denk ich, verderbt ihr im Haus hier gewiß ohne Entgelt."

ὣς φάτο Τηλέμαχος, τῷ δ' αἰετὼ εὐρύοπα Ζεὺς
ὑψόθεν ἐκ κορυφῆς ὄρεος προέηκε πέτεσθαι.
τὼ δ' ἕως μέν ῥ' ἐπέτοντο μετὰ πνοιῇσ' ἀνέμοιο,
πλησίω ἀλλήλοισι τιταινομένω πτερύγεσσιν·
ἀλλ' ὅτε δὴ μέσσην ἀγορὴν πολύφημον ἵκέσθην, 150
ἔνθ' ἐπιδινηθέντε τιναξάσθην πτερὰ πυκνά,
ἐς δ' ἰδέτην πάντων κεφαλάς, ὄσσοντο δ' ὄλεθρον·
δρυψαμένω δ' ὀνύχεσσι παρειὰς ἀμφί τε δειρὰς
δεξιὼ ἤϊξαν διά τ' οἰκία καὶ πόλιν αὐτῶν.
θάμβησαν δ' ὄρνιθας, ἐπεὶ ἴδον ὀφθαλμοῖσιν· 155
ὥρμηναν δ' ἀνὰ θυμὸν ἅ περ τελέεσθαι ἔμελλεν.
τοῖσι δὲ καὶ μετέειπε γέρων ἥρως Ἀλιθέρσης
Μαστορίδης· ὁ γὰρ οἶος ὁμηλικίην ἐκέκαστο
ὄρνιθας γνῶναι καὶ ἐναίσιμα μυθήσασθαι·
ὅ σφιν ἐῢ φρονέων ἀγορήσατο καὶ μετέειπε· 160
"κέκλυτε δὴ νῦν μευ, Ἰθακήσιοι, ὅττι κεν εἴπω·
μνηστῆρσιν δὲ μάλιστα πιφαυσκόμενος τάδε εἴρω.
τοῖσιν γὰρ μέγα πῆμα κυλίνδεται· οὐ γὰρ Ὀδυσσεὺς
δὴν ἀπάνευθε φίλων ὧν ἔσσεται, ἀλλά που ἤδη
ἐγγὺς ἐὼν τοίσδεσσι φόνον καὶ κῆρα φυτεύει, 165
πάντεσσιν· πολέσιν δὲ καὶ ἄλλοισιν κακὸν ἔσται,
οἳ νεμόμεσθ' Ἰθάκην εὐδείελον. ἀλλὰ πολὺ πρὶν
φραζώμεσθ' ὥς κεν καταπαύσομεν· οἱ δὲ καὶ αὐτοὶ
παυέσθων· καὶ γάρ σφιν ἄφαρ τόδε λώϊόν ἐστιν.
οὐ γὰρ ἀπείρητος μαντεύομαι, ἀλλ' ἐῢ εἰδώς· 170
καὶ γὰρ κείνῳ φημὶ τελευτηθῆναι ἅπαντα,
ὥς οἱ ἐμυθεόμην, ὅτε Ἴλιον εἰσανέβαινον
Ἀργεῖοι, μετὰ δέ σφιν ἔβη πολύμητις Ὀδυσσεύς.
φῆν κακὰ πολλὰ παθόντ', ὀλέσαντ' ἄπο πάντας ἑταίρους,
ἄγνωστον πάντεσσιν ἐεικοστῷ ἐνιαυτῷ 175
οἴκαδ' ἐλεύσεσθαι· τὰ δὲ δὴ νῦν πάντα τελεῖται."
τὸν δ' αὖτ' Εὐρύμαχος, Πολύβου πάϊς, ἀντίον ηὔδα·
"ὦ γέρον, εἰ δ' ἄγε δὴ μαντεύεο σοῖσι τέκεσσιν
οἴκαδ' ἰών, μή πού τι κακὸν πάσχωσιν ὀπίσσω·
ταῦτα δ' ἐγὼ σέο πολλὸν ἀμείνων μαντεύεσθαι. 180
ὄρνιθες δέ τε πολλοὶ ὑπ' αὐγὰς ἠελίοιο
φοιτῶσ', οὐδέ τε πάντες ἐναίσιμοι· αὐτὰρ Ὀδυσσεὺς
ὤλετο τῆλ', ὡς καὶ σὺ καταφθίσθαι σὺν ἐκείνῳ

Zweiter Gesang

Also sagte Telemachos. Ihm aber ließ vom Gebirge
Zeus, der weithin schaut, hochher zwei Adler entschweben.
Diese schwebten zuerst im Zuge des wehenden Windes
Nahe nebeneinander und spreizten straff ihre Schwingen;
Doch als die Mitte des Marktes, wo viel man redet, erreicht war,
Zogen sie Kreise und schüttelten tüchtig ihr dichtes Gefieder,
Schauten herab auf die Köpfe von allen und blickten Vernichtung,
Hackten einander rundum die Krallen in Backen und Hälse,
Stürmten im Flug dann nach rechts über Stadt und Häuser der Leute.
Staunen ergriff sie beim Anblick dieses Treibens der Vögel;
Was es am Ende bedeute, bewegten sie tief im Gemüte.
Nun aber sprach auch zu ihnen der greise Held Halitherses,
Mastors Sohn, der allein von den Altersgenossen berühmt war
Vogelzeichen zu deuten und schicksalgerecht zu verkünden.
Dieser meinte es gut mit ihnen und sprach zur Versammlung:
   „Männer von Ithaka, hört jetzt mich, was alles ich sage:
Immerhin gelten die folgenden Worte vor allem den Freiern:
Riesiges Unheil wälzt sich heran, das sie trifft; denn Odysseus
Wird nicht lange mehr fern seinen Lieben verweilen; er ist schon
Irgendwie nahe und plant diesen allen hier Mord und Verderben.
Aber auch anderen, vielen von uns droht künftiges Unheil,
Uns, den Bewohnern des weithin sichtbaren Ithaka. Laßt denn
Zeitig genug uns beraten, wie wir es bannen! Indessen
Müssen sie Schluß jetzt machen, sie selber! es ist wohl das beste
Auch für sie und sofort! Ich bin nicht von heute! die Zukunft
Weiß ich trefflich zu deuten; drum sag ich: Auch jenem erfüllte
Alles sich so, wie ich ihm erzählte, als einst die Argeier
Samt dem einfallreichen Odysseus nach Ilion fuhren.
Ja, ich sagte: Nach vielem Leid, ohne alle Gefährten,
Unerkannt von der Menge, im zwanzigsten Jahre erst wieder
Kehre er heim. Und jetzt will all dies sich endlich erfüllen."
   Ihm hielt Pólybos' Sohn Eurýmachos wieder entgegen:
„Alter Mann, geh heim! Prophezeie du jetzt deinen Kindern!
Daß sie nur ja kein Unheil später erleiden! Da bin doch
Ich ein viel besserer Deuter von dem, was soeben sich zutrug.
Vögel sind viel unterwegs im Lichte der strahlenden Sonne,
Aber es sind nicht alle schicksalgerecht; und Odysseus
Starb in der Ferne. Ich wollte, auch du wärest untergegangen

ὤφελες· οὐκ ἂν τόσσα θεοπροπέων ἀγόρευες,
οὐδέ κε Τηλέμαχον κεχολωμένον ὧδ' ἀνιείης, 185
σῷ οἴκῳ δῶρον ποτιδέγμενος, αἴ κε πόρῃσιν.
ἀλλ' ἔκ τοι ἐρέω, τὸ δὲ καὶ τετελεσμένον ἔσται·
αἴ κε νεώτερον ἄνδρα παλαιά τε πολλά τε εἰδὼς
παρφάμενος ἐπέεσσιν ἐποτρύνῃς χαλεπαίνειν,
αὐτῷ μέν οἱ πρῶτον ἀνιηρέστερον ἔσται, 190
πρῆξαι δ' ἔμπης οὔ τι δυνήσεται εἵνεκα τῶνδε·
σοὶ δέ, γέρον, θωὴν ἐπιθήσομεν, ἥν κ' ἐνὶ θυμῷ
τίνων ἀσχάλλῃς· χαλεπὸν δέ τοι ἔσσεται ἄλγος.
Τηλεμάχῳ δ' ἐν πᾶσιν ἐγὼν ὑποθήσομαι αὐτός·
μητέρα ἣν ἐς πατρὸς ἀνωγέτω ἀπονέεσθαι· 195
οἱ δὲ γάμον τεύξουσι καὶ ἀρτυνέουσιν ἔεδνα
πολλὰ μάλ', ὅσσα ἔοικε φίλης ἐπὶ παιδὸς ἕπεσθαι.
οὐ γὰρ πρὶν παύσεσθαι ὀΐομαι υἷας Ἀχαιῶν
μνηστύος ἀργαλέης, ἐπεὶ οὔ τινα δείδιμεν ἔμπης,
οὔτ' οὖν Τηλέμαχον, μάλα περ πολύμυθον ἐόντα, 200
οὔτε θεοπροπίης ἐμπαζόμεθ', ἣν σύ, γεραιέ,
μυθέαι ἀκράαντον, ἀπεχθάνεαι δ' ἔτι μᾶλλον.
χρήματα δ' αὖτε κακῶς βεβρώσεται, οὐδέ ποτ' ἶσα
ἔσσεται, ὄφρα κεν ἥ γε διατρίβῃσιν Ἀχαιοὺς
ὃν γάμον· ἡμεῖς δ' αὖ ποτιδέγμενοι ἤματα πάντα 205
εἵνεκα τῆς ἀρετῆς ἐριδαίνομεν, οὐδὲ μετ' ἄλλας
ἐρχόμεθ', ἃς ἐπιεικὲς ὀπυιέμεν ἐστὶν ἑκάστῳ."
τὸν δ' αὖ Τηλέμαχος πεπνυμένος ἀντίον ηὔδα·
"Εὐρύμαχ' ἠδὲ καὶ ἄλλοι, ὅσοι μνηστῆρες ἀγαυοί,
ταῦτα μὲν οὐχ ὑμέας ἔτι λίσσομαι οὐδ' ἀγορεύω· 210
ἤδη γὰρ τὰ ἴσασι θεοὶ καὶ πάντες Ἀχαιοί.
ἀλλ' ἄγε μοι δότε νῆα θοὴν καὶ εἴκοσ' ἑταίρους,
οἵ κέ μοι ἔνθα καὶ ἔνθα διαπρήσσωσι κέλευθον.
εἶμι γὰρ ἐς Σπάρτην τε καὶ ἐς Πύλον ἠμαθόεντα,
νόστον πευσόμενος πατρὸς δὴν οἰχομένοιο, 215
ἤν τίς μοι εἴπῃσι βροτῶν, ἢ ὄσσαν ἀκούσω
ἐκ Διός, ἥ τε μάλιστα φέρει κλέος ἀνθρώποισιν.
εἰ μέν κεν πατρὸς βίοτον καὶ νόστον ἀκούσω,
ἦ τ' ἂν τρυχόμενός περ ἔτι τλαίην ἐνιαυτόν·
εἰ δέ κε τεθνηῶτος ἀκούσω μηδ' ἔτ' ἐόντος, 220
νοστήσας δὴ ἔπειτα φίλην ἐς πατρίδα γαῖαν

Mit ihm zusammen. Dann sprächst du nicht gar so viel von der Zukunft,
Ließest Telemachos' Wut auf uns nicht so sich ergießen.
Schließlich erwartest du doch, daß ins Haus ein Geschenk er dir bringe.
Aber ich sag dirs heraus und es geht auch gewiß in Erfüllung:
Vieles weißt du, in Jahren Erprobtes; doch solltest du wagen,
Hier den Jungen mit lockenden Worten zum Zorn zu verleiten,
Dann wird zunächst ihm selber das Leben gründlich verbittert.
Wirksames wird ihm ja doch bei der Lage der Dinge nicht glücken.
Dich aber, Alter, lassen wirs büßen; du wirst im Gemüte
Toben bei dieser Vergeltung, wenn drückender Schmerz dich belastet.
Doch dem Telemachos mach ich vor allen hier selbst einen Vorschlag:
Raten soll er der Mutter, zum Vater nach Hause zu gehen;
Hochzeit werden die andren dann machen, Geschenke auch bringen,
Reichlichst, wie es die Sitte verlangt für geliebte Töchter.
Denn ich meine, die Söhne Achaias verzichten auf dieses
Schmerzliche Werben ja doch nicht; sie haben auch keinen zu fürchten,
Nicht den Telemachos, mag er auch noch so wortreich reden.
Auch was du uns, Alter, da kündest, bekümmert uns gar nicht;
Blieb es und bleibt es doch aus, du steigerst nur unsre Verachtung.
Und so wird denn die Habe noch weiter übel vergeudet,
Kein Entgelt wird geboten, solange die Frau die Achaier
Hinhält, ohne zur Ehe zu schreiten. Es lockt uns als Kampfpreis
Grade ihr tüchtiges Wesen. So warten wir alle die Tage.
Anderen gehn wir nicht nach, die den einzelnen paßten zur Heirat."

Ihm aber hielt der gewandte Telemachos wieder entgegen:
„Darum, ihr trefflichen Freier, Eurýnomos wie alle andern,
Darum will ich euch nimmermehr bitten auch nicht auf dem Marktplatz.
Jetzt ja wissen die Götter davon und alle Achaier.
Aber gebt mir ein eilendes Schiff und zwanzig Gefährten,
Daß eine Reise hin und zurück für mich sie bereiten.
Denn ich werde nach Sparta gehn und ins sandige Pylos,
Vaters Heimkehr möcht ich erkunden, da lang er schon fort ist.
Möglich wärs, daß ein Sterblicher Nachricht gäbe, vielleicht gar
Höre ich Kunde von Zeus, die am weitesten dringt bei den Menschen.
Höre ich etwas von Vaters Leben und gar von der Heimkehr,
Dann will gern noch ein Jahr ich verhalten in Qual und Bedrängnis.
Hör ich indessen, er sei nicht mehr da, er sei schon gestorben,
Sicher dann kehre ich wieder ins liebe Land meiner Heimat,

σῆμά τέ οἱ χεύω καὶ ἐπὶ κτέρεα κτερεΐξω
πολλὰ μάλ', ὅσσα ἔοικε, καὶ ἀνέρι μητέρα δώσω."
 ἦ τοι ὅ γ' ὣς εἰπὼν κατ' ἄρ' ἕζετο, τοῖσι δ' ἀνέστη
Μέντωρ, ὅς ῥ' Ὀδυσῆος ἀμύμονος ἦεν ἑταῖρος,   225
καί οἱ ἰὼν ἐν νηυσὶν ἐπέτρεπεν οἶκον ἅπαντα,
πείθεσθαί τε γέροντι καὶ ἔμπεδα πάντα φυλάσσειν·
ὅ σφιν ἐῢ φρονέων ἀγορήσατο καὶ μετέειπε·
 "κέκλυτε δὴ νῦν μευ, Ἰθακήσιοι, ὅττι κεν εἴπω·
μή τις ἔτι πρόφρων ἀγανὸς καὶ ἤπιος ἔστω   230
σκηπτοῦχος βασιλεύς, μηδὲ φρεσὶν αἴσιμα εἰδώς,
ἀλλ' αἰεὶ χαλεπός τ' εἴη καὶ αἴσυλα ῥέζοι,
ὡς οὔ τις μέμνηται Ὀδυσσῆος θείοιο
λαῶν, οἷσιν ἄνασσε, πατὴρ δ' ὣς ἤπιος ἦεν.
ἀλλ' ἤ τοι μνηστῆρας ἀγήνορας οὔ τι μεγαίρω   235
ἕρδειν ἔργα βίαια κακορραφίῃσι νόοιο·
σφὰς γὰρ παρθέμενοι κεφαλὰς κατέδουσι βιαίως
οἶκον Ὀδυσσῆος, τὸν δ' οὐκέτι φασὶ νέεσθαι.
νῦν δ' ἄλλῳ δήμῳ νεμεσίζομαι, οἷον ἅπαντες
ἧσθ' ἄνεω, ἀτὰρ οὔ τι καθαπτόμενοι ἐπέεσσι   240
παύρους μνηστῆρας κατερύκετε πολλοὶ ἐόντες."
 τὸν δ' Εὐηνορίδης Λειώκριτος ἀντίον ηὔδα·
"Μέντορ ἀταρτηρέ, φρένας ἠλεέ, ποῖον ἔειπες
ἡμέας ὀτρύνων καταπαυέμεν. ἀργαλέον δὲ
ἀνδράσι καὶ πλεόνεσσι μαχέσσασθαι περὶ δαιτί.   245
εἴ περ γάρ κ' Ὀδυσεὺς Ἰθακήσιος αὐτὸς ἐπελθὼν
δαινυμένους κατὰ δῶμα ἑὸν μνηστῆρας ἀγαυοὺς
ἐξελάσαι μεγάροιο μενοινήσει' ἐνὶ θυμῷ,
οὔ κέν οἱ κεχάροιτο γυνή, μάλα περ χατέουσα,
ἐλθόντ', ἀλλά κεν αὐτοῦ ἀεικέα πότμον ἐπίσποι,   250
εἰ πλεόνεσσι μάχοιτο· σὺ δ' οὐ κατὰ μοῖραν ἔειπες.
ἀλλ' ἄγε, λαοὶ μὲν σκίδνασθ' ἐπὶ ἔργα ἕκαστος,
τούτῳ δ' ὀτρυνέει Μέντωρ ὁδὸν ἠδ' Ἁλιθέρσης,
οἵ τέ οἱ ἐξ ἀρχῆς πατρώϊοί εἰσιν ἑταῖροι.
ἀλλ', ὀΐω, καὶ δηθὰ καθήμενος ἀγγελιάων   255
πεύσεται εἰν Ἰθάκῃ, τελέει δ' ὁδὸν οὔ ποτε ταύτην."
 ὣς ἄρ' ἐφώνησεν, λῦσεν δ' ἀγορὴν αἰψηρήν.
οἱ μὲν ἄρ' ἐσκίδναντο ἑὰ πρὸς δώμαθ' ἕκαστος,
μνηστῆρες δ' ἐς δώματ' ἴσαν θείου Ὀδυσῆος.

Türm ihm ein Denkmal, bring ihm die Gaben für Tote in Fülle,
Wie es die Sitte verlangt, und gebe die Mutter dem Manne."
    Sprachs und setzte sich nieder und Mentor erhob sich vor ihnen.
Er war Gefährte des tadellosen Odysseus und dieser
Gab ihm, als er zu Schiff ging, ganz sein Haus zur Betreuung;
Folgen sollt er dem Greis und alles gründich behüten.
Dieser meinte es gut mit ihnen und sprach zur Versammlung:
    „Männer von Ithaka, hört jetzt mich, was alles ich sage:
Niemals mehr sei irgendein König mit Szepter und Weitblick
Gütig und mild! er verstehe sich nicht auf Kenntnis des Rechten!
Nein! Er mache sich allzeit schwierig, begehe Verbrechen!
Denkt und dankt es dem hehren Odysseus doch keiner der Leute,
Die er beherrschte, und war ihnen doch wie ein gütiger Vater.
Aber wahrhaftig, den trutzigen Freiern verdenk ich nicht weiter,
Daß sie im Zug ihrer Hirngespinste gewaltsam es treiben!
Immerhin setzt beim gewaltsamen Prassen im Haus des Odysseus
Jeder den Kopf aufs Spiel — sie meinen, er kehre nicht wieder.
Nein! Jetzt zürn ich dem anderen Volk! Wie sitzt ihr denn alle
Hier und fehlt euch die Sprache und keiner packt mit der Rede
Dieses Häuflein von Freiern und hemmt sie; ihr seid doch so viele."
    Aber Euénos' Sohn, Leiókritos, sagte dagegen:
„Mentor, was du nicht meinst! Dein Verstand geht irr und du selber
Willst dich nicht fügen; verlangst, sie sollen uns hemmen? Es wäre
Schmerzlich beim Essen mit Männern, und gar wenn es mehr sind, zu
Schritte Ithakas Held Odysseus selber zum Angriff,   [kämpfen.
Dächte sich aus im Gemüt, diese adligen Freier beim Essen
Hier im eigenen Haus aus dem Saale zu treiben: Ich glaube
Nicht, daß sein Weib, trotz all ihrer Sehnsucht, froh ihn empfinge,
Kämpfte er gegen die vielen. Dein Reden entsprach nicht der Lage.
Hier noch würde ein schmähliches Schicksal, denk ich, er finden.
Jetzt doch, ihr Leute, zerstreut euch, ein jeglicher auf seine Felder!
Ihm aber werden die Fahrt Halitherses und Mentor schon rüsten,
Hat er sie doch zu Gefährten von Vaters Zeiten seit jeher.
Nachricht freilich, so mein ich, erhält er auch, wenn er noch lange
Hier in Ithaka sitzt; doch die Fahrt wird nie er vollenden."
    Also sprach er und schloß die Versammlung in plötzlicher Eile.
Darnach zerstreuten sie sich; seine Wohnstatt suchte ein jeder,
Während die Freier zum Haus des erhabnen Odysseus sich wandten.

Τηλέμαχος δ' ἀπάνευθε κιὼν ἐπὶ θῖνα θαλάσσης, 260
χεῖρας νιψάμενος πολιῆς ἁλός, εὔχετ' Ἀθήνῃ·
"κλῦθί μευ, ὃ χθιζὸς θεὸς ἤλυθες ἡμέτερον δῶ
καί μ' ἐν νηῒ κέλευσας ἐπ' ἠεροειδέα πόντον
νόστον πευσόμενον πατρὸς δὴν οἰχομένοιο
ἔρχεσθαι· τὰ δὲ πάντα διατρίβουσιν Ἀχαιοί, 265
μνηστῆρες δὲ μάλιστα, κακῶς ὑπερηνορέοντες."

ὣς ἔφατ' εὐχόμενος, σχεδόθεν δέ οἱ ἦλθεν Ἀθήνη,
Μέντορι εἰδομένη ἠμὲν δέμας ἠδὲ καὶ αὐδήν,
καί μιν φωνήσασ' ἔπεα πτερόεντα προσηύδα·
"Τηλέμαχ', οὐδ' ὄπιθεν κακὸς ἔσσεαι οὐδ' ἀνοήμων· 270
εἰ δή τοι σοῦ πατρὸς ἐνέστακται μένος ἠΰ,
οἷος κεῖνος ἔην τελέσαι ἔργον τε ἔπος τε,
οὔ τοι ἔπειθ' ἁλίη ὁδὸς ἔσσεται οὐδ' ἀτέλεστος.
εἰ δ' οὐ κείνου γ' ἐσσὶ γόνος καὶ Πηνελοπείης,
οὔ σε ἔπειτα ἔολπα τελευτήσειν ἃ μενοινᾷς. 275
παῦροι γάρ τοι παῖδες ὁμοῖοι πατρὶ πέλονται,
οἱ πλέονες κακίους, παῦροι δέ τε πατρὸς ἀρείους.
ἀλλ' ἐπεὶ οὐδ' ὄπιθεν κακὸς ἔσσεαι οὐδ' ἀνοήμων,
οὐδέ σε πάγχυ γε μῆτις Ὀδυσσῆος προλέλοιπεν,
ἐλπωρή τοι ἔπειτα τελευτῆσαι τάδε ἔργα. 280
τῶ νῦν μνηστήρων μὲν ἔα βουλήν τε νόον τε
ἀφραδέων, ἐπεὶ οὔ τι νοήμονες οὐδὲ δίκαιοι·
οὐδέ τι ἴσασιν θάνατον καὶ κῆρα μέλαιναν,
ὡς δή σφιν σχεδόν ἐστιν ἐπ' ἤματι πάντας ὀλέσθαι.
σοὶ δ' ὁδὸς οὐκέτι δηρὸν ἀπέσσεται ἣν σὺ μενοινᾷς· 285
τοῖος γάρ τοι ἑταῖρος ἐγὼ πατρώϊός εἰμι,
ὅς τοι νῆα θοὴν στελέω καὶ ἅμ' ἕψομαι αὐτός.
ἀλλὰ σὺ μὲν πρὸς δώματ' ἰὼν μνηστῆρσιν ὁμίλει,
ὅπλισσόν τ' ἤϊα καὶ ἄγγεσιν ἄρσον ἅπαντα,
οἶνον ἐν ἀμφιφορεῦσι καὶ ἄλφιτα, μυελὸν ἀνδρῶν, 290
δέρμασιν ἐν πυκινοῖσιν· ἐγὼ δ' ἀνὰ δῆμον ἑταίρους
αἶψ' ἐθελοντῆρας συλλέξομαι. εἰσὶ δὲ νῆες
πολλαὶ ἐν ἀμφιάλῳ Ἰθάκῃ, νέαι ἠδὲ παλαιαί·
τάων μέν τοι ἐγὼν ἐπιόψομαι ἥ τις ἀρίστη,
ὦκα δ' ἐφοπλίσσαντες ἐνήσομεν εὐρέϊ πόντῳ." 295

ὣς φάτ' Ἀθηναίη, κούρη Διός· οὐδ' ἄρ' ἔτι δὴν
Τηλέμαχος παρέμιμνεν, ἐπεὶ θεοῦ ἔκλυεν αὐδήν.

Aber Telemachos ging allein an die Küste des Meeres,
Wusch in der grauen Flut seine Hände und rief zu Athene:
„Höre mich! Bist du doch gestern als Gott ins Haus mir gekommen,
Gabst mir Befehle, die dunstige See im Schiff zu befahren,
Vaters Heimkehr soll ich erfragen, da lang er schon fort ist.
Doch die Achaier wollen mir all diese Pläne vereiteln,
Weitaus am meisten die Freier, die Männer voll übelsten Hochmuts."
  Während er betend so sprach, trat nahe ihm Pallas Athene,
Mentor glich sie völlig an äußerer Gestalt und an Stimme.
Diese nun sprach und sagte zu ihm geflügelte Worte:
  „Du Telemachos! Nimmer verfällst du in törichte Schwäche,
Strömt nur die edle Kraft deines Vaters auch dir in den Adern,
Der es verstand, was er sagte und tat, mit Erfolg zu beenden.
Dann wird die jetzige Fahrt ein Erfolg und glücklich ihr Ausgang.
Bist du freilich nicht ihm und Penelopeia entsprossen,
Dann verlier ich die Hoffnung, du kämest zum Ziel deiner Pläne.
Wenige Kinder geraten doch ganz in der Art ihrer Väter,
Meistens sind sie nur minder, kaum einer ist über dem Vater.
Du doch, der du zu törichter Schwäche nimmer herabsinkst,
Da des Odysseus planvolles Denken auch dir nicht versagt ward,
Darfst wohl auch hoffen, du werdest dies Werk jetzt glücklich vollbringen.
Kümmre dich jetzt also nicht um der Freier Denken und Raten:
Denen fehlt Überlegung, Verstand und Sinn für das Rechte.
Freilich wissen sie nichts von Tod und von schwarzem Verderben,
Rückt es doch endlich heran, auf den Tag, ihrer aller Verderben.
Nicht mehr lang und du bist auf dem Weg, so wie du ihn vorhast;
Denn seit Vaters Zeiten bin ich dir Gefährte und darum
Werde das eilende Schiff ich dir richten und selbst mit dir fahren.
Geh also jetzt zum Palast und suche der Freier Gesellschaft,
Rüste die Zehrung, verschließe dann alles gut in Gefäßen:
Wein in Krügen mit doppelten Henkeln, in festen Häuten
Mehl aus Gerste, das Mark der Männer. Ich aber gehe,
Sammle in Eile beim Volke Gefährten, die gerne uns folgen;
Schiffe, alte und neue, in Menge hat Ithakas Eiland:
Davon will ich das beste mir ansehn, daß wir es schleunigst
Fertig bestellen; dann soll es die Breite des Meeres gewinnen."
  Also sprach Zeus' Tochter Athene; Telemachos aber
Blieb nicht mehr lange, sobald er die Stimme der Göttin vernommen.

βῆ δ' ἴμεναι πρὸς δῶμα, φίλον τετιημένος ἦτορ,
εὗρε δ' ἄρα μνηστῆρας ἀγήνορας ἐν μεγάροισιν
αἶγας ἀνιεμένους σιάλους θ' εὕοντας ἐν αὐλῇ.   300
Ἀντίνοος δ' ἰθὺς γελάσας κίε Τηλεμάχοιο·
ἔν τ' ἄρα οἱ φῦ χειρὶ ἔπος τ' ἔφατ' ἔκ τ' ὀνόμαζε·
  "Τηλέμαχ' ὑψαγόρη, μένος ἄσχετε, μή τί τοι ἄλλο
ἐν στήθεσσι κακὸν μελέτω ἔργον τε ἔπος τε,
ἀλλὰ μάλ' ἐσθιέμεν καὶ πινέμεν, ὡς τὸ πάρος περ.   305
ταῦτα δέ τοι μάλα πάντα τελευτήσουσιν Ἀχαιοί,
νῆα καὶ ἐξαίτους ἐρέτας, ἵνα θᾶσσον ἵκηαι
ἐς Πύλον ἠγαθέην μετ' ἀγαυοῦ πατρὸς ἀκουήν."
  τὸν δ' αὖ Τηλέμαχος πεπνυμένος ἀντίον ηὔδα·
  "Ἀντίνο', οὔ πως ἔστιν ὑπερφιάλοισι μεθ' ὑμῖν   310
δαίνυσθαί τ' ἀκέοντα καὶ εὐφραίνεσθαι ἔκηλον.
ἦ οὐχ ἅλις, ὡς τὸ πάροιθεν ἐκείρετε πολλὰ καὶ ἐσθλὰ
κτήματ' ἐμά, μνηστῆρες, ἐγὼ δ' ἔτι νήπιος ἦα;
νῦν δ' ὅτε δὴ μέγας εἰμί, καὶ ἄλλων μῦθον ἀκούων
πυνθάνομαι, καὶ δή μοι ἀέξεται ἔνδοθι θυμός,   315
πειρήσω, ὥς κ' ὕμμι κακὰς ἐπὶ κῆρας ἰήλω,
ἠὲ Πύλονδ' ἐλθὼν ἢ αὐτοῦ τῷδ' ἐνὶ δήμῳ.
εἶμι μέν, οὐδ' ἁλίη ὁδὸς ἔσσεται ἣν ἀγορεύω,
ἔμπορος· οὐ γὰρ νηὸς ἐπήβολος οὐδ' ἐρετάων
γίνομαι· ὥς νύ που ὔμμιν ἐείσατο κέρδιον εἶναι."   320
  ἦ ῥα, καὶ ἐκ χειρὸς χεῖρα σπάσατ' Ἀντινόοιο
ῥεῖα· μνηστῆρες δὲ δόμον κάτα δαῖτα πένοντο.
οἱ δ' ἐπελώβευον καὶ ἐκερτόμεον ἐπέεσσιν·
ὧδε δέ τις εἴπεσκε νέων ὑπερηνορεόντων·
  "ἦ μάλα Τηλέμαχος φόνον ἧμιν μερμηρίζει.   325
ἤ τινας ἐκ Πύλου ἄξει ἀμύντορας ἠμαθόεντος,
ἢ ὅ γε καὶ Σπάρτηθεν, ἐπεί νύ περ ἵεται αἰνῶς·
ἠὲ καὶ εἰς Ἐφύρην ἐθέλει, πίειραν ἄρουραν,
ἐλθεῖν, ὄφρ' ἔνθεν θυμοφθόρα φάρμακ' ἐνείκῃ,
ἐν δὲ βάλῃ κρητῆρι καὶ ἡμέας πάντας ὀλέσσῃ."   330
  ἄλλος δ' αὖτ' εἴπεσκε νέων ὑπερηνορεόντων·
  "τίς δ' οἶδ', εἴ κε καὶ αὐτὸς ἰὼν κοίλης ἐπὶ νηὸς
τῆλε φίλων ἀπόληται ἀλώμενος ὥς περ Ὀδυσσεύς;
οὕτω κεν καὶ μᾶλλον ὀφέλλειεν πόνον ἄμμιν·
κτήματα γάρ κεν πάντα δασαίμεθα, οἰκία δ' αὖτε   335

Tiefbetrübt im lieben Herzen ging er nachhause,
Fand dort die trutzigen Freier, wie sie im Hof seines Hauses
Ziegen enthäuteten, fett gemästete Schweine sengten.
Aber Antinoos ging dem Telemachos lachend entgegen,
Drückte ihm kräftig die Hand und sprach und sagte bedeutsam:
 „Hoher Redner Telemachos! Unwiderstehlich und mutig!
Denk in der Brust an nichts anderes Böses in Wort oder Taten!
Iß und trink mir zulieb, grad so, wie bisher du es hieltest!
Denn die Achaier besorgen dir restlos alles, das Schiff und
Ausgezeichnete Fahrer; du sollst ja das heilige Pylos
Schneller erreichen, um Kunde vom edlen Vater zu hören."
 Ihm aber hielt der gewandte Telemachos wieder entgegen:
 „Nein, mein Antinoos — speisen mit euch und zu schweigen, in Ruhe
Froh mich zu fühlen dabei — das verwehrt euer haltloser Hochmut.
Ist es bisher nicht genug? Mein tüchtiges, großes Besitztum
Habt ihr geplündert als Freier und ich war noch gar nicht erwachsen!
Jetzt bin ich groß, wahrhaftig, und höre die Worte der andern,
Weiß sie zu deuten; wahrhaftig, da schwillt das Gemüt mir im Innern!
Fortan werd ich versuchen, euch schlimmes Verderben zu schaffen,
Mag ich nach Pylos nun gehn oder hier zulande verbleiben.
Aber ich gehe, der Weg wird sich lohnen, von dem ich euch sage,
Reise als Kaufmann, ohne ein Recht auf Fahrer und Fahrzeug;
Darin liegt ja für euch, wie es scheint, wohl der größere Vorteil."
 Sprachs und zog aus der Hand des Antinoos leicht seine eigne,
Während die Freier indessen im Hause das Essen betrieben.
Lautes Schimpfen und Schelten ließen dabei sie vernehmen.
Mancher der allzu männlichen Jungen sagte da oftmals:
 „Das ist gewiß; der Telemachos grübelt, wie er uns morde.
Entweder holt er sich Helfer hieher aus dem sandigen Pylos,
Oder vielleicht auch aus Sparta; denn dahin zieht es ihn schrecklich;
Oder es treibt ihn, nach Éphyras fetten Feldern zu reisen;
Gifte will er dort holen, die tödlich wirken; im Mischkrug
Bringt er sie unter, um so uns allesamt zu vernichten."
 Wieder ein anderer sagte der allzu männlichen Jungen:
 „Wer aber weiß denn, ob nicht auch er im geräumigen Schiffe
Fern seinen Lieben auf Irrfahrt stirbt grad so wie Odysseus?
Dadurch freilich würde er all unser Mühen vergrößern.
Teilen müßten wir sämtliche Habe; das Haus aber müßten

τούτου μητέρι δοῖμεν ἔχειν ἠδ' ὅς τις ὀπυίοι."
  ὣς φάν· ὁ δ' ὑψόροφον θάλαμον κατεβήσετο πατρός,
εὐρύν, ὅθι νητὸς χρυσὸς καὶ χαλκὸς ἔκειτο
ἐσθής τ' ἐν χηλοῖσιν ἅλις τ' εὐῶδες ἔλαιον.
ἐν δὲ πίθοι οἴνοιο παλαιοῦ ἡδυπότοιο   340
ἕστασαν, ἄκρητον θεῖον ποτὸν ἐντὸς ἔχοντες,
ἑξείης ποτὶ τοῖχον ἀρηρότες, εἴ ποτ' Ὀδυσσεὺς
οἴκαδε νοστήσειε καὶ ἄλγεα πολλὰ μογήσας.
κληϊσταὶ δ' ἔπεσαν σανίδες πυκινῶς ἀραρυῖαι,
δικλίδες· ἐν δὲ γυνὴ ταμίη νύκτας τε καὶ ἦμαρ   345
ἔσχ', ἣ πάντ' ἐφύλασσε νόου πολυϊδρείῃσιν,
Εὐρύκλει', Ὦπος θυγάτηρ Πεισηνορίδαο.
τὴν τότε Τηλέμαχος προσέφη θαλαμόνδε καλέσσας·
  "μαῖ', ἄγε δή μοι οἶνον ἐν ἀμφιφορεῦσιν ἄφυσσον
ἡδύν, ὅτις μετὰ τὸν λαρώτατος, ὃν σὺ φυλάσσεις,   350
κεῖνον ὀϊομένη τὸν κάμμορον, εἴ ποθεν ἔλθοι
διογενὴς Ὀδυσεὺς θάνατον καὶ κῆρας ἀλύξας.
δώδεκα δ' ἔμπλησον καὶ πώμασιν ἄρσον ἅπαντας.
ἐν δέ μοι ἄλφιτα χεῦον ἐϋρραφέεσσι δοροῖσιν·
εἴκοσι δ' ἔστω μέτρα μυληφάτου ἀλφίτου ἀκτῆς.   355
αὐτὴ δ' οἴη ἴσθι· τὰ δ' ἀθρόα πάντα τετύχθω·
ἑσπέριος γὰρ ἐγὼν αἱρήσομαι, ὁππότε κεν δὴ
μήτηρ εἰς ὑπερῷ' ἀναβῇ κοίτου τε μέδηται·
εἶμι γὰρ ἐς Σπάρτην τε καὶ ἐς Πύλον ἠμαθόεντα,
νόστον πευσόμενος πατρὸς φίλου, ἤν που ἀκούσω."   360
  ὣς φάτο, κώκυσεν δὲ φίλη τροφὸς Εὐρύκλεια,
καί ῥ' ὀλοφυρομένη ἔπεα πτερόεντα προσηύδα·
  "τίπτε δέ τοι, φίλε τέκνον, ἐνὶ φρεσὶ τοῦτο νόημα
ἔπλετο; πῇ δ' ἐθέλεις ἰέναι πολλὴν ἐπὶ γαῖαν
μοῦνος ἐὼν ἀγαπητός; ὁ δ' ὤλετο τηλόθι πάτρης   365
διογενὴς Ὀδυσεὺς ἀλλογνώτῳ ἐνὶ δήμῳ.
οἱ δέ τοι αὐτίκ' ἰόντι κακὰ φράσσονται ὀπίσσω,
ὥς κε δόλῳ φθίῃς, τάδε δ' αὐτοὶ πάντα δάσωνται.
ἀλλὰ μέν' αὖθ' ἐπὶ σοῖσι καθήμενος· οὐδέ τί σε χρὴ
πόντον ἐπ' ἀτρύγετον κακὰ πάσχειν οὐδ' ἀλάλησθαι."   370
  τὴν δ' αὖ Τηλέμαχος πεπνυμένος ἀντίον ηὔδα·
  "θάρσει, μαῖ', ἐπεὶ οὔ τοι ἄνευ θεοῦ ἥδε γε βουλή.
ἀλλ' ὄμοσον μὴ μητρὶ φίλῃ τάδε μυθήσασθαι,

Doch seiner Mutter wir lassen und dem, der schließlich ihr Mann wird."
  Also sprachen sie; er aber stieg in ein hochbedachtes,
Breites Gemach seines Vaters hinunter. Da lagen in Haufen
Stücke aus Gold und aus Erz und Gewänder die Menge in Truhen,
Duftende Öle und Fässer voll alter süffiger Weine.
Das war ein göttlicher Trank ohne Zusatz, den sie da bargen!
Reihweis standen sie da, an die Wände gerückt; für Odysseus
Standen sie da, wenn nach Hause er käme nach zahllosen Leiden.
Feste, zur Doppeltüre gefügte, verschließbare Bretter
Waren davor. Eine Schaffnerin wohnte darinnen, bewachte
Alles Tag und Nacht mit Verstand und reicher Erfahrung,
Eurykleia, die Tochter des Ops, des Sohns des Peisenor.
Diese nun rief in die Kammer Telemachos, um ihr zu sagen:
  „Mütterchen, fülle mir Wein in doppelhenklige Krüge!
Schmackhaft sei er und köstlich und stehe nur dem nach, den du
Hütest im Denken an ihn, den Unseligen, ob er wohl komme,
Tod und Schicksal entronnen, der gottentsproßne Odysseus.
Fülle ein Dutzend damit und verschließe sie alle mit Deckeln!
Schütte auch Mehl von der Gerste in Säcke mit dichtesten Nähten,
Zwanzig Maß von dem Mehl, das geschrotet ward in der Mühle.
All dies weißt nur du, doch alles muß restlos bereit stehn.
Wird es dann Abend, dann werd ich es holen; dann steigt ja die Mutter
Endlich hinauf in die oberen Räume, des Schlafes zu pflegen.
Ich aber gehe ins sandige Pylos, nach Sparta und forsche,
Ob wohl ein Wort zu mir dringt von der Heimkehr des lieben Vaters."
  Also sprach er und laut schrie Eurykleia, die liebe
Amme, und jammerte auf und sagte geflügelte Worte:
  „Liebes Kind, wie kam in den Sinn dir dieser Gedanke?
Warum willst du, wo du der einzige bist, unser Liebling,
Weit über Land? Er ging ja doch fern von der Heimat bei Völkern
Anderer Art schon zugrunde, der gottentsproßne Odysseus.
Hier aber werden sie hinter dir böse Gedanken beraten,
Gleich wenn du gehst. Durch List sollst du fallen; die Habe hier werden
Selber sie restlos verteilen. Ach, bleib bei dem Deinigen sitzen!
Leiden und Irren auf rastlosem Meer — das hast du nicht nötig."
  Ihr aber hielt der gewandte Telemachos wieder entgegen:
  „Mütterchen, Mut! Der Entschluß entstand nicht ohne die Gottheit.
Du aber schwöre, der lieben Mutter dies nicht zu verraten!

πρίν γ' ὅτ' ἂν ἑνδεκάτη τε δυωδεκάτη τε γένηται,
ἢ αὐτὴν ποθέσαι καὶ ἀφορμηθέντος ἀκοῦσαι, 375
ὡς ἂν μὴ κλαίουσα κατὰ χρόα καλὸν ἰάπτῃ."
 ὣς ἄρ' ἔφη, γρηῢς δὲ θεῶν μέγαν ὅρκον ἀπώμνυ.
αὐτὰρ ἐπεί ῥ' ὄμοσέν τε τελεύτησέν τε τὸν ὅρκον,
αὐτίκ' ἔπειτά οἱ οἶνον ἐν ἀμφιφορεῦσιν ἄφυσσεν,
ἐν δέ οἱ ἄλφιτα χεῦεν ἐϋρραφέεσσι δοροῖσι· 380
Τηλέμαχος δ' ἐς δώματ' ἰὼν μνηστῆρσιν ὁμίλει.
 ἔνθ' αὖτ' ἄλλ' ἐνόησε θεὰ γλαυκῶπις Ἀθήνη·
Τηλεμάχῳ εἰκυῖα κατὰ πτόλιν ᾤχετο πάντῃ,
καὶ ῥα ἑκάστῳ φωτὶ παρισταμένη φάτο μῦθον,
ἑσπερίους δ' ἐπὶ νῆα θοὴν ἀγέρεσθαι ἀνώγει. 385
ἡ δ' αὖτε Φρονίοιο Νοήμονα φαίδιμον υἱὸν
ᾔτεε νῆα θοήν· ὁ δέ οἱ πρόφρων ὑπέδεκτο.
 δύσετό τ' ἠέλιος σκιόωντό τε πᾶσαι ἀγυιαί·
καὶ τότε νῆα θοὴν ἅλαδ' εἴρυσε, πάντα δ' ἐν αὐτῇ
ὅπλ' ἐτίθει, τά τε νῆες ἐΰσσελμοι φορέουσι. 390
στῆσε δ' ἐπ' ἐσχατιῇ λιμένος, περὶ δ' ἐσθλοὶ ἑταῖροι
ἀθρόοι ἠγερέθοντο· θεὰ δ' ὤτρυνεν ἕκαστον.
 ἔνθ' αὖτ' ἄλλ' ἐνόησε θεὰ γλαυκῶπις Ἀθήνη·
βῆ ῥ' ἴμεναι πρὸς δώματ' Ὀδυσσῆος θείοιο·
ἔνθα μνηστήρεσσιν ἐπὶ γλυκὺν ὕπνον ἔχευε, 395
πλάζε δὲ πίνοντας, χειρῶν δ' ἔκβαλλε κύπελλα.
οἱ δ' εὕδειν ὤρνυντο κατὰ πτόλιν, οὐδ' ἄρ' ἔτι δὴν
εἷατ', ἐπεί σφισιν ὕπνος ἐπὶ βλεφάροισιν ἔπιπτεν.
αὐτὰρ Τηλέμαχον προσέφη γλαυκῶπις Ἀθήνη
ἐκπροκαλεσσαμένη μεγάρων ἐῢ ναιεταόντων, 400
Μέντορι εἰδομένη ἠμὲν δέμας ἠδὲ καὶ αὐδήν·
 "Τηλέμαχ', ἤδη μέν τοι ἐϋκνήμιδες ἑταῖροι
εἵατ' ἐπήρετμοι, τὴν σὴν ποτιδέγμενοι ὁρμήν·
ἀλλ' ἴομεν, μὴ δηθὰ διατρίβωμεν ὁδοῖο."
 ὣς ἄρα φωνήσασ' ἡγήσατο Παλλὰς Ἀθήνη 405
καρπαλίμως· ὁ δ' ἔπειτα μετ' ἴχνια βαῖνε θεοῖο.
αὐτὰρ ἐπεί ῥ' ἐπὶ νῆα κατήλυθον ἠδὲ θάλασσαν,
εὗρον ἔπειτ' ἐπὶ θινὶ κάρη κομόωντας ἑταίρους.
τοῖσι δὲ καὶ μετέειφ' ἱερὴ ἲς Τηλεμάχοιο·
 "δεῦτε, φίλοι, ἤϊα φερώμεθα· πάντα γὰρ ἤδη 410
ἀθρό' ἐνὶ μεγάρῳ· μήτηρ δ' ἐμὴ οὔ τι πέπυσται,

Erst nach dem elften, zwölften Tag, oder wenn sie aus Sehnsucht
Selber fragt oder hört, in die Weite sei ich gezogen.
Nimmer soll sie mit Tränen die herrliche Haut sich verderben."
 Sprachs, und die Greisin tat den großen Schwur bei den Göttern.
Als dann den Schwur sie getan, bis aufs letzte Wort ihn geleistet,
Füllte sofort sie den Wein ihm in doppelhenklige Krüge,
Schüttete Mehl von der Gerste in Säcke mit dichtesten Nähten.
Aber Telemachos ging in das Haus in der Freier Gesellschaft.
 Da ersann Athene, die Göttin mit Augen der Eule,
Wieder ein anderes: machte sich gleich dem Telemachos, ging dann
Hin und her in der Stadt, trat hin zu jeglichem Manne,
Sagte ein Wort und befahl, es sollten sich alle am Abend
Sammeln beim eilenden Schiff. Um dieses bat sie Noëmon,
Phronios' strahlenden Sohn, und dieser gewährte es gütig.
 Sonne versank und Schatten verhüllten sämtliche Straßen.
Jetzt zog jener das Schiff in die Salzflut, trug die Geräte
Alle hinein, wie die Schiffe mit schönen Borden sie brauchen,
Ankerte dann am Ende des Hafens; die edlen Gefährten
Kamen alle zusammen; denn jeden beschwingte die Göttin.
 Da ersann Athene, die Göttin mit Augen der Eule,
Wieder ein andres; sie ging zum Haus des erhabnen Odysseus,
Ließ dort süß die Freier entschlummern; den Trinkern benahm sie
Völlig die Richtung und ließ ihren Händen die Becher entgleiten.
Schlafen wollten sie jetzt, so stürmten sie fort durch die Straßen,
Blieben nicht lange mehr sitzen; denn Schlaf befiel ihre Lider.
Doch zu Telemachos sagte Athene mit Augen der Eule,
Rief ihn zu sich heraus aus dem Haus, wo es trefflich sich wohnte,
Mentor glich sie genau an äußrer Gestalt und an Stimme:
 „Komm, Telemachos! Zeit ists; es sitzen bereits die Gefährten,
Trefflich geschient und die Ruder in Händen, und harren des Aufbruchs.
Ziehn wir denn los und verzögern nicht mehr lange die Reise!"
 Also sagte Pallas Athene und ging ihm in Eile
Führend voraus und er folgte sogleich den Spuren der Gottheit.
Aber als sie hinunter kamen zum Schiff und zum Meere,
Fanden sie gleich am Strand die Gefährten mit langem Haupthaar.
Doch des Telemachos heilige Stärke sprach nun zu ihnen:
 „Hieher Freunde, wir holen die Zehrung! Es steht im Palast schon
Alles bereit! Doch weiß meine Mutter von nichts und die Mägde

οὐδ' ἄλλαι δμῳαί, μία δ' οἴη μῦθον ἄκουσεν."
  ὣς ἄρα φωνήσας ἡγήσατο, τοὶ δ' ἅμ' ἕποντο.
οἱ δ' ἄρα πάντα φέροντες ἐϋσσέλμῳ ἐνὶ νηὶ
κάτθεσαν, ὡς ἐκέλευσεν Ὀδυσσῆος φίλος υἱός. 415
ἂν δ' ἄρα Τηλέμαχος νηὸς βαῖν', ἦρχε δ' Ἀθήνη,
νηὶ δ' ἐνὶ πρυμνῇ κατ' ἄρ' ἕζετο· ἄγχι δ' ἄρ' αὐτῆς
ἕζετο Τηλέμαχος. τοὶ δὲ πρυμνήσι' ἔλυσαν,
ἂν δὲ καὶ αὐτοὶ βάντες ἐπὶ κληῖσι καθῖζον.
τοῖσιν δ' ἴκμενον οὖρον ἵει γλαυκῶπις Ἀθήνη, 420
ἀκραῆ ζέφυρον, κελάδοντ' ἐπὶ οἴνοπα πόντον.
Τηλέμαχος δ' ἑτάροισιν ἐποτρύνων ἐκέλευσεν
ὅπλων ἅπτεσθαι· τοὶ δ' ὀτρύνοντος ἄκουσαν.
ἱστὸν δ' εἰλάτινον κοίλης ἔντοσθε μεσόδμης
στῆσαν ἀείραντες, κατὰ δὲ προτόνοισιν ἔδησαν, 425
ἕλκον δ' ἱστία λευκὰ ἐϋστρέπτοισι βοεῦσιν.
ἔμπρησεν δ' ἄνεμος μέσον ἱστίον, ἀμφὶ δὲ κῦμα
στείρῃ πορφύρεον μεγάλ' ἴαχε νηὸς ἰούσης·
ἡ δ' ἔθεεν κατὰ κῦμα διαπρήσσουσα κέλευθον.
δησάμενοι δ' ἄρα ὅπλα θοὴν ἀνὰ νῆα μέλαιναν 430
στήσαντο κρητῆρας ἐπιστεφέας οἴνοιο,
λεῖβον δ' ἀθανάτοισι θεοῖς αἰειγενέτῃσιν,
ἐκ πάντων δὲ μάλιστα Διὸς γλαυκώπιδι κούρῃ.
παννυχίη μέν ῥ' ἥ γε καὶ ἠῶ πεῖρε κέλευθον.

wissen es auch nicht, die andern. Nur eine hörte die Kunde."
    Also sprach er und ging voran und die anderen folgten.
Alles brachten sie her und im Schiff mit den trefflichen Borden
Ward es verstaut auf Befehl des geliebten Sohns des Odysseus.
Nun stieg ein Telemachos selbst, Athene doch führte,
Wählte am hintern Deck ihren Platz; aber nah ihr zu Seite
Saß auch Telemachos. Andre lösten die haltenden Taue,
Gingen dann selber an Bord und besetzten die Ruderbänke.
Günstigen Fahrwind schickte Athene mit Augen der Eule,
Kräftige Brise von West; das pfiff auf dem weinroten Meere.
Aber Telemachos gab den Gefährten Befehle und drängte,
Fest ans Geräte zu gehn und diese gehorchten dem Drängen,
Hoben den tannenen Mast in die Höhe und stellten ihn senkrecht
Zwischen die haltenden Balken. Das Seil zum Bug ward geschlungen,
Leuchtende Segel gezogen an festgeflochtenen Riemen.
Brausend fuhr dann der Wind in die Mitte des Segels; die Wogen
Rauschten und rollten gewaltig am Bug des fahrenden Schiffes.
Dieses lief mit der Strömung und eilte zum Ziel seiner Reise.
Schließlich rollten die Taue sie auf des eilenden, schwarzen
Schiffes und stellten die Krüge, gefüllt mit Wein bis zum Rande,
Spendeten dann den unsterblichen, ewigen Göttern und wieder
Allen voran der Tochter des Zeus mit Augen der Eule.
    Früh nach nächtlicher Fahrt war das Schiff zum Ziele gedrungen.

ΟΔΥΣΣΕΙΑΣ Γ

τὰ ἐν Πύλῳ

Ἤέλιος δ' ἀνόρουσε, λιπὼν περικαλλέα λίμνην,
οὐρανὸν ἐς πολύχαλκον, ἵν' ἀθανάτοισι φαείνοι
καὶ θνητοῖσι βροτοῖσιν ἐπὶ ζείδωρον ἄρουραν·
οἱ δὲ Πύλον, Νηλῆος ἐϋκτίμενον πτολίεθρον,
ἷξον· τοὶ δ' ἐπὶ θινὶ θαλάσσης ἱερὰ ῥέζον, 5
ταύρους παμμέλανας, ἐνοσίχθονι κυανοχαίτῃ.
ἐννέα δ' ἕδραι ἔσαν, πεντηκόσιοι δ' ἐν ἑκάστῃ
εἴατο, καὶ προύχοντο ἑκάστοθι ἐννέα ταύρους.
εὖθ' οἱ σπλάγχνα πάσαντο, θεῷ δ' ἐπὶ μηρί' ἔκηαν,
οἱ δ' ἰθὺς κατάγοντο ἰδ' ἱστία νηὸς ἐΐσης 10
στεῖλαν ἀείραντες, τὴν δ' ὥρμισαν, ἐκ δ' ἔβαν αὐτοί·
ἐκ δ' ἄρα Τηλέμαχος νηὸς βαῖν', ἦρχε δ' Ἀθήνη.
τὸν προτέρη προσέειπε θεὰ γλαυκῶπις Ἀθήνη·
"Τηλέμαχ', οὐ μέν σε χρὴ ἔτ' αἰδοῦς οὐδ' ἠβαιόν·
τοὔνεκα γὰρ καὶ πόντον ἐπέπλως, ὄφρα πύθηαι 15
πατρός, ὅπου κύθε γαῖα καὶ ὅν τινα πότμον ἐπέσπεν.
ἀλλ' ἄγε νῦν ἰθὺς κίε Νέστορος ἱπποδάμοιο·
εἴδομεν ἥν τινα μῆτιν ἐνὶ στήθεσσι κέκευθε.
λίσσεσθαι δέ μιν αὐτόν, ὅπως νημερτέα εἴπῃ·
ψεῦδος δ' οὐκ ἐρέει· μάλα γὰρ πεπνυμένος ἐστί." 20
τὴν δ' αὖ Τηλέμαχος πεπνυμένος ἀντίον ηὔδα·
"Μέντορ, πῶς τ' ἄρ' ἴω, πῶς τ' ἄρ προσπτύξομαι αὐτόν;
οὐδέ τί πω μύθοισι πεπείρημαι πυκινοῖσιν·
αἰδὼς δ' αὖ νέον ἄνδρα γεραίτερον ἐξερέεσθαι."
τὸν δ' αὖτε προσέειπε θεὰ γλαυκῶπις Ἀθήνη· 25
"Τηλέμαχ', ἄλλα μὲν αὐτὸς ἐνὶ φρεσὶ σῇσι νοήσεις,
ἄλλα δὲ καὶ δαίμων ὑποθήσεται· οὐ γὰρ ὀΐω
οὔ σε θεῶν ἀέκητι γενέσθαι τε τραφέμεν τε."
ὣς ἄρα φωνήσασ' ἡγήσατο Παλλὰς Ἀθήνη
καρπαλίμως· ὁ δ' ἔπειτα μετ' ἴχνια βαῖνε θεοῖο. 30
ἷξον δ' ἐς Πυλίων ἀνδρῶν ἀγυρίν τε καὶ ἕδρας,
ἔνθ' ἄρα Νέστωρ ἧστο σὺν υἱάσιν, ἀμφὶ δ' ἑταῖροι

DRITTER GESANG

Die Ereignisse in Pylos

Helios stieg herauf und verließ seine herrlichen Buchten,
Drang zum erzenen Himmel empor. Den Unsterblichen mußte
Leuchte er sein und den sterblichen Menschen auf nährenden Fluren.
Sie aber kamen nach Pylos, der trefflichen Siedlung des Neleus.
Dort war am Strande des Meeres ein Opfer von schwärzesten Stieren
Eben im Gang für den Erderschüttrer, den dunkel Gehaarten.
Neun zum Sitzen gerichtete Reihen für immer Fünfhundert
Waren bereits besetzt; neun Stiere bot eine jede.
Eben verspeisten sie innere Teile, dem Gott doch zu Ehren
Brannten die Schenkel. Da landeten jene und zogen die Segel
Hoch im richtig gehenden Fahrzeug, warfen den Anker,
Stiegen an Land. Auch Telemachos tat es, Athene war Führer.
Diese, die Göttin mit Augen der Eule, begann nun zu sprechen:

„Also Telemachos! Sei mir nicht schüchtern, auch nicht ein bißchen!
Fuhrst du doch her durch das Meer, um Kunde vom Vater zu hören,
Wo ihn die Erde noch birgt und wie es wohl steht um sein Schicksal.
Geh also stracks jetzt hin zu Nestor, dem Meister der Rosse!
Birgt er fördernden Rat in der Brust, wir wollen ihn wissen.
Du aber bitte ihn selber, dir ehrlich Kunde zu geben,
Falsches wird er nicht sagen, dazu ist er viel zu bewandert."

Ihr aber gab der gewandte Telemachos wieder zur Antwort:
„Mentor, wie soll ich gehn? wie mich halten ihm gegenüber?
Ward ich doch nie noch erprobt, meine Worte richtig zu ballen;
Schüchtern macht es mich Jungen, den greisen Mann zu befragen."

Ihm aber sagte die Göttin Athene mit Augen der Eule:
„Nun, mein Telemachos, einiges wirst du in eigner Besinnung
Richtig bedenken und andres legt dir ein Gott auf die Zunge;
Wurdest und wuchsest du doch, wie ich meine, nach göttlicher Fügung."

Also sagte Pallas Athene und ging ihm in Eile
Führend voraus und er folgte sogleich den Spuren der Gottheit.
Und sie kamen zum Platz und den Sitzen der Männer von Pylos.
Dort saß Nestor, saßen die Söhne und rings die Gefährten,

δαῖτ' ἐντυνόμενοι κρέα τ' ὤπτων ἄλλα τ' ἔπειρον.
οἱ δ' ὡς οὖν ξείνους ἴδον, ἀθρόοι ἦλθον ἅπαντες,
χερσίν τ' ἠσπάζοντο καὶ ἑδριάασθαι ἄνωγον. 35
πρῶτος Νεστορίδης Πεισίστρατος ἐγγύθεν ἐλθὼν
ἀμφοτέρων ἕλε χεῖρα καὶ ἵδρυσεν παρὰ δαιτὶ
κώεσιν ἐν μαλακοῖσιν, ἐπὶ ψαμάθοις ἁλίῃσι,
πάρ τε κασιγνήτῳ Θρασυμήδεϊ καὶ πατέρι ᾧ.
δῶκε δ' ἄρα σπλάγχνων μοίρας, ἐν δ' οἶνον ἔχευε 40
χρυσείῳ δέπαϊ· δειδισκόμενος δὲ προσηύδα
Παλλάδ' Ἀθηναίην, κούρην Διὸς αἰγιόχοιο·

"εὔχεο νῦν, ὦ ξεῖνε, Ποσειδάωνι ἄνακτι·
τοῦ γὰρ καὶ δαίτης ἠντήσατε δεῦρο μολόντες.
αὐτὰρ ἐπὴν σπείσῃς τε καὶ εὔξεαι, ἣ θέμις ἐστί, 45
δὸς καὶ τούτῳ ἔπειτα δέπας μελιηδέος οἴνου
σπεῖσαι, ἐπεὶ καὶ τοῦτον ὀΐομαι ἀθανάτοισιν
εὔχεσθαι· πάντες δὲ θεῶν χατέουσ' ἄνθρωποι.
ἀλλὰ νεώτερός ἐστιν, ὁμηλικίη δ' ἐμοὶ αὐτῷ·
τοὔνεκα σοὶ προτέρῳ δώσω χρύσειον ἄλεισον." 50

ὣς εἰπὼν ἐν χειρὶ τίθει δέπας ἡδέος οἴνου·
χαῖρε δ' Ἀθηναίη πεπνυμένῳ ἀνδρὶ δικαίῳ,
οὕνεκα οἱ προτέρῃ δῶκε χρύσειον ἄλεισον·
αὐτίκα δ' εὔχετο πολλὰ Ποσειδάωνι ἄνακτι·

"κλῦθι, Ποσείδαον γαιήοχε, μηδὲ μεγήρῃς 55
ἡμῖν εὐχομένοισι τελευτῆσαι τάδε ἔργα.
Νέστορι μὲν πρώτιστα καὶ υἱάσι κῦδος ὄπαζε,
αὐτὰρ ἔπειτ' ἄλλοισι δίδου χαρίεσσαν ἀμοιβὴν
σύμπασιν Πυλίοισιν ἀγακλειτῆς ἑκατόμβης.
δὸς δ' ἔτι Τηλέμαχον καὶ ἐμὲ πρήξαντα νέεσθαι, 60
οὕνεκα δεῦρ' ἱκόμεσθα θοῇ σὺν νηὶ μελαίνῃ."

ὣς ἄρ' ἔπειτ' ἠρᾶτο καὶ αὐτὴ πάντα τελεύτα.
δῶκε δὲ Τηλεμάχῳ καλὸν δέπας ἀμφικύπελλον·
ὣς δ' αὔτως ἠρᾶτο Ὀδυσσῆος φίλος υἱός.
οἱ δ' ἐπεὶ ὤπτησαν κρέ' ὑπέρτερα καὶ ἐρύσαντο, 65
μοίρας δασσάμενοι δαίνυντ' ἐρικυδέα δαῖτα.
αὐτὰρ ἐπεὶ πόσιος καὶ ἐδητύος ἐξ ἔρον ἕντο,
τοῖς ἄρα μύθων ἦρχε Γερήνιος ἱππότα Νέστωρ·

"νῦν δὴ κάλλιόν ἐστι μεταλλῆσαι καὶ ἐρέσθαι
ξείνους, οἵ τινές εἰσιν, ἐπεὶ τάρπησαν ἐδωδῆς. 70

Dritter Gesang

Rüsteten eben das Mahl, und das Fleisch ward gespießt und gebraten!
Plötzlich sahn sie die Gäste; da kamen sie alle zusammen,
Grüßten mit Handschlag herzlich und luden sie ein, sich zu setzen.
Nestors Sohn Peisistratos trat nun als erster zu ihnen,
Faßte die Hände von beiden und gab ihnen Platz an der Tafel:
Thrasymédes, dem Bruder, zur einen, dem Vater zur andern
Seite auf weichen Fellen am sandigen Strande der Salzflut;
Bot ihnen Stücke der inneren Teile; den goldenen Becher
Goß er sodann voll Weins und begrüßte mit freundlichen Worten
Pallas Athene, die Tochter des Zeus, des Schwingers der Aigis:

„Gastfreund! Bete du jetzt zum Herrscher Poseidon! ihr seid ja
Eben hieher gekommen, sein Opfermahl zu begehen.
Hast du gespendet und hast du gebetet nach gültiger Satzung,
Gib dann auch diesem den Becher mit Wein, der süß ist wie Honig!
Er auch spende! Er wird ja wohl auch den Unsterblichen betend
Danken, vermut ich; denn alle Menschen brauchen die Götter.
Freilich ist er noch jünger und steht wohl in meinem Alter;
Deshalb gebe ich dir zuerst diesen goldenen Becher."

Sprachs und gab ihr zuhanden den Becher voll köstlichen Weines.
Aber Athene erfreute des Mannes richtige Haltung,
Gab er gewandt doch ihr zuerst den goldenen Becher.
Gleich aber flehte sie herzlich bittend zum Herrscher Poseidon:

„Höre Poseidon, Erdbeweger! Sei uns nicht böse,
Wenn wir dich bitten, du mögest vollenden, was jetzt hier im Werk ist.
Nestor zuerst gib Ehre und Ruhm, dazu seinen Söhnen!
Aber vergilt auch den sämtlichen anderen Männern von Pylos
Gnädig die Hekatombe, die weithin gerühmt wird, und laß auch
Mich und Telemachos glücklich vollbringen, weswegen wir hieher
Kamen im schwarzen, eilenden Schiff, und verleihe uns Heimkehr!"

Also klang ihr Gebet und sie selbst gab volle Erfüllung,
Reichte Telemachos weiter den doppelhenkligen, goldnen
Becher und ebenso flehte der liebe Sohn des Odysseus.
Jene doch zogen das feste, gebratene Fleisch von den Spießen,
Teilten die Stücke dann zu und hielten gar rühmliche Mahlzeit.
Aber als das Verlangen nach Essen und Trinken verflogen,
Griff zum Wort der Gerenier Nestor, der Meister der Rosse:

„Jetzt ist endlich die schönere Stunde zu fragen, zu forschen,
Wer denn die Fremdlinge sind; sie genossen ja freudig die Mahlzeit.

ὦ ξεῖνοι, τίνες ἐστέ; πόθεν πλεῖθ' ὑγρὰ κέλευθα;
ἦ τι κατὰ πρῆξιν ἦ μαψιδίως ἀλάλησθε
οἷά τε ληϊστῆρες ὑπεὶρ ἅλα, τοί τ' ἀλόωνται
ψυχὰς παρθέμενοι, κακὸν ἀλλοδαποῖσι φέροντες;"
  τὸν δ' αὖ Τηλέμαχος πεπνυμένος ἀντίον ηὔδα, 75
θαρσήσας· αὐτὴ γὰρ ἐνὶ φρεσὶ θάρσος Ἀθήνη
θῆχ', ἵνα μιν περὶ πατρὸς ἀποιχομένοιο ἔροιτο,
ἠδ' ἵνα μιν κλέος ἐσθλὸν ἐν ἀνθρώποισιν ἔχῃσιν·
  "ὦ Νέστορ Νηληϊάδη, μέγα κῦδος Ἀχαιῶν,
εἴρεαι ὁππόθεν εἰμέν· ἐγὼ δέ κέ τοι καταλέξω. 80
ἡμεῖς ἐξ Ἰθάκης Ὑπονηΐου εἰλήλουθμεν·
πρῆξις δ' ἥδ' ἰδίη, οὐ δήμιος, ἣν ἀγορεύω.
πατρὸς ἐμοῦ κλέος εὐρὺ μετέρχομαι, ἤν που ἀκούσω,
δίου Ὀδυσσῆος ταλασίφρονος, ὅν ποτέ φασι
σὺν σοὶ μαρνάμενον Τρώων πόλιν ἐξαλαπάξαι. 85
ἄλλους μὲν γὰρ πάντας, ὅσοι Τρωσὶν πολέμιζον,
πευθόμεθ', ἧχι ἕκαστος ἀπώλετο λυγρῷ ὀλέθρῳ·
κείνου δ' αὖ καὶ ὄλεθρον ἀπευθέα θῆκε Κρονίων.
οὐ γάρ τις δύναται σάφα εἰπέμεν ὁππόθ' ὄλωλεν,
εἴ θ' ὅ γ' ἐπ' ἠπείρου δάμη ἀνδράσι δυσμενέεσσιν, 90
εἴ τε καὶ ἐν πελάγει μετὰ κύμασιν Ἀμφιτρίτης.
τοὔνεκα νῦν τὰ σὰ γούναθ' ἱκάνομαι, αἴ κ' ἐθέλησθα
κείνου λυγρὸν ὄλεθρον ἐνισπεῖν, εἴ που ὄπωπας
ὀφθαλμοῖσι τεοῖσιν, ἢ ἄλλου μῦθον ἄκουσας
πλαζομένου· περὶ γάρ μιν ὀϊζυρὸν τέκε μήτηρ. 95
μηδέ τί μ' αἰδόμενος μειλίσσεο μηδ' ἐλεαίρων,
ἀλλ' εὖ μοι κατάλεξον ὅπως ἤντησας ὀπωπῆς.
λίσσομαι, εἴ ποτέ τοί τι πατὴρ ἐμός, ἐσθλὸς Ὀδυσσεύς,
ἢ ἔπος ἠέ τι ἔργον ὑποστὰς ἐξετέλεσσε
δήμῳ ἔνι Τρώων, ὅθι πάσχετε πήματ' Ἀχαιοί· 100
τῶν νῦν μοι μνῆσαι, καί μοι νημερτὲς ἐνίσπες."
  τὸν δ' ἠμείβετ' ἔπειτα Γερήνιος ἱππότα Νέστωρ·
"ὦ φίλ', ἐπεί μ' ἔμνησας ὀϊζύος, ἣν ἐν ἐκείνῳ
δήμῳ ἀνέτλημεν μένος ἄσχετοι υἷες Ἀχαιῶν,
ἠμὲν ὅσα ξὺν νηυσὶν ἐπ' ἠεροειδέα πόντον 105
πλαζόμενοι κατὰ ληΐδ', ὅπῃ ἄρξειεν Ἀχιλλεύς,
ἠδ' ὅσα καὶ περὶ ἄστυ μέγα Πριάμοιο ἄνακτος
μαρνάμεθ'. ἔνθα δ' ἔπειτα κατέκταθεν ὅσσοι ἄριστοι·

Fremde Männer! Wer seid ihr? Woher der Fahrt auf den feuchten
Pfaden? Gehts in Geschäften vielleicht, oder schweift ihr nur blindlings,
So wie die Räuber, herum auf den Meeren, den Fremden zum Unheil?
Setzen dabei ihre Seelen aufs Spiel bei dem ziellosen Schweifen."
 Ihm aber hielt der gewandte Telemachos wieder entgegen —
Mutig war er gestimmt, den Mut aber gab ihm Athene
Selbst in den Sinn; denn er sollte ja doch nach dem Vater, der fort war,
Fragen, daß edler Ruhm bei den Menschen zuteil ihm werde. —
 „Nestor, Sohn des Neleus, du hoher Ruhm der Achaier!
Fragst du, woher wir wohl seien? Das werde genau ich dir sagen.
Wir sind aus Ithaka her; der Neïos ragt dort zum Himmel.
Unser Geschäft hier, wovon ich berichte, ist eigene Sache,
Nicht die des Volks. Ich verfolge den breiten Ruhm meines Vaters,
Wo ich ihn höre, des standhaft klugen und hehren Odysseus.
Du warst dabei, als Trojas Stadt im Kampf er zerstörte.
Also erzählt man. Und nun — von den anderen Kämpfern vor Troja
Haben wir Kunde, wie jeder verfiel seinem grausen Verderben.
Kunde aber von seinem Verderben verbot wohl Kronion.
Keiner vermag uns deutlich zu sagen, wo er zugrund ging,
Ob er von feindlichen Männern vernichtet wurde im Festland,
Oder vielleicht auf dem Meer, in den Wogen Amphitrites.
Darum komme ich jetzt und fasse dein Knie mit dem Wunsche:
Wenn du mit eigenen Augen es sahst, seine grause Vernichtung,
Sag es! Hörtest vielleicht du Kunde von andern, er sei noch
Immer auf Fahrt? Dann gebar ihn die Mutter ja wirklich zum Manne
Ewigen Jammers. So tu mir nicht schön aus Scheu oder Mitleid,
Sage mir alles und richtig, wie du es gesehn und erlebt hast.
Darum die Bitte: Wenn jemals mein edler Vater Odysseus,
Sei es in Tat oder Wort, ein Versprechen dir restlos erfüllte,
Dort im Lande der Troer, wo ihr Achaier gelitten —
Denke jetzt mir zu Liebe daran und sag es mir ehrlich!"
 Antwort gab der Gerenier Nestor, der Meister der Rosse:
„Freund! Du machst mir den Jammer in jenem Volke lebendig,
Den wir mutigen, unwiderstehlichen Söhne Achaias
Litten zu Schiff auf der dunstigen See, wenn hierhin und dorthin
Beutegierig wir fuhren, wo immer Achilleus uns führte.
Oder wenn es galt, des Herrschers Priamos große
Stadt zu bekämpfen. Dort fielen allmählich ja alle die Besten.

ἔνθα μὲν Αἴας κεῖται ἀρήϊος, ἔνθα δ' Ἀχιλλεύς,
ἔνθα δὲ Πάτροκλος, θεόφιν μήστωρ ἀτάλαντος, 110
ἔνθα δ' ἐμὸς φίλος υἱός, ἅμα κρατερὸς καὶ ἀταρβής,
Ἀντίλοχος, πέρι μὲν θείειν ταχὺς ἠδὲ μαχητής·
ἄλλα τε πόλλ' ἐπὶ τοῖς πάθομεν κακά· τίς κεν ἐκεῖνα
πάντα γε μυθήσαιτο καταθνητῶν ἀνθρώπων;
οὐδ' εἰ πεντάετές γε καὶ ἑξάετες παραμίμνων 115
ἐξερέοις, ὅσα κεῖθι πάθον κακὰ δῖοι Ἀχαιοί,
πρίν κεν ἀνιηθεὶς σὴν πατρίδα γαῖαν ἵκοιο.
εἰνάετες γάρ σφιν κακὰ ῥάπτομεν ἀμφιέποντες
παντοίοισι δόλοισι, μόγις δ' ἐτέλεσσε Κρονίων.
ἔνθ' οὔ τίς ποτε μῆτιν ὁμοιωθήμεναι ἄντην 120
ἤθελ', ἐπεὶ μάλα πολλὸν ἐνίκα δῖος Ὀδυσσεὺς
παντοίοισι δόλοισι, πατὴρ τεός, εἰ ἐτεόν γε
κείνου ἔκγονός ἐσσι· σέβας μ' ἔχει εἰσορόωντα.
ἦ τοι γὰρ μῦθοί γε ἐοικότες, οὐδέ κε φαίης
ἄνδρα νεώτερον ὧδε ἐοικότα μυθήσασθαι. 125
ἔνθ' ἦ τοι εἷος μὲν ἐγὼ καὶ δῖος Ὀδυσσεὺς
οὔτε ποτ' εἰν ἀγορῇ δίχ' ἐβάζομεν οὔτ' ἐνὶ βουλῇ,
ἀλλ' ἕνα θυμὸν ἔχοντε νόῳ καὶ ἐπίφρονι βουλῇ
φραζόμεθ' Ἀργείοισιν, ὅπως ὄχ' ἄριστα γένοιτο.
αὐτὰρ ἐπεὶ Πριάμοιο πόλιν διεπέρσαμεν αἰπήν, 130
βῆμεν δ' ἐν νήεσσι, θεὸς δ' ἐκέδασσεν Ἀχαιούς,
καὶ τότε δὴ Ζεὺς λυγρὸν ἐνὶ φρεσὶ μήδετο νόστον
Ἀργείοις, ἐπεὶ οὔ τι νοήμονες οὐδὲ δίκαιοι
πάντες ἔσαν· τῷ σφεων πολέες κακὸν οἶτον ἐπέσπον
μήνιος ἐξ ὀλοῆς γλαυκώπιδος ὀβριμοπάτρης, 135
ἥ τ' ἔριν Ἀτρεΐδῃσι μετ' ἀμφοτέροισιν ἔθηκε.
τὼ δὲ καλεσσαμένω ἀγορὴν ἐς πάντας Ἀχαιούς,
μάψ, ἀτὰρ οὐ κατὰ κόσμον, ἐς ἠέλιον καταδύντα, —
οἱ δ' ἦλθον οἴνῳ βεβαρηότες υἷες Ἀχαιῶν, —
μῦθον μυθείσθην, τοῦ εἵνεκα λαὸν ἄγειραν. 140
ἔνθ' ἦ τοι Μενέλαος ἀνώγει πάντας Ἀχαιοὺς
νόστου μιμνήσκεσθαι ἐπ' εὐρέα νῶτα θαλάσσης·
οὐδ' Ἀγαμέμνονι πάμπαν ἑήνδανε· βούλετο γάρ ῥα
λαὸν ἐρυκακέειν ῥέξαι θ' ἱερὰς ἑκατόμβας,
ὡς τὸν Ἀθηναίης δεινὸν χόλον ἐξακέσαιτο, 145
νήπιος, οὐδὲ τὸ ᾔδη, ὃ οὐ πείσεσθαι ἔμελλεν·

Aias, der göttliche Krieger, Achilleus ist dort bestattet,
Dort auch Patroklos; sein Rat wog gleich einem Rate der Götter.
Dort auch mein eigener Sohn, der geliebte Antilochos; der war
Stark und ein Mann ohne Furcht, ein Kämpfer und Meister im Schnellauf.
Andere Leiden noch gab es deswegen in Fülle; wer wagte
Alles davon zu erzählen, wer von den sterblichen Menschen?
Fünf, sechs Jahre könntest du bleiben und könntest mich fragen,
Was denn die hehren Achaier dort alles an Leiden erfuhren.
Langeweile wohl spürtest du, ehe dein Land du erreichtest.
Neun volle Jahre bemühten wir uns mit vielerlei Tücken
Schlimm ihnen mitzuspielen; denn zäh nur entschied es Kronion.
Nie aber wollte da einer beim Planen sich offen vergleichen —
Immer entschied ja doch, was der hehre Odysseus mit tausend
Listen ersann — dein Vater — wenn wirklich von ihm du gezeugt bist.
Ehrfurchtsvolles Staunen ergreift mich, wenn ich dich sehe.
Worte redest du auch, die treffen; du brauchst nicht zu meinen,
Irgendein jüngerer Mann sei imstande, so treffend zu reden.
Wahrlich! Ich und der hehre Odysseus, wir haben die langen
Jahre uns niemals im Rat und bei keiner Versammlung gestritten;
Immer eins im Gemüte berieten wir denkend und sinnend,
Wie den Argeiern die Lage sich allerbestens entwickle.
Aber nachdem wir Priamos' Burg dann endlich geplündert,
Als wir die Schiffe bestiegen, ein Gott die Achaier zerstreute,
Da kam Zeus der Entschluß in den Sinn, den Achaiern die Heimkehr
Grausig zu stören. Es waren ja wirklich nicht alle besonnen,
Auch nicht gerecht, und so gingen gar viele die Pfade des Unheils.
Denn des mächtigen Vaters Tochter mit Augen der Eule
Grollte vernichtend und fügte, daß beide Atriden sich stritten.
Beide beriefen zum Rat dann alle Achaier, doch beide
Nicht nach der Ordnung, so ganz ohne weiteres, beim Sinken der Sonne —
Darum kamen die Söhne Achaias auch tüchtig betrunken —
Gaben dann endlich bekannt, weswegen das Volk sie versammeln.
Menelaos befahl nun, es sollten alle Achaier
Jetzt ihre Fahrt auf den breiten Rücken des Meeres bedenken.
Doch Agamemnon gefiel dieser Vorschlag gar nicht; er wollte
Lieber sein Volk noch halten und heilige Hekatomben
Opfern, den schrecklichen Zorn Athenes gründlich befrieden.
Ach dieser Tor! Daran dachte er nicht, daß nicht sie willfahre;

οὐ γάρ τ' αἶψα θεῶν τρέπεται νόος αἰὲν ἐόντων.
ὣς τὼ μὲν χαλεποῖσιν ἀμειβομένω ἐπέεσσιν
ἕστασαν· οἱ δ' ἀνόρουσαν ἐϋκνήμιδες Ἀχαιοὶ
ἠχῇ θεσπεσίῃ, δίχα δέ σφισιν ἥνδανε βουλή. 150
νύκτα μὲν ἀέσαμεν χαλεπὰ φρεσὶν ὁρμαίνοντες
ἀλλήλοις· ἐπὶ γὰρ Ζεὺς ἤρτυε πῆμα κακοῖο·
ἠῶθεν δ' οἱ μὲν νέας ἕλκομεν εἰς ἅλα δῖαν
κτήματά τ' ἐντιθέμεσθα βαθυζώνους τε γυναῖκας.
ἡμίσεες δ' ἄρα λαοὶ ἐρητύοντο μένοντες 155
αὖθι παρ' Ἀτρεΐδῃ Ἀγαμέμνονι, ποιμένι λαῶν·
ἡμίσεες δ' ἀναβάντες ἐλαύνομεν· αἱ δὲ μάλ' ὦκα
ἔπλεον, ἐστόρεσεν δὲ θεὸς μεγακήτεα πόντον.
ἐς Τένεδον δ' ἐλθόντες ἐρέξαμεν ἱρὰ θεοῖσιν,
οἴκαδε ἱέμενοι· Ζεὺς δ' οὔ πω μήδετο νόστον, 160
σχέτλιος, ὅς ῥ' ἔριν ὦρσε κακὴν ἔπι δεύτερον αὖτις.
οἱ μὲν ἀποστρέψαντες ἔβαν νέας ἀμφιελίσσας
ἀμφ' Ὀδυσῆα ἄνακτα δαΐφρονα ποικιλομήτην,
αὖτις ἐπ' Ἀτρεΐδῃ Ἀγαμέμνονι ἦρα φέροντες·
αὐτὰρ ἐγὼ σὺν νηυσὶν ἀολλέσιν, αἵ μοι ἕποντο, 165
φεῦγον, ἐπεὶ γίνωσκον, ὃ δὴ κακὰ μήδετο δαίμων.
φεῦγε δὲ Τυδέος υἱὸς ἀρήϊος, ὦρσε δ' ἑταίρους.
ὀψὲ δὲ δὴ μετὰ νῶϊ κίε ξανθὸς Μενέλαος,
ἐν Λέσβῳ δ' ἔκιχεν δολιχὸν πλόον ὁρμαίνοντας,
ἢ καθύπερθε Χίοιο νεοίμεθα παιπαλοέσσης, 170
νήσου ἔπι Ψυρίης, αὐτὴν ἐπ' ἀριστέρ' ἔχοντες,
ἦ ὑπένερθε Χίοιο παρ' ἠνεμόεντα Μίμαντα.
ἠτέομεν δὲ θεὸν φῆναι τέρας· αὐτὰρ ὅ γ' ἡμῖν
δεῖξε, καὶ ἠνώγει πέλαγος μέσον εἰς Εὔβοιαν
τέμνειν, ὄφρα τάχιστα ὑπὲκ κακότητα φύγοιμεν. 175
ὦρτο δ' ἐπὶ λιγὺς οὖρος ἀήμεναι· αἱ δὲ μάλ' ὦκα
ἰχθυόεντα κέλευθα διέδραμον, ἐς δὲ Γεραιστὸν
ἐννύχιαι κατάγοντο· Ποσειδάωνι δὲ ταύρων
πόλλ' ἐπὶ μῆρ' ἔθεμεν, πέλαγος μέγα μετρήσαντες.
τέτρατον ἦμαρ ἔην, ὅτ' ἐν Ἄργεϊ νῆας ἐΐσας 180
Τυδεΐδεω ἕταροι Διομήδεος ἱπποδάμοιο
ἵστασαν· αὐτὰρ ἐγώ γε Πύλονδ' ἔχον, οὐδέ ποτ' ἔσβη
οὖρος, ἐπεὶ δὴ πρῶτα θεὸς προέηκεν ἀῆναι.
ὣς ἦλθον, φίλε τέκνον, ἀπευθής, οὐδέ τι οἶδα

Schnell ja ändert sich nicht ein Gedanke der ewigen Götter.
Aufrecht stritten die beiden in schwierigen Wechselgesprächen,
Während die trefflich geschienten Achaier in stürmischem Aufstand
Lärmten wie toll; denn der Vorschlag fand nur geteilten Beifall.
Während des nächtlichen Schlafens nun sannen wir, wie wir uns schwerer
Gegenseitig es machten; denn Zeus schuf Übel und Leiden.
Wir also zogen die Schiffe schon früh in die heilige Salzflut,
Bargen erbeutete Schätze und tief gegürtete Weiber,
Während die andere Hälfte der Leute vom Hirten der Mannen,
Atreus' Sohn Agamemnon, zum Bleiben gezwungen, noch dort blieb.
Wir doch, die andere Hälfte, wir gingen an Bord und fuhren.
Schleunigst sausten die Schiffe; des Meeres mächtige Schlünde
Füllte ein Gott und in Ténedos brachten den Göttern wir Opfer;
Eilig wollten wir heim, wenn Zeus auch, der zähe, noch gar nicht
Dachte an Heimkehr; ließ er doch nochmal ein böseres, zweites
Streiten entstehen. Da drehten die Leute des Herrschers, des klugen
Denkers Odysseus, des findigen Planers, die doppelt geschweiften
Schiffe und gingen. Sie taten es wieder dem Sohne des Atreus
Agamemnon zuliebe. Doch ich mit sämtlichen Schiffen,
Wie sie mir folgten — ich floh; denn ich merkte, wie uns ein Unhold
Böses ersann. Es floh der Tydide, der göttliche Krieger,
Zog die Gefährten mit sich. Menelaos, der Blonde, der nach uns
Später geflohen, traf uns in Lesbos, wo eben wir planten,
Ob wir nördlich des holprigen Chios die längere Seefahrt
Heimwärts wählten in Richtung auf Psyria — links also Chios
Ließen — oder südlich davon, am windigen Mimas.
Schließlich beteten wir um den Wink eines Gottes; der gab uns
Zeichen und Auftrag, mitten durchs Meer nach Euboia zu furchen:
So sei es möglich das Unheil schnellstens zu fliehen. Und wirklich
Hob sich wehend ein pfeifender Wind und hurtig durcheilten
Unsere Schiffe die fischreichen Pfade, so daß wir Geraistos,
Landend bei Nacht, erreichten. Wir brachten Poseidon als Opfer
Schenkel von Stieren in Menge: die mächtige See war durchmessen.
Nur vier Tage, und die Gefährten des Zähmers der Rosse,
Diomedes', des Sohnes des Tydeus, brachten die richtig
Gehenden Schiffe nach Argos, doch ich hielt Richtung auf Pylos;
Günstiger Fahrwind ließ nicht nach, seit der Gott ihn entfachte.
Also kam ich nach Hause, mein Kind, und erfuhr nichts, ich weiß auch

κείνων, οἵ τ' ἐσάωθεν Ἀχαιῶν οἵ τ' ἀπόλοντο. 185
ὅσσα δ' ἐνὶ μεγάροισι καθήμενος ἡμετέροισι
πεύθομαι, ἦ θέμις ἐστί, δαήσεαι, οὐδέ σε κεύσω.
εὖ μὲν Μυρμιδόνας φάσ' ἐλθέμεν ἐγχεσιμώρους,
οὓς ἄγ' Ἀχιλλῆος μεγαθύμου φαίδιμος υἱός,
εὖ δὲ Φιλοκτήτην, Ποιάντιον ἀγλαὸν υἱόν. 190
πάντας δ' Ἰδομενεὺς Κρήτην εἰσήγαγ' ἑταίρους,
οἳ φύγον ἐκ πολέμου, πόντος δέ οἱ οὔ τιν' ἀπηύρα.
Ἀτρεΐδην δὲ καὶ αὐτοὶ ἀκούετε νόσφιν ἐόντες,
ὥς τ' ἦλθ' ὥς τ' Αἴγισθος ἐμήσατο λυγρὸν ὄλεθρον.
ἀλλ' ἦ τοι κεῖνος μὲν ἐπισμυγερῶς ἀπέτεισεν. 195
ὡς ἀγαθὸν καὶ παῖδα καταφθιμένοιο λιπέσθαι
ἀνδρός, ἐπεὶ καὶ κεῖνος ἐτείσατο πατροφονῆα,
Αἴγισθον δολόμητιν, ὅ οἱ πατέρα κλυτὸν ἔκτα.
καὶ σύ, φίλος, μάλα γάρ σ' ὁρόω καλόν τε μέγαν τε,
ἄλκιμος ἔσσ', ἵνα τίς σε καὶ ὀψιγόνων ἐῢ εἴπῃ." 200
τὸν δ' αὖ Τηλέμαχος πεπνυμένος ἀντίον ηὔδα·
"ὦ Νέστορ Νηληϊάδη, μέγα κῦδος Ἀχαιῶν,
καὶ λίην κεῖνος μὲν ἐτείσατο, καί οἱ Ἀχαιοὶ
οἴσουσι κλέος εὐρὺ καὶ ἐσσομένοισιν ἀοιδήν.
αἲ γὰρ ἐμοὶ τοσσήνδε θεοὶ δύναμιν περιθεῖεν, 205
τείσασθαι μνηστῆρας ὑπερβασίης ἀλεγεινῆς,
οἵ τέ μοι ὑβρίζοντες ἀτάσθαλα μηχανόωνται.
ἀλλ' οὔ μοι τοιοῦτον ἐπέκλωσαν θεοὶ ὄλβον,
πατρί τ' ἐμῷ καὶ ἐμοί· νῦν δὲ χρὴ τετλάμεν ἔμπης."
τὸν δ' ἠμείβετ' ἔπειτα Γερήνιος ἱππότα Νέστωρ· 210
"ὦ φίλ', ἐπεὶ δὴ ταῦτά μ' ἀνέμνησας καὶ ἔειπες,
φασὶ μνηστῆρας σῆς μητέρος εἵνεκα πολλοὺς
ἐν μεγάροις ἀέκητι σέθεν κακὰ μηχανάασθαι.
εἰπέ μοι ἠὲ ἑκὼν ὑποδάμνασαι, ἦ σέ γε λαοὶ
ἐχθαίρουσ' ἀνὰ δῆμον, ἐπισπόμενοι θεοῦ ὀμφῇ. 215
τίς δ' οἶδ', εἴ κέ ποτέ σφι βίας ἀποτείσεται ἐλθών,
ἢ ὅ γε μοῦνος ἐὼν ἢ καὶ σύμπαντες Ἀχαιοί;
εἰ γάρ σ' ὣς ἐθέλοι φιλέειν γλαυκῶπις Ἀθήνη,
ὡς τότ' Ὀδυσσῆος περικήδετο κυδαλίμοιο
δήμῳ ἔνι Τρώων, ὅθι πάσχομεν ἄλγε' Ἀχαιοί· — 220
οὐ γάρ πω ἴδον ὧδε θεοὺς ἀναφανδὰ φιλεῦντας,
ὡς κείνῳ ἀναφανδὰ παρίστατο Παλλὰς Ἀθήνη· —

Dritter Gesang

Nichts von den andern Achaiern, wer starb und wer sich gerettet.
Was ich jedoch in meinem Palast, wo ich sitze, vernommen,
Wirst du — denn das ist dein Recht — ohne Lücke erfahren: Sie sagen,
Heil sind gekommen die Myrmidonen im Glanz ihrer Lanzen,
Mannen des strahlenden Sohnes des hochgemuten Achilleus;
Heil auch kam Philoktetes, der herrliche Sohn des Poias.
Aber Idómeneus brachte, soweit sie den Kämpfen entrannen,
Alle Gefährten nach Kreta; dem Meer fiel keiner zum Raube.
Doch vom Atriden hörtet ihr selbst wohl trotz der Entfernung,
Daß er wohl kam, daß Aigisthos indessen sein grausiges Ende
Planvoll betrieb. Das mußte er freilich dann jämmerlich büßen.
Ja, es ist gut, wenn beim Tod eines Mannes ein Sohn noch da ist.
Hier auch strafte der Sohn den Aigisthos, den Mörder des Vaters,
Jenen planvollen Schuft, der den ruhmvollen Vater getötet.
Du nun, mein Freund! Da seh ich dich groß und schön vor mir stehen,
Rüste zu kraftvoller Wehr, daß auch Spätere rühmend dich nennen!"

    Ihm aber hielt der gewandte Telemachos wieder entgegen:
„Nestor, Sohn des Neleus, du hoher Ruhm der Achaier!
Freilich jener vollzog die Bestrafung und die Achaier
Werden es rühmend verbreiten im Lied zum Gedenken der Nachwelt.
Möchten doch mich auch die Götter mit solchen Kräften umgürten,
Könnte doch ich auch die zuchtlose Kränkung von Freiern bestrafen,
Die mir in frevelndem Hochmut dumme Verbrechen begehen.
Meinem Vater und mir nun spannen freilich die Götter
Solches Glück nicht zu: Jetzt gibt es nur: dulden trotz allem!"

    Antwort gab der Gerenier Nestor, der Meister der Rosse:
„Lieber Freund, du weckst ein Erinnern mit dem, was du redest.
Sagt man uns doch, deiner Mutter wegen säßen gar viele
Freier in eurem Palast und trieben zum Trotz dir dort Böses.
Sage mir, läßt du dich willig so knechten? oder verachten,
Weil einer Gottesstimme sie folgen, im Volk dich die Leute?
Wer aber weiß, ob nicht er noch kommt, ihr gewaltsames Treiben
Rächt und bestraft, seis allein, seis im Bunde mit allen Achaiern?
Möchte doch so dich lieben Athene mit Augen der Eule,
Wie sie in früherer Zeit den berühmten Odysseus betreute,
Dort im Volke der Troer, wo wir Achaier so bitter
Litten; denn nie noch sah ich die Götter so sichtlich lieben,
Wie sich sichtlich zu jenem Pallas Athene gesellte.

εἴ σ' οὕτως ἐθέλοι φιλέειν κήδοιτό τε θυμῷ,
τῷ κέν τις κείνων γε καὶ ἐκλελάθοιτο γάμοιο."
   τὸν δ' αὖ Τηλέμαχος πεπνυμένος ἀντίον ηὔδα· 225
"ὦ γέρον, οὔ πω τοῦτο ἔπος τελέεσθαι ὀΐω·
λίην γὰρ μέγα εἶπες· ἄγη μ' ἔχει. οὐκ ἂν ἐμοί γε
ἐλπομένῳ τὰ γένοιτ', οὐδ' εἰ θεοὶ ὣς ἐθέλοιεν."
   τὸν δ' αὖτε προσέειπε θεὰ γλαυκῶπις Ἀθήνη·
"Τηλέμαχε, ποῖόν σε ἔπος φύγεν ἕρκος ὀδόντων. 230
ῥεῖα θεός γ' ἐθέλων καὶ τηλόθεν ἄνδρα σαώσαι.
βουλοίμην δ' ἂν ἐγώ γε καὶ ἄλγεα πολλὰ μογήσας
οἴκαδέ τ' ἐλθέμεναι καὶ νόστιμον ἦμαρ ἰδέσθαι,
ἢ ἐλθὼν ἀπολέσθαι ἐφέστιος, ὡς Ἀγαμέμνων
ὤλεθ' ὑπ' Αἰγίσθοιο δόλῳ καὶ ἧς ἀλόχοιο. 235
ἀλλ' ἦ τοι θάνατον μὲν ὁμοίϊον οὐδὲ θεοί περ
καὶ φίλῳ ἀνδρὶ δύνανται ἀλαλκέμεν, ὁππότε κεν δὴ
μοῖρ' ὀλοὴ καθέλῃσι τανηλεγέος θανάτοιο."
   τὴν δ' αὖ Τηλέμαχος πεπνυμένος ἀντίον ηὔδα·
"Μέντορ, μηκέτι ταῦτα λεγώμεθα κηδόμενοί περ· 240
κείνῳ δ' οὐκέτι νόστος ἐτήτυμος, ἀλλά οἱ ἤδη
φράσσαντ' ἀθάνατοι θάνατον καὶ κῆρα μέλαιναν.
νῦν δ' ἐθέλω ἔπος ἄλλο μεταλλῆσαι καὶ ἐρέσθαι
Νέστορ', ἐπεὶ περίοιδε δίκας ἠδὲ φρόνιν ἄλλων·
τρὶς γὰρ δή μίν φασιν ἀνάξασθαι γένε' ἀνδρῶν, 245
ὥς τέ μοι ἀθάνατος ἰνδάλλεται εἰσοράασθαι.
ὦ Νέστορ Νηληϊάδη, σὺ δ' ἀληθὲς ἐνίσπες·
πῶς ἔθαν' Ἀτρεΐδης εὐρὺ κρείων Ἀγαμέμνων;
ποῦ Μενέλαος ἔην; τίνα δ' αὐτῷ μήσατ' ὄλεθρον
Αἴγισθος δολόμητις, ἐπεὶ κτάνε πολλὸν ἀρείω; 250
ἦ οὐκ Ἄργεος ἦεν Ἀχαιϊκοῦ, ἀλλὰ πῃ ἄλλῃ
πλάζετ' ἐπ' ἀνθρώπους, ὁ δὲ θαρσήσας κατέπεφνε;"
   τὸν δ' ἠμείβετ' ἔπειτα Γερήνιος ἱππότα Νέστωρ·
"τοιγὰρ ἐγώ τοι, τέκνον, ἀληθέα πάντ' ἀγορεύσω.
ἦ τοι μὲν τόδε καὐτὸς ὀΐεαι, ὥς κεν ἐτύχθη, 255
εἰ ζώοντ' Αἴγισθον ἐνὶ μεγάροισιν ἔτετμεν
Ἀτρεΐδης Τροίηθεν ἰών, ξανθὸς Μενέλαος·
τῷ κέ οἱ οὐδὲ θανόντι χυτὴν ἐπὶ γαῖαν ἔχευαν,
ἀλλ' ἄρα τόν γε κύνες τε καὶ οἰωνοὶ κατέδαψαν
κείμενον ἐν πεδίῳ ἑκὰς ἄστεος, οὐδὲ κέ τίς μιν 260

Wollte sie so dich lieben und so im Gemüt dich betreuen:
Mancher von ihnen vergäße dann gründlich und ganz seine Werbung!"
 Ihm aber hielt der gewandte Telemachos wieder entgegen:
„Greiser Mann, ich glaube, dies Wort wird noch nicht sich erfüllen;
Dafür klang es zu groß! Ich staune betroffen. Wohl hoff ich;
Aber es kann mir nicht werden, auch nicht wenn Götter so wollten."
 Ihm aber sagte Athene, die Göttin mit Augen der Eule:
„Welches Wort, Telemachos, drang aus dem Zaun deiner Zähne?
Will ein Gott, dann errettet er leicht auch den Mann in der Ferne.
Ich freilich zöge es vor nach der Fülle bitterer Leiden
Heimzugelangen; erleben möcht ich die Stunde der Rückkehr
Lieber als kommen und sterben am Herd, so wie Agamemnon
Starb durch die schurkische Tat des Aigisthos und dessen Gemahlin.
Freilich, es können auch Götter den Tod, dem alle verfallen,
Selbst dem geliebtesten Manne nicht schenken, ergreift ihn am Ende
Wirklich vernichtend das Schicksal des Todes, der keinen noch schonte."
 Ihr aber hielt der gewandte Telemachos wieder entgegen:
„Mentor, sprechen wir nicht mehr darüber trotz all unserm Kummer.
Nicht mehr gibt es für jenen wirkliche Heimkehr. Lang schon
Ließ der Unsterblichen Wille ihn sterben in schwarzem Verhängnis.
Jetzt aber möcht ich ein anderes fragen und gerne ergründen:
Nestor weiß ja vor andern Bescheid über Richten und Denken;
War er doch Herrscher gleich über drei Geschlechter der Menschen,
Heißt es; und wirklich man meint, ein Unsterblicher sei da zu sehen.
Also Nestor, Neleus' Sohn, sag du nun, was wahr ist!
Wie denn starb Agamemnon, der Herrscher im Weiten, des Atreus
Sohn? Wo war Menelaos und wie vollzog die Vernichtung
Jener schurkisch gesinnte Aigisthos? Der hat ja den weitaus
Bessern erschlagen! Er weilte wohl nicht im achaiischen Argos?
Trieb er sich noch bei den Menschen herum, daß der Mörder den Mut
 Antwort gab der Gerenier Nestor, der Meister der Rosse: [fand?"
„Also will ich, mein Sohn, dir alles in Wahrheit berichten;
Sicher ahnst du ja selbst, wie es kam. Ja, hätte nur Atreus'
Sohn, Menelaos der Blonde, als er von Troja zurückkam,
Jenen Aigisthos noch lebend im Hause getroffen! Sie hätten
Nicht eine Schaufel mit Sand auf den Toten geschüttet; es hätten
Hunde und Vögel ihn restlos gefressen; auf ebenem Boden
Fern von der Stadt wohl wär er gelegen. Die Weiber Achaias,

κλαῦσεν Ἀχαιϊάδων· μάλα γὰρ μέγα μήσατο ἔργον.
ἡμεῖς μὲν γὰρ κεῖθι πολέας τελέοντες ἀέθλους
ἥμεθ'· ὁ δ' εὔκηλος μυχῷ Ἄργεος ἱπποβότοιο
πόλλ' Ἀγαμεμνονέην ἄλοχον θέλγεσκεν ἔπεσσιν.
ἡ δ' ἦ τοι τὸ πρὶν μὲν ἀναίνετο ἔργον ἀεικές, 265
δῖα Κλυταιμνήστρη· φρεσὶ γὰρ κέχρητ' ἀγαθῇσι·
πὰρ δ' ἄρ' ἔην καὶ ἀοιδὸς ἀνήρ, ᾧ πόλλ' ἐπέτελλεν
Ἀτρεΐδης Τροίηνδε κιὼν εἴρυσθαι ἄκοιτιν.
ἀλλ' ὅτε δή μιν μοῖρα θεῶν ἐπέδησε δαμῆναι,
δὴ τότε τὸν μὲν ἀοιδὸν ἄγων ἐς νῆσον ἐρήμην 270
κάλλιπεν οἰωνοῖσιν ἕλωρ καὶ κύρμα γενέσθαι,
τὴν δ' ἐθέλων ἐθέλουσαν ἀνήγαγεν ὅνδε δόμονδε.
πολλὰ δὲ μηρί' ἔκηε θεῶν ἱεροῖς ἐπὶ βωμοῖς,
πολλὰ δ' ἀγάλματ' ἀνῆψεν, ὑφάσματά τε χρυσόν τε,
ἐκτελέσας μέγα ἔργον, ὃ οὔ ποτε ἔλπετο θυμῷ. 275
ἡμεῖς μὲν γὰρ ἅμα πλέομεν Τροίηθεν ἰόντες,
Ἀτρεΐδης καὶ ἐγώ, φίλα εἰδότες ἀλλήλοισιν·
ἀλλ' ὅτε Σούνιον ἱρὸν ἀφικόμεθ', ἄκρον Ἀθηνέων,
ἔνθα κυβερνήτην Μενελάου Φοῖβος Ἀπόλλων
οἷς ἀγανοῖς βελέεσσιν ἐποιχόμενος κατέπεφνε, 280
πηδάλιον μετὰ χερσὶ θεούσης νηὸς ἔχοντα,
Φρόντιν Ὀνητορίδην, ὃς ἐκαίνυτο φῦλ' ἀνθρώπων
νῆα κυβερνῆσαι, ὁπότε σπέρχοιεν ἄελλαι.
ὣς ὁ μὲν ἔνθα κατέσχετ', ἐπειγόμενός περ ὁδοῖο,
ὄφρ' ἕταρον θάπτοι καὶ ἐπὶ κτέρεα κτερίσειεν. 285
ἀλλ' ὅτε δὴ καὶ κεῖνος ἰὼν ἐπὶ οἴνοπα πόντον
ἐν νηυσὶ γλαφυρῇσι Μαλειάων ὄρος αἰπὺ
ἷξε θέων, τότε δὴ στυγερὴν ὁδὸν εὐρύοπα Ζεὺς
ἐφράσατο, λιγέων δ' ἀνέμων ἐπ' ἀϋτμένα χεῦε
κύματά τε τροφόεντα πελώρια, ἶσα ὄρεσσιν. 290
ἔνθα διατμήξας τὰς μὲν Κρήτῃ ἐπέλασσεν,
ἧχι Κύδωνες ἔναιον Ἰαρδάνου ἀμφὶ ῥέεθρα.
ἔστι δέ τις λισσὴ αἰπεῖά τε εἰς ἅλα πέτρη
ἐσχατιῇ Γόρτυνος ἐν ἠεροειδέϊ πόντῳ·
ἔνθα νότος μέγα κῦμα ποτὶ σκαιὸν ῥίον ὠθεῖ, 295
ἐς Φαιστόν, μικρὸς δὲ λίθος μέγα κῦμ' ἀποέργει.
αἱ μὲν ἄρ' ἔνθ' ἦλθον, σπουδῇ δ' ἤλυξαν ὄλεθρον
ἄνδρες, ἀτὰρ νῆάς γε ποτὶ σπιλάδεσσιν ἔαξαν

Nicht eine einzige, hätte geweint; so groß war die Untat,
Wie er sie plante. In ewigen Kämpfen saßen wir draußen;
Er saß ruhig im Winkel von Argos, wo Rosse gedeihen,
Redete viel, Agamemnons Weib im Gespräch zu berücken.
Zunächst wies sie es ab, die erhabene Klytaimnestra;
Schändlich schien ihr die Tat; sie hegte ja Gutes im Sinne.
War ja doch noch ein Sänger bei ihr, dem einst der Atride
Ernstlich befahl, als nach Troja er zog, seine Gattin zu hüten.
Aber da schnürte die Schickung der Götter ihn ein ins Verderben.
Denn er holte den Sänger und ließ ihn auf einsamer Insel
Vögeln zur Beute und Fraß. Sie selbst aber nahm er nachhause,
Wo sie dann willig ihm wurde zu dem, was er wollte. Er brannte
Zahllose Schenkel auf hehren Altären zum Opfer den Göttern;
Zahllose Gaben hing er dort auf, Gewobnes und Goldnes;
War ihm ja doch seine Untat völlig gelungen, wie nie er
So im Gemüt es erhofft. Der Atride und ich doch — seit Troja
Waren wir beide zusammen gefahren und waren einander
Freundlich gewogen — wir kamen zum Tempel von Sunion; hochauf
Überragt er Athen. Da trat mit den sanften Geschossen
Phoibos Apollon heran, Menelaos' Steurer zu töten,
Während die Hände das Steuer des eilenden Schiffes noch hielten:
Phrontis, Onétors' Sohn; seine Kunst, in brausenden Stürmen
Meister des Schiffes zu bleiben, priesen Geschlechter von Menschen.
Darum mußte sein Herr, so sehr es ihm eilte, dort halten;
Denn der Gefährte war zu bestatten, die Ehre für Tote
War ihm zu spenden. Als dann auch er auf dem weinroten Meere
Schnell auf geräumigen Schiffen ans steile Gebirge Maleias
Kam, da besann sich Zeus, der Seher ins Weite, und machte
Häßlich die Fahrt und verbreitete Wehen pfeifender Winde.
Wogen schwollen, Ungetüme, als wären es Berge.
Immerhin drang er hindurch und brachte die Schiffe bis Kreta,
Wo die Kydoner Iardanos' flutende Wasser bevölkern.
Dort ist ein glatter Fels, der steil sich hebt aus der Salzflut,
Grad am Rande vor Gortyn im dunstigen Meer, wo der Südwind
Mächtige Wogen nach links hindrängt ans gebirgige Ufer,
Phaistos zu, wo ein kleinerer Stein auch mächtige Wogen
Abhält. Dorthin drangen die Schiffe; die Leute entkamen [Klippen.
Kaum der Vernichtung; die Schiffe zerschellte der Schwall an den

κύματ'· ἀτὰρ τὰς πέντε νέας κυανοπρωείρους
Αἰγύπτῳ ἐπέλασσε φέρων ἄνεμός τε καὶ ὕδωρ. 300
ὣς ὁ μὲν ἔνθα πολὺν βίοτον καὶ χρυσὸν ἀγείρων
ἠλᾶτο ξὺν νηυσὶ κατ' ἀλλοθρόους ἀνθρώπους·
τόφρα δὲ ταῦτ' Αἴγισθος ἐμήσατο οἴκοθι λυγρά,
κτείνας Ἀτρεΐδην, δέδμητο δὲ λαὸς ὑπ' αὐτῷ.
ἑπτάετες δ' ἤνασσε πολυχρύσοιο Μυκήνης, 305
τῷ δέ οἱ ὀγδοάτῳ κακὸν ἤλυθε δῖος Ὀρέστης
ἄψ ἀπ' Ἀθηνάων, κατὰ δ' ἔκτανε πατροφονῆα,
Αἴγισθον δολόμητιν, ὅ οἱ πατέρα κλυτὸν ἔκτα.
ἦ τοι ὁ τὸν κτείνας δαίνυ τάφον Ἀργείοισι
μητρός τε στυγερῆς καὶ ἀνάλκιδος Αἰγίσθοιο· 310
αὐτῆμαρ δέ οἱ ἦλθε βοὴν ἀγαθὸς Μενέλαος,
πολλὰ κτήματ' ἄγων, ὅσα οἱ νέες ἄχθος ἄειραν.
καὶ σύ, φίλος, μὴ δηθὰ δόμων ἄπο τῆλ' ἀλάλησο,
κτήματά τε προλιπὼν ἄνδρας τ' ἐν σοῖσι δόμοισιν
οὕτω ὑπερφιάλους, μή τοι κατὰ πάντα φάγωσι 315
κτήματα δασσάμενοι, σὺ δὲ τηϋσίην ὁδὸν ἔλθῃς.
ἀλλ' ἐς μὲν Μενέλαον ἐγὼ κέλομαι καὶ ἄνωγα
ἐλθεῖν· κεῖνος γὰρ νέον ἄλλοθεν εἰλήλουθεν,
ἐκ τῶν ἀνθρώπων, ὅθεν οὐκ ἔλποιτό γε θυμῷ
ἐλθέμεν, ὅν τινα πρῶτον ἀποσφήλωσιν ἄελλαι 320
ἐς πέλαγος μέγα τοῖον, ὅθεν τέ περ οὐδ' οἰωνοὶ
αὐτόετες οἰχνεῦσιν, ἐπεὶ μέγα τε δεινόν τε.
ἀλλ' ἴθι νῦν σὺν νηΐ τε σῇ καὶ σοῖς ἑτάροισιν·
εἰ δ' ἐθέλεις πεζός, πάρα τοι δίφρος τε καὶ ἵπποι,
πὰρ δέ τοι υἷες ἐμοί, οἵ τοι πομπῆες ἔσονται 325
ἐς Λακεδαίμονα δῖαν, ὅθι ξανθὸς Μενέλαος.
λίσσεσθαι δέ μιν αὐτός, ἵνα νημερτὲς ἐνίσπῃ·
ψεῦδος δ' οὐκ ἐρέει· μάλα γὰρ πεπνυμένος ἐστίν."
   ὣς ἔφατ', ἠέλιος δ' ἄρ' ἔδυ καὶ ἐπὶ κνέφας ἦλθε.
τοῖσι δὲ καὶ μετέειπε θεὰ γλαυκῶπις Ἀθήνη· 330
"ὦ γέρον, ἦ τοι ταῦτα κατὰ μοῖραν κατέλεξας·
ἀλλ' ἄγε τάμνετε μὲν γλώσσας, κεράσθε δὲ οἶνον,
ὄφρα Ποσειδάωνι καὶ ἄλλοις ἀθανάτοισι
σπείσαντες κοίτοιο μεδώμεθα· τοῖο γὰρ ὥρη.
ἤδη γὰρ φάος οἴχεθ' ὑπὸ ζόφον, οὐδὲ ἔοικε 335
δηθὰ θεῶν ἐν δαιτὶ θαασσέμεν, ἀλλὰ νέεσθαι."

Aber die übrigen fünf der Schiffe mit dunklem Buge
Brachten der Wind und das Wasser heran zum Strome Ägyptens.
Dort nun sammelte Mengen von Gütern und Gold Menelaos,
Fuhr mit den Schiffen herum bei Menschen mit anderen Sprachen.
Während dessen nun plante Aigisthos daheim seinen Frevel:
Schlug den Atriden tot; sein Volk aber mußte sich ducken.
Sieben Jahre dann trieb ers als Herrscher im goldnen Mykene,
Endlich im achten kam das Verhängnis: Der hehre Orestes
Kam aus Athen und erschlug den Aigisthos, den Mörder des Vaters,
Jenen planenden Schuft, der den ruhmvollen Vater getötet.
Er aber lud nach dem Mord die Argeier zum Mahl für die Toten:
Beiden galt es: der häßlichen Mutter, dem Schwächling Aigisthos.
Diesen Tag aber kam Menelaos, der treffliche Rufer,
Endlich zu ihm mit Schiffen voll Schätzen, soviel sie nur trugen.
Nun auch du, mein Freund! Nicht lange mehr bleibe als Wandrer
Fern deinem Hause! Du ließest Besitztum und haltose Männer
Dort in deinem Palast; mir ist bang, sie verzehren dir alles,
Teilen die Güter dir auf und du gingst zwecklos auf Reisen.
Immerhin geb ich dir dringend den Rat: Besuch Menelaos!
Jüngst erst kam aus der Fremde er heim, von den Menschen, von denen
Wiederzukehren keiner noch hoffte je im Gemüte,
Treiben ihn dort ins riesige Meer die tückischen Winde.
Dies aber ist so gewaltig und schrecklich, daß nicht einmal Vögel
Selbst in der Zeit eines Jahres es ganz überfliegen. So gehe
Jetzt denn fort mit dem eigenen Schiff, mit den eignen Gefährten!
Willst du, dann reise zu Land. Ich stelle dir Wagen und Pferde,
Gebe die eigenen Söhne dir mit als begleitende Führer.
Menelaos, der Blonde, im heiligen Lakedaimon
Sei euer Ziel! Dort bitte ihn selbst um ehrliche Kunde!
Falsches wird er nicht sagen, dazu ist er viel zu bewandert."
   Also sprach er; Sonne versank und Dämmerung nahte.
Aber nun sprach auch die Göttin Athene mit Augen der Eule:
„Alter Mann! Wahrhaftig du sagtest das ganz nach der Ordnung.
Auf denn! Schneidet die Zungen heraus und mischt uns die Weine,
Daß wir Poseidon und mit ihm den andern Unsterblichen spenden!
Dann gedenken wir schlafen zu gehn; denn es ist schon die Stunde.
Schon ist im Westen die Helle verschwunden; da ziemt es sich nicht mehr
Lange bei Göttermählern zu sitzen; da ziemt sich der Heimgang."

ἥ ῥα Διὸς θυγάτηρ, οἱ δ' ἔκλυον αὐδησάσης·
τοῖσι δὲ κήρυκες μὲν ὕδωρ ἐπὶ χεῖρας ἔχευαν,
κοῦροι δὲ κρητῆρας ἐπεστέψαντο ποτοῖο,
νώμησαν δ' ἄρα πᾶσιν ἐπαρξάμενοι δεπάεσσι· 340
γλώσσας δ' ἐν πυρὶ βάλλον, ἀνιστάμενοι δ' ἐπέλειβον.
αὐτὰρ ἐπεὶ σπεῖσάν τε πίον θ' ὅσον ἤθελε θυμός,
δὴ τότ' Ἀθηναίη καὶ Τηλέμαχος θεοειδὴς
ἄμφω ἱέσθην κοίλην ἐπὶ νῆα νέεσθαι·
Νέστωρ δ' αὖ κατέρυκε καθαπτόμενος ἐπέεσσι· 345
  "Ζεὺς τό γ' ἀλεξήσειε καὶ ἀθάνατοι θεοὶ ἄλλοι,
ὡς ὑμεῖς παρ' ἐμεῖο θοὴν ἐπὶ νῆα κίοιτε
ὥς τέ τευ ἢ παρὰ πάμπαν ἀνείμονος ἠὲ πενιχροῦ,
ᾧ οὔ τι χλαῖναι καὶ ῥήγεα πόλλ' ἐνὶ οἴκῳ,
οὔτ' αὐτῷ μαλακῶς οὔτε ξείνοισιν ἐνεύδειν. 350
αὐτὰρ ἐμοὶ πάρα μὲν χλαῖναι καὶ ῥήγεα καλά.
οὔ θην δὴ τοῦδ' ἀνδρὸς Ὀδυσσῆος φίλος υἱὸς
νηὸς ἐπ' ἰκριόφιν καταλέξεται, ὄφρ' ἂν ἐγώ γε
ζώω, ἔπειτα δὲ παῖδες ἐνὶ μεγάροισι λίπωνται
ξείνους ξεινίζειν, ὅς τίς κ' ἐμὰ δώμαθ' ἵκηται." 355
  τὸν δ' αὖτε προσέειπε θεὰ γλαυκῶπις Ἀθήνη·
"εὖ δὴ ταῦτά γ' ἔφησθα, γέρον φίλε· σοὶ δὲ ἔοικε
Τηλέμαχον πείθεσθαι, ἐπεὶ πολὺ κάλλιον οὕτω.
ἀλλ' οὗτος μὲν νῦν σοι ἅμ' ἕψεται, ὄφρα κεν εὕδῃ
σοῖσιν ἐνὶ μεγάροισιν· ἐγὼ δ' ἐπὶ νῆα μέλαιναν 360
εἶμ', ἵνα θαρσύνω θ' ἑτάρους εἴπω τε ἕκαστα.
οἶος γὰρ μετὰ τοῖσι γεραίτερος εὔχομαι εἶναι·
οἱ δ' ἄλλοι φιλότητι νεώτεροι ἄνδρες ἕπονται,
πάντες ὁμηλικίη μεγαθύμου Τηλεμάχοιο.
ἔνθα κε λεξαίμην κοίλῃ παρὰ νηὶ μελαίνῃ, 365
νῦν· ἀτὰρ ἠῶθεν μετὰ Καύκωνας μεγαθύμους
εἶμ', ἔνθα χρεῖός μοι ὀφέλλεται, οὔ τι νέον γε
οὐδ' ὀλίγον. σὺ δὲ τοῦτον, ἐπεὶ τεὸν ἵκετο δῶμα,
πέμψον σὺν δίφρῳ τε καὶ υἱέϊ· δὸς δέ οἱ ἵππους,
οἵ τοι ἐλαφρότατοι θείειν καὶ κάρτος ἄριστοι." 370
  ὣς ἄρα φωνήσασ' ἀπέβη γλαυκῶπις Ἀθήνη
φήνῃ εἰδομένη· θάμβος δ' ἕλε πάντας Ἀχαιούς.
θαύμαζεν δ' ὁ γεραιός, ὅπως ἴδεν ὀφθαλμοῖσι·
Τηλεμάχου δ' ἕλε χεῖρα, ἔπος τ' ἔφατ' ἔκ τ' ὀνόμαζεν·

Also sprach Zeus' Tochter, die anderen hörten die Stimme.
Ihnen nun gossen die Rufer Wasser über die Hände,
Randvoll füllten die Krüge zum Mischen die jüngeren Diener,
Schenkten in sämtliche Becher, damit sie zu opfern begännen,
Warfen die Zungen ins Feuer und übergossen sie stehend.
Als sie gespendet und, was ihr Gemüt verlangte, getrunken,
Drängte der göttergleiche Telemachos, drängte Athene
Endlich und schnell zum geräumigen Schiff zu gelangen. Doch Nestor
Fiel ihnen wieder ins Wort und wollte sie halten und sagte:
„Davor schütze mich Zeus und die andern unsterblichen Götter,
Daß grade ihr von mir geht um das eilende Schiff zu erreichen;
Wie wenn ich so einer wäre, ein dürftiger Mann ohne Kleidung,
Decken fehlen im Hause und Kissen hat er nicht viele,
Selber schläft er nicht weich und ebenso wenig die Gäste.
Nein! Ich halte bereit so Decken wie herrliche Kissen.
Nie und nimmer wird des Odysseus, dieses Mannes
Lieber Sohn auf das Deck seines Schiffes sich legen, solange
Selbst ich noch lebe und Söhne dann bleiben, im Saale die Gäste
Gastlich zu pflegen; es komme zu mir in mein Haus, wer da wolle."
  Antwort gab ihm Athene, die Göttin mit Augen der Eule:
„Alter Freund, das hast du vortrefflich gesprochen und darum
Ziemt es sich, daß dir Telemachos folgt; dann geht es am schönsten.
Aber für jetzt geht er nur mit dir, um in deinem Palaste
Ruhig zu schlafen; doch ich begeb mich zum schwarzen Schiffe,
Will die Gefährten bei Stimmung halten und alles besprechen.
Ich ja darf unter ihnen allein mich höherer Jahre
Rühmen, die anderen, jüngeren folgen ihm mehr nur aus Freundschaft.
Alle sind ja des hochgemuten Telemachos Jahrgang.
Dort also möcht ich mich betten, beim hohlen, schwarzen Fahrzeug,
Und dies sogleich! ich will zu den hochgemuten Kaukonen
Morgen früh mich begeben; sie sind mir verschuldet nicht wenig,
Auch nicht seit heut erst. Er aber kam doch zu dir in dein Haus; drum
Schick ihn zu Wagen weg im Geleit deines Sohnes und gib ihm
Die deiner Rosse, die schnellstens laufen und kraftvollst ziehen."
  Also sprach Athene mit Augen der Eule und schwebte
Fort wie ein Adler der See. Da packten Staunen und Schrecken
Alle Achaier. Der Alte sah es verwundert vor Augen,
Faßte Telemachos' Hand und sprach und sagte bedeutsam:

"ὦ φίλος, οὔ σε ἔολπα κακὸν καὶ ἄναλκιν ἔσεσθαι, 375
εἰ δή τοι νέῳ ὧδε θεοὶ πομπῆες ἕπονται.
οὐ μὲν γάρ τις ὅδ' ἄλλος 'Ολύμπια δώματ' ἐχόντων,
ἀλλὰ Διὸς θυγάτηρ, ἀγελείη Τριτογένεια,
ἥ τοι καὶ πατέρ' ἐσθλὸν ἐν 'Αργείοισιν ἐτίμα.
ἀλλά, ἄνασσ', ἵληθι, δίδωθι δέ μοι κλέος ἐσθλόν, 380
αὐτῷ καὶ παίδεσσι καὶ αἰδοίη παρακοίτι·
σοὶ δ' αὖ ἐγὼ ῥέξω βοῦν ἦνιν εὐρυμέτωπον,
ἀδμήτην, ἣν οὔ πω ὑπὸ ζυγὸν ἤγαγεν ἀνήρ·
τήν τοι ἐγὼ ῥέξω χρυσὸν κέρασιν περιχεύας."
    ὣς ἔφατ' εὐχόμενος, τοῦ δ' ἔκλυε Παλλὰς 'Αθήνη. 385
τοῖσιν δ' ἡγεμόνευε Γερήνιος ἱππότα Νέστωρ,
υἱάσι καὶ γαμβροῖσιν, ἑὰ πρὸς δώματα καλά.
ἀλλ' ὅτε δώμαθ' ἵκοντο ἀγακλυτὰ τοῖο ἄνακτος,
ἑξείης ἕζοντο κατὰ κλισμούς τε θρόνους τε·
τοῖς δ' ὁ γέρων ἐλθοῦσιν ἀνὰ κρητῆρα κέρασσεν 390
οἴνου ἡδυπότοιο, τὸν ἑνδεκάτῳ ἐνιαυτῷ
ὤϊξεν ταμίη καὶ ἀπὸ κρήδεμνον ἔλυσε·
τοῦ ὁ γέρων κρητῆρα κεράσσατο, πολλὰ δ' 'Αθήνῃ
εὔχετ' ἀποσπένδων, κούρῃ Διὸς αἰγιόχοιο.
    αὐτὰρ ἐπεὶ σπεῖσάν τε πίον θ' ὅσον ἤθελε θυμός, 395
οἱ μὲν κακκείοντες ἔβαν οἰκόνδε ἕκαστος,
τὸν δ' αὐτοῦ κοίμησε Γερήνιος ἱππότα Νέστωρ,
Τηλέμαχον, φίλον υἱὸν 'Οδυσσῆος θείοιο,
τρητοῖς ἐν λεχέεσσιν, ὑπ' αἰθούσῃ ἐριδούπῳ,
πὰρ δ' ἄρ' ἐϋμμελίην Πεισίστρατον, ὄρχαμον ἀνδρῶν, 400
ὅς οἱ ἔτ' ἠΐθεος παίδων ἦν ἐν μεγάροισιν.
αὐτὸς δ' αὖτε καθεῦδε μυχῷ δόμου ὑψηλοῖο·
τῷ δ' ἄλοχος δέσποινα λέχος πόρσυνε καὶ εὐνήν.
    ἦμος δ' ἠριγένεια φάνη ῥοδοδάκτυλος Ἠώς,
ὤρνυτ' ἄρ' ἐξ εὐνῆφι Γερήνιος ἱππότα Νέστωρ, 405
ἐκ δ' ἐλθὼν κατ' ἄρ' ἕζετ' ἐπὶ ξεστοῖσι λίθοισιν,
οἵ οἱ ἔσαν προπάροιθε θυράων ὑψηλάων
λευκοί, ἀποστίλβοντες ἀλείφατος· οἷς ἔπι μὲν πρὶν
Νηλεὺς ἵζεσκεν, θεόφιν μήστωρ ἀτάλαντος·
ἀλλ' ὁ μὲν ἤδη κηρὶ δαμεὶς Ἄϊδόσδε βεβήκει, 410
Νέστωρ αὖ τότ' ἐφῖζε Γερήνιος, οὖρος Ἀχαιῶν,
σκῆπτρον ἔχων. περὶ δ' υἷες ἀολλέες ἠγερέθοντο

„Freund! Jetzt hab ich die Hoffnung, du wirst mir kein Schlechter und
Götter folgen dir ja als Begleiter schon jetzt in der Jugend.   [Schlapper;
Wirklich! das war kein anderer Herr aus dem Haus des Olympos,
Dies war die Tochter des Zeus, die Erbeuterin Tritogeneia,
Die deinen edlen Vater schon ehrte im Volk der Argeier.
Herrin sei gnädig! Verleihe mir edlen Ruf auf der Erde,
Mir und den Söhnen und ihr, der ehrfurchtgebietenden Gattin.
Dir aber will ich ein jähriges Rind zum Opfer bereiten;
Breit sei die Stirn und es sei nicht gezähmt und keiner noch drückte
Je ihm das Joch auf den Nacken; die Hörner will ich vergolden."
  Also sprach er betend; es hörte ihn Pallas Athene.
Doch der Gerenier Nestor, der Meister der Pferde, entführte
Söhne und Schwiegersöhne zum eigenen, schönen Palaste.
Und sie kamen alsbald zum berühmten Palast ihres Herrschers,
Ließen sich nieder in Ordnung auf hohen Stühlen und Sitzen.
Nach ihrer Ankunft machte der Greis im Krug eine Mischung
Süffigen Weins, den die Schaffnerin jetzt erst im elften Jahre
Endlich vom Deckel befreite und öffnete. Den aber mischte
Jetzt der Alte im Krug und sandte viele Gebete,
Opfer spendend, zur Tochter des Zeus, des Schwingers der Aigis.
  Als sie gespendet und, was ihr Gemüt verlangte, getrunken,
Ging ein jeder zum Schlafen nachhaus. Der Gerenier aber,
Nestor, der Meister der Rosse, hieß den Telemachos dort gleich
Schlafen, den lieben Sohn des erhabnen Odysseus. Das Lager
Stand in der dröhnenden Halle, das Bett hatte Löcher für Riemen.
Neben ihn mußte der Herr seiner Leute Peisistratos; der war
Tüchtig im Speerkampf, lebte auch noch im Palast, als der Jüngling
Unter den Söhnen. Doch Nestor schlief in der Ecke des hohen
Hauses; die Herrin, sein Weib, aber richtete Bett ihm und Lager.
  Als dann die Frühe sich zeigte, Eos mit rosigen Fingern,
Sprang aus dem Bett der Gerenier Nestor, der Meister der Rosse,
Trat ins Freie und setzte sich hin. Vor dem hohen Tore
Standen ja glänzende, steinerne Bänke in leuchtender Weiße,
Glänzend gereinigt mit Fett. Dort saß in den früheren Zeiten
Neleus immer; sein Rat wog gleich einem Rate der Götter.
Der aber war vom Tod überwältigt lang schon im Hades.
Jetzt saß dort der Gerenier Nestor, der Hort der Achaier,
Hielt umringt von all seinen Söhnen das Szepter in Händen.

ἐκ θαλάμων ἐλθόντες, Ἐχέφρων τε Στρατίος τε
Περσεύς τ' Ἄρητός τε καὶ ἀντίθεος Θρασυμήδης.
τοῖσι δ' ἔπειθ' ἕκτος Πεισίστρατος ἤλυθεν ἥρως, 415
πὰρ δ' ἄρα Τηλέμαχον θεοείκελον εἷσαν ἄγοντες.
τοῖσι δὲ μύθων ἦρχε Γερήνιος ἱππότα Νέστωρ·
 "καρπαλίμως μοι, τέκνα φίλα, κρηήνατ' ἐέλδωρ,
ὄφρ' ἤ τοι πρώτιστα θεῶν ἱλάσσομ' Ἀθήνην,
ἥ μοι ἐναργὴς ἦλθε θεοῦ ἐς δαῖτα θάλειαν. 420
ἀλλ' ἄγ' ὁ μὲν πεδίονδ' ἐπὶ βοῦν ἴτω, ὄφρα τάχιστα
ἔλθῃσιν, ἐλάσῃ δὲ βοῶν ἐπιβουκόλος ἀνήρ·
εἷς δ' ἐπὶ Τηλεμάχου μεγαθύμου νῆα μέλαιναν
πάντας ἰὼν ἑτάρους ἀγέτω, λιπέτω δὲ δύ' οἴους·
εἷς δ' αὖ χρυσοχόον Λαέρκεα δεῦρο κελέσθω 425
ἐλθεῖν, ὄφρα βοὸς χρυσὸν κέρασιν περιχεύῃ.
οἱ δ' ἄλλοι μένετ' αὐτοῦ ἀολλέες, εἴπατε δ' εἴσω
δμῳῇσιν κατὰ δώματ' ἀγακλυτὰ δαῖτα πένεσθαι,
ἕδρας τε ξύλα τ' ἀμφὶ καὶ ἀγλαὸν οἰσέμεν ὕδωρ."
 ὣς ἔφαθ', οἱ δ' ἄρα πάντες ἐποίπνυον· ἦλθε μὲν ἂρ βοῦς
ἐκ πεδίου, ἦλθον δὲ θοῆς παρὰ νηὸς ἐίσης 430
Τηλεμάχου ἕταροι μεγαλήτορος, ἦλθε δὲ χαλκεὺς
ὅπλ' ἐν χερσὶν ἔχων χαλκήια, πείρατα τέχνης,
ἄκμονά τε σφῦράν τ' εὐποίητόν τε πυράγρην,
οἷσίν τε χρυσὸν εἰργάζετο· ἦλθε δ' Ἀθήνη 435
ἱρῶν ἀντιόωσα. γέρων δ' ἱππηλάτα Νέστωρ
χρυσὸν ἔδωχ'· ὁ δ' ἔπειτα βοὸς κέρασιν περίχευεν
ἀσκήσας, ἵν' ἄγαλμα θεὰ κεχάροιτο ἰδοῦσα.
βοῦν δ' ἀγέτην κεράων Στρατίος καὶ δῖος Ἐχέφρων.
χέρνιβα δέ σφ' Ἄρητος ἐν ἀνθεμόεντι λέβητι 440
ἤλυθεν ἐκ θαλάμοιο φέρων, ἑτέρῃ δ' ἔχεν οὐλὰς
ἐν κανέῳ· πέλεκυν δὲ μενεπτόλεμος Θρασυμήδης
ὀξὺν ἔχων ἐν χειρὶ παρίστατο, βοῦν ἐπικόψων.
Περσεὺς δ' ἀμνίον εἶχε. γέρων δ' ἱππηλάτα Νέστωρ
χέρνιβά τ' οὐλοχύτας τε κατήρχετο, πολλὰ δ' Ἀθήνῃ 445
εὔχετ' ἀπαρχόμενος, κεφαλῆς τρίχας ἐν πυρὶ βάλλων.
 αὐτὰρ ἐπεί ῥ' εὔξαντο καὶ οὐλοχύτας προβάλοντο,
αὐτίκα Νέστορος υἱός, ὑπέρθυμος Θρασυμήδης,
ἤλασεν ἄγχι στάς· πέλεκυς δ' ἀπέκοψε τένοντας
αὐχενίους, λῦσεν δὲ βοὸς μένος. αἱ δ' ὀλόλυξαν 450

Stratios, Perseus, Aretos, der göttergleiche Echephron,
Thrasymédes, als sechster der Held Peisistratos, hatten
Eben die Kammern verlassen und waren versammelt. Sie boten
Schließlich dem göttergleichen Telemachos Platz neben ihnen.
Doch der Gerenier Nestor, der Meister der Rosse, begann nun:
  „Hurtig ihr Kinder! Erfüllt meine Wünsche! Ich möchte Athene
Wahrlich zuerst von den Göttern mir huldvoll stimmen. Sie kam ja
Klar erkennbar zu mir beim blühenden Göttermahle.
Auf nun! Gehe mir einer aufs ebene Feld um ein Rind, daß
Schleunig es komme; der Hüter der Rinder treibe es selber!
Einer geht zu des hochgemuten Telemachos Fahrzeug,
Bringe uns alle Gefährten hieher, nur zwei sollen bleiben.
Einer dann gebe Laerkes die Weisung zu kommen, dem Goldschmied!
Dieser muß uns die Hörner des Rindes vergolden. Ihr andern
Bleibt aber alle zusammen und hier und meldet den Mägden
Drinnen im ruhmvollen Hause, sie sollen sich mühn um die Mahlzeit,
Sitze holen und Holz ringsum und blinkendes Wasser!"
  Sprachs und alle geraten in rasche Bewegung. Da kommt schon
Her aus dem ebenen Felde das Rind und es kommen vom schnellen,
Schwebenden Schiffe des hochbeherzten Telemachos Freunde,
Auch der Schmied mit dem ehernen Zeug zum Zweck seiner Künste
Kommt, in der Hand seine treffliche Zange, den Amboß, den Hammer;
Damit beginnt er am Gold seine Arbeit; es kommt auch Athene,
Anzunehmen das Opfer; der Alte, der Meister der Rosse,
Nestor spendet das Gold und der andre befestigt es kunstvoll
Rund um die Hörner der Kuh, den Augen der Göttin zur Freude,
Galt doch der Schmuck für sie. Der hehre Echephron und Stratos
Führen das Rind an den Hörnern. Dann kommt aus der Kammer Aretos,
Bringt ihnen beides: ein blumiges Becken zum Waschen der Hände,
Dazu ein Körbchen mit Gerste. Das scharfe Beil in den Händen
Naht Thrasymédes, der zähe Krieger, der Schlächter des Rindes.
Perseus hält die Schale fürs Blut. Der Meister der Rosse,
Nestor, der Alte, beginnt nun mit Wasser und Gerste. Er betet
Lang zu Athene und wirft dann als Erstes die Haare vom Schädel
Opfernd ins Feuer. Da flehen nun alle und streuen die Gerste.
Gleich aber naht Thrasymédes, des Nestor hochgemuter
Sohn, und schlägt und das Beil zerschneidet die Sehnen im Nacken,
Lähmt so die Kräfte des Tieres im Nu. Jetzt jauchzen die Töchter,

θυγατέρες τε νυοί τε καὶ αἰδοίη παράκοιτις
Νέστορος, Εὐρυδίκη, πρέσβα Κλυμένοιο θυγατρῶν.
οἱ μὲν ἔπειτ' ἀνελόντες ἀπὸ χθονὸς εὐρυοδείης
ἔσχον· ἀτὰρ σφάξεν Πεισίστρατος, ὄρχαμος ἀνδρῶν.
τῆς δ' ἐπεὶ ἐκ μέλαν αἷμα ῥύη, λίπε δ' ὀστέα θυμός, 455
αἶψ' ἄρα μιν διέχευαν, ἄφαρ δ' ἐκ μηρία τάμνον
πάντα κατὰ μοῖραν, κατά τε κνίση ἐκάλυψαν,
δίπτυχα ποιήσαντες, ἐπ' αὐτῶν δ' ὠμοθέτησαν.
καῖε δ' ἐπὶ σχίζῃς ὁ γέρων, ἐπὶ δ' αἴθοπα οἶνον
λεῖβε· νέοι δὲ παρ' αὐτὸν ἔχον πεμπώβολα χερσίν. 460
αὐτὰρ ἐπεὶ κατὰ μῆρ' ἐκάη καὶ σπλάγχνα πάσαντο,
μίστυλλόν τ' ἄρα τἆλλα καὶ ἀμφ' ὀβελοῖσιν ἔπειρον,
ὤπτων δ' ἀκροπόρους ὀβελοὺς ἐν χερσὶν ἔχοντες.
  τόφρα δὲ Τηλέμαχον λοῦσεν καλὴ Πολυκάστη,
Νέστορος ὁπλοτάτη θυγάτηρ Νηληϊάδαο. 465
αὐτὰρ ἐπεὶ λοῦσέν τε καὶ ἔχρισεν λίπ' ἐλαίῳ,
ἀμφὶ δέ μιν φᾶρος καλὸν βάλεν ἠδὲ χιτῶνα,
ἔκ ῥ' ἀσαμίνθου βῆ δέμας ἀθανάτοισιν ὁμοῖος·
πὰρ δ' ὅ γε Νέστορ' ἰὼν κατ' ἄρ' ἕζετο, ποιμένα λαῶν.
  οἱ δ' ἐπεὶ ὤπτησαν κρέ' ὑπέρτερα καὶ ἐρύσαντο, 470
δαίνυνθ' ἑζόμενοι· ἐπὶ δ' ἀνέρες ἐσθλοὶ ὄροντο
οἶνον οἰνοχοεῦντες ἐνὶ χρυσέοις δεπάεσσιν.
αὐτὰρ ἐπεὶ πόσιος καὶ ἐδητύος ἐξ ἔρον ἕντο,
τοῖσι δὲ μύθων ἦρχε Γερήνιος ἱππότα Νέστωρ·
  "παῖδες ἐμοί, ἄγε Τηλεμάχῳ καλλίτριχας ἵππους 475
ζεύξαθ' ὑφ' ἅρματ' ἄγοντες, ἵνα πρήσσησιν ὁδοῖο."
  ὣς ἔφαθ', οἱ δ' ἄρα τοῦ μάλα μὲν κλύον ἠδ' ἐπίθοντο,
καρπαλίμως δ' ἔζευξαν ὑφ' ἅρμασιν ὠκέας ἵππους.
ἐν δὲ γυνὴ ταμίη σῖτον καὶ οἶνον ἔθηκεν
ὄψα τε, οἷα ἔδουσι διοτρεφέες βασιλῆες. 480
ἂν δ' ἄρα Τηλέμαχος περικαλλέα βήσετο δίφρον·
πὰρ δ' ἄρα Νεστορίδης Πεισίστρατος, ὄρχαμος ἀνδρῶν,
ἐς δίφρον τ' ἀνέβαινε καὶ ἡνία λάζετο χερσί,
μάστιξεν δ' ἐλάαν, τὼ δ' οὐκ ἀέκοντε πετέσθην
ἐς πεδίον, λιπέτην δὲ Πύλου αἰπὺ πτολίεθρον. 485
οἱ δὲ πανημέριοι σεῖον ζυγὸν ἀμφὶς ἔχοντες.
δύσετό τ' ἠέλιος σκιόωντό τε πᾶσαι ἀγυιαί·
ἐς Φηρὰς δ' ἵκοντο Διοκλῆος ποτὶ δῶμα,

Jauchzen die Frauen der Söhne, die ehrfurchtgebietende Gattin,
Nestors Eurýdike, Klýmenos' älteste Tochter. Die Männer
Halten und lupfen das Tier von der Erde mit breiten Wegen,
Aber der Herr seiner Leute, Peisistratos, greift jetzt zum Messer.
Nun strömt schwarz das Blut und das Leben flieht aus den Knochen.
Schnell dann zerteilt man das Rind und schneidet, wie sichs gebührte,
Gleich die Schenkel heraus und hüllt sie in doppelte Fettschicht;
Schließlich legt man das rohe Fleisch darüber. Der Alte
Läßt auf dem Stoß es verbrennen und spendet funkelnde Weine,
Jugend hält daneben die Gabeln mit je fünf Zinken.
Schließlich waren die Schenkel verbrannt, die Teile des Innern
Waren verzehrt, der Rest zerstückt und an Spießen befestigt:
Da nun begann man mit spitzigen Gabeln in Händen das Braten.

   Doch den Telemachos badete jetzt Polykaste, die schöne
Rüstigste Tochter des Nestor, des Sohnes des Neleus. Doch als sie
Fertig ihn hatte gewaschen, gesalbt mit glänzendem Öle,
Dann noch ein schönes Tuch, einen Leibrock über ihn legte,
Stieg er heraus aus der Wanne, Unsterblichen ähnlich an Aussehn,
Ging dann zu Nestor, dem Hirten der Völker, und setzte sich nieder.

   Jene doch zogen das feste, gebratene Fleisch von den Spießen,
Saßen und schmausten und tüchtige Männer waren daneben
Eifrig beflissen mit Wein ihre goldenen Becher zu füllen.
Aber als das Verlangen nach Essen und Trinken verflogen,
Da begann der Gerenier Nestor, der Meister der Rosse:

   „Ihr meine Söhne! Nun führt mir die Rosse mit herrlichen Mähnen
Schnell an den Wagen! Telemachos muß jetzt fort auf die Reise."

   Sprachs und jene hörten genau auf sein Wort und gehorchten.
Rasch aber schirrten am Wagen sie an die hurtigen Rosse.
Brot und Wein gab die Schaffnerin auch noch mit in den Wagen,
Leckeres auch, wie die Kinder des Zeus es, die Könige, essen.
Dann aber stieg Telemachos ein in den herrlichen Wagen,
Neben ihn stieg auch ein in den Wagen der Herr seiner Leute,
Nestors Sohn Peisistratos; der aber griff nach den Zügeln,
Trieb mit der Peitsche zur Eile. Sie sausten in froher Bereitschaft
Hin in die Ebene, weg von Pylos ragender Feste,
Zogen den ganzen Tag am Joch, das sie beide bedrückte.
Sonne versank und Schatten umhüllten sämtliche Straßen.
Und sie kamen nach Pherai in Diokles' Haus, eines Sohnes

υἱέος Ὀρτιλόχοιο, τὸν Ἀλφειὸς τέκε παῖδα.
ἔνθα δὲ νύκτ' ἄεσαν, ὁ δ' ἄρα ξεινήϊα δῶκεν.   490
ἦμος δ' ἠριγένεια φάνη ῥοδοδάκτυλος Ἠώς,
ἵππους τ' ἐζεύγνυντ' ἀνά θ' ἅρματα ποικίλ' ἔβαινον,
ἐκ δ' ἔλασαν προθύροιο καὶ αἰθούσης ἐριδούπου·
μάστιξεν δ' ἐλάαν, τὼ δ' οὐκ ἀέκοντε πετέσθην.
ἷξον δ' ἐς πεδίον πυρηφόρον, ἔνθα δ' ἔπειτα   495
ἦνον ὁδόν· τοῖον γὰρ ὑπέκφερον ὠκέες ἵπποι.
δύσετό τ' ἠέλιος σκιόωντό τε πᾶσαι ἀγυιαί

Jenes Ortílochos, den der Alpheios einstens erzeugte.
Dort aber nächtigten sie und er gab gastliche Gaben.
Als dann die Frühe sich zeigte, Eos mit rosigen Fingern,
Schirrten sie wieder die Rosse, bestiegen den farbigen Wagen,
Fuhren heraus durch die Türe des Hofs und die tönende Halle.
Er trieb an mit der Peitsche; sie sausten in froher Bereitschaft,
Kamen ins ebene Weizengefilde; die Fahrt war vollendet.
So vortrefflich hatten die hurtigen Rosse gezogen.
Sonne versank und Schatten umhüllten sämtliche Straßen.

ΟΔΥΣΣΕΙΑΣ Δ

τὰ ἐν Λακεδαίμονι

Οἱ δ' ἷξον κοίλην Λακεδαίμονα κητώεσσαν,
πρὸς δ' ἄρα δώματ' ἔλων Μενελάου κυδαλίμοιο.
τὸν δ' εὗρον δαινύντα γάμον πολλοῖσιν ἔτῃσιν
υἱέος ἠδὲ θυγατρὸς ἀμύμονος ᾧ ἐνὶ οἴκῳ.
τὴν μὲν Ἀχιλλῆος ῥηξήνορος υἱέϊ πέμπεν· 5
ἐν Τροίῃ γὰρ πρῶτον ὑπέσχετο καὶ κατένευσε
δωσέμεναι, τοῖσιν δὲ θεοὶ γάμον ἐξετέλειον·
τὴν ἄρ' ὅ γ' ἔνθ' ἵπποισι καὶ ἅρμασι πέμπε νέεσθαι
Μυρμιδόνων προτὶ ἄστυ περικλυτόν, οἷσιν ἄνασσεν.
υἱέϊ δὲ Σπάρτηθεν Ἀλέκτορος ἤγετο κούρην, 10
ὅς οἱ τηλύγετος γένετο κρατερὸς Μεγαπένθης
ἐκ δούλης· Ἑλένῃ δὲ θεοὶ γόνον οὐκέτ' ἔφαινον,
ἐπεὶ δὴ τὸ πρῶτον ἐγείνατο παῖδ' ἐρατεινήν,
Ἑρμιόνην, ἣ εἶδος ἔχε χρυσῆς Ἀφροδίτης.
   ὣς οἱ μὲν δαίνυντο καθ' ὑψερεφὲς μέγα δῶμα 15
γείτονες ἠδὲ ἔται Μενελάου κυδαλίμοιο,
τερπόμενοι· μετὰ δέ σφιν ἐμέλπετο θεῖος ἀοιδὸς
φορμίζων· δοιὼ δὲ κυβιστητῆρε κατ' αὐτοὺς
μολπῆς ἐξάρχοντος ἐδίνευον κατὰ μέσσους.
   τὼ δ' αὖτ' ἐν προθύροισι δόμων αὐτώ τε καὶ ἵππω, 20
Τηλέμαχός θ' ἥρως καὶ Νέστορος ἀγλαὸς υἱός,
στῆσαν· ὁ δὲ προμολὼν ἴδετο κρείων Ἐτεωνεύς,
ὀτρηρὸς θεράπων Μενελάου κυδαλίμοιο,
βῆ δ' ἴμεν ἀγγελέων διὰ δώματα ποιμένι λαῶν,
ἀγχοῦ δ' ἱστάμενος ἔπεα πτερόεντα προσηύδα· 25
   "ξείνω δή τινε τώδε, διοτρεφὲς ὦ Μενέλαε,
ἄνδρε δύω, γενεῇ δὲ Διὸς μεγάλοιο ἔϊκτον.
ἀλλ' εἴπ', ἤ σφωϊν καταλύσομεν ὠκέας ἵππους,
ἦ ἄλλον πέμπωμεν ἱκανέμεν, ὅς κε φιλήσῃ."
   τὸν δὲ μέγ' ὀχθήσας προσέφη ξανθὸς Μενέλαος· 30
"οὐ μὲν νήπιος ἦσθα, Βοηθοΐδη Ἐτεωνεῦ,
τὸ πρίν· ἀτὰρ μὲν νῦν γε παῖς ὣς νήπια βάζεις.

VIERTER GESANG

Die Ereignisse in Lakedaimon

Als Lakedaimons schluchtenreiche Senke erreicht war,
Fuhren sie vor am Palast des ruhmvollen Menelaos.
Diesen fanden sie grade beim Mahl mit vielen Verwandten;
Hochzeit hielt er im Haus für den Sohn und die treffliche Tochter.
Diese gab er dem Sohn des Achilleus, der Männer zermalmte.
Damals in Troja nickte er zu und versprach, sie zu schicken.
Jetzt aber brachten die Götter den beiden Erfüllung der Heirat.
Sie nun schickte er fort mit Wagen und Rossen zum Einstand
In die ruhmvolle Stadt des Myrmidonenbeherrschers.
Doch seinem Sohne, dem kräftigen Spätling Megapenthes,
Gab er die Tochter Alektors zur Frau; sie stammte aus Sparta.
Er war das Kind einer Sklavin; denn Helena ließen die Götter
Nicht mehr gebären; Hermíone war ja die liebliche Tochter,
Die sie schon hatte, ein Bild der goldenen Aphrodite.

Diese nun speisten im großen Haus mit dem hohen Dachfirst,
Nachbarn, Verwandte des ruhmvollen Menelaos; sie waren
Freudig gestimmt; es sang ja zur Leier der göttliche Sänger.
Auch zwei Gaukler waren bei ihnen und warfen sich wirbelnd
Mitten hinein, als jener begann mit der Weise des Tanzes.
Aber die beiden selbst und die Rosse hielten am ersten
Tore des Hauses: Held Telémachos neben des Nestors
Herrlichem Sohne. Sie sah Eteóneus, der hurtige, starke
Diener des ruhmvollen Menelaos, der eben dazukam.
Schnell durchlief er das Haus, es dem Hirten der Mannen zu melden,
Trat ganz nahe zu ihm und sagte geflügelte Worte:
„Götterkind Menelaos! Wahrhaftig, irgend zwei Gäste,
Männer vom Stamme des großen Zeus, so will es mir scheinen!
Sprich doch, schirren den beiden wir ab ihre herrlichen Rosse?
Führen wir sie einem anderen zu, der liebend sie aufnimmt?"

Mächtig erzürnt erwiderte ihm Menelaos der Blonde:
„Nein, du warst nicht dumm, Eteoneus, Sohn des Boéthos,
Freilich nur früher: was jetzt du da redest, ist kindische Torheit.

ἦ μὲν δὴ νῶι ξεινήια πολλὰ φαγόντες
ἄλλων ἀνθρώπων δεῦρ' ἱκόμεθ', αἴ κέ ποθι Ζεὺς
ἐξοπίσω περ παύσῃ ὀϊζύος. ἀλλὰ λύ' ἵππους 35
ξείνων, ἐς δ' αὐτοὺς προτέρω ἄγε θοινηθῆναι."
  ὣς φάθ', ὁ δὲ μεγάροιο διέσσυτο, κέκλετο δ' ἄλλους
ὀτρηροὺς θεράποντας ἅμα σπέσθαι ἑοῖ αὐτῷ.
οἱ δ' ἵππους μὲν λῦσαν ὑπὸ ζυγοῦ ἱδρώοντας·
καὶ τοὺς μὲν κατέδησαν ἐφ' ἱππείῃσι κάπῃσι, 40
πὰρ δ' ἔβαλον ζειάς, ἀνὰ δὲ κρῖ λευκὸν ἔμειξαν,
ἅρματα δ' ἔκλιναν πρὸς ἐνώπια παμφανόωντα,
αὐτοὺς δ' εἰσῆγον θεῖον δόμον. οἱ δὲ ἰδόντες
θαύμαζον κατὰ δῶμα διοτρεφέος βασιλῆος·
ὥς τε γὰρ ἠελίου αἴγλη πέλεν ἠὲ σελήνης 45
δῶμα καθ' ὑψερεφὲς Μενελάου κυδαλίμοιο.
αὐτὰρ ἐπεὶ τάρπησαν ὁρώμενοι ὀφθαλμοῖσιν,
ἔς ῥ' ἀσαμίνθους βάντες ἐϋξέστας λούσαντο.
τοὺς δ' ἐπεὶ οὖν δμῳαὶ λοῦσαν καὶ χρῖσαν ἐλαίῳ,
ἀμφὶ δ' ἄρα χλαίνας οὔλας βάλον ἠδὲ χιτῶνας, 50
ἔς ῥα θρόνους ἕζοντο παρ' Ἀτρεΐδην Μενέλαον.
χέρνιβα δ' ἀμφίπολος προχόῳ ἐπέχευε φέρουσα
καλῇ χρυσείῃ, ὑπὲρ ἀργυρέοιο λέβητος,
νίψασθαι· παρὰ δὲ ξεστὴν ἐτάνυσσε τράπεζαν.
σῖτον δ' αἰδοίη ταμίη παρέθηκε φέρουσα, 55
εἴδατα πόλλ' ἐπιθεῖσα, χαριζομένη παρεόντων.
δαιτρὸς δὲ κρειῶν πίνακας παρέθηκεν ἀείρας
παντοίων, παρὰ δέ σφι τίθει χρύσεια κύπελλα.
τὼ καὶ δεικνύμενος προσέφη ξανθὸς Μενέλαος·
  "σίτου θ' ἅπτεσθον καὶ χαίρετον· αὐτὰρ ἔπειτα 60
δείπνου πασσαμένω εἰρησόμεθ' οἵ τινές ἐστον
ἀνδρῶν· οὐ γὰρ σφῷν γε γένος ἀπόλωλε τοκήων,
ἀλλ' ἀνδρῶν γένος ἐστὲ διοτρεφέων βασιλήων
σκηπτούχων, ἐπεὶ οὔ κε κακοὶ τοιούσδε τέκοιεν."
  ὣς φάτο, καί σφιν νῶτα βοὸς παρὰ πίονα θῆκεν 65
ὄπτ' ἐν χερσὶν ἑλών, τά ῥά οἱ γέρα πάρθεσαν αὐτῷ.
οἱ δ' ἐπ' ὀνείαθ' ἑτοῖμα προκείμενα χεῖρας ἴαλλον.
αὐτὰρ ἐπεὶ πόσιος καὶ ἐδητύος ἐξ ἔρον ἕντο,
δὴ τότε Τηλέμαχος προσεφώνεε Νέστορος υἱόν,
ἄγχι σχὼν κεφαλήν, ἵνα μὴ πευθοίαθ' οἱ ἄλλοι· 70

Wahrlich, wir haben doch beide recht viele gastliche Gaben
Anderer Menschen verzehrt und kamen hieher mit dem Wunsche,
Zeus erspare uns künftige Leiden. Entspanne die Rosse!
Dann aber führe die Gäste herbei, daß am Schmaus sie sich laben."
　Sprachs, aber jener durcheilte geschäftig den Saal um den andern
Hurtigen Dienern Befehl zu erteilen, ihm selber zu folgen.
Die aber spannten zuerst die schwitzenden Rosse vom Joche,
Banden sie fest an den Krippen für Pferde und warfen als Futter
Spelt ihnen hin, den mit weißem Mehl von der Gerste sie mischten,
Schoben den Wagen sodann an eine der schimmernden Wände.
Schließlich führten ins göttliche Haus sie die Gäste. Verwundert
Sahen nun diese das Haus des Königs, des Götterkindes.
Lag doch ein Glanz wie von Sonne und Mond hinauf bis zur Decke
Überall hier im Hause des ruhmvollen Menelaos.
Aber als sie die Augen geweidet mit Sehen und Schauen,
Stiegen zum Bade sie ein in die trefflich gereinigten Wannen.
Mägde wuschen sie, salbten mit Ölen; dann legten sie ihnen
Wollene Mäntel um und jedem den Leibrock. Darauf
Setzten sie sich in die Stühle zu Atreus' Sohn Menelaos.
Dann kam ein Mädchen und brachte Wasser zum Waschen; aus schönem
Goldenen Schöpfer goß sie es aus in ein silbernes Becken
Über die Hände und schob vor sie hin den gefegten Eßtisch.
Brot aber brachte die ehrfurchtgebietende Schaffnerin, legte
Speisen in Menge dazu, gab gerne von allem, was da war.
Schließlich nahm der Verteiler Stücke verschiedenen Fleisches,
Stellte die Platten daneben und neben sie goldene Becher.
Nun begrüßte die beiden und sprach Menelaos der Blonde:
　„Nehmt von den Broten und freut euch! Und wenn ihr gesättigt vom
Aufsteht, will ich euch fragen, wer ihr wohl seid von den Männern; [Mahle
Sicherlich geht eurer Eltern Geschlecht mit euch nicht zu Ende:
Männern, Szepter tragenden Königen, Götterkindern
Seid ihr verwandt; denn solche, wie ihr seid, zeugt wohl kein Schlechter."
　Sprachs und gab mit den Händen, was ihm man zur Ehre gegeben:
Fette gebratene Stücke nahm er vom Rücken des Rindes.
Sie aber streckten die Hände, das Essen lag fertig vor ihnen.
Aber als das Verlangen nach Trank und nach Speise verflogen,
Ließ sich Telemachos endlich beim Sohne des Nestor vernehmen,
Nahe und Kopf an Kopf, daß keiner der andern es höre:

"φράζεο, Νεστορίδη, τῷ ἐμῷ κεχαρισμένε θυμῷ,
χαλκοῦ τε στεροπὴν κατὰ δώματα ἠχήεντα
χρυσοῦ τ' ἠλέκτρου τε καὶ ἀργύρου ἠδ' ἐλέφαντος.
Ζηνός που τοιήδε γ' Ὀλυμπίου ἔνδοθεν αὐλή,
ὅσσα τάδ' ἄσπετα πολλά· σέβας μ' ἔχει εἰσορόωντα." 75
 τοῦ δ' ἀγορεύοντος ξύνετο ξανθὸς Μενέλαος,
καί σφεας φωνήσας ἔπεα πτερόεντα προσηύδα·
"τέκνα φίλ', ἦ τοι Ζηνὶ βροτῶν οὐκ ἄν τις ἐρίζοι·
ἀθάνατοι γὰρ τοῦ γε δόμοι καὶ κτήματ' ἔασιν·
ἀνδρῶν δ' ἤ κέν τίς μοι ἐρίσσεται, ἠὲ καὶ οὐκί, 80
κτήμασιν. ἦ γὰρ πολλὰ παθὼν καὶ πόλλ' ἐπαληθεὶς
ἠγαγόμην ἐν νηυσὶ καὶ ὀγδοάτῳ ἔτει ἦλθον,
Κύπρον Φοινίκην τε καὶ Αἰγυπτίους ἐπαληθείς,
Αἰθίοπάς θ' ἱκόμην καὶ Σιδονίους καὶ Ἐρεμβοὺς
καὶ Λιβύην, ἵνα τ' ἄρνες ἄφαρ κεραοὶ τελέθουσι. 85
τρὶς γὰρ τίκτει μῆλα τελεσφόρον εἰς ἐνιαυτόν·
ἔνθα μὲν οὔτε ἄναξ ἐπιδευὴς οὔτε τι ποιμὴν
τυροῦ καὶ κρειῶν οὐδὲ γλυκεροῖο γάλακτος,
ἀλλ' αἰεὶ παρέχουσιν ἐπηετανὸν γάλα θῆσθαι.
εἷος ἐγὼ περὶ κεῖνα πολὺν βίοτον ξυναγείρων 90
ἠλώμην, τεῖός μοι ἀδελφεὸν ἄλλος ἔπεφνε
λάθρῃ, ἀνωιστί, δόλῳ οὐλομένης ἀλόχοιο.
ὣς οὔ τοι χαίρων τοῖσδε κτεάτεσσιν ἀνάσσω· —
καὶ πατέρων τάδε μέλλετ' ἀκουέμεν, οἵ τινες ὕμιν
εἰσίν· ἐπεὶ μάλα πολλὰ πάθον καὶ ἀπώλεσα οἶκον 95
εὖ μάλα ναιετάοντα, κεχανδότα πολλὰ καὶ ἐσθλά.
ὧν ὄφελον τριτάτην περ ἔχων ἐν δώμασι μοῖραν
ναίειν, οἱ δ' ἄνδρες σόοι ἔμμεναι, οἳ τότ' ὄλοντο
Τροίῃ ἐν εὐρείῃ, ἑκὰς Ἄργεος ἱπποβότοιο.
ἀλλ' ἔμπης, πάντας μὲν ὀδυρόμενος καὶ ἀχεύων, 100
πολλάκις ἐν μεγάροισι καθήμενος ἡμετέροισιν
ἄλλοτε μέν τε γόῳ φρένα τέρπομαι, ἄλλοτε δ' αὖτε
παύομαι· αἰψηρὸς δὲ κόρος κρυεροῖο γόοιο. —
τῶν πάντων οὐ τόσσον ὀδύρομαι, ἀχνύμενός περ,
ὡς ἑνός, ὅς τέ μοι ὕπνον ἀπεχθαίρει καὶ ἐδωδήν, 105
μνωόμενος, ἐπεὶ οὔ τις Ἀχαιῶν τόσσ' ἐμόγησεν,
ὅσσ' Ὀδυσεὺς ἐμόγησε καὶ ἤρατο. τῷ δ' ἄρ' ἔμελλεν
αὐτῷ κήδε' ἔσεσθαι, ἐμοὶ δ' ἄχος αἰὲν ἄλαστον

„Sohn des Nestor, dem hold im Gemüt ich gesonnen, da sieh nur,
Was für ein glänzendes Blinken im hallenden Raum des Palastes!
Erz und Elfenbein auch, und Gold und Silber und Bernstein —
Ähnlich ist wohl das Innre der Halle des Zeus im Olympos!
Unermeßliche Fülle! Ich staune beim Schauen vor Ehrfurcht."

Als er so sagte, vernahm ihn nun doch Menelaos, der Blonde.
Darauf sprach er sie an und sagte geflügelte Worte:

„Liebe Jungen! Ein Sterblicher kann wohl mit Zeus sich nicht messen;
Dessen Haus und dessen Besitz bleibt immer unsterblich.
Freilich mit mir, was die Habe betrifft, können Menschen sich messen;
Mancher auch nicht. Ich litt ja gar viel und auf vielerlei Weltfahrt
Brachte ich vieles aufs Schiff, bis im achten Jahre ich heimkam.
Meine Weltfahrt ging zu den Kyprern, Phoinikern, Aigyptern,
Ja, ich kam zu Erembern, Sidoniern, Aithiopen,
Lybien sah ich: dort werden die Böcke mit Hörnern geboren;
Dreimal wirft in der Zeit eines einzigen Jahres das Kleinvieh.
Keinen gibt es, der Mangel dort hätte, kein Herrscher, kein Hirte;
Niemals fehlt es an Fleisch und an süßer Milch und an Käse;
Stets gibt Milch, als wärs für ein Jahr, beim Melken das Kleinvieh.
Ich nun erraffte mir dort auf der Weltfahrt Güter in Menge.
Aber ein andrer erschlug mir inzwischen den Bruder, ganz heimlich,
Unvermutet, durch schurkische List seines heillosen Weibes.
Darum freu ich mich nicht als Herr über all diese Habe.
Väter habt ihr wohl noch; da kann ich erwarten, ihr hörtet
Alles bereits, daß vieles ich litt und verlor meinen Hausstand,
Wo es so wohnlich war; denn er strotzte von Vielem und Gutem.
Gerne wohnte ich hier im Hause mit nur einem Dritteil,
Wären dafür nur heil jene Männer, die damals im breiten
Troja verkamen, von Argos so fern, wo die Rosse gedeihen!
Aber oftmals sitze ich hier in unserm Palaste,
Tief in Jammer versunken und tief in Trauer um alle —
Manchmal tut es mir wohl, meinen Sinn mit Klagen zu letzen,
Dann wieder laß ichs; denn schnell ist man satt von so grausigen Klagen.
Aber um alle leide und klage ich nicht in dem Maße
Wie um den einen, der Schlafen und Essen mir gründlich verhaßt macht,
Denk ich an ihn; denn es gibt ja nicht einen Achaier, der soviel
Litt, wie Odysseus gesorgt und gelitten. Freilich, den Kummer
Mußte er selber ertragen, doch ich den ewigen Jammer.

κείνου, ὅπως δὴ δηρὸν ἀποίχεται, οὐδέ τι ἴδμεν,
ζώει ὅ γ' ἦ τέθνηκεν. ὀδύρονται νύ που αὐτὸν 110
Λαέρτης θ' ὁ γέρων καὶ ἐχέφρων Πηνελόπεια
Τηλέμαχός θ', ὃν ἔλειπε νέον γεγαῶτ' ἐνὶ οἴκῳ."
 ὣς φάτο, τῷ δ' ἄρα πατρὸς ὑφ' ἵμερον ὦρσε γόοιο·
δάκρυ δ' ἀπὸ βλεφάρων χαμάδις βάλε πατρὸς ἀκούσας,
χλαῖναν πορφυρέην ἄντ' ὀφθαλμοῖιν ἀνασχὼν 115
ἀμφοτέρῃσιν χερσί. νόησε δέ μιν Μενέλαος,
μερμήριξε δ' ἔπειτα κατὰ φρένα καὶ κατὰ θυμόν,
ἠέ μιν αὐτὸν πατρὸς ἐάσειε μνησθῆναι,
ἦ πρῶτ' ἐξερέοιτο ἕκαστά τε πειρήσαιτο.
 εἷος ὁ ταῦθ' ὥρμαινε κατὰ φρένα καὶ κατὰ θυμόν, 120
ἐκ δ' Ἑλένη θαλάμοιο θυώδεος ὑψορόφοιο
ἤλυθεν Ἀρτέμιδι χρυσηλακάτῳ ἐϊκυῖα.
τῇ δ' ἄρ' ἅμ' Ἀδρήστη κλισίην εὔτυκτον ἔθηκεν,
Ἀλκίππη δὲ τάπητα φέρεν μαλακοῦ ἐρίοιο,
Φυλὼ δ' ἀργύρεον τάλαρον φέρε, τόν οἱ ἔδωκεν 125
Ἀλκάνδρη, Πολύβοιο δάμαρ, ὃς ἔναι' ἐνὶ Θήβῃς
Αἰγυπτίῃς, ὅθι πλεῖστα δόμοις ἐν κτήματα κεῖται·
ὃς Μενελάῳ δῶκε δύ' ἀργυρέας ἀσαμίνθους,
δοιοὺς δὲ τρίποδας, δέκα δὲ χρυσοῖο τάλαντα.
χωρὶς δ' αὖθ' Ἑλένῃ ἄλοχος πόρε κάλλιμα δῶρα· 130
χρυσῆν τ' ἠλακάτην τάλαρόν θ' ὑπόκυκλον ὄπασσεν
ἀργύρεον, χρυσῷ δ' ἐπὶ χείλεα κεκράαντο.
τόν ῥά οἱ ἀμφίπολος Φυλὼ παρέθηκε φέρουσα
νήματος ἀσκητοῖο βεβυσμένον· αὐτὰρ ἐπ' αὐτῷ
ἠλακάτη τετάνυστο ἰοδνεφὲς εἶρος ἔχουσα. 135
ἕζετο δ' ἐν κλισμῷ, ὑπὸ δὲ θρῆνυς ποσὶν ἦεν.
αὐτίκα δ' ἥ γ' ἐπέεσσι πόσιν ἐρέεινεν ἕκαστα·
 "ἴδμεν δή, Μενέλαε διοτρεφές, οἵ τινες οἵδε
ἀνδρῶν εὐχετόωνται ἱκανέμεν ἡμέτερον δῶ;
ψεύσομαι ἦ ἔτυμον ἐρέω; κέλεται δέ με θυμός. 140
οὐ γάρ πώ τινά φημι ἐοικότα ὧδε ἰδέσθαι
οὔτ' ἄνδρ' οὔτε γυναῖκα, σέβας μ' ἔχει εἰσορόωσαν,
ὡς ὅδ' Ὀδυσσῆος μεγαλήτορος υἷι ἔοικε,
Τηλεμάχῳ, τὸν ἔλειπε νέον γεγαῶτ' ἐνὶ οἴκῳ
κεῖνος ἀνήρ, ὅτ' ἐμεῖο κυνώπιδος εἵνεκ' Ἀχαιοὶ 145
ἤλθεθ' ὑπὸ Τροίην, πόλεμον θρασὺν ὁρμαίνοντες."

Ihn vergesse ich nie, wie lang er auch fort ist; wir wissen
Nicht, ob er lebt oder tot ist; doch jammern um ihn wohl der greise
Vater Laertes und die gescheite Penelopeia,
Wohl auch Telemachos, den er als Neugebornen daheimließ."

Sprachs und erregte Sehnen in ihm, um den Vater zu klagen.
Tränen ließ aus den Lidern er rinnen beim Namen des Vaters,
Daß er den purpurnen Mantel bis über die Augen mit beiden
Händen schützend emporzog. Doch sah ihn dabei Menelaos.
Der aber grübelte jetzt im Sinn und auch im Gemüte,
Sollt er ihm überlassen, des Vaters jetzt zu gedenken,
Oder sollte erst er ihn fragen nach allem und prüfen.

Während im Sinn und auch im Gemüt er sich dies überlegte —
Siehe da! Helena trat aus der duftenden, hochüberdachten
Kammer, der Artemis ähnlich, der Göttin mit goldener Spindel.
Hinter sie stellte Adraste den trefflich gefertigten Lehnstuhl,
Decken aber von weichster Wolle brachte Alkippe,
Phylo brachte das silberne Körbchen, das ihr Alkandre,
Pólybos Weib, im ägyptischen Theben einst schenkte; er wohnte
Dort und sein Haus lag voll von riesigen Gütern. Er schenkte
Menelaos ein Paar versilberter Wannen zum Baden,
Weiter je einen Dreifuß; Gold aber zehn Talente.
Außerdem brachte sein Weib für Helena schönste Geschenke:
Gab eine goldene Spindel, ein Arbeitskörbchen auf Rädern,
Ganz aus Silber, dazu; doch die Ränder waren vergoldet.
Dieses stellte gefüllt mit kunstvoll gefertigten Fäden
Neben sie hin ihre Dienerin Phylo; es lag auf dem Korbe
Oben mit Wolle die Spindel gefüllt in der Farbe des Veilchens.
So nun saß sie im Stuhl; für die Füße lag unten der Schemel.
Gleich aber fragte sie da ihren Gatten nach allem und jedem:

„Götterkind Menelaos! Wissen wir schon, wer die Männer
Sind, daß sie bittend verlangen in unserm Palast zu erscheinen?
Täusch ich mich? Rede ich Wahrheit? Doch drängt mein Gemüt, daß ich rede.
Denn ich sag es: Noch nie hab ich jemand vor Augen gesehen,
Keinen Mann und kein Weib — ich staune beim Schauen vor Ehrfurcht —
Wie dieser gleicht einem Kinde des hochbeherzten Odysseus,
Wohl dem Telemachos, den er als Neugebornen daheimließ,
Er ein Mann, als damals nach Troja ihr zogt, ihr Achaier,
Kühnsten Kampf zu bestehn wegen meiner hündischen Augen."

τὴν δ' ἀπαμειβόμενος προσέφη ξανθὸς Μενέλαος·
"οὕτω νῦν καὶ ἐγὼ νοέω, γύναι, ὡς σὺ ἐΐσκεις·
κείνου γὰρ τοιοίδε πόδες τοιαίδε τε χεῖρες
ὀφθαλμῶν τε βολαὶ κεφαλή τ' ἐφύπερθέ τε χαῖται. 150
καὶ νῦν ἦ τοι ἐγὼ μεμνημένος ἀμφ' Ὀδυσῆϊ
μυθεόμην, ὅσα κεῖνος ὀϊζύσας ἐμόγησεν
ἀμφ' ἐμοί, αὐτὰρ ὁ πυκνὸν ὑπ' ὀφρύσι δάκρυον εἶβε,
χλαῖναν πορφυρέην ἄντ' ὀφθαλμοῖϊν ἀνασχών."
  τὸν δ' αὖ Νεστορίδης Πεισίστρατος ἀντίον ηὔδα· 155
"Ἀτρεΐδη Μενέλαε διοτρεφές, ὄρχαμε λαῶν,
κείνου μέν τοι ὅδ' υἱὸς ἐτήτυμον, ὡς ἀγορεύεις·
ἀλλὰ σαόφρων ἐστί, νεμεσσᾶται δ' ἐνὶ θυμῷ
ὧδ' ἐλθὼν τὸ πρῶτον ἐπεσβολίας ἀναφαίνειν
ἄντα σέθεν, τοῦ νῶϊ θεοῦ ὣς τερπόμεθ' αὐδῇ. 160
αὐτὰρ ἐμὲ προέηκε Γερήνιος ἱππότα Νέστωρ
τῷ ἅμα πομπὸν ἕπεσθαι· ἐέλδετο γάρ σε ἰδέσθαι,
ὄφρα οἱ ἤ τι ἔπος ὑποθήεαι ἠέ τι ἔργον.
πολλὰ γὰρ ἄλγε' ἔχει πατρὸς πάϊς οἰχομένοιο
ἐν μεγάροις, ᾧ μὴ ἄλλοι ἀοσσητῆρες ἔωσιν, 165
ὡς νῦν Τηλεμάχῳ ὁ μὲν οἴχεται, οὐδέ οἱ ἄλλοι
εἴσ', οἵ κεν κατὰ δῆμον ἀλάλκοιεν κακότητα."
  τὸν δ' ἀπαμειβόμενος προσέφη ξανθὸς Μενέλαος·
"ὢ πόποι, ἦ μάλα δὴ φίλου ἀνέρος υἱὸς ἐμὸν δῶ
ἵκεθ', ὃς εἵνεκ' ἐμεῖο πολέας ἐμόγησεν ἀέθλους· 170
καί μιν ἔφην ἐλθόντα φιλησέμεν ἔξοχα πάντων
Ἀργείων, εἰ νῶϊν ὑπεὶρ ἅλα νόστον ἔδωκε
νηυσὶ θοῇσι γενέσθαι Ὀλύμπιος εὐρύοπα Ζεύς.
καί κέ οἱ Ἄργεϊ νάσσα πόλιν καὶ δώματ' ἔτευξα,
ἐξ Ἰθάκης ἀγαγὼν σὺν κτήμασι καὶ τέκεϊ ᾧ 175
καὶ πᾶσιν λαοῖσι, μίαν πόλιν ἐξαλαπάξας,
αἳ περιναιετάουσιν, ἀνάσσονται δ' ἐμοὶ αὐτῷ.
καί κε θάμ' ἐνθάδ' ἐόντες ἐμισγόμεθ'· οὐδέ κεν ἥμεας
ἄλλο διέκρινεν φιλέοντέ τε τερπομένω τε,
πρίν γ' ὅτε δὴ θανάτοιο μέλαν νέφος ἀμφεκάλυψεν. 180
ἀλλὰ τὰ μέν που μέλλεν ἀγάσσασθαι θεὸς αὐτός,
ὃς κεῖνον δύστηνον ἀνόστιμον οἶον ἔθηκεν."
  ὣς φάτο, τοῖσι δὲ πᾶσιν ὑφ' ἵμερον ὦρσε γόοιο.
κλαῖε μὲν Ἀργείη Ἑλένη, Διὸς ἐκγεγαυῖα,

Antwort gab ihr darauf und sprach Menelaos der Blonde:
„Grad so denke auch ich jetzt, Weib, wie du den Vergleich ziehst.
Das sind wirklich die Füße von ihm und das sind die Hände,
Das ist der Blick in den Augen, der Kopf und darüber die Haare.
Ja, ich wollte grad selbst von Odysseus erzählen, ich dachte
Eben an ihn und was alles für mich er leidend geduldet.
Aber da quollen so dick ihm die Tränen unter den Brauen,
Daß er den purpurnen Mantel noch über die Augen emporzog."

  Ihm aber hielt Peisistratos, Nestors Sohn, dann entgegen:
„Götterkind Menelaos, Atride, Herr deiner Leute!
Ja, wie du kündest, so ist es; sein Sohn ist er, wirklich und wahrhaft!
Freilich ist er besonnen; er haßt es tief im Gemüte
Grad so beim ersten Kommen mit Worten um sich zu werfen,
Eben vor dir, dessen Stimme uns freut wie die einer Gottheit.
Mich aber schickt der Gerenier Nestor, der Meister der Rosse,
Ihm als Geleiter zu folgen. Er dachte, du solltest ihn sehen,
Sollst ihm ein Wort, eine Tat, woran er sich halte, berichten.
Leiden muß er genug im Palast als der Sohn eines Vaters,
Der doch nicht da ist; er selbst aber hat keine anderen Helfer.
So ist Telemachos' jetziges Schicksal: Fort ist der Eine,
Andere fehlen im Volk, die verständen das Übel zu bannen."

  Antwort gab ihm darauf und sprach Menelaos der Blonde:
„Was nicht gar! Da kam ja der Sohn eines lieben Mannes
Jetzt in mein Haus, der um mich so viele Kämpfe durchlitten.
Immer sagte ich doch, wenn er käme, wollt' ich ihn lieben,
Mehr als die andern Achaier; es müßte nur sein, daß der weithin
Schauende Zeus im Olympos uns beiden auf eilenden Schiffen
Heimkehr schenkte zur See. In Argos schuf ich ihm Wohnstatt,
Baute ihm neu den Palast; seinen Sohn, den Besitz, seine Leute,
Alles holt' ich aus Ithaka her; ja, ich siedelte eine
Stadt für ihn aus, wie sie rundum sind im Bereich meiner Herrschaft.
Ja, dann hätten wir hier uns häufig getroffen; nichts andres
Hätte die Freundschaft, hätte die Freude gestört uns beiden,
Bis dann endlich die düstere Wolke des Todes uns deckte.
Freilich, es muß ja wohl sein, daß ein Gott dies alles zu viel fand;
Darum versagt er dem andern allein sein Glück, seine Heimkehr."

  Also sprach er und weckte Sehnen und Klagen bei allen.
Helena weinte, die Tochter des Zeus, die Argeierin, neben

κλαῖε δὲ Τηλέμαχός τε καὶ Ἀτρεΐδης Μενέλαος, 185
οὐδ᾽ ἄρα Νέστορος υἱὸς ἀδακρύτω ἔχεν ὄσσε·
μνήσατο γὰρ κατὰ θυμὸν ἀμύμονος Ἀντιλόχοιο,
τόν ῥ᾽ Ἠοῦς ἔκτεινε φαεινῆς ἀγλαὸς υἱός.
τοῦ ὅ γ᾽ ἐπιμνησθεὶς ἔπεα πτερόεντ᾽ ἀγόρευεν·
 "'Ἀτρεΐδη, περὶ μέν σε βροτῶν πεπνυμένον εἶναι 190
Νέστωρ φάσχ᾽ ὁ γέρων, ὅτ᾽ ἐπιμνησαίμεθα σεῖο
οἷσιν ἐνὶ μεγάροισι καὶ ἀλλήλους ἐρέοιμεν·
καὶ νῦν, εἴ τί που ἔστι, πίθοιό μοι· οὐ γὰρ ἐγώ γε
τέρπομ᾽ ὀδυρόμενος μεταδόρπιος, ἀλλὰ καὶ Ἠὼς
ἔσσεται ἠριγένεια· νεμεσσῶμαί γε μὲν οὐδὲν 195
κλαίειν, ὅς κε θάνῃσι βροτῶν καὶ πότμον ἐπίσπῃ.
τοῦτό νυ καὶ γέρας οἷον ὀϊζυροῖσι βροτοῖσι,
κείρασθαί τε κόμην βαλέειν τ᾽ ἀπὸ δάκρυ παρειῶν.
καὶ γὰρ ἐμὸς τέθνηκεν ἀδελφεός, οὔ τι κάκιστος
Ἀργείων· μέλλεις δὲ σὺ ἴδμεναι· - οὐ γὰρ ἐγώ γε 200
ἤντησ᾽ οὐδὲ ἴδον· — περὶ δ᾽ ἄλλων φασὶ γενέσθαι
Ἀντίλοχον, πέρι μὲν θείειν ταχὺν ἠδὲ μαχητήν."
 τὸν δ᾽ ἀπαμειβόμενος προσέφη ξανθὸς Μενέλαος·
"ὦ φίλ᾽, ἐπεὶ τόσα εἶπες, ὅσ᾽ ἂν πεπνυμένος ἀνὴρ
εἴποι καὶ ῥέξειε, καὶ ὃς προγενέστερος εἴη· 205
τοίου γὰρ καὶ πατρός, ὃ καὶ πεπνυμένα βάζεις.
ῥεῖα δ᾽ ἀρίγνωτος γόνος ἀνέρος, ᾧ τε Κρονίων
ὄλβον ἐπικλώσῃ γαμέοντί τε γεινομένῳ τε,
ὡς νῦν Νέστορι δῶκε διαμπερὲς ἤματα πάντα
αὐτὸν μὲν λιπαρῶς γηρασκέμεν ἐν μεγάροισιν, 210
υἱέας αὖ πινυτούς τε καὶ ἔγχεσιν εἶναι ἀρίστους.
ἡμεῖς δὲ κλαυθμὸν μὲν ἐάσομεν, ὃς πρὶν ἐτύχθη,
δόρπου ἐξαῦτις μνησώμεθα, χερσὶ δ᾽ ἐφ᾽ ὕδωρ
χευάντων· μῦθοι δὲ καὶ ἠῶθέν περ ἔσονται
Τηλεμάχῳ καὶ ἐμοὶ διαειπέμεν ἀλλήλοισιν." 215
 ὣς ἔφατ᾽, Ἀσφαλίων δ᾽ ἄρ᾽ ὕδωρ ἐπὶ χεῖρας ἔχευεν,
ὀτρηρὸς θεράπων Μενελάου κυδαλίμοιο.
οἱ δ᾽ ἐπ᾽ ὀνείαθ᾽ ἑτοῖμα προκείμενα χεῖρας ἴαλλον.
 ἔνθ᾽ αὖτ᾽ ἄλλ᾽ ἐνόησ᾽ Ἑλένη Διὸς ἐκγεγαυῖα·
αὐτίκ᾽ ἄρ᾽ εἰς οἶνον βάλε φάρμακον, ἔνθεν ἔπινον, 220
νηπενθές τ᾽ ἄχολόν τε, κακῶν ἐπίληθον ἁπάντων.
ὅς τὸ καταβρόξειεν, ἐπὴν κρητῆρι μιγείη,

Vierter Gesang

Atreus' Sohn Menelaos; Telemachos weinte und Nestors
Sohn blieb auch das Auge nicht trocken; in seinem Gemüte
Mußte er plötzlich des tadellosen Antílochos denken,
Den der glänzende Sohn der leuchtenden Eos erschlagen.
Und bei diesem Erinnern sprach er geflügelte Worte:

„Sohn des Atreus! Nestor, der Alte pflegte zu sagen,
Wenn wir deiner in seinem Palaste gedachten und fragten:
Du seist doch der weitaus gewandteste Sterbliche; darum
Höre auch jetzt auf mich, wenn es irgendwie möglich! Ich habe
Gar keine Lust nach dem Essen am Abend zu jammern; es kommt ja
Wieder die Frühe, der Morgen. Es macht mich nicht böse zu weinen,
Wenn uns ein Sterblicher stirbt und folgt dem Rufe des Schicksals.
Ist doch das Einzige, was wir den elenden Sterblichen ehrend
Schenken: die Wange mit Tränen zu netzen, die Haare zu scheren.
Auch mein Bruder ist tot, auch er, und in Argos war er
Nicht der Schlechteste. Du bist der Mann, der es weiß; denn ich selber —
Niemals traf oder sah ich Antílochos. Aber man sagt doch,
Weit war er andern voraus als Kämpfer und Meister im Schnellauf."

Antwort gab ihm darauf und sprach Menelaos der Blonde:
„Freund! Du sagtest gar viel; ein gewandter, ja älterer Mann wohl
Brächte es auch nur, mein ich, zu ähnlichen Worten und Taten.
Daß so gewandt du dich äußerst, entspricht wohl der Art deines Vaters.
Leicht und klar ja ersieht man am Sprößling des Manns, der Kronide
Habe ihm Segen schon bei Geburt und Vermählung gesponnen.
So gab jetzt er dem Nestor dauernd alle die Tage
Selbst behaglich zuhause zu altern und Söhne zu haben,
Wieder klug und verständig und trefflichste Helden im Speerkampf.
Also lassen wir jetzt die entstandene Neigung zu weinen,
Denken wir wieder der Abendmahlzeit! Über die Hände
Sollen sie Wasser uns gießen; dann haben wir morgen von früh an,
Ich und Telemachos, Zeit für die gründlichsten Wechselgespräche."

Sprachs und Asphalion goß ihnen Wasser über die Hände,
Hurtig war er in Diensten des ruhmvollen Menelaos.
Sie aber streckten die Hände, das Essen lag fertig vor ihnen.

Helena aber, die Tochter des Zeus, besann sich auf andres:
Gab in den Wein, den sie tranken, sogleich ein bezauberndes Mittel,
Gut gegen Trauer und galliges Wesen: Für sämtliche Übel
Schuf es Vergessen. War es im Mischkrug: wer es dann schlürfte,

οὗ κεν ἐφημέριός γε βάλοι κατὰ δάκρυ παρειῶν,
οὐδ' εἴ οἱ κατατεθναίη μήτηρ τε πατήρ τε,
οὐδ' εἴ οἱ προπάροιθεν ἀδελφεὸν ἢ φίλον υἱὸν 225
χαλκῷ δηιόῳεν, ὁ δ' ὀφθαλμοῖσιν ὁρῷτο.
τοῖα Διὸς θυγάτηρ ἔχε φάρμακα μητιόεντα,
ἐσθλά, τά οἱ Πολύδαμνα πόρεν, Θῶνος παράκοιτις,
Αἰγυπτίη, τῇ πλεῖστα φέρει ζείδωρος ἄρουρα
φάρμακα, πολλὰ μὲν ἐσθλὰ μεμιγμένα, πολλὰ δὲ λυγρά, 230
ἰητρὸς δὲ ἕκαστος ἐπιστάμενος περὶ πάντων
ἀνθρώπων· ἦ γὰρ Παιήονός εἰσι γενέθλης.
αὐτὰρ ἐπεί ῥ' ἐνέηκε κέλευσέ τε οἰνοχοῆσαι,
ἐξαῦτις μύθοισιν ἀμειβομένη προσέειπεν·

"'Ἀτρεΐδη Μενέλαε διοτρεφὲς ἠδὲ καὶ οἵδε 235
ἀνδρῶν ἐσθλῶν παῖδες, ἀτὰρ θεὸς ἄλλοτε ἄλλῳ
Ζεὺς ἀγαθόν τε κακόν τε διδοῖ· δύναται γὰρ ἅπαντα· —
ἦ τοι νῦν δαίνυσθε καθήμενοι ἐν μεγάροισι
καὶ μύθοις τέρπεσθε· ἐοικότα γὰρ καταλέξω.
πάντα μὲν οὐκ ἂν ἐγὼ μυθήσομαι οὐδ' ὀνομήνω, 240
ὅσσοι Ὀδυσσῆος ταλασίφρονός εἰσιν ἄεθλοι·
ἀλλ' οἷον τόδ' ἔρεξε καὶ ἔτλη καρτερὸς ἀνὴρ
δήμῳ ἔνι Τρώων, ὅθι πάσχετε πήματ' Ἀχαιοί.
αὐτόν μιν πληγῇσιν ἀεικελίῃσι δαμάσσας,
σπεῖρα κάκ' ἀμφ' ὤμοισι βαλών, οἰκῆι ἐοικώς, 245
ἀνδρῶν δυσμενέων κατέδυ πόλιν εὐρυάγυιαν.
ἄλλῳ δ' αὐτὸν φωτὶ κατακρύπτων ἤισκε
δέκτῃ, ὃς οὐδὲν τοῖος ἔην ἐπὶ νηυσὶν Ἀχαιῶν·
τῷ ἴκελος κατέδυ Τρώων πόλιν, οἱ δ' ἀβάκησαν
πάντες· ἐγὼ δέ μιν οἴη ἀνέγνων τοῖον ἐόντα, 250
καί μιν ἀνειρώτων· ὁ δὲ κερδοσύνῃ ἀλέεινεν.
ἀλλ' ὅτε δή μιν ἐγὼ λόεον καὶ χρῖον ἐλαίῳ,
ἀμφὶ δὲ εἵματα ἕσσα καὶ ὤμοσα καρτερὸν ὅρκον,
μή με πρὶν Ὀδυσῆα μετὰ Τρώεσσ' ἀναφῆναι,
πρίν γε τὸν ἐς νῆάς τε θοὰς κλισίας τ' ἀφικέσθαι, 255
καὶ τότε δή μοι πάντα νόον κατέλεξεν Ἀχαιῶν.
πολλοὺς δὲ Τρώων κτείνας ταναήκεϊ χαλκῷ
ἦλθε μετ' Ἀργείους, κατὰ δὲ φρόνιν ἤγαγε πολλήν.
ἔνθ' ἄλλαι Τρῳαὶ λίγ' ἐκώκυον· αὐτὰρ ἐμὸν κῆρ
χαῖρ', ἐπεὶ ἤδη μοι κραδίη τέτραπτο νέεσθαι 260

Diesem läuft an dem Tag keine Träne die Wange herunter,
Selbst wenn ihm Vater und Mutter beide verstürben, ja selbst wenn
Grade vor ihm seinen Sohn, den geliebten, oder den Bruder
Feinde mit Schwertern erschlügen, so daß er vor Augen es sähe.
Nun verfügte die Tochter des Zeus über Mittel von solcher
Tüchtigen Wirkung. Die Lagergenossin des Thon, Polydámna,
Brachte sie ihr in Ägypten, wo wahllos die spendenden Fluren
Gute und grausige Gifte in Massen erzeugen. Und dort ist
Jeder ein Arzt und jeder gescheiter als alle die Menschen.
Das ist kein Wunder: ihr Stammherr ist ja Paieon. Ein solches
Mittel tat sie hinein und ließ die Becher dann füllen.
Dann ergriff sie von neuem das Wort zur Entgegnung und sagte:
„Götterkind Menelaos, des Atreus Sohn, und ihr andern,
Die ihr hier seid als Söhne tüchtiger Männer! Der Gott gibt
Glück und Leid heut diesem, dann jenem; er kann ja doch alles;
Ist er doch Zeus! So eßt jetzt weiter und sitzt hier im Saale,
Freut euch an heldischen Sagen! Was Passendes will ich berichten.
Freilich, ich kann nicht alles erzählen, die Namen nicht nennen,
Was so an Kämpfen bestanden der standhaft kluge Odysseus;
Wohl aber dies, was der kräftige Mann vollbracht und ertragen
Dort im Lande der Troer, wo ihr Achaier so bitter
Littet. Da hat er sich selber mit Schlägen schändlich mißhandelt,
Hat um die Schultern ein Laken geworfen, als wär er ein Hausknecht.
Also schlich er sich ein in die feindliche Stadt mit den breiten
Straßen, verdrückte sich, machte sich gleich einem anderen Manne,
Einem, der bettelt, wie keinen es gab auf achaiischen Schiffen.
So sah er aus und schlich in die Stadt der Troer, wo keiner
Wußte woher. Nur ich erkannte ihn trotz seines Aussehns,
Fragte ihn auch, doch wich er mir aus; denn er wußte es besser.
Alsdann ließ ich ihn waschen, mit Öl auch ließ ich ihn salben,
Legte ihm Kleider an und schwur ihm eidlich und kraftvoll,
Über Odysseus den Troern kein einziges Wort zu verraten,
Ehe er nicht zu den Hütten und eilenden Schiffen zurück sei.
Wirklich verriet er mir dann den ganzen Plan der Achaier.
Viele Troer erschlug er mit langem, spitzigem Eisen,
Fand dann zurück und gab den Argeiern reichlich zu denken.
Alle Frauen in Troja weinten da laut; aber mein Herz
Freute sich, da seine Schläge schon lange nachhause mich wiesen,

ἂψ οἶκόνδ', ἄτην δὲ μετέστενον, ἣν Ἀφροδίτη
δῶχ', ὅτε μ' ἤγαγε κεῖσε φίλης ἀπὸ πατρίδος αἴης,
παῖδά τ' ἐμὴν νοσφισσαμένην θάλαμόν τε πόσιν τε
οὔ τευ δευόμενον, οὔτ' ἂρ φρένας οὔτε τι εἶδος."
  τὴν δ' ἀπαμειβόμενος προσέφη ξανθὸς Μενέλαος· 265
"ναὶ δὴ ταῦτά γε πάντα, γύναι, κατὰ μοῖραν ἔειπες.
ἤδη μὲν πολέων ἐδάην βουλήν τε νόον τε
ἀνδρῶν ἡρώων, πολλὴν δ' ἐπελήλυθα γαῖαν·
ἀλλ' οὔ πω τοιοῦτον ἐγὼν ἴδον ὀφθαλμοῖσιν
οἷον Ὀδυσσῆος ταλασίφρονος ἔσκε φίλον κῆρ. 270
οἷον καὶ τόδ' ἔρεξε καὶ ἔτλη καρτερὸς ἀνὴρ
ἵππῳ ἔνι ξεστῷ, ἵν' ἐνήμεθα πάντες ἄριστοι
Ἀργείων, Τρώεσσι φόνον καὶ κῆρα φέροντες.
ἦλθες ἔπειτα σὺ κεῖσε· κελευσέμεναι δέ σ' ἔμελλε
δαίμων, ὃς Τρώεσσιν ἐβούλετο κῦδος ὀρέξαι· 275
καί τοι Δηΐφοβος θεοείκελος ἕσπετ' ἰούσῃ.
τρὶς δὲ περίστειξας κοῖλον λόχον ἀμφαφόωσα,
ἐκ δ' ὀνομακλήδην Δαναῶν ὀνόμαζες ἀρίστους,
πάντων Ἀργείων φωνὴν ἴσκουσ' ἀλόχοισιν·
αὐτὰρ ἐγὼ καὶ Τυδεΐδης καὶ δῖος Ὀδυσσεὺς 280
ἥμενοι ἐν μέσσοισιν ἀκούσαμεν, ὡς ἐβόησας.
νῶϊ μὲν ἀμφοτέρω μενεήναμεν ὁρμηθέντες
ἢ ἐξελθέμεναι ἢ ἔνδοθεν αἶψ' ὑπακοῦσαι·
ἀλλ' Ὀδυσεὺς κατέρυκε καὶ ἔσχεθεν ἱεμένω περ.
ἔνθ' ἄλλοι μὲν πάντες ἀκὴν ἔσαν υἷες Ἀχαιῶν, 285
Ἄντικλος δὲ σέ γ' οἶος ἀμείψασθαι ἐπέεσσιν
ἤθελεν· ἀλλ' Ὀδυσεὺς ἐπὶ μάστακα χερσὶ πίεζε
νωλεμέως κρατερῇσι, σάωσε δὲ πάντας Ἀχαιούς·
τόφρα δ' ἔχ', ὄφρα σε νόσφιν ἀπήγαγε Παλλὰς Ἀθήνη."
  τὸν δ' αὖ Τηλέμαχος πεπνυμένος ἀντίον ηὔδα· 290
"Ἀτρεΐδη Μενέλαε διοτρεφές, ὄρχαμε λαῶν,
ἄλγιον· οὐ γάρ οἵ τι τό γ' ἤρκεσε λυγρὸν ὄλεθρον,
οὐδ' εἴ οἱ κραδίη γε σιδηρέη ἔνδοθεν ἦεν.
ἀλλ' ἄγετ' εἰς εὐνὴν τράπεθ' ἥμεας, ὄφρα καὶ ἤδη
ὕπνῳ ὕπο γλυκερῷ ταρπώμεθα κοιμηθέντες." 295
  ὣς ἔφατ', Ἀργείη δ' Ἑλένη δμῳῇσι κέλευσε
δέμνι' ὑπ' αἰθούσῃ θέμεναι καὶ ῥήγεα καλὰ
πορφύρε' ἐμβαλέειν, στορέσαι τ' ἐφύπερθε τάπητας

Wieder zurück, und ich stöhnte, daß einst Aphrodites Betörung
Hierher mich holte vom lieben Land meiner Heimat, so daß ich
Meine Tochter, mein Ehegemach, den Gemahl gar im Stich ließ:
Weder an Sinn noch Gestalt ist er weniger wert als ein andrer."
    Antwort gab ihr da wieder und sprach Menelaos der Blonde:
„Ja, mein Weib! in allem hast du da schicklich gesprochen!
Viele Männer und Helden kenn ich, ihr Denken, ihr Raten;
Weit durch die Welt schon bin ich gewandert, doch nie noch erblickt ich
Leibhaft einen vor mir, dessen liebes Herz sich vergleichen
Ließe mit dem des standhaft klugen Odysseus. Was hat nur
Dort auch der kräftige Mann vollbracht und erduldet in jenem
Glänzend gefegten Rosse, worin wir besten Argeier
Alle saßen, bereit zu Tod und Mord an den Troern!
Du kamst eben dahin, ein Gott wohl gab dir den Auftrag,
Weil ihm zu tun war, den Ruhm seiner Troer zu fördern. So gingst du
Also dahin und der göttergleiche Deïphobos folgte.
Dreimal schrittest du tastend herum um die hohle Falle,
Nanntest die besten Danaer deutlich beim Namen und machtest
Gleich deine Stimme denen der Weiber von allen Argeiern.
Aber wir drei, der Tydide und ich und der hehre Odysseus,
Hörten dein Rufen, wir saßen ja mitten dazwischen; wir beide
Dachten daran und drängten sogar ins Freie zu kommen
Oder sofort von drinnen heraus deinen Ruf zu erwidern.
Aber Odysseus hielt uns zurück, so sehr wir auch drängten.
Stille waren da alle die anderen Söhne Achaias.
Einzig versuchte es Antiklos, Antwort laut dir zu geben.
Aber Odysseus drückte ihm fest mit den Händen den Mund zu,
Ließ ihn nicht los und errettete damit alle Achaier,
Hielt so lange, bis Pallas Athene ins Weite dich führte."
    Ihm aber hielt der gewandte Telemachos wieder entgegen:
„Götterkind Menelaos, Atride, Herrscher der Mannen:
Um so größer das Leid! Seinem grausen Verderben wohl wehrte
All dies nicht, sogar nicht ein Herz von Eisen im Leibe.
Aber wohlan, jetzt führt uns zu Bett, damit wir nun endlich
Hingelagert uns wohlig erquicken in süßestem Schlummer."
    Sprachs und Helena gab den Befehl an die dienenden Frauen,
Bettgestelle zu richten in einer der Hallen und schöne,
Purpurne Kissen hinein zu tun und Decken darüber

χλαίνας τ' ἐνθέμεναι οὔλας καθύπερθεν ἕσασθαι.
αἱ δ' ἴσαν ἐκ μεγάροιο δάος μετὰ χερσὶν ἔχουσαι, 300
δέμνια δ' ἐστόρεσαν· ἐκ δὲ ξείνους ἄγε κῆρυξ.
οἱ μὲν ἄρ' ἐν προδόμῳ δόμου αὐτόθι κοιμήσαντο,
Τηλέμαχός θ' ἥρως καὶ Νέστορος ἀγλαὸς υἱός·
Ἀτρεΐδης δὲ καθεῦδε μυχῷ δόμου ὑψηλοῖο,
πὰρ δ' Ἑλένη τανύπεπλος ἐλέξατο, δῖα γυναικῶν. 305
  ἦμος δ' ἠριγένεια φάνη ῥοδοδάκτυλος Ἠώς,
ὤρνυτ' ἄρ' ἐξ εὐνῆφι βοὴν ἀγαθὸς Μενέλαος
εἵματα ἑσσάμενος, περὶ δὲ ξίφος ὀξὺ θέτ' ὤμῳ,
ποσσὶ δ' ὑπὸ λιπαροῖσιν ἐδήσατο καλὰ πέδιλα,
βῆ δ' ἴμεν ἐκ θαλάμοιο θεῷ ἐναλίγκιος ἄντην, 310
Τηλεμάχῳ δὲ παρῖζεν, ἔπος τ' ἔφατ' ἔκ τ' ὀνόμαζε·
  "τίπτε δέ σε χρειὼ δεῦρ' ἤγαγε, Τηλέμαχ' ἥρως,
ἐς Λακεδαίμονα δῖαν ἐπ' εὐρέα νῶτα θαλάσσης;
δήμιον ἦ ἴδιον; τόδε μοι νημερτὲς ἐνίσπες."
  τὸν δ' αὖ Τηλέμαχος πεπνυμένος ἀντίον ηὔδα· 315
  "Ἀτρεΐδη Μενέλαε διοτρεφές, ὄρχαμε λαῶν,
ἤλυθον εἴ τινά μοι κληηδόνα πατρὸς ἐνίσποις.
ἐσθίεταί μοι οἶκος, ὄλωλε δὲ πίονα ἔργα,
δυσμενέων δ' ἀνδρῶν πλεῖος δόμος, οἵ τέ μοι αἰεὶ
μῆλ' ἁδινὰ σφάζουσι καὶ εἰλίποδας ἕλικας βοῦς, 320
μητρὸς ἐμῆς μνηστῆρες ὑπέρβιον ὕβριν ἔχοντες.
τοὔνεκα νῦν τὰ σὰ γούναθ' ἱκάνομαι, αἴ κ' ἐθέλῃσθα
κείνου λυγρὸν ὄλεθρον ἐνισπεῖν, εἴ που ὄπωπας
ὀφθαλμοῖσι τεοῖσιν ἢ ἄλλου μῦθον ἄκουσας
πλαζομένου· περὶ γάρ μιν ὀϊζυρὸν τέκε μήτηρ. 325
μηδέ τί μ' αἰδόμενος μειλίσσεο μηδ' ἐλεαίρων,
ἀλλ' εὖ μοι κατάλεξον, ὅπως ἤντησας ὀπωπῆς.
λίσσομαι, εἴ ποτέ τοί τι πατὴρ ἐμός, ἐσθλὸς Ὀδυσσεύς,
ἢ ἔπος ἠέ τι ἔργον ὑποστὰς ἐξετέλεσσε
δήμῳ ἔνι Τρώων, ὅθι πάσχετε πήματ' Ἀχαιοί· 330
τῶν νῦν μοι μνῆσαι, καί μοι νημερτὲς ἐνίσπες."
  τὸν δὲ μέγ' ὀχθήσας προσέφη ξανθὸς Μενέλαος·
  "ὢ πόποι, ἦ μάλα δὴ κρατερόφρονος ἀνδρὸς ἐν εὐνῇ
ἤθελον εὐνηθῆναι ἀνάλκιδες αὐτοὶ ἐόντες.
ὡς δ' ὁπότ' ἐν ξυλόχῳ ἔλαφος κρατεροῖο λέοντος 335
νεβροὺς κοιμήσασα νεηγενέας γαλαθηνοὺς

Auszubreiten und wollene Tücher, den Körper zu decken,
Nochmal darüber. Da gingen denn jene, die Fackeln in Händen,
Fort aus dem Saal, um die Betten zu richten. Der Rufer indessen
Führte die Gäste; sie schliefen dann dort in des Hauses Vorhaus,
Nestors herrlicher Sohn und der Held Telemachos. Atreus'
Sohn aber schlief im Winkel des hohen Hauses, daneben
Helena; lange Gewänder trug sie, die hehrste der Frauen.

    Als nun die Frühe sich zeigte, Eos mit rosigen Fingern,
Hob Menelaos, der treffliche Rufer, sich eilig vom Lager,
Kleidete sich und legte sein scharfes Schwert um die Schulter,
Band an die zarten Füße sich schöne Sandalen; verließ dann
Rasch seine Kammer; er kam wie ein Gott den Menschen entgegen;
Nahm bei Telemachos Platz und sprach und sagte bedeutsam:

    „Held Telemachos! Hat eine Not dich ins göttliche Sparta
Hieher getrieben, hinaus auf den breiten Rücken des Meeres?
Not des Volks oder eigene? Sag mirs und sag es mir ehrlich!"

    Ihm aber hielt der gewandte Telemachos wieder entgegen:
„Götterkind Menelaos, Atride, Herrscher der Mannen!
Kommen bin ich, ob du mir ein Wörtchen wohl sagtest vom Vater.
Prassereien im Haus, auf den fetten Feldern Vernichtung,
Voll der Palast von feindlichen Männern, den ewigen Schlächtern
Ängstlicher Schafe und glänzender Rinder mit schleppenden Füßen:
Freier sinds meiner Mutter, Männer von zuchtlosem Hochmut —
Also steht es. Nun komm ich und fasse dein Knie mit dem Wunsche:
Wenn du mit eigenen Augen es sahst, seine grause Vernichtung,
Sag es! Hörtest vielleicht du Kunde von andern, er sei noch
Immer auf Fahrt? Dann gebar ihn die Mutter ja wirklich zum Manne
Ewigen Jammers. So tu mir nicht schön aus Scham oder Mitleid,
Sage mir alles und richtig, wie du es gesehn und erlebt hast.
Darum die Bitte: Wenn dir mein edler Vater Odysseus,
Sei es in Wort oder Tat ein Versprechen völlig erfüllte,
Dort im Lande der Troer, wo ihr Achaier gelitten,
Denke jetzt mir zu Liebe daran und sag es mir ehrlich!"

    Ihm erwiderte mächtig erzürnt Menelaos der Blonde:
„Was nicht gar! Im Bett eines kraftvoll denkenden Mannes
Wollten da wirklich sich Schwächlinge betten? Sie tun wie die Hirschkuh,
Wenn sie im Lager des kraftvollen Löwen die Kälbchen zum Schlaf legt.
Diese sind neu erst geboren und trinken noch Milch bei der Mutter;

κνημούς έξερέησι καὶ ἄγκεα ποιήεντα
βοσκομένη, ὁ δ' ἔπειτα ἑὴν εἰσήλυθεν εὐνήν,
ἀμφοτέροισι δὲ τοῖσιν ἀεικέα πότμον ἐφῆκεν,
ὣς Ὀδυσεὺς κείνοισιν ἀεικέα πότμον ἐφήσει.   340
αἲ γάρ, Ζεῦ τε πάτερ καὶ Ἀθηναίη καὶ Ἄπολλον,
τοῖος ἐὼν οἷός ποτ' ἐϋκτιμένῃ ἐνὶ Λέσβῳ
ἐξ ἔριδος Φιλομηλεΐδῃ ἐπάλαισεν ἀναστάς,
κὰδ δ' ἔβαλε κρατερῶς, κεχάροντο δὲ πάντες Ἀχαιοί,
τοῖος ἐὼν μνηστῆρσιν ὁμιλήσειεν Ὀδυσσεύς·   345
πάντες κ' ὠκύμοροί τε γενοίατο πικρόγαμοί τε.
ταῦτα δ', ἅ μ' εἰρωτᾷς καὶ λίσσεαι, οὐκ ἂν ἐγώ γε
ἄλλα παρὲξ εἴποιμι παρακλιδὸν οὐδ' ἀπατήσω·
ἀλλὰ τὰ μέν μοι ἔειπε γέρων ἅλιος νημερτής,
τῶν οὐδέν τοι ἐγὼ κρύψω ἔπος οὐδ' ἐπικεύσω.   350
  Αἰγύπτῳ μ' ἔτι δεῦρο θεοὶ μεμαῶτα νέεσθαι
ἔσχον, ἐπεὶ οὔ σφιν ἔρεξα τεληέσσας ἑκατόμβας·
οἱ δ' αἰεὶ βούλοντο θεοὶ μεμνῆσθαι ἐφετμέων.
νῆσος ἔπειτά τις ἔστι πολυκλύστῳ ἐνὶ πόντῳ
Αἰγύπτου προπάροιθε, Φάρον δέ ἑ κικλήσκουσι,   355
τόσσον ἄνευθ', ὅσσον τε πανημερίη γλαφυρὴ νηῦς
ἤνυσεν, ᾗ λιγὺς οὖρος ἐπιπνείῃσιν ὄπισθεν.
ἐν δὲ λιμὴν εὔορμος, ὅθεν τ' ἀπὸ νῆας ἐΐσας
ἐς πόντον βάλλουσιν, ἀφυσσάμενοι μέλαν ὕδωρ.
ἔνθα μ' ἐείκοσιν ἤματ' ἔχον θεοί, οὐδέ ποτ' οὖροι   360
πνείοντες φαίνονθ' ἁλιαέες, οἵ ῥά τε νηῶν
πομπῆες γίνονται ἐπ' εὐρέα νῶτα θαλάσσης.
καί νύ κεν ἤϊα πάντα κατέφθιτο καὶ μένε' ἀνδρῶν,
εἰ μή τίς με θεῶν ὀλοφύρατο καί μ' ἐλέησε,
Πρωτέος ἰφθίμου θυγάτηρ ἁλίοιο γέροντος,   365
Εἰδοθέη· τῇ γάρ ῥα μάλιστά γε θυμὸν ὄρινα·
ἥ μ' οἴῳ ἔρροντι συνήντετο νόσφιν ἑταίρων·
αἰεὶ γὰρ περὶ νῆσον ἀλώμενοι ἰχθυάασκον
γναμπτοῖς' ἀγκίστροισιν, ἔτειρε δὲ γαστέρα λιμός.
ἡ δέ μευ ἄγχι στᾶσα ἔπος φάτο φώνησέν τε·   370
νήπιός εἰς, ὦ ξεῖνε, λίην τόσον ἠδὲ χαλίφρων,
ἦε ἑκὼν μεθιεῖς καὶ τέρπεαι ἄλγεα πάσχων;
ὡς δὴ δήθ' ἐνὶ νήσῳ ἐρύκεαι, οὐδέ τι τέκμωρ
εὑρέμεναι δύνασαι, μινύθει δέ τοι ἦτορ ἑταίρων.

Sie aber geht in den Tälern und grasigen Schluchten zur Weide.
Er aber kommt und betritt sein Bett und bringt über beide
Schändliches Schicksal: Gradso wird auch Odysseus auf jene
Schändliches Schicksal bringen. O wär er doch so noch im Stande,
Vater Zeus, Athene, Apollon, wie damals beim Ringkampf:
Streit war entstanden mit Philomeleides; da trat er zum Kampf an,
Warf ihn mit Kraft auf den Boden zur Freude von allen Achaiern,
Dort in Lesbos voll reicher Besiedlung. O wäre Odysseus
So noch im Stand mit den Freiern zu reden, dann, möchte ich meinen,
Gäb es für alle ein schleuniges Schicksal, bittere Hochzeit.
Freilich, was du mich fragst und bittest, da möcht ich nichts andres
Sagen, nicht drehn mich und wenden, nicht irre dich führen. Doch was mir
Einst jener Alte vom Meere, der nie noch sich irrte, gesagt hat,
Davon will ich kein Wort dir verhehlen und keines verschweigen.

Voll von Drang hieher und nach Hause hielten mich Götter
Noch in Ägypten fest; vollendete Hekatomben
War ich noch schuldig; sie wollten, ich sollte ihrer Befehle
Immer gedenken. Da liegt eine Insel im brandenden Meere,
Pharos heißt sie, Ägypten grad gegenüber; in einem
Tage durchmißt ein geräumiges Schiff die ganze Entfernung,
Pfeift nur der Fahrwind kräftig von hinten. Sie birgt einen Hafen,
Wohl geeignet zum Landen; die richtig gehenden Schiffe
Läßt man dort wieder aufs Meer, wenn dunkles Wasser geschöpft ist.
Zwanzig Tage dort hielten die Götter mich fest und es wehten
Niemals Winde vom Land her zur See; denn diese geleiten
Sicher die Schiffe hinaus auf den breiten Rücken des Meeres.
Da nun wäre die Zehrung gänzlich verdorben und mit ihr
Kräfte und Mut meiner Leute; doch rettete mich eine Göttin:
Mitleid fühlte mit mir die Tochter des Proteus, des starken
Alten vom Meere, Eidóthea. Ihr vor allem erregte
Tief mein Leid das Gemüt. Sie trat mir entgegen, als einsam
Ohne Gefährten ich ging; denn diese umschwärmten die Insel,
Fischten mit krummen Haken, weil Hunger den Magen zermürbte.
Sie aber kam mir nahe und sprach und ließ sich vernehmen:
Fremdling, bist du ein Tor oder allzu lässig im Denken,
Oder läßt du dich gerne so gehen und schwelgst gar im Leide?
Lange schon hält dich die Insel fest und du kannst keinen Ausweg
Finden; indessen verliert das Herz der Gefährten die Spannkraft.

ὣς ἔφατ', αὐτὰρ ἐγώ μιν ἀμειβόμενος προσέειπον· 375
ἐκ μέν τοι ἐρέω, ἥ τις σύ πέρ ἐσσι θεάων,
ὡς ἐγὼ οὔ τι ἑκὼν κατερύκομαι, ἀλλά νυ μέλλω
ἀθανάτους ἀλιτέσθαι, οἳ οὐρανὸν εὐρὺν ἔχουσιν.
ἀλλὰ σύ πέρ μοι εἰπέ, θεοὶ δέ τε πάντα ἴσασιν,
ὅς τίς μ' ἀθανάτων πεδάᾳ καὶ ἔδησε κελεύθου, 380
νόστον θ', ὡς ἐπὶ πόντον ἐλεύσομαι ἰχθυόεντα.
ὣς ἐφάμην, ἡ δ' αὐτίκ' ἀμείβετο δῖα θεάων·
τοιγὰρ ἐγώ τοι, ξεῖνε, μάλ' ἀτρεκέως ἀγορεύσω.
πωλεῖταί τις δεῦρο γέρων ἅλιος νημερτής,
ἀθάνατος, Πρωτεὺς Αἰγύπτιος, ὅς τε θαλάσσης 385
πάσης βένθεα οἶδε, Ποσειδάωνος ὑποδμώς·
τὸν δέ τ' ἐμόν φασιν πατέρ' ἔμμεναι ἠδὲ τεκέσθαι.
τόν γ' εἴ πως σὺ δύναιο λοχησάμενος λελαβέσθαι,
ὅς κέν τοι εἴπῃσιν ὁδὸν καὶ μέτρα κελεύθου
νόστον θ', ὡς ἐπὶ πόντον ἐλεύσεαι ἰχθυόεντα. 390
καὶ δέ κέ τοι εἴπῃσι, διοτρεφές, αἴ κ' ἐθέλῃσθα,
ὅττι τοι ἐν μεγάροισι κακόν τ' ἀγαθόν τε τέτυκται
οἰχομένοιο σέθεν δολιχὴν ὁδὸν ἀργαλέην τε.
ὣς ἔφατ', αὐτὰρ ἐγώ μιν ἀμειβόμενος προσέειπον·
αὐτὴ νῦν φράζευ σὺ λόχον θείοιο γέροντος, 395
μή πώς με προϊδὼν ἠὲ προδαεὶς ἀλέηται·
ἀργαλέος γάρ τ' ἐστὶ θεὸς βροτῷ ἀνδρὶ δαμῆναι.
ὣς ἐφάμην, ἡ δ' αὐτίκ' ἀμείβετο δῖα θεάων·
τοιγὰρ ἐγώ τοι, ξεῖνε, μάλ' ἀτρεκέως ἀγορεύσω.
ἦμος δ' ἠέλιος μέσον οὐρανὸν ἀμφιβεβήκῃ, 400
τῆμος ἄρ' ἐξ ἁλὸς εἶσι γέρων ἅλιος νημερτὴς
πνοιῇ ὕπο ζεφύροιο, μελαίνῃ φρικὶ καλυφθείς,
ἐκ δ' ἐλθὼν κοιμᾶται ὑπὸ σπέσσι γλαφυροῖσιν·
ἀμφὶ δέ μιν φῶκαι νέποδες καλῆς ἁλοσύδνης
ἀθρόαι εὕδουσιν, πολιῆς ἁλὸς ἐξαναδῦσαι, 405
πικρὸν ἀποπνείουσαι ἁλὸς πολυβενθέος ὀδμήν.
ἔνθα σ' ἐγὼν ἀγαγοῦσα ἅμ' ἠοῖ φαινομένηφιν
εὐνάσω ἑξείης· σὺ δ' ἐῢ κρίνασθαι ἑταίρους
τρεῖς, οἵ τοι παρὰ νηυσὶν ἐϋσσέλμοισιν ἄριστοι.
πάντα δέ τοι ἐρέω ὀλοφώϊα τοῖο γέροντος. 410
φώκας μέν τοι πρῶτον ἀριθμήσει καὶ ἔπεισιν·
αὐτὰρ ἐπὴν πάσας πεμπάσσεται ἠδὲ ἴδηται,

Vierter Gesang

Also sprach sie und ich erwidernd gab ihr zur Antwor
Wer du, Göttin, auch seist, ich will es dir offen verkünden,
Daß ich solang auf der Insel hier liege, ist gar nicht mein Wille,
Vielmehr muß es wohl sein: die unsterblichen Herren im breiten
Himmel hab ich beleidigt. Nun wissen die Götter doch alles;
Sage denn du mir: Wer fesselt und hemmt meine Fahrt, meine Heimkehr?
Welcher Unsterbliche, daß ich die fischreiche See nicht erreiche?

Als ich so sprach, gab gleich mir die hehre Göttin zur Antwort:
Fremdling, nun geb ich dir ehrliche Antwort und ohne Verdrehung.
Hier geht um der unsterbliche Proteus, der Alte vom Meere;
Ehrlich ist er und stammt aus Ägypten und kennt auf dem ganzen
Meere die Tiefen; er ist ein geringer Geselle Poseidons.
Dieser nun, heißt es, sei mein Vater, sei mein Erzeuger.
Brächtest du fertig ihm aufzulauern und fest ihn zu kriegen:
Wege und Maße der Fahrten und Heimkehr könnt er dir künden,
Wie du die fischreiche See wohl erreichtest; er könnte sogar noch,
Wenn du es wolltest, Götterkind, dir erzählen, was alles
Gutes und Böses geschah und geschieht bei dir im Palaste.
Lang und schmerzhaft war ja dein Weg, seitdem du davongingst.

Also sprach sie und ich erwidernd gab ihr zur Antwort:
Sage du selbst mir jetzt dieses göttlichen Alten Verstecke!
Sieht er mich erst und weiß er von mir, dann, fürcht ich, entwischt er.
Schmerzlich empfindet ein Gott, einem sterblichen Mann zu erliegen.

Als ich so sprach, gab gleich mir die hehre Göttin zur Antwort:
Fremdling, so mache ich alles dir kund ohne jede Verdrehung.
Jedesmal, wenn die Sonne die Mitte des Himmels erreicht hat,
Geht auch der ehrliche Alte vom Meere heraus aus der Salzflut,
Läßt sich beim Wehen des Zephir von dunklen Wellen umkräuseln.
Ist er an Land, dann schläft er in einer geräumigen Höhle.
Um ihn herum aber sammeln sich Robben und schlafen; es sind dies
Kinder der herrlichen Meerfrau. Diese entsteigen der grauen
Flut und schnauben die bittren Gerüche der salzigen Tiefe.
Dorthin will ich dich führen beim ersten Lichte des Morgens,
Bette dich dann in die Reihen; doch du erwähle die besten
Drei der Gefährten dir aus auf den Schiffen mit guten Verdecken!
Aber ich will dir auch alle die Tücken des Alten verraten.
Zunächst geht er heran und zählt seine Robben, und hat er
Alle gezählt an den Fingern und alle gesehen, dann legt er

λέξεται ἐν μέσσῃσι, νομεὺς ὣς πώεσι μήλων.
τὸν μὲν ἐπὴν δὴ πρῶτα κατευνηθέντα ἴδησθε,
καὶ τότ᾽ ἔπειθ᾽ ὑμῖν μελέτω κάρτος τε βίη τε, 415
αὖθι δ᾽ ἔχειν μεμαῶτα καὶ ἐσσύμενόν περ ἀλύξαι.
πάντα δὲ γινόμενος πειρήσεται, ὅσσ᾽ ἐπὶ γαῖαν
ἑρπετὰ γίνονται καὶ ὕδωρ καὶ θεσπιδαὲς πῦρ·
ὑμεῖς δ᾽ ἀστεμφέως ἐχέμεν μᾶλλόν τε πιέζειν.
ἀλλ᾽ ὅτε κεν δή σ᾽ αὐτὸς ἀνείρηται ἐπέεσσι, 420
τοῖος ἐών, οἷόν κε κατευνηθέντα ἴδηαι,
καὶ τότε δὴ σχέσθαι τε βίης λῦσαί τε γέροντα,
ἥρως, εἴρεσθαι δέ, θεῶν ὅς τίς σε χαλέπτει,
νόστον θ᾽, ὡς ἐπὶ πόντον ἐλεύσεαι ἰχθυόεντα.

ὣς εἰποῦσ᾽ ὑπὸ πόντον ἐδύσετο κυμαίνοντα· 425
αὐτὰρ ἐγὼν ἐπὶ νῆας, ὅθ᾽ ἕστασαν ἐν ψαμάθοισιν,
ἤια· πολλὰ δέ μοι κραδίη πόρφυρε κιόντι.
αὐτὰρ ἐπεί ῥ᾽ ἐπὶ νῆα κατήλυθον ἠδὲ θάλασσαν,
δόρπον θ᾽ ὁπλισάμεσθ᾽ ἐπί τ᾽ ἤλυθεν ἀμβροσίη νύξ,
δὴ τότε κοιμήθημεν ἐπὶ ῥηγμῖνι θαλάσσης. 430
ἦμος δ᾽ ἠριγένεια φάνη ῥοδοδάκτυλος Ἠώς,
καὶ τότε δὴ παρὰ θῖνα θαλάσσης εὐρυπόροιο
ἤια, πολλὰ θεοὺς γουνούμενος· αὐτὰρ ἑταίρους
τρεῖς ἄγον, οἷσι μάλιστα πεποίθεα πᾶσαν ἐπ᾽ ἰθύν.
τόφρα δ᾽ ἄρ᾽ ἥ γ᾽ ὑποδῦσα θαλάσσης εὐρέα κόλπον 435
τέσσαρα φωκάων ἐκ πόντου δέρματ᾽ ἔνεικε· —
πάντα δ᾽ ἔσαν νεόδαρτα· — δόλον δ᾽ ἐπεμήδετο πατρί.
εὐνὰς δ᾽ ἐν ψαμάθοισι διαγλάψασ᾽ ἁλίῃσιν
ἧστο μένουσ᾽· ἡμεῖς δὲ μάλα σχεδὸν ἤλθομεν αὐτῆς·
ἑξείης δ᾽ εὔνησε, βάλεν δ᾽ ἐπὶ δέρμα ἑκάστῳ. 440
ἔνθα κεν αἰνότατος λόχος ἔπλετο· τεῖρε γὰρ αἰνῶς
φωκάων ἁλιοτρεφέων ὀλοώτατος ὀδμή·
τίς γὰρ κ᾽ εἰναλίῳ παρὰ κήτεϊ κοιμηθείη;
ἀλλ᾽ αὐτὴ ἐσάωσε καὶ ἐφράσατο μέγ᾽ ὄνειαρ·
ἀμβροσίην ὑπὸ ῥῖνα ἑκάστῳ θῆκε φέρουσα 445
ἡδὺ μάλα πνείουσαν, ὄλεσσε δὲ κήτεος ὀδμήν.
πᾶσαν δ᾽ ἠοίην μένομεν τετληότι θυμῷ·
φῶκαι δ᾽ ἐξ ἁλὸς ἦλθον ἀολλέες. αἱ μὲν ἔπειτα
ἑξῆς εὐνάζοντο παρὰ ῥηγμῖνι θαλάσσης·
ἔνδιος δ᾽ ὁ γέρων ἦλθ᾽ ἐξ ἁλός, εὗρε δὲ φώκας 450

Mitten in sie sich hinein wie ein Hirt in die Schar seiner Schafe.
Seht ihr dann, wie er entschlummert, dann denkt mir an all eure Kräfte,
All eure Stärke und haltet ihn fest auf der Stelle, auch wenn er
Noch so drängt und stürmt und begehrt zu entkommen. Er wird dann
Alles zu werden versuchen, was hier auf dem Erdreich schreitet,
Aber auch Wasser und göttlich loderndes Feuer. Da müßt ihr
Unerschütterlich fest ihn halten und stärker noch packen.
Erst wenn er deutlich euch fragt und so sich wieder gestaltet,
Wie ihr ihn saht, als zum Schlummer er kam, dann dürft ihr auch endlich
Eure Kräfte verringern und könnt den Alten befreien.
Dann, mein Held, dann frag, welcher Gott dir das Leben so schwer macht,
Frag nach der Heimfahrt, wie du die fischreiche See wohl erreichtest.
  Also sprach sie und tauchte hinab in die Wogen des Meeres.
Ich aber ging an den Platz, wo die Schiffe im Sande noch lagen.
Schrecklich tobte mein Herz auf dem Weg, bis das Meer und die Schiffe
Drunten ich fand. Wir machten die Abendmahlzeit noch fertig,
Denn die ambrosische Nacht begann schon niederzusinken.
Endlich legten zum Schlaf wir uns hin am Gestade des Meeres.
Als dann die Frühe sich zeigte, Eos mit rosigen Fingern,
Ging ich am Strande entlang des weithin befahrenen Meeres,
Kniete mich nieder und betete viel zu den Göttern. Dann nahm ich
Drei der Gefährten, die ganz mein Vertrauen genossen bei jedem
Vorstoß. Aber inzwischen war sie getaucht in des Meeres
Breite, schwellende Wogen und brachte die frischen Häute
Vier geschlachteter Robben herauf; das war für die Falle,
Die sie dem Vater stellte. Sie höhlte zu Lagern den Meersand,
Setzte sich hin und wartete, bis wir ganz nahe ihr kamen,
Bettete uns zueinander und warf eine Haut über jeden.
Schrecklich war dieses Lager: Die Robben, die Kinder des Meeres,
Quälten uns nämlich vernichtend mit ihrem Gestank; denn wer möchte
Schlafen bei Ungetümen der Salzflut? Aber sie selber
Fand da ein helfendes Mittel mit nützlichsten Folgen: denn jedem
Brachte und schob sie Ambrosia unter die Nase; da wehte
Köstliche Luft und machte dem Stinken ein Ende. Wir blieben
Dort bis zum Morgen und hielten durch im Gemüte. Da kamen
Sämtliche Robben heraus aus der Salzflut, legten in Reihen
Eine sich neben die andre am Strande des Meeres. Um Mittag
Kam auch der Alte heraus aus dem Meer und fand seine feisten

ζατρεφέας, πάσας δ' ἄρ' ἐπώχετο, λέκτο δ' ἀριθμόν.
ἐν δ' ἡμέας πρώτους λέγε κήτεσιν, οὐδέ τι θυμῷ
ὠίσθη δόλον εἶναι· ἔπειτα δὲ λέκτο καὶ αὐτός.
ἡμεῖς δὲ ἰάχοντες ἐπεσσύμεθ', ἀμφὶ δὲ χεῖρας
βάλλομεν· οὐδ' ὁ γέρων δολίης ἐπελήθετο τέχνης, 455
ἀλλ' ἤ τοι πρώτιστα λέων γένετ' ἠυγένειος,
αὐτὰρ ἔπειτα δράκων καὶ πάρδαλις ἠδὲ μέγας σῦς·
γίνετο δ' ὑγρὸν ὕδωρ καὶ δένδρεον ὑψιπέτηλον.
ἡμεῖς δ' ἀστεμφέως ἔχομεν τετληότι θυμῷ.
ἀλλ' ὅτε δή ῥ' ἀνίαζ' ὁ γέρων ὀλοφώια εἰδώς, 460
καὶ τότε δή μ' ἐπέεσσιν ἀνειρόμενος προσέειπε·
τίς νύ τοι, Ἀτρέος υἱέ, θεῶν συμφράσσατο βουλάς,
ὄφρα μ' ἕλοις ἀέκοντα λοχησάμενος; τέο σε χρή;

  ὣς ἔφατ', αὐτὰρ ἐγώ μιν ἀμειβόμενος προσέειπον·
οἶσθα, γέρον· τί με ταῦτα παρατροπέων ἐρεείνεις; 465
ὡς δὴ δήθ' ἐνὶ νήσῳ ἐρύκομαι, οὐδέ τι τέκμωρ
εὑρέμεναι δύναμαι, μινύθει δέ μοι ἔνδοθεν ἦτορ.
ἀλλὰ σύ πέρ μοι εἰπέ, θεοὶ δέ τε πάντα ἴσασιν,
ὅς τίς μ' ἀθανάτων πεδάᾳ καὶ ἔδησε κελεύθου,
νόστον θ', ὡς ἐπὶ πόντον ἐλεύσομαι ἰχθυόεντα. 470

  ὣς ἐφάμην, ὁ δέ μ' αὐτίκ' ἀμειβόμενος προσέειπεν·
ἀλλὰ μάλ' ὤφελλες Διί τ' ἄλλοισίν τε θεοῖσι
ῥέξας ἱερὰ κάλ' ἀναβαινέμεν, ὄφρα τάχιστα
σὴν ἐς πατρίδ' ἵκοιο πλέων ἐπὶ οἴνοπα πόντον.
οὐ γάρ τοι πρὶν μοῖρα φίλους τ' ἰδέειν καὶ ἱκέσθαι 475
οἶκον ἐϋκτίμενον καὶ σὴν ἐς πατρίδα γαῖαν,
πρίν γ' ὅτ' ἂν Αἰγύπτοιο, διιπετέος ποταμοῖο,
αὖτις ὕδωρ ἔλθῃς ῥέξῃς θ' ἱερὰς ἑκατόμβας
ἀθανάτοισι θεοῖσι, τοὶ οὐρανὸν εὐρὺν ἔχουσι·
καὶ τότε τοι δώσουσιν ὁδὸν θεοί, ἣν σὺ μενοινᾷς. 480

  ὣς ἔφατ', αὐτὰρ ἐμοί γε κατεκλάσθη φίλον ἦτορ,
οὕνεκά μ' αὖτις ἄνωγεν ἐπ' ἠεροειδέα πόντον
Αἴγυπτόνδ' ἰέναι, δολιχὴν ὁδὸν ἀργαλέην τε.
ἀλλὰ καὶ ὣς μύθοισιν ἀμειβόμενος προσέειπον·
ταῦτα μὲν οὕτω δὴ τελέω, γέρον, ὡς σὺ κελεύεις. 485
ἀλλ' ἄγε μοι τόδε εἰπὲ καὶ ἀτρεκέως κατάλεξον,
ἢ πάντες σὺν νηυσὶν ἀπήμονες ἦλθον Ἀχαιοί,
οὓς Νέστωρ καὶ ἐγὼ λίπομεν Τροίηθεν ἰόντες,

Vierter Gesang

Robben; er ging dann an allen vorüber und stellte die Zahl fest.
Aber bei uns begann er die Tiere zu zählen; er ahnte
Nichts im Gemüt von der Falle; dann legte er selber sich nieder.
Hellauf jauchzend sprangen wir hoch und schlangen die Hände
Allseits um ihn herum. Doch der Alte vergaß seine heimlich
Listigen Künste durchaus nicht: er wurde ein Löwe mit Mähne,
Wurde zur Schlange, zum Panther, zum mächtigen Wildschwein; wurde
Flüssiges Wasser, ein Baum sogar mit ragendem Wipfel.
Wir aber packten ihn eisern und hielten es durch im Gemüte.
Schließlich wurde er müde, der Alte, mit all seinen Tücken,
Darum sprach er mich endlich an mit fragenden Worten:
Sohn du des Atreus! Wer von den Göttern hat dich beraten,
Daß du so tückisch mich fingst? Ich wehrte mich. Sag mir, was brauchst du?

    Also sprach er und ich erwidernd gab ihm zur Antwort:
Alter, du weißt ja doch alles, was soll dieses Drehen und Wenden?
Lange hält mich die Insel schon fest und ich kann keinen Ausweg
Finden; mein eigenes Herz indessen verliert seine Spannkraft.
Aber nun sage es du mir — die Götter wissen ja alles:
Wer aus der Schar der Unsterblichen fesselt und hemmt meine Heimkehr?
Wer meine Fahrt, daß die fischreiche See ich nimmer erreiche?

Also sprach ich, und gleich erwidernd gab er mir Antwort:
Aber du hast doch an Zeus und die anderen Götter noch Schulden!
Bring doch die schönen Opfer, besteige die Schiffe und schnellstens
Geht dann die Fahrt übers weinrote Meer ins Land deiner Heimat.
Nimmer wird dir zuteil, deine Lieben wiederzusehen,
Wiederzufinden dein festgegründetes Haus und die Heimat,
Ehe du nicht des Aigyptos vom Himmel fallendes Wasser
Nochmal befährst, den unsterblichen Göttern, den Herren im breiten
Himmel, die heiligen Hekatomben endlich zu opfern.
Dann erst öffnen die Götter den Weg dir gemäß deinen Wünschen.

    Also sprach er. Da fühlte mein liebes Herz ich zerspringen.
Gab er mir doch den Befehl nun wieder auf dunstigem Meere
Bis zum Aigyptos zu fahren den langen, schmerzlichen Seeweg.
Aber dem allen zum Trotz: ich sagte ihm deutlich als Antwort:
Alter! Ich will es gemäß deiner Mahnung richtig vollziehen.
Aber, nun sage mir dies und erzähl es mir ohne Verdrehung:
Sind die Achaier schon alle zu Hause und ohne Verluste?
Jene, die Nestor und ich verließen beim Abzug von Troja?

ἠέ τις ὤλετ' ὀλέθρῳ ἀδευκέϊ ἧς ἐπὶ νηός
ἠὲ φίλων ἐν χερσίν, ἐπεὶ πόλεμον τολύπευσεν. 490
 ὣς ἐφάμην, ὁ δέ μ' αὐτίκ' ἀμειβόμενος προσέειπεν·
'Ἀτρεΐδη, τί με ταῦτα διείρεαι; οὐδέ τί σε χρὴ
ἴδμεναι, οὐδὲ δαῆναι ἐμὸν νόον· οὐδέ σέ φημι
δὴν ἄκλαυτον ἔσεσθαι, ἐπεί κ' ἐῢ πάντα πύθηαι.
πολλοὶ μὲν γὰρ τῶν γε δάμεν, πολλοὶ δὲ λίποντο· 495
ἀρχοὶ δ' αὖ δύο μοῦνοι Ἀχαιῶν χαλκοχιτώνων
ἐν νόστῳ ἀπόλοντο· μάχῃ δέ τε καὶ σὺ παρῆσθα.
εἷς δ' ἔτι που ζωὸς κατερύκεται εὐρέϊ πόντῳ.
Αἴας μὲν μετὰ νηυσὶ δάμη δολιχηρέτμοισι·
Γυρῇσίν μιν πρῶτα Ποσειδάων ἐπέλασσε 500
πέτρῃσιν μεγάλῃσι καὶ ἐξεσάωσε θαλάσσης·
καί νύ κεν ἔκφυγε κῆρα, καὶ ἐχθόμενός περ Ἀθήνῃ,
εἰ μὴ ὑπερφίαλον ἔπος ἔκβαλε καὶ μέγ' ἀάσθη·
φῆ ῥ' ἀέκητι θεῶν φυγέειν μέγα λαῖτμα θαλάσσης.
τοῦ δὲ Ποσειδάων μεγάλ' ἔκλυεν αὐδήσαντος· 505
αὐτίκ' ἔπειτα τρίαιναν ἑλὼν χερσὶ στιβαρῇσιν
ἤλασε Γυραίην πέτρην, ἀπὸ δ' ἔσχισεν αὐτήν·
καὶ τὸ μὲν αὐτόθι μεῖνε, τὸ δὲ τρύφος ἔμπεσε πόντῳ,
τῷ ῥ' Αἴας τὸ πρῶτον ἐφεζόμενος μέγ' ἀάσθη·
τὸν δ' ἐφόρει κατὰ πόντον ἀπείρονα κυμαίνοντα. 510
ὣς ὁ μὲν ἔνθ' ἀπόλωλεν, ἐπεὶ πίεν ἁλμυρὸν ὕδωρ.
σὸς δέ που ἔκφυγε κῆρας ἀδελφεὸς ἠδ' ὑπάλυξεν
ἐν νηυσὶ γλαφυρῇσι· σάωσε δὲ πότνια Ἥρη.
ἀλλ' ὅτε δὴ τάχ' ἔμελλε Μαλειάων ὄρος αἰπὺ
ἵξεσθαι, τότε δή μιν ἀναρπάξασα θύελλα 515
πόντον ἐπ' ἰχθυόεντα φέρεν βαρέα στενάχοντα,
ἀγροῦ ἐπ' ἐσχατιήν, ὅθι δώματα ναῖε Θυέστης
τὸ πρίν, ἀτὰρ τότ' ἔναιε Θυεστιάδης Αἴγισθος.
ἀλλ' ὅτε δὴ καὶ κεῖθεν ἐφαίνετο νόστος ἀπήμων,
ἂψ δὲ θεοὶ οὖρον στρέψαν, καὶ οἴκαδ' ἵκοντο, 520
ἦ τοι ὁ μὲν χαίρων ἐπεβήσετο πατρίδος αἴης,
καὶ κύνει ἁπτόμενος ἣν πατρίδα· πολλὰ δ' ἀπ' αὐτοῦ
δάκρυα θερμὰ χέοντ', ἐπεὶ ἀσπασίως ἴδε γαῖαν.
τὸν δ' ἄρ' ἀπὸ σκοπιῆς εἶδε σκοπός, ὅν ῥα καθεῖσεν
Αἴγισθος δολόμητις ἄγων, ὑπὸ δ' ἔσχετο μισθὸν 525
χρυσοῦ δοιὰ τάλαντα· φύλασσε δ' ὅ γ' εἰς ἐνιαυτόν,

Ging etwa jemand zugrunde in rücksichtslosem Verderben
Oder in Händen von Freunden, nachdem er den Krieg überstanden?
  Also sprach ich, und gleich erwidernd gab er mir Antwort:
Sohn des Atreus, was fragst du nach diesen Geschichten? Was brauchst
Meine Gedanken zu wissen, Belehrung darüber? Ich glaube   [du
Weinen würdest du bald, wenn alles du gründlich erführest.
Viele von ihnen sind tot, doch viele blieben auch übrig.
Immerhin fielen nur zwei der in Erz gehüllten Achaier,
Freilich zwei Führer, noch auf dem Heimweg; wer in den Schlachten,
Sahst du ja selber. Und einer, der lebt, wird draußen im Meere
Irgendwo fest noch gehalten. Doch Ajax verfiel der Vernichtung
Samt seinen Schiffen mit langen Rudern. Es ließ ihn Poseidon
Erst an die großen gyraiischen Felsen heran und ersparte
So ihm den Schiffbruch. Damit entrann er dem Tod trotz Athenes
Bitterem Haß. Da schleudert voll Stolz und in großer Verblendung
Frech er heraus: jetzt sei er dem mächtigen Schlunde des Meeres
Ohne die Hilfe der Götter entronnen. So schrie er. Poseidon
Hörte ihn, packte sofort mit den wuchtigen Händen den Dreizack,
Trieb zum gyraiischen Felsen das Schiff und ließ es zerbersten.
Ein Stück blieb auf den Wellen, das andere Trumm war versunken,
Eben wo Ajax zuvor noch gesessen in großer Verblendung.
Ihn aber riß es hinab in die wogende, endlose Tiefe.
So ging dort er zugrunde und schluckte das salzige Wasser.
Aber dein Bruder entkam und entrann auf geräumigen Schiffen
Ganz dem Verderben: die waltende Hera hat ihn gerettet.
Als er dann endlich so weit war, das steile Gebirge Malaias
Bald zu erreichen, da packte ihn schließlich doch noch die Windsbraut,
Trieb ihn hinaus in das fischreiche Meer, so sehr er auch stöhnte,
Ganz an den Rand jenes Ackers am früheren Haus des Thyestes.
Jetzt aber war es das Haus des Aigisthos, des Sohns des Thyestes.
Als dann auch endlich von dort aus die Heimfahrt ohne Verluste
Möglich erschien, als die Götter den Wind wieder drehten und jene
Wirklich nachhause gelangten, betrat er den Boden der Heimat,
Freudig faßte er ihn und küßte die Heimat mit heißen,
Niederströmenden Tränen; er sah ja willkommenes Erdreich.
Aber da sah ihn des schurkisch gesinnten Aigisthos Späher;
Hoch auf die Zinne war er gesetzt und Lohn war versprochen,
Zwei Talente von Gold; dort saß er und wachte ein Jahr lang,

μή ἑ λάθοι παριών, μνήσαιτο δὲ θούριδος ἀλκῆς.
βῆ δ' ἴμεν ἀγγελέων πρὸς δώματα ποιμένι λαῶν.
αὐτίκα δ' Αἴγισθος δολίην ἐφράσσατο τέχνην·
κρινάμενος κατὰ δῆμον ἐείκοσι φῶτας ἀρίστους 530
εἷσε λόχον, ἑτέρωθι δ' ἀνώγει δαῖτα πένεσθαι·
αὐτὰρ ὁ βῆ καλέων Ἀγαμέμνονα, ποιμένα λαῶν,
ἵπποισιν καὶ ὄχεσφιν, ἀεικέα μερμηρίζων.
τὸν δ' οὐκ εἰδότ' ὄλεθρον ἀνήγαγε καὶ κατέπεφνε
δειπνίσσας, ὥς τίς τε κατέκτανε βοῦν ἐπὶ φάτνῃ. 535
οὐδέ τις Ἀτρεΐδεω ἑτάρων λίπεθ', οἵ οἱ ἕποντο,
οὐδέ τις Αἰγίσθου, ἀλλ' ἔκταθεν ἐν μεγάροισιν.
ὣς ἔφατ', αὐτὰρ ἐμοί γε κατεκλάσθη φίλον ἦτορ,
κλαῖον δ' ἐν ψαμάθοισι καθήμενος, οὐδέ νύ μοι κῆρ
ἤθελ' ἔτι ζώειν καὶ ὁρᾶν φάος ἠελίοιο. 540
 αὐτὰρ ἐπεὶ κλαίων τε κυλινδόμενός τε κορέσθην,
δὴ τότε με προσέειπε γέρων ἅλιος νημερτής·
μηκέτι, Ἀτρέος υἱέ, πολὺν χρόνον ἀσκελὲς οὕτω
κλαῖ', ἐπεὶ οὐκ ἀνύσίν τινα δήομεν· ἀλλὰ τάχιστα
πείρα, ὅπως κεν δὴ σὴν πατρίδα γαῖαν ἵκηαι. 545
ἤ γάρ μιν ζωόν γε κιχήσεαι, ἤ κεν Ὀρέστης
κτεῖνεν ὑποφθάμενος· σὺ δέ κεν τάφου ἀντιβολήσαις.
ὣς ἔφατ', αὐτὰρ ἐμοὶ κραδίη καὶ θυμὸς ἀγήνωρ
αὖτις ἐνὶ στήθεσσι καὶ ἀχνυμένῳ περ ἰάνθη,
καί μιν φωνήσας ἔπεα πτερόεντα προσηύδων· 550
τούτους μὲν δὴ οἶδα· σὺ δὲ τρίτον ἄνδρ' ὀνόμαζε,
ὅς τις ἔτι ζωὸς κατερύκεται εὐρέι πόντῳ
ἠὲ θανών· ἐθέλω δὲ καὶ ἀχνύμενός περ ἀκοῦσαι.
 ὣς ἐφάμην, ὁ δέ μ' αὐτίκ' ἀμειβόμενος προσέειπεν·
υἱὸς Λαέρτεω, Ἰθάκῃ ἔνι οἰκία ναίων· 555
τὸν δ' ἴδον ἐν νήσῳ θαλερὸν κατὰ δάκρυ χέοντα,
νύμφης ἐν μεγάροισι Καλυψοῦς, ἥ μιν ἀνάγκῃ
ἴσχει· ὁ δ' οὐ δύναται ἣν πατρίδα γαῖαν ἱκέσθαι·
οὐ γάρ οἱ πάρα νῆες ἐπήρετμοι καὶ ἑταῖροι,
οἵ κέν μιν πέμποιεν ἐπ' εὐρέα νῶτα θαλάσσης. 560
σοὶ δ' οὐ θέσφατόν ἐστι, διοτρεφὲς ὦ Μενέλαε,
Ἄργει ἐν ἱπποβότῳ θανέειν καὶ πότμον ἐπισπεῖν,
ἀλλά σ' ἐς Ἠλύσιον πεδίον καὶ πείρατα γαίης
ἀθάνατοι πέμψουσιν, ὅθι ξανθὸς Ῥαδάμανθυς, —

Daß er ihm ja nicht entgehe und stürmische Abwehr plane.
Also ging er ins Haus zum Bericht an den Hirten der Mannen.
Aber Aigisthos besann sich sofort auf schurkische Künste:
Wählte zwanzig der Besten im Volk, sie auf Lauer zu legen.
Zugleich ließ er woanders ein großes Essen bereiten,
Ging dann hin, Agamemnon zu grüßen, den Hirten der Mannen,
Kam mit Gespannen und Rossen vergrübelt in scheußlichste Untat,
Führte den Ahnungslosen hinauf und lud ihn zur Mahlzeit.
Dabei schlug er ihn tot, wie ein Rind vor der Krippe man totschlägt.
Nicht ein einziger Mann der Gefolgschaft des Sohnes des Atreus
Blieb da verschont, auch nicht des Aigisthos; sie lagen erschlagen
Alle im Saale. Da fühlte das liebe Herz ich zerspringen,
Als er so sagte; ich saß im Sande und weinte: des Herzens
Wille zu leben, der Sonne Licht noch zu schaun, war erstorben.
 Aber als ich dann satt vom Weinen und Wälzen geworden,
Sprach dann endlich zu mir der ehrliche Alte vom Meere:
Sohn des Atreus! Weine nun nicht mehr so lange und endlos!
Irgendein Ausweg ist nicht zu finden; es gilt zu versuchen,
Wie du nun schleunigst und endlich gelangst in das Land deiner Heimat.
Entweder triffst du ihn lebend noch an, und — hätt ihn Orestes
Doch schon vorher erschlagen — sein Grab kannst du immer besuchen.
 Sprachs und trotz meiner Leiden begann mit wärmender Freude
Wieder mein trutziges Herz, mein Gemüt in der Brust sich zu füllen.
Darum sprach ich ihn an und sagte geflügelte Worte:
Nunmehr weiß ich von zweien; nun nenne mir auch noch den dritten!
Der zwar noch lebt, doch gefangen sich sieht im breiten Meere.
Mag er auch tot sein, ich möchte trotz all meinem Leid von ihm hören.
 Also sprach ich und gleich erwidernd gab er mir Antwort:
Dies ist der Sohn des Laertes, in Ithaka ist er zu Hause;
Schwellende Tränen sah ich ihn weinen; es war eine Insel,
Dort ist das Haus einer Nymphe Kalypso; sie zwingt ihn zu bleiben,
Er aber kann in das Land seiner Heimat gar nicht gelangen,
Fehlt es ihm dort doch an Ruderschiffen, es fehlen Gefährten,
Die ihn über den breiten Rücken des Meeres geleiten.
Dir aber, Götterkind Menelaos, beschieden die Götter,
Nicht in Argos, wo Rosse gedeihen, zu sterben, dein Schicksal
Dort zu erfüllen. Es schicken dich einst die unsterblichen Götter
Weit, bis ans Ende der Welt, in Elysions ebne Gefilde.

τῇ περ ῥηίστη βιοτὴ πέλει ἀνθρώποισιν· 565
οὐ νιφετός, οὔτ' ἂρ χειμὼν πολὺς οὔτε ποτ' ὄμβρος,
ἀλλ' αἰεὶ ζεφύροιο λιγὺ πνείοντος ἀήτας
Ὠκεανὸς ἀνίησιν ἀναψύχειν ἀνθρώπους, —
οὕνεκ' ἔχεις Ἑλένην καί σφιν γαμβρὸς Διός ἐσσι.
  ὣς εἰπὼν ὑπὸ πόντον ἐδύσετο κυμαίνοντα, 570
αὐτὰρ ἐγὼν ἐπὶ νῆας ἅμ' ἀντιθέοις ἑτάροισιν
ἤια, πολλὰ δέ μοι κραδίη πόρφυρε κιόντι.
αὐτὰρ ἐπεί ῥ' ἐπὶ νῆα κατήλθομεν ἠδὲ θάλασσαν,
δόρπον θ' ὁπλισάμεσθ' ἐπί τ' ἤλυθεν ἀμβροσίη νύξ,
δὴ τότε κοιμήθημεν ἐπὶ ῥηγμῖνι θαλάσσης. 575
  ἦμος δ' ἠριγένεια φάνη ῥοδοδάκτυλος Ἠώς,
νῆας μὲν πάμπρωτον ἐρύσσαμεν εἰς ἅλα δῖαν,
ἐν δ' ἱστοὺς τιθέμεσθα καὶ ἱστία νηυσὶν ἐίσης·
ἂν δὲ καὶ αὐτοὶ βάντες ἐπὶ κληῖσι καθῖζον,
ἑξῆς δ' ἑζόμενοι πολιὴν ἅλα τύπτον ἐρετμοῖς. 580
ἂψ δ' εἰς Αἰγύπτοιο, διιπετέος ποταμοῖο,
στῆσα νέας καὶ ἔρεξα τεληέσσας ἑκατόμβας.
αὐτὰρ ἐπεὶ κατέπαυσα θεῶν χόλον αἰὲν ἐόντων,
χεῦ' Ἀγαμέμνονι τύμβον, ἵν' ἄσβεστον κλέος εἴη.
ταῦτα τελευτήσας νεόμην, ἔδοσαν δέ μοι οὖρον 585
ἀθάνατοι, τοί μ' ὦκα φίλην ἐς πατρίδ' ἔπεμψαν.
  ἀλλ' ἄγε νῦν ἐπίμεινον ἐνὶ μεγάροισιν ἐμοῖσιν,
ὄφρα κεν ἑνδεκάτη τε δυωδεκάτη τε γένηται·
καὶ τότε σ' εὖ πέμψω, δώσω δέ τοι ἀγλαὰ δῶρα,
τρεῖς ἵππους καὶ δίφρον ἐύξοον· αὐτὰρ ἔπειτα 590
δώσω καλὸν ἄλεισον, ἵνα σπένδῃσθα θεοῖσιν
ἀθανάτοις ἐμέθεν μεμνημένος ἤματα πάντα."
  τὸν δ' αὖ Τηλέμαχος πεπνυμένος ἀντίον ηὔδα·
"Ἀτρεΐδη, μὴ δή με πολὺν χρόνον ἐνθάδ' ἔρυκε.
καὶ γάρ κ' εἰς ἐνιαυτὸν ἐγὼ παρὰ σοί γ' ἀνεχοίμην 595
ἥμενος, οὐδέ κέ μ' οἴκου ἕλοι πόθος οὐδὲ τοκήων·
αἰνῶς γὰρ μύθοισιν ἔπεσσί τε σοῖσιν ἀκούων
τέρπομαι· ἀλλ' ἤδη μοι ἀνιάζουσιν ἑταῖροι
ἐν Πύλῳ ἠγαθέῃ· σὺ δέ με χρόνον ἐνθάδ' ἐρύκεις.
δῶρον δ', ὅττι κέ μοι δῴης, κειμήλιον ἔστω· 600
ἵππους δ' εἰς Ἰθάκην οὐκ ἄξομαι, ἀλλὰ σοὶ αὐτῷ
ἐνθάδε λείψω ἄγαλμα· σὺ γὰρ πεδίοιο ἀνάσσεις

Vierter Gesang

Dort ist der Blonde daheim, Rhadamanthys; dort wandeln die Menschen
Leicht durch das Leben. Nicht Regen, nicht Schnee, nicht Winter von
Zephyros läßt allzeit seine hellen Winde dort wehen,   [Dauer —
Die ihm Okeanos schickt zur Erfrischung der Menschen. Den Göttern
Bist du ja Helenas Mann und Zeus ist dein Schwäher geworden."

Also sprach er und tauchte hinab in die Wogen des Meeres.
Ich aber ging mit den göttergleichen Gefährten zum Schiffe;
Schrecklich tobte mein Herz auf dem Weg, bis das Meer und die Schiffe
Drunten ich fand. Wir machten die Abendmahlzeit noch fertig,
Denn die ambrosische Nacht begann schon niederzusinken.
Endlich legten zum Schlaf wir uns hin am Gestade des Meeres.

Als dann die Frühe sich zeigte, Eos mit rosigen Fingern,
Schoben zunächst wir die Schiffe hinab in die göttliche Salzflut,
Legten Segel und Mast in die richtig gehenden Schiffe.
Dann erst stiegen sie ein und besetzten die Ruderbänke,
Saßen geordnet; ihr Rudern bewegte die schäumende Salzflut.
Wieder kam ich zum Wasser des himmelentströmten Aigyptos,
Landete dort und brachte vollendete Hekatomben.
Als dann der Zorn der immerseienden Götter gestillt war,
Türmte ein Grab ich noch auf Agamemnon zu ewigem Ruhme.
Damit war ich am Ende, ich kehrte nach Hause. Und Fahrwind
Gaben die Götter und schickten mich rasch in die teuere Heimat.

Jetzt aber du! Du bleibst jetzt hier in meinem Palaste!
Elf, zwölf Tage können darüber vergehen und dann erst
Will ich dich richtig entlassen; ich schenke dir herrliche Gaben;
Rosse erhältst du drei, dazu einen glänzenden Wagen,
Auch einen schönen Becher, auf daß du alle die Tage
Meiner gedenkest, so oft du ihn spendest unsterblichen Göttern."

Ihm aber hielt der gewandte Telemachos wieder entgegen:
„Sohn des Atreus, heiß mich nicht allzulange hier weilen!
Freilich ich hielte es aus, auch ein Jahr lang bei dir noch zu sitzen;
Sehnsucht, glaube ich, käme mir nicht nach Eltern und Heimat.
Denn ich freue mich schrecklich all deinen Worten zu lauschen,
Deinen Geschichten. Jedoch die Gefährten im heiligen Pylos
Fühlen von mir sich gekränkt und du willst noch länger mich halten?
Freilich die Gabe, die du mir bietest, sie sei mir ein Kleinod!
Aber die Rosse bringe ich nicht nach Ithaka; gerne
Lasse ich dir sie zurück, daß hier deine Pracht sie verkünden.

εὐρέος, ᾧ ἔνι μὲν λωτὸς πολύς, ἐν δὲ κύπειρον
πυροί τε ζειαί τε ἰδ' εὐρυφυὲς κρῖ λευκόν.
ἐν δ' Ἰθάκῃ οὔτ' ἂρ δρόμοι εὐρέες οὔτε τι λειμών· 605
αἰγίβοτος, καὶ μᾶλλον ἐπήρατος ἱπποβότοιο.
οὐ γάρ τις νήσων ἱππήλατος οὐδ' εὐλείμων,
αἵ θ' ἁλὶ κεκλίαται· Ἰθάκη δέ τε καὶ περὶ πασέων."

ὣς φάτο, μείδησεν δὲ βοὴν ἀγαθὸς Μενέλαος,
χειρί τέ μιν κατέρεξεν ἔπος τ' ἔφατ' ἔκ τ' ὀνόμαζεν· 610
"αἵματός εἰς ἀγαθοῖο, φίλον τέκος, οἷ' ἀγορεύεις·
τοιγὰρ ἐγώ τοι ταῦτα μεταστήσω· δύναμαι γάρ.
δώρων δ', ὅσσ' ἐν ἐμῷ οἴκῳ κειμήλια κεῖται,
δώσω, ὃ κάλλιστον καὶ τιμηέστατόν ἐστι.
δώσω τοι κρητῆρα τετυγμένον· ἀργύρεος δὲ 615
ἔστιν ἅπας, χρυσῷ δ' ἐπὶ χείλεα κεκράανται,
ἔργον δ' Ἡφαίστοιο· πόρεν δέ ἑ Φαίδιμος ἥρως,
Σιδονίων βασιλεύς, ὅθ' ἑὸς δόμος ἀμφεκάλυψε
κεῖσέ με νοστήσαντα· τεῒν δ' ἐθέλω τόδ' ὀπάσσαι."

ὣς οἱ μὲν τοιαῦτα πρὸς ἀλλήλους ἀγόρευον, 620
δαιτυμόνες δ' ἐς δώματ' ἴσαν θείου βασιλῆος.
οἱ δ' ἦγον μὲν μῆλα, φέρον δ' εὐήνορα οἶνον·
σῖτον δέ σφ' ἄλοχοι καλλικρήδεμνοι ἔπεμπον.

ὣς οἱ μὲν περὶ δεῖπνον ἐνὶ μεγάροισι πένοντο,
μνηστῆρες δὲ πάροιθεν Ὀδυσσῆος μεγάροιο 625
δίσκοισιν τέρποντο καὶ αἰγανέῃσιν ἱέντες,
ἐν τυκτῷ δαπέδῳ, ὅθι περ πάρος, ὕβριν ἔχοντες.
Ἀντίνοος δὲ καθῆστο καὶ Εὐρύμαχος θεοειδής,
ἀρχοὶ μνηστήρων, ἀρετῇ δ' ἔσαν ἔξοχ' ἄριστοι.
τοῖς δ' υἱὸς Φρονίοιο Νοήμων ἐγγύθεν ἐλθὼν 630
Ἀντίνοον μύθοισιν ἀνειρόμενος προσέειπεν·

"'Ἀντίνο', ἦ ῥά τι ἴδμεν ἐνὶ φρεσὶν ἦε καὶ οὐκί,
ὁππότε Τηλέμαχος νεῖτ' ἐκ Πύλου ἠμαθόεντος;
νῆά μοι οἴχετ' ἄγων· ἐμὲ δὲ χρεὼ γίνεται αὐτῆς
Ἤλιδ' ἐς εὐρύχορον διαβήμεναι, ἔνθα μοι ἵπποι 635
δώδεκα θήλειαι, ὑπὸ δ' ἡμίονοι ταλαεργοὶ
ἀδμῆτες· τῶν κέν τιν' ἐλασσάμενος δαμασαίμην."

ὣς ἔφαθ', οἱ δ' ἀνὰ θυμὸν ἐθάμβεον· οὐ γὰρ ἔφαντο
ἐς Πύλον οἴχεσθαι Νηλήϊον, ἀλλά που αὐτοῦ
ἀγρῶν ἢ μήλοισι παρέμμεναι ἠὲ συβώτῃ. 640

Vierter Gesang

Du bist ein Herr über breitestes Flachland; Gräser gedeihen,
Klee auch in Fülle und Weizen; da wuchert die blinkende Gerste.
Ithaka hat keine Auen, nicht breite Straßen zum Wettlauf.
Mir ist mein Land für die Ziege viel lieber als eines für Pferde.
Nährende Auen und Räume für Pferde hat keine der Inseln,
Wie sie im Meere dort liegen; von Ithaka gilt dies vor allen."
Lächelnd gab Menelaos, der treffliche Rufer, ihm Antwort,
Streichelte ihn mit der Hand und sprach und sagte bedeutsam:
 „Liebes Kind, was du sagst, ist Zeugnis trefflichen Blutes.
Gerne wechsle die Gaben ich aus, ich habe die Mittel.
Viele Geschenke liegen im Hause als kostbare Schätze;
Was mein Schönstes, mein Teuerstes ist, das will ich dir geben.
Also gebe ich dir einen kunstvoll gefertigten Mischkrug,
Lauteres Silber, jedoch am Rande mit Gold überzogen.
Meister Hephaistos hat ihn geschaffen, ein Held ihn gegeben:
Phaidimos, Sidons König; sein Haus war dereinst meine Herberg,
Als ich zurückfuhr. Jetzt aber leg ich ihn dir in die Hände."
 Also redeten beide in solchen Wechselgesprächen.
Schmausende kamen indessen ins Haus des göttlichen Königs.
Kleinvieh brachten sie her, sie brachten kräftige Weine,
Und ihre Weiber in herrlichen Schleiern schickten die Brote.
 So nun hielten sich diese drinnen tüchtig ans Essen.
Aber die Freier ergötzten sich grad vor dem Haus des Odysseus,
Schossen nach Zielen mit Diskos und Jagdspeer, wo sie es sonst auch
Taten auf tüchtig gestampftem Boden, und waren voll Hochmut.
Nur Antinoos saß bei Eurymachos, der wie ein Gott war,
Beide Führer der Freier, an Tüchtigkeit weitaus die besten.
Nah aber trat vor sie hin des Phronios Sohn Noëmon;
Der aber sprach den Antinoos an mit fragenden Worten:
 „Weißt du, Antinoos, oder machst du dir keine Gedanken,
Wann wohl Telemachos wiederkehre vom sandigen Pylos?
Fort ist er samt meinem Schiff, das ich brauche; ich muß ja nach Elis,
Wo sie auf breiten Plätzen tanzen, hinüber; ein Dutzend
Stuten hab ich dort stehen samt ungezähmten Bastarden,
Kräftige Arbeitstiere; die hol ich und zähme mir manches."
 Also sprach er, da staunten sie tief im Gemüte; sie hatten
Gar nicht gedacht, er sei im neleïschen Pylos, sie meinten,
Hier auf den Äckern beim Vieh wohl, beim Sauhirt werde er weilen.

τὸν δ' αὖτ' Ἀντίνοος προσέφη, Εὐπείθεος υἱός·
"νημερτές μοι ἔνισπε· πότ' ᾤχετο καὶ τίνες αὐτῷ
κοῦροι ἕποντ'; Ἰθάκης ἐξαίρετοι, ἦ ἑοὶ αὐτοῦ
θῆτές τε δμῶές τε; δύναιτό κε καὶ τὸ τελέσσαι.
καί μοι τοῦτ' ἀγόρευσον ἐτήτυμον, ὄφρ' ἐῢ εἰδῶ, 645
ἦ σε βίῃ ἀέκοντος ἀπηύρα νῆα μέλαιναν,
ἦε ἑκών οἱ δῶκας, ἐπεὶ προσπτύξατο μύθῳ."

τὸν δ' υἱὸς Φρονίοιο Νοήμων ἀντίον ηὔδα·
"αὐτὸς ἑκών οἱ δῶκα· τί κεν ῥέξειε καὶ ἄλλος,
ὁππότ' ἀνὴρ τοιοῦτος, ἔχων μελεδήματα θυμῷ, 650
αἰτίζῃ; χαλεπόν κεν ἀνήνασθαι δόσιν εἴη.
κοῦροι δ', οἳ κατὰ δῆμον ἀριστεύουσι μεθ' ἡμέας,
οἵ οἱ ἕποντ'· ἐν δ' ἀρχὸν ἐγὼ βαίνοντ' ἐνόησα
Μέντορα ἠὲ θεόν, τῷ δ' αὐτῷ πάντα ἐῴκει.
ἀλλὰ τὸ θαυμάζω· ἴδον ἐνθάδε Μέντορα δῖον 655
χθιζὸν ὑπηοῖον. τότε δ' ἔμβη νηῒ Πύλονδε."

ὣς ἄρα φωνήσας ἀπέβη πρὸς δώματα πατρός,
τοῖσιν δ' ἀμφοτέροισιν ἀγάσσατο θυμὸς ἀγήνωρ.
μνηστῆρας δ' ἄμυδις κάθισαν καὶ παῦσαν ἀέθλων.
τοῖσιν δ' Ἀντίνοος μετέφη, Εὐπείθεος υἱός, 660
ἀχνύμενος· μένος δὲ μέγα φρένες ἀμφιμέλαιναι
πίμπλαντ', ὄσσε δέ οἱ πυρὶ λαμπετόωντι ἐΐκτην·

"ὢ πόποι, ἦ μέγα ἔργον ὑπερφιάλως ἐτελέσθη
Τηλεμάχῳ ὁδὸς ἥδε· φάμεν δέ οἱ οὐ τελέεσθαι.
εἰ τοσσῶνδ' ἀέκητι νέος πάϊς οἴχεται αὔτως, 665
νῆα ἐρυσσάμενος κρίνας τ' ἀνὰ δῆμον ἀρίστους,
ἄρξει καὶ προτέρω κακὸν ἔμμεναι· ἀλλά οἱ αὐτῷ
Ζεὺς ὀλέσειε βίην, πρὶν ἥβης μέτρον ἱκέσθαι.
ἀλλ' ἄγε μοι δότε νῆα θοὴν καὶ εἴκοσ' ἑταίρους,
ὄφρα μιν αὖτις ἰόντα λοχήσομαι ἠδὲ φυλάξω 670
ἐν πορθμῷ Ἰθάκης τε Σάμοιό τε παιπαλοέσσης,
ὡς ἂν ἐπισμυγερῶς ναυτίλλεται εἵνεκα πατρός."

ὣς ἔφαθ', οἱ δ' ἄρα πάντες ἐπῄνεον ἠδ' ἐκέλευον·
αὐτίκ' ἔπειτ' ἀνστάντες ἔβαν δόμον εἰς Ὀδυσῆος.
οὐδ' ἄρα Πηνελόπεια πολὺν χρόνον ἦεν ἄπυστος 675
μύθων, οὓς μνηστῆρες ἐνὶ φρεσὶ βυσσοδόμευον·
κῆρυξ γάρ οἱ ἔειπε Μέδων, ὃς ἐπεύθετο βουλὰς
αὐλῆς ἐκτὸς ἐών· οἱ δ' ἔνδοθι μῆτιν ὕφαινον.

Aber Antinoos sprach da zu ihm, der Sohn des Eupeithes:
„Sag es mir ehrlich! Wann ging er weg, wer ist sein Gefolge?
Sind es erlesene Jungen aus Ithaka? Sind es die eignen
Knechte und Diener? Auch dazu wäre er gar noch imstande.
Und auch dies noch sage mir ehrlich, daß recht ich es wisse:
Nahm er dir trotz deines Neins mit Gewalt das schwarze Schiff weg,
Oder gabst dus ihm gern, weil mit werbenden Worten er nahte?"

Ihm entgegnete wieder des Phronios Sohn Noëmon:
Ich hab es gern ihm gegeben. Was täte denn schließlich ein andrer,
Bäte ihn solch ein Mann, mit solchem Leid im Gemüte?
Schwierig wäre es wohl, eine Gabe ihm kalt zu verweigern.
Was ihm an Jugend folgte, war bester Adel des Volkes,
Ähnlich wie wir, und Mentor sah ich als Führer vor ihnen
Schreiten, -- wenn es kein Gott war; doch glich er in allem ihm selber.
Wunderlich dünkt es mich freilich; ich sah doch den göttlichen Mentor
Gestern morgen noch hier; doch damals fuhr er nach Pylos."

Also sprach er und ging in das Haus seines Vaters; den beiden
Freilich geriet ihr Gemüt vor Trotz in die hellste Entrüstung.
Sitzen mußten die Freier und durchweg die Spiele beenden.
Aber Antinoos sagte zu ihnen, der Sohn des Eupeithes:
Ärgerlich war er, umdüstert sein Sinn, der mit Kräften sich füllte,
Während die Augen ihm blitzten, als wären sie loderndes Feuer:

„Was nicht gar! Da gelang ja dreist eine Untat! Diese
Fahrt des Telemachos! Meinten wir doch, daß sie nie ihm gelinge.
Uns, so vielen zum Trotz! ein Knabe, ein Junge, ein Selbstler
Geht und holt sich ein Schiff und wählt sich die Besten im Volke.
Weiter noch wird er es treiben im Unheil. Mög seine Kräfte
Zeus ihm vernichten, bevor er die Reife der Jugend erreicht hat.
Aber gebt mir ein eilendes Schiff und zwanzig Gefährten,
Daß ich sein Kommen heimlich belaure, die Fahrt überwache,
Dort, wo das holprige Samos und Ithaka nahe sich kommen.
Jämmerlich soll dann die Fahrt auf der See nach dem Vater gelingen!"

Also sprach er und alle bejahten mit lobendem Beifall,
Standen dann auf und gingen sofort in das Haus des Odysseus.

Gar nicht lange währt es und Penelopeia erfuhr schon
Alle die Reden, die eben die Freier im Sinn überlegten.
Medon der Rufer brachte ihr Kunde; er hörte die Pläne,
Stand vor dem Hofe, als drinnen den Plan sie gewoben. Da ging er

βῆ δ' ἴμεν ἀγγελέων διὰ δώματα Πηνελοπείῃ·
τὸν δὲ κατ' οὐδοῦ βάντα προσηύδα Πηνελόπεια· 680
"κῆρυξ, τίπτε δέ σε πρόεσαν μνηστῆρες ἀγαυοί;
ἦ εἰπέμεναι δμωῇσιν Ὀδυσσῆος θείοιο
ἔργων παύσασθαι, σφίσι δ' αὐτοῖς δαῖτα πένεσθαι;
μὴ μνηστεύσαντες μηδ' ἄλλοθ' ὁμιλήσαντες
ὕστατα καὶ πύματα νῦν ἐνθάδε δειπνήσειαν· 685
οἳ θάμ' ἀγειρόμενοι βίοτον κατακείρετε πολλόν,
κτῆσιν Τηλεμάχοιο δαΐφρονος. οὐδέ τι πατρῶν
ὑμετέρων τὸ πρόσθεν ἀκούετε, παῖδες ἐόντες,
οἷος Ὀδυσσεὺς ἔσκε μεθ' ὑμετέροισι τοκεῦσιν,
οὔτε τινὰ ῥέξας ἐξαίσιον οὔτε τι εἰπὼν 690
ἐν δήμῳ; ἥ τ' ἐστὶ δίκη θείων βασιλήων·
ἄλλον κ' ἐχθαίρῃσι βροτῶν, ἄλλον κε φιλοίη.
κεῖνος δ' οὔ ποτε πάμπαν ἀτάσθαλον ἄνδρα ἐώργει·
ἀλλ' ὁ μὲν ὑμέτερος θυμὸς καὶ ἀεικέα ἔργα
φαίνεται, οὐδέ τίς ἐστι χάρις μετόπισθ' εὐεργέων." 695
τὴν δ' αὖτε προσέειπε Μέδων, πεπνυμένα εἰδώς·
"εἰ γὰρ δή, βασίλεια, τόδε πλεῖστον κακὸν εἴη.
ἀλλὰ πολὺ μεῖζόν τε καὶ ἀργαλεώτερον ἄλλο
μνηστῆρες φράζονται, ὃ μὴ τελέσειε Κρονίων·
Τηλέμαχον μεμάασι κατακτάμεν ὀξέϊ χαλκῷ 700
οἴκαδε νισσόμενον· ὁ δ' ἔβη μετὰ πατρὸς ἀκουὴν
ἐς Πύλον ἠγαθέην ἠδ' ἐς Λακεδαίμονα δῖαν."
ὣς φάτο, τῆς δ' αὐτοῦ λύτο γούνατα καὶ φίλον ἦτορ·
δὴν δέ μιν ἀφασίη ἐπέων λάβε, τὼ δέ οἱ ὄσσε
δακρυόφιν πλῆσθεν, θαλερὴ δέ οἱ ἔσχετο φωνή. 705
ὀψὲ δὲ δή μιν ἔπεσσιν ἀμειβομένη προσέειπε·
"κῆρυξ, τίπτε δέ μοι πάϊς οἴχεται; οὐδέ τί μιν χρεὼ
νηῶν ὠκυπόρων ἐπιβαινέμεν, αἵ θ' ἁλὸς ἵπποι
ἀνδράσι γίνονται, περόωσι δὲ πουλὺν ἐφ' ὑγρήν.
ἦ ἵνα μηδ' ὄνομ' αὐτοῦ ἐν ἀνθρώποισι λίπηται;" 710
τὴν δ' ἠμείβετ' ἔπειτα Μέδων πεπνυμένα εἰδώς·
"οὐκ οἶδ', ἤ τίς μιν θεὸς ὤρορεν, ἦε καὶ αὐτοῦ
θυμὸς ἐφορμήθη ἴμεν ἐς Πύλον, ὄφρα πύθηται
πατρὸς ἑοῦ ἢ νόστον ἢ ὅν τινα πότμον ἐπέσπεν."
ὣς ἄρα φωνήσας ἀπέβη κατὰ δῶμ' Ὀδυσῆος. 715
τὴν δ' ἄχος ἀμφεχύθη θυμοφθόρον, οὐδ' ἄρ' ἔτ' ἔτλη

Gleich durch das Haus um Penelopeia Bericht zu erstatten.
 Als er die Schwelle betrat, sprach Penelopeia: „Mein Rufer!
Warum schickten dich her die erlauchten Freier? Vielleicht gar
Sollst du den Mägden des hehren Odysseus verkünden, sie müßten
Hier ihre Arbeit beenden, um ihnen das Mahl zu bereiten?
Möchten sie hier und jetzt zum letzten und allerletzten
Male doch speisen, nicht freien, auch nicht woanders sich sammeln!
Täglich kommt ihr zusammen und schädigt das reiche Besitztum.
Eigen ist es dem klug gesinnten Telemachos; eure
Väter hörtet ihr früher ja nicht, da wart ihr noch Kinder,
Wie es Odysseus hielt zur Zeit eurer Eltern und wie er
Weder mit Worten noch Taten im Volk einem Manne zu nah trat,
Was er doch konnte nach Fug und Recht eines göttlichen Königs;
So einer kann einen Menschen wohl hassen, den anderen lieben.
Er aber hat überhaupt nicht einen je frevelnd behandelt;
Ihr aber stellt euer wahres Gemüt, eure schändlichen Taten
Offen zur Schau. Von späterem Dank für die Güte zu schweigen."
 Medon doch hatte reges Verständnis und sagte ihr wieder:
„Ja, meine Königin! Wäre nur dieses das größte der Übel!
Aber die Freier planen ja noch viel Größeres, noch viel
Ärgeres; möge Kronion es niemals erfüllen! sie denken
Heftig daran, den Telemachos gar mit spitzigem Schwerte
Niederzuhaun bei der Rückkehr. Er fuhr doch ins heilige Pylos,
Fuhr auch ins göttliche Sparta, um Kunde vom Vater zu hören."
 Sprachs und sofort versagten ihr liebes Herz und die Knie,
Lange stockten die Worte; sie konnte nicht sprechen; die Augen
Gingen ihr über von Tränen; die quellende Stimme verstummte.
Spät erst sprach sie ihn an und kündete laut ihre Antwort:
 „Rufer! Warum ist mein Kind denn fort? Es war doch nicht nötig,
Daß er gar Schiffe benützte, die eilig uns tragen; des Meeres
Rosse sind sie für Männer; sie dringen in weite Gewässer.
Soll denn sein eigener Name sogar bei den Menschen nicht bleiben?"
 Medon doch hatte reges Verständnis und sagte ihr wieder:
„Gar nichts weiß ich, ob ihn ein Gott bewegte. Vielleicht auch
Drängte sein eignes Gemüt ihn, nach Pylos zu fahren, damit er
Höre von Vaters Heimkehr oder sein sonstiges Schicksal."
 Also sprach er und ging durch das Haus des Odysseus. Doch jene
Fühlte, es sinke ein Leid über sie, das ihr Leben zerstöre.

δίφρῳ ἐφέζεσθαι πολλῶν κατὰ οἶκον ἐόντων,
ἀλλ' ἄρ' ἐπ' οὐδοῦ ἷζε πολυκμήτου θαλάμοιο
οἴκτρ' ὀλοφυρομένη· περὶ δὲ δμωαὶ μινύριζον
πᾶσαι, ὅσαι κατὰ δώματ' ἔσαν νέαι ἠδὲ παλαιαί. 720
τῆς δ' ἁδινὸν γοώωσα μετηύδα Πηνελόπεια·

"κλῦτε, φίλαι· περὶ γάρ μοι Ὀλύμπιος ἄλγε' ἔδωκεν
ἐκ πασέων, ὅσσαι μοι ὁμοῦ τράφον ἠδ' ἐγένοντο,
ἣ πρὶν μὲν πόσιν ἐσθλὸν ἀπώλεσα θυμολέοντα,
παντοίης ἀρετῇσι κεκασμένον ἐν Δαναοῖσιν, 725
ἐσθλόν, τοῦ κλέος εὐρὺ καθ' Ἑλλάδα καὶ μέσον Ἄργος.
νῦν αὖ παῖδ' ἀγαπητὸν ἀνηρέψαντο θύελλαι
ἀκλέα ἐκ μεγάρων, οὐδ' ὁρμηθέντος ἄκουσα.
σχέτλιαι, οὐδ' ὑμεῖς περ ἐνὶ φρεσὶ θέσθε ἑκάστη
ἐκ λεχέων μ' ἀνεγεῖραι, ἐπιστάμεναι σάφα θυμῷ, 730
ὁππότε κεῖνος ἔβη κοίλην ἐπὶ νῆα μέλαιναν.
εἰ γὰρ ἐγὼ πυθόμην ταύτην ὁδὸν ὁρμαίνοντα,
τῷ κε μάλ' ἤ κεν ἔμεινε, καὶ ἐσσύμενός περ ὁδοῖο,
ἤ κέ με τεθνηυῖαν ἐνὶ μεγάροισιν ἔλειπεν.
ἀλλά τις ὀτρηρῶς Δολίον καλέσειε γέροντα, 735
δμῶ' ἐμόν, ὅν μοι δῶκε πατὴρ ἔτι δεῦρο κιούσῃ,
καί μοι κῆπον ἔχει πολυδένδρεον, ὄφρα τάχιστα
Λαέρτῃ τάδε πάντα παρεζόμενος καταλέξῃ,
εἰ δή πού τινα κεῖνος ἐνὶ φρεσὶ μῆτιν ὑφήνας
ἐξελθὼν λαοῖσιν ὀδύρεται, οἳ μεμάασιν 740
ὃν καὶ Ὀδυσσῆος φθῖσαι γόνον ἀντιθέοιο."

τὴν δ' αὖτε προσέειπε φίλη τροφὸς Εὐρύκλεια·
"νύμφα φίλη, σὺ μὲν ἄρ με κατάκτανε νηλέϊ χαλκῷ,
ἢ ἔα ἐν μεγάρῳ· μῦθον δέ τοι οὐκ ἐπικεύσω.
ᾔδε' ἐγὼ τάδε πάντα, πόρον δέ οἱ, ὅσσ' ἐκέλευσε, 745
σῖτον καὶ μέθυ ἡδύ· ἐμεῦ δ' ἕλετο μέγαν ὅρκον
μὴ πρὶν σοὶ ἐρέειν, πρὶν δωδεκάτην γε γενέσθαι
ἤ σ' αὐτὴν ποθέσαι καὶ ἀφορμηθέντος ἀκοῦσαι,
ὡς ἂν μὴ κλαίουσα κατὰ χρόα καλὸν ἰάπτῃς.
ἀλλ' ὑδρηναμένη, καθαρὰ χροῒ εἵμαθ' ἑλοῦσα, 750
εἰς ὑπερῷ' ἀναβᾶσα σὺν ἀμφιπόλοισι γυναιξὶν
εὔχε' Ἀθηναίῃ κούρῃ Διὸς αἰγιόχοιο·
ἡ γάρ κέν μιν ἔπειτα καὶ ἐκ θανάτοιο σαώσαι.
μηδὲ γέροντα κάκου κεκακωμένον· οὐ γὰρ ὀΐω

Nicht mehr hielt sie es aus auf Sesseln zu sitzen und gab doch
Viele im Hause. Sie setzte sich vielmehr jämmerlich klagend
Gleich auf die Schwelle des mühsam erstellten Gemaches und um sie
Heulten die Mägde des Hauses, alle, die alten, die jungen.
Ängstlich jammernd begann vor ihnen nun Penelopeia:

„Hört, meine Lieben! Von allen, die mit mir wuchsen und wurden,
Gab der Olympier mir an Leiden die Überfülle.
Erst verlor ich den edlen, löwenmutigen Gatten,
Der vor den Danaern glänzte durch vielerlei Tugend; denn edel
War er, sein Ruhm verbreitet in Hellas und mitten durch Argos.
Jetzt doch entraffte mir auch noch den Sohn, den geliebten, die Winds-
Ruhmlos fort aus dem Haus. Daß ins Weite er zog, hab mit keinem [braut
Wort ich gehört. Ihr hinterhältigen Weiber! Von euch hat
Keine bedacht, aus dem Bett mich zu holen, obwohl im Gemüt ihr
Klar es doch wußtet, er fahre im schwarzen, geräumigen Schiffe.
Hätte doch ich seinen Drang zu dieser Reise erfahren,
Dann wohl wäre er sicher geblieben trotz Eile und Reise,
Oder er wäre gegangen und ich lag tot im Palaste.
Aber rufe mir eine jetzt schnell meinen alten Bedienten
Dolios, den mir der Vater noch gab, als einst ich hieher zog,
Der meinen Garten betreut mit den vielen Bäumen; er setze
Eilig sich neben Laertes und sag ihm dies alles; vielleicht, daß
Der einen wirksamen Plan verständig entwirft, auf die Straße
Geht und zu klagen beginnt vor dem Volk, das daran ist, die Sippe,
Seine und die des göttergleichen Odysseus, zu tilgen."

Ihr doch versetzte die liebe Amme Eurykleia:
„Liebling! du hast ja die Wahl: erschlag mich mit herzlosem Eisen,
Oder laß mich bei dir! Ich verhehle dir nicht die Geschichte.
Ja! Ich wußte dies alles; ich brachte ihm, was er verlangte,
Speisen und süßen Wein. Er ließ mich den großen Eidschwur
Tun, bis zum zwölften Tage zu schweigen, wenn du nicht selber
Sehnsucht spürst oder hörst, in die Weite sei er gezogen,
Daß du nimmer mit Tränen die herrliche Haut dir verderbest.
Komm und nimm jetzt ein Bad, ein reines Gewand für den Körper,
Steig dann ins Obergemach zusammen mit dienenden Frauen,
Bitte Athene, die Tochter des Zeus, des Schwingers der Aigis;
Diese ja kann allzeit aus dem Tode sogar ihn erretten.
Aber der Greis hat Leiden genug; darum mach ihn nicht leiden!

πάγχυ θεοῖς μακάρεσσι γονὴν Ἀρκεισιάδαο 755
ἔχθεσθ', ἀλλ' ἔτι πού τις ἐπέσσεται, ὅς κεν ἔχῃσι
δώματά θ' ὑψερεφέα καὶ ἀπόπροθι πίονας ἀγρούς."
 ὣς φάτο, τῆς δ' εὔνησε γόον, σχέθε δ' ὄσσε γόοιο.
ἡ δ' ὑδρηναμένη, καθαρὰ χροΐ εἵμαθ' ἑλοῦσα,
εἰς ὑπερῷ' ἀνέβαινε σὺν ἀμφιπόλοισι γυναιξίν, 760
ἐν δ' ἔθετ' οὐλοχύτας κανέῳ, ἠρᾶτο δ' Ἀθήνῃ·
 "κλῦθί μευ, αἰγιόχοιο Διὸς τέκος, Ἀτρυτώνη,
εἴ ποτέ τοι πολύμητις ἐνὶ μεγάροισιν Ὀδυσσεὺς
ἢ βοὸς ἢ ὄϊος κατὰ πίονα μηρία κῆε,
τῶν νῦν μοι μνῆσαι καί μοι φίλον υἷα σάωσον, 765
μνηστῆρας δ' ἀπάλαλκε κακῶς ὑπερηνορέοντας."
 ὣς εἰποῦσ' ὀλόλυξε, θεὰ δέ οἱ ἔκλυεν ἀρῆς.
μνηστῆρες δ' ὁμάδησαν ἀνὰ μέγαρα σκιόεντα·
ὧδε δέ τις εἴπεσκε νέων ὑπερηνορεόντων·
 "ἦ μάλα δὴ γάμον ἄμμι πολυμνήστη βασίλεια 770
ἀρτύει, οὐδέ τι οἶδεν, ὅ οἱ φόνος υἷι τέτυκται."
 ὣς ἄρα τις εἴπεσκε, τὰ δ' οὐκ ἴσαν, ὡς ἐτέτυκτο.
τοῖσιν δ' Ἀντίνοος ἀγορήσατο καὶ μετέειπε·
 "δαιμόνιοι, μύθους μὲν ὑπερφιάλους ἀλέασθε
πάντες ὁμῶς, μή πού τις ἀπαγγείλῃσι καὶ εἴσω. 775
ἀλλ' ἄγε σιγῇ τοῖον ἀναστάντες τελέωμεν
μῦθον, ὃ δὴ καὶ πᾶσιν ἐνὶ φρεσὶν ἥραρεν ἡμῖν."
 ὣς εἰπὼν ἐκρίνατ' ἐείκοσι φῶτας ἀρίστους,
βάν δ' ἰέναι ἐπὶ νῆα θοὴν καὶ θῖνα θαλάσσης.
νῆα μὲν οὖν πάμπρωτον ἁλὸς βένθοσδε ἔρυσσαν, 780
ἐν δ' ἱστόν τε τίθεντο καὶ ἱστία νηΐ μελαίνῃ,
ἠρτύναντο δ' ἐρετμὰ τροποῖς ἐν δερματίνοισι
πάντα κατὰ μοῖραν· ἀνά θ' ἱστία λευκὰ πέτασσαν·
τεύχεα δέ σφ' ἤνεικαν ὑπέρθυμοι θεράποντες.
ὑψοῦ δ' ἐν νοτίῳ τήν γ' ὥρμισαν, ἐκ δ' ἔβαν αὐτοί· 785
ἔνθα δὲ δόρπον ἕλοντο, μένον δ' ἐπὶ ἕσπερον ἐλθεῖν.
 ἡ δ' ὑπερῴῳ αὖθι περίφρων Πηνελόπεια
κεῖτ' ἄρ' ἄσιτος, ἄπαστος ἐδητύος ἠδὲ ποτῆτος,
ὁρμαίνουσ', ἤ οἱ θάνατον φύγοι υἱὸς ἀμύμων,
ἦ ὅ γ' ὑπὸ μνηστῆρσιν ὑπερφιάλοισι δαμείη. 790
ὅσσα δὲ μερμήριξε λέων ἀνδρῶν ἐν ὁμίλῳ
δείσας, ὁππότε μιν δόλιον περὶ κύκλον ἄγωσι,

Denn der Stamm des Arkeisios ist bei den seligen Göttern
Gar nicht verhaßt, ja ich meine, es wartet noch irgendwo einer
Hier für den hohen Palast und draußen fürs fette Gefilde."
　Sprachs und stillte den Kummer und bannte den Kummer vom Auge.
Jene nahm denn ein Bad, ein reines Gewand für den Körper,
Stieg dann ins Obergemach zusammen mit dienenden Frauen,
Tat die Gerste zum Opfer ins Körbchen und rief zu Athene:
　„Unbezwingliche Tochter des Zeus, des Schwingers der Aigis,
Höre mich! Hat im Palast dir der einfallsreiche Odysseus
Fette Schenkel von Rindern und Schafen jemals verbrannt, dann
Denk mir zuliebe daran grad jetzt und rette den lieben
Sohn mir und wehre der Bosheit der allzu männlichen Freier!"
　Sprachs unter Schluchzen und Jammern; die Göttin hörte das Beten.
Aber die Freier erfüllten den schattigen Saal mit Getobe.
Mancher der allzu männlichen Jungen ließ da verlauten:
Wahrlich, die Königin richtet für uns eine Heirat, sie hat ja
Freier in Menge; nur weiß sie noch nicht, daß den Sohn man ihr mordet.
　So sprach mancher, sie wußten ja doch nicht das wahre Geschehen.
Aber Antinoos sprach ganz offen zu ihnen und sagte:
　„Seid ihr besessen! Vermeidet mir alle so haltlosen Worte!
Alle zusammen, daß keiner uns drinnen im Saale verrate!
Ruhe darum! Steht auf! Unser großes Wort sei verwirklicht.
Wahrlich, es trifft ja genau unser aller innerste Absicht."
　Sprachs und wählte dann zwanzig ausgezeichnete Männer.
Sie aber gingen zum schnellen Schiff und zum Strande des Meeres,
Zogen zuerst das Schiff in das tiefere Wasser der Salzflut,
Legten den Mast und die Segel hinein in das schwarze Fahrzeug,
Machten die Ruder dann fertig und fest an den Pflöcken mit Riemen,
Alles in trefflicher Ordnung, und hißten die leuchtenden Segel.
Übermütige Diener brachten sodann noch die Waffen.
Als es im Feuchten sich hob, da warfen sie Anker und nachher
Stiegen sie aus und speisten und blieben, bis Abend es wurde.
　Aber die kluge Penelopeia lag im Gemache
Oben und aß nicht, verschmähte das Essen und Trinken und dachte,
Ob wohl der Sohn, an dem nichts zu tadeln, dem Tode entrinne,
Oder ob er den Fäusten der trotzigen Freier erliege.
Was wohl ein Löwe grübelt voll Furcht im Getümmel der Männer,
Wenn sie die Falle ihm stellen und rings ihn im Kreise umgeben;

τόσσα μιν ὁρμαίνουσαν ἐπήλυθε νήδυμος ὕπνος·
εὖδε δ' ἀνακλινθεῖσα, λύθεν δέ οἱ ἅψεα πάντα.
 ἔνθ' αὖτ' ἄλλ' ἐνόησε θεὰ γλαυκῶπις Ἀθήνη· 795
εἴδωλον ποίησε, δέμας δ' ἤϊκτο γυναικί,
Ἰφθίμῃ, κούρῃ μεγαλήτορος Ἰκαρίοιο,
τὴν Εὔμηλος ὄπυιε, Φερῇς ἔνι οἰκία ναίων.
πέμπε δέ μιν πρὸς δώματ' Ὀδυσσῆος θείοιο,
εἴως Πηνελόπειαν ὀδυρομένην γοόωσαν 800
παύσειε κλαυθμοῖο γόοιό τε δακρυόεντος.
ἐς θάλαμον δ' εἰσῆλθε παρὰ κληῖδος ἱμάντα,
στῆ δ' ἄρ' ὑπὲρ κεφαλῆς καί μιν πρὸς μῦθον ἔειπεν·
 "εὕδεις, Πηνελόπεια, φίλον τετιημένη ἦτορ;
οὐ μέν σ' οὐδὲ ἐῶσι θεοὶ ῥεῖα ζώοντες 805
κλαίειν οὐδ' ἀκάχησθαι, ἐπεί ῥ' ἔτι νόστιμός ἐστι
σὸς πάϊς· οὐ μὲν γάρ τι θεοῖς ἀλιτήμενός ἐστι."
 τὴν δ' ἠμείβετ' ἔπειτα περίφρων Πηνελόπεια,
ἡδὺ μάλα κνώσσουσ' ἐν ὀνειρείῃσι πύλῃσιν·
 "τίπτε, κασιγνήτη, δεῦρ' ἤλυθες; οὔ τι πάρος γε 810
πωλέ', ἐπεὶ μάλα πολλὸν ἀπόπροθι δώματα ναίεις·
καί με κέλεαι παύσασθαι ὀϊζύος ἠδ' ὀδυνάων
πολλέων, αἵ μ' ἐρέθουσι κατὰ φρένα καὶ κατὰ θυμόν·
ἣ πρὶν μὲν πόσιν ἐσθλὸν ἀπώλεσα θυμολέοντα,
παντοίῃς ἀρετῇσι κεκασμένον ἐν Δαναοῖσιν, 815
ἐσθλόν, τοῦ κλέος εὐρὺ καθ' Ἑλλάδα καὶ μέσον Ἄργος.
νῦν αὖ παῖς ἀγαπητὸς ἔβη κοίλης ἐπὶ νηός,
νήπιος, οὔτε πόνων εὖ εἰδὼς οὔτ' ἀγοράων.
τοῦ δὴ ἐγὼ καὶ μᾶλλον ὀδύρομαι ἤ περ ἐκείνου·
τοῦ δ' ἀμφιτρομέω καὶ δείδια μή τι πάθῃσιν, 820
ἢ ὅ γε τῶν ἐνὶ δήμῳ, ἵν' οἴχεται, ἢ ἐνὶ πόντῳ·
δυσμενέες γὰρ πολλοὶ ἐπ' αὐτῷ μηχανόωνται,
ἱέμενοι κτεῖναι, πρὶν πατρίδα γαῖαν ἱκέσθαι."
 τὴν δ' ἀπαμειβόμενον προσέφη εἴδωλον ἀμαυρόν·
 "θάρσει, μηδέ τι πάγχυ μετὰ φρεσὶ δείδιθι λίην· 825
τοίη γάρ οἱ πομπὸς ἅμ' ἔρχεται, ἥν τε καὶ ἄλλοι
ἀνέρες ἠρήσαντο παρεστάμεναι, δύναται γάρ,
Παλλὰς Ἀθηναίη· σὲ δ' ὀδυρομένην ἐλεαίρει·
ἣ νῦν με προέηκε τεΐν τάδε μυθήσασθαι."

All das bedachte auch sie. Doch es kam der schmerzlose Schlummer.
Schlafend sank sie zurück und alle Gelenke erschlafften.
  Jetzt ersann Athene, die Göttin mit Augen der Eule,
Wieder ein anderes, schickte ein Traumbild gleich einem Weibe;
Iphthima war es, des hochbeherzten Ikarios Tochter;
Dieser glich die Gestalt. Ihr Gemahl war Eumélos; in Pherai
War er daheim. Die schickte sie hin zu Penelopeia,
Daß sie im Haus des erhabnen Odysseus dem Jammern, den Klagen,
Daß sie den Tränen, dem ewigen Weinen der Klagenden endlich
Einhalt gebiete. Sie trat ins Gemach beim Riemen des Riegels,
Stellte sich über ihr Haupt und sprach sie dann an mit den Worten:
  „Schläfst du, Penelopeia, vergrämt im lieben Herzen?
Nie und nimmer lassen die leicht hinlebenden Götter
Immer dich weinen und trauern; dein Sohn ist bereits auf der Heimfahrt;
Ist er doch frei vor den Augen der Götter von jeglichem Frevel."
  Ihr erwiderte dann die gescheite Penelopeia —
Wohliges Dämmern lag über ihr an den Toren der Traumwelt —:
  „Warum, Schwester, bist du hieher gekommen? Denn früher
Fandest den Weg du nicht oft; du wohnst ja auch weit in der Ferne.
Und nun heißt du mich gar meine Seufzer und Schmerzen zu lassen?
Zahlreich sind sie und reizen mich hart im Gemüt und im Sinne.
Erst verlor ich den edlen, löwenmutigen Gatten,
Der vor den Danaern glänzte durch vielerlei Tugend; denn edel
War er, sein Ruhm verbreitet in Hellas und mitten durch Argos.
Jetzt stieg auch der geliebte Sohn ins geräumige Fahrzeug,
Dieser Tor, der doch gar nichts weiß von Müh und Verhandeln.
Ihn wahrhaftig bedaure ich mehr noch als jenen; für ihn ja
Muß ich doch zittern und fürchten, es könnte ihm schlecht gehn im [Volke
Derer, wo eben er weilt, oder gar auf dem Meere; denn viele,
Feindliche Männer planen und wirken zu eben dem Zwecke:
Töten wollen sie ihn, eh er kommt in das Land seiner Heimat."
  Antwort gab ihr darauf und sprach das schwankende Traumbild:
  „Fasse nur Mut und fürchte dich nicht zu heftig im Sinne.
Geht doch mit ihm die Gefährtin, die andere Männer um Beistand
Stets sich erbaten; sie hat ja die Kräfte: Pallas Athene.
Mitleid fühlt sie mit dir und kennt deinen Jammer, drum hat sie
Jetzt auch zu dir mich gesandt, ich solle dies alles dir sagen."

τὴν δ' αὖτε προσέειπε περίφρων Πηνελόπεια· 830
"εἰ μὲν δὴ θεός ἐσσι, θεοῖό τε ἔκλυες αὐδήν,
εἰ δ' ἄγε μοι καὶ κεῖνον ὀϊζυρὸν κατάλεξον,
ἤ που ἔτι ζώει καὶ ὁρᾷ φάος ἠελίοιο,
ἦ ἤδη τέθνηκε καὶ εἰν Ἀΐδαο δόμοισι."
τὴν δ' ἀπαμειβόμενον προσέφη εἴδωλον ἀμαυρόν· 835
"οὐ μέν τοι κεῖνόν γε διηνεκέως ἀγορεύσω,
ζώει ὅ γ' ἦ τέθνηκε· κακὸν δ' ἀνεμώλια βάζειν."
ὣς εἰπὸν σταθμοῖο παρὰ κληῖδα λιάσθη
ἐς πνοιὰς ἀνέμων· ἡ δ' ἐξ ὕπνου ἀνόρουσε
κούρη Ἰκαρίοιο· φίλον δέ οἱ ἦτορ ἰάνθη, 840
ὥς οἱ ἐναργὲς ὄνειρον ἐπέσσυτο νυκτὸς ἀμολγῷ.

μνηστῆρες δ' ἀναβάντες ἐπέπλεον ὑγρὰ κέλευθα,
Τηλεμάχῳ φόνον αἰπὺν ἐνὶ φρεσὶν ὁρμαίνοντες.
ἔστι δέ τις νῆσος μέσση ἁλὶ πετρήεσσα,
μεσσηγὺς Ἰθάκης τε Σάμοιό τε παιπαλοέσσης, 845
Ἀστερίς, οὐ μεγάλη, λιμένες δ' ἔνι ναύλοχοι αὐτῇ
ἀμφίδυμοι· τῇ τόν γε μένον λοχόωντες Ἀχαιοί.

Ihr erwiderte dann die gescheite Penelopeia:
„Bist eine Gottheit du und vernahmst du den Ruf eines Gottes,
Ja dann erzähle mir auch noch von jenem Manne des Jammers,
Ob er noch irgendwo lebt und sieht das Licht unsrer Sonne?
Oder ist er schon tot und drunten im Hause des Hades?"

Antwort gab ihr darauf und sagte das schwankende Traumbild:
„Nein! Ich will dir Genaues von jenem nicht sagen — er mag nun
Leben oder schon tot sein; denn Nichtiges reden ist übel."

Sprachs und glitt hinaus beim Riegel des tragenden Pfostens,
Löste sich auf in das Wehen der Luft. Da fuhr aus dem Schlafe
Hoch des Ikarios Tochter; sie spürte ihr Herz sich erwärmen,
Daß ein deutlicher Traum ihr im nächtlichen Dunkel erschienen.

Aber die Freier stiegen nun ein und befuhren die feuchten
Pfade; sie sannen und drängten, Telemachos jäh zu ermorden.
Asteris ist eine felsige Insel inmitten der Salzflut,
Groß ist sie nicht, das holprige Samos und Ithaka liegen
Rechts und links; zwei Häfen besitzt sie, die Schiffe zu bergen.
Lauernd dort im Versteck erwarteten ihn die Achaier.

ΟΔΥΣΣΕΙΑΣ Ε

Καλυψοῦς ἄντρον   Ὀδυσσέως σχεδία

Ἠὼς δ' ἐκ λεχέων παρ' ἀγαυοῦ Τιθωνοῖο
ὤρνυθ', ἵν' ἀθανάτοισι φόως φέροι ἠδὲ βροτοῖσιν·
οἱ δὲ θεοὶ θῶκόνδε καθίζανον, ἐν δ' ἄρα τοῖσι
Ζεὺς ὑψιβρεμέτης, οὗ τε κράτος ἐστὶ μέγιστον.
τοῖσι δ' Ἀθηναίη λέγε κήδεα πόλλ' Ὀδυσῆος   5
μνησαμένη· μέλε γάρ οἱ ἐὼν ἐν δώμασι νύμφης·
  "Ζεῦ πάτερ ἠδ' ἄλλοι μάκαρες θεοὶ αἰὲν ἐόντες,
μή τις ἔτι πρόφρων ἀγανὸς καὶ ἤπιος ἔστω
σκηπτοῦχος βασιλεύς, μηδὲ φρεσὶν αἴσιμα εἰδώς,
ἀλλ' αἰεὶ χαλεπός τ' εἴη καὶ αἴσυλα ῥέζοι,   10
ὡς οὔ τις μέμνηται Ὀδυσσῆος θείοιο
λαῶν, οἷσιν ἄνασσε, πατὴρ δ' ὡς ἤπιος ἦεν.
ἀλλ' ὁ μὲν ἐν νήσῳ κεῖται κρατέρ' ἄλγεα πάσχων,
νύμφης ἐν μεγάροισι Καλυψοῦς, ἥ μιν ἀνάγκῃ
ἴσχει· ὁ δ' οὐ δύναται ἣν πατρίδα γαῖαν ἱκέσθαι·   15
οὐ γάρ οἱ πάρα νῆες ἐπήρετμοι καὶ ἑταῖροι,
οἵ κέν μιν πέμποιεν ἐπ' εὐρέα νῶτα θαλάσσης.
νῦν αὖ παῖδ' ἀγαπητὸν ἀποκτεῖναι μεμάασιν
οἴκαδε νισσόμενον· ὁ δ' ἔβη μετὰ πατρὸς ἀκουὴν
ἐς Πύλον ἠγαθέην ἠδ' ἐς Λακεδαίμονα δῖαν."   20
  τὴν δ' ἀπαμειβόμενος προσέφη νεφεληγερέτα Ζεύς·
"τέκνον ἐμόν, ποῖόν σε ἔπος φύγεν ἕρκος ὀδόντων;
οὐ γὰρ δὴ τοῦτον μὲν ἐβούλευσας νόον αὐτή,
ὡς ἦ τοι κείνους Ὀδυσεὺς ἀποτείσεται ἐλθών;
Τηλέμαχον δὲ σὺ πέμψον ἐπισταμένως, δύνασαι γάρ,   25
ὥς κε μάλ' ἀσκηθὴς ἣν πατρίδα γαῖαν ἵκηται,
μνηστῆρες δ' ἐν νηὶ παλιμπετὲς ἀπονέωνται."
  ἦ ῥα, καὶ Ἑρμείαν, υἱὸν φίλον, ἀντίον ηὔδα·
"Ἑρμεία· σὺ γὰρ αὖτε τά τ' ἄλλα περ ἄγγελός ἐσσι·
νύμφῃ ἐυπλοκάμῳ εἰπεῖν νημερτέα βουλήν,   30
νόστον Ὀδυσσῆος ταλασίφρονος, ὥς κε νέηται,
οὔτε θεῶν πομπῇ οὔτε θνητῶν ἀνθρώπων·

FÜNFTER GESANG

Kalypsos Grotte   Das Floß des Odysseus

Eos erhob sich vom Bett aus den Armen des edlen Tithonos,
Leuchte zu sein den Unsterblichen wie auch den Menschen. Die Götter
Kamen indessen zur Sitzung; auch Zeus, der Donnrer der Höhe,
Nahm daran teil; seine Kraft ist die größte. Aber Athene
Sprach, in Gedanken an ihren Odysseus, von all seinem Kummer;
Denn sein Verweilen im Hause der Nymphe bedrückte sie herzlich:
  „Vater Zeus und ihr anderen seligen, ewigen Götter!
Niemals sei mehr irgendein König mit Szepter und Weitblick
Gütig und mild; er verstehe sich n i c h t auf Kenntnis des Rechten!
Nein! er mache sich allzeit schwierig, begehe Verbrechen!
Denkt und dankt es dem hehren Odysseus doch keiner der Leute,
Die er beherrschte, und war ihnen doch wie ein gütiger Vater.
Ach, er liegt auf der Insel fest und in heftigen Schmerzen
Dort im Palaste der Nymphe Kalypso; sie zwingt ihn zu bleiben.
Er aber kann in das Land seiner Heimat gar nicht gelangen,
Fehlt es ihm dort doch an Ruderschiffen, es fehlen Gefährten,
Die ihn über den breiten Rücken des Meeres geleiten.
Jetzt aber suchen sie gar noch den lieben Sohn zu ermorden;
Eben kehrt er zurück; er fuhr ja ins heilige Pylos,
Fuhr auch ins göttliche Sparta, um Kunde vom Vater zu hören."
  Antwort gab ihr darauf der Wolkentürmer und sagte:
„Du mein Kind, welch ein Wort entschlüpfte dem Zaun deiner Zähne?
Hast denn nicht du selber zu diesem Gedanken geraten,
Daß nun endlich Odysseus komme und jene bestrafe?
Doch den Telemachos leite du selber verständig, du kannst es!
Dann wird er ganz ohne Schaden das Land seiner Heimat erreichen.
Mögen die Freier ihr Schiff dann rückwärts lenken und heimgehn!"
  Sprachs und sagte zu Hermes, dem Sohn, dem geliebten, gewendet:
„Hermes, du bist auch in andren Geschäften der Bote; verkünde
Unseren klaren Beschluß der Nymphe mit herrlichen Flechten:
Heimkehr wird dem verständigen Dulder Odysseus; er finde
Heim, aber ohne Geleit von Göttern und sterblichen Menschen.

ἀλλ' ὅ γ' ἐπὶ σχεδίης πολυδέσμου πήματα πάσχων
ἤματι εἰκοστῷ Σχερίην ἐρίβωλον ἵκοιτο,
Φαιήκων ἐς γαῖαν, οἳ ἀγχίθεοι γεγάασιν· 35
οἵ κέν μιν περὶ κῆρι θεὸν ὣς τιμήσουσι,
πέμψουσιν δ' ἐν νηῒ φίλην ἐς πατρίδα γαῖαν,
χαλκόν τε χρυσόν τε ἅλις ἐσθῆτά τε δόντες,
πόλλ', ὅσ' ἂν οὐδέ ποτε Τροίης ἐξήρατ' Ὀδυσσεύς,
εἴ περ ἀπήμων ἦλθε, λαχὼν ἀπὸ ληΐδος αἶσαν. 40
ὣς γάρ οἱ μοῖρ' ἐστὶ φίλους τ' ἰδέειν καὶ ἱκέσθαι
οἶκον ἐς ὑψόροφον καὶ ἑὴν ἐς πατρίδα γαῖαν."
 ὣς ἔφατ', οὐδ' ἀπίθησε διάκτορος Ἀργεϊφόντης.
αὐτίκ' ἔπειθ' ὑπὸ ποσσὶν ἐδήσατο καλὰ πέδιλα,
ἀμβρόσια χρύσεια, τά μιν φέρον ἠμὲν ἐφ' ὑγρὴν 45
ἠδ' ἐπ' ἀπείρονα γαῖαν ἅμα πνοιῇς ἀνέμοιο.
εἵλετο δὲ ῥάβδον, τῇ τ' ἀνδρῶν ὄμματα θέλγει,
ὧν ἐθέλει, τοὺς δ' αὖτε καὶ ὑπνώοντας ἐγείρει·
τὴν μετὰ χερσὶν ἔχων πέτετο κρατὺς Ἀργεϊφόντης.
Πιερίην δ' ἐπιβὰς ἐξ αἰθέρος ἔμπεσε πόντῳ· 50
σεύατ' ἔπειτ' ἐπὶ κῦμα λάρῳ ὄρνιθι ἐοικώς,
ὅς τε κατὰ δεινοὺς κόλπους ἁλὸς ἀτρυγέτοιο
ἰχθῦς ἀγρώσσων πυκινὰ πτερὰ δεύεται ἅλμῃ·
τῷ ἴκελος πολέεσσιν ὀχήσατο κύμασιν Ἑρμῆς.
 ἀλλ' ὅτε δὴ τὴν νῆσον ἀφίκετο τηλόθ' ἐοῦσαν, 55
ἔνθ' ἐκ πόντου βὰς ἰοειδέος ἠπειρόνδε
ἤϊεν, ὄφρα μέγα σπέος ἵκετο, τῷ ἔνι νύμφη
ναῖεν ἐϋπλόκαμος· τὴν δ' ἔνδοθι τέτμεν ἐοῦσαν.
πῦρ μὲν ἐπ' ἐσχαρόφιν μέγα καίετο, τηλόσε δ' ὀδμὴ
κέδρου τ' εὐκεάτοιο θύου τ' ἀνὰ νῆσον ὀδώδει 60
δαιομένων· ἡ δ' ἔνδον ἀοιδιάους' ὀπὶ καλῇ
ἱστὸν ἐποιχομένη χρυσείῃ κερκίδ' ὕφαινεν.
ὕλη δὲ σπέος ἀμφὶ πεφύκει τηλεθόωσα,
κλήθρη τ' αἴγειρός τε καὶ εὐώδης κυπάρισσος.
ἔνθα δέ τ' ὄρνιθες τανυσίπτεροι εὐνάζοντο, 65
σκῶπές τ' ἴρηκές τε τανύγλωσσοί τε κορῶναι
εἰνάλιαι, τῇσίν τε θαλάσσια ἔργα μέμηλεν.
ἡ δ' αὐτοῦ τετάνυστο περὶ σπείους γλαφυροῖο
ἡμερὶς ἡβώωσα, τεθήλει δὲ σταφυλῇσι.
κρῆναι δ' ἑξείης πίσυρες ῥέον ὕδατι λευκῷ, 70

Nein! Er leide und lande auf festverklammertem Fahrzeug
Endlich am zwanzigsten Tage auf Scherias scholliger Erde,
Dort im Land der Phaiaken, die Göttern nahe verwandt sind.
Herzlich ehren sie ihn, als wär er ein Gott, und sie werden
Schiffgeleite ihm geben ins liebe Land seiner Heimat!
Erz und Gold zur Genüge und Kleider werden sie spenden,
Mengen, wie sie aus Troja niemals Odysseus mit sich nahm,
Kam er auch schadlos durch, bedacht mit gebührender Beute.
Dies ja ist ihm beschieden: Er wird seine Freunde noch sehen,
Finden sein Haus mit dem hohen Dach und das Land seiner Heimat."

Sprachs; der Geleiter gehorchte genau, der Schimmernde, band sich
Gleich an die Füße goldene, göttlich schöne Sandalen;
Weit über Land und Wasser trugen sie ihn mit des Windes
Wehen. Dann nahm er den Stab, womit er die Augen von Menschen,
Wo er es will, bezaubert und andere wiederum aufweckt,
Wenn sie noch schlafen. Den nun nahm er zur Hand und der Starke,
Schimmernde hob sich zum Flug und stieß aus dem Äther hernieder,
Setzte den Fuß auf Piéria, ließ dann zum Meere sich sinken,
Stürmte dann über die Wogen dahin wie die Möve, der Vogel,
Wenn er entlang den mächtigen Buchten der rastlosen Salzflut
Fische sich fängt und die kräftigen Schwingen mit salzigem Wasser
Netzt. So fuhr auch Hermes dahin über Wogen und Wellen.

Fern war die Insel. Doch als er sie endlich erreichte, verließ er
Dort das Meer — es blaute wie Veilchen — betrat dann das Festland,
Kam dann schließlich dahin, wo die Nymphe mit herrlichen Flechten
Wohnte, zur mächtigen Grotte; und traf sie auch selber darinnen.
Feuer loderte hoch auf dem Herd und es roch auf der Insel
Weithin von Düften kleingespaltener Zedern und Lärchen,
Die dort verbrannten. Ihr Sang klang schön in der Tiefe des Raumes.
Hin und her am Webstuhl ging sie, mit goldenem Schiffchen
Wob sie. Rund um die Grotte hin wuchs ein sprießendes Waldstück,
Erlen und Pappeln; Zypressen verbreiteten köstliche Düfte.
Vögel mit langen Schwingen erbauten sich dort ihre Nester:
Eule und Habicht, Krähen des Meeres mit länglichen Zungen;
Überall sind sie dabei, was immer geschieht auf der Salzflut.
Strotzend von Trauben umrankte dort die geräumige Grotte
Jung und veredelt der Weinstock. Schließlich flossen auch Quellen,
Vier an der Zahl, mit blinkendem Wasser daneben; sie kamen

πλησίαι ἀλλήλων τετραμμέναι ἄλλυδις ἄλλη.
ἀμφὶ δὲ λειμῶνες μαλακοὶ ἴου ἠδὲ σελίνου
θήλεον. ἔνθα κ' ἔπειτα καὶ ἀθάνατός περ ἐπελθὼν
θηήσαιτο ἰδὼν καὶ τερφθείη φρεσὶν ᾗσιν.
 ἔνθα στὰς θηεῖτο διάκτορος Ἀργεϊφόντης. 75
αὐτὰρ ἐπεὶ δὴ πάντα ἑῷ θηήσατο θυμῷ,
αὐτίκ' ἄρ' εἰς εὐρὺ σπέος ἤλυθεν. οὐδέ μιν ἄντην
ἠγνοίησεν ἰδοῦσα Καλυψώ, δῖα θεάων·
οὐ γάρ τ' ἀγνῶτες θεοὶ ἀλλήλοισι πέλονται
ἀθάνατοι, οὐδ' εἴ τις ἀπόπροθι δώματα ναίει. 80
οὐδ' ἄρ' Ὀδυσσῆα μεγαλήτορα ἔνδον ἔτετμεν,
ἀλλ' ὅ γ' ἐπ' ἀκτῆς κλαῖε καθήμενος, ἔνθα πάρος περ,
δάκρυσι καὶ στοναχῇσι καὶ ἄλγεσι θυμὸν ἐρέχθων
πόντον ἐπ' ἀτρύγετον δερκέσκετο δάκρυα λείβων.
Ἑρμείαν δ' ἐρέεινε Καλυψώ, δῖα θεάων, 85
ἐν θρόνῳ ἱδρύσασα φαεινῷ σιγαλόεντι·
 "τίπτε μοι, Ἑρμεία χρυσόρραπι, εἰλήλουθας,
αἰδοῖός τε φίλος τε; πάρος γε μὲν οὔ τι θαμίζεις.
αὔδα, ὅ τι φρονέεις· τελέσαι δέ με θυμὸς ἄνωγεν,
εἰ δύναμαι τελέσαι γε καὶ εἰ τετελεσμένον ἐστίν. 90
ἀλλ' ἕπεο προτέρω, ἵνα τοι πὰρ ξείνια θείω."
 ὣς ἄρα φωνήσασα θεὰ παρέθηκε τράπεζαν
ἀμβροσίης πλήσασα, κέρασσε δὲ νέκταρ ἐρυθρόν·
αὐτὰρ ὁ πῖνε καὶ ἦσθε διάκτορος Ἀργεϊφόντης.
αὐτὰρ ἐπεὶ δείπνησε καὶ ἤραρε θυμὸν ἐδωδῇ, 95
καὶ τότε δή μιν ἔπεσσιν ἀμειβόμενος προσέειπεν·
 "εἰρωτᾷς μ' ἐλθόντα θεὰ θεόν· αὐτὰρ ἐγώ τοι
νημερτέως τὸν μῦθον ἐνισπήσω· κέλεαι γάρ.
Ζεὺς ἐμέ γ' ἠνώγει δεῦρ' ἐλθέμεν οὐκ ἐθέλοντα·
τίς δ' ἂν ἑκὼν τοσσόνδε διαδράμοι ἁλμυρὸν ὕδωρ 100
ἄσπετον; οὐδέ τις ἄγχι βροτῶν πόλις, οἵ τε θεοῖσιν
ἱερά τε ῥέζουσι καὶ ἐξαίτους ἑκατόμβας.
ἀλλὰ μάλ' οὔ πως ἔστι Διὸς νόον αἰγιόχοιο
οὔτε παρεξελθεῖν ἄλλον θεὸν οὔθ' ἁλιῶσαι.
φησί τοι ἄνδρα παρεῖναι ὀϊζυρώτατον ἄλλων, 105
τῶν ἀνδρῶν, οἳ ἄστυ πέρι Πριάμοιο μάχοντο
εἰνάετες, δεκάτῳ δὲ πόλιν πέρσαντες ἔβησαν
οἴκαδ'· ἀτὰρ ἐν νόστῳ Ἀθηναίην ἀλίτοντο,

Nahe beisammen heraus, doch jede in anderer Richtung.
Rundum blühten die Wiesen in Polstern von Eppich und Veilchen.
Selbst ein Unsterblicher, käm er gegangen und könnte es sehen,
Staunend müßte er schauen und Wonne erfüllte sein Innres.
 Stehen blieb der Geleiter, der Schimmernde, staunte und schaute.
Aber als er dann alles erschaut und bestaunt im Gemüte,
Ging er sofort in die breite Grotte. Kalypso erkannte
Gleich ihn genau, sobald sie ihn sah, die erhabene Göttin;
Denn die unsterblichen Götter erkennen sich untereinander,
Mag einer weit entfernt auch wohnen im eignen Palaste.
Nicht aber traf er den hochbeherzten Odysseus im Raume:
Dieser saß an der Küste und weinte wie früher so oft schon,
Aufgewühlt im Gemüt von Tränen, Stöhnen und Schmerzen
Spähte er, Tränen vergießend, hinaus auf die endlose Salzflut.
Aber Kalypso, die hehre Göttin, bot einen Thronstuhl,
Glänzend war er und schimmernd, und stellte an Hermes die Frage:
 „Hermes, du mit dem Goldstab, kommst du zu mir und weswegen?
Ehrfurcht weckst du und Liebe! Denn sonst bist du selten zu sehen.
Sprich, was hast du im Sinn? Mein Gemüt will gern es erfüllen,
Wenn ich es selber vermag und wenn es auch wirklich erfüllbar.
Komm und folg mir nach vorn, ich bringe dir gastliche Gaben!"
 Also sprach die Göttin und stellte den Tisch neben beide,
Füllte ihn an mit Ambrosia, mischte den göttlichen Nektar.
Er aber aß und trank, der Geleiter, der Schimmernde. Dann erst,
Als er gegessen, erquickt sein Gemüt mit den Speisen, begann er
Endlich zu ihr auch zu sprechen und gab ihr nun deutliche Antwort:
 „Göttin, du fragst mich, den Gott, der ich kam; ich will dir indessen
Ohne Falsch die Geschichte erzählen gemäß deinem Willen.
Zeus befahl mir hieher zu gehen, ich wollte es gar nicht;
Wer auch liefe von selbst über so viel salziges Wasser?
Endlos ists; eine Stadt ist nicht nahe mit Menschen, die Göttern
Opfer bringen und auserlesene Hekatomben.
Doch die Gedanken des Zeus, des Schwingers der Aigis, umgehen
Kann kein anderer Gott; er kann sie erst recht nicht vereiteln.
Der nun sagte: Bei dir sei ein Mann, erbärmlichst vor andern,
Einer der Männer, die Priamos' Stadt im Kampfe umstellten
Neun volle Jahre; im zehnten dann nahm man die Stadt und sie gingen
Heim; doch sie frevelten noch auf der Rückkehr gegen Athene,

ἥ σφιν ἐπῶρσ' ἄνεμόν τε κακὸν καὶ κύματα μακρά.
ἔνθ' ἄλλοι μὲν πάντες ἀπέφθιθεν ἐσθλοὶ ἑταῖροι,   110
τὸν δ' ἄρα δεῦρ' ἄνεμός τε φέρων καὶ κῦμα πέλασσε.
τὸν νῦν σ' ἠνώγειν ἀποπεμπέμεν ὅττι τάχιστα·
οὐ γάρ οἱ τῇδ' αἶσα φίλων ἀπονόσφιν ὀλέσθαι,
ἀλλ' ἔτι οἱ μοῖρ' ἐστὶ φίλους τ' ἰδέειν καὶ ἱκέσθαι
οἶκον ἐς ὑψόροφον καὶ ἑὴν ἐς πατρίδα γαῖαν."   115

ὣς φάτο, ῥίγησεν δὲ Καλυψώ, δῖα θεάων,
καί μιν φωνήσασ' ἔπεα πτερόεντα προσηύδα·

"σχέτλιοί ἐστε, θεοί, ζηλήμονες ἔξοχον ἄλλων,
οἵ τε θεαῖς ἀγάασθε παρ' ἀνδράσιν εὐνάζεσθαι
ἀμφαδίην, ἤν τίς τε φίλον ποιήσετ' ἀκοίτην.   120
ὣς μὲν ὅτ' Ὠρίων' ἕλετο ῥοδοδάκτυλος Ἠώς,
τόφρα οἱ ἠγάασθε θεοὶ ῥεῖα ζώοντες,
ἕως μιν ἐν Ὀρτυγίῃ χρυσόθρονος Ἄρτεμις ἁγνὴ
οἷς ἀγανοῖσι βέλεσσιν ἐποιχομένη κατέπεφνεν.
ὣς δ' ὁπότ' Ἰασίωνι ἐϋπλόκαμος Δημήτηρ,   125
ᾧ θυμῷ εἴξασα, μίγη φιλότητι καὶ εὐνῇ
νειῷ ἔνι τριπόλῳ· οὐδὲ δὴν ἦεν ἄπυστος
Ζεύς, ὅς μιν κατέπεφνε βαλὼν ἀργῆτι κεραυνῷ.
ὣς δ' αὖ νῦν μοι ἄγασθε, θεοί, βροτὸν ἄνδρα παρεῖναι.
τὸν μὲν ἐγὼν ἐσάωσα περὶ τρόπιος, βεβαῶτα   130
οἶον, ἐπεί οἱ νῆα θοὴν ἀργῆτι κεραυνῷ
Ζεὺς ἐλάσας ἐκέασσε μέσῳ ἐνὶ οἴνοπι πόντῳ.
ἔνθ' ἄλλοι μὲν πάντες ἀπέφθιθεν ἐσθλοὶ ἑταῖροι,
τὸν δ' ἄρα δεῦρ' ἄνεμός τε φέρων καὶ κῦμα πέλασσε.
τὸν μὲν ἐγὼ φίλεόν τε καὶ ἔτρεφον ἠδὲ ἔφασκον   135
θήσειν ἀθάνατον καὶ ἀγήραον ἤματα πάντα.
ἀλλ' ἐπεὶ οὔ πως ἔστι Διὸς νόον αἰγιόχοιο
οὔτε παρεξελθεῖν ἄλλον θεὸν οὔθ' ἁλιῶσαι,
ἐρρέτω, εἴ μιν κεῖνος ἐποτρύνει καὶ ἀνώγει,
πόντον ἐπ' ἀτρύγετον. πέμψω δέ μιν οὔ πῃ ἐγώ γε·   140
οὐ γάρ μοι πάρα νῆες ἐπήρετμοι καὶ ἑταῖροι,
οἵ κέν μιν πέμποιεν ἐπ' εὐρέα νῶτα θαλάσσης.
αὐτάρ οἱ πρόφρων ὑποθήσομαι οὐδ' ἐπικεύσω,
ὥς κε μάλ' ἀσκηθὴς ἣν πατρίδα γαῖαν ἵκηται."

τὴν δ' αὖτε προσέειπε διάκτορος Ἀργεϊφόντης·   145
"οὕτω νῦν ἀπόπεμπε, Διὸς δ' ἐποπίζεο μῆνιν,

Die ihnen lange Wogen erregte und böseste Winde.
Da nun fanden die edlen Gefährten alle ihr Ende.
Ihn aber brachte der Wind hieher und nahe die Woge.
Den nun mußt du, so hat er befohlen, schleunigst entlassen;
Denn nicht hier und fern von den Lieben ist Tod ihm beschieden;
Immer noch ist sein Schicksal: Er wird seine Freunde noch sehen,
Finden sein Haus mit dem hohen Dach und das Land seiner Heimat."
  Sprachs. Da schüttelte Frost die erhabene Göttin Kalypso,
Darum sprach sie zu ihm und sagte geflügelte Worte:
  „Zäh seid ihr Götter und Eifersucht quält euch mehr als die andern;
Tut so verwundert, wenn offen und frei eine Göttin zum Manne
Schlafen sich legt, wenn eine sich einen zum liebenden Freund macht.
Da den Orion die Eos mit rosigen Fingern sich wählte,
Standet ihr lange verwundert, ihr leichthin lebenden Götter,
Bis in Ortygia dann die Reine auf goldenem Throne,
Artemis, zu ihm trat, um mit sanftem Geschoß ihn zu töten.
Da zu Iasion einst sich gesellt hat Demeter Schönhaar,
Als ihr Gemüt sie drängte auf dreimal gepflügtem Brachfeld
Liebend zu ihm sich zu schmiegen, war Zeus nicht lang ohne Nachricht,
Schleuderte nieder den funkelnden Blitz und erschlug ihn. So schaut ihr
Jetzt auch verwundert auf mich, weil ein Sterblicher da ist, ihr Götter!
Ihn habe i c h mir errettet! Er hockte allein auf dem Schiffskiel;
Hatte doch Zeus ihm mitten im weinroten Meere sein schnelles
Fahrzeug schwer bedrängt und mit funkelnden Blitzen gespalten.
Alle anderen edlen Gefährten gingen zugrunde,
Ihn aber brachte der Wind hieher und nahe die Woge.
Lieb gewann ich ihn, hegte ihn, sagte ihm oftmals, ich wolle
Jung ihn erhalten, für all seine Tage unsterblich ihn machen.
Aber des Zeus, des Schwingers der Aigis, Gedanken umgehen
Kann kein anderer Gott; er kann sie erst recht nicht vereiteln.
Zieh er denn hin, wenn er es befiehlt und zu gehen ihn nötigt,
Fort auf das rastlose Meer. Von m i r wird nicht er geleitet.
Fehlt es mir hier doch an Ruderschiffen, es fehlen Gefährten,
Die ihn über den breiten Rücken des Meeres geleiten.
Freilich will ich ihn sorgend ermahnen und nichts will ich hehlen,
Daß er doch ganz ohne Schaden das Land seiner Heimat erreiche."
  Ihr entgegnete dann der Geleiter, der Schimmernde, wieder:
„Also schick ihn jetzt fort! Hab acht, daß Zeus dir nicht zürne,

μή πώς τοι μετόπισθε κοτεσσάμενος χαλεπήνῃ."
  ὣς ἄρα φωνήσας ἀπέβη κρατὺς Ἀργεϊφόντης·
ἡ δ' ἐπ' Ὀδυσσῆα μεγαλήτορα πότνια νύμφη
ἤϊ', ἐπεὶ δὴ Ζηνὸς ἐπέκλυεν ἀγγελιάων. 150
τὸν δ' ἄρ' ἐπ' ἀκτῆς εὗρε καθήμενον· οὐδέ ποτ' ὄσσε
δακρυόφιν τέρσοντο, κατείβετο δὲ γλυκὺς αἰὼν
νόστον ὀδυρομένῳ, ἐπεὶ οὐκέτι ἥνδανε νύμφη.
ἀλλ' ἤ τοι νύκτας μὲν ἰαύεσκεν καὶ ἀνάγκῃ
ἐν σπέσσι γλαφυροῖσι παρ' οὐκ ἐθέλων ἐθελούσῃ· 155
ἤματα δ' ἂμ πέτρῃσι καὶ ἠϊόνεσσι καθίζων
δάκρυσι καὶ στοναχῇσι καὶ ἄλγεσι θυμὸν ἐρέχθων
πόντον ἐπ' ἀτρύγετον δερκέσκετο δάκρυα λείβων.
ἀγχοῦ δ' ἱσταμένη προσεφώνεε δῖα θεάων·
  "κάμμορε, μή μοι ἔτ' ἐνθάδ' ὀδύρεο, μηδέ τοι αἰὼν 160
φθινέτω· ἤδη γάρ σε μάλα πρόφρασσ' ἀποπέμψω.
ἀλλ' ἄγε δούρατα μακρὰ ταμὼν ἁρμόζεο χαλκῷ
εὐρεῖαν σχεδίην· ἀτὰρ ἴκρια πῆξαι ἐπ' αὐτῆς
ὑψοῦ, ὥς σε φέρῃσιν ἐπ' ἠεροειδέα πόντον.
αὐτὰρ ἐγὼ σῖτον καὶ ὕδωρ καὶ οἶνον ἐρυθρὸν 165
ἐνθήσω μενοεικέ', ἅ κέν τοι λιμὸν ἐρύκοι,
εἵματά τ' ἀμφιέσω· πέμψω δέ τοι οὖρον ὄπισθεν,
ὥς κε μάλ' ἀσκηθὴς σὴν πατρίδα γαῖαν ἵκηαι,
αἴ κε θεοί γ' ἐθέλωσι, τοὶ οὐρανὸν εὐρὺν ἔχουσιν,
οἵ μευ φέρτεροί εἰσι νοῆσαί τε κρῆναί τε." 170
  ὣς φάτο, ῥίγησεν δὲ πολύτλας δῖος Ὀδυσσεύς,
καί μιν φωνήσας ἔπεα πτερόεντα προσηύδα·
  "ἄλλο τι δὴ σύ, θεά, τόδε μήδεαι οὐδέ τι πομπήν,
ἥ με κέλεαι σχεδίῃ περάαν μέγα λαῖτμα θαλάσσης,
δεινόν τ' ἀργαλέον τε· τὸ δ' οὐδ' ἐπὶ νῆες ἐΐσαι 175
ὠκύποροι περόωσιν, ἀγαλλόμεναι Διὸς οὔρῳ.
οὐδ' ἂν ἐγώ γ' ἀέκητι σέθεν σχεδίης ἐπιβαίην,
εἰ μή μοι τλαίης γε, θεά, μέγαν ὅρκον ὀμόσσαι
μή τί μοι αὐτῷ πῆμα κακὸν βουλευσέμεν ἄλλο."
  ὣς φάτο, μείδησεν δὲ Καλυψώ, δῖα θεάων, 180
χειρί τέ μιν κατέρεξεν ἔπος τ' ἔφατ' ἔκ τ' ὀνόμαζεν·
  "ἦ δὴ ἀλιτρός γ' ἐσσὶ καὶ οὐκ ἀποφώλια εἰδώς,
οἷον δὴ τὸν μῦθον ἐπεφράσθης ἀγορεῦσαι.
ἴστω νῦν τόδε γαῖα καὶ οὐρανὸς εὐρὺς ὕπερθε

Daß er nicht irgendwie nachher in Ärger verfalle und grolle!"
  Also sprach enteilend der Starke, Schimmernde. Sie doch
Ging zum hochbeherzten Odysseus, die waltende Nymphe;
Hatte sie doch die Kunde des Zeus nun deutlich vernommen.
Ihn aber fand sie; er saß an der Küste. Sein Auge ward niemals
Trocken von Tränen; die süßen Tage des Lebens verrannen.
Heimkehr! war seine Klage; die Nymphe war ihm zuwider.
Freilich nachts, da schlief er bei ihr in geräumiger Grotte,
Wollte es nicht und zwang sich zu ihr, die gerne es wollte.
Tagsüber ließ er sich nieder im Felsengeklüft und am Strande;
Aufgewühlt im Gemüt von Tränen, Stöhnen und Schmerzen,
Spähte er, Tränen vergießend, hinaus auf die rastlose Salzflut.
Nahe nun trat sie heran und sprach, die erhabene Göttin:
  „Unglücksmann! hier klage mir nicht mehr! Die Zeit deines Lebens
Soll nicht vertan sein. Sorgend bedacht will ich fort dich nun lassen.
Auf denn! Schneide dir lange Balken! Mit ehernen Klammern
Füge ein breites Floß! Bau fest darauf eine Bordwand,
Hoch und allseits, daß es dich trage im dunstigen Meere.
Ich aber will dich mit Speisen und Wasser versehen und rotem
Wein, den du gern hast; das alles kann dich vor Hunger wohl schützen.
Kleider leg ich dir an und schicke dir günstigen Fahrwind,
Dann wirst du ganz ohne Schaden das Land deiner Heimat erreichen,
Wenn es den Göttern gefällt, die den breiten Himmel bewohnen.
Stärker sind sie als ich im Denken wie im Vollenden."
  Sprachs. Da schüttelte Frost den Dulder, den hehren Odysseus;
Darum sprach er zu ihr und sagte geflügelte Worte:
  „Irgendein anderes, Göttin, hast du wohl wirklich im Sinne,
Nicht meine Fahrt. Du heißt mich ein Floß besteigen, des Meeres
Großen Schlund, den gewaltigen, argen durchfahren. Das können
Nicht einmal richtiggehende, sausende Schiffe, die fröhlich
Fahren mit Winden des Zeus. Drum will ich ein Floß nicht besteigen,
Nimmst du nicht willig auf dich, den großen Eid mir zu schwören,
Göttin, kein anderes Leid und Unheil mir zu ersinnen."
  Sprachs. Da lächelte aber die hehre Göttin Kalypso,
Streichelte ihn mit der Hand und sprach und sagte bedeutsam:
  „Wahrlich du bist ein Schalk und weißt, wie du sicher zum Ziel kommst!
Darum hast du dir wohl überlegt, so ein Wort zu verlauten.
Wisse die Erde denn jetzt und der breite Himmel darüber,

καὶ τὸ κατειβόμενον Στυγὸς ὕδωρ, ὅς τε μέγιστος 185
ὅρκος δεινότατός τε πέλει μακάρεσσι θεοῖσι,
μή τί τοι αὐτῷ πῆμα κακὸν βουλευσέμεν ἄλλο.
ἀλλὰ τὰ μὲν νοέω καὶ φράσσομαι, ἅσσ' ἂν ἐμοί περ
αὐτῇ μηδοίμην, ὅτε με χρειὼ τόσον ἵκοι·
καὶ γὰρ ἐμοὶ νόος ἐστὶν ἐναίσιμος, οὐδέ μοι αὐτῇ 190
θυμὸς ἐνὶ στήθεσσι σιδήρεος, ἀλλ' ἐλεήμων."
    ὣς ἄρα φωνήσασ' ἡγήσατο δῖα θεάων
καρπαλίμως· ὁ δ' ἔπειτα μετ' ἴχνια βαῖνε θεοῖο.
ἷξον δὲ σπεῖος γλαφυρὸν θεὸς ἠδὲ καὶ ἀνήρ·
καί ῥ' ὁ μὲν ἔνθα καθέζετ' ἐπὶ θρόνου, ἔνθεν ἀνέστη 195
Ἑρμείας, νύμφη δ' ἐτίθει πάρα πᾶσαν ἐδωδήν,
ἔσθειν καὶ πίνειν, οἷα βροτοὶ ἄνδρες ἔδουσιν·
αὐτὴ δ' ἀντίον ἷζεν Ὀδυσσῆος θείοιο,
τῇ δὲ παρ' ἀμβροσίην δμῳαὶ καὶ νέκταρ ἔθηκαν.
οἱ δ' ἐπ' ὀνείαθ' ἑτοῖμα προκείμενα χεῖρας ἴαλλον. 200
αὐτὰρ ἐπεὶ τάρπησαν ἐδητύος ἠδὲ ποτῆτος,
τοῖς ἄρα μύθων ἦρχε Καλυψώ, δῖα θεάων·
    "διογενὲς Λαερτιάδη, πολυμήχαν' Ὀδυσσεῦ,
οὕτω δὴ οἶκόνδε φίλην ἐς πατρίδα γαῖαν
αὐτίκα νῦν ἐθέλεις ἰέναι; σὺ δὲ χαῖρε καὶ ἔμπης. 205
εἴ γε μὲν εἰδείης σῇσι φρεσίν, ὅσσα τοι αἶσα
κήδε' ἀναπλῆσαι, πρὶν πατρίδα γαῖαν ἱκέσθαι,
ἐνθάδε κ' αὖθι μένων σὺν ἐμοὶ τόδε δῶμα φυλάσσοις
ἀθάνατός τ' εἴης, ἱμειρόμενός περ ἰδέσθαι
σὴν ἄλοχον, τῆς τ' αἰὲν ἐέλδεαι ἤματα πάντα. 210
οὐ μέν θην κείνης γε χερείων εὔχομαι εἶναι,
οὐ δέμας οὐδὲ φυήν, ἐπεὶ οὔ πως οὐδὲ ἔοικε
θνητὰς ἀθανάτῃσι δέμας καὶ εἶδος ἐρίζειν."
    τὴν δ' ἀπαμειβόμενος προσέφη πολύμητις Ὀδυσσεύς·
"πότνα θεά, μή μοι τόδε χώεο· οἶδα καὶ αὐτὸς 215
πάντα μάλ', οὕνεκα σεῖο περίφρων Πηνελόπεια
εἶδος ἀκιδνοτέρη μέγεθός τ' εἰσάντα ἰδέσθαι·
ἡ μὲν γὰρ βροτός ἐστι, σὺ δ' ἀθάνατος καὶ ἀγήρως.
ἀλλὰ καὶ ὧς ἐθέλω καὶ ἐέλδομαι ἤματα πάντα
οἴκαδέ τ' ἐλθέμεναι καὶ νόστιμον ἦμαρ ἰδέσθαι. 220
εἰ δ' αὖ τις ῥαίῃσι θεῶν ἐνὶ οἴνοπι πόντῳ,
τλήσομαι ἐν στήθεσσιν ἔχων ταλαπενθέα θυμόν·

Wisse das unten strömende Wasser der Styx, was den größten,
Was auch den furchtbarsten Eid für die seligen Götter bedeutet:
Nicht ist geplant, dir ein anderes Leid zu ersinnen und Unheil.
Vielmehr erwäge und denke ich aus, was i c h für mich selber
Sorgend bedächte, wenn je ich in solche Bedrängnis geriete.
Birgt sich in mir doch ein schickliches Denken und nimmermehr berge
Tief in der Brust ein Gemüt ich aus Eisen, sondern voll Mitleids."
  Also sprach die erhabene Göttin und ging ihm in Eile
Führend voraus; er folgte sogleich den Spuren der Gottheit.
Als dann Göttin und Mann zur geräumigen Grotte gelangten,
Setzte sich er in den Stuhl, von dem sich Hermes erhoben.
Aber die Nymphe brachte sodann eine völlige Mahlzeit,
Speisen, Getränke, so wie sie die sterblichen Männer genießen,
Setzte sich dann dem Odysseus, dem göttlichen, gegenüber.
Ihr aber stellten die Mägde Ambrosia hin und Nektar.
Sie nun streckten die Hände, das Essen lag fertig vor ihnen.
Aber sobald die Gelüste an Essen und Trinken verflogen,
Ließ das Gespräch nun beginnen die hehre Göttin Kalypso:
  „Göttersproß! du findiger Sohn des Laërtes, Odysseus,
Also willst du nachhause, ins liebe Land deiner Heimat
Wirklich und jetzt gleich eilen? Nun freilich: freu dich trotz allem!
Wüßtest du nämlich mit klarem Verstand, was alles an Leiden
Durchzustehen bestimmt dir noch ist, bevor du die Heimat
Findest, du bliebest wohl hier bei mir als Hüter des Hauses,
Ja, du würdest unsterblich trotz all deinem Sehnen, die Gattin
Wiederzusehen, die her du dir wünschest alle die Tage.
Sicherlich bin ich nicht schlechter als sie, des darf ich mich rühmen,
Weder an Wuchs noch Gestalt: Nicht schickt sichs für sterbliche Frauen
Streit um Gesicht und Gestalt mit unsterblichen Frauen zu suchen."
  Antwort gab ihr und sagte der einfallreiche Odysseus:
„Hohe Göttin! Sei deshalb nicht böse! Ich weiß ja doch selber
Alles, warum neben dir die kluge Penelopeia
Schwächlich erschiene an Größe und Aussehn, ständet ihr vor mir;
Sie ist sterblich, du bist unsterblich und nie wirst du altern.
Aber auch so doch wünsche und hoffe ich alle die Tage,
Heimzukommen, die Stunde der Rückkehr noch zu erleben.
Wenn aber wieder ein Gott auf dem weinroten Meer mich zerschmettert:
Dulden will ich; ich hab in der Brust ein Gemüt, das die Trauer

ἤδη γὰρ μάλα πολλὰ πάθον καὶ πολλὰ μόγησα
κύμασι καὶ πολέμῳ· μετὰ καὶ τόδε τοῖσι γενέσθω.''
ὣς ἔφατ', ἥλιος δ' ἄρ' ἔδυ καὶ ἐπὶ κνέφας ἦλθεν· 225
ἐλθόντες δ' ἄρα τώ γε μυχῷ σπείους γλαφυροῖο
τερπέσθην φιλότητι, παρ' ἀλλήλοισι μένοντες.

ἦμος δ' ἠριγένεια φάνη ῥοδοδάκτυλος Ἠώς,
αὐτίχ' ὁ μὲν χλαῖνάν τε χιτῶνά τε ἕννυτ' Ὀδυσσεύς,
αὐτὴ δ' ἀργύφεον φᾶρος μέγα ἕννυτο νύμφη, 230
λεπτὸν καὶ χαρίεν, περὶ δὲ ζώνην βάλετ' ἰξυῖ
καλὴν χρυσείην, κεφαλῇ δ' ἐφύπερθε καλύπτρην.
καὶ τότ' Ὀδυσσῆϊ μεγαλήτορι μήδετο πομπήν·
δῶκε μέν οἱ πέλεκυν μέγαν, ἄρμενον ἐν παλάμῃσι,
χάλκεον, ἀμφοτέρωθεν ἀκαχμένον· αὐτὰρ ἐν αὐτῷ 235
στειλειὸν περικαλλὲς ἐλάϊνον, εὖ ἐναρηρός·
δῶκε δ' ἔπειτα σκέπαρνον ἐΰξοον· ἦρχε δ' ὁδοῖο
νήσου ἐπ' ἐσχατιήν, ὅθι δένδρεα μακρὰ πεφύκει,
κλήθρη τ' αἴγειρός τ', ἐλάτη τ' ἦν οὐρανομήκης,
αὖα πάλαι, περίκηλα, τά οἱ πλώοιεν ἐλαφρῶς. 240
αὐτὰρ ἐπεὶ δὴ δεῖξ' ὅθι δένδρεα μακρὰ πεφύκει,
ἡ μὲν ἔβη πρὸς δῶμα Καλυψώ, δῖα θεάων,
αὐτὰρ ὁ τάμνετο δοῦρα· θοῶς δέ οἱ ἤνυτο ἔργον.
εἴκοσι δ' ἔκβαλε πάντα, πελέκκησεν δ' ἄρα χαλκῷ,
ξέσσε δ' ἐπισταμένως καὶ ἐπὶ στάθμην ἴθυνε. 245
τόφρα δ' ἔνεικε τέρετρα Καλυψώ, δῖα θεάων·
τέτρηνεν δ' ἄρα πάντα καὶ ἥρμοσεν ἀλλήλοισι,
γόμφοισιν δ' ἄρα τήν γε καὶ ἁρμονίῃσιν ἄρασσεν.
ὅσσον τίς τ' ἔδαφος νηὸς τορνώσεται ἀνὴρ
φορτίδος εὐρείης, εὖ εἰδὼς τεκτοσυνάων, 250
τόσσον ἐπ' εὐρεῖαν σχεδίην ποιήσατ' Ὀδυσσεύς.
ἴκρια δὲ στήσας, ἀραρὼν θαμέσι σταμίνεσσι,
ποίει· ἀτὰρ μακρῇσιν ἐπηγκενίδεσσι τελεύτα.
ἐν δ' ἱστὸν ποίει καὶ ἐπίκριον ἄρμενον αὐτῷ·
πρὸς δ' ἄρα πηδάλιον ποιήσατο, ὄφρ' ἰθύνοι. 255
φράξε δέ μιν ῥίπεσσι διαμπερὲς οἰσυΐνῃσι,
κύματος εἶλαρ ἔμεν· πολλὴν δ' ἐπεχεύατο ὕλην.
τόφρα δὲ φάρε' ἔνεικε Καλυψώ, δῖα θεάων,
ἱστία ποιήσασθαι· ὁ δ' εὖ τεχνήσατο καὶ τά.
ἐν δ' ὑπέρας τε κάλους τε πόδας τ' ἐνέδησεν ἐν αὐτῇ, 260

Lernte; denn sehr viel hab ich erlitten, mich quälte gar vieles:
Wogen und Krieg; was jetzt noch kommt, mag denn auch noch gesche-
    Also sprach er. Sonne versank und Dämmerung nahte.   [hen!"
Nunmehr erhoben sie sich in ihrer geräumigen Grotte,
Pflegten dann freudig vereint im Winkel gemeinsam der Liebe.

   Als dann die Frühe sich zeigte, Eos mit rosigen Fingern,
Warf sich Odysseus ohne Verzug in Mantel und Leibrock,
Während die Nymphe in große silberne Stoffe sich hüllte,
Reizend und fein; um die Hüften schlang sie den goldenen, schönen
Gürtel und über den Kopf einen Schleier. Und nunmehr erwog sie,
Wie sie die Fahrt des hochbeherzten Odysseus sich dachte,
Gab ihm die mächtige Axt, die gut in die Hände ihm paßte;
Ehern war sie, auf beiden Seiten geschliffen und steckte
Fest am herrlichen Stiel aus Ölbaum, gab ihm dann weiter
Auch noch ein blankgeglättetes Handbeil. Dann aber ging sie
Bis an das Ende der Insel voraus, wo die riesigen Bäume
Wuchsen, Erlen und Pappeln, zum Himmel ragende Tannen,
Lang schon trocken und dürr; ein hurtig schwimmendes Schiffsholz.
Als sie dann endlich gezeigt, wo die riesigen Bäume wuchsen,
Ging sie wieder nachhause, die hehre Göttin Kalypso.
Er aber schnitt sich Balken und rasch ging von statten die Arbeit.
Zwanzig im ganzen schlug er heraus zum Behaun mit dem Eisen,
Glättete dann sie verständig und machte es grad nach der Richtschnur.
Bohrer brachte indessen die hehre Göttin Kalypso.
Alles bohrte er dann und fügte es fest ineinander,
Machte zum starken Gefüge das Floß mit Nägeln und Klammern.
Wieviel Bodenfläche ein Mann, ein Kenner des Schiffbaus,
Abmißt, schafft er ein breites Lastschiff: grad soviel Breite
Gab auch Odysseus dem Floß. Er blieb bei der Arbeit und stellte
Dicht aneinander die Rippen und machte sie fest durch Spreizen,
Um dann zuletzt noch die Borde mit langen Balken zu sichern.
Drinnen dann wurde der Mast und an diesen die Rahe gefertigt,
Während das Steuer, die Richtung zu sichern, als Letztes er machte.
Allseits schloß er die Ritzen im Schiff mit Ruten von Weiden —
Eingang sollten sie wehren dem Wasser — und schüttete drüber
Haufen von Laubwerk, während die hehre Göttin Kalypso
Tuch für die Segel ihm brachte. Auch diese gelangen ihm trefflich.
Taue knüpfte am Segel er an, nach vorn und nach hinten.

μοχλοῖσιν δ' ἄρα τήν γε κατείρυσεν εἰς ἅλα δῖαν.
τέτρατον ἦμαρ ἔην, καὶ τῷ τετέλεστο ἅπαντα·
τῷ δ' ἄρα πέμπτῳ πέμπ' ἀπὸ νήσου δῖα Καλυψώ,
εἵματά τ' ἀμφιέσασα θυώδεα καὶ λούσασα.
ἐν δέ οἱ ἀσκὸν ἔθηκε θεὰ μέλανος οἴνοιο 265
τὸν ἕτερον, ἕτερον δ' ὕδατος μέγαν, ἐν δὲ καὶ ἦα
κωρύκῳ, ἐν δέ οἱ ὄψα τίθει μενοεικέα πολλά·
οὖρον δὲ προέηκεν ἀπήμονά τε λιαρόν τε.
γηθόσυνος δ' οὔρῳ πέτασ' ἱστία δῖος Ὀδυσσεύς.
αὐτὰρ ὁ πηδαλίῳ ἰθύνετο τεχνηέντως 270
ἥμενος· οὐδέ οἱ ὕπνος ἐπὶ βλεφάροισιν ἔπιπτε
Πληιάδας τ' ἐσορῶντι καὶ ὀψὲ δύοντα Βοώτην
Ἄρκτον θ', ἣν καὶ ἅμαξαν ἐπίκλησιν καλέουσιν,
ἥ τ' αὐτοῦ στρέφεται καί τ' Ὠρίωνα δοκεύει,
οἴη δ' ἄμμορός ἐστι λοετρῶν Ὠκεανοῖο· 275
τὴν γὰρ δή μιν ἄνωγε Καλυψώ, δῖα θεάων,
ποντοπορευέμεναι ἐπ' ἀριστερὰ χειρὸς ἔχοντα.
ἑπτὰ δὲ καὶ δέκα μὲν πλέεν ἤματα ποντοπορεύων,
ὀκτωκαιδεκάτῃ δ' ἐφάνη ὄρεα σκιόεντα
γαίης Φαιήκων, ὅθι τ' ἄγχιστον πέλεν αὐτῷ· 280
εἴσατο δ' ὡς ὅτε ῥινὸν ἐν ἠεροειδέϊ πόντῳ.
  τὸν δ' ἐξ Αἰθιόπων ἀνιὼν κρείων ἐνοσίχθων
τηλόθεν ἐκ Σολύμων ὀρέων ἴδεν· εἴσατο γάρ οἱ
πόντον ἐπιπλείων. ὁ δ' ἐχώσατο κηρόθι μᾶλλον,
κινήσας δὲ κάρη προτὶ ὃν μυθήσατο θυμόν· 285
  "ὢ πόποι, ἦ μάλα δὴ μετεβούλευσαν θεοὶ ἄλλως
ἀμφ' Ὀδυσῆι ἐμεῖο μετ' Αἰθιόπεσσιν ἐόντος·
καὶ δὴ Φαιήκων γαίης σχεδόν, ἔνθα οἱ αἶσα
ἐκφυγέειν μέγα πεῖραρ ὀιζύος, ἥ μιν ἱκάνει.
ἀλλ' ἔτι μέν μίν φημι ἅδην ἐλάαν κακότητος." 290
  ὣς εἰπὼν σύναγεν νεφέλας, ἐτάραξε δὲ πόντον
χερσὶ τρίαιναν ἑλών· πάσας δ' ὀρόθυνεν ἀέλλας
παντοίων ἀνέμων, σὺν δὲ νεφέεσσι κάλυψε
γαῖαν ὁμοῦ καὶ πόντον· ὀρώρει δ' οὐρανόθεν νύξ.
σὺν δ' εὖρός τε νότος τ' ἔπεσον ζέφυρός τε δυσαὴς 295
καὶ βορέης αἰθρηγενέτης, μέγα κῦμα κυλίνδων.
καὶ τότ' Ὀδυσσῆος λύτο γούνατα καὶ φίλον ἦτορ,
ὀχθήσας δ' ἄρα εἶπε πρὸς ὃν μεγαλήτορα θυμόν·

Fünfter Gesang

Endlich schob er mit Hebeln sein Schiff in die göttliche Salzflut.
 Nun war der vierte Tag. Vollendet war alles. Am fünften
Schickte ihn fort von der Insel die hehre Kalypso, nachdem sie
Duftende Kleider ihm angelegt und ein Bad ihm bereitet.
Schläuche auch legte die Göttin aufs Floß, den einen mit dunklem
Wein und den anderen, großen, mit Wasser; in lederner Hülle
Barg sie die Zehrung, dazu noch in Menge erwünschteste Zukost.
Fahrwind schickte sie aus, der ohne Gefahren und lau war.
Flattern ließ da die Segel der hehre Odysseus, des Fahrwinds
Froh, und kunstvoll hielt er am Steuer sitzend die Richtung.
Nie überfiel seine Lider der Schlaf; die Plejaden behielt er
Immer im Auge und stets den Bootes, der spät erst hinabsinkt,
Stets auch die Bärin, die manche auch Wagen benennen. Sie dreht sich
Immer am nämlichen Ort und schielt auf Orion; denn sie nur
Kennt kein Bad in der Flut des Okeanos. Immer zur Linken
Sollt er sie haben; so hatte die hehre Göttin Kalypso
Streng ihm gesagt für die Fahrt. Und so fuhr er denn hin auf dem Meere
Siebzehn Tage. Dann endlich am achtzehnten Tage erschienen
Berge: sie lagen im Schatten und lagen im Land der Phaiaken,
Eben in nächster Nähe von ihm; und es hatte den Anschein,
Grade als schwimme ein mächtiger Schild auf dem dunstigen Meere.
 Ihn aber sah der starke Poseidon; er kehrte soeben
Heim von den Aithiopen. Noch fern, auf den Solymer Bergen
Kam ihm der Segler im Meer vor die Augen. Da wuchs ihm im Herzen
Stärker der Groll; er bewegte das Haupt und sprach zum Gemüte:
 „Was nicht gar! Da änderten ja für Odysseus die Götter,
Was sie beschlossen, als ich meine Aithiopen besuchte.
Wirklich! Er naht jetzt dem Land der Phaiaken, wo Flucht ihm beschie-
Flucht aus dem großen Knoten des Jammers, der ihn umstrickte. [den,
Aber ich sage: genug noch an Unheil wird ihn verfolgen."
 Sprachs und ballte die Wolken zu Haufen; er wühlte das Meer auf,
Griff mit den Händen den Dreizack; Winde, wie sie nur wollten,
Ließ er toben, alle zusammen; in dampfendes Düster
Hüllte er Land wie Meer und Finsternis stürzte vom Himmel.
Prallend warf sich der Ost auf den Süd, wild wehte der Westwind,
Mächtig wälzte die Wogen der Sohn des Äthers, der Nordwind.
Jetzt versagten Odysseus das liebe Herz und die Knie;
Schwer betroffen sprach er zum hochbeherzten Gemüte:

"ὤ μοι ἐγὼ δειλός, τί νύ μοι μήκιστα γένηται;
δείδω μὴ δὴ πάντα θεὰ νημερτέα εἶπεν, 300
ἥ μ' ἔφατ' ἐν πόντῳ, πρὶν πατρίδα γαῖαν ἱκέσθαι,
ἄλγε' ἀναπλήσειν· τὰ δὲ δὴ νῦν πάντα τελεῖται.
οἵοισιν νεφέεσσι περιστέφει οὐρανὸν εὐρὺν
Ζεύς, ἐτάραξε δὲ πόντον, ἐπισπέρχουσι δ' ἄελλαι
παντοίων ἀνέμων· νῦν μοι σῶς αἰπὺς ὄλεθρος. 305
τρὶς μάκαρες Δαναοὶ καὶ τετράκις, οἳ τότ' ὄλοντο
Τροίῃ ἐν εὐρείῃ, χάριν Ἀτρεΐδῃσι φέροντες.
ὡς δὴ ἐγώ γ' ὄφελον θανέειν καὶ πότμον ἐπισπεῖν
ἤματι τῷ ὅτε μοι πλεῖστοι χαλκήρεα δοῦρα
Τρῶες ἐπέρριψαν περὶ Πηλεΐωνι θανόντι. 310
τῷ κ' ἔλαχον κτερέων, καί μευ κλέος ἦγον Ἀχαιοί·
νῦν δέ με λευγαλέῳ θανάτῳ εἵμαρτο ἁλῶναι."

ὣς ἄρα μιν εἰπόντ' ἔλασεν μέγα κῦμα κατ' ἄκρης,
δεινὸν ἐπεσσύμενον, περὶ δὲ σχεδίην ἐλέλιξε.
τῆλε δ' ἀπὸ σχεδίης αὐτὸς πέσε, πηδάλιον δὲ 315
ἐκ χειρῶν προέηκε· μέσον δέ οἱ ἱστὸν ἔαξε
δεινὴ μισγομένων ἀνέμων ἐλθοῦσα θύελλα·
τηλοῦ δὲ σπεῖρον καὶ ἐπίκριον ἔμπεσε πόντῳ.
τὸν δ' ἄρ' ὑπόβρυχα θῆκε πολὺν χρόνον, οὐδὲ δυνάσθη
αἶψα μάλ' ἀνσχεθέειν μεγάλου ὑπὸ κύματος ὁρμῆς· 320
εἵματα γὰρ ἐβάρυνε, τά οἱ πόρε δῖα Καλυψώ.
ὀψὲ δὲ δή ῥ' ἀνέδυ, στόματος δ' ἐξέπτυσεν ἅλμην
πικρήν, ἥ οἱ πολλὴ ἀπὸ κρατὸς κελάρυζεν.
ἀλλ' οὐδ' ὣς σχεδίης ἐπελήθετο, τειρόμενός περ,
ἀλλὰ μεθορμηθεὶς ἐνὶ κύμασιν ἐλλάβετ' αὐτῆς, 325
ἐν μέσσῃ δὲ καθῖζε τέλος θανάτου ἀλεείνων.
τὴν δ' ἐφόρει μέγα κῦμα κατὰ ῥόον ἔνθα καὶ ἔνθα.
ὡς δ' ὅτ' ὀπωρινὸς βορέης φορέῃσιν ἀκάνθας
ἂμ πεδίον, πυκιναὶ δὲ πρὸς ἀλλήλῃσιν ἔχονται,
ὣς τὴν ἂμ πέλαγος ἄνεμοι φέρον ἔνθα καὶ ἔνθα· 330
ἄλλοτε μέν τε νότος βορέῃ προβάλεσκε φέρεσθαι,
ἄλλοτε δ' αὖτ' εὖρος ζεφύρῳ εἴξασκε διώκειν.

τὸν δὲ ἴδεν Κάδμου θυγάτηρ, καλλίσφυρος Ἰνώ,
Λευκοθέη, ἣ πρὶν μὲν ἔην βροτὸς αὐδήεσσα,
νῦν δ' ἁλὸς ἐν πελάγεσσι θεῶν ἒξ ἔμμορε τιμῆς. 335
ἥ ῥ' Ὀδυσῆ' ἐλέησεν ἀλώμενον, ἄλγε' ἔχοντα·

Fünfter Gesang

„Ach, ich Armer! Was soll mir denn jetzt noch am Ende geschehen?
Fürchten muß ich, die Göttin habe die Wahrheit gesprochen,
Als sie mir sagte, ich soll auf dem Meere, noch vor meiner Heimkehr,
Leiden in Fülle erleben. Nun wirklich erfüllt sich dies alles.
Welchen Kranz von dampfendem Dust legt Zeus um den breiten
Himmel! Er wühlte das Meer auf; wie drängen die Winde und toben
Alle zusammen! Jetzt ist mir sicher das jähe Verderben.
Dreimal, viermal glücklich die Danaer, die schon zugrunde
Gingen in Trojas breitem Gefild den Atriden zuliebe.
Wirklich! Wär ich gestorben und hätte mein Schicksal an jenem
Tage vollendet, als Troer in Haufen die erzenen Speere
Gegen mich schleuderten über der Leiche des toten Peliden!
Grabesehren gewann ich, mein Preislied sang der Achaier!
Jetzt aber ist mir beschieden, dem traurigsten Tod zu verfallen."
   Während er so noch sprach, überfuhr ihn die mächtige Woge.
Fürchterlich stürzte sie nieder, erschütterte wirbelnd das Fahrzeug.
Weit vom Fahrzeug fiel er ins Meer, da die Hände das Steuer
Nicht mehr beherrschten; den Mast in der Mitte zerspellte ein Sturmstoß;
Schrecklich kam er daher, da die Winde wirbelnd sich kreuzten.
Weitab fielen ins Meer das Tuch und die Rahe. Ihn selber
Drückte es tief unter Wasser und lange; es war ihm nicht möglich
Schnell bei dem Druck der gewaltigen Wellen nach oben zu kommen.
Schwer ja zog das Gewand, das Geschenk der hehren Kalypso.
Spät erst kam er herauf, spie aus das salzige Wasser,
Bitter war es und rann ihm in Strömen vom Kopf. Aber dennoch,
Trotz seiner schweren Ermüdung, vergaß er sein Floß nicht: er drängte
Stürmisch sich hin im Gewoge, ergriff es und ließ in der Mitte
Kauernd sich nieder. Dem tödlichen Ende war er entronnen.
Aber das Fahrzeug trugen die mächtigen Wellen der Strömung
Hin und her. Wie der herbstliche Nordwind über die Fluren
Disteln trägt, die dicht und fest aneinander sich halten,
Gradso trugen die Winde das Fahrzeug über der Meerflut
Hin und her; denn der Süd überließ dem Nord es zu schleudern,
Dann warf wieder der Ost es zum West, daß dieser es jage.
   Ihn aber sah des Kadmos Tochter mit reizenden Knöcheln,
Ino Leukóthea; einst war sie sterblich und redend gewesen,
Jetzt empfing sie göttliche Ehren im Wogen der Salzflut.
Mitleid spürte sie nun mit Odysseus, der leidend umhertrieb,

αἰθυίῃ δ' εἰκυῖα ποτῇ ἀνεδύσετο λίμνης,
ἷζε δ' ἐπὶ σχεδίης καί μιν πρὸς μῦθον ἔειπε·

"κάμμορε, τίπτε τοι ὧδε Ποσειδάων ἐνοσίχθων
ὠδύσατ' ἐκπάγλως, ὅτι τοι κακὰ πολλὰ φυτεύει; 340
οὐ μὲν δή σε καταφθίσει, μάλα περ μενεαίνων.
ἀλλὰ μάλ' ὧδ' ἔρξαι, δοκέεις δέ μοι οὐκ ἀπινύσσειν·
εἵματα ταῦτ' ἀποδὺς σχεδίην ἀνέμοισι φέρεσθαι
κάλλιπ', ἀτὰρ χείρεσσι νέων ἐπιμαίεο νόστου
γαίης Φαιήκων, ὅθι τοι μοῖρ' ἐστὶν ἀλύξαι. 345
τῆ δέ, τόδε κρήδεμνον ὑπὸ στέρνοιο τανύσσαι
ἄμβροτον· οὐδέ τί τοι παθέειν δέος οὐδ' ἀπολέσθαι.
αὐτὰρ ἐπὴν χείρεσσιν ἐφάψεαι ἠπείροιο,
ἂψ ἀπολυσάμενος βαλέειν εἰς οἴνοπα πόντον
πολλὸν ἀπ' ἠπείρου, αὐτὸς δ' ἀπονόσφι τραπέσθαι." 350

ὣς ἄρα φωνήσασα θεὰ κρήδεμνον ἔδωκεν,
αὐτὴ δ' ἂψ ἐς πόντον ἐδύσετο κυμαίνοντα
αἰθυίῃ εἰκυῖα· μέλαν δέ ἑ κῦμ' ἐκάλυψεν.
αὐτὰρ ὁ μερμήριξε πολύτλας δῖος Ὀδυσσεύς,
ὀχθήσας δ' ἄρα εἶπε πρὸς ὃν μεγαλήτορα θυμόν· 355

"ὤ μοι ἐγώ, μή τίς μοι ὑφαίνῃσιν δόλον αὖτε
ἀθανάτων, ὅ τέ με σχεδίης ἀποβῆναι ἀνώγει.
ἀλλὰ μάλ' οὔ πω πείσομ', ἐπεὶ ἑκὰς ὀφθαλμοῖσι
γαῖαν ἐγὼν ἰδόμην, ὅθι μοι φάτο φύξιμον εἶναι.
ἀλλὰ μάλ' ὧδ' ἔρξω, δοκέει δέ μοι εἶναι ἄριστον· 360
ὄφρ' ἂν μέν κεν δούρατ' ἐν ἁρμονίῃσιν ἀρήρῃ,
τόφρ' αὐτοῦ μενέω καὶ τλήσομαι ἄλγεα πάσχων·
αὐτὰρ ἐπὴν δή μοι σχεδίην διὰ κῦμα τινάξῃ,
νήξομ', ἐπεὶ οὐ μέν τι πάρα προνοῆσαι ἄμεινον."

εἵως ὁ ταῦθ' ὥρμαινε κατὰ φρένα καὶ κατὰ θυμόν, 365
ὦρσε δ' ἐπὶ μέγα κῦμα Ποσειδάων ἐνοσίχθων,
δεινόν τ' ἀργαλέον τε, κατηρεφές, ἤλασε δ' αὐτόν.
ὡς δ' ἄνεμος ζαὴς ἠίων θημῶνα τινάξῃ
καρφαλέων, τὰ μὲν ἄρ τε διεσκέδασ' ἄλλυδις ἄλλῃ,
ὣς τῆς δούρατα μακρὰ διεσκέδασ'. αὐτὰρ Ὀδυσσεὺς 370
ἀμφ' ἑνὶ δούρατι βαῖνε, κέληθ' ὡς ἵππον ἐλαύνων,
εἵματα δ' ἐξαπέδυνε, τά οἱ πόρε δῖα Καλυψώ.
αὐτίκα δὲ κρήδεμνον ὑπὸ στέρνοιο τάνυσσεν,
αὐτὸς δὲ πρηνὴς ἁλὶ κάππεσε, χεῖρε πετάσσας,

Fünfter Gesang

Darum stieg sie, gleich einem Meerhuhn, auf aus der Tiefe,
Setzte sich nieder im Floß und sprach dann zu ihm mit den Worten:
  „Unglücksmann! Warum nur zürnt dir so schrecklich Poseidon?
Warum schickt dir der Erderschütterer Unheil auf Unheil?
Freilich vernichten wird er dich nicht, so gern er es möchte.
Aber nun mache es so, du scheinst ja nicht ohne Verständnis:
Zieh deine Kleider jetzt aus und lasse den Winden das Fahrzeug! [kehr
Mögen sies treiben; du hast ja die Hände zum Schwimmen! Nach Heim-
Trachte! ins Land der Phaiaken; denn Rettung ist dort dir beschieden.
Hier den unsterblichen Schleier! Den mußt um die Brust du dir legen,
Nimmer brauchst du dann weitere Leiden und Tod zu befürchten.
Löse ihn ab, sobald deine Hände den Boden berühren,
Wirf ihn dann weit in das weinrote Meer; er darf nicht ans Festland;
Selbst aber kehre dabei dich ab und bleib in der Ferne."
  Also sagte die Göttin und gab ihm den Schleier; doch selber
Tauchte sie wieder zurück in des Meeres Wellen und Wogen,
Gleich wie ein Meerhuhn tut, und die schwarze Welle verbarg sie.
Grübelnd sann da der große Dulder, der hehre Odysseus.
Schwer betroffen sprach er zum hochbeherzten Gemüte:
  „Ach, ich Armer! Daß nur kein Unsterblicher mir eine Falle
Nocheinmal legt, wenn er fordert, ich solle mein Fahrzeug verlassen.
Darum gehorch ich noch nicht; denn mein Auge sah in der Ferne
Land. Dort fände ich Zuflucht, sagte sie. Aber ich will doch
So es versuchen; denn so grad scheint es das Beste: solange
Fest ineinander noch hält das Gefüge der Balken und Klammern,
So lang bleibe ich hier, ertrage Schmerzen und Leiden;
Aber sobald mir die Wogen das Fahrzeug doch noch zerschmettern,
Dann will ich schwimmen; denn dann ist ein Besseres nicht mehr zu den-
  Während im Sinn und auch im Gemüt er dies überlegte,   [ken."
Ließ eine riesige Woge Poseidon, der Erderschütterer,
Hochgewölbt und schrecklich und wuchtig ihn überfahren.
Wie wenn der stürmische Wind einen Haufen trockener Hülsen
Wirbelnd zerstiebt; er fegt sie herum, bald hierhin bald dorthin;
Grad so zerfetzte die Woge die langen Balken. Odysseus
Schwang sich um einen der Balken und ritt, als wär er zu Pferde,
Riß das Gewand sich ab, das Geschenk der hehren Kalypso.
Gleich aber spannte er dann um die Brust den Schleier und stürzte
Kopf voran sich ins Meer. Mit gebreiteten Händen und drangvoll

νηχέμεναι μεμαώς. ἴδε δὲ κρείων ἐνοσίχθων, 375
κινήσας δὲ κάρη προτὶ ὃν μυθήσατο θυμόν·
 "οὕτω νῦν κακὰ πολλὰ παθὼν ἀλόω κατὰ πόντον,
εἰς ὅ κεν ἀνθρώποισι διοτρεφέεσσι μιγήῃς.
ἀλλ' οὐδ' ὥς σε ἔολπα ὀνόσσεσθαι κακότητος."
 ὣς ἄρα φωνήσας ἵμασεν καλλίτριχας ἵππους, 380
ἵκετο δ' εἰς Αἰγάς, ὅθι οἱ κλυτὰ δώματ' ἔασιν.
 αὐτὰρ Ἀθηναίη, κούρη Διός, ἄλλ' ἐνόησεν·
ἦ τοι τῶν ἄλλων ἀνέμων κατέδησε κελεύθους,
παύσασθαι δ' ἐκέλευσε καὶ εὐνηθῆναι ἅπαντας·
ὦρσε δ' ἐπὶ κραιπνὸν βορέην, πρὸ δὲ κύματ' ἔαξεν, 385
εἶος ὃ Φαιήκεσσι φιληρέτμοισι μιγείη
διογενὴς Ὀδυσεύς, θάνατον καὶ κῆρας ἀλύξας.
 ἔνθα δύο νύκτας δύο τ' ἤματα κύματι πηγῷ
πλάζετο, πολλὰ δέ οἱ κραδίη προτιόσσετ' ὄλεθρον.
ἀλλ' ὅτε δὴ τρίτον ἦμαρ ἐϋπλόκαμος τέλεσ' Ἠώς, 390
καὶ τότ' ἔπειτ' ἄνεμος μὲν ἐπαύσατο ἠδὲ γαλήνη
ἔπλετο νηνεμίη· ὁ δ' ἄρα σχεδὸν εἴσιδε γαῖαν
ὀξὺ μάλα προϊδών, μεγάλου ὑπὸ κύματος ἀρθείς.
ὡς δ' ὅτ' ἂν ἀσπάσιος βίοτος παίδεσσι φανήῃ
πατρός, ὃς ἐν νούσῳ κεῖται κρατέρ' ἄλγεα πάσχων, 395
δηρὸν τηκόμενος, στυγερὸς δέ οἱ ἔχραε δαίμων,
ἀσπάσιον δ' ἄρα τόν γε θεοὶ κακότητος ἔλυσαν,
ὣς Ὀδυσῆ' ἀσπαστὸν ἐείσατο γαῖα καὶ ὕλη,
νῆχε δ' ἐπειγόμενος ποσὶν ἠπείρου ἐπιβῆναι.
ἀλλ' ὅτε τόσσον ἀπῆν, ὅσσον τε γέγωνε βοήσας, 400
καὶ δὴ δοῦπον ἄκουσε ποτὶ σπιλάδεσσι θαλάσσης· —
ῥόχθει γὰρ μέγα κῦμα ποτὶ ξερὸν ἠπείροιο
δεινὸν ἐρευγόμενον, εἴλυτο δὲ πάνθ' ἁλὸς ἄχνῃ·
οὐ γὰρ ἔσαν λιμένες νηῶν ὀχοί, οὐδ' ἐπιωγαί,
ἀλλ' ἀκταὶ προβλῆτες ἔσαν σπιλάδες τε πάγοι τε· — 405
καὶ τότ' Ὀδυσσῆος λύτο γούνατα καὶ φίλον ἦτορ,
ὀχθήσας δ' ἄρα εἶπε πρὸς ὃν μεγαλήτορα θυμόν·
 "ὤ μοι, ἐπεὶ δὴ γαῖαν ἀελπέα δῶκεν ἰδέσθαι
Ζεύς, καὶ δὴ τόδε λαῖτμα διατμήξας ἐπέρησα,
ἔκβασις οὔ πῃ φαίνεθ' ἁλὸς πολιοῖο θύραζε· 410
ἔκτοσθεν μὲν γὰρ πάγοι ὀξέες, ἀμφὶ δὲ κῦμα
βέβρυχεν ῥόθιον, λισσὴ δ' ἀναδέδρομε πέτρη,

Wollte er schwimmen. Der starke Erderschütterer sah es,
Schüttelte wieder sein Haupt und sagte zu seinem Gemüte:
  „Jetzt hast du Übel in Fülle erlitten! Nun treib auf dem Meere
Weiter herum, bis auf Menschen du triffst, die den Göttern entstammen.
Trotzdem hoffe ich, wirst du nicht schelten, es fehle an Unglück."
  Sprachs und peitschte dann ein auf die Rosse mit prächtigen Mähnen;
Aigai nahm er zum Ziel, den Ort seines ruhmvollen Tempels.
  Aber Athene, die Tochter des Zeus, besann sich auf andres,
Sperrte den übrigen Winden die Pfade, indem sie Befehl gab
Aufzuhören und ruhig sich alle schlafen zu legen.
Kräftigen Nordwind schickte sie, brach eine Bahn im Gewoge:
Finden sollte ja doch die Phaiaken, die Freunde der Ruder,
Tod und Schicksal entronnen, der Göttersproß Odysseus.
  Da nun trieb er im Wogenprall zwei Nächte und Tage.
Oftmals sah sein Herz der Vernichtung bereits in die Augen.
Als aber Eos mit herrlichen Flechten das drittemal tagte,
Legte sich endlich der Wind und still wards über den Wellen.
Nichts mehr bewegte die Luft und Land war nahe. Sein Scharfblick
Drang bis ins Innre, wenn höher ihn hob eine mächtige Woge.
Wie eines Vaters Genesung die Kinder herzlich begrüßen —
Lang schon lag er und siechte dahin unter härtesten Schmerzen;
Denn mit der Krankheit setzte ihm zu eine hassende Gottheit.
Nun aber bannten die Götter zu herzlicher Freude das Unheil:
Gradso erschienen Odysseus zur Freude Boden und Waldung.
Stürmisch schwamm er los, daß die Füße aufs Festland träten.
Aber als er soweit war, daß jemand sein Rufen vernähme,
Hörte er auch das Getös, das entstand in den Riffen des Meeres:
Rauschend brausten gewaltige Wogen ans Trockne des Festlands,
Schrecklich spritzten sie hoch, daß der Salzschaum alles verhüllte.
Bergende Häfen waren nicht da, keine Reede für Schiffe,
Nichts als Riffe und Klippen und Felsen, woran sich das Meer bricht.
Jetzt versagten Odysseus das liebe Herz und die Kniee,
Schwer betroffen sprach er zum hochbeherzten Gemüte:
  „Weh mir! Nun ließ mich Zeus, was nimmer ich hoffte, ein Land sehn,
Endlich kam ich ans Ende, durchschnitt diese Tiefe und nunmehr
Zeigt sich mir nirgends im grauen Geflute ins Freie ein Ausstieg.
Draußen starren schneidende Klippen, die Woge umbraust sie
Brüllend und strömend, der Fels ist glatt und schießt in die Höhe.

ἀγχιβαθὴς δὲ θάλασσα, καὶ οὔ πως ἔστι πόδεσσι
στήμεναι ἀμφοτέροισι καὶ ἐκφυγέειν κακότητα·
μή πώς μ' ἐκβαίνοντα βάλῃ λίθακι ποτὶ πέτρῃ   415
κῦμα μέγ' ἁρπάξαν· μελέη δέ μοι ἔσσεται ὁρμή.
εἰ δέ κ' ἔτι προτέρω παρανήξομαι, ἤν που ἐφεύρω
ἠιόνας τε παραπλῆγας λιμένας τε θαλάσσης,
δείδω μή μ' ἐξαῦτις ἀναρπάξασα θύελλα
πόντον ἐπ' ἰχθυόεντα φέρῃ βαρέα στενάχοντα,   420
ἠέ τί μοι καὶ κῆτος ἐπισσεύῃ μέγα δαίμων
ἐξ ἁλός, οἷά τε πολλὰ τρέφει κλυτὸς Ἀμφιτρίτη·
οἶδα γὰρ ὥς μοι ὀδώδυσται κλυτὸς ἐννοσίγαιος."
   εἷος ὁ ταῦθ' ὥρμαινε κατὰ φρένα καὶ κατὰ θυμόν,
τόφρα δέ μιν μέγα κῦμα φέρεν τρηχεῖαν ἐπ' ἀκτήν.   425
ἔνθα κ' ἀπὸ ῥινοὺς δρύφθη, σὺν δ' ὀστέ' ἀράχθη,
εἰ μὴ ἐπὶ φρεσὶ θῆκε θεὰ γλαυκῶπις Ἀθήνη·
ἀμφοτέρῃσι δὲ χερσὶν ἐπεσσύμενος λάβε πέτρης,
τῆς ἔχετο στενάχων, εἷος μέγα κῦμα παρῆλθε.
καὶ τὸ μὲν ὣς ὑπάλυξε, παλιρρόθιον δέ μιν αὖτις   430
πλῆξεν ἐπεσσύμενον, τηλοῦ δέ μιν ἔμβαλε πόντῳ.
ὡς δ' ὅτε πουλύποδος θαλάμης ἐξελκομένοιο
πρὸς κοτυληδονόφιν πυκιναὶ λάιγγες ἔχονται,
ὣς τοῦ πρὸς πέτρῃσι θρασειάων ἀπὸ χειρῶν
ῥινοὶ ἀπέδρυφθεν· τὸν δὲ μέγα κῦμ' ἐκάλυψεν.   435
ἔνθα κε δὴ δύστηνος ὑπὲρ μόρον ὤλετ' Ὀδυσσεύς,
εἰ μὴ ἐπιφροσύνην δῶκε γλαυκῶπις Ἀθήνη·
κύματος ἐξαναδύς, τά τ' ἐρεύγεται ἤπειρόνδε,
νῆχε παρέξ, ἐς γαῖαν ὁρώμενος, εἴ που ἐφεύροι
ἠιόνας τε παραπλῆγας λιμένας τε θαλάσσης.   440
ἀλλ' ὅτε δὴ ποταμοῖο κατὰ στόμα καλλιρόοιο
ἷξε νέων, τῇ δή οἱ ἐείσατο χῶρος ἄριστος,
λεῖος πετράων, καὶ ἐπὶ σκέπας ἦν ἀνέμοιο·
ἔγνω δὲ προρέοντα καὶ εὔξατο ὃν κατὰ θυμόν·
   "κλῦθι, ἄναξ, ὅτις ἐσσί· πολύλλιστον δέ σ' ἱκάνω   445
φεύγων ἐκ πόντοιο Ποσειδάωνος ἐνιπάς.
αἰδοῖος μέν τ' ἐστὶ καὶ ἀθανάτοισι θεοῖσιν,
ἀνδρῶν ὅς τις ἵκηται ἀλώμενος, ὡς καὶ ἐγὼ νῦν
σόν τε ῥόον σά τε γούναθ' ἱκάνω πολλὰ μογήσας.
ἀλλ' ἐλέαιρε, ἄναξ· ἱκέτης δέ τοι εὔχομαι εἶναι." 450

Tief ist das Meer am Ufer, auf beiden Füßen zu stehen
Scheint mir unmöglich und so zu entrinnen dem Übel. Versuch ich
Trotzdem zu landen, dann fürcht ich, mich packen die mächtigen Wogen,
Schleudern mich hart an den Fels und vergeblich bliebe mein Mühen.
Schwämme ich aber noch weiter, der Küste entlang, ob am Strande
Seicht überspülte Stellen und Häfen des Meeres ich fände,
Dann kann die Windsbraut wieder mich packen und kann mich entführen
Weit in das fischreiche Meer, trotz all meinem Stöhnen. Es kann mir
Irgend ein Unhold jetzt noch im Meere ein mächtiges Untier
Schicken; die ruhmvolle Amphitrite nährt ja so viele;
Und ich weiß: der ruhmvolle Erderschütterer grollt mir."

Während im Sinn und auch im Gemüt er sich dies überlegte,
Riß eine mächtige Welle ihn hin an das rauhe Gestade.
Hier nun hätte die Haut er zerschunden, die Knochen zerschmettert,
Hätte ihm nicht Athene, die Göttin mit Augen der Eule,
Gute Gedanken gegeben: er faßte den Felsen beim Ansturm,
Hielt sich stöhnend mit beiden Händen und ließ so die große
Woge vorbeiziehn. Dieser entkam er, doch kehrte sie wieder,
Stürmte und traf ihn und warf ihn zurück in das weite Gewässer.
Wenn ein Polyp aus dem bergenden Loche gezerrt wird, dann haften
Dicht an den Warzen Stückchen des Felsens; geradeso hingen
Jetzt von der Haut seiner mutigen Hände die Fetzen am Felsen,
Während ihn selbst eine mächtige Woge verhüllte. Und wirklich!
Diesmal wäre der arme Odysseus zugrunde gegangen
Wider das Schicksal. Athene mit Augen der Eule indessen
Gab es ihm ein, aus dem Schwall, der zum Festland drängte, zu tauchen.
Diesen umschwamm er und richtete dauernd den Blick auf die Küste,
Ob er nicht seicht überspülte Stellen am Strande des Meeres,
Ob er nicht Häfen entdecke. Er schwamm und gewann eines Flusses
Herrlich strömende Mündung. Der Platz schien wirklich vortrefflich,
Glattes Gestein und geschützt gegen Wind und die Strömung, das sah er,
Kam auf ihn zu. Da flehte er betend und tief im Gemüte:

„Höre, Herrscher, wer du auch bist! Da so viele dich bitten,
Darum floh ich zu dir aus dem Meer vor der Drohung Poseidons.
Jeder Mann, der als Irrender kommt, verdient ja doch Ehrfurcht
Auch bei unsterblichen Göttern, wie ich auch jetzt zu dir komme,
Deinem Strom, deinen Knieen mich nahe nach Leiden in Fülle.
Mitleid! Herrscher! Ich bete darum, dein Schützling zu werden."

ὣς φάθ', ὁ δ' αὐτίκα παῦσεν ἑὸν ῥόον, ἔσχε δὲ κῦμα,
πρόσθε δέ οἱ ποίησε γαλήνην, τὸν δ' ἐσάωσεν
ἐς ποταμοῦ προχοάς. ὁ δ' ἄρ' ἄμφω γούνατ' ἔκαμψε
χεῖράς τε στιβαράς· ἁλὶ γὰρ δέδμητο φίλον κῆρ·
ᾤδεε δὲ χρόα πάντα, θάλασσα δὲ κήκιε πολλὴ   455
ἂν στόμα τε ῥῖνάς θ'· ὁ δ' ἄρ' ἄπνευστος καὶ ἄναυδος
κεῖτ' ὀλιγηπελέων, κάματος δέ μιν αἰνὸς ἵκανεν.
ἀλλ' ὅτε δή ῥ' ἄμπνυτο καὶ ἐς φρένα θυμὸς ἀγέρθη,
καὶ τότε δὴ κρήδεμνον ἀπὸ ἕο λῦσε θεοῖο.
καὶ τὸ μὲν ἐς ποταμὸν ἁλιμυρήεντα μεθῆκεν,   460
ἂψ δ' ἔφερεν μέγα κῦμα κατὰ ῥόον, αἶψα δ' ἄρ' Ἰνὼ
δέξατο χερσὶ φίλῃσιν· ὁ δ' ἐκ ποταμοῖο λιασθεὶς
σχοίνῳ ὑπεκλίνθη, κύσε δὲ ζείδωρον ἄρουραν.
ὀχθήσας δ' ἄρα εἶπε πρὸς ὃν μεγαλήτορα θυμόν·
  "ὤ μοι ἐγώ, τί πάθω; τί νύ μοι μήκιστα γένηται;   465
εἰ μέν κ' ἐν ποταμῷ δυσκηδέα νύκτα φυλάσσω,
μή μ' ἄμυδις στίβη τε κακὴ καὶ θῆλυς ἐέρση
ἐξ ὀλιγηπελίης δαμάσῃ κεκαφηότα θυμόν·
αὔρη δ' ἐκ ποταμοῦ ψυχρὴ πνέει ἠῶθι πρό.
εἰ δέ κεν ἐς κλειτὺν ἀναβὰς καὶ δάσκιον ὕλην   470
θάμνοις ἐν πυκινοῖσι καταδράθω, εἴ με μεθείη
ῥῖγος καὶ κάματος, γλυκερὸς δέ μοι ὕπνος ἐπέλθοι,
δείδω μὴ θήρεσσιν ἕλωρ καὶ κύρμα γένωμαι."
  ὣς ἄρα οἱ φρονέοντι δοάσσατο κέρδιον εἶναι·
βῆ ῥ' ἴμεν εἰς ὕλην· τὴν δὲ σχεδὸν ὕδατος εὗρεν   475
ἐν περιφαινομένῳ. δοιοὺς δ' ἄρ' ὑπήλυθε θάμνους
ἐξ ὁμόθεν πεφυῶτας· ὁ μὲν φυλίης, ὁ δ' ἐλαίης.
τοὺς μὲν ἄρ' οὔτ' ἀνέμων διάη μένος ὑγρὸν ἀέντων,
οὔτε ποτ' ἠέλιος φαέθων ἀκτῖσιν ἔβαλλεν,
οὔτ' ὄμβρος περάασκε διαμπερές· ὣς ἄρα πυκνοὶ   480
ἀλλήλοισιν ἔφυν ἐπαμοιβαδίς· οὓς ὑπ' Ὀδυσσεὺς
δύσετ'. ἄφαρ δ' εὐνὴν ἐπαμήσατο χερσὶ φίλῃσιν
εὐρεῖαν· φύλλων γὰρ ἔην χύσις ἤλιθα πολλή,
ὅσσον τ' ἠὲ δύω ἠὲ τρεῖς ἄνδρας ἔρυσθαι
ὥρῃ χειμερίῃ, εἰ καὶ μάλα περ χαλεπαίνοι.   485
τὴν μὲν ἰδὼν γήθησε πολύτλας δῖος Ὀδυσσεύς,
ἐν δ' ἄρα μέσσῃ λέκτο, χύσιν δ' ἐπεχεύατο φύλλων.
ὡς δ' ὅτε τις δαλὸν σποδιῇ ἐνέκρυψε μελαίνῃ

Fünfter Gesang

Sprachs und jener staute sofort seine eigene Strömung,
Stillte vor ihm das Meer und ließ sein Gewoge verebben.
Rettung war da in der Mündung des Stroms. Und es bog ihm die Kniee,
Bog ihm die wuchtigen Hände; sein Herz war erschöpft von der Salzflut.
Aufgebläht war der Leib überall: es entquoll ihm in Strömen
Wasser des Meeres durch Mund und Nase; er schnaufte nicht, sprach [nicht,
Ohne Bewußtsein lag er; denn schreckliche Müde befiel ihn.
Als er zu Atem dann kam, im Verstand das Gemüt sich gesammelt,
Tat er auch endlich den Schleier der Göttin vom Leibe. Er ließ ihn
Fallen ins salzige Wasser im Fluß; eine mächtige Woge
Trug ihn der Strömung entlang und sogleich mit eigenen Händen
Nahm ihn Ino zu sich. Jetzt kroch er heraus aus dem Flusse,
Ließ in die Binsen sich fallen und küßte die nährende Erde.
Schwer betroffen sprach er zum hochbeherzten Gemüte:
„Weh mir, was werd ich erdulden? Was werd ich zuletzt noch erleben?
Wache ich hier ohne Pflege am Fluß, in der Nacht, — dann fürcht ich,
Werden mich schlimmer Reif und tauige Frische vernichten,
Wenn ich den Willen zum Leben verhauche in völliger Ohnmacht.
Kalt ja wehen die Lüfte vom Fluß her, noch ehe es Tag wird.
Geh ich indessen den Hügel hinauf in das schattige Waldstück,
Schlaf ich dann ein in den dichten Gebüschen, dann fürcht ich, ich werde
Wilden Tieren zum Raub und zum Fraß, wenn Starre und Müde
Endlich weichen von mir und der süße Schlummer herankommt."
    Während er so es bedachte, erschien es ihm schließlich von Vorteil
Doch in den Wald zu gehen, den nah er am Wasser gefunden:
Weithin war er zu sehen; dort kroch er unter zwei Büsche.
Beide wuchsen am selben Fleck, ein wilder und zahmer
Ölbaum. Kräftiges Wehen von feuchten Winden gelangte
Nicht in das Innre und niemals durchstrahlte sie funkelnde Sonne;
Auch kein Regen durchrann sie: sie waren so dicht ineinander
Eins mit dem andern verwachsen. Odysseus verkroch sich in ihnen,
Brauchte sofort seine lieben Hände und raffte ein breites
Bett aus so zahllosen Haufen zusammen, daß zwei, drei Männer
Richtigen Schutz für die Tage des Winters sich schafften, und sollte
Heftigst er dräun. Der große Dulder, der hehre Odysseus,
Sah es voll Freude und schuf sich ein Bett in der Mitte und häufte
Mengen von Blättern auf sich, gerade, als wäre er einer,
Der auf entferntestem Feld, wo nirgends ein Nachbar sich findet,

ἀγροῦ ἐπ' ἐσχατιῆς, ᾧ μὴ πάρα γείτονες ἄλλοι,
σπέρμα πυρὸς σῴζων, ἵνα μή ποθεν ἄλλοθεν αὔοι, 490
ὣς Ὀδυσεὺς φύλλοισι καλύψατο. τῷ δ' ἄρ' Ἀθήνη
ὕπνον ἐπ' ὄμμασι χεῦ', ἵνα μιν παύσειε τάχιστα
δυσπονέος καμάτοιο, φίλα βλέφαρ' ἀμφικαλύψας.

Brennende Stücke verbirgt unter Haufen schwärzlicher Asche,
Daß er den Samen des Feuers bewahre, nicht irgendwoanders
Holen ihn müsse: gerade so barg sich Odysseus im Laube.
Schlaf aber goß auf die Augen Athene; von Müde und Mühsal
Sollte er rasch ihn erlösen, die lieben Lider umdunkeln.

ΟΔΥΣΣΕΙΑΣ Ζ

Ὀδυσσέως ἄφιξις εἰς Φαίακας

"Ὣς ὁ μὲν ἔνθα καθεῦδε πολύτλας δῖος Ὀδυσσεὺς
ὕπνῳ καὶ καμάτῳ ἀρημένος· αὐτὰρ Ἀθήνη
βῆ ῥ' ἐς Φαιήκων ἀνδρῶν δῆμόν τε πόλιν τε·
οἳ πρὶν μέν ποτ' ἔναιον ἐν εὐρυχόρῳ Ὑπερείῃ,
ἀγχοῦ Κυκλώπων ἀνδρῶν ὑπερηνορεόντων, 5
οἵ σφεας σινέσκοντο, βίηφι δὲ φέρτεροι ἦσαν.
ἔνθεν ἀναστήσας ἄγε Ναυσίθοος θεοειδής,
εἷσεν δὲ Σχερίῃ, ἑκὰς ἀνδρῶν ἀλφηστάων,
ἀμφὶ δὲ τεῖχος ἔλασσε πόλει καὶ ἐδείματο οἴκους
καὶ νηοὺς ποίησε θεῶν καὶ ἐδάσσατ' ἀρούρας. 10
ἀλλ' ὁ μὲν ἤδη κηρὶ δαμεὶς Ἄϊδόσδε βεβήκει,
Ἀλκίνοος δὲ τότ' ἦρχε, θεῶν ἄπο μήδεα εἰδώς.
τοῦ μὲν ἔβη πρὸς δῶμα θεὰ γλαυκῶπις Ἀθήνη,
νόστον Ὀδυσσῆϊ μεγαλήτορι μητιόωσα.
βῆ δ' ἴμεν ἐς θάλαμον πολυδαίδαλον, ᾧ ἔνι κούρη 15
κοιμᾶτ' ἀθανάτῃσι φυὴν καὶ εἶδος ὁμοίη,
Ναυσικάα, θυγάτηρ μεγαλήτορος Ἀλκινόοιο,
πὰρ δὲ δύ' ἀμφίπολοι, Χαρίτων ἄπο κάλλος ἔχουσαι,
σταθμοῖιν ἑκάτερθε· θύραι δ' ἐπέκειντο φαειναί.
ἡ δ' ἀνέμου ὡς πνοιὴ ἐπέσσυτο δέμνια κούρης, 20
στῆ δ' ἄρ' ὑπὲρ κεφαλῆς καί μιν πρὸς μῦθον ἔειπεν,
εἰδομένη κούρῃ ναυσικλειτοῖο Δύμαντος,
ἥ οἱ ὁμηλικίη μὲν ἔην, κεχάριστο δὲ θυμῷ.
τῇ μιν ἐεισαμένη προσέφη γλαυκῶπις Ἀθήνη·

"Ναυσικάα, τί νύ δ' ὧδε μεθήμονα γείνατο μήτηρ; 25
εἵματα μέν τοι κεῖται ἀκηδέα σιγαλόεντα,
σοὶ δὲ γάμος σχεδόν ἐστιν, ἵνα χρὴ καλὰ μὲν αὐτὴν
ἕννυσθαι, τὰ δὲ τοῖσι παρασχεῖν, οἵ κέ σ' ἄγωνται·
ἐκ γάρ τοι τούτων φάτις ἀνθρώπους ἀναβαίνει
ἐσθλή, χαίρουσιν δὲ πατὴρ καὶ πότνια μήτηρ. 30
ἀλλ' ἴομεν πλυνέουσαι ἅμ' ἠοῖ φαινομένηφι·
καί τοι ἐγὼ συνέριθος ἅμ' ἕψομαι, ὄφρα τάχιστα

SECHSTER GESANG

Ankunft des Odysseus bei den Phaiaken

Hier also schlief nun der große Dulder, der hehre Odysseus,
Schwer überwältigt von Schlaf und von Müde, indessen Athene
Volk und Stadt der Phaiaken besuchte, die frühen Bewohner
Hypereias, wo breite Plätze zum Tanzen sich fanden,
Nahe beim Land der Kyklopen, der übermenschlichen Männer.
Diese schadeten ihnen und waren an Kraft überlegen.
Aber der göttergleiche Nausithoos rief sie zum Wandern,
Ließ sie in Scheria siedeln weitab von erwerbenden Männern,
Ließ um die Stadt eine Mauer dann bauen, errichtete Häuser,
Schuf auch Tempel der Götter und teilte die ländlichen Fluren.
Der aber war vom Tod überwältigt lang schon im Hades.
Jetzt war Alkinoos Herr, den die Götter beim Planen belehrten.
Dessen Haus nun betrat Athene mit Augen der Eule,
Plante sie doch für den hochbeherzten Odysseus die Heimkehr,
Lenkte sodann ihren Schritt in die kunstvolle Kammer, worinnen
Schlafend ein Mädchen lag, den Göttinnen gleich an Erscheinung
Wie auch an Wuchs: des hochbeherzten Alkinoos Tochter
War es, Nausikaa. Neben dem Türstock lagen zwei Mädchen,
Schön wie die Mädchen der Charis. Die glänzende Tür war geschlossen.
Sie aber drang zum Bett der Maid wie ein wehender Windhauch,
Stellte sich über ihr Haupt und sprach sie dann an mit den Worten: —
Ähnlich sah sie der Tochter des Dymas, des ruhmvollen Schiffsherrn,
Jung wie Nausikaa war sie und hold ihr gesinnt im Gemüte —
Dieser glich Athene mit Augen der Eule und sagte:

„Ei, Nausikaa, hat dich die Mutter so lässig geschaffen?
Schimmernde Kleider liegen herum und niemand besorgt sie;
Du aber stehst vor der Hochzeit; du mußt selber dabei doch
Schöne Kleider tragen und andere richten für jene
Jünglinge, die dich dann führen; denn daher kommt doch der gute
Ruf bei den Menschen zur Freude von Vater und waltender Mutter.
Komm, wir gehen und waschen beim ersten Lichte des Morgens!
Helferin will ich dir sein, damit du es schnellstens erledigst.

ἐντύνεαι, ἐπεὶ οὔ τοι ἔτι δὴν παρθένος ἔσσεαι·
ἤδη γάρ σε μνῶνται ἀριστῆες κατὰ δῆμον
πάντων Φαιήκων, ὅθι τοι γένος ἐστὶ καὶ αὐτῇ. 35
ἀλλ' ἄγ' ἐπότρυνον πατέρα κλυτὸν ἠῶθι πρὸ
ἡμιόνους καὶ ἄμαξαν ἐφοπλίσαι, ἥ κεν ἄγῃσι
ζῶστρά τε καὶ πέπλους καὶ ῥήγεα σιγαλόεντα.
καὶ δὲ σοὶ ὧδ' αὐτῇ πολὺ κάλλιον ἠὲ πόδεσσιν
ἔρχεσθαι· πολλὸν γὰρ ἄπο πλυνοί εἰσι πόληος." 40
ἡ μὲν ἄρ' ὣς εἰποῦσ' ἀπέβη γλαυκῶπις Ἀθήνη
Οὔλυμπόνδ', ὅθι φασὶ θεῶν ἕδος ἀσφαλὲς αἰεὶ
ἔμμεναι· οὔτ' ἀνέμοισι τινάσσεται οὔτε ποτ' ὄμβρῳ
δεύεται οὔτε χιὼν ἐπιπίλναται, ἀλλὰ μάλ' αἴθρη
πέπταται ἀννέφελος, λευκὴ δ' ἐπιδέδρομεν αἴγλη· 45
τῷ ἔνι τέρπονται μάκαρες θεοὶ ἤματα πάντα.
ἔνθ' ἀπέβη γλαυκῶπις, ἐπεὶ διεπέφραδε κούρῃ.
   αὐτίκα δ' Ἠὼς ἦλθεν ἐΰθρονος, ἥ μιν ἔγειρε
Ναυσικάαν εὔπεπλον· ἄφαρ δ' ἀπεθαύμασ' ὄνειρον,
βῆ δ' ἴμεναι διὰ δώμαθ', ἵν' ἀγγείλειε τοκεῦσι, 50
πατρὶ φίλῳ καὶ μητρί· κιχήσατο δ' ἔνδον ἐόντας.
ἡ μὲν ἐπ' ἐσχάρῃ ἧστο σὺν ἀμφιπόλοισι γυναιξίν,
ἠλάκατα στρωφῶσ' ἁλιπόρφυρα· τῷ δὲ θύραζε
ἐρχομένῳ ξύμβλητο μετὰ κλειτοὺς βασιλῆας
ἐς βουλήν, ἵνα μιν κάλεον Φαίηκες ἀγαυοί. 55
ἡ δὲ μάλ' ἄγχι στᾶσα φίλον πατέρα προσέειπε·
   "πάππα φίλ', οὐκ ἂν δή μοι ἐφοπλίσσειας ἀπήνην
ὑψηλὴν εὔκυκλον, ἵνα κλυτὰ εἵματ' ἄγωμαι
ἐς ποταμὸν πλυνέουσα, τά μοι ῥερυπωμένα κεῖται;
καὶ δὲ σοὶ αὐτῷ ἔοικε μετὰ πρώτοισιν ἐόντα 60
βουλὰς βουλεύειν καθαρὰ χροῒ εἵματ' ἔχοντα.
πέντε δέ τοι φίλοι υἷες ἐνὶ μεγάροις γεγάασιν,
οἱ δύ' ὀπυίοντες, τρεῖς δ' ἠΐθεοι θαλέθοντες·
οἱ δ' αἰεὶ ἐθέλουσι νεόπλυτα εἵματ' ἔχοντες
ἐς χορὸν ἔρχεσθαι· τὰ δ' ἐμῇ φρενὶ πάντα μέμηλεν." 65
   ὣς ἔφατ'· αἴδετο γὰρ θαλερὸν γάμον ἐξονομῆναι
πατρὶ φίλῳ· ὁ δὲ πάντα νόει καὶ ἀμείβετο μύθῳ·
   "οὔτε τοι ἡμιόνων φθονέω, τέκος, οὔτε τευ ἄλλου.
ἔρχευ· ἀτάρ τοι δμῶες ἐφοπλίσσουσιν ἀπήνην
ὑψηλὴν εὔκυκλον, ὑπερτερίῃ ἀραρυῖαν." 70

Jungfrau bleibst du ja doch nicht mehr lang; da von allen Phaiaken
Heut schon die Besten in unserem Volke um dich sich bewerben;
Bist du doch selber Tochter des Volkes. Also, wohlan denn!
Heut noch, in aller Frühe betreib es beim ruhmvollen Vater!
Wagen und Maultier soll er dir rüsten, die müssen dann Gürtel,
Müssen die großen Gewänder und glänzenden Tücher befördern.
Auch für dich ist es so viel schöner, als wenn du zu Fuß gehst.
Sind doch die Gruben, in denen sie waschen, recht weit von der Stadt [weg."
    Also sprach sie und ging, Athene mit Augen der Eule,
Fort zum Olympos; dort thronen die Götter immer und sicher,
Sagen die Menschen; ihn rüttelt kein Wind, nie netzt ihn der Regen,
Schnee fällt niemals darauf, so liegt er in himmlischer Klarheit
Wolkenlos, umwallt von blendender Weiße. Dort oben
Leben die seligen Götter in Freuden alle die Tage.
Dorthin ging, als der Maid sies gesagt, die mit Augen der Eule.

    Gleich aber kam jetzt Eos auf herrlichem Throne und weckte
Eben das Mädchen mit schönen Kleidern, Nausikaa; diese
Weilte nicht lang mehr verwundert beim Traum; sie durcheilte die Räume,
Meldung zu bringen den Eltern, dem lieben Vater, der Mutter.
Beide nun fand sie drinnen; die Mutter am Herd mit den Mägden
Saß und spann ihre schillernden Fäden; den Vater doch traf sie
Grad, wie er fort aus dem Haus zum versammelten Rat der berühmten
Könige ging, wohin ihn die edlen Phaiaken beriefen.
Nahe, ganz nahe trat sie zum lieben Vater und sagte:

„Väterchen, liebes, könntest du nicht einen Wagen mir rüsten,
Hoch und mit guten Rädern? Ich möchte berühmte Gewänder
Waschen am Fluß; ich möchte dahin sie fahren; sie liegen
Lang schon schmutzig herum; für dich auch ist es doch richtig,
Hältst mit den ersten Männern du Rat, du tust es mit reinen
Kleidern am Leibe. Fünf liebe Söhne hast du im Hause;
Zwei sind vermählt, die anderen drei sind blühende Burschen!
Gehn sie zum Tanzplatz, wollen sie frischgewaschne Gewänder,
Immer wieder, und mir liegt am Herzen, an all dies zu denken.

    Also sprach sie; Verschämtheit verbot ihr von blühender Hochzeit
Wörtlich beim lieben Vater zu reden, der alles durchschaute.

    Darum gab er zur Antwort: „Tochter, ich geb dir die Tiere
Gern und noch andres. So geh denn! Die Diener werden den hohen
Wagen, den mit Bedachung und trefflichen Rädern dir rüsten."

ὣς εἰπὼν δμώεσσιν ἐκέκλετο, τοὶ δ' ἐπίθοντο.
οἱ μὲν ἄρ' ἐκτὸς ἄμαξαν ἐΰτροχον ἡμιονείην
ὅπλεον ἡμιόνους θ' ὕπαγον ζεῦξάν θ' ὑπ' ἀπήνῃ·
κούρη δ' ἐκ θαλάμοιο φέρεν ἐσθῆτα φαεινήν.
καὶ τὴν μὲν κατέθηκεν ἐϋξέστῳ ἐπ' ἀπήνῃ· 75
μήτηρ δ' ἐν κίστῃ ἐτίθει μενοεικέ' ἐδωδὴν
παντοίην, ἐν δ' ὄψα τίθει, ἐν δ' οἶνον ἔχευεν
ἀσκῷ ἐν αἰγείῳ· κούρη δ' ἐπεβήσετ' ἀπήνης.
δῶκεν δὲ χρυσέῃ ἐν ληκύθῳ ὑγρὸν ἔλαιον,
εἷος χυτλώσαιτο σὺν ἀμφιπόλοισι γυναιξίν. 80
ἡ δ' ἔλαβεν μάστιγα καὶ ἡνία σιγαλόεντα,
μάστιξεν δ' ἐλάαν· καναχὴ δ' ἦν ἡμιόνοιϊν·
αἱ δ' ἄμοτον τανύοντο, φέρον δ' ἐσθῆτα καὶ αὐτήν,
οὐκ οἴην· ἅμα τῇ γε καὶ ἀμφίπολοι κίον ἄλλαι.

αἱ δ' ὅτε δὴ ποταμοῖο ῥόον περικαλλέ' ἵκοντο, 85
ἔνθ' ἦ τοι πλυνοὶ ἦσαν ἐπηετανοί, πολὺ δ' ὕδωρ
καλὸν ὑπεκπρόρεεν μάλα περ ῥυπόωντα καθῆραι,
ἔνθ' αἵ γ' ἡμιόνους μὲν ὑπεκπροέλυσαν ἀπήνης.
καὶ τὰς μὲν σεῦαν ποταμὸν πάρα δινήεντα
τρώγειν ἄγρωστιν μελιηδέα· ταὶ δ' ἀπ' ἀπήνης 90
εἵματα χερσὶν ἕλοντο καὶ ἐσφόρεον μέλαν ὕδωρ,
στεῖβον δ' ἐν βόθροισι θοῶς, ἔριδα προφέρουσαι.
αὐτὰρ ἐπεὶ πλῦνάν τε κάθηράν τε ῥύπα πάντα,
ἑξείης πέτασαν παρὰ θῖν' ἁλός, ἧχι μάλιστα
λάϊγγας ποτὶ χέρσον ἀποπλύνεσκε θάλασσα. 95
αἱ δὲ λοεσσάμεναι καὶ χρισάμεναι λίπ' ἐλαίῳ
δεῖπνον ἔπειθ' εἵλοντο παρ' ὄχθῃσιν ποταμοῖο,
εἵματα δ' ἠελίοιο μένον τερσήμεναι αὐγῇ.
αὐτὰρ ἐπεὶ σίτου τάρφθεν δμωαί τε καὶ αὐτή,
σφαίρῃ ταὶ δ' ἄρ' ἔπαιζον, ἀπὸ κρήδεμνα βαλοῦσαι. 100
τῇσι δὲ Ναυσικάα λευκώλενος ἤρχετο μολπῆς.
οἵη δ' Ἄρτεμις εἶσι κατ' οὔρεα ἰοχέαιρα,
ἢ κατὰ Τηΰγετον περιμήκετον ἢ Ἐρύμανθον,
τερπομένη κάπροισι καὶ ὠκείῃς ἐλάφοισι·
τῇ δέ θ' ἅμα Νύμφαι, κοῦραι Διὸς αἰγιόχοιο, 105
ἀγρονόμοι παίζουσι· γέγηθε δέ τε φρένα Λητώ·
πασάων δ' ὑπὲρ ἥ γε κάρη ἔχει ἠδὲ μέτωπα,
ῥεῖά τ' ἀριγνώτη πέλεται, καλαὶ δέ τε πᾶσαι·

Sprachs und gab den Dienern Befehle und diese gehorchten,
Brachten sodann instand den Maultierwagen mit guten
Rädern, führten und schirrten die Tiere heran an das Fahrzeug.
Aber die Tochter trug aus der Kammer die schimmernden Kleider,
Legte sie dann auf das trefflich gefegte Gefährt und die Mutter
Lud einen Korb mit erwünschten, vielerlei Speisen und fügte
Leckeres auch noch dazu. In den Schlauch aus dem Fell einer Ziege
Goß sie den Wein und die Tochter bestieg dann den Wagen. Die Mutter
Gab auch in goldenem Krug noch flüssiges Öl; nach dem Baden
Sollte sie sich mit den Mägden dann salben. Nun nahm sie die Geißel,
Griff nach den funkelnden Zügeln, daß eilig es gehe, und peitschte.
Und die Bastarden erregten schallendes Rasseln; sie legten
Stark sich ins Zeug und beförderten beides, Wäsche und Herrin,
Sie nicht allein, mit ihr ja gingen noch andere Mädchen.

Alsbald kamen sie hin zu des Flusses reizender Strömung.
Gruben für Jahre befanden sich dort und das herrlichste Wasser
Strömte in Fülle, genug auch den gröbsten Schmutz zu entfernen.
Hier nun schirrten die Mädchen die Tiere vom Wagen und trieben
Hin sie zum Ufer des wirbelnden Flusses und ließen sie fressen
Feldgras, süß wie Honig. Sie holten die Kleider vom Wagen,
Armvoll, tauchten ins dunkle Wasser sie ein und begannen
Eilig zu treten. Es gab an den Gruben hurtigen Wettstreit.
Als sie dann aber gewaschen und alles Beschmutzte gereinigt,
Breiteten Stück neben Stück sie aus am Strande der Salzflut,
Dort, wo das Wasser den Kies am Gestade am gründlichsten säubert.
Badeten dann und salbten mit glänzendem Öl ihre Körper,
Nahmen die Mahlzeit ein am Rande des Flusses und ließen
Ruhig die Sonnenstrahlen die Wäsche trocknen. Doch als dann
Herrin und Mägde zusammen fröhlich die Speisen genossen,
Nahmen die Tücher sie ab vom Kopf und begannen ein Ballspiel,
Und Nausikaa führte mit weißen Armen den Reigen.
Artemis schweift von Gebirg zu Gebirgen, die fröhliche Schützin,
Seis durch den langen Taýgetos, seis Erymanthos; sie freut sich
Eber und hurtige Hirsche zu treffen; mit ihr aber spielen
Nymphen vom Felde, die Töchter des Zeus, des Schwingers der Aigis.
Aber auch Leto ist freudiger Stimmung im Innern; denn stolzer
Trägt ja die Tochter Stirne und Haupt als die andern; es kennt sie
Leicht ein jeder heraus, doch freilich, schön sind sie alle:

ὣς ἥ γ' ἀμφιπόλοισι μετέπρεπε παρθένος ἀδμής.
 ἀλλ' ὅτε δὴ ἄρ' ἔμελλε πάλιν οἶκόνδε νέεσθαι 110
ζεύξασ' ἡμιόνους πτύξασά τε εἵματα καλά,
ἔνθ' αὖτ' ἄλλ' ἐνόησε θεὰ γλαυκῶπις Ἀθήνη,
ὡς Ὀδυσεὺς ἔγροιτο, ἴδοι τ' εὐώπιδα κούρην,
ἥ οἱ Φαιήκων ἀνδρῶν πόλιν ἡγήσαιτο.
σφαῖραν ἔπειτ' ἔρριψε μετ' ἀμφίπολον βασίλεια· 115
ἀμφιπόλου μὲν ἅμαρτε, βαθείῃ δ' ἔμβαλε δίνῃ.
αἱ δ' ἐπὶ μακρὸν ἄϋσαν· ὁ δ' ἔγρετο δῖος Ὀδυσσεύς,
ἑζόμενος δ' ὥρμαινε κατὰ φρένα καὶ κατὰ θυμόν·
 "ὤ μοι ἐγώ, τέων αὖτε βροτῶν ἐς γαῖαν ἱκάνω;
ἦ ῥ' οἵ γ' ὑβρισταί τε καὶ ἄγριοι οὐδὲ δίκαιοι, 120
ἦε φιλόξεινοι καί σφιν νόος ἐστὶ θεουδής;
ὥς τέ με κουράων ἀμφήλυθε θῆλυς ἀϋτή,
Νυμφάων, αἳ ἔχουσ' ὀρέων αἰπεινὰ κάρηνα
καὶ πηγὰς ποταμῶν καὶ πίσεα ποιήεντα·
ἦ νύ που ἀνθρώπων εἰμὶ σχεδὸν αὐδηέντων. 125
ἀλλ' ἄγ' ἐγὼν αὐτὸς πειρήσομαι ἠδὲ ἴδωμαι."
 ὣς εἰπὼν θάμνων ὑπεδύσετο δῖος Ὀδυσσεύς,
ἐκ πυκινῆς δ' ὕλης πτόρθον κλάσε χειρὶ παχείῃ
φύλλων, ὡς ῥύσαιτο περὶ χροῒ μήδεα φωτός.
βῆ δ' ἴμεν ὥς τε λέων ὀρεσίτροφος, ἀλκὶ πεποιθώς, 130
ὅς τ' εἶσ' ὑόμενος καὶ ἀήμενος, ἐν δέ οἱ ὄσσε
δαίεται· αὐτὰρ ὁ βουσὶ μετέρχεται ἢ ὀίεσσιν
ἠὲ μετ' ἀγροτέρας ἐλάφους· κέλεται δέ ἑ γαστὴρ
μήλων πειρήσοντα καὶ ἐς πυκινὸν δόμον ἐλθεῖν·
ὣς Ὀδυσεὺς κούρῃσιν ἐϋπλοκάμοισιν ἔμελλε 135
μείξεσθαι, γυμνός περ ἐών· χρειὼ γὰρ ἵκανε.
σμερδαλέος δ' αὐτῇσι φάνη κεκακωμένος ἅλμῃ,
τρέσσαν δ' ἄλλυδις ἄλλη ἐπ' ἠϊόνας προὐχούσας.
οἴη δ' Ἀλκινόου θυγάτηρ μένε· τῇ γὰρ Ἀθήνη
θάρσος ἐνὶ φρεσὶ θῆκε καὶ ἐκ δέος εἵλετο γυίων. 140
στῆ δ' ἄντα σχομένη· ὁ δὲ μερμήριξεν Ὀδυσσεύς,
ἢ γούνων λίσσοιτο λαβὼν εὐώπιδα κούρην,
ἦ αὔτως ἐπέεσσιν ἀποσταδὰ μειλιχίοισι
λίσσοιτ', εἰ δείξειε πόλιν καὶ εἵματα δοίη.
ὣς ἄρα οἱ φρονέοντι δοάσσατο κέρδιον εἶναι, 145
λίσσεσθαι ἐπέεσσιν ἀποσταδὰ μειλιχίοισι,

Grad so prangte im Kreis ihrer Mägde jungfräulich das Mädchen.
 Aber als sie dann endlich nach Hause wiederum wollte,
Ließ die Tiere sie zäumen und falten die schönen Gewänder.
Doch da ersann Athene, die Göttin mit Augen der Eule,
Wieder ein andres: Erwachen sollte Odysseus, er sollte
Sehen das Mädchen mit schönem Gesicht, in die Stadt der Phaiaken
Sollt es die Wege ihm weisen. Da warf denn die Königin eben
Einer der Mägde den Ball zu und fehlte die Magd; in den tiefen
Wirbel doch traf sie. Sie schrieen gewaltig. Der hehre Odysseus
Wachte da auf und bewegte sitzend im Sinn und Gemüte:
 „Weh mir Armen! Ins Land welcher Sterblichen bin ich gekommen
Wiedereinmal? Sinds Frevler, Wilde? Kennen das Recht nicht?
Sind es wohl gastliche Leute mit gottesfürchtigem Denken?
Klangen doch eben um mich von Mädchen weibliche Stimmen —
Sind es wohl Nymphen, die Gipfel der steilen Berge bewohnen,
Quellen von Flüssen und grasige Auen? Doch eines ist sicher:
Menschen mit menschlicher Stimme bin ich jetzt nahe. Wohlan denn:
Mach ich mich auf, um es selber zu prüfen und selber zu sehen!"
 Also sagte der hehre Odysseus und stieg aus dem Laubwerk,
Brach aus dem dichten Wald mit plumper Hand einen Ast ab,
Stark belaubt, das Geschlecht am Körper des Mannes zu decken,
Ging dann los wie der kraftbewußte Leu im Gebirge,
Regen peitscht ihn und Wind, doch er schreitet, es funkeln die Augen;
Rindern aber rückt er zu Leib oder Schafen, auch Hirschen,
Wenn durch die Felder sie streifen; es treibt ihn der Magen; beim Kleinvieh
Macht er Versuche und geht gar heran an ein festes Gebäude:
Grad so mußte Odysseus den Mädchen mit reizenden Flechten,
War er auch nackt, sich gesellen; denn Not hatte ihn überkommen.
Fürchterlich schien er den Mädchen, beschmutzt von salziger Kruste;
Zitternd stoben sie hierhin und dorthin auf hohes Gestade.
Einzig Alkinoos' Tochter blieb; denn es hatte Athene
Mut in den Sinn ihr gelegt und die Angst aus den Knieen genommen.
Aug in Auge bewahrte sie Haltung. Da schwankte Odysseus,
Sollte er bitten das Mädchen mit schönem Gesicht, seine Knie
Fassen? Sollte er gradhin mit schmeichelnden Worten von ferne
Bitten, daß sie die Stadt ihm zeige und Kleider ihm gebe?
Während er so es bedachte, erschien es ihm schließlich als Vorteil:
Bitten wollt er von ferne mit schmeichelnden Worten, sonst könnte

μή οἱ γοῦνα λαβόντι χολώσαιτο φρένα κούρη.
αὐτίκα μειλίχιον καὶ κερδαλέον φάτο μῦθον·
  "γουνοῦμαί σε, ἄνασσα, θεός νύ τις ἦ βροτός ἐσσι·
εἰ μέν τις θεός ἐσσι, τοὶ οὐρανὸν εὐρὺν ἔχουσιν,   150
Ἀρτέμιδί σε ἐγώ γε, Διὸς κούρῃ μεγάλοιο,
εἶδός τε μέγεθός τε φυήν τ' ἄγχιστα ἐΐσκω·
εἰ δέ τίς ἐσσι βροτῶν, οἳ ἐπὶ χθονὶ ναιετάουσι,
τρὶς μάκαρες μὲν σοί γε πατὴρ καὶ πότνια μήτηρ,
τρὶς μάκαρες δὲ κασίγνητοι· μάλα πού σφισι θυμὸς   155
αἰὲν ἐϋφροσύνῃσιν ἰαίνεται εἵνεκα σεῖο,
λευσσόντων τοιόνδε θάλος χορὸν εἰσοιχνεῦσαν.
κεῖνος δ' αὖ περὶ κῆρι μακάρτατος ἔξοχον ἄλλων,
ὅς κέ σ' ἐέδνοισι βρίσας οἶκόνδ' ἀγάγηται.
οὐ γάρ πω τοιοῦτον ἴδον βροτὸν ὀφθαλμοῖσιν,   160
οὔτ' ἄνδρ' οὔτε γυναῖκα· σέβας μ' ἔχει εἰσορόωντα.
Δήλῳ δή ποτε τοῖον Ἀπόλλωνος παρὰ βωμῷ
φοίνικος νέον ἔρνος ἀνερχόμενον ἐνόησα·
ἦλθον γὰρ καὶ κεῖσε, πολὺς δέ μοι ἕσπετο λαός,
τὴν ὁδόν, ᾗ δὴ μέλλεν ἐμοὶ κακὰ κήδε' ἔσεσθαι·   165
ὣς δ' αὔτως καὶ κεῖνο ἰδὼν ἐτεθήπεα θυμῷ,
δήν, ἐπεὶ οὔ πω τοῖον ἀνήλυθεν ἐκ δόρυ γαίης,
ὡς σέ, γύναι, ἄγαμαί τε τέθηπά τε, δείδια δ' αἰνῶς
γούνων ἅψασθαι· χαλεπὸν δέ με πένθος ἱκάνει.
χθιζὸς ἐεικοστῷ φύγον ἤματι οἴνοπα πόντον·   170
τόφρα δέ μ' αἰεὶ κῦμα φόρει κραιπναί τε θύελλαι
νήσου ἀπ' Ὠγυγίης· νῦν δ' ἐνθάδε κάββαλε δαίμων,
ὄφρα τί που καὶ τῇδε πάθω κακόν· οὐ γὰρ ὀΐω
παύσεσθ', ἀλλ' ἔτι πολλὰ θεοὶ τελέουσι πάροιθεν.
ἀλλά, ἄνασσ', ἐλέαιρε· σὲ γὰρ κακὰ πολλὰ μογήσας   175
ἐς πρώτην ἱκόμην, τῶν δ' ἄλλων οὔ τινα οἶδα
ἀνθρώπων, οἳ τήνδε πόλιν καὶ γαῖαν ἔχουσιν.
ἄστυ δέ μοι δεῖξον, δὸς δὲ ῥάκος ἀμφιβαλέσθαι,
εἴ τί που εἴλυμα σπείρων ἔχες ἐνθάδ' ἰοῦσα.
σοὶ δὲ θεοὶ τόσα δοῖεν, ὅσα φρεσὶ σῇσι μενοινᾷς,   180
ἄνδρα τε καὶ οἶκον, καὶ ὁμοφροσύνην ὀπάσειαν
ἐσθλήν· οὐ μὲν γὰρ τοῦ γε κρεῖσσον καὶ ἄρειον,
ἢ ὅθ' ὁμοφρονέοντε νοήμασιν οἶκον ἔχητον
ἀνὴρ ἠδὲ γυνή· πόλλ' ἄλγεα δυσμενέεσσι,

Böse im Sinne ihm werden die Maid, wenn am Knie er sie faßte.
Also begann er sogleich mit gewinnenden, schmeichelnden Worten:
  „Herrscherin! Knieend komm ich und frage dich: Bist eine Göttin —
Bist du ein Weib? Und wohnst du als Göttin bei denen im breiten
Himmel — der großen Tochter des Zeus, der Artemis, muß ich
Dann dich an Ansehn, an Wuchs und an Größe am nächsten vergleichen.
Bist du indessen ein sterbliches Weib, wie hier sie auf Erden
Wohnen, dann dreimal Heil deinem Vater, der waltenden Mutter,
Dreimal Heil deinen Brüdern; um deinetwillen ja wird sich
Immer und stark ihr Gemüt erwärmen mit guten Gedanken,
Wenn sie ein solches Geschöpf im Reigen schreitend erblicken.
Aber im Herzen der Glücklichste wäre wohl jener vor andern,
Der in sein Haus, überladen mit Brautgeschenken, dich heimführt.
Nie noch sahn meine Augen so eine Sterbliche; keinen
Mann und nie eine Frau; ich staune beim Schauen vor Ehrfurcht.
Ja, ich sah beim Altar des Apollon einstens in Delos,
Wie dort ein Dattelpalmsproß grad aus dem Boden emporwuchs
Kam ich dahin doch auch; es folgten mir Leute in Haufen,
Jenen Weg, der in Zukunft Fülle des Leides mir brachte.
Grad so stand ich und staunte gar lang im Gemüte beim Anblick.
Niemals war noch ein solcher Trieb dem Boden entsprossen,
Wie ich jetzt dich, o Weib, bewundernd bestaune; ich fürchte
Schrecklich, dein Knie zu berühren und schwere Trauer befällt mich.
Gestern, am zwanzigsten Tage, entrann ich dem weinroten Meere,
All diese Tage trugen mich Wogen und reißende Winde
Weg von der Insel Ogygia. Jetzt aber warf eine Gottheit
Hier mich an Land, daß auch hier noch ich weitere Übel erleide.
Ehe sie enden, meine ich, schicken die Götter noch viele.
Darum, Herrin! Erbarmen! Denn du bist wirklich die Erste,
Der ich mich nahe nach zahllosen Leiden; ich kenne ja keinen
Einzigen Menschen von denen, die Stadt und Land hier bewohnen.
Zeig mir den Weg in die Stadt, ein Tuch gib, daß ich mich decke!
Hattest du etwa beim Kommen die Wäsche in Hüllen geschlagen?
Dir doch verleihen die Götter, was alles im Sinn du dir ausdenkst:
Mann und Heim und bei allem edles, versöhnliches Denken!
Darin liegt ja die Kraft: In versöhnlichem Denken den Haushalt
Klug überlegend zu führen für Mann und Weib. Es gibt nichts
Besseres, ärgert die Übelgesinnten; die freundlich Gesinnten

χάρματα δ' εὐμενέτῃσι· μάλιστα δέ τ' ἔκλυον αὐτοί." 185
 τὸν δ' αὖ Ναυσικάα λευκώλενος ἀντίον ηὔδα·
"ξεῖν', ἐπεὶ οὔτε κακῷ οὔτ' ἄφρονι φωτὶ ἔοικας,
Ζεὺς δ' αὐτὸς νέμει ὄλβον Ὀλύμπιος ἀνθρώποισιν,
ἐσθλοῖς ἠδὲ κακοῖσιν, ὅπως ἐθέλῃσιν, ἑκάστῳ·
καί που σοὶ τά γ' ἔδωκε, σὲ δὲ χρὴ τετλάμεν ἔμπης. 190
νῦν δ', ἐπεὶ ἡμετέρην τε πόλιν καὶ γαῖαν ἱκάνεις,
οὔτ' οὖν ἐσθῆτος δευήσεαι οὔτε τευ ἄλλου,
ὧν ἐπέοιχ' ἱκέτην ταλαπείριον ἀντιάσαντα.
ἄστυ δέ τοι δείξω, ἐρέω δέ τοι οὔνομα λαῶν·
Φαίηκες μὲν τήνδε πόλιν καὶ γαῖαν ἔχουσιν, 195
εἰμὶ δ' ἐγὼ θυγάτηρ μεγαλήτορος Ἀλκινόοιο,
τοῦ δ' ἐκ Φαιήκων ἔχεται κάρτος τε βίη τε."
 ἦ ῥα, καὶ ἀμφιπόλοισιν ἐϋπλοκάμοισι κέλευσε·
"στῆτέ μοι ἀμφίπολοι· πόσε φεύγετε φῶτα ἰδοῦσαι;
ἦ μή πού τινα δυσμενέων φάσθ' ἔμμεναι ἀνδρῶν; 200
οὐκ ἔσθ' οὗτος ἀνὴρ διερὸς βροτὸς οὐδὲ γένηται,
ὅς κεν Φαιήκων ἀνδρῶν ἐς γαῖαν ἵκηται
δηϊοτῆτα φέρων· μάλα γὰρ φίλοι ἀθανάτοισιν.
οἰκέομεν δ' ἀπάνευθε πολυκλύστῳ ἐνὶ πόντῳ,
ἔσχατοι, οὐδέ τις ἄμμι βροτῶν ἐπιμίσγεται ἄλλος. 205
ἀλλ' ὅδε τις δύστηνος ἀλώμενος ἐνθάδ' ἱκάνει,
τὸν νῦν χρὴ κομέειν· πρὸς γὰρ Διός εἰσιν ἅπαντες
ξεῖνοί τε πτωχοί τε, δόσις δ' ὀλίγη τε φίλη τε.
ἀλλὰ δότ', ἀμφίπολοι, ξείνῳ βρῶσίν τε πόσιν τε,
λούσατέ τ' ἐν ποταμῷ, ὅθ' ἐπὶ σκέπας ἔστ' ἀνέμοιο." 210
 ὣς ἔφαθ', αἱ δ' ἔσταν τε καὶ ἀλλήλῃσι κέλευσαν,
κὰδ δ' ἄρ' Ὀδυσσῆ' εἷσαν ἐπὶ σκέπας, ὡς ἐκέλευσε
Ναυσικάα, θυγάτηρ μεγαλήτορος Ἀλκινόοιο·
πὰρ δ' ἄρα οἱ φᾶρός τε χιτῶνά τε εἵματ' ἔθηκαν,
δῶκαν δὲ χρυσέῃ ἐν ληκύθῳ ὑγρὸν ἔλαιον, 215
ἤνωγον δ' ἄρα μιν λοῦσθαι ποταμοῖο ῥοῇσι.
δή ῥα τότ' ἀμφιπόλοισι μετηύδα δῖος Ὀδυσσεύς·
 ἀμφίπολοι, στῆθ' οὕτω ἀπόπροθεν, ὄφρ' ἐγὼ αὐτὸς
ἅλμην ὤμοιιν ἀπολούσομαι, ἀμφὶ δ' ἐλαίῳ
χρίσομαι· ἦ γὰρ δηρὸν ἀπὸ χροός ἐστιν ἀλοιφή. 220
ἄντην δ' οὐκ ἂν ἐγώ γε λοέσσομαι· αἰδέομαι γὰρ
γυμνοῦσθαι κούρῃσιν ἐϋπλοκάμοισι μετελθών."

Freut es. Doch galt ja schon immer: am besten hören sie selber."
 Aber das Mädchen mit weißen Armen, Nausikaa, sagte:
„Fremder Mann, du scheinst mir nicht böse und scheinst mir nicht
Zeus verteilt ja den Menschen das Glück, der Olympier selber, [töricht.
Ganz wie er will, einem jeden, dem Schurken wie auch dem Edlen.
Dir wohl auch gab er das Deine; da mußt du es eben ertragen.
Jetzt aber kamst du in unsere Stadt und in unsere Heimat;
Fehlen wird es da nicht an Kleidern und allem, was sonst noch
Braucht so ein leidergprobter Schützling, der uns begegnet.
Zeigen werd ich die Stadt und den Namen der Leute dir nennen.
Diese Stadt hier und dieses Land bewohnen Phaiaken.
Ich bin des hochbeherzten Alkinoos Tochter, in dessen
Händen und Macht aber liegt der Phaiaken Kraft und Stärke."
 Sprachs und gab nun Befehl den Mädchen mit herrlichen Flechten:
„Bleibt mir stehen, ihr Mägde! Was flieht ihr, weil ihr den Mann seht?
Meint ihr wohl gar, er sei aus den Scharen feindlicher Menschen?
Jener Sterbliche wird nicht und lebt nicht und lebte er lange,
Der in das Land der Phaiakischen Männer käme und Feindschaft
Brächte; denn dafür sind sie zu lieb den unsterblichen Göttern.
Einsam wohnen wir, mitten im wellenwogenden Meere,
Ganz am Ende, kein anderer Sterblicher kann sich uns nähern.
Der da, ein unglückselig Verschlagner ist dennoch gekommen,
Hieher zu uns; wir müssen ihn pflegen; von Zeus sind ja alle
Bettler und Fremdlinge. Wenig und lieb doch ist unsere Spende.
Also, Mägde, wohlan! Gebt Essen und Trinken dem Fremdling,
Badet ihn auch im Fluß in windgeschützter Umgebung!"
 Also sprach sie. Sie blieben und gaben einander Befehle,
Führten Odysseus weg in windgeschützte Umgebung,
Wie es befohlen des hochbeherzten Alkinoos Tochter.
Neben ihn legten sie dann einen Mantel, Kleider und Leibrock,
Gaben ihm auch noch den goldenen Krug mit flüssigem Öle,
Forderten alsdann ihn auf, in der Strömung des Flusses zu baden.
Jetzt sprach endlich die Mägde an der hehre Odysseus:
 „Mägde, tretet so weit von mir weg, ich möchte doch selber
Säubern die Schultern von salzigen Krusten und möchte mich selber
Rundum salben mit Öl; seit langem weiß ja mein Körper
Nichts mehr von Fett. Vor euch aber bade ich nicht; denn ich scheue
Nackt vor euch mich zu zeigen, ihr Mädchen mit herrlichen Flechten."

ὣς ἔφαθ', αἱ δ' ἀπάνευθεν ἴσαν, εἶπον δ' ἄρα κούρῃ.
αὐτὰρ ὁ ἐκ ποταμοῦ χρόα νίζετο δῖος Ὀδυσσεὺς
ἅλμην, ἥ οἱ νῶτα καὶ εὐρέας ἄμπεχεν ὤμους· 225
ἐκ κεφαλῆς δ' ἔσμηχεν ἁλὸς χνόον ἀτρυγέτοιο.
αὐτὰρ ἐπεὶ δὴ πάντα λοέσσατο καὶ λίπ' ἄλειψεν,
ἀμφὶ δὲ εἵματα ἕσσαθ' ἅ οἱ πόρε παρθένος ἀδμής,
τὸν μὲν Ἀθηναίη θῆκεν, Διὸς ἐκγεγαυῖα,
μείζονά τ' εἰσιδέειν καὶ πάσσονα, κὰδ δὲ κάρητος 230
οὔλας ἧκε κόμας, ὑακινθίνῳ ἄνθει ὁμοίας.
ὡς δ' ὅτε τις χρυσὸν περιχεύεται ἀργύρῳ ἀνὴρ
ἴδρις, ὃν Ἥφαιστος δέδαεν καὶ Παλλὰς Ἀθήνη
τέχνην παντοίην, χαρίεντα δὲ ἔργα τελείει,
ὣς ἄρα τῷ κατέχευε χάριν κεφαλῇ τε καὶ ὤμοις. 235
ἕζετ' ἔπειτ' ἀπάνευθε κιὼν ἐπὶ θῖνα θαλάσσης,
κάλλεϊ καὶ χάρισι στίλβων· θηεῖτο δὲ κούρη.
δή ῥα τότ' ἀμφιπόλοισιν ἐϋπλοκάμοισι μετηύδα·
"κλῦτέ μοι, ἀμφίπολοι λευκώλενοι, ὄφρα τι εἴπω.
οὐ πάντων ἀέκητι θεῶν, οἳ Ὄλυμπον ἔχουσι, 240
Φαιήκεσσ' ὅδ' ἀνὴρ ἐπιμίσγεται ἀντιθέοισι·
πρόσθεν μὲν γὰρ δή μοι ἀεικέλιος δέατ' εἶναι,
νῦν δὲ θεοῖσιν ἔοικε, τοὶ οὐρανὸν εὐρὺν ἔχουσιν.
αἲ γὰρ ἐμοὶ τοιόσδε πόσις κεκλημένος εἴη
ἐνθάδε ναιετάων, καί οἱ ἅδοι αὐτόθι μίμνειν. 245
ἀλλὰ δότ', ἀμφίπολοι, ξείνῳ βρῶσίν τε πόσιν τε."
ὣς ἔφαθ', αἱ δ' ἄρα τῆς μάλα μὲν κλύον ἠδ' ἐπίθοντο,
πὰρ δ' ἄρ' Ὀδυσσῆϊ ἔθεσαν βρῶσίν τε πόσιν τε.
ἦ τοι ὁ πῖνε καὶ ἦσθε πολύτλας δῖος Ὀδυσσεὺς
ἁρπαλέως· δηρὸν γὰρ ἐδητύος ἦεν ἄπαστος. 250
αὐτὰρ Ναυσικάα λευκώλενος ἄλλ' ἐνόησεν·
εἵματ' ἄρα πτύξασα τίθει καλῆς ἐπ' ἀπήνης,
ζεῦξεν δ' ἡμιόνους κρατερώνυχας, ἂν δ' ἔβη αὐτή.
ὤτρυνεν δ' Ὀδυσῆα ἔπος τ' ἔφατ' ἔκ τ' ὀνόμαζεν·
"ὄρσεο νῦν, ὦ ξεῖνε, πόλινδ' ἴμεν, ὄφρα σε πέμψω 255
πατρὸς ἐμοῦ πρὸς δῶμα δαΐφρονος, ἔνθα σέ φημι
πάντων Φαιήκων εἰδησέμεν, ὅσσοι ἄριστοι.
ἀλλὰ μάλ' ὧδ' ἔρδειν· δοκέεις δέ μοι οὐκ ἀπινύσσειν·
ὄφρ' ἂν μέν κ' ἀγροὺς ἴομεν καὶ ἔργ' ἀνθρώπων,
τόφρα σὺν ἀμφιπόλοισι μεθ' ἡμιόνους καὶ ἄμαξαν 260

Sechster Gesang

Also sprach er, da gingen sie weg und sagtens der Tochter.
Aber der hehre Odysseus wusch nun im Fluß seinen Körper,
Fegte die salzige Kruste von Rücken und breiten Schultern,
Wischte vom Kopf auch den Schaum der rastlos wogenden Salzflut.
Als dann wirklich alles gewaschen und glänzend gesalbt war,
Zog er die Kleider an, die das Mädchen ihm brachte, die Jungfrau.
Aber Athene, die Zeus Entsprungene, ließ ihn nun größer,
Ließ ihn beleibter erscheinen, sie ließ auch vom Kopfe herunter
Wollig die Haare ihm wallen wie blühende Hyazinthen.
Wie ein Mann, der versteht ein silbernes Stück zu vergolden —
Lehrer waren Hephaistos und Pallas Athene in mancher
Kunst; er vollendet reizende Werke — nicht anders als dieser
Übergoß ihm das Haupt und die Schultern Athene mit Anmut.
Abseits ging er zum Strande des Meeres und setzte sich nieder,
Glänzend von Schönheit und Anmut. Lange staunte die Tochter.
Endlich sagte sie dann zu den Mädchen mit herrlichen Flechten:
„Hört mich, ihr Mägde mit weißen Armen! Ich will etwas sagen.
Keinem der sämtlichen Götter, der Herrn in Olympos, zuwider
Wird dieser Mann sich den göttergleichen Phaiaken gesellen,
Vorher hatte er wirklich kein Ansehn, will es mir scheinen;
Jetzt ist den Göttern er gleich, die den breiten Himmel bewohnen.
Möchte ein Mann, so herrlich wie dieser, Gemahl mir doch heißen,
Möcht er hier wohnen und hier Gefallen finden zu bleiben.
Also, Mägde, wohlan! Gebt Essen und Trinken dem Fremdling!"
Sprachs. Und jene hörten genau auf ihr Wort und gehorchten,
Stellten dann neben Odysseus Speise und Trank. Und der große
Dulder, der hehre Odysseus, aß und trank mit Gier. Er
Hatte schon allzu lange kein Essen mehr zu sich genommen.
Aber Nausikaa dachte an andres, das Mädchen mit weißen
Armen; sie faltete Wäsche und barg sie im herrlichen Wagen,
Schirrte die Tiere mit kräftigen Hufen, bestieg ihn dann selber,
Hieß den Odysseus eilen und sprach und sagte bedeutsam:
„Fremder Mann, jetzt auf! Wir gehn in die Stadt; ich geleite
Selbst dich ins Haus meines klugen Vaters. Dort wirst du die besten
Aller Phaiaken zusammen kennen lernen. Indessen
Mach es genau jetzt so, denn du scheinst mir nicht ohne Verständnis:
Während wir zwischen den Feldern und Äckern der Menschen noch
Folge hurtig auch du mit den Mägden hinter den Tieren,   [gehen,

καρπαλίμως ἔρχεσθαι· ἐγὼ δ' ὁδὸν ἡγεμονεύσω.
αὐτὰρ ἐπὴν πόλιος ἐπιβήομεν, ἣν πέρι πύργος
ὑψηλός, καλὸς δὲ λιμὴν ἑκάτερθε πόληος,
λεπτὴ δ' εἰσίθμη· νῆες δ' ὁδὸν ἀμφιέλισσαι
εἰρύαται· πᾶσιν γὰρ ἐπίστιόν ἐστιν ἑκάστῳ. 265
ἔνθα δέ τέ σφ' ἀγορὴ καλὸν Ποσιδήιον ἀμφίς,
ῥυτοῖσιν λάεσσι κατωρυχέεσσ' ἀραρυῖα.
ἔνθα δὲ νηῶν ὅπλα μελαινάων ἀλέγουσι,
πείσματα καὶ σπείρας, καὶ ἀποξύνουσιν ἐρετμά.
οὐ γὰρ Φαιήκεσσι μέλει βιὸς οὐδὲ φαρέτρη, 270
ἀλλ' ἱστοὶ καὶ ἐρετμὰ νεῶν καὶ νῆες ἐῖσαι,
ᾗσιν ἀγαλλόμενοι πολιὴν περόωσι θάλασσαν.
τῶν ἀλεείνω φῆμιν ἀδευκέα, μή τις ὀπίσσω
μωμεύῃ· μάλα δ' εἰσὶν ὑπερφίαλοι κατὰ δῆμον·
καί νύ τις ὧδ' εἴπῃσι κακώτερος ἀντιβολήσας· 275
'τίς δ' ὅδε Ναυσικάᾳ ἕπεται καλός τε μέγας τε
ξεῖνος; ποῦ δέ μιν εὗρε; πόσις νύ οἱ ἔσσεται αὐτῇ.
ἦ τινά που πλαγχθέντα κομίσσατο ᾗς ἀπὸ νηὸς
ἀνδρῶν τηλεδαπῶν, ἐπεὶ οὔ τινες ἐγγύθεν εἰσίν·
ἤ τίς οἱ εὐξαμένῃ πολυάρητος θεὸς ἦλθεν 280
οὐρανόθεν καταβάς, ἕξει δέ μιν ἤματα πάντα.
βέλτερον, εἰ καὐτή περ ἐποιχομένη πόσιν εὗρεν
ἄλλοθεν· ἦ γὰρ τούσδε γ' ἀτιμάζει κατὰ δῆμον
Φαίηκας, τοί μιν μνῶνται πολέες τε καὶ ἐσθλοί.'
ὣς ἐρέουσιν, ἐμοὶ δέ κ' ὀνείδεα ταῦτα γένοιτο. 285
καὶ δ' ἄλλῃ νεμεσῶ, ἥ τις τοιαῦτά γε ῥέζοι,
ἥ τ' ἀέκητι φίλων πατρὸς καὶ μητρὸς ἐόντων
ἀνδράσι μίσγηται πρίν γ' ἀμφάδιον γάμον ἐλθεῖν. —
ξεῖνε, σὺ δ' ὦκ' ἐμέθεν ξυνίει ἔπος, ὄφρα τάχιστα
πομπῆς καὶ νόστοιο τύχῃς παρὰ πατρὸς ἐμοῖο. 290
δήομεν ἀγλαὸν ἄλσος Ἀθήνης ἄγχι κελεύθου
αἰγείρων, ἐν δὲ κρήνη νάει, ἀμφὶ δὲ λειμών·
ἔνθα δὲ πατρὸς ἐμοῦ τέμενος τεθαλυῖά τ' ἀλῳή,
τόσσον ἀπὸ πτόλιος, ὅσσον τε γέγωνε βοήσας.
ἔνθα καθεζόμενος μεῖναι χρόνον, εἰς ὅ κεν ἡμεῖς 295
ἄστυδε ἔλθωμεν καὶ ἱκώμεθα δώματα πατρός.
αὐτὰρ ἐπὴν ἡμέας ἔλπῃ ποτὶ δώματ' ἀφῖχθαι,
καὶ τότε Φαιήκων ἴμεν ἐς πόλιν ἠδ' ἐρέεσθαι

Hinter dem Wagen einher. Ich selber führe den Zug an.
Aber wenn wir die Stadt betreten, den Kranz ihrer hohen
Türme — der schöne Hafen umschließt die Stadt auf zwei Seiten,
Schmal ist der Zugang; doppelt geschweifte Schiffe umsäumen
Sichernd den Weg; denn für alle und jeden liegt dort ein Standplatz.
Weiter den Marktplatz, rund um den schönen Tempel Poseidons,
Festgefügt mit Steinen im Boden, die weither man holte —
Dort besorgt man das Zeug und Gerät für die schwarzen Schiffe,
Sturmtau und Seil; dort werden die Ruder gesäubert. Es lieben
Unsre Phaiaken ja gar nicht Bogen und Köcher; sie lieben
Mastbaum, Ruder und richtig gehende Schiffe, auf denen
Stolz sie die grauen Meere befahren. — Ihr schmähendes Reden
Meid ich, daß keiner im Rücken mich schelte; denn haltlose Leute
Gibt es so viele im Volk. Und träf uns ein Schlechterer, sagt er:
„Ei, wer ist denn der Mann da, der schöne, der große, der Fremdling?
Schau nur, er folgt der Nausikaa! wo wohl fand sie ihn? Der wird
Wohl ihr Gemahl? Oder holte sie einen, den es verschlagen,
Einen aus fernem Land, vom Schiffe herunter? Es gibt ja
Niemand hier in der Nähe; vielleicht ist ein Gott gar vom Himmel
Niedergestiegen, ein vielmals Erflehter, weil sie gebetet.
Alle die Tage nun wird sie ihn haben. Immerhin besser,
Ging sie auch selber daran, ihren Mann sich woanders zu holen.
Uns Phaiaken im Volk hier mißehrt sie und freien doch viele,
Freien doch Edle um sie." So werden sie reden. Ich denke,
Vorwurf wär es für mich. Ich tue doch selbst so und zürne
Jeder, die solcherlei täte, wenn Vater und Mutter noch leben,
Männern sich widmet und dies ohne Willen und Gunst ihrer Lieben,
Ohne zu warten, vor aller Augen die Ehe zu schließen.
Fremdling! rasch jetzt höre mein Wort, du sollst ja doch baldigst
Heimfahrt auch und Geleit von meinem Vater bekommen.
Nahe dem Weg ist ein prangender Hain von Pappeln; Athene
Ist dort daheim; den finden wir; drinnen ein Quell; es umgibt ihn
Rings eine Wiese. Dies ist des Vaters eignes Besitztum,
Blühendes Fruchtland. Nur einen Ruf weit ist es zur Stadt hin.
Setz dich dort nieder und warte ein Weilchen, während wir selber
Stadtwärts gehn und ins Haus unsres Vaters gelangen. Und wenn du
Meinst, wir seien so weit und im Hause, dann mach dich auch du auf,
Geh in die Stadt der Phaiaken und frage herum nach dem Hause

δώματα πατρὸς ἐμοῦ μεγαλήτορος Ἀλκινόοιο.
ῥεῖα δ' ἀρίγνωτ' ἐστί, καὶ ἂν πάϊς ἡγήσαιτο 300
νήπιος· οὐ μὲν γάρ τι ἐοικότα τοῖσι τέτυκται
δώματα Φαιήκων, οἷος δόμος Ἀλκινόοιο
ἥρωος. ἀλλ' ὁπότ' ἄν σε δόμοι κεκύθωσι καὶ αὐλή,
ὦκα μάλα μεγάροιο διελθέμεν, ὄφρ' ἂν ἵκηαι
μητέρ' ἐμήν· ἡ δ' ἧσται ἐπ' ἐσχάρῃ ἐν πυρὸς αὐγῇ, 305
ἠλάκατα στρωφῶσ' ἁλιπόρφυρα, θαῦμα ἰδέσθαι,
κίονι κεκλιμένη· δμωαὶ δέ οἱ εἴατ' ὄπισθεν.
ἔνθα δὲ πατρὸς ἐμοῖο θρόνος ποτικέκλιται αὐτῇ,
τῷ ὅ γε οἰνοποτάζει ἐφήμενος ἀθάνατος ὥς.
τὸν παραμειψάμενος μητρὸς περὶ γούνασι χεῖρας 310
βάλλειν ἡμετέρης, ἵνα νόστιμον ἦμαρ ἴδηαι
χαίρων καρπαλίμως, εἰ καὶ μάλα τηλόθεν ἐσσί.
εἴ κέν τοι κείνη γε φίλα φρονέῃσ' ἐνὶ θυμῷ,
ἐλπωρή τοι ἔπειτα φίλους τ' ἰδέειν καὶ ἱκέσθαι
οἶκον ἐϋκτίμενον καὶ σὴν ἐς πατρίδα γαῖαν." 315
ὣς ἄρα φωνήσασ' ἵμασεν μάστιγι φαεινῇ
ἡμιόνους· αἱ δ' ὦκα λίπον ποταμοῖο ῥέεθρα.
αἱ δ' εὖ μὲν τρώχων, εὖ δὲ πλίσσοντο πόδεσσιν·
ἡ δὲ μάλ' ἡνιόχευεν, ὅπως ἅμ' ἐποίατο πεζοὶ
ἀμφίπολοί τ' Ὀδυσεύς τε· νόῳ δ' ἐπέβαλλεν ἱμάσθλην. 320
δύσετό τ' ἠέλιος, καὶ τοὶ κλυτὸν ἄλσος ἵκοντο
ἱρὸν Ἀθηναίης, ἵν' ἄρ' ἕζετο δῖος Ὀδυσσεύς.
αὐτίκ' ἔπειτ' ἠρᾶτο Διὸς κούρῃ μεγάλοιο·
"κλῦθί μοι, αἰγιόχοιο Διὸς τέκος, Ἀτρυτώνη·
νῦν δή πέρ μευ ἄκουσον, ἐπεὶ πάρος οὔ ποτ' ἄκουσας 325
ῥαιομένου, ὅτε μ' ἔρραιε κλυτὸς ἐννοσίγαιος.
δός μ' ἐς Φαίηκας φίλον ἐλθεῖν ἠδ' ἐλεεινόν."
ὣς ἔφατ' εὐχόμενος, τοῦ δ' ἔκλυε Παλλὰς Ἀθήνη·
αὐτῷ δ' οὔ πω φαίνετ' ἐναντίη· αἴδετο γάρ ῥα
πατροκασίγνητον· ὁ δ' ἐπιζαφελῶς μενέαινεν 330
ἀντιθέῳ Ὀδυσῆϊ πάρος ἣν γαῖαν ἱκέσθαι.

Meines Vaters, des hochbeherzten Alkinoos. Leicht ists
Kenntlich, ein törichtes Kindchen kann dich da führen. Es gibt nicht
Irgendein Haus im Volk der Phaiaken von ähnlicher Bauart,
Wie den Palast des Helden Alkinoos. Wenn das Gebäude,
Wenn dann der Hof dich umgibt, dann durcheile den Saal, meiner Mutter
Sollst du zuerst ja begegnen. Sie sitzt am Herd, an die Säule
Lehnt sie sich an und im Glanze des Feuers dreht sie die Fäden,
Schillernd gefärbt wie das Meer, ein Wunder zu schauen. Die Mägde
Sitzen dahinter. Dort aber steht auch der Thron meines Vaters,
Auch an die Säule gerückt. Dort sitzt er und schlürft seine Weine,
Grade als wär er unsterblich. An ihm aber gehe vorüber,
Schling um die Kniee der Mutter die Hände, unserer Mutter,
Dann wirst den Tag deiner Heimkehr freudig und bald du erleben,
Magst du auch kommen aus weitester Ferne. Wenn sie dir gewogen,
Liebes dir sinnt im Gemüte, dann hast du jegliche Hoffnung,
Wiederzusehn deine Freunde, dein festgegründetes Wohnhaus
Wieder zu finden und endlich auch das Land deiner Heimat."
  Also sprach sie und schlug auf die Tiere die glänzende Geißel.
Die aber ließen die Strömung des Flusses bald hinter sich; liefen
Immer trefflich und trefflich griffen sie aus mit den Beinen.
Sie doch lenkte bedacht, daß Odysseus und mit ihm die Mägde
Folgen konnten zu Fuß, und gebrauchte verständig die Peitsche.
Sonne versank und sie kamen zum ruhmvollen Hain der Athene;
Heilig war er. Dort setzte sich nieder der hehre Odysseus,
Flehte dann gleich zur Tochter des großen Zeus im Gebete:
  „Unbezwingliche Tochter des Zeus, des Schwingers der Aigis,
Höre, vernimm mich jetzt endlich! Bisher hast du nicht mich vernommen,
Als mich schlug und zerschlug der gerühmte Erschüttrer der Erde.
Laß mich erbarmenswert und als Freund den Phaiaken begegnen!"
  Also sprach er betend; es hörte ihn Pallas Athene.
Freilich vor ihm erschien sie noch nicht in Person; denn sie scheute
Ihres Vaters Bruder, der grimmig weiterhin zürnte,
Ehe sein Land erreichte der göttergleiche Odysseus.

ΟΔΥΣΣΕΙΑΣ Η

Ὀδυσσέως εἴσοδος πρὸς Ἀλκίνοον

Ὣς ὁ μὲν ἔνθ' ἠρᾶτο πολύτλας δῖος Ὀδυσσεύς,
κούρην δὲ προτὶ ἄστυ φέρεν μένος ἡμιόνοιιν.
ἡ δ' ὅτε δὴ οὗ πατρὸς ἀγακλυτὰ δώμαθ' ἵκανε,
στῆσεν ἄρ' ἐν προθύροισι· κασίγνητοι δέ μιν ἀμφὶς
ἵσταντ' ἀθανάτοις ἐναλίγκιοι, οἵ ῥ' ὑπ' ἀπήνης   5
ἡμιόνους ἔλυον ἐσθῆτά τε ἔσφερον εἴσω.
αὐτὴ δ' ἐς θάλαμον ἑὸν ἤιε· δαῖε δέ οἱ πῦρ
γρηῢς Ἀπειραίη, θαλαμηπόλος Εὐρυμέδουσα,
τήν ποτ' Ἀπείρηθεν νέες ἤγαγον ἀμφιέλισσαι,
Ἀλκινόῳ δ' αὐτὴν γέρας ἔξελον, οὕνεκα πᾶσι   10
Φαιήκεσσιν ἄνασσε, θεοῦ δ' ὣς δῆμος ἄκουεν·
ἣ τρέφε Ναυσικάαν λευκώλενον ἐν μεγάροισιν.
ἥ οἱ πῦρ ἀνέκαιε καὶ εἴσω δόρπον ἐκόσμει.

καὶ τότ' Ὀδυσσεὺς ὦρτο πόλινδ' ἴμεν· ἀμφὶ δ' Ἀθήνη
πολλὴν ἠέρα χεῦε φίλα φρονέουσ' Ὀδυσῆι,   15
μή τις Φαιήκων μεγαθύμων ἀντιβολήσας
κερτομέοι τ' ἐπέεσσι καὶ ἐξερέοιθ' ὅτις εἴη.
ἀλλ' ὅτε δὴ ἄρ' ἔμελλε πόλιν δύσεσθαι ἐραννήν,
ἔνθα οἱ ἀντεβόλησε θεὰ γλαυκῶπις Ἀθήνη
παρθενικῇ εἰκυῖα νεήνιδι κάλπιν ἐχούσῃ.   20
στῆ δὲ πρόσθ' αὐτοῦ· ὁ δ' ἀνείρετο δῖος Ὀδυσσεύς·

"ὦ τέκος, οὐκ ἄν μοι δόμον ἀνέρος ἡγήσαιο
Ἀλκινόου, ὃς τοῖσδε μετ' ἀνθρώποισιν ἀνάσσει;
καὶ γὰρ ἐγὼ ξεῖνος ταλαπείριος ἐνθάδ' ἱκάνω
τηλόθεν ἐξ ἀπίης γαίης· τῷ οὔ τινα οἶδα   25
ἀνθρώπων, οἳ τήνδε πόλιν καὶ ἔργα νέμονται."

τὸν δ' αὖτε προσέειπε θεὰ γλαυκῶπις Ἀθήνη·
'τοιγὰρ ἐγώ τοι, ξεῖνε πάτερ, δόμον, ὅν με κελεύεις,
δείξω, ἐπεί μοι πατρὸς ἀμύμονος ἐγγύθι ναίει.
ἀλλ' ἴθι σιγῇ τοῖον, ἐγὼ δ' ὁδὸν ἡγεμονεύσω,   30
μηδέ τιν' ἀνθρώπων προτιόσσεο μηδ' ἐρέεινε.
οὐ γὰρ ξείνους οἵ γε μάλ' ἀνθρώπους ἀνέχονται

SIEBENTER GESANG

Odysseus kommt zu Alkinoos

Während nun draußen der große Dulder, der hehre Odysseus,
Betend verweilte, entführte die Kraft ihrer Tiere das Mädchen
Stadtwärts. Als sie dann endlich zum hochgerühmten Palaste
Kamen, der dem Vater gehörte, da machte sie Halt an der Vortür,
Ringsum traten die Brüder zu ihr, die Unsterblichen glichen,
Schirrten die Tiere vom Wagen und trugen die Wäsche nach innen.
Sie aber ging in ihr Schlafgemach. Die Kämmerin brannte
Feuer ihr an, die Greisin Eurymedusa, die einstmals
Doppelgeschweifte Schiffe entführt aus Apeira; man gab sie,
Hoch ihn zu ehren, Alkinoos, aller Phaiaken Beherrscher.
Ihm gehorchte sein Volk, als wäre er Gott. Im Palaste
War sie besorgt um Nausikaas Wohl, des Mädchens mit weißen
Armen. Sie machte ihr Feuer und ordnete drinnen die Mahlzeit.

Jetzt erhob sich Odysseus zum Gang in die Stadt und Athene,
Hold ihm gesinnt, umgab ihn mit dichtem, wallendem Nebel;
Keiner der hochgemuten Phaiaken sollte ihn sehen,
Fragen, wer er denn sei, und etwa mit Worten ihn schelten.
Als er nun endlich so weit war, die reizende Stadt zu betreten,
Kam ihm Athene, die Göttin mit Augen der Eule, entgegen,
Trug einen Krug und trat vor ihn hin und glich einer Jungfrau,
Jung noch an Jahren. Da fragte der hehre Odysseus: „Mein Mädchen,
Möchtest du nicht mich zum Haus eines Mannes Alkinoos führen?
Hier ist er Herrscher für all diese Leute und ich, sein Gastfreund,
Komme hieher nach leidvollem Schicksal; weit in der Ferne
Liegt mein Land. Ich kenne daher keinen einzigen Menschen,
Wie sie hier wohnen, nicht in der Stadt da und nicht auf den Feldern."

Ihm aber sagte Athene, die Göttin mit Augen der Eule:
„Fremder Vater, das Haus, das du möchtest, will ich dir zeigen;
Liegt es für mich doch nicht weit vom Haus meines trefflichen Vaters.
Gehe nur still so weiter, ich führe dich richtig die Straße,
Schau aber ja keinem Menschen ins Antlitz, frage auch keinen!
Unsere halten es gar nicht so gerne mit Menschen der Fremde,

οὐδ' ἀγαπαζόμενοι φιλέουσ', ὅς κ' ἄλλοθεν ἔλθῃ.
νηυσὶ θοῇσιν τοί γε πεποιθότες ὠκείῃσι
λαῖτμα μέγ' ἐκπερόωσιν, ἐπεί σφισι δῶκ' ἐνοσίχθων· 35
τῶν νέες ὠκεῖαι ὡς εἰ πτερὸν ἠὲ νόημα."
  ὣς ἄρα φωνήσασ' ἡγήσατο Παλλὰς Ἀθήνη
καρπαλίμως· ὁ δ' ἔπειτα μετ' ἴχνια βαῖνε θεοῖο.
τὸν δ' ἄρα Φαίηκες ναυσικλυτοὶ οὐκ ἐνόησαν
ἐρχόμενον κατὰ ἄστυ διὰ σφέας· οὐ γὰρ Ἀθήνη 40
εἴα ἐϋπλόκαμος, δεινὴ θεός, ἥ ῥά οἱ ἀχλὺν
θεσπεσίην κατέχευε φίλα φρονέουσ' ἐνὶ θυμῷ.
θαύμαζεν δ' Ὀδυσεὺς λιμένας καὶ νῆας ἐΐσας,
αὐτῶν θ' ἡρώων ἀγορὰς καὶ τείχεα μακρά,
ὑψηλά, σκολόπεσσιν ἀρηρότα, θαῦμα ἰδέσθαι. 45
ἀλλ' ὅτε δὴ βασιλῆος ἀγακλυτὰ δώμαθ' ἵκοντο,
τοῖσι δὲ μύθων ἦρχε θεὰ γλαυκῶπις Ἀθήνη·
  "οὗτος δή τοι, ξεῖνε πάτερ, δόμος, ὅν με κελεύεις
πεφραδέμεν. δήεις δὲ διοτρεφέας βασιλῆας
δαίτην δαινυμένους· σὺ δ' ἔσω κίε μηδέ τι θυμῷ 50
τάρβει· θαρσαλέος γὰρ ἀνὴρ ἐν πᾶσιν ἀμείνων
ἔργοισιν τελέθει, εἰ καί ποθεν ἄλλοθεν ἔλθοι.
δέσποιναν μὲν πρῶτα κιχήσεαι ἐν μεγάροισιν·
Ἀρήτη δ' ὄνομ' ἐστὶν ἐπώνυμον, ἐκ δὲ τοκήων
τῶν αὐτῶν, οἵ περ τέκον Ἀλκίνοον βασιλῆα. 55
Ναυσίθοον μὲν πρῶτα Ποσειδάων ἐνοσίχθων
γείνατο καὶ Περίβοια, γυναικῶν εἶδος ἀρίστη,
ὁπλοτάτη θυγάτηρ μεγαλήτορος Εὐρυμέδοντος,
ὅς ποθ' ὑπερθύμοισι Γιγάντεσσιν βασίλευεν.
ἀλλ' ὁ μὲν ὤλεσε λαὸν ἀτάσθαλον, ὤλετο δ' αὐτός· 60
τῇ δὲ Ποσειδάων ἐμίγη καὶ ἐγείνατο παῖδα
Ναυσίθοον μεγάθυμον, ὃς ἐν Φαίηξιν ἄνασσε·
Ναυσίθοος δ' ἔτεκεν Ῥηξήνορά τ' Ἀλκίνοόν τε.
τὸν μὲν ἄκουρον ἐόντα βάλ' ἀργυρότοξος Ἀπόλλων
νυμφίον, ἐν μεγάρῳ μίαν οἴην παῖδα λιπόντα 65
Ἀρήτην· τὴν δ' Ἀλκίνοος ποιήσατ' ἄκοιτιν
καί μιν ἔτισ' ὡς οὔ τις ἐπὶ χθονὶ τίεται ἄλλη,
ὅσσαι νῦν γε γυναῖκες ὑπ' ἀνδράσιν οἶκον ἔχουσιν.
ὣς κείνη περὶ κῆρι τετίμηταί τε καὶ ἔστιν
ἔκ τε φίλων παίδων ἔκ τ' αὐτοῦ Ἀλκινόοιο 70

Siebenter Gesang

Frohes Empfangen beliebt man hier nicht, kommt jemand von auswärts.
Hurtigen, schnellen Schiffen vertraun sie, durchfahren auf ihnen
Sicher den großen Schlund, ein Geschenk des Erschüttrers der Erde.
Schnell sind die Schiffe, als hätten sie Flügel, als wärens Gedanken."
  Also sagte Pallas Athene und ging ihm in Eile
Führend voran; er folgte sogleich den Spuren der Gottheit.
Nicht aber sahen ihn neben sich gehn durch die Stadt die Phaiaken,
Jene ruhmvollen Schiffer; Athene mit herrlichen Flechten
Ließ es nicht zu, die mächtige Göttin, umströmte ihn vielmehr,
Hold ihm gesinnt im Gemüt, mit göttlichem Düster. Odysseus
Stand und bewunderte Häfen und richtig gehende Schiffe,
Sammelplätze der Helden selbst und lange und hohe
Fest und auf Pfählen errichtete Mauern: ein Wunder zu schauen.
Endlich standen sie bald am berühmten Palaste des Königs.
Jetzt begann Athene, die Göttin mit Augen der Eule:
  „Fremder Vater, hier ist das Haus; ich sollt es dir zeigen.
Göttern entsprossene Könige findest du eben beim Schmausen.
Geh nun hinein, unterdrücke die Angst im Gemüte! Bei allen
Taten gewinnt doch ein Mann, der mutig beherrscht ist, und käm er
Her, wo er wolle, von auswärts. Im Saale nun triffst du vor allem
Unsere Herrin; Arete wird sie beim Namen gerufen,
Ahnen hat sie die gleichen wie König Alkinoos. Freilich
Ganz am Anfang war es Nausithoos. Diesen erzeugte
Erderschütterer Poseidon mit Periboía und diese
Galt für der Weiber beste Erscheinung; die rüstigste war sie
Unter den Töchtern des hochbeherzten Eurýmedon, der einst
König war bei den maßlos verwegnen Giganten. Indessen
Brachte sein törichtes Volk er zu Fall, um dann selber zu fallen.
Liebend vereint mit ihr erzeugte Poseidon ein Söhnchen.
Eben den hochgemuten Nausithoos, Herrn der Phaiaken.
Aber Nausithoos zeugte Alkinoos, zeugte Rhexenor.
Dieser bekam keinen Sohn; denn Apollon mit silbernem Bogen
Schoß ihn als jungen Ehemann tot. So blieb nur im Hause
Einzig ein Mädchen von ihm. Das freite Alkinoos, hielt sie
Hoch in Ehren, wie sonst auf der Welt nicht eine geehrt wird
Unter den Fraun, die im Dienste der Männer des Hauses jetzt walten.
Das ist Arete und herzliche Ehren genoß und genießt sie
Jetzt bei den lieben Kindern und gar bei Alkinoos selber;

καὶ λαῶν, οἵ μίν ῥα θεὸν ὣς εἰσορόωντες
δειδέχαται μύθοισιν, ὅτε στείχησ' ἀνὰ ἄστυ.
οὐ μὲν γάρ τι νόου γε καὶ αὐτὴ δεύεται ἐσθλοῦ,
ᾗσί τ' ἐῢ φρονέῃσι, καὶ ἀνδράσι νείκεα λύει.
εἴ κέν τοι κείνη γε φίλα φρονέῃσ' ἐνὶ θυμῷ, 75
ἐλπωρή τοι ἔπειτα φίλους ἰδέειν καὶ ἱκέσθαι
οἶκον ἐς ὑψόροφον καὶ σὴν ἐς πατρίδα γαῖαν."
 ὣς ἄρα φωνήσασ' ἀπέβη γλαυκῶπις Ἀθήνη
πόντον ἐπ' ἀτρύγετον, λίπε δὲ Σχερίην ἐρατεινήν,
ἵκετο δ' ἐς Μαραθῶνα καὶ εὐρυάγυιαν Ἀθήνην, 80
δῦνε δ' Ἐρεχθῆος πυκινὸν δόμον. αὐτὰρ Ὀδυσσεὺς
Ἀλκινόου πρὸς δώματ' ἴε κλυτά· πολλὰ δέ οἱ κῆρ
ὥρμαιν' ἱσταμένῳ, πρὶν χάλκεον οὐδὸν ἱκέσθαι.
ὥς τε γὰρ ἠελίου αἴγλη πέλεν ἠὲ σελήνης
δῶμα καθ' ὑψερεφὲς μεγαλήτορος Ἀλκινόοιο. 85
χάλκεοι μὲν γὰρ τοῖχοι ἐληλέδατ' ἔνθα καὶ ἔνθα,
ἐς μυχὸν ἐξ οὐδοῦ, περὶ δὲ θριγκὸς κυάνοιο·
χρύσειαι δὲ θύραι πυκινὸν δόμον ἐντὸς ἔεργον·
ἀργύρεοι δὲ σταθμοὶ ἐν χαλκέῳ ἕστασαν οὐδῷ,
ἀργύρεον δ' ἐφ' ὑπερθύριον, χρυσέη δὲ κορώνη. 90
χρύσειοι δ' ἑκάτερθε καὶ ἀργύρεοι κύνες ἦσαν,
οὓς Ἥφαιστος ἔτευξεν ἰδυίῃσι πραπίδεσσι
δῶμα φυλασσέμεναι μεγαλήτορος Ἀλκινόοιο,
ἀθανάτους ὄντας καὶ ἀγήρως ἤματα πάντα.
ἐν δὲ θρόνοι περὶ τοῖχον ἐρηρέδατ' ἔνθα καὶ ἔνθα 95
ἐς μυχὸν ἐξ οὐδοῖο διαμπερές, ἔνθ' ἐνὶ πέπλοι
λεπτοὶ ἐΰννητοι βεβλήατο, ἔργα γυναικῶν.
ἔνθα δὲ Φαιήκων ἡγήτορες ἑδριόωντο
πίνοντες καὶ ἔδοντες· ἐπηετανὸν γὰρ ἔχεσκον.
χρύσειοι δ' ἄρα κοῦροι ἐϋδμήτων ἐπὶ βωμῶν 100
ἕστασαν αἰθομένας δαΐδας μετὰ χερσὶν ἔχοντες,
φαίνοντες νύκτας κατὰ δώματα δαιτυμόνεσσι.
πεντήκοντα δέ οἱ δμωαὶ κατὰ δῶμα γυναῖκες
αἱ μὲν ἀλετρεύουσι μύλης ἔπι μήλοπα καρπόν,
αἱ δ' ἱστοὺς ὑφόωσι καὶ ἠλάκατα στρωφῶσιν 105
ἥμεναι, οἷά τε φύλλα μακεδνῆς αἰγείροιο·
καιρουσσέων δ' ὀθονέων ἀπολείβεται ὑγρὸν ἔλαιον.
ὅσσον Φαίηκες περὶ πάντων ἴδριες ἀνδρῶν

Siebenter Gesang

Auch beim Volk; das gibt ihr sein Grußwort wie einer Göttin,
Wenn die Leute sie sehen, da häufig die Stadt sie durchwandelt.
Keineswegs nämlich fehlt es ihr selbst an gesundem Verstand; sie
Schlichtet auch Streite der Männer, wo immer den Fraun sie gewogen.
Ist erst die Mutter hold im Gemüt dir gesinnt, dann ist Hoffnung,
Daß deine Freunde du siehst und das hohe Dach deines Hauses
Wieder findest und endlich auch das Land deiner Heimat."

Also sprach sie und ging, Athene mit Augen der Eule,
Fort auf die rastlose See. Das liebliche Scheria ließ sie
Hinter sich, kam dann nach Marathon, kam nach Athen mit den breiten
Straßen und barg sich im festen Haus des Eréchtheus. Odysseus
Ging aber nun zum berühmten Palast des Alkinoos. Stehen
Blieb er: Das Herz schlug hoch vor dem Tritt auf die eherne Schwelle.
Lag doch ein Glanz wie von Sonne und Mond hinauf bis zur Decke
Über dem Hause des hochbeherzten Alkinoos. Allseits
Stiegen die Mauern empor, von der Schwelle bis hinten im Winkel
Waren mit Erz sie verkleidet, der Sims rundum war aus Blaustein.
Senkrecht stand auf der ehernen Schwelle die goldene Türe:
Silber waren die Pfeiler und silberne Balken darüber.
Diese versperrte von innen das feste Gebäude. Der Türring
Glänzte von Gold. Doch der Türe zuseiten befanden sich Hunde,
Silbern und golden, ersonnen vom klugen Schöpfer Hephaistos,
Wächter zu sein in des hochbeherzten Alkinoos Hause;
Niemals sollten sie sterben noch altern alle die Tage.
Drinnen dann standen entlang an den Wänden die Stühle mit Lehnen
Nebeneinander gereiht von der Schwelle bis hinten im Winkel.
Feine, von Frauenhänden gar herrlich gewobene Decken
Lagen darauf. Dort pflegte der führende Kreis der Phaiaken,
Essend und trinkend, als gäb es für Jahre, Sitzung zu halten.
Goldene Knaben standen auf trefflich gebauten Altären,
Hielten brennende Fackeln in Händen, die nächtlicherweile,
Saßen die Männer beim Schmaus, ihre Lichter im Hause verstrahlten.
Fünfzig dienende Weiber waren im Hause; die einen
Trieben die Mühlen und mahlten ihm gelbes Getreide; die andern
Saßen indessen am Webstuhl, woben und drehten die Spindeln,
Saßen so eng beieinander, wie Blätter an riesigen Pappeln.
Feuchtes Öl in den festen Geweben tropfte zu Boden.
Ebenso wie die Phaiakischen Männer eilige Seefahrt

νῆα θοὴν ἐνὶ πόντῳ ἐλαυνέμεν, ὣς δὲ γυναῖκες
ἱστὸν τεχνῆσσαι· πέρι γάρ σφισι δῶκεν Ἀθήνη 110
ἔργα τ' ἐπίστασθαι περικαλλέα καὶ φρένας ἐσθλάς.
ἔκτοσθεν δ' αὐλῆς μέγας ὄρχατος ἄγχι θυράων
τετράγυος· περὶ δ' ἕρκος ἐλήλαται ἀμφοτέρωθεν.
ἔνθα δὲ δένδρεα μακρὰ πεφύκασι τηλεθάοντα,
ὄγχναι καὶ ῥοιαὶ καὶ μηλέαι ἀγλαόκαρποι 115
συκέαι τε γλυκεραὶ καὶ ἐλαῖαι τηλεθόωσαι.
τάων οὔ ποτε καρπὸς ἀπόλλυται οὐδ' ἀπολείπει
χείματος οὐδὲ θέρευς, ἐπετήσιος· ἀλλὰ μάλ' αἰεὶ
ζεφυρίη πνείουσα τὰ μὲν φύει, ἄλλα δὲ πέσσει.
ὄγχνη ἐπ' ὄγχνῃ γηράσκει, μῆλον δ' ἐπὶ μήλῳ, 120
αὐτὰρ ἐπὶ σταφυλῇ σταφυλή, σῦκον δ' ἐπὶ σύκῳ.
ἔνθα δέ οἱ πολύκαρπος ἀλωὴ ἐρρίζωται,
τῆς ἕτερον μέν θειλόπεδον λευρῷ ἐνὶ χώρῳ
τέρσεται ἠελίῳ, ἑτέρας δ' ἄρα τε τρυγόωσιν,
ἄλλας δὲ τραπέουσι· πάροιθε δέ τ' ὄμφακές εἰσιν 125
ἄνθος ἀφιεῖσαι, ἕτεραι δ' ὑποπερκάζουσιν.
ἔνθα δὲ κοσμηταὶ πρασιαὶ παρὰ νείατον ὄρχον
παντοῖαι πεφύασιν, ἐπηετανὸν γανόωσαι.
ἐν δὲ δύω κρῆναι ἡ μέν τ' ἀνὰ κῆπον ἅπαντα
σκίδναται, ἡ δ' ἑτέρωθεν ὑπ' αὐλῆς οὐδὸν ἵησι 130
πρὸς δόμον ὑψηλόν, ὅθεν ὑδρεύοντο πολῖται.
τοῖ' ἄρ' ἐν Ἀλκινόοιο θεῶν ἔσαν ἀγλαὰ δῶρα.

ἔνθα στὰς θηεῖτο πολύτλας δῖος Ὀδυσσεύς.
αὐτὰρ ἐπεὶ δὴ πάντα ἑῷ θηήσατο θυμῷ,
καρπαλίμως ὑπὲρ οὐδὸν ἐβήσετο δώματος εἴσω. 135
εὗρε δὲ Φαιήκων ἡγήτορας ἠδὲ μέδοντας
σπένδοντας δεπάεσσιν ἐϋσκόπῳ Ἀργεϊφόντῃ,
ᾧ πυμάτῳ σπένδεσκον, ὅτε μνησαίατο κοίτου.
αὐτὰρ ὁ βῆ διὰ δῶμα πολύτλας δῖος Ὀδυσσεύς
πολλὴν ἠέρ' ἔχων, ἥν οἱ περίχευεν Ἀθήνη, 140
ὄφρ' ἵκετ' Ἀρήτην τε καὶ Ἀλκίνοον βασιλῆα.
ἀμφὶ δ' ἄρ' Ἀρήτης βάλε γούνασι χεῖρας Ὀδυσσεύς,
καὶ τότε δή ῥ' αὐτοῖο πάλιν χύτο θέσφατος ἀήρ.
οἱ δ' ἄνεω ἐγένοντο δόμον κάτα φῶτα ἰδόντες,
θαύμαζον δ' ὁρόωντες· ὁ δ' ἐλλιτάνευεν Ὀδυσσεύς· 145

Besser als alle verstehen, so meistern die Weiber den Webstuhl.
Edle Gedanken, Verständnis für hohe Werke der Schönheit
Lehrte Athene sie mehr als die anderen. Jenseits des Hofes,
Nahe dem Tor, vier Morgen groß, begann dann der Garten.
Allseits war er umgeben von festem Gehege. Da wuchsen
Hohe Bäume und blühten und strotzten von glänzenden Früchten.
Birnen, Granaten und Äpfel tragen die Bäume, es gibt auch
Feigen von hoher Süße; Oliven wachsen und blühen.
Niemals geht eine Frucht hier verloren und nie gibt es Mangel
Winter wie Sommer, im ganzen Jahr nicht; der täglich und stündlich
Wehende Westwind läßt ja die Früchte hier wachsen, dort reifen.
Überreif wird Birne um Birne, Apfel an Apfel.
Traube hängt neben Traube und Feige drängt sich an Feige.
Dort aber wurzelt sein fruchtüberladenes Rebengelände.
Ein Stück dient als ebener Boden zum Trocknen der Trauben;
Wärmend trifft es die Sonne; die anderen werden geerntet,
Wieder andre gekeltert. Die Herlinge vorn an der Spitze
Stoßen die Blüten erst ab, wenn andre zu dunkeln beginnen.
Weiter dann neben der letzten Reihe wachsen gepflegte
Beete mit allen Gemüsen und prangen, als wär es für Jahre.
Quellen finden sich dort: die eine verteilt sich im Garten,
Anders gerichtet zum hohen Palast hin flutet die zweite
Dicht bis zur Schwelle des Hofes. Dort schöpfen die Bürger ihr Wasser.
Also strahlte von Göttergeschenken Alkinoos' Wohnsitz.
  Staunend stand da der große Dulder, der hehre Odysseus.
Aber als er dann alles bestaunt und beschaut im Gemüte,
Schritt er in Eile über die Schwelle hinein in das Innre,
Fand der Phaiaken Führer und Pfleger, wie sie gerade
Spenden gossen aus Bechern, dem schimmernden, trefflichen Späher,
Dem sie als Letztem spenden, so oft sie zu schlafen gedenken.
Aber der große Dulder, der hehre Odysseus, durchschritt nun,
Dicht gehüllt in den Nebel, womit ihn Athene umgeben,
Rasch den Raum, wo Arete und König Alkinoos saßen.
Und Odysseus schlang um Aretes Knie die Hände:
Plötzlich im Nu zerstob da an ihm der göttliche Nebel.
Tonloses Schweigen entstand. Ein Mann war zu sehen im Raume;
Wie auf ein Wunder sah man auf ihn. Da flehte Odysseus:

"'Αρήτη, θύγατερ 'Ρηξήνορος ἀντιθέοιο,
σόν τε πόσιν σά τε γούναθ' ἱκάνω πολλὰ μογήσας,
τούσδε τε δαιτυμόνας, τοῖσιν θεοὶ ὄλβια δοῖεν,
ζωέμεναι, καὶ παισὶν ἐπιτρέψειεν ἕκαστος
κτήματ' ἐνὶ μεγάροισι γέρας θ', ὅ τι δῆμος ἔδωκεν.   150
αὐτὰρ ἐμοὶ πομπὴν ὀτρύνετε πατρίδ' ἱκέσθαι
θᾶσσον, ἐπεὶ δὴ δηθὰ φίλων ἄπο πήματα πάσχω."
ὣς εἰπὼν κατ' ἄρ' ἕζετ' ἐπ' ἐσχάρῃ ἐν κονίῃσι
πὰρ πυρί· οἱ δ' ἄρα πάντες ἀκὴν ἐγένοντο σιωπῇ.
ὀψὲ δὲ δὴ μετέειπε γέρων ἥρως Ἐχένηος,   155
ὃς δὴ Φαιήκων ἀνδρῶν προγενέστερος ἦεν
καὶ μύθοισι κέκαστο, παλαιά τε πολλά τε εἰδώς·
ὅ σφιν ἐΰ φρονέων ἀγορήσατο καὶ μετέειπεν·
"'Αλκίνο', οὐ μέν τοι τόδε κάλλιον οὐδὲ ἔοικε
ξεῖνον μὲν χαμαὶ ἧσθαι ἐπ' ἐσχάρῃ ἐν κονίῃσιν·   160
οἵδε δὲ σὸν μῦθον ποτιδέγμενοι ἰσχανόωνται.
ἀλλ' ἄγε δὴ ξεῖνον μὲν ἐπὶ θρόνου ἀργυροήλου
ἕσσον ἀναστήσας, σὺ δὲ κηρύκεσσι κέλευσον
οἶνον ἐπικρῆσαι, ἵνα καὶ Διὶ τερπικεραύνῳ
σπείσομεν, ὅς θ' ἱκέτῃσιν ἅμ' αἰδοίοισιν ὀπηδεῖ·   165
δόρπον δὲ ξείνῳ ταμίη δότω ἔνδον ἐόντων."
αὐτὰρ ἐπεὶ τό γ' ἄκουσ' ἱερὸν μένος Ἀλκινόοιο,
χειρὸς ἑλὼν Ὀδυσῆα δαΐφρονα ποικιλομήτην
ὦρσεν ἀπ' ἐσχαρόφιν καὶ ἐπὶ θρόνου εἶσε φαεινοῦ,
υἱὸν ἀναστήσας ἀγαπήνορα Λαοδάμαντα,   170
ὅς οἱ πλησίον ἷζε, μάλιστα δέ μιν φιλέεσκε.
χέρνιβα δ' ἀμφίπολος προχόῳ ἐπέχευε φέρουσα
καλῇ χρυσείῃ, ὑπὲρ ἀργυρέοιο λέβητος,
νίψασθαι· παρὰ δὲ ξεστὴν ἐτάνυσσε τράπεζαν.
σῖτον δ' αἰδοίη ταμίη παρέθηκε φέρουσα,   175
εἴδατα πόλλ' ἐπιθεῖσα, χαριζομένη παρεόντων.
αὐτὰρ ὁ πῖνε καὶ ἦσθε πολύτλας δῖος Ὀδυσσεύς.
καὶ τότε κήρυκα προσέφη μένος Ἀλκινόοιο·
"Ποντόνοε, κρητῆρα κερασσάμενος μέθυ νεῖμον
πᾶσιν ἀνὰ μέγαρον, ἵνα καὶ Διὶ τερπικεραύνῳ   180
σπείσομεν, ὅς θ' ἱκέτῃσιν ἅμ' αἰδοίοισιν ὀπηδεῖ."
ὣς φάτο, Ποντόνοος δὲ μελίφρονα οἶνον ἐκίρνα,
νώμησεν δ' ἄρα πᾶσιν ἐπαρξάμενος δεπάεσσιν.

„Du bist Arete, die Tochter des göttergleichen Rhexenor!
Leidgepeinigt komm ich zu deinem Gemahl, deinen Knieen;
Nahe mich hier diesen Schmausern. Die Götter segnen ihr Leben!
Möchte ein jeder von ihnen den ganzen Besitz seines Hauses,
Möcht er die Ehrengaben des Volks seinen Kindern vermachen!
Mich doch geleitet und tut es in Eile! Ich möchte die Heimat
Baldigst erreichen; denn lange schon leide ich fern meinen Lieben."
  Sprachs und ließ sich nieder am Herd in der Asche, am Feuer;
Jene indessen verstummten alle in lautloser Stille.
Spät erst redete wieder der greise Held Echenéos,
Älter war er beträchtlich als sonst die Phaiakischen Männer;
Worte fielen ihm leicht, er wußte ja Altes und vieles.
Der nun sagte mit gutem Bedacht, als wärs auf dem Marktplatz:
  „Wahrlich schön ist es nicht, Alkinoos, auch nicht geziemend —
Sitzt da ein Fremdling am Boden, am Herd, in der Asche und die hier
Halten an sich und erwarten dein Wort. Wohlan denn! Erheb ihn,
Biete dem Gast einen Stuhl, der mit silbernen Nägeln geziert ist.
Wein auch sollen die Rufer uns mischen, gib du die Befehle!
Spenden wollen wir Zeus, dem Freund und Meister des Donners;
Hilft er doch allen, die Schutz erflehen, zeigen sie Ehrfurcht.
Aber die Schaffnerin bringe dem Fremden Speise vom Vorrat!"
  Als diese Worte vernahm des Alkinoos heilige Stärke,
Nahm er die Hand des Odysseus, des klugen, findigen Mannes,
Holte vom Herd ihn weg, bot Sitz ihm auf glänzendem Armstuhl;
Hieß dafür seinen mannhaften Sohn Laódamas aufstehn;
Der saß immer nahe bei ihm; denn er war ihm der liebste.
Dann kam ein Mädchen und brachte Wasser zum Waschen; aus schönem
Goldenem Schöpfer goß sie es aus in ein silbernes Becken
Über die Hände und schob vor ihn hin den gefegten Eßtisch.
Brot trug auf die ehrfurchtgebietende Schaffnerin, legte
Speisen in Menge dazu, gab gerne von allem, was da war.
Aber der große Dulder, der hehre Odysseus, trank und
Aß. Und jetzt erst sagte Alkinoos' Stärke zum Rufer:
  „Auf, Pontonoos, mische im Mischkrug, spende vom Rauschtrank
Allen im Saal, daß Zeus wir, dem Freunde und Meister des Donners,
Spenden; er hilft ja den Flehenden gerne, zeigen sie Ehrfurcht."
  Sprachs und Pontonoos mischte den Wein; er schmeckte wie Honig,
Schenkte in sämtliche Becher, damit er zu opfern begänne.

αὐτὰρ ἐπεὶ σπεῖσάν τε πίον θ', ὅσον ἤθελε θυμός,
τοῖσιν δ' Ἀλκίνοος ἀγορήσατο καὶ μετέειπε·

"κέκλυτε, Φαιήκων ἡγήτορες ἠδὲ μέδοντες,
ὄφρ' εἴπω, τά με θυμὸς ἐνὶ στήθεσσι κελεύει.
νῦν μὲν δαισάμενοι κατακείετε οἴκαδ' ἰόντες,
ἠῶθεν δὲ γέροντας ἐπὶ πλέονας καλέσαντες
ξεῖνον ἐνὶ μεγάροις ξεινίσσομεν ἠδὲ θεοῖσι
ῥέξομεν ἱερὰ καλά, ἔπειτα δὲ καὶ περὶ πομπῆς
μνησόμεθ', ὥς χ' ὁ ξεῖνος ἄνευθε πόνου καὶ ἀνίης
πομπῇ ὑφ' ἡμετέρῃ ἣν πατρίδα γαῖαν ἵκηται
χαίρων καρπαλίμως, εἰ καὶ μάλα τηλόθεν ἐστί,
μηδέ τι μεσσηγύς γε κακὸν καὶ πῆμα πάθῃσι
πρίν γε τὸν ἧς γαίης ἐπιβήμεναι· ἔνθα δ' ἔπειτα
πείσεται, ἅσσα οἱ αἶσα κατὰ κλῶθές τε βαρεῖαι
γεινομένῳ νήσαντο λίνῳ, ὅτε μιν τέκε μήτηρ.
εἰ δέ τις ἀθανάτων γε κατ' οὐρανοῦ εἰλήλουθεν,
ἄλλο τι δὴ τόδ' ἔπειτα θεοὶ περιμηχανόωνται.
αἰεὶ γὰρ τὸ πάρος γε θεοὶ φαίνονται ἐναργεῖς
ἡμῖν, εὖθ' ἔρδωμεν ἀγακλειτὰς ἑκατόμβας,
δαίνυνταί τε παρ' ἄμμι καθήμενοι ἔνθα περ ἡμεῖς.
εἰ δ' ἄρα τις καὶ μοῦνος ἰὼν ξύμβληται ὁδίτης,
οὔ τι κατακρύπτουσιν, ἐπεί σφισιν ἐγγύθεν εἰμέν,
ὥς περ Κύκλωπές τε καὶ ἄγρια φῦλα Γιγάντων."

τὸν δ' ἀπαμειβόμενος προσέφη πολύμητις Ὀδυσσεύς·
"Ἀλκίνο', ἄλλο τί τοι μελέτω φρεσίν· οὐ γὰρ ἐγώ γε
ἀθανάτοισιν ἔοικα, τοὶ οὐρανὸν εὐρὺν ἔχουσιν,
οὐ δέμας οὐδὲ φυήν, ἀλλὰ θνητοῖσι βροτοῖσιν.
οὕς τινας ὑμεῖς ἴστε μάλιστ' ὀχέοντας ὀϊζὺν
ἀνθρώπων, τοῖσίν κεν ἐν ἄλγεσιν ἰσωσαίμην·
καὶ δ' ἔτι κεν καὶ πλείον' ἐγὼ κακὰ μυθησαίμην,
ὅσσα γε δὴ ξύμπαντα θεῶν ἰότητι μόγησα.
ἀλλ' ἐμὲ μὲν δορπῆσαι ἐάσατε κηδόμενόν περ·
οὐ γάρ τι στυγερῇ ἐπὶ γαστέρι κύντερον ἄλλο
ἔπλετο, ἥ τ' ἐκέλευσεν ἕο μνήσασθαι ἀνάγκῃ
καὶ μάλα τειρόμενον καὶ ἐνὶ φρεσὶ πένθος ἔχοντα,
ὡς καὶ ἐγὼ πένθος μὲν ἔχω φρεσίν, ἡ δὲ μάλ' αἰεὶ
ἐσθέμεναι κέλεται καὶ πινέμεν, ἐκ δέ με πάντων
ληθάνει, ὅσσ' ἔπαθον, καὶ ἐνιπλησθῆναι ἀνώγει.

Siebenter Gesang

Als sie gespendet und, was ihr Gemüt verlangte, getrunken,
Nahm Alkinoos jetzt das Wort, als wärs auf dem Marktplatz:
„Hört ihr Phaiakischen Führer und Pfleger, ich will jetzt verkünden,
Was mein Gemüt in der Brust mir befiehlt. Jetzt wollen wir schmausen!
Dann aber geht ihr nachhause und legt euch nieder; doch morgen
Rufen wir unsere Alten zusammen in größerer Anzahl;
Gastlich wollen den Fremden wir hier dann im Saale bewirten,
Herrliche Opfer den Göttern bereiten und schließlich bedenken,
Heim ihn zu bringen. Es soll ja der Gast ohne Mühe und Plage,
Grade mit unserm Geleit das Land seiner Heimat erreichen,
Freudig und rasch, und läge es auch in der weitesten Ferne.
Unheil bleibe ihm fern auf der Fahrt und Leiden, bevor er
Heimatboden betritt. Dort freilich wird er erleben,
Was ihm beschieden, wie ihm am Anfang die schwierigen Frauen,
Als ihn die Mutter gebar, den Lebensfaden gesponnen.
Ist er jedoch der Unsterblichen einer vom Himmel gestiegen,
Dann bewirken die Götter damit einen anderen Umschwung.
Freilich uns erscheinen die Götter sonst offen und kenntlich,
Wenn Hekatomben wir bringen, von denen die Menschen erzählen;
Schmausend sitzen sie dann bei uns und an unseren Tischen.
Auch wenn einer allein und als Wanderer einem begegnet,
Treiben sie kein Verstecken; wir sind ihnen eben doch nahe,
Wie die Kyklopen und wie der Giganten wilde Geschlechter."
   Antwort gab ihm und sagte der einfallreiche Odysseus:
„Nein Alkinoos! Sorg dich im Sinn um ein anderes: Göttern
Gleiche ich nicht, die den breiten Himmel bewohnen, an Wuchs nicht,
Nicht an Gestalt, ich gleiche den sterblichen Menschen. Indessen
Wißt ihr von Menschen, die Jammer im Unmaß schleppen, so darf ich
Meine Leiden den ihren vergleichen. Mir ist es, ich zeigte
Gar noch in meinem Bericht eine größere Fülle von Unheil,
Nähm ich zusammen, was alles ich litt, nach dem Willen der Götter.
Schwere Betrübnis lastet auf mir; doch laßt mich jetzt essen.
Schuld ist der schreckliche Magen, nichts andres benimmt sich so hün-
Immer befiehlt er und zwingt er, an ihn nur zu denken; es fühle [disch!
Einer sich noch so zerrieben und noch so traurig im Sinne,
Wie ja auch ich mich traurig fühle im Sinne — der Magen,
Ewig befiehlt er zu essen, zu trinken, er tilgt im Gedächtnis
Alles, was je ich erlebt; er fordert nur, daß ich ihn fülle.

ὑμεῖς δ' ὀτρύνεσθε ἅμ' ἠοῖ φαινομένηφιν,
ὥς κ' ἐμὲ τὸν δύστηνον ἐμῆς ἐπιβήσετε πάτρης,
καί περ πολλὰ παθόντα· ἰδόντα με καὶ λίποι αἰὼν
κτῆσιν ἐμὴν δμῶάς τε καὶ ὑψερεφὲς μέγα δῶμα." 225

ὣς ἔφαθ', οἱ δ' ἄρα πάντες ἐπῄνεον ἠδ' ἐκέλευον
πεμπέμεναι τὸν ξεῖνον, ἐπεὶ κατὰ μοῖραν ἔειπεν.
αὐτὰρ ἐπεὶ σπεῖσάν τε πίον θ', ὅσον ἤθελε θυμός,
οἱ μὲν κακκείοντες ἔβαν οἰκόνδε ἕκαστος,
αὐτὰρ ὁ ἐν μεγάρῳ ὑπελείπετο δῖος Ὀδυσσεύς, 230
πὰρ δέ οἱ Ἀρήτη τε καὶ Ἀλκίνοος θεοειδὴς
ἥσθην· ἀμφίπολοι δ' ἀπεκόσμεον ἔντεα δαιτός.
τοῖσιν δ' Ἀρήτη λευκώλενος ἤρχετο μύθων·
ἔγνω γὰρ φᾶρός τε χιτῶνά τε εἵματ' ἰδοῦσα
καλά, τά ῥ' αὐτὴ τεῦξε σὺν ἀμφιπόλοισι γυναιξί· 235
καί μιν φωνήσασ' ἔπεα πτερόεντα προσηύδα·

"ξεῖνε, τὸ μέν σε πρῶτον ἐγὼν εἰρήσομαι αὐτή·
τίς πόθεν εἰς ἀνδρῶν; τίς τοι τάδε εἵματ' ἔδωκεν;
οὐ δὴ φῂς ἐπὶ πόντον ἀλώμενος ἐνθάδ' ἱκέσθαι;"

τὴν δ' ἀπαμειβόμενος προσέφη πολύμητις Ὀδυσσεύς· 240
"ἀργαλέον, βασίλεια, διηνεκέως ἀγορεῦσαι,
κήδε' ἐπεί μοι πολλὰ δόσαν θεοὶ Οὐρανίωνες·
τοῦτο δέ τοι ἐρέω, ὅ μ' ἀνείρεαι ἠδὲ μεταλλᾷς.
Ὠγυγίη τις νῆσος ἀπόπροθεν εἰν ἁλὶ κεῖται·
ἔνθα μὲν Ἄτλαντος θυγάτηρ, δολόεσσα Καλυψώ, 245
ναίει ἐϋπλόκαμος, δεινὴ θεός· οὐδέ τις αὐτῇ
μίσγεται οὔτε θεῶν οὔτε θνητῶν ἀνθρώπων.
ἀλλ' ἐμὲ τὸν δύστηνον ἐφέστιον ἤγαγε δαίμων
οἶον, ἐπεί μοι νῆα θοὴν ἀργῆτι κεραυνῷ
Ζεὺς ἐλάσας ἐκέασσε μέσῳ ἐνὶ οἴνοπι πόντῳ. 250
ἔνθ' ἄλλοι μὲν πάντες ἀπέφθιθεν ἐσθλοὶ ἑταῖροι,
αὐτὰρ ἐγὼ τρόπιν ἀγκὰς ἑλὼν νεὸς ἀμφιελίσσης
ἐννῆμαρ φερόμην· δεκάτῃ δέ με νυκτὶ μελαίνῃ
νῆσον ἐς Ὠγυγίην πέλασαν θεοί, ἔνθα Καλυψὼ
ναίει ἐϋπλόκαμος, δεινὴ θεός· ἥ με λαβοῦσα 255
ἐνδυκέως ἐφίλει τε καὶ ἔτρεφεν ἠδὲ ἔφασκε
θήσειν ἀθάνατον καὶ ἀγήραον ἤματα πάντα·
ἀλλ' ἐμὸν οὔ ποτε θυμὸν ἐνὶ στήθεσσιν ἔπειθεν.
ἔνθα μὲν ἑπτάετες μένον ἔμπεδον, εἵματα δ' αἰεὶ

Siebenter Gesang

Ihr aber macht mir voran beim ersten Lichte des Morgens!
Laßt mich Unglücksmann die Heimat wieder betreten!
Vieles erlitt ich, doch säh ich mein großes Haus mit dem hohen
Dach, meine Diener, mein Gut — o dann endet ihr Tage des Lebens!"
  Also sprach er und alle verlangten mit lobendem Beifall,
Heim zu geleiten den Fremdling: Er habe so sachlich gesprochen.
Als sie gespendet und, was ihr Gemüt verlangte, getrunken,
Gingen sie alle nach Hause und jeder legte sich schlafen.
Er aber blieb zurück im Saal, der hehre Odysseus.
Neben ihm saß nun der göttergleiche Alkinoos, bei ihm
Saß auch Arete. Die Mägde indessen entfernten das Tischzeug.
Da nun begann das Gespräch Arete mit weißen Armen,
Kannte sie doch seinen Leibrock, sah sie doch Mantel und Kleider,
Schöne Stücke, die selbst sie gefertigt mit dienenden Weibern.
Darum sprach sie zu ihm und sagte geflügelte Worte:
  „Fremdling, ich selber möchte zuerst dich folgendes fragen:
Wer? Woher von den Menschen? Wer gab dir solcherlei Kleider?
Sagst du nicht eben, als irrender Seemann seist du gekommen?"
  Antwort gab ihr und sagte der einfallreiche Odysseus:
„Königin, schrecklich wäre die Kunde von Anfang bis Ende!
Gaben mir doch eine Fülle von Leiden die Götter im Himmel.
Das aber will ich dir sagen, worum du mich fragst und erforschest:
Weit entfernt im Meer liegt die Insel Ogýgia. Dort wohnt
Atlas' listige Tochter, Kalypso mit herrlichen Flechten,
Jene gewaltige Göttin; doch leistet ihr niemand Gesellschaft,
Auch nicht ein einziger Gott und keiner der sterblichen Menschen.
Einzig ich, den ein Unhold führte, ich wurde ihr Hausfreund,
Ich war der Unglücksmann, dem mitten im weinroten Meere
Zeus das hurtige Fahrzeug jagte; mit funkelnden Blitzen
Hat ers gespalten. Die Meinigen alle gingen zugrunde.
Ich aber faßte umklammernd den Kiel des doppeltgeschweiften
Schiffes. So schwamm ich neun volle Tage und erst in der zehnten
Schwarzen Nacht war ich nahe der Insel Ogygia. Götter
Brachten mich hin; dort wohnte Kalypso mit herrlichen Flechten,
Jene gewaltige Göttin. Sie hat mich sorgend empfangen,
Liebte und hegte mich, sagte mir, jung alle Tage, unsterblich
Sollte ich sein: mein Gemüt in der Brust doch ward niemals ihr hörig.
Sieben Jahre nun lag ich dort fest und göttliche Kleider

δάκρυσι δεύεσκον, τά μοι ἄμβροτα δῶκε Καλυψώ· 260
ἀλλ' ὅτε δὴ ὄγδοόν μοι ἐπιπλόμενον ἔτος ἦλθε,
καὶ τότε δή μ' ἐκέλευσεν ἐποτρύνουσα νέεσθαι
Ζηνὸς ὑπ' ἀγγελίης, ἢ καὶ νόος ἐτράπετ' αὐτῆς.
πέμπε δ' ἐπὶ σχεδίης πολυδέσμου, πολλὰ δ' ἔδωκε,
σῖτον καὶ μέθυ ἡδύ, καὶ ἄμβροτα εἵματα ἕσσεν, 265
οὖρον δὲ προέηκεν ἀπήμονά τε λιαρόν τε.
ἑπτὰ δὲ καὶ δέκα μὲν πλέον ἤματα ποντοπορεύων,
ὀκτωκαιδεκάτῃ δ' ἐφάνη ὄρεα σκιόεντα
γαίης ὑμετέρης, γήθησε δέ μοι φίλον ἦτορ,
δυσμόρῳ· ἦ γὰρ μέλλον ἔτι ξυνέσεσθαι ὀϊζυῖ 270
πολλῇ, τήν μοι ἐπῶρσε Ποσειδάων ἐνοσίχθων,
ὅς μοι ἐφορμήσας ἀνέμους κατέδησε κέλευθον,
ὤρινεν δὲ θάλασσαν ἀθέσφατον, οὐδέ τι κῦμα
εἴα ἐπὶ σχεδίης ἁδινὰ στενάχοντα φέρεσθαι.
τὴν μὲν ἔπειτα θύελλα διεσκέδασ'· αὐτὰρ ἐγώ γε 275
νηχόμενος τόδε λαῖτμα διέτμαγον, ὄφρα με γαίῃ
ὑμετέρῃ ἐπέλασσε φέρων ἄνεμός τε καὶ ὕδωρ.
ἔνθα κέ μ' ἐκβαίνοντα βιήσατο κῦμ' ἐπὶ χέρσου,
πέτρῃς πρὸς μεγάλῃσι βαλὸν καὶ ἀτερπέϊ χώρῳ,
ἀλλ' ἀναχασσάμενος νῆχον πάλιν, εἷος ἐπῆλθον 280
ἐς ποταμόν, τῇ δή μοι ἐείσατο χῶρος ἄριστος,
λεῖος πετράων, καὶ ἐπὶ σκέπας ἦν ἀνέμοιο.
ἐκ δ' ἔπεσον θυμηγερέων, ἐπὶ δ' ἀμβροσίη νὺξ
ἤλυθ'· ἐγὼ δ' ἀπάνευθε διιπετέος ποταμοῖο
ἐκβὰς ἐν θάμνοισι κατέδραθον, ἀμφὶ δὲ φύλλα 285
ἠφυσάμην· ὕπνον δὲ θεὸς κατ' ἀπείρονα χεῦεν.
ἔνθα μὲν ἐν φύλλοισι, φίλον τετιημένος ἦτορ,
εὗδον παννύχιος καὶ ἐπ' ἠῶ καὶ μέσον ἦμαρ·
δύσετό τ' ἠέλιος, καί με γλυκὺς ὕπνος ἀνῆκεν.
ἀμφιπόλους δ' ἐπὶ θινὶ τεῆς ἐνόησα θυγατρὸς 290
παιζούσας, ἐν δ' αὐτὴ ἔην εἰκυῖα θεῇσι.
τὴν ἱκέτευσ'· ἡ δ' οὔ τι νοήματος ἤμβροτεν ἐσθλοῦ,
ὡς οὐκ ἂν ἔλποιο νεώτερον ἀντιάσαντα
ἐρξέμεν· αἰεὶ γάρ τε νεώτεροι ἀφραδέουσιν.
ἥ μοι σῖτον δῶκεν ἅλις ἠδ' αἴθοπα οἶνον 295
καὶ λοῦσ' ἐν ποταμῷ καί μοι τάδε εἵματ' ἔδωκε.
ταῦτά τοι, ἀχνύμενός περ, ἀληθείην κατέλεξα."

Gab mir Kalypso — sie wurden nur naß von ewigen Tränen.
Doch als das achte Jahr im Umschwung endlich nun nahte,
Trieb sie wirklich befehlend mich an meine Heimkehr zu rüsten.
War es Kunde von Zeus? War es Wandel der eignen Gedanken?
Ja, sie schickte mich weg auf fest verklammertem Fahrzeug;
Süßen Wein und Brot und göttliche Kleider bekam ich,
Fahrwind schickte sie aus, der ohne Gefahren und lau war.
Siebzehn Tage nun fuhr ich ruhig dahin auf der Meerfahrt.
Endlich erschienen am achtzehnten Tage die schattenden Berge
Eures Landes. Da jauchzte mein liebes Herz voller Freude.
Aber das Schicksal kam. Ich hatte noch Leid zu erwarten;
Erderschütterer Poseidon ließ es in Fülle mich treffen.
Winde erregte er mir, die weitere Fahrt zu verhindern,
Brachte das Meer in unsagbaren Aufruhr, ja sein Gewoge
Ließ auf dem Floß mich nicht bleiben trotz all meines ängstlichen Stöhnens.
Dann hat der Sturm es zerschmettert; so mußte ich doch noch die Tiefe
Schwimmend hinter mich bringen, bis endlich Wasser und Winde
Euerem Lande nahe mich brachten. Aber beim Ausstieg
Hätten die Wellen mich gar noch am Strande niedergezwungen,
Hätten an üblem Platz mich an mächtige Felsen geworfen.
Also schwamm ich zurück, bis endlich im Bett eines Flusses
Boden ich faßte. Der Platz erschien mir wirklich vortrefflich,
Dünkte mich frei von Gefels und bot mir auch Schutz gegen Winde.
Draußen fiel ich zu Boden, doch fand ich mich wieder. Nun nahte
Bald die ambrosische Nacht. Da stieg ich heraus und versuchte
Abseits vom Fluß, der dem Himmel entströmt, in Gebüschen zu schlafen,
Schüttete Laub auf mich und ein Gott ließ endlos mich schlummern.
Da nun schlief ich im Laub, das liebe Herz voll Betrübnis,
Fest und die ganze Nacht und weiter bis Morgen und Mittag.
Sonne ging zur Rüste, der süße Schlummer entließ mich.
Aber da hörte ich Mägde, die spielten am Strande; es waren
Die deiner Tochter; darunter war eine, die glich einer Göttin.
Flehend nahte ich ihr: sie fand den rechten Gedanken.
Schwerlich würde ein Jüngerer, der dir begegnet, so handeln,
Allzeit fehlt ja den jüngeren Männern das rechte Verständnis.
Sie aber gab mir Brot und funkelnden Wein zur Genüge,
Hieß mich baden im Fluß und schenkte mir diese Gewänder.
Wie ich dir sagte, geschah es in Wahrheit, doch ist es mir schmerzlich."

τὸν δ' αὖτ' Ἀλκίνοος ἀπαμείβετο φωνησέν τε·
"ξεῖν', ἦ τοι μὲν τοῦτό γ' ἐναίσιμον οὐκ ἐνόησε
παῖς ἐμή, οὕνεκά σ' οὔ τι μετ' ἀμφιπόλοισι γυναιξὶν   300
ἦγεν ἐς ἡμετέρου· σὺ δ' ἄρα πρώτην ἱκέτευσας."
    τὸν δ' ἀπαμειβόμενος προσέφη πολύμητις Ὀδυσσεύς·
"ἥρως, μή μοι τοὔνεκ' ἀμύμονα νείκεε κούρην·
ἡ μὲν γάρ μ' ἐκέλευε σὺν ἀμφιπόλοισιν ἕπεσθαι,
ἀλλ' ἐγὼ οὐκ ἔθελον δείσας αἰσχυνόμενός τε,   305
μή πως καὶ σοὶ θυμὸς ἐπισκύσσαιτο ἰδόντι·
δύσζηλοι γάρ τ' εἰμὲν ἐπὶ χθονὶ φῦλ' ἀνθρώπων."
    τὸν δ' αὖτ' Ἀλκίνοος ἀπαμείβετο φωνησέν τε·
"ξεῖν', οὔ μοι τοιοῦτον ἐνὶ στήθεσσι φίλον κῆρ
μαψιδίως κεχολῶσθαι· ἀμείνω δ' αἴσιμα πάντα.   310
αἲ γάρ, Ζεῦ τε πάτερ καὶ Ἀθηναίη καὶ Ἄπολλον,
τοῖος ἐών, οἷός ἐσσι, τά τε φρονέων ἅ τ' ἐγώ περ,
παῖδά τ' ἐμὴν ἐχέμεν καὶ ἐμὸς γαμβρὸς καλέεσθαι,
αὖθι μένων· οἶκον δέ κ' ἐγὼ καὶ κτήματα δοίην,
εἴ κ' ἐθέλων γε μένοις· ἀέκοντα δέ σ' οὔ τις ἐρύξει   315
Φαιήκων· μὴ τοῦτο φίλον Διὶ πατρὶ γένοιτο.
πομπὴν δ' ἐς τόδ' ἐγὼ τεκμαίρομαι, ὄφρ' ἐὺ εἰδῇς,
αὔριον ἔς· τῆμος δὲ σὺ μὲν δεδμημένος ὕπνῳ
λέξεαι, οἱ δ' ἐλόωσι γαλήνην, ὄφρ' ἂν ἵκηαι
πατρίδα σὴν καὶ δῶμα, καὶ εἴ πού τοι φίλον ἐστίν,   320
εἴ περ καὶ μάλα πολλὸν ἑκαστέρω ἔστ' Εὐβοίης·
τὴν γὰρ τηλοτάτω φάσ' ἔμμεναι οἵ μιν ἴδοντο
λαῶν ἡμετέρων, ὅτε τε ξανθὸν Ῥαδάμανθυν
ἦγον ἐποψόμενον Τιτυόν, Γαιήιον υἱόν.
καὶ μὲν οἱ ἔνθ' ἦλθον καὶ ἄτερ καμάτοιο τέλεσσαν   325
ἤματι τῷ αὐτῷ καὶ ἀπήνυσαν οἴκαδ' ὀπίσσω.
εἰδήσεις δὲ καὶ αὐτὸς ἐνὶ φρεσίν, ὅσσον ἄρισται
νῆες ἐμαὶ καὶ κοῦροι ἀναρρίπτειν ἅλα πηδῷ."
    ὣς φάτο, γήθησεν δὲ πολύτλας δῖος Ὀδυσσεύς,
εὐχόμενος δ' ἄρα εἶπεν ἔπος τ' ἔφατ' ἔκ τ' ὀνόμαζε·   330
"Ζεῦ πάτερ, αἴθ', ὅσα εἶπε, τελευτήσειεν ἅπαντα
Ἀλκίνοος· τοῦ μέν κεν ἐπὶ ζείδωρον ἄρουραν
ἄσβεστον κλέος εἴη, ἐγὼ δέ κε πατρίδ' ἱκοίμην."
    ὣς οἱ μὲν τοιαῦτα πρὸς ἀλλήλους ἀγόρευον,
κέκλετο δ' Ἀρήτη λευκώλενος ἀμφιπόλοισι   335

Antwort gab ihm darauf Alkinoos wieder und sagte:
„Fremder Mann, so ganz das Schickliche sah meine Tochter
Wirklich nicht. Sie brachte dich nicht in unsere Wohnung
Gleich mit den Mägden; zu ihr ja kamst du vor allem als Schützling."
    Antwort gab ihm und sagte der einfallreiche Odysseus:
„Held! Deswegen schilt du mir nicht das vortreffliche Mädchen!
Sie befahl mir wohl, mit den Mägden sollte ich folgen.
Ich aber wollte es nicht aus Furcht und weil ich mich schämte;
Meinte, es zürnte vielleicht auch dir das Gemüt bei dem Anblick.
Böser Eifer beherrscht ja uns Menschenvolk auf der Erde."
    Antwort gab ihm darauf Alkinoos wieder und sagte:
„Fremder Mann, mein Herz in der Brust ist nicht so, daß es grolle
Ohne besonderen Grund; doch besser ist alles, was rechtens.
Vater Zeus, Athene, Apollon! Gäb es doch einen,
Grade wie du, der dächte, was ich auch denke; der sollte
Hier verweilen; mein Kind sollt er haben, mein Tochtermann heißen;
Wärest du willens zu bleiben — ich gäbe dir Haus und Besitztum.
Freilich, schlägst du nicht ein, so wird kein Phaiake dich halten.
Vater Zeus sei davor! Das möchte ich wünschen. Doch wisse:
Pünktlich setze ich fest den Tag deiner Fahrt; er ist morgen.
Leg dich solange zu Bett und versinke indessen in Schlummer!
Meine Leute fahren bei ruhigster See; und so wirst du
Heimat und Haus erreichen und Plätze, die sonst dir noch lieb sind,
Wären sie noch viel weiter entfernt als die Insel Euboia,
Die wohl am fernsten liegt, wie Augenzeugen berichten,
Leute aus unserem Volk, die den blonden Rhadamanthys
Fuhren; er wollte den Tityos sehen, den Sohn der Gaia.
Unermüdet kamen von dort sie zurück; denn sie brauchten
Einen Tag nur ans Ziel und wieder hieher in die Heimat.
Selbst ja wirst du im Sinn es erfahren: trefflichste Schiffe,
Trefflichste Jungen sind mein, die See mit den Rudern zu schlagen."
    Sprachs, dem großen Dulder, dem hehren Odysseus, zur Freude.
Betend begann er sodann und sagte bedeutsame Worte:
    „Vater Zeus! Was Alkinoos sagte, erfülle er alles!
Unauslöschlicher Preis auf der nahrungspendenden Erde
Kann ihm beschieden dann werden, doch mir, nachhause zu kommen."
    Solches sprachen die beiden untereinander, indessen
Mutter Arete mit weißen Armen den Mägden Befehl gab,

δέμνι' ὑπ' αἰθούσῃ θέμεναι καὶ ῥήγεα καλὰ
πορφύρε' ἐμβαλέειν στορέσαι τ' ἐφύπερθε τάπητας,
χλαίνας τ' ἐνθέμεναι οὔλας καθύπερθεν ἕσασθαι.
αἱ δ' ἴσαν ἐκ μεγάροιο δάος μετὰ χερσὶν ἔχουσαι·
αὐτὰρ ἐπεὶ στόρεσαν πυκινὸν λέχος ἐγκονέουσαι, 340
ὤτρυνον Ὀδυσῆα παριστάμεναι ἐπέεσσιν·
"ὄρσο κέων, ὦ ξεῖνε· πεποίηται δέ τοι εὐνή."
ὣς φάν· τῷ δ' ἀσπαστὸν ἐείσατο κοιμηθῆναι.

ὣς ὁ μὲν ἔνθα καθεῦδε πολύτλας δῖος Ὀδυσσεὺς
τρητοῖς ἐν λεχέεσσιν ὑπ' αἰθούσῃ ἐριδούπῳ· 345
Ἀλκίνοος δ' ἄρα λέκτο μυχῷ δόμου ὑψηλοῖο,
πὰρ δὲ γυνὴ δέσποινα λέχος πόρσυνε καὶ εὐνήν.

Herzurichten ein Bettgestell in der Halle und schöne,
Purpurne Kissen hineinzutun und Decken darüber
Auszubreiten und wollene Tücher, den Körper zu decken,
Nochmal darüber. Da gingen sie weg aus dem Saal mit den Fackeln.
Aber als sie geschäftig das feste Lager bereitet,
Traten sie hin vor Odysseus und luden ihn ein mit den Worten:
„Fremder Gast, begib dich zur Ruhe! Das Bett ist gerichtet!"
Also sprachen sie; ihm aber schien es willkommen zu schlafen.

    Hier nun schlief der große Dulder, der hehre Odysseus,
Lag in der tönenden Halle im Bett mit Löchern für Riemen.
Aber Alkinoos lag in der Ecke des hohen Palastes,
Neben ihm machte sich Lager und Bett die Herrin, sein Ehweib.

ΟΔΥΣΣΕΙΑΣ Θ

Ὀδυσσέως σύστασις πρὸς Φαίακας

Ἦμος δ' ἠριγένεια φάνη ῥοδοδάκτυλος Ἠώς,
ὤρνυτ' ἄρ' ἐξ εὐνῆς ἱερὸν μένος Ἀλκινόοιο,
ἂν δ' ἄρα διογενὴς ὦρτο πτολίπορθος Ὀδυσσεύς.
τοῖσιν δ' ἡγεμόνευ' ἱερὸν μένος Ἀλκινόοιο
Φαιήκων ἀγορήνδ', ἥ σφιν παρὰ νηυσὶ τέτυκτο. 5
ἐλθόντες δὲ καθῖζον ἐπὶ ξεστοῖσι λίθοισι
πλησίον· ἡ δ' ἀνὰ ἄστυ μετῴχετο Παλλὰς Ἀθήνη
εἰδομένη κήρυκι δαΐφρονος Ἀλκινόοιο,
νόστον Ὀδυσσῆι μεγαλήτορι μητιόωσα,
καί ῥα ἑκάστῳ φωτὶ παρισταμένη φάτο μῦθον· 10
"δεῦτ' ἄγε, Φαιήκων ἡγήτορες ἠδὲ μέδοντες,
εἰς ἀγορὴν ἰέναι, ὄφρα ξείνοιο πύθησθε,
ὃς νέον Ἀλκινόοιο δαΐφρονος ἵκετο δῶμα
πόντον ἐπιπλαγχθείς, δέμας ἀθανάτοισιν ὁμοῖος."
ὣς εἰποῦσ' ὤτρυνε μένος καὶ θυμὸν ἑκάστου. 15
καρπαλίμως δ' ἔμπληντο βροτῶν ἀγοραί τε καὶ ἕδραι
ἀγρομένων· πολλοὶ δ' ἄρα θηήσαντο ἰδόντες
υἱὸν Λαέρταο δαΐφρονα. τῷ δ' ἄρ' Ἀθήνη
θεσπεσίην κατέχευε χάριν κεφαλῇ τε καὶ ὤμοις
καί μιν μακρότερον καὶ πάσσονα θῆκεν ἰδέσθαι, 20
ὥς κεν Φαιήκεσσι φίλος πάντεσσι γένοιτο
δεινός τ' αἰδοῖός τε καὶ ἐκτελέσειεν ἀέθλους
πολλούς, τοὺς Φαίηκες ἐπειρήσαντ' Ὀδυσῆος.
αὐτὰρ ἐπεί ῥ' ἤγερθεν ὁμηγερέες τ' ἐγένοντο,
τοῖσιν δ' Ἀλκίνοος ἀγορήσατο καὶ μετέειπε· 25
"κέκλυτε, Φαιήκων ἡγήτορες ἠδὲ μέδοντες,
ὄφρ' εἴπω, τά με θυμὸς ἐνὶ στήθεσσι κελεύει.
ξεῖνος ὅδ', οὐκ οἶδ' ὅς τις, ἀλώμενος ἵκετ' ἐμὸν δῶ,
ἠὲ πρὸς ἠοίων ἢ ἑσπερίων ἀνθρώπων·
πομπὴν δ' ὀτρύνει καὶ λίσσεται ἔμπεδον εἶναι. 30
ἡμεῖς δ', ὡς τὸ πάρος περ, ἐποτρυνώμεθα πομπήν·
οὐδὲ γὰρ οὐδέ τις ἄλλος, ὅτις κ' ἐμὰ δώμαθ' ἵκηται,

ACHTER GESANG

Des Odysseus Aufenthalt bei den Phaiaken

Als dann die Frühe sich zeigte, Eos mit rosigen Fingern,
Stieg aus dem Bett des Alkinoos heilige Kraft; auch Odysseus
Reckte sich auf, der Göttersproß, der Städtezerstörer.
Führer von beiden zum Markt der Phaiaken, der neben den Schiffen,
Günstig für sie, sich befand, war Alkinoos' heilige Stärke.
Nahe zusammen setzten sie sich, als sie kamen, auf glatte,
Steinerne Sitze. Die Stadt entlang ging Pallas Athene,
Gab sich das Aussehn, als sei sie des klugen Alkinoos Rufer,
Sann aber nur auf des hochbeherzten Odysseus Heimkehr.
Also trat sie an jeden heran und sagte den Männern:
„Eilig hieher und voran, ihr Phaiakischen Führer und Pfleger!
Auf zur Versammlung! Ihr werdet dort hören, es sei da ein Fremdling
Eben gekommen ins Haus unsres klugen Alkinoos; irrend
Trieb er herum auf dem Meer; an Gestalt aber gleicht er den Göttern."
  Also sprach sie und spornte Gemüt und Kraft eines jeden.
Plätze und Sitze füllten sich rasch mit versammelten Menschen.
Viele nun sahen den klugen Sohn des Laërtes und staunten.
Ihm übergoß ja Athene Kopf und Schultern mit Anmut
Göttlich schön; denn die Leute sollten ihn sehen; sie schuf ihn
Größer und fülliger. Lieb sollt er werden allen Phaiaken,
Ehrfurcht sollt er gebieten, gewaltig die vielerlei Kämpfe
Siegreich bis zum Ende bestehen. Es waren Phaiaken,
Stellten also Odysseus hart auf die Probe; und als nun
Endlich alle sich fanden und nicht ein einziger fehlte,
Hielt seine Rede vor ihnen Alkinoos jetzt auf dem Marktplatz:
  „Hört ihr Phaiakischen Führer und Pfleger! Ich will jetzt verkünden,
Was mein Gemüt in der Brust mir gebietet. Der Fremdling, der hier sitzt —
Wer er ist, ich weiß es noch nicht; er schweifte auf Irrfahrt
Sei es aus Ost oder West — in mein Haus ist er gekommen.
Eilig sucht er Geleit und bittet um sicheres Jawort.
Wir aber wollen, wie immer, Geleit ihm eilig bestellen.
Nie und nimmer wird mir ein anderer, der in mein Haus kommt,

ἐνθάδ' ὀδυρόμενος δηρὸν μένει εἵνεκα πομπῆς.
ἀλλ' ἄγε νῆα μέλαιναν ἐρύσσομεν εἰς ἅλα δῖαν
πρωτόπλοον, κούρω δὲ δύω καὶ πεντήκοντα 35
κρινάσθων κατὰ δῆμον, ὅσοι πάρος εἰσὶν ἄριστοι.
δησάμενοι δ' εὖ πάντες ἐπὶ κληῖσιν ἐρετμὰ
ἔκβητ'· αὐτὰρ ἔπειτα θοὴν ἀλεγύνετε δαῖτα
ἡμέτερόνδ' ἐλθόντες· ἐγὼ δ' ἐΰ πᾶσι παρέξω.
κούροισιν μὲν ταῦτ' ἐπιτέλλομαι· αὐτὰρ οἱ ἄλλοι 40
σκηπτοῦχοι βασιλῆες ἐμὰ πρὸς δώματα καλὰ
ἔρχεσθ', ὄφρα ξεῖνον ἐνὶ μεγάροισι φιλέωμεν·
μηδέ τις ἀρνείσθω. καλέσασθε δὲ θεῖον ἀοιδόν,
Δημόδοκον· τῷ γάρ ῥα θεὸς πέρι δῶκεν ἀοιδὴν
τέρπειν, ὅππῃ θυμὸς ἐποτρύνῃσιν ἀείδειν." 45
  ὣς ἄρα φωνήσας ἡγήσατο, τοὶ δ' ἅμ' ἕποντο
σκηπτοῦχοι· κῆρυξ δὲ μετῴχετο θεῖον ἀοιδόν.
κούρω δὲ κρινθέντε δύω καὶ πεντήκοντα
βήτην, ὡς ἐκέλευσ' ἐπὶ θῖν' ἁλὸς ἀτρυγέτοιο.
αὐτὰρ ἐπεί ῥ' ἐπὶ νῆα κατήλυθον ἠδὲ θάλασσαν, 50
νῆα μὲν οἵ γε μέλαιναν ἁλὸς βένθοσδε ἔρυσσαν,
ἐν δ' ἱστόν τ' ἐτίθεντο καὶ ἱστία νηῒ μελαίνῃ,
ἠρτύναντο δ' ἐρετμὰ τροποῖς ἐν δερματίνοισι
πάντα κατὰ μοῖραν· παρὰ δ' ἱστία λευκὰ τάνυσσαν.
ὑψοῦ δ' ἐν νοτίῳ τήν γ' ὥρμισαν· αὐτὰρ ἔπειτα 55
βάν ῥ' ἴμεν Ἀλκινόοιο δαΐφρονος ἐς μέγα δῶμα.
πλῆντο δ' ἄρ' αἴθουσαί τε καὶ ἕρκεα καὶ δόμοι ἀνδρῶν
ἀγρομένων· πολλοὶ δ' ἄρ' ἔσαν, νέοι ἠδὲ παλαιοί.
τοῖσιν δ' Ἀλκίνοος δυοκαίδεκα μῆλ' ἱέρευσεν,
ὀκτὼ δ' ἀργιόδοντας ὗας, δύο δ' εἰλίποδας βοῦς· 60
τοὺς δέρον ἀμφί θ' ἕπον, τετύκοντό τε δαῖτ' ἐρατεινήν.
  κῆρυξ δ' ἐγγύθεν ἦλθεν ἄγων ἐρίηρον ἀοιδόν,
τὸν πέρι Μοῦσ' ἐφίλησε, δίδου δ' ἀγαθόν τε κακόν τε·
ὀφθαλμῶν μὲν ἄμερσε, δίδου δ' ἡδεῖαν ἀοιδήν.
τῷ δ' ἄρα Ποντόνοος θῆκε θρόνον ἀργυρόηλον 65
μέσσῳ δαιτυμόνων, πρὸς κίονα μακρὸν ἐρείσας·
κὰδ δ' ἐκ πασσαλόφι κρέμασεν φόρμιγγα λίγειαν
αὐτοῦ ὑπὲρ κεφαλῆς καὶ ἐπέφραδε χερσὶν ἑλέσθαι
κῆρυξ· πὰρ δ' ἐτίθει κάνεον καλήν τε τράπεζαν,
πὰρ δὲ δέπας οἴνοιο, πιεῖν ὅτε θυμὸς ἀνώγοι. 70

Lange wartend hier bleiben und jammern, weil das Geleit fehlt.
Auf denn! Wir ziehen ein schwarzes Schiff in die göttliche Salzflut,
Erstmals geht es morgen in See; wir wählen im Volke
Zwei und weitere fünfzig, die jung und schon trefflich bewährt sind!
Bindet alle die Ruder gut an bei den Rudersitzen,
Geht dann wieder heraus und kümmert euch schnell um die Mahlzeit!
Kommt in mein Haus dazu, ich spende euch alles in Fülle.
Dies mein Befehl an die Jungen. Ihr anderen Szepterträger
Geht jetzt zu mir in den schönen Palast, ihr Könige, daß wir
Unseren Fremdling im Saale mit Liebe umgeben; es sage
Keiner mir Nein! Und ruft mir den göttlichen Sänger! Der Gott hat
Ihn vor allen begnadet mit Liedern. Demodokos kann uns
Herzlich erfreuen; er singe von allem, wonach ihm zumut ist."

 Also sprach er und ging voran und die Szepterträger
Folgten ihm nach und der Rufer suchte den göttlichen Sänger.
Doch die zwei und die weiteren fünfzig erlesenen Jungen
Gingen gemäß dem Befehl an das Ufer der rastlosen Salzflut.
Aber als sie hinunter kamen zum Schiff und zum Meere,
Zogen das schwarze Schiff sie hinab in die Tiefe der Salzflut,
Legten den Mast und die Segel hinein in das schwarze Fahrzeug,
Machten die Ruder fertig und fest an den Pflöcken mit Riemen,
Alles in trefflicher Ordnung, und hißten die leuchtenden Segel.
Als es im Feuchten sich hob, da warfen sie Anker und nachher
Eilten sie hin zu des klugen Alkinoos großem Palaste.
Voll von Männern wurden die Hallen, die Höfe, die Räume,
Junge und Alte waren in Menge versammelt. Ein Dutzend
Kleinvieh opferte ihnen zu Ehren Alkinoos; vier Paar
Schweine mit weißem Gebiß, zwei Rinder mit schleppenden Füßen.
Diese ergaben gehäutet, gerichtet die köstlichste Mahlzeit.

 Nun kam nah mit dem Rufer der freundliche Sänger. Die Muse
Liebte den Sänger vor allen; sie schenkte ihm Gutes und Schlimmes:
Nahm ihm das Licht seiner Augen und schenkte ihm liebliche Weisen.
Ihm aber stellte Pontonoos mitten zwischen die Schmauser
Jetzt einen silbern genagelten Thronstuhl, schob ihn zur langen
Säule und hing an den Nagel die klingende Leier, gerade
Über sein Haupt, und beschrieb ihm, wie mit der Hand er sie hole.
Er als der Rufer stellte ihm dann auch den Tisch hin, ein schönes
Körbchen mit Brot, einen Becher mit Wein, daß er trinke nach Laune.

οἱ δ' ἐπ' ὀνείαθ' ἑτοῖμα προκείμενα χεῖρας ἴαλλον.
αὐτὰρ ἐπεὶ πόσιος καὶ ἐδητύος ἐξ ἔρον ἕντο,
Μοῦσ' ἄρ' ἀοιδὸν ἀνῆκεν ἀειδέμεναι κλέα ἀνδρῶν,
οἴμης, τῆς τότ' ἄρα κλέος οὐρανὸν εὐρὺν ἵκανε,
νεῖκος Ὀδυσσῆος καὶ Πηλεΐδεω Ἀχιλῆος, 75
ὥς ποτε δηρίσαντο θεῶν ἐν δαιτὶ θαλείῃ
ἐκπάγλοις ἐπέεσσιν, ἄναξ δ' ἀνδρῶν Ἀγαμέμνων
χαῖρε νόῳ, ὅ τ' ἄριστοι Ἀχαιῶν δηριόωντο.
ὣς γὰρ οἱ χρείων μυθήσατο Φοῖβος Ἀπόλλων
Πυθοῖ ἐν ἠγαθέῃ, ὅθ' ὑπέρβη λάϊνον οὐδὸν 80
χρησόμενος· τότε γάρ ῥα κυλίνδετο πήματος ἀρχὴ
Τρωσί τε καὶ Δαναοῖσι Διὸς μεγάλου διὰ βουλάς.

ταῦτ' ἄρ' ἀοιδὸς ἄειδε περικλυτός· αὐτὰρ Ὀδυσσεὺς
πορφύρεον μέγα φᾶρος ἑλὼν χερσὶ στιβαρῇσι
κὰκ κεφαλῆς εἴρυσσε, κάλυψε δὲ καλὰ πρόσωπα· 85
αἴδετο γὰρ Φαίηκας ὑπ' ὀφρύσι δάκρυα λείβων.
ἦ τοι ὅτε λήξειεν ἀείδων θεῖος ἀοιδός,
δάκρυ' ὀμορξάμενος κεφαλῆς ἄπο φᾶρος ἔλεσκε
καὶ δέπας ἀμφικύπελλον ἑλὼν σπείσασκε θεοῖσιν·
αὐτὰρ ὅτ' ἂψ ἄρχοιτο καὶ ὀτρύνειαν ἀείδειν 90
Φαιήκων οἱ ἄριστοι, ἐπεὶ τέρποντ' ἐπέεσσιν,
ἂψ Ὀδυσεὺς κατὰ κρᾶτα καλυψάμενος γοάασκεν.
ἔνθ' ἄλλους μὲν πάντας ἐλάνθανε δάκρυα λείβων,
Ἀλκίνοος δέ μιν οἶος ἐπεφράσατ' ἠδ' ἐνόησεν
ἥμενος ἄγχ' αὐτοῦ, βαρὺ δὲ στενάχοντος ἄκουσεν. 95
αἶψα δὲ Φαιήκεσσι φιληρέτμοισι μετηύδα·

"κέκλυτε, Φαιήκων ἡγήτορες ἠδὲ μέδοντες·
ἤδη μὲν δαιτὸς κεκορήμεθα θυμὸν ἐΐσης
φόρμιγγός θ', ἣ δαιτὶ συνήορός ἐστι θαλείῃ·
νῦν δ' ἐξέλθωμεν καὶ ἀέθλων πειρηθῶμεν 100
πάντων, ὥς χ' ὁ ξεῖνος ἐνίσπῃ οἷσι φίλοισιν
οἴκαδε νοστήσας, ὅσσον περιγινόμεθ' ἄλλων
πύξ τε παλαιμοσύνῃ τε καὶ ἅλμασιν ἠδὲ πόδεσσιν."

ὣς ἄρα φωνήσας ἡγήσατο, τοὶ δ' ἅμ' ἕποντο.
κὰδ δ' ἐκ πασσαλόφι κρέμασεν φόρμιγγα λίγειαν, 105
Δημοδόκου δ' ἕλε χεῖρα καὶ ἔξαγεν ἐκ μεγάροιο
κῆρυξ· ἦρχε δὲ τῷ αὐτὴν ὁδὸν ἥν περ οἱ ἄλλοι
Φαιήκων οἱ ἄριστοι, ἀέθλια θαυμανέοντες.

Sie aber streckten die Hände; das Essen lag fertig vor ihnen.
Aber sobald das Verlangen nach Essen und Trinken verflogen,
Trieb ihren Sänger die Muse von Rühmen der Helden zu singen,
Jenes Stück aus dem Lied, dessen Ruhm bis zum breiten Himmel
Damals drang: den Streit des Odysseus gegen Achilleus,
Peleus' Sohn, die einst bei dem blühenden Göttermahle
Schrecklich mit Worten gezankt. Agamemnon, der Herrscher der Männer,
Hatte da frohe Gedanken beim Hader der besten Achaier;
Hatte doch Phoibos Apollon ihm davon kündend gesprochen,
Als er die steinerne Schwelle betrat im hochheiligen Pytho;
Zukunft wollte er hören; es rollte bereits das Verhängnis:
Troern und Danaern drohte des Zeus, des Gewaltigen, Ratschluß.

    Davon sang der gepriesene Sänger. Aber Odysseus
Nahm ein großes purpurnes Tuch in die wuchtigen Hände,
Zog es über sein Haupt und verhüllte sein herrliches Antlitz,
Schämte sich vor den Phaiaken, mit Tränen die Augen zu netzen.
Doch wenn der göttliche Sänger sein Singen geendet, da wischte
Weg er die Tränen und nahm auch die Hülle wieder vom Haupte,
Griff nach dem doppelhenkligen Becher, den Göttern zu spenden.
Wenn er dann wieder begann und die besten Phaiaken ihn drängten,
Freudig entzückt von der Märe, von neuem ein Lied zu beginnen,
Hüllte wieder Odysseus sein Haupt und seufzte und seufzte.
Allen den andern entging, daß er Tränen vergoß; nur der eine
Konnt' es bemerken und sehen: Alkinoos, der ja ganz nahe
Neben ihm saß; ja, er hörte sogar sein tiefes Gestöhne.
Darum sagte er gleich den Phaiaken, den Freunden der Ruder:

    „Hört mich, Phaiaken! Führer und Pfleger: Nun sind die Gemüter
Satt vom richtig verteilten Mahl und den Klängen der Leier;
Diese gehört ja zusammen mit jeder üppigen Mahlzeit.
Jetzt aber gehn wir ins Freie! Versuchen jeglichen Wettkampf!
Künden soll seinen Freunden der Fremdling, kehrt er nachhause,
Wie überlegen den andern wir sind mit unseren Fäusten
Oder im Ringen oder im Springen und gar auf den Füßen."

    Also sprach er und ging voran und die anderen folgten.
Aber der Rufer hing an den Nagel die klingende Leier,
Faßte die Hand des Demodokos, führte ihn weg aus dem Saale,
Machte mit ihm den nämlichen Weg wie die andern Phaiaken;
Denn ihre Besten wollten doch jeden der Kämpfe bewundern.

βὰν δ' ἴμεν εἰς ἀγορήν, ἅμα δ' ἕσπετο πουλὺς ὅμιλος,
μυρίοι· ἂν δ' ἵσταντο νέοι πολλοί τε καὶ ἐσθλοί. 110
ὦρτο μὲν Ἀκρόνεώς τε καὶ Ὠκύαλος καὶ Ἐλατρεὺς
Ναυτεύς τε Πρυμνεύς τε καὶ Ἀγχίαλος καὶ Ἐρετμεὺς
Ποντεύς τε Πρῳρεύς τε, Θόων Ἀναβησίνεώς τε
Ἀμφίαλός θ', υἱὸς Πολυνήου Τεκτονίδαο·
ἂν δὲ καὶ Εὐρύαλος, βροτολοιγῷ ἶσος Ἄρηϊ, 115
Ναυβολίδης, ὃς ἄριστος ἔην εἶδός τε δέμας τε
πάντων Φαιήκων μετ' ἀμύμονα Λαοδάμαντα.
ἂν δ' ἔσταν τρεῖς παῖδες ἀμύμονος Ἀλκινόοιο,
Λαοδάμας θ' Ἅλιός τε καὶ ἀντίθεος Κλυτόνηος.
οἱ δ' ἤ τοι πρῶτον μὲν ἐπειρήσαντο πόδεσσι· 120
τοῖσι δ' ἀπὸ νύσσης τέτατο δρόμος· οἱ δ' ἅμα πάντες
καρπαλίμως ἐπέτοντο κονίοντες πεδίοιο.
τῶν δὲ θέειν ὄχ' ἄριστος ἔην Κλυτόνηος ἀμύμων·
ὅσσον τ' ἐν νειῷ οὖρον πέλει ἡμιόνοιιν,
τόσσον ὑπεκπροθέων λαοὺς ἵκεθ', οἱ δ' ἐλίποντο. 125
οἱ δὲ παλαιμοσύνης ἀλεγεινῆς πειρήσαντο·
τῇ δ' αὖτ' Εὐρύαλος ἀπεκαίνυτο πάντας ἀρίστους.
ἅλματι δ' Ἀμφίαλος πάντων προφερέστατος ἦεν·
δίσκῳ δ' αὖ πάντων πολὺ φέρτατος ἦεν Ἐλατρεύς,
πὺξ δ' αὖ Λαοδάμας, ἀγαθὸς πάϊς Ἀλκινόοιο. 130
αὐτὰρ ἐπεὶ δὴ πάντες ἐτέρφθησαν φρέν' ἀέθλοις,
τοῖς ἄρα Λαοδάμας μετέφη, πάϊς Ἀλκινόοιο·
"δεῦτε, φίλοι, τὸν ξεῖνον ἐρώμεθα, εἴ τιν' ἄεθλον
οἶδέ τε καὶ δεδάηκε· φυήν γε μὲν οὐ κακός ἐστι,
μηρούς τε κνήμας τε καὶ ἄμφω χεῖρας ὕπερθεν 135
αὐχένα τε στιβαρὸν μέγα τε σθένος· οὐδέ τι ἥβης
δεύεται, ἀλλὰ κακοῖσι συνέρρηκται πολέεσσιν.
οὐ γὰρ ἐγώ γέ τί φημι κακώτερον ἄλλο θαλάσσης
ἄνδρα γε συγχεῦαι, εἰ καὶ μάλα καρτερὸς εἴη."
τὸν δ' αὖτ' Εὐρύαλος ἀπαμείβετο φώνησέν τε· 140
"Λαοδάμαν, μάλα τοῦτο ἔπος κατὰ μοῖραν ἔειπες.
αὐτὸς νῦν προκάλεσσαι ἰὼν καὶ πέφραδε μῦθον."
αὐτὰρ ἐπεὶ τό γ' ἄκουσ' ἀγαθὸς πάϊς Ἀλκινόοιο,
στῆ ῥ' ἐς μέσσον ἰὼν καὶ Ὀδυσσῆα προσέειπε·
"δεῦρ' ἄγε καὶ σύ, ξεῖνε πάτερ, πείρησαι ἀέθλων, 145
εἴ τινά που δεδάηκας· ἔοικε δέ σ' ἴδμεν ἀέθλους.

Alle drängten zum Markt, es folgte der zahllose Haufe,
Tausende, Junge und Edle, traten in Menge zum Kampf an.
Stürmisch erhoben sich Nauteus, Akroneos, Prymneus, Elatreus,
Ponteus, Okýalos, Proneus, Anchíalos, Thoon, Eretmeus,
Ánabesíneos, schließlich der Sohn Polynéos' und Enkel
Tektons: Amphíalos. Ähnlich dem mordenden Ares erhob sich
Auch noch Euryalos, Naubolos' Sohn; an Gestalt und an Aussehn
War er der beste von allen Phaiaken. Laodamas freilich
Hatte den Vorrang. Dieser und Hálios und Klytonéos
Waren selbdritt des trefflichen Königs Alkinoos Söhne.
Letzterer glich einem Gott. Sie erhoben zuerst sich zum Kampfe.
Alle indessen versuchten es erst mit den Füßen. Die Laufbahn
Streckte gerade sich hin, eine Schranke befand sich am Anfang.
Alle zusammen flogen so rasch, daß die Ebene staubte.
Weitaus der beste im Lauf war der treffliche Klytonéos.
Wieviel ein Maultierpaar in einem Zuge im Brachland
Schafft: bei der Rückkehr war dies sein Vorsprung vor den Versagern.
Andre dagegen versuchten es dann mit dem schmerzlichen Ringkampf.
Hier war wieder den Besten allen Euryalos über.
Aber Amphíalos wurde vor allen der trefflichste Springer.
Hoch überlegen gewann Elátreus im Diskos. Im Faustkampf
Wurde Alkinoos' tüchtiger Sohn Laodamas Meister.

Aber als allen die Spiele den Sinn mit Vergnügen erfüllten,
Sprach des Alkinoos Sohn Laodamas: „Hieher ihr Freunde!
Fragen wir doch unsern Gastfreund, ob nicht auch er einen Wettkampf
Kennt und gelernt hat. Sein Wuchs ist nicht übel: Die Schenkel,
Beide Hände da oben, der wuchtige Nacken, die Vollkraft: [Waden,
Sicher steht er auch noch in den Jahren der Mannheit, er ist nur
Gänzlich zermürbt von der Fülle der Leiden. Ich meine ja immer:
Übel gibt es gewiß, doch kein andres vergleicht sich dem Meere;
Dieses zerrüttet den Mann, und hätte er riesige Kräfte."

Aber Euryalos sagte darauf und gab ihm zur Antwort:
„Ja, mein Laodamas, dieses Wort hast du sachlich gesprochen.
Geh nun, fordere selbst ihn heraus und sag deine Rede!"

Als dies hörte der tüchtige Sohn des Alkinoos, ging er,
Trat in die Mitte sodann und wandte sich gegen Odysseus:

„Fremder Vater, komm! Komm auch du und versuch dich im Wett-
Ob du wohl eines gelernt hast? Du scheinst ja in Kämpfen erfahren. [spiel!

οὐ μὲν γὰρ μεῖζον κλέος ἀνέρος, ὄφρα κεν ᾖσιν,
ἢ ὅ τι ποσσίν τε ῥέξῃ καὶ χερσὶν ἑῇσιν.
ἀλλ' ἄγε πείρησαι, σκέδασον δ' ἀπὸ κήδεα θυμοῦ·
σοὶ δ' ὁδὸς οὐκέτι δηρὸν ἀπέσσεται, ἀλλά τοι ἤδη   150
νηῦς τε κατείρυσται καὶ ἐπαρτέες εἰσὶν ἑταῖροι."

τὸν δ' ἀπαμειβόμενος προσέφη πολύμητις Ὀδυσσεύς·
"Λαοδάμαν, τί με ταῦτα κελεύετε κερτομέοντες;
κήδεά μοι καὶ μᾶλλον ἐνὶ φρεσὶν ἤ περ ἄεθλοι,
ὃς πρὶν μὲν μάλα πολλὰ πάθον καὶ πολλὰ μόγησα,   155
νῦν δὲ μεθ' ὑμετέρῃ ἀγορῇ νόστοιο χατίζων
ἧμαι, λισσόμενος βασιλῆά τε πάντα τε δῆμον."

τὸν δ' αὖτ' Εὐρύαλος ἀπαμείβετο νείκεσέ τ' ἄντην·
"οὐ γάρ σ' οὐδέ, ξεῖνε, δαήμονι φωτὶ ἐΐσκω
ἄθλων, οἷά τε πολλὰ μετ' ἀνθρώποισι πέλονται,   160
ἀλλὰ τῷ, ὅς θ' ἅμα νηὶ πολυκληΐδι θαμίζων,
ἀρχὸς ναυτάων, οἵ τε πρηκτῆρες ἔασι,
φόρτου τε μνήμων καὶ ἐπίσκοπος ᾖσιν ὁδαίων
κερδέων θ' ἁρπαλέων· οὐδ' ἀθλητῆρι ἔοικας."

τὸν δ' ἄρ' ὑπόδρα ἰδὼν προσέφη πολύμητις Ὀδυσσεύς·
"ξεῖν', οὐ καλὸν ἔειπες· ἀτασθάλῳ ἀνδρὶ ἔοικας.   166
οὕτως οὐ πάντεσσι θεοὶ χαρίεντα διδοῦσιν
ἀνδράσιν, οὔτε φυὴν οὔτ' ἄρ φρένας οὔτ' ἀγορητύν.
ἄλλος μὲν γὰρ εἶδος ἀκιδνότερος πέλει ἀνήρ,
ἀλλὰ θεὸς μορφὴν ἔπεσι στέφει· οἱ δέ τ' ἐς αὐτὸν   170
τερπόμενοι λεύσσουσιν, ὁ δ' ἀσφαλέως ἀγορεύει,
αἰδοῖ μειλιχίῃ, μετὰ δὲ πρέπει ἀγρομένοισιν,
ἐρχόμενον δ' ἀνὰ ἄστυ θεὸν ὣς εἰσορόωσιν.
ἄλλος δ' αὖ εἶδος μὲν ἀλίγκιος ἀθανάτοισιν,
ἀλλ' οὔ οἱ χάρις ἀμφὶ περιστέφεται ἐπέεσσιν,   175
ὡς καὶ σοὶ εἶδος μὲν ἀριπρεπές, οὐδέ κεν ἄλλως
οὐδὲ θεὸς τεύξειε, νόον δ' ἀποφώλιός ἐσσι.
ὤρινάς μοι θυμὸν ἐνὶ στήθεσσι φίλοισιν
εἰπὼν οὐ κατὰ κόσμον· ἐγὼ δ' οὐ νῆϊς ἀέθλων,
ὡς σύ γε μυθεῖαι, ἀλλ' ἐν πρώτοισιν ὀΐω   180
ἔμμεναι, ὄφρ' ἥβῃ τε πεποίθεα χερσί τ' ἐμῇσι.
νῦν δ' ἔχομαι κακότητι καὶ ἄλγεσι· πολλὰ γὰρ ἔτλην,
ἀνδρῶν τε πτολέμους ἀλεγεινά τε κύματα πείρων.
ἀλλὰ καὶ ὧς, κακὰ πολλὰ παθών, πειρήσομ' ἀέθλων·

Größeren Ruhm wahrhaftig erntet kein Mann zeitlebens,
Keinen Vergleich verträgt, was mit Händen und Füßen er leistet.
Komm du doch her und versuch es, zerstreue den Gram im Gemüte!
Nicht mehr lang und du bist auf dem Weg; es steht ja das Schiff schon
Fahrbereit im Wasser und fertig sind die Gefährten."

Antwort gab ihm und sagte der einfallreiche Odysseus:
„Warum zankt ihr, Laodamas, gebt mir solche Befehle?
Nicht eurer Spiele muß ich gedenken, mehr meines Kummers,
Da ich bisher doch so vieles erlitt und so vieles erduldet.
Jetzt aber sitz ich zusammen mit eueren Räten und wünsche
Heimkehr. Darum bat ich das ganze Volk und den König."

Ihm entgegnete gradhin scheltend Euryalos wieder:
„Fremdling, Nein! Ein sachverständiger Kenner in Spielen,
Scheinst du mir nicht, und es gibt auf der Welt doch Spiele in Menge.
Vielmehr scheinst du ein Schiffsherr, einer von denen, die immer
Wieder kommen auf Schiffen mit zahlreichen Rudern; ein Krämer
Denkt an nichts als an Fracht, hält Ausschau einzig nach Ladung;
Gelder will er nur raffen! Du gleichst nicht dem echten Athleten."

Finster blickend sprach da der einfallreiche Odysseus:
„Gastfreund! Das war ein übles Wort; du gleichst einem Frevler.
Also verleihen nicht allen die Götter, was lieb und was schön ist:
Wuchs und Verstand und die Gabe zu reden. Ein Mann hat das Aussehn,
Grade als wäre er brüchig; ein Gott aber formt ihm die Worte;
Voll Entzücken schauen die Leute auf ihn und er redet
Ohne sich je zu versprechen, schmeichlerisch, schamhaft; bei allen
Leuten, die sich versammelt, steht er in Ehre und Ansehn;
Geht er die Straßen entlang, so schaun sie ihn wie einen Gott an.
Wieder ein Mann hat ein Aussehn, als wär er Unsterblichen ähnlich;
Aber die Worte formt ihm nicht gewinnende Anmut.
Gradso ist es bei dir: ein Gott selbst könnte dein Aussehn
Anders nicht schaffen, so schön ists; und doch: dein Denken ist dürftig!
Unschön war deine Rede! Du hast das Gemüt in der lieben
Brust mir erregt. Ich bin nicht unerfahren im Wettspiel,
So, wie du fabelst; ich zähle mich wohl zu den Ersten, solange
Trauen ich kann meiner Mannheit und gar meinen Händen. Nun freilich;
Jetzt bin ich Leiden verfallen und Unheil. Vieles erlitt ich,
Kriege focht ich mit Männern und maß mich mit leidigen Wogen.
Aber auch so, trotz Leiden in Fülle, versuch ich den Wettkampf;

θυμοδακὴς γὰρ μῦθος· ἐπώτρυνας δέ με εἰπών." 185
ἦ ῥα καὶ αὐτῷ φάρει ἀναΐξας λάβε δίσκον
μείζονα καὶ πάχετον, στιβαρώτερον οὐκ ὀλίγον περ
ἢ οἵῳ Φαίηκες ἐδίσκεον ἀλλήλοισι.
τόν ῥα περιστρέψας ἧκε στιβαρῆς ἀπὸ χειρός·
βόμβησεν δὲ λίθος· κατὰ δ' ἔπτηξαν ποτὶ γαίῃ 190
Φαίηκες δολιχήρετμοι, ναυσικλυτοὶ ἄνδρες,
λᾶος ὑπὸ ῥιπῆς· ὁ δ' ὑπέρπτατο σήματα πάντων,
ῥίμφα θέων ἀπὸ χειρός· ἔθηκε δὲ τέρματ' Ἀθήνη
ἀνδρὶ δέμας εἰκυῖα, ἔπος τ' ἔφατ' ἔκ τ' ὀνόμαζε·

"καί κ' ἀλαός τοι, ξεῖνε, διακρίνειε τὸ σῆμα 195
ἀμφαφόων, ἐπεὶ οὔ τι μεμιγμένον ἐστὶν ὁμίλῳ,
ἀλλὰ πολὺ πρῶτον. σὺ δὲ θάρσει τόνδε γ' ἄεθλον·
οὔ τις Φαιήκων τόν γ' ἵξεται οὐδ' ὑπερήσει."

ὣς φάτο, γήθησεν δὲ πολύτλας δῖος Ὀδυσσεύς,
χαίρων οὕνεχ' ἑταῖρον ἐνηέα λεῦσσ' ἐν ἀγῶνι. 200
καὶ τότε κουφότερον μετεφώνεε Φαιήκεσσι·

"τοῦτον νῦν ἀφίκεσθε, νέοι· τάχα δ' ὕστερον ἄλλον
ἥσειν ἢ τοσσοῦτον ὀΐομαι ἢ ἔτι μάσσον.
τῶν δ' ἄλλων ὅτινα κραδίη θυμός τε κελεύει,
δεῦρ' ἄγε πειρηθήτω, ἐπεί μ' ἐχολώσατε λίην, 205
ἢ πὺξ ἠὲ πάλῃ ἢ καὶ ποσίν, οὔ τι μεγαίρω,
πάντων Φαιήκων πλήν γ' αὐτοῦ Λαοδάμαντος.
ξεῖνος γάρ μοι ὅδ' ἐστί· τίς ἂν φιλέοντι μάχοιτο;
ἄφρων δὴ κεῖνός γε καὶ οὐτιδανὸς πέλει ἀνήρ,
ὅς τις ξεινοδόκῳ ἔριδα προφέρηται ἀέθλων 210
δήμῳ ἐν ἀλλοδαπῷ· ἕο δ' αὐτοῦ πάντα κολούει.
τῶν δ' ἄλλων οὔ πέρ τιν' ἀναίνομαι οὐδ' ἀθερίζω,
ἀλλ' ἐθέλω ἴδμεν καὶ πειρηθήμεναι ἄντην.
πάντα γὰρ οὐ κακός εἰμι, μετ' ἀνδράσιν ὅσσοι ἄεθλοι·
εὖ μὲν τόξον οἶδα ἐΰξοον ἀμφαφάασθαι· 215
πρῶτός κ' ἄνδρα βάλοιμι ὀϊστεύσας ἐν ὁμίλῳ
ἀνδρῶν δυσμενέων, εἰ καὶ μάλα πολλοὶ ἑταῖροι
ἄγχι παρασταῖεν καὶ τοξαζοίατο φωτῶν.
οἶος δή με Φιλοκτήτης ἀπεκαίνυτο τόξῳ
δήμῳ ἔνι Τρώων, ὅτε τοξαζοίμεθ' Ἀχαιοί· 220
τῶν δ' ἄλλων ἐμέ φημι πολὺ προφερέστερον εἶναι,
ὅσσοι νῦν βροτοί εἰσιν ἐπὶ χθονὶ σῖτον ἔδοντες.

Beißt doch dein Wort mein Gemüt, deine Rede treibt mich zum Handeln."
  Sprachs und stürmte empor noch im Mantel und griff einen Diskos,
Größer und dick und nicht weniger wuchtig, als wenn die Phaiaken
Diskos werfen untereinander. Nach mächtigen Schwüngen
Sauste der Stein aus der wuchtigen Hand und mit lautem Gebrause.
Nieder, bis auf den Boden, duckten sich da die Phaiaken,
Diese Meister der langen Ruder und Helden der Seefahrt:
Solchen Eindruck machte der Wurf des Steins. Ohne Hemmung
flog er heraus aus der Hand und weit vor die Spuren des Einschlags
Aller. Die Markung hatte Athene gesetzt und sie sagte
Nunmehr bedeutsam und hatte dabei die Gestalt eines Mannes:
  „Fremdling, den Einschlag fände durch Tasten ein Blinder! Er sitzt
Mitten im Haufen, ist weitaus der erste! Sei mutig! Phaiaken [nicht
Kommen doch niemals so weit und weiter schon gar nicht im Kampf-
  Sprachs, dem großen Dulder, dem hehren Odysseus zur Freude. [spiel."
Fröhlich war er, er sah ja den freundlichen Helfer im Kampfraum.
Darum konnte er jetzt den Phaiaken erleichtert verkünden:
  „Den holt ein jetzt, ihr Burschen! Vielleicht werd ich später noch
Ähnlich weiten landen, vielleicht gar fliegt er noch weiter.   [einen
Ist bei den andern noch einer, den Herz und Gemüt es so heißen,
Komm er hieher und versuch es! Ihr habt mich ja tüchtig geärgert.
Faustkampf, Ringen und Wettlauf, keines werd ich verweigern.
Nur dem Laodamas nicht, sonst stell ich mich allen Phaiaken;
Gastfreund ist er mir doch, und wer kämpft denn mit dem, der ihn lieb
Töricht wirklich wäre ein Mann und wahrlich ein Nichtsnutz,   [hat?
Stellte dem Wirt er den Antrag, im Wettstreit ihn zu bekämpfen,
Gar noch im fremden Land; er bringt sich um alles, was sein ist.
Doch von den andern versag ich mich keinem, verschmähe auch keinen;
Kennen will ich ihn gern und Aug in Aug es versuchen.
Nicht bin ich ohne Bewährung in allem, was männlicher Kampf heißt.
Trefflich versteh ich den glatten Bogen prüfend zu brauchen,
Vorndran treff ich den Mann mit dem Pfeilschuß mitten im Haufen
Feindlicher Männer, und stünden mir auch die Gefährten in größter
Menge nahe zur Seite und schössen hinein in die Leute.
Einzig und wirklich war nur Philoktétes im Schießen mir über,
Dort im Lande der Troer, so oft wir Achaier dort schossen.
Aber ich sage: Vor allen den andern gebührt mir der Vorrang
Wieviel Sterbliche jetzt auf Erden vom Brote sich nähren.

ἀνδράσι δὲ προτέροισιν ἐριζέμεν οὐκ ἐθελήσω,
οὔθ' Ἡρακλῆϊ οὔτ' Εὐρύτῳ Οἰχαλιῆϊ,
οἵ ῥα καὶ ἀθανάτοισιν ἐρίζεσκον περὶ τόξων.   225
τῷ ῥα καὶ αἶψ' ἔθανεν μέγας Εὔρυτος οὐδ' ἐπὶ γῆρας
ἵκετ' ἐνὶ μεγάροισι· χολωσάμενος γὰρ Ἀπόλλων
ἔκτανεν, οὕνεκά μιν προκαλίζετο τοξάζεσθαι.
δουρὶ δ' ἀκοντίζω ὅσον οὐκ ἄλλος τις ὀϊστῷ.
οἴοισιν δείδοικα ποσὶν μή τίς με παρέλθῃ   230
Φαιήκων· λίην γὰρ ἀεικελίως ἐδαμάσθην
κύμασιν ἐν πολλοῖς, ἐπεὶ οὐ κομιδὴ κατὰ νῆα
ἦεν ἐπηετανός· τῷ μοι φίλα γυῖα λέλυνται."
    ὣς ἔφαθ', οἱ δ' ἄρα πάντες ἀκὴν ἐγένοντο σιωπῇ·
Ἀλκίνοος δέ μιν οἶος ἀμειβόμενος προσέειπε·   235
    "ξεῖν', ἐπεὶ οὐκ ἀχάριστα μεθ' ἡμῖν ταῦτ' ἀγορεύεις,
ἀλλ' ἐθέλεις ἀρετὴν σὴν φαινέμεν, ἥ τοι ὀπηδεῖ,
χωόμενος, ὅτι σ' οὗτος ἀνὴρ ἐν ἀγῶνι παραστὰς
νείκεσεν, ὡς ἂν σὴν ἀρετὴν βροτὸς οὔ τις ὄνοιτο,
ὅς τις ἐπίσταιτο ᾗσι φρεσὶν ἄρτια βάζειν·   240
ἀλλ' ἄγε νῦν ἐμέθεν ξυνίει ἔπος, ὄφρα καὶ ἄλλῳ
εἴπῃς ἡρώων, ὅτε κεν σοῖς ἐν μεγάροισι
δαινύῃ παρὰ σῇ τ' ἀλόχῳ καὶ σοῖσι τέκεσσιν,
ἡμετέρης ἀρετῆς μεμνημένος, οἷα καὶ ἡμῖν
Ζεὺς ἐπὶ ἔργα τίθησι διαμπερὲς ἐξ ἔτι πατρῶν.   245
οὐ γὰρ πυγμάχοι εἰμὲν ἀμύμονες οὐδὲ παλαισταί,
ἀλλὰ ποσὶ κραιπνῶς θέομεν καὶ νηυσὶν ἄριστοι,
αἰεὶ δ' ἡμῖν δαίς τε φίλη κίθαρίς τε χοροί τε
εἵματά τ' ἐξημοιβὰ λοετρά τε θερμὰ καὶ εὐναί.
ἀλλ' ἄγε, Φαιήκων βητάρμονες ὅσσοι ἄριστοι,   250
παίσατε, ὥς χ' ὁ ξεῖνος ἐνίσπῃ οἷσι φίλοισιν,
οἴκαδε νοστήσας, ὅσσον περιγινόμεθ' ἄλλων
ναυτιλίῃ καὶ ποσσὶ καὶ ὀρχηστυῖ καὶ ἀοιδῇ.
Δημοδόκῳ δέ τις αἶψα κιὼν φόρμιγγα λίγειαν
οἰσέτω, ἥ που κεῖται ἐν ἡμετέροισι δόμοισιν."   255
    ὣς ἔφατ' Ἀλκίνοος θεοείκελος, ὦρτο δὲ κῆρυξ
οἴσων φόρμιγγα γλαφυρὴν δόμου ἐκ βασιλῆος.
αἰσυμνῆται δὲ κριτοὶ ἐννέα πάντες ἀνέσταν,
δήμιοι, οἳ κατ' ἀγῶνα ἐῢ πρήσσεσκον ἕκαστα,
λείηναν δὲ χορόν, καλὸν δ' εὔρυναν ἀγῶνα.   260

Freilich mit Männern der Vorzeit streiten ist nicht mein Verlangen:
Weder mit Herakles noch dem Oichalier Eúrytos; beide
Suchten sogar mit Unsterblichen Streit, wer am trefflichsten schösse.
Darum mußte so früh schon der große Eúrytos sterben.
Nimmer kam er zu Jahren im eignen Palaste; Apollon
Schoß ihn grollend tot; er wollte ihn fordern zum Wettschuß.
Freilich im Speerwurf komm ich so weit wie kein andrer im Pfeilschuß.
Eine Befürchtung nur hab ich: die Füße! So mancher Phaiake
Wird mich im Lauf überholen. Im vielen Wellengetriebe
Kam ich schändlich zu Schaden; es gab doch im Schiff keine Pflege
Jahrelang; so wurden denn schlaff mir die lieben Kniee."
  Also sprach er und alle versanken in lautlosem Schweigen.
Einzig von allen Alkinoos sagte und gab ihm zur Antwort:
  „Fremdling, was du bei uns hier erzähltest, entbehrt nicht der Anmut.
Aber du willst ja dein Können, so wie dirs gegeben, uns zeigen,
Grollend, weil dieser Mann da beim Wettspiel zänkisch dich anging.
Denn du bist ja der Meinung, kein Sterblicher werde dein Können
Tadeln, verfüge er nur im Verstand über treffende Worte.
Aber nun komm! Vernimm, was ich sage, damit einem andern
Helden, der später im Saal bei dir speist, du es sagst, wenn dein Eheweib
Neben dir sitzt und die eigenen Kinder: Unseres Könnens
Sollst du dann denken und dessen, was Zeus uns als Leistung bestimmte;
Lang ist es her und gilt seit den Zeiten der Väter: Wir sind nicht
Tüchtige Meister im Faustkampf, auch nicht im Ringkampf; wir sind
Kraftvolle Läufer zu Fuß und die ersten Meister der Schiffahrt.
Freilich sind uns immer auch Mähler und Leier und Tänze,
Wechsel der Kleidung, warme Bäder und Betten willkommen.
Auf denn, Phaiaken, wer immer von euch ein erlesener Tänzer!
Fangt euer Spiel an! Der Gast soll daheim seinen Freunden erzählen,
Wie wir die anderen weit übertreffen, geht es um Schiffahrt,
Laufen, Tanzen und Singen. So eile denn einer und bringe
Schleunig die klingende Leier für unsern Demodokos! Sicher
Liegt sie noch irgendwo daheim in unsrem Palaste."
  Also sagte der göttergleiche Alkinoos. Auf sprang
Eilig der Rufer, die blinkende Leier im Hause zu holen.
Auserlesene Ordner erhoben sich, Leute des Volkes,
Neun im ganzen und sorgten für rechten Verlauf bei den Spielen,
Machten den Tanzplatz eben und schufen den Raum für das Wettspiel.

κῆρυξ δ' ἐγγύθεν ἦλθε φέρων φόρμιγγα λίγειαν
Δημοδόκῳ· ὁ δ' ἔπειτα κί' ἐς μέσον· ἀμφὶ δὲ κοῦροι
πρωθῆβαι ἵσταντο, δαήμονες ὀρχηθμοῖο,
πέπληγον δὲ χορὸν θεῖον ποσίν· αὐτὰρ Ὀδυσσεὺς
μαρμαρυγὰς θηεῖτο ποδῶν, θαύμαζε δὲ θυμῷ. 265
  αὐτὰρ ὁ φορμίζων ἀνεβάλλετο καλὸν ἀείδειν
ἀμφ' Ἄρεος φιλότητος ἐϋστεφάνου τ' Ἀφροδίτης,
ὡς τὰ πρῶτ' ἐμίγησαν ἐν Ἡφαίστοιο δόμοισι
λάθρῃ· πολλὰ δὲ δῶκε, λέχος δ' ᾔσχυνε καὶ εὐνὴν
Ἡφαίστοιο ἄνακτος. ἄφαρ δέ οἱ ἄγγελος ἦλθεν 270
Ἥλιος, ὅ σφ' ἐνόησε μιγαζομένους φιλότητι.
Ἥφαιστος δ' ὡς οὖν θυμαλγέα μῦθον ἄκουσε,
βῆ ῥ' ἴμεν ἐς χαλκεῶνα, κακὰ φρεσὶ βυσσοδομεύων·
ἐν δ' ἔθετ' ἀκμοθέτῳ μέγαν ἄκμονα, κόπτε δὲ δεσμοὺς
ἀρρήκτους ἀλύτους, ὄφρ' ἔμπεδον αὖθι μένοιεν. 275
αὐτὰρ ἐπεὶ δὴ τεῦξε δόλον κεχολωμένος Ἄρει,
βῆ ῥ' ἴμεν ἐς θάλαμον, ὅθι οἱ φίλα δέμνια κεῖτο·
ἀμφὶ δ' ἄρ' ἑρμῖσιν χέε δέσματα κύκλῳ ἀπάντῃ,
πολλὰ δὲ καὶ καθύπερθε μελαθρόφιν ἐξεκέχυντο,
ἠΰτ' ἀράχνια λεπτά· τά γ' οὔ κέ τις οὐδὲ ἴδοιτο, 280
οὐδὲ θεῶν μακάρων· πέρι γὰρ δολόεντα τέτυκτο.
αὐτὰρ ἐπεὶ δὴ πάντα δόλον περὶ δέμνια χεῦεν,
εἴσατ' ἴμεν ἐς Λῆμνον, ἐϋκτίμενον πτολίεθρον,
ἥ οἱ γαιάων πολὺ φιλτάτη ἔσκεν ἁπασέων.
οὐδ' ἀλαὸς σκοπιὴν εἶχε χρυσήνιος Ἄρης, 285
ὡς ἴδεν Ἥφαιστον κλυτοτέχνην νόσφι κιόντα·
βῆ δ' ἰέναι πρὸς δῶμα περικλυτοῦ Ἡφαίστοιο,
ἰχανόων φιλότητος ἐϋστεφάνου Κυθερείης.
ἡ δὲ νέον παρὰ πατρὸς ἐρισθενέος Κρονίωνος
ἐρχομένη κατ' ἄρ' ἕζεθ'· ὁ δ' εἴσω δώματος ᾔει 290
ἔν τ' ἄρα οἱ φῦ χειρὶ ἔπος τ' ἔφατ' ἔκ τ' ὀνόμαζε·
  "δεῦρο, φίλη, λέκτρονδε, τραπείομεν εὐνηθέντε·
οὐ γὰρ ἔθ' Ἥφαιστος μεταδήμιος, ἀλλά που ἤδη
οἴχεται ἐς Λῆμνον μετὰ Σίντιας ἀγριοφώνους."
  ὣς φάτο, τῇ δ' ἀσπαστὸν ἐείσατο κοιμηθῆναι. 295
τὼ δ' ἐς δέμνια βάντε κατέδραθον· ἀμφὶ δὲ δεσμοὶ
τεχνήεντες ἔχυντο πολύφρονος Ἡφαίστοιο,
οὐδέ τι κινῆσαι μελέων ἦν οὐδ' ἀναεῖραι.

Nahe kam nun der Rufer und brachte die klingende Leier.
Und Demodokos schritt in die Mitte. Jünglinge stellten
Rund sich um ihn, geschulte Tänzer in frühesten Jahren.
Diese stampften den göttlichen Reigen, während Odysseus
Schauend, gebannt im Gemüt das Gefunkel der Füße bestaunte.

Aber der andre begann nun zur Leier die schönen Gesänge,
Wie sich Ares und Aphrodite, die herrlich Bekränzte,
Liebend zuerst und heimlich im Haus des Hephaistos vereinten.
Gaben brachte er viel, doch des Herrschers Hephaistos Bettstatt
Machte er gründlich zuschanden. Sofort aber kam auch ein Bote:
Helios hatte die beiden gesehn, wie sie liebend sich einten.
Solche Kunde war Schmerz für Hephaistos' Gemüt; er vernahm sie,
Eilte sogleich in die Schmiede und sann und besann sich auf Unheil,
Hob aufs Gestell seinen mächtigen Ambos, Fesseln zu schmieden
Unlösbar und nicht zu zerreißen; da sollten sie stecken,
Fest und da, wo sie waren. Dem Ares galt diese Falle.
Wütend auf ihn ging schnell er zum Raum, wo sein liebes Bett stand.
Rund um die Pfosten herum und überall spannte er Netze,
Viele auch hingen und wallten von oben die Decke herunter,
Grade wie feinstes Spinnengewebe; man konnte nichts sehen,
Selbst kein seliger Gott, so einzig gemacht war die Falle.
Als er dann endlich die Falle gelegt rundum an der Bettstatt,
Ging er zum Schein nach Lemnos, der Stadt mit reicher Besiedlung;
Die nämlich ist ihm weitaus die liebste in all seinen Ländern.
Ares indessen, der Gott mit den goldenen Zügeln, war gar nicht
Blind auf der Wache und sah den Hephaistos, den ruhmvollen Künstler,
Fern auf dem Weg. Und er eilte zum Haus des berühmten Hephaistos,
Voll von Begehr nach der schön bekränzten Göttin Kytheras.
Eben kam sie zurück vom gewaltigen Vater Kronion,
Setzte sich nieder, als er auch kam in das Innre des Hauses,
Kräftig die Hände ihr drückte und sprach und bedeutsam ihr sagte:
„Komm, Geliebte, aufs Lager; wir legen uns nieder zur Freude;
Nicht mehr zuhause ist unser Hephaistos; er weilt schon in Lemnos
Irgendwo eben; dort hausen die Sintier, kräftige Brüller."

Also sprach er. Ihr aber dünkte die Stunde des Schlummers
Herzlich willkommen. So gingen sie beide zu Bett und entschliefen.
Aber die kunstvollen Fesseln des vielbedachten Hephaistos
Wallten um sie herum, kein Glied mehr konnten sie heben,

καὶ τότε δὴ γίνωσκον, ὅ τ' οὐκέτι φυκτὰ πέλοντο.
ἀγχίμολον δέ σφ' ἦλθε περικλυτὸς ἀμφιγυήεις, 300
αὖτις ὑποστρέψας πρὶν Λήμνου γαῖαν ἱκέσθαι·
Ἥλιος γάρ οἱ σκοπιὴν ἔχεν εἶπέ τε μῦθον.
βῆ δ' ἴμεναι πρὸς δῶμα, φίλον τετιημένος ἦτορ·
ἔστη δ' ἐν προθύροισι, χόλος δέ μιν ἄγριος ᾕρει·
σμερδαλέον δ' ἐβόησε γέγωνέ τε πᾶσι θεοῖσι· 305
  "Ζεῦ πάτερ ἠδ' ἄλλοι μάκαρες θεοὶ αἰὲν ἐόντες,
δεῦθ', ἵνα ἔργ' ἀγέλαστα καὶ οὐκ ἐπιεικτὰ ἴδησθε,
ὡς ἐμὲ χωλὸν ἐόντα Διὸς θυγάτηρ Ἀφροδίτη
αἰὲν ἀτιμάζει, φιλέει δ' ἀΐδηλον Ἄρηα,
οὕνεχ' ὁ μὲν καλός τε καὶ ἀρτίπος, αὐτὰρ ἐγώ γε 310
ἠπεδανὸς γενόμην· ἀτὰρ οὔ τί μοι αἴτιος ἄλλος,
ἀλλὰ τοκῆε δύω, τὼ μὴ γείνασθαι ὄφελλον.
ἀλλ' ὄψεσθ', ἵνα τώ γε καθεύδετον ἐν φιλότητι,
εἰς ἐμὰ δέμνια βάντες· ἐγὼ δ' ὁρόων ἀκάχημαι.
οὐ μέν σφεας ἔτ' ἔολπα μίνυνθά γε κειέμεν οὕτω, 315
καὶ μάλα περ φιλέοντε· τάχ' οὐκ ἐθελήσετον ἄμφω
εὕδειν· ἀλλά σφωε δόλος καὶ δεσμὸς ἐρύξει,
εἰς ὅ κέ μοι μάλα πάντα πατὴρ ἀποδῷσιν ἔεδνα,
ὅσσα οἱ ἐγγυάλιξα κυνώπιδος εἵνεκα κούρης,
οὕνεκά οἱ καλὴ θυγάτηρ, ἀτὰρ οὐκ ἐχέθυμος." 320
  ὣς ἔφαθ', οἱ δ' ἀγέροντο θεοὶ ποτὶ χαλκοβατὲς δῶ·
ἦλθε Ποσειδάων γαιήοχος, ἦλθ' ἐριούνης
Ἑρμείας, ἦλθεν δὲ ἄναξ ἑκάεργος Ἀπόλλων.
θηλύτεραι δὲ θεαὶ μένον αἰδόϊ οἴκοι ἑκάστη.
ἔσταν δ' ἐν προθύροισι θεοί, δωτῆρες ἑάων· 325
ἄσβεστος δ' ἄρ' ἐνῶρτο γέλως μακάρεσσι θεοῖσι
τέχνας εἰσορόωσι πολύφρονος Ἡφαίστοιο.
ὧδε δέ τις εἴπεσκεν ἰδὼν ἐς πλησίον ἄλλον·
  "οὐκ ἀρετᾷ κακὰ ἔργα· κιχάνει τοι βραδὺς ὠκύν,
ὡς καὶ νῦν Ἥφαιστος ἐὼν βραδὺς εἷλεν Ἄρηα, 330
ὠκύτατόν περ ἐόντα θεῶν, οἳ Ὄλυμπον ἔχουσι,
χωλὸς ἐών, τέχνῃσι· τὸ καὶ μοιχάγρι' ὀφέλλει."
  ὣς οἱ μὲν τοιαῦτα πρὸς ἀλλήλους ἀγόρευον·
Ἑρμῆν δὲ προσέειπεν ἄναξ Διὸς υἱὸς Ἀπόλλων·
  "Ἑρμεία Διὸς υἱέ, διάκτορε, δῶτορ ἑάων, 335
ἦ ῥά κεν ἐν δεσμοῖς ἐθέλοις κρατεροῖσι πιεσθεὶς

Keines bewegen. Da merkten sie endlich: es gibt keine Flucht mehr.
Jetzt aber trat vor sie hin der berühmte doppelt Verkrümmte:
Kehrt hatte gleich er gemacht, bevor er Lemnos betreten:
Helios hatte ihm Wache gehalten und Kunde gegeben.
Tiefbetrübt im lieben Herzen ging er zum Haus hin,
Blieb in der Vortür stehen, da packte ihn wildestes Wüten.
Grausig schrie er, daß sämtlichen Göttern vernehmlich er wurde:
  „Vater Zeus und ihr anderen ewigen, seligen Götter,
Kommt doch hieher! Da seht ihr ein Werk nicht zum Loben und Lachen!
Aphrodite, die Tochter des Zeus, mißehrt mich, den Humpler,
Immer wieder, sie liebt ja den scheußlichen Ares, der ist wohl
Schön und hat kräftige Füße, doch ich bin geboren als Lahmbein.
Schuld daran ist ja kein andrer als einzig das Paar meiner Eltern;
Beiden stand es nicht an, mich so ins Leben zu setzen.
Hier aber könnt ihr es sehen, da liegen sich beide in Armen,
Stiegen hinein in mein Bett — ein Grimmen faßt mich beim Anblick.
Freilich ich hoffe, sie werden nicht kurz nur so liegen, die beiden,
Trotz ihrer heftigen Liebe; es dauert nicht lange, dann schwindet
Beiden der Wille zum Schlaf, doch die Falle der Fesseln behält sie;
Restlos zahlen muß mir ihr Vater die bräutlichen Gaben,
Die ich der hündischen Augen des Mädchens wegen ihm brachte.
Freilich, er hat eine herrliche Tochter, doch fehlt ihr Beherrschung."
  Also sprach er, da kamen am Haus mit der erzenen Schwelle
Sämtliche Götter zusammen; der Erderschütterer Poseidon,
Hermes der Hurtige, Herrscher Apollon, der Schütze ins Weite.
Nur die Göttinnen, jede schamvoll, blieben zuhause.
Aber die Götter, die Spender von Gütern, traten zur Vortür.
Lachen, es war nicht zu löschen, entstand bei den seligen Göttern,
Jetzt wo die Künste sie sahn des auf vieles bedachten Hephaistos.
Mancher ließ sich vernehmen und blickte dabei auf den Nachbarn:
  „Böse Tat ist kein Vorteil; der Langsame meistert den Schnellen:
Jetzt zum Beispiel erwischte der Humpler Hephaistos den Ares,
Diesen schnellsten der Götter, der Herrn im Olympos. Das Lahmbein
Tat es mit Werken der Kunst; das erhöht noch die Kosten des Ehbruchs."
  Solches besprachen sie alle untereinander; Apollon
Freilich, der Sohn des Zeus, der sagte zu Hermes besonders:
  „Hermes, Sohn des Zeus, Geleitmann, Spender von Gütern,
Möchtest du wohl im Bett bei der goldenen Aphrodite

εὕδειν ἐν λέκτροισι παρὰ χρυσῇ Ἀφροδίτῃ;"
τὸν δ' ἠμείβετ' ἔπειτα διάκτορος Ἀργεϊφόντης·
"αἲ γὰρ τοῦτο γένοιτο, ἄναξ ἑκατηβόλ' Ἄπολλον.
δεσμοὶ μὲν τρὶς τόσσοι ἀπείρονες ἀμφὶς ἔχοιεν, 340
ὑμεῖς δ' εἰσορόῳτε θεοὶ πᾶσαί τε θέαιναι,
αὐτὰρ ἐγὼν εὕδοιμι παρὰ χρυσῇ Ἀφροδίτῃ."
 ὣς ἔφατ', ἐν δὲ γέλως ὦρτ' ἀθανάτοισι θεοῖσιν.
οὐδὲ Ποσειδάωνα γέλως ἔχε, λίσσετο δ' αἰεὶ
Ἥφαιστον κλυτοεργόν, ὅπως λύσειεν Ἄρηα· 345
καί μιν φωνήσας ἔπεα πτερόεντα προσηύδα·
 "λῦσον· ἐγὼ δέ τοι αὐτὸν ὑπίσχομαι, ὡς σὺ κελεύεις,
τείσειν αἴσιμα πάντα μετ' ἀθανάτοισι θεοῖσι·"
 τὸν δ' αὖτε προσέειπε περικλυτὸς ἀμφιγυήεις·
"μή με, Ποσείδαον γαιήοχε, ταῦτα κέλευε· 350
δειλαί τοι δειλῶν γε καὶ ἐγγύαι ἐγγυάασθαι.
πῶς ἂν ἐγώ σε δέοιμι μετ' ἀθανάτοισι θεοῖσιν,
εἴ κεν Ἄρης οἴχοιτο χρέος καὶ δεσμὸν ἀλύξας;"
 τὸν δ' αὖτε προσέειπε Ποσειδάων ἐνοσίχθων·
"Ἥφαιστ', εἴ περ γάρ κεν Ἄρης χρεῖος ὑπαλύξας 355
οἴχηται φεύγων, αὐτός τοι ἐγὼ τάδε τείσω."
 τὸν δ' ἠμείβετ' ἔπειτα περικλυτὸς ἀμφιγυήεις·
"οὐκ ἔστ' οὐδὲ ἔοικε τεὸν ἔπος ἀρνήσασθαι."
 ὣς εἰπὼν δεσμὸν ἀνίει μένος Ἡφαίστοιο.
τὼ δ' ἐπεὶ ἐκ δεσμοῖο λύθεν, κρατεροῦ περ ἐόντος, 360
αὐτίκ' ἀναΐξαντε ὁ μὲν Θρήκηνδε βεβήκει,
ἡ δ' ἄρα Κύπρον ἵκανε φιλομμειδὴς Ἀφροδίτη,
ἐς Πάφον, ἔνθα τέ οἱ τέμενος βωμός τε θυήεις.
ἔνθα δέ μιν Χάριτες λοῦσαν καὶ χρῖσαν ἐλαίῳ,
ἀμβρότῳ, οἷα θεοὺς ἐπενήνοθεν αἰὲν ἐόντας, 365
ἀμφὶ δὲ εἵματα ἕσσαν ἐπήρατα, θαῦμα ἰδέσθαι.
 ταῦτ' ἄρ' ἀοιδὸς ἄειδε περικλυτός· αὐτὰρ Ὀδυσσεὺς
τέρπετ' ἐνὶ φρεσὶν ᾗσιν ἀκούων ἠδὲ καὶ ἄλλοι
Φαίηκες δολιχήρετμοι, ναυσικλυτοὶ ἄνδρες.
 Ἀλκίνοος δ' Ἅλιον καὶ Λαοδάμαντα κέλευσε 370
μουνὰξ ὀρχήσασθαι, ἐπεί σφισιν οὔ τις ἔριζεν.
οἱ δ' ἐπεὶ οὖν σφαῖραν καλὴν μετὰ χερσὶν ἕλοντο,
πορφυρέην, τήν σφιν Πόλυβος ποίησε δαΐφρων,
τὴν ἕτερος ῥίπτασκε ποτὶ νέφεα σκιόεντα

Schlafen, gezwängt und gedrängt von unzerreißbaren Fesseln?"
 Ihm erwiderte da der Geleitmann, der Schimmernde: „Wärs doch!
Wärs doch, Herrscher Apollon, Schütze ins Weite! Und sollten
Dreimal soviele, zahllose Fesseln rundum mich umschnüren,
Sähet auch ihr dabei zu, ihr Götter und Göttinnen alle:
Ja! Ich schliefe gar gern bei der goldenen Aphrodite."
 Also sprach er und Lachen entstand bei den ewigen Göttern.
Einzig Poseidon hielt es zurück und drängte Hephaistos,
Bittend den ruhmvollen Meister, er möge den Ares befreien.
Darum sprach er ihn an und sagte geflügelte Worte:
 „Laß ihn doch frei; ich verspreche, er wird dir nach deinem Befehle
Alles bezahlen, was sich gehört bei unsterblichen Göttern!"
 Ihm erwiderte da der berühmte doppelt Verkrümmte:
„Gib mir nicht solche Befehle, du Erderschüttrer Poseidon!
Bürgt dir ein Gauner, so ist auch die Bürgschaft gegaunert. Wie sollt ich
Bittend mich wenden an dich vor unsterblichen Göttern, wenn Ares
Etwa plötzlich verschwindend der Fessel und Schuld sich entschlüge?"
 Ihm entgegnete wieder der Erderschüttrer Poseidon:
„Lieber Hephaistos, wenn Ares der Schuld sich entschlüge und etwa
Fliehend verschwände, dann werde ich selbst dir die Buße bezahlen."
 Antwort gab ihm darauf der berühmte doppelt Verkrümmte: [lich."
„Dieses dein Wort nicht zu achten, das wäre nicht ziemend, nicht mög-
 Sprachs und die Kraft des Hephaistos löste die Fesseln und beide
Wurden der Bande nun ledig, die unzerreißbar gewesen.
Eiligst stürmten sie auf und der eine ging zu den Thrakern;
Sie doch, die lieblich lächelnde Aphrodite nach Kypros,
Dort dann nach Paphos zum duftenden Altar im heiligen Haine,
Ließ von Charitinnen gleich darauf sich baden und salben
Mit dem unsterblichen Öl, wie an ewigen Göttern es schimmert.
Liebliche Kleider legte sie an, ein Wunder zu schauen.
 Solches sang der ruhmvolle Sänger. Aber Odysseus
Schwelgte beim Hören im eigenen Sinn wie die andern Phaiaken,
Diese Meister der langen Ruder und Helden der Seefahrt.
 Halios und den Laódamas hieß nun Alkinoos tanzen,
Diesmal als einziges Paar; denn keiner war ihnen gewachsen.
Diese nahmen den schönen purpurnen Ball in die Hände —
Pólybos hatte, als kluger Meister, für sie ihn gefertigt.
Rückwärts gebeugt warf einer ihn auf zu den schattenden Wolken;

ἰδνωθεὶς ὀπίσω· ὁ δ' ἀπὸ χθονὸς ὑψόσ' ἀερθεὶς 375
ῥηιδίως μεθέλεσκε, πάρος ποσὶν οὖδας ἱκέσθαι.
αὐτὰρ ἐπεὶ δὴ σφαίρῃ ἀν' ἰθὺν πειρήσαντο,
ὀρχείσθην δὴ ἔπειτα ποτὶ χθονὶ πουλυβοτείρῃ
ταρφέ' ἀμειβομένω· κοῦροι δ' ἐπελήκεον ἄλλοι
ἑσταότες κατ' ἀγῶνα, πολὺς δ' ὑπὸ κόμπος ὀρώρει. 380
δὴ τότ' ἄρ' Ἀλκίνοον προσεφώνεε δῖος Ὀδυσσεύς·
"'Ἀλκίνοε κρεῖον, πάντων ἀριδείκετε λαῶν,
ἠμὲν ἀπείλησας βητάρμονας εἶναι ἀρίστους,
ἠδ' ἄρ' ἑτοῖμα τέτυκτο· σέβας μ' ἔχει εἰσορόωντα."
ὣς φάτο, γήθησεν δ' ἱερὸν μένος Ἀλκινόοιο, 385
αἶψα δὲ Φαιήκεσσι φιληρέτμοισι μετηύδα·
"κέκλυτε, Φαιήκων ἡγήτορες ἠδὲ μέδοντες·
ὁ ξεῖνος μάλα μοι δοκέει πεπνυμένος εἶναι.
ἀλλ' ἄγε οἱ δῶμεν ξεινήιον, ὡς ἐπιεικές.
δώδεκα γὰρ κατὰ δῆμον ἀριπρεπέες βασιλῆες 390
ἀρχοὶ κραίνουσι, τρεισκαιδέκατος δ' ἐγὼ αὐτός·
τῶν οἱ ἕκαστος φᾶρος ἐϋπλυνὲς ἠδὲ χιτῶνα
καὶ χρυσοῖο τάλαντον ἐνείκατε τιμήεντος.
αἶψα δὲ πάντα φέρωμεν ἀολλέα, ὄφρ' ἐνὶ χερσὶ
ξεῖνος ἔχων ἐπὶ δόρπον ἴῃ χαίρων ἐνὶ θυμῷ. 395
Εὐρύαλος δέ ἑ αὐτὸν ἀρεσσάσθω ἐπέεσσι
καὶ δώρῳ, ἐπεὶ οὔ τι ἔπος κατὰ μοῖραν ἔειπεν."
ὣς ἔφαθ', οἱ δ' ἄρα πάντες ἐπήνεον ἠδ' ἐκέλευον,
δῶρα δ' ἄρ' οἰσέμεναι προέσαν κήρυκα ἕκαστος.
τὸν δ' αὖτ' Εὐρύαλος ἀπαμείβετο φώνησέν τε· 400
"'Ἀλκίνοε κρεῖον, πάντων ἀριδείκετε λαῶν,
τοιγὰρ ἐγὼ τὸν ξεῖνον ἀρέσσομαι, ὡς σὺ κελεύεις.
δώσω οἱ τόδ' ἄορ παγχάλκεον, ᾧ ἔπι κώπη
ἀργυρέη, κολεὸν δὲ νεοπρίστου ἐλέφαντος
ἀμφιδεδίνηται· πολέος δέ οἱ ἄξιον ἔσται." 405
ὣς εἰπὼν ἐν χερσὶ τίθει ξίφος ἀργυρόηλον,
καί μιν φωνήσας ἔπεα πτερόεντα προσηύδα·
"χαῖρε, πάτερ ὦ ξεῖνε· ἔπος δ' εἴ περ τι βέβακται
δεινόν, ἄφαρ τὸ φέροιεν ἀναρπάξασαι ἄελλαι.
σοὶ δὲ θεοὶ ἄλοχόν τ' ἰδέειν καὶ πατρίδ' ἱκέσθαι 410
δοῖεν, ἐπεὶ δὴ δηθὰ φίλων ἄπο πήματα πάσχεις."
τὸν δ' ἀπαμειβόμενος προσέφη πολύμητις Ὀδυσσεύς·

Immer wieder fing dann der andre ihn auf in gewandtem
Hochsprung, ehe die Füße den Boden wieder berührten.
Aber nach dieser Probe im Ballspiel, zunächst im Hochwurf,
Tanzten sie jetzt nun wirklich am Boden, dem reichen Ernährer,
Dauernd in wechselnder Haltung. Die anderen Jungen am Spielplatz
Schrieen dazu im Takt und Lärm drang her von der Menge.
Da aber sprach den Alkinoos an der erhabne Odysseus:

„Herrscher Alkinoos, aller Völker trefflichstes Vorbild:
'Tänzer sind wir die besten', so sprachst du mit deutlichem Nachdruck;
Sichtbar ist es geworden und Staunen ergreift mich beim Anblick."

Also sprach er; die heilige Kraft des Alkinoos sagte
Gleich dann freudig bewegt den Phaiaken, den Freunden der Ruder;

„Hört mich Phaiaken, Führer und Pfleger! Ich habe den starken
Eindruck, unser Gast sei ein Mann von großer Gewandtheit.
Geben wir also ein Gastgeschenk, wie es ziemt und der Brauch ist.
Ausgezeichnet als Könige walten zu zwölft hier im Volke
Führende Männer, und ich bin der dreizehnte. Hole von ihnen
Jeder ein tüchtig gewaschenes Tuch, dazu einen Leibrock,
Legt ein Talent noch darauf von echtem Gold, und wir bringen
All das eilig und legen es gleich in die Hände des Gastfreunds;
Froh im Gemüt über solchen Besitz genieß er die Mahlzeit.
Aber Euryalos soll ihn mit gütigen Worten versöhnen.
Schenken soll er ihm auch; denn Unart war, was er sagte!"

Also sprach er und alle verlangten mit lobendem Beifall
Jetzt die Gaben zu bringen, und jeder bestellte den Rufer.
Antwort aber gab ihm Euryalos wieder und sagte:

„Herrscher Alkinoos, aller Völker vortrefflichstes Vorbild:
Also will ich den Gast nun versöhnen, wie du es mich heißest:
Hier mein Geschenk! Dieses eherne Schwert mit dem silbernen Griffe —
Elfenbeinen und frisch gesägt ist die hüllende Scheide —
Dieses will ich ihm geben, es wird ihm beträchtlich viel wert sein."

Sprachs und gab ihm das silbern genagelte Schwert in die Hände,
Ließ sich deutlich vernehmen und sagte geflügelte Worte:

„Heil dir, fremder Vater! Ich sagte dir häßliche Worte.
Mögen die Winde sie holen und eilig entführen! Doch dir nun
Geben die Götter, dein Weib zu sehn und die Heimat zu finden!
Wirklich leidest du nun schon lange so fern deinen Lieben."

Antwort gab ihm und sagte der einfallreiche Odysseus:

"καὶ σύ, φίλος, μάλα χαῖρε, θεοὶ δέ τοι ὄλβια δοῖεν·
μηδέ τί τοι ξίφεός γε ποθὴ μετόπισθε γένοιτο
τούτου, ὃ δή μοι δῶκας ἀρεσσάμενος ἐπέεσσιν." 415
ἦ ῥα, καὶ ἀμφ' ὤμοισι θέτο ξίφος ἀργυρόηλον.
δύσετό τ' ἠέλιος, καὶ τῷ κλυτὰ δῶρα παρῆεν.
καὶ τά γ' ἐς Ἀλκινόοιο φέρον κήρυκες ἀγαυοί·
δεξάμενοι δ' ἄρα παῖδες ἀμύμονος Ἀλκινόοιο
μητρὶ παρ' αἰδοίῃ ἔθεσαν περικαλλέα δῶρα. 420
τοῖσιν δ' ἡγεμόνευ' ἱερὸν μένος Ἀλκινόοιο,
ἐλθόντες δὲ καθῖζον ἐν ὑψηλοῖσι θρόνοισι.
δή ῥα τότ' Ἀρήτην προσέφη μένος Ἀλκινόοιο·
"δεῦρο, γύναι, φέρε χηλὸν ἀριπρεπέ', ἥ τις ἀρίστη·
ἐν δ' αὐτῇ θὲς φᾶρος ἐΰπλυνὲς ἠδὲ χιτῶνα. 425
ἀμφὶ δέ οἱ πυρὶ χαλκὸν ἰήνατε, θέρμετε δ' ὕδωρ,
ὄφρα λοεσσάμενός τε ἰδών τ' ἐῢ κείμενα πάντα
δῶρα, τά οἱ Φαίηκες ἀμύμονες ἐνθάδ' ἔνεικαν,
δαιτί τε τέρπηται καὶ ἀοιδῆς ὕμνον ἀκούων.
καί οἱ ἐγὼ τόδ' ἄλεισον ἐμὸν περικαλλὲς ὀπάσσω, 430
χρύσεον, ὄφρ' ἐμέθεν μεμνημένος ἤματα πάντα
σπένδῃ ἐνὶ μεγάρῳ Διί τ' ἄλλοισίν τε θεοῖσιν."
ὣς ἔφατ', Ἀρήτη δὲ μετὰ δμῳῇσιν ἔειπεν
ἀμφὶ πυρὶ στῆσαι τρίποδα μέγαν ὅττι τάχιστα.
αἱ δὲ λοετροχόον τρίποδ' ἵστασαν ἐν πυρὶ κηλέῳ, 435
ἐν δ' ἄρ' ὕδωρ ἔχεον, ὑπὸ δὲ ξύλα δαῖον ἑλοῦσαι.
γάστρην μὲν τρίποδος πῦρ ἄμφεπε, θέρμετο δ' ὕδωρ·
τόφρα δ' ἄρ' Ἀρήτη ξείνῳ περικαλλέα χηλὸν
ἐξέφερεν θαλάμοιο, τίθει δ' ἐνὶ κάλλιμα δῶρα,
ἐσθῆτα χρυσόν τε, τά οἱ Φαίηκες ἔδωκαν· 440
ἐν δ' αὐτῇ φᾶρος θῆκεν καλόν τε χιτῶνα
καί μιν φωνήσασ' ἔπεα πτερόεντα προσηύδα·
"αὐτὸς νῦν ἴδε πῶμα, θοῶς δ' ἐπὶ δεσμὸν ἴηλον,
μή τίς τοι καθ' ὁδὸν δηλήσεται, ὁππότ' ἂν αὖτε
εὕδῃσθα γλυκὺν ὕπνον ἰὼν ἐν νηῒ μελαίνῃ." 445
αὐτὰρ ἐπεὶ τό γ' ἄκουσε πολύτλας δῖος Ὀδυσσεύς,
αὐτίκ' ἐπήρτυε πῶμα, θοῶς δ' ἐπὶ δεσμὸν ἴηλε
ποικίλον, ὅν ποτέ μιν δέδαε φρεσὶ πότνια Κίρκη.
αὐτόδιον δ' ἄρα μιν ταμίη λούσασθαι ἀνώγει
ἔς ῥ' ἀσάμινθον βάνθ'· ὁ δ' ἄρ' ἀσπασίως ἴδε θυμῷ 450

„Kräftig Heil auch dir mein Freund und Segen der Götter!
Möchte doch später kein Sehnen nach diesem Schwerte dir kommen!
Hast mirs ja wirklich gegeben, auch hat dein Wort mich begütigt."
   Sprachs und hing das silbern genagelte Schwert um die Schulter.
Sonne versank. Da lagen vor ihm die berühmten Geschenke.
Edle Rufer trugen sie dann in Alkinoos' Wohnhaus
Und des Alkinoos treffliche Söhne nahmen und legten
Neben die ehrfurchtgebietende Mutter die herrlichen Gaben.
Alle anderen führte Alkinoos' heilige Stärke.
Angekommen setzten sie sich in das hohe Gestühle.
Endlich sagte die Macht des Alkinoos jetzt zu Arete:
   „Stelle, mein Weib, eine prächtige Truhe hieher und die beste!
Birg darin selber ein tüchtig gewaschenes Tuch, einen Leibrock!
Hitzt ihm am Feuer den ehernen Kessel und wärmt ihm das Wasser!
Frischgewaschen schau er den Aufbau aller Geschenke,
Die ihm Phaiaken, die trefflichen Männer, hieher gesendet.
Dann mag das Mahl er genießen und lauschen den preisenden Liedern.
Ich auch will ihm noch etwas dazutun: Hier meinen Becher!
Herrlich ist er und golden. Alltäglich denke er meiner,
Bringt er im Saal eine Spende für Zeus und die anderen Götter."
   Also sprach er. Arete indessen sagte den Mägden:
„Schleunigst stellt nun den großen Dreifuß über das Feuer!"
Sie aber rückten den Dreifuß samt dem Wasserbehälter
Über das lodernde Feuer. Sie füllten ihn, hielten darunter
Frisch mit Hölzern den Brand, der den Bauch des Kessels beleckte.
Wärmer wurde das Wasser. Indessen holte Arete
Her aus der Kammer die herrlichste Truhe und barg für den Gastfreund
Prächtige Gaben, Kleider und Gold als Geschenk der Phaiaken,
Legte von sich aus das schöne Tuch noch hinein und den Leibrock,
Sprach ihn endlich dann an und sagte geflügelte Worte:
   „Selber schau dir den Deckel jetzt an, gleich schlinge den Knoten!
Soll unterwegs dich doch keiner berauben, wenn etwa du wieder
Süß entschlummerst und schläfst auf der Fahrt im schwarzen Gefährte!"
   Als er dies hörte, der große Dulder, der hehre Odysseus,
Schloß er den Deckel sofort, schlang gleich den verwickelten Knoten,
Wie es ihn einst verständlich gelehrt die erhabene Kirke.
Nunmehr rief ihn die Schaffnerin, daß er zum Bad in die Wanne
Steige; da sah er das heiße Naß mit zufriednem Gemüte;

θερμὰ λοέτρ', ἐπεὶ οὔ τι κομιζόμενός γε θάμιζεν,
ἐπεὶ δὴ λίπε δῶμα Καλυψοῦς ἠϋκόμοιο·
τόφρα δέ οἱ κομιδή γε θεῷ ὣς ἔμπεδος ἦεν.
τὸν δ' ἐπεὶ οὖν δμωαὶ λοῦσαν καὶ χρῖσαν ἐλαίῳ,
ἀμφὶ δέ μιν χλαῖναν καλὴν βάλον ἠδὲ χιτῶνα, 455
ἔκ ῥ' ἀσαμίνθου βὰς ἄνδρας μέτα οἰνοποτῆρας
ἤϊε· Ναυσικάα δὲ θεῶν ἄπο κάλλος ἔχουσα
στῆ ῥα παρὰ σταθμὸν τέγεος πύκα ποιητοῖο,
θαύμαζεν δ' Ὀδυσῆα ἐν ὀφθαλμοῖσιν ὁρῶσα
καί μιν φωνήσασ' ἔπεα πτερόεντα προσηύδα· 460

"χαῖρε, ξεῖν', ἵνα καί ποτ' ἐὼν ἐν πατρίδι γαίῃ
μνήσῃ ἐμεῖ', ὅτι μοι πρώτῃ ζωάγρι' ὀφέλλεις."

τὴν δ' ἀπαμειβόμενος προσέφη πολύμητις Ὀδυσσεύς·
"Ναυσικάα, θύγατερ μεγαλήτορος Ἀλκινόοιο,
οὕτω νῦν Ζεὺς θείη, ἐρίγδουπος πόσις Ἥρης, 465
οἴκαδέ τ' ἐλθέμεναι καὶ νόστιμον ἦμαρ ἰδέσθαι·
τῷ κέν τοι καὶ κεῖθι θεῷ ὣς εὐχετοῴμην
αἰεὶ ἤματα πάντα· σὺ γάρ μ' ἐβιώσαο, κούρη."

ἦ ῥα καὶ ἐς θρόνον ἷζε παρ' Ἀλκίνοον βασιλῆα.
οἱ δ' ἤδη μοίρας τ' ἔνεμον κερόωντό τε οἶνον. 470
κῆρυξ δ' ἐγγύθεν ἦλθεν ἄγων ἐρίηρον ἀοιδόν,
Δημόδοκον, λαοῖσι τετιμένον· εἷσε δ' ἄρ' αὐτὸν
μέσσῳ δαιτυμόνων, πρὸς κίονα μακρὸν ἐρείσας.
δὴ τότε κήρυκα προσέφη πολύμητις Ὀδυσσεύς,
νώτου ἀποπροταμών, ἐπὶ δὲ πλεῖον ἐλέλειπτο, 475
ἀργιόδοντος ὑός, θαλερὴ δ' ἦν ἀμφὶς ἀλοιφή·

"κῆρυξ, τῆ δή, τοῦτο πόρε κρέας, ὄφρα φάγῃσι,
Δημοδόκῳ, καί μιν προσπτύξομαι, ἀχνύμενός περ·
πᾶσι γὰρ ἀνθρώποισιν ἐπιχθονίοισιν ἀοιδοὶ
τιμῆς ἔμμοροί εἰσι καὶ αἰδοῦς, οὕνεκ' ἄρα σφέας 480
οἴμας Μοῦσ' ἐδίδαξε, φίλησε δὲ φῦλον ἀοιδῶν."

ὣς ἄρ' ἔφη, κῆρυξ δὲ φέρων ἐν χερσὶν ἔθηκεν
ἥρῳ Δημοδόκῳ· ὁ δ' ἐδέξατο, χαῖρε δὲ θυμῷ.
οἱ δ' ἐπ' ὀνείαθ' ἑτοῖμα προκείμενα χεῖρας ἴαλλον.
αὐτὰρ ἐπεὶ πόσιος καὶ ἐδητύος ἐξ ἔρον ἔντο, 485
δὴ τότε Δημόδοκον προσέφη πολύμητις Ὀδυσσεύς·

"Δημόδοκ', ἔξοχα δή σε βροτῶν αἰνίζομ' ἁπάντων·
ἢ σέ γε Μοῦσ' ἐδίδαξε, Διὸς πάϊς, ἢ σέ γ' Ἀπόλλων·

Hatte er doch nicht häufige Pflege erhalten, seitdem er
Fort war vom Haus der Kalypso, der Göttin mit herrlichen Flechten.
Vorher hatte er ständige Pflege, wie Götter sie haben.
Als ihn die Mägde gebadet, mit Öl ihn gesalbt und den Leibrock
Um ihn gelegt und den schönen Mantel, entstieg er der Wanne.
Dann aber ging er zum Kreis der beim Trunke sitzenden Männer.
Aber Nausikaa, schön als hätte sie göttliche Schönheit,
Stellte sich hin an die Säule des festgezimmerten Daches,
Sah den Odysseus vor Augen und kam in verwundertes Staunen.
Endlich sprach sie zu ihm und sagte geflügelte Worte:
  „Gastfreund, Heil! Auf daß du auch meiner gedenkst in der Heimat,
Dann und wann — — denn mir vor allem verdankst du dein Leben!"
  Antwort gab ihr und sagte der einfallreiche Odysseus:
„Ja, Nausikaa, du des beherzten Alkinoos Tochter!
Lenke es Zeus jetzt so, der donnernde Gatte der Hera,
Daß nun mein Haus ich erreiche, erlebe die Stunde der Heimkehr!
Dann will auch d o r t ich betend dich rufen wie sonst eine Gottheit.
Immer und täglich; du gabst mir mein Leben ja wieder, o Mädchen!"
  Sprachs und setzte sich neben des Königs Alkinoos Thronstuhl.
Schon verteilt man die Stücke, schon mischt man den Wein und der Ru-
Kam mit Demodokos nahe, dem freundlichen Sänger, den hoch man [fer
Ehrte im ganzen Volk; man errichtete ihm einen Sitzplatz
Neben der langen Säule, inmitten der schmausenden Gäste.
Jetzt aber sagte der einfallreiche Odysseus zum Rufer —
Schnitt ihm ein Stück vom Rücken des Schweines mit weißen Zähnen —
Rundum troff es von Fett — das größere freilich behielt er:
  „Rufer, komm! Dieses Fleisch: Demodokos soll es verspeisen.
Bring es ihm! Sag einen Gruß ihm von mir, dem traurig Betrübten.
Ja! Bei allen den Menschen auf Erden genießen die Sänger
Ehre und Ehrfurcht. Lieder lehrt sie die Muse von jeher.
Allzeit hat sie geliebt und liebt sie das Völkchen der Sänger."
  Sprachs, und dem Helden Demodokos gab es der Rufer zuhanden.
Gerne nahm er es an und freute sich tief im Gemüte.
Sie aber streckten die Hände, das Essen lag fertig vor ihnen.
Aber sobald das Verlangen nach Trinken und Essen verflogen,
Sprach den Demodokos an der einfallreiche Odysseus:
  „Dir, Demodokos, gilt ja vor allen den Menschen mein Lobpreis,
Ob dich die Muse gelehrt, die Tochter des Zeus, ob Apollon.

λίην γὰρ κατὰ κόσμον Ἀχαιῶν οἶτον ἀείδεις,
ὅσσ' ἔρξαν τ' ἔπαθόν τε καὶ ὅσσ' ἐμόγησαν Ἀχαιοί, 490
ὥς τέ που ἢ αὐτὸς παρεὼν ἢ ἄλλου ἀκούσας.
ἀλλ' ἄγε δὴ μετάβηθι καὶ ἵππου κόσμον ἄεισον
δουρατέου, τὸν Ἐπειὸς ἐποίησεν σὺν Ἀθήνῃ,
ὅν ποτ' ἐς ἀκρόπολιν δόλον ἤγαγε δῖος Ὀδυσσεὺς
ἀνδρῶν ἐμπλήσας, οἳ Ἴλιον ἐξαλάπαξαν. 495
αἴ κεν δή μοι ταῦτα κατὰ μοῖραν καταλέξῃς,
αὐτίκα καὶ πᾶσιν μυθήσομαι ἀνθρώποισιν,
ὡς ἄρα τοι πρόφρων θεὸς ὤπασε θέσπιν ἀοιδήν."

Ὣς φάθ', ὁ δ' ὁρμηθεὶς θεοῦ ἤρχετο, φαῖνε δ' ἀοιδήν,
ἔνθεν ἑλών, ὡς οἱ μὲν ἐϋσσέλμων ἐπὶ νηῶν 500
βάντες ἀπέπλειον, πῦρ ἐν κλισίῃσι βαλόντες,
Ἀργεῖοι, τοὶ δ' ἤδη ἀγακλυτὸν ἀμφ' Ὀδυσῆα
εἵατ' ἐνὶ Τρώων ἀγορῇ κεκαλυμμένοι ἵππῳ·
αὐτοὶ γάρ μιν Τρῶες ἐς ἀκρόπολιν ἐρύσαντο.
ὣς ὁ μὲν ἑστήκει, τοὶ δ' ἄκριτα πόλλ' ἀγόρευον 505
ἥμενοι ἀμφ' αὐτόν· τρίχα δέ σφισιν ἥνδανε βουλή,
ἠὲ διατμῆξαι κοῖλον δόρυ νηλέϊ χαλκῷ,
ἢ κατὰ πετράων βαλέειν ἐρύσαντας ἐπ' ἄκρης,
ἢ ἐάαν μέγ' ἄγαλμα θεῶν θελκτήριον εἶναι,
τῇ περ δὴ καὶ ἔπειτα τελευτήσεσθαι ἔμελλεν· 510
αἶσα γὰρ ἦν ἀπολέσθαι, ἐπὴν πόλις ἀμφικαλύψῃ
δουράτεον μέγαν ἵππον, ὅθ' εἵατο πάντες ἄριστοι
Ἀργεῖοι Τρώεσσι φόνον καὶ κῆρα φέροντες.
ἤειδεν δ' ὡς ἄστυ διέπραθον υἷες Ἀχαιῶν
ἱππόθεν ἐκχύμενοι, κοῖλον λόχον ἐκπρολιπόντες. 515
ἄλλον δ' ἄλλῃ ἄειδε πόλιν κεραϊζέμεν αἰπήν,
αὐτὰρ Ὀδυσσῆα προτὶ δώματα Δηϊφόβοιο
βήμεναι, ἠΰτ' Ἄρηα, σὺν ἀντιθέῳ Μενελάῳ.
κεῖθι δὴ αἰνότατον πόλεμον φάτο τολμήσαντα
νικῆσαι καὶ ἔπειτα διὰ μεγάθυμον Ἀθήνην. 520

Ταῦτ' ἄρ' ἀοιδὸς ἄειδε περικλυτός· αὐτὰρ Ὀδυσσεὺς
τήκετο, δάκρυ δ' ἔδευεν ὑπὸ βλεφάροισι παρειάς.
ὡς δὲ γυνὴ κλαίῃσι φίλον πόσιν ἀμφιπεσοῦσα,
ὅς τε ἑῆς πρόσθεν πόλιος λαῶν τε πέσῃσιν,
ἄστεϊ καὶ τεκέεσσιν ἀμύνων νηλεὲς ἦμαρ· 525
ἡ μὲν τὸν θνήσκοντα καὶ ἀσπαίροντα ἰδοῦσα

Du singst wirklich vollendet das Leid der Achaier; man meint fast
Selber warst du dabei oder hörtest schon einen, der dort war,
Was sie taten und litten und wie sich gemüht die Achaier.
Auf zu was anderem! Sing vom Gefüge des Pferdes aus Balken!
Dieses erbaute Epeios mit Hilfe Athenes; als Falle
Brachte es dann auf die Burg der hehre Odysseus; er hatte
Ganz es mit Männern gefüllt, die Ilion schließlich zerstörten.
Kannst du mir wirklich erzählen davon und in richtiger Weise,
Dann soll gleich alle Welt durch mich die Kunde erfahren,
Wie ein dir gütiger Gott mit göttlichem Sang dich begabte."
 Sprachs und der andre begann, von der Gottheit mächtig getrieben.
Klingen ließ er sein Lied, hob an mit der scheinbaren Abfahrt,
Wie die Achaier die Schiffe mit schönen Borden bestiegen,
Nieder brannten die Zelte, als andre bereits auf dem Marktplatz
Trojas saßen, verborgen im Pferd um Odysseus, den alle
Rühmen. Das Pferd aber schoben die Troer selbst auf den Burgberg.
Da nun stand es, während die Troer rundherum sitzend
Bunt durcheinander vieles besprachen. Drei Fälle beriet man:
Ob man das hohle Gebälk mit gefühllosem Erze zertrümmre;
Ob man zur Spitze es ziehe und stoße vom Fels in die Tiefe,
Ob man den Göttern zur Freude es lasse als mächtiges Prachtstück.
Wirklich sollte es so dann auch enden; es war ja beschieden:
Untergehen mußte die Stadt, sobald sie ein großes
Pferd aus Balken in Herberge nahm, wo die besten Argeier
Sämtlich saßen, bereit zu Tod und Mord an den Troern.
Weiter besang er, wie der Achaier Söhne die Stadt dann
Plünderten, wie aus dem Pferde sie strömten, die Höhlung verließen;
Sang, wie die steile Stadt sie, ein jeder woanders, zerstörten.
Aber Odysseus sei zu Deïphobos' Haus wie der Kriegsgott
Neben dem göttergleichen Menelaos gedrungen,
Wurde dort — dies seine Worte — im Wagnis des grausigsten Kampfes
Sieger auch später mit Hilfe der hochgemuten Athene.
 Solches sang der berühmte Sänger. Odysseus verströmte
Tränengüsse; sie netzten ihm unter den Lidern die Wangen.
Wie ein Weib seinen Mann in Tränen umschlingt, den geliebten,
Wenn für die Stadt er fällt in vorderster Reihe der Männer,
Schützend vor jenem herzlosen Tage Kinder und Heimat;
Sterben muß sie ihn sehn, seine zuckenden Glieder; da schreit sie

ἀμφ' αὐτῷ χυμένη λίγα κωκύει· οἱ δέ τ' ὄπισθε
κόπτοντες δούρεσσι μετάφρενον ἠδὲ καὶ ὤμους
εἴρερον εἰσανάγουσι, πόνον τ' ἐχέμεν καὶ ὀϊζύν·
τῆς δ' ἐλεεινοτάτῳ ἄχεϊ φθινύθουσι παρειαί· 530
ὣς Ὀδυσεὺς ἐλεεινὸν ὑπ' ὀφρύσι δάκρυον εἶβεν.
ἔνθ' ἄλλους μὲν πάντας ἐλάνθανε δάκρυα λείβων,
Ἀλκίνοος δέ μιν οἶος ἐπεφράσατ' ἠδ' ἐνόησεν
ἥμενος ἄγχ' αὐτοῦ, βαρὺ δὲ στενάχοντος ἄκουσεν.
αἶψα δὲ Φαιήκεσσι φιληρέτμοισι μετηύδα· 535
"κέκλυτε, Φαιήκων ἡγήτορες ἠδὲ μέδοντες,
Δημόδοκος δ' ἤδη σχεθέτω φόρμιγγα λίγειαν·
οὐ γάρ πως πάντεσσι χαριζόμενος τάδ' ἀείδει.
ἐξ οὗ δορπέομέν τε καὶ ὤρορε θεῖος ἀοιδός,
ἐκ τοῦδ' οὔ πω παύσατ' ὀϊζυροῖο γόοιο 540
ὁ ξεῖνος· μάλα πού μιν ἄχος φρένας ἀμφιβέβηκεν.
ἀλλ' ἄγ' ὁ μὲν σχεθέτω, ἵν' ὁμῶς τερπώμεθα πάντες,
ξεινοδόκοι καὶ ξεῖνος, ἐπεὶ πολὺ κάλλιον οὕτως·
εἵνεκα γὰρ ξείνοιο τάδ' αἰδοίοιο τέτυκται,
πομπὴ καὶ φίλα δῶρα, τὰ οἱ δίδομεν φιλέοντες. 545
ἀντὶ κασιγνήτου ξεῖνός θ' ἱκέτης τε τέτυκται
ἀνέρι, ὅς τ' ὀλίγον περ ἐπιψαύῃ πραπίδεσσι.
τῷ νῦν μηδὲ σὺ κεῦθε νοήμασι κερδαλέοισιν,
ὅττι κέ σ' εἴρωμαι· φάσθαι δέ σε κάλλιόν ἐστιν.
εἴπ' ὄνομ', ὅττι σε κεῖθι κάλεον μήτηρ τε πατήρ τε, 550
ἄλλοι θ' οἳ κατὰ ἄστυ καὶ οἳ περιναιετάουσιν.
οὐ μὲν γάρ τις πάμπαν ἀνώνυμός ἔστ' ἀνθρώπων,
οὐ κακὸς οὐδὲ μὲν ἐσθλός, ἐπὴν τὰ πρῶτα γένηται,
ἀλλ' ἐπὶ πᾶσι τίθενται, ἐπεί κε τέκωσι, τοκῆες.
εἰπὲ δέ μοι γαῖάν τε τεὴν δῆμόν τε πόλιν τε, 555
ὄφρα σε τῇ πέμψωσι τιτυσκόμεναι φρεσὶ νῆες.
οὐ γὰρ Φαιήκεσσι κυβερνητῆρες ἔασιν,
οὐδέ τι πηδάλι' ἐστί, τά τ' ἄλλαι νῆες ἔχουσιν·
ἀλλ' αὐταὶ ἴσασι νοήματα καὶ φρένας ἀνδρῶν,
καὶ πάντων ἴσασι πόλιας καὶ πίονας ἀγροὺς 560
ἀνθρώπων καὶ λαῖτμα τάχισθ' ἁλὸς ἐκπερόωσιν
ἠέρι καὶ νεφέλῃ κεκαλυμμέναι· οὐδέ ποτέ σφιν
οὔτε τι πημανθῆναι ἔπι δέος οὔτ' ἀπολέσθαι.
ἀλλὰ τόδ' ὥς ποτε πατρὸς ἐγὼν εἰπόντος ἄκουσα

Hellauf jammernd und schmiegt sich an ihn, indessen von hinten
Feinde mit Speeren sie schlagen auf Rücken und Schultern; sie führen
Fort sie als Sklavin; Mühe und Jammer wird nun ihr Leben;
Leid zum höchsten Erbarmen läßt ihre Wangen verblühen:
Gradso erbärmlich quoll es Odysseus unter den Brauen.
Allen andern entging, daß er Tränen vergoß; nur der eine
Konnt es bemerken und sehen: Alkinoos, der ja ganz nahe
Neben ihm saß; ja, er hörte sogar sein tiefes Gestöhne.
Darum sagte er gleich den Phaiaken, den Freunden der Ruder:
  „Hört mich, Phaiaken, Führer und Pfleger! Demodokos halte
Inne und spiele nicht weiter die klingende Leier. Er singt jetzt,
Was er da singt, durchaus nicht allen zur Freude. Denn seit wir
Speisen und seit unser göttlicher Sänger begonnen, hat unser
Gastfreund unaufhörlich gestöhnt und gejammert; es ist wohl
So, daß ein tiefes Leid seinen Sinn überschattet. So hört denn:
Nicht mehr spiele der Sänger, wir wollen uns alle ergötzen,
Wirte und Gast zugleich; denn dann ist es tausendmal schöner!
Tun wir doch alles zuliebe dem ehrfurchtgebietenden Gastfreund,
Geben Geleit und liebe Geschenke und schenken aus Liebe.
Gleich einem Bruder wird ja der Schützling, der Fremdling gewertet,
Kann eines Mannes Verstand auch nur wenig begreifen. Und darum
Spiel nicht Verstecken bei all meinen Fragen und denke nicht grübelnd
Immer an Vorteil. Schöner ist es, du redest, und darum
Sag deinen Namen, womit dich Vater und Mutter dort riefen,
Andere auch in der Stadt und die Nachbarn weiter im Umkreis.
Keinen Menschen gibt es fürwahr, der ganz ohne Namen
Bliebe, sobald er zur Welt kommt, gleich ob schlecht oder edel.
Eltern benennen doch alle, sobald sie Kinder bekommen.
Nenne mir auch dein Land, dein Volk, deine Stadt! Meine Schiffe,
Die dich geleiten, kennen ihr Ziel von Gedanken geleitet;
Führer der Schiffe brauchen wir nicht, wir Phaiaken; wir haben
Nicht einmal Steuer wie andere Schiffe; die unseren wissen
Selbst die Gedanken und Pläne der Leute; sie kennen die Städte
Aller, die fetten Gefilde der Menschen, sie finden die Ziele
Schnellstens hinweg über Schlünde der Salzflut; dunstige Nebel
Hüllen sie völlig ein. Sie kennen von jeher kein Fürchten,
Daß ihnen irgendein Leid widerfahre oder Vernichtung.
Freilich hörte ich einst meinen Vater Nausithoos sagen,

Ὀδυσσείας θ

Ναυσιθόου, ὅς ἔφασκε Ποσειδάων' ἀγάσασθαι 565
ἡμῖν, οὕνεκα πομποὶ ἀπήμονές εἰμεν ἁπάντων·
φῆ ποτε Φαιήκων ἀνδρῶν περικαλλέα νῆα
ἐκ πομπῆς ἀνιοῦσαν ἐν ἠεροειδέϊ πόντῳ
ῥαισέμεναι, μέγα δ' ἥμιν ὄρος πόλει ἀμφικαλύψειν.
ὣς ἀγόρευ' ὁ γέρων· τὰ δέ κεν θεὸς ἢ τελέσειεν, 570
ἤ κ' ἀτέλεστ' εἴη, ὥς οἱ φίλον ἔπλετο θυμῷ.
ἀλλ' ἄγε μοι τόδε εἰπὲ καὶ ἀτρεκέως κατάλεξον,
ὅππῃ ἀπεπλάγχθης τε καὶ ἅς τινας ἵκεο χώρας
ἀνθρώπων, αὐτούς τε πόλιάς τ' ἐῢ ναιεταούσας,
ἠμὲν ὅσοι χαλεποί τε καὶ ἄγριοι οὐδὲ δίκαιοι, 575
οἵ τε φιλόξεινοι καί σφιν νόος ἐστὶ θεουδής.
εἰπὲ δ' ὅ τι κλαίεις καὶ ὀδύρεαι ἔνδοθι θυμῷ
Ἀργείων Δαναῶν ἠδ' Ἰλίου οἶτον ἀκούων.
τὸν δὲ θεοὶ μὲν τεῦξαν, ἐπεκλώσαντο δ' ὄλεθρον
ἀνθρώποις, ἵνα ᾖσι καὶ ἐσσομένοισιν ἀοιδή. 580
ἦ τίς τοι καὶ πηὸς ἀπέφθιτο Ἰλιόθι πρό,
ἐσθλὸς ἐών, γαμβρὸς ἢ πενθερός; οἵ τε μάλιστα
κήδιστοι τελέθουσι μεθ' αἷμά τε καὶ γένος αὐτῶν.
ἦ τίς που καὶ ἑταῖρος ἀνὴρ κεχαρισμένα εἰδώς,
ἐσθλός; ἐπεὶ οὐ μέν τι κασιγνήτοιο χερείων 585
γίνεται, ὅς κεν ἑταῖρος ἐὼν πεπνυμένα εἰδῇ."

Öfter sogar: Poseidon sei auf uns böse geworden,
Daß wir so ohne Gefahren Geleite geben für alle.
Deshalb werde er einst ein herrliches Schiff der Phaiaken,
Kehrt es zurück vom Geleit, im dunstigen Meere zerschmettern,
Unsere Stadt aber werde ein mächtiger Berg überdecken.
Also erzählte der Alte. Ein Gott mag all das erfüllen
Oder auch nicht; es geschehe, wie ihm es beliebt im Gemüte.
Aber nun sage mir dies und erzähl es mir ohne Verdrehung,
Wie du auf Irrfahrt kamst und zu welchen Ländern und Menschen!
Nenne die Menschen selbst und nenn ihre wohnlichen Städte!
Welche waren denn schwierig und wild und kannten das Recht nicht?
Gab es auch gastliche Leute mit gottesfürchtigem Denken?
Sag auch, warum du weinst und jammerst so tief im Gemüte,
Hörst du von Danaern oder Argeiern und Ilions Schicksal?
Dieses schufen die Götter; sie spannen den Menschen Verderben;
Sollten doch auch noch die Künftigen Stoff für Gesänge bekommen.
Ist Dir gar ein Verwandter gefallen vor Ilion? Sicher
War es ein Edler, ein Eidam, oder ein Schwieger; denn diese
Stehn uns am nächsten nach denen des Bluts und der eigenen Sippe.
Oder war es ein edler Gefährte, der hold dir gesinnt war?
Keineswegs ja weniger wert als ein leiblicher Bruder
Gilt uns jeder Gefährte, der weiß, was belebend uns anregt."

ΟΔΥΣΣΕΙΑΣ Ι

Ἀλκινόου ἀπόλογοι Κυκλώπεια

Τὸν δ' ἀπαμειβόμενος προσέφη πολύμητις Ὀδυσσεύς·
"'Ἀλκίνοε κρεῖον, πάντων ἀριδείκετε λαῶν,
ἦ τοι μὲν τόδε καλὸν ἀκουέμεν ἐστὶν ἀοιδοῦ
τοιοῦδ', οἷος ὅδ' ἐστί, θεοῖς ἐναλίγκιος αὐδήν.
οὐ γὰρ ἐγώ γέ τί φημι τέλος χαριέστερον εἶναι   5
ἢ ὅταν εὐφροσύνη μὲν ἔχῃ κάτα δῆμον ἅπαντα,
δαιτυμόνες δ' ἀνὰ δώματ' ἀκουάζωνται ἀοιδοῦ
ἥμενοι ἑξείης, παρὰ δὲ πλήθωσι τράπεζαι
σίτου καὶ κρειῶν, μέθυ δ' ἐκ κρητῆρος ἀφύσσων
οἰνοχόος φορέῃσι καὶ ἐγχείῃ δεπάεσσι·   10
τοῦτό τί μοι κάλλιστον ἐνὶ φρεσὶν εἴδεται εἶναι.
σοὶ δ' ἐμὰ κήδεα θυμὸς ἐπετράπετο στονόεντα
εἴρεσθ', ὄφρ' ἔτι μᾶλλον ὀδυρόμενος στεναχίζω.
τί πρῶτόν τοι ἔπειτα, τί δ' ὑστάτιον καταλέξω;
κήδε' ἐπεί μοι πολλὰ δόσαν θεοὶ Οὐρανίωνες.   15
νῦν δ' ὄνομα πρῶτον μυθήσομαι, ὄφρα καὶ ὑμεῖς
εἴδετ', ἐγὼ δ' ἂν ἔπειτα φυγὼν ὕπο νηλεὲς ἦμαρ
ὑμῖν ξεῖνος ἔω καὶ ἀπόπροθι δώματα ναίων.
   εἴμ' Ὀδυσεὺς Λαερτιάδης, ὃς πᾶσι δόλοισιν
ἀνθρώποισι μέλω, καί μευ κλέος οὐρανὸν ἵκει.   20
ναιετάω δ' Ἰθάκην εὐδείελον· ἐν δ' ὄρος αὐτῇ,
Νήριτον εἰνοσίφυλλον, ἀριπρεπές· ἀμφὶ δὲ νῆσοι
πολλαὶ ναιετάουσι μάλα σχεδὸν ἀλλήλῃσι,
Δουλίχιόν τε Σάμη τε καὶ ὑλήεσσα Ζάκυνθος.
αὐτὴ δὲ χθαμαλὴ πανυπερτάτη εἰν ἁλὶ κεῖται   25
πρὸς ζόφον, αἱ δέ τ' ἄνευθε πρὸς ἠῶ τ' ἠέλιόν τε,
τρηχεῖ', ἀλλ' ἀγαθὴ κουροτρόφος· οὔ τι ἐγώ γε
ἧς γαίης δύναμαι γλυκερώτερον ἄλλο ἰδέσθαι.
ἦ μέν μ' αὐτόθ' ἔρυκε Καλυψώ, δῖα θεάων,
ἐν σπέσσι γλαφυροῖσι, λιλαιομένη πόσιν εἶναι·   30
ὣς δ' αὔτως Κίρκη κατερήτυεν ἐν μεγάροισιν
Αἰαίη δολόεσσα, λιλαιομένη πόσιν εἶναι·

NEUNTER GESANG

Des Odysseus Erzählungen / Die Kyklopengeschichte

Antwort gab ihm und sagte der einfallreiche Odysseus:
„Herrscher Alkinoos, aller Völker trefflichstes Vorbild:
Wahrlich, es ist sehr schön, einem Sänger zu lauschen wie diesem;
Klingt doch die Stimme, als sänge ein Gott. Ich meine, es gibt kein
Ziel, das verlockender wäre als dieses: daß jeden im Volke
Solche fröhliche Stimmung ergreife. Da sitzen die Schmauser,
Einer so neben dem andern im Hause, und lauschen dem Sänger;
Werden die Tische vor ihnen beladen mit Fleisch und mit Broten,
Winkt auch im Mischkrug feuriger Trunk und kommt dann der Weinschenk,
Schöpft er und bringt er und schenkt, daß die Becher immer gefüllt sind:
Dann ist ein Schönstes erreicht; so will es im Sinne mir scheinen.
Freilich, nun kam es dich an im Gemüt nach dem Grund mich zu fragen,
Was denn mein Sorgen und Stöhnen bedeute, und so noch zu steigern
Jammer und Stöhnen. Was soll ich als Erstes, als Letztes erzählen?
Gaben mir doch eine Fülle von Leiden die Götter im Himmel.
Jetzt aber will ich zuerst meinen Namen verlauten, damit auch
Ihr ihn erfahrt, und bin ich entflohn meinem grausamsten Tage,
doch euer Gastfreund bleibe, wenn ferne von euch ich auch wohne.

Ich bin Odysseus, der Sohn des Laërtes; von all meinen Listen
Singen und sagen die Menschen: es dringt mein Ruhm bis zum Himmel.
Ithaka ist mein Besitz, man sieht es von weitem; gar herrlich
Ragt dort und rüttelt den Laubwald Neritons Gipfel. Im Umkreis
Liegen noch Inseln in Menge und nah beieinander; ich nenne
Same, Dulichion, nenne Zakynthos, das voll ist von Wäldern.
Ithaka selbst liegt niedrig im Meer und am weitesten westlich;
Abseits liegen die andern nach Osten und Süden; es ist wohl
Rauh, doch nährt es gar treffliche Jugend. Es gibt keinen Anblick,
den ich an Süße vergleiche mit jenem der eigenen Heimat.
Wahrlich, es hielt mich zurück eine hehre Göttin Kalypso,
Wünschte, ich würde ihr Gatte in ihrer geräumigen Grotte.
Gradeso wollte die listige Kirke, ich sollte Aiaia,
Sollte ihr Haus nicht verlassen, und wünschte, ich würde ihr Gatte.

ἀλλ' ἐμὸν οὔ ποτε θυμὸν ἐνὶ στήθεσσιν ἔπειθεν.
ὣς οὐδὲν γλύκιον ἧς πατρίδος οὐδὲ τοκήων
γίνεται, εἴ περ καί τις ἀπόπροθι πίονα οἶκον 35
γαίῃ ἐν ἀλλοδαπῇ ναίει ἀπάνευθε τοκήων.
  εἰ δ' ἄγε τοι καὶ νόστον ἐμὸν πολυκηδέ' ἐνίσπω,
ὅν μοι Ζεὺς ἐφέηκεν ἀπὸ Τροίηθεν ἰόντι.
  Ἰλιόθεν με φέρων ἄνεμος Κικόνεσσι πέλασσεν,
Ἰσμάρῳ· ἔνθα δ' ἐγὼ πόλιν ἔπραθον, ὤλεσα δ' αὐτούς. 40
ἐκ πόλιος δ' ἀλόχους καὶ κτήματα πολλὰ λαβόντες
δασσάμεθ', ὡς μή τίς μοι ἀτεμβόμενος κίοι ἴσης.
ἔνθ' ἦ τοι μὲν ἐγὼ διερῷ ποδὶ φευγέμεν ἡμέας
ἠνώγεα, τοὶ δὲ μέγα νήπιοι οὐκ ἐπίθοντο.
ἔνθα δὲ πολλὸν μὲν μέθυ πίνετο, πολλὰ δὲ μῆλα 45
ἔσφαζον παρὰ θῖνα καὶ εἰλίποδας ἕλικας βοῦς.
τόφρα δ' ἄρ' οἰχόμενοι Κίκονες Κικόνεσσι γεγώνευν,
οἵ σφιν γείτονες ἦσαν, ἅμα πλέονες καὶ ἀρείους,
ἤπειρον ναίοντες, ἐπιστάμενοι μὲν ἀφ' ἵππων
ἀνδράσι μάρνασθαι καὶ ὅθι χρὴ πεζὸν ἐόντα. 50
ἦλθον ἔπειθ', ὅσα φύλλα καὶ ἄνθεα γίνεται ὥρῃ,
ἠέριοι· τότε δή ῥα κακὴ Διὸς αἶσα παρέστη
ἡμῖν αἰνομόροισιν, ἵν' ἄλγεα πολλὰ πάθοιμεν.
στησάμενοι δ' ἐμάχοντο μάχην παρὰ νηυσὶ θοῇσι,
βάλλον δ' ἀλλήλους χαλκήρεσιν ἐγχείῃσιν. 55
ὄφρα μὲν ἠὼς ἦν καὶ ἀέξετο ἱερὸν ἦμαρ,
τόφρα δ' ἀλεξόμενοι μένομεν πλέονάς περ ἐόντας·
ἦμος δ' ἠέλιος μετενίσετο βουλυτόνδε,
καὶ τότε δὴ Κίκονες κλῖναν δαμάσαντες Ἀχαιούς.
ἓξ δ' ἀφ' ἑκάστης νηὸς ἐϋκνήμιδες ἑταῖροι 60
ὤλονθ'· οἱ δ' ἄλλοι φύγομεν θάνατόν τε μόρον τε.
  ἔνθεν δὲ προτέρω πλέομεν ἀκαχήμενοι ἦτορ,
ἄσμενοι ἐκ θανάτοιο, φίλους ὀλέσαντες ἑταίρους.
οὐδ' ἄρα μοι προτέρω νῆες κίον ἀμφιέλισσαι,
πρίν τινα τῶν δειλῶν ἑτάρων τρὶς ἕκαστον ἀῦσαι, 65
οἳ θάνον ἐν πεδίῳ Κικόνων ὕπο δῃωθέντες.
νηυσὶ δ' ἐπῶρσ' ἄνεμον βορέην νεφεληγερέτα Ζεὺς
λαίλαπι θεσπεσίῃ, σὺν δὲ νεφέεσσι κάλυψε
γαῖαν ὁμοῦ καὶ πόντον· ὀρώρει δ' οὐρανόθεν νύξ.
αἱ μὲν ἔπειτ' ἐφέροντ' ἐπικάρσιαι, ἱστία δέ σφιν 70

Doch mein Gemüt in der Brust ist keiner hörig geworden.
Läßt sich doch nichts an Süße mit Eltern vergleichen und Heimat,
Mag einer hausen in üppiger Fülle in anderem Lande
Draußen im Weiten, doch fern von den Eltern. Wohlan denn, nun höre!
Auch meine leidvolle Heimfahrt will ich dir endlich erzählen,
Wie sie mir Zeus beschied, seit Troja den Rücken ich kehrte.

   Fort von Ilion trug mich der Wind; zum Land der Kikonen
Kam ich, nach Ismaros. Ich zerstörte die Stadt und die Männer
Ließ ich erschlagen. Doch nahmen wir Weiber und Mengen von Gütern
Mit aus der Stadt zum Verteilen; zu kurz sollte keiner mir kommen.
Freilich befahl ich den Meinen, auf hurtigen Füßen zu fliehen;
Aber die heillosen Toren versagten Gehorsam. Sie schlürften
Mengen von Rauschtrank, schlachteten Schafe in Menge am Strande,
Glänzende Rinder dazu mit schleppenden Füßen. Inzwischen
Liefen Kikonen weg und machten sich andern Kikonen,
Die ihnen Nachbarn waren, vernehmlich. Sie waren die Bessern,
Waren auch mehr. Sie verstanden auf Wagen mit Männern zu kämpfen,
Doch, war es nötig, bewährten sich auch ihre Kämpfer am Boden.
Früh schon kamen sie her, wie die Blätter und Blüten im Frühling,
Zahllos. Jetzt überkam uns wirklich von Zeus das Verhängnis:
Leiden in Fülle sollten wir ernten in grausigem Schicksal.
Angetreten ward zur Schlacht bei den hurtigen Schiffen,
Eherne Speere flogen hinüber, herüber. Solange
Morgenfrühe noch war und der heilige Tag noch im Wachsen,
Hielten wir stand und wehrten uns gegen die vielen erfolgreich.
Doch als die Sonne sich neigte zur Zeit, da die Rinder man abschirrt,
Zwangen vernichtend zur Flucht die Kikonen uns, die Achaier.
Sechs von jedem der Schiffe, wohlgeschiente Gefährten,
Fielen. Wir anderen aber entrannen dem Tod und dem Schicksal.

   Weiter ging nun die Fahrt, wir waren traurig im Herzen,
Froh, daß dem Tod wir entronnen; doch fehlten uns liebe Gefährten.
Ich aber ließ die doppelt geschweiften Schiffe nicht fahren,
Ehe nicht dreimal ein jeder jeden der armen Gefährten
Rief, die im Felde gefallen, vernichtet durch die Kikonen.
Jetzt aber ließ der Wolkentürmer Zeus auf die Schiffe
Nordwind los in erhabnen Orkanen; in dampfendes Düster
Hüllte er Land wie Meer und Finsternis stürzte vom Himmel.
Tief die Kiele sausten die Schiffe, die Segel zerfetzten

τριχθά τε καὶ τετραχθὰ διέσχισεν ἲς ἀνέμοιο.
καὶ τὰ μὲν ἐς νῆας κάθεμεν, δείσαντες ὄλεθρον,
αὐτὰς δ' ἐσσυμένως προερέσσαμεν ἠπειρόνδε.
ἔνθα δύω νύκτας δύο τ' ἤματα συννεχὲς αἰεὶ
κείμεθ', ὁμοῦ καμάτῳ τε καὶ ἄλγεσι θυμὸν ἔδοντες.   75
ἀλλ' ὅτε δὴ τρίτον ἦμαρ ἐϋπλόκαμος τέλεσ' Ἠώς,
ἱστοὺς στησάμενοι ἀνά θ' ἱστία λεύκ' ἐρύσαντες
ἥμεθα· τὰς δ' ἄνεμός τε κυβερνῆταί τ' ἴθυνον.
καί νύ κεν ἀσκηθὴς ἱκόμην ἐς πατρίδα γαῖαν,
ἀλλά με κῦμα ῥόος τε περιγνάμπτοντα Μάλειαν   80
καὶ βορέης ἀπέωσε, παρέπλαγξεν δὲ Κυθήρων.

ἔνθεν δ' ἐννῆμαρ φερόμην ὀλοοῖς ἀνέμοισι
πόντον ἐπ' ἰχθυόεντα· ἀτὰρ δεκάτῃ ἐπέβημεν
γαίης Λωτοφάγων, οἵ τ' ἄνθινον εἶδαρ ἔδουσιν.
ἔνθα δ' ἐπ' ἠπείρου βῆμεν καὶ ἀφυσσάμεθ' ὕδωρ,   85
αἶψα δὲ δεῖπνον ἕλοντο θοῇς παρὰ νηυσὶν ἑταῖροι.
αὐτὰρ ἐπεὶ σίτοιό τ' ἐπασσάμεθ' ἠδὲ ποτῆτος,
δὴ τότ' ἐγὼν ἑτάρους προΐην πεύθεσθαι ἰόντας,
οἵ τινες ἀνέρες εἶεν ἐπὶ χθονὶ σῖτον ἔδοντες,
ἄνδρε δύω κρίνας, τρίτατον κήρυχ' ἅμ' ὀπάσσας.   90
οἱ δ' αἶψ' οἰχόμενοι μίγεν ἀνδράσι Λωτοφάγοισιν·
οὐδ' ἄρα Λωτοφάγοι μήδονθ' ἑτάροισιν ὄλεθρον
ἡμετέροις, ἀλλά σφι δόσαν λωτοῖο πάσασθαι.
τῶν δ' ὅς τις λωτοῖο φάγοι μελιηδέα καρπόν,
οὐκέτ' ἀπαγγεῖλαι πάλιν ἤθελεν οὐδὲ νέεσθαι,   95
ἀλλ' αὐτοῦ βούλοντο μετ' ἀνδράσι Λωτοφάγοισι
λωτὸν ἐρεπτόμενοι μενέμεν νόστου τε λαθέσθαι.
τοὺς μὲν ἐγὼν ἐπὶ νῆας ἄγον κλαίοντας ἀνάγκῃ,
νηυσὶ δ' ἐνὶ γλαφυρῇσιν ὑπὸ ζυγὰ δῆσα ἐρύσσας·
αὐτὰρ τοὺς ἄλλους κελόμην ἐρίηρας ἑταίρους   100
σπερχομένους νηῶν ἐπιβαινέμεν ὠκειάων,
μή πώς τις λωτοῖο φαγὼν νόστοιο λάθηται.
οἱ δ' αἶψ' εἴσβαινον καὶ ἐπὶ κληῖσι καθῖζον,
ἑξῆς δ' ἑζόμενοι πολιὴν ἅλα τύπτον ἐρετμοῖς.

ἔνθεν δὲ προτέρω πλέομεν ἀκαχήμενοι ἦτορ.   105
Κυκλώπων δ' ἐς γαῖαν ὑπερφιάλων ἀθεμίστων
ἱκόμεθ', οἵ ῥα θεοῖσι πεποιθότες ἀθανάτοισιν
οὔτε φυτεύουσιν χερσὶν φυτὸν οὔτ' ἀρόωσιν,

Dreimal, viermal wuchtige Winde. Wir holten sie nieder,
Bargen sie unten im Schiff aus Furcht vor dem Ende und stürmisch
Rudernd brachten die Kähne wir doch noch hinaus auf das Festland.
Zwei volle Tage und noch zwei Nächte lagen wir draußen,
Zehrten am eigenen Gemüt, gequält von Müde und Schmerzen.
Als aber Eos mit herrlichen Flechten das dritte Mal tagte,
Stellten die Masten wir auf und setzten die leuchtenden Segel.
Ruhig saßen wir da, denn Wind und Steuerer lenkten.
Jetzt war möglich, das Land meiner Heimat heil zu erreichen,
Aber die Wogen, die Strömung, der Nordwind warfen mich abseits,
Als um Maleia ich bog, und drängten mich weg von Kythera.

Dann aber fuhr ich mit schrecklichen Winden neun volle Tage
Über das fischreiche Meer; erst am zehnten konnten wir landen.
Lotophagen, Blütenessern gehörte das Festland.
Dieses betraten wir dann und schöpften uns Wasser, indessen
Gleich bei den eilenden Schiffen das Mahl die Gefährten genossen.
Aber als wir an Speisen und Trank uns reichlich gesättigt,
Schickte ich endlich Gefährten voraus, die sollten erkunden,
Welche Leute das seien und irdische Nahrung genießen.
Zwei Mann wählte ich aus, einen dritten erkor ich zum Rufer.
Alsbald gingen sie fort und stießen auf Lotophagen,
Männer, die nicht daran dachten den Unsern Verderben zu bringen;
Nur vom Lotos zu essen boten sie an den Gefährten.
Doch wer von diesen die honigsüßen Früchte des Lotos
Kostete, wollte nicht Kunde zurück mehr bringen, er wollte
Nicht mehr nach Haus, nein dort, bei den Lotophagischen Männern,
Wollten sie bleiben und Lotos zupfend die Heimkehr vergessen.
Weinend holte ich sie mit Gewalt zurück zu den Schiffen,
Zerrte sie unter das Deck der geräumigen Schiffe und band sie.
Aber den anderen trauten Gefährten befahl ich, sie sollten
Schnellstens kommen, die eilenden Schiffe besteigen; es sollte
Keiner mir Lotos mehr essen und so vergessen die Heimfahrt.
Gleich aber stiegen sie ein und besetzten die Ruderbänke,
Saßen geordnet, ihr Rudern bewegte die schäumende Salzflut.

Weiter fuhren wir jetzt betrübten Herzens und kamen
Hin zum Land der Kyklopen, die halt- und gesetzlos leben.
Keiner rührt eine Hand zum Pflanzen und Pflügen; sie stellen
Alles anheim den unsterblichen Göttern. Es wächst ja auch alles

ἀλλὰ τά γ' ἄσπαρτα καὶ ἀνήροτα πάντα φύονται,
πυροὶ καὶ κριθαὶ ἠδ' ἄμπελοι, αἵ τε φέρουσιν 110
οἶνον ἐρισταφυλον, καί σφιν Διὸς ὄμβρος ἀέξει.
τοῖσιν δ' οὔτ' ἀγοραὶ βουληφόροι οὔτε θέμιστες,
ἀλλ' οἵ γ' ὑψηλῶν ὀρέων ναίουσι κάρηνα
ἐν σπέσσι γλαφυροῖσι, θεμιστεύει δὲ ἕκαστος
παίδων ἠδ' ἀλόχων, οὐδ' ἀλλήλων ἀλέγουσι. 115

νῆσος ἔπειτα λάχεια παρὲκ λιμένος τετάνυσται,
γαίης Κυκλώπων οὔτε σχεδὸν οὔτ' ἀποτηλοῦ,
ὑλήεσσ'· ἐν δ' αἶγες ἀπειρέσιαι γεγάασιν
ἄγριαι· οὐ μὲν γὰρ πάτος ἀνθρώπων ἀπερύκει,
οὐδέ μιν εἰσοιχνεῦσι κυνηγέται, οἵ τε καθ' ὕλην 120
ἄλγεα πάσχουσιν κορυφὰς ὀρέων ἐφέποντες.
οὔτ' ἄρα ποίμνῃσιν καταΐσχεται οὔτ' ἀρότοισιν,
ἀλλ' ἥ γ' ἄσπαρτος καὶ ἀνήροτος ἤματα πάντα
ἀνδρῶν χηρεύει, βόσκει δέ τε μηκάδας αἶγας.
οὐ γὰρ Κυκλώπεσσι νέες πάρα μιλτοπάρῃοι, 125
οὐδ' ἄνδρες νηῶν ἔνι τέκτονες, οἵ κε κάμοιεν
νῆας ἐϋσσέλμους, αἵ κεν τελέοιεν ἕκαστα
ἄστε' ἐπ' ἀνθρώπων ἱκνεύμεναι, οἷά τε πολλὰ
ἄνδρες ἐπ' ἀλλήλους νηυσὶν περόωσι θάλασσαν·
οἵ κέ σφιν καὶ νῆσον ἐϋκτιμένην ἐκάμοντο. 130
οὐ μὲν γάρ τι κακή γε, φέροι δέ κεν ὥρια πάντα·
ἐν μὲν γὰρ λειμῶνες ἁλὸς πολιοῖο παρ' ὄχθας
ὑδρηλοὶ μαλακοί· μάλα κ' ἄφθιτοι ἄμπελοι εἶεν·
ἐν δ' ἄροσις λείη· μάλα κεν βαθὺ λήιον αἰεὶ
εἰς ὥρας ἀμῷεν, ἐπεὶ μάλα πῖαρ ὑπ' οὖδας. 135
ἐν δὲ λιμὴν εὔορμος, ἵν' οὐ χρεὼ πείσματός ἐστιν,
οὔτ' εὐνὰς βαλέειν οὔτε πρυμνήσι' ἀνάψαι,
ἀλλ' ἐπικέλσαντας μεῖναι χρόνον, εἰς ὅ κε ναυτέων
θυμὸς ἐποτρύνῃ καὶ ἐπιπνεύσωσιν ἀῆται.
αὐτὰρ ἐπὶ κρατὸς λιμένος ῥέει ἀγλαὸν ὕδωρ, 140
κρήνη ὑπὸ σπείους· περὶ δ' αἴγειροι πεφύασιν.
ἔνθα κατεπλέομεν, καί τις θεὸς ἡγεμόνευε
νύκτα δι' ὀρφναίην, οὐδὲ προὐφαίνετ' ἰδέσθαι·
ἀὴρ γὰρ περὶ νηυσὶ βαθεῖ' ἦν, οὐδὲ σελήνη
οὐρανόθεν προὔφαινε, κατείχετο δὲ νεφέεσσιν. 145
ἔνθ' οὔ τις τὴν νῆσον ἐσέδρακεν ὀφθαλμοῖσιν,

Ganz ohne Saat oder Pflug, der Weizen, die Gerste, die Reben.
Die aber spenden den Wein aus riesigen Trauben; das Wachstum
Fördert dann Zeus mit dem nötigen Regen. Sie haben auch keine
Rechtliche Ordnung, beraten auch nicht in offner Versammlung.
Darum hausen sie auch auf den Gipfeln des hohen Gebirges
Nur in geräumigen Grotten und jeder einzelne schaltet
Dort über Weiber und Kinder und keiner sorgt für den andern.

    Ferner erstreckt eine Insel sich flach gegenüber dem Hafen,
Nicht grade weit vom Land der Kyklopen und doch auch nicht nahe.
Wälder trägt sie; dort leben unendliche Mengen von wilden
Ziegen; sie hemmt kein menschlicher Pfad; es kommen auch niemals
Jäger hinein und ertragen die Mühen und Plagen des Waldes:
Müßten sie doch das Gebirge von Gipfel zu Gipfel durchstreifen.
Nirgends finden sich Weiden und nirgends gepflügte Äcker,
Keine Saat, kein Pflug berührt sie alle die Tage;
Menschen leben dort nicht, es weiden nur meckernde Ziegen.
Denn die Kyklopen haben nicht Schiffe mit roter Bemalung,
Schiffbaumeister halten sie nicht, daß sie mühevoll Schiffe
Schüfen mit trefflichen Borden, die alle Geschäfte besorgen,
Kämen von Stadt zu Städten der Menschen, wie ja so häufig
Männer, um sich zu treffen, auf Schiffen die Meere befahren.
Solche könnten sehr wohl auch die Insel ihnen bestellen;
Schlecht ist sie gar nicht, sie lieferte alles entsprechend der Jahrzeit.
Wiesen finden sich dort an den Rändern des schäumenden Meeres,
Gut bewässert und weich, und der Weinstock trüge unendlich.
Ebener Boden zum Ackern ist da, tief wurzelt die Feldfrucht,
Immer könnten sie schneiden zur Zeit, so fett sind die Gründe.
Auch einen Hafen haben sie dort, wo es leicht ist zu landen,
Seile braucht man da nicht, zum Ankern nicht Steine noch Taue.
Sind sie gelandet, brauchen sie nur auf die Stunde zu warten,
Da ihr Gemüt sie treibt und die Winde zu wehen beginnen.
Lauteres Wasser fließt am Ende des Hafens; es sprudelt
Dort eine Quelle im Schutz einer Grotte, die Pappeln umgeben.
Darauf hielten wir zu und es führte uns wohl eine Gottheit.
Finster war es und Nacht, nichts leuchtete, nichts war zu sehen,
Tiefer Dust umhüllte die Schiffe; kein einziger Mondstrahl
Drang vom Himmel herab; das Gewoge der Wolken behielt ihn.
Keinem gelang, mit dem Blick in das Innere der Insel zu dringen,

οὔτ' οὖν κύματα μακρὰ κυλινδόμενα προτὶ χέρσον
εἰσίδομεν, πρὶν νῆας ἐϋσσέλμους ἐπικέλσαι.
κελσάσῃσι δὲ νηυσὶ καθείλομεν ἱστία πάντα,
ἐκ δὲ καὶ αὐτοὶ βῆμεν ἐπὶ ῥηγμῖνι θαλάσσης· 150
ἔνθα δ' ἀποβρίξαντες ἐμείναμεν Ἠῶ δῖαν.

ἦμος δ' ἠριγένεια φάνη ῥοδοδάκτυλος Ἠώς,
νῆσον θαυμάζοντες ἐδινεόμεσθα κατ' αὐτήν.
ὦρσαν δὲ Νύμφαι, κοῦραι Διὸς αἰγιόχοιο,
αἶγας ὀρεσκῴους, ἵνα δειπνήσειαν ἑταῖροι. 155
αὐτίκα καμπύλα τόξα καὶ αἰγανέας δολιχαύλους
εἱλόμεθ' ἐκ νηῶν, διὰ δὲ τρίχα κοσμηθέντες
βάλλομεν· αἶψα δὲ δῶκε θεὸς μενοεικέα θήρην.
νῆες μέν μοι ἕποντο δυώδεκα, ἐς δὲ ἑκάστην
ἐννέα λάγχανον αἶγες· ἐμοὶ δὲ δέκ' ἔξελον οἴῳ. 160
ὣς τότε μὲν πρόπαν ἦμαρ ἐς ἠέλιον καταδύντα
ἥμεθα δαινύμενοι κρέα τ' ἄσπετα καὶ μέθυ ἡδύ.
οὐ γάρ πω νηῶν ἐξέφθιτο οἶνος ἐρυθρός,
ἀλλ' ἐνέην· πολλὸν γὰρ ἐν ἀμφιφορεῦσιν ἕκαστοι
ἠφύσαμεν Κικόνων ἱερὸν πτολίεθρον ἑλόντες. 165
Κυκλώπων δ' ἐς γαῖαν ἐλεύσσομεν ἐγγὺς ἐόντων,
καπνόν τ' αὐτῶν τε φθογγὴν ὀΐων τε καὶ αἰγῶν.
ἦμος δ' ἥλιος κατέδυ καὶ ἐπὶ κνέφας ἦλθε,
δὴ τότε κοιμήθημεν ἐπὶ ῥηγμῖνι θαλάσσης.

ἦμος δ' ἠριγένεια φάνη ῥοδοδάκτυλος Ἠώς, 170
καὶ τότ' ἐγὼν ἀγορὴν θέμενος μετὰ πᾶσιν ἔειπον·

"ἄλλοι μὲν νῦν μίμνετ', ἐμοὶ ἐρίηρες ἑταῖροι·
αὐτὰρ ἐγὼ σὺν νηΐ τ' ἐμῇ καὶ ἐμοῖς ἑτάροισιν
ἐλθὼν τῶνδ' ἀνδρῶν πειρήσομαι, οἵ τινές εἰσιν,
ἦ ῥ' οἵ γ' ὑβρισταί τε καὶ ἄγριοι οὐδὲ δίκαιοι, 175
ἦε φιλόξεινοι, καί σφιν νόος ἐστὶ θεουδής."

ὣς εἰπὼν ἀνὰ νηὸς ἔβην, ἐκέλευσα δ' ἑταίρους
αὐτούς τ' ἀμβαίνειν ἀνά τε πρυμνήσια λῦσαι.
οἱ δ' αἶψ' εἴσβαινον καὶ ἐπὶ κληῖσι καθῖζον,
ἑξῆς δ' ἑζόμενοι πολιὴν ἅλα τύπτον ἐρετμοῖς. 180
ἀλλ' ὅτε δὴ τὸν χῶρον ἀφικόμεθ' ἐγγὺς ἐόντα,
ἔνθα δ' ἐπ' ἐσχατιῇ σπέος εἴδομεν ἄγχι θαλάσσης,
ὑψηλόν, δάφνῃσι κατηρεφές· ἔνθα δὲ πολλὰ
μῆλ', ὄϊές τε καὶ αἶγες, ἰαύεσκον· περὶ δ' αὐλὴ

Ja, daß die langen Wogen bereits an das Trockene rollten,
Merkten wir erst bei der Landung der Schiffe mit trefflichen Borden.
Als dann die Schiffe gelandet, besorgten wir sämtliche Segel,
Stiegen auch selber heraus am Strande des Meeres, um dort nun
Eingenickt in Schlaf auf die göttliche Eos zu warten.
　Als dann die Frühe sich zeigte, Eos mit rosigen Fingern,
Schweiften wir hin und her auf der Insel, verwundert und staunend.
Nymphen aber, die Töchter des Zeus, des Schwingers der Aigis,
Jagten Ziegen auf im Gebirg, den Gefährten zur Mahlzeit.
Krumme Bogen und Speere, die tief in den Schäften steckten,
Holten wir flugs aus den Schiffen; in drei geordneten Haufen
Wollten wir jagen; ein Gott aber gab gleich stärkende Beute.
Schiffe folgten mir zwölf, das Los bestimmte in jedes
Neun von den Ziegen, für mich allein doch wählte ich zehne.
Diesen Tag nun vertaten wir ganz bis zum Sinken der Sonne,
Saßen und schmausten Unmengen von Fleisch und von süßestem Rauschtrank;
Denn noch nicht war der rötliche Wein in den Schiffen vertrunken;
Drinnen lag noch! Beim Sturm auf die heilige Stadt der Kikonen
Hatten wir alle geschöpft in die doppelhenkligen Krüge.
Nun waren nah die Kyklopen, wir schauten hinein in die Landschaft.
Rauch verriet sie selbst und Gemecker der Schafe und Ziegen.
Als dann die Sonne versank und Dämmerung nieder sich senkte,
Legten wir endlich uns hin, zu schlafen am Rande des Meeres.
Als dann die Frühe sich zeigte, Eos mit rosigen Fingern,
Rief ich auf zur Beratung und sagte im Kreise von allen:
　„Ihr meine trauten Gefährten, ihr anderen bleibt jetzt und wartet!
Selbst aber will ich mit meinem Schiff, mit meinen Gefährten
Gehen und will diese Männer dort prüfen, wer sie wohl seien.
Sind es wilde Verbrecher, die gar nicht wissen, was recht ist,
Oder gastliche Leute mit gottesfürchtigem Denken?"
　Also sprach ich und stieg in das Schiff und befahl den Gefährten
Selbst auch einzusteigen, die haltenden Taue zu lösen.
Gleich aber stiegen sie ein und besetzten die Ruderbänke,
Saßen geordnet; ihr Rudern bewegte die schäumende Salzflut.
Als wir dann wirklich zum Platze gelangten, der wenig entfernt war,
Sahn wir am äußersten Ende und nahe dem Meer eine Grotte,
Hoch und ganz umwachsen mit Lorbeer. Schafe und Ziegen,
Kleinvieh schlief da in Menge; aus eingegrabenen Steinen

ὑψηλὴ δέδμητο κατωρυχέεσσι λίθοισι 185
μακρῇσίν τε πίτυσσιν ἰδὲ δρυσὶν ὑψικόμοισιν.
ἔνθα δ' ἀνὴρ ἐνίαυε πελώριος, ὅς ῥα τὰ μῆλα
οἶος ποιμαίνεσκεν ἀπόπροθεν· οὐδὲ μετ' ἄλλους
πωλεῖτ', ἀλλ' ἀπάνευθεν ἐὼν ἀθεμίστια ᾔδη.
καὶ γὰρ θαῦμ' ἐτέτυκτο πελώριον, οὐδὲ ἐῴκει 190
ἀνδρί γε σιτοφάγῳ ἀλλὰ ῥίῳ ὑλήεντι
ὑψηλῶν ὀρέων, ὅ τε φαίνεται οἶον ἀπ' ἄλλων.

δὴ τότε τοὺς ἄλλους κελόμην ἐρίηρας ἑταίρους
αὐτοῦ πὰρ νηΐ τε μένειν καὶ νῆα ἔρυσθαι·
αὐτὰρ ἐγὼ κρίνας ἑτάρων δυοκαίδεκ' ἀρίστους 195
βῆν· ἀτὰρ αἴγεον ἀσκὸν ἔχον μέλανος οἴνοιο,
ἡδέος, ὅν μοι δῶκε Μάρων, Εὐάνθεος υἱός,
ἱρεὺς Ἀπόλλωνος, ὃς Ἴσμαρον ἀμφιβεβήκει,
οὕνεκά μιν σὺν παιδὶ περισχόμεθ' ἠδὲ γυναικὶ
ἁζόμενοι· ᾤκει γὰρ ἐν ἄλσεϊ δενδρήεντι 200
Φοίβου Ἀπόλλωνος. ὁ δέ μοι πόρεν ἀγλαὰ δῶρα·
χρυσοῦ μέν μοι δῶκ' εὐεργέος ἑπτὰ τάλαντα,
δῶκε δέ μοι κρητῆρα πανάργυρον, αὐτὰρ ἔπειτα
οἶνον ἐν ἀμφιφορεῦσι δυώδεκα πᾶσιν ἀφύσσας,
ἡδὺν ἀκηράσιον, θεῖον ποτόν· οὐδέ τις αὐτὸν 205
ἠείδη δμώων οὐδ' ἀμφιπόλων ἐνὶ οἴκῳ,
ἀλλ' αὐτὸς ἄλοχός τε φίλη ταμίη τε μί' οἴη.
τὸν δ' ὅτε πίνοιεν μελιηδέα οἶνον ἐρυθρόν,
ἓν δέπας ἐμπλήσας ὕδατος ἀνὰ εἴκοσι μέτρα
χεῦ', ὀδμὴ δ' ἡδεῖα ἀπὸ κρητῆρος ὀδώδει, 210
θεσπεσίη· τότ' ἂν οὔ τοι ἀποσχέσθαι φίλον ἦεν.
τοῦ φέρον ἐμπλήσας ἀσκὸν μέγαν, ἐν δὲ καὶ ἦα
κωρύκῳ· αὐτίκα γάρ μοι ὀΐσατο θυμὸς ἀγήνωρ
ἄνδρ' ἐπελεύσεσθαι μεγάλην ἐπιειμένον ἀλκήν,
ἄγριον, οὔτε δίκας εὖ εἰδότα οὔτε θέμιστας. 215

καρπαλίμως δ' εἰς ἄντρον ἀφικόμεθ', οὐδέ μιν ἔνδον
εὕρομεν, ἀλλ' ἐνόμευε νομὸν κάτα πίονα μῆλα.
ἐλθόντες δ' εἰς ἄντρον ἐθηεύμεσθα ἕκαστα·
ταρσοὶ μὲν τυρῶν βρῖθον στείνοντο δὲ σηκοὶ
ἀρνῶν ἠδ' ἐρίφων· διακεκριμέναι δὲ ἕκασται 220
ἔρχατο, χωρὶς μὲν πρόγονοι, χωρὶς δὲ μέτασσαι,
χωρὶς δ' αὖθ' ἕρσαι· ναῖον δ' ὀρῷ ἄγγεα πάντα,

War eine hohe Mauer errichtet; es war wie ein Hofraum,
Lange Fichten darin und Eichen mit ragenden Wipfeln.
Hier aber pflegte ein Mann zu schlafen, ein Ungeheuer;
Abseits trieb er sein Vieh auf die Weide; er ging nicht zu andern,
Einsam hielt er sich fern und sann auf gesetzlose Taten.
Ganz wie ein riesiges Wunder war er geschaffen; er glich nicht
Menschen, die Speise verzehren, er glich einer waldigen Koppe,
Wie man sie einsam ragend erblickt in den hohen Gebirgen.

Da befahl ich nun wirklich den anderen trauten Gefährten,
Dort beim Schiffe zu bleiben und hoch es zu ziehen. Dann wählte
Zwölf ich mir aus, meine besten Gefährten, und machte mich fertig.
Doch einen Ziegenschlauch voll dunklen und süßen Weines
Nahm ich mit mir, eine Gabe des Maron, des Sohns des Euanthes;
Priester war er Apollons, der Ismaros schützend umwandelt.
Ihn, sein Weib und sein Kind hatten einst wir gerettet aus Ehrfurcht;
Wohnte er doch unter Bäumen im Hain des Phoibos Apollon.
Herrliche Gaben ließ er mir bringen: Sieben Talente
Aufbereiteten Goldes gab er und gab einen Mischkrug,
Lauteres Silber, dazu noch ein Dutzend Krüge, die alle
Doppelhenkelig waren, worein er, ohne zu mischen,
Süßesten Wein, einen wahrhaft göttlichen Tropfen, geschüttet.
Keiner im Hause wußte davon, nicht Diener, nicht Mägde,
Er, sein liebes Weib und die Schaffnerin wußten es einzig.
Tranken sie je von dem honigsüßen, rötlichen Weine,
Nahm auf den vollen Becher er zwanzig Maße mit Wasser;
Duftend drang der Geruch aus dem Mischkrug, köstlich berückend.
Warst du dabei, ein Beherrschen wäre dir unlieb gewesen.
Damit füllte ich nun einen tüchtigen Schlauch, einen Beutel
Zukost nahm ich noch mit, da der Trotz im Gemüte schon ahnte.
Dort sei ein wilder Mann, gewappnet mit riesiger Wehrkraft,
Ohne Kunde von Recht und Gesetz; der wird uns bedrohen.

Rasch nun kamen wir hin an die Grotte; er war nicht darinnen,
War nicht zu finden; weidete draußen sein mastiges Kleinvieh.
Als wir die Grotte betraten, beschauten wir alles, was da war.
Darren lagen voll Käse, in Ställen drängten sich Lämmer,
Drängten sich Zicklein, die einzelnen waren getrennt in den Pferchen:
Hier gab es alte, dort dann die mittleren, schließlich die jüngsten;
Alle Gefäße, die Eimer, die Näpfe, schwammen von Molke,

γαυλοί τε σκαφίδες τε, τετυγμένα, τοῖς ἐνάμελγεν.
ἔνθ᾽ ἐμὲ μὲν πρώτισθ᾽ ἕταροι λίσσοντ᾽ ἐπέεσσι
τυρῶν αἰνυμένους ἰέναι πάλιν, αὐτὰρ ἔπειτα 225
καρπαλίμως ἐπὶ νῆα θοὴν ἐρίφους τε καὶ ἄρνας
σηκῶν ἐξελάσαντας ἐπιπλεῖν ἁλμυρὸν ὕδωρ·
ἀλλ᾽ ἐγὼ οὐ πιθόμην, — ἦ τ᾽ ἂν πολὺ κέρδιον ἦεν, —
ὄφρ᾽ αὐτόν τε ἴδοιμι, καὶ εἴ μοι ξείνια δοίη.
οὐδ᾽ ἄρ᾽ ἔμελλ᾽ ἑτάροισι φανεὶς ἐρατεινὸς ἔσεσθαι. 230
  ἔνθα δὲ πῦρ κήαντες ἐθύσαμεν ἠδὲ καὶ αὐτοὶ
τυρῶν αἰνύμενοι φάγομεν, μένομέν τέ μιν ἔνδον
ἥμενοι, εἷος ἐπῆλθε νέμων. φέρε δ᾽ ὄβριμον ἄχθος
ὕλης ἀζαλέης, ἵνα οἱ ποτιδόρπιον εἴη.
ἔντοσθεν δ᾽ ἄντροιο βαλὼν ὀρυμαγδὸν ἔθηκεν· 235
ἡμεῖς δὲ δείσαντες ἀπεσσύμεθ᾽ ἐς μυχὸν ἄντρου.
αὐτὰρ ὅ γ᾽ εἰς εὐρὺ σπέος ἤλασε πίονα μῆλα,
πάντα μάλ᾽, ὅσσ᾽ ἤμελγε, τὰ δ᾽ ἄρσενα λεῖπε θύρηφιν,
ἀρνειούς τε τράγους τε, βαθείης ἔντοθεν αὐλῆς.
αὐτὰρ ἔπειτ᾽ ἐπέθηκε θυρεὸν μέγαν ὑψόσ᾽ ἀείρας, 240
ὄβριμον· οὐκ ἂν τόν γε δύω καὶ εἴκοσ᾽ ἄμαξαι
ἐσθλαὶ τετράκυκλοι ἀπ᾽ οὔδεος ὀχλίσσειαν·
τόσσην ἠλίβατον πέτρην ἐπέθηκε θύρῃσιν.
ἑζόμενος δ᾽ ἤμελγεν ὄϊς καὶ μηκάδας αἶγας,
πάντα κατὰ μοῖραν, καὶ ὑπ᾽ ἔμβρυον ἧκεν ἑκάστῃ. 245
αὐτίκα δ᾽ ἥμισυ μὲν θρέψας λευκοῖο γάλακτος
πλεκτοῖς ἐν ταλάροισιν ἀμησάμενος κατέθηκεν,
ἥμισυ δ᾽ αὖτ᾽ ἔστησεν ἐν ἄγγεσιν, ὄφρα οἱ εἴη
πίνειν αἰνυμένῳ καί οἱ ποτιδόρπιον εἴη.
αὐτὰρ ἐπεὶ δὴ σπεῦσε πονησάμενος τὰ ἃ ἔργα, 250
καὶ τότε πῦρ ἀνέκαιε καὶ εἴσιδεν, εἴρετο δ᾽ ἡμέας·
  "ὦ ξεῖνοι, τίνες ἐστέ; πόθεν πλεῖθ᾽ ὑγρὰ κέλευθα;
ἦ τι κατὰ πρῆξιν ἢ μαψιδίως ἀλάλησθε
οἷά τε ληιστῆρες ὑπεὶρ ἅλα, τοί τ᾽ ἀλόωνται
ψυχὰς παρθέμενοι, κακὸν ἀλλοδαποῖσι φέροντες;" 255
  ὣς ἔφαθ᾽, ἡμῖν δ᾽ αὖτε κατεκλάσθη φίλον ἦτορ,
δεισάντων φθόγγον τε βαρὺν αὐτόν τε πέλωρον.
ἀλλὰ καὶ ὣς μιν ἔπεσσιν ἀμειβόμενος προσέειπον·
  "ἡμεῖς τοι Τροίηθεν ἀποπλαγχθέντες Ἀχαιοὶ
παντοίοις ἀνέμοισιν ὑπὲρ μέγα λαῖτμα θαλάσσης, 260

Handgefertigtes Zeug; in diese molk er die Tiere.
Jetzt erst sprachen zu mir die Gefährten mit bittenden Worten,
Käse sollten wir nehmen, zurück uns dann ziehen und schleunigst
Zicklein und Lämmer heraus aus den Ställen zum eilenden Schiffe
Treiben und segeln aufs salzige Wasser. Doch wollte ich ihnen
Nicht willfahren — ein Vorteil wär es wahrhaftig gewesen,
Nein! Ich wollte ihn sehn, ob er gastliche Gaben mir gäbe.
Wirklich war ja dann auch den Gefährten sein Kommen kein Labsal.

Jetzt aber machten wir Feuer zum Opfer und nahmen auch selber
Käse und aßen und saßen und warteten drinnen des Mannes,
Bis von der Weide er kam. Er trug einen wuchtigen Packen
Trockenen Holzes; zum Nachtmahl sollte es dienen. Er warf es
Hin in die Höhle mit schrecklichem Krachen. Wir stürmten voll Schauder
Schnell in den Winkel der Höhle. Doch er — sein mastiges Kleinvieh
Jagte er alles, soweit er es molk, hinein in die breite
Grotte, doch ließ er das männliche draußen im tiefen Gehöfte,
Widder und Böcke. Hoch dann hob er den wuchtigen Türstein —
Zweiundzwanzig tüchtige Wagen mit je vier Rädern
Wälzten ihn nicht vom Platze bei solcher Größe — mit diesem
Riesigen Stück eines steilen Felsens verschloß er die Öffnung.
Alsdann ließ er zum Sitzen sich nieder und molk seine Schafe,
Molk seine meckernden Ziegen und all dies ganz nach der Ordnung.
Schließlich legte er dann einer jeden ihr Junges ans Euter.
Aber die Hälfte der weißen Milch ließ gleich er gerinnen,
Ballte sie dann und füllte sie ein in geflochtene Körbchen,
Während hinwieder in Töpfe die andere Hälfte er stellte,
Daß er sie nehme und trinke und daß er sie habe zum Nachtmahl.
Als er dann endlich die mühsame Arbeit eilig vollendet,
Machte er schließlich Feuer, durchspähte die Winkel und fragte:

„Fremde Leute, wer seid ihr? Woher der Fahrt auf den feuchten
Pfaden? Gehts in Geschäften vielleicht oder schweift ihr nur blindlings,
So wie die Räuber, herum auf den Meeren, den Fremden zum Unheil?
Setzen dabei ihre Seelen aufs Spiel bei dem ziellosen Schweifen."

Also sprach er, da fühlten das liebe Herz wir zerspringen,
Machte der tiefe Ton und er selber, der Riese doch fürchten.
Aber dem allem zum Trotz: ich gab ihm deutliche Antwort:

Männer Achaias sind wir, wir kommen von Troja, verschlagen
Hat uns allerlei Wind über große Schlünde des Meeres;

οἴκαδε ἱέμενοι, ἄλλην ὁδὸν ἄλλα κέλευθα
ἤλθομεν· οὕτω που Ζεὺς ἤθελε μητίσασθαι.
λαοὶ δ' Ἀτρεΐδεω Ἀγαμέμνονος εὐχόμεθ' εἶναι,
τοῦ δὴ νῦν γε μέγιστον ὑπουράνιον κλέος ἐστί·
τόσσην γὰρ διέπερσε πόλιν καὶ ἀπώλεσε λαοὺς   265
πολλούς. ἡμεῖς δ' αὖτε κιχανόμενοι τὰ σὰ γοῦνα
ἱκόμεθ', εἴ τι πόροις ξεινήιον ἠὲ καὶ ἄλλως
δοίης δωτίνην, ἥ τε ξείνων θέμις ἐστίν.
ἀλλ' αἰδεῖο, φέριστε, θεούς· ἱκέται δέ τοί εἰμεν.
Ζεὺς δ' ἐπιτιμήτωρ ἱκετάων τε ξείνων τε,   270
ξείνιος, ὃς ξείνοισιν ἅμ' αἰδοίοισιν ὀπηδεῖ."
  ὣς ἐφάμην, ὁ δέ μ' αὐτίκ' ἀμείβετο νηλέϊ θυμῷ·
"νήπιός εἰς, ὦ ξεῖν', ἢ τηλόθεν εἰλήλουθας,
ὅς με θεοὺς κέλεαι ἢ δειδίμεν ἢ ἀλέασθαι.
οὐ γὰρ Κύκλωπες Διὸς αἰγιόχου ἀλέγουσιν   275
οὐδὲ θεῶν μακάρων, ἐπεὶ ἦ πολὺ φέρτεροί εἰμεν·
οὐδ' ἂν ἐγὼ Διὸς ἔχθος ἀλευάμενος πεφιδοίμην
οὔτε σεῦ οὔθ' ἑτάρων, εἰ μὴ θυμός με κελεύοι.
ἀλλά μοι εἴφ', ὅπη ἔσχες ἰὼν εὐεργέα νῆα,
ἤ που ἐπ' ἐσχατιῆς ἦ καὶ σχεδόν, ὄφρα δαείω."   280
  ὣς φάτο πειράζων, ἐμὲ δ' οὐ λάθεν εἰδότα πολλά,
ἀλλά μιν ἄψορρον προσέφην δολίοις ἐπέεσσι·
"νέα μέν μοι κατέαξε Ποσειδάων ἐνοσίχθων,
πρὸς πέτρῃσι βαλὼν ὑμῆς ἐπὶ πείρασι γαίης,
ἄκρῃ προσπελάσας· ἄνεμος δ' ἐκ πόντου ἔνεικεν·   285
αὐτὰρ ἐγὼ σὺν τοῖσδε ὑπέκφυγον αἰπὺν ὄλεθρον."
  ὣς ἐφάμην, ὁ δέ μ' οὐδὲν ἀμείβετο νηλέϊ θυμῷ,
ἀλλ' ὅ γ' ἀναΐξας ἑτάροις ἐπὶ χεῖρας ἴαλλε,
σὺν δὲ δύω μάρψας ὥς τε σκύλακας ποτὶ γαίῃ
κόπτ'· ἐκ δ' ἐγκέφαλος χαμάδις ῥέε, δεῦε δὲ γαῖαν.   290
τοὺς δὲ διὰ μελεϊστὶ ταμὼν ὁπλίσσατο δόρπον·
ἤσθιε δ' ὥς τε λέων ὀρεσίτροφος, οὐδ' ἀπέλειπεν,
ἔγκατά τε σάρκας τε καὶ ὀστέα μυελόεντα.
ἡμεῖς δὲ κλαίοντες ἀνεσχέθομεν Διὶ χεῖρας,
σχέτλια ἔργ' ὁρόωντες· ἀμηχανίη δ' ἔχε θυμόν.   295
αὐτὰρ ἐπεὶ Κύκλωψ μεγάλην ἐμπλήσατο νηδὺν
ἀνδρόμεα κρέ' ἔδων καὶ ἐπ' ἄκρητον γάλα πίνων,
κεῖτ' ἔντοσθ' ἄντροιο τανυσσάμενος διὰ μήλων.

Heimkehr ist unser Ziel, wir kamen auf andere Wege,
Andere Pfade; so plante es Zeus, es war wohl sein Wille.
Leute rühmen wir uns Agamemnons, des Sohnes des Atreus;
Wahrlich sein Ruhm ist heute der größte und reicht bis zum Himmel.
Groß ist nämlich die Stadt, die er nahm, und groß die Verluste.
Wir aber kamen zu dir und fassen dich hier bei den Knieen,
Ob du vielleicht mit gastlicher Gabe oder auch sonstwie
Uns hier beschenktest, worauf doch ein Fremdling immer ein Recht hat.
Mächtiger! Scheue die Götter! Wir sind deinem Schutze empfohlen:
Zeus ist der strafende Hort für den Flüchtling wie für den Gastfreund.
Zeus, der Gastliche, hilft auch den Gästen, zeigen sie Ehrfurcht!"

Als ich so sprach, gab gleich mit verrohtem Gemüt er zur Antwort:
„Tölpelig bist du, mein Gast, oder weither bist du gekommen,
Gibst du Befehl mir, die Götter zu fürchten, ja gar mich zu ducken.
Wir Kyklopen kümmern uns gar nicht um Zeus mit der Aigis,
Überhaupt nicht um selige Götter; denn wir sind ja weitaus
Mächtiger. Ich vermeide schon gar nicht mit Zeus eine Feindschaft.
Schonen werd' ich dich nicht, auch nicht die Gefährten, es sei denn,
Daß mein Gemüt es will. Aber sag mir: dein trefflich gebautes
Schiff—ist es weit, ist es nah, wo du hieltest? ich möchte es wissen."

Also sprach er und wollte mich prüfen, doch weiß ich ja vieles;
Darum sprach ich listig ihn an, denn ich merkte die Absicht:
„Erderschütterer Poseidon zerschlug mir mein Schiff; denn er warf es
Gegen die Felsen am Rand eures Landes; er trieb es ans Ufer,
Dort wo es steil ist; es schob uns der Wind aus dem offenen Meere.
Ich aber konnte mit diesen dem jähen Verderben entrinnen."

Also sprach ich, doch er in seinem verrohten Gemüte
Gab keine Antwort, stürmte empor und streckte die Hände,
Packte sich zwei der Gefährten zusammen, als wären es Hunde,
Und erschlug sie am Estrich. Die Hirne rannen am Boden,
Tränkten die Erde. Dann schnitt er die Leiber in Stücke und machte
Nachtmahl, zehrte es auf, als wär er ein Leu im Gebirge;
Nichts blieb übrig vom Innern, vom Fleisch und den markigen Knochen.
Wir aber weinten und streckten die Hände zu Zeus in die Höhe,
Schauerlich war, was wir sahn; das Gemüt überfiel es wie Ohnmacht.
Als aber dann der Kyklop seinen mächtigen Bauch mit dem Essen
Menschlichen Fleisches gefüllt und mit Trinken von Milch ohne Mischung,
Lag er, die Viere gestreckt, in der Höhle mitten im Kleinvieh.

τὸν μὲν ἐγὼ βούλευσα κατὰ μεγαλήτορα θυμὸν
ἆσσον ἰών, ξίφος ὀξὺ ἐρυσσάμενος παρὰ μηροῦ, 300
οὐτάμεναι πρὸς στῆθος, ὅθι φρένες ἧπαρ ἔχουσι,
χείρ' ἐπιμασσάμενος· ἕτερος δέ με θυμὸς ἔρυκεν.
αὐτοῦ γάρ κε καὶ ἄμμες ἀπωλόμεθ' αἰπὺν ὄλεθρον·
οὐ γάρ κεν δυνάμεσθα θυράων ὑψηλάων
χερσὶν ἀπώσασθαι λίθον ὄβριμον, ὃν προσέθηκεν. 305
ὣς τότε μὲν στενάχοντες ἐμείναμεν Ἠῶ δῖαν.
  ἦμος δ' ἠριγένεια φάνη ῥοδοδάκτυλος Ἠώς,
καὶ τότε πῦρ ἀνέκαιε καὶ ἤμελγε κλυτὰ μῆλα,
πάντα κατὰ μοῖραν, καὶ ὑπ' ἔμβρυον ἧκεν ἑκάστῃ.
αὐτὰρ ἐπεὶ δὴ σπεῦσε πονησάμενος τὰ ἃ ἔργα, 310
σὺν δ' ὅ γε δὴ αὖτε δύω μάρψας ὁπλίσσατο δεῖπνον.
δειπνήσας δ' ἄντρου ἐξήλασε πίονα μῆλα,
ῥηιδίως ἀφελὼν θυρεὸν μέγαν· αὐτὰρ ἔπειτα
ἂψ ἐπέθηχ', ὡς εἴ τε φαρέτρῃ πῶμ' ἐπιθείη.
πολλῇ δὲ ῥοίζῳ πρὸς ὄρος τρέπε πίονα μῆλα 315
Κύκλωψ· αὐτὰρ ἐγὼ λιπόμην κακὰ βυσσοδομεύων,
εἴ πως τεισαίμην, δοίη δέ μοι εὖχος Ἀθήνη.
ἥδε δέ μοι κατὰ θυμὸν ἀρίστη φαίνετο βουλή·
Κύκλωπος γὰρ ἔκειτο μέγα ῥόπαλον παρὰ σηκῷ,
χλωρὸν ἐλαΐνεον· τὸ μὲν ἔκταμεν, ὄφρα φοροίη 320
αὐανθέν. τὸ μὲν ἄμμες ἐΐσκομεν εἰσορόωντες
ὅσσον θ' ἱστὸν νηὸς ἐεικοσόροιο μελαίνης,
φορτίδος εὐρείης, ἥ τ' ἐκπεράᾳ μέγα λαῖτμα·
τόσσον ἔην μῆκος, τόσσον πάχος εἰσοράασθαι.
τοῦ μὲν ὅσον τ' ὄργυιαν ἐγὼν ἀπέκοψα παραστὰς 325
καὶ παρέθηχ' ἑτάροισιν, ἀποξῦσαι δ' ἐκέλευσα·
οἱ δ' ὁμαλὸν ποίησαν· ἐγὼ δ' ἐθόωσα παραστὰς
ἄκρον, ἄφαρ δὲ λαβὼν ἐπυράκτεον ἐν πυρὶ κηλέῳ.
καὶ τὸ μὲν εὖ κατέθηκα κατακρύψας ὑπὸ κόπρῳ,
ἥ ῥα κατὰ σπείους κέχυτο μεγάλ' ἤλιθα πολλή. 330
αὐτὰρ τοὺς ἄλλους κλήρῳ πεπαλέσθαι ἄνωγον,
ὅς τις τολμήσειεν ἐμοὶ σὺν μοχλὸν ἀείρας
τρῖψαι ἐν ὀφθαλμῷ, ὅτε τὸν γλυκὺς ὕπνος ἱκάνοι.
οἱ δ' ἔλαχον, τοὺς ἄν κε καὶ ἤθελον αὐτὸς ἑλέσθαι,
τέσσαρες, αὐτὰρ ἐγὼ πέμπτος μετὰ τοῖσιν ἐλέγμην. 335
  ἑσπέριος δ' ἦλθεν καλλίτριχα μῆλα νομεύων·

Jetzt erwog ich im hochbeherzten Gemüte, ich könnte
Nahe ihm kommen, und zog schon das scharfe Schwert vom Schenkel,
Grade es dort in die Brust ihm zu stoßen, wo Leber und Zwerchfell
Liegen; ich tastete ab — als die andere Regung mich warnte:
Auch uns selbst ja hätte ein jähes Verderben vernichtet
Grad in der Höhle. Wir brachten ja niemals mit unseren Händen
Weg von der ragenden Öffnung den wuchtigen Stein, den er hinschob.
Dies war die Lage. Wir seufzten und harrten der göttlichen Eos.

   Als dann die Frühe sich zeigte, Eos mit rosigen Fingern,
Machte er wiederum Feuer und molk sein herrliches Kleinvieh,
Alles ganz nach der Ordnung, und legte an jedes das Junge.
Als er dann endlich die mühsame Arbeit eilig vollendet,
Packte er wiederum zwei miteinander, zum Mahl sie zu rüsten.
Vollgegessen schob er bei Seite den mächtigen Türstein,
Mühelos, und trieb aus der Höhle das mastige Kleinvieh;
Schob dann den Stein wieder vor, als wär es der Deckel am Köcher.
Immer pfeifend trieb er zu Berge das mastige Kleinvieh.
Ich aber blieb und brütete Unheil, ob ich nicht doch noch
Rache an ihm vollzöge und Ruhm mir Athene verleihe.
Folgender Plan nun schien im Gemüt mir der beste: Es lag da
Grad vor den Pferchen der riesige Knüppel unsres Kyklopen;
Ölbaum war er und frisch noch vom Schneiden, den wollte er trocknen.
Dann erst ihn tragen. Wir schätzten ihn ab mit den Augen: da schien er
Etwa der Mast eines schwarzen, zwanzigrudrigen Lastschiffs
Breitesten Baus, das die großen Schlünde der See überwindet.
Dies war die Länge, so war die Dicke, so maßen die Augen.
Ich nun stellte mich hin und hieb einen Klafter herunter,
Schob den Gefährten ihn zu und gab den Befehl ihn zu schälen.
Die aber machten ihn glatt, bis ich neben ihnen die Spitze
Schärfte, ihn packte und gleich ihn im brennenden Feuer erhitzte.
Diesen Prügel nun legte ich hin und barg ihn aufs beste
Tief im Mist, der die Höhle in riesigen Mengen bedeckte.
Aber den andern befahl ich, das Los darüber zu werfen,
Wer zusammen mit mir sich getraue den Pfahl zu erheben,
Dann in das Auge zu stoßen, wenn süßer Schlaf ihn befalle.
Jene nun zogen, die selbst ich zu Helfern gerne mir wählte,
Ganze vier, und ich noch schlug mich zu ihnen als Fünfter.

   Abend ward es; er kam von der Weide des wolligen Kleinviehs,

αὐτίκα δ' εἰς εὐρὺ σπέος ἤλασε πίονα μῆλα,
πάντα μάλ', οὐδέ τι λεῖπε βαθείης ἔντοθεν αὐλῆς,
ἤ τι ὀϊσάμενος, ἢ καὶ θεὸς ὣς ἐκέλευσεν.
αὐτὰρ ἔπειτ' ἐπέθηκε θυρεὸν μέγαν ὑψόσ' ἀείρας· 340
ἑζόμενος δ' ἤμελγεν ὄϊς καὶ μηκάδας αἶγας,
πάντα κατὰ μοῖραν, καὶ ὑπ' ἔμβρυον ἧκεν ἑκάστῃ.
αὐτὰρ ἐπεὶ δὴ σπεῦσε πονησάμενος τὰ ἃ ἔργα,
σὺν δ' ὅ γε δὴ αὖτε δύω μάρψας ὁπλίσσατο δόρπον.
καὶ τότ' ἐγὼ Κύκλωπα προσηύδων ἄγχι παραστάς, 345
κισσύβιον μετὰ χερσὶν ἔχων μέλανος οἴνοιο·
 "Κύκλωψ, τῆ, πίε οἶνον, ἐπεὶ φάγες ἀνδρόμεα κρέα,
ὄφρ' εἰδῇς, οἷόν τι ποτὸν τόδε νηῦς ἐκεκεύθει
ἡμετέρη· σοὶ δ' αὖ λοιβὴν φέρον, εἴ μ' ἐλεήσας
οἴκαδε πέμψειας· σὺ δὲ μαίνεαι οὐκέτ' ἀνεκτῶς. 350
σχέτλιε, πῶς κέν τίς σε καὶ ὕστερον ἄλλος ἵκοιτο
ἀνθρώπων πολέων; ἐπεὶ οὐ κατὰ μοῖραν ἔρεξας."
 ὣς ἐφάμην, ὁ δὲ δέκτο καὶ ἔκπιεν· ἥσατο δ' αἰνῶς
ἡδὺ ποτὸν πίνων καί μ' ᾔτεε δεύτερον αὖτις·
 "δός μοι ἔτι πρόφρων καί μοι τεὸν οὔνομα εἰπὲ 355
αὐτίκα νῦν, ἵνα τοι δῶ ξείνιον, ᾧ κε σὺ χαίρῃς.
καὶ γὰρ Κυκλώπεσσι φέρει ζείδωρος ἄρουρα
οἶνον ἐρισταφύλον, καί σφιν Διὸς ὄμβρος ἀέξει·
ἀλλὰ τόδ' ἀμβροσίης καὶ νέκταρός ἐστιν ἀπορρώξ."
 ὣς ἔφατ'· αὐτάρ οἱ αὖτις ἐγὼ πόρον αἴθοπα οἶνον· 360
τρὶς μὲν ἔδωκα φέρων, τρὶς δ' ἔκπιεν ἀφραδίῃσιν.
αὐτὰρ ἐπεὶ Κύκλωπα περὶ φρένας ἤλυθεν οἶνος,
καὶ τότε δή μιν ἔπεσσι προσηύδων μειλιχίοισι·
 "Κύκλωψ, εἰρωτᾷς μ' ὄνομα κλυτόν; αὐτὰρ ἐγώ τοι
ἐξερέω· σὺ δέ μοι δὸς ξείνιον, ὥς περ ὑπέστης. 365
Οὖτις ἐμοί γ' ὄνομα· Οὖτιν δέ με κικλήσκουσι
μήτηρ ἠδὲ πατὴρ ἠδ' ἄλλοι πάντες ἑταῖροι."
 ὣς ἐφάμην, ὁ δέ μ' αὐτίκ' ἀμείβετο νηλέϊ θυμῷ·
 "Οὖτιν ἐγὼ πύματον ἔδομαι μετὰ οἷς ἑτάροισι,
τοὺς δ' ἄλλους πρόσθεν· τὸ δέ τοι ξεινήϊον ἔσται." 370
 ἦ καὶ ἀνακλινθεὶς πέσεν ὕπτιος, αὐτὰρ ἔπειτα
κεῖτ' ἀποδοχμώσας παχὺν αὐχένα, κὰδ δέ μιν ὕπνος
ᾕρει πανδαμάτωρ· φάρυγος δ' ἐξέσσυτο οἶνος
ψωμοί τ' ἀνδρόμεοι· ὁ δ' ἐρεύγετο οἰνοβαρείων.

Trieb dann sofort in die breite Höhle sein mastiges Kleinvieh,
Alle zusammen; kein einziges ließ er im tiefen Gehöfte,
Mochte es Ahnung sein oder gar das Geheiß eines Gottes.
Dann aber hob er und stellte zur Öffnung den wuchtigen Türstein,
Setzte sich nieder und molk seine Schafe und meckernden Ziegen,
Alles ganz nach der Ordnung und legte an jedes das Junge.
Als er dann endlich die mühsame Arbeit eilig vollendet,
Packte er wiederum zwei miteinander, zu rüsten sein Nachtmahl.
Jetzt trat ich ganz nahe heran und sprach zum Kyklopen,
Trug dabei einen Napf in den Händen voll dunkelsten Weines:

„Kyklops, hier, trink Wein! Du speistest das Fleisch meiner Männer;
Darum erfahre, welch köstlichen Trank unser Schiff da versteckt hielt!
Diesen nahm ich um dir ihn zu spenden; ob etwa aus Mitleid
Heim du mich schickst? denn dein Rasen ist wirklich nicht mehr erträglich.
Schrecklicher! Wie soll ein andrer der zahllosen Menschen auch später
Dich noch besuchen? Denn was du hier tatest, ist wahrlich nicht sachlich!"

Also sprach ich; er nahm und trank. Es machte ihm schrecklich
Freude, den süßen Trank so zu schlürfen. So bat er mich nochmal:

„Sei doch so gütig und gib mir den zweiten und sag deinen Namen
Jetzt und sofort! Ich gebe dir gastliche Spende; sie wird dich
Freuen; denn freilich: der nährende Boden trägt den Kyklopen
Wein aus riesigen Trauben und Zeus läßt regnen und wachsen;
Aber das da von dir, das sind Tropfen ambrosischen Nektars."

Also sprach er, und ich bot weiter funkelnden Wein an.
Dreimal brachte und gab ich, vor Stumpfsinn trank er auch dreimal.
Als aber nun dem Kyklopen der Wein den Verstand überschwemmte,
Sprach ich endlich zu ihm in schmeichelnden Worten und sagte:

„Kyklops, du fragtest nach meinem ruhmvollen Namen? Ich will dir
Eben ihn melden; doch gib du auch mir die versprochene Gabe!
‚Keiner' ist mein Name, mit ‚Keiner' rufen mich heut noch
Vater sowohl wie Mutter und alle die andern Gefährten."

Als ich so sprach, gab gleich mit verrohtem Gemüt er zur Antwort:
„‚Keiner' werd ich als letzten verspeisen mit seinen Gefährten,
Alle andern zuerst: Dies sei dir gastliche Gabe!"

Sprachs und lehnte sich um und fiel auf den Rücken. Da lag er,
Bog den fleischigen Nacken zur Seite; der Allesbezwinger
Kam über ihn, der Schlaf. Nun strömte der Wein aus der Gurgel,
Brocken darin von Menschenfleisch, so spie er im Weinrausch.

καὶ τότ' ἐγὼ τὸν μοχλὸν ὑπὸ σποδοῦ ἤλασα πολλῆς, 375
εἷος θερμαίνοιτο· ἔπεσσι δὲ πάντας ἑταίρους
θάρσυνον, μή τίς μοι ὑποδείσας ἀναδύη.
ἀλλ' ὅτε δὴ τάχ' ὁ μοχλὸς ἐλάϊνος ἐν πυρὶ μέλλεν
ἅψασθαι, χλωρός περ ἐών, διεφαίνετο δ' αἰνῶς,
καὶ τότ' ἐγὼν ἆσσον φέρον ἐκ πυρός, ἀμφὶ δ' ἑταῖροι 380
ἵσταντ'· αὐτὰρ θάρσος ἐνέπνευσεν μέγα δαίμων.
οἱ μὲν μοχλὸν ἑλόντες ἐλάϊνον, ὀξὺν ἐπ' ἄκρῳ,
ὀφθαλμῷ ἐνέρεισαν· ἐγὼ δ' ἐφύπερθεν ἐρεισθεὶς
δίνεον, ὡς ὅτε τις τρυπᾷ δόρυ νήϊον ἀνὴρ
τρυπάνῳ, οἱ δέ τ' ἔνερθεν ὑποσσείουσιν ἱμάντι 385
ἁψάμενοι ἑκάτερθε, τὸ δὲ τρέχει ἐμμενὲς αἰεί·
ὣς τοῦ ἐν ὀφθαλμῷ πυριήκεα μοχλὸν ἑλόντες
δινέομεν, τὸν δ' αἷμα περίρρεε θερμὸν ἐόντα.
πάντα δέ οἱ βλέφαρ' ἀμφὶ καὶ ὀφρύας εὗσεν ἀϋτμὴ
γλήνης καιομένης· σφαραγεῦντο δέ οἱ πυρὶ ῥίζαι. 390
ὡς δ' ὅτ' ἀνὴρ χαλκεὺς πέλεκυν μέγαν ἠὲ σκέπαρνον
εἰν ὕδατι ψυχρῷ βάπτῃ μεγάλα ἰάχοντα
φαρμάσσων· τὸ γὰρ αὖτε σιδήρου γε κράτος ἐστίν·
ὣς τοῦ σίζ' ὀφθαλμὸς ἐλαϊνέῳ περὶ μοχλῷ.
σμερδαλέον δὲ μέγ' ᾤμωξεν, περὶ δ' ἴαχε πέτρη, 395
ἡμεῖς δὲ δείσαντες ἀπεσσύμεθ'. αὐτὰρ ὁ μοχλὸν
ἐξέρυσ' ὀφθαλμοῖο πεφυρμένον αἵματι πολλῷ.
τὸν μὲν ἔπειτ' ἔρριψεν ἀπὸ ἕο χερσὶν ἀλύων,
αὐτὰρ ὁ Κύκλωπας μεγάλ' ἤπυεν, οἵ ῥά μιν ἀμφὶς
ᾤκεον ἐν σπήεσσι δι' ἄκριας ἠνεμοέσσας. 400
οἱ δὲ βοῆς ἀίοντες ἐφοίτων ἄλλοθεν ἄλλος,
ἱστάμενοι δ' εἴροντο περὶ σπέος, ὅττι ἑ κήδοι·
"τίπτε τόσον, Πολύφημ', ἀρημένος ὧδε βόησας
νύκτα δι' ἀμβροσίην καὶ ἀΰπνους ἄμμε τίθησθα;
ἦ μή τίς σευ μῆλα βροτῶν ἀέκοντος ἐλαύνει; 405
ἦ μή τίς σ' αὐτὸν κτείνει δόλῳ ἠὲ βίηφι;"
τοὺς δ' αὖτ' ἐξ ἄντρου προσέφη κρατερὸς Πολύφημος·
"ὦ φίλοι, Οὖτίς με κτείνει δόλῳ οὐδὲ βίηφιν."
οἱ δ' ἀπαμειβόμενοι ἔπεα πτερόεντ' ἀγόρευον·
"εἰ μὲν δὴ μή τίς σε βιάζεται οἶον ἐόντα, 410
νοῦσόν γ' οὔ πως ἔστι Διὸς μεγάλου ἀλέασθαι,
ἀλλὰ σύ γ' εὔχεο πατρὶ Ποσειδάωνι ἄνακτι."

Jetzt kam ich und stieß den Pfahl in den Aschenhaufen,
Bis er recht heiß war. Mut aber sprach ich zu den Gefährten
Allen: es sollte mir keiner vor Ängsten sich drücken. Und als nun
Schnell der Pfahl vom Ölbaum wirklich brannte im Feuer,
Trotz seiner Frische durchglüht sich zeigte in schrecklicher Stärke,
Trug ich ihn näher heran aus der Glut und ließ die Gefährten
Neben mich treten; ein Gott aber hauchte uns mächtigen Mut ein.
Sie aber packten den vorne gespitzten Pfahl vom Ölbaum,
Stemmten ihn grad in das Auge; doch ich, ich stemmte mich aufwärts,
Drehte, wie einer den Bohrer in Planken des Schiffes hineindreht:
Unten packen sie an von links und rechts, mit dem Riemen
Halten sie ihn in Bewegung; da läuft er immer und hält nicht —
Gradso bohrten wir ihm das feurige Holz mit den Händen
Tief in sein Aug, daß den heißen Pfahl das Blut überströmte.
Lid und Braue versengte rundum ihm völlig der Glutdampf.
Flammen fing die Pupille, es zischten die Wurzeln im Feuer.
Taucht der Schmied eine Axt oder taucht er ein mächtiges Handbeil
Tief in das kälteste Wasser, dann gibt es gewaltiges Zischen:
Helfen will er dem Eisen, daß wieder zu Kräften es komme:
Gradso sott ihm das Auge am Pfahl, der aus Holz war vom Ölbaum.
Laut und fürchterlich stöhnte er auf, es brüllten die Felsen
Rundherum; vor Entsetzen flohen wir eiligst. Indessen
Riß er den Pfahl aus dem scheußlich besudelten, blutenden Auge,
Schleuderte weit ihn von sich mit den Händen, als wär er von Sinnen.
Dann aber rief er mit Macht die Kyklopen herbei, die im Umkreis
Hausten als Höhlenbewohner im windigen Zackengelände.
Diese vernahmen die Schreie und kamen von sämtlichen Seiten,
Stellten sich rund um die Höhle und fragten, was ihn denn kränke.
„Ei, Polyphemos, wer quält dich denn gar so? Du schreist ja so heftig
Grade zur Zeit der ambrosischen Nacht und läßt uns nicht schlafen!
Sicherlich stiehlt dir nicht einer dein Kleinvieh ohne zu fragen?
Sicherlich mordet dich selber nicht einer mit List oder Stärke?
Doch aus der Höhle rief da zurück Polyphemos der Starke:
„Freunde! Keiner will mich mit List oder Stärke ermorden.'"
Sie aber sprachen erwidernd und sagten geflügelte Worte:
„Wenn dich Einsamen wirklich keiner mit Kraft überwältigt,
Dann bist der Krankheit des großen Zeus du unrettbar verfallen!
Geh und bete du lieber zum Herrscher und Vater Poseidon!"

ὣς ἄρ' ἔφαν ἀπιόντες, ἐμὸν δ' ἐγέλασσε φίλον κῆρ,
ὡς ὄνομ' ἐξαπάτησεν ἐμὸν καὶ μῆτις ἀμύμων.
Κύκλωψ δὲ στενάχων τε καὶ ὠδίνων ὀδύνῃσι, 415
χερσὶ ψηλαφόων, ἀπὸ μὲν λίθον εἷλε θυράων,
αὐτὸς δ' εἰνὶ θύρῃσι καθέζετο χεῖρε πετάσσας,
εἴ τινά που μετ' ὄεσσι λάβοι στείχοντα θύραζε·
οὕτω γάρ πού μ' ἤλπετ' ἐνὶ φρεσὶ νήπιον εἶναι.
αὐτὰρ ἐγὼ βούλευον, ὅπως ὄχ' ἄριστα γένοιτο, 420
εἴ τιν' ἑταίροισιν θανάτου λύσιν ἠδ' ἐμοὶ αὐτῷ
εὑροίμην· πάντας δὲ δόλους καὶ μῆτιν ὕφαινον,
ὥς τε περὶ ψυχῆς· μέγα γὰρ κακὸν ἐγγύθεν ἦεν.
ἥδε δέ μοι κατὰ θυμὸν ἀρίστη φαίνετο βουλή·
ἄρσενες οἴες ἦσαν ἐϋτρεφέες δασύμαλλοι, 425
καλοί τε μεγάλοι τε, ἰοδνεφὲς εἶρος ἔχοντες·
τοὺς ἀκέων συνέεργον ἐϋστρεφέεσσι λύγοισι,
τῇς ἔπι Κύκλωψ εὗδε πέλωρ, ἀθεμίστια εἰδώς,
σύντρεις αἰνύμενος· ὁ μὲν ἐν μέσῳ ἄνδρα φέρεσκε,
τὼ δ' ἑτέρω ἑκάτερθεν ἴτην σώοντες ἑταίρους. 430
τρεῖς δὲ ἕκαστον φῶτ' ὄϊες φέρον· αὐτὰρ ἐγώ γε, —
ἀρνειὸς γὰρ ἔην μήλων ὄχ' ἄριστος ἁπάντων, —
τοῦ κατὰ νῶτα λαβών, λασίην ὑπὸ γαστέρ' ἐλυσθεὶς
κείμην· αὐτὰρ χερσὶν ἀώτου θεσπεσίοιο
νωλεμέως στρεφθεὶς ἐχόμην τετληότι θυμῷ. 435
ὣς τότε μὲν στενάχοντες ἐμείναμεν Ἠῶ δῖαν.

ἦμος δ' ἠριγένεια φάνη ῥοδοδάκτυλος Ἠώς,
καὶ τότ' ἔπειτα νομόνδ' ἐξέσσυτο ἄρσενα μῆλα,
θήλειαι δὲ μέμηκον ἀνήμελκτοι περὶ σηκούς·
οὔθατα γὰρ σφαραγεῦντο. ἄναξ δ' ὀδύνῃσι κακῇσι 440
τειρόμενος πάντων ὀΐων ἐπεμαίετο νῶτα
ὀρθῶν ἑσταότων· τὸ δὲ νήπιος οὐκ ἐνόησεν,
ὥς οἱ ὑπ' εἰροπόκων ὀΐων στέρνοισι δέδεντο.
ὕστατος ἀρνειὸς μήλων ἔστιχε θύραζε,
λάχνῳ στεινόμενος καὶ ἐμοὶ πυκινὰ φρονέοντι. 445
τὸν δ' ἐπιμασσάμενος προσέφη κρατερὸς Πολύφημος·

"κριὲ πέπον, τί μοι ὧδε διὰ σπέος ἔσσυο μήλων
ὕστατος; οὔ τι πάρος γε λελειμμένος ἔρχεαι οἰῶν,
ἀλλὰ πολὺ πρῶτος νέμεαι τέρεν' ἄνθεα ποίης
μακρὰ βιβάς, πρῶτος δὲ ῥοὰς ποταμῶν ἀφικάνεις 450

Sagtens und gingen. Da lachte mein liebes Herz; denn mein Name
Hatte die Täuschung gewirkt und dazu mein tüchtiges Planen.
Stöhnend, von Qualen zerquält, mit den Händen sich tastend, entfernte
Jetzt der Kyklops den Stein von der Öffnung und setzte sich selber
Mitten hinein und mit ausgebreiteten Armen und meinte,
Manchen werde er greifen, der fortschlich zwischen den Schafen,
Hoffte wohl gar im Sinn, ich sei so ein kindischer Tölpel.
Ich aber war schon dabei zu beraten, wie denn die Sache
Bestens verliefe; Erlösung vom Tode für mich und die Freunde
Wollte ich finden; so wob ich an allen Listen und Plänen.
Ging es ja doch um die Seele! Noch drohte entscheidendes Unheil.
Folgendes schien im Gemüt mir der beste Versuch: Es befanden
Böcke sich drinnen mit dichtesten Vliesen und trefflich gefüttert,
Schön und groß; und die Wolle sah aus wie dunkelnde Veilchen.
Lautlos aneinander mit leicht zu drehenden Ruten —
Schlafbett waren sie unserm Kyklopen, dem Riesen, dem Frevler —
Band ich jeweils drei; doch der mittlere trug einen Mann mit,
Links und rechts die beiden schützten im Gehn den Gefährten.
Also trugen je drei der Böcke je einen. Ich selbst doch —
War da ein Bock unter allen den Tieren weitaus das beste —
Den ergriff ich am Rücken und schob mich zu Boden und lag dann
Unter dem haarigen Bauch. Dann krallte ich dauernd die Hände
Fest in der göttlichen Wolle. Ich konnte mich halten und hielt auch
Durch im Gemüte. So harrten wir seufzend der göttlichen Eos.

Als dann die Frühe sich zeigte, Eos mit rosigen Fingern,
Stürmten auch damals die männlichen Tiere hinaus auf die Weide.
Aber die weiblichen blökten noch ungemolken im Stalle,
Strotzend zischten die Euter; der Herr doch, von schrecklichen Schmer-
Schwer gepeinigt, betastete alle die Schafe am Rücken,   [zen
Aufrecht standen sie da und so konnte der Tölpel nicht merken,
Daß an die Bäuche der wolligen Schafe sich Männer gebunden
Ihm zu Verdruß. Und als gar noch als Letzter der Widder des Kleinviehs,
Schwer von Wolle und mir, dem handfesten Denker, zum Ausgang
Drängte, da streichelte ihn Polyphemos, der Starke, und sagte:

„Böckchen? was eilst du mir so durch die Grotte als Letzter vom Klein-
Trauter! du gehst doch sonst nicht hinter den Schafen. Als weitaus   [vieh?
Erster weidest du doch in den zarten Blüten der Wiese,
Lange Schritte machst du hinab zu den strömenden Flüssen

πρῶτος δὲ σταθμόνδε λιλαίεαι ἀπονέεσθαι
ἑσπέριος, νῦν αὖτε πανύστατος. ἦ σύ γ' ἄνακτος
ὀφθαλμὸν ποθέεις; τὸν ἀνὴρ κακὸς ἐξαλάωσε
σὺν λυγροῖσ' ἑτάροισι, δαμασσάμενος φρένας οἴνῳ,
Οὖτις, ὃν οὔ πώ φημι πεφυγμένον ἔμμεν ὄλεθρον. 455
εἰ δὴ ὁμοφρονέοις ποτιφωνήεις τε γένοιο
εἰπεῖν, ὅππη κεῖνος ἐμὸν μένος ἠλασκάζει·
τῶ κέ οἱ ἐγκέφαλός γε διὰ σπέος ἄλλυδις ἄλλῃ
θεινομένου ῥαίοιτο πρὸς οὔδεϊ, κὰδ δέ τ' ἐμὸν κῆρ
λωφήσειε κακῶν, τά μοι οὐτιδανὸς πόρεν Οὖτις." 460
    ὣς εἰπὼν τὸν κριὸν ἀπὸ ἕο πέμπε θύραζε.
ἐλθόντες δ' ἠβαιὸν ἀπὸ σπείους τε καὶ αὐλῆς
πρῶτος ὑπ' ἀρνειοῦ λυόμην, ὑπέλυσα δ' ἑταίρους.
καρπαλίμως δὲ τὰ μῆλα ταναύποδα, πίονα δημῷ,
πολλὰ περιτροπέοντες ἐλαύνομεν, ὄφρ' ἐπὶ νῆα 465
ἱκόμεθ'· ἀσπάσιοι δὲ φίλοις ἑτάροισι φάνημεν,
οἳ φύγομεν θάνατον· τοὺς δὲ στενάχοντο γοῶντες.
ἀλλ' ἐγὼ οὐκ εἴων, ἀνὰ δ' ὀφρύσι νεῦον ἑκάστῳ,
κλαίειν· ἀλλ' ἐκέλευσα θοῶς καλλίτριχα μῆλα
πόλλ' ἐν νηὶ βαλόντας ἐπιπλεῖν ἁλμυρὸν ὕδωρ. 470
οἱ δ' αἶψ' εἴσβαινον καὶ ἐπὶ κληῖσι καθῖζον·
ἑξῆς δ' ἑζόμενοι πολιὴν ἅλα τύπτον ἐρετμοῖς.
ἀλλ' ὅτε τόσσον ἀπῆν, ὅσσον τε γέγωνε βοήσας,
καὶ τότ' ἐγὼ Κύκλωπα προσηύδων κερτομίοισι·
    "Κύκλωψ, οὐκ ἄρ' ἔμελλες ἀνάλκιδος ἀνδρὸς ἑταίρους 475
ἔδμεναι ἐν σπῆι γλαφυρῷ κρατερῆφι βίηφι.
καὶ λίην σέ γ' ἔμελλε κιχήσεσθαι κακὰ ἔργα,
σχέτλι', ἐπεὶ ξείνους οὐχ ἅζεο σῷ ἐνὶ οἴκῳ
ἐσθέμεναι· τῶ σε Ζεὺς τείσατο καὶ θεοὶ ἄλλοι."
    ὣς ἐφάμην, ὁ δ' ἔπειτα χολώσατο κηρόθι μᾶλλον· 480
ἧκε δ' ἀπορρήξας κορυφὴν ὄρεος μεγάλοιο,
κὰδ δ' ἔβαλε προπάροιθε νεὸς κυανοπρῴροιο
τυτθόν, ἐδεύησεν δ' οἰήιον ἄκρον ἱκέσθαι.
ἐκλύσθη δὲ θάλασσα κατερχομένης ὑπὸ πέτρης·
τὴν δ' ἂψ ἤπειρόνδε παλιρρόθιον φέρε κῦμα, 485
πλημυρὶς ἐκ πόντοιο, θέμωσε δὲ χέρσον ἱκέσθαι.
αὐτὰρ ἐγὼ χείρεσσι λαβὼν περιμήκεα κοντὸν
ὦσα παρέξ· ἑτάροισι δ' ἐποτρύνας ἐκέλευσα

Sagtens und gingen. Da lachte mein liebes Herz; denn mein Name
Hatte die Täuschung gewirkt und dazu mein tüchtiges Planen.
Stöhnend, von Qualen zerquält, mit den Händen sich tastend, entfernte
Jetzt der Kyklops den Stein von der Öffnung und setzte sich selber
Mitten hinein und mit ausgebreiteten Armen und meinte,
Manchen werde er greifen, der fortschlich zwischen den Schafen,
Hoffte wohl gar im Sinn, ich sei so ein kindischer Tölpel.
Ich aber war schon dabei zu beraten, wie denn die Sache
Bestens verliefe; Erlösung vom Tode für mich und die Freunde
Wollte ich finden; so wob ich an allen Listen und Plänen.
Ging es ja doch um die Seele! Noch drohte entscheidendes Unheil.
Folgendes schien im Gemüt mir der beste Versuch: Es befanden
Böcke sich drinnen mit dichtesten Vliesen und trefflich gefüttert,
Schön und groß; und die Wolle sah aus wie dunkelnde Veilchen.
Lautlos aneinander mit leicht zu drehenden Ruten —
Schlafbett waren sie unserm Kyklopen, dem Riesen, dem Frevler —
Band ich jeweils drei; doch der mittlere trug einen Mann mit,
Links und rechts die beiden schützten im Gehn den Gefährten.
Also trugen je drei der Böcke je einen. Ich selbst doch —
War da ein Bock unter allen den Tieren weitaus das beste —
Den ergriff ich am Rücken und schob mich zu Boden und lag dann
Unter dem haarigen Bauch. Dann krallte ich dauernd die Hände
Fest in der göttlichen Wolle. Ich konnte mich halten und hielt auch
Durch im Gemüte. So harrten wir seufzend der göttlichen Eos.

Als dann die Frühe sich zeigte, Eos mit rosigen Fingern,
Stürmten auch damals die männlichen Tiere hinaus auf die Weide.
Aber die weiblichen blökten noch ungemolken im Stalle,
Strotzend zischten die Euter; der Herr doch, von schrecklichen Schmer-
Schwer gepeinigt, betastete alle die Schafe am Rücken, [zen
Aufrecht standen sie da und so konnte der Tölpel nicht merken,
Daß an die Bäuche der wolligen Schafe sich Männer gebunden
Ihm zu Verdruß. Und als gar noch als Letzter der Widder des Kleinviehs,
Schwer von Wolle und mir, dem handfesten Denker, zum Ausgang
Drängte, da streichelte ihn Polyphemos, der Starke, und sagte:

„Böckchen? was eilst du mir so durch die Grotte als Letzter vom Klein-
Trauter! du gehst doch sonst nicht hinter den Schafen. Als weitaus [vieh?
Erster weidest du doch in den zarten Blüten der Wiese,
Lange Schritte machst du hinab zu den strömenden Flüssen

πρῶτος δὲ σταθμόνδε λιλαίεαι ἀπονέεσθαι
ἑσπέριος, νῦν αὖτε πανύστατος. ἦ σύ γ' ἄνακτος
ὀφθαλμὸν ποθέεις; τὸν ἀνὴρ κακὸς ἐξαλάωσε
σὺν λυγροῖσ' ἑτάροισι, δαμασσάμενος φρένας οἴνῳ,
Οὖτις, ὃν οὔ πώ φημι πεφυγμένον ἔμμεν ὄλεθρον. 455
εἰ δὴ ὁμοφρονέοις ποτιφωνήεις τε γένοιο
εἰπεῖν, ὅππῃ κεῖνος ἐμὸν μένος ἠλασκάζει·
τῷ κέ οἱ ἐγκέφαλός γε διὰ σπέος ἄλλυδις ἄλλῃ
θεινομένου ῥαίοιτο πρὸς οὔδεϊ, κὰδ δέ τ' ἐμὸν κῆρ
λωφήσειε κακῶν, τά μοι οὐτιδανὸς πόρεν Οὖτις." 460
   ὣς εἰπὼν τὸν κριὸν ἀπὸ ἕο πέμπε θύραζε.
ἐλθόντες δ' ἠβαιὸν ἀπὸ σπείους τε καὶ αὐλῆς
πρῶτος ὑπ' ἀρνειοῦ λυόμην, ὑπέλυσα δ' ἑταίρους.
καρπαλίμως δὲ τὰ μῆλα ταναύποδα, πίονα δημῷ,
πολλὰ περιτροπέοντες ἐλαύνομεν, ὄφρ' ἐπὶ νῆα 465
ἱκόμεθ'· ἀσπάσιοι δὲ φίλοις ἑτάροισι φάνημεν,
οἳ φύγομεν θάνατον· τοὺς δὲ στενάχοντο γοῶντες.
ἀλλ' ἐγὼ οὐκ εἴων, ἀνὰ δ' ὀφρύσι νεῦον ἑκάστῳ,
κλαίειν· ἀλλ' ἐκέλευσα θοῶς καλλίτριχα μῆλα
πόλλ' ἐν νηῒ βαλόντας ἐπιπλεῖν ἁλμυρὸν ὕδωρ. 470
οἱ δ' αἶψ' εἴσβαινον καὶ ἐπὶ κληῖσι καθῖζον·
ἑξῆς δ' ἑζόμενοι πολιὴν ἅλα τύπτον ἐρετμοῖς.
ἀλλ' ὅτε τόσσον ἀπῆν, ὅσσον τε γέγωνε βοήσας,
καὶ τότ' ἐγὼ Κύκλωπα προσηύδων κερτομίοισι·
   "Κύκλωψ, οὐκ ἄρ' ἔμελλες ἀνάλκιδος ἀνδρὸς ἑταίρους 475
ἔδμεναι ἐν σπῆϊ γλαφυρῷ κρατερῆφι βίηφι.
καὶ λίην σέ γ' ἔμελλε κιχήσεσθαι κακὰ ἔργα,
σχέτλι', ἐπεὶ ξείνους οὐχ ἅζεο σῷ ἐνὶ οἴκῳ
ἐσθέμεναι· τῷ σε Ζεὺς τείσατο καὶ θεοὶ ἄλλοι."
   ὣς ἐφάμην, ὁ δ' ἔπειτα χολώσατο κηρόθι μᾶλλον· 480
ἧκε δ' ἀπορρήξας κορυφὴν ὄρεος μεγάλοιο,
κὰδ δ' ἔβαλε προπάροιθε νεὸς κυανοπρῴροιο
τυτθόν, ἐδεύησεν δ' οἰήϊον ἄκρον ἱκέσθαι.
ἐκλύσθη δὲ θάλασσα κατερχομένης ὑπὸ πέτρης·
τὴν δ' ἂψ ἤπειρόνδε παλιρρόθιον φέρε κῦμα, 485
πλημυρὶς ἐκ πόντοιο, θέμωσε δὲ χέρσον ἱκέσθαι.
αὐτὰρ ἐγὼ χείρεσσι λαβὼν περιμήκεα κοντὸν
ὦσα παρέξ· ἑτάροισι δ' ἐποτρύνας ἐκέλευσα

Immer als Erster; und kommt dann der Abend, dann drängst du als
Heim ins Gehöfte und jetzt bist du von allen der Letzte. [Erster
Sehnst du dich wohl nach dem Aug deines Herrn? Das hat mir ein böser
Mann im Verein mit grausen Gefährten geblendet, der Keiner;
Allen Verstand verdarb mir sein Wein; doch ist der Vernichtung
Immer noch nicht er entgangen, das sag ich. O könntest du denken,
Sprechen wie ich, zu verraten, wohin er sich drückte vor meinen
Kräften — sein Hirn verspritzte in alle die Winkel der Höhle,
Fetzen blieben am Boden, so wollt ich ihn stemmen; mein Herz doch
Würde das Unheil los, das der Nichtsnutz Keiner mir brachte."

Also sprach er und schob dann den Bock von sich weg durch die Öff-
Wenig erst hatten wir uns entfernt von Grotte und Hofraum, [nung.
Als ich zuerst mich selber vom Bock und dann die Gefährten
Löste. Wir jagten das stelzende, fette und mastige Kleinvieh
Kreuz und quer und in Massen und kamen dann endlich zum Schiffe.
Herzlich willkommen erschienen wir unseren lieben Gefährten,
Wir, die dem Tode entronnen; den andern galt Jammer und Klage.
Ich doch ließ sie nicht weinen; ich winkte und zwar mit den Brauen,
Dann erst befahl ich, sie sollten die Masse des herrlich gehaarten
Kleinviehs bergen im Schiff und befahren das salzige Wasser.
Gleich aber stiegen sie ein und besetzten die Ruderbänke,
Saßen geordnet; ihr Rudern bewegte die schäumende Salzflut.
Aber als ich so fern war, daß eben ein Schreien man hörte,
Rief ich darauf dem Kyklopen zu mit höhnenden Worten:

Kyklops, nein! es stand dir nicht zu, eines wehrlosen Mannes
Freunde zu fressen auf Grund deiner Kraft in geräumiger Grotte.
Freilich stand dir dann zu, daß die Untat schnell dich ereilte.
Zäher! du scheutest dich nicht in deinem Haus deine Gäste
Aufzufressen! So straften dich Zeus und die anderen Götter."

Also sprach ich und er ergrimmte noch tiefer im Herzen,
Riß einen Gipfel vom hohen Gebirge herunter und ließ ihn
Niedersausen gerad vor das Schiff, das dunkel am Bug war.
Immerhin fehlte ein Stück, um die Spitze des Steuers zu treffen.
Brandend doch rauschte die See beim Niedersausen des Felsens,
Rückwärts warfen die wiederkehrenden Wogen das Fahrzeug
Hin an das Land, denn die Flut aus dem Meere zwang es zu stranden.
Ich doch ergriff mit den Händen die riesige Ruderstange,
Stieß das Schiff zur Seite und gab mit Nicken des Kopfes

ἐμβαλέειν κώπης, ἵν' ὑπὲκ κακότητα φύγοιμεν,
κρατὶ καταννεύων· οἱ δὲ προπεσόντες ἔρεσσον.   490
ἀλλ' ὅτε δὴ δὶς τόσσον ἅλα πρήσσοντες ἀπῆμεν,
καὶ τότε δὴ Κύκλωπα προσηύδων· ἀμφὶ δ' ἑταῖροι
μειλιχίοις ἐπέεσσιν ἐρήτυον ἄλλοθεν ἄλλος·
 "σχέτλιε, τίπτ' ἐθέλεις ἐρεθιζέμεν ἄγριον ἄνδρα;
ὃς καὶ νῦν πόντονδε βαλὼν βέλος ἤγαγε νῆα   495
αὖτις ἐς ἤπειρον, καὶ δὴ φάμεν αὐτόθ' ὀλέσθαι.
εἰ δὲ φθεγξαμένου τευ ἢ αὐδήσαντος ἄκουσε,
σύν κεν ἄραξ' ἡμέων κεφαλὰς καὶ νήϊα δοῦρα
μαρμάρῳ ὀκριόεντι βαλών· τόσσον γὰρ ἵησιν."
 ὣς φάσαν, ἀλλ' οὐ πεῖθον ἐμὸν μεγαλήτορα θυμόν,   500
ἀλλά μιν ἄψορρον προσέφην κεκοτηότι θυμῷ·
 "Κύκλωψ, αἴ κέν τίς σε καταθνητῶν ἀνθρώπων
ὀφθαλμοῦ εἴρηται ἀεικελίην ἀλαωτύν,
φάσθαι Ὀδυσσῆα πτολιπόρθιον ἐξαλαῶσαι,
υἱὸν Λαέρτεω, Ἰθάκῃ ἔνι οἰκί' ἔχοντα."   505
 ὣς ἐφάμην, ὁ δέ μ' οἰμώξας ἠμείβετο μύθῳ·
 "ὢ πόποι, ἦ μάλα δή με παλαίφατα θέσφαθ' ἱκάνει.
ἔσκε τις ἐνθάδε μάντις ἀνὴρ ἠΰς τε μέγας τε,
Τήλεμος Εὐρυμίδης, ὃς μαντοσύνῃ ἐκέκαστο
καὶ μαντευόμενος κατεγήρα Κυκλώπεσσιν·   510
ὅς μοι ἔφη τάδε πάντα τελευτήσεσθαι ὀπίσσω,
χειρῶν ἐξ Ὀδυσῆος ἁμαρτήσεσθαι ὀπωπῆς.
ἀλλ' αἰεί τινα φῶτα μέγαν καὶ καλὸν ἐδέγμην
ἐνθάδ' ἐλεύσεσθαι, μεγάλην ἐπιειμένον ἀλκήν·
νῦν δέ μ' ἐὼν ὀλίγος τε καὶ οὐτιδανὸς καὶ ἄκικυς   515
ὀφθαλμοῦ ἀλάωσεν, ἐπεί μ' ἐδαμάσσατο οἴνῳ.
ἀλλ' ἄγε δεῦρ', Ὀδυσεῦ, ἵνα τοι πὰρ ξείνια θείω,
πομπήν τ' ὀτρύνω δόμεναι κλυτὸν ἐννοσίγαιον·
τοῦ γὰρ ἐγὼ πάϊς εἰμί, πατὴρ δ' ἐμὸς εὔχεται εἶναι.
αὐτὸς δ', αἴ κ' ἐθέλῃσ', ἰήσεται, οὐδέ τις ἄλλος   520
οὔτε θεῶν μακάρων οὔτε θνητῶν ἀνθρώπων."
 ὣς ἔφατ', αὐτὰρ ἐγώ μιν ἀμειβόμενος προσέειπον·
 "αἲ γὰρ δὴ ψυχῆς τε καὶ αἰῶνός σε δυναίμην
εὖνιν ποιήσας πέμψαι δόμον Ἄϊδος εἴσω,
ὡς οὐκ ὀφθαλμόν γ' ἰήσεται οὐδ' ἐνοσίχθων."   525
 ὣς ἐφάμην, ὁ δ' ἔπειτα Ποσειδάωνι ἄνακτι

Tüchtig ermunternd Befehl den Gefährten, sie sollten ins Ruder
Kräftig sich legen, damit wir doch glücklich dem Übel entrännen.
Als wir dann endlich zweimal so weit auf der Fahrt durch die Salzflut
Waren, da rief dem Kyklopen ich zu, obschon die Gefährten
Hindern mich wollten von allen Seiten mit schmeichelnden Worten:

„Zäher! Warum denn willst du den wilden Mann auch noch reizen?
Warf er doch jetzt sein Geschoß in das Meer und trieb unser Fahrzeug
Wieder zurück an das Festland; dort aber sind wir verloren.
Hört er einen noch rufen und sprechen, das dünkt uns ganz sicher,
Wird er die Balken des Schiffes und unsere Köpfe zerschmettern.
Denn er trifft gar weit, wenn er zackige Blöcke uns zuschickt."

Also sprachen sie, ohne im hochbeherzten Gemüt mich
Umzustimmen; so rief ich zurück voll Wut im Gemüte:

„Kyklops, du! wenn einer dich fragt von den sterblichen Menschen
Wegen der scheußlichen Blendung des Auges, so kannst du ihm melden:
Das war Odysseus, der Städtezerstörer, der hat mich geblendet,
Jener Sohn des Laërtes; in Ithaka ist er zuhause!"

Also rief ich: da seufzte er auf und gab mir zur Antwort:

„Was nicht gar, da erfüllt sich an mir ja ein altes Orakel
Wahrlich und wirklich. Es war hier ein Seher, ein edler und großer,
Telemos, Eurymos' Sohn, ein Meister im Künden der Zukunft:
Der hat bis hoch in die Jahre geweissagt unsern Kyklopen.
Alles, was eben geschah, so sprach er, wird spät sich erfüllen:
Rauben wird mir das Licht meines Auges die Hand des Odysseus.
Freilich, ich wartete immer, es werde ein Mann hier erscheinen
Schön und groß und gewappnet mit riesiger Kraft sich zu wehren.
Jetzt aber kam so ein Knirps, so ein kraftloser Schwächling, ein Nichtsnut
Hat mir das Auge geblendet und vorher mit Wein mich verdorben.
Komm doch hieher, Odysseus, ich schenke dir gastliche Gaben,
Bitte den ruhmvollen Erderschütterer, Geleit dir zu geben;
Bin ich ja doch sein Sohn und rühmt er sich meiner als Vater.
Er aber wird mich heilen, sobald er nur will; kein andrer,
Keiner der seligen Götter und keiner der sterblichen Menschen."

Also rief er, doch ich sprach wieder und gab ihm zur Antwort:

„Könnt' ich die Seele, die Tage des Lebens so dir entziehen,
Könnt' ich dich doch in das Haus des Hades so sicher befördern,
Als dir das Auge nicht heilt auch er nicht, der Erderschütterer!"

Also rief ich; er aber flehte zum Herrscher Poseidon,

εὔχετο, χεῖρ' ὀρέγων εἰς οὐρανὸν ἀστερόεντα·
  "κλῦθι, Ποσείδαον γαιήοχε κυανοχαῖτα·
εἰ ἐτεόν γε σός εἰμι, πατὴρ δ' ἐμὸς εὔχεαι εἶναι,
δὸς μὴ Ὀδυσσῆα πτολιπόρθιον οἴκαδ' ἱκέσθαι, 530
υἱὸν Λαέρτεω, Ἰθάκῃ ἔνι οἰκί' ἔχοντα.
ἀλλ' εἴ οἱ μοῖρ' ἐστὶ φίλους τ' ἰδέειν καὶ ἱκέσθαι
οἶκον ἐϋκτίμενον καὶ ἑὴν ἐς πατρίδα γαῖαν,
ὀψὲ κακῶς ἔλθοι, ὀλέσας ἄπο πάντας ἑταίρους,
νηὸς ἐπ' ἀλλοτρίης, εὕροι δ' ἐν πήματα οἴκῳ." 535
  ὣς ἔφατ' εὐχόμενος, τοῦ δ' ἔκλυε κυανοχαίτης.
αὐτὰρ ὅ γ' ἐξαῦτις πολὺ μείζονα λᾶαν ἀείρας
ἧκ' ἐπιδινήσας, ἐπέρεισε δὲ ἶν' ἀπέλεθρον·
κὰδ δ' ἔβαλεν μετόπισθε νεὸς κυανοπρῴροιο
τυτθόν, ἐδεύησεν δ' οἰήϊον ἄκρον ἱκέσθαι. 540
ἐκλύσθη δὲ θάλασσα κατερχομένης ὑπὸ πέτρης·
τὴν δὲ πρόσω φέρε κῦμα, θέμωσε δὲ χέρσον ἱκέσθαι.
  ἀλλ' ὅτε δὴ τὴν νῆσον ἀφικόμεθ', ἔνθα περ ἄλλαι
νῆες ἐΰσσελμοι μένον ἀθρόαι, ἀμφὶ δ' ἑταῖροι
εἴατ' ὀδυρόμενοι, ἡμέας ποτιδέγμενοι αἰεί, 545
νῆα μὲν ἔνθ' ἐλθόντες ἐκέλσαμεν ἐν ψαμάθοισιν,
ἐκ δὲ καὶ αὐτοὶ βῆμεν ἐπὶ ῥηγμῖνι θαλάσσης.
μῆλα δὲ Κύκλωπος γλαφυρῆς ἐκ νηὸς ἑλόντες
δασσάμεθ', ὡς μή τίς μοι ἀτεμβόμενος κίοι ἴσης.
ἀρνειὸν δ' ἐμοὶ οἴῳ ἐϋκνήμιδες ἑταῖροι 550
μήλων δαιομένων δόσαν ἔξοχα· τὸν δ' ἐπὶ θινὶ
Ζηνὶ κελαινεφέϊ Κρονίδῃ, ὃς πᾶσιν ἀνάσσει,
ῥέξας μηρί' ἔκαιον· ὁ δ' οὐκ ἐμπάζετο ἱρῶν,
ἀλλ' ὅ γε μερμήριζεν, ὅπως ἀπολοίατο πᾶσαι
νῆες ἐΰσσελμοι καὶ ἐμοὶ ἐρίηρες ἑταῖροι. 555
  ὣς τότε μὲν πρόπαν ἦμαρ ἐς ἠέλιον καταδύντα
ἥμεθα δαινύμενοι κρέα τ' ἄσπετα καὶ μέθυ ἡδύ·
ἦμος δ' ἠέλιος κατέδυ καὶ ἐπὶ κνέφας ἦλθε,
δὴ τότε κοιμήθημεν ἐπὶ ῥηγμῖνι θαλάσσης.
ἦμος δ' ἠριγένεια φάνη ῥοδοδάκτυλος Ἠώς, 560
δὴ τότ' ἐγὼν ἑτάροισιν ἐποτρύνας ἐκέλευσα
αὐτούς τ' ἀμβαίνειν ἀνά τε πρυμνήσια λῦσαι.
οἱ δ' αἶψ' εἴσβαινον καὶ ἐπὶ κληῖσι καθῖζον,
ἑξῆς δ' ἑζόμενοι πολιὴν ἅλα τύπτον ἐρετμοῖς.
  ἔνθεν δὲ προτέρω πλέομεν ἀκαχήμενοι ἦτορ, 565
ἄσμενοι ἐκ θανάτοιο, φίλους ὀλέσαντες ἑταίρους.

Hoch die Hände erhoben zum Himmel mit allen Gestirnen:
„Hör mich, Poseidon, Erderhalter, dunkel Gehaarter:
Bin ich wirklich dein Sohn und rühmst du dich meiner als Vater,
Laß den Odysseus, den Städtezerstörer, nimmer nach Hause,
Diesen Sohn des Laërtes, in Ithaka ist er zuhause.
Ist es sein Schicksal die Freunde wiederzusehen, zu finden
Endlich sein festgegründetes Haus und das Land seiner Heimat,
Spät dann komme er, elend, verlustig aller Gefährten,
Komme auf fremdem Schiff und finde im Hause noch Unheil!"
   Also klang sein Gebet und der Dunkelgehaarte vernahm ihn.
Er aber hob einen zweiten Stein, der war noch viel größer,
Schleuderte fort ihn mit Schwung und stemmte mit riesigen Kräften.
Nieder sauste er hinter dem Schiff, das dunkel am Bug war,
Wenig fehlte nur noch und er traf die Spitze des Steuers.
Brandend rauschte die See beim Niedersausen des Felsens,
Vorwärts trugen die Wogen das Schiff und drängten zum Festland.
   Als wir dann endlich zur Insel kamen, wo alle die andern
Schiffe mit trefflichen Borden noch warteten, wo die Gefährten
Klagend im Umkreis saßen und immer harrten, wir kämen,
Schoben das Schiff wir hinauf auf den Sand sogleich nach der Ankunft.
Selber stiegen wir aus am Strande der See und entnahmen
Gleich des Kyklopen Vieh dem geräumigen Schiffe; wir teilten
Untereinander; zu kurz sollte keiner mir kommen. Den Widder
Freilich gaben die gut geschienten Gefährten besonders
Mir allein bei der Teilung. Ich opferte ihn auf dem Strande
Zeus, dem Kroniden im dunklen Gewölk, dem Allesbeherrscher,
Gab seine Schenkel den Flammen. Doch Zeus hat das Opfer mißachtet,
Vielmehr sann er bereits, wie alle mir trauten Gefährten
Samt ihren Schiffen mit trefflichen Borden im Meere verkämen.
   Diesen Tag nun vertaten wir ganz bis zum Sinken der Sonne,
Saßen und schmausten Unmengen von Fleisch und von süßestem Rausch-
Als dann die Sonne versank und Dämmerung nieder sich senkte, [trank.
Legten wir endlich uns hin zum Schlafen am Strande des Meeres
Als dann die Frühe sich zeigte, Eos mit rosigen Fingern,
Brachte ich frisch in Schwung die Gefährten und gab auch Befehle
Selbst gleich einzusteigen, die haltenden Taue zu lösen.
Schnell aber stiegen sie ein und besetzten die Ruderbänke,
Saßen geordnet, ihr Rudern bewegte die schäumende Salzflut.
   Weiter ging dann die Fahrt; wir waren traurig im Herzen,
Froh, daß dem Tod wir entronnen, doch fehlten uns traute Gefährten.

ΟΔΥΣΣΕΙΑΣ Κ

τὰ περὶ Αἰόλου καὶ Λαιστρυγόνων καὶ Κίρκης

Αἰολίην δ' ἐς νῆσον ἀφικόμεθ'· ἔνθα δ' ἔναιεν
Αἴολος Ἱπποτάδης, φίλος ἀθανάτοισι θεοῖσι,
πλωτῇ ἐνὶ νήσῳ· πᾶσαν δέ τέ μιν πέρι τεῖχος
χάλκεον ἄρρηκτον, λισσὴ δ' ἀναδέδρομε πέτρη.
τοῦ καὶ δώδεκα παῖδες ἐνὶ μεγάροις γεγάασιν,   5
ἓξ μὲν θυγατέρες, ἓξ δ' υἱέες ἡβώοντες.
ἔνθ' ὅ γε θυγατέρας πόρεν υἱάσιν εἶναι ἀκοίτις.
οἱ δ' αἰεὶ παρὰ πατρὶ φίλῳ καὶ μητέρι κεδνῇ
δαίνυνται· παρὰ δέ σφιν ὀνείατα μυρία κεῖται,
κνισῆεν δέ τε δῶμα περιστεναχίζεται αὐλῇ   10
ἤματα· νύκτας δ' αὖτε παρ' αἰδοίῃς ἀλόχοισιν
εὕδουσ' ἔν τε τάπησι καὶ ἐν τρητοῖσι λέχεσσι.
καὶ μὲν τῶν ἱκόμεσθα πόλιν καὶ δώματα καλά.
μῆνα δὲ πάντα φίλει με καὶ ἐξερέεινεν ἕκαστα,
Ἴλιον Ἀργείων τε νέας καὶ νόστον Ἀχαιῶν·   15
καὶ μὲν ἐγὼ τῷ πάντα κατὰ μοῖραν κατέλεξα.
ἀλλ' ὅτε δὴ καὶ ἐγὼν ὁδὸν ᾔτεον ἠδ' ἐκέλευον
πεμπέμεν, οὐδέ τι κεῖνος ἀνήνατο, τεῦχε δὲ πομπήν.
δῶκε δέ μ' ἐκδείρας ἀσκὸν βοὸς ἐννεώροιο,
ἔνθα δὲ βυκτάων ἀνέμων κατέδησε κέλευθα·   20
κεῖνον γὰρ ταμίην ἀνέμων ποίησε Κρονίων,
ἠμὲν παυέμεναι ἠδ' ὀρνύμεν, ὅν κ' ἐθέλῃσι.
νηὶ δ' ἐνὶ γλαφυρῇ κατέδει μέρμιθι φαεινῇ
ἀργυρέῃ, ἵνα μή τι παραπνεύσῃ' ὀλίγον περ·
αὐτὰρ ἐμοὶ πνοιὴν Ζεφύρου προέηκεν ἀῆναι,   25
ὄφρα φέροι νῆάς τε καὶ αὐτούς· οὐδ' ἄρ' ἔμελλεν
ἐκτελέειν· αὐτῶν γὰρ ἀπωλόμεθ' ἀφραδίῃσιν.
    ἐννῆμαρ μὲν ὁμῶς πλέομεν νύκτας τε καὶ ἦμαρ,
τῇ δεκάτῃ δ' ἤδη ἀνεφαίνετο πατρὶς ἄρουρα,
καὶ δὴ πυρπολέοντας ἐλεύσσομεν ἐγγὺς ἐόντας.   30
ἔνθ' ἐμὲ μὲν γλυκὺς ὕπνος ἐπέλλαβε κεκμηῶτα·
αἰεὶ γὰρ πόδα νηὸς ἐνώμων, οὐδέ τῳ ἄλλῳ

ZEHNTER GESANG

Aiolos / Laistrygonen / Kirke

Nun aber ging es zur Insel Aiólia. Aiolos hatte
Dort seinen Sitz, der Sohn des Hippotes, des Lieblings der Götter.
Diese Insel schwimmt; eine eherne Mauer umkreist sie
Ohne Lücke und Riß, ein Fels schießt glatt in die Höhe.
Neben ihm lebte ein Dutzend Kinder in seinem Palaste,
Töchter waren es sechs und sechs erwachsene Söhne.
Deswegen mußte er Töchter und Söhne zusammen vermählen.
Lieb ist der Vater und sorgend die Mutter; so speisen sie allzeit
Miteinander und Essen ist da in endloser Fülle.
Überall duftet im Hause das Fett und Gesänge ertönen
Immer bei Tag; aber nachts dann schläft man beim ehrbaren Weibe,
Fest in Decken gehüllt in Betten mit Löchern für Gurten.
Deren Stadt und herrliche Häuser erreichten wir nunmehr.
Er aber tat einen ganzen Monat mir Liebes und fragte
Einzeln nach Troja, nach Schiffen und Heimkehr, seis der Argeier
Seis der Achaier, und ich erzählte ihm alles und sachlich.
Doch als endlich auch ich um den Weg ihn bat und die Heimkehr
Forderte, sagte er mir nicht Nein und besorgte Geleite,
Häutete erst ein Rind — es war neun Jahre — und machte
Gleich einen Sack, worein er die Pfade der heulenden Winde
Bannte; den gab er mir. War er doch Windwart, dem der Kronide
Rechte verliehen zu hemmen, zu jagen, welchen er wollte.
Diesen Sack aber band er unten mit silbernen Schnüren
Fest im geräumigen Schiff; kein Lüftchen sollte entschlüpfen.
Zephyros ließ er dann wehen für mich, er sollte uns treiben,
Leute und Schiffe. Und doch; es sollte zum Ziele nicht kommen:
Selber stürzten wir uns ins Verderben durch eigene Torheit.

Neunmal wurde es Nacht und Tag und nach stetigem Segeln
Tauchten am zehnten Tage schon auf die Gefilde der Heimat.
Nahe schon sahen wir Leute, die brennende Feuer bedienten.
Ich aber war sehr müde und süßer Schlummer befiel mich;
Immer ja hielt ich das Segeltau — keinem andren Gefährten

δῶχ' ἑτάρων, ἵνα θᾶσσον ἱκοίμεθα πατρίδα γαῖαν·
οἱ δ' ἕταροι ἐπέεσσι πρὸς ἀλλήλους ἀγόρευον
καί μ' ἔφασαν χρυσόν τε καὶ ἄργυρον οἴκαδ' ἄγεσθαι, 35
δῶρα παρ' Αἰόλοο μεγαλήτορος Ἱπποτάδαο.
ὧδε δέ τις εἴπεσκεν ἰδὼν ἐς πλησίον ἄλλον·
  "ὢ πόποι, ὡς ὅδε πᾶσι φίλος καὶ τίμιός ἐστιν
ἀνθρώποις, ὅτεών κε πόλιν καὶ γαῖαν ἵκηται.
πολλὰ μὲν ἐκ Τροίης ἄγεται κειμήλια καλὰ 40
ληΐδος· ἡμεῖς δ' αὖτε ὁμὴν ὁδὸν ἐκτελέσαντες
οἴκαδε νισόμεθα κενεὰς σὺν χεῖρας ἔχοντες.
καὶ νῦν οἱ τά γε δῶκε χαριζόμενος φιλότητι
Αἴολος. ἀλλ' ἄγε θᾶσσον ἰδώμεθα, ὅττι τάδ' ἐστίν,
ὅσσος τις χρυσός τε καὶ ἄργυρος ἀσκῷ ἔνεστιν." 45
  ὣς ἔφασαν, βουλὴ δὲ κακὴ νίκησεν ἑταίρων·
ἀσκὸν μὲν λῦσαν, ἄνεμοι δ' ἐκ πάντες ὄρουσαν.
τοὺς δ' αἶψ' ἁρπάξασα φέρεν πόντονδε θύελλα
κλαίοντας, γαίης ἄπο πατρίδος. αὐτὰρ ἐγώ γε
ἐγρόμενος κατὰ θυμὸν ἀμύμονα μερμήριξα, 50
ἠὲ πεσὼν ἐκ νηὸς ἀποφθίμην ἐνὶ πόντῳ,
ἦ ἀκέων τλαίην καὶ ἔτι ζωοῖσι μετείην.
ἀλλ' ἔτλην καὶ ἔμεινα, καλυψάμενος δ' ἐνὶ νηΐ
κείμην· αἱ δ' ἐφέροντο κακῇ ἀνέμοιο θυέλλῃ
αὖτις ἐπ' Αἰολίην νῆσον, στενάχοντο δ' ἑταῖροι. 55
  ἔνθα δ' ἐπ' ἠπείρου βῆμεν καὶ ἀφυσσάμεθ' ὕδωρ·
αἶψα δὲ δεῖπνον ἕλοντο θοῇς παρὰ νηυσὶν ἑταῖροι.
αὐτὰρ ἐπεὶ σίτοιό τ' ἐπασσάμεθ' ἠδὲ ποτῆτος,
δὴ τότ' ἐγὼ κήρυκά τ' ὀπασσάμενος καὶ ἑταῖρον,
βῆν εἰς Αἰόλοο κλυτὰ δώματα· τὸν δ' ἐκίχανον 60
δαινύμενον παρὰ ᾗ τ' ἀλόχῳ καὶ οἷσι τέκεσσιν.
ἐλθόντες δ' ἐς δῶμα παρὰ σταθμοῖσιν ἐπ' οὐδοῦ
ἑζόμεθ'· οἱ δ' ἀνὰ θυμὸν ἐθάμβεον ἔκ τ' ἐρέοντο·
  "πῶς ἦλθες, Ὀδυσεῦ; τίς τοι κακὸς ἔχραε δαίμων;
ἦ μέν σ' ἐνδυκέως ἀπεπέμπομεν, ὄφρα ἵκοιο 65
πατρίδα σὴν καὶ δῶμα, καὶ εἴ πού τοι φίλον ἐστίν."
  ὣς φάσαν. αὐτὰρ ἐγὼ μετεφώνεον ἀχνύμενος κῆρ·
"ἄασάν μ' ἕταροί τε κακοὶ πρὸς τοῖσί τε ὕπνος
σχέτλιος. ἀλλ' ἀκέσασθε, φίλοι· δύναμις γὰρ ἐν ὑμῖν."
  ὣς ἐφάμην μαλακοῖσι καθαπτόμενος ἐπέεσσιν· 70

Gab ich es je — daß wir schneller das Land und die Heimat erreichten.
Doch die Gefährten redeten laut bald untereinander,
Meinten dabei, ich brächte wohl Gold oder Silber nachhause,
Aiolos' Gaben, des Sohns des hochbeherzten Hippotes.
Mancher ließ sich vernehmen und blickte dabei auf den Nachbarn:
„Was nicht gar! Wie der da bei allen den Menschen geehrt ist,
Freunde findet, wohin er nur kommt, in Städten und Ländern;
Herrliche Kostbarkeiten bringt er in Menge aus Troja,
Teile der Beute; und wir, die das nämliche Ziel erreichten,
Kehren mit leeren Händen nachhause. Und Aiolos hat ihm
Jetzt auch dies noch gegeben in Freundschaft, ihm zu Gefallen.
Kommt doch! Wir schauen geschwind, was dieses da alles bedeute,
Wieviel Silber und Gold in dem Sack da drinnen wohl stecke!"
  Also hieß es. Es kam zum Verrat der Gefährten und diese
Lösten den Sack, heraus aber brausten die sämtlichen Winde;
Sturmwind raffte sogleich sie hinaus in das offene Wasser.
Weinen mußten sie da, denn es schwanden die Fluren der Heimat.
Ich doch begann, nun erwacht, im noch heilen Gemüte zu grübeln:
Sollte hinab ich mich stürzen vom Schiff und im Meere verkommen,
Oder lautlos duldend im Leben noch bleiben. Ich wählte
Dulden und Bleiben. In tiefer Verhüllung lag ich im Fahrzeug,
Während die Schiffe zur Aiolosinsel in bösestem Sturmwind
Wiederum sausten, begleitet vom Jammergeschrei der Gefährten.
  Land betraten wir dann und schöpften uns Wasser, indessen
Gleich bei den eilenden Schiffen das Mahl die Gefährten genossen.
Aber als wir an Speisen und Trank uns reichlich gesättigt,
Nahm der Gefährten ich einen, dazu einen Rufer und ging dann
Wirklich zu Aiolos' ruhmvollem Haus. Ich traf ihn beim Schmausen,
Gattin und Kinder waren dabei. Als das Haus wir erreichten,
Setzen wir uns auf die Schwelle des Raumes neben den Pfeilern.
Sie aber staunten uns an im Gemüt und erhoben die Frage:
  „Wie, Odysseus? Du kommst? Welcher Unhold hat dich befallen?
Wohl versorgt, wahrhaftig, entließen wir dich; denn du solltest
Heimat finden und Haus und, was dir sonstwo noch lieb ist."
Also sprachen sie, ich aber sagte im Herzen beklommen:
  „Unheil brachten mir böse Gefährten und zähes Verschlafen.
Freunde! Bei euch ist das Heil, denn die Macht ist in eueren Händen."
  Also sprach ich und wollte sie packen mit schmeichelnden Worten.

οἱ δ' ἄνεω ἐγένοντο· πατὴρ δ' ἠμείβετο μύθῳ·
 "ἔρρ' ἐκ νήσου θᾶσσον, ἐλέγχιστε ζωόντων. ·
οὐ γάρ μοι θέμις ἐστὶ κομιζέμεν οὐδ' ἀποπέμπειν
ἄνδρα τόν, ὅς κε θεοῖσιν ἀπέχθηται μακάρεσσιν.
ἔρρ', ἐπεὶ ἀθανάτοισιν ἀπεχθόμενος τόδ' ἱκάνεις." 75
 ὣς εἰπὼν ἀπέπεμπε δόμων βαρέα στενάχοντα.
ἔνθεν δὲ προτέρω πλέομεν ἀκαχήμενοι ἦτορ·
τείρετο δ' ἀνδρῶν θυμὸς ὑπ' εἰρεσίης ἀλεγεινῆς
ἡμετέρῃ ματίῃ, ἐπεὶ οὐκέτι φαίνετο πομπή.
 ἑξῆμαρ μὲν ὁμῶς πλέομεν νύκτας τε καὶ ἦμαρ· 80
ἑβδομάτῃ δ' ἱκόμεσθα Λάμου αἰπὺ πτολίεθρον,
Τηλέπυλον Λαιστρυγονίην, ὅθι ποιμένα ποιμὴν
ἠπύει εἰσελάων, ὁ δέ τ' ἐξελάων ὑπακούει.
ἔνθα κ' ἄϋπνος ἀνὴρ δοιοὺς ἐξήρατο μισθούς,
τὸν μὲν βουκολέων, τὸν δ' ἄργυφα μῆλα νομεύων· 85
ἐγγὺς γὰρ νυκτός τε καὶ ἤματός εἰσι κέλευθοι.
ἔνθ' ἐπεὶ ἐς λιμένα κλυτὸν ἤλθομεν, ὃν πέρι πέτρη
ἠλίβατος τετύχηκε διαμπερὲς ἀμφοτέρωθεν,
ἀκταὶ δὲ προβλῆτες ἐναντίαι ἀλλήλῃσιν
ἐν στόματι προὔχουσιν, ἀραιὴ δ' εἴσοδός ἐστιν, 90
ἔνθ' οἵ γ' εἴσω πάντες ἔχον νέας ἀμφιελίσσας.
αἱ μὲν ἄρ' ἔντοσθεν λιμένος κοίλοιο δέδεντο
πλησίαι· οὐ μὲν γάρ ποτ' ἀέξετο κῦμά γ' ἐν αὐτῷ,
οὔτε μέγ' οὔτ' ὀλίγον, λευκὴ δ' ἦν ἀμφὶ γαλήνη.
αὐτὰρ ἐγὼν οἶος σχέθον ἔξω νῆα μέλαιναν, 95
αὐτοῦ ἐπ' ἐσχατιῇ, πέτρης ἐκ πείσματα δήσας.
ἔστην δὲ σκοπιὴν ἐς παιπαλόεσσαν ἀνελθών·
ἔνθα μὲν οὔτε βοῶν οὔτ' ἀνδρῶν φαίνετο ἔργα,
καπνὸν δ' οἶον ὁρῶμεν ἀπὸ χθονὸς ἀΐσσοντα.
δὴ τότ' ἐγὼν ἑτάρους προΐην πεύθεσθαι ἰόντας, 100
οἵ τινες ἀνέρες εἶεν ἐπὶ χθονὶ σῖτον ἔδοντας,
ἄνδρε δύω κρίνας, τρίτατον κήρυχ' ἅμ' ὀπάσσας.
οἱ δ' ἴσαν ἐκβάντες λείην ὁδόν, ᾗ περ ἄμαξαι
ἄστυδ' ἀφ' ὑψηλῶν ὀρέων καταγίνεον ὕλην.
κούρῃ δὲ ξύμβληντο πρὸ ἄστεος ὑδρευούσῃ, 105
θυγατέρ' ἰφθίμῃ Λαιστρυγόνος Ἀντιφάταο.
ἡ μὲν ἄρ' ἐς κρήνην κατεβήσετο καλλιρέεθρον
Ἀρτακίην· ἔνθεν γὰρ ὕδωρ προτὶ ἄστυ φέρεσκον·

Zehnter Gesang

Tonloses Schweigen entstand. Doch der Vater gab deutliche Antwort:
„Schleunigst fort von der Insel, du Mann des Schimpfs und der Schande!
Kein Lebendiger gleicht dir! Ich habe kein Recht zu versorgen,
Keines, den Mann zu geleiten, der seligen Göttern verhaßt ist.
Fort also! Offenbar kommst du hieher, weil die Götter dich hassen."
Sprachs und schickte mich fort aus dem Haus. Schwer mußte ich seufzen.
Weiter ging nun die Fahrt. Wir waren recht traurig im Herzen.
Schmerzliches Rudern zerrieb das Gemüt meiner Männer; die eigne
Torheit war daran schuld: es war kein Geleit mehr zu spüren.

Sechsmal wurde es Nacht und Tag und nach stetigem Segeln
War es der siebente Tag, daß Telepylos endlich wir fanden,
Lamos' ragende Stadt im Lande der Laistrygonen.
Hirten treiben dort ein und aus zu der nämlichen Stunde,
Einer ruft und der andere hört es. Ein Schlafloser fände
Doppelverdienst als Hirte bei blinkenden Schafen und Rindern.
So berühren sich dort die Pfade der Nacht und des Tages.
Hochberühmt war der Hafen, in den wir da kamen: ein schroffer
Felsen umgibt ihn links und rechts ohne Lücke; die Ufer
Springen vor, einander entgegen und werden am Zugang
Höher; wie eine Rinne so schmal ist also die Einfahrt.
Dorthin steuerten alle die Schiffe, die doppelt geschweiften,
Nah aneinander band man sie an im geräumigen Hafen;
Niemals nämlich erhob sich darin eine Welle zur Woge,
Klein oder groß: es herrschte dort blendende Meeresstille.
Da war ich es allein, der schon draußen sein schwarzes Fahrzeug
Landete, grade am Rande, und dort es am Felsen vertäute.
Dann aber stieg ich auf holprigem Pfad und gewann einen Ausguck.
Nichts doch zeigte sich dort, kein Werk von Rindern, von Menschen;
Einzig sahen wir Rauch vom Boden aufwärts sich winden.
Schließlich schickte Gefährten ich weg; sie sollten erkunden,
Welche Leute das seien und irdische Nahrung genießen.
Zwei Mann suchte ich aus, einen dritten erkor ich zum Rufer.
Diese verließen das Schiff und gingen auf glatten Wegen —
Wagen brachten dort Holz für die Stadt aus dem hohen Gebirge —
Trafen ein kräftiges Mädchen, das Wasser draußen am Stadtrand
Schöpfte, die Tochter des Laistrygonen Antíphates. Diese
War auf dem Wege hinunter zur Quelle Artákia, deren
Herrlich flutendes Wasser die Städter täglich sich holten.

οἱ δὲ παριστάμενοι προσεφώνεον ἔκ τ' ἐρέοντο,
ὅς τις τῶνδ' εἴη βασιλεὺς καὶ οἷσιν ἀνάσσοι. 110
ἡ δὲ μάλ' αὐτίκα πατρὸς ἐπέφραδεν ὑψερεφὲς δῶ.
οἱ δ' ἐπεὶ εἰσῆλθον κλυτὰ δώματα, τὴν δὲ γυναῖκα
εὗρον ὅσην τ' ὄρεος κορυφήν, κατὰ δ' ἔστυγον αὐτήν.
ἡ δ' αἶψ' ἐξ ἀγορῆς ἐκάλει κλυτὸν Ἀντιφατῆα,
ὃν πόσιν, ὃς δὴ τοῖσιν ἐμήσατο λυγρὸν ὄλεθρον. 115
αὐτίχ' ἕνα μάρψας ἑτάρων ὁπλίσσατο δεῖπνον·
τὼ δὲ δύ' ἀίξαντε φυγῇ ἐπὶ νῆας ἱκέσθην.
αὐτὰρ ὁ τεῦχε βοὴν διὰ ἄστεος· οἱ δ' ἀίοντες
φοίτων ἴφθιμοι Λαιστρυγόνες ἄλλοθεν ἄλλος,
μυρίοι, οὐκ ἄνδρεσσιν ἐοικότες, ἀλλὰ Γίγασιν. 120
οἵ ῥ' ἀπὸ πετράων ἀνδραχθέσι χερμαδίοισι
βάλλον· ἄφαρ δὲ κακὸς κόναβος κατὰ νῆας ὀρώρει
ἀνδρῶν τ' ὀλλυμένων νηῶν θ' ἅμα ἀγνυμενάων·
ἰχθῦς δ' ὣς πείροντες ἀτερπέα δαῖτα φέροντο.
ὄφρ' οἱ τοὺς ὄλεκον λιμένος πολυβενθέος ἐντός, 125
τόφρα δ' ἐγὼ ξίφος ὀξὺ ἐρυσσάμενος παρὰ μηροῦ
τῷ ἀπὸ πείσματ' ἔκοψα νεὸς κυανοπρῴροιο·
αἶψα δ' ἐμοῖς ἑτάροισιν ἐποτρύνας ἐκέλευσα
ἐμβαλέειν κώπῃς, ἵν' ὑπὲκ κακότητα φύγοιμεν·
οἱ δ' ἅλα πάντες ἀνέρριψαν, δείσαντες ὄλεθρον. 130
ἀσπασίως δ' ἐς πόντον ἐπηρεφέας φύγε πέτρας
νηῦς ἐμή· αὐτὰρ αἱ ἄλλαι ἀολλέες αὐτόθ' ὄλοντο.
ἔνθεν δὲ προτέρω πλέομεν ἀκαχήμενοι ἦτορ,
ἄσμενοι ἐκ θανάτοιο, φίλους ὀλέσαντες ἑταίρους.
Αἰαίην δ' ἐς νῆσον ἀφικόμεθ'· ἔνθα δ' ἔναιε 135
Κίρκη ἐϋπλόκαμος, δεινὴ θεὸς αὐδήεσσα,
αὐτοκασιγνήτη ὀλοόφρονος Αἰήταο·
ἄμφω δ' ἐκγεγάτην φαεσιμβρότου Ἠελίοιο
μητρός τ' ἐκ Πέρσης, τὴν Ὠκεανὸς τέκε παῖδα.
ἔνθα δ' ἐπ' ἀκτῆς νηὶ κατηγαγόμεσθα σιωπῇ 140
ναύλοχον ἐς λιμένα, καί τις θεὸς ἡγεμόνευεν.
ἔνθα τότ' ἐκβάντες δύο τ' ἤματα καὶ δύο νύκτας
κείμεθ', ὁμοῦ καμάτῳ τε καὶ ἄλγεσι θυμὸν ἔδοντες.
ἀλλ' ὅτε δὴ τρίτον ἦμαρ ἐϋπλόκαμος τέλεσ' Ἠώς,
καὶ τότ' ἐγὼν ἐμὸν ἔγχος ἑλὼν καὶ φάσγανον ὀξὺ 145
καρπαλίμως παρὰ νηὸς ἀνήϊον ἐς περιωπήν,

Meine Männer nun traten zu ihr und sprachen und fragten,
Wer wohl der König der Leute da sei und wen er beherrsche.
Sie aber zeigte ein Haus mit hohem Dach: es gehörte
Ihrem Vater; und tat es recht eilig. Da fanden die Unsern,
Kaum daß ins ruhmvolle Haus sie getreten, darinnen sein Ehweib,
Groß und hoch wie ein Berg; abscheulich dünkte es ihnen.
Die aber rief den berühmten Antíphates schleunig vom Markt her,
Ihren Gemahl, der die Unsern mit grauser Vernichtung bedrohte.
Unverzüglich packte er einen Gefährten; da flohen
Stürmisch die Zwei und erreichten die Schiffe; den anderen fraß er.
Kriegsruf ließ in der Stadt er erschallen; sie hörten und kamen
Überallher und zu Tausenden, glichen Giganten, nicht Männern,
Schleuderten kraftvoll Steine, so schwer wie ein Mann, von den Felsen.
Böses Krachen entstand bei den Schiffen; sie wurden zerschmettert,
Während die Männer darinnen zur nämlichen Stunde verkamen.
Jene spießten sie auf wie Fische zu ekliger Mahlzeit.

Ich aber riß mein scharfes Schwert vom Schenkel, indessen
Jene im Innern des tiefen Hafens Vernichtung vollzogen,
Hieb am Schiff mit dem dunklen Bug die haltenden Taue
Völlig entzwei und befahl ermunternd den eignen Gefährten,
Gleich sich ins Ruder zu legen, damit wir dem Übel entrännen.
Alle brachten aus Furcht vor Vernichtung die See in Bewegung.
Fliehend, doch froh, entkam so den überragenden Felsen
Einzig mein Schiff auf die See; alle anderen waren verloren.

Weiter ging nun die Fahrt. Wir waren recht traurig im Herzen,
Froh, weil dem Tod wir entronnen, doch fehlten uns liebe Gefährten.
Und wir kamen zur Insel Aiaia. Dort aber wohnte
Kirke mit herrlichen Flechten, die mächtige, redende Göttin.
Diese war leibliche Schwester des Unheilstifters Aiétes.
Beide stammten von Helios ab, der den Menschen das Licht bringt,
Perse war ihre Mutter, ein Kind, das Okeanos zeugte.
Schweigend trieben wir dort unser Schiff an die Küste zur Landung,
Fanden den bergenden Hafen; es führte uns wohl eine Gottheit.
Nunmehr stiegen wir aus und lagen zwei Tage und Nächte,
Zehrten am eignen Gemüt nach all den ermüdenden Schmerzen.

Aber als Eos mit herrlichen Flechten das drittemal tagte,
Holte ich her meinen Speer und das scharfe Schwert, um in Eile
Weg vom Schiff in die Höhe zu steigen, ob droben im Rundblick

εἴ πως ἔργα ἴδοιμι βροτῶν ἐνοπήν τε πυθοίμην.
ἔστην δὲ σκοπιὴν ἐς παιπαλόεσσαν ἀνελθών,
καί μοι ἐείσατο καπνὸς ἀπὸ χθονὸς εὐρυοδείης
Κίρκης ἐν μεγάροισι διὰ δρυμὰ πυκνὰ καὶ ὕλην.   150
μερμήριξα δ' ἔπειτα κατὰ φρένα καὶ κατὰ θυμὸν
ἐλθεῖν ἠδὲ πυθέσθαι, ἐπεὶ ἴδον αἴθοπα καπνόν.
ὧδε δέ μοι φρονέοντι δοάσσατο κέρδιον εἶναι,
πρῶτ' ἐλθόντ' ἐπὶ νῆα θοὴν καὶ θῖνα θαλάσσης
δεῖπνον ἑταίροισιν δόμεναι προέμεν τε πυθέσθαι.   155
  ἀλλ' ὅτε δὴ σχεδὸν ἦα κιὼν νεὸς ἀμφιελίσσης,
καὶ τότε τίς με θεῶν ὀλοφύρατο μοῦνον ἐόντα,
ὅς ῥά μοι ὑψίκερων ἔλαφον μέγαν εἰς ὁδὸν αὐτὴν
ἧκεν· ὁ μὲν ποταμόνδε κατήιεν ἐκ νομοῦ ὕλης
πιόμενος· δὴ γάρ μιν ἔχεν μένος ἠελίοιο.   160
τὸν δ' ἐγὼ ἐκβαίνοντα κατὰ κνῆστιν μέσα νῶτα
πλῆξα· τὸ δ' ἀντικρὺ δόρυ χάλκεον ἐξεπέρησε,
κὰδ δ' ἔπεσ' ἐν κονίῃσι μακών, ἀπὸ δ' ἔπτατο θυμός.
τῷ δ' ἐγὼ ἐμβαίνων δόρυ χάλκεον ἐξ ὠτειλῆς
εἰρυσάμην· τὸ μὲν αὖθι κατακλίνας ἐπὶ γαίῃ   165
εἴασ'· αὐτὰρ ἐγὼ σπασάμην ῥῶπάς τε λύγους τε,
πεῖσμα δ' ὅσον τ' ὄργυιαν ἐϋστρεφὲς ἀμφοτέρωθεν
πλεξάμενος συνέδησα πόδας δεινοῖο πελώρου,
βῆν δὲ καταλοφάδεια φέρων ἐπὶ νῆα μέλαιναν,
ἔγχει ἐρειδόμενος, ἐπεὶ οὔ πως ἦεν ἐπ' ὤμου   170
χειρὶ φέρειν ἑτέρῃ· μάλα γὰρ μέγα θηρίον ἦεν.
κὰδ δ' ἔβαλον προπάροιθε νεός, ἀνέγειρα δ' ἑταίρους
μειλιχίοις ἐπέεσσι παρασταδὸν ἄνδρα ἕκαστον·
  "ὦ φίλοι, οὐ γάρ πω καταδυσόμεθ', ἀχνύμενοί περ,
εἰς Ἀΐδαο δόμους, πρὶν μόρσιμον ἦμαρ ἐπέλθῃ·   175
ἀλλ' ἄγετ', ὄφρ' ἐν νηὶ θοῇ βρῶσίς τε πόσις τε,
μνησόμεθα βρώμης μηδὲ τρυχώμεθα λιμῷ."
  ὣς ἐφάμην, οἱ δ' ὦκα ἐμοῖς ἐπέεσσι πίθοντο·
ἐκ δὲ καλυψάμενοι παρὰ θῖν' ἁλὸς ἀτρυγέτοιο
θηήσαντ' ἔλαφον· μάλα γὰρ μέγα θηρίον ἦεν.   180
αὐτὰρ ἐπεὶ τάρπησαν ὁρώμενοι ὀφθαλμοῖσι,
χεῖρας νιψάμενοι τεύχοντ' ἐρικυδέα δαῖτα.
  ὣς τότε μὲν πρόπαν ἦμαρ ἐς ἠέλιον καταδύντα
ἥμεθα δαινύμενοι κρέα τ' ἄσπετα καὶ μέθυ ἡδύ·

Zehnter Gesang

Felder von Menschen ich etwa erschaute und Stimmen vernähme.
Also stieg ich auf holprigem Pfad und gewann einen Ausguck.
Was sich mir zeigte war Rauch; von der Erde mit breiten Straßen
Zog er sich hin über Wälder und Dickicht, wo Kirkes Palast stand.
Nun begann ich zu grübeln im Sinne wie im Gemüte:
Geh ich und forsche? Ich hatte doch funkelnden Rauch dort gesehen.
Während ich so es bedachte, erschien es mir schließlich von Vorteil,
Erst noch zum hurtigen Schiff und zum Strande des Meeres zu gehen,
Dort die Gefährten zu speisen und auszuschicken auf Kundschaft.

Als ich dann wirklich ganz nahe zum doppelt geschweiften Schiff kam,
Einsam wandelnd, erbarmte sich meiner ein Gott wohl und schickte
Grad auf dem Weg einen mächtigen Hirsch, der ein hohes Geweih trug
Eben ging aus den Triften des Waldes zum Fluß er hinunter,
Tränken wollte er sich, weil die Sonne ihn kräftig bedrückte.
Als er herauskam, traf ich ihm mitten im Rücken die Wirbel
So, daß mein eherner Speer auf der Gegenseite herausstand.
Gröhlend sank er im Staube zu Boden; das Leben entflog ihm.
Ich aber setzte den Fuß auf ihn und riß aus der Wunde
Erst meine Lanze; ich legte sie hin auf den Boden und ließ sie
Liegen; dann raufte ich Reisig und Ruten und flocht sie zusammen,
Drehte ein durchweg festes Seil von der Länge der Elle,
Fesselte dann noch die Füße des mächtigen Wildes und tat es
Über den Nacken. So ging ich mit ihm zum schwarzen Schiffe,
Stützte beim Gehen mich fest auf die Lanze; es war ja nicht möglich
Dieses Tier auf der Schulter mit einer Hand nur zu schleppen:
Dazu war es zu groß. Vor dem Fahrzeug warf ichs zu Boden,
Weckte die Mannschaft und trat dann mit schmeichelnden Worten zu
„Ihr meine Freunde! Wir werden noch nicht im Hause des Hades[jedem:
Einkehr halten trotz all unsrer Kümmernis, ehe des Schicksals
Stunde uns schlägt. Im hurtigen Schiff ist noch Essen und Trinken!
Auf denn, wir denken ans Essen; der Hunger soll nicht uns zermürben!"

Also sprach ich; sie leisteten schnell meinen Worten Gehorsam,
Krochen heraus aus den Hüllen am Strand der bewegten Salzflut,
Staunten beim Blick auf den Hirsch; er war ja von seltener Größe.
Aber als sie die Augen gesättigt mit Sehen und Schauen,
Wuschen die Hände sie rein und rüsteten prächtige Mahlzeit.

Diesen Tag nun vertaten wir ganz bis zum Sinken der Sonne, [trank.
Saßen und schmausten Unmengen von Fleisch und von süßestem Rausch-

ἦμος δ' ἥλιος κατέδυ καὶ ἐπὶ κνέφας ἦλθε, 185
δὴ τότε κοιμήθημεν ἐπὶ ῥηγμῖνι θαλάσσης.
ἦμος δ' ἠριγένεια φάνη ῥοδοδάκτυλος Ἠώς,
καὶ τότ' ἐγὼν ἀγορὴν θέμενος μετὰ πᾶσιν ἔειπον·
  "κέκλυτέ μευ μύθων, κακά περ πάσχοντες ἑταῖροι·
ὦ φίλοι, οὐ γὰρ ἴδμεν ὅπῃ ζόφος οὐδ' ὅπῃ ἠώς, 190
οὐδ' ὅπῃ ἠέλιος φαεσίμβροτος εἶσ' ὑπὸ γαῖαν
οὐδ' ὅπῃ ἀννεῖται· ἀλλὰ φραζώμεθα θᾶσσον,
εἴ τις ἔτ' ἔσται μῆτις· ἐγὼ δ' οὐκ οἴομαι εἶναι.
εἶδον γὰρ σκοπιὴν ἐς παιπαλόεσσαν ἀνελθὼν
νῆσον, τὴν πέρι πόντος ἀπείριτος ἐστεφάνωται. 195
αὐτὴ δὲ χθαμαλὴ κεῖται· καπνὸν δ' ἐνὶ μέσσῃ
ἔδρακον ὀφθαλμοῖσι διὰ δρυμὰ πυκνὰ καὶ ὕλην."
  ὣς ἐφάμην, τοῖσιν δὲ κατεκλάσθη φίλον ἦτορ
μνησαμένοις ἔργων Λαιστρυγόνος Ἀντιφάταο
Κύκλωπός τε βίης μεγαλήτορος ἀνδροφάγοιο. 200
κλαῖον δὲ λιγέως, θαλερὸν κατὰ δάκρυ χέοντες·
ἀλλ' οὐ γάρ τις πρῆξις ἐγίνετο μυρομένοισιν.
αὐτὰρ ἐγὼ δίχα πάντας ἐϋκνήμιδας ἑταίρους
ἠρίθμεον, ἀρχὸν δὲ μετ' ἀμφοτέροισιν ὄπασσα·
τῶν μὲν ἐγὼν ἦρχον, τῶν δ' Εὐρύλοχος θεοειδής. 205
κλήρους δ' ἐν κυνέῃ χαλκήρεϊ πάλλομεν ὦκα·
ἐκ δ' ἔθορε κλῆρος μεγαλήτορος Εὐρυλόχοιο.
βῆ δ' ἰέναι, ἅμα τῷ γε δύω καὶ εἴκοσ' ἑταῖροι
κλαίοντες· κατὰ δ' ἄμμε λίπον γοόωντας ὄπισθεν.
  εὗρον δ' ἐν βήσσῃσι τετυγμένα δώματα Κίρκης 210
ξεστοῖσιν λάεσσι, περισκέπτῳ ἐνὶ χώρῳ.
ἀμφὶ δέ μιν λύκοι ἦσαν ὀρέστεροι ἠδὲ λέοντες,
τοὺς αὐτὴ κατέθελξεν, ἐπεὶ κακὰ φάρμακ' ἔδωκεν.
οὐδ' οἵ γ' ὡρμήθησαν ἐπ' ἀνδράσιν, ἀλλ' ἄρα τοί γε
οὐρῇσιν μακρῇσι περισσαίνοντες ἀνέσταν. 215
ὡς δ' ὅτ' ἂν ἀμφὶ ἄνακτα κύνες δαίτηθεν ἰόντα
σαίνωσ'· αἰεὶ γάρ τε φέρει μειλίγματα θυμοῦ·
ὣς τοὺς ἀμφὶ λύκοι κρατερώνυχες ἠδὲ λέοντες
σαῖνον· τοὶ δ' ἔδεισαν, ἐπεὶ ἴδον αἰνὰ πέλωρα.
ἔσταν δ' ἐν προθύροισι θεᾶς καλλιπλοκάμοιο, 220
Κίρκης δ' ἔνδον ἄκουον ἀειδούσης ὀπὶ καλῇ
ἱστὸν ἐποιχομένης μέγαν ἄμβροτον, οἷα θεάων

Zehnter Gesang

Als dann die Sonne versank und Dämmerung nieder sich senkte,
Legten wir endlich uns hin zum Schlafen am Rande des Meeres.
Als dann die Frühe sich zeigte, Eos mit rosigen Fingern,
Rief ich auf zur Beratung und sagte im Kreise von allen:
    „Hört meine Worte, Gefährten! Ihr habt wohl Übles erlitten!
Freunde, wir wissen es nicht, wo Abend liegt und wo Morgen,
Nicht, wo die Sonne, die Sterblichen leuchtet, sich unter die Erde
Senkt und nicht, wo sie aufsteigt. Also beraten wir schleunigst,
Ob einen rettenden Plan es noch gibt. Ich glaube es nicht mehr.
Als ich den holprigen Weg bis zum Ausguck eben hinaufstieg,
Sah ich, es sei eine Insel, umzirkt vom endlosen Meere;
Ohne Erhebung lag sie vor mir, in der Mitte nur konnte
Rauch mit dem Aug ich erspähn; der zog sich durch Wälder und Dickicht."
    Also sprach ich, da fühlten das liebe Herz sie zerspringen;
Wußten sie doch, wie der Laistrygone Antíphates zugriff,
Wie sie der Kyklops, der hochbeherzte Menschenfresser,
Roh vergewaltigt; so weinten sie laut unter schwellenden Tränen.
Aber bei allem Gejammer entstand kein wirksames Handeln.
Ich aber zählte und teilte alle geschienten Gefährten.
Beiden Haufen bestimmte ich Führer; ich führte den einen,
Aber Eurylochos, dieses Bild eines Gottes, den andern.
Als dann des hochbeherzten Eurylochos Los bei dem schnellen
Schütteln der Lose im ehernen Helme heraussprang, brach er
Auf und ging zusammen mit zweiundzwanzig Gefährten.
Diese weinten und uns, die wir blieben, war kläglich zumute.
    Jene doch fanden in waldigem Grund auf umhegtem Gelände
Kirkes Palast, der aus glänzend geglätteten Steinen erbaut war.
Löwen und Wölfe, wie aus dem Bergland, lagerten ringsum,
Zauber hatte die Herrin an ihnen geübt und mit bösen
Giften ihnen vergeben. Doch stürzten sie nicht auf die Männer,
Standen nur auf und umwedelten sie mit den langen Schwänzen,
So wie die Hunde den Herrn, der vom Mahl kommt, freundlich umwedeln;
Bringt er doch allezeit dem Gemüte willkommene Stückchen:
Gradso taten es Löwen und Wölfe mit kräftigen Krallen.
Sie aber fürchteten sich beim Blick auf die schrecklichen Tiere.
Doch beim Betreten der Vortür hörten sie Kirke im Raume
Singen mit herrlicher Stimme, die Göttin mit herrlichen Flechten;
Hin und her am Webstuhl schritt sie, dem ewigen, großen;

λεπτά τε καὶ χαρίεντα καὶ ἀγλαὰ ἔργα πέλονται.
τοῖσι δὲ μύθων ἦρχε Πολίτης, ὄρχαμος ἀνδρῶν,
ὅς μοι κήδιστος ἑτάρων ἦν κεδνότατός τε· 225
"ὦ φίλοι, ἔνδον γάρ τις ἐποιχομένη μέγαν ἱστὸν
καλὸν ἀοιδιάει, δάπεδον δ' ἅπαν ἀμφιμέμυκεν,
ἢ θεὸς ἠὲ γυνή· ἀλλὰ φθεγγώμεθα θᾶσσον."
ὣς ἄρ' ἐφώνησεν, τοὶ δ' ἐφθέγγοντο καλεῦντες.
ἡ δ' αἶψ' ἐξελθοῦσα θύρας ὤϊξε φαεινὰς 230
καὶ κάλει· οἱ δ' ἅμα πάντες ἀϊδρείῃσιν ἕποντο·
Εὐρύλοχος δ' ὑπέμεινεν· ὀΐσατο γὰρ δόλον εἶναι.
εἷσεν δ' εἰσαγαγοῦσα κατὰ κλισμούς τε θρόνους τε,
ἐν δέ σφιν τυρόν τε καὶ ἄλφιτα καὶ μέλι χλωρὸν
οἴνῳ Πραμνείῳ ἐκύκα· ἀνέμισγε δὲ σίτῳ 235
φάρμακα λύγρ', ἵνα πάγχυ λαθοίατο πατρίδος αἴης.
αὐτὰρ ἐπεὶ δῶκέν τε καὶ ἔκπιον, αὐτίκ' ἔπειτα
ῥάβδῳ πεπληγυῖα κατὰ συφεοῖσιν ἐέργνυ.
οἱ δὲ συῶν μὲν ἔχον κεφαλὰς φωνήν τε τρίχας τε
καὶ δέμας, αὐτὰρ νοῦς ἦν ἔμπεδος ὡς τὸ πάρος περ. 240
ὣς οἱ μὲν κλαίοντες ἐέρχατο· τοῖσι δὲ Κίρκη
πὰρ ἄκυλον βάλανόν τ' ἔβαλεν καρπόν τε κρανείης
ἔδμεναι, οἷα σύες χαμαιευνάδες αἰὲν ἔδουσιν.
   Εὐρύλοχος δ' ἂψ ἦλθε θοὴν ἐπὶ νῆα μέλαιναν,
ἀγγελίην ἑτάρων ἐρέων καὶ ἀδευκέα πότμον. 245
οὐδέ τι ἐκφάσθαι δύνατο ἔπος, ἱέμενός περ,
κῆρ ἄχεϊ μεγάλῳ βεβολημένος· ἐν δέ οἱ ὄσσε
δακρυόφιν πίμπλαντο, γόον δ' ὠΐετο θυμός.
ἀλλ' ὅτε δή μιν πάντες ἀγαζόμεθ' ἐξερέοντες,
καὶ τότε τῶν ἄλλων ἑτάρων κατέλεξεν ὄλεθρον· 250
   "ἤομεν, ὡς ἐκέλευες, ἀνὰ δρυμά, φαίδιμ' Ὀδυσσεῦ·
εὕρομεν ἐν βήσσῃσι τετυγμένα δώματα καλὰ
ξεστοῖσιν λάεσσι, περισκέπτῳ ἐνὶ χώρῳ.
ἔνθα δέ τις μέγαν ἱστὸν ἐποιχομένη λίγ' ἄειδεν
ἢ θεὸς ἠὲ γυνή· τοὶ δ' ἐφθέγγοντο καλεῦντες. 255
ἡ δ' αἶψ' ἐξελθοῦσα θύρας ὤϊξε φαεινὰς
καὶ κάλει· οἱ δ' ἅμα πάντες ἀϊδρείῃσιν ἕποντο·
αὐτὰρ ἐγὼν ὑπέμεινα, ὀϊσάμενος δόλον εἶναι.
οἱ δ' ἅμ' ἀϊστώθησαν ἀολλέες, οὐδέ τις αὐτῶν
ἐξεφάνη· δηρὸν δὲ καθήμενος ἐσκοπίαζον." 260

Schuf, wie die Göttinnen tun, gar lieblich glänzende Werke.
Erste Worte fand dann Polites, der Führer der Männer;
Lieb war er mir, er lag mir vor allen Gefährten am Herzen:
  „Freunde, da drinnen geht eine hin und her an dem großen
Webstuhl; herrlich singt sie, es schallt und hallt durch den Hausflur.
Ist's eine Göttin? Ein Weib? Jetzt schnell: wir wollen sie rufen!"
  Also ließ er verlauten, die anderen riefen und schrieen.
Sie aber nahte sofort um die glänzende Türe zu öffnen,
Rief und sie folgten; sie wußten ja nicht, was töricht sie taten,
Alle zugleich, nur Eurylochos blieb; denn er dachte an Arglist.
Kirke doch führte sie ein und bot ihnen Sessel und Stühle,
Rührte für sie ein Gemisch dann zusammen aus Käse und Gerste,
Gelbem Honig und Wein aus Pramne und tat in die Speise
Schreckliche Gifte: sie sollten die Heimat völlig vergessen.
Kirke bot. Doch als jene geschlürft, griff gleich sie zum Stecken,
Schlug auf sie ein und schloß sie in Kofen für Schweine. Sie wurden
Schweine an Kopf, an Stimme und Haaren, der ganzen Gestalt nach.
Freilich blieb der Verstand so klar, wie er früher gewesen.
Weinend lagen sie so im Pferch und verschiedene Eicheln,
Früchte des wilden Kirschbaums gab ihnen Kirke zu fressen,
Tägliches Futter für Schweine, die gern auf der Erde sich lagern.
  Aber Eurýlochos rannte zurück zum hurtigen, schwarzen
Schiff, um das ruhmlose Schicksal jener Gefährten zu melden.
Wie er sich mühte, er brachte das Wort nicht heraus; denn sein Herz war
Schwer getroffen von Leid; voll Tränen standen die Augen.
Jammer werde es geben, so war ihm ahnend zumute.
Alle waren wirklich erstaunt und begannen zu fragen.
Endlich gab er Bericht vom Verderben der andern Gefährten:
  „Wie du, Strahlender, wolltest, so stiegen wir auf durch das Dickicht,
Fanden im waldigen Grund einen schönen Palast, der aus glänzend
Glatten Steinen erbaut war auf rings umhegtem Gelände.
Dort nun ging eine hin und her, laut singend am großen
Webstuhl, Weib oder Göttin; die anderen riefen und schrieen.
Sie aber nahte sofort, um die glänzende Türe zu öffnen,
Rief und sie folgten; sie wußten ja nicht, was töricht sie taten,
Alle zugleich, nur ich bin geblieben; ich dachte an Arglist.
Nun sind alle zusammen verschwunden und keiner von ihnen
Kam mir wieder vor Augen; auf Wache bin lang ich gesessen."

ὣς ἔφατ', αὐτὰρ ἐγὼ περὶ μὲν ξίφος ἀργυρόηλον
ὤμοιιν βαλόμην, μέγα χάλκεον, ἀμφὶ δὲ τόξα·
τὸν δ' ἂψ ἠνώγεα αὐτὴν ὁδὸν ἡγήσασθαι.
αὐτὰρ ὅ γ' ἀμφοτέρῃσι λαβὼν ἐλλίσσετο γούνων
καί μ' ὀλοφυρόμενος ἔπεα πτερόεντα προσηύδα· 265
"μή μ' ἄγε κεῖσ' ἀέκοντα, διοτρεφές, ἀλλὰ λίπ' αὐτοῦ·
οἶδα γὰρ ὡς οὔτ' αὐτὸς ἐλεύσεαι οὔτε τιν' ἄλλον
ἄξεις σῶν ἑτάρων. ἀλλὰ ξὺν τοίσδεσι θᾶσσον
φεύγωμεν· ἔτι γάρ κεν ἀλύξαιμεν κακὸν ἦμαρ."
ὣς ἔφατ', αὐτὰρ ἐγώ μιν ἀμειβόμενος προσέειπον· 270
"Εὐρύλοχ', ἦ τοι μὲν σὺ μέν' αὐτοῦ τῷδ' ἐνὶ χώρῳ
ἔσθων καὶ πίνων κοίλῃ παρὰ νηὶ μελαίνῃ·
αὐτὰρ ἐγὼν εἶμι· κρατερὴ δέ μοι ἔπλετ' ἀνάγκη."
ὣς εἰπὼν παρὰ νηὸς ἀνήιον ἠδὲ θαλάσσης.
ἀλλ' ὅτε δὴ ἄρ' ἔμελλον ἰὼν ἱερὰς ἀνὰ βήσσας 275
Κίρκης ἵξεσθαι πολυφαρμάκου ἐς μέγα δῶμα,
ἔνθα μοι Ἑρμείας χρυσόρραπις ἀντεβόλησεν
ἐρχομένῳ πρὸς δῶμα, νεηνίῃ ἀνδρὶ ἐοικώς,
πρῶτον ὑπηνήτῃ, τοῦ περ χαριεστάτη ἥβη·
ἔν τ' ἄρα μοι φῦ χειρὶ ἔπος τ' ἔφατ' ἔκ τ' ὀνόμαζε· 280
"πῇ δὴ αὖτ', ὦ δύστηνε, δι' ἄκριας ἔρχεαι οἶος,
χώρου ἄιδρις ἐών; ἕταροι δέ τοι οἵδ' ἐνὶ Κίρκης
ἔρχαται ὥς τε σύες πυκινοὺς κευθμῶνας ἔχοντες.
ἦ τοὺς λυσόμενος δεῦρ' ἔρχεαι; οὐδὲ σέ φημι
αὐτὸν νοστήσειν, μενέεις δὲ σύ γ' ἔνθα περ ἄλλοι. 285
ἀλλ' ἄγε δή σε κακῶν ἐκλύσομαι ἠδὲ σαώσω·
τῆ, τόδε φάρμακον ἐσθλὸν ἔχων ἐς δώματα Κίρκης
ἔρχευ, ὅ κέν τοι κρατὸς ἀλάλκῃσιν κακὸν ἦμαρ.
πάντα δέ τοι ἐρέω ὀλοφώια δήνεα Κίρκης.
τεύξει τοι κυκεῶ, βαλέει δ' ἐν φάρμακα σίτῳ· 290
ἀλλ' οὐδ' ὣς θέλξαι σε δυνήσεται· οὐ γὰρ ἐάσει
φάρμακον ἐσθλόν, ὅ τοι δώσω, ἐρέω δὲ ἕκαστα.
ὁππότε κεν Κίρκη σ' ἐλάσῃ περιμήκεϊ ῥάβδῳ,
δὴ τότε σὺ ξίφος ὀξὺ ἐρυσσάμενος παρὰ μηροῦ
Κίρκῃ ἐπαΐξαι ὥς τε κτάμεναι μενεαίνων. 295
ἡ δέ σ' ὑποδδείσασα κελήσεται εὐνηθῆναι·
ἔνθα σὺ μηκέτ' ἔπειτ' ἀπανήνασθαι θεοῦ εὐνήν,
ὄφρα κέ τοι λύσῃ θ' ἑτάρους αὐτόν τε κομίσσῃ·

Zehnter Gesang

Also sprach er, da hing ich das silbern genagelte Schwert mir
Über die Schulter, ehern und groß, dazu noch den Bogen;
Ihm doch befahl ich, zurück den gleichen Weg mich zu führen.
Er aber nahm meine Kniee mit beiden Händen und bat mich;
Jammernd sprach er dabei zu mir geflügelte Worte:
„Nein! ich will nicht! Führ mich nicht hin! Hier mußt du mich lassen!
Göttersproß! Ich weiß es, du kommst nicht wieder und bringst auch
Keinen der andern Gefährten. Mit denen da wollen wir schleunigst
Fliehen; denn noch ist es möglich zu meiden die Stunde des Unheils."
 Also sprach er, doch ich dagegen gab ihm zur Antwort:
„Ja, Eurýlochos, bleibe du hier, grad hier auf der Stelle,
Iß und trinke du hier bei dem hohlen, schwarzen Schiffe.
Ich aber werde jetzt gehn; denn ich spüre gewaltiges Müssen."
 Also sprach ich und stieg hinauf vom Schiff und vom Meere.
Als ich beim Gang durch die heiligen Gründe dann wirklich daran war,
Kirkes, der Meistrin in Giften, gewaltiges Haus zu erreichen,
Kam mir Hermes entgegen gewandelt, der Gott mit dem Goldstab,
Grad als zum Hause ich schritt; einem Manne in frühesten Jahren
Glich er im ersten Bartschmuck, gerade im reizendsten Alter;
Drückte mir kräftig die Hand und sprach und sagte bedeutsam:
 „Unglücksmann, was gehst du denn wieder allein im Gefelse?
Kennst das Gelände doch nicht! Die Gefährten im Hause der Kirke,
Eingepfercht wie Schweine in festen Kofen — hier sind sie.
Kommst du, sie hier zu erlösen? dann kehrst du nimmer nach Hause,
Bleiben wirst auch du vielmehr, wo die andern geblieben.
Aber komm! ich will dich erlösen und helfen im Unheil.
Hier dieses Gift, das hilft! Das nimm und gehe in Kirkes
Haus! Es sichert dein Haupt vor der Stunde des Unheils. Alles
Will ich dir sagen, die Pläne und Tücken der Kirke. Sie macht dir
Erst ein Gemisch: eine Speise; die hat sie mit Giften verdorben.
Freilich verzaubern kann sie dich nicht; dem wirkt ja entgegen
Tüchtiges Mittel, das ich dir nun gebe. Im einzelnen sag ich:
Kirke nimmt einen Stecken beträchtlicher Länge und schlägt dich.
Dann ist es Zeit, das scharfe Schwert von dem Schenkel zu ziehen,
Los auf die Kirke zu gehen, als hättest du Lust sie zu morden.
Schrecken wird in sie fahren, sie wird auf ihr Lager dich laden.
Dann aber sag du, du wollest das Lager der Göttin erst dann nicht
Weigern, wenn die Gefährten erlöst und du selber versorgt seist.

ἀλλὰ κέλεσθαί μιν μακάρων μέγαν ὅρκον ὀμόσσαι
μή τί τοι αὐτῷ πῆμα κακὸν βουλευσέμεν ἄλλο, 300
μή σ' ἀπογυμνωθέντα κακὸν καὶ ἀνήνορα θήῃ."
    ὣς ἄρα φωνήσας πόρε φάρμακον Ἀργεϊφόντης
ἐκ γαίης ἐρύσας καί μοι φύσιν αὐτοῦ ἔδειξε.
ῥίζῃ μὲν μέλαν ἔσκε, γάλακτι δὲ εἴκελον ἄνθος·
μῶλυ δέ μιν καλέουσι θεοί, χαλεπὸν δέ τ' ὀρύσσειν 305
ἀνδράσι γε θνητοῖσι· θεοὶ δέ τε πάντα δύνανται.
    Ἑρμείας μὲν ἔπειτ' ἀπέβη πρὸς μακρὸν Ὄλυμπον
νῆσον ἀν' ὑλήεσσαν, ἐγὼ δ' ἐς δώματα Κίρκης
ἤια· πολλὰ δέ μοι κραδίη πόρφυρε κιόντι.
ἔστην δ' εἰνὶ θύρῃσι θεᾶς καλλιπλοκάμοιο· 310
ἔνθα στὰς ἐβόησα, θεὰ δέ μευ ἔκλυεν αὐδῆς.
ἡ δ' αἶψ' ἐξελθοῦσα θύρας ὤϊξε φαεινὰς
καὶ κάλει· αὐτὰρ ἐγὼν ἑπόμην ἀκαχήμενος ἦτορ.
εἷσε δέ μ' εἰσαγαγοῦσα ἐπὶ θρόνου ἀργυροήλου,
καλοῦ δαιδαλέου· ὑπὸ δὲ θρῆνυς ποσὶν ἦεν· 315
τεῦχε δέ μοι κυκεῶ χρυσέῳ δέπα, ὄφρα πίοιμι,
ἐν δέ τε φάρμακον ἧκε, κακὰ φρονέουσ' ἐνὶ θυμῷ.
αὐτὰρ ἐπεὶ δῶκέν τε καὶ ἔκπιον οὐδέ μ' ἔθελξε,
ῥάβδῳ πεπληγυῖα ἔπος τ' ἔφατ' ἔκ τ' ὀνόμαζεν·
"ἔρχεο νῦν συφεόνδε, μετ' ἄλλων λέξο ἑταίρων." 320
    ὣς φάτ', ἐγὼ δ' ἄορ ὀξὺ ἐρυσσάμενος παρὰ μηροῦ
Κίρκῃ ἐπήϊξα ὥς τε κτάμεναι μενεαίνων.
ἡ δὲ μέγα ἰάχουσα ὑπέδραμε καὶ λάβε γούνων
καί μ' ὀλοφυρομένη ἔπεα πτερόεντα προσηύδα·
    "τίς πόθεν εἰς ἀνδρῶν; πόθι τοι πόλις ἠδὲ τοκῆες; 325
θαῦμά μ' ἔχει, ὡς οὔ τι πιὼν τάδε φάρμακ' ἐθέλχθης.
οὐδὲ γὰρ οὐδέ τις ἄλλος ἀνὴρ τάδε φάρμακ' ἀνέτλη,
ὅς κε πίῃ καὶ πρῶτον ἀμείψεται ἕρκος ὀδόντων·
σοὶ δέ τις ἐν στήθεσσιν ἀκήλητος νόος ἐστίν.
ἦ σύ γ' Ὀδυσσεύς ἐσσι πολύτροπος, ὅν τέ μοι αἰεὶ 330
φάσκεν ἐλεύσεσθαι χρυσόρραπις Ἀργεϊφόντης,
ἐκ Τροίης ἀνιόντα θοῇ σὺν νηῒ μελαίνῃ.
ἀλλ' ἄγε δὴ κολεῷ μὲν ἄορ θέο, νῶϊ δ' ἔπειτα
εὐνῆς ἡμετέρης ἐπιβήομεν, ὄφρα μιγέντε
εὐνῇ καὶ φιλότητι πεποίθομεν ἀλλήλοισιν." 335
    ὣς ἔφατ', αὐτὰρ ἐγώ μιν ἀμειβόμενος προσέειπον·

Fordre, sie müsse den großen Eid dir der Seligen schwören,
Nicht auf anderes Leid und Unheil wolle sie sinnen,
Nicht, wenn du waffenlos liegst, zum schlappen Schelm dich erniedern."
　Also sagte der Schimmernde, zog aus dem Boden ein Giftkraut,
Gab es und zeigte mir auch, wie es war und wie es gewachsen.
Schwarz war die Wurzel, weiß wie Milch war die Blüte, die Götter
Nennen es Moly. Es ist sehr schwierig für sterbliche Menschen
Danach zu graben; die Götter freilich vermögen ja alles."
　Hermes ging dann über die Höhe der waldigen Insel
Weg zum langen Olympos und ich zum Hause der Kirke.
Schrecklich tobte mein Herz auf dem Weg, und als ich die Vortür
Endlich betrat am Hause der Göttin mit herrlichen Flechten,
Blieb ich dort stehen und rief und die Göttin vernahm meine Stimme.
Gleich dann kam sie die glänzende Türe zu öffnen und lud mich;
Ich aber folgte mit tiefer Betrübnis im Herzen. Ins Innre
Führte sie mich zum Sitz auf dem silbern genagelten Armstuhl —
Der war schön und bunt, ein Schemel war dran für die Füße —
Rührte mir dann einen Trank, ihn zu schlürfen aus goldenem Becher.
Gift aber tat sie hinein, im Gemüt voll böser Gedanken.
Als sie dann bot und ich schlürfte, ihr Zauber indessen versagte,
Schlug sie auf mich mit dem Stecken und sprach und sagte bedeutsam:
,,Fort jetzt, dort ist der Schweinstall, lieg bei den andern Gefährten!"
　Also sprach sie: da riß ich das scharfe Schwert mir vom Schenkel,
Stürmte auf Kirke ein, als hätte ich Lust sie zu morden.
Jetzt aber schrie sie gewaltig und faßte geduckt meine Kniee,
Dann aber sagte sie jammernd zu mir geflügelte Worte:
　,,Wer, woher von den Menschen, wo ist deine Stadt, wo die Eltern?
Staunen befällt mich: Du schlürftest das Gift und bist doch nicht verzaubert
Gibt es doch — nein, es gibt keinen anderen Mann, der mein Gift da
Schadlos ertrug, wer immer es hinter die schützenden Zähne
Brachte und trank. Dein Verstand in der Brust ist nicht zu verzaubern.
Sicherlich bist du Odysseus, der wendige Mann, dessen Kommen
Oft mir der Schimmernde, der mit dem Goldstab, kündend verheißen,
Kehrte er heim von Troja auf hurtigem, schwarzem Schiffe.
Aber nun komm und stecke dein Schwert in die Scheide! Wir wollen
Beide das Lager besteigen, das unseres ist, und wir wollen
Innigst verbunden im Lager der Liebe einander vertrauen."
　Also sprach sie; doch ich sprach wieder und gab ihr zur Antwort:

"ὦ Κίρκη, πῶς γάρ με κέλῃ σοὶ ἤπιον εἶναι,
ἥ μοι σῦς μὲν ἔθηκας ἐνὶ μεγάροισιν ἑταίρους,
αὐτὸν δ' ἐνθάδ' ἔχουσα δολοφρονέουσα κελεύεις
ἐς θάλαμόν τ' ἰέναι καὶ σῆς ἐπιβήμεναι εὐνῆς, 340
ὄφρα με γυμνωθέντα κακὸν καὶ ἀνήνορα θήῃς.
οὐδ' ἂν ἐγώ γ' ἐθέλοιμι τεῆς ἐπιβήμεναι εὐνῆς,
εἰ μή μοι τλαίης γε, θεά, μέγαν ὅρκον ὀμόσσαι,
μή τί μοι αὐτῷ πῆμα κακὸν βουλευσέμεν ἄλλο."
 ὣς ἐφάμην, ἡ δ' αὐτίκ' ἀπώμνυεν, ὡς ἐκέλευον. 345
αὐτὰρ ἐπεί ῥ' ὄμοσέν τε τελεύτησέν τε τὸν ὅρκον,
καὶ τότ' ἐγὼ Κίρκης ἐπέβην περικαλλέος εὐνῆς.
 ἀμφίπολοι δ' ἄρα τεῖος ἐνὶ μεγάροισι πένοντο
τέσσαρες, αἵ οἱ δῶμα κάτα δρήστειραι ἔασι.
γίνονται δ' ἄρα ταί γ' ἔκ τε κρηνέων ἀπό τ' ἀλσέων 350
ἔκ θ' ἱερῶν ποταμῶν, οἵ τ' εἰς ἅλαδε προρέουσι.
τάων ἡ μὲν ἔβαλλε θρόνοις ἔνι ῥήγεα καλὰ
πορφύρεα καθύπερθ', ὑπένερθε δὲ λῖθ' ὑπέβαλλεν·
ἡ δ' ἑτέρη προπάροιθε θρόνων ἐτίταινε τραπέζας
ἀργυρέας, ἐπὶ δέ σφι τίθει χρύσεια κάνεια· 355
ἡ δὲ τρίτη κρητῆρι μελίφρονα οἶνον ἐκίρνα
ἡδὺν ἐν ἀργυρέῳ, νέμε δὲ χρύσεια κύπελλα·
ἡ δὲ τετάρτη ὕδωρ ἐφόρει καὶ πῦρ ἀνέκαιε
πολλὸν ὑπὸ τρίποδι μεγάλῳ· ἰαίνετο δ' ὕδωρ.
αὐτὰρ ἐπεὶ δὴ ζέσσεν ὕδωρ ἐνὶ ἤνοπι χαλκῷ, 360
ἔς ῥ' ἀσάμινθον ἕσασα λό' ἐκ τρίποδος μεγάλοιο,
θυμῆρες κεράσασα, κατὰ κρατός τε καὶ ὤμων,
ὄφρα μοι ἐκ κάματον θυμοφθόρον εἵλετο γυίων.
αὐτὰρ ἐπεὶ λοῦσέν τε καὶ ἔχρισεν λίπ' ἐλαίῳ,
ἀμφὶ δέ με χλαῖναν καλὴν βάλεν ἠδὲ χιτῶνα, 365
εἷσε δέ μ' εἰσαγαγοῦσα ἐπὶ θρόνου ἀργυροήλου,
καλοῦ δαιδαλέου· ὑπὸ δὲ θρῆνυς ποσὶν ἦεν·
χέρνιβα δ' ἀμφίπολος προχόῳ ἐπέχευε φέρουσα
καλῇ χρυσείῃ, ὑπὲρ ἀργυρέοιο λέβητος,
νίψασθαι· παρὰ δὲ ξεστὴν ἐτάνυσσε τράπεζαν. 370
σῖτον δ' αἰδοίη ταμίη παρέθηκε φέρουσα,
εἴδατα πόλλ' ἐπιθεῖσα, χαριζομένη παρεόντων·
ἐσθέμεναι δ' ἐκέλευεν· ἐμῷ δ' οὐχ ἥνδανε θυμῷ,
ἀλλ' ἥμην ἀλλοφρονέων, κακὰ δ' ὄσσετο θυμός.

„Kirke, wie kannst du mich heißen an dir jetzt Gnade zu üben,
Die du Gefährten zu Schweinen mir machtest hier in dem Hause?
Du, die du forderst mit listiger Absicht, weil du mich hier hast,
Dir in die Kammer zu folgen, dein Lager dort zu besteigen,
Um mich dann waffenlos zum schlappen Schelm zu erniedern?
Nimmer kommt mir Verlangen, das Lager mit dir zu besteigen,
Nimmst du es nicht auf dich den großen Eid mir zu schwören,
Göttin, kein anderes Leid und Unheil mir zu ersinnen."

Sprachs und sie leistete gleich mir den Eid gemäß dem Befehle.
Als sie den Schwur dann getan, bis aufs letzte Wort ihn geleistet,
Stieg ich endlich auf Kirkes schönes, herrliches Lager.

Mädchen, zu viert, vollzogen derweilen ihr Amt im Palaste.
Dienende Wesen sind es und jede woanders im Hause.
Quellen und Haine sind ihre Herkunft, sind ihre Heimat,
Heilige Ströme wohl auch, die weiter eilen zur Salzflut.
Eine von diesen bedeckte die Sitze der Stühle mit Kissen,
Herrlich und purpurn; unter die Kissen legte sie Linnen.
Dann aber schob eine zweite die Tische grad vor die Stühle,
Silberne Tische, und stellte darauf die goldenen Körbchen.
Süßen Wein aber mischte die dritte, er schmeckte wie Honig;
Silbern war der Mischkrug, golden die Becher für jeden.
Aber die Vierte brachte das Wasser; ein tüchtiges Feuer
Fachte sie an und stellte darüber den mächtigen Dreifuß.
Als dann das Wasser sich wärmte und hitzte im blinkenden Erze,
Setzte sie mich in die Wanne und wusch mich mit Wasser vom großen
Dreifuß, mischte behaglich, sie wusch mich an Kopf und an Schultern,
Bis sie dem Körper die Müde entzog, die mein Leben bedrohte.
Als sie mich aber gewaschen, gesalbt mit glänzendem Öle,
Als sie den schönen Mantel mir angelegt und den Leibrock,
Führte sie mich zum Sitz auf silbern genageltem Armstuhl;
Der war schön und bunt, ein Schemel war dran für die Füße.
Schließlich kam noch ein Mädchen mit Wasser zum Waschen; aus schönen
Goldenem Schöpfer goß sie es aus in ein silbernes Becken
Über die Hände und schob vor mich hin den gefegten Eßtisch.
Brot trug auf die ehrfurchtgebietende Schaffnerin, legte
Speisen in Menge dazu, gab gerne von allem, was da war,
Lud mich zum Mahl; aber mir war gar nicht nach Essen zumute.
Anderes sann ich und saß; mein Gemüt aber ahnte nur Unheil.

Κίρκη δ' ὡς ἐνόησεν ἔμ' ἥμενον οὐδ' ἐπὶ σίτῳ 375
χεῖρας ἰάλλοντα, στυγερὸν δέ με πένθος ἔχοντα,
ἄγχι παρισταμένη ἔπεα πτερόεντα προσηύδα·
"τίφθ' οὕτως, Ὀδυσεῦ, κατ' ἄρ' ἕζεαι ἶσος ἀναύδῳ,
θυμὸν ἔδων, βρώμης δ' οὐχ ἅπτεαι οὐδὲ ποτῆτος;
ἦ τινά που δόλον ἄλλον ὀίεαι; οὐδέ τί σε χρὴ 380
δειδίμεν· ἤδη γάρ τοι ἀπώμοσα καρτερὸν ὅρκον."
ὣς ἔφατ', αὐτὰρ ἐγώ μιν ἀμειβόμενος προσέειπον·
"ὦ Κίρκη, τίς γάρ κεν ἀνήρ, ὃς ἐναίσιμος εἴη,
πρὶν τλαίη πάσσασθαι ἐδητύος ἠδὲ ποτῆτος,
πρὶν λύσασθ' ἑτάρους καὶ ἐν ὀφθαλμοῖσιν ἰδέσθαι; 385
ἀλλ' εἰ δὴ πρόφρασσα πιεῖν φαγέμεν τε κελεύεις,
λῦσον, ἵν' ὀφθαλμοῖσιν ἴδω ἐρίηρας ἑταίρους."
ὣς ἐφάμην, Κίρκη δὲ διὲκ μεγάροιο βεβήκει
ῥάβδον ἔχουσ' ἐν χειρί, θύρας δ' ἀνέῳξε συφειοῦ,
ἐκ δ' ἔλασεν σιάλοισιν ἐοικότας ἐννεώροισιν. 390
οἱ μὲν ἔπειτ' ἔστησαν ἐναντίοι, ἡ δὲ δι' αὐτῶν
ἐρχομένη προσάλειφεν ἑκάστῳ φάρμακον ἄλλο.
τῶν δ' ἐκ μὲν μελέων τρίχες ἔρρεον, ἃς πρὶν ἔφυσε
φάρμακον οὐλόμενον, τό σφιν πόρε πότνια Κίρκη·
ἄνδρες δ' ἂψ ἐγένοντο νεώτεροι ἢ πάρος ἦσαν 395
καὶ πολὺ καλλίονες καὶ μείζονες εἰσοράασθαι.
ἔγνωσαν δέ με κεῖνοι, ἔφυν τ' ἐν χερσὶν ἕκαστος·
πᾶσιν δ' ἱμερόεις ὑπέδυ γόος, ἀμφὶ δὲ δῶμα
σμερδαλέον κονάβιζε· θεὰ δ' ἐλέαιρε καὶ αὐτή.
ἡ δέ μευ ἄγχι στᾶσα προσηύδα δῖα θεάων· 400
"διογενὲς Λαερτιάδη, πολυμήχαν' Ὀδυσσεῦ,
ἔρχεο νῦν ἐπὶ νῆα θοὴν καὶ θῖνα θαλάσσης.
νῆα μὲν ἂρ πάμπρωτον ἐρύσσατε ἤπειρόνδε,
κτήματα δ' ἐν σπήεσσι πελάσσατε ὅπλα τε πάντα·
αὐτὸς δ' ἂψ ἰέναι καὶ ἄγειν ἐρίηρας ἑταίρους." 405
ὣς ἔφατ', αὐτὰρ ἐμοί γ' ἐπεπείθετο θυμὸς ἀγήνωρ,
βῆν δ' ἰέναι ἐπὶ νῆα θοὴν καὶ θῖνα θαλάσσης.
εὗρον ἔπειτ' ἐπὶ νηὶ θοῇ ἐρίηρας ἑταίρους
οἴκτρ' ὀλοφυρομένους, θαλερὸν κατὰ δάκρυ χέοντας.
ὡς δ' ὅταν ἄγραυλοι πόριες περὶ βοῦς ἀγελαίας, 410
ἐλθούσας ἐς κόπρον, ἐπὴν βοτάνης κορέσωνται,
πᾶσαι ἅμα σκαίρουσιν ἐναντίαι· οὐδ' ἔτι σηκοὶ

Als aber Kirke sah, wie ich saß und die Hände nicht rührte,
Nicht nach den Speisen langte, betrübt und in gräßlicher Trauer,
Trat sie nahe heran und sagte geflügelte Worte:
    „Aber, Odysseus! was sitzest du da, als wärst du ein Stummer?
Zehrst am eignen Gemüt, statt nach Essen und Trinken zu greifen?
Meinst du vielleicht, ich stell eine andere Falle? Du brauchst dich
Gar nicht zu fürchten, ich habe den mächtigen Eid doch geschworen!"
    Also sprach sie, doch ich sprach wieder und gab ihr zur Antwort:
„Kirke! bringt wohl ein Mann, der im Schicklichen wandelt, es fertig,
Eher mit Speise und Trank sich zu füllen, bevor die Gefährten
Wieder in Freiheit er setzt und leibhaft sieht vor den Augen?
Wenn du mir wirklich gütig befiehlst zu essen, zu trinken,
Gib sie heraus, daß vor Augen ich sehe die trauten Gefährten!"
    Also sprach ich und Kirke ging aus dem Saal; in den Händen
Trug sie den Stecken. Sie öffnete dann die Türen des Schweinstalls,
Trieb sie heraus und es schien mir, es sei neunjähriges Mastvieh.
Ihr gegenüber stellten sie sich, sie ging durch die Reihen,
Strich einem jedem ein anderes Gift auf den Körper: die Borsten
Fielen da ab von den Leibern, die jüngst erst, vor wenigen Stunden,
Jenes verfluchte Gift der hehren Kirke erzeugte.
Männer wurden sie wieder und jünger, als früher sie waren,
Weitaus schöner und größer sahen sie aus und mich auch
Kannten sie wieder und jeder drückte mir kräftig die Hände.
Klage und Sehnsucht packte da alle; ein schreckliches Lärmen
Füllte das Haus, daß die Göttin selber Erbarmen verspürte.
Mir aber trat sie da nahe und sprach, die erhabene Göttin:
    „Göttersproß, du findiger Sohn des Laërtes, Odysseus!
Gehe du jetzt zum schnellen Schiff und zum Strande des Meeres!
Zieht dann vor allem das Schiff auf das Festland, bergt eure Schätze,
Bergt auch das ganze Gerät für die Fahrt in nahen Verstecken.
Du aber kehre mir wieder und bring deine trauten Gefährten!"
    Trotzig war mein Gemüt bei den Worten, doch blieb es mir willig.
Also ging ich zum hurtigen Schiff und zum Strande des Meeres,
Fand dort wirklich im hurtigen Schiff meine trauten Gefährten;
Jammernd klagten sie da und vergossen schwellende Tränen.
Wie wenn Kälber draußen in Höfen die Kühe umdrängen:
Diese kommen in Herden zum Dünger, gesättigt vom Grasen —
Alle hüpfen da um sie herum mit ängstlichem Brüllen;

ἴσχουσ', ἀλλ' ἀδινὸν μυκώμεναι ἀμφιθέουσι
μητέρας· ὣς ἐμὲ κεῖνοι, ἐπεὶ ἴδον ὀφθαλμοῖσι,
δακρυόεντες ἔχυντο· δόκησε δ' ἄρα σφίσι θυμὸς 415
ὣς ἔμεν, ὡς εἰ πατρίδ' ἱκοίατο καὶ πόλιν αὐτὴν
τρηχείης Ἰθάκης, ἵνα τ' ἔτραφον ἠδ' ἐγένοντο·
καί μ' ὀλοφυρόμενοι ἔπεα πτερόεντα προσηύδων·
"σοὶ μὲν νοστήσαντι, διοτρεφές, ὣς ἐχάρημεν,
ὡς εἴ τ' εἰς Ἰθάκην ἀφικοίμεθα πατρίδα γαῖαν· 420
ἀλλ' ἄγε, τῶν ἄλλων ἑτάρων κατάλεξον ὄλεθρον."
ὣς ἔφαν, αὐτὰρ ἐγὼ προσέφην μαλακοῖς ἐπέεσσι·
"νῆα μὲν ἂρ πάμπρωτον ἐρύσσομεν ἤπειρόνδε,
κτήματα δ' ἐν σπήεσσι πελάσσομεν ὅπλα τε πάντα·
αὐτοὶ δ' ὀτρύνεσθε ἐμοὶ ἅμα πάντες ἕπεσθαι, 425
ὄφρα ἴδηθ' ἑτάρους ἱεροῖσ' ἐν δώμασι Κίρκης
πίνοντας καὶ ἔδοντας· ἐπηετανὸν γὰρ ἔχουσιν."
ὣς ἐφάμην, οἱ δ' ὦκα ἐμοῖς ἐπέεσσι πίθοντο·
Εὐρύλοχος δέ μοι οἶος ἐρύκακε πάντας ἑταίρους
καί σφεας φωνήσας ἔπεα πτερόεντα προσηύδα· 430
'ἆ δειλοί, πόσ' ἴμεν; τί κακῶν ἱμείρετε τούτων;
Κίρκης ἐς μέγαρον καταβήμεναι, ἥ κεν ἅπαντας
ἢ σῦς ἠὲ λύκους ποιήσεται ἠὲ λέοντας,
οἵ κέν οἱ μέγα δῶμα φυλάσσοιμεν καὶ ἀνάγκῃ,
ὥς περ Κύκλωψ ἔρξ', ὅτε οἱ μέσσαυλον ἵκοντο 435
ἡμέτεροι ἕταροι, σὺν δ' ὁ θρασὺς εἴπετ' Ὀδυσσεύς·
τούτου γὰρ καὶ κεῖνοι ἀτασθαλίῃσιν ὄλοντο."
ὣς ἔφατ', αὐτὰρ ἐγώ γε μετὰ φρεσὶ μερμήριξα,
σπασσάμενος τανύηκες ἄορ παχέος παρὰ μηροῦ,
τῷ οἱ ἀποτμήξας κεφαλὴν οὖδάσδε πελάσσαι, 440
καὶ πηῷ περ ἐόντι μάλα σχεδόν· ἀλλά μ' ἑταῖροι
μειλιχίοις ἐπέεσσιν ἐρήτυον ἄλλοθεν ἄλλος·
"διογενές, τοῦτον μὲν ἐάσομεν, εἰ σὺ κελεύεις,
αὐτοῦ πὰρ νηΐ τε μένειν καὶ νῆα ἔρυσθαι·
ἡμῖν δ' ἡγεμόνευ' ἱερὰ πρὸς δώματα Κίρκης." 445
ὣς φάμενοι παρὰ νηὸς ἀνήϊον ἠδὲ θαλάσσης.
οὐδὲ μὲν Εὐρύλοχος κοίλῃ παρὰ νηῒ λέλειπτο,
ἀλλ' ἕπετ'· ἔδεισεν γὰρ ἐμὴν ἔκπαγλον ἐνιπήν.
τόφρα δὲ τοὺς ἄλλους ἑτάρους ἐν δώμασι Κίρκη
ἐνδυκέως λοῦσέν τε καὶ ἔχρισεν λίπ' ἐλαίῳ, 450

Hürden hemmen nicht mehr, zu den Müttern wollen sie laufen —
Gradso verströmten auch jene in Tränen, sobald sie vor Augen
Leibhaft mich sahen; es war ihnen gradso zumute, als ob sie
Ithakas rauhes Land, ihre Heimat, die Stadt auch gefunden,
Wo sie zur Reife erwuchsen und wo sie das Licht einst erblickten.
Jetzt aber sagten sie jammernd zu mir geflügelte Worte:

„Göttersohn! Wir freuen uns so, daß du wieder bei uns bist,
Grade wie wenn wir nach Ithaka kämen ins Land unserer Heimat.
Aber nun komm und erzähle der andren Gefährten Verderbnis!"

Also sprachen sie, ich aber sagte mit sanftesten Worten:
„Ziehn wir vor allem das Schiff ans Festland, bergen die Schätze,
Bergen das ganze Gerät für die Fahrt in den nahen Verstecken!
Ihr aber macht es nun eilig und folgt mir alle zusammen!
Seht euch nur an die Gefährten im heiligen Hause der Kirke,
Wie sie dort trinken und essen; sie haben, als wär es für Jahre."

Also sprach ich; sie leisteten schnell meinen Worten Gehorsam.
Einzig Eurýlochos suchte mir alle Gefährten zu hemmen,
Redete ein auf sie und sagte geflügelte Worte:

„Traurige Kerle! Nach diesem Unheil habt ihr wohl Sehnsucht?
Wohin geht es? In Kirkes Saal hinunterzusteigen!
Diese wird alle in Schweine, in Wölfe, in Löwen verwandeln.
Dann aber wird sie uns zwingen den großen Palast ihr zu hüten,
Wie es der Kyklops machte; es kamen zu ihm ins Gehöfte
Unsre Gefährten: da ging er wohl mit, unser kühner Odysseus;
Jene verkamen ja auch durch seinen törichten Frevel."

Also sprach er; ich aber grübelte nach in Gedanken,
Zog mein Schwert mit der langen Schneide vom kräftigen Schenkel,
Wollte ihn köpfen damit und nieder zu Boden ihn strecken,
War er auch engster Verwandter. Jedoch die Gefährten versuchten
Schmeichelnd mit Worten von allen Seiten daran mich zu hindern:

„Göttersproß! Wenn du es befiehlst, dann lassen wir diesen!
Bleibe er hier beim Schiff und ziehe es hoch an das Ufer!
Du aber sei unser Führer zum heiligen Hause der Kirke!"

Als sie gesprochen, stiegen sie auf vom Schiff und vom Meere.
Doch auch Eurýlochos blieb nicht zurück beim hohlen Schiffe,
Sondern er folgte aus Furcht vor dem schrecklichen Ton meiner Worte.

Kirke hatte indessen die andern Gefährten gebadet,
Sorgsam in ihrem Palaste gesalbt mit glänzendem Öle,

ἀμφὶ δ' ἄρα χλαίνας οὔλας βάλεν ἠδὲ χιτῶνας·
δαινυμένους δ' εὖ πάντας ἐφεύρομεν ἐν μεγάροισιν.
οἱ δ' ἐπεὶ ἀλλήλους εἶδον φράσσαντό τ' ἐσάντα,
κλαῖον ὀδυρόμενοι, περὶ δὲ στεναχίζετο δῶμα.
ἡ δέ μευ ἄγχι στᾶσα προσηύδα δῖα θεάων· 455
"διογενὲς Λαερτιάδη, πολυμήχαν' Ὀδυσσεῦ,
μηκέτι νῦν θαλερὸν γόον ὄρνυτε· οἶδα καὶ αὐτή,
ἠμὲν ὅσ' ἐν πόντῳ πάθετ' ἄλγεα ἰχθυόεντι,
ἠδ' ὅσ' ἀνάρσιοι ἄνδρες ἐδηλήσαντ' ἐπὶ χέρσου.
ἀλλ' ἄγετ' ἐσθίετε βρώμην καὶ πίνετε οἶνον, 460
εἰς ὅ κεν αὖτις θυμὸν ἐνὶ στήθεσσι λάβητε,
οἷον ὅτε πρώτιστον ἐλείπετε πατρίδα γαῖαν
τρηχείης Ἰθάκης· νῦν δ' ἀσκελέες καὶ ἄθυμοι,
αἰὲν ἄλης χαλεπῆς μεμνημένοι· οὐδέ ποθ' ὕμιν
θυμὸς ἐν εὐφροσύνῃ, ἐπεὶ ἦ μάλα πολλὰ πέπασθε." 465
ὣς ἔφαθ', ἡμῖν δ' αὖτ' ἐπεπείθετο θυμὸς ἀγήνωρ.
ἔνθα μὲν ἤματα πάντα τελεσφόρον εἰς ἐνιαυτὸν
ἥμεθα, δαινύμενοι κρέα τ' ἄσπετα καὶ μέθυ ἡδύ·
ἀλλ' ὅτε δή ῥ' ἐνιαυτὸς ἔην, περὶ δ' ἔτραπον ὧραι,
μηνῶν φθινόντων, περὶ δ' ἤματα μακρὰ τελέσθη, 470
καὶ τότε μ' ἐκκαλέσαντες ἔφαν ἐρίηρες ἑταῖροι·
"δαιμόνι', ἤδη νῦν μιμνήσκεο πατρίδος αἴης,
εἴ τοι θέσφατόν ἐστι σαωθῆναι καὶ ἱκέσθαι
οἶκον ἐϋκτίμενον καὶ σὴν ἐς πατρίδα γαῖαν."
ὣς ἔφαν, αὐτὰρ ἐμοί γ' ἐπεπείθετο θυμὸς ἀγήνωρ. 475
ὣς τότε μὲν πρόπαν ἦμαρ ἐς ἠέλιον καταδύντα
ἥμεθα, δαινύμενοι κρέα τ' ἄσπετα καὶ μέθυ ἡδύ.
ἦμος δ' ἠέλιος κατέδυ καὶ ἐπὶ κνέφας ἦλθεν,
οἱ μὲν κοιμήσαντο κατὰ μέγαρα σκιόεντα.
αὐτὰρ ἐγὼ Κίρκης ἐπιβὰς περικαλλέος εὐνῆς 480
γούνων ἐλλιτάνευσα, θεὰ δέ μευ ἔκλυεν αὐδῆς,
καί μιν φωνήσας ἔπεα πτερόεντα προσηύδων·
"ὦ Κίρκη, τέλεσόν μοι ὑπόσχεσιν, ἥν περ ὑπέστης,
οἴκαδε πεμψέμεναι· θυμὸς δέ μοι ἔσσυται ἤδη
ἠδ' ἄλλων ἑτάρων, οἵ μευ φθινύθουσι φίλον κῆρ 485
ἀμφ' ἔμ' ὀδυρόμενοι, ὅτε που σύ γε νόσφι γένηαι."
ὣς ἐφάμην, ἡ δ' αὐτίκ' ἀμείβετο δῖα θεάων·
"διογενὲς Λαερτιάδη, πολυμήχαν' Ὀδυσσεῦ,

Wollene Mäntel um sie gelegt und jedem den Leibrock.
Alle fanden wir jetzt im Palaste bei üppigem Schmausen.
Als sie einander sich sahen und Aug in Auge erkannten,
Weinten sie jammernd; das Haus erfüllte ein schreckliches Stöhnen.
Nahe doch trat sie zu mir und sprach, die erhabene Göttin:

„Göttersproß! Du findiger Sohn des Laërtes, Odysseus,
Nicht mehr ergeht euch in schwellenden Klagen; ich weiß es ja selber,
Was ihr schon alles an Leiden erduldet auf fischreichen Meeren,
Weiß auch, was euch feindliche Männer geschadet am Festland.
Kommt jetzt, eßt von den Speisen und trinkt von den Weinen, bis wieder
Regung ihr fühlt in der Brust so stark wie einst, als die Heimat,
Ithakas rauhen Boden, ihr damals verließet. Ihr seid jetzt
Ausgemergelt und ganz ohne Regung; denn immer nur denkt ihr
Schwerer Tage der Irrfahrt und niemals füllt sich mit Freude
Fröhlich euer Gemüt; ihr duldetet wirklich unendlich."

Trotzig war das Gemüt bei dem Wort; doch es folgte uns wieder.
Dann aber, Tag für Tag, bis zum Schluß eines vollen Jahres,
Saßen und schmausten wir Massen von Fleisch und von süßestem
Endlich war es ein Jahr, es kreisten die Jahreszeiten   [Rauschtrank.
Wieder, die Monate schwanden, die langen Tage vergingen;
Darum riefen mich her meine trauten Gefährten und sagten:

„Unhold du! So denke jetzt endlich des Bodens der Heimat!
Wenn schon die göttliche Kunde noch gilt von Rettung und Heimkehr:
Denk an dein Haus mit dem hohen Dach, an das Land deiner Heimat!"

Trotzig war mein Gemüt bei den Worten, doch blieb es mir willig.
Diesen Tag nun verbrachten wir ganz bis zum Sinken der Sonne
Sitzend und schmausend Unmengen von Fleisch und von süßestem Rausch
Als dann die Sonne versank und Dämmerung nieder sich senkte,   [trank
Legten die andern sich überall schlafen im Schatten des Hauses.
Ich doch bestieg der Kirke schönes, herrliches Lager,
Faßte bettelnd ihr Knie, und die Göttin hörte mein Rufen.
Deshalb sprach ich zu ihr und sagte geflügelte Worte:

„Kirke, halte dein Wort jetzt so, wie du einst es versprochen:
Laß uns nachhaus! Die Gemüter der andern Gefährten und meines
Drängen darnach; sie jammern mich an, wenn du irgendwo fern bist.
Jetzt schon ist es so weit, daß mein liebes Herz sie zermürben."

Als ich so sprach, gab gleich mir die hehre Göttin zur Antwort:
„Göttersproß! Du findiger Sohn des Laërtes, Odysseus!

μηκέτι νῦν ἀέκοντες ἐμῷ ἐνὶ μίμνετε οἴκῳ.
ἀλλ' ἄλλην χρὴ πρῶτον ὁδὸν τελέσαι καὶ ἱκέσθαι   490
εἰς Ἀίδαο δόμους καὶ ἐπαινῆς Περσεφονείης
ψυχῇ χρησομένους Θηβαίου Τειρεσίαο,
μάντιος ἀλαοῦ, τοῦ τε φρένες ἔμπεδοί εἰσι·
τῷ καὶ τεθνηῶτι νόον πόρε Περσεφόνεια
οἴῳ πεπνῦσθαι· τοὶ δὲ σκιαὶ ἀΐσσουσιν."   495
  ὣς ἔφατ', αὐτὰρ ἐμοί γε κατεκλάσθη φίλον ἦτορ·
κλαῖον δ' ἐν λεχέεσσι καθήμενος, οὐδέ νύ μοι κῆρ
ἤθελ' ἔτι ζώειν καὶ ὁρᾶν φάος ἠελίοιο.
αὐτὰρ ἐπεὶ κλαίων τε κυλινδόμενός τε κορέσθην,
καὶ τότε δή μιν ἔπεσσιν ἀμειβόμενος προσέειπον·   500
  "ὦ Κίρκη, τίς γὰρ ταύτην ὁδὸν ἡγεμονεύσει;
εἰς Ἄϊδος δ' οὔ πώ τις ἀφίκετο νηὶ μελαίνῃ."
  ὣς ἐφάμην, ἡ δ' αὐτίκ' ἀμείβετο δῖα θεάων·
"διογενὲς Λαερτιάδη, πολυμήχαν' Ὀδυσσεῦ,
μή τί τοι ἡγεμόνος γε ποθὴ παρὰ νηὶ μελέσθω·   505
ἱστὸν δὲ στήσας ἀνά θ' ἱστία λευκὰ πετάσσας
ἧσθαι· τὴν δέ κέ τοι πνοιὴ βορέαο φέρῃσιν.
ἀλλ' ὁπότ' ἂν δὴ νηὶ δι' Ὠκεανοῖο περήσῃς,
ἔνθ' ἀκτή τε λάχεια καὶ ἄλσεα Περσεφονείης
μακραί τ' αἴγειροι καὶ ἰτέαι ὠλεσίκαρποι,   510
νῆα μὲν αὐτοῦ κέλσαι ἐπ' Ὠκεανῷ βαθυδίνῃ,
αὐτὸς δ' εἰς Ἀΐδεω ἰέναι δόμον εὐρώεντα.
ἔνθα μὲν εἰς Ἀχέροντα Πυριφλεγέθων τε ῥέουσι
Κώκυτός θ', ὃς δὴ Στυγὸς ὕδατός ἐστιν ἀπορρώξ,
πέτρη τε ξύνεσίς τε δύω ποταμῶν ἐριδούπων·   515
ἔνθα δ' ἔπειθ', ἥρως, χριμφθεὶς πέλας, ὥς σε κελεύω,
βόθρον ὀρύξαι ὅσον τε πυγούσιον ἔνθα καὶ ἔνθα,
ἀμφ' αὐτῷ δὲ χοὴν χεῖσθαι πᾶσιν νεκύεσσι,
πρῶτα μελικρήτῳ, μετέπειτα δὲ ἡδέϊ οἴνῳ,
τὸ τρίτον αὖθ' ὕδατι· ἐπὶ δ' ἄλφιτα λευκὰ παλύνειν.   520
πολλὰ δὲ γουνοῦσθαι νεκύων ἀμενηνὰ κάρηνα,
ἐλθὼν εἰς Ἰθάκην στεῖραν βοῦν, ἥ τις ἀρίστη,
ῥέξειν ἐν μεγάροισι πυρήν τ' ἐμπλησέμεν ἐσθλῶν,
Τειρεσίῃ δ' ἀπάνευθεν ὄϊν ἱερευσέμεν οἴῳ
παμμέλαν', ὃς μήλοισι μεταπρέπει ὑμετέροισιν.   525
αὐτὰρ ἐπὴν εὐχῇσι λίσῃ κλυτὰ ἔθνεα νεκρῶν,

Wollt ihr nicht mehr, dann bleibt auch nicht weiter bei mir im Palaste!
Aber ihr müßt zuerst einen anderen Weg noch vollenden,
Müßt noch des Hades Haus und der schrecklichen Persephoneia
Finden; des Thebers Teiresias Seele müßt ihr befragen,
Jenes erblindeten Sehers mit unerschüttertem Denken.
Persephoneia verlieh ihm Verstand und rege Bewußtheit,
Ihm allein noch im Tode; die andern sind eilende Schatten."

Also sprach sie. Da fühlte mein liebes Herz ich zerspringen,
Setzte mich auf im Bett und weinte; der Wille des Herzens
Weiter zu leben, das Licht noch der Sonne zu schaun, war erstorben.
Aber als ich dann satt vom Weinen und Wälzen mich fühlte,
Sprach ich endlich sie an und gab ihr deutliche Antwort:

„Kirke, wer sollte auf diesem Wege zum Führer uns werden?
Hat doch noch niemand mit schwarzen Schiffen den Hades gefunden!"

Als ich so sprach, gab gleich mir die hehre Göttin zur Antwort:
„Göttersproß, du findiger Sohn des Laërtes, Odysseus,
Sorge dich nicht um den Führer des Schiffs, denn du brauchst ihn nicht
Stelle den Mastbaum auf und breite die leuchtenden Segel! [suchen!
Bleibe dann sitzen! Dein Schiff werden Boreas' Winde befördern.
Hast den Okeanos du auf dem Schiff dann glücklich durchfahren,
Dort an der niedrigen Küste beim Hain der Persephoneia —
Lange Pappeln sind es und niemals samende Weiden —
Dann laß landen dein Schiff in Okeanos' wirbelndem Tiefstrom.
Selbst aber nimm deinen Weg zu des Hades modriger Stätte!
Ströme sind dort: Der Kokytos, er kommt von den Wassern der Styx
Dann Pyriphlegeton; beide münden im Acheron. Auch ein   [her;
Felsen ist dort, woran sich die tosenden Flüsse vereinen.
Hier dann, du Held, so ist mein Befehl, schleich nahe heran dich,
Wirf eine Grube dort aus, eine Elle nach Länge und Breite,
Schütte dann rund um sie eine Spende für alle die Toten.
Diese bestehe zuerst aus Honiggemisch, dann aus süßem
Wein und drittens aus Wasser; zum Schlusse bestreu sie mit Weißmehl!
Oft dann wirf dich aufs Knie vor den kraftlosen Häuptern der Toten,
Sage, du wirst deine beste Kuh, die noch niemals getragen,
Opfern im Hause, das Feuer nähren mit edelsten Gaben,
Wenn du nach Ithaka kommst, und nur dem Teiresias wirst du,
Ihm nur allein, das vortrefflichste, schwärzeste Schaf eures Kleinviehs
Opfern. Doch batest du betend der Toten ruhmvolle Völker,

ἔνθ' ὄϊν ἀρνειὸν ῥέζειν θῆλύν τε μέλαιναν
εἰς Ἔρεβος στρέψας, αὐτὸς δ' ἀπονόσφι τραπέσθαι
ἱέμενος ποταμοῖο ῥοάων· ἔνθα δὲ πολλαὶ
ψυχαὶ ἐλεύσονται νεκύων κατατεθνηώτων.   530
δὴ τότ' ἔπειθ' ἑτάροισιν ἐποτρῦναι καὶ ἀνῶξαι
μῆλα, τὰ δὴ κατάκειτ' ἐσφαγμένα νηλέϊ χαλκῷ,
δείραντας κατακῆαι, ἐπεύξασθαι δὲ θεοῖσιν,
ἰφθίμῳ τ' Ἀΐδῃ καὶ ἐπαινῇ Περσεφονείῃ·
αὐτὸς δὲ ξίφος ὀξὺ ἐρυσσάμενος παρὰ μηροῦ   535
ἧσθαι, μηδὲ ἐᾶν νεκύων ἀμενηνὰ κάρηνα
αἵματος ἆσσον ἴμεν πρὶν Τειρεσίαο πυθέσθαι.
ἔνθα τοι αὐτίκα μάντις ἐλεύσεται, ὄρχαμε λαῶν,
ὅς κέν τοι εἴπῃσιν ὁδὸν καὶ μέτρα κελεύθου
νόστον θ', ὡς ἐπὶ πόντον ἐλεύσεαι ἰχθυόεντα."   540
 ὣς ἔφατ', αὐτίκα δὲ χρυσόθρονος ἤλυθεν Ἠώς.
ἀμφὶ δέ με χλαῖνάν τε χιτῶνά τε εἵματα ἕσσεν·
αὐτὴ δ' ἀργύφεον φᾶρος μέγα ἕννυτο νύμφη,
λεπτὸν καὶ χαρίεν, περὶ δὲ ζώνην βάλετ' ἰξυῖ
καλὴν χρυσείην, κεφαλῇ δ' ἐπέθηκε καλύπτρην.   545
αὐτὰρ ἐγὼ διὰ δώματ' ἰὼν ὤτρυνον ἑταίρους
μειλιχίοισ' ἐπέεσσι παρασταδὸν ἄνδρα ἕκαστον·
 "μηκέτι νῦν εὕδοντες ἀωτεῖτε γλυκὺν ὕπνον,
ἀλλ' ἴομεν· δὴ γάρ μοι ἐπέφραδε πότνια Κίρκη."
 ὣς ἐφάμην, τοῖσιν δ' ἐπεπείθετο θυμὸς ἀγήνωρ.   550
οὐδὲ μὲν οὐδ' ἔνθεν περ ἀπήμονας ἦγον ἑταίρους.
Ἐλπήνωρ δέ τις ἔσκε νεώτατος, οὔτε τι λίην
ἄλκιμος ἐν πολέμῳ οὔτε φρεσὶν ᾗσιν ἀρηρώς,
ὅς μοι ἄνευθ' ἑτάρων ἱεροῖς ἐν δώμασι Κίρκης,
ψύχεος ἱμείρων, κατελέξατο οἰνοβαρείων·   555
κινυμένων δ' ἑτάρων ὅμαδον καὶ δοῦπον ἀκούσας
ἐξαπίνης ἀνόρουσε καὶ ἐκλάθετο φρεσὶν ᾗσιν
ἄψορρον καταβῆναι ἰὼν ἐς κλίμακα μακρήν,
ἀλλὰ καταντικρὺ τέγεος πέσεν· ἐκ δέ οἱ αὐχὴν
ἀστραγάλων ἐάγη, ψυχὴ δ' Ἄϊδόσδε κατῆλθεν.   560
ἐρχομένοισι δὲ τοῖσιν ἐγὼ μετὰ μῦθον ἔειπον·
 "φάσθε νύ που οἰκόνδε φίλην ἐς πατρίδα γαῖαν
ἔρχεσθ'· ἄλλην δ' ἧμιν ὁδὸν τεκμήρατο Κίρκη
εἰς Ἀΐδαο δόμους καὶ ἐπαινῆς Περσεφονείης

Zehnter Gesang

Nimm dann ein männliches Schaf und ein schwarzes weibliches! Dreh sie
Opfernd zum Erebos, selber doch schau nach der anderen Seite!
Wende den Blick auf Okeanos' Fluten! Dann werden die vielen
Scharen der Seelen erscheinen von Toten, die längst schon gestorben.
Treib die Gefährten befehlend dann an, sie sollen die Tiere,
Wie sie da liegen, mit fühllosem, ehernem Schwerte geschlachtet,
Häuten und gänzlich verbrennen; die Götter sollen sie bitten,
Hades den Starken und mit ihm die schreckliche Persephoneia.
Du aber ziehe indessen dein scharfes Schwert von dem Schenkel,
Bleibe dann sitzen und lasse der Toten kraftlose Häupter
Nicht an das Blut heran; denn Teiresias mußt du erst hören!
Gleich aber wird der Seher erscheinen, du Führer der Mannen,
Wege und Maße der Fahrten und Heimkehr kann er dir künden,
Wie du am besten dein Ziel erreichst auf dem fischreichen Meere."
  Also sprach sie und gleich kam Eos auf goldenem Throne.
Sie aber legte dann Kleider mir an, den Mantel, den Leibrock,
Hüllte sich selber in große silberne Stoffe, die Nymphe,
Reizend und fein, um die Hüften doch zog sie den goldenen, schönen
Gürtel und über den Kopf einen Schleier, indessen ich selber
Schnell den Palast durchschritt, die Gefährten zur Eile zu mahnen.
Einzeln trat ich zu jedem und sagte mit schmeichelnden Worten:
  „Jetzt wird nicht mehr geschnarcht und geschlafen in süßestem
Gehn wir! Es hat die erhabene Kirke es so mir geraten!" [Schlummer;
  Trotzig war ihr Gemüt bei den Worten, doch folgte es willig.
Aber ich brachte auch hier die Gefährten nicht leidlos von hinnen.
War da Elpenor, mein Jüngster; er ließ es freilich im Kriege
Fehlen an kräftiger Wehr, seinem Denken fehlte die Ordnung.
Der nun trank zu viel Wein und legte im heiligen Hause
Kirkes hin sich zum Schlaf, woanders, als sonst die Gefährten.
Kühlung hat er gesucht. Beim Getöse und Lärm der Gefährten
Stürmte er plötzlich auf und sein Denken ließ ihn vergessen,
Erst noch lang auf die Stiege zu gehn um herunterzusteigen.
Ihr gegenüber fiel er vom Dach, die Wirbel im Nacken
Brachen entzwei; seine Seele doch ging hinunter zum Hades.
Als die Gefährten nun kamen, da mußte ich ihnen berichten:
  „Freilich denkt ihr, wir werden jetzt wohl in das Land unsrer Heimat
Kommen; doch Kirke bestimmte ein anderes Ziel und wir müssen
Erst noch des Hades Haus und der schrecklichen Persephoneia

ψυχῇ χρησομένους Θηβαίου Τειρεσίαο." 565
ὣς ἐφάμην, τοῖσιν δὲ κατεκλάσθη φίλον ἦτορ,
ἑζόμενοι δὲ καταῦθι γόων τίλλοντό τε χαίτας·
ἀλλ' οὐ γάρ τις πρῆξις ἐγίνετο μυρομένοισιν.
 ἀλλ' ὅτε δή ῥ' ἐπὶ νῆα θοὴν καὶ θῖνα θαλάσσης
ᾔομεν ἀχνύμενοι, θαλερὸν κατὰ δάκρυ χέοντες, 570
τόφρα δ' ἄρ' οἰχομένη Κίρκη παρὰ νηὶ μελαίνῃ
ἀρνειὸν κατέδησεν ὄϊν θῆλύν τε μέλαιναν,
ῥεῖα παρεξελθοῦσα· τίς ἂν θεὸν οὐκ ἐθέλοντα
ὀφθαλμοῖσιν ἴδοιτ' ἢ ἔνθ' ἢ ἔνθα κιόντα;

Finden; des Sehers Teiresias Seele müssen wir fragen."
Also sprach ich; da fühlten das liebe Herz sie zerspringen.
Nieder setzten sie sich und rauften sich klagend die Haare.
Aber bei allem Gejammer entstand kein wirksames Handeln.

Während zum hurtigen Schiff wir dann eilten am Strande des Meeres,
Klagend und schwellende Tränen vergießend, war Kirke verschwunden,
Hatte inzwischen ein männliches Schaf und ein weibliches schwarzes
Angebunden beim schwarzen Fahrzeug. Leicht und verstohlen
War sie vorüber gehuscht. Einen Gott, der nicht wollte — wer könnte
Leibhaft mit Augen ihn sehen? Er wandelt in jeglicher Richtung.

ΟΔΥΣΣΕΙΑΣ Λ

Νέκυια

Αὐτὰρ ἐπεί ῥ' ἐπὶ νῆα κατήλθομεν ἠδὲ θάλασσαν,
νῆα μὲν ἂρ πάμπρωτον ἐρύσσαμεν εἰς ἅλα δῖαν,
ἐν δ' ἱστὸν τιθέμεσθα καὶ ἱστία νηὶ μελαίνῃ,
ἐν δὲ τὰ μῆλα λαβόντες ἐβήσαμεν, ἂν δὲ καὶ αὐτοὶ
βαίνομεν ἀχνύμενοι, θαλερὸν κατὰ δάκρυ χέοντες. 5
ἡμῖν δ' αὖ κατόπισθε νεὸς κυανοπρῴροιο
ἴκμενον οὖρον ἵει πλησίστιον, ἐσθλὸν ἑταῖρον,
Κίρκη ἐϋπλόκαμος, δεινὴ θεὸς αὐδήεσσα.
ἡμεῖς δ' ὅπλα ἕκαστα πονησάμενοι κατὰ νῆα
ἥμεθα· τὴν δ' ἄνεμός τε κυβερνήτης τ' ἴθυνε. 10
τῆς δὲ πανημερίης τέταθ' ἱστία ποντοπορούσης.
δύσετό τ' ἠέλιος σκιόωντό τε πᾶσαι ἀγυιαί·
ἡ δ' ἐς πείραθ' ἵκανε βαθυρρόου Ὠκεανοῖο.

ἔνθα δὲ Κιμμερίων ἀνδρῶν δῆμός τε πόλις τε,
ἠέρι καὶ νεφέλῃ κεκαλυμμένοι· οὐδέ ποτ' αὐτοὺς 15
Ἠέλιος φαέθων καταδέρκεται ἀκτίνεσσιν,
οὔθ' ὁπότ' ἂν στείχῃσι πρὸς οὐρανὸν ἀστερόεντα,
οὔθ' ὅτ' ἂν ἂψ ἐπὶ γαῖαν ἀπ' οὐρανόθεν προτράπηται,
ἀλλ' ἐπὶ νὺξ ὀλοὴ τέταται δειλοῖσι βροτοῖσι.
νῆα μὲν ἔνθ' ἐλθόντες ἐκέλσαμεν, ἐκ δὲ τὰ μῆλα 20
εἱλόμεθ'· αὐτοὶ δ' αὖτε παρὰ ῥόον Ὠκεανοῖο
ᾔομεν, ὄφρ' ἐς χῶρον ἀφικόμεθ', ὃν φράσε Κίρκη.

ἔνθ' ἱερήια μὲν Περιμήδης Εὐρύλοχός τε
ἔσχον· ἐγὼ δ' ἄορ ὀξὺ ἐρυσσάμενος παρὰ μηροῦ
βόθρον ὄρυξ' ὅσσον τε πυγούσιον ἔνθα καὶ ἔνθα, 25
ἀμφ' αὐτῷ δὲ χοὴν χεόμην πᾶσιν νεκύεσσι,
πρῶτα μελικρήτῳ, μετέπειτα δὲ ἡδέϊ οἴνῳ,
τὸ τρίτον αὖθ' ὕδατι· ἐπὶ δ' ἄλφιτα λευκὰ πάλυνον.
πολλὰ δὲ γουνούμην νεκύων ἀμενηνὰ κάρηνα,
ἐλθὼν εἰς Ἰθάκην στεῖραν βοῦν, ἥ τις ἀρίστη, 30
ῥέξειν ἐν μεγάροισι πυρήν τ' ἐμπλησέμεν ἐσθλῶν,
Τειρεσίῃ δ' ἀπάνευθεν ὄϊν ἱερευσέμεν οἴῳ

ELFTER GESANG

Die Totenwelt

Aber als wir hinunterkamen zum Schiff und zum Meere,
Schoben vor allem das Schiff wir hinab in die göttliche Salzflut,
Legten den Mast hinein in das schwarze Schiff und die Segel,
Nahmen die Schafe an Bord und bestiegen dann selber das Fahrzeug,
Schmerzlich betrübt und schwellende Tränen vergießend. Es sandte
Kirke mit herrlichen Flechten, die mächtige, redende Göttin,
Hinter dem Schiff mit dem dunklen Bug uns günstigen Fahrwind,
Diesen edlen Gefährten; er bauschte die schwellenden Segel.
Zunächst mühten wir uns an allen Geräten des Schiffes,
Dann aber saßen wir still; denn Wind und Steuerer lenkten.
Tagsüber blieben die Segel gespannt auf der Fahrt durch die Wogen.
Doch als die Sonne versank und sich Schatten auf Wege und Straßen
Legten, erreichte das Schiff auch den Rand von Okeanos' Tiefstrom.

Dort ist die Stadt der kimmerischen Männer; dunstige Nebel
Hüllen sie völlig ein, das Volk und die Stadt. Denn niemals
Dringen des Helios leuchtende Blicke herunter zu ihnen,
Nicht, wenn zum Himmel mit allen Gestirnen hinauf er den Weg nimmt,
Nicht, wenn vom Himmel zur Erde er wieder sich wendet zur Rückkehr:
Allzeit traurige Nacht überwölbt jene elenden Menschen.
Dort nun kamen wir an und landeten, nahmen die Tiere,
Gingen dann wieder zu Fuß entlang an Okeanos' Strömung,
Bis wir endlich die Stelle erreichten, die Kirke beschrieben.

Dort nun hielten Eurylochos und Perimedes die Opfer.
Ich aber zog indessen mein scharfes Schwert vom Schenkel,
Warf eine Grube dann aus, eine Elle in Länge und Breite,
Schüttete rund um sie eine Spende für alle die Toten.
Diese bestand zuerst aus Honiggemisch, dann aus süßem
Wein und drittens aus Wasser; zum Schluß noch streute ich Weißmehl.
Oft dann fiel ich aufs Knie vor den kraftlosen Häuptern der Toten,
Sagte, ich werde die beste Kuh, die noch niemals getragen,
Opfern im Hause, das Feuer ernähren mit edelsten Gaben,
Wenn ich nach Ithaka käme. Teiresias würde ich ferner,

παμμέλαν', ὅς μήλοισι μεταπρέπει ἡμετέροισι.
τοὺς δ' ἐπεὶ εὐχωλῇσί λιτῇσί τε, ἔθνεα νεκρῶν,
ἐλλισάμην, τὰ δὲ μῆλα λαβὼν ἀπεδειροτόμησα   35
ἐς βόθρον, ῥέε δ' αἷμα κελαινεφές· αἱ δ' ἀγέροντο
ψυχαὶ ὑπὲξ Ἐρέβευς νεκύων κατατεθνηώτων·
νύμφαι τ' ἠίθεοί τε πολύτλητοί τε γέροντες
παρθενικαί τ' ἀταλαὶ νεοπενθέα θυμὸν ἔχουσαι,
πολλοὶ δ' οὐτάμενοι χαλκήρεσιν ἐγχείῃσιν,   40
ἄνδρες ἀρηίφατοι, βεβροτωμένα τεύχε' ἔχοντες·
οἳ πολλοὶ περὶ βόθρον ἐφοίτων ἄλλοθεν ἄλλος
θεσπεσίῃ ἰαχῇ· ἐμὲ δὲ χλωρὸν δέος ᾕρει.
δὴ τότ' ἔπειθ' ἑτάροισιν ἐποτρύνας ἐκέλευσα
μῆλα, τὰ δὴ κατέκειτ' ἐσφαγμένα νηλέϊ χαλκῷ,   45
δείραντας κατακῆαι, ἐπεύξασθαι δὲ θεοῖσιν,
ἰφθίμῳ τ' Ἀίδῃ καὶ ἐπαινῇ Περσεφονείῃ·
αὐτὸς δὲ ξίφος ὀξὺ ἐρυσσάμενος παρὰ μηροῦ
ἥμην οὐδ' εἴων νεκύων ἀμενηνὰ κάρηνα
αἵματος ἆσσον ἴμεν πρὶν Τειρεσίαο πυθέσθαι.   50
 πρώτη δὲ ψυχὴ Ἐλπήνορος ἦλθεν ἑταίρου·
οὐ γάρ πω ἐτέθαπτο ὑπὸ χθονὸς εὐρυοδείης·
σῶμα γὰρ ἐν Κίρκης μεγάρῳ κατελείπομεν ἡμεῖς
ἄκλαυτον καὶ ἄθαπτον, ἐπεὶ πόνος ἄλλος ἔπειγε.
τὸν μὲν ἐγὼ δάκρυσα ἰδὼν ἐλέησά τε θυμῷ,   55
καί μιν φωνήσας ἔπεα πτερόεντα προσηύδων·

"Ἐλπῆνορ, πῶς ἦλθες ὑπὸ ζόφον ἠερόεντα;
ἔφθης πεζὸς ἰὼν ἢ ἐγὼ σὺν νηὶ μελαίνῃ."

ὣς ἐφάμην, ὁ δέ μ' οἰμώξας ἠμείβετο μύθῳ·
"διογενὲς Λαερτιάδη, πολυμήχαν' Ὀδυσσεῦ,   60
ἆσέ με δαίμονος αἶσα κακὴ καὶ ἀθέσφατος οἶνος·
Κίρκης δ' ἐν μεγάρῳ καταλέγμενος οὐκ ἐνόησα
ἄψορρον καταβῆναι ἰὼν ἐς κλίμακα μακρήν,
ἀλλὰ καταντικρὺ τέγεος πέσον· ἐκ δέ μοι αὐχὴν
ἀστραγάλων ἐάγη, ψυχὴ δ' Ἄϊδόσδε κατῆλθε.   65
νῦν δέ σε τῶν ὄπιθεν γουνάζομαι, οὐ παρεόντων,
πρός τ' ἀλόχου καὶ πατρός, ὅ σ' ἔτρεφε τυτθὸν ἐόντα,
Τηλεμάχου θ' ὃν μοῦνον ἐνὶ μεγάροισιν ἔλειπες·
οἶδα γὰρ ὡς ἐνθένδε κιὼν δόμου ἐξ Ἀίδαο
νῆσον ἐς Αἰαίην σχήσεις εὐεργέα νῆα·   70

Ihm nur allein, das vortrefflichste schwarze Schaf meines Kleinviehs
Opfern. Dann rief ich die Völker der Toten mit Bitten und Beten,
Packte die Tiere und schnitt ihnen über der Grube den Hals ab.
Dunkel dampfend rann da ihr Blut. Aus dem Düster indessen
Kamen in Scharen die Seelen der lang schon gestorbenen Toten.
Bräute kamen und Jünglinge, Greise, die vieles erduldet,
Mädchen in fröhlichem Alter mit frischem Leid im Gemüte,
Viele auch, die es getroffen in Kämpfen der ehernen Speere,
Männer, die fielen im Krieg und blutige Rüstungen trugen:
Zahllose drängten von sämtlichen Seiten heran an die Grube,
Lärmten als sprächen Verzückte; — mich packte das bleiche Entsetzen.
Jetzt aber trieb mein Befehl die Gefährten, sie sollten die Tiere,
Wie sie da lagen, geschlachtet mit fühllosem, ehernem Schwerte,
Häuten und gänzlich verbrennen; die Götter sollten sie bitten,
Hades den Starken und mit ihm die schreckliche Persephoneia.
Ich aber zog indessen mein scharfes Schwert vom Schenkel,
Blieb dann sitzen und ließ der Toten kraftlose Häupter
Nicht an das Blut heran; Teiresias wollt' ich erst hören.

Aber als erste erschien des Gefährten Elpenor Seele.
Keiner noch hatte das Grab ihm gemacht auf der Erde mit breiten
Straßen; wir hatten die Leiche im Hause der Kirke gelassen
Ohne Tränen und Grab; es drängten ja andere Mühen.
Tränen erregte sein Anblick, Mitleid tief im Gemüte;
Darum sprach ich und sagte zu ihm geflügelte Worte:

„Sag uns, Elpenor, wie kommst du herab in das dunstige Düster?
Schneller kamst du zu Fuß als ich mit dem schwarzen Fahrzeug."

Also sprach ich; er aber seufzte und gab mir zur Antwort:
„Göttersproß, du findiger Sohn des Laërtes, Odysseus:
Wein in unsagbarer Menge — ein schadenfreudiger Unhold —
Beide brachten Verderben. Ich lag dort im Hause der Kirke,
Aber mir fiel nicht ein erst lang auf die Stiege zu gehen.
Ihr gegenüber fiel ich vom Dach und die Wirbel im Nacken
Brachen entzwei und zum Hades hinunter ging meine Seele.
Jetzt aber knie ich und bitte bei denen, die fern und nicht da sind,
Denk an dein Weib, deinen Vater, er nährte dich als du noch lalltest,
Denk an Telemachos, den du zu Hause als einzigen ließest:
Wenn du des Hades Haus hier verläßt, dann wirst du, das weiß ich,
Wieder zur Insel Aiaia dein treffliches Fahrzeug steuern:

ἔνθα σ' ἔπειτα, ἄναξ, κέλομαι μνήσασθαι ἐμεῖο.
μή μ' ἄκλαυτον ἄθαπτον ἰὼν ὄπιθεν καταλείπειν
νοσφισθείς, μή τοί τι θεῶν μήνιμα γένωμαι,
ἀλλά με κακκῆαι σὺν τεύχεσιν, ἄσσα μοί ἐστι,
σῆμά τέ μοι χεῦαι πολιῆς ἐπὶ θινὶ θαλάσσης, 75
ἀνδρὸς δυστήνοιο, καὶ ἐσσομένοισι πυθέσθαι·
ταῦτά τέ μοι τελέσαι πῆξαί τ' ἐπὶ τύμβῳ ἐρετμόν,
τῷ καὶ ζωὸς ἔρεσσον ἐὼν μετ' ἐμοῖς ἑτάροισιν."
  ὣς ἔφατ', αὐτὰρ ἐγώ μιν ἀμειβόμενος προσέειπον·
"ταῦτά τοι, ὦ δύστηνε, τελευτήσω τε καὶ ἔρξω." 80
  νῶϊ μὲν ὣς ἐπέεσσιν ἀμειβομένω στυγεροῖσιν
ἥμεθ', ἐγὼ μὲν ἄνευθεν ἐφ' αἵματι φάσγανον ἴσχων,
εἴδωλον δ' ἑτέρωθεν ἑταίρου πόλλ' ἀγόρευεν.
  ἦλθε δ' ἐπὶ ψυχὴ μητρὸς κατατεθνηυίης,
Αὐτολύκου θυγάτηρ μεγαλήτορος Ἀντίκλεια, 85
τὴν ζωὴν κατέλειπον ἰὼν εἰς Ἴλιον ἱρήν.
τὴν μὲν ἐγὼ δάκρυσα ἰδὼν ἐλέησά τε θυμῷ·
ἀλλ' οὐδ' ὧς εἴων προτέρην, πυκινόν περ ἀχεύων,
αἵματος ἆσσον ἴμεν πρὶν Τειρεσίαο πυθέσθαι.
  ἦλθε δ' ἐπὶ ψυχὴ Θηβαίου Τειρεσίαο, 90
χρύσεον σκῆπτρον ἔχων, ἐμὲ δ' ἔγνω καὶ προσέειπε·
  "διογενὲς Λαερτιάδη, πολυμήχαν' Ὀδυσσεῦ,
τίπτ' αὖτ', ὦ δύστηνε, λιπὼν φάος ἠελίοιο
ἤλυθες, ὄφρα ἴδῃ νέκυας καὶ ἀτερπέα χῶρον;
ἀλλ' ἀποχάζεο βόθρου, ἄπισχε δὲ φάσγανον ὀξύ, 95
αἵματος ὄφρα πίω καί τοι νημερτέα εἴπω."
  ὣς φάτ', ἐγὼ δ' ἀναχασσάμενος ξίφος ἀργυρόηλον
κουλεῷ ἐγκατέπηξ'. ὁ δ' ἐπεὶ πίεν αἷμα κελαινόν,
καὶ τότε δή μ' ἐπέεσσι προσηύδα μάντις ἀμύμων·
  "νόστον δίζηαι μελιηδέα, φαίδιμ' Ὀδυσσεῦ· 100
τὸν δέ τοι ἀργαλέον θήσει θεός. οὐ γὰρ ὀΐω
λήσειν ἐννοσίγαιον, ὅ τοι κότον ἔνθετο θυμῷ,
χωόμενος ὅτι οἱ υἱὸν φίλον ἐξαλάωσας.
ἀλλ' ἔτι μέν κε καὶ ὧς, κακά περ πάσχοντες, ἵκοισθε,
αἴ κ' ἐθέλῃς σὸν θυμὸν ἐρυκακέειν καὶ ἑταίρων, 105
ὁππότε κεν πρῶτον πελάσῃς εὐεργέα νῆα
Θρινακίῃ νήσῳ, προφυγὼν ἰοειδέα πόντον,
βοσκομένας δ' εὕρητε βόας καὶ ἴφια μῆλα

Dort dann, Herrscher, sollst mein du gedenken; das möcht ich dich heißen.
Geh nicht und lasse mich nicht ohne Tränen und Grab in der Ferne;
Grund für göttliches Zürnen könnt ich dir werden. Verbrenne
Mich und verbrenne die Waffen mit mir, soviele noch da sind,
Schütte ein Denkmal auf am Strande des schäumenden Meeres
Mir zur Ehr, daß die Zukunft höre vom Manne des Unglücks!
Tu mir die Liebe und stecke mein Ruder tief in das Grabmal;
Fuhr ich mit ihm doch im Kreis der Gefährten, so lange ich lebte."

Also sprach er; ich aber gab ihm erwidernd zur Antwort:
„Unglückseliger! Restlos will ich dir all dies erfüllen."

Beide saßen wir so in grausigen Wechselgesprächen.
Ich mit dem Schwert in der Hand vor dem Blut auf der einen Seite,
Drüben die Maske des Freundes, der weiter noch vieles mir sagte.

Nun aber kam die Seele heran der verstorbenen Mutter
Antikleia, des hochbeherzten Autólykos Tochter;
Damals lebte sie noch, als zum heiligen Troja ich fortzog.
Tränen erregte ihr Anblick, Mitleid tief im Gemüte.
Aber trotz aller harten Betrübnis ließ ich als erste
Sie nicht heran an das Blut; Teiresias wollt' ich erst hören.

Nun aber kam die Seele des Thebers Teiresias nahe,
Trug einen goldenen Stab und begann, da er gleich mich erkannte:
„Göttersproß, du findiger Sohn des Laërtes, Odysseus,
Unglückseliger, warum bist du gekommen? Verließest
Sonne und Licht, um die Toten zu sehn und den Ort ohne Freude?
Tritt von der Grube zurück, nimm weg dieses spitzige Eisen!
Trinken will ich vom Blut und klare Kunde dir geben."

Sprachs; und ich wich und stieß mein Schwert mit den silbernen Nägeln
Fest in die Scheide. Da trank er zuerst noch vom schwarzen Blute,
Dann aber sagte er wirklich und wörtlich, der treffliche Seher:
„Heimkehr, Strahlender, suchst du, honigsüße, Odysseus!
Schrecklich wird sie ein Gott dir gestalten: dem Erderschütterer
Wirst du ja schwerlich entgehen, der Wut und Groll im Gemüte
Gegen dich nährt, da den lieben Sohn du zum Leid ihm geblendet.
Aber ihr fändet, freilich nach Leiden, auch so noch die Heimat,
Zähmst du nur selber dein eignes Gemüt und das der Gefährten:
Bist du dem Meer, das wie Veilchen gefärbt ist, endlich entronnen,
Bringst du der Insel Thrinakia nahe dein treffliches Fahrzeug,
Dann werdet weidende Kühe ihr finden und kräftiges Kleinvieh.

Ἠελίου, ὃς πάντ' ἐφορᾷ καὶ πάντ' ἐπακούει.
τὰς εἰ μέν κ' ἀσινέας ἐάᾳς νόστου τε μέδηαι, 110
καί κεν ἔτ' εἰς Ἰθάκην, κακά περ πάσχοντες, ἵκοισθε·
εἰ δέ κε σίνηαι, τότε τοι τεκμαίρομ' ὄλεθρον
νηΐ τε καὶ ἑτάροις. αὐτὸς δ' εἴ πέρ κεν ἀλύξῃς,
ὀψὲ κακῶς νεῖαι, ὀλέσας ἄπο πάντας ἑταίρους,
νηὸς ἐπ' ἀλλοτρίης· δήεις δ' ἐν πήματα οἴκῳ, 115
ἄνδρας ὑπερφιάλους, οἵ τοι βίοτον κατέδουσι
μνώμενοι ἀντιθέην ἄλοχον καὶ ἕδνα διδόντες.
ἀλλ' ἦ τοι κείνων γε βίας ἀποτείσεαι ἐλθών·
αὐτὰρ ἐπὴν μνηστῆρας ἐνὶ μεγάροισι τεοῖσι
κτείνῃς ἠὲ δόλῳ ἢ ἀμφαδὸν ὀξέϊ χαλκῷ, 120
ἔρχεσθαι δὴ ἔπειτα, λαβὼν εὐῆρες ἐρετμόν,
εἰς ὅ κε τοὺς ἀφίκηαι, οἳ οὐκ ἴσασι θάλασσαν
ἀνέρες οὐδέ θ' ἅλεσσι μεμιγμένον εἶδαρ ἔδουσιν·
οὐδ' ἄρα τοὶ ἴσασι νέας φοινικοπαρῄους,
οὐδ' εὐήρε' ἐρετμά, τά τε πτερὰ νηυσὶ πέλονται. 125
σῆμα δέ τοι ἐρέω μάλ' ἀριφραδές, οὐδέ σε λήσει·
ὁππότε κεν δή τοι συμβλήμενος ἄλλος ὁδίτης
φήῃ ἀθηρηλοιγὸν ἔχειν ἀνὰ φαιδίμῳ ὤμῳ,
καὶ τότε δὴ γαίῃ πήξας εὐῆρες ἐρετμόν,
ῥέξας ἱερὰ καλὰ Ποσειδάωνι ἄνακτι, 130
ἀρνειὸν ταῦρόν τε συῶν τ' ἐπιβήτορα κάπρον,
οἴκαδ' ἀποστείχειν ἔρδειν θ' ἱερὰς ἑκατόμβας
ἀθανάτοισι θεοῖσι, τοὶ οὐρανὸν εὐρὺν ἔχουσι,
πᾶσι μάλ' ἑξείης. θάνατος δέ τοι ἐξ ἁλὸς αὐτῷ
ἀβληχρὸς μάλα τοῖος ἐλεύσεται, ὅς κέ σε πέφνῃ 135
γήρᾳ ὕπο λιπαρῷ ἀρημένον· ἀμφὶ δὲ λαοὶ
ὄλβιοι ἔσσονται. τὰ δέ τοι νημερτέα εἴρω."
  ὣς ἔφατ', αὐτὰρ ἐγώ μιν ἀμειβόμενος προσέειπον·
"Τειρεσίη, τὰ μὲν ἄρ που ἐπέκλωσαν θεοὶ αὐτοί.
ἀλλ' ἄγε μοι τόδε εἰπὲ καὶ ἀτρεκέως κατάλεξον· 140
μητρὸς τήνδ' ὁρόω ψυχὴν κατατεθνηυίης·
ἡ δ' ἀκέουσ' ἧσται σχεδὸν αἵματος οὐδ' ἑὸν υἱὸν
ἔτλη ἐσάντα ἰδεῖν οὐδὲ προτιμυθήσασθαι·
εἰπέ, ἄναξ, πῶς κέν με ἀναγνοίη τὸν ἐόντα;"
  ὣς ἐφάμην, ὁ δέ μ' αὐτίκ' ἀμειβόμενος προσέειπε· 145
"ῥηίδιόν τοι ἔπος ἐρέω καὶ ἐνὶ φρεσὶ θήσω·

Helios sind sie zu eigen, der alles vernimmt und betrachtet.
Tastest du diese nicht an und bedenkst du mit Sorge die Heimfahrt,
Dann könnt Ithaka, freilich nach Leiden, ihr doch noch erreichen.
Tastest du sie aber an, dann trifft dich, trifft auch dein Fahrzeug,
Trifft die Gefährten Vernichtung; das künd ich. Entrinnst du auch [selber,
Dann kommst spät du und elend heim, ohne alle Gefährten,
Nicht auf dem eigenen Schiff und im Hause noch findest du Unheil:
Männer voll zuchtlosen Stolzes; sie prassen in deinem Besitztum,
Bieten Geschenke als Freier der göttergleichen Gemahlin.
Kommst du dann heim, dann wirst du gewiß ihre Frevel bestrafen.
Hast du die Freier indessen erschlagen im eignen Palaste,
Sei es mit List, seis im offenen Kampf mit dem spitzigen Eisen,
Dann brich auf und nimm in die Hände ein handliches Ruder,
Bis du zu jenen gelangst, die nichts mehr wissen vom Meere,
Menschen, die Salz nicht genießen, auch nicht mit den Speisen, die also
Gar nichts wissen von Schiffen mit rot gestrichenen Seiten,
Nichts von handlichen Rudern, die Flügel den Schiffen verleihen.
Dafür gelte als deutlichstes, unübersehbares Zeichen:
Trifft dich endlich ein anderer Wandrer und sagt dir, du trügest
Wohl eine Schaufel zum Worfeln mit dir auf der glänzenden Schulter:
Dann verstaue du fest im Boden das handliche Ruder!
Schöne Opfer mußt du dem Herrscher Poseidon dann bringen,
Schaf und Stier und ein männliches Zuchtschwein. Ist es geschehen,
Dann gehe heim und opfere heilige Hekatomben
Allen unsterblichen Göttern, den Herren im breiten Himmel,
Ganz nach der richtigen Reihe. Der Tod aber wird zu dir kommen
Sanft und nicht aus dem Meer. Zermürbt von behäbigem Alter
Wird er dich töten; dein Volk aber wird dich umringen und glücklich
Werden sie alle sein. So lautet für dich mein Wahrspruch."

Also sprach er; ich aber gab ihm erwidernd zur Antwort:
„Ja, Teiresias! All dies spannen die Götter wohl selber.
Aber nun sage mir dies und erzähle es ohne Verdrehung:
Dort erblick' ich die Seele meiner verstorbenen Mutter;
Lautlos sitzt sie nahe am Blut und hat nicht die Kräfte
Ihrem eigenen Sohn ins Gesicht zu sehn und zu reden:
Herrscher, sage! Wie kann sie erkennen, daß ich eben hier bin?"

Also sprach ich, und gleich erwidernd gab er mir Antwort:
„Leicht sind die Worte, die jetzt in den Sinn ich dir lege und sage:

ὅν τινα μέν κεν ἐᾷς νεκύων κατατεθνηώτων
αἵματος ἆσσον ἴμεν, ὁ δέ τοι νημερτὲς ἐνίψει·
ᾧ δέ κ' ἐπιφθονέῃς, ὁ δέ τοι πάλιν εἶσιν ὀπίσσω."

ὣς φαμένη ψυχὴ μὲν ἔβη δόμον Ἄϊδος εἴσω 150
Τειρεσίαο ἄνακτος, ἐπεὶ κατὰ θέσφατ' ἔλεξεν·
αὐτὰρ ἐγὼν αὐτοῦ μένον ἔμπεδον, ὄφρ' ἐπὶ μήτηρ
ἤλυθε καὶ πίεν αἷμα κελαινεφές· αὐτίκα δ' ἔγνω
καί μ' ὀλοφυρομένη ἔπεα πτερόεντα προσηύδα·

"τέκνον ἐμόν, πῶς ἦλθες ὑπὸ ζόφον ἠερόεντα 155
ζωὸς ἐών; χαλεπὸν δὲ τάδε ζωοῖσιν ὁρᾶσθαι.
μέσσῳ γὰρ μεγάλοι ποταμοὶ καὶ δεινὰ ῥέεθρα,
Ὠκεανὸς μὲν πρῶτα, τὸν οὔ πως ἔστι περῆσαι
πεζὸν ἐόντ', ἢν μή τις ἔχῃ ἐυεργέα νῆα.
ἦ νῦν δὴ Τροίηθεν ἀλώμενος ἐνθάδ' ἱκάνεις 160
νηΐ τε καὶ ἑτάροισι πολὺν χρόνον; οὐδέ πω ἦλθες
εἰς Ἰθάκην οὐδ' εἶδες ἐνὶ μεγάροισι γυναῖκα;"

ὣς ἔφατ', αὐτὰρ ἐγώ μιν ἀμειβόμενος προσέειπον·
"μῆτερ ἐμή, χρειώ με κατήγαγεν εἰς Ἀΐδαο
ψυχῇ χρησόμενον Θηβαίου Τειρεσίαο· 165
οὐ γάρ πω σχεδὸν ἦλθον Ἀχαιΐδος οὐδέ πω ἁμῆς
γῆς ἐπέβην, ἀλλ' αἰὲν ἔχων ἀλάλημαι ὀιζύν,
ἐξ οὗ τὰ πρώτισθ' ἑπόμην Ἀγαμέμνονι δίῳ
Ἴλιον εἰς ἐΰπωλον, ἵνα Τρώεσσι μαχοίμην.
ἀλλ' ἄγε μοι τόδε εἰπὲ καὶ ἀτρεκέως κατάλεξον· 170
τίς νύ σε κὴρ ἐδάμασσε τανηλεγέος θανάτοιο;
ἦ δολιχὴ νοῦσος, ἦ Ἄρτεμις ἰοχέαιρα
οἷς ἀγανοῖσι βέλεσσιν ἐποιχομένη κατέπεφνεν;
εἰπὲ δέ μοι πατρός τε καὶ υἱέος, ὃν κατέλειπον,
ἦ ἔτι πὰρ κείνοισιν ἐμὸν γέρας, ἦέ τις ἤδη 175
ἀνδρῶν ἄλλος ἔχει, ἐμὲ δ' οὐκέτι φασὶ νέεσθαι.
εἰπὲ δέ μοι μνηστῆς ἀλόχου βουλήν τε νόον τε,
ἠὲ μένει παρὰ παιδὶ καὶ ἔμπεδα πάντα φυλάσσει,
ἦ ἤδη μιν ἔγημεν Ἀχαιῶν ὅς τις ἄριστος."

ὣς ἐφάμην, ἡ δ' αὐτίκ' ἀμείβετο πότνια μήτηρ· 180
"καὶ λίην κείνη γε μένει τετληότι θυμῷ
σοῖσιν ἐνὶ μεγάροισιν· ὀιζυραὶ δέ οἱ αἰεὶ
φθίνουσιν νύκτες τε καὶ ἤματα δάκρυ χεούσῃ.
σὸν δ' οὔ πώ τις ἔχει καλὸν γέρας, ἀλλὰ ἕκηλος

Elfter Gesang

Alle gestorbenen Toten, die nahe ans Blut du heranläßt,
Können mit dir sich bereden und klare Kunde dir geben.
Wem du es aber verweigerst, der geht und kehrt dir den Rücken."
 Also sagte des Herrschers Teiresias Seele und ging dann
Wieder in Hades' Haus, als er göttliche Kunde gegeben.
Ich aber blieb auf der Stelle und rührte mich nicht, bis die Mutter
Kam und trank vom dunkel dampfenden Blute. Sofort dann
Kannte sie mich und sagte mir jammernd geflügelte Worte:
 „Kind, wie kamst du lebendig herab in das dunstige Düster?
Was du hier siehst, kann schwerlich ein andrer Lebendiger sehen.
Riesige Ströme und schreckliche Fluten liegen dazwischen.
Erst der Okeanos; den zu durchwandern ist gänzlich unmöglich;
Nur mit dem trefflichst gezimmerten Fahrzeug kann man es wagen.
Kommst du von Troja jetzt endlich hieher mit Schiff und Gefährten?
Irrst du schon lange herum in der Welt und hast du denn noch nicht
Ithaka wieder erreicht und dein Weib im Palaste gesehen?"
 Also sprach sie; ich aber gab ihr erwidernd zur Antwort:
„Ach, meine Mutter! Die Not hat in Hades' Haus mich getrieben,
Rat soll ich holen und fragen des Thebers Teiresias Seele.
Nicht noch bin ich Achaia nahegekommen und nicht noch
Trat ich auf unseren Boden; voll Jammers und immer auf Irrfahrt
Treib ich herum, seit dem göttlichen Agamemnon ich folgte,
Ilion zu, wo die Fohlen gedeihen, zum Kampf mit den Troern.
Aber nun sage mir dies und erzähl es mir ohne Verdrehung:
Welches Unheil brachte den Tod dir, der keinen noch schonte?
Wars eine längere Krankheit, ist Artemis zu dir getreten?
Hat dich die fröhliche Schützin mit sanften Geschossen getötet?
Sprich mir von Vater und Sohn, den zurück ich ließ! Meine Würde,
Ist sie doch wohl noch bei ihnen? Vielleicht hat sie gar schon ein andrer,
Einer der Männer, und sagt man, ich kehre nicht wieder nach Hause?
Sprich mir vom ehlichen Weib! Wie ist denn ihr Denken und Wollen,
Bleibt sie bei unserem Sohn und beläßt sie mir alles beim Alten?
Oder folgte sie schon als Weib dem besten Achaier?"
 Also sprach ich und gleich gab die waltende Mutter mir Antwort:
„Nein! Sie wartet gewiß; harrt aus in ihrem Gemüte,
Wartet in deinem Palast, doch Nächte endlosen Jammers,
Tage schwinden dahin, und immer rinnen die Tränen.
Doch deine herrliche Würde hat keiner noch angetastet.

Τηλέμαχος τεμένεα νέμεται καὶ δαῖτας ἐΐσας 185
δαίνυται, ἃς ἐπέοικε δικασπόλον ἄνδρ' ἀλεγύνειν·
πάντες γὰρ καλέουσι. πατὴρ δὲ σὸς αὐτόθι μίμνει
ἀγρῷ οὐδὲ πόλινδε κατέρχεται· οὐδέ οἱ εὐναὶ
δέμνια καὶ χλαῖναι καὶ ῥήγεα σιγαλόεντα,
ἀλλ' ὅ γε χεῖμα μὲν εὕδει ὅθι δμῶες ἐνὶ οἴκῳ, 190
ἐν κόνι ἄγχι πυρός, κακὰ δὲ χροΐ εἵματα εἷται·
αὐτὰρ ἐπὴν ἔλθῃσι θέρος τεθαλυῖά τ' ὀπώρη,
πάντη οἱ κατὰ γουνὸν ἀλῳῆς οἰνοπέδοιο
φύλλων κεκλιμένων χθαμαλαὶ βεβλήαται εὐναί.
ἔνθ' ὅ γε κεῖτ' ἀχέων, μέγα δὲ φρεσὶ πένθος ἀέξει 195
σὸν νόστον ποθέων· χαλεπὸν δ' ἐπὶ γῆρας ἱκάνει.
οὕτω γὰρ καὶ ἐγὼν ὀλόμην καὶ πότμον ἐπέσπον·
οὔτ' ἐμέ γ' ἐν μεγάροισιν ἐΰσκοπος ἰοχέαιρα
οἷς ἀγανοῖσι βέλεσσιν ἐποιχομένη κατέπεφνεν,
οὔτε τις οὖν μοι νοῦσος ἐπήλυθεν, ἥ τε μάλιστα 200
τηκεδόνι στυγερῇ μελέων ἐξείλετο θυμόν·
ἀλλά με σός τε πόθος σά τε μήδεα, φαίδιμ' Ὀδυσσεῦ,
σή τ' ἀγανοφροσύνη μελιηδέα θυμὸν ἀπηύρα."

ὣς ἔφατ', αὐτὰρ ἐγώ γ' ἔθελον φρεσὶ μερμηρίξας
μητρὸς ἐμῆς ψυχὴν ἑλέειν κατατεθνηυίης. 205
τρὶς μὲν ἐφωρμήθην, ἑλέειν τέ με θυμὸς ἀνώγει,
τρὶς δέ μοι ἐκ χειρῶν σκιῇ εἴκελον ἢ καὶ ὀνείρῳ
ἔπτατ'· ἐμοὶ δ' ἄχος ὀξὺ γενέσκετο κηρόθι μᾶλλον,
καί μιν φωνήσας ἔπεα πτερόεντα προσηύδων·

"μῆτερ ἐμή, τί νύ μ' οὐ μίμνεις ἑλέειν μεμαῶτα, 210
ὄφρα καὶ εἰν Ἀΐδαο φίλας περὶ χεῖρε βαλόντε
ἀμφοτέρω κρυεροῖο τεταρπώμεσθα γόοιο;
ἦ τί μοι εἴδωλον τόδ' ἀγαυὴ Περσεφόνεια
ὤτρυν', ὄφρ' ἔτι μᾶλλον ὀδυρόμενος στεναχίζω;"

ὣς ἐφάμην, ἡ δ' αὐτίκ' ἀμείβετο πότνια μήτηρ· 215
"ὤ μοι, τέκνον ἐμόν, περὶ πάντων κάμμορε φωτῶν,
οὔ τί σε Περσεφόνεια Διὸς θυγάτηρ ἀπαφίσκει,
ἀλλ' αὕτη δίκη ἐστὶ βροτῶν, ὅτε τίς κε θάνῃσιν.
οὐ γὰρ ἔτι σάρκας τε καὶ ὀστέα ἶνες ἔχουσιν,
ἀλλὰ τὰ μέν τε πυρὸς κρατερὸν μένος αἰθομένοιο 220
δαμνᾷ, ἐπεί κε πρῶτα λίπῃ λεύκ' ὀστέα θυμός,
ψυχὴ δ' ἠΰτ' ὄνειρος ἀποπταμένη πεπότηται.

Ruhig zehrt von den Gütern Telemachos, geht zu Gelagen,
Wie sichs gebührt, und genießt sie mit Fug als ein Pfleger der Rechte.
Alle ja laden ihn ein. Dein Vater doch bleibt auf dem Lande,
Geht in die Stadt nicht hinein. Auf Bettgestelle und Betten,
Decken und glänzende Kissen verzichtet er. Kommt dann der Winter,
Schläft auch er, wo die Diener schlafen im Haus, auf dem Boden,
Nahe beim Feuer und trägt recht üble Gewänder am Körper.
Kommt dann freilich der Sommer, der Herbst mit den üppigen Früch-
Dann ist sein Bett überall, am Rain, im Rebengelände: [ten,
Blätter fallen hernieder, am Boden häufen sich Lager.
Dort nun liegt er betrübt und steigert im Sinn seine Trauer,
Sehnend, dich kommen zu sehn: Schon naht ja das schwierige Alter.
So ging ich auch selber zugrund und erfüllte mein Schicksal.
Nicht ist die äugende, fröhliche Schützin gekommen und hat mich
Tödlich getroffen mit sanften Geschossen in unsrem Palaste,
Nicht hat mich irgendein Kranksein befallen, das ja den Gliedern
Gern die bewegenden Kräfte entzieht in grausem Verfalle —
Nein, mein Strahlender! Sorge um dich und dein freundliches Wesen,
Sehnen nach dir, mein Odysseus, die stahlen mein süßes Leben!"

Also sprach sie; doch ich, im Sinne vergrübelt, verlangte
Anzufassen die Seele der eignen verstorbenen Mutter.
Dreimal setzte ich an; mein Gemüt befahl mir zu fassen:
Dreimal indessen entflog sie den Händen, ein Traum nur, ein Schatten.
Nun aber wuchs mir im Herzen noch stärker der stechende Kummer.
Darum sprach ich sie an und sagte geflügelte Worte:
"Meine Mutter! was wartest du nicht, da michs drängt dich zu fassen?
Könnten wir nicht uns beide auch hier noch unten im Hades
Liebend umarmen und lange dann schwelgen in gräßlichen Klagen?
Hat die erlauchte Pérsephoneia mir nur eine Maske
Hergetrieben, daß immer noch mehr ich seufze und jammre?"

Also sprach ich; und gleich gab die waltende Mutter mir Antwort:
"Wehe, mein Kind! Du allerunglückseligster Mann du!
Nein, nicht täuscht dich Pérsephoneia, die Tochter des Zeus; denn
Dies ist Gesetz beim Tode sterblicher Menschen: Die Sehnen
Halten das Fleisch und die Knochen dann nicht mehr zusammen; es
Starke Kräfte lodernden Feuers dies alles zunichte, [machen
Hat erst der Wille zum Leben die weißen Gebeine verlassen.
Dann aber fliegt die Seele auch flatternd davon wie ein Traumbild.

ἀλλὰ φόωσδε τάχιστα λιλαίεο· ταῦτα δὲ πάντα
ἴσθ', ἵνα καὶ μετόπισθε τεῇ εἴπῃσθα γυναικί."
 νῶϊ μὲν ὣς ἐπέεσσιν ἀμειβόμεθ', αἱ δὲ γυναῖκες   225
ἤλυθον, ὤτρυνεν γὰρ ἀγαυὴ Περσεφόνεια,
ὅσσαι ἀριστήων ἄλοχοι ἔσαν ἠδὲ θύγατρες.
αἱ δ' ἀμφ' αἷμα κελαινὸν ἀολλέες ἠγερέθοντο,
αὐτὰρ ἐγὼ βούλευον, ὅπως ἐρέοιμι ἑκάστην.
ἥδε δέ μοι κατὰ θυμὸν ἀρίστη φαίνετο βουλή·   230
σπασσάμενος τανύηκες ἄορ παχέος παρὰ μηροῦ
οὐκ εἴων πίνειν ἅμα πάσας αἷμα κελαινόν.
αἱ δὲ προμνηστῖναι ἐπήϊσαν, ἠδὲ ἑκάστη
ὃν γόνον ἐξαγόρευεν· ἐγὼ δ' ἐρέεινον ἁπάσας.
 ἔνθ' ἤ τοι πρώτην Τυρὼ ἴδον εὐπατέρειαν,   235
ἣ φάτο Σαλμωνῆος ἀμύμονος ἔκγονος εἶναι,
φῆ δὲ Κρηθῆος γυνὴ ἔμμεναι Αἰολίδαο·
ἣ ποταμοῦ ἠράσσατ' Ἐνιπῆος θείοιο,
ὃς πολὺ κάλλιστος ποταμῶν ἐπὶ γαῖαν ἵησι,
καί ῥ' ἐπ' Ἐνιπῆος πωλέσκετο καλὰ ῥέεθρα.   240
τῷ δ' ἄρα εἰσάμενος γαιήοχος ἐννοσίγαιος
ἐν προχοῇς ποταμοῦ παρελέξατο δινήεντος·
πορφύρεον δ' ἄρα κῦμα περιστάθη οὔρεϊ ἶσον,
κυρτωθέν, κρύψεν δὲ θεὸν θνητήν τε γυναῖκα.
λῦσε δὲ παρθενίην ζώνην, κατὰ δ' ὕπνον ἔχευεν.   245
αὐτὰρ ἐπεί ῥ' ἐτέλεσσε θεὸς φιλοτήσια ἔργα,
ἔν τ' ἄρα οἱ φῦ χειρὶ ἔπος τ' ἔφατ' ἔκ τ' ὀνόμαζε·
 "χαῖρε, γύναι, φιλότητι· περιπλομένου δ' ἐνιαυτοῦ
τέξεαι ἀγλαὰ τέκνα, ἐπεὶ οὐκ ἀποφώλιοι εὐναὶ
ἀθανάτων· σὺ δὲ τοὺς κομέειν ἀτιταλλέμεναί τε.   250
νῦν δ' ἔρχευ πρὸς δῶμα καὶ ἴσχεο μηδ' ὀνομήνῃς·
αὐτὰρ ἐγώ τοί εἰμι Ποσειδάων ἐνοσίχθων."
 ὣς εἰπὼν ὑπὸ πόντον ἐδύσετο κυμαίνοντα.
ἡ δ' ὑποκυσαμένη Πελίην τέκε καὶ Νηλῆα,
τὼ κρατερὼ θεράποντε Διὸς μεγάλοιο γενέσθην   255
ἀμφοτέρω· Πελίης μὲν ἐν εὐρυχόρῳ Ἰαολκῷ
ναῖε πολύρρηνος, ὁ δ' ἄρ' ἐν Πύλῳ ἠμαθόεντι.
τοὺς δ' ἑτέρους Κρηθῆϊ τέκεν βασίλεια γυναικῶν,
Αἴσονά τ' ἠδὲ Φέρητ' Ἀμυθάονά θ' ἱππιοχάρμην.
 τὴν δὲ μέτ' Ἀντιόπην ἴδον, Ἀσωποῖο θύγατρα,   260

Strebe denn schnellstens empor zum Licht und merke dies alles!
Auch deinem Weibe sollst du es sagen in künftigen Zeiten."
  Also redeten wir miteinander in Wechselgesprächen.
Jetzt aber kamen auch Weiber, die Frauen und Töchter von Helden;
Persephoneia schickte sie her, die Erlauchte, und alle
Standen versammelt im Kreis um das schwarze Blut. Ich bedachte,
Wie ich wohl jede einzeln befragte. Da schien im Gemüt mir
Folgender Plan der beste: Ich zog mein langes und spitzes
Schwert vom kräftigen Schenkel und suchte dadurch zu verhindern,
Daß sie mir alle zugleich vom schwarzen Blute genossen.
Sie aber kamen so hintereinander herzu und erzählten,
Jede von ihrem Geschlecht. Und ich befragte sie alle.
  Da nun sah ich zuerst die hochgeborene Tyro.
Diese entstammte, so sprach sie, der Sippe des edlen Salmoneus,
Sagte, sie sei des Kretheus Weib, der von Aiolos stammte.
Diese verliebte sich einst in den göttlichen Fluß Enípeus —
Dies ist der weitaus herrlichste Fluß, der die Erde bewässert —
Darum erging sie sich oft an Enipeus' herrlicher Strömung.
Aber der Gott, der die Erde erhält und erschüttert, umfing sie,
Kam in des andern Gestalt an die Mündung des wirbelnden Flusses.
Wallende Flut, zum Gewölbe gefügt, als wärs ein Gebirge,
Türmte sich auf und verbarg den Gott und die sterbliche Jungfrau.
Er aber löste den Gürtel des Mädchens und ließ es entschlummern.
Aber als dann der Gott das Werk der Liebe vollendet,
Bot er ihr kräftig die Hand und sprach und sagte bedeutsam:
  ,,Heil dieser Stunde der Liebe, o Weib! Im Lauf eines Jahres
Wirst du mir herrliche Kinder gebären! Unsterbliche teilen
Niemals vergeblich das Lager. Und du wirst sie nähren und pflegen!
Jetzt aber gehe nach Hause, beherrsche dich, nenne nicht Namen!
Dir aber sag ichs: Der Erderschütterer bin ich, Poseidon."
  Also sprach er und tauchte hinab in die Wogen des Meeres.
Schwanger ward sie, gebar dann den Neleus und Pelias, beides
Kraftvolle Diener des großen Zeus. Im sandigen Pylos
Wohnte der eine. Doch Pelias saß in Iolkos, wo weite
Plätze zum Tanzen sich finden, als Herr vieler Schafe. Die andern
Söhne gebar sie dem Kretheus als Königin unter den Frauen,
Aison und Pheres, dazu Amytháon, den Wagenkämpfer.
  Dann aber sah ich Asópos' Tochter Antíope. Diese

ἣ δὴ καὶ Διὸς εὔχετ' ἐν ἀγκοίνησιν ἰαῦσαι,
καί ῥ' ἔτεκεν δύο παῖδ', Ἀμφίονά τε Ζῆθόν τε,
οἳ πρῶτοι Θήβης ἕδος ἔκτισαν ἑπταπύλοιο
πύργωσάν τ', ἐπεὶ οὐ μὲν ἀπύργωτόν γ' ἐδύναντο
ναιέμεν εὐρύχορον Θήβην, κρατερώ περ ἐόντε.   265

  τὴν δὲ μετ' Ἀλκμήνην ἴδον, Ἀμφιτρύωνος ἄκοιτιν,
ἥ ῥ' Ἡρακλῆα θρασυμέμνονα θυμολέοντα
γείνατ' ἐν ἀγκοίνῃσι Διὸς μεγάλοιο μιγεῖσα·
καὶ Μεγάρην, Κρείοντος ὑπερθύμοιο θύγατρα,
τὴν ἔχεν Ἀμφιτρύωνος υἱὸς μένος αἰὲν ἀτειρής.   270

  μητέρα τ' Οἰδιπόδαο ἴδον, καλὴν Ἐπικάστην,
ἣ μέγα ἔργον ἔρεξεν ἀϊδρείῃσι νόοιο
γημαμένη ᾧ υἷι· ὁ δ' ὃν πατέρ' ἐξεναρίξας
γῆμεν· ἄφαρ δ' ἀνάπυστα θεοὶ θέσαν ἀνθρώποισιν.
ἀλλ' ὁ μὲν ἐν Θήβῃ πολυηράτῳ ἄλγεα πάσχων   275
Καδμείων ἤνασσε θεῶν ὀλοὰς διὰ βουλάς·
ἡ δ' ἔβη εἰς Ἀΐδαο πυλάρταο κρατεροῖο,
ἁψαμένη βρόχον αἰπὺν ἀφ' ὑψηλοῖο μελάθρου
ᾧ ἄχεϊ σχομένη· τῷ δ' ἄλγεα κάλλιπ' ὀπίσσω
πολλὰ μάλ', ὅσσα τε μητρὸς ἐρινύες ἐκτελέουσι.   280

  καὶ Χλῶριν εἶδον περικαλλέα, τήν ποτε Νηλεὺς
γῆμεν ἑὸν διὰ κάλλος, ἐπεὶ πόρε μυρία ἕδνα,
ὁπλοτάτην κούρην Ἀμφίονος Ἰασίδαο,
ὅς ποτ' ἐν Ὀρχομενῷ Μινυηΐῳ ἶφι ἄνασσεν·
ἡ δὲ Πύλου βασίλευε, τέκεν δέ οἱ ἀγλαὰ τέκνα,   285
Νέστορά τε Χρομίον τε Περικλύμενόν τ' ἀγέρωχον.
τοῖσι δ' ἐπ' ἰφθίμην Πηρὼ τέκε, θαῦμα βροτοῖσι,
τὴν πάντες μνώοντο περικτίται· οὐδέ τι Νηλεὺς
τῷ ἐδίδου, ὃς μὴ ἕλικας βόας εὐρυμετώπους
ἐκ Φυλάκης ἐλάσειε βίης Ἰφικληείης   290
ἀργαλέας. τὰς δ' οἶος ὑπέσχετο μάντις ἀμύμων
ἐξελάαν· χαλεπὴ δὲ θεοῦ κατὰ μοῖρα πέδησε
δεσμοί τ' ἀργαλέοι καὶ βουκόλοι ἀγροιῶται.
ἀλλ' ὅτε δὴ μῆνές τε καὶ ἡμέραι ἐξετελεῦντο
ἂψ περιτελλομένου ἔτεος καὶ ἐπήλυθον ὧραι,   295
καὶ τότε δή μιν ἔλυσε βίη Ἰφικληείη
θέσφατα πάντ' εἰπόντα· Διὸς δ' ἐτελείετο βουλή.

  καὶ Λήδην εἶδον, τὴν Τυνδαρέου παράκοιτιν,

Rühmte sich gar, in den Armen des Zeus geschlafen zu haben.
Mutter war sie des Paares Amphíon und Zethos, der ersten
Gründer und Türmer des siebentorigen Theben. Sie konnten
Trotz ihrer Kräfte ja Theben mit breiten Plätzen zum Tanzen
Nicht sich zum Wohnsitz wählen, wenn feste Türme noch fehlten.

Dann aber sah ich Alkmene, die Frau des Amphitryon; diese
Schmiegte sich hin in die Arme des mächtigen Zeus und gebar ihm
Herakles; dieser war zäh und kühn mit dem Mut eines Löwen.
Dann auch des stolzen Kreion Tochter Mégara; diese
Freite Amphitryons Sohn, dessen Kräfte niemals versagten.

Epikaste sah ich sodann, jenes Ödipus schöne
Mutter, die, ohne bewußt ihre Untat klar zu bedenken,
Gattin wurde des eignen Sohns, der den eigenen Vater
Vor dieser Ehe erschlug. Doch die Menschen vernahmen Gerüchte,
Götter halfen dabei. Und so mußte der Herr der Kadmeer
Schreckliches leiden im lieblichen Theben durch göttliche Mißgunst.
Sie aber ging in das Haus des Hades, des mächtigen Torwarts.
Hoch unterm Dach ergriff sie den hängenden Strick; denn vom Elend
Kam sie nicht los; aber ihm hinterließ sie die Fülle der Leiden,
Wie die Erinyen stets sie vollziehn auf den Ruf einer Mutter.

Chloris sah ich hernach, jene herrliche Schöne, die Neleus,
Weil sie so schön war, freite, und zahllose Gaben zur Werbung
Schickte, die tüchtigste Tochter Amphions, des Sohns des Iásos,
Der in Orchomenos einst seine Minyer kraftvoll beherrschte.
Königin ward sie in Pylos und ruhmvolle Söhne gebar sie:
Chrómios, Nestor, dazu Periklýmenos, mutige Kämpfer.
Später gebar sie die kraftvolle Pero, dies Wunder der Menschen;
Alle Nachbarn freiten um sie, aber Neleus versprach sie
Einzig dem, der ihm glänzende Rinder mit breiten Stirnen
Wieder aus Phýlake brächte und Íphiklos' Macht sie entrisse,
Wenn es auch schwer war. Ein einziger trefflicher Seher versprach es
Her sie zu bringen. Doch lähmte ihn bald eine göttliche, harte,
Schickung: schmerzhafte Fesseln und Hirten des Feldes. Und erst als
Tag um Tag und Monat um Monat verstrichen, das Jahr sich
Wieder wandte, die Jahreszeiten wieder erschienen,
Löste ihn endlich die Macht des Íphiklos, da er ihm alle
Göttlichen Sprüche verriet und der Wille des Zeus sich erfüllte.

Leda sah ich dann auch, des Tyndáreos Gattin. Von dieser

ἥ ῥ' ὑπὸ Τυνδαρέῳ κρατερόφρονε γείνατο παῖδε,
Κάστορά θ' ἱππόδαμον καὶ πὺξ ἀγαθὸν Πολυδεύκεα, 300
τοὺς ἄμφω ζωοὺς κατέχει φυσίζοος αἶα·
οἳ καὶ νέρθεν γῆς τιμὴν πρὸς Ζηνὸς ἔχοντες
ἄλλοτε μὲν ζώουσ' ἑτερήμεροι, ἄλλοτε δ' αὖτε
τεθνᾶσιν· τιμὴν δὲ λελόγχασιν ἶσα θεοῖσι.

τὴν δὲ μέτ' Ἰφιμέδειαν, Ἀλωῆος παράκοιτιν, 305
εἴσιδον, ἣ δὴ φάσκε Ποσειδάωνι μιγῆναι,
καί ῥ' ἔτεκεν δύο παῖδε, μινυνθαδίω δὲ γενέσθην,
Ὦτόν τ' ἀντίθεον τηλεκλειτόν τ' Ἐφιάλτην,
οὓς δὴ μηκίστους θρέψε ζείδωρος ἄρουρα
καὶ πολὺ καλλίστους μετά γε κλυτὸν Ὠρίωνα· 310
ἐννέωροι γὰρ τοί γε καὶ ἐννεαπήχεες ἦσαν
εὖρος, ἀτὰρ μῆκός γε γενέσθην ἐννεόργυιοι.
οἵ ῥα καὶ ἀθανάτοισιν ἀπειλήτην ἐν Ὀλύμπῳ
φυλόπιδα στήσειν πολυάικος πολέμοιο.
Ὄσσαν ἐπ' Οὐλύμπῳ μέμασαν θέμεν, αὐτὰρ ἐπ' Ὄσσῃ 315
Πήλιον εἰνοσίφυλλον, ἵν' οὐρανὸς ἀμβατὸς εἴη.
καί νύ κεν ἐξετέλεσσαν, εἰ ἥβης μέτρον ἵκοντο·
ἀλλ' ὄλεσεν Διὸς υἱός, ὃν ἠύκομος τέκε Λητώ,
ἀμφοτέρω, πρίν σφωιν ὑπὸ κροτάφοισιν ἰούλους
ἀνθῆσαι πυκάσαι τε γένυς εὐανθέϊ λάχνῃ. 320

Φαίδρην τε Πρόκριν τε ἴδον καλήν τ' Ἀριάδνην,
κούρην Μίνωος ὀλοόφρονος, ἥν ποτε Θησεὺς
ἐκ Κρήτης ἐς γουνὸν Ἀθηνάων ἱεράων
ἦγε μέν, οὐδ' ἀπόνητο· πάρος δέ μιν Ἄρτεμις ἔκτα
Δίῃ ἐν ἀμφιρύτῃ Διονύσου μαρτυρίῃσι. 325

Μαῖράν τε Κλυμένην τε ἴδον στυγερήν τ' Ἐριφύλην,
ἣ χρυσὸν φίλου ἀνδρὸς ἐδέξατο τιμήεντα.
πάσας δ' οὐκ ἂν ἐγὼ μυθήσομαι οὐδ' ὀνομήνω,
ὅσσας ἡρώων ἀλόχους ἴδον ἠδὲ θύγατρας·
πρὶν γάρ κεν καὶ νὺξ φθῖτ' ἄμβροτος. ἀλλὰ καὶ ὥρη 330
εὕδειν, ἢ ἐπὶ νῆα θοὴν ἐλθόντ' ἐς ἑταίρους
ἢ αὐτοῦ· πομπὴ δὲ θεοῖς ὑμῖν τε μελήσει."

ὣς ἔφαθ', οἱ δ' ἄρα πάντες ἀκὴν ἐγένοντο σιωπῇ,
κηληθμῷ δ' ἔσχοντο κατὰ μέγαρα σκιόεντα.
τοῖσιν δ' Ἀρήτη λευκώλενος ἤρχετο μύθων· 335
"Φαίηκες, πῶς ὔμμιν ἀνὴρ ὅδε φαίνεται εἶναι

Stammten die kraftvoll besonnenen Söhne: der Meister im Faustkampf
Polydeukes und Kastor, der Rossebändiger. Beide
Blieben lebendig, doch deckt sie getreidetragender Boden.
Unter der Erde auch haben sie Ehren von Zeus: denn im Wechsel
Leben sie beide je einen Tag und am anderen Tage
Sind sie dann wiederum tot. So erlosten sie Ehren wie Götter.
 Darnach sah ich Iphimedeia, die Tochter Aloeus'.
Diese erzählte, sie habe Poseidon in Liebe umfangen;
Söhne gebar sie ein Paar, doch blieb es nicht lange am Leben,
Otos, der Göttern glich, Ephialtes, den weithin berühmten.
Diese erzog die getreidetragende Erde zu Riesen;
Nur der berühmte Orion war schöner; sie waren die schönsten.
Neun volle Ellen waren sie breit und die Länge betrug schon
Neun volle Klafter im neunten Jahr ihres Lebens. Sie drohten,
Selbst die Unsterblichen hoch im Olympos zum Kampfe zu stellen,
Kriegsgetöse dort zu erregen: Sie wollten die Berge
Türmen, Olympos und Ossa und Pelion, der seinen Laubwald
Rüttelt und schüttelt; so sollte der Himmel ersteigbar werden.
Und sie brachten es fertig, erlebten sie reifere Jahre.
Aber der Sohn des Zeus, den Leto mit herrlichen Haaren
Einstens gebar, schlug beide, noch eh an den Schläfen die Haare
Sproßten und schön das Kinn mit sprossendem Flaum sich bedeckte.
 Phaidra sah ich und Prokris, auch Ariadne, die schöne
Tochter des unheilsinnenden Minos. Es brachte sie einstmals
Theseus aus Kreta zum heiligen Hügel Athens; aber Freude
Hat er an ihr nicht erlebt; Dionysos verriet ihm als Zeuge,
Artemis habe sie schon auf dem Eiland Dia getötet.
 Maira sah ich und Klýmene, auch Eriphýle, das Scheusal:
Nahm sie doch kostbares Gold und verkaufte dafür ihren Gatten.
Aber ich kann nicht von allen berichten, die Namen nicht nennen
Aller der Frauen und Töchter von Helden, die dort ich gesehen.
Denn die ambrosische Nacht verginge; doch Zeit ists zu schlafen,
Seis, daß zum eilenden Schiff in den Kreis der Gefährten ich gehe,
Sei es gleich hier. Das Geleit ist der Götter und euere Sache."
 Also sprach er und alle verharrten in lautlosem Schweigen.
Zauberstimmung hielt sie gebannt im schattigen Saale.
Da begann ein Gespräch Arete mit weißen Armen:
 „Sagt, Phaiaken, was dünkt euch hier von dem Manne? Betrachtet

εἶδός τε μέγεθός τε ἰδὲ φρένας ἔνδον ἐΐσας;
ξεῖνος δ' αὖτ' ἐμός ἐστιν, ἕκαστος δ' ἔμμορε τιμῆς.
τῷ μὴ ἐπειγόμενοι ἀποπέμπετε μηδὲ τὰ δῶρα
οὕτω χρηΐζοντι κολούετε· πολλὰ γὰρ ὑμῖν 340
κτήματ' ἐνὶ μεγάροισι θεῶν ἰότητι κέονται."
 τοῖσι δὲ καὶ μετέειπε γέρων ἥρως Ἐχένηος,
ὃς δὴ Φαιήκων ἀνδρῶν προγενέστερος ἦεν·
 "ὦ φίλοι, οὐ μὰν ἧμιν ἀπὸ σκοποῦ οὐδ' ἀπὸ δόξης
μυθεῖται βασίλεια περίφρων· ἀλλὰ πίθεσθε. 345
Ἀλκινόου δ' ἐκ τοῦδ' ἔχεται ἔργον τε ἔπος τε."
 τὸν δ' αὖτ' Ἀλκίνοος ἀπαμείβετο φωνήσέν τε·
 "τοῦτο μὲν οὕτω δὴ ἔσται ἔπος, αἴ κεν ἐγώ γε
ζωὸς Φαιήκεσσι φιληρέτμοισιν ἀνάσσω·
ξεῖνος δὲ τλήτω, μάλα περ νόστοιο χατίζων, 350
ἔμπης οὖν ἐπιμεῖναι ἐς αὔριον, εἰς ὅ κε πᾶσαν
δωτίνην τελέσω. πομπὴ δ' ἄνδρεσσι μελήσει
πᾶσι, μάλιστα δ' ἐμοί· τοῦ γὰρ κράτος ἔστ' ἐνὶ δήμῳ."
 τὸν δ' ἀπαμειβόμενος προσέφη πολύμητις Ὀδυσσεύς·
 "Ἀλκίνοε κρεῖον, πάντων ἀριδείκετε λαῶν, 355
εἴ με καὶ εἰς ἐνιαυτὸν ἀνώγοιτ' αὐτόθι μίμνειν
πομπήν τ' ὀτρύνοιτε καὶ ἀγλαὰ δῶρα διδοῖτε,
καί κε τὸ βουλοίμην, καί κεν πολὺ κέρδιον εἴη,
πλειοτέρῃ σὺν χειρὶ φίλην ἐς πατρίδ' ἱκέσθαι·
καί κ' αἰδοιότερος καὶ φίλτερος ἀνδράσιν εἴην 360
πᾶσιν, ὅσοι μ' Ἰθάκηνδε ἰδοίατο νοστήσαντα."
 τὸν δ' αὖτ' Ἀλκίνοος ἀπαμείβετο φωνήσέν τε·
 "ὦ Ὀδυσεῦ, τὸ μὲν οὔ τί σ' ἐΐσκομεν εἰσορόωντες
ἠπεροπῆά τ' ἔμεν καὶ ἐπίκλοπον, οἷά τε πολλοὺς
βόσκει γαῖα μέλαινα πολυσπερέας ἀνθρώπους 365
ψεύδεά τ' ἀρτύνοντας, ὅθεν κέ τις οὐδὲ ἴδοιτο·
σοὶ δ' ἔπι μὲν μορφὴ ἐπέων, ἔνι δὲ φρένες ἐσθλαί,
μῦθον δ' ὡς ὅτ' ἀοιδὸς ἐπισταμένως κατέλεξας,
πάντων Ἀργείων σέο τ' αὐτοῦ κήδεα λυγρά.
ἀλλ' ἄγε μοι τόδε εἰπὲ καὶ ἀτρεκέως κατάλεξον, 370
εἴ τινας ἀντιθέων ἑτάρων ἴδες, οἵ τοι ἅμ' αὐτῷ
Ἴλιον εἰς ἅμ' ἕποντο καὶ αὐτοῦ πότμον ἐπέσπον.
νὺξ δ' ἥδε μάλα μακρή, ἀθέσφατος, οὐδέ πω ὥρη
εὕδειν ἐν μεγάρῳ· σὺ δέ μοι λέγε θέσκελα ἔργα.

Größe, Erscheinung, sein richtig erwägendes Sinnen, dazu noch
Ist er auch Gast bei mir und jedem gebührt seine Ehre.
Deswegen macht es nicht eilig und schickt ihn nicht weg und verkürzt ihm,
Da er doch Wünsche hat, nicht die Geschenke. Ihr habt doch so vieles,
Wohlverwahrtes Besitztum zuhaus durch die Gnade der Götter."

Nun aber sprach auch zu ihnen der greise Held Echenéos;
Älter war er beträchtlich als sonst die Phaiakischen Männer:
„Freunde, es zeigt schon ein Ziel und verrät eine richtige Meinung,
Was die gescheite Königin spricht, darum sag ich: gehorcht ihr!
Freilich zu reden und handeln bleibt immer Alkinoos' Sache."

Aber Alkinoos sagte und gab ihm wieder zur Antwort:
„Dieses Wort soll wirklich so sich erfüllen, so wahr ich
Lebe und Herrscher bin der Phaiaken, der Freunde der Ruder.
Dringend mag es den Gast nach der Heimkehr verlangen: Er trag es
Trotzdem hier noch bis morgen zu bleiben. Bis dahin besorg ich
Restlos, was wir ihm schenken. Die Fahrt ist dann Sache der Männer,
Aller, doch meine besonders; denn mein ist im Volke die Herrschaft."

Antwort gab ihm und sagte der einfallreiche Odysseus:
„Herrscher Alkinoos, aller Völker vortrefflichstes Vorbild!
Hießet ihr gar ein Jahr noch mich bleiben, bedächtet indessen
Rührig Geleit mir zu schaffen und schenktet mir herrliche Gaben:
Gerne wohl wär ich dafür. Und es wäre ja schließlich von Vorteil,
Käm ich mit volleren Händen zurück in die liebe Heimat.
Höhere Ehrfurcht, höhere Liebe zu mir wohl empfände
Jeder Mann, der mein Kommen in Ithaka sähe. So denk ich."

Aber Alkinoos sagte und gab ihm wieder zur Antwort:
„Nein, mein Odysseus! Sehn wir dich an, dann vergleicht dich wohl keiner
Dieben und falschen Betrügern. Die schwarze Erde ernährt wohl
Mengen von Menschen wie Mengen von Samen und jene verstehen
Lüge an Lüge zu reihn, deren Herkunft keiner entdeckte.
Du verstehst es die Worte zu formen, dein Sinnen ist edel,
Meisterhaft, gleich einem Sänger erzähltest du deine Geschichte,
Aller Argeier grausige Leiden, dazu deine eignen.
Aber nun sage mir dies und erzähle es ohne Verdrehung:
Sahst du wohl manche der göttergleichen Gefährten, die mit dir
Einstens nach Ilion zogen und dort dann ihr Schicksal erfüllten?
Lang ist die heutige Nacht, unsagbar wie lange; zum Schlafen
Hat es noch Zeit hier im Saal; so erzähl' mir von Taten und Wundern!

καί κεν ἐς ἠῶ δῖαν ἀνασχοίμην, ὅτε μοι σὺ 375
τλαίης ἐν μεγάρῳ τὰ σὰ κήδεα μυθήσασθαι."
 τὸν δ' ἀπαμειβόμενος προσέφη πολύμητις Ὀδυσσεύς·
"'Ἀλκίνοε κρεῖον, πάντων ἀριδείκετε λαῶν,
ὥρη μὲν πολέων μύθων, ὥρη δὲ καὶ ὕπνου·
εἰ δ' ἔτ' ἀκουέμεναί γε λιλαίεαι, οὐκ ἂν ἔπειτα 380
τούτων σοι φθονέοιμι καὶ οἰκτρότερ' ἄλλ' ἀγορεύειν,
κήδε' ἐμῶν ἑτάρων, οἳ δὴ μετόπισθεν ὄλοντο,
οἳ Τρώων μὲν ὑπεξέφυγον στονόεσσαν ἀϋτήν,
ἐν νόστῳ δ' ἀπόλοντο κακῆς ἰότητι γυναικός.

 αὐτὰρ ἐπεὶ ψυχὰς μὲν ἀπεσκέδασ' ἄλλυδις ἄλλῃ 385
ἁγνὴ Περσεφόνεια γυναικῶν θηλυτεράων,
ἦλθε δ' ἐπὶ ψυχὴ Ἀγαμέμνονος Ἀτρεΐδαο
ἀχνυμένη· περὶ δ' ἄλλαι ἀγηγέραθ', ὅσσοι ἅμ' αὐτῷ
οἴκῳ ἐν Αἰγίσθοιο θάνον καὶ πότμον ἐπέσπον.
ἔγνω δ' αἶψ' ἐμὲ κεῖνος, ἐπεὶ ἴδεν ὀφθαλμοῖσι· 390
κλαῖε δ' ὅ γε λιγέως, θαλερὸν κατὰ δάκρυον εἴβων,
πιτνὰς εἰς ἐμὲ χεῖρας ὀρέξασθαι μενεαίνων·
ἀλλ' οὐ γάρ οἱ ἔτ' ἦν ἲς ἔμπεδος οὐδ' ἔτι κῖκυς,
οἵη περ πάρος ἔσκεν ἐνὶ γναμπτοῖσι μέλεσσι.
τὸν μὲν ἐγὼ δάκρυσα ἰδὼν ἐλέησά τε θυμῷ 395
καί μιν φωνήσας ἔπεα πτερόεντα προσηύδων·
"'Ἀτρεΐδη κύδιστε, ἄναξ ἀνδρῶν Ἀγάμεμνον,
τίς νύ σε κὴρ ἐδάμασσε τανηλεγέος θανάτοιο;
ἠέ σέ γ' ἐν νήεσσι Ποσειδάων ἐδάμασσεν
ὄρσας ἀργαλέων ἀνέμων ἀμέγαρτον ἀϋτμήν; 400
ἦέ σ' ἀνάρσιοι ἄνδρες ἐδηλήσαντ' ἐπὶ χέρσου
βοῦς περιταμνόμενον ἠδ' οἰῶν πώεα καλὰ
ἠὲ περὶ πτόλιος μαχεούμενον ἠδὲ γυναικῶν;"

 ὣς ἐφάμην, ὁ δέ μ' αὐτίκ' ἀμειβόμενος προσέειπε·
"διογενὲς Λαερτιάδη, πολυμήχαν' Ὀδυσσεῦ, 405
οὔτ' ἐμέ γ' ἐν νήεσσι Ποσειδάων ἐδάμασσεν
ὄρσας ἀργαλέων ἀνέμων ἀμέγαρτον ἀϋτμήν,
οὔτε μ' ἀνάρσιοι ἄνδρες ἐδηλήσαντ' ἐπὶ χέρσου,
ἀλλά μοι Αἴγισθος τεύξας θάνατόν τε μόρον τε
ἔκτα σὺν οὐλομένῃ ἀλόχῳ οἶκόνδε καλέσσας, 410
δειπνίσσας, ὥς τίς τε κατέκτανε βοῦν ἐπὶ φάτνῃ.
ὣς θάνον οἰκτίστῳ θανάτῳ· περὶ δ' ἄλλοι ἑταῖροι

Ich auch halte mich wach bis zur göttlichen Frühe, wenn du nicht
Müde versagst im Palast deine Leiden mir zu berichten."

Antwort gab ihm und sagte der einfallreiche Odysseus:
"Herrscher Alkinoos, aller Völker trefflichstes Vorbild!
Stunden gibt es für viele Geschichten und Stunden des Schlafes.
Hast du indessen Lust noch zu hören, so darf ich unmöglich
Dir es mißgönnen, noch anderes größeres Leid zu erzählen,
Nämlich das der Gefährten, die nachher zugrunde noch gingen.
Glücklich entronnen den dröhnenden Rufen der Troer zum Kampfe
Kamen daheim sie noch um, weil ein übles Weib es so wollte."

"Als dann die heilige Persephoneia der fraulichen Weiber
Seelen wieder zerstreut und nach allen Seiten verschickte,
Kam Agamemnons, des Sohnes des Atreus, Seele gegangen,
Traurig, im Kreise von andern Seelen, derer, die mit ihm
Alle im Haus des Aigisthos den Tod und ihr Schicksal gefunden.
Gleich doch erkannte er mich, sobald er mich leibhaft vor sich sah.
Laut vernehmlich vergoß er schwellende Tränen; die Hände
Streckte gebreitet er aus, voll Verlangen mich zu erreichen.
Aber es war keine feste Kraft mehr in ihm, keine Stärke,
So wie er früher sie immer gehabt in den biegsamen Gliedern.
Tränen erregte sein Anblick, Mitleid tief im Gemüte.
Darum sprach ich und sagte zu ihm geflügelte Worte:

"Agamemnon, Herrscher der Männer, berühmter Atride!
Welches Unheil brachte den Tod dir, der keinen noch schonte?
Hat auf der Fahrt auf dem Schiff dich Poseidon gänzlich vernichtet?
Hat er das Wehen schrecklicher Winde erregt, oder haben
Feindliche Männer dir Schaden getan auf dem Festland, weil du
Scharen von Rindern dir holtest und herrliche Herden von Schafen?
Trieb es dich etwa zum Kampf, weil die Stadt und die Weiber du woll-
Also sprach ich, und gleich erwidernd gab er mir Antwort: [test?"
"Göttersproß, du findiger Sohn des Laërtes, Odysseus:
Nicht auf der Fahrt mit dem Schiff hat Poseidon mich gänzlich ver-
Nicht hat er Wehen schrecklicher Winde erregt und es haben [nichtet,
Keine feindlichen Männer mir Schaden getan auf dem Festland.
Nein! Aigisthos und mit ihm im Bund meine grausige Gattin —
Tod und Schicksal brachten sie mir. Er lud mich zur Mahlzeit,
Rief mich ins Haus und erschlug mich dabei wie ein Rind vor der Krippe.
Jämmerlich mußte ich sterben, daneben die andern Gefährten,

νωλεμέως κτείνοντο σύες ὣς ἀργιόδοντες,
οἵ ῥά τ' ἐν ἀφνειοῦ ἀνδρὸς μέγα δυναμένοιο
ἢ γάμῳ ἢ ἐράνῳ ἢ εἰλαπίνῃ τεθαλυίῃ. 415
ἤδη μὲν πολέων φόνῳ ἀνδρῶν ἀντεβόλησας,
μουνὰξ κτεινομένων καὶ ἐνὶ κρατερῇ ὑσμίνῃ·
ἀλλά κε κεῖνα μάλιστα ἰδὼν ὀλοφύραο θυμῷ,
ὡς ἀμφὶ κρητῆρα τραπέζας τε πληθούσας
κείμεθ' ἐνὶ μεγάρῳ, δάπεδον δ' ἅπαν αἵματι θῦεν. 420
οἰκτροτάτην δ' ἤκουσα ὄπα Πριάμοιο θυγατρὸς
Κασσάνδρης, τὴν κτεῖνε Κλυταιμνήστρη δολόμητις
ἀμφ' ἐμοί· αὐτὰρ ἐγὼ ποτὶ γαίῃ χεῖρας ἀείρων
βάλλον ἀποθνῄσκων περὶ φασγάνῳ· ἡ δὲ κυνῶπις
νοσφίσατ' οὐδέ μοι ἔτλη, ἰόντι περ εἰς Ἀΐδαο, 425
χερσὶ κατ' ὀφθαλμοὺς ἑλέειν σύν τε στόμ' ἐρεῖσαι.
ὣς οὐκ αἰνότερον καὶ κύντερον ἄλλο γυναικός,
ἥ τις δὴ τοιαῦτα μετὰ φρεσὶν ἔργα βάληται·
οἷον δὴ καὶ κείνη ἐμήσατο ἔργον ἀεικές,
κουριδίῳ τεύξασα πόσει φόνον. ἦ τοι ἔφην γε 430
ἀσπάσιος παίδεσσιν ἰδὲ δμώεσσιν ἐμοῖσιν
οἴκαδ' ἐλεύσεσθαι· ἡ δ' ἔξοχα λυγρὰ ἰδυῖα
οἷ τε κατ' αἶσχος ἔχευε καὶ ἐσσομένῃσιν ὀπίσσω
θηλυτέρῃσι γυναιξί, καὶ ἥ κ' εὐεργὸς ἔῃσιν."
ὣς ἔφατ', αὐτὰρ ἐγώ μιν ἀμειβόμενος προσέειπον· 435
"ὢ πόποι, ἦ μάλα δὴ γόνον Ἀτρέος εὐρύοπα Ζεὺς
ἐκπάγλως ἤχθηρε γυναικείας διὰ βουλὰς
ἐξ ἀρχῆς· Ἑλένης μὲν ἀπωλόμεθ' εἵνεκα πολλοί,
σοὶ δὲ Κλυταιμνήστρη δόλον ἤρτυε τηλόθ' ἐόντι."
ὣς ἐφάμην, ὁ δέ μ' αὐτίκ' ἀμειβόμενος προσέειπε· 440
"τῷ νῦν μή ποτε καὶ σὺ γυναικί περ ἤπιος εἶναι
μηδ' οἱ μῦθον ἅπαντα πιφαυσκέμεν, ὅν κ' ἐῢ εἰδῇς,
ἀλλὰ τὸ μὲν φάσθαι, τὸ δὲ καὶ κεκρυμμένον εἶναι.
ἀλλ' οὐ σοί γ', Ὀδυσεῦ, φόνος ἔσσεται ἔκ γε γυναικός·
λίην γὰρ πινυτή τε καὶ εὖ φρεσὶ μήδεα οἶδε 445
κούρη Ἰκαρίοιο, περίφρων Πηνελόπεια.
ἦ μέν μιν νύμφην γε νέην κατελείπομεν ἡμεῖς
ἐρχόμενοι πόλεμόνδε· πάϊς δέ οἱ ἦν ἐπὶ μαζῷ
νήπιος, ὅς που νῦν γε μετ' ἀνδρῶν ἵζει ἀριθμῷ,
ὄλβιος· ἦ γὰρ τόν γε πατὴρ φίλος ὄψεται ἐλθών, 450

Alle schlug man sie nieder wie Schweine mit weißen Zähnen,
Endlos, als gäbs eine Hochzeit, gäb es ein Mahl unter Freunden,
Gäb es ein Schlemmen und Schwelgen im Haus eines mächtigen Reichen.
Du hast gewiß schon das blutige Ende zahlloser Männer
Selber erlebt in gewaltiger Feldschlacht oder im Zweikampf;
Aber hättest du dort es gesehn, — der entsetzlichste Jammer
Tobte in deinem Gemüt: An beladenen Tischen, am Mischkrug
Lagen im Saal wir herum und das Erdreich dampfte vom Blutdunst.
Priamos' Tochter Kassandra hörte ich jämmerlichst schreien;
Über mir schlug sie die hinterlistige Klytaimnestra
Tot. Und ich —: wohl hob ich die Hände, mein Schwert noch zu fassen –
Sank aber sterbend zu Boden. Doch sie mit den hündischen Augen
Brachte es fertig und ging; sie schloß mir den Mund nicht, die Augen
Drückte sie nicht mir zu mit den Händen beim Gang in den Hades.
Daraus siehst du: nichts ist so grausam, so hündisch wie Weiber,
Richtet nur eine auf solcherlei Taten wirklich ihr Sinnen;
Wie ja auch jene die schändliche Tat recht gründlich bedachte,
Eh sie den Mord an dem ehlichen Gatten vollzog; und ich dachte,
Kinder und Diener würden mit Freuden willkommen mich heißen,
Käme ich heim. So zog sie als Meisterin grausiger Untat
Schande auf sich und auf alle die fraulichen Weiber, die jemals
Später ins Leben noch treten, und wären sie tüchtig geraten."

Also sprach er, doch ich erwidernd gab ihm zur Antwort:
„Was nicht gar! Wahrhaftig! Der weitausschauende Zeus hat
Schrecklich gehässig von jeher verfolgt mit weiblichen Ränken
Atreus' Sippe; für Helena sind wir in Menge gefallen,
Dir aber stellte die Falle von fern schon Klytaimnestra."

Also sprach ich und gleich erwidernd gab er mir Antwort:
„Darum sei denn auch du jetzt zum Weibe niemals zu gütig!
Was an Geschichten du weißt, ihr sollst du nicht alles erklären.
Manches sage, doch bleibe auch manches ein tiefes Geheimnis.
Dir doch, Odysseus, droht kein Mord von der Hand deines Weibes.
Denn Ikarios' Tochter, die kluge Penelopeia,
Ist verständig und hegt auch im Sinne gute Gedanken.
Ja, als zu Felde wir zogen, da blieb sie zurück als ein junges
Weib mit dem Sohn an der Brust, dem die Sprache noch fehlte. Er wird
Sicher im Rat unter Männern sitzen, der Glückliche. Wahrlich! [jetzt
Kommt sein lieber Vater nach Hause, so wird er ihn sehen.

καὶ κεῖνος πατέρα προσπτύξεται, ἧ θέμις ἐστίν.
ἡ δ' ἐμὴ οὐδέ περ υἷος ἐνιπλησθῆναι ἄκοιτις
ὀφθαλμοῖσιν ἔασε· πάρος δέ με πέφνε καὶ αὐτόν.
ἄλλο δέ τοι ἐρέω, σὺ δ' ἐνὶ φρεσὶ βάλλεο σῇσι·
κρύβδην, μηδ' ἀναφανδά, φίλην ἐς πατρίδα γαῖαν 455
νῆα κατισχέμεναι, ἐπεὶ οὐκέτι πιστὰ γυναιξίν.
ἀλλ' ἄγε μοι τόδε εἰπὲ καὶ ἀτρεκέως κατάλεξον,
εἴ που ἔτι ζώοντος ἀκούετε παιδὸς ἐμοῖο
ἤ που ἐν Ὀρχομενῷ ἢ ἐν Πύλῳ ἠμαθόεντι
ἤ που πὰρ Μενελάῳ ἐνὶ Σπάρτῃ εὐρείῃ· 460
οὐ γάρ πω τέθνηκεν ἐπὶ χθονὶ δῖος Ὀρέστης."
ὣς ἔφατ', αὐτὰρ ἐγώ μιν ἀμειβόμενος προσέειπον·
"Ἀτρεΐδη, τί με ταῦτα διείρεαι; οὐδέ τι οἶδα,
ζώει ὅ γ' ἦ τέθνηκε· κακὸν δ' ἀνεμώλια βάζειν."
νῶϊ μὲν ὣς ἐπέεσσιν ἀμειβομένω στυγεροῖσιν 465
ἕσταμεν ἀχνύμενοι, θαλερὸν κατὰ δάκρυ χέοντες·
ἦλθε δ' ἐπὶ ψυχὴ Πηληϊάδεω Ἀχιλῆος
καὶ Πατροκλῆος καὶ ἀμύμονος Ἀντιλόχοιο
Αἴαντός θ', ὃς ἄριστος ἔην εἶδός τε δέμας τε
τῶν ἄλλων Δαναῶν μετ' ἀμύμονα Πηλεΐωνα. 470
ἔγνω δὲ ψυχή με ποδώκεος Αἰακίδαο
καί ῥ' ὀλοφυρομένη ἔπεα πτερόεντα προσηύδα·
"διογενὲς Λαερτιάδη, πολυμήχαν' Ὀδυσσεῦ,
σχέτλιε, τίπτ' ἔτι μεῖζον ἐνὶ φρεσὶ μήσεαι ἔργον;
πῶς ἔτλης Ἄϊδόσδε κατελθέμεν, ἔνθα τε νεκροὶ 475
ἀφραδέες ναίουσι, βροτῶν εἴδωλα καμόντων;"
ὣς ἔφατ', αὐτὰρ ἐγώ μιν ἀμειβόμενος προσέειπον·
"ὦ Ἀχιλεῦ, Πηλῆος υἱέ, μέγα φέρτατ' Ἀχαιῶν,
ἦλθον Τειρεσίαο κατὰ χρέος, εἴ τινα βουλὴν
εἴποι, ὅπως Ἰθάκην ἐς παιπαλόεσσαν ἱκοίμην· 480
οὐ γάρ πω σχεδὸν ἦλθον Ἀχαιΐδος οὐδέ πω ἁμῆς
γῆς ἐπέβην, ἀλλ' αἰὲν ἔχω κακά. σεῖο δ', Ἀχιλλεῦ,
οὔ τις ἀνὴρ προπάροιθε μακάρτερος οὔτ' ἄρ' ὀπίσσω·
πρὶν μὲν γάρ σε ζωὸν ἐτίομεν ἶσα θεοῖσιν
Ἀργεῖοι, νῦν αὖτε μέγα κρατέεις νεκύεσσιν 485
ἐνθάδ' ἐών· τῷ μή τι θανὼν ἀκαχίζευ, Ἀχιλλεῦ."
ὣς ἐφάμην, ὁ δέ μ' αὐτίκ' ἀμειβόμενος προσέειπε·
"μὴ δή μοι θάνατόν γε παραύδα, φαίδιμ' Ὀδυσσεῦ.

Er aber wird seinen Vater umarmen nach gültiger Sitte.
Sie doch, die Meine, die Gattin! Am Sohn meine Augen zu weiden,
Dies selbst ließ sie nicht zu, sie hat noch zuvor mich erschlagen.
Andres doch will ich dir sagen; und du behalt es im Sinne:
Heimlich lande dein Schiff im lieben Land deiner Heimat,
Laß es die andern nicht sehen! Denn Weibern ist nicht mehr zu trauen.
Aber nun sage mir dies und erzähl es mir ohne Verdrehung:
Habt ihr vielleicht gehört, ob mein Sohn noch irgendwo lebe,
Seis in Orchomenos oder im sandigen Pylos? Vielleicht auch
Nahm Menelaos ihn auf in Spartas weitem Gefilde?
Denn noch nicht ist tot auf der Erde der hehre Orestes."
  Also sprach er. Doch ich erwidernd gab ihm zur Antwort:
„Sohn des Atreus, was soll mir die Frage? Ob er noch lebe
Oder schon tot sei — ich weiß nichts und Nichtiges reden ist übel."
  Also standen wir beide in grausigen Wechselgesprächen,
Standen und schmerzlich klagend vergossen wir schwellende Tränen.
Jetzt aber kam des Peliden Achilleus Seele gegangen,
Die des tadellosen Antílochos, die des Patróklos,
Die des Ajas, des ersten Manns an Gestalt und Erscheinung
Sämtlicher Danaer neben dem tadellosen Peliden.
Da erkannte mich gleich des trefflichen Läufers Achilleus
Seele und jammerte auf und sagte geflügelte Worte:
  „Göttersproß, du findiger Sohn des Laërtes, Odysseus!
Unentwegter! Welch größere Tat wirst im Sinn du noch hegen?
Wie nur hattest du Kraft in den Hades zu steigen? Hier wohnen
Nur verstandlose Tote, der müden Sterblichen Masken."
  Also sprach er, doch ich erwidernd gab ihm zur Antwort:
„Sohn des Peleus, Achilleus, du trefflichster aller Achaier!
Not ists; ich kam, damit ich Teiresias frage, ob er mir
Sage den Weg ins holprige Ithaka. Immer noch kam ich
Nicht an Achaia heran noch betrat ich unseren Boden;
Unglück ist meine Habe, doch glücklich wie du, mein Achilleus —
Keiner war es vordem und künftig wird keiner es werden.
Ehren gaben wir dir wie den Göttern, als du noch lebtest,
Wir die Achaier, und wiederum bist du ein kraftvoller Herrscher
Hier bei den Toten. Drum klage nicht, daß du gestorben, Achilleus!"
  Also sprach ich, doch er erwidernd gab mir zur Antwort:
„Sage mir ja kein verschönendes Wort für den Tod, mein Odysseus!

βουλοίμην κ' ἐπάρουρος ἐὼν θητευέμεν ἄλλῳ,
ἀνδρὶ παρ' ἀκλήρῳ, ᾧ μὴ βίοτος πολὺς εἴη, 490
ἢ πᾶσιν νεκύεσσι καταφθιμένοισιν ἀνάσσειν.
ἀλλ' ἄγε μοι τοῦ παιδὸς ἀγαυοῦ μῦθον ἐνίσπες,
ἢ ἕπετ' ἐς πόλεμον πρόμος ἔμμεναι ἦε καὶ οὐκί.
εἰπὲ δέ μοι Πηλῆος ἀμύμονος εἴ τι πέπυσσαι,
ἢ ἔτ' ἔχει τιμὴν πολέσιν μετὰ Μυρμιδόνεσσιν, 495
ἦ μιν ἀτιμάζουσιν ἀν' Ἑλλάδα τε Φθίην τε,
οὕνεκά μιν κατὰ γῆρας ἔχει χεῖράς τε πόδας τε.
εἰ γὰρ ἐγὼν ἐπαρωγὸς ὑπ' αὐγὰς ἠελίοιο,
τοῖος ἐὼν οἷός ποτ' ἐνὶ Τροίῃ εὐρείῃ
πέφνον λαὸν ἄριστον, ἀμύνων Ἀργείοισιν, — 500
εἰ τοιόσδ' ἔλθοιμι μίνυνθά περ ἐς πατέρος δῶ,
τῷ κέ τεῳ στύξαιμι μένος καὶ χεῖρας ἀάπτους,
οἳ κεῖνον βιόωνται ἐέργουσίν τ' ἀπὸ τιμῆς."
ὣς ἔφατ', αὐτὰρ ἐγώ μιν ἀμειβόμενος προσέειπον·
"ἦ τοι μὲν Πηλῆος ἀμύμονος οὔ τι πέπυσμαι, 505
αὐτάρ τοι παιδός γε Νεοπτολέμοιο φίλοιο
πᾶσαν ἀληθείην μυθήσομαι, ὥς με κελεύεις·
αὐτὸς γάρ μιν ἐγὼ κοίλης ἐπὶ νηὸς ἐΐσης
ἤγαγον ἐκ Σκύρου μετ' ἐϋκνήμιδας Ἀχαιούς.
ἦ τοι ὅτ' ἀμφὶ πόλιν Τροίην φραζοίμεθα βουλάς, 510
αἰεὶ πρῶτος ἔβαζε καὶ οὐχ ἡμάρτανε μύθων·
Νέστωρ δ' ἀντίθεος καὶ ἐγὼ νικάσκομεν οἴω.
αὐτὰρ ὅτ' ἐν πεδίῳ Τρώων μαρναίμεθ' Ἀχαιοί,
οὔ ποτ' ἐνὶ πληθυῖ μένεν ἀνδρῶν οὐδ' ἐν ὁμίλῳ,
ἀλλὰ πολὺ προθέεσκε, τὸ ὃν μένος οὐδενὶ εἴκων· 515
πολλοὺς δ' ἄνδρας ἔπεφνεν ἐν αἰνῇ δηιοτῆτι.
πάντας δ' οὐκ ἂν ἐγὼ μυθήσομαι οὐδ' ὀνομήνω,
ὅσσον λαὸν ἔπεφνεν ἀμύνων Ἀργείοισιν,
ἀλλ' οἷον τὸν Τηλεφίδην κατενήρατο χαλκῷ,
ἥρω' Εὐρύπυλον· πολλοὶ δ' ἀμφ' αὐτὸν ἑταῖροι 520
Κήτειοι κτείνοντο γυναίων εἵνεκα δώρων.
κεῖνον δὴ κάλλιστον ἴδον μετὰ Μέμνονα δῖον.
αὐτὰρ ὅτ' εἰς ἵππον κατεβαίνομεν, ὃν κάμ' Ἐπειός,
Ἀργείων οἱ ἄριστοι, ἐμοὶ δ' ἐπὶ πάντ' ἐτέταλτο,
ἠμὲν ἀνακλῖναι πυκινὸν λόχον ἠδ' ἐπιθεῖναι, 525
ἔνθ' ἄλλοι Δαναῶν ἡγήτορες ἠδὲ μέδοντες

Strahlender! Lieber wäre ich Knecht auf den Feldern und fronte
Dort einem anderen Mann ohne Land und mit wenig Vermögen;
Lieber tät' ichs als herrschen bei allen verstorbenen Toten.
Aber erzähle mir jetzt meines edlen Sohnes Geschichte!
Zog er zum Kampf, um ein Erster zu sein, oder ließ er es bleiben?
Sag es mir auch, ob vom trefflichen Peleus du Kunde erhieltest!
Hat seine Ehre er noch bei den zahllosen Myrmidonen,
Oder wird er mißehrt in Phthia und Hellas? Es hat wohl
Sicher das Alter ihn richtig gepackt an Händen und Füßen.
Könnte ich doch an die strahlende Sonne und würde sein Schützer,
Wär' ich noch so, wie ich einstens im breiten Troja die besten
Männer in Scharen erschlug und kämpfend half den Argeiern:
Träte ich kurz nur ins Haus meines Vaters in solcher Verfassung.
Manchen Bedränger und Dieb seiner Ehre machte ich zittern,
Könnt ich die Kraft meiner unnahbaren Hände ihm zeigen."

Also sprach er, doch ich erwidernd gab ihm zur Antwort:
„Freilich, vom trefflichen Peleus hab niemals ich Kunde erhalten;
Doch von dem lieben Sohn Neoptólemos will ich dir gerne,
Wie du es wünschest, die Wahrheit restlos berichten. Ich selber
Holte auf hohlem, richtig gehendem Schiff ihn aus Skyros,
Brachte ihn dann zu den trefflich geschienten Achaiern, und wahrlich,
Oftmals trafen wir uns wegen Trojas Stadt zur Beratung:
Er war der Erste, der sprach, und fand auch die treffendsten Worte;
Doch die Entscheidung lag immer bei mir und dem göttlichen Nestor,
Wir Achaier kämpften oft im Gefilde von Troja:
Nie aber blieb er dann dort, wo die Menge der Männer sich staute;
Weit vor den anderen lief er, an Mut wollte keinem er nachstehn;
Viele Männer erschlug er dabei in schrecklichem Morden.
Aber ich kann nicht alles berichten, die Namen nicht nennen,
Wieviel Volk er erschlug und kämpfend half den Argeiern.
Beispiel sei dir: dem Helden Eurýpylos nahm er die Rüstung,
Telephos' Sohn, neben dem seine Freunde, die Kreter, in Menge
Fielen als Opfer; es waren Geschenke an Weiber im Spiele.
Keinen Schönern hab je ich gesehn, nur den göttlichen Memnon.
Aber als wir besten Argeier das Pferd dann bestiegen,
Jenes Werk des Epeios, und ich als Leiter des Ganzen
Auftrag hatte die tüchtige Falle zu öffnen, zu schließen,
Wischten der anderen Danaer Führer und Pfleger die Augen

δάκρυά τ' ὠμόργνυντο, τρέμον θ' ὑπὸ γυῖα ἑκάστου·
κεῖνον δ' οὔ ποτε πάμπαν ἐγὼν ἴδον ὀφθαλμοῖσιν
οὔτ' ὠχρήσαντα χρόα κάλλιμον οὔτε παρειῶν
δάκρυ' ὀμορξάμενον· ὁ δέ με μάλα πόλλ' ἱκέτευεν   530
ἱππόθεν ἐξέμεναι, ξίφεσ' δ' ἐπεμαίετο κώπην
καὶ δόρυ χαλκοβαρές, κακὰ δὲ Τρώεσσι μενοίνα.
ἀλλ' ὅτε δὴ Πριάμοιο πόλιν διεπέρσαμεν αἰπήν,
μοῖραν καὶ γέρας ἐσθλὸν ἔχων ἐπὶ νηὸς ἔβαινεν
ἀσκηθής, οὔτ' ἄρ βεβλημένος ὀξέϊ χαλκῷ   535
οὔτ' αὐτοσχεδίην οὐτασμένος, οἷά τε πολλὰ
γίνεται ἐν πολέμῳ· ἐπιμὶξ δέ τε μαίνεται Ἄρης."
  ὣς ἐφάμην, ψυχὴ δὲ ποδώκεος Αἰακίδαο
φοίτα μακρὰ βιβᾶσα κατ' ἀσφοδελὸν λειμῶνα,
γηθοσύνη, ὅ οἱ υἱὸν ἔφην ἀριδείκετον εἶναι.   540
  αἱ δ' ἄλλαι ψυχαὶ νεκύων κατατεθνηώτων
ἕστασαν ἀχνύμεναι, εἴροντο δὲ κήδε' ἑκάστη.
οἴη δ' Αἴαντος ψυχὴ Τελαμωνιάδαο
νόσφιν ἀφεστήκει, κεχολωμένη εἵνεκα νίκης,
τήν μιν ἐγὼ νίκησα δικαζόμενος παρὰ νηυσὶ   545
τεύχεσιν ἀμφ' Ἀχιλῆος· ἔθηκε δὲ πότνια μήτηρ,
παῖδες δὲ Τρώων δίκασαν καὶ Παλλὰς Ἀθήνη.
ὡς δὴ μὴ ὄφελον νικᾶν τοιῷδ' ἐπ' ἀέθλῳ·
τοίην γὰρ κεφαλὴν ἕνεκ' αὐτῶν γαῖα κατέσχεν,
Αἴανθ', ὃς περὶ μὲν εἶδος, περὶ δ' ἔργα τέτυκτο   550
τῶν ἄλλων Δαναῶν μετ' ἀμύμονα Πηλεΐωνα.
τὸν μὲν ἐγὼν ἐπέεσσι προσηύδων μειλιχίοισιν·
  "Αἶαν, παῖ Τελαμῶνος ἀμύμονος, οὐκ ἄρ' ἔμελλες
οὐδὲ θανὼν λήσεσθαι ἐμοὶ χόλου εἵνεκα τευχέων
οὐλομένων; τὰ δὲ πῆμα θεοὶ θέσαν Ἀργείοισι·   555
τοῖος γάρ σφιν πύργος ἀπώλεο· σεῖο δ' Ἀχαιοὶ
ἶσον Ἀχιλῆος κεφαλῇ Πηληϊάδαο
ἀχνύμεθα φθιμένοιο διαμπερές· οὐδέ τις ἄλλος
αἴτιος, ἀλλὰ Ζεὺς Δαναῶν στρατὸν αἰχμητάων
ἐκπάγλως ἤχθηρε, τεῒν δ' ἐπὶ μοῖραν ἔθηκεν.   560
ἀλλ' ἄγε δεῦρο, ἄναξ, ἵν' ἔπος καὶ μῦθον ἀκούσῃς
ἡμέτερον· δάμασον δὲ μένος καὶ ἀγήνορα θυμόν."
  ὣς ἐφάμην, ὁ δέ μ' οὐδὲν ἀμείβετο, βῆ δὲ μετ' ἄλλας
ψυχὰς εἰς Ἔρεβος νεκύων κατατεθνηώτων.

Trocken und jeder erzitterte bis in die Kniee; bei ihm doch
Sah ich mit eigenem Aug keine Blässe am herrlichen Körper,
Keine Träne war an den Augen zu trocknen; er flehte
Vielmehr dauernd mich an, aus dem Pferde heraus ihn zu lassen;
Immer hielt er die Hand am Griff seines Schwertes; die schwere
Eherne Lanze ergriff er und sann auf Vernichtung der Troer.
Aber nachdem er des Priamos Burg dann endlich geplündert,
Stieg er mit Beute und edlen, ehrenden Gaben aufs Fahrzeug;
Wunden hatte er nicht, ihn traf kein spitziges Eisen,
Auch kein blutiger Schlag im Nahkampf, wie es im Kriege
Oft ja geschieht; denn Ares wütet da ganz nach Belieben."

Also sprach ich und langsam schritt zur Asphodeloswiese
Freudig die Seele des Aiakiden, des hurtigen Läufers;
Hatte ich doch ihm gemeldet, sein Sohn sei ein treffliches Vorbild.

Aber die anderen Seelen der abgeschiedenen Toten
Standen und klagten, und jede erfragte, was sie bedrückte.
Einzig blieb nur die Seele des Telamoniers Aias
Abseits stehen, von Groll noch erfüllt, weil ich bei den Schiffen,
Als um Achilleus' Waffen der Streit ging, kraft eines Rechtspruchs
Siegend gewann. Seine waltende Mutter hat sie vergeben,
Mädchen der Troer und Pallas Athene fällten den Schiedspruch.
Hätte doch ich nicht gesiegt im Streit von solcher Bedeutung!
Diese Waffen! Ihretwegen deckt ja die Erde
So ein Haupt, den Aias, der anderen Danaer Vorbild.
Nur der Pelide stand über ihm an Erscheinung und Taten.
Ich aber richtete nun an ihn die schmeichelnden Worte:

„Aias, Sohn des trefflichen Telamon, willst du denn gar nicht,
Selbst nicht im Tod, deinen Groll nun vergessen wegen der Waffen,
Dieser verfluchten, durch die den Argeiern die Götter nur Unheil
Stifteten? Denn du warst wie ihr Turm und bist nun verloren.
Deinen Tod doch betrauern seither wir Achaier gerade
So wie das Haupt des Peliden Achilleus, und war doch kein andrer
Schuld als Zeus, der das Danaerheer, diese Meister im Speerkampf,
Schrecklich haßte; auf dich aber hat er das Schicksal gebürdet.
Herrscher! komm doch und höre mein Wort und was ich erzähle!
Kraft und Trotz des Gemütes, versuche sie endlich zu mildern!"

Also sprach ich, doch er erwiderte gar nichts und ging dann
Hinter anderen Seelen der abgeschiedenen Toten

ἔνθα χ' ὅμως προσέφη κεχολωμένος, ἤ κεν ἐγὼ τόν· 565
ἀλλά μοι ἤθελε θυμὸς ἐνὶ στήθεσσι φίλοισι
τῶν ἄλλων ψυχὰς ἰδέειν κατατεθνηώτων.
  ἔνθ' ἦ τοι Μίνωα ἴδον, Διὸς ἀγλαὸν υἱόν,
χρύσεον σκῆπτρον ἔχοντα θεμιστεύοντα νέκυσσιν,
ἥμενον· οἱ δέ μιν ἀμφὶ δίκας εἴροντο ἄνακτα, 570
ἥμενοι ἑσταότες τε κατ' εὐρυπυλὲς Ἄϊδος δῶ.
  τὸν δὲ μέτ' Ὠρίωνα πελώριον εἰσενόησα
θῆρας ὁμοῦ εἰλεῦντα κατ' ἀσφοδελὸν λειμῶνα,
τοὺς αὐτὸς κατέπεφνεν ἐν οἰοπόλοισιν ὄρεσσι,
χερσὶν ἔχων ῥόπαλον παγχάλκεον, αἰὲν ἀαγές. 575
  καὶ Τιτυὸν εἶδον, Γαίης ἐρικυδέος υἱόν,
κείμενον ἐν δαπέδῳ. ὁ δ' ἐπ' ἐννέα κεῖτο πέλεθρα,
γῦπε δέ μιν ἑκάτερθε παρημένω ἧπαρ ἔκειρον,
δέρτρον ἔσω δύνοντες· ὁ δ' οὐκ ἀπαμύνετο χερσί.
Λητὼ γὰρ ἕλκησε, Διὸς κυδρὴν παράκοιτιν, 580
Πυθώδ' ἐρχομένην διὰ καλλιχόρου Πανοπῆος.
  καὶ μὴν Τάνταλον εἰσεῖδον χαλέπ' ἄλγε' ἔχοντα,
ἑσταότ' ἐν λίμνῃ· ἡ δὲ προσέπλαζε γενείῳ.
στεῦτο δὲ διψάων, πιέειν δ' οὐκ εἶχεν ἑλέσθαι·
ὁσσάκι γὰρ κύψει' ὁ γέρων πιέειν μενεαίνων, 585
τοσσάχ' ὕδωρ ἀπολέσκετ' ἀναβροχέν, ἀμφὶ δὲ ποσσὶ
γαῖα μέλαινα φάνεσκε, καταζήνασκε δὲ δαίμων.
δένδρεα δ' ὑψιπέτηλα κατὰ κρῆθεν χέε καρπόν,
ὄγχναι καὶ ῥοιαὶ καὶ μηλέαι ἀγλαόκαρποι
συκέαι τε γλυκεραὶ καὶ ἐλαῖαι τηλεθόωσαι· 590
τῶν ὁπότ' ἰθύσει' ὁ γέρων ἐπὶ χερσὶ μάσασθαι,
τὰς δ' ἄνεμος ῥίπτασκε ποτὶ νέφεα σκιόεντα.
  καὶ μὴν Σίσυφον εἰσεῖδον κρατέρ' ἄλγε' ἔχοντα,
λᾶαν βαστάζοντα πελώριον ἀμφοτέρῃσιν.
ἦ τοι ὁ μὲν σκηριπτόμενος χερσίν τε ποσίν τε 595
λᾶαν ἄνω ὤθεσκε ποτὶ λόφον· ἀλλ' ὅτε μέλλοι
ἄκρον ὑπερβαλέειν, τότ' ἀποστρέψασκε κραταιΐς·
αὖτις ἔπειτα πέδονδε κυλίνδετο λᾶας ἀναιδής.
αὐτὰρ ὅ γ' ἂψ ὤσασκε τιταινόμενος, κατὰ δ' ἱδρὼς
ἔρρεεν ἐκ μελέων, κονίη δ' ἐκ κρατὸς ὀρώρει. 600
  τὸν δὲ μέτ' εἰσενόησα βίην Ἡρακληείην,
εἴδωλον· αὐτὸς δὲ μετ' ἀθανάτοισι θεοῖσι

Weg in die Tiefe und grollte; er hätte mir sonst noch erwidert
Oder ich ihm. Doch war in der lieben Brust mir zumute
Lieber die Seelen anderer Abgeschiedner zu sehen.

 Da aber sah ich Minos, den herrlichen Sohn des Zeus; er
Saß und hielt bei den Toten Gericht mit dem goldenen Szepter.
Um ihn herum aber fragten die Toten den Herrn nach dem Urteil,
Saßen und standen dabei vor den breiten Toren zum Hades.

 Nach ihm sah ich hinein zu dem ungeschlachten Orion.
Treibjagd hielt er auf Tiere entlang der Asphodeloswiese;
Diese erschlug er mit eherner, unzerbrechlicher Keule
Selbst und mit eigenen Händen in selten durchstreiften Gebirgen.

 Tityos sah ich dann auch, den Sohn der ruhmvollen Gaia.
Hingestreckt lag er da, neun Tagwerk breit auf dem Boden.
Geier saßen daneben und fraßen die Leber und stießen
Tief ins Gedärm; mit den Händen konnt ers nicht wehren: er hatte
Leto, die rühmliche Buhle des Zeus, vergewaltigt, als einst sie
Kam von Panópeus, wo herrlich man tanzt, um nach Pytho zu gehen.

 Auch noch den Tantalos sah ich dort innen in schwierigen Leiden;
Stand er ja doch im Wasser, das grade ans Kinn ihm noch reichte.
Dürstend stand er darinnen, doch konnte ers trinkend nicht kosten.
Immer dann, wenn der Alte sich bückte begierig zu trinken,
Zog sich das Wasser zurück und verschwand, und unter den Füßen
Zeigte sich schwarzer Boden; ein Unhold wars, der es schlürfte.
Früchte hochgewipfelter Bäume umhingen dem Scheitel,
Birnen, Granaten und Äpfel, besonders herrliche Früchte,
Feigen von hoher Süße, Oliven, die wachsen und blühen;
Aber so oft, mit der Hand sie zu fassen, der Alte sich reckte,
Schnellte ein Wind sie empor in wolkenbeschattete Höhen.

 Ja auch zu Sisyphus sah ich hinein, der leidend sich plagte;
Schob er ja doch einen riesigen Block mit beiden Händen.
Wahrlich, er stieß ihn hinauf bis zum Gipfel und stemmte dagegen,
Brauchte Füße und Hände; doch war es so weit, daß die Höhe
Endlich er hatte, da drängte die Überschwere ihn abwärts.
Wieder dann rollte der schamlose Stein in die Felder hinunter.
Er aber fing wieder an sich zu plagen und stieß, daß der Körper
Triefte von Schweiß; um den Kopf aber kreiste von Staub eine Wolke.

 Schließlich sah ich hinein zur Macht des Herakles; freilich
War er nur Maske; denn selber ist er unsterblicher Götter

τέρπεται ἐν θαλίης καὶ ἔχει καλλίσφυρον Ἥβην,
παῖδα Διὸς μεγάλοιο καὶ Ἥρης χρυσοπεδίλου.
ἀμφὶ δέ μιν κλαγγὴ νεκύων ἦν οἰωνῶν ὥς, 605
πάντοσ᾽ ἀτυζομένων· ὁ δ᾽ ἐρεμνῇ νυκτὶ ἐοικώς,
γυμνὸν τόξον ἔχων καὶ ἐπὶ νευρῆφιν ὀϊστόν,
δεινὸν παπταίνων, αἰεὶ βαλέοντι ἐοικώς.
σμερδαλέος δέ οἱ ἀμφὶ περὶ στήθεσσιν ἀορτὴρ
χρύσεος ἦν τελαμών, ἵνα θέσκελα ἔργα τέτυκτο, 610
ἄρκτοι τ᾽ ἀγρότεροί τε σύες χαροποί τε λέοντες,
ὑσμῖναί τε μάχαι τε φόνοι τ᾽ ἀνδροκτασίαι τε.
μὴ τεχνησάμενος μηδ᾽ ἄλλο τι τεχνήσαιτο,
ὃς κεῖνον τελαμῶνα ἑῇ ἐγκάτθετο τέχνῃ.
ἔγνω δ᾽ αἶψ᾽ ἐμὲ κεῖνος, ἐπεὶ ἴδεν ὀφθαλμοῖσι, 615
καί μ᾽ ὀλοφυρόμενος ἔπεα πτερόεντα προσηύδα·
"διογενὲς Λαερτιάδη, πολυμήχαν᾽ Ὀδυσσεῦ,
ἆ δείλ᾽, ἦ τινὰ καὶ σὺ κακὸν μόρον ἡγηλάζεις,
ὅν περ ἐγὼν ὀχέεσκον ὑπ᾽ αὐγὰς ἠελίοιο.
Ζηνὸς μὲν πάϊς ἦα Κρονίονος, αὐτὰρ ὀϊζὺν 620
εἶχον ἀπειρεσίην· μάλα γὰρ πολὺ χείρονι φωτὶ
δεδμήμην, ὁ δέ μοι χαλεποὺς ἐπετέλλετ᾽ ἀέθλους.
καί ποτέ μ᾽ ἐνθάδ᾽ ἔπεμψε κύν᾽ ἄξοντ᾽· οὐ γὰρ ἔτ᾽ ἄλλον
φράζετο τοῦδέ γέ μοι κρατερώτερον εἶναι ἄεθλον.
τὸν μὲν ἐγὼν ἀνένεικα καὶ ἤγαγον ἐξ Ἀΐδαο· 625
Ἑρμείας δέ μ᾽ ἔπεμπεν ἰδὲ γλαυκῶπις Ἀθήνη."
ὣς εἰπὼν ὁ μὲν αὖτις ἔβη δόμον Ἄϊδος εἴσω,
αὐτὰρ ἐγὼν αὐτοῦ μένον ἔμπεδον, εἴ τις ἔτ᾽ ἔλθοι
ἀνδρῶν ἡρώων, οἳ δὴ τὸ πρόσθεν ὄλοντο.
καί νύ κ᾽ ἔτι προτέρους ἴδον ἀνέρας, οὓς ἔθελόν περ, 630
Θησέα Πειρίθοόν τε, θεῶν ἐρικυδέα τέκνα·
ἀλλὰ πρὶν ἐπὶ ἔθνε᾽ ἀγείρετο μυρία νεκρῶν
ἠχῇ θεσπεσίῃ· ἐμὲ δὲ χλωρὸν δέος ᾕρει,
μή μοι Γοργείην κεφαλὴν δεινοῖο πελώρου
ἐξ Ἄϊδος πέμψειεν ἀγαυὴ Περσεφόνεια. 635
αὐτίκ᾽ ἔπειτ᾽ ἐπὶ νῆα κιὼν ἐκέλευον ἑταίρους
αὐτούς τ᾽ ἀμβαίνειν ἀνά τε πρυμνήσια λῦσαι·
οἱ δ᾽ αἶψ᾽ εἴσβαινον καὶ ἐπὶ κληΐσι καθῖζον.
τὴν δὲ κατ᾽ Ὠκεανὸν ποταμὸν φέρε κῦμα ῥόοιο,
πρῶτα μὲν εἰρεσίῃ, μετέπειτα δὲ κάλλιμος οὖρος. 640

Froher Genoß am Tisch neben Hebe mit reizenden Knöcheln,
Tochter des großen Zeus und der Hera mit goldenen Schuhen.
Um ihn schwirrten und rauschten von allen Seiten die Toten,
Grade als wär es gescheuchtes Geflügel; wie nächtliches Düster
Blickte er grimmig umher, hielt ohne Hülle den Bogen,
Legte den Pfeil auf die Sehne, als suchte er immer zu zielen.
Grauenerregend hing um die Brust ihm das Wehrgehänge,
Golden war der Riemen, verziert mit künstlichen Bildern:
Bären waren es, Löwen mit funkelnden Augen und Eber,
Schlachten, Gefechte, Gemetzel und Mord unter Männern. Ich fürchte,
Wer seine Künste an diesem Riemen bewährte, der könnte,
Was er gekonnt, an keinem anderen Stücke mehr können.
Jener erkannte mich wieder, sobald er mich leibhaft vor sich sah,
Und mich jammernd beklagend sprach er geflügelte Worte:
  „Göttersproß! du findiger Sohn des Laërtes, Odysseus,
Unglücksmann, auch du trägst wahrlich ein bitteres Schicksal,
So, wie ich es schleppte droben im Lichte der Sonne.
Ich war der Sohn des Zeus, des Kroniden; aber ich hatte
Endlose Mühsal; mußte dem vielmals minderen Manne
Sklavisch mich beugen, der schwere Kämpfe verlangte. Auch hieher
Schickte er mich einmal, den Hund ihm zu holen; er konnte
Keinen Kampf, der größere Kräfte verlangte, ersinnen.
Den nun trug ich hinauf und führte ihn fort aus dem Hades,
Freilich geführt von Athene mit Augen der Eule und Hermes."
  Also sprach er und ging hinein in des Hades Behausung.
Ich aber blieb auf der Stelle und rührte mich nicht. Ich wollte
Andere Helden noch sehn, die schon früher ihr Ende gefunden.
Männer der Vorzeit, so viele ich wollte, hätt' ich gesehen,
Theseus, Peiríthoos, ruhmvolle Söhne der Götter. Indessen
Kamen schon vorher in zahllosen Scharen Völker von Toten,
Lärmten, als sprächen Verzückte — mich packte das bleiche Entsetzen.
Bangen mußt ich, es schicke die edle Persephoneia
Gorgos', der grausigen Riesin, Haupt mir zu aus dem Hades.
Darum ging ich sofort zu Schiff und befahl den Gefährten
Selbst auch einzusteigen, die haltenden Taue zu lösen.
Gleich aber stiegen sie ein und besetzten die Ruderbänke.
Aber das Schiff glitt hin auf Okeanos' strömenden Fluten,
Erst mit der Kraft seiner Ruder und dann mit dem herrlichsten Fahrwind.

ΟΔΥΣΣΕΙΑΣ Μ

Σειρῆνες Σκύλλα Χάρυβδις Ἡλίου βόες

Αὐτὰρ ἐπεὶ ποταμοῖο λίπεν ῥόον Ὠκεανοῖο
νηῦς, ἀπὸ δ' ἵκετο κῦμα θαλάσσης εὐρυπόροιο
νῆσόν τ' Αἰαίην, ὅθι τ' Ἠοῦς ἠριγενείης
οἰκία καὶ χοροί εἰσι καὶ ἀντολαὶ Ἠελίοιο,
νῆα μὲν ἔνθ' ἐλθόντες ἐκέλσαμεν ἐν ψαμάθοισιν, 5
ἐκ δὲ καὶ αὐτοὶ βῆμεν ἐπὶ ῥηγμῖνι θαλάσσης·
ἔνθα δ' ἀποβρίξαντες ἐμείναμεν Ἠῶ δῖαν.

ἦμος δ' ἠριγένεια φάνη ῥοδοδάκτυλος Ἠώς,
δὴ τότ' ἐγὼν ἑτάρους προΐειν ἐς δώματα Κίρκης
οἰσέμεναι νεκρὸν Ἐλπήνορα τεθνηῶτα. 10
φιτροὺς δ' αἶψα ταμόντες, ὅθ' ἀκροτάτη πρόεχ' ἀκτή,
θάπτομεν ἀχνύμενοι, θαλερὸν κατὰ δάκρυ χέοντες.
αὐτὰρ ἐπεὶ νεκρός τ' ἐκάη καὶ τεύχεα νεκροῦ,
τύμβον χεύαντες καὶ ἐπὶ στήλην ἐρύσαντες
πήξαμεν ἀκροτάτῳ τύμβῳ εὐῆρες ἐρετμόν. 15

ἡμεῖς μὲν τὰ ἕκαστα διείπομεν· οὐδ' ἄρα Κίρκην
ἐξ Ἀΐδεω ἐλθόντες ἐλήθομεν, ἀλλὰ μάλ' ὦκα
ἦλθ' ἐντυναμένη· ἅμα δ' ἀμφίπολοι φέρον αὐτῇ
σῖτον καὶ κρέα πολλὰ καὶ αἴθοπα οἶνον ἐρυθρόν.
ἡ δ' ἐν μέσσῳ στᾶσα μετηύδα δῖα θεάων· 20
"σχέτλιοι, οἳ ζώοντες ὑπήλθετε δῶμ' Ἀΐδαο,
δισθανέες, ὅτε τ' ἄλλοι ἅπαξ θνήσκουσ' ἄνθρωποι.
ἀλλ' ἄγετ' ἐσθίετε βρώμην καὶ πίνετε οἶνον
αὖθι πανημέριοι· ἅμα δ' ἠοῖ φαινομένηφι
πλεύσεσθ'· αὐτὰρ ἐγὼ δείξω ὁδὸν ἠδὲ ἕκαστα 25
σημανέω, ἵνα μή τι κακορραφίῃ ἀλεγεινῇ
ἢ ἁλὸς ἢ ἐπὶ γῆς ἀλγήσετε πῆμα παθόντες."

ὣς ἔφαθ', ἡμῖν δ' αὖτ' ἐπεπείθετο θυμὸς ἀγήνωρ.
ὣς τότε μὲν πρόπαν ἦμαρ ἐς ἠέλιον καταδύντα
ἥμεθα δαινύμενοι κρέα τ' ἄσπετα καὶ μέθυ ἡδύ· 30
ἦμος δ' ἠέλιος κατέδυ καὶ ἐπὶ κνέφας ἦλθεν,
οἱ μὲν κοιμήσαντο παρὰ πρυμνήσια νηός,

ZWÖLFTER GESANG

Sirenen   Skylla   Charybdis   Rinder des Helios

Als unser Schiff nun Okeanos' Strömung verlassen und wieder
Wogen des weithin befahrenen Meeres erreichte, und als wir
Wieder Aiaia betraten, wo Eos', der Göttin der Frühe,
Haus und Tanzplatz liegen, die Insel, wo Helios aufsteigt,
Schoben das Schiff wir hinauf auf den Sand sogleich nach der Ankunft,
Stiegen auch selber heraus am Strande des Meeres, um dort dann
Eingenickt in Schlaf auf die göttliche Eos zu warten.
  Als dann die Frühe sich zeigte, Eos mit rosigen Fingern,
Schickte ich endlich Gefährten voran zum Palaste der Kirke;
Holen sollten sie dort des toten Elpenor Leiche.
Scheite schnitten wir schleunig und gruben das Grab, wo die Küste
Steil sich erhob; voll Kummers vergossen wir schwellende Tränen.
Als dann die Leiche zugleich mit der Rüstung des Toten verbrannt war,
Türmten sofort wir das Grab und steckten dann tief in den Hügel,
Daß eine Säule es werde, zuhöchst sein handliches Ruder.
  Also besorgten wir jede Verpflichtung; so konnte denn Kirke
Unsere Ankunft vom Hades gar nicht entgehen. Sie kam auch
Eiligst in schöner Bereitschaft mit zwei ihrer Mägde; die brachten
Mengen von Fleisch und Broten und rote funkelnde Weine.
Dann aber trat sie zur Mitte und sprach, die erhabene Göttin:
„Unentwegte! Lebend gingt ihr ins Haus des Hades,
Zweimal erfuhrt ihr das Sterben, denn andere sterben nur einmal.
Kommt denn und eßt gleich hier diese Speisen und trinkt diese Weine,
Tut es den ganzen Tag! Und dann beim Lichte des Morgens
Geht auf die Fahrt! Ich zeige den Weg und gebe für jedes
Deutlichen Hinweis. Frei sollt ihr bleiben von Tücken und Ränken,
Weder zu Land noch zur See sollt schmerzendes Leid ihr erfahren."
  Trotzig war unser Gemüt bei dem Wort, doch es folgte uns wieder.
Diesen Tag nun vertaten wir ganz bis zum Sinken der Sonne,
Saßen und schmausten Unmengen von Fleisch und von süßestem Rausch-
Als dann die Sonne versank und Dämmerung nieder sich senkte,   [trank.
Legten die andern sich schlafen dort, wo man Schiffe vertäute.

ἡ δ' ἐμὲ χειρὸς ἑλοῦσα φίλων ἀπονόσφιν ἑταίρων
εἷσέ τε καὶ προσέλεκτο καὶ ἐξερέεινεν ἕκαστα·
αὐτὰρ ἐγὼ τῇ πάντα κατὰ μοῖραν κατέλεξα. 35
καὶ τότε δή μ' ἐπέεσσι προσηύδα πότνια Κίρκη·

"ταῦτα μὲν οὕτω πάντα πεπείρανται, σὺ δ' ἄκουσον,
ὥς τοι ἐγὼν ἐρέω, μνήσει δέ σε καὶ θεὸς αὐτός.
Σειρῆνας μὲν πρῶτον ἀφίξεαι, αἵ ῥά τε πάντας
ἀνθρώπους θέλγουσιν, ὅτις σφεας εἰσαφίκηται. 40
ὅς τις ἀϊδρείῃ πελάσῃ καὶ φθόγγον ἀκούσῃ
Σειρήνων, τῷ δ' οὔ τι γυνὴ καὶ νήπια τέκνα
οἴκαδε νοστήσαντι παρίσταται οὐδὲ γάνυνται,
ἀλλά τε Σειρῆνες λιγυρῇ θέλγουσιν ἀοιδῇ,
ἥμεναι ἐν λειμῶνι· πολὺς δ' ἀμφ' ὀστεόφιν θὶς 45
ἀνδρῶν πυθομένων, περὶ δὲ ῥινοὶ μινύθουσιν.
ἀλλὰ παρὲξ ἐλάαν, ἐπὶ δ' οὔατ' ἀλεῖψαι ἑταίρων
κηρὸν δεψήσας μελιηδέα, μή τις ἀκούσῃ
τῶν ἄλλων· ἀτὰρ αὐτὸς ἀκουέμεν αἴ κ' ἐθέλῃσθα,
δησάντων σ' ἐν νηῒ θοῇ χεῖράς τε πόδας τε 50
ὀρθὸν ἐν ἱστοπέδῃ, ἐκ δ' αὐτοῦ πείρατ' ἀνήφθω,
ὄφρα κε τερπόμενος ὄπ' ἀκούσῃς Σειρήνοιϊν.
εἰ δέ κε λίσσηαι ἑτάρους λῦσαί τε κελεύῃς,
οἱ δέ σ' ἔτι πλεόνεσσι τότ' ἐν δεσμοῖσι διδέντων.

αὐτὰρ ἐπὴν δὴ τάς γε παρὲξ ἐλάσωσιν ἑταῖροι, 55
ἔνθα τοι οὐκέτ' ἔπειτα διηνεκέως ἀγορεύσω,
ὁπποτέρη δή τοι ὁδὸς ἔσσεται, ἀλλὰ καὶ αὐτὸς
θυμῷ βουλεύειν· ἐρέω δέ τοι ἀμφοτέρωθεν.
ἔνθεν μὲν γὰρ πέτραι ἐπηρεφέες, προτὶ δ' αὐτὰς
κῦμα μέγα ῥοχθεῖ κυανώπιδος Ἀμφιτρίτης· 60
Πλαγκτὰς δή τοι τάς γε θεοὶ μάκαρες καλέουσι.
τῇ μέν τ' οὐδὲ ποτητὰ παρέρχεται οὐδὲ πέλειαι
τρήρωνες, ταί τ' ἀμβροσίην Διὶ πατρὶ φέρουσιν,
ἀλλά τε καὶ τῶν αἰὲν ἀφαιρεῖται λὶς πέτρη·
ἀλλ' ἄλλην ἐνίησι πατὴρ ἐνάριθμον εἶναι. 65
τῇ δ' οὔ πώ τις νηῦς φύγεν ἀνδρῶν, ἥ τις ἵκηται,
ἀλλά θ' ὁμοῦ πίνακάς τε νεῶν καὶ σώματα φωτῶν
κύμαθ' ἁλὸς φορέουσι πυρός τ' ὀλοοῖο θύελλαι.
οἴη δὴ κείνη γε παρέπλω ποντοπόρος νηῦς
Ἀργὼ πᾶσι μέλουσα, παρ' Αἰήταο πλέουσα· 70

Sie doch ergriff meine Hand und abseits der lieben Gefährten
Hieß sie mich setzen und schmiegte sich an und fragte nach allem.
Ich erzählte ihr alles und jedes ganz nach der Ordnung.
Dann aber sprach sie wirklich und wörtlich, die waltende Kirke:
„Ja! Dies alles ist so nun glücklich zu Ende; doch höre,
So wie ich jetzt dir es künde; ein Gott wird dich selbst noch erinnern.
Zunächst wirst du Sirenen begegnen. Diese bezaubern
Sämtliche Menschen, wer immer sie träfe. Wer diesen Sirenen
Unberaten sich nähert und anhört, was sie ihm singen,
Der kehrt nimmer nach Hause. Sein Weib, seine lallenden Kinder
Treten ihm nicht mehr zur Seite in herzlicher Lust. Die Sirenen
Sitzen auf grasigen Auen und wollen mit tönenden Liedern
Zauber verbreiten; doch liegen daneben in Menge auf Haufen
Faulende Menschen, Knochen und schrumpfende Häute an ihnen.
Treibe da eilig vorbei! Nimm Wachs vom Honig und knet es,
Stopfe damit den Gefährten die Ohren! Es darf von den andern
Auch nicht ein einziger etwas vernehmen. Doch du, wenn du wolltest,
Höre sie! Stelle dich aufrecht, grad an den Halter des Mastbaums,
Lasse dich binden an Händen und Füßen im hurtigen Fahrzeug,
Laß dann die Enden am Mast noch einmal verknoten: dann hörst du
Schwelgend das Lied der Sirenen. Doch bittest du oder befiehlst du,
Daß die Gefährten dich lösen, dann sollen sie stärker noch fesseln.

Aber sobald die Gefährten an ihnen dann wirklich vorbei sind,
Will ich das Weitere nicht mehr zusammenhängend erzählen,
Welchen der Wege du nimmst; das mußt du dann selbst im Gemüte
Wohl überlegen; ich kann dir nur sagen das Entweder — Oder.
Felsen ragen dort auf; Amphitrite mit dunklem Antlitz
Braust dort in mächtigen Fluten hindurch; sie heißen die Planktai.
Dies ist der Name; so heißen sie auch bei den seligen Göttern.
Nichts kann an ihnen vorbei, kein Vogel, nicht einmal die zarten
Tauben, die Vater Zeus Ambrosia bringen; der glatte
Felsen packt auch von ihnen immer die eine und andre.
Freilich schickt dann der Vater Ersatz, daß die Zahl immer voll sei.
Nie noch kam ein bemanntes Schiff hier durch und es kommen
Viele; doch gibt es nur Bretter von Schiffen und Leichen von Männern;
Wogen tragen sie fort und Stürme vernichtenden Feuers.
Einem meerestüchtigen Schiff nur gelang die Vorbeifahrt,
Jener Argo, von der sie noch alle singen und sagen.

καί νύ κε τὴν ἔνθ' ὦκα βάλεν μεγάλας ποτὶ πέτρας,
ἀλλ' Ἥρη παρέπεμψεν, ἐπεὶ φίλος ἦεν Ἰήσων.

οἱ δὲ δύω σκόπελοι ὁ μὲν οὐρανὸν εὐρὺν ἱκάνει
ὀξείῃ κορυφῇ, νεφέλη δέ μιν ἀμφιβέβηκε
κυανέη· τὸ μὲν οὔ ποτ' ἐρωεῖ, οὐδέ ποτ' αἴθρη 75
κείνου ἔχει κορυφὴν οὔτ' ἐν θέρει οὔτ' ἐν ὀπώρῃ·
οὐδέ κεν ἀμβαίη βροτὸς ἀνὴρ οὐδ' ἐπιβαίη,
οὐδ' εἴ οἱ χεῖρές γε ἐείκοσι καὶ πόδες εἶεν·
πέτρη γὰρ λίς ἐστι, περιξεστῇ ἐϊκυῖα.
μέσσῳ δ' ἐν σκοπέλῳ ἐστὶ σπέος ἠεροειδές, 80
πρὸς ζόφον εἰς Ἔρεβος τετραμμένον, ᾗ περ ἂν ὑμεῖς
νῆα παρὰ γλαφυρὴν ἰθύνετε, φαίδιμ' Ὀδυσσεῦ.
οὐδέ κεν ἐκ νηὸς γλαφυρῆς αἰζήιος ἀνὴρ
τόξῳ ὀϊστεύσας κοῖλον σπέος εἰσαφίκοιτο.
ἔνθα δ' ἐνὶ Σκύλλη ναίει δεινὸν λελακυῖα. 85
τῆς ἦ τοι φωνὴ μὲν ὅση σκύλακος νεογιλλῆς
γίνεται, αὐτὴ δ' αὖτε πέλωρ κακόν· οὐδέ κέ τίς μιν
γηθήσειεν ἰδών, οὐδ' εἰ θεὸς ἀντιάσειε.
τῆς ἦ τοι πόδες εἰσὶ δυώδεκα πάντες ἄωροι,
ἓξ δέ τέ οἱ δειραὶ περιμήκεες, ἐν δὲ ἑκάστῃ 90
σμερδαλέη κεφαλή, ἐν δὲ τρίστοιχοι ὀδόντες,
πυκνοὶ καὶ θαμέες, πλεῖοι μέλανος θανάτοιο.
μέσση μέν τε κατὰ σπείους κοίλοιο δέδυκεν,
ἔξω δ' ἐξίσχει κεφαλὰς δεινοῖο βερέθρου·
αὐτοῦ δ' ἰχθυάᾳ, σκόπελον περιμαιμώωσα, 95
δελφῖνάς τε κύνας τε καὶ εἴ ποθι μεῖζον ἕλῃσι
κῆτος, ἃ μυρία βόσκει ἀγάστονος Ἀμφιτρίτη.
τῇ δ' οὔ πώ ποτε ναῦται ἀκήριοι εὐχετόωνται
παρφυγέειν σὺν νηί· φέρει δέ τε κρατὶ ἑκάστῳ
φῶτ' ἐξαρπάξασα νεὸς κυανοπρώροιο. 100

τὸν δ' ἕτερον σκόπελον χθαμαλώτερον ὄψει, Ὀδυσσεῦ,
πλησίον ἀλλήλων· καί κεν διοϊστεύσειας.
τῷ δ' ἐν ἐρινεός ἐστι μέγας, φύλλοισι τεθηλώς·
τῷ δ' ὑπὸ δῖα Χάρυβδις ἀναρρυβδεῖ μέλαν ὕδωρ.
τρὶς μὲν γάρ τ' ἀνίησιν ἐπ' ἤματι, τρὶς δ' ἀναρυβδεῖ 105
δεινόν· μὴ σύ γε κεῖθι τύχοις, ὅτε ῥυβδήσειεν·
οὐ γὰρ κεν ῥύσαιτό σ' ὑπὲκ κακοῦ οὐδ' ἐνοσίχθων.
ἀλλὰ μάλα Σκύλλης σκοπέλῳ πεπλημένος ὦκα

Zwölfter Gesang

Diese kam von Aietes und wurde von Hera geleitet,
Jason zuliebe; sonst warf es sie schnell an die riesigen Felsen.
 Weiter gibt es ein Paar von Felsen; es gipfelt der eine
Spitz in den breiten Himmel, dicht und düster umnebelt.
Niemals weicht dieser Nebel und niemals treffen im Sommer,
Niemals im Spätherbst sonnige Strahlen den Gipfel. Es können
Sterbliche Männer ihn niemals betreten, geschweige besteigen,
Hätten sie zwanzig Hände und Füße; so glatt ist der Felsen.
Sieht er doch aus, als wäre er rundum geschabt und geglättet.
Mitten im Felsen eröffnet sich dort eine luftige Höhle,
Schaut nach Westen und geht in die Tiefe. Sie bleibt euch, Odysseus,
Strahlender, wie ihr die Richtung auch nehmt im geräumigen Fahrzeug.
Selbst ein Mann im kräftigsten Alter könnte die Höhle,
Schösse er hin vom geräumigen Fahrzeug, niemals erreichen.
Dort haust Skylla, ein schauerlich bellendes Wesen. Nun freilich
Klingt ihre Stimme, als käme sie her vom saugenden Hündchen.
Aber sie selbst ist ein böse geartetes, riesiges Untier.
Keinen freute der Anblick, und käme ein Gott selbst gegangen.
Füße hat sie, sie sind wie verkümmert, ein ganzes Dutzend,
Hälse ein halbes von mächtiger Länge; auf jedem ein Schädel,
Schrecklich und furchtbar. Dreifach geordnete Reihen von Zähnen
Sitzen fest und eng, voll schwarzen, getöteten Aases.
Bis zur Mitte liegt sie im tiefsten Loch ihrer Höhle.
Aber die Schädel streckt sie heraus aus dem schrecklichen Abgrund,
Tastet fischend gleich an den Klippen und holt sich Delphine,
Hunde der See, und dazu, wo sie findet, auch größeres Untier,
Wie es zu Tausenden füttert die tosende Amphitrite.
Nie noch rühmten sich Schiffer, sie seien ihr samt ihrem Fahrzeug
Ohne Verderben entronnen; sie holte mit je einem Schädel
Je einen Mann aus dem Schiff mit dem dunklen Bug sich zur Beute.
 Aber der zweite Felsen ist flacher und nahe dem andern.
Sehen wirst du's, Odysseus; dein Pfeilschuß reichte hinüber.
Dort steht ein mächtiger Feigenbaum voll prangender Blätter.
Unter ihm schluckt das schwarze Wasser die hehre Charybdis.
Dreimal täglich speit sie es aus, um es dreimal zu schlucken. [könnte
Dies ist ihr Schrecken! Und schluckt sie, so sei du nicht dort! Denn es
Niemand, selbst nicht der Erderschütterer, dich retten vom Unheil.
Also jage dein Schiff am Felsen der Skylla vorüber;

νῆα παρὲξ ἐλάαν, ἐπεὶ ἦ πολὺ φέρτερόν ἐστιν
ἐξ ἑτάρους ἐν νηὶ ποθήμεναι ἢ ἅμα πάντας." 110

ὣς ἔφατ', αὐτὰρ ἐγώ μιν ἀτυζόμενος προσέειπον·
"εἰ δ' ἄγε δή μοι τοῦτο, θεά, νημερτὲς ἐνίσπες,
εἴ πως τὴν ὀλοὴν μὲν ὑπεκπροφύγοιμι Χάρυβδιν,
τὴν δέ κ' ἀμυναίμην, ὅτε μοι σίνοιτό γ' ἑταίρους."

ὣς ἐφάμην, ἡ δ' αὐτίκ' ἀμείβετο δῖα θεάων· 115
"σχέτλιε, καὶ δὴ αὖ τοι πολεμήια ἔργα μέμηλε
καὶ πόνος· οὐδὲ θεοῖσιν ὑπείξεαι ἀθανάτοισιν;
ἡ δέ τοι οὐ θνητή, ἀλλ' ἀθάνατον κακόν ἐστι,
δεινόν τ' ἀργαλέον τε καὶ ἄγριον οὐδὲ μαχητόν·
οὐδέ τις ἔστ' ἀλκή· φυγέειν κάρτιστον ἀπ' αὐτῆς. 120
ἢν γὰρ δηθύνῃσθα κορυσσόμενος παρὰ πέτρῃ,
δείδω μή σ' ἐξαῦτις ἐφορμηθεῖσα κίχησι
τόσσῃσιν κεφαλῇσι, τόσους δ' ἐκ φῶτας ἕληται.
ἀλλὰ μάλα σφοδρῶς ἐλάαν, βωστρεῖν δὲ Κράταιιν,
μητέρα τῆς Σκύλλης, ἥ μιν τέκε πῆμα βροτοῖσιν· 125
ἥ μιν ἔπειτ' ἀποπαύσει ἐς ὕστερον ὁρμηθῆναι.

Θρινακίην δ' ἐς νῆσον ἀφίξεαι· ἔνθα δὲ πολλαὶ
βόσκοντ' Ἠελίοιο βόες καὶ ἴφια μῆλα.
ἑπτὰ βοῶν ἀγέλαι, τόσα δ' οἰῶν πώεα καλά,
πεντήκοντα δ' ἕκαστα. γόνος δ' οὐ γίνεται αὐτῶν, 130
οὐδέ ποτε φθινύθουσι. θεαὶ δ' ἐπιποιμένες εἰσί,
νύμφαι ἐϋπλόκαμοι, Φαέθουσά τε Λαμπετίη τε,
ἃς τέκεν Ἠελίῳ Ὑπερίονι δῖα Νέαιρα.
τὰς μὲν ἄρα θρέψασα τεκοῦσά τε πότνια μήτηρ
Θρινακίην ἐς νῆσον ἀπῴκισε τηλόθι ναίειν, 135
μῆλα φυλασσέμεναι πατρώια καὶ ἕλικας βοῦς.
τὰς εἰ μέν κ' ἀσινέας ἐάᾳς νόστου τε μέδηαι,
ἦ τ' ἂν ἔτ' εἰς Ἰθάκην, κακά περ πάσχοντες, ἵκοισθε·
εἰ δέ κε σίνηαι, τότε τοι τεκμαίρομ' ὄλεθρον
νηί τε καὶ ἑτάροις· αὐτὸς δ' εἴ πέρ κεν ἀλύξῃς, 140
ὀψὲ κακῶς νεῖαι, ὀλέσας ἄπο πάντας ἑταίρους."

ὣς ἔφατ', αὐτίκα δὲ χρυσόθρονος ἤλυθεν Ἠώς.
ἡ μὲν ἔπειτ' ἀνὰ νῆσον ἀπέστιχε δῖα θεάων·
αὐτὰρ ἐγὼν ἐπὶ νῆα κιὼν ὤτρυνον ἑταίρους
αὐτούς τ' ἀμβαίνειν ἀνά τε πρυμνήσια λῦσαι. 145
οἱ δ' αἶψ' εἴσβαινον καὶ ἐπὶ κληῗσι καθῖζον,

Schnellste Fahrt tut not. Und schließlich ist es doch besser
Sechs Gefährten im Schiff zu vermissen als alle zusammen."

Also sprach sie; da gab ich ihr schwer betroffen zur Antwort:
„Göttin wohlan! Nun sag mir das Eine und sag es in Klarheit:
Wäre es möglich, dem Graus der Charybdis heil zu entkommen,
Wenn ich der anderen wehrte, sobald den Gefährten sie schadet?"

Als ich so sprach, gab gleich mir die hehre Göttin zur Antwort:
„Unentwegter! Drängt dichs nach Mühe und blutigem Handwerk
Jetzt schon wieder und weichst du sogar nicht unsterblichen Göttern?
Skylla ist nicht sterblich, sie ist ein unsterbliches Unheil,
Schrecklich und quälend und wild und in keiner Art zu bekämpfen.
Abwehr gibt es da nicht: sie fliehen ist wirksamste Rettung.
Stehst du indessen gerüstet am Felsen und säumst, dann befürcht ich,
Daß sie auf dich sich wirft und beim weiteren stürmischen Angriff
So viele Männer sich holt, je einen für je einen Schädel.
Darum voran mit aller Gewalt! und rufe Kratáis,
Skyllas Mutter, die sie gebar den Menschen zum Unheil!
Diese verhindert dann wohl einen neuen, späteren Angriff.

Dann aber wirst du zur Insel Thrinakia kommen. Dort weiden
Zahlreiche Kühe des Helios neben kräftigem Kleinvieh,
Sieben Herden von Kühen und herrliche Scharen von Schafen,
Fünfzig in jeder. Sie werden nicht trächtig und müssen nicht sterben.
Nymphen mit herrlichen Flechten sind göttliche Hirtinnen. Diese
Schenkte dem Helios Hýperíon die hehre Neaira;
Phaëtúsa und Lampétia hießen die beiden.
Als sie die waltende Mutter geboren und groß sie gezogen,
Gab sie die ferne Insel Thrinakia ihnen zur Wohnung,
Dort ihres Vaters Rinder und glänzende Schafe zu hüten.
Tastest du diese nicht an und bedenkst mit Sorge die Heimfahrt,
Dann könnt Ithaka, freilich nach Leiden, ihr doch noch erreichen.
Tastest du aber sie an, dann trifft dich, trifft auch dein Fahrzeug,
Trifft die Gefährten Vernichtung. Das künd ich. Entrinnst du auch selber,
Spät erst und elend kommst du dann heim ohne alle Gefährten." [

Also sprach sie und gleich kam Eos auf goldenem Throne.
Während sie dann, die erhabene Göttin, die Insel hinaufstieg,
Eilte ich selber zum Schiffe und forderte von den Gefährten,
Selbst auch einzusteigen, die haltenden Taue zu lösen.
Gleich aber stiegen sie ein und besetzten die Ruderbänke,

ἑξῆς δ' ἑζόμενοι πολιὴν ἅλα τύπτον ἐρετμοῖς.
ἡμῖν δ' αὖ κατόπισθε νεὸς κυανοπρῴροιο
ἵκμενον οὖρον ἵει πλησίστιον, ἐσθλὸν ἑταῖρον,
Κίρκη ἐϋπλόκαμος, δεινὴ θεὸς αὐδήεσσα. 150
αὐτίκα δ' ὅπλα ἕκαστα πονησάμενοι κατὰ νῆα
ἥμεθα· τὴν δ' ἄνεμός τε κυβερνήτης τ' ἴθυνε.
δὴ τότ' ἐγὼν ἑτάροισι μετηύδων ἀχνύμενος κῆρ·

"ὦ φίλοι, οὐ γὰρ χρὴ ἕνα ἴδμεναι οὐδὲ δύ' οἴους
θέσφαθ', ἅ μοι Κίρκη μυθήσατο, δῖα θεάων· 155
ἀλλ' ἐρέω μὲν ἐγών, ἵνα εἰδότες ἠὲ θάνωμεν
ἤ κεν ἀλευάμενοι θάνατον καὶ κῆρα φύγοιμεν.
Σειρήνων μὲν πρῶτον ἀνώγει θεσπεσιάων
φθόγγον ἀλεύασθαι καὶ λειμῶν' ἀνθεμόεντα.
οἶον ἔμ' ἠνώγει ὄπ' ἀκουέμεν· ἀλλά με δεσμῷ 160
δήσατ' ἐν ἀργαλέῳ, ὄφρ' ἔμπεδον αὐτόθι μίμνω,
ὀρθὸν ἐν ἱστοπέδῃ, ἐκ δ' αὐτοῦ πείρατ' ἀνήφθω.
εἰ δέ κε λίσσωμαι ὑμέας λῦσαί τε κελεύω,
ὑμεῖς δὲ πλεόνεσσι τότ' ἐν δεσμοῖσι πιέζειν."

ἦ τοι ἐγὼ τὰ ἕκαστα λέγων ἑτάροισι πίφαυσκον· 165
τόφρα δὲ καρπαλίμως ἐξίκετο νηῦς ἐϋεργὴς
νῆσον Σειρήνοιιν· ἔπειγε γὰρ οὖρος ἀπήμων.
αὐτίκ' ἔπειτ' ἄνεμος μὲν ἐπαύσατο ἠδὲ γαλήνη
ἔπλετο νηνεμίη, κοίμησε δὲ κύματα δαίμων.
ἀνστάντες δ' ἕταροι νεὸς ἱστία μηρύσαντο, 170
καὶ τὰ μὲν ἐν νηὶ γλαφυρῇ θέσαν, οἱ δ' ἐπ' ἐρετμὰ
ἑζόμενοι λεύκαινον ὕδωρ ξεστῇς ἐλάτῃσιν.
αὐτὰρ ἐγὼ κηροῖο μέγαν τροχὸν ὀξέϊ χαλκῷ
τυτθὰ διατμήξας χερσὶ στιβαρῇσι πίεζον·
αἶψα δ' ἰαίνετο κηρός, ἐπεὶ κέλετο μεγάλη ἲς 175
Ἠελίου τ' αὐγὴ Ὑπεριονίδαο ἄνακτος·
ἑξείης δ' ἑτάροισιν ἐπ' οὔατα πᾶσιν ἄλειψα.
οἱ δ' ἐν νηί μ' ἔδησαν ὁμοῦ χεῖράς τε πόδας τε
ὀρθὸν ἐν ἱστοπέδῃ, ἐκ δ' αὐτοῦ πείρατ' ἀνῆπτον·
αὐτοὶ δ' ἑζόμενοι πολιὴν ἅλα τύπτον ἐρετμοῖς. 180
ἀλλ' ὅτε τόσσον ἀπῆμεν, ὅσον τε γέγωνε βοήσας,
ῥίμφα διώκοντες, τὰς δ' οὐ λάθεν ὠκύαλος νηῦς
ἐγγύθεν ὀρνυμένη, λιγυρὴν δ' ἔντυνον ἀοιδήν·

"δεῦρ' ἄγ' ἰών, πολύαιν' Ὀδυσεῦ, μέγα κῦδος Ἀχαιῶν,

Saßen geordnet, ihr Rudern bewegte die schäumende Salzflut.
Kirke mit herrlichen Flechten, die mächtige, redende Göttin,
Sandte uns hinter dem Schiff mit dem dunklen Bug einen guten
Wind als edlen Gefährten; er bauschte die schwellenden Segel.
Zunächst mühten wir uns an allen Geräten des Schiffes;
Dann aber saßen wir still, denn Wind und Steuerer lenkten.
Ich war freilich betrübt im Herzen und sagte den Freunden:
„Freunde! Was die erhabene Kirke, die Göttin, erzählte,
Diese göttliche Kunde ist nicht nur für zwei oder einen.
Darum will ich es sagen, auf daß wir wissentlich sterben
Oder dem Tode entgehn und entrinnen dem tödlichen Schicksal.
Zunächst gab sie Befehl, der wundervollen Sirenen
Lieder und blumige Auen ja zu vermeiden. Sie sagte,
Ich nur sollte sie hören. So müßt ihr mich denn schmerzhaft mich binden,
Denn ich muß ja fest an Ort und Stelle verbleiben,
Aufrecht stehend am Halter des Mastbaums. Knüpft dann die Enden
Fest an den Mast und, sollt ich euch bitten oder befehlen
Mich zu befreien, so solltet ihr nur noch stärker mich fesseln."
    Also ließ ichs verlauten und sagte im einzelnen alles.
Rasch aber kam nun das trefflich gezimmerte Schiff zu der Insel,
Wo die Sirenen hausen; ein leidloser Fahrwind trieb es.
Gleich dann ruhten die Winde. Kein Hauch mehr bewegte die Wogen,
Meeresstille entstand; denn ein Gott ließ die Wellen entschlafen.
Da nun erhob sich die Mannschaft, rollte die Segel des Fahrzeugs,
Legte sie hin im geräumigen Schiff und ging an die Ruder,
Setzte sich hin und das Wasser schäumte vom Schlag ihrer glatten
Riemen. Doch ich zerschnitt mit dem scharfem Schwert eine große
Scheibe Wachs in Stückchen; von wuchtigen Händen geknetet
Wurde das Wachs schnell warm; die mächtig strahlenden Kräfte
Wirkten, die Helios Hýperíon, der Herrscher, uns sandte.
Nun verstopft' ich die Ohren der Reihe nach allen Gefährten.
Sie aber banden im Schiff mich zugleich an Händen und Füßen —
Aufrecht stand ich am Mast — und verknoteten dort noch die Enden.
Sie nun saßen, ihr Rudern bewegte die schäumende Salzflut.
Hurtig ging es voran, man konnte schon Rufe vernehmen,
Denn unser eilendes Schiff schwang stürmisch sich nahe und näher.
Jene bemerkten es wohl und begannen mit hellem Gesinge:
    „Hieher, Odysseus, Ruhm aller Welt, du Stolz der Achaier!

νῆα κατάστησον, ἵνα νωιτέρην ὄπ' ἀκούσῃς. 185
οὐ γάρ πώ τις τῇδε παρήλασε νηὶ μελαίνῃ,
πρίν γ' ἡμέων μελίγηρυν ἀπὸ στομάτων ὄπ' ἀκοῦσαι,
ἀλλ' ὅ γε τερψάμενος νεῖται καὶ πλείονα εἰδώς.
ἴδμεν γάρ τοι πάνθ', ὅσ' ἐνὶ Τροίῃ εὐρείῃ
Ἀργεῖοι Τρῶές τε θεῶν ἰότητι μόγησαν, 190
ἴδμεν δ' ὅσσα γένηται ἐπὶ χθονὶ πουλυβοτείρῃ.''

ὣς φάσαν ἱεῖσαι ὄπα κάλλιμον· αὐτὰρ ἐμὸν κῆρ
ἤθελ' ἀκουέμεναι, λῦσαί τ' ἐκέλευον ἑταίρους
ὀφρύσι νευστάζων· οἱ δὲ προπεσόντες ἔρεσσον.
αὐτίκα δ' ἀνστάντες Περιμήδης Εὐρύλοχός τε 195
πλείοσί μ' ἐν δεσμοῖσι δέον μᾶλλόν τε πίεζον.
αὐτὰρ ἐπεὶ δὴ τάς γε παρήλασαν οὐδ' ἔτ' ἔπειτα
φθόγγον Σειρήνων ἠκούομεν οὐδέ τ' ἀοιδήν,
αἶψ' ἀπὸ κηρὸν ἕλοντο ἐμοὶ ἐρίηρες ἑταῖροι,
ὅν σφιν ἐπ' ὠσὶν ἄλειψ', ἐμέ τ' ἐκ δεσμῶν ἀνέλυσαν. 200

ἀλλ' ὅτε δὴ τὴν νῆσον ἐλείπομεν, αὐτίκ' ἔπειτα
καπνὸν καὶ μέγα κῦμα ἴδον καὶ δοῦπον ἄκουσα.
τῶν δ' ἄρα δεισάντων ἐκ χειρῶν ἔπτατ' ἐρετμά,
βόμβησαν δ' ἄρα πάντα κατὰ ῥόον· ἔσχετο δ' αὐτοῦ
νηῦς, ἐπεὶ οὐκέτ' ἐρετμὰ προήκεα χερσὶν ἔπειγον. 205
αὐτὰρ ἐγὼ διὰ νηὸς ἰὼν ὤτρυνον ἑταίρους
μειλιχίοις ἐπέεσσι παρασταδὸν ἄνδρα ἕκαστον·

"ὦ φίλοι, οὐ γάρ πώ τι κακῶν ἀδαήμονές εἰμεν·
οὐ μὲν δὴ τόδε μεῖζον ἔχει κακόν, ἢ ὅτε Κύκλωψ
εἴλει ἐνὶ σπῆϊ γλαφυρῷ κρατερῆφι βίηφιν· 210
ἀλλὰ καὶ ἔνθεν ἐμῇ ἀρετῇ βουλῇ τε νόῳ τε
ἐκφύγομεν, καί που τῶνδε μνήσεσθαι ὀίω.
νῦν δ' ἄγεθ', ὡς ἂν ἐγὼ εἴπω, πειθώμεθα πάντες.
ὑμεῖς μὲν κώπῃσιν ἁλὸς ῥηγμῖνα βαθεῖαν
τύπτετε κληΐδεσσιν ἐφήμενοι, αἴ κέ ποθι Ζεὺς 215
δώῃ τόνδε γ' ὄλεθρον ὑπεκφυγέειν καὶ ἀλύξαι·
σοὶ δέ, κυβερνῆθ', ὧδ' ἐπιτέλλομαι· ἀλλ' ἐνὶ θυμῷ
βάλλευ, ἐπεὶ νηὸς γλαφυρῆς οἰήια νωμᾷς·
τούτου μὲν καπνοῦ καὶ κύματος ἐκτὸς ἔεργε
νῆα, σὺ δὲ σκοπέλου ἐπιμαίεο, μή σε λάθῃσι 220
κεῖσ' ἐξορμήσασα καὶ ἐς κακὸν ἄμμε βάλησθα.''

ὣς ἐφάμην, οἱ δ' ὦκα ἐμοῖς ἐπέεσσι πίθοντο.

Treibe dein Schiff ans Land, denn du mußt unsre Stimmen erst hören!
Keiner noch fuhr hier vorbei auf dunklen Schiffen, bevor er
Stimmen aus unserem Munde vernommen, die süß sind wie Honig.
So einer kehrt dann mit tieferem Wissen beglückt in die Heimat.
Alles wissen wir dir, was im breiten Troja die Troer,
Was die Argeier dort litten nach göttlicher Fügung. Und allzeit
Wissen wir, was auf der Erde geschieht, die so vieles hervorbringt."
 Herrlich ließen im Sang diese Worte sie hören. Zu lauschen
Drängte das Herz und ich gab den Gefährten befehlende Winke
Mich zu befrein — doch sie legten sich vor und ruderten weiter.
Ja, Perimedes erhob sich sofort und Eurylochos mit ihm,
Beide vermehrten die Stricke und banden und zwängten nur stärker.
Endlich waren wir außer Bereich; wir hörten sie nicht mehr;
Stimmen und Sang der Sirenen verklangen. Die trauten Gefährten
Nahmen sofort dann das Wachs aus den Ohren, womit ich sie ihnen
Vorher völlig verstopfte, und lösten auch mich aus den Banden.
 Als wir dann endlich die Insel hinter uns hatten, da sah ich
Gleich, wie es dampfte und mächtig wogte, und hörte ein Dröhnen.
Furcht bekamen die Leute, die Ruder entfielen den Händen,
Rauschten alle im Zuge der Strömung: das Schiff blieb stehen,
Rührte sich doch keine Hand mehr die kantigen Ruder zu schwingen.
Ich aber ging durchs Schiff und trieb die Gefährten zur Eile,
Trat zu den einzelnen hin und sagte mit schmeichelnden Worten:
 „Freunde, wir sind doch wirklich nicht unerfahren im Unheil!
Jetzt ist es auch nicht größer als damals, als uns der Kyklops
Kräftig und mächtig bedrängte im Raum seiner Höhle. Und dort auch
Hat uns mein Können, mein Rat und mein Denken zum Fliehen ver-
Darum werden wir wohl auch des Jetzigen lang uns erinnern. [holfen.
Kommt! Jetzt machen wir alle es so, wie ich es euch sage.
Setzt euch hin an die Pflöcke, ergreift eure Ruder und schlagt sie
Tief in die Brandung der See! Vielleicht daß Zeus uns dann doch noch
Flucht und Entrinnen gestattet aus dieser verderblichen Lage.
Dir aber, Steurer, befehle ich so und es sei im Gemüte
Fest dir verankert: du gibst dem geräumigen Schiff ja die Richtung!
Halte es immer heraus aus dem Dampf da und diesem Gewoge!
Fasse den Felsen ins Auge! Es darf dir nicht unversehens
Dorthin entgleiten, sonst stürztest du uns in das böse Verderben."
 Also sprach ich; sie leisteten schnell meinen Worten Gehorsam.

Σκύλλην δ' οὐκέτ' ἐμυθεόμην, ἄπρηκτον ἀνίην,
μή πώς μοι δείσαντες ἀπολλήξειαν ἑταῖροι
εἰρεσίης, ἐντὸς δὲ πυκάζοιεν σφέας αὐτούς. 225
καὶ τότε δὴ Κίρκης μὲν ἐφημοσύνης ἀλεγεινῆς
λανθανόμην, ἐπεὶ οὔ τί μ' ἀνώγει θωρήσσεσθαι·
αὐτὰρ ἐγὼ καταδὺς κλυτὰ τεύχεα καὶ δύο δοῦρε
μάκρ' ἐν χερσὶν ἑλὼν εἰς ἴκρια νηὸς ἔβαινον
πρώρης· ἔνθεν γάρ μιν ἐδέγμην πρῶτα φανεῖσθαι 230
Σκύλλην πετραίην, ἥ μοι φέρε πῆμ' ἑτάροισιν.
οὐδέ πῃ ἀθρῆσαι δυνάμην· ἔκαμον δέ μοι ὄσσε
πάντῃ παπταίνοντι πρὸς ἠεροειδέα πέτρην.

ἡμεῖς μὲν στεινωπὸν ἀνεπλέομεν γοόωντες·
ἔνθεν γὰρ Σκύλλη, ἑτέρωθι δὲ δῖα Χάρυβδις 235
δεινὸν ἀνερρύβδησε θαλάσσης ἁλμυρὸν ὕδωρ.
ἦ τοι ὅτ' ἐξεμέσειε, λέβης ὣς ἐν πυρὶ πολλῷ
πᾶσ' ἀναμορμύρεσκε κυκωμένη· ὑψόσε δ' ἄχνη
ἄκροισι σκοπέλοισιν ἐπ' ἀμφοτέροισιν ἔπιπτεν.
ἀλλ' ὅτ' ἀναβρόξειε θαλάσσης ἁλμυρὸν ὕδωρ, 240
πᾶσ' ἔντοσθε φάνεσκε κυκωμένη, ἀμφὶ δὲ πέτρη
δεινὸν βεβρύχει, ὑπένερθε δὲ γαῖα φάνεσκε
ψάμμῳ κυανέη· τοὺς δὲ χλωρὸν δέος ᾕρει.
ἡμεῖς μὲν πρὸς τὴν ἴδομεν δείσαντες ὄλεθρον·
τόφρα δέ μοι Σκύλλη γλαφυρῆς ἐκ νηὸς ἑταίρους 245
ἓξ ἕλεθ', οἳ χερσίν τε βίηφί τε φέρτατοι ἦσαν.
σκεψάμενος δ' ἐς νῆα θοὴν ἅμα καὶ μεθ' ἑταίρους
ἤδη τῶν ἐνόησα πόδας καὶ χεῖρας ὕπερθεν
ὑψόσ' ἀειρομένων· ἐμὲ δὲ φθέγγοντο καλεῦντες
ἐξονομακλήδην, τότε γ' ὕστατον, ἀχνύμενοι κῆρ. 250
ὡς δ' ὅτ' ἐπὶ προβόλῳ ἁλιεὺς περιμήκεϊ ῥάβδῳ
ἰχθύσι τοῖς ὀλίγοισι δόλον κατὰ εἴδατα βάλλων
ἐς πόντον προΐησι βοὸς κέρας ἀγραύλοιο,
ἀσπαίροντα δ' ἔπειτα λαβὼν ἔρριψε θύραζε,
ὣς οἵ γ' ἀσπαίροντες ἀείροντο προτὶ πέτρας. 255
αὐτοῦ δ' εἰνὶ θύρῃσι κατήσθιε κεκληγοντας,
χεῖρας ἐμοὶ ὀρέγοντας ἐν αἰνῇ δηιοτῆτι.
οἴκτιστον δὴ κεῖνο ἐμοῖς ἴδον ὀφθαλμοῖσι
πάντων, ὅσσ' ἐμόγησα πόρους ἁλὸς ἐξερεείνων.

αὐτὰρ ἐπεὶ πέτρας φύγομεν δεινήν τε Χάρυβδιν 260

Nicht mehr nannte ich Skylla, die unbezwingliche Plage;
Nimmer sollten aus Furcht die Gefährten das Rudern versäumen,
Nimmer im Raume des Schiffes sich drängen, den einen der andre.
Über dem allem vergaß ich nun Kirkes schmerzliche Warnung:
Hatte doch streng sie befohlen, ich dürfte nicht mich bewaffnen.
Ich jedoch schlüpfte hinein in die ruhmvolle Rüstung und nahm dann
Lange Speere, gleich zwei, in die Hand und trat auf die Rippen
Vorne am Deck; denn von dort aus sei wohl zuerst sie zu sehen,
Jene Skylla vom Felsen, dies Leid für meine Gefährten.
Nirgends doch konnt ich sie sehn; jeden Fleck an dem dunstigen Felsen
Suchte ich ab, daß die Augen mir schließlich müde versagten.

 Seufzend fuhren wir ein in die Enge. Da hauste die Skylla.
Ihr gegenüber lag die Charybdis und saugte entsetzlich
In sich hinein das salzige Wasser des Meeres. Und spie sie
Wieder es aus, dann brodelte alles und wallte, als wär es
Wasser im tüchtig gefeuerten Kessel. Hinauf zu den beiden
Spitzen der Felsen spritzten die Schäume und fielen zur Tiefe
Über sie nieder. Doch, wenn sie das salzige Wasser des Meeres
Schlürfte, dann schien es, als wallte sie wirbelnd hinein in sich selber.
Schrecklich brüllte der Fels, in der Tiefe erschien dann der Boden,
Sandig war er und dunkel. Da packte sie bleiches Entsetzen.
Wir aber starrten auf sie; denn wir fürchteten unsre Vernichtung.
Aber inzwischen ergriff mir die Skylla im hohlen Fahrzeug
Sechs Gefährten; die stärksten, geübtesten sind es gewesen.
Prüfend das hurtige Schiff und die Mannschaft mußte ich sehen,
Wie der Gefährten Arme und Beine schon hoch in der Höhe
Schwebten; sie schrieen nach mir, sie riefen mich gar mit dem Namen;
Aber es war doch zum letztenmal und mit bitterem Herzen.
Wie wenn ein Fischer hoch auf der Klippe mit langer Rute
Angelt und Bröckchen den kleinen Fischen als Köder hinabwirft —
Weit in das Meer hat das Horn eines Rindes vom Feld er geschleudert —
Hat er dann einen gefangen, dann zieht er den Zappler aufs Trockne:
So wie der Fisch wurden diese auch zappelnd zum Felsen gehoben.
Noch in der Öffnung indessen fraß sie die Skylla. Sie schrieen,
Streckten die Hände nach mir in diesem grausigen Morden.
Was ich auch sah und was ich erlitt auf den Bahnen der Salzflut:
Dies war ein Schauspiel — keines glich ihm an Jammer und Elend.

 Aber als wir den furchtbaren Felsen entronnen, Charybdis und Skylla,

Σκύλλην τ', αὐτίκ' ἔπειτα θεοῦ ἐς ἀμύμονα νῆσον
ἱκόμεθ'· ἔνθα δ' ἔσαν καλαὶ βόες εὐρυμέτωποι,
πολλὰ δὲ ἴφια μῆλ' Ὑπερίονος Ἠελίοιο.
δὴ τότ' ἐγὼν ἔτι πόντῳ ἐὼν ἐν νηὶ μελαίνῃ
μυκηθμοῦ τ' ἤκουσα βοῶν αὐλιζομενάων   265
οἰῶν τε βληχήν· καί μοι ἔπος ἔμπεσε θυμῷ
μάντιος ἀλαοῦ, Θηβαίου Τειρεσίαο,
Κίρκης τ' Αἰαίης, ἥ μοι μάλα πόλλ' ἐπέτελλε
νῆσον ἀλεύασθαι τερψιμβρότου Ἠελίοιο.
δὴ τότ' ἐγὼν ἑτάροισι μετηύδων ἀχνύμενος κῆρ·   270
"κέκλυτέ μευ μύθων, κακά περ πάσχοντες ἑταῖροι,
ὄφρ' ὑμῖν εἴπω μαντήια Τειρεσίαο
Κίρκης τ' Αἰαίης, ἥ μοι μάλα πόλλ' ἐπέτελλε
νῆσον ἀλεύασθαι τερψιμβρότου Ἠελίοιο·
ἔνθα γὰρ αἰνότατον κακὸν ἔμμεναι ἄμμιν ἔφασκεν.   275
ἀλλὰ παρὲξ τὴν νῆσον ἐλαύνετε νῆα μέλαιναν."
  ὣς ἐφάμην, τοῖσιν δὲ κατεκλάσθη φίλον ἦτορ.
αὐτίκα δ' Εὐρύλοχος στυγερῷ μ' ἠμείβετο μύθῳ·
  "σχέτλιός εἰς, Ὀδυσεῦ, περί τοι μένος, οὐδέ τι γυῖα
κάμνεις· ἦ ῥά νυ σοί γε σιδήρεα πάντα τέτυκται,   280
ὅς ῥ' ἑτάρους καμάτῳ ἀδηκότας ἠδὲ καὶ ὕπνῳ
οὐκ ἐάᾳς γαίης ἐπιβήμεναι, ἔνθα κεν αὖτε
νήσῳ ἐν ἀμφιρύτῃ λαρὸν τετυκοίμεθα δόρπον,
ἀλλ' αὔτως διὰ νύκτα θοὴν ἀλάλησθαι ἄνωγας,
νήσου ἀποπλαγχθέντας, ἐν ἠεροειδέϊ πόντῳ.   285
ἐκ νυκτῶν δ' ἄνεμοι χαλεποί, δηλήματα νηῶν,
γίνονται· πῇ κέν τις ὑπεκφύγοι αἰπὺν ὄλεθρον,
ἤν πως ἐξαπίνης ἔλθῃ ἀνέμοιο θύελλα,
ἢ νότου ἢ ζεφύροιο δυσαέος, οἵ τε μάλιστα
νῆα διαρραίουσι, θεῶν ἀέκητι ἀνάκτων;   290
ἀλλ' ἦ τοι νῦν μὲν πειθώμεθα νυκτὶ μελαίνῃ
δόρπον θ' ὁπλισόμεσθα θοῇ παρὰ νηὶ μένοντες·
ἠῶθεν δ' ἀναβάντες ἐνήσομεν εὐρέϊ πόντῳ."
  ὣς ἔφατ' Εὐρύλοχος, ἐπὶ δ' ἤνεον ἄλλοι ἑταῖροι.
καὶ τότε δὴ γίνωσκον, ὃ δὴ κακὰ μήδετο δαίμων,   295
καί μιν φωνήσας ἔπεα πτερόεντα προσηύδων·
  "Εὐρύλοχ', ἦ μάλα δή με βιάζετε μοῦνον ἐόντα.
ἀλλ' ἄγε νῦν μοι πάντες ὀμόσσατε καρτερὸν ὅρκον·

Kamen wir bald an die treffliche Insel des Gottes. Dort lebten
Herrliche Rinder mit breiten Stirnen und feisteste Schafe,
Reicher Besitz des Helios Hýperíon. Und wirklich
Konnte ich noch auf dem Meer und im schwarzen Fahrzeug deutlich
Brüllen von eingehegten Rindern vernehmen; ich konnte
Meckern von Schafen schon hören. Da klang mir ein Wort im Gemüte,
Das mir der Theber Teiresias, jener erblindete Seher,
Das in Aiaia mir Kirke gesagt. Sie gebot mir mit Nachdruck
Helios' Insel, des menschenbeglückenden Gottes, zu meiden.
Nun war ich herzlich bekümmert und sagte deshalb den Gefährten:

„Hört meine Worte, Gefährten, nach all unsern Leiden und Übeln!
Sagen muß ich euch jetzt, was Teiresias, was auf Aiaia
Kirke verkündete. Diese gebot mir mit starkem Nachdruck,
Helios' Insel zu meiden, des menschenbeglückenden Gottes.
Dort, so sagte sie, warte auf uns noch das gräßlichste Unheil.
Darum rudert vorbei an der Insel das schwarze Fahrzeug."

Also sprach ich, da fühlten das liebe Herz sie zerspringen.
Gleich aber gab mir mit häßlicher Rede Eurylochos Antwort:

„Unentwegter Odysseus, dein Körper kennt keine Müde,
Niemand gleicht dir an Kraft; es ist alles an dir wie aus Eisen.
Wir Gefährten haben genug, wir sind müde und schläfrig;
Doch du verbietest das Land zu betreten, wo endlich uns wieder
Leckere Mahlzeit winkt auf dem meerumflossenen Eiland.
Kurz ist die Nacht; da befiehlst du uns, gradaus weiter zu irren,
Weg von der Insel sollen wir treiben im dunstigen Meere.
Schwierig sind doch die nächtlichen Winde, sind Mörder der Schiffe!
Wo entränne da einer dem jähen Verderben, erhebt sich
Plötzlich ein Sturmwind, sei es vom Süden, vom tobenden Westen?
Die ja sind es! Sie kümmern sich nicht um die herrschenden Götter,
Reißen vor allem die Schiffe in Trümmer. So möchte ich raten,
Fügen wir jetzt uns dem Dunkel der Nacht. Wir bereiten ein Nachtmahl,
Bleiben neben dem hurtigen Schiff, und kommt dann der Morgen,
Steigen wieder wir ein, das breite Meer zu befahren."

Also sagte Eurylochos; Beifall zollten die andern.
Ich doch begann zu begreifen, daß Unheil sann eine Gottheit.
Deshalb sprach ich zu ihm und sagte geflügelte Worte:

„Da ich allein bin, Eurylochos, könnt ihr ja freilich mich zwingen;
Darum kommt und beschwört mir jetzt alle mit kräftigem Eide:

εἴ κέ τιν' ἠὲ βοῶν ἀγέλην ἢ πῶυ μέγ' οἰῶν
εὕρωμεν, μή πού τις ἀτασθαλίῃσι κακῇσιν 300
ἢ βοῦν ἠέ τι μῆλον ἀποκτάνῃ· ἀλλὰ ἕκηλοι
ἐσθίετε βρώμην, τὴν ἀθανάτη πόρε Κίρκη."
 ὣς ἐφάμην, οἱ δ' αὐτίκ' ἀπώμνυον ὡς ἐκέλευον.
αὐτὰρ ἐπεί ῥ' ὄμοσάν τε τελεύτησάν τε τὸν ὅρκον,
στήσαμεν ἐν λιμένι γλαφυρῷ εὐεργέα νῆα 305
ἄγχ' ὕδατος γλυκεροῖο καὶ ἐξαπέβησαν ἑταῖροι
νηός, ἔπειτα δὲ δόρπον ἐπισταμένως τετύκοντο.
αὐτὰρ ἐπεὶ πόσιος καὶ ἐδητύος ἐξ ἔρον ἕντο,
μνησάμενοι δὴ ἔπειτα φίλους ἔκλαιον ἑταίρους,
οὓς ἔφαγε Σκύλλη γλαφυρῆς ἐκ νηὸς ἑλοῦσα· 310
κλαιόντεσσι δὲ τοῖσιν ἐπήλυθε νήδυμος ὕπνος.
ἦμος δὲ τρίχα νυκτὸς ἔην, μετὰ δ' ἄστρα βεβήκει,
ὦρσεν ἔπι ζαὴν ἄνεμον νεφεληγερέτα Ζεὺς
λαίλαπι θεσπεσίῃ, σὺν δὲ νεφέεσσι κάλυψε
γαῖαν ὁμοῦ καὶ πόντον· ὀρώρει δ' οὐρανόθεν νύξ. 315
ἦμος δ' ἠριγένεια φάνη ῥοδοδάκτυλος Ἠώς,
νῆα μὲν ὡρμίσαμεν, κοῖλον σπέος εἰσερύσαντες·
ἔνθα δ' ἔσαν Νυμφέων καλοὶ χοροὶ ἠδὲ θόωκοι·
καὶ τότ' ἐγὼν ἀγορὴν θέμενος μετὰ πᾶσιν ἔειπον·
 "ὦ φίλοι, ἐν γὰρ νηὶ θοῇ βρῶσίς τε πόσις τε 320
ἔστιν, τῶν δὲ βοῶν ἀπεχώμεθα, μή τι πάθωμεν·
δεινοῦ γὰρ θεοῦ αἵδε βόες καὶ ἴφια μῆλα,
Ἠελίου, ὃς πάντ' ἐφορᾷ καὶ πάντ' ἐπακούει."
 ὣς ἐφάμην, τοῖσιν δ' ἐπεπείθετο θυμὸς ἀγήνωρ.
μῆνα δὲ πάντ' ἄλληκτος ἄη νότος, οὐδέ τις ἄλλος 325
γίνετ' ἔπειτ' ἀνέμων, εἰ μὴ εὖρός τε νότος τε.
οἱ δ' εἵως μὲν σῖτον ἔχον καὶ οἶνον ἐρυθρόν,
τόφρα βοῶν ἀπέχοντο λιλαιόμενοι βιότοιο·
ἀλλ' ὅτε δὴ νηὸς ἐξέφθιτο ἤϊα πάντα,
καὶ δὴ ἄγρην ἐφέπεσκον ἀλητεύοντες ἀνάγκῃ, 330
ἰχθῦς ὄρνιθάς τε, φίλας ὅ τι χεῖρας ἵκοιτο,
γναμπτοῖς ἀγκίστροισιν· ἔτειρε δὲ γαστέρα λιμός·
δὴ τότ' ἐγὼν ἀνὰ νῆσον ἀπέστιχον, ὄφρα θεοῖσιν
εὐξαίμην, εἴ τίς μοι ὁδὸν φήνειε νέεσθαι.
ἀλλ' ὅτε δὴ διὰ νήσου ἰὼν ἤλυξα ἑταίρους, 335
χεῖρας νιψάμενος, ὅθ' ἐπὶ σκέπας ἦν ἀνέμοιο,

Zwölfter Gesang

Finden wir Herden von Rindern, finden wir Scharen von Schafen,
Keiner verfalle mir dann in den törichten Frevel und schlachte
Irgendein Rind oder Schaf! Verharrt mir in Ruhe und eßt nur
Jene Speisen, die Kirke uns gab, die unsterbliche Göttin!"

Sprachs und sie leisteten gleich mir den Eid gemäß dem Befehle.
Als sie den Schwur dann getan, bis aufs letzte Wort ihn geleistet,
Machten wir fest im geräumigen Hafen das tüchtige Fahrzeug.
Süßes Wasser war nah; die Gefährten entstiegen dem Schiffe,
Rüsteten dann mit verständiger Kunst für den Abend das Essen.
Aber als das Verlangen nach Trank und Speise verflogen,
Dachten sie endlich weinend der lieben Gefährten, die Skylla
Griff im geräumigen Schiff und zum Fraße sich holte. Doch schließlich
Schliefen sie weinend ein; denn es kam der erquickende Schlummer.
Aber, im letzten Drittel der Nacht, als die Sterne versanken,
Ließ der Wolkentürmer Zeus einen Sturm sich erheben.
Wie ein erhabner Orkan, so war es; in dampfendes Düster
Hüllte er Land wie Meer und Finsternis stürzte vom Himmel.
Als dann die Frühe sich zeigte, Eos mit rosigen Fingern,
Zogen das Schiff wir fort zum Verankern in hohler Grotte.
Dort waren Sitze für Nymphen und schöne Plätze zum Tanzen.
Ich aber rief zur Beratung und sagte im Kreise von allen:

„Freunde! Im hurtigen Schiff ist Essen und Trinken; wir wollen
Fern von den Rindern uns halten; ich fürchte, wir müßten es büßen.
Sie und das kräftige Kleinvieh sind ja dem Helios eigen,
Jenem gewaltigen Gotte, der alles belauscht und betrachtet."

Trotzig war ihr Gemüt bei den Worten, doch folgte es willig.
Aber der Nordwind hörte nicht auf; einen ganzen Monat
Wehten der Ost und der West; nur daher kamen die Winde.
Aber solange sie roten Wein und Speisen noch hatten,
Trieb sie der Drang nach Nahrung nicht, nach den Rindern zu greifen.
Freilich, als dann im Schiffe der Vorrat gänzlich geschwunden,
Trieb sie die Not und sie streunten herum und gingen auf Beute.
Fingen mit krummen Haken Vögel und Fische und alles,
Was ihnen sonst in die Hand kam. Hunger quälte den Magen.
Jetzt aber ging ich doch endlich die Insel hinauf um zu beten,
Ob nicht einer der Götter den Weg in die Heimat mir wiese.
Als den Gefährten ich nunmehr entschwand beim Gang durch die Insel,
Wusch ich in windgeschützter Umgebung die Hände und flehend

ἠρώμην πάντεσσι θεοῖς, οἳ Ὄλυμπον ἔχουσιν·
οἱ δ' ἄρα μοι γλυκὺν ὕπνον ἐπὶ βλεφάροισιν ἔχευαν.
Εὐρύλοχος δ' ἑτάροισι κακῆς ἐξήρχετο βουλῆς·
  "κέκλυτέ μευ μύθων, κακά περ πάσχοντες ἑταῖροι· 340
πάντες μὲν στυγεροὶ θάνατοι δειλοῖσι βροτοῖσι,
λιμῷ δ' οἴκτιστον θανέειν καὶ πότμον ἐπισπεῖν.
ἀλλ' ἄγετ', Ἠελίοιο βοῶν ἐλάσαντες ἀρίστας
ῥέξομεν ἀθανάτοισι, τοὶ οὐρανὸν εὐρὺν ἔχουσιν.
εἰ δέ κεν εἰς Ἰθάκην ἀφικοίμεθα, πατρίδα γαῖαν, 345
αἶψά κεν Ἠελίῳ Ὑπερίονι πίονα νηὸν
τεύξομεν, ἐν δέ κε θεῖμεν ἀγάλματα πολλὰ καὶ ἐσθλά.
εἰ δὲ χολωσάμενός τι βοῶν ὀρθοκραιράων
νῆ' ἐθέλῃ ὀλέσαι, ἐπὶ δ' ἕσπωνται θεοὶ ἄλλοι,
βούλομ' ἅπαξ πρὸς κῦμα χανὼν ἀπὸ θυμὸν ὀλέσσαι 350
ἢ δηθὰ στρεύγεσθαι ἐὼν ἐν νήσῳ ἐρήμῃ."
  ὣς ἔφατ' Εὐρύλοχος, ἐπὶ δ' ᾔνεον ἄλλοι ἑταῖροι.
αὐτίκα δ' Ἠελίοιο βοῶν ἐλάσαντες ἀρίστας
ἐγγύθεν· — οὐ γὰρ τῆλε νεὸς κυανοπρῴροιο
βοσκέσκονθ' ἕλικες καλαὶ βόες εὐρυμέτωποι· — 355
τὰς δὲ περιστήσαντο καὶ εὐχετόωντο θεοῖσι,
φύλλα δρεψάμενοι τέρενα δρυὸς ὑψικόμοιο·
οὐ γὰρ ἔχον κρῖ λευκὸν ἐϋσσέλμου ἐπὶ νηός.
αὐτὰρ ἐπεί ῥ' εὔξαντο καὶ ἔσφαξαν καὶ ἔδειραν,
μηρούς τ' ἐξέταμον κατά τε κνίσῃ ἐκάλυψαν, 360
δίπτυχα ποιήσαντες, ἐπ' αὐτῶν δ' ὠμοθέτησαν.
οὐδ' εἶχον μέθυ λεῖψαι ἐπ' αἰθομένοις ἱεροῖσιν,
ἀλλ' ὕδατι σπένδοντες ἐπώπτων ἔγκατα πάντα.
αὐτὰρ ἐπεὶ κατὰ μῆρ' ἐκάη καὶ σπλάγχνα πάσαντο,
μίστυλλόν τ' ἄρα τἆλλα καὶ ἀμφ' ὀβελοῖσιν ἔπειρον. 365
  καὶ τότε μοι βλεφάρων ἐξέσσυτο νήδυμος ὕπνος·
βῆν δ' ἰέναι ἐπὶ νῆα θοὴν καὶ θῖνα θαλάσσης.
ἀλλ' ὅτε δὴ σχεδὸν ἦα κιὼν νεὸς ἀμφιελίσσης,
καὶ τότε με κνίσης ἀμφήλυθεν ἡδὺς ἀϋτμή·
οἰμώξας δὲ θεοῖσι μετ' ἀθανάτοισι γεγώνευν· 370
  "Ζεῦ πάτερ ἠδ' ἄλλοι μάκαρες θεοὶ αἰὲν ἐόντες,
ἦ με μάλ' εἰς ἄτην κοιμήσατε νηλέϊ ὕπνῳ,
οἱ δ' ἕταροι μέγα ἔργον ἐμητίσαντο μένοντες."
  ὠκέα δ' Ἠελίῳ Ὑπερίονι ἄγγελος ἦλθε
Λαμπετίη τανύπεπλος, ὅ οἱ βόας ἔκταμεν ἡμεῖς. 375

Bat ich sämtliche Götter, die Herrn im Olympos. Doch diese
Ließen den süßesten Schlaf auf die Lider mir sinken. Indessen
Fing Eurylochos an, die Gefährten schlecht zu beraten:

„Hört meine Worte, Gefährten! Nach all unsern Leiden und Übeln —
Jeder Tod macht Grauen den elenden Sterblichen; aber
Hungers zu sterben, sein Schicksal so zu erfüllen, das ist wohl
Sicher das kläglichste. Kommt! Wir opfern Helios' Rinder!
Holen die Besten heraus für die Herren im breiten Himmel,
Für die Unsterblichen. Sind wir in Ithaka dann in der Heimat,
Bauen wir gleich einen reich begüterten Tempel mit vielen
Edlen Geschenken dem Helios Hýperíon. Und sollte
Grollend wegen der Rinder mit graden Hörnern das Fahrzeug
Ganz er vernichten und sollten die anderen Götter ihm folgen:
Einmal Wasser zu schlucken, den Willen zum Leben zu töten
Wähle ich lieber als langes Verschmachten auf einsamer Insel!"

Also sagte Eurylochos, Beifall zollten die andern.
Gleich aber holten sie eben die besten von Helios' Rindern
Ganz aus der Nähe; nicht weit ja vom dunklen Bug des Schiffes
Pflegten die glänzenden Rinder mit breiten Stirnen zu weiden.
Diese umringten sie, beteten dann zu den Göttern und rauften
Zarte Blätter von Eichen mit hohen Wipfeln herunter,
Fehlte doch weißes Mehl im Schiff mit den schönen Borden.
Als sie dann nach den Gebeten geschlachtet, gehäutet, da schnitten
Gleich sie die Schenkel heraus und hüllten in doppelte Fettschicht
Alles und legten schließlich das rohe Fleisch noch darüber.
Wein aber hatten sie nicht zum Guß auf die lodernden Opfer,
Spendeten also mit Wasser und brieten die Eingeweide
Obenauf. Die Schenkel verbrannten; die Stücke des Innern
Wurden gekostet, der Rest dann zerstückt und an Gabeln befestigt.

Jetzt gerade verließ der erquickende Schlaf meine Lider.
Darum ging ich zum schnellen Schiff und zum Strande des Meeres.
Als ich dann endlich dem doppeltgeschweiften Schiffe mich nahte,
Wallten zu mir schon herüber die süßlichen Dämpfe des Fettes.
Jammernd schrie ich hinaus den unsterblichen Göttern zur Kunde:

„Vater Zeus und ihr anderen ewigen, seligen Götter,
Wahrlich zum Unglück senktet ihr mich in den grausamen Schlummer;
Denn die Gefährten hatten nun Zeit ihr Verbrechen zu planen."

Aber die Botin in schönen Gewändern, Lampetia, eilte,
Helios Hýperíon den Mord seiner Rinder zu melden.

αὐτίκα δ' ἀθανάτοισι μετηύδα χωόμενος κῆρ·
"Ζεῦ πάτερ ἠδ' ἄλλοι μάκαρες θεοὶ αἰὲν ἐόντες,
τεῖσαι δὴ ἑτάρους Λαερτιάδεω Ὀδυσῆος,
οἵ μευ βοῦς ἔκτειναν ὑπέρβιον, ᾗσιν ἐγώ γε
χαίρεσκον μὲν ἰὼν εἰς οὐρανὸν ἀστερόεντα, 380
ἠδ' ὁπότ' ἂψ ἐπὶ γαῖαν ἀπ' οὐρανόθεν προτραποίμην.
εἰ δέ μοι οὐ τείσουσι βοῶν ἐπιεικέ' ἀμοιβήν,
δύσομαι εἰς Ἀΐδαο καὶ ἐν νεκύεσσι φαείνω."
τὸν δ' ἀπαμειβόμενος προσέφη νεφεληγερέτα Ζεύς·
"Ἠέλι', ἦ τοι μὲν σὺ μετ' ἀθανάτοισι φάεινε 385
καὶ θνητοῖσι βροτοῖσιν ἐπὶ ζείδωρον ἄρουραν·
τῶν δέ κ' ἐγὼ τάχα νῆα θοὴν ἀργῆτι κεραυνῷ
τυτθὰ βαλὼν κεάσαιμι μέσῳ ἐνὶ οἴνοπι πόντῳ."
ταῦτα δ' ἐγὼν ἤκουσα Καλυψοῦς ἠϋκόμοιο·
ἡ δ' ἔφη Ἑρμείαο διακτόρου αὐτὴ ἀκοῦσαι. 390
αὐτὰρ ἐπεί ῥ' ἐπὶ νῆα κατήλυθον ἠδὲ θάλασσαν,
νείκεον ἄλλοθεν ἄλλον ἐπισταδόν, οὐδέ τι μῆχος
εὑρέμεναι δυνάμεσθα· βόες δ' ἀποτέθνασαν ἤδη.
τοῖσιν δ' αὐτίκ' ἔπειτα θεοὶ τέρα' προὔφαινον·
εἷρπον μὲν ῥινοί, κρέα δ' ἀμφ' ὀβελοῖς ἐμεμύκει, 395
ὀπταλέα τε καὶ ὠμά· βοῶν δ' ὣς γίνετο φωνή.
ἑξῆμαρ μὲν ἔπειτα ἐμοὶ ἐρίηρες ἑταῖροι
δαίνυντ' Ἠελίοιο βοῶν ἐλάσαντες ἀρίστας·
ἀλλ' ὅτε δὴ ἕβδομον ἦμαρ ἐπὶ Ζεὺς θῆκε Κρονίων,
καὶ τότ' ἔπειτ' ἄνεμος μὲν ἐπαύσατο λαίλαπι θύων, 400
ἡμεῖς δ' αἶψ' ἀναβάντες ἐνήκαμεν εὐρέϊ πόντῳ,
ἱστὸν στησάμενοι ἀνά θ' ἱστία λεύκ' ἐρύσαντες.
ἀλλ' ὅτε δὴ τὴν νῆσον ἐλείπομεν οὐδέ τις ἄλλη
φαίνετο γαιάων, ἀλλ' οὐρανὸς ἠδὲ θάλασσα,
δὴ τότε κυανέην νεφέλην ἔστησε Κρονίων 405
νηὸς ὕπερ γλαφυρῆς, ἤχλυσε δὲ πόντος ὑπ' αὐτῆς.
ἡ δ' ἔθει οὐ μάλα πολλὸν ἐπὶ χρόνον· αἶψα γὰρ ἦλθε
κεκληγὼς ζέφυρος μεγάλῃ σὺν λαίλαπι θύων.
ἱστοῦ δὲ προτόνους ἔρρηξ' ἀνέμοιο θύελλα
ἀμφοτέρους, ἱστὸς δ' ὀπίσω πέσεν, ὅπλα τε πάντα 410
εἰς ἄντλον κατέχυνθ'· ὁ δ' ἄρα πρυμνῇ ἐνὶ νηὶ
πλῆξε κυβερνήτεω κεφαλήν, σὺν δ' ὀστέ' ἄραξε
πάντ' ἄμυδις κεφαλῆς· ὁ δ' ἄρ' ἀρνευτῆρι ἐοικὼς
κάππεσ' ἀπ' ἰκριόφιν, λίπε δ' ὀστέα θυμὸς ἀγήνωρ.

Der aber sagte sofort den Unsterblichen grollend im Herzen:
„Vater Zeus und ihr anderen ewigen, seligen Götter!
Strafe die Leute des Sohns des Laërtes, Odysseus! Sie haben
Meine Rinder gewaltsam getötet. Die machten mir Freude,
Jedesmal, wenn zum Himmel mit allen Gestirnen ich aufstieg,
Taten es wieder, wenn immer vom Himmel zur Erde ich kehrte.
Zahlen sie nicht für die Rinder an mich die gebührende Buße,
Geh ich hinab in den Hades und scheine dort für die Toten."

Antwort gab ihm da Zeus, der Wolkentürmer, und sagte:
„Helios! Nein, bei uns, den Unsterblichen, scheine du weiter!
Scheine auf fruchtbare Fluren den sterblichen Menschen! Ich werde
Denen das hurtige Schiff zerschmettern mit funkelnden Blitzen,
Gleich es in Trümmer zerspellen inmitten des weinroten Meeres."

Soviel hörte ich selbst von Kalypso mit herrlichen Flechten;
Die aber sagte, sie hab es gehört vom Geleitmann Hermes.

Aber als ich hinunter kam an das Schiff und zum Meere,
Trat ich zu jedem und schalt, wie sie kamen. Doch war es nicht möglich,
Irgendein Mittel zu finden: Die Rinder blieben gestorben.
Ihnen zeigten die Götter sofort dann Zeichen und Wunder:
Häute krochen herum, an den Gabeln brüllten die Stücke,
Roh und gebraten, und laut erklang es wie Stimmen von Rindern.

Sechs volle Tage speisten sodann meine trauten Gefährten,
Hatten sie doch sich die besten geholt von des Helios Rindern.
Aber als Zeus, der Kronide, den siebenten Tag uns bescherte,
Hörte der Sturmwind auf zu toben in wilden Orkanen.
Gleich drauf stiegen wir ein und gewannen die Breite des Meeres,
Stellten den Mastbaum auf und setzten die leuchtenden Segel.

Aber als wir die Insel verlassen, kein anderes Land mehr,
Nichts als Himmel und Wasser den Blicken sich zeigte, da ließ nun
Über dem Schiffsraum dunkles Gewölk der Kronide sich ballen.
Finsternis stürzte herab auf die Wogen und gar nicht mehr lange
Lief unser Schiff seine Fahrt; denn plötzlicher, pfeifender Westwind
Rauschte daher im Sturm eines mächtigen, wilden Orkanes.
Beide vorderen Segel am Maste zerfetzte ein Windstoß,
Rückwärts stürzte der Mast; da wirbelten alle Geräte
Nieder ins Wasser am Boden. Der Mast aber fiel auf den Steurer
Hinten am Deck und traf seinen Kopf, daß sämtliche Knochen
Barsten am Schädel. Er fiel vom Verdeck wie ein Taucher hinunter.
Damit verließ die Gebeine sein trotziger Wille zum Leben.

Ζεὺς δ' ἄμυδις βρόντησε καὶ ἔμβαλε νηὶ κεραυνόν· 415
ἡ δ' ἐλελίχθη πᾶσα Διὸς πληγεῖσα κεραυνῷ,
ἐν δὲ θεείου πλῆτο· πέσον δ' ἐκ νηὸς ἑταῖροι.
οἱ δὲ κορώνῃσιν ἴκελοι περὶ νῆα μέλαιναν
κύμασιν ἐμφορέοντο, θεὸς δ' ἀποαίνυτο νόστον.
 αὐτὰρ ἐγὼ διὰ νηὸς ἐφοίτων, ὄφρ' ἀπὸ τοίχους 420
λῦσε κλύδων τρόπιος· τὴν δὲ ψιλὴν φέρε κῦμα.
ἐκ δέ οἱ ἱστὸν ἄραξε ποτὶ τρόπιν· αὐτὰρ ἐπ' αὐτῷ
ἐπίτονος βέβλητο, βοὸς ῥινοῖο τετευχώς·
τῷ ῥ' ἄμφω συνέεργον ὁμοῦ τρόπιν ἠδὲ καὶ ἱστόν,
ἑζόμενος δ' ἐπὶ τοῖς φερόμην ὀλοοῖς ἀνέμοισιν. 425
 ἔνθ' ἦ τοι ζέφυρος μὲν ἐπαύσατο λαίλαπι θύων,
ἦλθε δ' ἐπὶ νότος ὦκα, φέρων ἐμῷ ἄλγεα θυμῷ,
ὄφρ' ἔτι τὴν ὀλοὴν ἀναμετρήσαιμι Χάρυβδιν.
παννύχιος φερόμην, ἅμα δ' ἠελίῳ ἀνιόντι
ἦλθον ἐπὶ Σκύλλης σκόπελον δεινήν τε Χάρυβδιν. 430
ἡ μὲν ἀνερροίβδησε θαλάσσης ἁλμυρὸν ὕδωρ·
αὐτὰρ ἐγὼ ποτὶ μακρὸν ἐρινεὸν ὑψόσ' ἀερθείς,
τῷ προσφὺς ἐχόμην ὡς νυκτερίς· οὐδέ πῃ εἶχον
οὔτε στηρίξαι ποσὶν ἔμπεδον οὔτ' ἐπιβῆναι·
ῥίζαι γὰρ ἑκὰς εἶχον, ἀπήωροι δ' ἔσαν ὄζοι 435
μακροί τε μεγάλοι τε, κατεσκίαον δὲ Χάρυβδιν.
νωλεμέως δ' ἐχόμην, ὄφρ' ἐξεμέσειεν ὀπίσσω
ἱστὸν καὶ τρόπιν αὖτις· ἐελδομένῳ δέ μοι ἦλθον,
ὄψ'· ἦμος δ' ἐπὶ δόρπον ἀνὴρ ἀγορῆθεν ἀνέστη
κρίνων νείκεα πολλὰ δικαζομένων αἰζηῶν, 440
τῆμος δὴ τά γε δοῦρα Χαρύβδιος ἐξεφαάνθη.
ἧκα δ' ἐγὼ καθύπερθε πόδας καὶ χεῖρε φέρεσθαι,
μέσσῳ δ' ἐνδούπησα παρὲξ περιμήκεα δοῦρα,
ἑζόμενος δ' ἐπὶ τοῖσι διήρεσα χερσὶν ἐμῇσι.
Σκύλλην δ' οὐκέτ' ἔασε πατὴρ ἀνδρῶν τε θεῶν τε 445
εἰσιδέειν· οὐ γάρ κεν ὑπέκφυγον αἰπὺν ὄλεθρον.
 ἔνθεν δ' ἐννῆμαρ φερόμην, δεκάτῃ δέ με νυκτὶ
νῆσον ἐς Ὠγυγίην πέλασαν θεοί, ἔνθα Καλυψὼ
ναίει ἐϋπλόκαμος, δεινὴ θεὸς αὐδήεσσα,
ἥ μ' ἐφίλει τ' ἐκόμει τε. τί τοι τάδε μυθολογεύω; 450
ἤδη γάρ τοι χθιζὸς ἐμυθεόμην ἐνὶ οἴκῳ
σοί τε καὶ ἰφθίμῃ ἀλόχῳ· ἐχθρὸν δέ μοί ἐστιν
αὖτις ἀριζήλως εἰρημένα μυθολογεύειν.

Zeus aber donnerte weiter und warf seine Blitze ins Fahrzeug.
Dies ging ganz aus den Fugen, da Zeus es zerschlug mit dem Blitzstrahl.
Schwefel verbreitete sich; die Gefährten fielen vom Fahrzeug.
Grade wie Krähen des Meeres, so schwammen sie rund um das schwarze
Schiff im Gewoge herum; doch der Gott versagte die Heimkehr.

Ich aber ging noch im Schiff hin und her, bis der Kiel und die Wände
Endlich zerfielen im Schwall und die Wogen ein Wrack nur noch trugen.
Dabei riß es den Mast an den Kiel, am Mast aber hing noch
Fest ein Riemen; er war aus der Haut eines Rindes geschnitten.
Damit band ich die beiden zusammen, den Kiel und den Mastbaum,
Darauf sitzend fuhr ich dahin in vernichtenden Winden.

Aber nun hörte der Westwind auf im Sturm des Orkanes.
Schnell kam der Nordwind heran; der erregte mir Leid im Gemüte,
Ob ich die grause Charybdis nicht nochmal müßte durchfahren.
Wirklich fuhr ich die ganze Nacht so dahin, bis am Morgen
Wieder am Felsen der Skylla, der bösen Charybdis ich ankam.
Grade saugte sie ein das salzige Wasser des Meeres.
Ich aber rang mich hinauf zu dem langen Feigenbaume,
Klammerte fest mich daran wie die Fledermäuse. Mir dienten
Weder die Füße als kräftige Stützen noch faßte ich Boden,
Wurzeln waren nicht nahe, die Zweige wuchsen ins Hohe,
Lang und groß, und beschatteten ganz die Charybdis. Da hing ich,
Wartete unentwegt, daß endlich den Kiel und den Mastbaum
Flott sie mir mache, wenn wieder sie spie. Ich hoffte, doch spät erst
Kamen sie. Wenn ein Mann sich erhebt zur Abendmahlzeit,
Viele Prozesse streitender Männer entschied er am Marktplatz:
Dies war die Zeit, da die Trümmer sich zeigten im Schwall der Charybdis.
Ich aber ließ nun mit Händen und Füßen nach unten mich fallen,
Plumpste dann mitten hinein, doch neben die mächtigen Hölzer,
Setzte mich wieder darauf und gebrauchte die Hände als Ruder.
Aber der Skylla verwehrte der Vater der Menschen und Götter
Diesen Blick, sonst entrann ich nimmer dem jähen Verderben.

Neun volle Tage trieb ich und erst in der zehnten Nacht dann
Brachten mich Götter der Insel Ogygia nahe. Kalypso,
Jene gewaltige, redende Göttin mit herrlichen Flechten,
Nahm mich dort in liebende Hut. Soll ich weiter berichten?
Davon habe ich dir und der starken Gemahlin schon gestern
Hier im Hause erzählt. Es wäre mir aber zuwider
Klar und gründlich Gesagtes ein zweites Mal zu berichten.

ΟΔΥΣΣΕΙΑΣ Ν

Ὀδυσσέως ἀπόπλοος παρὰ Φαιάκων καὶ ἄφιξις εἰς Ἰθάκην

Ὣς ἔφαθ', οἱ δ' ἄρα πάντες ἀκὴν ἐγένοντο σιωπῇ,
κηληθμῷ δ' ἔσχοντο κατὰ μέγαρα σκιόεντα.
τὸν δ' αὖτ' Ἀλκίνοος ἀπαμείβετο φώνησέν τε·
"ὦ Ὀδυσεῦ, ἐπεὶ ἵκευ ἐμὸν ποτὶ χαλκοβατὲς δῶ,
ὑψερεφές, τῷ σ' οὔ τι πάλιν πλαγχθέντα γ' ὀΐω   5
ἂψ ἀπονοστήσειν, εἰ καὶ μάλα πολλὰ πέπονθας.
ὑμέων δ' ἀνδρὶ ἑκάστῳ ἐφιέμενος τάδε εἴρω,
ὅσσοι ἐνὶ μεγάροισι γερούσιον αἴθοπα οἶνον
αἰεὶ πίνετ' ἐμοῖσιν, ἀκουάζεσθε δ' ἀοιδοῦ·
εἵματα μὲν δὴ ξείνῳ ἐϋξέστῃ ἐνὶ χηλῷ   10
κεῖται καὶ χρυσὸς πολυδαίδαλος ἄλλα τε πάντα
δῶρ', ὅσα Φαιήκων βουληφόροι ἐνθάδ' ἔνεικαν·
ἀλλ' ἄγε οἱ δῶμεν τρίποδα μέγαν ἠδὲ λέβητα
ἀνδρακάς, ἡμεῖς δ' αὖτε ἀγειρόμενοι κατὰ δῆμον
τεισόμεθ'· ἀργαλέον γὰρ ἕνα προικὸς χαρίσασθαι."   15
ὣς ἔφατ' Ἀλκίνοος, τοῖσιν δ' ἐπιήνδανε μῦθος.
οἱ μὲν κακκείοντες ἔβαν οἰκόνδε ἕκαστος·
ἦμος δ' ἠριγένεια φάνη ῥοδοδάκτυλος Ἠώς,
νῆάδ' ἐπεσσεύοντο, φέρον δ' εὐήνορα χαλκόν.
καὶ τὰ μὲν εὖ κατέθηχ' ἱερὸν μένος Ἀλκινόοιο,   20
αὐτὸς ἰὼν διὰ νηός, ὑπὸ ζυγά, μή τιν' ἑταίρων
βλάπτοι ἐλαυνόντων, ὁπότε σπερχοίατ' ἐρετμοῖς·
οἱ δ' εἰς Ἀλκινόοιο κίον καὶ δαῖτ' ἀλέγυνον.
τοῖσι δὲ βοῦν ἱέρευσ' ἱερὸν μένος Ἀλκινόοιο
Ζηνὶ κελαινεφέϊ Κρονίδῃ ὃς πᾶσιν ἀνάσσει.   25
μῆρα δὲ κήαντες δαίνυντ' ἐρικυδέα δαῖτα
τερπόμενοι· μετὰ δέ σφιν ἐμέλπετο θεῖος ἀοιδός,
Δημόδοκος, λαοῖσι τετιμένος. αὐτὰρ Ὀδυσσεὺς
πολλὰ πρὸς ἥλιον κεφαλὴν τρέπε παμφανόωντα,
δῦναι ἐπειγόμενος· δὴ γὰρ μενέαινε νέεσθαι.   30
ὡς δ' ὅτ' ἀνὴρ δόρποιο λιλαίεται, ᾧ τε πανῆμαρ

DREIZEHNTER GESANG

Abfahrt von den Phaiaken
Ankunft in Ithaka

Also sprach er und alle verharrten in lautlosem Schweigen.
Zauberstimmung hielt sie gebannt im schattigen Saale.
Aber Alkinoos sagte und gab ihm wieder zur Antwort:
„Da du, Odysseus, zu meinem Hause gefunden, zu dessen
Eherner Schwelle und hohem Dach, so wirst du, das glaub ich,
Hast du auch viel schon erduldet, hieher nicht nochmal verschlagen.
Euch aber gebe ich Auftrag und sage es männiglich jedem:
Ihr, die in meinem Palast hier allzeit funkelnden Wein trinkt,
Der nur den Alten geziemt, und die ihr dem Sänger das Ohr leiht:
Kleider liegen bereit für den Gast in der glänzend gefegten
Truhe und Gold in vielerlei Zierat und andre Geschenke,
Alle, die hieher brachten die Männer vom Rat der Phaiaken:
Also wohlan! Einen stattlichen Dreifuß nebst einem Becken
Spende jeder dazu. Wir sammeln Ersatz uns im Volke.
Bitter wäre es doch, wenn Einer umsonst ihn beschenkte."
  Also sagte Alkinoos; sie aber zollten ihm Beifall.
Alle gingen nachhause und jeder legte sich schlafen.
Als dann die Frühe sich zeigte, Eos mit rosigen Fingern,
Gingen sie eilig zum Schiff mit den ehernen, starken Geräten.
Doch des Alkinoos heilige Kraft ging selbst durch das Fahrzeug,
Legte geschickt sie unter die Bänke, damit kein Gefährte
Schaden erleide beim Fahren, beim eiligen Schlagen der Ruder.
Jene doch gingen und nahmen das Mahl in Alkinoos' Wohnung.
  Ihnen schlachtete dann des Alkinoos heilige Stärke
Zeus, dem Kroniden im dunklen Gewölk, dem Allesbeherrscher,
Opfernd ein Rind; sie verbrannten die Schenkel und schwelgten beim
Rühmlich wars, und der göttliche Sänger Demodokos spielte. [Mahle;
Ehre genoß er im Volk. Indessen wandte Odysseus
Immer wieder den Kopf zur leuchtenden Sonne, daß endlich
Unter sie gehe; er wollte ja wirklich nur eines: die Heimkehr.
So wie ein Mann nach dem Essen sich sehnt, wenn weinfarbne Rinder

νειὸν ἀν' ἕλκητον βόε οἴνοπε πηκτὸν ἄροτρον·
ἀσπασίως δ' ἄρα τῷ κατέδυ φάος ἠελίοιο
δόρπον ἐποίχεσθαι, βλάβεται δέ τε γούνατ' ἰόντι·
ὣς 'Οδυσῆ' ἀσπαστὸν ἔδυ φάος ἠελίοιο. 35
αἶψα δὲ Φαιήκεσσι φιληρέτμοισι μετηύδα,
'Αλκινόῳ δὲ μάλιστα πιφαυσκόμενος φάτο μῦθον·
"'Αλκίνοε κρεῖον, πάντων ἀριδείκετε λαῶν,
πέμπετέ με σπείσαντες ἀπήμονα, χαίρετε δ' αὐτοί.
ἤδη γὰρ τετέλεσται ἅ μοι φίλος ἤθελε θυμός, 40
πομπὴ καὶ φίλα δῶρα, τά μοι θεοὶ Οὐρανίωνες
ὄλβια ποιήσειαν· ἀμύμονα δ' οἴκοι ἄκοιτιν
νοστήσας εὕροιμι σὺν ἀρτεμέεσσι φίλοισιν.
ὑμεῖς δ' αὖθι μένοντες ἐϋφραίνοιτε γυναῖκας
κουριδίας καὶ τέκνα· θεοὶ δ' ἀρετὴν ὀπάσειαν 45
παντοίην, καὶ μή τι κακὸν μεταδήμιον εἴη."
ὣς ἔφαθ', οἱ δ' ἄρα πάντες ἐπῄνεον ἠδ' ἐκέλευον
πεμπέμεναι τὸν ξεῖνον, ἐπεὶ κατὰ μοῖραν ἔειπε.
καὶ τότε κήρυκα προσέφη μένος 'Αλκινόοιο·
"Ποντόνοε, κρητῆρα κερασσάμενος μέθυ νεῖμον 50
πᾶσιν ἀνὰ μέγαρον, ὄφρ' εὐξάμενοι Διὶ πατρὶ
τὸν ξεῖνον πέμπωμεν ἑὴν ἐς πατρίδα γαῖαν."
ὣς φάτο, Ποντόνοος δὲ μελίφρονα οἶνον ἐκίρνα,
νώμησεν δ' ἄρα πᾶσιν ἐπισταδόν· οἱ δὲ θεοῖσιν
ἔσπεισαν μακάρεσσι, τοὶ οὐρανὸν εὐρὺν ἔχουσιν, 55
αὐτόθεν ἐξ ἑδρέων. ἀνὰ δ' ἵστατο δῖος 'Οδυσσεύς,
'Αρήτῃ δ' ἐν χερσὶ τίθει δέπας ἀμφικύπελλον
καί μιν φωνήσας ἔπεα πτερόεντα προσηύδα·
"χαῖρέ μοι, ὦ βασίλεια, διαμπερές, εἰς ὅ κε γῆρας
ἔλθῃ καὶ θάνατος, τά τ' ἐπ' ἀνθρώποισι πέλονται. 60
αὐτὰρ ἐγὼ νέομαι· σὺ δὲ τέρπεο τῷδ' ἐνὶ οἴκῳ
παισί τε καὶ λαοῖσι καὶ 'Αλκινόῳ βασιλῆι."
ὣς εἰπὼν ὑπὲρ οὐδὸν ἐβήσετο δῖος 'Οδυσσεύς.
τῷ δ' ἅμα κήρυκα προΐει μένος 'Αλκινόοιο
ἡγεῖσθαι ἐπὶ νῆα θοὴν καὶ θῖνα θαλάσσης. 65
'Αρήτη δ' ἄρα οἱ δμῳὰς ἅμ' ἔπεμπε γυναῖκας,
τὴν μὲν φᾶρος ἔχουσαν ἐϋπλυνὲς ἠδὲ χιτῶνα,
τὴν δ' ἑτέρην χηλὸν πυκινὴν ἅμ' ὄπασσε κομίζειν·
ἡ δ' ἄλλη σῖτόν τ' ἔφερεν καὶ οἶνον ἐρυθρόν.

Furchen zogen am festen Pflug den Tag lang im Brachfeld;
Hoch willkommen ist ihm das Sinken des Lichtes der Sonne,
Mahlzeit will er nun halten; beim Gehen schmerzen die Knie,
Gradso willkommen versank dem Odysseus die leuchtende Sonne.
Darum sagte er rasch den Phaiaken, den Freunden der Ruder,
Richtete aber zunächst an Alkinoos selbst seine Rede:

„Herrscher Alkinoos, aller Völker trefflichstes Vorbild!
Spendet und schickt mich dann heim und so, daß kein Leid mir ge-
Lebt denn wohl! Was mein liebes Gemüt von jeher gewollt hat: [schehe!
Jetzt ist es da: ein Geleit und liebe Geschenke. Ich möchte,
Daß sie die Götter des Himmels mir segnen; mein tüchtiges Eheweib
Möchte daheim ich finden und wohlbehalten die Meinen.
Ihr aber bleibt ja hier. Beglückt eure Kinder und Frauen!
Mögen die Götter in vielerlei Künsten euch tüchtig erhalten!
Möge kein Unheil kommen und wüten im ganzen Volke!"

Also sprach er und alle verlangten mit lobendem Beifall,
Daß man den Gast geleite; er habe sachlich gesprochen.
Schließlich sprach dann auch noch zum Rufer Alkinoos' Stärke:

„Auf, Pontonoos! Mische im Mischkrug, spende vom Rauschtrank
Allen im Saale! Wir beten zuerst noch zu Zeus, dem Vater,
Dann aber schicken den Gast wir fort ins Land seiner Heimat."

Sprachs und Pontonoos mischte den Wein, er schmeckte wie Honig,
Trat dann verteilend hin vor sie alle. Sie gossen vom Weine
Spendend den seligen Göttern, den Herren im breiten Olympos,
Gleich am Sitz. Der erhabne Odysseus erhob sich indessen,
Reichte sogleich Arete den Becher mit doppeltem Henkel,
Sprach sie dann an und sagte dabei geflügelte Worte:

„Königin, lebe wohl! Bis die Tage des Alters und Todes
Kommen: das menschliche Schicksal. Lebe nun wohl und für immer!
Heimwärts kehre ich nun, doch du in diesem Palaste
Freu dich an König Alkinoos, freu dich am Volk und den Kindern!"

Also sagte der hehre Odysseus und trat auf die Schwelle.
Mit ihm schickte Alkinoos' Macht einen Rufer; er sollte
Weiter ihn führen zum hurtigen Schiff und zum Strande des Meeres.
Aber Arete schickte mit ihm auch dienende Frauen.
Eine mit sauberem Mantel und Leibrock; dann eine zweite;
Diese hatte Befehl eine feste Lade zu tragen;
Dann eine Dritte, die Zehrung und roten Wein überbrachte.

αὐτὰρ ἐπεί ῥ' ἐπὶ νῆα κατήλυθον ἠδὲ θάλασσαν, 70
αἶψα τά γ' ἐν νηὶ γλαφυρῇ πομπῆες ἀγαυοὶ
δεξάμενοι κατέθεντο, πόσιν καὶ βρῶσιν ἅπασαν·
κὰδ δ' ἄρ' Ὀδυσσῆι στόρεσαν ῥῆγός τε λίνον τε
νηὸς ἐπ' ἰκριόφιν γλαφυρῆς, ἵνα νήγρετον εὕδοι,
πρύμνης· ἂν δὲ καὶ αὐτὸς ἐβήσετο καὶ κατέλεκτο 75
σιγῇ· τοὶ δὲ καθῖζον ἐπὶ κληῖσιν ἕκαστοι
κόσμῳ, πεῖσμα δ' ἔλυσαν ἀπὸ τρητοῖο λίθοιο.
εὖθ' οἱ ἀνακλινθέντες ἀνερρίπτουν ἅλα πηδῷ,
καὶ τῷ νήδυμος ὕπνος ἐπὶ βλεφάροισιν ἔπιπτε,
νήγρετος ἥδιστος, θανάτῳ ἄγχιστα ἐοικώς. 80
ἡ δ', ὥς τ' ἐν πεδίῳ τετράοροι ἄρσενες ἵπποι,
πάντες ἅμ' ὁρμηθέντες ὑπὸ πληγῇσιν ἱμάσθλης
ὑψόσ' ἀειρόμενοι ῥίμφα πρήσσουσι κέλευθον,
ὣς ἄρα τῆς πρύμνη μὲν ἀείρετο, κῦμα δ' ὄπισθεν
πορφύρεον μέγα θῦε πολυφλοίσβοιο θαλάσσης. 85
ἡ δὲ μάλ' ἀσφαλέως θέεν ἔμπεδον· οὐδέ κεν ἴρηξ
κίρκος ὁμαρτήσειεν, ἐλαφρότατος πετεηνῶν·
ὣς ἡ ῥίμφα θέουσα θαλάσσης κύματ' ἔταμνεν,
ἄνδρα φέρουσα θεοῖς ἐναλίγκια μήδε' ἔχοντα,
ὃς πρὶν μὲν μάλα πολλὰ πάθ' ἄλγεα ὃν κατὰ θυμόν, 90
ἀνδρῶν τε πτολέμους ἀλεγεινά τε κύματα πείρων·
δὴ τότε γ' ἀτρέμας εὖδε, λελασμένος ὅσσ' ἐπεπόνθει.

εὖτ' ἀστὴρ ὑπερέσχε φαάντατος, ὅς τε μάλιστα
ἔρχεται ἀγγέλλων φάος Ἠοῦς ἠριγενείης,
τῆμος δὴ νήσῳ προσεπίλνατο ποντοπόρος νηῦς. 95

Φόρκυνος δέ τίς ἐστι λιμήν, ἁλίοιο γέροντος,
ἐν δήμῳ Ἰθάκης· δύο δὲ προβλῆτες ἐν αὐτῷ
ἀκταὶ ἀπορρῶγες, λιμένος πότι πεπτηυῖαι,
αἵ τ' ἀνέμων σκεπόωσι δυσαήων μέγα κῦμα
ἔκτοθεν· ἔντοσθεν δέ τ' ἄνευ δεσμοῖο μένουσι 100
νῆες ἐΰσσελμοι, ὅτ' ἂν ὅρμου μέτρον ἵκωνται.
αὐτὰρ ἐπὶ κρατὸς λιμένος τανύφυλλος ἐλαίη,
ἀγχόθι δ' αὐτῆς ἄντρον ἐπήρατον ἠεροειδές,
ἱρὸν Νυμφάων, αἳ Νηϊάδες καλέονται.
ἐν δὲ κρητῆρές τε καὶ ἀμφιφορῆες ἔασι 105
λάϊνοι· ἔνθα δ' ἔπειτα τιθαιβώσσουσι μέλισσαι.
ἐν δ' ἱστοὶ λίθεοι περιμήκεες, ἔνθα τε Νύμφαι

Dreizehnter Gesang

Aber als sie hinunterkamen zum Schiff und zum Meere,
Nahmen sofort die erlauchten Begleiter den Trank und die Speise,
Alles zusammen, und bargen es schnell im geräumigen Fahrzeug,
Breiteten dann am hinteren Deck des geräumigen Fahrzeugs
Kissen und Leinen hin für Odysseus, daß ohne Erwachen
Ruhig er schlafe. So stieg er an Bord und legte sich nieder
Völlig in Schweigen versunken. Die andern besetzten die Bänke
Ganz nach der Ordnung und lösten das Seil am durchlöcherten Steine.
Dann aber schlugen die Ruderer weitausholend die Salzflut,
Während sich ihm ein behaglicher Schlaf auf die Lider nun senkte,
Jener erquickendste, nie unterbrochene Schlummer, des Todes
Ähnlichstes Bild. Das Schiff — vier männliche Rosse, die alle
Angetrieben von Schlägen der Peitsche im ebnen Gelände
Hoch sich heben und eiligst die Bahnen vollenden — nicht anders
Hob sich der Bug des Schiffes; doch hinter ihm wallte es mächtig,
Wogende Wellen des immer rauschenden Meeres; so lief es
Sicher und unerschüttert. Vergeblich wäre der Habicht,
Dieser schnellste der Vögel, mit ihm um die Wette geflogen;
Rascher noch lief es dahin und zerteilte die Wogen des Meeres.
Denn es trug auch den Mann, der den Göttern gleich war an Klugheit,
Leiden in Fülle hatte er vorher erlebt im Gemüte,
Kriege mit Männern geführt, sich gemessen mit leidigen Wogen:
Jetzt aber schlief er in Ruhe, vergessend, was je er gelitten.

Als dann der leuchtendste Stern sich erhob, dessen Kommen vor allen
Kündet, daß Eos, die Göttin der Frühe, im Lichte erstrahle,
War auch das Schiff, das die Meere durchfährt, in der Nähe der Insel.

Dort ist der Hafen des Phorkys, des Alten vom Meere, im Volke
Ithakas. Letzte Zacken der Berge springen an beiden
Ufern noch vor und senken zum Hafen sich nieder. Sie lassen
Starkes Gewoge von außen nicht ein, auch bei widrigen Winden.
Drinnen indessen warten die Schiffe mit trefflichen Borden
Ohne Taue, sobald sie die Lände erreichen. Ein Ölbaum,
Reich an länglichen Blättern, bezeichnet das Ende des Hafens.
Ganz in der Nähe liegt eine luftige, reizende Grotte.
Nymphen ist sie geweiht, man nennt sie mit Namen Naiaden.
Dort stehen Krüge zum Mischen und Urnen mit doppelten Henkeln —
Steinern sind sie — und Bienen sind dort und schon lange am Werke.
Manchen steinernen, riesigen Webstuhl sieht man darinnen;

φάρε' ὑφαίνουσιν ἁλιπόρφυρα, θαῦμα ἰδέσθαι·
ἐν δ' ὕδατ' ἀενάοντα. δύω δέ τέ οἱ θύραι εἰσίν,
αἱ μὲν πρὸς βορέαο καταιβαταὶ ἀνθρώποισιν, 110
αἱ δ' αὖ πρὸς νότου εἰσὶ θεώτεραι· οὐδέ τι κείνῃ
ἄνδρες ἐσέρχονται, ἀλλ' ἀθανάτων ὁδός ἐστιν.

ἔνθ' οἵ γ' εἰσέλασαν, πρὶν εἰδότες. ἡ μὲν ἔπειτα
ἠπείρῳ ἐπέκελσεν ὅσον τ' ἐπὶ ἥμισυ πάσης,
σπερχομένη· τοῖον γὰρ ἐπείγετο χέρσ' ἐρετάων. 115
οἱ δ' ἐκ νηὸς βάντες ἐυζύγου ἠπειρόνδε
πρῶτον Ὀδυσσῆα γλαφυρῆς ἐκ νηὸς ἄειραν
αὐτῷ σύν τε λίνῳ καὶ ῥήγεϊ σιγαλόεντι,
κὰδ δ' ἄρ' ἐπὶ ψαμάθῳ ἔθεσαν δεδμημένον ὕπνῳ,
ἐκ δὲ κτήματ' ἄειραν, ἅ οἱ Φαίηκες ἀγαυοὶ 120
ὤπασαν οἴκαδ' ἰόντι διὰ μεγάθυμον Ἀθήνην.
καὶ τὰ μὲν οὖν παρὰ πυθμέν' ἐλαίης ἀθρόα θῆκαν
ἐκτὸς ὁδοῦ, μή πώ τις ὁδιτάων ἀνθρώπων,
πρὶν Ὀδυσῆ' ἐγρέσθαι, ἐπελθὼν δηλήσαιτο·
αὐτοὶ δ' αὖ οἴκόνδε πάλιν κίον. οὐδ' ἐνοσίχθων 125
λήθετ' ἀπειλάων, τὰς ἀντιθέῳ Ὀδυσῆι
πρῶτον ἐπηπείλησε, Διὸς δ' ἐξείρετο βουλήν·

"Ζεῦ πάτερ, οὐκέτ' ἔγω γε μετ' ἀθανάτοισι θεοῖσι
τιμήεις ἔσομαι, ὅτε με βροτοὶ οὔ τι τίουσι,
Φαίηκες, τοί πέρ τε ἐμῆς ἐξ εἰσὶ γενέθλης. 130
καὶ γὰρ νῦν Ὀδυσῆ' ἐφάμην κακὰ πολλὰ παθόντα
οἴκαδ' ἐλεύσεσθαι· — νόστον δέ οἱ οὔ ποτ' ἀπηύρων
πάγχυ, ἐπεὶ σὺ πρῶτον ὑπέσχεο καὶ κατένευσας· —
οἱ δ' εὕδοντ' ἐν νηὶ θοῇ ἐπὶ πόντον ἄγοντες
κάτθεσαν εἰν Ἰθάκῃ, ἔδοσαν δέ οἱ ἀγλαὰ δῶρα, 135
χαλκόν τε χρυσόν τε ἅλις ἐσθῆτά θ' ὑφαντήν,
πόλλ', ὅσ' ἂν οὐδέ ποτε Τροίης ἐξήρατ' Ὀδυσσεύς,
εἴ περ ἀπήμων ἦλθε, λαχὼν ἀπὸ ληίδος αἶσαν."

τὸν δ' ἀπαμειβόμενος προσέφη νεφεληγερέτα Ζεύς·
"ὢ πόποι, ἐννοσίγαι' εὐρυσθενές, οἷον ἔειπες. 140
οὔ τί σ' ἀτιμάζουσι θεοί· χαλεπὸν δέ κεν εἴη
πρεσβύτατον καὶ ἄριστον ἀτιμίῃσιν ἰάλλειν.
ἀνδρῶν δ' εἴ πέρ τίς σε βίῃ καὶ κάρτεϊ εἴκων
οὔ τι τίει, σοὶ δ' ἐστὶ καὶ ἐξοπίσω τίσις αἰεί.
ἔρξον ὅπως ἐθέλεις καί τοι φίλον ἔπλετο θυμῷ." 145

Nymphen weben dort Tuch in der Farbe der See; wie ein Wunder
Ist es zu schauen. Quellen sind drinnen, die niemals versiegen.
Einlaß bietet ein Paar von Türen: bei jener im Norden
Dürfen die Menschen hinunter, die andre im Süden ist göttlich.
Dort ist der Weg der Unsterblichen; Menschen begehen ihn niemals.
  Hier nun fuhren sie ein. Von früher her wußten sie alles.
Rasch aber schob sich das Schiff bis zur halben Länge aufs Festland,
Hatten die Ruder doch Leute in Händen, die vorwärts es drängten.
Jene stiegen an Land aus dem Schiff mit den trefflichen Bänken,
Hoben zuerst den Odysseus empor und heraus aus dem Schiffsraum,
Legten ihn dann samt den leinenen Tüchern und glänzenden Kissen
Nieder im Sand; denn er war noch vom tiefsten Schlaf überwältigt;
Brachten sodann noch das wertvolle Gut der erlauchten Phaiaken,
Das sie beim Scheiden ihm gaben. Athene, die Hochgemute,
Wollte es so. Sie legten dies alles am Stamme des Ölbaums,
Abseits aber vom Wege, dann hin; denn es sollte kein Wandrer,
Kam er gegangen, sie plündern, bevor Odysseus erwachte.
Dann aber fuhren sie heim und zurück. Doch der Erderschütterer
Wußte noch gut, was er einstens dem göttergleichen Odysseus
Drohend verkündete; deshalb fragte er Zeus, was er plane:
  „Vater Zeus! Was mich betrifft: bei unsterblichen Göttern
Ist es wohl aus mit der Ehre, da Menschen so mich mißehren,
Diese Phaiaken, die freilich auch Söhne aus meinem Geschlecht sind!
Dachte ich doch auch jetzt, Odysseus kehre nachhause
Erst, wenn er vieles erlitt; ich wollte ja niemals die Heimkehr
Ganz ihm vereiteln, da du sie zuerst ihm versprachst und benicktest.
Schlafend nun brachten ihn jene auf eilendem Schiff durch die Salzflut,
Setzten sodann ihn an Land und gaben ihm reichste Geschenke,
Erz und Gold und gewobene Kleider und alles recht reichlich,
Mengen, wie sie Odysseus aus Troja niemals mit sich nahm,
Kam er auch schadlos durch, bedacht mit gebührender Beute."
  Antwort gab ihm da Zeus, der Wolkentürmer, und sagte:
„Was nicht gar, du weithin wirkender Erderschütterer!
Welch ein Wort, daß dich Götter mißehren! Den Ältesten, Besten,
Dich mit Verachtung bewerfen? Das wäre denn doch wohl zu schwierig.
Tut es indessen ein Mann, der an Macht und an Kräften dir nachsteht,
Ehrt er dich nicht — stets liegt doch bei dir auch die spätere Rache.
Also tu, wie du magst und wie dirs beliebt im Gemüte."

τὸν δ' ἡμείβετ' ἔπειτα Ποσειδάων ἐνοσίχθων·
"αἶψά κ' ἐγὼν ἔρξαιμι, κελαινεφές, ὡς ἀγορεύεις·
ἀλλὰ σὸν αἰεὶ θυμὸν ὀπίζομαι ἠδ' ἀλεείνω.
νῦν αὖ Φαιήκων ἐθέλω περικαλλέα νῆα
ἐκ πομπῆς ἀνιοῦσαν ἐν ἠεροειδέϊ πόντῳ 150
ῥαῖσαι, ἵν' ἤδη σχῶνται, ἀπολλήξωσι δὲ πομπῆς
ἀνθρώπων, μέγα δέ σφιν ὄρος πόλει ἀμφικαλύψαι."
τὸν δ' ἀπαμειβόμενος προσέφη νεφεληγερέτα Ζεύς·
"ὦ πέπον, ὡς μὲν ἐμῷ θυμῷ δοκεῖ εἶναι ἄριστα·
ὁππότε κεν δὴ πάντες ἐλαυνομένην προΐδωνται 155
λαοὶ ἀπὸ πτόλιος, θεῖναι λίθον ἐγγύθι γαίης
νηὶ θοῇ ἴκελον, ἵνα θαυμάζωσιν ἅπαντες
ἄνθρωποι, μέγα δέ σφιν ὄρος πόλει ἀμφικαλύψαι."
αὐτὰρ ἐπεὶ τό γ' ἄκουσε Ποσειδάων ἐνοσίχθων,
βῆ ῥ' ἴμεν ἐς Σχερίην, ὅθι Φαίηκες γεγάασιν. 160
ἔνθ' ἔμεν'· ἡ δὲ μάλα σχεδὸν ἤλυθε ποντοπόρος νηῦς
ῥίμφα διωκομένη. τῆς δὲ σχεδὸν ἦλθ' ἐνοσίχθων,
ὅς μιν λᾶαν ἔθηκε καὶ ἐρρίζωσεν ἔνερθε
χειρὶ καταπρηνεῖ ἐλάσας· ὁ δὲ νόσφι βεβήκει.
οἱ δὲ πρὸς ἀλλήλους ἔπεα πτερόεντ' ἀγόρευον 165
Φαίηκες δολιχήρετμοι, ναυσικλυτοὶ ἄνδρες.
ὧδε δέ τις εἴπεσκεν ἰδὼν ἐς πλησίον ἄλλον·
"ὤ μοι, τίς δὴ νῆα θοὴν ἐπέδησ' ἐνὶ πόντῳ
οἴκαδ' ἐλαυνομένην; καὶ δὴ προὐφαίνετο πᾶσα."
ὣς ἄρα τις εἴπεσκε· τὰ δ' οὐκ ἴσαν ὡς ἐτέτυκτο. 170
τοῖσιν δ' Ἀλκίνοος ἀγορήσατο καὶ μετέειπεν·
"ὦ πόποι, ἦ μάλα δή με παλαίφατα θέσφαθ' ἱκάνει
πατρὸς ἐμοῦ, ὃς ἔφασκε Ποσειδάων' ἀγάσασθαι
ἡμῖν, οὕνεκα πομποὶ ἀπήμονές εἰμεν ἁπάντων.
φῆ ποτε Φαιήκων ἀνδρῶν περικαλλέα νῆα 175
ἐκ πομπῆς ἀνιοῦσαν ἐν ἠεροειδέϊ πόντῳ
ῥαισέμεναι, μέγα δ' ἡμῖν ὄρος πόλει ἀμφικαλύψειν.
ὣς ἀγόρευ' ὁ γέρων· τὰ δὲ δὴ νῦν πάντα τελεῖται.
ἀλλ' ἄγεθ', ὡς ἂν ἐγὼ εἴπω, πειθώμεθα πάντες·
πομπῆς μὲν παύεσθε βροτῶν, ὅτε κέν τις ἵκηται 180
ἡμέτερον προτὶ ἄστυ· Ποσειδάωνι δὲ ταύρους
δώδεκα κεκριμένους ἱερεύσομεν, αἴ κ' ἐλεήσῃ
μηδ' ἡμῖν περιμήκες ὄρος πόλει ἀμφικαλύψῃ."

Dreizehnter Gesang

Ihm entgegnete dann der Erderschüttrer Poseidon:
„Dunkelumwölkter! Ich denke, es gleich so zu tun, wie du sagtest;
Stets aber gebe ich acht und vermeide auch gern deine Launen.
Jetzt aber will ich das wunderschöne Schiff der Phaiaken,
Kehrt es zurück vom Geleit, auf dem luftigen Meere zerreißen.
Zeit ists, daß sie sich halten und Menschen nicht mehr geleiten.
Denen will ich die Stadt hinter großen Gebirgen verstecken."

Zeus doch, der Wolkentürmer, gab ihm erwidernd zur Antwort:
„Trauter! In meinem Gemüte will dies mir am besten erscheinen:
Kommt das Schiff jetzt gelaufen und schaun von der Stadt her die Leute
Alle hinaus, dann mach es zu Stein in der Nähe des Festlands!
Ähnlich sei es dem hurtigen Schiffe, daß alle sich wundern.
Damit kannst du die Stadt hinter großen Gebirgen verstecken."

Kaum hatte dies der Erderschüttrer Poseidon vernommen,
Brach er nach Scheria auf, um am Sitz der Phaiaken zu warten.
Aber das Schiff, das die Meere durcheilt, kam nahe und näher.
Voran ging es und flott, da nahte der Erderschüttrer,
Machte daraus einen Felsen und stauchte es fest in die Tiefe,
Traf es mit niedersausenden Händen und ging dann ins Weite.

Aber die Meister der langen Ruder, die Helden der Seefahrt,
Jene Phaiaken, sagten einander geflügelte Worte;
Mancher ließ sich vernehmen und blickte dabei auf den Nachbarn:
„Wehe! Wer setzte das hurtige Schiff denn dort auf den Meergrund?
Fuhr es doch eben noch heim und war doch völlig zu sehen."

So sprach mancher; sie wußten ja doch nicht das wahre Geschehen.
Aber Alkinoos sprach ganz offen zu ihnen und sagte:
„Was nicht gar! Da erfüllt sich an uns ja ein altes Orakel!
Immer sagte mein Vater, Poseidon sei auf uns zornig,
Daß wir so ohne Gefahren Geleitfahrt rüsten für alle.
Er werde einstens ein herrliches Schiff Phaiakischer Männer,
Kehrt es zurück vom Geleit, im dunstigen Meere zerschmettern,
Unsre Stadt dann zugleich hinter großen Bergen verstecken.
Also sagte der Alte und nunmehr erfüllt sich das alles.
Kommt! wir machen es alle jetzt so, wie ich es verkünde:
Sterbliche wollen wir nicht mehr geleiten, so viele auch kommen
Hieher in unsere Stadt. Wir opfern aber Poseidon
Gleich ein Dutzend erlesener Stiere, flehn um Erbarmen,
Daß er die Stadt nicht versteckt hinter Bergen gewaltiger Länge."

ὣς ἔφαθ', οἱ δ' ἔδεισαν, ἑτοιμάσσαντο δὲ ταύρους.
ὣς οἱ μέν ῥ' εὔχοντο Ποσειδάωνι ἄνακτι
δήμου Φαιήκων ἡγήτορες ἠδὲ μέδοντες,
ἑσταότες περὶ βωμόν. ὁ δ' ἔγρετο δῖος Ὀδυσσεὺς
εὕδων ἐν γαίῃ πατρωΐῃ, οὐδέ μιν ἔγνω,
ἤδη δὴν ἀπεών· περὶ γὰρ θεὸς ἠέρα χεῦε
Παλλὰς Ἀθηναίη, κούρη Διός, ὄφρα μιν αὐτὸν
ἄγνωστον τεύξειεν ἕκαστά τε μυθήσαιτο,
μή μιν πρὶν ἄλοχος γνοίη ἀστοί τε φίλοι τε,
πρὶν πᾶσαν μνηστῆρας ὑπερβασίην ἀποτεῖσαι.
τοὔνεκ' ἄρ' ἀλλοειδέα φαινέσκετο πάντα ἄνακτι,
ἀτραπιτοί τε διηνεκέες λιμένες τε πάνορμοι
πέτραι τ' ἠλίβατοι καὶ δένδρεα τηλεθάοντα.
στῆ δ' ἄρ' ἀναΐξας καί ῥ' εἴσιδε πατρίδα γαῖαν,
ᾤμωξέν τ' ἄρ' ἔπειτα καὶ ὣ πεπλήγετο μηρὼ
χερσὶ καταπρηνέσσ', ὀλοφυρόμενος δ' ἔπος ηὔδα·

"ὤ μοι ἐγώ, τέων αὖτε βροτῶν ἐς γαῖαν ἱκάνω;
ἦ ῥ' οἵ γ' ὑβρισταί τε καὶ ἄγριοι οὐδὲ δίκαιοι,
ἦε φιλόξεινοι καί σφιν νόος ἐστὶ θεουδής;
πῇ δὴ χρήματα πολλὰ φέρω τάδε; πῇ δὲ καὶ αὐτὸς
πλάγξομαι; αἴθ' ὤφελον μεῖναι παρὰ Φαιήκεσσιν
αὐτοῦ· ἐγὼ δέ κεν ἄλλον ὑπερμενέων βασιλήων
ἐξικόμην, ὅς κέν μ' ἐφίλει καὶ ἔπεμπε νέεσθαι.
νῦν δ' οὔτ' ἄρ πῃ θέσθαι ἐπίσταμαι, οὐδὲ μὲν αὐτοῦ
καλλείψω, μή πώς μοι ἕλωρ ἄλλοισι γένηται.
ὦ πόποι, οὐκ ἄρα πάντα νοήμονες οὐδὲ δίκαιοι
ἦσαν Φαιήκων ἡγήτορες ἠδὲ μέδοντες,
οἵ μ' εἰς ἄλλην γαῖαν ἀπήγαγον· ἦ τέ μ' ἔφαντο
ἄξειν εἰς Ἰθάκην εὐδείελον, οὐδ' ἐτέλεσσαν.
Ζεύς σφεας τείσαιτο ἱκετήσιος, ὅς τε καὶ ἄλλους
ἀνθρώπους ἐφορᾷ καὶ τείνυται, ὅς τις ἁμάρτῃ.
ἀλλ' ἄγε δὴ τὰ χρήματ' ἀριθμήσω καὶ ἴδωμαι,
μή τί μοι οἴχωνται κοίλης ἐπὶ νηὸς ἄγοντες."

ὣς εἰπὼν τρίποδας περικαλλέας ἠδὲ λέβητας
ἠρίθμει καὶ χρυσὸν ὑφαντά τε εἵματα καλά.
τῶν μὲν ἄρ' οὔ τι πόθει· ὁ δ' ὀδύρετο πατρίδα γαῖαν
ἑρπύζων παρὰ θῖνα πολυφλοίσβοιο θαλάσσης,
πόλλ' ὀλοφυρόμενος. σχεδόθεν δέ οἱ ἦλθεν Ἀθήνη,

Also sprach er, da wurden sie furchtsam und stellten die Stiere.
Also flehten betend die einen zum Herrscher Poseidon:
Führer und Pfleger des Volks der Phaiaken umstanden im Kreise
Rings den Altar. Aber dort im Land seiner Heimat erwachte
Jetzt aus dem Schlaf der erhabne Odysseus; er konnte es freilich
Gar nicht erkennen; denn lange ja war er schon fort und die Göttin
Pallas Athene, die Tochter des Zeus, übergoß es mit Nebel,
Bis sie ihm alles verriete und unerkennbar ihn mache,
Daß ihn zu früh noch sein Weib nicht erkenne, die Städter, die Freunde,
Bis ihre zuchtlosen Frevel die Freier nicht alle bezahlten.
Deshalb zeigte dem Herrscher sich alles in fremder Erscheinung:
Ausgedehnte Wege, die Häfen mit Plätzen zum Ankern,
Schroffe Felsen und sprossende Bäume: alles war anders.
Stürmisch stand er da auf und schaute ins Land seiner Heimat.
Seufzen mußte er dann; mit niederfahrenden Händen
Schlug er auf beide Schenkel und jammernd sprach er die Worte:

,,Weh mir Armen! Ins Land welcher Sterblichen bin ich gekommen?
Wieder einmal! Sinds Frevler, Wilde? Kennen das Recht nicht?
Sind es wohl gastliche Leute mit gottesfürchtigem Denken?
Wohin bring ich die Menge von Schätzen, wohin soll ich selber
Wandern und irren? O wär ich doch Gast der Phaiaken geblieben,
Grade bei ihnen! Ich hätte wohl bald einen mutigen andren
König gefunden, der liebend mich pflegte und heim mich geleitet.
Jetzt aber weiß ich doch nicht, wohin mit den Schätzen; ich kann sie
Hier doch nicht lassen. Da werden sie gleich ja den andren zum Raube.
Was nicht gar! Bei den Führern und Pflegern jener Phaiaken
Fehlte es doch an Verstand und an Sinn für das Rechte in allem.
Haben sie mich in ein anderes Land doch befördert und sagten,
Ithaka werde es sein, das weithin sichtbare. Doch sie
Hielten nicht Wort. Daß Zeus sie bestrafe, der Schützer der Fremden,
Wie er die anderen Menschen bestraft und beachtet, wer fehle!
Aber nun will ich endlich die Schätze da zählen und sehen,
Ob sie im hohlen Schiff nicht geplündert und dann sich verzogen."

Also sprach er und zählte so manchen herrlichen Dreifuß,
Becken und Gold und Gewebe und herrliche Kleider. Es gab nichts,
Was er vermißte davon. Und doch — er konnte nur jammern,
Schlich sich zum Strande des mächtig rauschenden Meeres und klagte
Immer, und war doch im Land seiner Heimat. Da nahte Athene,

ἀνδρὶ δέμας εἰκυῖα νέῳ, ἐπιβώτορι μήλων,
παναπάλῳ, οἷοί τε ἀνάκτων παῖδες ἔασι,
δίπτυχον ἀμφ' ὤμοισιν ἔχουσ' εὐεργέα λώπην·
ποσσὶ δ' ὑπὸ λιπαροῖσι πέδιλ' ἔχε, χερσὶ δ' ἄκοντα. 225
τὴν δ' Ὀδυσεὺς γήθησεν ἰδὼν καὶ ἐναντίος ἦλθε
καί μιν φωνήσας ἔπεα πτερόεντα προσηύδα·

"ὦ φίλ', ἐπεί σε πρῶτα κιχάνω τῷδ' ἐνὶ χώρῳ,
χαῖρέ τε καὶ μή μοί τι κακῷ νόῳ ἀντιβολήσαις,
ἀλλὰ σάω μὲν ταῦτα, σάω δ' ἐμέ· σοὶ γὰρ ἐγώ γε 230
εὔχομαι ὥς τε θεῷ καί σευ φίλα γούναθ' ἱκάνω.
καί μοι τοῦτ' ἀγόρευσον ἐτήτυμον, ὄφρ' ἐῢ εἰδῶ·
τίς γῆ, τίς δῆμος, τίνες ἀνέρες ἐγγεγάασιν;
ἦ πού τις νήσων εὐδείελος, ἦέ τις ἀκτὴ
κεῖθ' ἁλὶ κεκλιμένη ἐριβώλακος ἠπείροιο;" 235

τὸν δ' αὖτε προσέειπε θεὰ γλαυκῶπις Ἀθήνη·
"νήπιός εἰς, ὦ ξεῖν', ἢ τηλόθεν εἰλήλουθας,
εἰ δὴ τήνδε τε γαῖαν ἀνείρεαι. οὐδέ τι λίην
οὕτω νώνυμός ἐστιν· ἴσασι δέ μιν μάλα πολλοί,
ἠμὲν ὅσοι ναίουσι πρὸς ἠῶ τ' ἠέλιόν τε, 240
ἠδ' ὅσσοι μετόπισθε ποτὶ ζόφον ἠερόεντα.
ἦ τοι μὲν τρηχεῖα καὶ οὐχ ἱππήλατός ἐστιν
οὐδὲ λίην λυπρή, ἀτὰρ οὐδ' εὐρεῖα τέτυκται.
ἐν μὲν γάρ οἱ σῖτος ἀθέσφατος, ἐν δέ τε οἶνος
γίνεται· αἰεὶ δ' ὄμβρος ἔχει τεθαλυῖά τ' ἐέρση. 245
αἰγίβοτος δ' ἀγαθὴ καὶ βούβοτος· ἔστι μὲν ὕλη
παντοίη, ἐν δ' ἀρδμοὶ ἐπηετανοὶ παρέασι.
τῷ τοι, ξεῖν', Ἰθάκης γε καὶ ἐς Τροίην ὄνομ' ἵκει,
τήν περ τηλοῦ φασὶν Ἀχαιΐδος ἔμμεναι αἴης."

ὣς φάτο, γήθησεν δὲ πολύτλας δῖος Ὀδυσσεὺς 250
χαίρων ᾗ γαίῃ πατρωΐῃ, ὥς οἱ ἔειπε
Παλλὰς Ἀθηναίη, κούρη Διὸς αἰγιόχοιο·
καί μιν φωνήσας ἔπεα πτερόεντα προσηύδα· —
οὐδ' ὅ γ' ἀληθέα εἶπε, πάλιν δ' ὅ γε λάζετο μῦθον,
αἰὲν ἐνὶ στήθεσσι νόον πολυκερδέα νωμῶν· 255

"πυνθανόμην Ἰθάκης γε καὶ ἐν Κρήτῃ εὐρείῃ,
τηλοῦ ὑπὲρ πόντου· νῦν δ' εἰλήλουθα καὶ αὐτὸς
χρήμασι σὺν τοίσδεσσι· λιπὼν δ' ἔτι παισὶ τοσαῦτα
φεύγω, ἐπεὶ φίλον υἷα κατέκτανον Ἰδομενῆος,

Glich an Gestalt einem jungen Mann, einem zierlichen Schafhirt,
So wie die Kinder von Herrschern erscheinen. Sie trug einen Umhang,
Trefflich gefertigt und doppelt gefaltet über den Schultern,
Trug an den zarten Füßen Sandalen, die Lanze in Händen.
Freudig wurde Odysseus beim Anblick, ging ihr entgegen,
Sprach sie dann an und sagte zu ihr geflügelte Worte:

„Freund, du bist ja der Erste im Land hier, dem ich mich nahe;
Sei mir gegrüßt und begegne mir nicht mit bösen Gedanken!
Rette mir dies da und rette auch mich. Ich will zu dir flehen,
Grade als wärst du ein Gott, und komme vor deine Kniee.
Und auch dies noch erzähle mir ehrlich, daß recht ich es wisse:
Welches Land? welches Volk? welche Männer sind heimisch darinnen?
Ists eine Insel, die weithin man sieht, oder lehnt eine Küste
Hier sich ans Meer, eine Festlandserde voll mächtiger Schollen?"

Ihm entgegnete wieder Athene mit Augen der Eule:
Fremder Mann, du bist wohl ein Tor oder kommst aus der Ferne!
Fragst du mich wirklich nach diesem Land? So ganz ohne Namen
Ist es ja nicht; denn es wissen von ihm recht viele, ja alle,
Mögen sie wohnen, wo Morgen es wird und sonniger Mittag
Oder auch dort, wo sie hinter uns hausen im dunstigen Dunkel.
Freilich, der Boden ist rauh und so gar nicht für Rosse geeignet,
Aber auch wieder nicht dürr, doch fehlen die breiteren Flächen.
Immerhin wächst hier Getreide und Wein in unsagbarer Fülle,
Regen gibt es immer und perlenden Tau. So gedeihen
Treffliche Weiden für Rinder und Ziegen; in mancherlei Wäldern
Finden sich Plätze zum Tränken, die niemals im Jahre versiegen.
Fremdling! Darum ist Ithakas Name bis Troja gedrungen,
Wo es doch heißt, es sei gar weit vom achaischen Lande."

Sprachs; dem großen Dulder, dem hehren Odysseus zur Freude;
Fröhlich war er, weil Pallas Athene das Land seiner Heimat
So ihm geschildert, die Tochter des Zeus, des Schwingers der Aigis.
Also sprach er zu ihr und sagte geflügelte Worte —
Freilich nichts Wahres; er ließ die Geschichte ja schnell wieder fallen,
Lenkte doch stets in der Brust den Verstand er auf vielerlei Vorteil:

„Ja, ich erfuhr wohl von Ithaka, weit über See, in der Ferne,
Dort im breiten Kreta und jetzt bin ich selber gekommen;
Diesen Besitz da brachte ich mit. Doch ließ ich den Kindern
Ebensoviel noch. Ich bin ein Vertriebener, schlug ja den lieben

Ὀρσίλοχον πόδας ὠκύν, ὃς ἐν Κρήτῃ εὐρείῃ 260
ἀνέρας ἀλφηστὰς νίκα ταχέεσσι πόδεσσιν,
οὕνεκά με στερέσαι τῆς ληίδος ἤθελε πάσης
Τρωιάδος, τῆς εἵνεκ' ἐγὼ πάθον ἄλγεα θυμῷ,
ἀνδρῶν τε πτολέμους ἀλεγεινά τε κύματα πείρων,
οὕνεκ' ἄρ' οὐχ ᾧ πατρὶ χαριζόμενος θεράπευον 265
δήμῳ ἔνι Τρώων, ἀλλ' ἄλλων ἦρχον ἑταίρων.
τὸν μὲν ἐγὼ κατιόντα βάλον χαλκήρεϊ δουρὶ
ἀγρόθεν, ἐγγὺς ὁδοῖο λοχησάμενος σὺν ἑταίρῳ·
νὺξ δὲ μάλα δνοφερὴ κάτεχ' οὐρανόν, οὐδέ τις ἡμέας
ἀνθρώπων ἐνόησε, λάθον δέ ἑ θυμὸν ἀπούρας. 270
αὐτὰρ ἐπεὶ δὴ τόν γε κατέκτανον ὀξέϊ χαλκῷ,
αὐτίκ' ἐγὼν ἐπὶ νῆα κιὼν Φοίνικας ἀγαυοὺς
ἐλλισάμην καί σφιν μενοεικέα ληίδα δῶκα·
τούς μ' ἐκέλευσα Πύλονδε καταστῆσαι καὶ ἐφέσσαι
ἢ εἰς Ἤλιδα δῖαν, ὅθι κρατέουσιν Ἐπειοί. 275
ἀλλ' ἦ τοί σφεας κεῖθεν ἀπώσατο ἲς ἀνέμοιο
πόλλ' ἀεκαζομένους, οὐδ' ἤθελον ἐξαπατῆσαι.
κεῖθεν δὲ πλαγχθέντες ἱκάνομεν ἐνθάδε νυκτός.
σπουδῇ δ' ἐς λιμένα προερέσσαμεν, οὐδέ τις ἥμιν
δόρπου μνῆστις ἔην μάλα περ χατέουσιν ἑλέσθαι, 280
ἀλλ' αὔτως ἀποβάντες ἐκείμεθα νηὸς ἅπαντες.
ἔνθ' ἐμὲ μὲν γλυκὺς ὕπνος ἐπέλλαβε κεκμηῶτα,
οἱ δὲ χρήματ' ἐμὰ γλαφυρῆς ἐκ νηὸς ἑλόντες
κάτθεσαν, ἔνθα περ αὐτὸς ἐπὶ ψαμάθοισιν ἐκείμην.
οἱ δ' ἐς Σιδονίην εὖ ναιομένην ἀναβάντες 285
ᾤχοντ'· αὐτὰρ ἐγὼ λιπόμην ἀκαχήμενος ἦτορ."

ὣς φάτο, μείδησεν δὲ θεὰ γλαυκῶπις Ἀθήνη,
χειρί τέ μιν κατέρεξε· δέμας δ' ἤικτο γυναικὶ
καλῇ τε μεγάλῃ τε καὶ ἀγλαὰ ἔργα ἰδυίῃ·
καί μιν φωνήσασ' ἔπεα πτερόεντα προσηύδα· 290

"κερδαλέος κ' εἴη καὶ ἐπίκλοπος, ὅς σε παρέλθοι
ἐν πάντεσσι δόλοισι, καὶ εἰ θεὸς ἀντιάσειε.
σχέτλιε, ποικιλομῆτα, δόλων ἄατ', οὐκ ἄρ' ἔμελλες,
οὐδ' ἐν σῇ περ ἐὼν γαίῃ, λήξειν ἀπατάων
μύθων τε κλοπίων, οἵ τοι πεδόθεν φίλοι εἰσίν. 295
ἀλλ' ἄγε μηκέτι ταῦτα λεγώμεθα, εἰδότες ἄμφω
κέρδε', ἐπεὶ σὺ μέν ἐσσι βροτῶν ὄχ' ἄριστος ἁπάντων

Dreizehnter Gesang

Sohn des Idómeneus tot, den Läufer Orsílochos; dieser
Hat ja im breiten Kreta erwerbsame Männer im Wettlauf
Immer besiegt. Er wollte mir all meine troische Beute
Nehmen, um deretwillen ich viel im Gemüte gelitten,
Kriege mit Männern versuchte, mich maß mit leidigen Wogen.
Grund war, daß ich nicht seinem Vater zu Dank dort diente,
Sondern im troischen Land über andre Gefährten verfügte.
Den nun erschoß ich mit ehernem Speer, als vom Acker er heimging.
Ich und ein andrer Gefährte, wir lagen am Weg auf der Lauer,
Schrecklich finstere Nacht überzog da den Himmel; so konnte
Keiner der Menschen uns sehen; da nahm ich ihm heimlich das Leben.
Aber ich hatte ihn kaum mit dem spitzigen Eisen erschlagen,
Als ich auf Fahrt mich begab. Da bat ich erlauchte Phoiniker,
Bot ihnen Beute, wie sie es wünschten, und gab ihnen Auftrag,
Richtung auf Pylos zu nehmen, mich mitzubefördern als Fahrgast,
Oder zum heiligen Elis, dem Herrschersitz der Epeier.
Kräftige Winde indessen drängten sie ab von dem Ziele,
Sehr gegen das, was sie wollten: sie hatten nicht vor mich zu täuschen.
Dann aber fuhren wir irr und nachts erst kamen wir hieher,
Kaum daß den Hafen wir rudernd erreichten. Wir konnten an Mahlzeit
Gar nicht denken, so sehr wir begehrten abendzuessen.
Jeder im Schiff stieg aus und legte sich schlicht auf den Boden.
Aber ich war sehr müde und süßer Schlummer befiel mich.
Sie aber holten mein Hab und Gut vom geräumigen Fahrzeug,
Legten es hin, wo ich selber im Sand mein Lager bezogen,
Stiegen dann ein und sind wohl nach Sidon, dem trefflich bewohnten,
Jetzt unterwegs. So steh' ich mit tiefer Betrübnis im Herzen."

Sprachs; und die Göttin Athene mit Augen der Eule, lächelnd,
Streichelte ihn mit der Hand — und glich an Gestalt einem Weibe,
Schön und groß und trefflich bewandert in herrlicher Arbeit.
Und sie sprach zu ihm und sagte geflügelte Worte:

„Der wäre Meister des Vorteils, Meister im Hehlen und wäre
Selbst er ein Gott, der dich überböte in sämtlichen Schlichen!
Hinterhältiger, ewiger Planer, du schwelgst ja im Truge!
Wolltest du gar in der eigenen Heimat das Täuschen nicht lassen,
Nicht deine Sucht nach Schwindelberichten. Du liebst sie ja freilich
Seit deinem ersten Schritt. Doch davon nun nichts mehr! Wir wissen
Beide, was Vorteil heißt; denn du bist im Raten und Reden

βουλῇ καὶ μύθοισιν, ἐγὼ δ' ἐν πᾶσι θεοῖσι
μήτι τε κλέομαι καὶ κέρδεσιν· οὐδὲ σύ γ' ἔγνως
Παλλάδ' Ἀθηναίην, κούρην Διός, ἥ τέ τοι αἰεὶ 300
ἐν πάντεσσι πόνοισι παρίσταμαι ἠδὲ φυλάσσω,
καὶ δέ σε Φαιήκεσσι φίλον πάντεσσιν ἔθηκα.
νῦν αὖ δεῦρ' ἱκόμην, ἵνα τοι σὺν μῆτιν ὑφήνω
χρήματά τε κρύψω, ὅσα τοι Φαίηκες ἀγαυοὶ
ὤπασαν οἴκαδ' ἰόντι ἐμῇ βουλῇ τε νόῳ τε, 305
εἴπω θ' ὅσσα τοι αἶσα δόμοις ἔνι ποιητοῖσι
κήδε' ἀνασχέσθαι· σὺ δὲ τετλάμεναι καὶ ἀνάγκῃ,
μηδέ τῳ ἐκφάσθαι μήτ' ἀνδρῶν μήτε γυναικῶν,
πάντων, οὕνεκ' ἄρ' ἦλθες ἀλώμενος, ἀλλὰ σιωπῇ
πάσχειν ἄλγεα πολλά, βίας ὑποδέγμενος ἀνδρῶν." 310
  τὴν δ' ἀπαμειβόμενος προσέφη πολύμητις Ὀδυσσεύς·
"ἀργαλέον σε, θεά, γνῶναι βροτῷ ἀντιάσαντι
καὶ μάλ' ἐπισταμένῳ· σὲ γὰρ αὐτὴν παντὶ ἐΐσκεις.
τοῦτο δ' ἐγὼν εὖ οἶδ', ὅτι μοι πάρος ἠπίη ἦσθα,
εἷος ἐνὶ Τροίῃ πολεμίζομεν υἷες Ἀχαιῶν· 315
αὐτὰρ ἐπεὶ Πριάμοιο πόλιν διεπέρσαμεν αἰπήν,
βῆμεν δ' ἐν νήεσσι, θεὸς δ' ἐκέδασσεν Ἀχαιούς,
οὔ σ' ἔτ' ἔπειτα ἴδον, κούρη Διός, οὐδ' ἐνόησα
νηὸς ἐμῆς ἐπιβᾶσαν, ὅπως τί μοι ἄλγος ἀλάλκοις.
ἀλλ' αἰεὶ φρεσὶν ᾗσιν ἔχων δεδαϊγμένον ἦτορ 320
ἠλώμην, εἷός με θεοὶ κακότητος ἔλυσαν·
πρίν γ' ὅτε Φαιήκων ἀνδρῶν ἐν πίονι δήμῳ
θάρσυνάς τ' ἐπέεσσι καὶ ἐς πόλιν ἤγαγες αὐτή.
νῦν δέ σε πρὸς πατρὸς γουνάζομαι· — οὐ γὰρ ὀΐω
ἥκειν εἰς Ἰθάκην εὐδείελον, ἀλλά τιν' ἄλλην 325
γαῖαν ἀναστρέφομαι· σὲ δὲ κερτομέουσαν ὀΐω
ταῦτ' ἀγορευέμεναι, ἵν' ἐμὰς φρένας ἠπεροπεύῃς· —
εἰπέ μοι εἰ ἐτεόν γε φίλην ἐς πατρίδ' ἱκάνω.'
  τὸν δ' ἠμείβετ' ἔπειτα θεὰ γλαυκῶπις Ἀθήνη·
"αἰεί τοι τοιοῦτον ἐνὶ στήθεσσι νόημα· 330
τῷ σε καὶ οὐ δύναμαι προλιπεῖν δύστηνον ἐόντα,
οὕνεκ' ἐπητής ἐσσι καὶ ἀγχίνοος καὶ ἐχέφρων.
ἀσπασίως γάρ κ' ἄλλος ἀνὴρ ἀλαλήμενος ἐλθὼν
ἵετ' ἐνὶ μεγάροις ἰδέειν παῖδάς τ' ἄλοχόν τε·
σοὶ δ' οὔ πω φίλον ἐστὶ δαήμεναι οὐδὲ πυθέσθαι, 335

Weitaus der Beste von sämtlichen Menschen; an mir aber rühmen
Planendes, Vorteil bringendes Denken die sämtlichen Götter.
Trotzdem hast du das Wirken der Tochter des Zeus nicht begriffen,
Pallas Athenes, die ich ja doch immer in all deinen Nöten
Helfend und hütend zur Seite dir stand und zum Freunde dich machte
Aller Phaiaken; und jetzt kam wieder ich her, daß ich mit dir
Pläne entwerfe, dein Gut hier verberge, was alles zur Heimfahrt
Edle Phaiaken dir gaben nach meinem Willen und Denken;
Daß ich dir sage, was alles an Leiden im festen Palaste
Deiner noch wartet; ein drückendes Maß, doch gilt es zu dulden!
Keinem von allen sage ein Wort, nicht Weibern, nicht Männern!
Keinem, daß du als Fahrender kommst! Erleide mit Schweigen
Schmerzen in Fülle und laß dir Gewalt von den Männern gefallen!"

Antwort gab ihr und sagte der einfallreiche Odysseus:
„Schwer ists, Göttin, dem Sterblichen, der dir begegnet, und wär er
Noch so verständig, dich gleich zu erkennen; du machst ja doch selber
Jedem dich gleich. Nun weiß ich ja wohl, wie du hold mir gewesen,
Früher, solange wir Söhne Achaias vor Troja gestritten.
Aber nachdem wir des Priamos Burg dann endlich geplündert,
Als wir die Schiffe bestiegen, ein Gott die Achaier zerstreute:
Tochter des Zeus! Da sah ich dich nicht mehr, ich wurde nicht inne,
Daß du mein Schiff je betratest, um Leiden fern mir zu halten.
Allzeit mußte nach eigner Besinnung die Straßen ich fahren
Wund in der Tiefe des Herzens, bis Götter vom Übel mir halfen.
Freilich im üppigen Land der Phaiakischen Männer hast du mich,
Du hast zur Stadt mich geleitet und machtest mich mutig durch Zuspruch.
Jetzt doch - beim Vater - knie ich vor dir: denn ich kann es nicht glauben:
Ithaka fand ich nicht, das weithin man sieht; ich durchwandre
Wieder ein anderes Land und vermute, was du mir sagtest,
Sei nur ein neckender Hohn, um den Sinn mir recht zu beschwatzen.
Sag mir: Betrat ich nun wirklich das liebe Land meiner Heimat?"

Antwort gab ihm Athene, die Göttin mit Augen der Eule:
„Immer noch hegst in der Brust du Gedanken nach solcherlei Richtung.
Darum kann ich im Unglück niemals ganz dich verlassen,
Zäh ja besinnst du und gründlich bedenkst du in steter Bereitschaft.
Andere Fahrende wären beglückt und bestrebt, bei der Heimkehr
Gattin und Kinder im Hause zu sehen. Doch darnach zu forschen,
Dies zu erfahren beliebt dir noch nicht, bevor du geprüft hast,

πρίν γ' ἔτι σῆς ἀλόχου πειρήσεαι, ἥ τέ τοι αὔτως
ἧσται ἐνὶ μεγάροισιν, ὀϊζυραὶ δέ οἱ αἰεὶ
φθίνουσιν νύκτες τε καὶ ἤματα δάκρυ χεούσῃ.
αὐτὰρ ἐγὼ τὸ μὲν οὔ ποτ' ἀπίστεον, ἀλλ' ἐνὶ θυμῷ
ᾔδε', ὃ νοστήσεις ὀλέσας ἄπο πάντας ἑταίρους·   340
ἀλλά τοι οὐκ ἐθέλησα Ποσειδάωνι μάχεσθαι
πατροκασιγνήτῳ, ὅς τοι κότον ἔνθετο θυμῷ,
χωόμενος ὅτι οἱ υἱὸν φίλον ἐξαλάωσας.
ἀλλ' ἄγε τοι δείξω Ἰθάκης ἕδος, ὄφρα πεποίθῃς·
Φόρκυνος μὲν ὅδ' ἐστὶ λιμήν, ἁλίοιο γέροντος,   345
ἥδε δ' ἐπὶ κρατὸς λιμένος τανύφυλλος ἐλαίη·
ἀγχόθι δ' αὐτῆς ἄντρον ἐπήρατον ἠεροειδές,
ἱρὸν Νυμφάων, αἳ Νηϊάδες καλέονται·
τοῦτο δέ τοι σπέος εὐρὺ κατηρεφές, ἔνθα σὺ πολλὰς
ἔρδεσκες Νύμφῃσι τεληέσσας ἑκατόμβας·   350
τοῦτο δὲ Νήριτόν ἐστιν ὄρος καταειμένον ὕλῃ."

ὣς εἰποῦσα θεὰ σκέδασ' ἠέρα, εἴσατο δὲ χθών·
γήθησέν τ' ἄρ' ἔπειτα πολύτλας δῖος Ὀδυσσεὺς
χαίρων ᾗ γαίῃ, κύσε δὲ ζείδωρον ἄρουραν.
αὐτίκα δὲ Νύμφῃσ' ἠρήσατο χεῖρας ἀνασχών·   355

"Νύμφαι Νηϊάδες, κοῦραι Διός, οὔ ποτ' ἐγώ γε
ὄψεσθ' ὔμμ' ἐφάμην· νῦν δ' εὐχωλῇς ἀγανῇσι
χαίρετ'· ἀτὰρ καὶ δῶρα διδώσομεν, ὡς τὸ πάρος περ,
αἴ κεν ἐᾷ πρόφρων με Διὸς θυγάτηρ ἀγελείη
αὐτόν τε ζώειν καί μοι φίλον υἱὸν ἀέξῃ."   360

τὸν δ' αὖτε προσέειπε θεὰ γλαυκῶπις Ἀθήνη·
"θάρσει, μή τοι ταῦτα μετὰ φρεσὶ σῇσι μελόντων·
ἀλλὰ χρήματα μὲν μυχῷ ἄντρου θεσπεσίοιο
θείομεν αὐτίκα νῦν, ἵνα περ τάδε τοι σόα μίμνῃ·
αὐτοὶ δὲ φραζώμεθ', ὅπως ὄχ' ἄριστα γένηται."   365

ὣς εἰποῦσα θεὰ δῦνε σπέος ἠεροειδές,
μαιομένη κευθμῶνας ἀνὰ σπέος· αὐτὰρ Ὀδυσσεὺς
ἆσσον πάντ' ἐφόρει, χρυσὸν καὶ ἀτειρέα χαλκὸν
εἵματά τ' εὐποίητα, τά οἱ Φαίηκες ἔδωκαν.
καὶ τὰ μὲν εὖ κατέθηκε, λίθον δ' ἐπέθηκε θύρῃσι   370
Παλλὰς Ἀθηναίη, κούρη Διὸς αἰγιόχοιο.

τὼ δὲ καθεζομένω ἱερῆς παρὰ πυθμέν' ἐλαίης
φραζέσθην μνηστῆρσιν ὑπερφιάλοισιν ὄλεθρον.

Wie um dein eigenes Weib es steht, das eben für dich nur
Wartet in deinem Palast; denn Nächte endlosen Jammers,
Tage schwinden ihr hin und immer rinnen die Tränen.
Ich aber wußte das Eine und zweifelte nie im Gemüte:
Heimkehr werdest du finden, doch alle Gefährten verlieren.
Freilich wollte ich nicht mit Poseidon mich deshalb zerkriegen,
Ist er doch Vaters Bruder, der Groll und Wut im Gemüte
Gegen dich nährt, weil den lieben Sohn du zum Leid ihm geblendet.
Komm nun! Ich zeige dir Ithakas Platz, überzeuge dich selber!
Dies ist der Hafen des Phorkys, des Alten vom Meere; der Ölbaum,
Der mit den länglichen Blättern, ist dort am Ende des Hafens.
Nahe dabei liegt die luftige, reizende, heilige Grotte,
Eigen ist sie den Nymphen; man nennt sie mit Namen: Naiaden.
Dort ist die breite, gewölbte Höhle, wohin du so oft schon
Viele vollendete Hekatomben den Nymphen gebracht hast.
Dort ist der Neritos, jener Berg, den Wälder bekleiden."
  Sprachs und die Göttin zerstreute den Nebel, die Erde ward sichtbar.
Und nun küßte der große Dulder, der hehre Odysseus,
Glücklich und froh und im eigenen Lande den fruchtbaren Boden.
Gleich aber hob er die Hände empor zum Gebet an die Nymphen:
  „Nymphen, Naiaden, ihr Töchter des Zeus! Ich glaubte, ich werde
Niemals wieder euch sehen. So seid mir mit freundlichen Bitten
Herzlich gegrüßt! Wir werden auch Gaben noch bringen wie früher,
Läßt mich die Tochter des Zeus, die Beute uns spendet, noch weiter
Gütig am Leben und läßt sie den lieben Sohn mir gedeihen!"
  Ihm erwidernd sagte Athene mit Augen der Eule:
„Sei du beruhigt, du brauchst dich darüber nicht selber besinnen,
Sondern wir bergen jetzt dein Hab und Gut hier im Winkel
Dieser göttlichen Grotte; dann bleibt es dir sicher erhalten.
Dann aber wollen wir planen, daß alles zum Besten sich kehre!"
  Also sagte die Göttin und ging in die luftige Grotte,
Tastete dort nach Verstecken, indessen Odysseus nun nahe
Brachte, was alles von Gold und von unzerstörbarem Erz war,
Ferner die trefflich gefertigten Kleider: Phaiakische Gaben.
All dies verstaute vortrefflich, und schob einen Stein vor den Eingang
Pallas Athene, die Tochter des Zeus, des Schwingers der Aigis.
  Beide nun setzten sich nieder am Stamme des heiligen Ölbaums,
Machten gemeinsam den Plan zur Vernichtung der haltlosen Freier.

τοῖσι δὲ μύθων ἦρχε θεὰ γλαυκῶπις Ἀθήνη·
"διογενὲς Λαερτιάδη, πολυμήχαν' Ὀδυσσεῦ, 375
φράζευ ὅπως μνηστῆρσιν ἀναιδέσι χεῖρας ἐφήσεις,
οἳ δή τοι τρίετες μέγαρον κάτα κοιρανέουσι,
μνώμενοι ἀντιθέην ἄλοχον καὶ ἕδνα διδόντες·
ἡ δὲ σὸν αἰεὶ νόστον ὀδυρομένη κατὰ θυμὸν
πάντας μέν ῥ' ἔλπει καὶ ὑπίσχεται ἀνδρὶ ἑκάστῳ, 380
ἀγγελίας προϊεῖσα, νόος δέ οἱ ἄλλα μενοινᾷ."
  τὴν δ' ἀπαμειβόμενος προσέφη πολύμητις Ὀδυσσεύς·
"ὢ πόποι, ἦ μάλα δὴ Ἀγαμέμνονος Ἀτρεΐδαο
φθίσεσθαι κακὸν οἶτον ἐνὶ μεγάροισιν ἔμελλον,
εἰ μή μοι σὺ ἕκαστα, θεά, κατὰ μοῖραν ἔειπες. 385
ἀλλ' ἄγε μῆτιν ὕφηνον, ὅπως ἀποτείσομαι αὐτούς·
πὰρ δέ μοι αὐτὴ στῆθι μένος πολυθαρσὲς ἐνεῖσα,
οἷον ὅτε Τροίης λύομεν λιπαρὰ κρήδεμνα.
αἴ κέ μοι ὣς μεμαυῖα παρασταίης, γλαυκῶπι,
καί κε τριηκοσίοισιν ἐγὼν ἄνδρεσσι μαχοίμην 390
σὺν σοί, πότνα θεά, ὅτε μοι πρόφρασσ' ἐπαρήγοις."
  τὸν δ' ἠμείβετ' ἔπειτα θεὰ γλαυκῶπις Ἀθήνη·
"καὶ λίην τοι ἐγώ γε παρέσσομαι, οὐδέ με λήσεις,
ὁππότε κεν δὴ ταῦτα πενώμεθα· καί τιν' ὀΐω
αἵματί τ' ἐγκεφάλῳ τε παλαξέμεν ἄσπετον οὖδας 395
ἀνδρῶν μνηστήρων, οἵ τοι βίοτον κατέδουσιν.
ἀλλ' ἄγε σ' ἄγνωστον τεύξω πάντεσσι βροτοῖσι·
κάρψω μὲν χρόα καλὸν ἐνὶ γναμπτοῖσι μέλεσσι,
ξανθὰς δ' ἐκ κεφαλῆς ὀλέσω τρίχας, ἀμφὶ δὲ λαῖφος
ἕσσω, ὅ κεν στυγέῃσιν ἰδὼν ἄνθρωπος ἔχοντα, 400
κνυζώσω δέ τοι ὄσσε πάρος περικαλλέ' ἐόντε,
ὡς ἂν ἀεικέλιος πᾶσι μνηστῆρσι φανείης
σῇ τ' ἀλόχῳ καὶ παιδί, τὸν ἐν μεγάροισιν ἔλειπες.
αὐτὸς δὲ πρώτιστα συβώτην εἰσαφικέσθαι,
ὅς τοι ὑῶν ἐπίουρος, ὁμῶς δέ τοι ἤπια οἶδε, 405
παῖδά τε σὸν φιλέει καὶ ἐχέφρονα Πηνελόπειαν.
δήεις τόν γε σύεσσι παρήμενον· αἱ δὲ νέμονται
πὰρ Κόρακος πέτρῃ ἐπί τε κρήνῃ Ἀρεθούσῃ,
ἔσθουσαι βάλανον μενοεικέα καὶ μέλαν ὕδωρ
πίνουσαι, τά θ' ὕεσσι τρέφει τεθαλυῖαν ἀλοιφήν. 410
ἔνθα μένειν καὶ πάντα παρήμενος ἐξερέεσθαι,

Erst nun begann Athene, die Göttin mit Augen der Eule:
  „Göttersproß! Du findiger Sohn des Laërtes, Odysseus,
Nun überlege dir, wie du den schamlosen Freiern die Faust zeigst!
Diese schalten und walten bereits drei Jahre im Hause,
Bieten Geschenke als Freier der göttergleichen Gemahlin.
Die aber jammert um deine Heimkehr tief im Gemüte,
Alle vertröstet sie, jedem verspricht sie besondere Aussicht,
Botschaft sendet sie aus — doch ihr Denken befaßt sich mit andrem."
  Antwort gab ihr und sagte der einfallreiche Odysseus:
„Was nicht gar! Da stand ja das böse Geschick Agamemnons,
Stand mir Vernichtung zuhause bevor wie dem Sohne des Atreus,
Wahrhaft und wirklich, wenn du, meine Göttin, nicht alles mir eben
Sachlich erzähltest. So komm denn! Entwirf einen Plan; denn ich will sie
Strafen! Und tritt du mir selber zur Seite und gib mir in Fülle
Kräfte und Mut zu dem Wagnis, wie dort, wo die schimmernden Zinnen
Trojas wir brachen. Eulenäugige! hälfest du so mir,
So zum Sturme bereit, dann bekämpfte ich dreihundert Männer,
Hohe Göttin, mit dir und deiner gütigen Hilfe."
  Antwort gab ihm Athene, die Göttin mit Augen der Eule:
„Freilich, ich steh dir zur Seite, du bleibst mir nirgends verborgen,
Treten wir an, dieses mühsame Werk zu vollenden; und manchem,
Denk ich, der freienden Männer, die Hab und Gut dir verzehren,
Spritzen bald Blut und Gehirn auf den endlosen Boden. Doch komm
Unerkennbar für sämtliche Menschen will ich dich machen,   [jetzt:
Runzle sogleich deine schöne Haut auf den biegsamen Gliedern,
Tilge die blonden Haare am Kopf und hüll dich in Lumpen;
Säh einer so einen Menschen bekleidet, er fühlte nur Abscheu.
Blöde seien die Augen, die sonst so herrlich dir glänzten.
Schandbar sollst du den sämtlichen Freiern erscheinen; nicht minder
Deiner Gemahlin und ihm, den als Sohn du im Hause gelassen.
Selbst aber gehe vor allem zum Hüter der Schweine, zum Sauhirt!
Wie für die Tiere, so hegt er für dich auch holde Gesinnung,
Liebt deinen Sohn und liebt die gescheite Penelopeia.
Finden wirst du ihn dort, wo die Schweine auch weiden; da sitzt er
Neben dem Koraxstein und der Quelle Arethusa;
Eicheln fressen sie dort nach Belieben und saufen das dunkle
Wasser; denn beides bewirkt, daß von Fett sie strotzen und blühen.
Dort nun warte! Setz dich zu ihm und befrag ihn nach allem.

ὄφρ' ἂν ἐγὼν ἔλθω Σπάρτην ἐς καλλιγύναικα
Τηλέμαχον καλέουσα, τεὸν φίλον υἱόν, Ὀδυσσεῦ·
ὅς τοι ἐς εὐρύχορον Λακεδαίμονα πὰρ Μενέλαον
ᾤχετο πευσόμενος μετὰ σὸν κλέος, εἴ που ἔτ' εἴης." 415
 τὴν δ' ἀπαμειβόμενος προσέφη πολύμητις Ὀδυσσεύς·
"τίπτε τ' ἄρ' οὔ οἱ ἔειπες, ἐνὶ φρεσὶ πάντα ἰδυῖα;
ἦ ἵνα που καὶ κεῖνος ἀλώμενος ἄλγεα πάσχῃ
πόντον ἐπ' ἀτρύγετον, βίοτον δέ οἱ ἄλλοι ἔδωσι;"
 τὸν δ' ἠμείβετ' ἔπειτα θεὰ γλαυκῶπις Ἀθήνη· 420
"μὴ δή τοι κεῖνός γε λίην ἐνθύμιος ἔστω.
αὐτή μιν πόμπευον, ἵνα κλέος ἐσθλὸν ἄροιτο
κεῖσ' ἐλθών· ἀτὰρ οὔ τιν' ἔχει πόνον, ἀλλὰ ἔκηλος
ἧσται ἐν Ἀτρεΐδαο δόμοις, παρὰ δ' ἄσπετα κεῖται.
ἦ μέν μιν λοχόωσι νέοι σὺν νηῒ μελαίνῃ, 425
ἱέμενοι κτεῖναι, πρὶν πατρίδα γαῖαν ἱκέσθαι·
ἀλλὰ τά γ' οὐκ ὀΐω· πρὶν καί τινα γαῖα καθέξει
ἀνδρῶν μνηστήρων, οἵ τοι βίοτον κατέδουσιν."
 ὣς ἄρα μιν φαμένη ῥάβδῳ ἐπεμάσσατ' Ἀθήνη.
κάρψε μέν οἱ χρόα καλὸν ἐνὶ γναμπτοῖσι μέλεσσι, 430
ξανθὰς δ' ἐκ κεφαλῆς ὄλεσε τρίχας, ἀμφὶ δὲ δέρμα
πάντεσσιν μελέεσσι παλαιοῦ θῆκε γέροντος,
κνύζωσεν δέ οἱ ὄσσε πάρος περικαλλέ' ἐόντε·
ἀμφὶ δέ μιν ῥάκος ἄλλο κακὸν βάλεν ἠδὲ χιτῶνα,
ῥωγαλέα ῥυπόωντα, κακῷ μεμορυγμένα καπνῷ· 435
ἀμφὶ δέ μιν μέγα δέρμα ταχείης ἕσσ' ἐλάφοιο,
ψιλόν· δῶκε δέ οἱ σκῆπτρον καὶ ἀεικέα πήρην,
πυκνὰ ῥωγαλέην· ἐν δὲ στρόφος ἦεν ἀορτήρ.
 τὼ γ' ὣς βουλεύσαντε διέτμαγεν· ἡ μὲν ἔπειτα
ἐς Λακεδαίμονα δῖαν ἔβη μετὰ παῖδ' Ὀδυσῆος. 440

Selbst aber geh ich nach Sparta, das voll ist von herrlichen Weibern,
Rufe Telemachos auf, deinen lieben Sohn, mein Odysseus.
Dieser ist fort, zu erkunden, wo und ob du noch lebest,
Fragt Menelaos in Sparta, das breite Plätze zum Tanz hat."

Antwort gab ihr und sagte der einfallreiche Odysseus:
„Warum verschwiegst du es ihm? Du bist doch im Sinne allwissend!
Muß er wohl auch noch ein Fahrender werden und Leiden erdulden
Draußen im rastlosen Meer? Sein Gut aber essen die andern."

Antwort gab ihm Athene, die Göttin mit Augen der Eule:
„Lasse doch den nicht zu sehr das Gemüt dir beschweren! Ich selber
War sein Begleiter; denn dorthin sollte er gehen; er sollte
Edlen Ruhm sich erwerben; er hat keine Mühe, in Ruhe
Sitzt er im Haus des Atriden und endlose Fülle umgibt ihn.
Freilich, Jünglinge lauern ihm auf in schwarzem Fahrzeug,
Töten wollen sie ihn, eh er kommt in das Land seiner Heimat —
Alles vergeblich; zuvor wird noch manchen der Boden bedecken,
Denk ich, der freienden Männer, die Hab und Gut dir verzehren."

Also sagte Athene und strich über ihn mit dem Stabe,
Runzelte gleich ihm die schöne Haut auf den biegsamen Gliedern,
Tilgte die blonden Haare am Kopf und all seine Glieder
Sahen jetzt aus wie gegerbt am Leib eines alternden Greises.
Machte die Augen ihm blöde, die sonst so herrlich erglänzten,
Hing einen anderen üblen Fetzen ihm um, einen Leibrock,
Völlig zerrissen, befleckt und beschmutzt und übel verräuchert;
Warf ihm schließlich das schäbige Fell eines eilenden Hirsches
Über und gab ihm dazu einen Stecken und häßlichen Ranzen:
Überall war er zerfetzt, eine Schnur nur diente als Träger.

Nach der Beratung trennten sich beide. Sie aber eilte
Weiter zum Sohn des Odysseus ins heilige Lakedaimon.

ΟΔΥΣΣΕΙΑΣ Ξ

Ὀδυσσέως πρὸς Εὔμαιον ὁμιλία

Αὐτὰρ ὁ ἐκ λιμένος προσέβη τρηχεῖαν ἀταρπὸν
χῶρον ἀν' ὑλήεντα δι' ἄκριας, ᾗ οἱ Ἀθήνη
πέφραδε δῖον ὑφορβόν, ὅ οἱ βιότοιο μάλιστα
κήδετο οἰκήων, οὓς κτήσατο δῖος Ὀδυσσεύς.
τὸν δ' ἄρ' ἐνὶ προδόμῳ εὗρ' ἥμενον, ἔνθα οἱ αὐλὴ   5
ὑψηλὴ δέδμητο, περισκέπτῳ ἐνὶ χώρῳ,
καλή τε μεγάλη τε, περίδρομος· ἥν ῥα συβώτης
αὐτὸς δείμαθ' ὕεσσιν ἀποιχομένοιο ἄνακτος,
νόσφιν δεσποίνης καὶ Λαέρταο γέροντος,
ῥυτοῖσιν λάεσσι καὶ ἐθρίγκωσεν ἀχέρδῳ.   10
σταυροὺς δ' ἐκτὸς ἔλασσε διαμπερὲς ἔνθα καὶ ἔνθα
πυκνοὺς καὶ θαμέας, τὸ μέλαν δρυὸς ἀμφικεάσσας.
ἔντοσθεν δ' αὐλῆς συφεοὺς δυοκαίδεκα ποίει
πλησίον ἀλλήλων, εὐνὰς συσίν· ἐν δὲ ἑκάστῳ
πεντήκοντα σύες χαμαιευνάδες ἐρχατόωντο,   15
θήλειαι τοκάδες· τοὶ δ' ἄρσενες ἐκτὸς ἴαυον,
πολλὸν παυρότεροι· τοὺς γὰρ μινύθεσκον ἔδοντες
ἀντίθεοι μνηστῆρες, ἐπεὶ προΐαλλε συβώτης
αἰεὶ ζατρεφέων σιάλων τὸν ἄριστον ἁπάντων·
οἱ δὲ τριηκόσιοί τε καὶ ἑξήκοντα πέλοντο.   20
πὰρ δὲ κύνες θήρεσσιν ἐοικότες αἰὲν ἴαυον
τέσσαρες, οὓς ἔθρεψε συβώτης, ὄρχαμος ἀνδρῶν.
αὐτὸς δ' ἀμφὶ πόδεσσιν ἑοῖς ἀράρισκε πέδιλα,
τάμνων δέρμα βόειον εὔχροές· οἱ δὲ δὴ ἄλλοι
ᾤχοντ' ἄλλυδις ἄλλος ἅμ' ἀγρομένοισι σύεσσιν,   25
οἱ τρεῖς· τὸν δὲ τέταρτον ἀποπροέηκε πόλινδε
σῦν ἀγέμεν μνηστῆρσιν ὑπερφιάλοισιν ἀνάγκῃ,
ὄφρ' ἱερεύσαντες κρειῶν κορεσαίατο θυμόν.
ἐξαπίνης δ' Ὀδυσῆα ἴδον κύνες ὑλακόμωροι.
οἱ μὲν κεκλήγοντες ἐπέδραμον· αὐτὰρ Ὀδυσσεὺς   30
ἕζετο κερδοσύνῃ, σκῆπτρον δέ οἱ ἔκπεσε χειρός.
ἔνθα κεν ᾧ πὰρ σταθμῷ ἀεικέλιον πάθεν ἄλγος·

VIERZEHNTER GESANG

Des Odysseus Einkehr bei Eumaios

Er aber ging einen rauhen Pfad vom Hafen zur Höhe.
Waldig war das Gelände und zackig. Er folgte Athenes
Rat; denn die Wirtschaft führte ihm dort ein göttlicher Sauhirt,
Weitaus der sorglichste Knecht im Besitz des hehren Odysseus.

Den aber fand er sitzend im Vorhaus, wo das Gehöfte
Hoch gebaut sich erhob auf rings umhegtem Gelände,
Schön und groß und allseits erreichbar; das hatte der Sauhirt
Selbst für die Schweine gebaut, als der Herr nicht daheim war. Die [Herrin
Wußte so wenig davon wie der greise Laertes. Die Steine
Hatte er hergewälzt, und das Ganze krönte ein Birnbaum.
Aber die äußeren Seiten der Mauer umgab er mit Pfählen
Durchweg fest und eng, aus geschälten, eichenen Ästen.
Drinnen indessen, im Raum des Gehöftes, schuf er ein Dutzend
Ställe als Lager der Schweine und nah beieinander. In jedem
Pferchte er fünfzig gern sich lagernde Schweine zusammen:
Muttertiere, die warfen; die männlichen schliefen im Freien;
Diese doch waren viel weniger; Göttern gleichende Freier
Aßen die Schar schon klein, denn es mußte ja immer der Sauhirt
Ihnen den besten von allen, den feistest gemästeten stellen.
Immerhin waren es noch dreihundertundsechzig. Und allzeit
Schliefen bei ihnen die Hunde; sie waren zu viert und sie glichen
Tieren der Wildnis; es nährte der Herr sie der Leute, der Sauhirt.
Eben schusterte er für die eigenen Füße Sandalen,
Schnitt sie heraus aus der schöngefärbten Haut eines Rindes.
Aber die anderen waren schon fort mit den weidenden Schweinen,
Drei, und jeder woanders; den vierten, weil er es mußte,
Hatte zur Stadt mit dem Schwein er geschickt für die haltlosen Freier;
Opfern wollten sie es, um mit Fleisch ihr Verlangen zu stillen.

Plötzlich sahen Odysseus die mächtig bellenden Hunde.
Lärmend liefen sie her; doch Odysseus setzte sich nieder,
Wußte er doch, wies am besten. Der Stab entfiel seinen Händen.
Jetzt noch im eignen Gehöfte verfiel er in leidvolle Schande,

ἀλλὰ συβώτης ὦκα ποσὶ κραιπνοῖσι μετασπὼν
ἔσσυτ' ἀνὰ πρόθυρον, σκῦτος δέ οἱ ἔκπεσε χειρός.
τοὺς μὲν ὁμοκλήσας σεῦεν κύνας ἄλλυδις ἄλλον 35
πυκνῇσιν λιθάδεσσιν, ὁ δὲ προσέειπεν ἄνακτα·
 "ὦ γέρον, ἦ ὀλίγου σε κύνες διεδηλήσαντο
ἐξαπίνης, καί κέν μοι ἐλεγχείην κατέχευας.
καὶ δέ μοι ἄλλα θεοὶ δόσαν ἄλγεά τε στοναχάς τε·
ἀντιθέου γὰρ ἄνακτος ὀδυρόμενος καὶ ἀχεύων 40
ἧμαι, ἄλλοισιν δὲ σύας σιάλους ἀτιτάλλω
ἔδμεναι· αὐτὰρ κεῖνος ἐελδόμενός που ἐδωδῆς
πλάζετ' ἐπ' ἀλλοθρόων ἀνδρῶν δῆμόν τε πόλιν τε,
εἴ που ἔτι ζώει καὶ ὁρᾷ φάος ἠελίοιο.
ἀλλ' ἕπεο, κλισίηνδ' ἴομεν, γέρον, ὄφρα καὶ αὐτός, 45
σίτου καὶ οἴνοιο κορεσσάμενος κατὰ θυμόν,
εἴπῃς, ὁππόθεν ἐσσὶ καὶ ὁππόσα κήδε' ἀνέτλης."
 ὣς εἰπὼν κλισίηνδ' ἡγήσατο δῖος ὑφορβός,
εἷσεν δ' εἰσαγαγών, ῥῶπας δ' ὑπέχευε δασείας,
ἐστόρεσεν δ' ἐπὶ δέρμα ἰονθάδος ἀγρίου αἰγός, 50
αὐτοῦ ἐνεύναιον, μέγα καὶ δασύ. χαῖρε δ' Ὀδυσσεύς,
ὅττι μιν ὣς ὑπέδεκτο, ἔπος τ' ἔφατ' ἔκ τ' ὀνόμαζε·
 "Ζεύς τοι δοίη, ξεῖνε, καὶ ἀθάνατοι θεοὶ ἄλλοι,
ὅττι μάλιστ' ἐθέλεις, ὅτι με πρόφρων ὑπέδεξο."
 τὸν δ' ἀπαμειβόμενος προσέφης, Εὔμαιε συβῶτα· 55
"ξεῖν', οὔ μοι θέμις ἔστ', οὐδ' εἰ κακίων σέθεν ἔλθοι,
ξεῖνον ἀτιμῆσαι· πρὸς γὰρ Διός εἰσιν ἅπαντες
ξεῖνοί τε πτωχοί τε. δόσις δ' ὀλίγη τε φίλη τε
γίνεται ἡμετέρη· ἡ γὰρ δμώων δίκη ἐστίν,
αἰεὶ δειδιότων, ὅτ' ἐπικρατέωσιν ἄνακτες 60
οἱ νέοι. ἦ γὰρ τοῦ γε θεοὶ κατὰ νόστον ἔδησαν,
ὅς κεν ἔμ' ἐνδυκέως ἐφίλει καὶ κτῆσιν ὄπασσεν,
οἷά τε ᾧ οἰκῆι ἄναξ εὔθυμος ἔδωκεν,
οἶκόν τε κλῆρόν τε πολυμνήστην τε γυναῖκα,
ὅς οἱ πολλὰ κάμῃσι, θεὸς δ' ἐπὶ ἔργον ἀέξῃ, 65
ὡς καὶ ἐμοὶ τόδε ἔργον ἀέξεται, ᾧ ἐπιμίμνω.
τῷ κέ με πόλλ' ὤνησεν ἄναξ, εἰ αὐτόθ' ἐγήρα·
ἀλλ' ὄλεθ'. ὡς ὤφελλ' Ἑλένης ἀπὸ φῦλον ὀλέσθαι
πρόχνυ, ἐπεὶ πολλῶν ἀνδρῶν ὑπὸ γούνατ' ἔλυσε·
καὶ γὰρ κεῖνος ἔβη Ἀγαμέμνονος εἵνεκα τιμῆς 70

Stürmte der Sauhirt nicht rasch hinterher und auf kräftigen Füßen
Bis an die vordere Türe. Das Leder entfiel seinen Händen.
Aber mit Schelten und zahllosen Steinen trieb er die Hunde
Weit herum im Gelände und sagte dann gleich seinem Herrscher:
    „Alter, jetzt hätten die Hunde beinahe dich plötzlich zerrissen,
Du aber hättest dadurch mich mit Schande und Schimpf übergossen.
Schickten die Götter mir sonst doch genug schon an Leiden und Jam-
Trübselig sitze ich da und beklage den göttlichen Herrscher;   [mer.
Füttere Schweine für andere fett und für ihre Genüsse.
Jener indessen kann sich wohl nur sehnen nach Mahlzeit,
Irrt er durch Völker und Städte von Menschen mit anderen Sprachen,
Wenn er noch irgendwo lebt und das Licht unsrer Sonne ihm leuchtet.
Aber nun folge, mein Alter, wir gehn in die Hütte; dort sollst du
Selber an Brot und an Wein dich sättigen, wie dir zumut ist.
Dann aber sagst du, woher du wohl bist und wieviel du gelitten."
    Sprachs und ging ihm voran in die Hütte, der göttliche Sauhirt,
Führte ihn ein, bot Platz, schob dicke Bündel von Reisig
Unter die Füße und breitete drüber die große und dicke
Haut einer wilden, bärtigen Ziege: sein eigenes Bettzeug.
Freudig, daß so er ihn aufnahm, sagte bedeutsam Odysseus:
    „Gastfreund, gebe dir Zeus und die andern unsterblichen Götter,
Was du vor allem dir wünschest; du hast mich ja gütig empfangen."
Antwort gabst du ihm da und sagtest, Sauhirt Eumaios:
    „Fremdling, käme ein Schlechterer als du, ich dürfte auch dann nicht
Fremden die Ehre versagen; von Zeus ja kommen sie alle,
Bettler wie Fremde; wenig und lieb doch ist unsere Spende:
Soviel dürfen ja rechtens auch immer verängstigte Diener
Selbst in den Fällen, wo Herrscher gebieten, die jung sind. Denn wahrlich:
Jenem haben die Götter ja gründlich verrammelt den Heimweg.
Ihn, der mich liebend umsorgte und eigene Habe mir schaffte,
Haus und Acker, dazu auch ein Weib, wie es viele wohl freiten,
So wie ein Herrscher von gutem Gemüt seinen Diener beschenkte,
Wenn er für ihn sich bemüht und mit Gott seine Werke gedeihen,
Wie ja auch mir dieses Werk da gedeiht, dem hier ich obliege.
Ja, wäre hier er gealtert, mein Herrscher, er nützte mir vieles!
Doch, er verkam! O, wäre doch Helenas Sippe verkommen!
Wäre ins Knie sie gestürzt, weil sie vielen die Kniee gebrochen!
Jener zog ja doch auch für den Ruhm Agamemnons zu Felde

"Ἴλιον εἰς εὔπωλον, ἵνα Τρώεσσι μάχοιτο."
ὣς εἰπὼν ζωστῆρι θοῶς συνέεργε χιτῶνα,
βῆ δ' ἴμεν ἐς συφεούς, ὅθι ἔθνεα ἔρχατο χοίρων.
ἔνθεν ἑλὼν δύ' ἔνεικε καὶ ἀμφοτέρους ἱέρευσεν,
εὗσέ τε μίστυλλέν τε καὶ ἀμφ' ὀβελοῖσιν ἔπειρεν. 75
ὀπτήσας δ' ἄρα πάντα φέρων παρέθηκ' Ὀδυσῆϊ
θέρμ' αὐτοῖς ὀβελοῖσιν, ὁ δ' ἄλφιτα λευκὰ πάλυνεν.
ἐν δ' ἄρα κισσυβίῳ κίρνη μελιηδέα οἶνον,
αὐτὸς δ' ἀντίον ἷζεν, ἐποτρύνων δὲ προσηύδα·
"ἔσθιε νῦν, ὦ ξεῖνε, τά τε δμώεσσι πάρεστι, 80
χοίρε'· ἀτὰρ σιάλους γε σύας μνηστῆρες ἔδουσιν,
οὐκ ὄπιδα φρονέοντες ἐνὶ φρεσὶν οὐδ' ἐλεητύν.
οὐ μὲν σχέτλια ἔργα θεοὶ μάκαρες φιλέουσιν,
ἀλλὰ δίκην τίουσι καὶ αἴσιμα ἔργ' ἀνθρώπων.
καὶ μὲν δυσμενέες καὶ ἀνάρσιοι, οἵ τ' ἐπὶ γαίης 85
ἀλλοτρίης βῶσιν καὶ σφιν Ζεὺς ληΐδα δώῃ,
πλησάμενοι δέ τε νῆας ἔβαν οἰκόνδε νέεσθαι, —
καὶ μὲν τοῖς ὄπιδος κρατερὸν δέος ἐν φρεσὶ πίπτει·
οἵδε δέ τοί τι ἴσασι, θεοῦ δέ τιν' ἔκλυον αὐδήν,
κείνου λυγρὸν ὄλεθρον, ὅ τ' οὐκ ἐθέλουσι δικαίως 90
μνᾶσθαι οὐδὲ νέεσθαι ἐπὶ σφέτερ', ἀλλὰ ἕκηλοι
κτήματα δαρδάπτουσιν ὑπέρβιον, οὐδ' ἔπι φειδώ.
ὅσσαι γὰρ νύκτες τε καὶ ἡμέραι ἐκ Διός εἰσιν,
οὔ ποθ' ἓν ἱρεύουσ' ἱερήιον οὐδὲ δύ' οἶα·
οἶνον δὲ φθινύθουσιν ὑπέρβιον ἐξαφύοντες. 95
ἦ γὰρ οἱ ζωή γ' ἦν ἄσπετος· οὔ τινι τόσση
ἀνδρῶν ἡρώων, οὔτ' ἠπείροιο μελαίνης
οὔτ' αὐτῆς Ἰθάκης· οὐδὲ ξυνεείκοσι φωτῶν
ἔστ' ἄφενος τοσσοῦτον· ἐγὼ δέ κέ τοι καταλέξω.
δώδεκ' ἐν ἠπείρῳ ἀγέλαι· τόσα πώεα οἰῶν, 100
τόσσα συῶν συβόσια, τόσ' αἰπόλια πλατέ' αἰγῶν
βόσκουσι ξεῖνοί τε καὶ αὐτοῦ βώτορες ἄνδρες·
ἐνθάδε τ' αἰπόλια πλατέ' αἰγῶν ἕνδεκα πάντα
ἐσχατιῇ βόσκοντ', ἐπὶ δ' ἀνέρες ἐσθλοὶ ὄρονται.
τῶν αἰεί σφιν ἕκαστος ἐπ' ἤματι μῆλον ἀγινεῖ, 105
ζατρεφέων αἰγῶν ὅς τις φαίνηται ἄριστος.
αὐτὰρ ἐγὼ σῦς τάσδε φυλάσσω τε ῥύομαί τε
καί σφι συῶν τὸν ἄριστον ἐῢ κρίνας ἀποπέμπω."

Vierzehnter Gesang

Gegen die Troer, Ilion zu, wo die Fohlen gedeihen."
    Sprachs und raffte in Eile den Rock mit dem Gürtel zusammen,
Ging zu den Ställen, wo Völker von Ferkeln im Engen sich drängten,
Holte ein Paar da heraus und brachte sie beide zum Opfer,
Sengte, zerteilte und spießte sie auf an den Gabeln und briet sie,
Setzte dann alles, warm und am Spieß, vor Odysseus, und weiter
Streute er weißes Mehl auf die Stücke; indessen ein Milchnapf
Schließlich diente zum Mischen von Wein, der süß war wie Honig.
Selbst aber nahm gegenüber er Platz und sagte und drängte:
    „Fremdling, iß jetzt! Was dasteht, ist Ferkel — das ist für die Diener!
Freilich, Freier verzehren die fettesten Schweine, und keiner
Denkt da an Mitleid, keiner besinnt sich, er werde gesehen.
Dauernde Untat lieben sie nicht, die seligen Götter,
Vielmehr ehren sie Recht und schickliche Taten der Menschen.
Ja, es gibt Leute, feindlich gesinnt und bar jeden Rechtes;
Die überfallen ein fremdes Gebiet und Zeus gibt Beute;
Ziehen dann wieder nachhause auf Schiffen, die reichlich gefüllt sind; —
Deren Gedanken befällt wohl kräftige Furcht vor Entdeckung.
Unsre dagegen wissen, vernahmen als Wort eines Gottes:
Jener sei grausig zugrunde gegangen. So wollen sie gar nicht
Freien nach Recht und Gesetz und ihr Eigenes wieder beziehen;
Nein, sie verschlemmen im Unmaß ruhig dieses Besitztum;
Schonung gibt es da nicht. Da wird denn geopfert, geschlachtet
Tag und Nacht, wie Zeus sie schickt, und nicht eins oder zwei;
Weine vertun sie und füllen sie ab in gewaltsamem Unmaß.
Ja, was zum Leben er hatte, ist gar nicht zu sagen; denn keiner
Hatte so viel, kein Held hier in Ithaka, keiner im schwarzen
Festland; zwanzig Männer sind nicht so reichlich begütert.
Hör mich: Ich zähle sie her. Auf dem Festland sind es ein Dutzend
Herden von Rindern und ebensoviele Scharen von Schafen;
Weiden für Schweine ebensoviele und ebensoviele
Offene Herden von Ziegen mit fremden und eigenen Hirten.
Hier aber weiden an offenen Herden von Ziegen im ganzen
Elf an der Küste und tüchtige Leute besorgen die Aufsicht.
Immer ein Stück treibt jeder von ihnen täglich hinunter,
Eben für jene die jeweils fettest gemästete Ziege.
Ich aber hege behütend hier diese Schweine und schicke
Immer den trefflichsten Eber zu jenen in richtiger Auswahl."

ὥς φάθ᾿· ὁ δ᾿ ἐνδυκέως κρέα τ᾿ ἤσθιε πῖνέ τε οἶνον,
ἁρπαλέως ἀκέων, κακὰ δὲ μνηστῆρσι φύτευεν. 110
αὐτὰρ ἐπεὶ δείπνησε καὶ ἤραρε θυμὸν ἐδωδῇ,
καί οἱ πλησάμενος δῶκε σκύφος, ᾧ περ ἔπινεν,
οἴνου ἐνίπλειον· ὁ δ᾿ ἐδέξατο, χαῖρε δὲ θυμῷ,
καί μιν φωνήσας ἔπεα πτερόεντα προσηύδα·

"ὦ φίλε, τίς γάρ σε πρίατο κτεάτεσσιν ἑοῖσιν, 115
ὧδε μάλ᾿ ἀφνειὸς καὶ καρτερός, ὡς ἀγορεύεις;
φῇς δ᾿ αὐτὸν φθίσθαι Ἀγαμέμνονος εἵνεκα τιμῆς.
εἰπέ μοι, αἴ κέ ποθι γνώω τοιοῦτον ἐόντα.
Ζεὺς γάρ που τό γε οἶδε καὶ ἀθάνατοι θεοὶ ἄλλοι,
εἴ κέ μιν ἀγγείλαιμι ἰδών· ἐπὶ πολλὰ δ᾿ ἀλήθην." 120

τὸν δ᾿ ἠμείβετ᾿ ἔπειτα συβώτης, ὄρχαμος ἀνδρῶν·
"ὦ γέρον, οὔ τις κεῖνον ἀνὴρ ἀλαλήμενος ἐλθὼν
ἀγγέλλων πείσειε γυναῖκά τε καὶ φίλον υἱόν,
ἀλλ᾿ ἄλλως, κομιδῆς κεχρημένοι, ἄνδρες ἀλῆται
ψεύδοντ᾿ οὐδ᾿ ἐθέλουσιν ἀληθέα μυθήσασθαι. 125
ὃς δέ κ᾿ ἀλητεύων Ἰθάκης ἐς δῆμον ἵκηται,
ἐλθὼν ἐς δέσποιναν ἐμὴν ἀπατήλια βάζει·
ἡ δ᾿ εὖ δεξαμένη φιλέει καὶ ἕκαστα μεταλλᾷ,
καί οἱ ὀδυρομένη βλεφάρων ἄπο δάκρυα πίπτει,
ἣ θέμις ἐστὶ γυναικός, ἐπὴν πόσις ἄλλοθ᾿ ὄληται. 130
αἶψά κε καὶ σύ, γεραιέ, ἔπος παρατεκτήναιο,
εἴ τίς τοι χλαῖνάν τε χιτῶνά τε εἵματα δοίη.
τοῦ δ᾿ ἤδη μέλλουσι κύνες ταχέες τ᾿ οἰωνοὶ
ῥινὸν ἀπ᾿ ὀστεόφιν ἐρύσαι, ψυχὴ δὲ λέλοιπεν·
ἢ τόν γ᾿ ἐν πόντῳ φάγον ἰχθύες, ὀστέα δ᾿ αὐτοῦ 135
κεῖται ἐπ᾿ ἠπείρου ψαμάθῳ εἰλυμένα πολλῇ.
ὣς ὁ μὲν ἔνθ᾿ ἀπόλωλε, φίλοισι δὲ κήδε᾿ ὀπίσσω
πᾶσιν, ἐμοὶ δὲ μάλιστα, τετεύχαται· οὐ γὰρ ἔτ᾿ ἄλλον
ἤπιον ὧδε ἄνακτα κιχήσομαι, ὁππόσ᾿ ἐπέλθω,
οὐδ᾿ εἴ κεν πατρὸς καὶ μητέρος αὖτις ἵκωμαι 140
οἶκον, ὅθι πρῶτον γενόμην καί μ᾿ ἔτρεφον αὐτοί.
οὐδέ νυ τῶν ἔτι τόσσον ὀδύρομαι, ἱέμενός περ
ὀφθαλμοῖσιν ἰδέσθαι ἐὼν ἐν πατρίδι γαίῃ·
ἀλλά μ᾿ Ὀδυσσῆος πόθος αἴνυται οἰχομένοιο.
τὸν μὲν ἐγών, ὦ ξεῖνε, καὶ οὐ παρεόντ᾿ ὀνομάζειν 145
αἰδέομαι· περὶ γάρ μ᾿ ἐφίλει καὶ κήδετο θυμῷ·

Vierzehnter Gesang

Sprachs, doch der andere trank seinen Wein und verzehrte sein Fleisch-
Eifrig, gierig und still: denn Böses sann er den Freiern.   [stück
Aber als er gegessen, erquickt sein Gemüt mit der Speise,
Füllte und reichte der andre den Becher, woraus er getrunken,
Voll bis zum Rand; und erfreut im Gemüte empfing ihn der andre;
Darauf sprach er ihn an und sagte geflügelte Worte:
  „Lieber, wer wars denn, der dich einst kaufte zu seinem Besitztum,
Der so begütert und mächtig gewesen, wie du es mir schilderst?
Sagtest du nicht, für den Ruhm Agamemnons sei er gefallen?
Sag mirs, ich kenne vielleicht einen Mann mit ähnlichem Schicksal.
Zeus wird es wissen und wohl auch die andern unsterblichen Götter,
Ob ich ihn sah und melden ihn könnte; ich fuhr ja die Welt ab."
  Ihm entgegnete aber der Herr seiner Leute, der Sauhirt:
  „Alter! Kommt ein Fahrender her mit Meldung von jenem —
Keiner wird doch sein Weib und den lieben Sohn überreden.
Anderes gilt: Verpflegung wollen die fahrenden Leute,
Lügen drauflos ohne jegliche Absicht Wahres zu sagen,
Sämtliche, die da so bettelnd ins Volk von Ithaka kommen,
Jeder geht ins Haus meiner Herrin und redet und schwindelt.
Diese empfängt sie in Güte und hegt sie und fragt sie nach allem;
Tränen strömen herab von den Lidern, so groß ist der Jammer,
So wie die Frau es wohl darf, wenn der Mann woanders den Tod fand.
Alter, so reimtest auch du gar rasch ein Geschichtlein zusammen,
Gäbe dir eine dafür einen Leibrock, Mantel und Kleider.
Ihm doch — dürfen wir glauben — haben wohl Hunde und schnelle
Vögel die Haut von den Knochen gezerrt, und die Seele verließ ihn,
Oder es fraßen ihn Fische im Meer; die Gebeine indessen
Liegen am Festland, wo sich ein Sandmeer über sie lagert.
So ist dort er zugrunde gegangen und uns, seinen Lieben,
Allen bleibt nur der Kummer, und mir noch am meisten; denn nie mehr
Werde ich so einem anderen gütigen Herrscher begegnen,
Kehrte ich wieder sogar in das Haus von Vater und Mutter,
Dort, wo mein Leben begann und dort, wo sie selbst mich erzogen.
Nicht mehr um sie will tiefer ich klagen, so sehr es mich hinzieht,
Wieder im Land meiner Heimat sie leibhaft vor Augen zu haben,
Nein! Dem entschwundnen Odysseus, ihm gilt mein zehrendes Sehnen.
Fremder Mann! beim bloßen Namen schon spüre ich Ehrfurcht,
Ist er auch selber nicht hier; er umsorgte mich lieb im Gemüte;

ἀλλά μιν ἠθεῖον καλέω καὶ νόσφιν ἐόντα."
  τὸν δ' αὖτε προσέειπε πολύτλας δῖος Ὀδυσσεύς·
"ὦ φίλ', ἐπεὶ δὴ πάμπαν ἀναίνεαι οὐδ' ἔτι φῆσθα
κεῖνον ἐλεύσεσθαι, θυμὸς δέ τοι αἰὲν ἄπιστος· 150
ἀλλ' ἐγὼ οὐκ αὔτως μυθήσομαι, ἀλλὰ σὺν ὅρκῳ,
ὡς νεῖται Ὀδυσεύς· εὐαγγέλιον δέ μοι ἔστω
αὐτίκ', ἐπεί κεν κεῖνος ἰὼν τὰ ἃ δώμαθ' ἵκηται·
ἕσσαι με χλαῖνάν τε χιτῶνά τε, εἵματα καλά·
πρὶν δέ κε, καὶ μάλα περ κεχρημένος, οὔ τι δεχοίμην. 155
ἐχθρὸς γάρ μοι κεῖνος ὁμῶς Ἀΐδαο πύλῃσι
γίνεται, ὃς πενίῃ εἴκων ἀπατήλια βάζει.
ἴστω νῦν Ζεὺς πρῶτα θεῶν ξενίη τε τράπεζα
ἱστίη τ' Ὀδυσῆος ἀμύμονος, ἣν ἀφικάνω·
ἦ μέν τοι τάδε πάντα τελείεται ὡς ἀγορεύω. 160
τοῦδ' αὐτοῦ λυκάβαντος ἐλεύσεται ἐνθάδ' Ὀδυσσεύς,
τοῦ μὲν φθίνοντος μηνός, τοῦ δ' ἱσταμένοιο,
οἴκαδε νοστήσας, καὶ τείσεται, ὅς τις ἐκείνου
ἐνθάδ' ἀτιμάζει ἄλοχον καὶ φαίδιμον υἱόν."
  τὸν δ' ἀπαμειβόμενος προσέφης, Εὔμαιε συβῶτα· 165
"ὦ γέρον, οὔτ' ἄρ' ἐγὼν εὐαγγέλιον τόδε τείσω
οὔτ' Ὀδυσεὺς ἔτι οἶκον ἐλεύσεται· ἀλλὰ ἕκηλος
πῖνε, καὶ ἄλλα παρὲξ μεμνώμεθα, μηδέ με τούτων
μίμνησκ'· ἦ γὰρ θυμὸς ἐνὶ στήθεσσιν ἐμοῖσιν
ἄχνυται, ὁππότε τις μνήσῃ κεδνοῖο ἄνακτος. 170
ἀλλ' ἦ τοι ὅρκον μὲν ἐάσομεν, αὐτὰρ Ὀδυσσεὺς
ἔλθοι, ὅπως μιν ἐγώ γ' ἐθέλω καὶ Πηνελόπεια
Λαέρτης θ' ὁ γέρων καὶ Τηλέμαχος θεοειδής.
νῦν αὖ παιδὸς ἄλαστον ὀδύρομαι, ὃν τέκ' Ὀδυσσεύς,
Τηλεμάχου. τὸν ἐπεὶ θρέψαν θεοὶ ἔρνεϊ ἶσον, 175
καί μιν ἔφην ἔσσεσθαι ἐν ἀνδράσιν οὔ τι χερείω
πατρὸς ἑοῖο φίλοιο, δέμας καὶ εἶδος ἀγητόν,
τὸν δέ τις ἀθανάτων βλάψε φρένας ἔνδον ἐΐσας
ἠέ τις ἀνθρώπων· ὁ δ' ἔβη μετὰ πατρὸς ἀκουὴν
ἐς Πύλον ἠγαθέην· τὸν δὲ μνηστῆρες ἀγαυοὶ 180
οἴκαδ' ἰόντα λοχῶσιν, ὅπως ἀπὸ φῦλον ὄληται
νώνυμον ἐξ Ἰθάκης Ἀρκεισίου ἀντιθέοιο.
ἀλλ' ἦ τοι κεῖνον μὲν ἐάσομεν, ἤ κεν ἁλώῃ
ἤ κε φύγῃ καί κέν οἱ ὑπέρσχῃ χεῖρα Κρονίων.

Vierzehnter Gesang

Darum heiße ich ihn, wie fern er auch sei, meinen Trauten."

Ihm erwidernd sagte der Dulder, der hehre Odysseus:
„Freund, da du gänzlich versagst und behauptest, daß jener doch nie
Kommt, dein Gemüt aber jeglichem Glauben für immer verweigert: [mehr
Nun denn, ich will nicht schlechthin erzählen; ich will es beschwören:
Schon auf der Heimfahrt ist dein Odysseus. Der fröhlichen Botschaft
Lohn soll sofort mir werden, wenn jener nach Hause gelangt ist.
Kleide mich dann mit Leibrock, Mantel und schönen Gewändern!
Vorher doch will ich nichts nehmen, so sehr ich gar vieles bedürfte.
Ja, ich hasse die Pforten des Hades, doch jenen nicht minder,
Der sich der Armut beugt und nachhilft mit Reden und Täuschen.
Zeus soll jetzt vor allem es wissen, der Tisch für die Fremden
Und auch der Herd des Odysseus, des Trefflichen, dem ich mich nahe:
Was ich jetzt sage, wird alles wahrhaftig so sich vollenden:
Dieses Jahr noch wird Odysseus hieher gelangen!
Schwindet der Mond und tritt er dann wieder neu in Erscheinung,
Dann ist er heim und zuhause und läßt einen jeden es büßen,
Der sein Eheweib, der seinen strahlenden Sohn hier mißehrte."

Antwort gabst du ihm da und sagtest, Sauhirt Eumaios:
„Alter Mann! Diese frohe Botschaft werd ich nicht zahlen.
Nimmermehr kehrt Odysseus nach Hause. So trink denn in Ruhe,
Laß uns an anderes zwanglos denken. An solches nun freilich
Mahne mich nicht! Mein Gemüt in der Brust betrübt sich wahrhaftig
Immer, wenn jemand Erinnerung weckt an den sorgenden Herrscher.
Und gar den Eid! den wollen wir lassen; Odysseus indessen
Komme; wir wollen ihn alle; ich und Penelopeia,
Vater Laërtes, Telemachos auch, dieses Bild eines Gottes.
Dieser Telemachos freilich ist jetzt mein ewiger Kummer,
Dieser Sohn des Odysseus; die Götter ließen ihn wachsen
Ganz wie ein Reis und ich dachte, er werde des lieben Erzeugers
Ebenbürtig im Kreise der Männer; denn Wuchs und Erscheinung
Sind wie ein Wunder. Doch dem hat einer das richtige Denken
Drinnen beschädigt, ein Gott oder Mensch: denn ins heilige Pylos
Ging er nach Kunde vom Vater. Und jetzt: die adligen Freier
Lauern ihm auf bei der Rückkehr. Ithaka darf nicht den Namen,
Nichts mehr vom Stamme des göttergleichen Arkeisios wissen.
Den nun wollen wir füglich lassen; er werde gefangen
Oder entkomme, wenn Zeus, der Kronide, ihn deckt mit den Händen.

ἀλλ' ἄγε μοι σύ, γεραιέ, τὰ σ' αὐτοῦ κήδε' ἐνίσπες 185
καί μοι τοῦτ' ἀγόρευσον ἐτήτυμον, ὄφρ' ἐΰ εἰδῶ·
τίς πόθεν εἰς ἀνδρῶν; πόθι τοι πόλις ἠδὲ τοκῆες;
ὁπποίης τ' ἐπὶ νηὸς ἀφίκεο; πῶς δέ σε ναῦται
ἤγαγον εἰς Ἰθάκην; τίνες ἔμμεναι εὐχετόωντο;
οὐ μὲν γάρ τί σε πεζὸν ὀΐομαι ἐνθάδ' ἱκέσθαι." 190

τὸν δ' ἀπαμειβόμενος προσέφη πολύμητις Ὀδυσσεύς·
"τοιγὰρ ἐγώ τοι ταῦτα μάλ' ἀτρεκέως ἀγορεύσω.
εἴη μὲν νῦν νῶϊν ἐπὶ χρόνον ἠμὲν ἐδωδὴ
ἠδὲ μέθυ γλυκερὸν κλισίης ἔντοσθεν ἐοῦσι
δαίνυσθαι ἀκέοντ', ἄλλοι δ' ἐπὶ ἔργον ἔποιεν· 195
ῥηϊδίως κεν ἔπειτα καὶ εἰς ἐνιαυτὸν ἅπαντα
οὔ τι διαπρήξαιμι λέγων ἐμὰ κήδεα θυμοῦ,
ὅσσα γε δὴ ξύμπαντα θεῶν ἰότητι μόγησα.

ἐκ μὲν Κρητάων γένος εὔχομαι εὐρειάων,
ἀνέρος ἀφνειοῖο πάϊς· πολλοὶ δὲ καὶ ἄλλοι 200
υἷες ἐνὶ μεγάρῳ ἠμὲν τράφεν ἠδ' ἐγένοντο
γνήσιοι ἐξ ἀλόχου· ἐμὲ δ' ὠνητὴ τέκε μήτηρ
παλλακίς, ἀλλά με ἶσον ἰθαιγενέεσσιν ἐτίμα
Κάστωρ Ὑλακίδης, τοῦ ἐγὼ γένος εὔχομαι εἶναι·
ὃς τότ' ἐνὶ Κρήτεσσι θεὸς ὣς τίετο δήμῳ 205
ὄλβῳ τε πλούτῳ τε καὶ υἱάσι κυδαλίμοισιν.
ἀλλ' ἦ τοι τὸν κῆρες ἔβαν θανάτοιο φέρουσαι
εἰς Ἀΐδαο δόμους· τοὶ δὲ ζωὴν ἐδάσαντο
παῖδες ὑπέρθυμοι καὶ ἐπὶ κλήρους ἐβάλοντο,
αὐτὰρ ἐμοὶ μάλα παῦρα δόσαν καὶ οἰκί' ἔνειμαν. 210
ἠγαγόμην δὲ γυναῖκα πολυκλήρων ἀνθρώπων
εἵνεκ' ἐμῆς ἀρετῆς, ἐπεὶ οὐκ ἀποφώλιος ἦα
οὐδὲ φυγοπτόλεμος· νῦν δ' ἤδη πάντα λέλοιπεν·
ἀλλ' ἔμπης καλάμην γέ σ' ὀΐομαι εἰσορόωντα
γινώσκειν· ἦ γάρ με δύη ἔχει ἤλιθα πολλή. 215
ἦ μὲν δὴ θάρσος μοι Ἄρης τ' ἔδοσαν καὶ Ἀθήνη
καὶ ῥηξηνορίην· ὁπότε κρίνοιμι λόχονδε
ἄνδρας ἀριστῆας, κακὰ δυσμενέεσσι φυτεύων,
οὔ ποτέ μοι θάνατον προτιόσσετο θυμὸς ἀγήνωρ,
ἀλλὰ πολὺ πρώτιστος ἐπάλμενος ἔγχει ἔλεσκον 220
ἀνδρῶν δυσμενέων ὅ τέ μοι εἴξειε πόδεσσι.
τοῖος ἔα ἐν πολέμῳ· ἔργον δέ μοι οὐ φίλον ἔσκεν

Alter, sprich jetzt du mir von deinen leidvollen Sorgen,
Komm und erzähle mir dies noch ehrlich, daß recht ich es wisse:
Wer und woher von den Menschen? Und wo ist die Stadt deiner Eltern?
Wie war das Schiff, womit du hier ankamst? Was war die Absicht
Derer, die dich nach Ithaka fuhren? Wie war der Name,
Des sie sich rühmten? Ich meine, zu Fuß bist du schwerlich gekommen."

Antwort gab ihm und sagte der einfallreiche Odysseus:
„Also will ich davon dir erzählen und gar nichts verdrehen.
Eines nur wünsche ich: Sorge, daß jetzt eine Zeit lang wir beide
Hier in der Hütte uns haben bei Speise und süßem Rauschtrank,
Ohne daß man uns stört; die anderen mögen ihr Werk tun.
Leicht kann freilich dann sein, daß nicht fertig ich werde, und hätt' ich
Zeit bis zum nächsten Jahr zu erzählen vom Leid im Gemüte,
Was ich da alles erdulden mußte durch göttliche Fügung.

Ich bin aus Kreta, dem breiten, und rühme mich meines Geschlechtes,
Bin eines reichen, begüterten Mannes Sohn; doch es wurden
Viele und andere Söhne im Hause gezeugt und erzogen,
Echte Kinder der Frau; aber mich gebar eine Mutter,
Die nur als Kebse gekauft war; doch Kastor, ein Hylakide,
Ehrte mich so wie die rechten: ich rühme mich stolz dieser Abkunft.
Wohlstand, Reichtum und ruhmvolle Söhne: darauf beruhte,
Daß wie ein Gott er im Volke der Kreter damals geehrt war.
Aber wahrhaftig, die Keren des Todes kamen und trugen
Fort ihn in Hades' Haus. Die andern verlosten und teilten
Alles, was da war zum Leben, die übermütigen Söhne;
Mir aber gaben sie dürftigen Rest, nur das Haus war mein Anteil.
Da nun nahm ich ein Weib aus den Kreisen besitzender Menschen;
Denn ich selbst war ein tüchtiger Mann, aus der Art nicht geschlagen,
Kannte kein Wanken im Kampf; doch jetzt ist das alles vorüber;
Nur eine Stoppel noch kannst du, so mein ich, erkennen beim Anschaun.
Wahrlich, in Überfülle von Elend bin ich geraten!
Aber Athene und Ares hatten mir einst doch die Kräfte
Feindliche Reihn zu durchbrechen und Lust zum Wagnis verliehen.
Legte auf Lauer ich treffliche Helden den Feinden zum Unheil,
Stellte mein trotzig Gemüt den Tod mir niemals vor Augen;
Weitaus war ich der erste im Sprung und, wen ich erreichte,
Weil seine Füße versagten, der Feind verfiel meiner Lanze.
So einer war ich im Krieg. Der Landbau lag mir schon gar nicht,

οὐδ' οἰκωφελίη, ἥ τε τρέφει ἀγλαὰ τέκνα,
ἀλλά μοι αἰεὶ νῆες ἐπήρετμοι φίλαι ἦσαν
καὶ πόλεμοι καὶ ἄκοντες ἐΰξεστοι καὶ ὀϊστοί, 225
λυγρά, τά τ' ἄλλοισίν γε καταρριγηλὰ πέλονται.
αὐτὰρ ἐμοὶ τὰ φίλ' ἔσκε, τά που θεὸς ἐν φρεσὶ θῆκεν·
ἄλλος γάρ τ' ἄλλοισιν ἀνὴρ ἐπιτέρπεται ἔργοις.
πρὶν μὲν γὰρ Τροίης ἐπιβήμεναι υἷας Ἀχαιῶν
εἰνάκις ἀνδράσιν ἦρξα καὶ ὠκυπόροισι νέεσσιν 230
ἄνδρας ἐς ἀλλοδαπούς, καί μοι μάλα τύγχανε πολλά.
τῶν ἐξαιρεύμην μενοεικέα, πολλὰ δ' ὀπίσσω
λάγχανον· αἶψα δὲ οἶκος ὀφέλλετο, καί ῥα ἔπειτα
δεινός τ' αἰδοῖός τε μετὰ Κρήτεσσι τετύγμην.
ἀλλ' ὅτε δὴ τήν γε στυγερὴν ὁδὸν εὐρύοπα Ζεὺς 235
ἐφράσαθ', ἣ πολλῶν ἀνδρῶν ὑπὸ γούνατ' ἔλυσε,
δὴ τότ' ἔμ' ἤνωγον καὶ ἀγακλυτὸν Ἰδομενῆα
νήεσσ' ἡγήσασθαι ἐς Ἴλιον· οὐδέ τι μῆχος
ἦεν ἀνήνασθαι, χαλεπὴ δ' ἔχε δήμου φῆμις.
ἔνθα μὲν εἰνάετες πολεμίζομεν υἷες Ἀχαιῶν, 240
τῷ δεκάτῳ δὲ πόλιν Πριάμου πέρσαντες ἔβημεν
οἴκαδε σὺν νήεσσι, θεὸς δ' ἐκέδασσεν Ἀχαιούς.
αὐτὰρ ἐμοὶ δειλῷ κακὰ μήδετο μητίετα Ζεύς·
μῆνα γὰρ οἶον ἔμεινα τεταρπόμενος τεκέεσσι
κουριδίῃ τ' ἀλόχῳ καὶ κτήμασιν· αὐτὰρ ἔπειτα 245
Αἴγυπτόνδε με θυμὸς ἀνώγει ναυτίλλεσθαι,
νῆας ἐῢ στείλαντα, σὺν ἀντιθέοις ἑτάροισιν.
ἐννέα νῆας στεῖλα, θοῶς δ' ἐσαγείρετο λαός.
ἑξῆμαρ μὲν ἔπειτα ἐμοὶ ἐρίηρες ἑταῖροι
δαίνυντ'· αὐτὰρ ἐγὼν ἱερήια πολλὰ παρεῖχον 250
θεοῖσίν τε ῥέζειν αὐτοῖσί τε δαῖτα πένεσθαι.
ἑβδομάτῃ δ' ἀναβάντες ἀπὸ Κρήτης εὐρείης
ἐπλέομεν βορέη ἀνέμῳ ἀκραέϊ καλῷ
ῥηϊδίως, ὡς εἴ τε κατὰ ῥόον· οὐδέ τις οὖν μοι
νηῶν πημάνθη, ἀλλ' ἀσκηθέες καὶ ἄνουσοι 255
ἥμεθα, τὰς δ' ἄνεμός τε κυβερνῆταί τ' ἴθυνον.
πεμπταῖοι δ' Αἴγυπτον ἐϋρρείτην ἱκόμεσθα,
στῆσα δ' ἐν Αἰγύπτῳ ποταμῷ νέας ἀμφιελίσσας.
ἔνθ' ἦ τοι μὲν ἐγὼ κελόμην ἐρίηρας ἑταίρους
αὐτοῦ πὰρ νήεσσι μένειν καὶ νῆας ἔρυσθαι, 260

Auch nicht die Wirtschaft im Haus; sie erzieht ja nur prunkende Kinder.
Dafür galt meine stetige Liebe den Schiffen mit Rudern,
Kriegen, Pfeilen und blinkenden Speeren; grausiges Werkzeug;
Andere spüren dabei so ein frostiges Schaudern. Doch ich war
Immer darein verliebt. Ein Gott wohl gabs in den Sinn mir:
Anderer Mann erfreut sich an anderen Werken; so heißt es.

Ehe nämlich die Söhne Achaias Troja betraten,
Führte ich neunmal Männer und Schiffe mit eiligstem Seegang.
Ziel waren Menschen der Ferne und vieles glückte mir trefflichst.
Daraus nahm ich für mich, was ich wünschte; durch Losung bekam ich
Viel noch dazu: mein Haus wuchs rasch und es dauerte gar nicht
Lange, so war ich gewaltig und fand bei den Kretern Verehrung.
Als aber Zeus, der weithin sieht, jene grausige Kriegsfahrt
Wirklich beschloß, die so viele Männer ins Knie zwang, mußten
Beide, der hochberühmte Idomeneus, mußte ich selber,
Schiffe nach Ilion führen; es gab da gar keine Ausflucht,
Gar kein Verweigern; der Leumund hätte zu schwer uns belastet.

Neun volle Jahre kämpften wir da, wir Söhne Achaias,
Nahmen im zehnten Priamos' Stadt und fuhren nachhause
Samt unsern Schiffen; ein Gott doch zerstreute alle Achaier.
Aber der waltende Zeus hatte Böses im Sinn für mich Armen.
Nur einen einzigen Monat verblieb ich daheim und genoß da
Froh meine Kinder, mein Ehweib, unser Besitztum; doch bald schon
war mir zumute, ich müßte auf See und die Schiffe aufs beste
Rüsten zur Fahrt nach Ägypten mit göttergleichen Gefährten.
Rasch waren Leute um mich, neun Schiffe waren gerüstet.
Sechs volle Tage schon schmausten bei mir die trauten Gefährten.
Viele Opfertiere stellte ich; sie aber sollten
Teils sie den Göttern opfern und teils sie bereiten zur Mahlzeit.
Endlich stiegen wir ein und verließen am siebenten Tage
Mühelos Kreta, das breite, bei schönem, wehenden Nordwind,
Grad als trüge die Strömung; kein einziges Schiff hatte Schaden:
Ohne viel Arbeit saßen wir da, nicht einer erkrankte,
Wind und Steuerer lenkten und nur fünf Tage vergingen,
Bis wir den herrlichen Strom, den Aigyptos, erreichten. Da ließ ich
Ankern im Flusse Aigyptos die doppelt geschweiften Schiffe.

Dort nun gab ich den trauten Gefährten Befehl, bei den Schiffen
Selber zu bleiben und hoch sie zu ziehen. Dann ließ ich in Eile

ὀπτῆρας δὲ κατὰ σκοπιὰς ὤτρυνα νέεσθαι·
οἱ δ' ὕβρει εἴξαντες, ἐπισπόμενοι μένεϊ σφῷ,
αἶψα μάλ' Αἰγυπτίων ἀνδρῶν περικαλλέας ἀγροὺς
πόρθεον, ἐκ δὲ γυναῖκας ἆγον καὶ νήπια τέκνα,
αὐτούς τ' ἔκτεινον· τάχα δ' ἐς πόλιν ἵκετ' ἀϋτή. 265
οἱ δὲ βοῆς ἀΐοντες ἅμ' ἠοῖ φαινομένηφι
ἦλθον· πλῆτο δὲ πᾶν πεδίον πεζῶν τε καὶ ἵππων
χαλκοῦ τε στεροπῆς. ἐν δὲ Ζεὺς τερπικέραυνος
φύζαν ἐμοῖς ἑτάροισι κακὴν βάλεν, οὐδέ τις ἔτλη
μεῖναι ἐναντίβιον· περὶ γὰρ κακὰ πάντοθεν ἔστη. 270
ἔνθ' ἡμέων πολλοὺς μὲν ἀπέκτανον ὀξέϊ χαλκῷ,
τοὺς δ' ἄναγον ζωούς, σφίσιν ἐργάζεσθαι ἀνάγκῃ.
αὐτὰρ ἐμοὶ Ζεὺς αὐτὸς ἐνὶ φρεσὶν ὧδε νόημα
ποίησ'· — ὡς ὄφελον θανέειν καὶ πότμον ἐπισπεῖν
αὐτοῦ ἐν Αἰγύπτῳ· ἔτι γάρ νύ με πῆμ' ὑπέδεκτο· — 275
αὐτίκ' ἀπὸ κρατὸς κυνέην εὔτυκτον ἔθηκα
καὶ σάκος ὤμοιιν, δόρυ δ' ἔκβαλον ἔκτοσε χειρός·
αὐτὰρ ἐγὼ βασιλῆος ἐναντίον ἤλυθον ἵππων
καὶ κύσα γούναθ' ἑλών· ὁ δ' ἐρύσατο καί μ' ἐλέησεν,
ἐς δίφρον δέ μ' ἕσας ἆγεν οἴκαδε δάκρυ χέοντα. 280
ἦ μέν μοι μάλα πολλοὶ ἐπήϊσσον μελίῃσιν,
ἱέμενοι κτεῖναι· δὴ γὰρ κεχολώατο λίην·
ἀλλ' ἀπὸ κεῖνος ἔρυκε, Διὸς δ' ὠπίζετο μῆνιν
ξεινίου, ὅς τε μάλιστα νεμεσσᾶται κακὰ ἔργα.

ἔνθα μὲν ἑπτάετες μένον αὐτόθι, πολλὰ δ' ἄγειρα 285
χρήματ' ἀν' Αἰγυπτίους ἄνδρας· δίδοσαν γὰρ ἅπαντες.
ἀλλ' ὅτε δὴ ὄγδοόν μοι ἐπιπλόμενον ἔτος ἦλθε,
δὴ τότε Φοῖνιξ ἦλθεν ἀνὴρ ἀπατήλια εἰδώς,
τρώκτης, ὃς δὴ πολλὰ κάκ' ἀνθρώπους ἐέοργει·
ὅς μ' ἄγε παρπεπιθὼν ᾗσι φρεσίν, ὄφρ' ἱκόμεσθα 290
Φοινίκην, ὅθι τοῦ γε δόμοι καὶ κτήματ' ἔκειτο.
ἔνθα παρ' αὐτῷ μεῖνα τελεσφόρον εἰς ἐνιαυτόν.
ἀλλ' ὅτε δὴ μῆνές τε καὶ ἡμέραι ἐξετελεῦντο
ἂψ περιτελλομένου ἔτεος καὶ ἐπήλυθον ὧραι,
ἐς Λιβύην μ' ἐπὶ νηὸς ἐφέσσατο ποντοπόροιο, 295
ψεύδεα βουλεύσας, ἵνα οἱ σὺν φόρτον ἄγοιμι,
κεῖθι δέ μ' ὡς περάσειε καὶ ἄσπετον ὦνον ἕλοιτο.
τῷ ἑπόμην ἐπὶ νηός, ὀϊόμενός περ, ἀνάγκῃ.

Stellen, die Ausblick boten, alle mit Spähern besetzen.
Diese indessen erlaubten sich bald im Gefühl ihrer Kräfte,
Übermütig und schleunig das herrliche Land der Ägypter
Auszuplündern; entführten die Weiber, die lallenden Kinder,
Mordeten Männer, man hörte gar bald in der Stadt ihren Kampfruf.
Diese vernahmen die Schreie und kamen beim Lichte des Morgens;
Überall füllte das ebene Land sich mit Rossen und Mannen,
Funkelten eherne Waffen. Und Zeus, der Meister des Blitzes,
Trieb die Gefährten in übelste Flucht und so hatte nicht einer
Mut für den Nahkampf; Unheil drohte von vorn und von hinten.
Massen der Unsrigen schlugen sie tot mit den spitzigen Eisen,
Andere fingen sie lebend, als Sklaven ihnen zu fronen.
Zeus aber ließ wohl selbst den Gedanken im Sinne mich fassen —
Wär ich doch dort in Ägypten gestorben und hätte mein Schicksal
Dort schon erfüllt! denn es wartete meiner ja doch nur noch Elend —
Nun: ich entblößte den Kopf vom trefflich gefertigten Sturmhelm,
Nahm auch den Schild von der Schulter und warf meinen Speer aus den
Dann aber ging ich für mich den Rossen des Königs entgegen; [Händen.
Faßte und küßte sein Knie und er ward mir Erbarmer und Retter,
Machte mir Platz im Wagen und fuhr mich nachhause. Ich weinte.
Wahrlich, da strömten gar viele heran gegen mich; mit den Speeren
Wollten sie tödlich mich treffen; sie waren in wütender Stimmung.
Er aber hielt sie zurück, denn er dachte an Zeus, der die Fremden
Schützt, wie er grollt und besonders erzürnt ist bei solcherlei Untat.

  Sieben Jahre blieb ich nun dort: ich brachte in Fülle
Geld bei ägyptischen Männern zusammen; sie gaben ja alle.
Aber als dann das achte Jahr mir endlich heraufzog,
Da kam wirklich ein Mann daher, ein gerissner Phoiniker,
Sämtliche Schliche verstand er und brachte den Menschen viel Unheil.
Diesem gelang es mit seinen Gedanken mich zu bereden,
Nahm mich mit ins phoinikische Land, wo sein Haus und Besitz lag.
Wieder verblieb ich ein volles Jahr dann bei ihm. Doch als endlich
Tag um Tag und Monat um Monat verstrichen, das Jahr sich
Wieder wandte, die Jahreszeiten wieder erschienen,
Setzte er mich auf ein Schiff, das die Meere befuhr, und belog mich.
Mit ihm sollte ich Ladung nach Libyen bringen, so riet er;
Aber er wollte mich dort nur verkaufen zu riesigem Preise.
Nur weil ich mußte, ging ich aufs Schiff, denn ich ahnte nichts Gutes.

ἡ δ' ἔθεεν βορέῃ ἀνέμῳ ἀκραέϊ καλῷ
μέσσον ὑπὲρ Κρήτης· Ζεὺς δέ σφισι μήδετ' ὄλεθρον. 300
ἀλλ' ὅτε δὴ Κρήτην μὲν ἐλείπομεν, οὐδέ τις ἄλλη
φαίνετο γαιάων, ἀλλ' οὐρανὸς ἠδὲ θάλασσα,
δὴ τότε κυανέην νεφέλην ἔστησε Κρονίων
νηὸς ὕπερ γλαφυρῆς, ἤχλυσε δὲ πόντος ὑπ' αὐτῆς.
Ζεὺς δ' ἄμυδις βρόντησε καὶ ἔμβαλε νηὶ κεραυνόν· 305
ἡ δ' ἐλελίχθη πᾶσα Διὸς πληγεῖσα κεραυνῷ,
ἐν δὲ θεείου πλῆτο· πέσον δ' ἐκ νηὸς ἅπαντες.
οἱ δὲ κορώνῃσιν ἴκελοι περὶ νῆα μέλαιναν
κύμασιν ἐμφορέοντο· θεὸς δ' ἀποαίνυτο νόστον.
αὐτὰρ ἐμοὶ Ζεὺς αὐτός, ἔχοντί περ ἄλγεα θυμῷ, 310
ἱστὸν ἀμαιμάκετον νηὸς κυανοπρῴροιο
ἐν χείρεσσιν ἔθηκεν, ὅπως ἔτι πῆμα φύγοιμι.
τῷ ῥα περιπλεχθεὶς φερόμην ὀλοοῖς ἀνέμοισιν.
  ἐννῆμαρ φερόμην, δεκάτῃ δέ με νυκτὶ μελαίνῃ
γαίῃ Θεσπρωτῶν πέλασεν μέγα κῦμα κυλίνδον. 315
ἔνθα με Θεσπρωτῶν βασιλεὺς ἐκομίσσατο Φείδων
ἥρως ἀπριάτην· τοῦ γὰρ φίλος υἱὸς ἐπελθὼν
αἴθρῳ καὶ καμάτῳ δεδμημένον ἦγεν ἐς οἶκον,
χειρὸς ἀναστήσας, ὄφρ' ἵκετο δώματα πατρός·
ἀμφὶ δέ με χλαῖνάν τε χιτῶνά τε εἵματα ἕσσεν. 320
ἔνθ' Ὀδυσῆος ἐγὼ πυθόμην· κεῖνος γὰρ ἔφασκε
ξεινίσαι ἠδὲ φιλῆσαι ἰόντ' ἐς πατρίδα γαῖαν,
καί μοι κτήματ' ἔδειξεν, ὅσα ξυναγείρατ' Ὀδυσσεύς,
χαλκόν τε χρυσόν τε πολύκμητόν τε σίδηρον.
καί νύ κεν ἐς δεκάτην γενεὴν ἕτερόν γ' ἔτι βόσκοι· 325
τόσσα οἱ ἐν μεγάροις κειμήλια κεῖτο ἄνακτος.
τὸν δ' ἐς Δωδώνην φάτο βήμεναι, ὄφρα θεοῖο
ἐκ δρυὸς ὑψικόμοιο Διὸς βουλὴν ἐπακούσῃ,
ὅππως νοστήσῃ Ἰθάκης ἐς πίονα δῆμον,
ἤδη δὴν ἀπεών, ἦ ἀμφαδὸν ἦε κρυφηδόν. 330
ὤμοσε δὲ πρὸς ἔμ' αὐτόν, ἀποσπένδων ἐνὶ οἴκῳ,
νῆα κατειρύσθαι καὶ ἐπαρτέας ἔμμεν ἑταίρους,
οἳ δή μιν πέμψουσι φίλην ἐς πατρίδα γαῖαν.
ἀλλ' ἐμὲ πρὶν ἀπέπεμψε· τύχησε γὰρ ἐρχομένη νηῦς
ἀνδρῶν Θεσπρωτῶν ἐς Δουλίχιον πολύπυρον. 335
ἔνθ' ὅ γέ μ' ἠνώγει πέμψαι βασιλῆι Ἀκάστῳ

Vierzehnter Gesang

Als es dann mitten im Meer und bei schönem, wehenden Nordwind
Lief, und an Kreta vorbei, sann Zeus auf ihre Vernichtung.
Denn als wir Kreta schon hinter uns hatten, kein anderes Land mehr,
Nichts als Himmel und Wasser den Blicken sich zeigte, da ließ nun
Über dem Schiffsraum dunkles Gewölk der Kronide sich ballen.
Finsternis sank auf die Wogen hernieder, zugleich aber schickte
Zeus seine Donner und schleuderte schließlich den Blitz in das Fahrzeug.
Dies ging ganz aus den Fugen, als Zeus es zerschlug mit dem Blitzstrahl.
Schwefel verbreitete sich; die Gefährten fielen vom Fahrzeug.
Grade wie Krähen des Meeres schwammen sie rund um das schwarze
Schiff im Gewoge; der Gott versagte die Fahrt in die Heimat.
Leiden mußte ich viel im Gemüte. Da war es wohl Zeus, der
Selber den mächtigen Mast meines Schiffes, das dunkel am Bug war,
Fest in die Hände mir spielte, daß wieder der Not ich entränne.
Diesen umschlang ich und gab mich dann preis den gefährlichen Winden.

Neun volle Tage schwamm ich, die zehnte finstere Nacht wars,
Da erst rollte die mächtige Flut mich ans Land der Thesproter.
Pheidon aber, der König und Held der Thesproter, empfing mich,
Sorgte und ließ mich die Rettung nicht büßen; sein lieber Sohn war
Zeuge geworden, wie ich von Luft und von Müde erschöpft war,
Hatte ins Haus mich geführt, an der Hand mich aufrecht gehalten,
Dann mich im Hause des Vaters bekleidet mit Mantel und Leibrock.
Dort nun erfuhr ich dann auch von Odysseus: er sei auf der Heimfahrt,
Sagte der König; er habe ihn liebend und gastlich empfangen.
Ja, er zeigte mir allen Besitz, den Odysseus gesammelt,
Gold und Erz und Eisen, das viele Hände geschmiedet.
Andere hätten zu leben für weitere zehn Geschlechter,
Soviel Kostbares lag für ihn dort im Hause des Herrschers.
Noch sei er fort in Dodona; aus hochbewipfelter Eiche
Spricht dort Zeus, der Gott, dessen Rat er zu hören verlange,
Wie er wohl Heimkehr finde zu Ithakas reichen Bewohnern,
Heimlich oder daß alle ihn sähen; denn lang sei er ferne.
Er aber schwur in die Hand mir bei Opferspenden im Hause,
Schon sei das Schiff im Wasser, Gefährten seien geworben,
Die ihn nun endlich brächten ins liebe Land seiner Heimat.
Mich doch entließ er schon vorher; ein Schiff thesprotischer Männer
Ging gerade in See nach Dulichions Weizengefilden.
Weiter dann sollten sie sorgsam zum König Akastos mich bringen.

ἐνδυκέως· τοῖσιν δὲ κακὴ φρεσὶν ἥνδανε βουλή
ἀμφ' ἐμοί, ὄφρ' ἔτι πάγχυ δύης ἐπὶ πῆμα γενοίμην.
ἀλλ' ὅτε γαίης πολλὸν ἀπέπλω ποντοπόρος νηῦς,
αὐτίκα δούλιον ἦμαρ ἐμοὶ περιμηχανόωντο. 340
ἐκ μέν με χλαῖνάν τε χιτῶνά τε εἵματ' ἔδυσαν,
ἀμφὶ δέ με ῥάκος ἄλλο κακὸν βάλον ἠδὲ χιτῶνα,
ῥωγαλέα, τὰ καὶ αὐτὸς ἐν ὀφθαλμοῖσιν ὅρηαι.
ἑσπέριοι δ' Ἰθάκης εὐδειέλου ἔργ' ἀφίκοντο.
ἔνθ' ἐμὲ μὲν κατέδησαν ἐϋσσέλμῳ ἐνὶ νηΐ 345
ὅπλῳ ἐϋστρεφέϊ στερεῶς, αὐτοὶ δ' ἀποβάντες
ἐσσυμένως παρὰ θῖνα θαλάσσης δόρπον ἕλοντο.
αὐτὰρ ἐμοὶ δεσμὸν μὲν ἀνέγναμψαν θεοὶ αὐτοὶ
ῥηϊδίως· κεφαλῇ δὲ κατὰ ῥάκος ἀμφικαλύψας,
ξεστὸν ἐφόλκαιον καταβὰς ἐπέλασσα θαλάσσῃ 350
στῆθος, ἔπειτα δὲ χερσὶ διήρεσα ἀμφοτέρῃσι
νηχόμενος, μάλα δ' ὦκα θύρηθ' ἔα ἀμφὶς ἐκείνων.
ἔνθ' ἀναβάς, ὅθι τε δρίος ἦν πολυανθέος ὕλης,
κείμην πεπτηώς. οἱ δὲ μεγάλα στενάχοντες
φοίτων· ἀλλ' οὐ γάρ σφιν ἐφαίνετο κέρδιον εἶναι 355
μαίεσθαι προτέρω, τοὶ μὲν πάλιν αὖτις ἔβαινον
νηὸς ἔπι γλαφυρῆς· ἐμὲ δ' ἔκρυψαν θεοὶ αὐτοὶ
ῥηϊδίως, καί με σταθμῷ ἐπέλασσαν ἄγοντες
ἀνδρὸς ἐπισταμένου· ἔτι γάρ νύ μοι αἶσα βιῶναι."
   τὸν δ' ἀπαμειβόμενος προσέφης, Εὔμαιε συβῶτα· 360
"ἆ δειλὲ ξείνων, ἦ μοι μάλα θυμὸν ὄρινας
ταῦτα ἕκαστα λέγων, ὅσα δὴ πάθες ἠδ' ὅσ' ἀλήθης.
ἀλλὰ τά γ' οὐ κατὰ κόσμον, ὀΐομαι, οὐδέ με πείσεις,
εἰπὼν ἀμφ' Ὀδυσῆι. τί σε χρὴ τοῖον ἐόντα
μαψιδίως ψεύδεσθαι; ἐγὼ δ' εὖ οἶδα καὶ αὐτὸς 365
νόστον ἐμοῖο ἄνακτος, ὅ τ' ἤχθετο πᾶσι θεοῖσι
πάγχυ μάλ', ὅττι μιν οὔ τι μετὰ Τρώεσσι δάμασσαν
ἠὲ φίλων ἐν χερσίν, ἐπεὶ πόλεμον τολύπευσε.
τῷ κέν οἱ τύμβον μὲν ἐποίησαν Παναχαιοί,
ἠδέ κε καὶ ᾧ παιδὶ μέγα κλέος ἤρατ' ὀπίσσω. 370
νῦν δέ μιν ἀκλειῶς Ἅρπυιαι ἀνηρείψαντο.
αὐτὰρ ἐγὼ παρ' ὕεσσιν ἀπότροπος· οὐδὲ πόλινδε
ἔρχομαι, εἰ μή πού τι περίφρων Πηνελόπεια
ἐλθέμεν ὀτρύνῃσιν, ὅτ' ἀγγελίη ποθὲν ἔλθῃ.

Vierzehnter Gesang

Sie aber hegten im Sinn gegen mich eine schreckliche Absicht,
Grade als müßte ich ganz noch verkommen in Leiden und Unglück.
Kaum war das Schiff, das die Meere befährt, vom Land weg im Weiten,
Taten sofort sie sich um, daß die Stunde der Knechtschaft mir komme,
Zogen mir Leibrock, Mantel und Kleidung vom Leibe herunter,
Steckten dafür mich in andere übelste Fetzen; am Leibrock
Siehst du es selbst mit den eigenen Augen; er ist voller Löcher.
Ithaka sieht man schon weit; seine Fluren erreichten sie abends.
Mich aber banden sie fest im Schiff mit den trefflichen Borden.
Wohl gedreht war der Strick; sie selber gingen in Eile
Fort, um am Strande des Meeres die Abendmahlzeit zu richten.
Aber die Götter wohl selber lockerten leicht meine Bande.
Ich zog meine Fetzen empor, den Kopf zu umhüllen,
Ließ mich am glatten Steuer hinab, immer näher dem Wasser,
Legte mich dann auf die Brust und, rudernd mit beiden Händen,
Schwamm ich; im Nu war ich draußen und ferne von jenen. Ich stieg
Höher hinauf, wo Gebüsche sich fanden in blühenden Wäldern, [dann
Duckte mich tief und lag. Doch jene stöhnten und schrieen,
Liefen und gingen; dann schien ihnen weiteres Suchen wohl nutzlos;
Darum kehrten sie um, ihr geräumiges Schiff zu besteigen.
Mich zu verstecken, war wohl den Göttern ein Leichtes gewesen;
Jetzt aber führten und brachten sie mich zum Gehöft eines Mannes
Reich an Erfahrung. Leben soll ich! So will es mein Schicksal!"

Antwort gabst du ihm dann und sagtest, Sauhirt Eumaios:
„O du schrecklicher Fremdling! Was du von Leiden und Irrfahrt
Eben mir alles erzähltest, ergriff das Gemüt mir gewaltig.
Aber ich meine, es sei nicht recht sachlich und macht mich nicht glauben,
Was du da sagst von Odysseus. Was mußt du in all deiner Lage
Gar so prahlen mit Lügen? Das weiß ich wahrlich schon selber,
Weiß es recht gut, wie es steht mit der Rückkehr des Herrschers: er wurde
Sämtlichen Göttern verhaßt und das gründlich; sie hätten ihn sonst wohl
Schon bei den Troern vernichtet, oder in Händen von Freunden,
Wenn er den Krieg überstand. Ein Mal hätten alle Achaier
Dann ihm erstellt; seinem Sohn auch vermachte er große Berühmtheit.
Ruhmlos haben ihn jetzt die Harpyen entrafft. Und ich selber
Sitze da bei den Schweinen, ein einsamer Mann; denn ich gehe
Nicht in die Stadt, wenn nicht die gescheite Penelopeia
Irgendwie kommen mich heißt, weil Botschaft irgendwoher kam.

ἀλλ' οἱ μὲν τὰ ἕκαστα παρήμενοι ἐξερέουσιν, 375
ἠμὲν οἳ ἄχνυνται δὴν οἰχομένοιο ἄνακτος,
ἠδ' οἳ χαίρουσιν βίοτον νήποινον ἔδοντες·
ἀλλ' ἐμοὶ οὐ φίλον ἐστὶ μεταλλῆσαι καὶ ἐρέσθαι,
ἐξ οὗ δή μ' Αἰτωλὸς ἀνὴρ ἐξήπαφε μύθῳ,
ὅς ῥ' ἄνδρα κτείνας πολλὴν ἐπὶ γαῖαν ἀληθεὶς 380
ἤλυθ' ἐμὸν πρὸς σταθμόν· ἐγὼ δέ μιν ἀμφαγάπαζον.
φῆ δέ μιν ἐν Κρήτεσσι παρ' Ἰδομενῆι ἰδέσθαι
νῆας ἀκειόμενον, τάς οἱ ξυνέαξαν ἄελλαι·
καὶ φάτ' ἐλεύσεσθαι ἢ ἐς θέρος ἢ ἐς ὀπώρην,
πολλὰ χρήματ' ἄγοντα, σὺν ἀντιθέοις ἑτάροισι. 385
καὶ σύ, γέρον πολυπενθές, ἐπεί σέ μοι ἤγαγε δαίμων,
μήτε τί μοι ψεύδεσσι χαρίζεο μήτε τι θέλγε·
οὐ γὰρ τοὔνεκ' ἐγώ σ' αἰδέσσομαι οὐδὲ φιλήσω,
ἀλλὰ Δία ξένιον δείσας αὐτόν τ' ἐλεαίρων."

τὸν δ' ἀπαμειβόμενος προσέφη πολύμητις Ὀδυσσεύς· 390
"ἦ μάλα τίς τοι θυμὸς ἐνὶ στήθεσσιν ἄπιστος,
οἷόν σ' οὐδ' ὀμόσας περ ἐπήγαγον οὐδέ σε πείθω.
ἀλλ' ἄγε νῦν ῥήτρην ποιησόμεθ'· αὐτὰρ ὄπισθεν
μάρτυροι ἀμφοτέροισι θεοί, τοὶ Ὄλυμπον ἔχουσιν.
εἰ μέν κεν νοστήσῃ ἄναξ τεὸς ἐς τόδε δῶμα, 395
ἕσσας με χλαῖνάν τε χιτῶνά τε εἵματα πέμψαι
Δουλίχιόνδ' ἰέναι, ὅθι μοι φίλον ἔπλετο θυμῷ·
εἰ δέ κε μὴ ἔλθῃσιν ἄναξ τεὸς ὡς ἀγορεύω,
δμῶας ἐπισσεύας βαλέειν μεγάλης κατὰ πέτρης,
ὄφρα καὶ ἄλλος πτωχὸς ἀλεύεται ἠπεροπεύειν." 400

τὸν δ' ἀπαμειβόμενος προσεφώνεε δῖος ὑφορβός·
"ξεῖν', οὕτω γάρ κέν μοι ἐϋκλείη τ' ἀρετή τε
εἴη ἐπ' ἀνθρώπους, ἅμα τ' αὐτίκα καὶ μετέπειτα,
ὅς σ' ἐπεὶ ἐς κλισίην ἄγαγον καὶ ξείνια δῶκα,
αὖτις δὲ κτείναιμι φίλον τ' ἀπὸ θυμὸν ἑλοίμην· 405
πρόφρων κεν δὴ ἔπειτα Δία Κρονίωνα λιτοίμην.
νῦν δ' ὥρη δόρποιο· τάχιστά μοι ἔνδον ἑταῖροι
εἶεν, ἵν' ἐν κλισίῃ λαρὸν τετυκοίμεθα δόρπον."

ὣς οἱ μὲν τοιαῦτα πρὸς ἀλλήλους ἀγόρευον,
ἀγχίμολον δὲ σύες τε καὶ ἀνέρες ἦλθον ὑφορβοί. 410
τὰς μὲν ἄρα ἔρξαν κατὰ ἤθεα κοιμηθῆναι,
..λαγγὴ δ' ἄσπετος ὦρτο συῶν αὐλιζομενάων.

Und dann sitzen sie da und fragen nach dem und nach jenem,
Einige jammert der Herr, der lange schon fort ist, und andre
Freun sich dabei; sie essen ja ohne zu zahlen. Indessen
Schafft dieses Forschen und Fragen bei mir kein gutes Behagen,
Seit ein aitolischer Mann mich richtig belog mit Erzählen.
Mörder war er und wurde ein Fahrender weit auf der Erde,
Kam auch zu mir ins Gehöft und ich habe ihn freundlich empfangen.
Dieser sagte, in Kreta bei König Idomeneus habe
Selbst er ihn Schiffe erneuern gesehn, die ihm Stürme beschädigt.
Sommer werde es noch oder Herbst, dann wolle er kommen,
Er und die göttergleichen Gefährten mit Schätzen in Fülle.
Darum, mein Alter, du hattest viel Trauer, ein Gott wohl auch führte
Her dich zu mir; doch tu mirs zuliebe und lasse den Zauber,
Sag keine Lügen! die wecken in mir nicht Liebe und Ehrfurcht;
Furcht vor Zeus, deinem Schützer, mit dir aber Mitleid: die tun es."
    Antwort gab ihm und sagte der einfallreiche Odysseus:
„Wahrlich, du hast ein Gemüt in der Brust ohne Glauben. Selbst schwörend
Konnt ich dich nicht überzeugen und für mich gewinnen. So laß uns
Jetzt auf Mann und Wort einander verpflichten; für später
Haben wir beide die Götter als Zeugen, die Herrn im Olympos:
Kehrt dein Herrscher zurück in sein Haus hier, dann wirst du mich kleiden,
Leibrock, Mantel, Gewänder mir geben! Und gib mir Geleite,
Daß ich Dulichion finde, das lieb mir ist im Gemüte!
Kehrt aber nicht zurück dein Herrscher, so wie ich es sage,
Dann sollst die Diener du hetzen, vom hohen Stein mich zu stürzen,
Daß auch ein anderer Bettler sich hüte vor täuschenden Lügen."
    Antwort gab ihm und sagte darauf der göttliche Sauhirt:
„Fremdling! Das wäre ein Ruhm für mich und gar eine Tugend
Heut und in späteren Zeiten und überall wohl bei den Menschen:
Erst dich herein in die Hütte zu führen zu gastlichen Gaben,
Dann dich zu morden und wieder dein liebes Leben zu nehmen.
Vorsicht wäre am Platz dann bei Bitten an Zeus Kronion.
Jetzt ist die Stunde zum Abendmahl. Ich will meine Helfer
Eiligst hier sehn, um ein leckeres Mahl in der Hütte zu halten."
    Also redeten beide in Wechselgesprächen. Da kamen
Nahe die Säue und kamen die Männer, die Hirten der Schweine.
Diese sperrten sie ein, in gewohnten Ställen zu sehlafen.
Endlos schwoll das Gegrunze der Säue in Hof und Gehegen.

Ὀδυσσείας ξ

αὐτὰρ ὁ οἷς ἑτάροισιν ἐκέκλετο δῖος ὑφορβός·
"ἄξεθ' ὑῶν τὸν ἄριστον, ἵνα ξείνῳ ἱερεύσω
τηλεδαπῷ· πρὸς δ' αὐτοὶ ὀνησόμεθ', οἵ περ ὀϊζὺν 415
δὴν ἔχομεν πάσχοντες ὑῶν ἕνεκ' ἀργιοδόντων·
ἄλλοι δ' ἡμέτερον κάματον νήποινον ἔδουσιν."
ὣς ἄρα φωνήσας κέασε ξύλα νηλέϊ χαλκῷ·
οἱ δ' ὗν εἰσῆγον μάλα πίονα πενταέτηρον.
τὸν μὲν ἔπειτ' ἔστησαν ἐπ' ἐσχάρῃ· οὐδὲ συβώτης 420
λῆθετ' ἄρ' ἀθανάτων· φρεσὶ γὰρ κέχρητ' ἀγαθῇσιν·
ἀλλ' ὅ γ' ἀπαρχόμενος κεφαλῆς τρίχας ἐν πυρὶ βάλλεν
ἀργιόδοντος ὑός καὶ ἐπεύχετο πᾶσι θεοῖσι
νοστῆσαι Ὀδυσῆα πολύφρονα ὅνδε δόμονδε.
κόψε δ' ἀνασχόμενος σχίζῃ δρυός, ἣν λίπε κείων· 425
τὸν δ' ἔλιπε ψυχή. τοὶ δ' ἔσφαξάν τε καὶ εὗσαν,
αἶψα δέ μιν διέχευαν· ὁ δ' ὠμοθετεῖτο συβώτης,
πάντων ἀρχόμενος μελέων, ἐς πίονα δημόν.
καὶ τὰ μὲν ἐν πυρὶ βάλλε, παλύνας ἀλφίτου ἀκτῇ,
μίστυλλόν τ' ἄρα τἆλλα καὶ ἀμφ' ὀβελοῖσιν ἔπειραν 430
ὤπτησάν τε περιφραδέως ἐρύσαντό τε πάντα,
βάλλον δ' εἰν ἐλεοῖσιν ἀολλέα. ἂν δὲ συβώτης
ἵστατο δαιτρεύσων· περὶ γὰρ φρεσὶν αἴσιμα ᾔδη.
καὶ τὰ μὲν ἕπταχα πάντα διεμμοιρᾶτο δαΐζων·
τὴν μὲν ἴαν Νύμφῃσι καὶ Ἑρμῇ, Μαιάδος υἷι, 435
θῆκεν ἐπευξάμενος, τὰς δ' ἄλλας νεῖμεν ἑκάστῳ·
νώτοισιν δ' Ὀδυσῆα διηνεκέεσσι γέραιρεν
ἀργιόδοντος ὑός, κύδαινε δὲ θυμὸν ἄνακτος.
καί μιν φωνήσας προσέφη πολύμητις Ὀδυσσεύς·
"αἴθ' οὕτως, Εὔμαιε, φίλος Διὶ πατρὶ γένοιο 440
ὡς ἐμοί, ὅττι με τοῖον ἐόντ' ἀγαθοῖσι γεραίρεις."
τὸν δ' ἀπαμειβόμενος προσέφης, Εὔμαιε συβῶτα·
"ἔσθιε, δαιμόνιε ξείνων, καὶ τέρπεο τοῖσδε,
οἷα πάρεστι· θεὸς δὲ τὸ μὲν δώσει, τὸ δ' ἐάσει,
ὅττι κεν ᾧ θυμῷ ἐθέλῃ· δύναται γὰρ ἅπαντα." 445
ἦ ῥα καὶ ἄργματα θῦσε θεοῖς αἰειγενέτῃσι,
σπείσας δ' αἴθοπα οἶνον Ὀδυσσῆϊ πτολιπόρθῳ
ἐν χείρεσσιν ἔθηκεν· ὁ δ' ἕζετο ᾗ παρὰ μοίρῃ.
σῖτον δέ σφιν ἔνειμε Μεσαύλιος, ὅν ῥα συβώτης
αὐτὸς κτήσατο οἶος ἀποιχομένοιο ἄνακτος, 450

Vierzehnter Gesang

Er aber rief seinen Helfern zu, der göttliche Sauhirt:
„Her mit dem besten der Eber! Ich will ihn dem Mann aus der Fremde
Schlachten. Doch wollen auch wir davon haben; in ewiger Mühe
Tun wir uns hart genug bei den Schweinen mit weißen Zähnen;
Andre verschmausen dann unsere Plagen ohne zu zahlen."

Sprach's und spaltete Holz mit dem herzlosen Eisen. Die andern
Brachten indessen den feistesten Eber, er hatte fünf Jahre,
Stellten ihn nahe heran an den Herd und der Sauhirt vergaß nicht,
Daß es Unsterbliche gibt; denn er hegte Gutes im Sinne,
Warf erst die Borsten am Schädel des Schweines mit weißen Zähnen
Opfernd ins Feuer und flehte dann betend zu sämtlichen Göttern,
Heimkehr werde beschert dem auf vieles bedachten Odysseus.
Dann aber nahm er ein eichenes Scheit, das vom Spalten noch dalag,
Schwang es und schlug, daß die Seele verging. Dann schnitt man und
Teilte es gleich nach den Gliedern; der Sauhirt hüllte dann rohe [sengte,
Stückchen von allem tüchtig in Fett und begann so das Opfer,
Streute noch Schrot von der Gerste darüber und warf sie ins Feuer.
Alles andere wurde zerstückt und an Gabeln befestigt.
Meisterhaft brieten sie alles und zogen es ab von den Spießen.
Tische dienten als Anricht, dort wurde alles gesammelt.
Aber der Sauhirt erhob sich zum Teilen, er hatte die Regeln
Gründlich im Sinn; er zerlegte das Tier, daß für sieben es reichte.
Betend stellte er Hermes, Majas Sohn, und den Nymphen
Einen der Teile zurecht, und versah mit den andern jedeinen.
Doch mit dem ganzen Rücken des Schweins mit den weißen Zähnen
Gab er Odysseus die Ehre und hob so die Stimmung des Herrschers.
Darum sagte zu ihm der einfallreiche Odysseus:

„Möchtest dem Vater Zeus du so lieb wie mir sein, Eumaios!
Ehre tust du mir an und Gutes in all meiner Lage."

Antwort gabst du ihm dann und sagtest, Sauhirt Eumaios:
„Iß, unheimlicher Fremdling! Freu dich daran, wie es dasteht!
Einmal gibt uns der Gott, ein andermal wird er es nicht tun,
Wie er es will im Gemüt; und freilich: er kann ja auch alles."

Sprachs und opfernd den ewigen Göttern das ihnen Geweihte,
Spendete er und gab dann dem Städtezerstörer Odysseus
Funkelnden Wein in die Hände und setzte sich dann, wo sein Teil war
Brot aber teilte Mesaulios zu; ihn hatte der Sauhirt
Selbst und allein erworben zur Zeit, als der Herr nicht mehr da war;

νόσφιν δεσποίνης καὶ Λαέρταο γέροντος·
πὰρ δ' ἄρα μιν Ταφίων πρίατο κτεάτεσσιν ἑοῖσιν.
οἱ δ' ἐπ' ὀνείαθ' ἑτοῖμα προκείμενα χεῖρας ἴαλλον.
αὐτὰρ ἐπεὶ πόσιος καὶ ἐδητύος ἐξ ἔρον ἕντο,
σῖτον μέν σφιν ἀφεῖλε Μεσαύλιος, οἱ δ' ἐπὶ κοῖτον, 455
σίτου καὶ κρειῶν κεκορημένοι, ἐσσεύοντο.
  νὺξ δ' ἄρ' ἐπῆλθε κακὴ σκοτομήνιος· ὗε δ' ἄρα Ζεὺς
πάννυχος, αὐτὰρ ἄη ζέφυρος μέγας αἰὲν ἔφυδρος.
τοῖς δ' Ὀδυσεὺς μετέειπε, συβώτεω πειρητίζων,
εἴ πώς οἱ ἐκδὺς χλαῖναν πόροι ἤ τιν' ἑταίρων 460
ἄλλον ἐποτρύνειεν, ἐπεὶ ἕο κήδετο λίην·
  "κέκλυθι νῦν, Εὔμαιε καὶ ἄλλοι πάντες ἑταῖροι,
εὐξάμενός τι ἔπος ἐρέω· οἶνος γὰρ ἀνώγει,
ἠλεός, ὅς τ' ἐφέηκε πολύφρονά περ μάλ' ἀεῖσαι
καί θ' ἁπαλὸν γελάσαι καί τ' ὀρχήσασθαι ἀνῆκε, 465
καί τι ἔπος προέηκεν, ὅ πέρ τ' ἄρρητον ἄμεινον.
ἀλλ' ἐπεὶ οὖν τὸ πρῶτον ἀνέκραγον, οὐκ ἐπικεύσω.
εἴθ' ὣς ἡβώοιμι βίη τέ μοι ἔμπεδος εἴη,
ὡς ὅθ' ὑπὸ Τροίην λόχον ἤγομεν ἀρτύναντες.
ἡγείσθην δ' Ὀδυσεύς τε καὶ Ἀτρεΐδης Μενέλαος, 470
τοῖσι δ' ἅμα τρίτος ἦρχον ἐγών· αὐτοὶ γὰρ ἄνωγον.
ἀλλ' ὅτε δή ῥ' ἱκόμεσθα ποτὶ πτόλιν αἰπύ τε τεῖχος,
ἡμεῖς μὲν περὶ ἄστυ κατὰ ῥωπήϊα πυκνά,
ἂν δόνακας καὶ ἕλος, ὑπὸ τεύχεσι πεπτηῶτες
κείμεθα, νὺξ δ' ἄρ' ἐπῆλθε κακὴ βορέαο πεσόντος, 475
πηγυλίς· αὐτὰρ ὕπερθε χιὼν γένετ' ἠΰτε πάχνη,
ψυχρή, καὶ σακέεσσι περιτρέφετο κρύσταλλος.
ἔνθ' ἄλλοι πάντες χλαίνας ἔχον ἠδὲ χιτῶνας,
εὗδον δ' εὔκηλοι, σάκεσιν εἰλυμένοι ὤμους·
αὐτὰρ ἐγὼ χλαῖναν μὲν ἰὼν ἑτάροισιν ἔλειπον 480
ἀφραδέως, ἐπεὶ οὐκ ἐφάμην ῥιγωσέμεν ἔμπης,
ἀλλ' ἑπόμην σάκος οἶον ἔχων καὶ ζῶμα φαεινόν.
ἀλλ' ὅτε δὴ τρίχα νυκτὸς ἔην, μετὰ δ' ἄστρα βεβήκει,
καὶ τότ' ἐγὼν Ὀδυσῆα προσηύδων ἐγγὺς ἐόντα
ἀγκῶνι νύξας· ὁ δ' ἄρ' ἐμμαπέως ὑπάκουσε· 485
'διογενὲς Λαερτιάδη, πολυμήχαν' Ὀδυσσεῦ,
οὔ τοι ἔτι ζωοῖσι μετέσσομαι, ἀλλά με χεῖμα
δάμναται· οὐ γὰρ ἔχω χλαῖναν· παρά μ' ἤπαφε δαίμων

Vierzehnter Gesang

Ohne daß es die Herrin vernahm und der greise Laërtes,
Kaufte er ihn von den Taphiern ganz aus eigenen Mitteln.
Sie aber streckten die Hände, das Essen stand fertig vor ihnen.
Aber nachdem das Verlangen nach Trank und nach Speise verflogen,
Holte Mesaulios weg, was noch da war, während die andern
Satt von Fleisch und Brot sich schleunigst zum Lager begaben.

Nun kam die Nacht; sie war schlimm, und Neumond; Zeus ließ
Allzeit nässender Westwind wehte gewaltig. Den Sauhirt [regnen;
Prüfend sprach da Odysseus vor ihnen, ob er auf den Mantel
Ihm zulieb nicht verzichte oder die andern Gefährten
Heiße, daß einer es tue; er sorge für ihn doch so gerne:
„Hört mich jetzt an, Eumaios, und ihr, alle anderen Gefährten:
Eben hab ich gebetet; nun sag ich euch noch ein Geschichtchen:
Das ist der Wein; der treibt uns herum; er befiehlt und ermutigt
Auch den Bedachtesten, mächtig zu singen und zärtlich zu lachen,
Macht ihn zum Tänzer und lockt ihm Geschichten heraus, die wohl besser
Nie er erzählte. Nun hab ich geschrieen, nun will ich nicht hehlen.
Wäre ich doch noch jung, und hielten noch stand meine Kräfte,
So wie wir einst eine Streife gemacht an die troischen Mauern.
Führer waren Odysseus und Atreus Sohn Menelaos,
Ich war der dritte dabei, weil sie es befahlen. Wir kamen
Nah an die Stadt und die ragende Mauer und lagen am Boden,
Freilich im dichten Gebüsch, in Binsen und feuchtem Gelände,
Wie es die Stadt umzieht, und duckten uns unter die Schilde.
Aber es war eine böse Nacht: wenn der Nord sich auch legte,
Gab es doch Frost und von oben kam Schnee, der wie kältester Reif
Eis überzog unsre Schilde. Da hatten nun alle die andern [war
Mäntel und Röcke am Leibe; so konnten in Ruhe sie schlafen;
Unter den Schilden ja waren sie bis zu den Schultern in Hüllen.
Ich aber hatte beim Gehen den Mantel den Freunden gelassen;
Töricht genug; denn ich dachte doch gar nicht, es könnte uns frieren,
Ging also nur mit dem Schild und dem glänzenden kleineren Leibrock.
Endlich im letzten Drittel der Nacht, als die Sterne versanken,
Stieß ich Odysseus an mit dem Ellenbogen, da nah er
Lag, und ohne Bedenken horchte er hin, als ich sagte:
„Göttersproß, du findiger Sohn des Laërtes, Odysseus:
Lange wohl leb ich nicht mehr; diese Winterkälte verdirbt mich!
Hab ich doch gar keinen Mantel; es war wohl, daß mir ein Unhold

οἰοχίτων' ἴμεναι· νῦν δ' οὐκέτι φυκτὰ πέλονται.'
ὣς ἐφάμην, ὁ δ' ἔπειτα νόον σχέθε τόνδ' ἐνὶ θυμῷ, 490
οἷος κεῖνος ἔην βουλευέμεν ἠδὲ μάχεσθαι·
φθεγξάμενος δ' ὀλίγῃ ὀπί με πρὸς μῦθον ἔειπε·
'σίγα νῦν, μή τίς σευ Ἀχαιῶν ἄλλος ἀκούσῃ.'
ἦ καὶ ἐπ' ἀγκῶνος κεφαλὴν σχέθεν εἶπέ τε μῦθον·
'κλῦτε, φίλοι· θεῖός μοι ἐνύπνιον ἦλθεν ὄνειρος. 495
λίην γὰρ νηῶν ἑκὰς ἤλθομεν. ἀλλά τις εἴη
εἰπεῖν Ἀτρεΐδῃ Ἀγαμέμνονι, ποιμένι λαῶν,
εἰ πλέονας παρὰ ναῦφιν ἐποτρύνειε νέεσθαι.'
ὣς ἔφατ', ὦρτο δ' ἔπειτα Θόας, Ἀνδραίμονος υἱός,
καρπαλίμως, ἀπὸ δὲ χλαῖναν βάλε φοινικόεσσαν, 500
βῆ δὲ θέειν ἐπὶ νῆας· ἐγὼ δ' ἐνὶ εἵματι κείνου
κείμην ἀσπασίως, φάε δὲ χρυσόθρονος Ἠώς.
ὣς νῦν ἡβώοιμι βίη τέ μοι ἔμπεδος εἴη·
δοίη κέν τις χλαῖναν ἐνὶ σταθμοῖσι συφορβῶν,
ἀμφότερον, φιλότητι καὶ αἰδοῖ φωτὸς ἑῆος· 505
νῦν δέ μ' ἀτιμάζουσι κακὰ χροῒ εἵματ' ἔχοντα."
  τὸν δ' ἀπαμειβόμενος προσέφης, Εὔμαιε συβῶτα·
"ὦ γέρον, αἶνος μέν τοι ἀμύμων, ὃν κατέλεξας,
οὐδέ τί πω παρὰ μοῖραν ἔπος νηκερδὲς ἔειπες·
τῷ οὔτ' ἐσθῆτος δευήσεαι οὔτε τευ ἄλλου, 510
ὧν ἐπέοιχ' ἱκέτην ταλαπείριον ἀντιάσαντα,
νῦν· ἀτὰρ ἠῶθέν γε τὰ σὰ ῥάκεα δνοπαλίξεις.
οὐ γὰρ πολλαὶ χλαῖναι ἐπημοιβοί τε χιτῶνες
ἐνθάδε ἕννυσθαι, μία δ' οἴη φωτὶ ἑκάστῳ.
αὐτὰρ ἐπὴν ἔλθῃσιν Ὀδυσσῆος φίλος υἱός, 515
αὐτός σε χλαῖνάν τε χιτῶνά τε εἵματα ἕσσει,
πέμψει δ', ὅππῃ σε κραδίη θυμός τε κελεύει."
  ὣς εἰπὼν ἀνόρουσε, τίθει δ' ἄρα οἱ πυρὸς ἐγγὺς
εὐνήν, ἐν δ' ὀΐων τε καὶ αἰγῶν δέρματ' ἔβαλλεν.
ἔνθ' Ὀδυσεὺς κατέλεκτ'. ἐπὶ δὲ χλαῖναν βάλεν αὐτῷ 520
πυκνὴν καὶ μεγάλην, ἥ οἱ παρακέσκετ' ἀμοιβὰς
ἕννυσθαι, ὅτε τις χειμὼν ἔκπαγλος ὄροιτο.
  ὣς ὁ μὲν ἔνθ' Ὀδυσεὺς κοιμήσατο, τοὶ δὲ παρ' αὐτὸν
ἄνδρες κοιμήσαντο νεηνίαι. οὐδὲ συβώτῃ
ἥνδανεν αὐτόθι κοῖτος, ὑῶν ἄπο κοιμηθῆναι, 525
ἀλλ' ὅ γ' ἄρ' ἔξω ἰὼν ὁπλίζετο· χαῖρε δ' Ὀδυσσεύς,

Riet, es genüge der Leibrock. Jetzt ist kein Heil mehr zu finden."
Also sprach ich, doch er verfolgte bereits im Gemüte
Diesen Gedanken; er war ja ein Meister des Kampfes und Rates.
Darum sagte er mir mit flüsternder Stimme die Worte:
„Sei du jetzt still! Es soll dich kein andrer Achaier vernehmen."
Sprachs und legte den Kopf auf den Ellenbogen und sagte:
„Freunde, merkt auf; denn ein göttlicher Traum überkam mich im
Arg weit weg von den Schiffen sind wir gegangen. Ich wünschte, [Schlafe:
Einer sagte dem Hirten der Völker, dem Sohne des Atreus,
Agamemnon, er soll von den Schiffen noch mehr zu uns schicken.
Also sprach er und Thoas erhob sich, der Sohn des Andraimon,
Eilig tat ers und zog sich den purpurnen Mantel vom Leibe,
Daß zu den Schiffen er laufe. So konnt ich in seine Hüllen
Freudig mich legen, bis Eos auf goldenem Throne heraufkam.
Wäre ich doch noch so jung und hielten noch Stand meine Kräfte,
Dann wohl gäbe ein Hirt im Gehöft mir den eigenen Mantel,
Tät es aus Ehrfurcht, tät es aus Liebe zum tüchtigen Manne;
Jetzt doch mißehren sie mich; denn ich habe nur Lumpen am Leibe."

 Antwort gabst du ihm dann und sagtest, Sauhirt Eumaios:
„Alter Mann, das Beispiel, das du erzähltest, ist trefflich,
Hast ja kein nutzloses Wort noch gesagt und keins, das nicht schicklich.
Darum soll es nicht fehlen an Hüllen und allem, was sonst noch
Braucht so ein leiderprobter Schützling, der uns begegnet.
Freilich nur jetzt; denn morgen trägst deine Lumpen du wieder.
Hier hat ein jeder nur einen Mantel, drum gibt es nicht viele,
Einen Leibrock, keinen zum Wechseln haben die Leute.
Kommt aber wieder der liebe Sohn des Odysseus, dann wird er
Selber dir Leibrock, Mantel und Kleider verschaffen, er wird auch
Überallhin dich geleiten, wie Herz und Gemüt es dich heißen."

 Sprachs und erhob sich und richtete nahe dem Feuer ein Lager,
Legte die Häute von Rindern und Schafen zu unterst; auf diesen
Ruhte Odysseus; dann warf er auf ihn einen dicken und großen
Mantel, ein Stück, das zum Wechseln bereit lag, daß er es trage,
Immer, wenn sich ein Stürmen erhob, das mit Kälte daherkam.
 So nun schlief dort Odysseus zusammen mit jüngeren Männern.
Aber der Sauhirt fand kein Gefallen, dort sich zu legen,
Fern von den Ebern zu schlafen. So holte er denn seine Waffen,
Ging dann ins Freie hinaus und freute nun wieder Odysseus,

ὅττι ῥά οἱ βιότου περικήδετο νόσφιν ἐόντος.
πρῶτον μὲν ξίφος ὀξὺ περὶ στιβαροῖς βάλετ' ὤμοις,
ἀμφὶ δὲ χλαῖναν ἑέσσατ', ἀλεξάνεμον μάλα πυκνήν,
ἂν δὲ νάκην ἕλετ' αἰγὸς ἐϋτρεφέος μεγάλοιο, 530
εἵλετο δ' ὀξὺν ἄκοντα, κυνῶν ἀλκτῆρα καὶ ἀνδρῶν.
βῆ δ' ἴμεναι κείων, ὅθι περ σύες ἀργιόδοντες
πέτρῃ ὕπο γλαφυρῇ εὗδον, βορέω ὕπ' ἰωγῇ.

Weil den Besitz er ihm sorglich betreute, da lang er schon fern war.
Also hing er das scharfe Schwert an die wuchtige Schulter,
Legte den Mantel dann an, der sehr dick war und Winde nicht durchließ,
Holte das Fell einer feisten und stattlichen Ziege und griff dann
Schließlich den spitzigen Speer, den Schützer vor Hunden und Menschen.
Dann ging dort er zur Ruhe, wo Schweine mit weißen Zähnen

Schliefen im Schutz des geräumigen Felsens; dort brach sich der Nord-
[wind.

ΟΔΥΣΣΕΙΑΣ Ο

Τηλεμάχου πρὸς Εὔμαιον ἄφιξις

Ἡ δ' εἰς εὐρύχορον Λακεδαίμονα Παλλὰς Ἀθήνη
ᾤχετ', Ὀδυσσῆος μεγαθύμου φαίδιμον υἱὸν
νόστου ὑπομνήσουσα καὶ ὀτρυνέουσα νέεσθαι.
εὗρε δὲ Τηλέμαχον καὶ Νέστορος ἀγλαὸν υἱὸν
εὕδοντ' ἐν προδόμῳ Μενελάου κυδαλίμοιο, 5
ἦ τοι Νεστορίδην μαλακῷ δεδμημένον ὕπνῳ·
Τηλέμαχον δ' οὐχ ὕπνος ἔχε γλυκύς, ἀλλ' ἐνὶ θυμῷ
νύκτα δι' ἀμβροσίην μελεδήματα πατρὸς ἔγειρεν.
ἀγχοῦ δ' ἱσταμένη προσέφη γλαυκῶπις Ἀθήνη·
"Τηλέμαχ', οὐκέτι καλὰ δόμων ἄπο τῆλ' ἀλάλησαι, 10
κτήματά τε προλιπὼν ἄνδρας τ' ἐν σοῖσι δόμοισιν
οὕτω ὑπερφιάλους· μή τοι κατὰ πάντα φάγωσι
κτήματα δασσάμενοι, σὺ δὲ τηϋσίην ὁδὸν ἔλθῃς.
ἀλλ' ὄτρυνε τάχιστα βοὴν ἀγαθὸν Μενέλαον
πεμπέμεν, ὄφρ' ἔτι οἴκοι ἀμύμονα μητέρα τέτμῃς. 15
ἤδη γάρ ῥα πατήρ τε κασίγνητοί τε κέλονται
Εὐρυμάχῳ γήμασθαι· ὁ γὰρ περιβάλλει ἅπαντας
μνηστῆρας δώροισι καὶ ἐξώφελλεν ἔεδνα·
μή νύ τι σεῦ ἀέκητι δόμων ἐκ κτῆμα φέρηται.
οἶσθα γὰρ οἷος θυμὸς ἐνὶ στήθεσσι γυναικός· 20
κείνου βούλεται οἶκον ὀφέλλειν, ὅς κεν ὀπυίῃ,
παίδων δὲ προτέρων καὶ κουριδίοιο φίλοιο
οὐκέτι μέμνηται τεθνηότος οὐδὲ μεταλλᾷ.
ἀλλὰ σύ γ' ἐλθὼν αὐτὸς ἐπιτρέψειας ἕκαστα,
δμωάων ἥ τίς τοι ἀρίστη φαίνεται εἶναι, 25
εἰς ὅ κέ τοι φήνωσι θεοὶ κυδρὴν παράκοιτιν.
ἄλλο δέ τοί τι ἔπος ἐρέω, σὺ δὲ σύνθεο θυμῷ.
μνηστήρων σ' ἐπιτηδὲς ἀριστῆες λοχόωσιν
ἐν πορθμῷ Ἰθάκης τε Σάμοιό τε παιπαλοέσσης
ἱέμενοι κτεῖναι, πρὶν πατρίδα γαῖαν ἱκέσθαι. 30
ἀλλὰ τά γ' οὐκ ὀΐω· πρὶν καί τινα γαῖα καθέξει
ἀνδρῶν μνηστήρων, οἵ τοι βίοτον κατέδουσιν.

FÜNFZEHNTER GESANG

Telemachos' Ankunft bei Eumaios

Pallas Athene ging nach Sparta, wo sie auf breiten
Plätzen tanzen; sie wollte des hochbeherzten Odysseus
Strahlenden Sohn an die Heimkehr erinnern, zum Gehen ihn mahnen.
Beide nun fand sie beim ruhmvollen Menelaos im Vorhaus
Schlafend: Telémachos, wie auch den herrlichen Jungen des Nestor,
Freilich nur diesen von weichem Schlaf überwältigt, den andern
Bannte kein Schlaf in ambrosischer Nacht; ihn hielten die Sorgen,
Die im Gemüt um den Vater er hegte, in dauerndem Wachsein.
Nah aber trat ihm Athene mit Augen der Eule und sagte:
„Schön ist es nicht mehr, Telemachos, fern von daheim so zu wandern.
Ließest du doch dein Besitztum und haltlose Männer in deinem
Eignen Palast; mir ist bange, sie werden dir alles verzehren,
Werden die Güter verteilen und du gingst zwecklos auf Reisen.
Schnellstens dränge darum Menelaos, den trefflichen Rufer,
Fort dich zu lassen, damit du die tüchtige Mutter im Haus noch
Triffst; denn ihr Vater und auch ihre Brüder verlangen, sie solle
Endlich Eurymachos folgen, der mehr als alle die Freier
Bräutliche Gaben ihr bringt und vermehrt durch Geschenke. Ich fürchte,
Ohne dein Jawort wird dein Besitz aus dem Hause getragen.
Weißt du doch, wie das Gemüt in der Brust eines Weibes sich wandelt:
Fördern will sie das Haus jenes Mannes, der schließlich sie heimholt,
Sonst aber will sie an frühere Kinder sich nicht mehr erinnern,
Forscht auch nicht nach dem lieben Gemahl, wenn er tot ist. So geh denn!
Gib du selber die Leitung von allem zu treuen Händen
Jener der Mägde, die dir als die beste erscheint, bis die Götter
Endlich die rühmliche Lagergenossin dir zeigen. Doch will ich
Andres noch sagen: du ziehe den Schluß im Gemüte: Die Freier,
Grade die besten, versuchen mit Fleiß dich tückisch zu fangen,
Dort, wo das holprige Same und Ithaka nah sich berühren;
Töten wollen sie dich, eh du kommst in das Land deiner Heimat.
Freilich vergeblich; zuvor wird noch manchen der Boden bedecken,
Denk ich, der freienden Männer, die Hab und Gut dir verprassen.

ἀλλὰ ἑκὰς νήσων ἀπέχειν εὐεργέα νῆα,
νυκτὶ δ' ὁμῶς πλείειν· πέμψει δέ τοι οὖρον ὄπισθεν
ἀθανάτων ὅς τίς σε φυλάσσει τε ῥύεταί τε. 35
αὐτὰρ ἐπὴν πρώτην ἀκτὴν Ἰθάκης ἀφίκηαι,
νῆα μὲν ἐς πόλιν ὀτρῦναι καὶ πάντας ἑταίρους,
αὐτὸς δὲ πρώτιστα συβώτην εἰσαφικέσθαι,
ὅς τοι ὑῶν ἐπίουρος, ὁμῶς δέ τοι ἤπια οἶδεν.
ἔνθα δὲ νύκτ' ἀέσαι· τὸν δ' ὀτρῦναι πόλιν εἴσω 40
ἀγγελίην ἐρέοντα περίφρονι Πηνελοπείῃ,
οὕνεκά οἱ σῶς ἐσσι καὶ ἐκ Πύλου εἰλήλουθας."

ἡ μὲν ἄρ' ὣς εἰποῦσ' ἀπέβη πρὸς μακρὸν Ὄλυμπον,
αὐτὰρ ὁ Νεστορίδην ἐξ ἡδέος ὕπνου ἔγειρε
λὰξ ποδὶ κινήσας, καί μιν πρὸς μῦθον ἔειπεν· 45
"ἔγρεο, Νεστορίδη Πεισίστρατε· μώνυχας ἵππους
ζεῦξον ὑφ' ἅρματ' ἄγων, ὄφρα πρήσσωμεν ὁδοῖο."

τὸν δ' αὖ Νεστορίδης Πεισίστρατος ἀντίον ηὔδα·
"Τηλέμαχ', οὔ πως ἔστιν ἐπειγομένους περ ὁδοῖο,
νύκτα διὰ δνοφερὴν ἐλάαν· τάχα δ' ἔσσεται ἠώς. 50
ἀλλὰ μέν', εἰς ὅ κε δῶρα φέρων ἐπιδίφρια θήῃ
ἥρως Ἀτρεΐδης, δουρικλειτὸς Μενέλαος,
καὶ μύθοις ἀγανοῖσι παραυδήσας ἀποπέμψῃ.
τοῦ γάρ τε ξεῖνος μιμνήσκεται ἤματα πάντα
ἀνδρὸς ξεινοδόκου, ὅς κεν φιλότητα παράσχῃ." 55

ὣς ἔφατ', αὐτίκα δὲ χρυσόθρονος ἤλυθεν Ἠώς.
ἀγχίμολον δέ σφ' ἦλθε βοὴν ἀγαθὸς Μενέλαος,
ἀνστὰς ἐξ εὐνῆς, Ἑλένης πάρα καλλικόμοιο.
τὸν δ' ὡς οὖν ἐνόησεν Ὀδυσσῆος φίλος υἱός,
σπερχόμενός ῥα χιτῶνα περὶ χροΐ σιγαλόεντα 60
δῦνεν καὶ μέγα φᾶρος ἐπὶ στιβαροῖς βάλετ' ὤμοις
ἥρως, βῆ δὲ θύραζε, παριστάμενος δὲ προσηύδα
Τηλέμαχος, φίλος υἱὸς Ὀδυσσῆος θείοιο·
"Ἀτρεΐδη Μενέλαε διοτρεφές, ὄρχαμε λαῶν,
ἤδη νῦν μ' ἀπόπεμπε φίλην ἐς πατρίδα γαῖαν· 65
ἤδη γάρ μοι θυμὸς ἐέλδεται οἴκαδ' ἱκέσθαι."

τὸν δ' ἠμείβετ' ἔπειτα βοὴν ἀγαθὸς Μενέλαος·
"Τηλέμαχ', οὔ τί σ' ἐγώ γε πολὺν χρόνον ἐνθάδ' ἐρύξω
ἱέμενον νόστοιο· νεμεσσῶμαι δὲ καὶ ἄλλῳ
ἀνδρὶ ξεινοδόκῳ, ὅς κ' ἔξοχα μὲν φιλέῃσιν, 70

Halte darum von den Inseln entfernt dein tüchtiges Fahrzeug,
Segle auch nachts; der Unsterblichen einer, der wacht und hütet,
Sendet zu sicherer Rettung im Rücken dir günstigen Fahrwind.
Aber sobald du die Küste von Ithaka glücklich erreicht hast,
Schicke das Schiff dann und alle Gefährten eilig zur Stadt hin,
Selbst aber gehe vor allem zum Hüter der Schweine, zum Sauhirt;
Wie für die Tiere, so hegt er für dich auch holde Gesinnung.
Schlafe die Nacht dann bei ihm! In die Stadt aber schicke ihn eilig,
Nachricht bringe er hin zur gescheiten Penelopeia,
Daß du gesund ihr bliebst und aus Pylos wieder zurückkamst."

Also sprach sie und ging wieder fort auf den langen Olympos.
Er aber weckte Nestors Sohn aus dem süßesten Schlummer,
Stieß mit der Ferse des Fußes ihn an und sprach dann die Worte:

„Auf jetzt, Nestors Sohn Peisistratos! Schirr an den Wagen
Eiligst die Rosse mit ungespaltenen Hufen; wir reisen!"

Ihm entgegnete Nestors Sohn Peisistratos wieder:
„Nein, mein Telemachos! Das geht nicht bei all unsrer Eile,
Jetzt in der finsteren Nacht auf den Weg uns zu machen. Es kommt ja
Baldigst die Frühe. So warte doch noch, bis der Meister im Speerkampf,
Atreus Sohn Menelaos, im Wagen die Gaben verstaute,
Daß uns mit freundlichen Worten der Held verschöne den Abschied.
Denn ein Gastfreund denkt ja alle die Tage des Gastfreunds,
Der ihn im Hause empfängt und Freundschaft immer ihm bietet."

Also sprach er und gleich kam Eos auf goldenem Throne.
Doch von der Frau mit den herrlichen Haaren, von Helenas Lager
Kam Menelaos, der treffliche Rufer, und nahte sich ihnen.
Als ihn aber der liebe Sohn des Odysseus bemerkte,
Zog er in eiliger Hast sich an seinen glänzenden Leibrock,
Warf einen mächtigen Umhang über die wuchtigen Schultern,
Ging auf die Türe dann zu, ein Held, und trat ihm zur Seite.
Und es sagte der liebe Sohn des erhabnen Odysseus:

„Götterkind Menelaos, Atride, Herr deiner Leute:
Nunmehr schicke du mich in das liebe Land meiner Heimat,
Nunmehr darf mein Gemüt ja hoffen nach Hause zu kommen."

Ihm erwiderte dann Menelaos, der treffliche Rufer:
„Heimkehr willst du, Telemachos: Nun, da will ich nicht lang mehr
Hier dich behalten. Ich zürne ja auch einem anderen Wirte,
Liebt er mich mehr als die Regel und haßt er mich mehr als die Regel.

ἔξοχα δ' ἐχθαίρησιν· ἀμείνω δ' αἴσιμα πάντα.
ἶσόν τοι κακόν ἐσθ', ὅς τ' οὐκ ἐθέλοντα νέεσθαι
ξεῖνον ἐποτρύνῃ καὶ ὃς ἐσσύμενον κατερύκῃ.
χρὴ ξεῖνον παρεόντα φιλεῖν, ἐθέλοντα δὲ πέμπειν.
ἀλλὰ μέν', εἰς ὅ κε δῶρα φέρων ἐπιδίφρια θείω   75
καλά, σὺ δ' ὀφθαλμοῖσιν ἴδῃς, εἴπω δὲ γυναιξὶ
δεῖπνον ἐνὶ μεγάροις τετυκεῖν ἅλις ἔνδον ἐόντων.
ἀμφότερον, κῦδός τε καὶ ἀγλαΐη καὶ ὄνειαρ,
δειπνήσαντας ἴμεν πολλὴν ἐπ' ἀπείρονα γαῖαν.
εἰ δ' ἐθέλεις τραφθῆναι ἀν' Ἑλλάδα καὶ μέσον Ἄργος,   80
ὄφρα τοι αὐτὸς ἕπωμαι, ὑποζεύξω δέ τοι ἵππους,
ἄστεα δ' ἀνθρώπων ἡγήσομαι· οὐδέ τις ἥμεας
αὔτως ἀππέμψει, δώσει δέ τε ἕν γε φέρεσθαι,
ἠέ τινα τριπόδων εὐχάλκων ἠὲ λεβήτων
ἠὲ δύ' ἡμιόνους ἠὲ χρύσειον ἄλεισον."   85
  τὸν δ' αὖ Τηλέμαχος πεπνυμένος ἀντίον ηὔδα·
" Ἀτρεΐδη Μενέλαε διοτρεφές, ὄρχαμε λαῶν,
βούλομαι ἤδη νεῖσθαι ἐφ' ἡμέτερ'· οὐ γὰρ ὄπισθεν
οὖρον ἰὼν κατέλειπον ἐπὶ κτεάτεσσιν ἐμοῖσι·
μὴ πατέρ' ἀντίθεον διζήμενος αὐτὸς ὄλωμαι,   90
ἤ τί μοι ἐκ μεγάρων κειμήλιον ἐσθλὸν ὄληται."
  αὐτὰρ ἐπεὶ τό γ' ἄκουσε βοὴν ἀγαθὸς Μενέλαος,
αὐτίκ' ἄρ' ᾗ ἀλόχῳ ἠδὲ δμῳῇσι κέλευσε
δεῖπνον ἐνὶ μεγάροις τετυκεῖν ἅλις ἔνδον ἐόντων.
ἀγχίμολον δέ οἱ ἦλθε Βοηθοΐδης Ἐτεωνεύς,   95
ἀνστὰς ἐξ εὐνῆς, ἐπεὶ οὐ πολὺ ναῖεν ἀπ' αὐτοῦ·
τὸν πῦρ κῆαι ἄνωγε βοὴν ἀγαθὸς Μενέλαος
ὀπτῆσαί τε κρεῶν· ὁ δ' ἄρ' οὐκ ἀπίθησεν ἀκούσας.
αὐτὸς δ' ἐς θάλαμον κατεβήσετο κηώεντα,
οὐκ οἶος, ἅμα τῷ γ' Ἑλένη κίε καὶ Μεγαπένθης.   100
ἀλλ' ὅτε δή ῥ' ἵκαν', ὅθι οἱ κειμήλια κεῖτο,
Ἀτρεΐδης μὲν ἔπειτα δέπας λάβεν ἀμφικύπελλον,
υἱὸν δὲ κρητῆρα φέρειν Μεγαπένθε' ἄνωγεν
ἀργύρεον· Ἑλένη δὲ παρίστατο φωριαμοῖσιν,
ἔνθ' ἔσαν οἱ πέπλοι παμποίκιλοι, οὓς κάμεν αὐτή.   105
τῶν ἕν' ἀειραμένη Ἑλένη φέρε, δῖα γυναικῶν,
ὃς κάλλιστος ἔην ποικίλμασιν ἠδὲ μέγιστος,
ἀστὴρ δ' ὣς ἀπέλαμπεν· ἔκειτο δὲ νείατος ἄλλων.

Alles, was rechtens, ist besser. So ist es das nämliche Unrecht,
Ob einer Gäste bedrängt zu gehen, noch ehe sie wollen,
Oder ob er den andern, der eilt, zum Bleiben veranlaßt.
Lieben muß man den Gast, wenn er da ist, und wieder entlassen,
Wenn er es will. Doch warte! Ich hole die schönen Geschenke,
Daß du sie siehst, und verstau sie im Wagen; dann sollen die Frauen
Auch noch ein Mahl uns im Saale bereiten; genug ist ja drinnen.
Suchen die Menschen doch beides: den glänzenden Ruhm und den Nut-
Gehn sie von Mählern zu Mählern herum auf der endlosen Erde. [zen,
Wolltest du aber in Hellas und mitten in Argos dich umtun,
Sollte ich selber dabei dich begleiten: dann schirr ich die Rosse,
Führe dich hin in die Städte der Menschen; dort wird uns wohl keiner
Schlechthin wieder entlassen; er gibt uns, und wär es nur Eines,
Sei es ein schöner und eherner Dreifuß, seien es Becken,
Sei es ein Paar von Bastarden und sei es ein goldener Becher."

Ihm entgegnete dann der gewandte Telemachos wieder:
„Götterkind Menelaos, Atride, Herr deiner Leute,
Lieber will ich doch jetzt zu den Meinigen; denn als ich fortging,
Ließ ich ja gar keinen Wächter zurück für all meine Habe.
Fürchten müßt ich, beim Suchen des Vaters verlör ich mein Leben,
Oder ich könnte den edlen Besitz im Palaste verlieren."

Als Menelaos, der treffliche Rufer, dieses vernommen,
Gab er sofort den Befehl an die Mägde und auch an die Gattin,
Gleich im Palaste die Mahlzeit zu richten; genug sei ja drinnen.
Nahe trat da zu ihm Eteóneus, der Sohn des Boëthos;
Eben kam er vom Lager; sein Raum war nicht weit von dem anderen.
Diesem befahl Menelaos, der treffliche Rufer, das Feuer
Gleich zu entfachen zum Braten; er hörte und tat, was er sollte.
Aber der Hausherr stieg hinab in die duftende Kammer,
Nicht allein; es folgten ihm Helena und Megapénthes.
Als sie dann dorthin kamen, wo kostbare Schätze sich fanden,
Nahm der Atride zuerst einen doppelhenkligen Becher;
Doch einen silbernen Mischkrug ließ er den Sohn Megapenthes
Tragen und Helena machte sich jetzt an die Truhen, in denen
Bunteste Kleider sich fanden, die selber sie fleißig gefertigt.
Helena nahm davon eines heraus, die hehre der Frauen,
Eben das größte und schönste an buntesten Stickereien;
Leuchtend hell wie ein Stern, bei den anderen lag es zu unterst.

βάν δ' ἴέναι προτέρω διὰ δώματος, εἷος ἵκοντο
Τηλέμαχον· τὸν δὲ προσέφη ξανθὸς Μενέλαος· 110
"Τηλέμαχ', ἦ τοι νόστον, ὅπως φρεσὶ σῇσι μενοινᾷς,
ὣς τοι Ζεὺς τελέσειεν, ἐρίγδουπος πόσις Ἥρης.
δώρων δ', ὅσσ' ἐν ἐμῷ οἴκῳ κειμήλια κεῖται,
δώσω ὃ κάλλιστον καὶ τιμηέστατόν ἐστι.
δώσω τοι κρητῆρα τετυγμένον· ἀργύρεος δὲ 115
ἔστιν ἅπας, χρυσῷ δ' ἐπὶ χείλεα κεκράανται,
ἔργον δ' Ἡφαίστοιο· πόρεν δέ ἑ Φαίδιμος ἥρως,
Σιδονίων βασιλεύς, ὅθ' ἑὸς δόμος ἀμφεκάλυψε
κεῖσέ με νοστήσαντα· τεῖν δ' ἐθέλω τόδ' ὀπάσσαι."
ὣς εἰπὼν ἐν χερσὶ τίθει δέπας ἀμφικύπελλον 120
ἥρως Ἀτρεΐδης· ὁ δ' ἄρα κρητῆρα φαεινὸν
θῆκ' αὐτοῦ προπάροιθε φέρων κρατερὸς Μεγαπένθης,
ἀργύρεον· Ἑλένη δὲ παρίστατο καλλιπάρῃος
πέπλον ἔχουσ' ἐν χερσίν, ἔπος τ' ἔφατ' ἔκ τ' ὀνόμαζε·
"δῶρόν τοι καὶ ἐγώ, τέκνον φίλε, τοῦτο δίδωμι, 125
μνῆμ' Ἑλένης χειρῶν, πολυηράτου ἐς γάμου ὥρην,
σῇ ἀλόχῳ φορέειν· τεῖος δὲ φίλῃ παρὰ μητρὶ
κεῖσθαι ἐνὶ μεγάρῳ. σὺ δέ μοι χαίρων ἀφίκοιο
οἶκον ἐϋκτίμενον καὶ σὴν ἐς πατρίδα γαῖαν."
ὣς εἰποῦσ' ἐν χερσὶ τίθει, ὁ δ' ἐδέξατο χαίρων. 130
καὶ τὰ μὲν ἐς πείρινθα τίθει Πεισίστρατος ἥρως
δεξάμενος, καὶ πάντα ἑῷ θηήσατο θυμῷ·
τοὺς δ' ἦγε πρὸς δῶμα κάρη ξανθὸς Μενέλαος.
ἑζέσθην δ' ἄρ' ἔπειτα κατὰ κλισμούς τε θρόνους τε.
χέρνιβα δ' ἀμφίπολος προχόῳ ἐπέχευε φέρουσα 135
καλῇ χρυσείῃ, ὑπὲρ ἀργυρέοιο λέβητος,
νίψασθαι· παρὰ δὲ ξεστὴν ἐτάνυσσε τράπεζαν.
σῖτον δ' αἰδοίη ταμίη παρέθηκε φέρουσα,
εἴδατα πόλλ' ἐπιθεῖσα, χαριζομένη παρεόντων·
πὰρ δὲ Βοηθοΐδης κρέα δαίετο καὶ νέμε μοίρας· 140
οἰνοχόει δ' υἱὸς Μενελάου κυδαλίμοιο.
οἱ δ' ἐπ' ὀνείαθ' ἑτοῖμα προκείμενα χεῖρας ἴαλλον.
αὐτὰρ ἐπεὶ πόσιος καὶ ἐδητύος ἐξ ἔρον ἕντο,
δὴ τότε Τηλέμαχος καὶ Νέστορος ἀγλαὸς υἱὸς
ἵππους τ' ἐζεύγνυντ' ἀνά θ' ἅρματα ποικίλ' ἔβαινον, 145
ἐκ δ' ἔλασαν προθύροιο καὶ αἰθούσης ἐριδούπου.

Fünfzehnter Gesang

Daß sie Telemachos träfen, durchschritten dann beide die Räume,
Gingen voraus und es sagte zu ihm Menelaos der Blonde:

„Also gebe dir Zeus, der donnernde Gatte der Hera,
Wie du im Sinn es dir denkst, mein Telemachos! Glückliche Heimkehr!
Viele Geschenke liegen im Hause als kostbare Schätze;
Doch was mein Schönstes, mein Teuerstes ist, ich will es dir geben.
Also gebe ich dir einen künstlich gefertigten Mischkrug,
Lauteres Silber, jedoch am Rande mit Gold überzogen.
Meister Hephaistos hat ihn geschaffen, ein Held ihn gegeben:
Phaidimos war es, der König von Sidon; er hat auf der Rückfahrt
Dort mich beherbergt. Nun aber möge d i c h er begleiten."

Sprachs und gab ihm zu Händen den doppelhenkligen Becher,
Atreus Sohn, der Held. Doch den silbernen, glänzenden Mischkrug
Brachte und stellte vor ihn der kräftige Megapenthes.
Helena trat dann hinzu, die Frau mit den herrlichen Wangen,
Hielt das Gewand in den Händen und sprach und sagte bedeutsam:

„Ich auch bring ein Geschenk dir, hier ist es! An Helenas Hände
Soll es, geliebter Junge, erinnern! Und kommt einst der Hochzeit
Tiefersehnte Stunde, dann trag es dein Weib. Inzwischen
Lieg es im Saal bei der lieben Mutter! Und finde mir fröhlich
Wieder dein festgegründetes Haus und das Land deiner Heimat."

Sprachs und gab es zuhanden und er nahm froh es entgegen.
Held Peisistratos tat es hinein in den Korb des Gefährtes.
Alles betrachtend staunte er tief im Gemüte. Dann führte
Alle ins Haus Menelaos, der blond Behaarte, und beide
Ließen sich nieder auf hohe Stühle und Sessel. Indessen
Kam dann ein Mädchen und brachte das Wasser zum Waschen. Aus
Goldenem Schöpfer goß sie es aus in ein silbernes Becken [schönem
Über die Hände und schob vor sie hin den gefegten Eßtisch.
Brot aber brachte die ehrfurchtgebietende Schaffnerin, legte
Viele Speisen dazu, gab reichlich von allem, was da war.
Fleisch doch zerstückte und teilte daneben der Sohn des Boëthos.
Menelaos', des Ruhmvollen, Sohn aber machte den Mundschenk.
Sie aber streckten die Hände, das Essen stand fertig vor ihnen.
Aber als dann die Lust zum Trinken und Essen verflogen,
War für Telemachos Zeit und den glänzenden Sohn des Nestor
Endlich die Rosse zu schirren, das bunte Gefährt zu besteigen.
Und sie fuhren heraus aus dem Tor und der tönenden Halle.

τοὺς δὲ μετ' Ἀτρεΐδης ἔκιε ξανθὸς Μενέλαος,
οἶνον ἔχων ἐν χειρὶ μελίφρονα δεξιτερῆφι,
ἐν δέπαϊ χρυσέῳ, ὄφρα λείψαντε κιοίτην.
στῆ δ' ἵππων προπάροιθε, δεδισκόμενος δὲ προσηύδα· 150
"χαίρετον, ὦ κούρω, καὶ Νέστορι ποιμένι λαῶν
εἰπεῖν· ἦ γὰρ ἐμοί γε πατὴρ ὣς ἤπιος ἦεν,
εἷος ἐνὶ Τροίῃ πολεμίζομεν υἷες Ἀχαιῶν."
τὸν δ' αὖ Τηλέμαχος πεπνυμένος ἀντίον ηὔδα·
"καὶ λίην κείνῳ γε, διοτρεφές, ὡς ἀγορεύεις, 155
πάντα τάδ' ἐλθόντες καταλέξομεν. αἲ γὰρ ἐγὼν ὣς
νοστήσας Ἰθάκηνδε κιχὼν Ὀδυσῆ' ἐνὶ οἴκῳ
εἴποιμ', ὡς παρὰ σεῖο τυχὼν φιλότητος ἁπάσης
ἔρχομαι, αὐτὰρ ἄγω κειμήλια πολλὰ καὶ ἐσθλά."
ὣς ἄρα οἱ εἰπόντι ἐπέπτατο δεξιὸς ὄρνις, 160
αἰετὸς ἀργὴν χῆνα φέρων ὀνύχεσσι πέλωρον,
ἥμερον ἐξ αὐλῆς· οἱ δ' ἰύζοντες ἕποντο
ἀνέρες ἠδὲ γυναῖκες· ὁ δέ σφισιν ἐγγύθεν ἐλθὼν
δεξιὸς ἤϊξε πρόσθ' ἵππων. οἱ δὲ ἰδόντες
γήθησαν, καὶ πᾶσιν ἐνὶ φρεσὶ θυμὸς ἰάνθη. 165
τοῖσι δὲ Νεστορίδης Πεισίστρατος ἤρχετο μύθων·
"φράζεο δή, Μενέλαε διοτρεφές, ὄρχαμε λαῶν,
ἢ νῶϊν τόδ' ἔφηνε θεὸς τέρας ἦε σοὶ αὐτῷ."
ὣς φάτο, μερμήριξε δ' ἀρηΐφιλος Μενέλαος,
ὅππως οἱ κατὰ μοῖραν ὑποκρίναιτο νοήσας. 170
τὸν δ' Ἑλένη τανύπεπλος ὑποφθαμένη φάτο μῦθον·
"κλῦτέ μευ· αὐτὰρ ἐγὼ μαντεύσομαι, ὡς ἐνὶ θυμῷ
ἀθάνατοι βάλλουσι καὶ ὡς τελέεσθαι ὀΐω.
ὡς ὅδε χῆν' ἥρπαξ' ἀτιταλλομένην ἐνὶ οἴκῳ
ἐλθὼν ἐξ ὄρεος, ὅθι οἱ γενεή τε τόκος τε, 175
ὣς Ὀδυσεὺς κακὰ πολλὰ παθὼν καὶ πόλλ' ἐπαληθεὶς
οἴκαδε νοστήσει καὶ τείσεται· ἠὲ καὶ ἤδη
οἴκοι, ἀτὰρ μνηστῆρσι κακὸν πάντεσσι φυτεύει."
τὴν δ' αὖ Τηλέμαχος πεπνυμένος ἀντίον ηὔδα·
"οὕτω νῦν Ζεὺς θείη, ἐρίγδουπος πόσις Ἥρης· 180
τῷ κέν τοι καὶ κεῖθι θεῷ ὣς εὐχετοῴμην."
ἦ καὶ ἐφ' ἵπποιιν μάστιν βάλε· τοὶ δὲ μάλ' ὦκα
ἤϊξαν πεδίονδε διὰ πτόλιος μεμαῶτες.
οἱ δὲ πανημέριοι σεῖον ζυγὸν ἀμφὶς ἔχοντες.

Menelaos der Blonde indessen schritt hinter ihnen,
Hielt in der Rechten erquickenden Wein in dem goldenen Becher:
Spenden sollten die beiden noch bringen, ehe sie gingen.
Damit stellte er sich vor die Rosse, er grüßte und sagte:
  „Heil euch, ihr beiden Jungen! Und Nestor, dem Hirten der Völker,
Meldet es weiter! Er ist mir ein gütiger Vater gewesen
Allzeit, während wir Söhne Achaias vor Troja uns schlugen!"
  Ihm entgegnete dann der gewandte Telemachos wieder:
  „Götterkind! Nun freilich werden wir alles ihm melden
Gleich bei der Ankunft, wie du es sagtest. O könnte doch ich auch
So in mein Ithaka kommen, o fände ich dort doch Odysseus!
Könnte berichten von all deiner Liebe, wie hier ich sie spürte,
Könnte ich sagen: Da bin ich mit vielen und edlen Kleinoden!"
  Als er so sprach, kam rechts her ein Vogel, ein Adler, geflogen,
Trug eine mächtige Gans, schweeweiß und zahm, in den Krallen,
Wie sie auf Höfen wohl sind. Da schrieen die Männer und Weiber,
Liefen ihm nach, doch stürmte er weiter und kam ihnen nahe
Grad auf der Rechten und grad vor den Rossen. Erfreut von dem An-
Fühlten sie alle im Sinn das Gemüt sich erwärmen. Als erster [blick
Sprach aber Nestors Sohn Peisistratos jetzt unter ihnen:
  „Götterkind Menelaos, Herr deiner Leute, erwäge:
Gibt dieses Zeichen ein Gott uns beiden oder dir selber?"
  Sprachs; Menelaos grübelte aber, der Liebling des Ares,
Wie er ihm wohlüberlegte und sachliche Antwort gebe.
Helena sprach aber plötzlich, die Frau in langen Gewändern:
  „Hört mich! Ich spreche als Seherin, wie die Unsterblichen mir es
Senken zu tiefst ins Gemüt, und wie es sich, mein ich, vollendet.
Wie diese Gans, die im Hause ernährt wird, der andere packte;
Der aber kam vom Gebirg, wo er selber erwuchs und die Jungen
Wachsen — so wird auch Odysseus nach Leiden in Fülle und Irrfahrt
Endlich nachhause gelangen und strafen. Vielleicht ist er gar schon
Wirklich zuhause und brütet den sämtlichen Freiern ihr Unheil."
  Ihr entgegnete drauf der gewandte Telemachos wieder:
  „Lenke es Zeus jetzt so, der donnernde Gatte der Hera!
Dann will dort auch ich betend dich rufen wie sonst eine Gottheit."
  Sprachs und schlug mit der Peitsche die Tiere und diese voll Eifers
Stürmten hin durch die Stadt, um die Ebene schnell zu erreichen,
Schüttelten rastlos das Joch, das sie trugen, von Morgen bis Abend.

δύσετό τ' ἠέλιος σκιόωντό τε πᾶσαι ἀγυιαί· 185
ἐς Φηρὰς δ' ἵκοντο Διοκλῆος ποτὶ δῶμα,
υἱέος Ὀρτιλόχοιο, τὸν Ἀλφειὸς τέκε παῖδα.
ἔνθα δὲ νύκτ' ἄεσαν, ὁ δὲ τοῖς πὰρ ξείνια θῆκεν.
ἦμος δ' ἠριγένεια φάνη ῥοδοδάκτυλος Ἠώς,
ἵππους τ' ἐζεύγνυντ' ἀνά θ' ἅρματα ποικίλ' ἔβαινον, 190
ἐκ δ' ἔλασαν προθύροιο καὶ αἰθούσης ἐριδούπου·
μάστιξεν δ' ἐλάαν, τὼ δ' οὐκ ἀέκοντε πετέσθην.
αἶψα δ' ἔπειθ' ἵκοντο Πύλου αἰπὺ πτολίεθρον·
καὶ τότε Τηλέμαχος προσεφώνεε Νέστορος υἱόν·

"Νεστορίδη, πῶς κέν μοι ὑποσχόμενος τελέσειας 195
μῦθον ἐμόν; ξεῖνοι δὲ διαμπερὲς εὐχόμεθ' εἶναι
ἐκ πατέρων φιλότητος, ἀτὰρ καὶ ὁμήλικές εἰμεν·
ἥδε δ' ὁδὸς καὶ μᾶλλον ὁμοφροσύνῃσιν ἐνήσει.
μή με παρὲξ ἄγε νῆα, διοτρεφές, ἀλλὰ λίπ' αὐτοῦ,
μή μ' ὁ γέρων ἀέκοντα κατάσχῃ ᾧ ἐνὶ οἴκῳ 200
ἱέμενος φιλέειν· ἐμὲ δὲ χρεὼ θᾶσσον ἱκέσθαι."

ὣς φάτο, Νεστορίδης δ' ἄρ' ἑῷ συμφράσσατο θυμῷ,
ὅππως οἱ κατὰ μοῖραν ὑποσχόμενος τελέσειεν.
ὧδε δέ οἱ φρονέοντι δοάσσατο κέρδιον εἶναι·
στρέψ' ἵππους ἐπὶ νῆα θοὴν καὶ θῖνα θαλάσσης, 205
νηὶ δ' ἐνὶ πρυμνῇ ἐξαίνυτο κάλλιμα δῶρα,
ἐσθῆτα χρυσόν τε, τά οἱ Μενέλαος ἔδωκε·
καί μιν ἐποτρύνων ἔπεα πτερόεντα προσηύδα·

"σπουδῇ νῦν ἀνάβαινε κέλευέ τε πάντας ἑταίρους,
πρὶν ἐμὲ οἴκαδ' ἱκέσθαι ἀπαγγεῖλαί τε γέροντι. 210
εὖ γὰρ ἐγὼ τόδε οἶδα κατὰ φρένα καὶ κατὰ θυμόν·
οἷος κείνου θυμὸς ὑπέρβιος, οὔ σε μεθήσει,
ἀλλ' αὐτὸς καλέων δεῦρ' εἴσεται, οὐδέ ἕ φημι
ἂψ ἰέναι κενεόν· μάλα γὰρ κεχολώσεται ἔμπης."

ὣς ἄρα φωνήσας ἔλασεν καλλίτριχας ἵππους 215
ἂψ Πυλίων εἰς ἄστυ, θοῶς δ' ἄρα δώμαθ' ἵκανε.
Τηλέμαχος δ' ἑτάροισιν, ἐποτρύνων ἐκέλευσεν·

"ἐγκοσμεῖτε τὰ τεύχε', ἑταῖροι, νηὶ μελαίνῃ,
αὐτοί τ' ἀμβαίνωμεν, ἵνα πρήσσωμεν ὁδοῖο."

ὣς ἔφαθ', οἱ δ' ἄρα τοῦ μάλα μὲν κλύον ἠδ' ἐπίθοντο, 220
αἶψα δ' ἄρ' εἴσβαινον καὶ ἐπὶ κληῖσι καθῖζον.

ἦ τοι ὁ μὲν τὰ πονεῖτο καὶ εὔχετο, θῦε δ' Ἀθήνῃ

Sonne versank und Schatten umhüllten sämtliche Straßen.
Und sie kamen nach Pherai, in Diokles' Haus, eines Sohnes
Jenes Ortilochos, den der Alpheios einstens erzeugte.
Dort aber nächtigten sie und er gab ihnen gastliche Gaben.

Als dann die Frühe sich zeigte, Eos mit rosigen Fingern,
Schirrten sie wieder die Rosse, bestiegen den farbigen Wagen,
Fuhren heraus aus der Türe des Hofs und der tönenden Halle.
Er trieb an mit der Peitsche; sie sausten in voller Bereitschaft.
Rasch aber kamen sie schließlich zu Pylos' ragender Feste.
Jetzt aber sagte Telemachos endlich zum Sohne des Nestor:

„Sohn des Nestor! Kannst du mir etwas versprechen? Und magst du,
Was ich dir sage, erfüllen? Wir rühmen uns, gastliche Freunde
Seien wir längst durch die Liebe der Väter. Wir sind auch an Jahren
Gleich und die Eintracht wird durch die jetzige Reise noch stärker.
Götterkind! Laß halten beim Schiff und fahr nicht vorüber!
Sonst wird der Alte im Haus mich behalten um lieb mich zu pflegen
Trotz meiner anderen Absicht; ich soll ja doch schleunigst nach Hause."

Sprachs und Nestors Sohn überdachte es tief im Gemüte,
Wie das Versprechen gebührend er gebe und schließlich auch halte.
Während er so es bedachte, erschien es ihm schließlich von Vorteil
Abzudrehen die Pferde zum eilenden Schiff und zum Strande,
Dann auf das hintere Deck die herrlichen Gaben zu holen,
Kleider und Gold, die Geschenke des Menelaos. Er trieb dann
Selbst ihn zur Eile und sagte zu ihm geflügelte Worte:

„Komm! Steig eilig jetzt ein, befiehl es auch allen Gefährten,
Eh noch nachhause ich komme und bringe dem Alten die Kunde.
Denn ich weiß es recht gut im Sinn und auch im Gemüte:
Sein Gemüt ist gewaltsam; er wird dich nicht lassen, wird selber
Hieher kommen dich einzuladen, und wahrlich, er wird nicht
Ohne Erfolg wieder gehen; sein Ärger wird sicher sehr groß sein."

Sprachs und peitschte dann ein auf die Rosse mit prächtigen Mähnen
Heim in die Stadt der Pylier; schnell aber kam er nachhause.
Aber Telemachos gab den Gefährten Befehle und drängte:

„Bringt die Geräte im schwarzen Schiff jetzt in Ordnung, Gefährten!
Steigen wir selber dann ein, daß rasch wir die Reise vollenden!"

Sprachs, und jene hörten genau auf sein Wort und gehorchten,
Gleich aber stiegen sie ein und besetzten die Ruderbänke.

Eben tat er dies alles. Er betete, brachte Athene

νηὶ πάρα πρυμνῇ· σχεδόθεν δέ οἱ ἤλυθεν ἀνὴρ
τηλεδαπός, φεύγων ἐξ Ἄργεος ἄνδρα κατακτάς,
μάντις· ἀτὰρ γενεήν γε Μελάμποδος ἔκγονος ἦεν, 225
ὅς πρὶν μέν ποτ' ἔναιε Πύλῳ ἔνι, μητέρι μήλων,
ἀφνειὸς Πυλίοισι μέγ' ἔξοχα δώματα ναίων·
δὴ τότε γ' ἄλλων δῆμον ἀφίκετο, πατρίδα φεύγων
Νηλέα τε μεγάθυμον, ἀγαυότατον ζωόντων,
ὅς οἱ χρήματα πολλὰ τελεσφόρον εἰς ἐνιαυτὸν 230
εἶχε βίῃ. ὁ δὲ τεῖος ἐνὶ μεγάροις Φυλάκοιο
δεσμῷ ἐν ἀργαλέῳ δέδετο, κρατέρ' ἄλγεα πάσχων
εἵνεκα Νηλῆος κούρης ἄτης τε βαρείης,
τήν οἱ ἐπὶ φρεσὶ θῆκε θεὰ δασπλῆτις Ἐρινύς.
ἀλλ' ὁ μὲν ἔκφυγε κῆρα καὶ ἤλασε βοῦς ἐριμύκους 235
ἐς Πύλον ἐκ Φυλάκης καὶ ἐτείσατο ἔργον ἀεικὲς
ἀντίθεον Νηλῆα, κασιγνήτῳ δὲ γυναῖκα
ἠγάγετο πρὸς δώμαθ'· ὁ δ' ἄλλων ἵκετο δῆμον,
Ἄργος ἐς ἱππόβοτον· τόθι γάρ νύ οἱ αἴσιμον ἦεν
ναιέμεναι πολλοῖσιν ἀνάσσοντ' Ἀργείοισιν. 240
ἔνθα δ' ἔγημε γυναῖκα καὶ ὑψερεφὲς θέτο δῶμα,
γείνατο δ' Ἀντιφάτην καὶ Μάντιον, υἷε κραταιώ.
Ἀντιφάτης μὲν τίκτεν Ὀϊκλῆα μεγάθυμον,
αὐτὰρ Ὀϊκλείης λαοσσόον Ἀμφιάρηον,
ὃν περὶ κῆρι φίλει Ζεύς τ' αἰγίοχος καὶ Ἀπόλλων 245
παντοίην φιλότητ'· οὐδ' ἵκετο γήραος οὐδόν,
ἀλλ' ὄλετ' ἐν Θήβῃσι γυναίων εἵνεκα δώρων.
τοῦ υἱεῖς ἐγένοντ' Ἀλκμάων Ἀμφίλοχός τε.
Μάντιος αὖ τέκετο Πολυφείδεά τε Κλεῖτόν τε·
ἀλλ' ἦ τοι Κλεῖτον χρυσόθρονος ἥρπασεν Ἠώς 250
κάλλεος εἵνεκα οἷο, ἵν' ἀθανάτοισι μετείη·
αὐτὰρ ὑπέρθυμον Πολυφείδεα μάντιν Ἀπόλλων
θῆκε βροτῶν ὄχ' ἄριστον, ἐπεὶ θάνεν Ἀμφιάρηος·
ὅς ῥ' Ὑπερησίηνδ' ἀπενάσσατο πατρὶ χολωθείς,
ἔνθ' ὅ γε ναιετάων μαντεύετο πᾶσι βροτοῖσι. 255
   τοῦ μὲν ἄρ' υἱὸς ἐπῆλθε, Θεοκλύμενος δ' ὄνομ' ἦεν,
ὅς τότε Τηλεμάχου πέλας ἵστατο· τὸν δ' ἐκίχανε
σπένδοντ' εὐχόμενόν τε θοῇ παρὰ νηὶ μελαίνῃ,
καί μιν φωνήσας ἔπεα πτερόεντα προσηύδα·
   "ὦ φίλ', ἐπεί σε θύοντα κιχάνω τῷδ' ἐνὶ χώρῳ, 260

Fünfzehnter Gesang

Neben dem hinteren Deck ein Opfer. Da nahte ein Mann sich,
Weither kam er, ein Flüchtling aus Argos, ein Mörder, ein Seher.
Immerhin war er ein Sproß vom Geschlecht des Melampus, der früher
Wohnung hatte in Pylos, der Mutter der Schafe. Sein Haus war
Weitaus das erste im Volke von Pylos; er hatte in Fülle.
Dann aber floh er die Heimat und ging zu den anderen Völkern;
Neleus, der Hochgemute, der Lebenden Adligster nämlich
Sperrte gewaltsam und gleich für ein Jahr ihm sein großes Vermögen.
Aber inzwischen lag er in schmerzlicher Haft und in starken
Leiden im Hause des Phýlakos; Grund war die Tochter des Neleus;
Ihretwegen befiel ihn Verblendung; die Göttin Erinys
Traf ihn mit wuchtigem Schlag und belastete schwerstens sein Sinnen.
Doch er entfloh diesem Schicksal und jagte die brüllenden Rinder
Fort aus des Phylakos Land bis nach Pylos. Den göttlichen Neleus
Ließ er die Schandtat büßen und führte dem Bruder als Ehweib
Neleus' Tochter ins Haus und ging dann zu anderen Völkern,
Eben nach Argos, wo Rosse gedeihn; denn es war ihm beschieden,
Dort seine Wohnung als Herrscher der vielen Argeier zu finden.
Dort dann freite er, baute ein Haus mit ragendem Dachfirst,
Zeugte Antiphates, zeugte den Mantios, kräftige Söhne.
Jener wurde dann Vater des hochgemuten Oïkles,
Dieser des stürmischen Volkmanns Amphiaráos und diesen
Liebte Zeus, der Schwinger der Aigis, ihn liebte Apollon
Herzlichst und vielfach; er kam aber nicht an die Schwelle des Alters.
Weibergeschenke waren im Spiele: so fiel er vor Theben.
Söhne hatte er zwei: Amphílochos und Alkmaon.
Mantios wieder ward Vater des Kleitos und Polypheides.
Aber den Kleitos entraffte ihm Eos auf goldenem Throne,
Daß er im Kreis der Unsterblichen lebe, weil er so schön war.
Doch Polypheides, den hochgemuten, erhöhte Apollon —
Fiel ja doch Amphiaraos — zum Meister der sterblichen Seher.
Dieser zog dann nach Hýperesía, erzürnt auf den Vater,
Wohnte und kündete dort den Sterblichen allen die Zukunft.

Dessen Sohn nun trat jetzt heran: Theoklymenos hieß er,
Stellte sich ganz zu Telemachos, traf ihn, wie er gerade
Betend am schwarzen, eilenden Schiffe zur Spendung sich wandte.
Gleich aber sprach er ihn an und sagte geflügelte Worte:

„Freund! Da ich grade beim Opfer dich hier auf dem Platze erreiche,

λίσσομ' ὑπὲρ θυέων καὶ δαίμονος, αὐτὰρ ἔπειτα
σῆς τ' αὐτοῦ κεφαλῆς καὶ ἑταίρων, οἵ τοι ἕπονται,
εἰπέ μοι εἰρομένῳ νημερτέα μηδ' ἐπικεύσῃς·
τίς πόθεν εἰς ἀνδρῶν; πόθι τοι πόλις ἠδὲ τοκῆες;"
   τὸν δ' αὖ Τηλέμαχος πεπνυμένος ἀντίον ηὔδα· 265
"τοιγὰρ ἐγώ τοι, ξεῖνε, μάλ' ἀτρεκέως ἀγορεύσω.
ἐξ Ἰθάκης γένος εἰμί, πατὴρ δέ μοί ἐστιν Ὀδυσσεύς,
εἴ ποτ' ἔην· νῦν δ' ἤδη ἀπέφθιτο λυγρῷ ὀλέθρῳ.
τοὔνεκα νῦν ἑτάρους τε λαβὼν καὶ νῆα μέλαιναν
ἦλθον πευσόμενος πατρὸς δὴν οἰχομένοιο." 270
   τὸν δ' αὖτε προσέειπε Θεοκλύμενος θεοειδής·
"οὕτω τοι καὶ ἐγὼν ἐκ πατρίδος, ἄνδρα κατακτὰς
ἔμφυλον· πολλοὶ δὲ κασίγνητοί τε ἔται τε
Ἄργος ἀν' ἱππόβοτον, μέγα δὲ κρατέουσιν Ἀχαιῶν·
τῶν ὑπαλευάμενος θάνατον καὶ κῆρα μέλαιναν 275
φεύγω, ἐπεί νύ μοι αἶσα κατ' ἀνθρώπους ἀλάλησθαι.
ἀλλά με νηὸς ἔφεσσαι, ἐπεί σε φυγὼν ἱκέτευσα,
μή με κατακτείνωσι· διωκέμεναι γὰρ ὀίω."
   τὸν δ' αὖ Τηλέμαχος πεπνυμένος ἀντίον ηὔδα·
"οὐ μὲν δή σ' ἐθέλοντά γ' ἀπώσω νηὸς ἐίσης, 280
ἀλλ' ἕπευ· αὐτὰρ κεῖθι φιλήσεαι, οἷά κ' ἔχωμεν."
   ὣς ἄρα φωνήσας οἱ ἐδέξατο χάλκεον ἔγχος·
καὶ τό γ' ἐπ' ἰκριόφιν τάνυσεν νεὸς ἀμφιελίσσης,
ἂν δὲ καὶ αὐτὸς νηὸς ἐβήσετο ποντοπόροιο.
ἐν πρύμνῃ δ' ἄρ' ἔπειτα καθέζετο, πὰρ δὲ οἷ αὐτῷ 285
εἷσε Θεοκλύμενον· τοὶ δὲ πρυμνήσι' ἔλυσαν.
Τηλέμαχος δ' ἑτάροισιν ἐποτρύνων ἐκέλευσεν
ὅπλων ἅπτεσθαι· τοὶ δ' ἐσσυμένως ἐπίθοντο.
ἱστὸν δ' εἰλάτινον κοίλης ἔντοσθε μεσόδμης
στῆσαν ἀείραντες, κατὰ δὲ προτόνοισιν ἔδησαν, 290
ἕλκον δ' ἱστία λευκὰ ἐϋστρέπτοισι βοεῦσι.
τοῖσιν δ' ἴκμενον οὖρον ἵει γλαυκῶπις Ἀθήνη,
λάβρον ἐπαιγίζοντα δι' αἰθέρος, ὄφρα τάχιστα
νηῦς ἀνύσειε θέουσα θαλάσσης ἁλμυρὸν ὕδωρ.
βὰν δὲ παρὰ Κρουνοὺς καὶ Χαλκίδα καλλιρέεθρον. 295
   δύσετό τ' ἠέλιος σκιόωντό τε πᾶσαι ἀγυιαί·
ἡ δὲ Φεὰς ἐπέβαλλεν ἐπειγομένη Διὸς οὔρῳ,
ἠδὲ παρ' Ἤλιδα δῖαν, ὅθι κρατέουσιν Ἐπειοί.

Neben dem hinteren Deck ein Opfer. Da nahte ein Mann sich,
Weither kam er, ein Flüchtling aus Argos, ein Mörder, ein Seher.
Immerhin war er ein Sproß vom Geschlecht des Melampus, der früher
Wohnung hatte in Pylos, der Mutter der Schafe. Sein Haus war
Weitaus das erste im Volke von Pylos; er hatte in Fülle.
Dann aber floh er die Heimat und ging zu den anderen Völkern;
Neleus, der Hochgemute, der Lebenden Adligster nämlich
Sperrte gewaltsam und gleich für ein Jahr ihm sein großes Vermögen.
Aber inzwischen lag er in schmerzlicher Haft und in starken
Leiden im Hause des Phýlakos; Grund war die Tochter des Neleus;
Ihretwegen befiel ihn Verblendung; die Göttin Erinys
Traf ihn mit wuchtigem Schlag und belastete schwerstens sein Sinnen.
Doch er entfloh diesem Schicksal und jagte die brüllenden Rinder
Fort aus des Phylakos Land bis nach Pylos. Den göttlichen Neleus
Ließ er die Schandtat büßen und führte dem Bruder als Ehweib
Neleus' Tochter ins Haus und ging dann zu anderen Völkern,
Eben nach Argos, wo Rosse gedeihn; denn es war ihm beschieden,
Dort seine Wohnung als Herrscher der vielen Argeier zu finden.
Dort dann freite er, baute ein Haus mit ragendem Dachfirst,
Zeugte Antiphates, zeugte den Mantios, kräftige Söhne.
Jener wurde dann Vater des hochgemuten Oïkles,
Dieser des stürmischen Volkmanns Amphiaráos und diesen
Liebte Zeus, der Schwinger der Aigis, ihn liebte Apollon
Herzlichst und vielfach; er kam aber nicht an die Schwelle des Alters.
Weibergeschenke waren im Spiele: so fiel er vor Theben.
Söhne hatte er zwei: Amphílochos und Alkmaon.
Mantios wieder ward Vater des Kleitos und Polypheides.
Aber den Kleitos entraffte ihm Eos auf goldenem Throne,
Daß er im Kreis der Unsterblichen lebe, weil er so schön war.
Doch Polypheides, den hochgemuten, erhöhte Apollon —
Fiel ja doch Amphiaraos — zum Meister der sterblichen Seher.
Dieser zog dann nach Hýperesía, erzürnt auf den Vater,
Wohnte und kündete dort den Sterblichen allen die Zukunft.
  Dessen Sohn nun trat jetzt heran: Theoklymenos hieß er,
Stellte sich ganz zu Telemachos, traf ihn, wie er gerade
Betend am schwarzen, eilenden Schiffe zur Spendung sich wandte.
Gleich aber sprach er ihn an und sagte geflügelte Worte:
  „Freund! Da ich grade beim Opfer dich hier auf dem Platze erreiche,

λίσσομ' ὑπὲρ θυέων καὶ δαίμονος, αὐτὰρ ἔπειτα
σῆς τ' αὐτοῦ κεφαλῆς καὶ ἑταίρων, οἵ τοι ἕπονται,
εἰπέ μοι εἰρομένῳ νημερτέα μηδ' ἐπικεύσῃς·
τίς πόθεν εἰς ἀνδρῶν; πόθι τοι πόλις ἠδὲ τοκῆες;"
τὸν δ' αὖ Τηλέμαχος πεπνυμένος ἀντίον ηὔδα· 265
"τοιγὰρ ἐγώ τοι, ξεῖνε, μάλ' ἀτρεκέως ἀγορεύσω.
ἐξ Ἰθάκης γένος εἰμί, πατὴρ δέ μοί ἐστιν Ὀδυσσεύς,
εἴ ποτ' ἔην· νῦν δ' ἤδη ἀπέφθιτο λυγρῷ ὀλέθρῳ.
τοὔνεκα νῦν ἑτάρους τε λαβὼν καὶ νῆα μέλαιναν
ἦλθον πευσόμενος πατρὸς δὴν οἰχομένοιο." 270
τὸν δ' αὖτε προσέειπε Θεοκλύμενος θεοειδής·
"οὕτω τοι καὶ ἐγὼν ἐκ πατρίδος, ἄνδρα κατακτὰς
ἔμφυλον· πολλοὶ δὲ κασίγνητοί τε ἔται τε
Ἄργος ἀν' ἱππόβοτον, μέγα δὲ κρατέουσιν Ἀχαιῶν·
τῶν ὑπαλευάμενος θάνατον καὶ κῆρα μέλαιναν 275
φεύγω, ἐπεί νύ μοι αἶσα κατ' ἀνθρώπους ἀλάλησθαι.
ἀλλά με νηὸς ἔφεσσαι, ἐπεί σε φυγὼν ἱκέτευσα,
μή με κατακτείνωσι· διωκέμεναι γὰρ ὀίω."
τὸν δ' αὖ Τηλέμαχος πεπνυμένος ἀντίον ηὔδα·
"οὐ μὲν δή σ' ἐθέλοντά γ' ἀπώσω νηὸς ἐίσης, 280
ἀλλ' ἕπευ· αὐτὰρ κεῖθι φιλήσεαι, οἷά κ' ἔχωμεν."
ὣς ἄρα φωνήσας οἱ ἐδέξατο χάλκεον ἔγχος·
καὶ τό γ' ἐπ' ἰκριόφιν τάνυσεν νεὸς ἀμφιελίσσης,
ἂν δὲ καὶ αὐτὸς νηὸς ἐβήσετο ποντοπόροιο.
ἐν πρύμνῃ δ' ἄρ' ἔπειτα καθέζετο, πὰρ δὲ οἷ αὐτῷ 285
εἷσε Θεοκλύμενον· τοὶ δὲ πρυμνήσι' ἔλυσαν.
Τηλέμαχος δ' ἑτάροισιν ἐποτρύνων ἐκέλευσεν
ὅπλων ἅπτεσθαι· τοὶ δ' ἐσσυμένως ἐπίθοντο.
ἱστὸν δ' εἰλάτινον κοίλης ἔντοσθε μεσόδμης
στῆσαν ἀείραντες, κατὰ δὲ προτόνοισιν ἔδησαν, 290
ἕλκον δ' ἱστία λευκὰ ἐυστρέπτοισι βοεῦσι.
τοῖσιν δ' ἴκμενον οὖρον ἵει γλαυκῶπις Ἀθήνη,
λάβρον ἐπαιγίζοντα δι' αἰθέρος, ὄφρα τάχιστα
νηῦς ἀνύσειε θέουσα θαλάσσης ἁλμυρὸν ὕδωρ.
βὰν δὲ παρὰ Κρουνοὺς καὶ Χαλκίδα καλλιρέεθρον. 295
 δύσετό τ' ἠέλιος σκιόωντό τε πᾶσαι ἀγυιαί·
ἡ δὲ Φεὰς ἐπέβαλλεν ἐπειγομένη Διὸς οὔρῳ,
ἠδὲ παρ' Ἤλιδα δῖαν, ὅθι κρατέουσιν Ἐπειοί.

Fünfzehnter Gesang

Fleh ich beim Opfer wie bei der Gottheit, flehe bei deinem
Haupt aber auch und bei dem der Gefährten, die hier dich begleiten:
Sprich zu mir ehrlich und ohne zu hehlen, wenn jetzt ich dich frage:
Wer und woher von den Menschen, und wo ist die Stadt deiner Eltern?"

Ihm entgegnete drauf der gewandte Telemachos wieder:
„Fremdling! Nun will ich dir alles berichten und ohne Verdrehung:
Ithakesier bin ich; zum Vater, wenn je ich ihn hatte,
Hab ich Odysseus; doch der ist verkommen in grauser Vernichtung.
Darum hab ich mir jetzt die Gefährten geholt und das schwarze
Schiff, um auf Kunde zu gehn nach dem Vater, der lange schon fort ist."

Theoklymenos sagte ihm wieder; er sah wie ein Gott aus:
„Ähnlich wie du bin auch ich nicht daheim: ich erschlug einen Menschen,
Einen des Stammes; Verwandte und Brüder besaß er in Menge,
Mächtige Herrn der Achaier in Argos, wo Rosse gedeihen.
Tod und düsteres Schicksal drohten von ihnen; da floh ich.
Ewige Irrfahrt ist mir dafür bei den Menschen beschieden.
Gib mir nun Platz auf dem Schiff, als Flüchtender fleh ich um Hilfe!
Rette mich vor der Ermordung! Verfolger, mein ich, sind nahe!"

Ihm entgegnete da der gewandte Telemachos wieder:
„Willst du? Ich stoße dich nicht vom richtig gehenden Fahrzeug.
Folge denn! Dort aber findest du Liebe in dem, was wir haben!"

Sprachs und ließ seine eherne Lanze sich geben; er legte
Lang sie aufs Deck seines doppeltgeschweiften Schiffes; dann stieg er
Selber hinauf auf das Schiff, das die Meere befährt, und besetzte
Gleich auf dem hinteren Deck seinen Platz. Theoklymenos aber
Bot er daneben den Sitz. Und sie lösten die haltenden Taue.
Aber Telemachos gab den Gefährten Befehle und drängte,
Fest ans Geräte zu gehen, und diese gehorchten ihm stürmisch,
Hoben den tannenen Mast in die Höhe und stellten ihn senkrecht
Zwischen die haltenden Balken. Das Seil zum Bug ward geschlungen,
Leuchtende Segel gezogen an fest geflochtenen Riemen.
Günstigen Fahrwind schickte Athene mit Augen der Eule,
Heftig stürmte er her durch den Äther; das Schiff sollte eiligst
Laufen und glücklich durchfahren des Meeres salziges Wasser,
Krunoi entlang und vorüber am schönen Gewoge bei Chalkis.

Sonne versank und Schatten umhüllten sämtliche Straßen.
Pheai ging es dann zu; denn Zeus gab drängenden Fahrwind;
Weiter am göttlichen Elis vorbei, am Reich der Epeier.

ἔνθεν δ' αὖ νήσοισιν ἐπιπροέηκε θοῇσιν,
ὁρμαίνων, ἤ κεν θάνατον φύγοι ἦ κεν ἁλοίη.   300
  τὼ δ' αὖτ' ἐν κλισίῃ Ὀδυσεὺς καὶ δῖος ὑφορβὸς
δορπείτην· παρὰ δέ σφιν ἐδόρπεον ἀνέρες ἄλλοι.
αὐτὰρ ἐπεὶ πόσιος καὶ ἐδητύος ἐξ ἔρον ἕντο,
τοῖς δ' Ὀδυσεὺς μετέειπε, συβώτεω πειρητίζων,
ἤ μιν ἔτ' ἐνδυκέως φιλέοι μεῖναί τε κελεύοι   305
αὐτοῦ ἐνὶ σταθμῷ ἦ ὀτρύνειε πόλινδε·
  "κέκλυθι νῦν, Εὔμαιε, καὶ ἄλλοι πάντες ἑταῖροι·
ἠῶθεν προτὶ ἄστυ λιλαίομαι ἀπονέεσθαι
πτωχεύσων, ἵνα μή σε κατατρύχω καὶ ἑταίρους.
ἀλλά μοι εὖ θ' ὑπόθευ καὶ ἅμ' ἡγεμόν' ἐσθλὸν ὄπασσον, 310
ὅς κέ με κεῖσ' ἀγάγῃ· κατὰ δὲ πτόλιν αὐτὸς ἀνάγκῃ
πλάγξομαι, αἴ κέν τις κοτύλην καὶ πύρνον ὀρέξῃ.
καί κ' ἐλθὼν πρὸς δώματ' Ὀδυσσῆος θείοιο
ἀγγελίην εἴποιμι περίφρονι Πηνελοπείῃ,
καί κε μνηστήρεσσιν ὑπερφιάλοισι μιγείην,   315
εἴ μοι δεῖπνον δοῖεν ὀνείατα μυρί' ἔχοντες.
αἶψά κεν εὖ δρώοιμι μετὰ σφίσιν, ὅττι θέλοιεν.
ἐκ γάρ τοι ἐρέω, σὺ δὲ σύνθεο καί μευ ἄκουσον·
Ἑρμείαο ἕκητι διακτόρου, ὅς ῥά τε πάντων
ἀνθρώπων ἔργοισι χάριν καὶ κῦδος ὀπάζει,   320
δρηστοσύνῃ οὐκ ἄν μοι ἐρίσσειε βροτὸς ἄλλος,
πῦρ τ' εὖ νηῆσαι διά τε ξύλα δανὰ κεάσσαι,
δαιτρεῦσαί τε καὶ ὀπτῆσαι καὶ οἰνοχοῆσαι,
οἷά τε τοῖς ἀγαθοῖσι παραδρώωσι χέρηες."
  τὸν δὲ μέγ' ὀχθήσας προσέφης, Εὔμαιε συβῶτα·   325
"ὤ μοι, ξεῖνε, τίη τοι ἐνὶ φρεσὶ τοῦτο νόημα
ἔπλετο; ἦ σύ γε πάγχυ λιλαίεαι αὐτόθ' ὀλέσθαι,
εἰ δὴ μνηστήρων ἐθέλεις καταδῦναι ὅμιλον,
τῶν ὕβρις τε βίη τε σιδήρεον οὐρανὸν ἵκει.
οὔ τοι τοιοίδ' εἰσὶν ὑποδρηστῆρες ἐκείνων,   330
ἀλλὰ νέοι, χλαίνας εὖ εἱμένοι ἠδὲ χιτῶνας,
αἰεὶ δὲ λιπαροὶ κεφαλὰς καὶ καλὰ πρόσωπα,
οἵ σφιν ὑποδρώωσιν· ἐΰξεστοι δὲ τράπεζαι
σίτου καὶ κρειῶν ἠδ' οἴνου βεβρίθασιν.
ἀλλὰ μέν'· οὐ γάρ τίς τοι ἀνιᾶται παρεόντι,   335
οὔτ' ἐγὼ οὔτε τις ἄλλος ἑταίρων, οἵ μοι ἔασιν.

Fleh ich beim Opfer wie bei der Gottheit, flehe bei deinem
Haupt aber auch und bei dem der Gefährten, die hier dich begleiten:
Sprich zu mir ehrlich und ohne zu hehlen, wenn jetzt ich dich frage:
Wer und woher von den Menschen, und wo ist die Stadt deiner Eltern?"

   Ihm entgegnete drauf der gewandte Telemachos wieder:
„Fremdling! Nun will ich dir alles berichten und ohne Verdrehung:
Ithakesier bin ich; zum Vater, wenn je ich ihn hatte,
Hab ich Odysseus; doch der ist verkommen in grauser Vernichtung.
Darum hab ich mir jetzt die Gefährten geholt und das schwarze
Schiff, um auf Kunde zu gehn nach dem Vater, der lange schon fort ist."

   Theoklymenos sagte ihm wieder; er sah wie ein Gott aus:
„Ähnlich wie du bin auch ich nicht daheim: ich erschlug einen Menschen,
Einen des Stammes; Verwandte und Brüder besaß er in Menge,
Mächtige Herrn der Achaier in Argos, wo Rosse gedeihen.
Tod und düsteres Schicksal drohten von ihnen; da floh ich.
Ewige Irrfahrt ist mir dafür bei den Menschen beschieden.
Gib mir nun Platz auf dem Schiff, als Flüchtender fleh ich um Hilfe!
Rette mich vor der Ermordung! Verfolger, mein ich, sind nahe!"

   Ihm entgegnete da der gewandte Telemachos wieder:
„Willst du? Ich stoße dich nicht vom richtig gehenden Fahrzeug.
Folge denn! Dort aber findest du Liebe in dem, was wir haben!"

   Sprachs und ließ seine eherne Lanze sich geben; er legte
Lang sie aufs Deck seines doppelgeschweiften Schiffes; dann stieg er
Selber hinauf auf das Schiff, das die Meere befährt, und besetzte
Gleich auf dem hinteren Deck seinen Platz. Theoklymenos aber
Bot er daneben den Sitz. Und sie lösten die haltenden Taue.
Aber Telemachos gab den Gefährten Befehle und drängte,
Fest ans Geräte zu gehen, und diese gehorchten ihm stürmisch,
Hoben den tannenen Mast in die Höhe und stellten ihn senkrecht
Zwischen die haltenden Balken. Das Seil zum Bug ward geschlungen,
Leuchtende Segel gezogen an fest geflochtenen Riemen.
Günstigen Fahrwind schickte Athene mit Augen der Eule,
Heftig stürmte er her durch den Äther; das Schiff sollte eiligst
Laufen und glücklich durchfahren des Meeres salziges Wasser,
Krunoi entlang und vorüber am schönen Gewoge bei Chalkis.

   Sonne versank und Schatten umhüllten sämtliche Straßen.
Pheai ging es dann zu; denn Zeus gab drängenden Fahrwind;
Weiter am göttlichen Elis vorbei, am Reich der Epeier.

ἔνθεν δ' αὖ νήσοισιν ἐπιπροέηκε θοῇσιν,
ὁρμαίνων, ἤ κεν θάνατον φύγοι ἤ κεν ἁλοίη. 300
 τὼ δ' αὖτ' ἐν κλισίῃ Ὀδυσεὺς καὶ δῖος ὑφορβὸς
δορπείτην· παρὰ δέ σφιν ἐδόρπεον ἀνέρες ἄλλοι.
αὐτὰρ ἐπεὶ πόσιος καὶ ἐδητύος ἐξ ἔρον ἕντο,
τοῖς δ' Ὀδυσεὺς μετέειπε, συβώτεω πειρητίζων,
ἤ μιν ἔτ' ἐνδυκέως φιλέοι μεῖναί τε κελεύοι 305
αὐτοῦ ἐνὶ σταθμῷ ἦ ὀτρύνειε πόλινδε·
 "κέκλυθι νῦν, Εὔμαιε, καὶ ἄλλοι πάντες ἑταῖροι·
ἠῶθεν προτὶ ἄστυ λιλαίομαι ἀπονέεσθαι
πτωχεύσων, ἵνα μή σε κατατρύχω καὶ ἑταίρους.
ἀλλά μοι εὖ θ' ὑπόθευ καὶ ἅμ' ἡγεμόν' ἐσθλὸν ὄπασσον, 310
ὅς κέ με κεῖσ' ἀγάγῃ· κατὰ δὲ πτόλιν αὐτὸς ἀνάγκῃ
πλάγξομαι, αἴ κέν τις κοτύλην καὶ πύρνον ὀρέξῃ.
καί κ' ἐλθὼν πρὸς δώματ' Ὀδυσσῆος θείοιο
ἀγγελίην εἴποιμι περίφρονι Πηνελοπείῃ,
καί κε μνηστήρεσσιν ὑπερφιάλοισι μιγείην, 315
εἴ μοι δεῖπνον δοῖεν ὀνείατα μυρί' ἔχοντες.
αἶψά κεν εὖ δρώοιμι μετὰ σφίσιν, ὅττι θέλοιεν.
ἐκ γάρ τοι ἐρέω, σὺ δὲ σύνθεο καί μευ ἄκουσον·
Ἑρμείαο ἕκητι διακτόρου, ὅς ῥά τε πάντων
ἀνθρώπων ἔργοισι χάριν καὶ κῦδος ὀπάζει, 320
δρηστοσύνῃ οὐκ ἄν μοι ἐρίσσειε βροτὸς ἄλλος,
πῦρ τ' εὖ νηῆσαι διά τε ξύλα δανὰ κεάσσαι,
δαιτρεῦσαί τε καὶ ὀπτῆσαι καὶ οἰνοχοῆσαι,
οἷά τε τοῖς ἀγαθοῖσι παραδρώωσι χέρηες."
 τὸν δὲ μέγ' ὀχθήσας προσέφης, Εὔμαιε συβῶτα· 325
"ὤ μοι, ξεῖνε, τίη τοι ἐνὶ φρεσὶ τοῦτο νόημα
ἔπλετο; ἦ σύ γε πάγχυ λιλαίεαι αὐτόθ' ὀλέσθαι,
εἰ δὴ μνηστήρων ἐθέλεις καταδῦναι ὅμιλον,
τῶν ὕβρις τε βίη τε σιδήρεον οὐρανὸν ἵκει.
οὔ τοι τοιοίδ' εἰσὶν ὑποδρηστῆρες ἐκείνων, 330
ἀλλὰ νέοι, χλαίνας εὖ εἱμένοι ἠδὲ χιτῶνας,
αἰεὶ δὲ λιπαροὶ κεφαλὰς καὶ καλὰ πρόσωπα,
οἵ σφιν ὑποδρώωσιν· ἐΰξεστοι δὲ τράπεζαι
σίτου καὶ κρειῶν ἠδ' οἴνου βεβρίθασιν.
ἀλλὰ μέν'· οὐ γάρ τίς τοι ἀνιᾶται παρεόντι, 335
οὔτ' ἐγὼ οὔτε τις ἄλλος ἑταίρων, οἵ μοι ἔασιν.

Dort aber ließ er es sausen heran an die eilenden Inseln,
Lauernd, ob er dem Tode entkam, ob gefangen er werde.
 Aber die zwei in der Hütte, Odysseus, der göttliche Sauhirt,
Saßen beim Nachtmahl; um sie herum auch die anderen Männer.
Aber als dann die Lust zum Trinken und Essen verflogen,
Sagte Odysseus zu ihnen — den Sauhirt wollte er prüfen,
Ob er ihn weiter noch liebend versorge und bleiben ihn heiße
Hier im Gehöft oder Auftrag gebe die Stadt zu beziehen:
 „Hört mich jetzt an, Eumaios, und alle ihr andern Gefährten:
Sehnlich wünsche ich morgen als Bettler zur Stadt zu gehen;
Möchte ich doch den Gefährten und dir nicht lästig mich machen.
Rate mir gut und verschaffe mir auch einen tüchtigen Führer,
Daß er mich dorthin bringt. In der Stadt dann treib ich mich selber,
Weil ich ja muß, herum, ob ein Brot, einen Becher mir mancher
Bietet. Ich könnte ins Haus des erhabnen Odysseus auch gehen,
Botschaft brächte ich gar der gescheiten Penelopeia,
Könnte mich etwa sogar zu den haltlosen Freiern gesellen,
Ob sie Speise mir gäben; sie haben ja endlos zu essen.
Gleich auch ging ich bei ihnen in Arbeit, was sie auch wollten.
Denn ich sag dirs heraus, du ziehe den Schluß dann und höre:
Hermes begnadete mich, der Geleitmann; gibt er doch allen
Werken der Menschen Ruhm und Anmut; deswegen, mein ich,
Tut mirs kein Sterblicher gleich, Geschäfte im Haus zu verrichten,
Trefflich die Feuer zu schichten und trockene Hölzer zu spalten,
Fleisch zu zerteilen, zu braten und Wein zu verschenken; das sind ja
Eben die Dienste, die mindere Leute den Besseren leisten."
 Mächtig grollend gabst du zurück ihm, Sauhirt Eumaios:
„Wehe, mein Gast! Wie kam in den Sinn dir ein solcher Gedanke?
Sehnst du dich wohl, gleich dort und gänzlich vernichtet zu werden?
Drängst du dich wirklich hinein in den Kreis dieser Freier? es dringt doch,
Was an Gewalt und an Frechheit sie tun, bis zum eisernen Himmel.
So schaun Leute nicht aus, die bei denen dort Dienste verrichten:
Jung sein müssen sie, trefflich gekleidet mit Mantel und Leibrock;
Allzeit glänzen von Salben die Köpfe und schönen Gesichter;
So sind die Diener. Die Tische dagegen, die trefflich gefegten,
Sind mit den Lasten von Brot und Fleisch und Wein überladen.
Nein! Bleib hier! Es grämt sich kein einziger, wenn du dabei bist,
Weder ich noch ein andrer Gefährte, so viele ich habe.

14 Homer, Odyssee

αὐτὰρ ἐπὴν ἔλθησιν Ὀδυσσῆος φίλος υἱός,
κεῖνός σε χλαῖνάν τε χιτῶνά τε εἵματα ἕσσει,
πέμψει δ' ὅππῃ σε κραδίη θυμός τε κελεύει."
 τὸν δ' ἠμείβετ' ἔπειτα πολύτλας δῖος Ὀδυσσεύς· 340
"αἴθ' οὕτως, Εὔμαιε, φίλος Διὶ πατρὶ γένοιο
ὡς ἐμοί, ὅττι μ' ἔπαυσας ἄλης καὶ ὀϊζύος αἰνῆς.
πλαγκτοσύνης δ' οὐκ ἔστι κακώτερον ἄλλο βροτοῖσιν·
ἀλλ' ἕνεκ' οὐλομένης γαστρὸς κακὰ κήδε' ἔχουσιν
ἀνέρες, ὅν τιν' ἵκηται ἄλη καὶ πῆμα καὶ ἄλγος. 345
νῦν δ' ἐπεὶ ἰσχανάᾳς μεῖναί τέ με κεῖνον ἄνωγας,
εἴπ' ἄγε μοι περὶ μητρὸς Ὀδυσσῆος θείοιο
πατρός θ', ὃν κατέλειπεν ἰὼν ἐπὶ γήραος οὐδῷ,
ἤ που ἔτι ζώουσιν ὑπ' αὐγὰς ἠελίοιο,
ἦ ἤδη τεθνᾶσι καὶ εἰν Ἀΐδαο δόμοισι." 350
 τὸν δ' αὖτε προσέειπε συβώτης, ὄρχαμος ἀνδρῶν·
"τοιγὰρ ἐγώ τοι, ξεῖνε, μάλ' ἀτρεκέως ἀγορεύσω.
Λαέρτης μὲν ἔτι ζώει, Διὶ δ' εὔχεται αἰεὶ
θυμὸν ἀπὸ μελέων φθίσθαι οἷς ἐν μεγάροισιν·
ἐκπάγλως γὰρ παιδὸς ὀδύρεται οἰχομένοιο 355
κουριδίης τ' ἀλόχοιο δαΐφρονος, ἥ ἑ μάλιστα
ἤκαχ' ἀποφθιμένη καὶ ἐν ὠμῷ γήραϊ θῆκεν.
ἡ δ' ἄχεϊ οὗ παιδὸς ἀπέφθιτο κυδαλίμοιο,
λευγαλέῳ θανάτῳ, ὡς μὴ θάνοι ὅς τις ἐμοί γε
ἐνθάδε ναιετάων φίλος εἴη καὶ φίλα ἔρδοι. 360
ὄφρα μὲν οὖν δὴ κείνη ἔην, ἀχέουσά περ ἔμπης,
τόφρα τί μοι φίλον ἔσκε μεταλλῆσαι καὶ ἐρέσθαι,
οὕνεκά μ' αὐτὴ θρέψεν ἅμα Κτιμένῃ τανυπέπλῳ,
θυγατέρ' ἰφθίμῃ, τὴν ὁπλοτάτην τέκε παίδων·
τῇ ὁμοῦ ἐτρεφόμην, ὀλίγον δέ τί μ' ἧσσον ἐτίμα. 365
αὐτὰρ ἐπεί ῥ' ἥβην πολυήρατον ἱκόμεθ' ἄμφω,
τὴν μὲν ἔπειτα Σάμηνδ' ἔδοσαν καὶ μυρί' ἕλοντο,
αὐτὰρ ἐμὲ χλαῖνάν τε χιτῶνά τε εἵματ' ἐκείνη
καλὰ μάλ' ἀμφιέσασα ποσίν θ' ὑποδήματα δοῦσα
ἀγρόνδε προΐαλλε· φίλει δέ με κηρόθι μᾶλλον. 370
νῦν δ' ἤδη τούτων ἐπιδεύομαι· ἀλλά μοι αὐτῷ
ἔργον ἀέξουσιν μάκαρες θεοί, ᾧ ἐπιμίμνω·
τῶν ἔφαγόν τ' ἔπιόν τε καὶ αἰδοίοισιν ἔδωκα.
ἐκ δ' ἄρα δεσποίνης οὐ μείλιχόν ἐστιν ἀκοῦσαι

Fünfzehnter Gesang

Kommt aber wieder der liebe Sohn des Odysseus, dann wird er
Selber dir Leibrock, Mantel und Kleider verschaffen; er wird dann
Überall hin dich geleiten, wie Herz und Gemüt es dich heißen."

Antwort gab ihm der große Dulder, der hehre Odysseus:
„Möchtest du Zeus, dem Vater, doch auch so lieb sein, Eumaios,
Wie du es mir bist; du hast mich vom schrecklichen Jammer der Irrfahrt
Endlich befreit. Und es gibt für die Sterblichen nichts, was an Unheil
Gliche dem ewigen Wandern. Der Magen ists, der verfluchte;
Bösesten Kummer schafft er den Männern, wenn sie in Irrfahrt,
Leiden und Schmerzen geraten. Nun willst du mich halten und jenen
Soll ich erwarten? Dann sprich mir zuerst von des hehren Odysseus
Mutter, vom Vater auch, den er verließ auf der Schwelle des Alters
damals beim Auszug. Leben sie noch im Lichte der Sonne
Oder sind sie schon tot und drunten im Hause des Hades?"

Ihm erwiderte dann der Herr seiner Leute, der Sauhirt:
„Also Fremdling, ich geb dir Bericht ohne jede Verdrehung:
Noch ist Laërtes am Leben; zu Zeus aber betet er immer,
Daß doch im eigenen Haus in den Gliedern der Wille zum Leben
Endlich verlösche. Den Sohn in der Ferne bejammert er schrecklich,
Auch seine kluge Gemahlin, sein Eheweib; deren Verscheiden
Quälte ihn bitter und machte schon früh ihn zum Greis. Doch sie selber
Schwand ja dahin vor Schmerz um ihr ruhmvolles Kind und ihr Ende
War so entsetzlich, daß keinem ein solches Ende ich wünschte,
Der als mein Freund hier wohnt und mich freundlich behandelt. Solange
Diese nun wirklich noch lebte trotz all ihres Kummers, solange
War es mir freundliche Pflicht, zu erforschen und manches zu fragen.
Zog sie doch selber mich auf mit der eigenen kräftigen Tochter:
Ktímene war es, in langen Gewändern, die jüngste der Kinder.
Pflege erhielt ich wie sie und an Ehre fehlte nur wenig.
Als wir dann beide die Jahre der lieblichen Jugend erreichten,
Gaben die Tochter nach Same sie fort gegen reichlichstes Entgelt.
Mich aber ließ sie kleiden mit wunderschönen Gewändern,
Gab mir Mantel und Leibrock, gab für die Füße Sandalen,
Schickte mich dann auf das Land in gesteigerter, herzlicher Liebe.
Darauf muß ich jetzt freilich schon lange verzichten, doch lassen
Selige Götter das Werk mir gedeihen, dem hier ich mich widme.
Essen und trinken kann ich davon und den ehrbaren Leuten
Kann ich auch geben. Die Herrin des Hauses indessen — da hör ich

οὔτ' ἔπος οὔτε τι ἔργον, ἐπεὶ κακὸν ἔμπεσεν οἴκῳ, 375
ἄνδρες ὑπερφίαλοι· μέγα δὲ δμῶες χατέουσιν
ἀντία δεσποίνης φάσθαι καὶ ἕκαστα πυθέσθαι
καὶ φαγέμεν πιέμεν τε, ἔπειτα δὲ καί τι φέρεσθαι
ἀγρόνδ', οἷά τε θυμὸν ἀεὶ δμώεσσιν ἰαίνει."
    τὸν δ' ἀπαμειβόμενος προσέφη πολύμητις Ὀδυσσεύς. 380
"ὦ πόποι, ὡς ἄρα τυτθὸς ἐών, Εὔμαιε συβῶτα,
πολλὸν ἀπεπλάγχθης σῆς πατρίδος ἠδὲ τοκήων.
ἀλλ' ἄγε μοι τόδε εἰπὲ καὶ ἀτρεκέως κατάλεξον,
ἠὲ διεπράθετο πτόλις ἀνδρῶν εὐρυάγυια,
ᾗ ἔνι ναιετάασκε πατὴρ καὶ πότνια μήτηρ, 385
ἦ σέ γε μουνωθέντα παρ' οἴεσιν ἢ παρὰ βουσὶν
ἄνδρες δυσμενέες νηυσὶν λάβον ἠδ' ἐπέρασσαν
τοῦδ' ἀνδρὸς πρὸς δώμαθ', ὁ δ' ἄξιον ὦνον ἔδωκε."
    τὸν δ' αὖτε προσέειπε συβώτης, ὄρχαμος ἀνδρῶν·
"ξεῖν', ἐπεὶ ἂρ δὴ ταῦτά μ' ἀνείρεαι ἠδὲ μεταλλᾷς, 390
σιγῇ νῦν ξυνίει καὶ τέρπεο πῖνέ τε οἶνον,
ἥμενος. αἵδε δὲ νύκτες ἀθέσφατοι· ἔστι μὲν εὕδειν,
ἔστι δὲ τερπομένοισιν ἀκουέμεν· οὐδέ τί σε χρή,
πρὶν ὥρη, καταλέχθαι· ἀνίη καὶ πολὺς ὕπνος.
τῶν δ' ἄλλων ὅτινα κραδίη καὶ θυμὸς ἀνώγει, 395
εὑδέτω ἐξελθών· ἅμα δ' ἠοῖ φαινομένηφι
δειπνήσας ἅμ' ὕεσσιν ἀνακτορίῃσιν ἑπέσθω.
νῶϊ δ' ἐνὶ κλισίῃ πίνοντέ τε δαινυμένω τε
κήδεσιν ἀλλήλων τερπώμεθα λευγαλέοισι
μνωομένω· μετὰ γάρ τε καὶ ἄλγεσι τέρπεται ἀνήρ, 400
ὅς τις δὴ μάλα πολλὰ πάθῃ καὶ πόλλ' ἐπαληθῇ.
τοῦτο δέ τοι ἐρέω, ὅ μ' ἀνείρεαι ἠδὲ μεταλλᾷς.
    νῆσός τις Συρίη κικλήσκεται, εἴ που ἀκούεις,
Ὀρτυγίης καθύπερθεν, ὅθι τροπαὶ ἠελίοιο,
οὔ τι περιπληθὴς λίην τόσον, ἀλλ' ἀγαθὴ μέν, 405
εὔβοος εὔμηλος, οἰνοπληθὴς πολύπυρος.
πείνη δ' οὔ ποτε δῆμον ἐσέρχεται, οὐδέ τις ἄλλη
νοῦσος ἐπὶ στυγερὴ πέλεται δειλοῖσι βροτοῖσιν·
ἀλλ' ὅτε γηράσκωσι πόλιν κάτα φῦλ' ἀνθρώπων,
ἐλθὼν ἀργυρότοξος Ἀπόλλων Ἀρτέμιδι ξύν, 410
οἷς ἀγανοῖσι βέλεσσιν ἐποιχόμενος κατέπεφνεν.
ἔνθα δύω πόλιες, δίχα δέ σφισι πάντα δέδασται·

Niemals ein schmeichelndes Wort, keine Tat. Es senkte ja Unheil
Schwer sich aufs Haus: jene haltlosen Männer. Da möchten die Diener
Gern mit der Hausfrau reden, nach allem sie fragen; sie möchten
Essen und trinken und was auf die Felder sich gern einer mitnimmt.
Solches macht ja doch allzeit warm das Gemüt eines Dieners."

Antwort gab ihm und sagte der einfallreiche Odysseus:
„Was nicht gar! Eumaios, du Sauhirt! Gar schon als Kindchen
Mußtest du weg von der Heimat und fort von den Eltern ins Weite!
Aber nun sage mir dies und erzähl es mir ohne Verdrehung:
Ist denn die Stadt mit den breiten Straßen, wo Männer doch lebten,
Ward er zerstört, dieser Sitz deines Vaters, der waltenden Mutter?
Oder nahmen dich feindliche Männer aufs Schiff, als du einsam
Schafe und Rinder betreutest? Verkauften sie dich in das Haus hier
Dieses Mannes und gab er dafür einen achtbaren Kaufpreis?"

Ihm erwiderte dann der Herr seiner Leute, der Sauhirt:
„Gast! Da du danach fragst und so genau dich erkundigst:
Halte jetzt still; hör zu und fühl dich behaglich und trinke
Hier auf dem Sitz deinen Wein. Jetzt sind die unsagbaren Nächte.
Zeit ist für Schlaf und Zeit mit Behagen zu lauschen. Du brauchst doch
Wirklich zu früh nicht ins Bett; viel Schlaf ist ja auch eine Plage.
Ist bei den anderen einer, dem Herz und Gemüt es gebieten,
Geh er hinaus und schlafe! Beim ersten Lichte des Morgens
Nehm er sein Mahl und geleite die Schweine der Herrschaft! Wir beide
Essen und trinken derweil und bleiben hier in der Hütte,
Schwelgen heiter mitsammen beim Denken an grausigen Kummer.
Hinterher schwelgt ja der Mensch und freut sich sogar noch der Schmerzen,
Hat einer wirklich vieles gelitten auf vielerlei Irrfahrt.
Das aber will ich dir sagen, wonach du forschend mich fragtest.

Syria heißt eine Insel, vielleicht schon erhieltest du Kunde;
Über Ortygia liegt es hinaus, wo die Sonne sich wendet,
Nicht grad reich an Bevölkerung, aber doch immerhin trefflich:
Rinder gibt es und Schafe und Wein und Weizen in Fülle,
Alles vorzüglich; niemals kommt dort der Hunger zum Volke,
Keine andere häßliche Krankheit quält dort die armen
Sterblichen. Werden alt in der Stadt die Geschlechter der Menschen,
Dann kommt Artemis, kommt auch Apollon mit silbernem Bogen,
Treten heran und töten mit ihren sanften Geschossen.
Zweifach ist dort alles geteilt, zwei Städte auch gibt es;

τῇσιν δ' ἀμφοτέρῃσι πατὴρ ἐμὸς ἐμβασίλευε,
Κτήσιος Ὀρμενίδης, ἐπιείκελος ἀθανάτοισιν.
 ἔνθα δὲ Φοίνικες ναυσίκλυτοὶ ἤλυθον ἄνδρες, 415
τρῶκται, μυρί' ἄγοντες ἀθύρματα νηὶ μελαίνῃ.
ἔσκε δὲ πατρὸς ἐμοῖο γυνὴ Φοίνισσ' ἐνὶ οἴκῳ,
καλή τε μεγάλη τε καὶ ἀγλαὰ ἔργα ἰδυῖα·
τὴν δ' ἄρα Φοίνικες πολυπαίπαλοι ἠπερόπευον.
πλυνούσῃ τις πρῶτα μίγη κοίλῃ παρὰ νηὶ 420
εὐνῇ καὶ φιλότητι, τά τε φρένας ἠπεροπεύει
θηλυτέρῃσι γυναιξί, καὶ ἥ κ' εὐεργὸς ἔῃσιν.
εἰρώτα δὴ ἔπειτα, τίς εἴη καὶ πόθεν ἔλθοι·
ἡ δὲ μάλ' αὐτίκα πατρὸς ἐπέφραδεν ὑψερεφὲς δῶ·
 'ἐκ μὲν Σιδῶνος πολυχάλκου εὔχομαι εἶναι, 425
κούρη δ' εἴμ' Ἀρύβαντος ἐγὼ ῥυδὸν ἀφνειοῖο·
ἀλλά μ' ἀνήρπαξαν Τάφιοι ληίστορες ἄνδρες
ἀγρόθεν ἐρχομένην, πέρασαν δέ με δεῦρ' ἀγαγόντες
τοῦδ' ἀνδρὸς πρὸς δώμαθ'· ὁ δ' ἄξιον ὦνον ἔδωκε.'
 τὴν δ' αὖτε προσέειπεν ἀνήρ, ὃς μίσγετο λάθρῃ· 430
'ἦ ῥά κε νῦν πάλιν αὖτις ἅμ' ἡμῖν οἴκαδ' ἕποιο,
ὄφρα ἴδῃ πατρὸς καὶ μητέρος ὑψερεφὲς δῶ
αὐτούς τ'; ἦ γὰρ ἔτ' εἰσὶ καὶ ἀφνειοὶ καλέονται.'
 τὸν δ' αὖτε προσέειπε γυνὴ καὶ ἀμείβετο μύθῳ·
'εἴη κεν καὶ τοῦτ', εἴ μοι ἐθέλοιτέ γε, ναῦται, 435
ὅρκῳ πιστωθῆναι ἀπήμονά μ' οἴκαδ' ἀπάξειν.'
 ὣς ἔφαθ', οἱ δ' ἄρα πάντες ἐπώμνυον, ὡς ἐκέλευεν.
αὐτὰρ ἐπεί ῥ' ὄμοσάν τε τελεύτησάν τε τὸν ὅρκον,
τοῖς δ' αὖτις μετέειπε γυνὴ καὶ ἀμείβετο μύθῳ·
 'σιγῇ νῦν· μή τίς με προσαυδάτω ἐπέεσσιν 440
ὑμετέρων ἑτάρων ξυμβλήμενος ἢ ἐν ἀγυιῇ
ἤ που ἐπὶ κρήνῃ· μή τις ποτὶ δῶμα γέροντι
ἐλθὼν ἐξείπῃ, ὁ δ' ὀϊσάμενος καταδήσῃ
δεσμῷ ἐν ἀργαλέῳ, ὑμῖν δ' ἐπιφράσσετ' ὄλεθρον.
ἀλλ' ἔχετ' ἐν φρεσὶ μῦθον, ἐπείγετε δ' ὦνον ὁδαίων. 445
ἀλλ' ὅτε κεν δὴ νηῦς πλείη βιότοιο γένηται,
ἀγγελίη μοι ἔπειτα θοῶς πρὸς δώμαθ' ἱκέσθω·
οἴσω γὰρ καὶ χρυσόν, ὅτις χ' ὑποχείριος ἔλθῃ.
καὶ δέ κεν ἄλλ' ἐπίβαθρον ἐγὼν ἐθέλουσά γε δοίην·
παῖδα γὰρ ἀνδρὸς ἑῆος ἐνὶ μεγάροισ' ἀτιτάλλω, 450

Beide aber beherrschte als König mein eigener Vater,
Ktesios, Ormenos' Sohn; er sah den Unsterblichen ähnlich.
 Dorthin kamen phoinikische Männer, Helden der Schiffahrt,
Gaunernde Leute mit zahllosem Tand in dem schwarzen Fahrzeug.
Nun war im Haus meines Vaters ein Weib aus dem Lande Phoinike,
Schön und groß und trefflich bewandert in herrlicher Arbeit.
Diese brachten phoinikische Strolche mit Schwatzen in Wirrnis.
Erstmals war es beim Waschen; da holte sie einer beim hohlen
Schiff aufs Lager der Liebe; das bringt ja bei fraulichen Weibern,
Sei eine noch so tüchtig, Verwirrung ins Denken. Und jener
Fragte sie schließlich, wer sie wohl sei und woher sie denn komme.
Gleich beschrieb sie den hochgedeckten Palast ihres Vaters:
 „Ich bin aus Sidon, dem Lande des Erzes, und rühme mich dessen;
Arybas Tochter bin ich; sein Reichtum gleicht einem Strome.
Aber die Taphier griffen mich auf, diese Räuber; ich ging da
Eben vom Acker nachhause; sie brachten mich weg und verkauften
Hier mich ins Haus dieses Mannes; der gab einen achtbaren Kaufpreis."
 Ihr aber sagte dann wieder der Mann, der sich heimlich ihr nahte:
 „Aber da könntest du jetzt doch zurück und nach Hause uns folgen,
Wiedersehen das hohe Dach des Palastes der Eltern;
Vater und Mutter leben ja noch und man nennt sie begütert."
 Ihm entgegnete wieder das Weib und gab ihm zur Antwort:
 „Ja, das könnte auch sein, wenn ihr eidlich, ihr Leute vom Schiffe,
Erst euch verpflichtet, mich ganz ohne Schaden nach Hause zu bringen."
 Also sprach sie; da schworen sie alle gemäß dem Befehle.
Als dann den Schwur sie getan, bis aufs letzte Wort ihn geleistet,
Sagte zu ihnen wieder das Weib und gab ihnen Antwort:
 „Jetzt aber still! Kein Wort darf keiner von euren Gefährten,
Wenn er mich irgendwo trifft, an mich richten; nicht auf der Straße,
Nicht an der Quelle; es könnte sonst einer zum Alten im Hause
Kommen und plaudern. Der dächte dann weiter und ließe mich binden;
Schmerzlich wären die Fesseln; doch euch bedrohte Vernichtung.
Also behaltet mein Wort im Sinn und betreibt euren Handel,
Kauft und verkauft! Und wenn euer Schiff dann mit Gütern gefüllt ist,
Dann soll eilige Kunde mir werden dort im Palaste;
Denn ich bringe euch Gold, soviel mir gerad in die Hand fällt;
Auch noch anderen Lohn für die Fahrt will gerne ich zahlen,
Nämlich das Söhnchen des edlen Manns, das im Saal ich erziehe;

κερδαλέον δὴ τοῖον, ἅμα τροχόωντα θύραζε·
τόν κεν ἄγοιμ' ἐπὶ νηός, ὁ δ' ὕμιν μυρίον ὦνον
ἄλφοι, ὅπη περάσητε κατ' ἀλλοθρόους ἀνθρώπους.'

ἡ μὲν ἄρ' ὣς εἰποῦσ' ἀπέβη πρὸς δώματα καλά·
οἱ δ' ἐνιαυτὸν ἅπαντα παρ' ἡμῖν αὖθι μένοντες   455
ἐν νηὶ γλαφυρῇ βίοτον πολὺν ἐμπολόωντο.
ἀλλ' ὅτε δὴ κοίλη νηῦς ἤχθετο τοῖσι νέεσθαι,
καὶ τότ' ἄρ' ἄγγελον ἧκαν, ὃς ἀγγείλειε γυναικί.
ἤλυθ' ἀνὴρ πολύϊδρις ἐμοῦ πρὸς δώματα πατρὸς
χρύσεον ὅρμον ἔχων, μετὰ δ' ἠλέκτροισιν ἔερτο.   460
τὸν μὲν ἄρ' ἐν μεγάρῳ δμωαὶ καὶ πότνια μήτηρ
χερσίν τ' ἀμφαφόωντο καὶ ὀφθαλμοῖσιν ὁρῶντο,
ὦνον ὑπισχόμεναι· ὁ δὲ τῇ κατένευσε σιωπῇ.
ἦ τοι ὁ καννεύσας κοίλην ἐπὶ νῆα βεβήκει,
ἡ δ' ἐμὲ χειρὸς ἑλοῦσα δόμων ἐξῆγε θύραζε.   465
εὗρε δ' ἐνὶ προδόμῳ ἠμὲν δέπα ἠδὲ τραπέζας
ἀνδρῶν δαιτυμόνων, οἵ μευ πατέρ' ἀμφεπένοντο.
οἱ μὲν ἄρ' ἐς θῶκον πρόμολον δήμοιό τε φῆμιν,
ἡ δ' αἶψα τρί' ἄλεισα κατακρύψασ' ὑπὸ κόλπῳ
ἔκφερεν· αὐτὰρ ἐγὼν ἑπόμην ἀεσιφροσύνῃσι.   470

δύσετό τ' ἠέλιος σκιόωντό τε πᾶσαι ἀγυιαί·
ἡμεῖς δ' ἐς λιμένα κλυτὸν ἤλθομεν ὦκα κιόντες,
ἔνθ' ἄρα Φοινίκων ἀνδρῶν ἦν ὠκύαλος νηῦς.
οἱ μὲν ἔπειτ' ἀναβάντες ἐπέπλεον ὑγρὰ κέλευθα,
νὼ ἀναβησάμενοι· ἐπὶ δὲ Ζεὺς οὖρον ἴαλλεν.   475

ἑξῆμαρ μὲν ὁμῶς πλέομεν νύκτας τε καὶ ἦμαρ·
ἀλλ' ὅτε δὴ ἕβδομον ἦμαρ ἐπὶ Ζεὺς θῆκε Κρονίων,
τὴν μὲν ἔπειτα γυναῖκα βάλ' Ἄρτεμις ἰοχέαιρα,
ἄντλῳ δ' ἐνδούπησε πεσοῦσ' ὡς εἰναλίη κήξ.
καὶ τὴν μὲν φώκῃσι καὶ ἰχθύσι κύρμα γενέσθαι   480
ἔκβαλον· αὐτὰρ ἐγὼ λιπόμην ἀκαχήμενος ἦτορ.
τοὺς δ' Ἰθάκῃ ἐπέλασσε φέρων ἄνεμός τε καὶ ὕδωρ,
ἔνθα με Λαέρτης πρίατο κτεάτεσσιν ἑοῖσιν.
οὕτω τήνδε τε γαῖαν ἐγὼν ἴδον ὀφθαλμοῖσι."

τὸν δ' αὖ διογενὴς Ὀδυσεὺς ἠμείβετο μύθῳ·   485
"Εὔμαι', ἦ μάλα δή μοι ἐνὶ φρεσὶ θυμὸν ὄρινας
ταῦτα ἕκαστα λέγων, ὅσα δὴ πάθες ἄλγεα θυμῷ.
ἀλλ' ἦ τοι σοὶ μὲν παρὰ καὶ κακῷ ἐσθλὸν ἔθηκε

Fünfzehnter Gesang

Was ist der rechte Gewinn: er läuft mir ja nach an die Türe.
Den bring ich mit aufs Schiff; der schaffe euch Riesengewinne,
Wo ihr ihn immer verkauft bei Menschen mit anderen Sprachen."
  Also sprach sie und ging zurück zum schönen Palaste.
Die aber blieben ein ganzes Jahr dort bei uns und mit Handeln
Schafften sie viele Güter hinein ins geräumige Fahrzeug.
Als sie das hohle Schiff dann endlich belastet, daß Heimfahrt
Lohnte, da schickten sie schließlich dem Weib einen meldenden Boten.
Kam da ein Mann mit gerissner Erfahrung ins Haus meines Vaters,
Hatte ein Halsband, golden, mit Bernsteinstückchen dazwischen.
Dieses nahm die erhabene Mutter im Saal und die Mägde
Tasteten dran mit den Händen und waren dabei ganz Auge,
Stellten den Kauf gar in Aussicht. Er aber winkte ihr schweigend,
Ging dann zum hohlen Schiff, sobald er den Wink ihr gegeben.
Sie aber nahm meine Hand und führte mich fort aus dem Hause,
Fand noch im Vorraum Becher und Tische der Männer, die oft dort
Schmausten und immer sich mühten dem Vater zu helfen. Doch eben
waren sie weg in der Sitzung, die Stimmen des Volkes zu hören.
Flugs nahm drei sie der Becher noch mit und verbarg sie im Busen.
Ich aber folgte ihr nach; denn mir fehlte doch jedes Verständnis.
  Sonne versank und Schatten verhüllten sämtliche Straßen.
Wir aber gingen in Eile zum Hafen, der weithin bekannt ist.
Dort nun lag der Phoiniker eilig schwingendes Fahrzeug.
Darauf stiegen sie ein, um die feuchten Pfade zu fahren,
Nahmen uns beide an Bord und Zeus gab günstigen Fahrwind.
Sechsmal segelten wir ohne Störung Nächte und Tage.
Aber als Zeus, der Kronide, den siebenten Tag uns bescherte,
Traf jenes Weib die fröhliche Schützin Artemis tödlich;
Dröhnend fiel sie ins Wasser im Schiffsraum wie eine Möve.
Diese nun warfen sie aus zur Beute von Robben und Fischen.
Ich aber mußte wohl bleiben mit tiefer Betrübnis im Herzen.
Wasser und Wind aber brachten dann jene in Ithakas Nähe.
Hier hat mich Laërtes gekauft zu seinem Besitztum.
So ists gewesen, so ist mir dies Land vor die Augen gekommen."
  Antwort gab ihm da wieder der Göttersproß Odysseus:
„Ach, Eumaios, all deine Worte vom Leid im Gemüte,
Wahrlich sie haben zutiefst mein Gemüt im Innern betroffen.
Aber es hat dir doch Zeus zum Bösen auch Edles gegeben:

Ζεύς, ἐπεὶ ἀνδρὸς δώματ' ἀφίκεο πολλὰ μογήσας
ἠπίου, ὅς δή τοι παρέχει βρῶσίν τε πόσιν τε 490
ἐνδυκέως, ζώεις δ' ἀγαθὸν βίον· αὐτὰρ ἐγώ γε
πολλὰ βροτῶν ἐπὶ ἄστε' ἀλώμενος ἐνθάδ' ἱκάνω.''

ὣς οἱ μὲν τοιαῦτα πρὸς ἀλλήλους ἀγόρευον,
καδδραθέτην δ' οὐ πολλὸν ἐπὶ χρόνον, ἀλλὰ μίνυνθα·
αἶψα γὰρ Ἠὼς ἦλθεν ἐΰθρονος. οἱ δ' ἐπὶ χέρσου 495
Τηλεμάχου ἕταροι λύον ἱστία, κὰδ δ' ἕλον ἱστὸν
καρπαλίμως, τὴν δ' εἰς ὅρμον προέρεσσαν ἐρετμοῖς.
ἐκ δ' εὐνὰς ἔβαλον, κατὰ δὲ πρυμνήσι' ἔδησαν·
ἐκ δὲ καὶ αὐτοὶ βαῖνον ἐπὶ ῥηγμῖνι θαλάσσης
δεῖπνόν τ' ἐντύνοντο κερῶντό τε αἴθοπα οἶνον. 500
αὐτὰρ ἐπεὶ πόσιος καὶ ἐδητύος ἐξ ἔρον ἔντο,
τοῖσι δὲ Τηλέμαχος πεπνυμένος ἤρχετο μύθων·

"ὑμεῖς μὲν νῦν ἄστυδ' ἐλαύνετε νῆα μέλαιναν,
αὐτὰρ ἐγὼν ἀγροὺς ἐπιείσομαι ἠδὲ βοτῆρας·
ἑσπέριος δ' εἰς ἄστυ ἰδὼν ἐμὰ ἔργα κάτειμι. 505
ἠῶθεν δέ κεν ὕμμιν ὁδοιπόριον παραθείμην,
δαῖτ' ἀγαθὴν κρειῶν τε καὶ οἴνου ἡδυπότοιο.''

τὸν δ' αὖτε προσέειπε Θεοκλύμενος θεοειδής·
"πῆ γὰρ ἐγώ, φίλε τέκνον, ἴω; τεῦ δώμαθ' ἵκωμαι
ἀνδρῶν, οἳ κραναὴν Ἰθάκην κάτα κοιρανέουσιν; 510
ἦ ἰθὺς σῆς μητρὸς ἴω καὶ σοῖο δόμοιο;''

τὸν δ' αὖ Τηλέμαχος πεπνυμένος ἀντίον ηὔδα·
"ἄλλως μέν σ' ἂν ἐγώ γε καὶ ἡμέτερόνδε κελοίμην
ἔρχεσθ'· οὐ γάρ τι ξενίων ποθή· ἀλλὰ σοὶ αὐτῷ
χεῖρον, ἐπεί τοι ἐγὼ μὲν ἀπέσσομαι, οὐδέ σε μήτηρ 515
ὄψεται· οὐ μὲν γάρ τι θαμὰ μνηστῆρσ' ἐνὶ οἴκῳ
φαίνεται, ἀλλ' ἀπὸ τῶν ὑπερωΐῳ ἱστὸν ὑφαίνει.
ἀλλά τοι ἄλλον φῶτα πιφαύσκομαι, ὅν κεν ἵκοιο,
Εὐρύμαχον, Πολύβοιο δαΐφρονος ἀγλαὸν υἱόν,
τὸν νῦν ἶσα θεῷ Ἰθακήσιοι εἰσορόωσι· 520
καὶ γὰρ πολλὸν ἄριστος ἀνὴρ μέμονέν τε μάλιστα
μητέρ' ἐμὴν γαμέειν καὶ Ὀδυσσῆος γέρας ἕξειν.
ἀλλὰ τά γε Ζεὺς οἶδεν Ὀλύμπιος, αἰθέρι ναίων,
εἴ κέ σφιν πρὸ γάμοιο τελευτήσει κακὸν ἦμαρ.''

ὣς ἄρα οἱ εἰπόντι ἐπέπτατο δεξιὸς ὄρνις, 525
κίρκος, Ἀπόλλωνος ταχὺς ἄγγελος· ἐν δὲ πόδεσσι

Kamst du doch trotz allem Kummer ins Haus eines gütigen Mannes,
Dieser umsorgt dich wirklich und reichlich mit Essen und Trinken.
Darum lebst du ja gut, aber ich — auf ewigen Fahrten
Komme ich her und durchirre die vielen Städte der Menschen."

  Also redeten beide mitsammen in Wechselgesprächen,
Schliefen nicht lang, nur ein Weilchen; denn Eos auf herrlichem Throne
War schon in eiligem Kommen. Da nahmen Telemachos' Leute
Nahe beim Lande die Segel herunter und legten den Mastbaum
Schleunig zu Boden und ruderten dann an die Lände das Fahrzeug.
Haltende Steine warfen sie aus und haltende Taue
Banden sie fest. Sie stiegen dann aus am Rande des Meeres,
Richteten sich ein Mahl und mischten die funkelnden Weine.
Aber sobald dann die Lust nach Trinken und Essen verflogen,
Sprach der gewandte Telemachos nunmehr als Erster zu ihnen:

  „Jetzt fahrt ihr mir das schwarze Schiff in die Stadt! Doch ich selber
Geh auf die Äcker und will zu den Hirten. Und hab ich dann alles,
Was ich besitze, gesehen, dann komm ich am Abend zur Stadt. Ich
Kann euch dann morgen den Lohn für die Fahrt in der Frühe entrichten.
Gut wird die Mahlzeit, Fleisch wird es geben und süffige Weine."

  Theoklymenos sprach da zu ihm, er sah wie ein Gott aus:
„Aber wohin soll ich denn, mein Sohn? Mein Hausherr? Wer ist es?
Wer von den Männern, die herrschen im steinigen Ithaka? Oder
Soll ich zunächst deine Mutter in deinem Hause besuchen?"

  Ihm aber hielt der gewandte Telemachos wieder entgegen:
„Ganz vergeblich hieße ich dich in das unsre zu gehen,
Denn nach gastlicher Freundschaft besteht dort gar keine Sehnsucht.
Gar nicht günstig auch wär es für dich; da ich dir ja fern bin.
Mutter indessen wird dich nicht sehen; sie zeigt sich im Hause
Gar nicht häufig den Freiern, sie webt ja im Obergemache
Ferne von ihnen. Ich will dir dafür einen andern verraten;
Diesen kannst du erreichen: Eurymachos ist es, des klugen
Pólybos glänzender Sohn, den die Leute in Ithaka ansehn,
Grade als wär er ein Gott. Der weitaus Adligste ist er,
Heftigst verlangt er zur Frau meine Mutter und will des Odysseus
Würde. Doch Zeus, der Olympier, weiß es, der Herrscher im Äther:
Vor dieser Ehe vollzieht er vielleicht noch den Tag ihres Unheils."

  Als er so sprach, flog rechts ein Vogel vorüber, ein Habicht
War es, Apollons hurtiger Bote. Er hielt eine Taube

τίλλε πέλειαν ἔχων, κατὰ δὲ πτερὰ χεῦεν ἔραζε
μεσσηγὺς νηός τε καὶ αὐτοῦ Τηλεμάχοιο.
τὸν δὲ Θεοκλύμενος ἑτάρων ἀπονόσφι καλέσσας
ἔν τ' ἄρα οἱ φῦ χειρὶ ἔπος τ' ἔφατ' ἔκ τ' ὀνόμαζε· 530
"Τηλέμαχ', οὔ τοι ἄνευ θεοῦ ἔπτατο δεξιὸς ὄρνις·
ἔγνων γάρ μιν ἐσάντα ἰδὼν οἰωνὸν ἐόντα.
ὑμετέρου δ' οὐκ ἔστι γένευς βασιλεύτερον ἄλλο
ἐν δήμῳ Ἰθάκης, ἀλλ' ὑμεῖς καρτεροὶ αἰεί."
τὸν δ' αὖ Τηλέμαχος πεπνυμένος ἀντίον ηὔδα· 535
"αἲ γὰρ τοῦτο, ξεῖνε, ἔπος τετελεσμένον εἴη·
τῷ κε τάχα γνοίης φιλότητά τε πολλά τε δῶρα
ἐξ ἐμεῦ, ὡς ἄν τίς σε συναντόμενος μακαρίζοι."
ἦ καὶ Πείραιον προσεφώνεε, πιστὸν ἑταῖρον·
"Πείραιε Κλυτίδη, σὺ δέ μοι τά περ ἄλλα μάλιστα 540
πείθῃ ἐμῶν ἑτάρων, οἵ μοι Πύλον εἰς ἅμ' ἕποντο·
καὶ νῦν μοι τὸν ξεῖνον ἄγων ἐν δώμασι σοῖσιν
ἐνδυκέως φιλέειν καὶ τιέμεν, εἰς ὅ κεν ἔλθω."
τὸν δ' αὖ Πείραιος δουρικλυτὸς ἀντίον ηὔδα·
"Τηλέμαχ', εἰ γάρ κεν σὺ πολὺν χρόνον ἐνθάδε μίμνοις, 545
τόνδε τ' ἐγὼ κομιῶ, ξενίων δέ οἱ οὐ ποθὴ ἔσται."
ὣς εἰπὼν ἐπὶ νηὸς ἔβη, ἐκέλευσε δ' ἑταίρους
αὐτούς τ' ἀμβαίνειν ἀνά τε πρυμνήσια λῦσαι.
οἱ δ' αἶψ' εἴσβαινον καὶ ἐπὶ κληῖσι καθῖζον.
Τηλέμαχος δ' ὑπὸ ποσσὶν ἐδήσατο καλὰ πέδιλα, 550
εἵλετο δ' ἄλκιμον ἔγχος, ἀκαχμένον ὀξέϊ χαλκῷ,
νηὸς ἀπ' ἰκριόφιν· τοὶ δὲ πρυμνήσι' ἔλυσαν.
οἱ μὲν ἀνώσαντες πλέον ἐς πόλιν, ὡς ἐκέλευσε
Τηλέμαχος, φίλος υἱὸς Ὀδυσσῆος θείοιο·
τὸν δ' ὦκα προβιβῶντα πόδες φέρον, ὄφρ' ἵκετ' αὐλήν, 555
ἔνθα οἱ ἦσαν ὕες μάλα μυρίαι, ᾗσι συβώτης
ἐσθλὸς ἐὼν ἐνίαυεν, ἀνάκτεσιν ἤπια εἰδώς.

Fest in den Fängen; er rupfte und streute die Federn herunter
Zwischen Telemachos selbst und das Fahrzeug, grad in die Mitte.
Ihn aber rief Theoklymenos her aus dem Kreis der Gefährten,
Drückte ihm kräftig die Hand und sprach und sagte bedeutsam:
  „Sicher, Telemachos, sandte ein Gott dir von rechts diesen Vogel!
Als ich genau ihn besah, verstand ich, er künde die Zukunft.
Andre Geschlechter in Ithakas Volk sind an Königswürde
Niemals dem euren vergleichbar; nur ihr seid die Starken für immer!"
  Ihm aber hielt der gewandte Telemachos wieder entgegen:
„Gastfreund! Möchte doch dieses Wort sich endlich erfüllen!
Rasch dann fändest du Liebesbeweise in vielen Geschenken,
Die ich dir gäbe; es priese dich glücklich, wer je dir begegnet."
  Sprachs und rief dem Peiraios zu, seinem treuen Gefährten:
„Klytios' Sohn, mein Peiraios! am meisten von meinen Gefährten
Die mir nach Pylos gefolgt sind, zeigtest sonst du dich willig;
Darum führe auch jetzt diesen Fremden! In deinem Hause
Sollst du ihn sorglich ehren und lieben, bis selber ich komme."
  Ihm erwiderte dann Peiraios, ein Meister im Speerkampf:
„Lange Stunden kannst du hier säumen, Telemachos; den da
Will ich versorgen, daß nichts er an gastlicher Pflege vermisse."
  Also sprach er und ging aufs Schiff und befahl den Gefährten
Selbst auch einzusteigen, die haltenden Taue zu lösen.
Gleich aber stiegen sie ein und besetzten die Ruderbänke.
  Aber Telemachos band an die Füße sich schöne Sandalen,
Holte den wehrhaften Speer mit geschärfter, eherner Spitze
Weg vom Deck. Doch die Leute lösten die haltenden Taue.
Andere stießen dann ab und fuhren zur Stadt, wie der liebe
Sohn des erhabenen Odysseus, Telemachos, ihnen geboten.
Den aber trugen mit eilenden Schritten die Füße zum Hofe,
Wo seine zahllosen Schweine er hatte, bei denen der Sauhirt
Schlief; denn tüchtig war er und gütig gesinnt seinen Herren.

ΟΔΥΣΣΕΙΑΣ Π

Τηλεμάχου ἀναγνωρισμὸς Ὀδυσσέως

Τὼ δ' αὖτ' ἐν κλισίῃ Ὀδυσεὺς καὶ δῖος ὑφορβὸς
ἐντύνοντ' ἄριστον ἅμ' ἠοῖ, κηαμένω πῦρ,
ἔκπεμψάν τε νομῆας ἅμ' ἀγρομένοισι σύεσσι.
Τηλέμαχον δὲ περίσσαινον κύνες ὑλακόμωροι,
οὐδ' ὕλαον προσιόντα· νόησε δὲ δῖος Ὀδυσσεὺς 5
σαίνοντάς τε κύνας, περί τε κτύπος ἦλθε ποδοῖιν.
αἶψα δ' ἄρ' Εὔμαιον ἔπεα πτερόεντα προσηύδα·
"Εὔμαι', ἦ μάλα τίς τοι ἐλεύσεται ἐνθάδ' ἑταῖρος
ἢ καὶ γνώριμος ἄλλος, ἐπεὶ κύνες οὐχ ὑλάουσιν,
ἀλλὰ περισσαίνουσι· ποδῶν δ' ὑπὸ δοῦπον ἀκούω." 10
οὔ πω πᾶν εἴρητο ἔπος, ὅτε οἱ φίλος υἱὸς
ἔστη ἐνὶ προθύροισι. ταφὼν δ' ἀνόρουσε συβώτης,
ἐκ δ' ἄρα οἱ χειρῶν πέσον ἄγγεα, τοῖς ἐπονεῖτο
κιρνὰς αἴθοπα οἶνον. ὁ δ' ἀντίος ἦλθεν ἄνακτος,
κύσσε δέ μιν κεφαλήν τε καὶ ἄμφω φάεα καλὰ 15
χεῖράς τ' ἀμφοτέρας· θαλερὸν δέ οἱ ἔκπεσε δάκρυ.
ὡς δὲ πατὴρ ὃν παῖδα φίλα φρονέων ἀγαπάζει
ἐλθόντ' ἐξ ἀπίης γαίης δεκάτῳ ἐνιαυτῷ,
μοῦνον τηλύγετον, τῷ ἐπ' ἄλγεα πολλὰ μογήσῃ,
ὣς τότε Τηλέμαχον θεοειδέα δῖος ὑφορβὸς 20
πάντα κύσεν περιφύς, ὡς ἐκ θανάτοιο φυγόντα·
καί ῥ' ὀλοφυρόμενος ἔπεα πτερόεντα προσηύδα·
"ἦλθες, Τηλέμαχε, γλυκερὸν φάος· οὔ σ' ἔτ' ἐγώ γε
ὄψεσθαι ἐφάμην, ἐπεὶ ᾤχεο νηὶ Πύλονδε.
ἀλλ' ἄγε νῦν εἴσελθε, φίλον τέκος, ὄφρα σε θυμῷ 25
τέρψομαι εἰσορόων νέον ἄλλοθεν ἔνδον ἐόντα.
οὐ μὲν γάρ τι θάμ' ἀγρὸν ἐπέρχεαι οὐδὲ νομῆας,
ἀλλ' ἐπιδημεύεις· ὣς γάρ νύ τοι εὔαδε θυμῷ,
ἀνδρῶν μνηστήρων ἐσορᾶν ἀΐδηλον ὅμιλον."
τὸν δ' αὖ Τηλέμαχος πεπνυμένος ἀντίον ηὔδα· 30
"ἔσσεται οὕτως, ἄττα· σέθεν δ' ἕνεκ' ἐνθάδ' ἱκάνω,
ὄφρα σέ τ' ὀφθαλμοῖσιν ἴδω καὶ μῦθον ἀκούσω,

SECHZEHNTER GESANG

Telemachos erkennt Odysseus

Morgen war es, da machten die zwei in der Hütte ihr Frühstück,
Schürten das Feuer, Odysseus und mit ihm der göttliche Sauhirt,
Schickten die Hirten hinaus mit den weidenden Schweinen, als plötzlich
Bellende Hunde Telemachos wedelnd umschlichen. Er kam schon
Nahe; da bellten sie nicht. Doch der hehre Odysseus bemerkte
Wohl das Gewedel der Hunde; auch Stampfen von Füßen war hörbar.
Darum sagte er gleich zu Eumaios geflügelte Worte:

„Sicher, Eumaios, kommt da zu dir ein Gefährte! die Hunde
Bellen ja nicht; vielleicht ein andrer Bekannter? Sie wedeln
Um ihn herum; und dazwischen vernehme ich Stampfen von Füßen."

Noch war das Wort nicht gesagt, da trat schon der Sohn, der geliebte,
Eben herein durch die Türe des Hofs. Wie betroffen erhob sich
Stürmisch der Sauhirt, ließ das Geschirr, mit dem er sich mühte
Funkelnde Weine zu mischen, den Händen entfallen und eilte
Los auf den Herrscher. Er küßte den Kopf ihm, die herrlichen Augen,
Küßte ihm jede Hand; es entquollen ihm schwellende Tränen.
Wie wenn ein Vater den Sohn liebkost mit lieben Gedanken,
Kommt er im zehnten Jahr aus der Ferne; um seinetwillen
Litt er Leiden in Fülle; er ist ja sein einziger Liebling:
Grad so küßte in voller Umarmung der göttliche Sauhirt
Jetzt seinen göttergleichen Telemachos, weil er dem Tode
Glücklich entronnen, und sagte dann klagend geflügelte Worte:

„Kommen bist du, Telemachos, süßestes Licht! Und ich meinte
Nimmer dich wieder zu sehn, da du gingst um nach Pylos zu fahren.
Jetzt doch herein, mein Kind! Ich möchte mit Lust im Gemüte
Drinnen dich sehn; denn du kommst ja soeben aus anderen Welten.
Gehst du doch sonst nicht oft auf die Felder und gar zu den Hirten;
Immer bleibst du im Volk; es behagt dir wohl recht im Gemüte
Gründlich zu sehn auf die dunkle Gesellschaft der freienden Männer."

Ihm aber hielt der gewandte Telemachos wieder entgegen:

„Väterchen, mag es denn sein! Ich bin ja doch deinetwegen
Hieher gegangen; ich wollte vor Augen dich haben und wollte

ἤ μοι ἔτ' ἐν μεγάροις μήτηρ μένει, ἦέ τις ἤδη
ἀνδρῶν ἄλλος ἔγημεν, Ὀδυσσῆος δέ που εὐνὴ
χήτει ἐνευναίων κάκ' ἀράχνια κεῖται ἔχουσα."
  τὸν δ' αὖτε προσέειπε συβώτης, ὄρχαμος ἀνδρῶν·
"καὶ λίην κείνη γε μένει τετληότι θυμῷ
σοῖσιν ἐνὶ μεγάροισιν· ὀϊζυραὶ δέ οἱ αἰεὶ
φθίνουσιν νύκτες τε καὶ ἤματα δάκρυ χεούσῃ."
  ὣς ἄρα φωνήσας οἱ ἐδέξατο χάλκεον ἔγχος·
αὐτὰρ ὅ γ' εἴσω ἴεν καὶ ὑπέρβη λάϊνον οὐδόν.
τῷ δ' ἕδρης ἐπιόντι πατὴρ ὑπόειξεν Ὀδυσσεύς·
Τηλέμαχος δ' ἑτέρωθεν ἐρήτυε φώνησέν τε·
  "ἧσο, ξεῖν'· ἡμεῖς δὲ καὶ ἄλλοθι δήομεν ἕδρην
σταθμῷ ἐν ἡμετέρῳ· παρὰ δ' ἀνήρ, ὃς καταθήσει."
  ὣς φάθ', ὁ δ' αὖτις ἰὼν κατ' ἄρ' ἕζετο· τῷ δὲ συβώτης
χεῦεν ὕπο χλωρὰς ῥῶπας καὶ κῶας ὕπερθεν·
ἔνθα καθέζετ' ἔπειτα Ὀδυσσῆος φίλος υἱός.
τοῖσιν δὲ κρειῶν πίνακας παρέθηκε συβώτης
ὀπταλέων, ἅ ῥα τῇ προτέρῃ ὑπέλειπον ἔδοντες,
σῖτον δ' ἐσσυμένως παρενήεεν ἐν κανέοισιν,
ἐν δ' ἄρα κισσυβίῳ κίρνη μελιηδέα οἶνον·
αὐτὸς δ' ἀντίον ἷζεν Ὀδυσσῆος θείοιο.
οἱ δ' ἐπ' ὀνείαθ' ἑτοῖμα προκείμενα χεῖρας ἴαλλον.
αὐτὰρ ἐπεὶ πόσιος καὶ ἐδητύος ἐξ ἔρον ἕντο,
δὴ τότε Τηλέμαχος προσεφώνεε δῖον ὑφορβόν·
  "ἄττα, πόθεν τοι ξεῖνος ὅδ' ἵκετο; πῶς δέ ἑ ναῦται
ἤγαγον εἰς Ἰθάκην; τίνες ἔμμεναι εὐχετόωντο;
οὐ μὲν γάρ τί ἑ πεζὸν ὀΐομαι ἐνθάδ' ἱκέσθαι."
  τὸν δ' ἀπαμειβόμενος προσέφης, Εὔμαιε συβῶτα·
"τοιγὰρ ἐγώ τοι, τέκνον, ἀληθέα πάντ' ἀγορεύσω.
ἐκ μὲν Κρητάων γένος εὔχεται εὐρειάων,
φησὶ δὲ πολλὰ βροτῶν ἐπὶ ἄστεα δινηθῆναι
πλαζόμενος· ὣς γάρ οἱ ἐπέκλωσεν τά γε δαίμων.
νῦν αὖ Θεσπρωτῶν ἀνδρῶν παρὰ νηὸς ἀποδρὰς
ἤλυθ' ἐμὸν πρὸς σταθμόν, ἐγὼ δέ τοι ἐγγυαλίξω.
ἔρξον ὅπως ἐθέλεις· ἱκέτης δέ τοι εὔχεται εἶναι."
  τὸν δ' αὖ Τηλέμαχος πεπνυμένος ἀντίον ηὔδα·
"Εὔμαι', ἦ μάλα τοῦτο ἔπος θυμαλγὲς ἔειπες.
πῶς γὰρ δὴ τὸν ξεῖνον ἐγὼν ὑποδέξομαι οἴκῳ;

Kunde vernehmen, ob Mutter noch wohnt im Palast oder ob schon
Irgendein Mann von den andern sie freite; das Bett des Odysseus
Stünde dann da ohne Zeug, voll übelster Spinnengewebe."

Ihm erwiderte da der Herr seiner Leute, der Sauhirt:
„Nein, sie wartet gewiß, harrt aus in ihrem Gemüte,
Wartet in deinem Palast; doch Nächte endlosen Jammers,
Tage schwinden dahin und immer rinnen die Tränen."

Sprachs und ließ sich von ihm seinen ehernen Speer überreichen.
Er aber ging dann hinein, überschreitend die steinerne Schwelle.
Gleich als er nahte, bot seinen Sitz ihm der Vater Odysseus.
Aber Telemachos hemmte ihn, hielt ihn zurück und sagte:
„Fremder Mann, bleib sitzen! Wir finden auch sonst noch ein Plätz-
Hier in unserm Gehöft und der Mann ist ja da, der es richtet." [chen

Sprachs und der andere ging und setzte sich wieder. Dem Dritten
Häufte indessen der Sauhirt junges Gesträuch und darüber
Felle, auf die sich der liebe Sohn des Odysseus nun setzte.
Ihnen legte der Sauhirt vor, was vom gestrigen Essen
Übrig geblieben an Platten gebratenen Fleisches; in Körben
Schichtete eilig er Brote und mischte dann schließlich im Holznapf
Wein, der süß war wie Honig, um endlich selbst dem Odysseus
Grad gegenüber, dem göttlichen Manne, sich niederzulassen.
Sie aber streckten die Hände, das Essen stand fertig vor ihnen.
Aber sobald das Verlangen nach Trank und nach Speise verflogen,
Sprach Telemachos endlich an seinen göttlichen Sauhirt:

„Väterchen, woher kam dieser Fremde da? Wie war die Absicht
Derer, die ihn nach Ithaka brachten? Wie war der Name,
Des sie sich rühmten? Ich meine, zu Fuß ist er schwerlich gekommen."

Ihm entgegnetest du und sagtest, Sauhirt Eumaios:
„Also will ich, mein Kind, dir alles in Wahrheit berichten.
Rühmend spricht er von seinem Geschlecht im breiten Kreta.
Viele Städte der Menschen durchzog er im Wirbel der Irrfahrt.
So wohl spann es ihm zu ein Unhold. Jetzt aber kam er
Hieher in mein Gehöft aus dem Lande thesprotischer Männer,
Da deren Schiff er entlief; nun gebe ich dir ihn zuhanden.
Tu so, wie dir es beliebt! Er bittet dein Schützling zu werden."

Ihm entgegnete da der gewandte Telemachos wieder:
„Dies ist ein Wort, mein Eumaios, das schmerzt mich tief im Gemüte.
Wie sollt ich den Fremden im Hause empfangen? Ich bin ja

αὐτὸς μὲν νέος εἰμὶ καὶ οὔ πω χερσὶ πέποιθα
ἄνδρ' ἀπαμύνασθαι, ὅτε τις πρότερος χαλεπήνῃ·
μητρὶ δ' ἐμῇ δίχα θυμὸς ἐνὶ φρεσὶ μερμηρίζει,
ἢ αὐτοῦ παρ' ἐμοί τε μένῃ καὶ δῶμα κομίζῃ,
εὐνήν τ' αἰδομένη πόσιος δήμοιό τε φῆμιν, 75
ἢ ἤδη ἅμ' ἕπηται, Ἀχαιῶν ὅς τις ἄριστος
μνᾶται ἐνὶ μεγάροισιν ἀνὴρ καὶ πλεῖστα πόρῃσιν.
ἀλλ' ἦ τοι τὸν ξεῖνον, ἐπεὶ τεὸν ἵκετο δῶμα,
ἕσσω μιν χλαῖνάν τε χιτῶνά τε εἵματα καλά,
δώσω δὲ ξίφος ἄμφηκες καὶ ποσσὶ πέδιλα, 80
πέμψω δ', ὅππῃ μιν κραδίη θυμός τε κελεύει.
εἰ δ' ἐθέλεις, σὺ κόμισσον ἐνὶ σταθμοῖσιν ἐρύξας·
εἵματα δ' ἐνθάδ' ἐγὼ πέμψω καὶ σῖτον ἅπαντα
ἔδμεναι, ὡς ἂν μή σε κατατρύχῃ καὶ ἑταίρους.
κεῖσε δ' ἂν οὔ μιν ἐγώ γε μετὰ μνηστῆρας ἐῷμι 85
ἔρχεσθαι, λίην γὰρ ἀτάσθαλον ὕβριν ἔχουσι·
μή μιν κερτομέωσιν· ἐμοὶ δ' ἄχος ἔσσεται αἰνόν.
πρῆξαι δ' ἀργαλέον τι μετὰ πλεόνεσσιν ἐόντα
ἄνδρα καὶ ἴφθιμον, ἐπεὶ ἦ πολὺ φέρτεροί εἰσι."
τὸν δ' αὖτε προσέειπε πολύτλας δῖος Ὀδυσσεύς· 90
"ὦ φίλ', ἐπεί θήν μοι καὶ ἀμείψασθαι θέμις ἐστίν,
ἦ μάλα μευ καταδάπτετ' ἀκούοντος φίλον ἦτορ,
οἷά φατε μνηστῆρας ἀτάσθαλα μηχανάασθαι
ἐν μεγάροις, ἀέκητι σέθεν τοιούτου ἐόντος.
εἰπέ μοι, ἠὲ ἑκὼν ὑποδάμνασαι, ἦ σέ γε λαοὶ 95
ἐχθαίρουσ' ἀνὰ δῆμον ἐπισπόμενοι θεοῦ ὀμφῇ·
ἦ τι κασιγνήτοις ἐπιμέμφεαι, οἷσί περ ἀνὴρ
μαρναμένοισι πέποιθε, καὶ εἰ μέγα νεῖκος ὄρηται;
αἲ γὰρ ἐγὼν οὕτω νέος εἴην τῷδ' ἐπὶ θυμῷ,
ἢ παῖς ἐξ Ὀδυσῆος ἀμύμονος ἠὲ καὶ αὐτὸς 100
ἔλθοι ἀλητεύων· ἔτι γὰρ καὶ ἐλπίδος αἶσα·
αὐτίκ' ἔπειτ' ἀπ' ἐμεῖο κάρη τάμοι ἀλλότριος φώς,
εἰ μὴ ἐγὼ κείνοισι κακὸν πάντεσσι γενοίμην
ἐλθὼν ἐς μέγαρον Λαερτιάδεω Ὀδυσῆος.
εἰ δ' αὖ με πληθυῖ δαμασαίατο μοῦνον ἐόντα, 105
βουλοίμην κ' ἐν ἐμοῖσι κατακτάμενος μεγάροισι
τεθνάμεν ἢ τάδε γ' αἰὲν ἀεικέα ἔργ' ὁράασθαι,
ξείνους τε στυφελιζομένους δμωάς τε γυναῖκας

Selber noch jung und bin meiner Hände noch immer nicht sicher,
Muß einem Manne ich wehren, der anfängt zornig zu werden.
Ist meiner Mutter Gemüt doch gespalten: Sie grübelt im Sinne,
Ob sie bei mir wohl bleibe und weiter das Haus noch versorge,
Ob sie noch achtet das Bett des Gemahls und beim Volke den Leumund,
Oder ob sie dem besten Achaier schon folgt, der als Freier
Hier im Palast und als Mann auch die meisten Geschenke ihr bietet.
Aber freilich den fremden Mann da, der jetzt in dein Haus kam,
Will ich mit Leibrock, Mantel und schönen Gewändern versehen,
Gebe ein Schwert ihm mit doppeltem Schliff, für die Füße Sandalen,
Ja, ich gebe Geleit, wie sein Herz und Gemüt es ihn heißen.
Ziehst du es vor, dann behalte ihn du im Gehöft und betreu ihn!
Kleidung will ich und all seine Zehrung dann hieher dir schicken;
Niemals darf es geschehn, daß er dich und Gefährten belaste.
Doch daß er dort bei den Freiern erscheine, das kann ich nicht dulden,
Allzu töricht und stolz und verbrecherisch ist ja ihr Treiben.
Schimpfen würden sie ihn, während ich dann schreckliche Ängste
Hätte. Ein Mann unter vielen, und wär er auch kräftig, hat arge
Mühe sich durchzusetzen; sie sind ja doch wahrlich viel stärker."

 Ihm erwidernd sagte der Dulder, der hehre Odysseus:
„Freund! Ich denke, auch ich hab ein Recht wohl, ein Wort zu erwidern:
Höre ich zu, so möcht es das liebe Herz mir zerfleischen,
Was ihr da sagt, daß da Freier so töricht Verbrechen betreiben
Dort im Palast, einem Manne wie dir zum Trotz und zum Ärger.
Sage mir, läßt du dich willig so knechten? oder verachten,
Weil eines Gottes Stimme sie folgen, im Volk dich die Leute?
Hast du vielleicht deine Brüder zu tadeln, auf die doch im Kampfe
Fest ein Mann sich verläßt, und gäb es ein mächtiges Streiten.
Wäre ich noch so jung, wie jetzt mir zumut ist; ja wäre
Ich doch der Sohn des Odysseus, des trefflichen, oder er käme
Selber als Bettler — ein Stückchen Hoffnung besteht ja noch immer —
Gleich dann dürfte ein Mann, und wär es ein fremder, mich köpfen,
Wenn ich nicht all diesen Leuten als wahre Vernichtung erschiene,
Träte ich ein in den Saal des Odysseus, des Sohns des Laërtes.
Schlüge mich aber ihr Haufe zusammen, die vielen den einen —
Ja! dann wäre mir lieber, ich läge im eignen Palaste
Tot und erschlagen als immer dies schurkische Treiben zu sehen,
Wie sie die Fremden mißhandeln und wie sie die dienenden Weiber

ρυστάζοντας ἀεικελίως κατὰ δώματα καλά,
καὶ οἶνον διαφυσσόμενον, καὶ σῖτον ἔδοντας 110
μάψ αὔτως ἀτέλεστον, ἀνηνύστῳ ἐπὶ ἔργῳ."
 τὸν δ' αὖ Τηλέμαχος πεπνυμένος ἀντίον ηὔδα·
"τοιγὰρ ἐγώ τοι, ξεῖνε, μάλ' ἀτρεκέως ἀγορεύσω.
οὔτε τί μοι πᾶς δῆμος ἀπεχθόμενος χαλεπαίνει,
οὔτε κασιγνήτοις ἐπιμέμφομαι, οἷσί περ ἀνὴρ 115
μαρναμένοισι πέποιθε, καὶ εἰ μέγα νεῖκος ὄρηται.
ὧδε γὰρ ἡμετέρην γενεὴν μούνωσε Κρονίων·
μοῦνον Λαέρτην Ἀρκείσιος υἱὸν ἔτικτε,
μοῦνον δ' αὖτ' Ὀδυσῆα πατὴρ τέκεν· αὐτὰρ Ὀδυσσεὺς
μοῦνον ἔμ' ἐν μεγάροισι τεκὼν λίπεν, οὐδ' ἀπόνητο. 120
τῷ νῦν δυσμενέες μάλα μυρίοι εἴσ' ἐνὶ οἴκῳ.
ὅσσοι γὰρ νήσοισιν ἐπικρατέουσιν ἄριστοι,
Δουλιχίῳ τε Σάμῃ τε καὶ ὑλήεντι Ζακύνθῳ,
ἠδ' ὅσσοι κραναὴν Ἰθάκην κάτα κοιρανέουσι,
τόσσοι μητέρ' ἐμὴν μνῶνται, τρύχουσι δὲ οἶκον. 125
ἡ δ' οὔτ' ἀρνεῖται στυγερὸν γάμον οὔτε τελευτὴν
ποιῆσαι δύναται· τοὶ δὲ φθινύθουσιν ἔδοντες
οἶκον ἐμόν· τάχα δή με διαρραίσουσι καὶ αὐτόν.
ἀλλ' ἦ τοι μὲν ταῦτα θεῶν ἐν γούνασι κεῖται·
ἄττα, σὺ δ' ἔρχεο θᾶσσον, ἐχέφρονι Πηνελοπείῃ 130
εἴφ', ὅτι οἱ σῶς εἰμι καὶ ἐκ Πύλου εἰλήλουθα.
αὐτὰρ ἐγὼν αὐτοῦ μενέω, σὺ δὲ δεῦρο νέεσθαι
οἴῃ ἀπαγγείλας· τῶν δ' ἄλλων μή τις Ἀχαιῶν
πευθέσθω· πολλοὶ γὰρ ἐμοὶ κακὰ μηχανόωνται."
 τὸν δ' ἀπαμειβόμενος προσέφης, Εὔμαιε συβῶτα· 135
"γινώσκω, φρονέω· τά γε δὴ νοέοντι κελεύεις.
ἀλλ' ἄγε μοι τόδε εἰπὲ καὶ ἀτρεκέως κατάλεξον,
εἰ καὶ Λαέρτῃ αὐτὴν ὁδὸν ἄγγελος ἔλθω
δυσμόρῳ, ὃς τεῖος μὲν Ὀδυσσῆος μέγ' ἀχεύων
ἔργα τ' ἐποπτεύεσκε μετὰ δμώων τ' ἐνὶ οἴκῳ 140
πῖνε καὶ ἦσθ', ὅτε θυμὸς ἐνὶ στήθεσσιν ἀνώγοι·
αὐτὰρ νῦν, ἐξ οὗ σύ γε ᾤχεο νηῒ Πύλονδε,
οὔ πώ μίν φασιν φαγέμεν καὶ πιέμεν αὔτως,
οὐδ' ἐπὶ ἔργα ἰδεῖν, ἀλλὰ στοναχῇ τε γόῳ τε
ἧσται ὀδυρόμενος, φθινύθει δ' ἀμφ' ὀστεόφι χρώς." 145
 τὸν δ' αὖ Τηλέμαχος πεπνυμένος ἀντίον ηὔδα·

Ohne Gefühl für Anstand zerren im schönen Palaste;
Wie sie den Wein da verschütten, die Speisen verzehren nur so drauf
Los, ohne Ziel und zum Zweck eines Werkes, das nie sie gewinnen."

Ihm aber hielt der gewandte Telemachos wieder entgegen:
„Nunmehr will ich dir, Fremdling, erzählen und ohne Verdrehung:
Weder zürnt mir das ganze Volk, noch zeigt es Verachtung,
Brüder habe ich auch nicht zu tadeln, auf die doch im Kampfe
Fest ein Mann sich verläßt, und gäb es ein mächtiges Streiten.
Stets doch hat unser Geschlecht der Kronide auf einen gegründet:
Einen einzigen zeugte Arkeisios: seinen Laërtes;
Einen nur zeugte dieser als Vater: nämlich Odysseus;
Der aber zeugte als einzigen mich im Palast; er verließ mich,
Ohne daß ich ihm nützte. So gibt es im Hause jetzt Feinde;
Zahllos sind sie; denn alle Gewaltigen, Besten der Inseln
Same, Dulichion und auch Zakynthos, das Wälder bedecken,
Weiter auch hier auf dem steinigen Ithaka alle die Herren —
Meine Mutter wollen sie freien und plündern das Hausgut.
Sie aber sagt nicht Nein zu der grausigen Ehe und kann sich
Doch nicht zum Letzten entschließen; derweil aber essen mir die dort
Arm unser Haus und mich selber zerreißen sie auch noch in kurzem.
Dies aber alles liegt ja doch vor den Knieen der Götter.
Darum Väterchen, eile recht schnell und sage der klugen
Penelopeia, daß nichts mir fehle und daß ich aus Pylos
Kam. Ich verweile indessen noch hier und kehre du wieder,
Wenn du gemeldet; doch ihr nur allein; denn kein andrer Achaier
Darf es vernehmen; es wirken ja viele zu meinem Verderben."

Antwort gabst du und sagtest ihm wieder, Sauhirt Eumaios:
„Wohl erkannt und bedacht; einem Denkenden gibst du Befehle.
Aber nun sage mir dies und erzähl es mir ohne Verdrehung:
Soll ich den Weg zu Laertes auch machen und melden? er hat doch
Wahrlich ein böses Geschick und bekümmert sich tief um Odysseus.
Aber er hielt doch Aufsicht über die Felder; im Hause
Aß er und trank mit den Knechten, so wie in der Brust ihm zumut war.
Jetzt aber, seit du nach Pylos gefahren bist, sagen die Leute,
Hat er noch nichts von selber gegessen, getrunken; er habe
Keinen Blick auf die Felder getan; mit Stöhnen und Klagen
Sitzt er und jammert; es schrumpft ihm die Haut um die Knochen zu-
Ihm aber hielt der gewandte Telemachos wieder entgegen: [sammen!"

'Οδυσσείας π

"ἄλγιον, ἀλλ' ἔμπης μιν ἐάσομεν, ἀχνύμενοί περ.
εἰ γάρ πως εἴη αὐτάγρετα πάντα βροτοῖσι,
πρῶτόν κεν τοῦ πατρὸς ἑλοίμεθα νόστιμον ἦμαρ.
ἀλλὰ σύ γ' ἀγγείλας ὀπίσω κίε, μηδὲ κατ' ἀγρούς 150
πλάζεσθαι μετ' ἐκεῖνον· ἀτὰρ πρὸς μητέρα εἰπεῖν
ἀμφίπολον ταμίην ὀτρυνέμεν ὅττι τάχιστα
κρύβδην· κείνη γάρ κεν ἀπαγγείλειε γέροντι."

ἦ ῥα καὶ ὦρσε συφορβόν· ὁ δ' εἵλετο χερσὶ πέδιλα,
δησάμενος δ' ὑπὸ ποσσὶ πόλινδ' ἴεν. οὐδ' ἄρ' Ἀθήνην 155
λῆθεν ἀπὸ σταθμοῖο κιὼν Εὔμαιος ὑφορβός,
ἀλλ' ἥ γε σχεδὸν ἦλθε· δέμας δ' ἤϊκτο γυναικὶ
καλῇ τε μεγάλῃ τε καὶ ἀγλαὰ ἔργα ἰδυίῃ.
στῆ δὲ κατ' ἀντίθυρον κλισίης Ὀδυσῆϊ φανεῖσα·
οὐδ' ἄρα Τηλέμαχος ἴδεν ἀντίον οὐδ' ἐνόησεν, — 160
οὐ γάρ πως πάντεσσι θεοὶ φαίνονται ἐναργεῖς, —
ἀλλ' Ὀδυσεύς τε κύνες τε ἴδον, καί ῥ' οὐχ ὑλάοντο,
κνυζηθμῷ δ' ἑτέρωσε διὰ σταθμοῖο φόβηθεν.
ἡ δ' ἄρ' ἐπ' ὀφρύσι νεῦσε· νόησε δὲ δῖος Ὀδυσσεύς,
ἐκ δ' ἦλθεν μεγάροιο παρὲκ μέγα τειχίον αὐλῆς, 165
στῆ δὲ πάροιθ' αὐτῆς. τὸν δὲ προσέειπεν Ἀθήνη·

"διογενὲς Λαερτιάδη, πολυμήχαν' Ὀδυσσεῦ,
ἤδη νῦν σῷ παιδὶ ἔπος φάο μηδ' ἐπίκευθε,
ὡς ἄν μνηστῆρσιν θάνατον καὶ κῆρ' ἀραρόντε
ἔρχησθον προτὶ ἄστυ περικλυτόν· οὐδ' ἐγὼ αὐτὴ 170
δηρὸν ἀπὸ σφῶϊν ἔσομαι μεμαυῖα μάχεσθαι."

ἦ, καὶ χρυσείῃ ῥάβδῳ ἐπεμάσσατ' Ἀθήνη.
φᾶρος μέν οἱ πρῶτον ἐϋπλυνὲς ἠδὲ χιτῶνα
θῆκ' ἀμφὶ στήθεσσι, δέμας δ' ὤφελλε καὶ ἥβην.
ἂψ δὲ μελαγχροιὴς γένετο, γναθμοὶ δ' ἐτάνυσθεν, 175
κυάνεαι δ' ἐγένοντο ἐθειράδες ἀμφὶ γένειον.
ἡ μὲν ἄρ' ὣς ἔρξασα πάλιν κίεν· αὐτὰρ Ὀδυσσεὺς
ἤϊεν ἐς κλισίην. θάμβησε δέ μιν φίλος υἱός,
ταρβήσας δ' ἑτέρωσε βάλ' ὄμματα, μὴ θεὸς εἴη,
καί μιν φωνήσας ἔπεα πτερόεντα προσηύδα· 180

"ἀλλοῖός μοι, ξεῖνε, φάνης νέον ἠὲ πάροιθεν,
ἄλλα δὲ εἴματ' ἔχεις καί τοι χρὼς οὐκέθ' ὁμοῖος.
ἦ μάλα τις θεός ἐσσι, τοὶ οὐρανὸν εὐρὺν ἔχουσιν·
ἀλλ' ἴληθ', ἵνα τοι κεχαρισμένα δώομεν ἱρὰ

„Schmerzlich und bitter; doch lassen wir ihn, so sehr es uns leid tut.
Stünd es den Menschen doch frei, sich alles selber zu wählen:
Ja, wir wählten als erstes des Vaters endliche Heimkehr.
Darum mach deine Meldung und kehre dann um; auf den Äckern
Laufe nicht planlos hinter ihm her. Aber sage der Mutter,
Daß sie sogleich eine dienende Schaffnerin eiligst und heimlich
Schicke und diese dem greisen Manne die Meldung erstatte."

Sprachs und drängte den Sauhirt. Der aber griff nach Sandalen,
Band an den Füßen sie fest und ging in die Stadt. Doch Athene
Konnte Eumaios', des Sauhirts, Gang vom Gehöft nicht entgehen,
Vielmehr nahte sie nun. Sie glich an Gestalt einem Weibe,
Schön und groß und trefflich bewandert in herrlicher Arbeit.
Neben der hinteren Türe der Hütte erschien sie Odysseus.
Nicht aber sah sie Telemachos leibhaft, nicht in Gedanken —
Mögen die Götter doch gar nicht vor allen sichtbar erscheinen —
Aber Odysseus sah sie, es sahn sie die Hunde, die winselnd
Ohne Gebell durch den Hof auf die andere Seite sich drückten.
Freilich der hehre Odysseus verstand ihren Wink mit den Brauen;
Ging heraus aus dem Raum an die große Mauer des Hofes.
Trat dann hin vor Athene und diese begann ihm zu sagen:

„Göttersproß, du findiger Sohn des Laërtes, Odysseus!
Zeit ists, dem Sohn das entscheidende Wort ohne Hehl zu verkünden:
Richtet ihr beiden jetzt alles zu Tod und Vernichtung der Freier!
Darum geht zur gepriesenen Stadt! Ich selbst aber werde
Gar nicht lange euch ferne mehr bleiben; ich dränge zum Kampfe."

Also sagte Athene und strich über ihn mit dem Stabe,
Legte ihm erst einen schön gewaschenen Mantel und Leibrock
Rund um die Brust und verjüngte ihn, machte ihn stattlicher; dunkel
Wurde die Haut und die Kinnladen strafften sich, während die Haare
Rund um das Kinn ins Schwärzliche schimmerten. Also tat sie.
Darnach entfernte sie sich und Odysseus ging in die Hütte.
Staunend sah ihn der liebe Sohn und er wandte die Blicke
Schnell nach der anderen Seite vor Angst, es könnte ein Gott sein.
Und dann sprach er ihn an und sagte geflügelte Worte:

„Fremder Mann, du erschienst mir soeben anders als vorher,
Anders bist du bekleidet, die Haut ist nicht mehr die gleiche.
Wahrlich! du bist ein Gott aus den Herren im breiten Himmel!
Sei uns denn gnädig! Wir bringen dir Opfer, wie du sie wünschest,

Ὀδυσσείας π

ἠδὲ χρύσεα δῶρα, τετυγμένα· φείδεο δ' ἡμέων." 185
  τὸν δ' ἠμείβετ' ἔπειτα πολύτλας δῖος Ὀδυσσεύς·
"οὔ τίς τοι θεός εἰμι· τί μ' ἀθανάτοισιν ἐΐσκεις;
ἀλλὰ πατὴρ τεός εἰμι, τοῦ εἵνεκα σὺ στεναχίζων
πάσχεις ἄλγεα πολλά, βίας ὑποδέγμενος ἀνδρῶν."
  ὣς ἄρα φωνήσας υἱὸν κύσε, κὰδ δὲ παρειῶν 190
δάκρυον ἧκε χαμᾶζε· πάρος δ' ἔχε νωλεμὲς αἰεί.
Τηλέμαχος δ', — οὐ γάρ πω ἐπείθετο ὃν πατέρ' εἶναι, —
ἐξαῦτίς μιν ἔπεσσιν ἀμειβόμενος προσέειπεν·
  "οὐ σύ γ' Ὀδυσσεύς ἐσσι πατὴρ ἐμός, ἀλλά με δαίμων
θέλγει, ὄφρ' ἔτι μᾶλλον ὀδυρόμενος στεναχίζω. 195
οὐ γάρ πως ἂν θνητὸς ἀνὴρ τάδε μηχανόῳτο
ᾧ αὐτοῦ γε νόῳ, ὅτε μὴ θεὸς αὐτὸς ἐπελθὼν
ῥηιδίως ἐθέλων θείη νέον ἠδὲ γέροντα.
ἦ γάρ τοι νέον ἦσθα γέρων καὶ ἀεικέα ἕσσο·
νῦν δὲ θεοῖσιν ἔοικας, οἳ οὐρανὸν εὐρὺν ἔχουσι." 200
  τὸν δ' ἀπαμειβόμενος προσέφη πολύμητις Ὀδυσσεύς·
"Τηλέμαχ', οὔ σε ἔοικε φίλον πατέρ' ἔνδον ἐόντα
οὔτε τι θαυμάζειν περιώσιον οὔτ' ἀγάασθαι·
οὐ μὲν γάρ τοι ἔτ' ἄλλος ἐλεύσεται ἐνθάδ' Ὀδυσσεύς,
ἀλλ' ὅδ' ἐγὼ τοιόσδε, παθὼν κακά, πολλὰ δ' ἀληθείς, 205
ἤλυθον εἰκοστῷ ἔτεϊ ἐς πατρίδα γαῖαν.
αὐτάρ τοι τόδε ἔργον Ἀθηναίης ἀγελείης,
ἥ τέ με τοῖον ἔθηκεν ὅπως ἐθέλει, δύναται γάρ,
ἄλλοτε μὲν πτωχῷ ἐναλίγκιον, ἄλλοτε δ' αὖτε
ἀνδρὶ νέῳ καὶ καλὰ περὶ χροῒ εἵματ' ἔχοντι. 210
ῥηίδιον δὲ θεοῖσι, τοὶ οὐρανὸν εὐρὺν ἔχουσιν,
ἠμὲν κυδῆναι θνητὸν βροτὸν ἠδὲ κακῶσαι."
  ὣς ἄρα φωνήσας κατ' ἄρ' ἕζετο, Τηλέμαχος δὲ
ἀμφιχυθεὶς πατέρ' ἐσθλὸν ὀδύρετο δάκρυα λείβων.
ἀμφοτέροισι δὲ τοῖσιν ὑφ' ἵμερος ὦρτο γόοιο· 215
κλαῖον δὲ λιγέως, ἀδινώτερον ἤ τ' οἰωνοί,
φῆναι ἢ αἰγυπιοὶ γαμψώνυχες, οἷσί τε τέκνα
ἀγρόται ἐξείλοντο πάρος πετεηνὰ γενέσθαι·
ὣς ἄρα τοί γ' ἐλεεινὸν ὑπ' ὀφρύσι δάκρυον εἶβον.
καί νύ κ' ὀδυρομένοισιν ἔδυ φάος ἠελίοιο, 220
εἰ μὴ Τηλέμαχος προσεφώνεεν ὃν πατέρ' αἶψα·
  "ποίῃ γὰρ νῦν δεῦρο, πάτερ φίλε, νηΐ σε ναῦται

Goldene, kunstvoll gefertigte Gaben; doch wolle uns schonen!"

Antwort gab da der große Dulder, der hehre Odysseus:
„Nein, ich bin kein Gott; was hältst du mich gar für unsterblich?
Aber ich bin dein Vater, um den du stöhnst und in Fülle
Leiden erträgst und gewaltsame Taten von Männern auf dich nimmst."

Sprachs und küßte den Sohn und ließ von den Wangen die Tränen
Rinnen, die vorher schon immer standhaft zurück er gehalten.
Aber Telemachos glaubte noch nicht, es sei dies sein Vater,
Darum sagte er wieder zu ihm und gab ihm zur Antwort:
„Nein, du bist nicht Odysseus, mein Vater; ein Unhold berückt mich.
Jammern soll ich noch mehr; ich soll nur lauter noch stöhnen!
Solches vermag wohl kein sterblicher Mann mit dem eignen Verstande
Irgendwie fertig zu bringen; da muß schon ein Gott sich ihm nahen;
Der macht freilich gar leicht, wenn er will, einen älter und jünger.
Wahrlich ein Greis bist du eben gewesen und schändlich gekleidet,
Jetzt aber gleichst du den Göttern, den Herren im breiten Himmel."

Antwort gab ihm und sagte der einfallreiche Odysseus:
„Nein, mein Telemachos! hier im Raum ist dein lieber Vater!
Maßloses Staunen und Wundern darüber ist gar nicht am Platze;
Denn: ein andrer Odysseus wird hier dir nie mehr erscheinen.
Hier, wie ich bin, nach bösesten Leiden und ewiger Irrfahrt
Kam ich im zwanzigsten Jahre zurück ins Land meiner Heimat.
Was du hier siehst, ist das Werk der auf Beute verseßnen Athene,
Sie hat so mich gestaltet; sie kann es und ganz nach Belieben
Macht sie mich bald einem Bettler und bald einem jüngeren Manne
Ähnlich mit schönen Kleidern am Leibe. Es ist für die Götter,
Jene Herren im breiten Himmel, ein Leichtes, die Menschen,
Sterbliche Wesen, hoch zu erheben und wieder zu schänden."

Also sprach er und setzte sich nieder. Telemachos aber
Schlang seine Arme jetzt weit um den edlen Vater und Tränen
Ließ er verströmen in schmerzlicher Klage. Doch beide ergriff nun
Süßes Verlangen zu jammern. Sie weinten so laut und so dauernd,
Mehr als die Adler und Geier mit krummen Krallen, die Vögel,
Denen die Bauern die Kinder entnahmen noch ehe sie flügge.
Gradso strömte es unter den Brauen; es war zum Erbarmen.
Rührung und Klage wurden nicht stumm bis zum Sinken der Sonne,
Hätte Telemachos nicht sogleich zum Vater gesprochen:
„Wie war das Schiff, mein geliebter Vater, auf dem dich die Schiffer

ἤγαγον εἰς Ἰθάκην; τίνες ἔμμεναι εὐχετόωντο;
οὐ μὲν γάρ τί σε πεζὸν ὀΐομαι ἐνθάδ' ἱκέσθαι."
  τὸν δ' αὖτε προσέειπε πολύτλας δῖος Ὀδυσσεύς· 225
"τοιγὰρ ἐγώ τοι, τέκνον, ἀληθείην καταλέξω.
Φαίηκές μ' ἄγαγον ναυσικλυτοί, οἵ τε καὶ ἄλλους
ἀνθρώπους πέμπουσιν, ὅτίς σφεας εἰσαφίκηται·
καί μ' εὕδοντ' ἐν νηῒ θοῇ ἐπὶ πόντον ἄγοντες
κάτθεσαν εἰν Ἰθάκῃ, ἔπορον δέ μοι ἀγλαὰ δῶρα, 230
χαλκόν τε χρυσόν τε ἅλις ἐσθῆτά θ' ὑφαντήν.
καὶ τὰ μὲν ἐν σπήεσσι θεῶν ἰότητι κέονται·
νῦν αὖ δεῦρ' ἱκόμην ὑποθημοσύνῃσιν Ἀθήνης,
ὄφρα κε δυσμενέεσσι φόνου πέρι βουλεύσωμεν.
ἀλλ' ἄγε μοι μνηστῆρας ἀριθμήσας κατάλεξον, 235
ὄφρ' εἰδῶ, ὅσσοι τε καὶ οἵ τινες ἀνέρες εἰσί·
καί κεν ἐμὸν κατὰ θυμὸν ἀμύμονα μερμηρίξας
φράσσομαι, ἤ κεν νῶϊ δυνησόμεθ' ἀντιφέρεσθαι
μούνω ἄνευθ' ἄλλων, ἦ καὶ διζησόμεθ' ἄλλους."
  τὸν δ' αὖ Τηλέμαχος πεπνυμένος ἀντίον ηὔδα· 240
"ὦ πάτερ, ἦ τοι σεῖο μέγα κλέος αἰὲν ἄκουον,
χεῖράς τ' αἰχμητὴν ἔμεναι καὶ ἐπίφρονα βουλήν·
ἀλλὰ λίην μέγα εἶπες· ἄγη μ' ἔχει· οὐδέ κεν εἴη
ἄνδρε δύω πολλοῖσι καὶ ἰφθίμοισι μάχεσθαι.
μνηστήρων δ' οὔτ' ἄρ δεκὰς ἀτρεκὲς οὔτε δύ' οἶαι, 245
ἀλλὰ πολὺ πλέονες· τάχα δ' εἴσεαι ἐνθάδ' ἀριθμόν.
ἐκ μὲν Δουλιχίοιο δύω καὶ πεντήκοντα
κοῦροι κεκριμένοι, ἓξ δὲ δρηστῆρες ἕπονται·
ἐκ δὲ Σάμης πίσυρές τε καὶ εἴκοσι φῶτες ἔασιν,
ἐκ δὲ Ζακύνθου ἔασιν ἐείκοσι κοῦροι Ἀχαιῶν, 250
ἐκ δ' αὐτῆς Ἰθάκης δυοκαίδεκα πάντες ἄριστοι,
καί σφιν ἅμ' ἐστὶ Μέδων κῆρυξ καὶ θεῖος ἀοιδὸς
καὶ δοιὼ θεράποντε, δαήμονε δαιτροσυνάων.
τῶν εἴ κεν πάντων ἀντήσομεν ἔνδον ἐόντων,
μὴ πολύπικρα καὶ αἰνὰ βίας ἀποτείσεαι ἐλθών. 255
ἀλλὰ σύ γ', εἰ δύνασαί τιν' ἀμύντορα μερμηρίξαι,
φράζευ, ὅ κέν τις νῶϊν ἀμύνοι πρόφρονι θυμῷ."
  τὸν δ' αὖτε προσέειπε πολύτλας δῖος Ὀδυσσεύς·
"τοιγὰρ ἐγὼν ἐρέω, σὺ δὲ σύνθεο καί μευ ἄκουσον,
καὶ φράσαι, ἤ κεν νῶϊν Ἀθήνη σὺν Διὶ πατρὶ 260

Jetzt zu uns brachten? Wie war der Name, des sie sich rühmten?
Denn ich meine, zu Fuß bist hieher du schwerlich gekommen."

Ihm erwidernd sagte der Dulder, der hehre Odysseus:
„Ja, mein Sohn, die Wahrheit will ich genau dir berichten:
Meister der Seefahrt brachten mich her, die Phaiaken; sie fahren
Andere Menschen ja auch, wer immer zu ihnen gelange.
Mich auch brachten sie her auf dem Meer und auf eilendem Fahrzeug,
Legten mich schlafend in Ithaka nieder mit herrlichen Gaben,
Erz und Gold und gewobenen Kleidern und alles recht reichlich.
All dies liegt nach dem Willen der Götter in Höhlen geborgen.
Jetzt aber kam ich hieher im Auftrag Athenes, wir beide
Sollen vereint die Ermordung der feindlichen Männer beraten.
Also zähle die Freier mir auf und sag sie mir alle,
Daß ich ersehe, wieviele es sind, und die Art dieser Männer.
Kann ich im trefflichen eignen Gemüt mich darüber vergrübeln,
Wird mir auch deutlich, ob wir zwei ohne die andern imstand sind,
Ganz allein im Kampfe zu stehn oder andre noch suchen."

Ihm aber hielt der gewandte Telemachos wieder entgegen:
„Vater! Ich hörte ja immer gewaltig dich rühmen, du zeigest
Kluges Verständnis im Rat und die Kraft deiner Fäuste im Speerkampf:
Große Worte sagtest du eben; ich staune und dennoch
Können doch zwei allein mit den Vielen und Starken nicht kämpfen.
Ohne Verdrehung gesagt sind die Freier nicht zehn nur und zwanzig,
Nein, es sind doch viel mehr; ihre Zahl sollst gleich du erfahren.
Zweiundfünfzig erlesene Jünglinge samt einem halben
Dutzend von dienenden Helfern schickt uns Dulichion; weiter
Kommen aus Same vierundzwanzig Männer; es stammen
Zwanzig Söhne Achaias dort von Zakynthos und weiter
Hier aus Ithaka selbst ein ganzes Dutzend der Besten.
Dann kommt Medon der Rufer dazu und der göttliche Sänger,
Weiter ein Paar von kundigen Leuten das Fleisch zu zerteilen.
Sind diese alle dort drinnen und gehen wir an sie, dann fürcht ich,
Erntest du schreckliche, bitterste Folgen und bist doch gekommen,
Frevel zu strafen. So grüble, ob du einen Helfer wohl findest,
Mache dir klar, wer uns beiden besorgt im Gemüte wohl helfe."

Ihm erwidernd sagte der Dulder, der hehre Odysseus:
„Also will ich es sagen, du ziehe den Schluß dann und hör mich:
Denkst du, daß Vater Zeus mit Athene uns beiden genug ist?

ἀρκέσει, ἦέ τιν' ἄλλον ἀμύντορα μερμηρίξω."
  τὸν δ' αὖ Τηλέμαχος πεπνυμένος ἀντίον ηὔδα·
"ἐσθλώ τοι τούτω γ' ἐπαμύντορε, τοὺς ἀγορεύεις,
ὕψι περ ἐν νεφέεσσι καθημένω· ὥ τε καὶ ἄλλοις
ἀνδράσι τε κρατέουσι καὶ ἀθανάτοισι θεοῖσι." 265
  τὸν δ' αὖτε προσέειπε πολύτλας δῖος Ὀδυσσεύς·
"οὐ μέν τοι κείνω γε πολὺν χρόνον ἀμφὶς ἔσεσθον
φυλόπιδος κρατερῆς, ὁπότε μνηστῆρσι καὶ ἡμῖν
ἐν μεγάροισιν ἐμοῖσι μένος κρίνηται Ἄρηος.
ἀλλὰ σὺ μὲν νῦν ἔρχευ ἅμ' ἠοῖ φαινομένηφι 270
οἴκαδε καὶ μνηστῆρσιν ὑπερφιάλοισιν ὁμίλει·
αὐτὰρ ἐμὲ προτὶ ἄστυ συβώτης ὕστερον ἄξει,
πτωχῷ λευγαλέῳ ἐναλίγκιον ἠδὲ γέροντι.
εἰ δέ μ' ἀτιμήσουσι δόμον κάτα, σὸν δὲ φίλον κῆρ
τετλάτω ἐν στήθεσσι κακῶς πάσχοντος ἐμεῖο, 275
ἤν περ καὶ διὰ δῶμα ποδῶν ἕλκωσι θύραζε
ἢ βέλεσιν βάλλωσι· σὺ δ' εἰσορόων ἀνέχεσθαι.
ἀλλ' ἦ τοι παύεσθαι ἀνωγέμεν ἀφροσυνάων,
μειλιχίοις ἐπέεσσι παραυδῶν· οἱ δέ τοι οὔ τι
πείσονται· δὴ γάρ σφι παρίσταται αἴσιμον ἦμαρ. 280
ἄλλο δέ τοι ἐρέω, σὺ δ' ἐνὶ φρεσὶ βάλλεο σῇσιν·
ὁππότε κεν πολύβουλος ἐνὶ φρεσὶ θῇσιν Ἀθήνη,
νεύσω μέν τοι ἐγὼ κεφαλῇ, σὺ δ' ἔπειτα νοήσας,
ὅσσα τοι ἐν μεγάροισιν ἀρήια τεύχεα κεῖται,
ἐς μυχὸν ὑψηλοῦ θαλάμου καταθεῖναι ἀείρας 285
πάντα μάλ'· αὐτὰρ μνηστῆρας μαλακοῖς ἐπέεσσι
παρφάσθαι, ὅτε κέν σε μεταλλῶσιν ποθέοντες·
'ἐκ καπνοῦ κατέθηκ', ἐπεὶ οὐκέτι τοῖσιν ἐῴκει,
οἷά ποτε Τροίηνδε κιὼν κατέλειπεν Ὀδυσσεύς,
ἀλλὰ κατήκισται, ὅσσον πυρὸς ἵκετ' ἀυτμή. 290
πρὸς δ' ἔτι καὶ τόδε μεῖζον ἐνὶ φρεσὶ θῆκε Κρονίων,
μή πως οἰνωθέντες, ἔριν στήσαντες ἐν ὑμῖν,
ἀλλήλους τρώσητε καταισχύνητέ τε δαῖτα
καὶ μνηστύν· αὐτὸς γὰρ ἐφέλκεται ἄνδρα σίδηρος.'
νῶιν δ' οἴοισιν δύο φάσγανα καὶ δύο δοῦρε 295
καλλιπέειν καὶ διὰ βοάγρια χερσὶν ἑλέσθαι,
ὡς ἂν ἐπιθύσαντες ἑλοίμεθα· τοὺς δέ κ' ἔπειτα
Παλλὰς Ἀθηναίη θέλξει καὶ μητίετα Ζεύς.

Sechzehnter Gesang

Oder soll ich noch grübeln nach irgendwie anderen Helfern?"

Ihm aber hielt der gewandte Telemachos wieder entgegen:
„Tüchtig sind diese Helfer, die beiden, von denen du redest.
Denn sie sitzen gar hoch in den Wolken und zeigen ihr Walten
Kraftvoll anderen Männern, sogar den unsterblichen Göttern."

Ihm erwidernd sagte der Dulder, der hehre Odysseus:
„Sicher werden die beiden im starken Getümmel nicht lange
Fehlen, wenn zwischen den Freiern und uns in meinem Palaste
Endlich die Kräfte des Ares entscheidend sich messen. So geh denn
Du jetzt heim ins Haus noch beim frühen Lichte des Morgens,
Pflege auch weiter Verkehr mit den haltlosen Freiern! Mich selber
Soll indessen erst später zur Stadt der Sauhirt führen.
Dort sehe wieder ich aus wie ein Greis und ein elender Bettler.
Wird es dann sein, daß im Haus sie mich schänden, dann muß es dein
Herz in der Brust erdulden, so übel mit mir sie verfahren.   [liebes
Mögen sie mich durch das Haus und die Türe hinaus an den Füßen
Zerren, mit Würfen mich treffen: dann schau du nur zu und ertrag es!
Freilich, fordre sie auf, ihrer Torheit ein Ende zu machen,
Sag ihnen schöne, gewinnende Worte; sie werden dir doch nicht
Folgen; denn endlich naht ihnen jetzt die Stunde des Schicksals.
Andres doch will ich dir sagen, und du behalt es im Sinne:
Wenn mirs Athene, die große Beraterin, dann in den Sinn legt,
Wenn mit dem Kopf ich dir nicke, und wenn du erst richtig bedacht hast,
Wie viele Waffen zum Kämpfen im Saale sich finden: dann nimm sie,
Bringe sie alle dann unter im Eck eines hohen Gemaches!
Geh mit verbindlichen Worten herum um die Sache! Die Freier
Werden ja sicher sie missen und forschen; dann sage zu ihnen:
„Nur aus dem Rauch hier tat ich sie weg; es war kein Vergleich mehr,
So wie sie einstens Odysseus ließ, als nach Troja er auszog.
Schändlich sind sie geworden vom Rauch, den das Feuer verbreitet.
Doch ein noch größeres Zweites ließ mich ein Gott wohl bedenken:
Manchmal seid ihr betrunken und streitet euch untereinander;
Dann ist zu fürchten, ihr schlagt euch gar blutig, schändet die Mahlzeit,
Schändet die Freiung; denn Männer holt sich das Eisen von selber.
Einzig für uns aber lasse am Platz zwei Schwerter, zwei Speere,
Weiter zwei Schilde aus Rindshaut, daß an den Arm wir sie nehmen,
Wenn wir zum Sturm sie ergreifen. Doch jene wird Pallas Athene,
Soviel dürfen wir glauben, und Zeus der Berater berücken.

ἄλλο δέ τοι ἐρέω, σὺ δ' ἐνὶ φρεσὶ βάλλεο σῇσιν·
εἰ ἐτεόν γ' ἐμός ἐσσι καὶ αἵματος ἡμετέροιο, 300
μή τις ἔπειτ' Ὀδυσῆος ἀκουσάτω ἔνδον ἐόντος·
μήτ' οὖν Λαέρτης ἴστω τό γε μήτε συβώτης
μήτε τις οἰκήων μήτ' αὐτὴ Πηνελόπεια,
ἀλλ' οἶοι σύ τ' ἐγώ τε γυναικῶν γνώομεν ἰθύν.
καί κέ τεο δμώων ἀνδρῶν ἔτι πειρηθεῖμεν, 305
ἠμὲν ὅ πού τις νῶϊ τίει καὶ δείδιε θυμῷ,
ἠδ' ὅτις οὐκ ἀλέγει, σὲ δ' ἀτιμᾷ τοῖον ἐόντα."

τὸν δ' ἀπαμειβόμενος προσεφώνεε φαίδιμος υἱός·
"ὦ πάτερ, ἦ τοι ἐμὸν θυμὸν καὶ ἔπειτά γ', ὀΐω,
γνώσεαι· οὐ μὲν γάρ τι χαλιφροσύναι γέ μ' ἔχουσιν· 310
ἀλλ' οὔ τοι τόδε κέρδος ἐγὼν ἔσσεσθαι ὀΐω
ἡμῖν ἀμφοτέροισι· σὲ δὲ φράζεσθαι ἄνωγα.
δηθὰ γὰρ αὔτως εἴσῃ ἑκάστου πειρητίζων,
ἔργα μετερχόμενος· τοὶ δ' ἐν μεγάροισιν ἕκηλοι
κτήματα δαρδάπτουσιν ὑπέρβιον, οὐδ' ἔπι φειδώ. 315
ἀλλ' ἦ τοί σε γυναῖκας ἐγὼ δεδάασθαι ἄνωγα,
αἵ τέ σ' ἀτιμάζουσι καὶ αἳ νηλείτιδές εἰσιν·
ἀνδρῶν δ' οὐκ ἂν ἐγώ γε κατὰ σταθμοὺς ἐθέλοιμι
ἡμέας πειράζειν, ἀλλ' ὕστερα ταῦτα πένεσθαι,
εἰ ἐτεόν γέ τι οἶσθα Διὸς τέρας αἰγιόχοιο." 320

ὣς οἱ μὲν τοιαῦτα πρὸς ἀλλήλους ἀγόρευον,
ἡ δ' ἄρ' ἔπειτ' Ἰθάκηνδε κατήγετο νηῦς ἐυεργής,
ἣ φέρε Τηλέμαχον Πυλόθεν καὶ πάντας ἑταίρους.
οἱ δ' ὅτε δὴ λιμένος πολυβενθέος ἐντὸς ἵκοντο,
νῆα μὲν οἵ γε μέλαιναν ἐπ' ἠπείροιο ἔρυσσαν, 325
τεύχεα δέ σφ' ἀπένεικαν ὑπέρθυμοι θεράποντες,
αὐτίκα δ' ἐς Κλυτίοιο φέρον περικαλλέα δῶρα.
αὐτὰρ κήρυκα πρόεσαν δόμον εἰς Ὀδυσῆος,
ἀγγελίην ἐρέοντα περίφρονι Πηνελοπείῃ,
οὕνεκα Τηλέμαχος μὲν ἐπ' ἀγροῦ, νῆα δ' ἀνώγει 330
ἄστυδ' ἀποπλείειν, ἵνα μὴ δείσασ' ἐνὶ θυμῷ
ἰφθίμη βασίλεια τέρεν κατὰ δάκρυον εἴβοι.
τὼ δὲ συναντήτην κῆρυξ καὶ δῖος ὑφορβὸς
τῆς αὐτῆς ἕνεκ' ἀγγελίης, ἐρέοντε γυναικί.
ἀλλ' ὅτε δή ῥ' ἵκοντο δόμον θείου βασιλῆος, 335
κῆρυξ μέν ῥα μέσῃσι μετὰ δμῳῇσιν ἔειπεν·

Andres doch will ich dir sagen, und du behalt es im Sinne:
Bist du wirklich mein Sohn, entstammst du unserem Blute,
Dann darf keiner erlauschen, Odysseus sei drinnen im Hause,
Nicht Laertes und nicht der Sauhirt dürfen es wissen;
Keiner der Knechte, auch sie nicht, Penelopeia. Einzig
Ich und du, wir wollen die Ziele der Weiber erkunden.
Auch von den dienstbaren Männern können wir manchen noch prüfen,
Ob wohl so mancher uns beide noch ehrt im Gemüte und fürchtet,
Oder wer dich als den, der du bist, übergeht und mißachtet."

Ihn sprach an der strahlende Sohn und gab ihm zur Antwort:
„Lieber Vater, du wirst mein Gemüt noch später erkennen.
Lässiges Denken ist nicht meine Art, wie ich meine. Und dennoch
Bringt dieser Vorschlag wohl für uns beide so gar keinen Vorteil,
Mein ich; so sei dir befohlen, es gut zu bedenken. Denn lange
Gingst du vergeblich, um so einen jeden zu prüfen, indem du
Gehst und die Felder besuchst, indessen die andern im Hause
Ruhig dir Hab und Gut gewaltsam verschlemmen; denn Schonung
Kennen sie nicht. Doch die Weiber, rate ich, lerne du kennen,
Jene, die tadellos leben, und andere, die dich mißehren.
Gar nicht möcht ich indessen, es prüften wir beide die Männer
Draußen auf ihren Gehöften; das können wir später besorgen,
Weißt du erst wirklich ein Zeichen von Zeus, dem Schwinger der Aigis."

Also redeten beide zusammen in Wechselgesprächen.
Aber das trefflich gebaute Schiff, das Telemachos brachte,
Landete eben aus Pylos in Ithaka. Alle Gefährten
Waren darauf. Und sie fuhren hinein in die Tiefe des Hafens,
Zogen das schwarze Schiff ans Land. Die Geräte dann hoben
Übermütige Diener heraus, doch die herrlichen Gaben
Brachten sie gleich in das Haus des Sohnes des Klytios, schickten
Gleich einen Rufer voraus in das Haus des Odysseus, er solle
Meldung erstatten der klugen Penelopeia und sagen,
Daß auf den Feldern Telemachos weile, und ferner dem Schiffe
Auftrag geben, zur Stadt noch zu fahren, damit nicht die starke
Königin zarte Tränen vergieße voll Furcht im Gemüte.

Beide nun trafen zusammen, der Rufer, der göttliche Sauhirt;
Beide ja mußten die nämliche Botschaft der Frau überbringen.
Als sie das Haus dann des göttlichen Königs erreichten,
Sagte zuerst, umringt von den dienenden Frauen, der Rufer:

"ἤδη τοι, βασίλεια, φίλος πάϊς εἰλήλουθε."
 Πηνελοπείη δ' εἶπε συβώτης ἄγχι παραστάς
πάνθ' ὅσα οἱ φίλος υἱὸς ἀνώγει μυθήσασθαι.
αὐτὰρ ἐπεὶ δὴ πᾶσαν ἐφημοσύνην ἀπέειπε, 340
βῆ ῥ' ἴμεναι μεθ' ὕας, λίπε δ' ἕρκεά τε μέγαρόν τε.
 μνηστῆρες δ' ἀκάχοντο κατήφησάν τ' ἐνὶ θυμῷ,
ἐκ δ' ἦλθον μεγάροιο παρὲκ μέγα τειχίον αὐλῆς,
αὐτοῦ δὲ προπάροιθε θυράων ἑδριόωντο.
τοῖσιν δ' Εὐρύμαχος, Πολύβου πάϊς, ἦρχ' ἀγορεύειν· 345
 "ὦ φίλοι, ἦ μέγα ἔργον ὑπερφιάλως ἐτελέσθη
Τηλεμάχῳ ὁδὸς ἥδε· φάμεν δέ οἱ οὐ τελέεσθαι.
ἀλλ' ἄγε νῆα μέλαιναν ἐρύσσομεν, ἥ τις ἀρίστη,
ἐς δ' ἐρέτας ἁλιῆας ἀγείρομεν, οἵ κε τάχιστα
κείνοις ἀγγείλωσι θοῶς οἰκόνδε νέεσθαι." 350
 οὔ πω πᾶν εἴρηθ', ὅτ' ἄρ' Ἀμφίνομος ἴδε νῆα,
στρεφθεὶς ἐκ χώρης, λιμένος πολυβενθέος ἐντός,
ἱστία τε στέλλοντας ἐρετμά τε χερσὶν ἔχοντας.
ἡδὺ δ' ἄρ' ἐκγελάσας μετεφώνεεν οἷς ἑτάροισι·
 "μή τιν' ἔτ' ἀγγελίην ὀτρύνομεν· οἵδε γὰρ ἔνδον. 355
ἤ τίς σφιν τόδ' ἔειπε θεῶν ἢ εἴσιδον αὐτοὶ
νῆα παρερχομένην, τὴν δ' οὐκ ἐδύναντο κιχῆναι."
 ὣς ἔφαθ', οἱ δ' ἀνστάντες ἔβαν ἐπὶ θῖνα θαλάσσης,
αἶψα δὲ νῆα μέλαιναν ἐπ' ἠπείροιο ἔρυσσαν,
τεύχεα δέ σφ' ἀπένεικαν ὑπέρθυμοι θεράποντες. 360
αὐτοὶ δ' εἰς ἀγορὴν κίον ἀθρόοι, οὐδέ τιν' ἄλλον
εἴων οὔτε νέων μεταΐζειν οὔτε γερόντων.
τοῖσιν δ' Ἀντίνοος μετέφη, Εὐπείθεος υἱός·
 "ὦ πόποι, ὡς τόνδ' ἄνδρα θεοὶ κακότητος ἔλυσαν.
ἤματα μὲν σκοποὶ ἷζον ἐπ' ἄκριας ἠνεμοέσσας 365
αἰὲν ἐπασσύτεροι· ἅμα δ' ἠελίῳ καταδύντι
οὔ ποτ' ἐπ' ἠπείρου νύκτ' ἄσαμεν, ἀλλ' ἐνὶ πόντῳ
νηῒ θοῇ πλείοντες ἐμίμνομεν Ἠῶ δῖαν,
Τηλέμαχον λοχόωντες, ἵνα φθίσωμεν ἑλόντες
αὐτόν· τὸν δ' ἄρα τεῖος ἀπήγαγεν οἴκαδε δαίμων. 370
ἡμεῖς δ' ἐνθάδε οἱ φραζώμεθα λυγρὸν ὄλεθρον
Τηλεμάχῳ, μηδ' ἥμας ὑπεκφύγοι· οὐ γὰρ ὀΐω
τούτου γε ζώοντος ἀνύσσεσθαι τάδε ἔργα.
αὐτὸς μὲν γὰρ ἐπιστήμων βουλῇ τε νόῳ τε,

„Königin! Eben ist dein geliebter Sohn nun gekommen."

Aber der Sauhirt trat ganz nahe zu Penelopeia,
Sagte ihr, was ihm der liebe Sohn zu berichten befohlen.
Als er den Auftrag ganz, bis zum letzten Worte gesprochen,
Schied er von Saal und Umfriedung und machte sich auf zu den Schweinen.

Aber den Freiern war traurig zumut und verwirrt im Gemüte
Gingen sie weg aus dem Saal an die große Mauer des Hofes,
Setzten sich grad vor die Türe um dort zu beraten. Den Anfang
Machte des Polybos Sohn Eurymachos, der ihnen sagte:

„Freunde! Telemachos hat diese Reise nun haltlos vollendet
Meinten wir doch, er vollende sie nie, die gewaltige Untat.
Auf denn! Ziehn wir ein schwarzes Schiff, unser bestes ins Wasser,
Setzen wir Fischer zum Rudern zusammen, damit sie aufs schnellste
Jenen draußen verkünden, in Eile nach Hause zu fahren."

Noch war das Wort nicht gesagt, als Amphinomos grad eine Drehung
Machte am Platz und das Schiff in der Tiefe des Hafens erblickte;
Leute zogen die Segel und hielten die Ruder in Händen.
Herzlich mußte er lachen und sprach dann zu seinen Gefährten:

„Machen wirs nicht mehr so eilig mit Meldung; sie sind ja schon drinnen!
Denen sagte es wohl schon ein Gott oder sahen sie selber,
Wie sie das Schiff überholte, und konnten es doch nicht erreichen!"

Sprachs; dann standen sie auf und gingen zum Strande des Meeres.
Zogen sofort ihr schwarzes Schiff ans Land und die Waffen
Hoben die übermütigen Diener heraus. Doch sie selber
Gingen dannn alle zum Markt. Nicht einem der anderen, mochte
Jüngling er sein oder Greis, war gestattet bei ihnen zu sitzen.
Doch des Eupeithes Sohn Antinoos sagte zu ihnen:

„Was nicht gar! Da erretteten Götter den Mann vom Verderben!
Tagsüber saßen die Späher auf windigen Zacken und lösten
Immer und eilig sich ab und, wenn dann die Sonne gesunken,
Haben wir nie eine Nacht hindurch auf dem Lande geschlafen.
Nein, wir fuhren im hurtigen Schiff auf dem Meer, bis die hehre
Eos kam, und lauerten, wollten Telemachos fangen,
Dann ihn vertilgen; ein Gott entführte inzwischen ihn heimwärts.
Hier aber wollen wir endlich sein grauses Verderben beraten;
Dieser Telemachos darf uns nicht wieder entwischen. Ich meine:
Lebt er, so werden wir niemals erreichen, was jetzt wir betreiben.
Selbst ist er nämlich verständig geworden im Raten und Denken,

λαοὶ δ' οὐκέτι πάμπαν ἐφ' ἡμῖν ἦρα φέρουσιν. 375
ἀλλ' ἄγετε, πρὶν κεῖνον ὁμηγυρίσασθαι Ἀχαιοὺς
εἰς ἀγορήν· — οὐ γάρ τι μεθησέμεναί μιν ὀΐω,
ἀλλ' ἀπομηνίσει, ἐρέει δ' ἐν πᾶσιν ἀναστάς,
οὕνεκά οἱ φόνον αἰπὺν ἐράπτομεν οὐδ' ἐκίχημεν·
οἱ δ' οὐκ αἰνήσουσιν ἀκούοντες κακὰ ἔργα· 380
μή τι κακὸν ῥέξωσι καὶ ἥμεας ἐξελάσωσι
γαίης ἡμετέρης, ἄλλων δ' ἀφικώμεθα δῆμον.
ἀλλὰ φθέωμεν ἑλόντες ἐπ' ἀγροῦ νόσφι πόληος
ἢ ἐν ὁδῷ· βίοτον δ' αὐτοὶ καὶ κτήματ' ἔχωμεν,
δασσάμενοι κατὰ μοῖραν ἐφ' ἡμέας, οἰκία δ' αὖτε 385
κείνου μητέρι δοῖμεν ἔχειν ἠδ' ὅς τις ὀπυίοι.
εἰ δ' ὕμιν ὅδε μῦθος ἀφανδάνει, ἀλλὰ βόλεσθε
αὐτόν τε ζώειν καὶ ἔχειν πατρώϊα πάντα,
μή οἱ χρήματ' ἔπειτα ἅλις θυμηδέ' ἔδωμεν
ἐνθάδ' ἀγειρόμενοι, ἀλλ' ἐκ μεγάροιο ἕκαστος 390
μνάσθω ἐέδνοισιν διζήμενος· ἡ δέ κ' ἔπειτα
γήμαιθ' ὅς κε πλεῖστα πόροι καὶ μόρσιμος ἔλθοι."
ὣς ἔφαθ', οἱ δ' ἄρα πάντες ἀκὴν ἐγένοντο σιωπῇ.
τοῖσιν δ' Ἀμφίνομος ἀγορήσατο καὶ μετέειπε,
Νίσου φαίδιμος υἱός, Ἀρητιάδαο ἄνακτος, 395
ὅς ῥ' ἐκ Δουλιχίου πολυπύρου ποιήεντος
ἡγεῖτο μνηστῆρσι, μάλιστα δὲ Πηνελοπείῃ
ἥνδανε μύθοισι· φρεσὶ γὰρ κέχρητ' ἀγαθῇσιν·
ὅ σφιν ἐὺ φρονέων ἀγορήσατο καὶ μετέειπεν·
"ὦ φίλοι, οὐκ ἂν ἐγώ γε κατακτείνειν ἐθέλοιμι 400
Τηλέμαχον· δεινὸν δὲ γένος βασιλήϊόν ἐστι
κτείνειν· ἀλλὰ πρῶτα θεῶν εἰρώμεθα βουλάς.
εἰ μέν κ' αἰνήσωσι Διὸς μεγάλοιο θέμιστες,
αὐτός τε κτενέω τούς τ' ἄλλους πάντας ἀνώξω·
εἰ δέ κ' ἀποτρωπῶσι θεοί, παύσασθαι ἄνωγα." 405
ὣς ἔφατ' Ἀμφίνομος, τοῖσιν δ' ἐπιήνδανε μῦθος.
αὐτίκ' ἔπειτ' ἀνστάντες ἔβαν δόμον εἰς Ὀδυσῆος,
ἐλθόντες δὲ καθῖζον ἐπὶ ξεστοῖσι θρόνοισιν.
ἡ δ' αὖτ' ἄλλ' ἐνόησε περίφρων Πηνελόπεια,
μνηστήρεσσι φανῆναι ὑπέρβιον ὕβριν ἔχουσι. 410
πεύθετο γὰρ οὗ παιδὸς ἐνὶ μεγάροισιν ὄλεθρον·
κῆρυξ γάρ οἱ ἔειπε Μέδων, ὅς ἐπεύθετο βουλάς.

Während die Leute so gar nicht mit Lust mehr uns Liebes erweisen.
Auf denn! Ehe noch er auf dem Markt die Achaier versammelt!
Denn ich glaube, er wird wohl nichts mehr versäumen, er wird wohl
Weiter im Grolle verharren und stehend vor allen berichten,
Daß wir mit jähem Mord ihn umgarnten — doch gar nichts erreichten.
Hört es die Menge, so wird sie die Untat sicher nicht loben;
Fürchten müssen wir übelste Taten; aus unserem Lande
Kann man uns jagen, wir müssen dann fort und zu anderen Völkern.
Fangen wir vorher ihn ab, entfernt von der Stadt auf den Feldern
Oder am Weg, und behalten wir selber sein Gut und Besitztum,
Teilen es auf unter uns nach Gebühr; seiner Mutter indessen
Geben wir gern die Behausung zu eigen und dem, der ihr Mann wird.
Paßt die Geschichte euch nicht und laßt ihr ihn lieber am Leben,
Seht ihr ihn gern im Besitz der gesamten Güter des Vaters:
Dann ist es besser, wir lassen es ganz, uns hier zu versammeln,
Zehren die Güter nicht auf, die reich das Gemüt uns beglücken.
Suche und freie dann jeder mit bräutlichen Gaben zu Hause;
Sie aber nehme den reichlichsten Bringer, der kommt wie das Schicksal."

Also sprach er und alle verharrten in lautlosem Schweigen.
Aber Amphinomos griff nun zum Wort und er sagte zu ihnen —
Nisos' strahlender Sohn und Enkel des Herrschers Aretos;
Der war ein Führer der Freier und kam aus Dulichion; Weizen
Wächst dort in Menge und Gras. Weil gute Gedanken er hegte,
Fand auch sein Wort bei Penelopeia besonders Gefallen.
Dieser meinte es gut mit ihnen und sprach zur Versammlung:
„Nein, ihr Freunde! Telemachos morden? Das möchte ich gar nicht.
Schrecklich ist es ja doch das Geschlecht eines Königs zu morden.
Dafür müssen zuerst wir die Meinung der Götter erfragen.
Sprechen die Walter der Rechte beim mächtigen Zeus dann ein Jawort,
Gut; dann morde ich selber und will es den andern befehlen.
Warnen indessen die Götter davor, dann befehle ich: Laßt es!"

Also sagte Amphinomos; sie aber zollten ihm Beifall,
Standen dann auf und gingen sofort in das Haus des Odysseus,
Kamen dort an und setzten sich hin auf gefegten Stühlen.

Doch die gescheite Penelopeia erdachte ein andres:
Zeigen wollte sie sich vor den frechen und zuchtlosen Freiern.
Denn von dem Anschlag gegen den Sohn erfuhr sie im Hause;
Medon sagte es ihr, der Rufer; er wußte die Pläne.

βῆ δ' ἰέναι μέγαρόνδε σὺν ἀμφιπόλοισι γυναιξίν.
ἀλλ' ὅτε δὴ μνηστῆρας ἀφίκετο δῖα γυναικῶν,
στῆ ῥα παρὰ σταθμὸν τέγεος πύκα ποιητοῖο, 415
ἄντα παρειάων σχομένη λιπαρὰ κρήδεμνα,
Ἀντίνοον δ' ἐνένιπεν ἔπος τ' ἔφατ' ἔκ τ' ὀνόμαζεν·
"'Αντίνο', ὕβριν ἔχων, κακομήχανε, καὶ δέ σέ φασιν
ἐν δήμῳ Ἰθάκης μεθ' ὁμήλικας ἔμμεν ἄριστον
βουλῇ καὶ μύθοισι· σὺ δ' οὐκ ἄρα τοῖος ἔησθα. 420
μάργε, τίη δὲ σὺ Τηλεμάχῳ θάνατόν τε μόρον τε
ῥάπτεις, οὐδ' ἱκέτας ἐμπάζεαι, οἷσιν ἄρα Ζεὺς
μάρτυρος; οὐδ' ὁσίη κακὰ ῥάπτειν ἀλλήλοισιν.
ἦ οὐκ οἶσθ' ὅτε δεῦρο πατὴρ τεὸς ἵκετο φεύγων,
δῆμον ὑποδείσας; δὴ γὰρ κεχολώατο λίην, 425
οὕνεκα λῃστῆρσιν ἐπισπόμενος Ταφίοισιν
ἤκαχε Θεσπρωτούς· οἱ δ' ἡμῖν ἄρθμιοι ἦσαν.
τόν ῥ' ἔθελον φθῖσαι καὶ ἀπορραῖσαι φίλον ἦτορ
ἠδὲ κατὰ ζωὴν φαγέειν μενοεικέα πολλήν·
ἀλλ' Ὀδυσεὺς κατέρυκε καὶ ἔσχεθεν ἱεμένους περ. 430
τοῦ νῦν οἶκον ἄτιμον ἔδεις, μνάᾳ δὲ γυναῖκα
παῖδά τ' ἀποκτείνεις, ἐμὲ δὲ μεγάλως ἀκαχίζεις·
ἀλλά σε παύεσθαι κέλομαι καὶ ἀνωγέμεν ἄλλους."

τὴν δ' αὖτ' Εὐρύμαχος, Πολύβου πάϊς, ἀντίον ηὔδα·
"κούρη Ἰκαρίοιο, περίφρων Πηνελόπεια, 435
θάρσει· μή τοι ταῦτα μετὰ φρεσὶ σῇσι μελόντων.
οὐκ ἔσθ' οὗτος ἀνὴρ οὐδ' ἔσσεται οὐδὲ γένηται,
ὅς κεν Τηλεμάχῳ, σῷ υἱέϊ, χεῖρας ἐποίσει
ζώοντός γ' ἐμέθεν καὶ ἐπὶ χθονὶ δερκομένοιο.
ὧδε γὰρ ἐξερέω, καὶ μὴν τετελεσμένον ἔσται· 440
αἶψά οἱ αἷμα κελαινὸν ἐρωήσει περὶ δουρὶ
ἡμετέρῳ, ἐπεὶ ἦ καὶ ἐμὲ πτολίπορθος Ὀδυσσεὺς
πολλάκι γούνασιν οἷσιν ἐφεσσάμενος κρέας ὀπτὸν
ἐν χείρεσσιν ἔθηκεν ἐπέσχε τε οἶνον ἐρυθρόν.
τῷ μοι Τηλέμαχος πάντων πολὺ φίλτατός ἐστιν 445
ἀνδρῶν, οὐδέ τί μιν θάνατον τρομέεσθαι ἄνωγα
ἔκ γε μνηστήρων· θεόθεν δ' οὐκ ἔστ' ἀλέασθαι."

ὣς φάτο θαρσύνων, τῷ δ' ἤρτυεν αὐτὸς ὄλεθρον.
ἡ μὲν ἄρ' εἰσαναβᾶσ' ὑπερώϊα σιγαλόεντα
κλαῖεν ἔπειτ' Ὀδυσῆα φίλον πόσιν, ὄφρα οἱ ὕπνον 450

Sechzehnter Gesang

Also ging sie zum Saal zusammen mit dienenden Frauen.
Als die erhabene Frau dann wirklich den Freiern sich nahte,
Trat sie neben die Stütze des festgezimmerten Daches,
Hielt ihre Wangen verhüllt in weichen, glänzenden Schleiern,
Schalt auf Antinoos ein und sagte bedeutsame Worte:

„Mann des Hochmuts! Unheilstifter Antinoos! Ja, dich
Heißen die Leute in Ithakas Volk zwar den besten von deinen
Altersgenossen im Raten und Reden. Doch bist du es gar nicht.
Du bist ein Narr! Warum stellst du das Netz eines tödlichen Schicksals
Meinem Telemachos! Kümmerst dich nicht um Schützlinge, die doch
Zeus überwacht? Einander so böse umgarnen ist Frevel!
Weißt du wohl nicht mehr, wie einstens dein Vater als Flüchtling hieher
Fürchten mußt er sein Volk; denn wahrlich es herrschte Empörung. [kam?
War doch auch er in der Rotte taphischer Räuber und quälte
Hart die Thesproter, die unsre Verbündeten waren. Den Garaus
Drohten sie ihm, sie wollten das liebe Herz ihm zerreißen,
Schmausen sein Gut, das in Fülle er hatte, das Wünsche erregte.
Aber Odysseus hielt sie zurück, so sehr sie sich sträubten.
Jetzt aber schmaust du im Haus dieses Mannes und nimmst ihm die Ehre,
Buhlst um sein Weib und tötest den Sohn und kränkst mich gewaltig.
Aufzuhören befehle ich dir! befiehls du den andern!"

Ihr doch entgegnete Polybos' Sohn Eurýmachos wieder:
„Nein du, Ikarios' Tochter, gescheite Penelopeia!
Sei nur beruhigt, du brauchst dich da weiter im Sinn nicht bekümmern.
Weder gibt es den Mann, noch wird es ihn geben, er kommt schon
Gar nicht zur Welt, der an deinem Sohn, an Telemachos, je sich
Tätlich vergriffe, solang ich mit offenen Augen auf Erden
Lebe. Ich sag es heraus und so wird es sicher auch enden:
Triefen soll dann sofort unsre Lanze von dunklem Blute.
Nahm doch wahrlich auch mich der Städtezerstörer Odysseus
Oft auf die eigenen Knie und gab mir den Braten ins Händchen,
Bot mir den rötlichen Wein. Telemachos ist mir deswegen
Weitaus der liebste von allen den Männern; drum soll er nicht zittern,
Freier wenigstens töten ihn nicht. Doch der Schickung der Götter
Kann sich wohl keiner entwinden." So sprach er und wollte sie mutig
Machen und war es doch selbst, der des andern Vernichtung erstrebte.
Sie aber ging hinauf in die blinkenden Obergemächer,
Weinte dann lang um den lieben Gemahl, bis endlich den süßen

ἡδὺν ἐπὶ βλεφάροισι βάλε γλαυκῶπις Ἀθήνη.
 ἑσπέριος δ' Ὀδυσῆι καὶ υἱέϊ δῖος ὑφορβὸς
ἤλυθεν· οἱ δ' ἄρα δόρπον ἐπισταδὸν ὁπλίζοντο,
σῦν ἱερεύσαντες ἐνιαύσιον. αὐτὰρ Ἀθήνη
ἄγχι παρισταμένη Λαερτιάδην Ὀδυσῆα 455
ῥάβδῳ πεπληγυῖα πάλιν ποίησε γέροντα,
λυγρὰ δὲ εἵματα ἕσσε περὶ χροΐ, μή ἑ συβώτης
γνοίη ἐσάντα ἰδὼν καὶ ἐχέφρονι Πηνελοπείῃ
ἔλθοι ἀπαγγέλλων μηδὲ φρεσὶν εἰρύσσαιτο.
 τὸν καὶ Τηλέμαχος πρότερος πρὸς μῦθον ἔειπεν· 460
"ἦλθες, δῖ' Εὔμαιε· τί δὴ κλέος ἔστ' ἀνὰ ἄστυ;
ἦ ῥ' ἤδη μνηστῆρες ἀγήνορες ἔνδον ἔασιν
ἐκ λόχου, ἦ ἔτι μ' αὖθ' εἰρύαται οἴκαδ' ἰόντα;"
 τὸν δ' ἀπαμειβόμενος προσέφης, Εὔμαιε συβῶτα·
"οὐκ ἔμελέν μοι ταῦτα μεταλλῆσαι καὶ ἐρέσθαι 465
ἄστυ καταβλώσκοντα· τάχιστά με θυμὸς ἀνώγει
ἀγγελίην εἰπόντα πάλιν δεῦρ' ἀπονέεσθαι.
ὠμήρησε δέ μοι παρ' ἑταίρων ἄγγελος ὠκύς,
κῆρυξ, ὃς δὴ πρῶτος ἔπος σῇ μητρὶ ἔειπεν.
ἄλλο δέ τοι τόδε οἶδα· τὸ γὰρ ἴδον ὀφθαλμοῖσιν· 470
ἤδη ὑπὲρ πόλιος, ὅθι Ἕρμαιος λόφος ἐστίν,
ἦα κιών, ὅτε νῆα θοὴν ἰδόμην κατιοῦσαν
ἐς λιμέν' ἡμέτερον· πολλοὶ δ' ἔσαν ἄνδρες ἐν αὐτῇ,
βεβρίθει δὲ σάκεσσι καὶ ἔγχεσιν ἀμφιγύοισι·
καὶ σφεας ὠϊσθην τοὺς ἔμμεναι, οὐδέ τι οἶδα." 475
 ὣς φάτο, μείδησεν δ' ἱερὴ ἲς Τηλεμάχοιο
ἐς πατέρ' ὀφθαλμοῖσιν ἰδών, ἀλέεινε δ' ὑφορβόν.
 οἱ δ' ἐπεὶ οὖν παύσαντο πόνου τετύκοντό τε δαῖτα,
δαίνυντ', οὐδέ τι θυμὸς ἐδεύετο δαιτὸς ἐΐσης.
αὐτὰρ ἐπεὶ πόσιος καὶ ἐδητύος ἐξ ἔρον ἕντο, 480
κοίτου τε μνήσαντο καὶ ὕπνου δῶρον ἕλοντο.

Schlaf auf die Lider ihr senkte Athene mit Augen der Eule.
  Abend war es, da kam zu den beiden der göttliche Sauhirt.
Eben waren der Sohn und Odysseus beim Rüsten der Mahlzeit,
Holten ein jähriges Schwein zum Opfer. Aber Athene
War zu dem Sohn des Laërtes, Odysseus, getreten und hatte
Wieder zum Greis ihn gemacht durch den Schlag ihres Stabes; sie hüllte
Wieder den Leib ihm in grausliche Kleider, damit nicht der Sauhirt,
Säh er ihn vor sich, ihn kenne, zur klugen Penelopeia
Gehe und Meldung erstatte statt fest es im Sinn zu bewahren.
  Aber Telemachos kam seinen Worten zuvor und sagte:
„Kamst du, hehrer Eumaios? Was rühmen denn eben die Städter?
Sind etwa gar schon zurück von der Lauer die trotzigen Freier,
Oder beschirmen sie immer noch dort meine eigene Rückkehr?"
  Ihm erwidertest du und sagtest, Sauhirt Eumaios:
Was so die Straßen durchlief — nach all dem fragend zu forschen,
Lag mir schon gar nicht am Herzen; mich trieb mein Gemüt, daß ich schleunigst
Meldung erstatte und wieder hieher dann begänne den Rückweg.
Botschaft brachte mit mir zugleich ein rascher Gefährte,
Rufer war er und sagte das erste Wort deiner Mutter.
Aber ich weiß dir noch Folgendes, sah es mit eigenen Augen:
Über der Stadt schon ging ich, am Hermeshügel; da sah ich
Eben ein eilendes Schiff, wie in unseren Hafen es einlief;
Männer in Menge standen darauf und es starrte von Schilden,
Starrte von Speeren mit doppelter Spitze. Da kam mir die Ahnung,
Jene müßten es sein; doch weiß ich nichts weiter zu sagen."
  Also sprach er. Die heilige Macht des Telemachos lachte,
Schaute dem Vater ins Aug, doch am Sauhirt sah er vorüber.
  Die aber hatten die Mühe, das Essen zu richten, beendet,
Schmausten, da nichts ihr Gemüt an dem richtigen Mahle vermißte.
Aber als das Verlangen nach Trank und Speise verflogen,
Dachten sie auch an ihr Bett und empfingen die Gaben des Schlafes.

ΟΔΥΣΣΕΙΑΣ Ρ

Τηλεμάχου ἐπάνοδος εἰς Ἰθάκην

Ἦμος δ' ἠριγένεια φάνη ῥοδοδάκτυλος Ἠώς,
δὴ τότ' ἔπειθ' ὑπὸ ποσσὶν ἐδήσατο καλὰ πέδιλα
Τηλέμαχος, φίλος υἱὸς Ὀδυσσῆος θείοιο,
εἵλετο δ' ἄλκιμον ἔγχος, ὅ οἱ παλάμηφιν ἀρήρει,
ἄστυδε ἱέμενος, καὶ ἑὸν προσέειπε συβώτην· 5
"ἄττ', ἦ τοι μὲν ἐγὼν εἶμ' ἐς πόλιν, ὄφρα με μήτηρ
ὄψεται· οὐ γάρ μιν πρόσθεν παύσεσθαι ὀΐω
κλαυθμοῦ τε στυγεροῖο γόοιό τε δακρυόεντος,
πρίν γ' αὐτόν με ἴδηται· ἀτὰρ σοί γ' ὧδ' ἐπιτέλλω·
τὸν ξεῖνον δύστηνον ἄγ' ἐς πόλιν, ὄφρ' ἂν ἐκεῖθι 10
δαῖτα πτωχεύῃ· δώσει δέ οἱ ὅς κ' ἐθέλῃσι,
πύρνον καὶ κοτύλην· ἐμὲ δ' οὔ πως ἔστιν ἅπαντας
ἀνθρώπους ἀνέχεσθαι, ἔχοντά περ ἄλγεα θυμῷ.
ὁ ξεῖνος δ' εἴ περ μάλα μηνίει, ἄλγιον αὐτῷ
ἔσσεται· ἦ γὰρ ἐμοὶ φίλ' ἀληθέα μυθήσασθαι." 15
τὸν δ' ἀπαμειβόμενος προσέφη πολύμητις Ὀδυσσεύς·
"ὦ φίλος, οὐδέ τοι αὐτὸς ἐρύκεσθαι μενεαίνω.
πτωχῷ βέλτερόν ἐστι κατὰ πτόλιν ἠὲ κατ' ἀγροὺς
δαῖτα πτωχεύειν· δώσει δέ μοι ὅς κ' ἐθέλῃσιν.
οὐ γὰρ ἐπὶ σταθμοῖσι μένειν ἔτι τηλίκος εἰμί, 20
ὥς τ' ἐπιτειλαμένῳ σημάντορι πάντα πιθέσθαι.
ἀλλ' ἔρχευ· ἐμὲ δ' ἄξει ἀνὴρ ὅδε, τὸν σὺ κελεύεις,
αὐτίκ' ἐπεί κε πυρὸς θερέω ἀλέη τε γένηται.
αἰνῶς γὰρ τάδε εἵματ' ἔχω κακά· μή με δαμάσσῃ
στίβη ὑπηοίη· ἕκαθεν δέ τε ἄστυ φάτ' εἶναι." 25
ὣς φάτο, Τηλέμαχος δὲ διὲκ σταθμοῖο βεβήκει,
κραιπνὰ ποσὶ προβιβάς, κακὰ δὲ μνηστῆρσι φύτευεν.
αὐτὰρ ἐπεί ῥ' ἵκανε δόμους ἐῢ ναιετάοντας,
ἔγχος μέν ῥ' ἔστησε φέρων πρὸς κίονα μακρήν,
αὐτὸς δ' εἴσω ἴεν καὶ ὑπέρβη λάϊνον οὐδόν. 30
τὸν δὲ πολὺ πρώτη εἶδε τροφὸς Εὐρύκλεια,
κώεα καστορνῦσα θρόνοις ἔνι δαιδαλέοισι,

SIEBZEHNTER GESANG

Telemachos kehrt in die Stadt zurück

Als dann die Frühe sich zeigte, Eos mit rosigen Fingern,
Band an die Füße Telemachos schöne Sandalen, der liebe
Sohn des göttergleichen Odysseus. Dann nahm er die Lanze,
Tauglich war sie zur Wehr und sie paßte ihm gut in die Hände;
Stadtwärts wollte er eilen; so sprach er zu seinem Sauhirt:
  „Väterchen! Ich will gleich in die Stadt, damit mich die Mutter
Baldigst sieht; denn ich glaube, sie findet kein Ende mit ihrem
Grausigen Weinen und tränenseligen Klagen, bevor sie
Nicht mich selber erblickte. Doch dir nun geb ich als Auftrag:
Führe den elenden Fremdling zur Stadt; dort soll er um Essen
Betteln; es wird ihm dann geben, wer mag, sein Becherlein füllen,
Weizenbrote ihm reichen; denn mir ist es gänzlich unmöglich
Alle die Menschen zu stützen. Ich leide genug im Gemüte.
Zürnt mir der Fremde dann heftig, so macht er sein Leiden nur größer.
Mir wahrhaftig liegt es am Herzen die Wahrheit zu sagen."
  Antwort gab ihm und sagte der einfallreiche Odysseus:
„Freund! Ich selber verlange ja gar nicht hier zu verweilen.
Ist es doch besser, ein Bettler erbettelt sein Essen im Stadtkreis
Statt auf den Feldern; es schenken dann alle, die wollen. Ich bin ja
Nicht mehr so jung, auf Gehöften dauernd zu bleiben, in allem
Brav zu gehorchen dem obersten Hirten in dem, was er fordert.
Geh du nur! Hier dieser Mann, dem du es befiehlst, wird mich führen,
Wenn erst das Feuer mich wärmte und sonnige Lüfte beginnen.
Schauerlich schlecht ja bin ich bekleidet; der Reif in der Frühe,
Fürcht ich, könnte mir schaden, und weit ist die Stadt, wie ihr sagtet."
  Also sprach er; Telemachos aber durchschritt das Gehöfte,
Kraftvoll schritt er voran; denn Unheil sann er den Freiern.
Aber sobald er das Haus mit der trefflichen Wohnung erreichte,
Stellte er erst auf den Boden den Speer an der langen Säule,
Ging dann selber hinein, überschreitend die steinerne Schwelle.
  Ihn erblickte da weitaus zuerst Eurykleia, die Amme;
Felle legte sie eben auf kunstvoll gefertigte Stühle.

Ὀδυσσείας ρ

δακρύσασα δ' ἔπειτ' ἰθὺς κίεν· ἀμφὶ δ' ἄρ' ἄλλαι
δμωαὶ Ὀδυσσῆος ταλασίφρονος ἠγερέθοντο
καὶ κύνεον ἀγαπαζόμεναι κεφαλήν τε καὶ ὤμους. 35
 ἡ δ' ἴεν ἐκ θαλάμοιο περίφρων Πηνελόπεια,
Ἀρτέμιδι ἰκέλη ἠὲ χρυσῇ Ἀφροδίτῃ,
ἀμφὶ δὲ παιδὶ φίλῳ βάλε πήχεε δακρύσασα,
κύσσε δέ μιν κεφαλήν τε καὶ ἄμφω φάεα καλά,
καί ῥ' ὀλοφυρομένη ἔπεα πτερόεντα προσηύδα· 40
 "ἦλθες, Τηλέμαχε, γλυκερὸν φάος· οὔ σ' ἔτ' ἐγώ γε
ὄψεσθαι ἐφάμην, ἐπεὶ ᾤχεο νηῒ Πύλονδε
λάθρῃ, ἐμεῦ ἀέκητι, φίλου μετὰ πατρὸς ἀκουήν.
ἀλλ' ἄγε μοι κατάλεξον, ὅπως ἤντησας ὀπωπῆς."
 τὴν δ' αὖ Τηλέμαχος πεπνυμένος ἀντίον ηὔδα· 45
"μῆτερ ἐμή, μή μοι γόον ὄρνυθι μηδέ μοι ἦτορ
ἐν στήθεσσιν ὄρινε φυγόντι περ αἰπὺν ὄλεθρον·
ἀλλ' ὑδρηναμένη, καθαρὰ χροῒ εἵμαθ' ἑλοῦσα,
εἰς ὑπερῷ' ἀναβᾶσα σὺν ἀμφιπόλοισι γυναιξὶν
εὔχεο πᾶσι θεοῖσι τελήεσσας ἑκατόμβας 50
ῥέξειν, αἴ κέ ποθι Ζεὺς ἄντιτα ἔργα τελέσσῃ.
αὐτὰρ ἐγὼν ἀγορήνδε ἐλεύσομαι, ὄφρα καλέσσω
ξεῖνον, ὅτις μοι κεῖθεν ἅμ' ἕσπετο δεῦρο κιόντι.
τὸν μὲν ἐγὼ προὔπεμψα σὺν ἀντιθέοις ἑτάροισι,
Πείραιον δέ μιν ἠνώγεα προτὶ οἶκον ἄγοντα 55
ἐνδυκέως φιλέειν καὶ τιέμεν, εἰς ὅ κεν ἔλθω."
 ὣς ἄρ' ἐφώνησεν, τῇ δ' ἄπτερος ἔπλετο μῦθος.
ἡ δ' ὑδρηναμένη, καθαρὰ χροῒ εἵμαθ' ἑλοῦσα,
εὔχετο πᾶσι θεοῖσι τελήεσσας ἑκατόμβας
ῥέξειν, αἴ κέ ποθι Ζεὺς ἄντιτα ἔργα τελέσσῃ. 60
 Τηλέμαχος δ' ἄρ' ἔπειτα διὲκ μεγάροιο βεβήκει
ἔγχος ἔχων· ἅμα τῷ γε κύνες πόδας ἀργοὶ ἕποντο.
θεσπεσίην δ' ἄρα τῷ γε χάριν κατέχευεν Ἀθήνη·
τὸν δ' ἄρα πάντες λαοὶ ἐπερχόμενον θηεῦντο.
ἀμφὶ δέ μιν μνηστῆρες ἀγήνορες ἠγερέθοντο 65
ἐσθλ' ἀγορεύοντες, κακὰ δὲ φρεσὶ βυσσοδόμευον.
αὐτὰρ ὁ τῶν μὲν ἔπειτα ἀλεύατο πουλὺν ὅμιλον,
ἀλλ' ἵνα Μέντωρ ἧστο καὶ Ἄντιφος ἠδ' Ἁλιθέρσης,
οἵ τέ οἱ ἐξ ἀρχῆς πατρώϊοι ἦσαν ἑταῖροι,
ἔνθα καθέζετ' ἰών· τοὶ δ' ἐξερέεινον ἕκαστα. 70

Siebzehnter Gesang

Jetzt aber kamen ihr Tränen; sie ging auf ihn zu und die andern
Mägde des standhaft klugen Odysseus umringten ihn gleichfalls,
Küßten ihm Kopf und Schultern und hießen ihn herzlich willkommen.

Sie aber kam aus der Kammer, die kluge Penelopeia,
Artemis glich sie, sie glich auch der goldenen Aphrodite,
Schlang um den lieben Sohn unter Tränen fest ihre Arme,
Drückte ihm Küsse aufs Haupt und auf beide herrlichen Augen,
Jammerte auf und sprach dabei geflügelte Worte:
„Kommen bist du, Telemachos, süßestes Licht! und ich meinte,
Nimmer dich wiederzusehn, da du gingst um nach Pylos zu fahren
Heimlich und gegen mein Wollen, nach Kunde vom lieben Vater.
Aber nun komm und erzähle, was alles du sahst und erlebtest!"

Ihr aber hielt der gewandte Telemachos wieder entgegen:
„Liebe Mutter! bring mir das Herz in der Brust nicht in Unruh!
Rühr nicht ans Leid; denn ich bin ja der jähen Vernichtung entronnen.
Darum nimm jetzt ein Bad, ein reines Gewand für den Körper,
Steig dann hinauf ins Gemach zusammen mit dienenden Frauen,
Sämtlichen Göttern gelobe vollendete Hekatomben,
Daß doch Zeus noch vollende Werke gerechter Vergeltung.
Ich aber gehe zum Marktplatz, will einen Fremden dort sprechen,
Der auf der Reise hieher von dort mir folgte. Ich habe
Diesen voraus schon geschickt mit den göttergleichen Gefährten.
Auftrag gab ich Peiraios, er solle nach Hause ihn führen,
Solle besorgt ihn dort ehren und lieben, bis selber ich komme."

Also ließ er verlauten, doch ihr versagten die Worte.
Aber sie nahm ein Bad, ein reines Gewand für den Körper,
Sämtlichen Göttern versprach sie vollendete Hekatomben,
Daß doch Zeus noch vollende Werke gerechter Vergeltung.

Aber Telemachos war schon heraus aus dem Saale geschritten,
Trug seinen Speer, zwei Hunde folgten auf hurtigen Füßen.
Göttliche Anmut strömte um ihn nach dem Willen Athenes,
Alle Leute schauten auf ihn, wie so schön er daherkam.
Rund um ihn doch traten die trutzigen Freier zusammen;
Edel wohl klangen die Worte, im Sinn aber planten sie Böses.
Er aber mied ihren großen Kreis und setzte sich dort hin,
Wo Halitherses und Mentor bei Antiphos saßen; von jeher
Seit seines Vaters Zeiten waren es treue Gefährten.
Dorthin ging er und setzte sich; sie aber fragten nach allem.

τοῖσι δὲ Πείραιος δουρικλυτὸς ἐγγύθεν ἦλθε
ξεῖνον ἄγων ἀγορήνδε διὰ πτόλιν· οὐδ' ἄρ' ἔτι δὴν
Τηλέμαχος ξείνοιο ἑκὰς τράπετ', ἀλλὰ παρέστη.
τὸν καὶ Πείραιος πρότερος πρὸς μῦθον ἔειπε·
"Τηλέμαχ', αἶψ' ὄτρυνον ἐμὸν ποτὶ δῶμα γυναῖκας, 75
ὥς τοι δῶρ' ἀποπέμψω, ἅ τοι Μενέλαος ἔδωκε."
τὸν δ' αὖ Τηλέμαχος πεπνυμένος ἀντίον ηὔδα·
"Πείραι', οὐ γάρ τ' ἴδμεν, ὅπως ἔσται τάδε ἔργα.
εἴ κεν ἐμὲ μνηστῆρες ἀγήνορες ἐν μεγάροισι
λάθρῃ κτείναντες πατρώϊα πάντα δάσωνται, 80
αὐτὸν ἔχοντα σὲ βούλομ' ἐπαυρέμεν ἤ τινα τῶνδε·
εἰ δέ κ' ἐγὼ τούτοισι φόνον καὶ κῆρα φυτεύσω,
δὴ τότε μοι χαίροντι φέρειν πρὸς δώματα χαίρων."
ὣς εἰπὼν ξεῖνον ταλαπείριον ἦγεν ἐς οἶκον.
αὐτὰρ ἐπεί ῥ' ἵκοντο δόμους ἐῢ ναιετάοντας, 85
χλαίνας μὲν κατέθεντο κατὰ κλισμούς τε θρόνους τε,
ἐς δ' ἀσαμίνθους βάντες ἐϋξέστας λούσαντο.
τοὺς δ' ἐπεὶ οὖν δμῳαὶ λοῦσαν καὶ χρῖσαν ἐλαίῳ,
ἀμφὶ δ' ἄρα χλαίνας οὔλας βάλον ἠδὲ χιτῶνας,
ἔκ ῥ' ἀσαμίνθων βάντες ἐπὶ κλισμοῖσι καθῖζον. 90
χέρνιβα δ' ἀμφίπολος προχόῳ ἐπέχευε φέρουσα
καλῇ χρυσείῃ, ὑπὲρ ἀργυρέοιο λέβητος,
νίψασθαι· παρὰ δὲ ξεστὴν ἐτάνυσσε τράπεζαν.
σῖτον δ' αἰδοίη ταμίη παρέθηκε φέρουσα,
εἴδατα πόλλ' ἐπιθεῖσα, χαριζομένη παρεόντων. 95
μήτηρ δ' ἀντίον ἷζε παρὰ σταθμὸν μεγάροιο
κλισμῷ κεκλιμένη, λέπτ' ἠλάκατα στρωφῶσα.
οἱ δ' ἐπ' ὀνείαθ' ἑτοῖμα προκείμενα χεῖρας ἴαλλον.
αὐτὰρ ἐπεὶ πόσιος καὶ ἐδητύος ἐξ ἔρον ἕντο,
τοῖσι δὲ μύθων ἦρχε περίφρων Πηνελόπεια· 100
"Τηλέμαχ', ἦ τοι ἐγὼν ὑπερώϊον εἰσαναβᾶσα
λέξομαι εἰς εὐνήν, ἥ μοι στονόεσσα τέτυκται,
αἰεὶ δάκρυσ' ἐμοῖσι πεφυρμένη, ἐξ οὗ Ὀδυσσεὺς
ᾤχεθ' ἅμ' Ἀτρεΐδῃσιν ἐς Ἴλιον· οὐδέ μοι ἔτλης,
πρὶν ἐλθεῖν μνηστῆρας ἀγήνορας ἐς τόδε δῶμα, 105
νόστον σοῦ πατρὸς σάφα εἰπέμεν, εἴ που ἄκουσας."
τὴν δ' αὖ Τηλέμαχος πεπνυμένος ἀντίον ηὔδα·
"τοιγὰρ ἐγώ τοι, μῆτερ, ἀληθείην καταλέξω.

Siebzehnter Gesang

Nahe trat nun Peiraios zu ihnen, der Meister im Speerkampf,
Führte den Gast durch die Stadt zur Versammlung. Da hielt sich auch
Lange Telemachos fern von dem Gast und trat ihm zur Seite. [nicht mehr
Ihm nun kam Peiraios zuvor mit der Rede und sagte:
  „Schnell jetzt, Telemachos, schick deine Frauen ins Haus, wo ich weile,
Daß ich die Gaben dir sende, die dir Menelaos gegeben."
  Ihm aber hielt der gewandte Telemachos wieder entgegen:
„Nein, Peiraios! Wir wissen ja nicht, wie die Lage sich auswirkt.
Töten mich nämlich die trutzigen Freier in unserm Palaste
Heimlich und teilen, was alles dem Vater gehörte, dann möcht ich
Lieber, daß du sie bekommst und genießt, aber keiner von ihnen.
Kann aber ich ihnen Mord und Vernichtung bereiten, dann sollst du
Freudig zu mir in das Haus sie verbringen, daß ich mich auch freue."
  Also sprach er und führte den leidvollen Gast mit nachhause.
Aber als sie ins Haus mit den trefflichen Wohnungen kamen,
Taten die Mäntel sie ab und belegten Stühle und Sessel,
Stiegen zum Bade dann ein in die trefflich gereinigten Wannen.
Als sie die Mägde gebadet, mit Öl sie gesalbt, dann mit Leibrock,
Jeden mit wollenem Mantel bekleidet, stiegen die beiden
Wieder heraus aus der Wanne und setzten sich hin auf die Stühle.
Dann kam ein Mädchen und brachte das Wasser zum Waschen. Aus
Goldenem Schöpfer goß sie es aus in ein silbernes Becken [schönem,
Über die Hände und schob ihnen hin den gefegten Eßtisch.
Brot trug auf die ehrfurchtgebietende Schaffnerin, legte
Speisen in Menge dazu, gab gerne von allem, was da war.
Gegenüber setzte sich aber die Mutter und drehte
Feine Fäden; sie lehnte im Stuhl an der Säule des Saales.
Sie aber streckten die Hände, das Essen lag fertig vor ihnen.
Aber sobald das Verlangen nach Trinken und Essen verflogen,
Da begann das Gespräch die kluge Penelopeia:
  „Nun, mein Telemachos, steig ich hinauf ins Gemach auf mein Lager,
Naß von Tränen und Stätte von Seufzern ist es geworden,
Seit mein Odysseus nach Ilion ging im Gefolg der Atriden.
Du aber brachtest die Kraft nicht auf, genau zu berichten,
Ehe die trutzigen Freier dies Haus hier wieder betreten,
Ob du wohl irgendwo hörtest, dein Vater sei auf der Heimfahrt."
  Ihr aber hielt der gewandte Telemachos wieder entgegen:
„Also Mutter, ich will dir die Wahrheit restlos erzählen.

ᾠχόμεθ' ἔς τε Πύλον καὶ Νέστορα, ποιμένα λαῶν·
δεξάμενος δέ με κεῖνος ἐν ὑψηλοῖσι δόμοισιν 110
ἐνδυκέως ἐφίλει, ὡς εἴ τε πατὴρ ἑὸν υἷα
ἐλθόντα χρόνιον νέον ἄλλοθεν· ὣς ἐμὲ κεῖνος
ἐνδυκέως ἐκόμιζε σὺν υἱάσι κυδαλίμοισιν.
αὐτὰρ Ὀδυσσῆος ταλασίφρονος οὔ ποτ' ἔφασκε
ζωοῦ οὐδὲ θανόντος ἐπιχθονίων τευ ἀκοῦσαι, 115
ἀλλά μ' ἐς Ἀτρεΐδην, δουρικλειτὸν Μενέλαον,
ἵπποισι προὔπεμψε καὶ ἅρμασι κολλητοῖσιν.
ἔνθ' ἴδον Ἀργείην Ἑλένην, ἧς εἵνεκα πολλὰ
Ἀργεῖοι Τρῶές τε θεῶν ἰότητι μόγησαν.
εἴρετο δ' αὐτίκ' ἔπειτα βοὴν ἀγαθὸς Μενέλαος, 120
ὅττευ χρηΐζων ἱκόμην Λακεδαίμονα δῖαν·
αὐτὰρ ἐγὼ τῷ πᾶσαν ἀληθείαν κατέλεξα.
καὶ τότε δή μ' ἐπέεσσιν ἀμειβόμενος προσέειπεν·
'ὦ πόποι, ἦ μάλα δὴ κρατερόφρονος ἀνδρὸς ἐν εὐνῇ
ἤθελον εὐνηθῆναι, ἀνάλκιδες αὐτοὶ ἐόντες. 125
ὡς δ' ὁπότ' ἐν ξυλόχῳ ἔλαφος κρατεροῖο λέοντος
νεβροὺς κοιμήσασα νεηγενέας γαλαθηνοὺς
κνημοὺς ἐξερέῃσι καὶ ἄγκεα ποιήεντα
βοσκομένη, ὁ δ' ἔπειτα ἑὴν εἰσήλυθεν εὐνήν,
ἀμφοτέροισι δὲ τοῖσιν ἀεικέα πότμον ἐφῆκεν, 130
ὣς Ὀδυσεὺς κείνοισιν ἀεικέα πότμον ἐφήσει.
αἲ γάρ, Ζεῦ τε πάτερ καὶ Ἀθηναίη καὶ Ἄπολλον,
τοῖος ἐὼν οἷός ποτ' ἐϋκτιμένῃ ἐνὶ Λέσβῳ
ἐξ ἔριδος Φιλομηλεΐδῃ ἐπάλαισεν ἀναστάς,
κὰδ δ' ἔβαλε κρατερῶς, κεχάροντο δὲ πάντες Ἀχαιοί, 135
τοῖος ἐὼν μνηστῆρσιν ὁμιλήσειεν Ὀδυσσεύς·
πάντες κ' ὠκύμοροί τε γενοίατο πικρόγαμοί τε.
ταῦτα δ' ἅ μ' εἰρωτᾷς καὶ λίσσεαι, οὐκ ἂν ἐγώ γε
ἄλλα παρὲξ εἴποιμι παρακλιδὸν οὐδ' ἀπατήσω·
ἀλλὰ τὰ μέν μοι ἔειπε γέρων ἅλιος νημερτής, 140
τῶν οὐδέν τοι ἐγὼ κρύψω ἔπος οὐδ' ἐπικεύσω.
φῆ μιν ὅ γ' ἐν νήσῳ ἰδέειν κρατέρ' ἄλγε' ἔχοντα,
νύμφης ἐν μεγάροισι Καλυψοῦς, ἥ μιν ἀνάγκῃ
ἴσχει· ὁ δ' οὐ δύναται ἣν πατρίδα γαῖαν ἱκέσθαι·
οὐ γάρ οἱ πάρα νῆες ἐπήρετμοι καὶ ἑταῖροι, 145
οἵ κέν μιν πέμποιεν ἐπ' εὐρέα νῶτα θαλάσσης.'

Pylos war unser Ziel und Nestor, der Hirt seiner Leute.
Sorglich nahm er mich auf im hohen Palast und mit Liebe,
So wie ein Vater den Sohn, der eben nach langem Erwarten
Heimkehrt, irgendwo her: so sorglich ließ er mich pflegen,
Er im Verein mit den ruhmvollen Söhnen. Doch habe er niemals
Menschen auf Erden gehört, die vom standhaft klugen Odysseus
Wußten, ob tot er schon sei oder lebe. So sprach er und gab mir
Pferde und schickte mich weg auf festbeschlagenem Wagen,
Atreus' Sohn Menelaos zu fragen, den Meister im Speerkampf.
Helena sah ich dann dort, die Argeierin. Ihretwegen
Litten Achaier und Troer nach göttlicher Fügung viel Schweres.
Da aber fragte mich gleich Menelaos, der treffliche Rufer,
Was mich wohl triebe zur Fahrt ins göttliche Lakedaimon.
Ich aber sagte ihm dann die ganze, restlose Wahrheit.
Antwort gab er mir da und sagte mit deutlichen Worten:
„Was nicht gar! Im Bett eines kraftvoll denkenden Mannes
Wollten da wirklich sich Schwächlinge betten? Sie tun wie die Hirschkuh,
Wenn sie im Lager des kraftvollen Löwen die Kälbchen zum Schlaf legt.
Diese sind neu erst geboren und trinken noch Milch bei der Mutter;
Sie aber geht in den Tälern und grasigen Schluchten zur Weide.
Er aber kommt und betritt sein Bett und bringt über beide
Schändliches Schicksal: Gradso wird auch Odysseus auf jene
Schändliches Schicksal bringen. O wär er doch so noch imstande,
Vater Zeus, Athene, Apollon, wie damals beim Ringkampf:
Streit war entstanden mit Philomeleides; da trat er zum Kampf an,
Warf ihn mit Kraft auf den Boden zur Freude von allen Achaiern
Dort in Lesbos voll reicher Besiedlung. O wäre Odysseus
So noch imstand mit den Freiern zu reden; dann möchte ich meinen,
Gäb es für alle ein schleuniges Schicksal, bittere Hochzeit.
Freilich, was du mich fragst und bittest, da möcht ich nichts andres
Sagen, nicht drehn mich und wenden, nicht irre dich führen. Doch was mir
Einst jener Alte vom Meere, der nie noch sich irrte, gesagt hat,
Davon will ich kein Wort dir verhehlen und keines verschweigen:
Der aber sagte, er sah eine Insel; da leide er schrecklich,
Dort im Palast einer Nymphe Kalypso; sie zwingt ihn zu bleiben,
Er aber kann in das Land seiner Heimat gar nicht gelangen;
Fehlt es ihm dort doch an Ruderschiffen, es fehlen Gefährten,
Die ihn über den breiten Rücken des Meeres geleiten."

Ὀδυσσείας ρ

ὣς ἔφατ᾽ Ἀτρεΐδης, δουρικλειτὸς Μενέλαος.
ταῦτα τελευτήσας νεόμην· ἔδοσαν δέ μοι οὖρον
ἀθάνατοι, τοί μ᾽ ὦκα φίλην ἐς πατρίδ᾽ ἔπεμψαν."
ὣς φάτο, τῇ δ᾽ ἄρα θυμὸν ἐνὶ στήθεσσιν ὄρινε.   150
τοῖσι δὲ καὶ μετέειπε Θεοκλύμενος θεοειδής·
"ὦ γύναι αἰδοίη Λαερτιάδεω Ὀδυσῆος,
ἦ τοι ὅ γ᾽ οὐ σάφα οἶδεν, ἐμεῖο δὲ σύνθεο μῦθον·
ἀτρεκέως γάρ τοι μαντεύσομαι οὐδ᾽ ἐπικεύσω.
ἴστω νῦν Ζεὺς πρῶτα θεῶν ξενίη τε τράπεζα   155
ἱστίη τ᾽ Ὀδυσῆος ἀμύμονος, ἣν ἀφικάνω,
ὡς ἦ τοι Ὀδυσεὺς ἤδη ἐν πατρίδι γαίῃ,
ἥμενος ἢ ἕρπων, τάδε πευθόμενος κακὰ ἔργα,
ἔστιν, ἀτὰρ μνηστῆρσι κακὸν πάντεσσι φυτεύει,
οἷον ἐγὼν οἰωνὸν ἐϋσσέλμου ἐπὶ νηὸς   160
ἥμενος ἐφρασάμην καὶ Τηλεμάχῳ ἐγεγώνευν."
τὸν δ᾽ αὖτε προσέειπε περίφρων Πηνελόπεια·
"αἲ γὰρ τοῦτο, ξεῖνε, ἔπος τετελεσμένον εἴη·
τῷ κε τάχα γνοίης φιλότητά τε πολλά τε δῶρα
ἐξ ἐμεῦ, ὥς κέν τίς σε συναντόμενος μακαρίζοι."   165
ὣς οἱ μὲν τοιαῦτα πρὸς ἀλλήλους ἀγόρευον·
μνηστῆρες δὲ πάροιθεν Ὀδυσσῆος μεγάροιο
δίσκοισιν τέρποντο καὶ αἰγανέῃσιν ἱέντες
ἐν τυκτῷ δαπέδῳ, ὅθι περ πάρος ὕβριν ἔχοντες.
ἀλλ᾽ ὅτε δὴ δείπνηστος ἔην καὶ ἐπήλυθε μῆλα   170
πάντοθεν ἐξ ἀγρῶν, οἱ δ᾽ ἤγαγον οἵ τὸ πάρος περ,
καὶ τότε δή σφιν ἔειπε Μέδων· ὃς γάρ ῥα μάλιστα
ἥνδανε κηρύκων καί σφιν παρεγίνετο δαιτί·
"κοῦροι, ἐπεὶ δὴ πάντες ἐτέρφθητε φρέν᾽ ἀέθλοις,
ἔρχεσθε πρὸς δώμαθ᾽, ἵν᾽ ἐντυνώμεθα δαῖτα·   175
οὐ μὲν γάρ τι χέρειον ἐν ὥρῃ δεῖπνον ἑλέσθαι."
ὣς ἔφαθ᾽, οἱ δ᾽ ἀνστάντες ἔβαν πείθοντό τε μύθῳ.
αὐτὰρ ἐπεί ῥ᾽ ἵκοντο δόμους ἐὺ ναιετάοντας,
χλαίνας μὲν κατέθεντο κατὰ κλισμούς τε θρόνους τε,
οἱ δ᾽ ἱέρευον ὄϊς μεγάλους καὶ πίονας αἶγας,   180
ἵρευον δὲ σύας σιάλους καὶ βοῦν ἀγελαίην,
δαῖτ᾽ ἐντυνόμενοι. τοὶ δ᾽ ἐξ ἀγροῖο πόλινδε
ὠτρύνοντ᾽ Ὀδυσεύς τ᾽ ἰέναι καὶ δῖος ὑφορβός.
τοῖσι δὲ μύθων ἦρχε συβώτης, ὄρχαμος ἀνδρῶν·

So sprach Atreus' Sohn Menelaos, der Meister im Speerkampf.
Damit war ich am Ende, ich kehrte nach Hause und Fahrwind
Gaben die Götter, sie schickten mich rasch in die liebe Heimat."

Sprachs und erregte damit ihr Gemüt in der Brust. Und nun sagte
Theoklymenos auch noch zu ihnen und sah wie ein Gott aus:

„Ehrfurchtgebietendes Weib des Sohns des Laërtes, Odysseus':
Sicheres weiß ich ja nicht, doch ziehe den Schluß aus den Worten:
Ohne Verdrehung sag ich die Zukunft, nichts sei verdunkelt!
Zeus soll jetzt vor allem es wissen, der Tisch für die Fremden,
Und auch der Herd des Odysseus, des Trefflichen, dem ich mich nahe:
Wahrlich, Odysseus, ob sitzend ob wandelnd hier in der Heimat,
Ist schon da! hat Kunde von all diesen schändlichen Taten.
Aber er plant schon im stillen Vernichtung den sämtlichen Freiern.
Vögel sagten es mir; auf dem Schiff mit den schönen Borden
Saß ich und dachte es durch und Telemachos hab ichs gemeldet."

Ihm erwiderte da die gescheite Penelopeia:
„Gastfreund, möchte doch dieses Wort sich endlich erfüllen!
Rasch dann fändest du Liebesbeweise in vielen Geschenken,
Die ich dir gäbe; es priese dich glücklich, wer je dir begegnet."

Also sprachen die drei, der eine zum andern. Indessen
Suchten die Freier grad vor dem Haus des Odysseus Ergötzung,
Schossen nach Zielen mit Diskos und Jagdspeer, wo sie es sonst auch
Taten, auf tüchtig gestampftem Boden, und waren voll Hochmut.
Aber als Zeit war Mittag zu essen, vom Land her das Kleinvieh
Allseits kam und die gleichen es brachten, die sonst es auch taten,
Machte sich endlich Medon vernehmlich; er war von den Rufern
Der, den am meisten sie schätzten, und teilte mit ihnen die Mahlzeit:

„Kommt nun ins Haus, meine Jungen! Ihr habt euren Sinn jetzt wohl alle
Fröhlich ergötzt mit den Spielen; so laßt uns die Mahlzeit rüsten!
Schließlich ists ja nicht übel, wenn Zeit ist, zum Essen zu gehen."

Sprachs; da standen sie auf und gingen und folgten dem Anruf.
Aber als sie ins Haus mit den herrlichen Wohnungen kamen,
Legten die Mäntel sie ab auf Stühlen und Sesseln, die andern
Schlachteten mächtige Schafe und feisteste Ziegen zum Opfer,
Fett gemästete Schweine, dazu noch ein Rind aus der Herde.
All das machten sie fertig zur Mahlzeit. Doch vom Gehöfte
Brachen nun auf Odysseus und mit ihm der göttliche Sauhirt
Stadtwärts. Erst aber sprach noch der Herr seiner Leute, der Sauhirt:

"ξεῖν', ἐπεὶ ἄρ δὴ ἔπειτα πόλινδ' ἵμεναι μενεαίνεις 185
σήμερον, ὡς ἐπέτελλεν ἄναξ ἐμός· — ἦ σ' ἄν ἐγώ γε
αὐτοῦ βουλοίμην σταθμῶν ῥυτῆρα λιπέσθαι·
ἀλλὰ τὸν αἰδέομαι καὶ δείδια, μή μοι ὀπίσσω
νεικείη· χαλεπαὶ δέ τ' ἀνάκτων εἰσὶν ὁμοκλαί· —
ἀλλ' ἄγε νῦν ἴομεν· δὴ γὰρ μέμβλωκε μάλιστα 190
ἦμαρ, ἀτὰρ τάχα τοι ποτὶ ἕσπερα ῥίγιον ἔσται."
    τὸν δ' ἀπαμειβόμενος προσέφη πολύμητις Ὀδυσσεύς·
"γινώσκω, φρονέω· τά γε δὴ νοέοντι κελεύεις.
ἀλλ' ἴομεν, σὺ δ' ἔπειτα διαμπερὲς ἡγεμόνευε.
δὸς δέ μοι, εἴ ποθί τοι ῥόπαλον τετμημένον ἐστί, 195
σκηρίπτεσθ', ἐπεὶ ἦ φατ' ἀρισφαλέ' ἔμμεναι οὐδόν."
    ἦ ῥα, καὶ ἀμφ' ὤμοισιν ἀεικέα βάλλετο πήρην,
πυκνὰ ῥωγαλέην, ἐν δὲ στρόφος ἦεν ἀορτήρ·
Εὔμαιος δ' ἄρα οἱ σκῆπτρον θυμαρὲς ἔδωκε.
τὼ βήτην, σταθμὸν δὲ κύνες καὶ βώτορες ἄνδρες 200
ῥύατ' ὄπισθε μένοντες. ὁ δ' ἐς πόλιν ἦγεν ἄνακτα
πτωχῷ λευγαλέῳ ἐναλίγκιον ἠδὲ γέροντι,
σκηπτόμενον· τὰ δὲ λυγρὰ περὶ χροΐ εἵματα ἕστο.
    ἀλλ' ὅτε δὴ στείχοντες ὁδὸν κάτα παιπαλόεσσαν
ἄστεος ἐγγὺς ἔσαν καὶ ἐπὶ κρήνην ἀφίκοντο 205
τυκτὴν καλλίροον, ὅθεν ὑδρεύοντο πολῖται,
τὴν ποίησ' Ἴθακος καὶ Νήριτος ἠδὲ Πολύκτωρ·
ἀμφὶ δ' ἄρ' αἰγείρων ὑδατοτρεφέων ἦν ἄλσος,
πάντοσε κυκλοτερές, κατὰ δὲ ψυχρὸν ῥέεν ὕδωρ
ὑψόθεν ἐκ πέτρης· βωμὸς δ' ἐφύπερθε τέτυκτο 210
Νυμφάων, ὅθι πάντες ἐπιρρέζεσκον ὁδῖται·
ἔνθα σφέας ἐκίχανεν υἱὸς Δολίοιο Μελανθεύς
αἶγας ἄγων, αἳ πᾶσι μετέπρεπον αἰπολίοισι,
δεῖπνον μνηστήρεσσι· δύω δ' ἅμ' ἕποντο νομῆες.
τοὺς δὲ ἰδὼν νείκεσσεν ἔπος τ' ἔφατ' ἔκ τ' ὀνόμαζεν 215
ἔκπαγλον καὶ ἀεικές· ὄρινε δὲ κῆρ Ὀδυσῆος·
    "νῦν μὲν δὴ μάλα πάγχυ κακὸς κακὸν ἡγηλάζει,
ὡς αἰεὶ τὸν ὁμοῖον ἄγει θεὸς ὡς τὸν ὁμοῖον.
πῇ δὴ τόνδε μολοβρὸν ἄγεις, ἀμέγαρτε συβῶτα,
πτωχὸν ἀνιηρόν, δαιτῶν ἀπολυμαντῆρα; 220
ὃς πολλῇς φλιῇσι παραστὰς φλίψεται ὤμους,
αἰτίζων ἀκόλους, οὐκ ἄορα οὐδὲ λέβητας.

„Fremder Mann, du drängst also wirklich schon heute zur Stadt hin,
Wie es mein Herrscher befohlen. Nun freilich, es wäre mir lieber,
Bliebst du als Wächter der Ställe bei mir; doch spüre ich Ehrfurcht,
Fürchten muß ich sogar, er könnte mich hinterher schelten;
Denn die Befehle der Herrscher sind nicht zu umgehen. So komm denn,
Jetzt ist es Zeit, daß wir gehen; schon viel ist vom Tage verstrichen.
Abend wird es bald werden; für dich kann es leicht dann zu kalt sein."

Antwort gab ihm und sagte der einfallreiche Odysseus:
„Wohl erkannt und bedacht; einem Denkenden gibst du Befehle.
Gehen wir also und du übernimm bis zum Ende die Führung!
Hast du vielleicht einen zugeschnittenen Knüttel? den gib mir!
Brauche ich doch eine Stütze; ihr sagt ja, der Boden sei schlüpfrig."

Also sprach er und warf um die Schulter den häßlichen Ranzen,
Überall war er zerfetzt, eine Schnur bloß diente als Träger;
Doch einen Stecken, so wie er ihn wünschte, gab ihm Eumaios.
Beide nun gingen, zurück aber blieben die Wächter des Hofes,
Hunde und Hirten; er selbst aber führte zur Stadt seinen Herrscher.
Der sah gerade so aus wie ein Greis, der des Stabes bedürfte,
So wie ein elender Bettler mit grauslichen Kleidern am Leibe.

Aber als sie im Gehen auf holprigen Wegen der Stadt ganz
Nahe schon waren, das Becken der herrlich flutenden Quelle
Endlich erreichten, wo immer die Bürger ihr Wasser sich holten,
Ithakos, Neritos und auch Polyktor waren die Bauherrn,
Rundum zog sich ein Wäldchen von wasserziehenden Pappeln;
Kreisrund schloß es den Platz — aus den Felsen ergoß sich von oben
Eisiges Wasser herab. Ein Altar für die Nymphen, wo alle
Wanderer opferten, krönte darüber das Ganze. Und hier nun
Traf auf sie beide Melantheus, Dolios' Sohn, wie er eben
Ziegen herantrieb, weitaus die besten aus sämtlichen Herden.
Mahlzeit wars für die Freier; es folgten ihm zwei seiner Hirten.
Der aber sah sie und schalt drauf los zu Schrecken und Schande,
Redete grad so heraus und reizte das Herz des Odysseus:

„Wirklich, jetzt aber treibt da ein übelster Bursche ein Übel,
Weil ja doch immer ein Gott die Gleichen in Paaren vereinigt.
Wohin willst du den Schlemmer da bringen, du heilloser Sauhirt,
Diesen störenden Bettler und Saubermacher der Tafel!
Der wird an viele Pfeiler sich stellen, die Schultern sich wetzen,
Brocken wird er verlangen statt Schwerter und Becken. Ich wollte,

τόν γ' εἴ μοι δοίης σταθμῶν ῥυτῆρα γενέσθαι
σηκοκόρον τ' ἔμεναι θαλλόν τ' ἐρίφοισι φορῆναι,
καί κεν ὀρὸν πίνων μεγάλην ἐπιγουνίδα θεῖτο. 225
ἀλλ' ἐπεὶ οὖν δὴ ἔργα κάκ' ἔμμαθεν, οὐκ ἐθελήσει
ἔργον ἐποίχεσθαι, ἀλλὰ πτώσσων κατὰ δῆμον
βούλεται αἰτίζων βόσκειν ἣν γαστέρ' ἄναλτον.
ἀλλ' ἔκ τοι ἐρέω, τὸ δὲ καὶ τετελεσμένον ἔσται·
αἴ κ' ἔλθῃ πρὸς δώματ' Ὀδυσσῆος θείοιο 230
πολλά οἱ ἀμφὶ κάρη σφέλα ἀνδρῶν ἐκ παλαμάων
πλευραὶ ἀποτρίψουσι δόμον κάτα βαλλομένοιο."

Ὣς φάτο, καὶ παριὼν λὰξ ἔνθορεν ἀφραδίῃσιν
ἰσχίῳ· οὐδέ μιν ἐκτὸς ἀταρπιτοῦ ἐστυφέλιξεν,
ἀλλ' ἔμεν' ἀσφαλέως. ὁ δὲ μερμήριξεν Ὀδυσσεύς, 235
ἠὲ μεταΐξας ῥοπάλῳ ἐκ θυμὸν ἕλοιτο
ἦ πρὸς γῆν ἐλάσειε κάρη ἀμφουδὶς ἀείρας·
ἀλλ' ἐπετόλμησε, φρεσὶ δ' ἔσχετο. τὸν δὲ συβώτης
νείκεσ' ἐσάντα ἰδών, μέγα δ' εὔξατο χεῖρας ἀνασχών·

"Νύμφαι κρηναῖαι, κοῦραι Διός, εἴ ποτ' Ὀδυσσεὺς 240
ὕμμ' ἐπὶ μηρί' ἔκηε, καλύψας πίονι δημῷ,
ἀρνῶν ἠδ' ἐρίφων, τόδε μοι κρηήνατ' ἐέλδωρ,
ὡς ἔλθοι μὲν κεῖνος ἀνήρ, ἀγάγοι δέ ἑ δαίμων.
τῷ κέ τοι ἀγλαΐας γε διασκεδάσειεν ἁπάσας,
τὰς νῦν ὑβρίζων φορέεις, ἀλαλήμενος αἰεὶ 245
ἄστυ κάτ'· αὐτὰρ μῆλα κακοὶ φθείρουσι νομῆες."

Τὸν δ' αὖτε προσέειπε Μελάνθιος, αἰπόλος αἰγῶν·
"ὢ πόποι, οἷον ἔειπε κύων ὀλοφώια εἰδώς,
τόν ποτ' ἐγὼν ἐπὶ νηὸς ἐϋσσέλμοιο μελαίνης
ἄξω τῆλ' Ἰθάκης, ἵνα μοι βίοτον πολὺν ἄλφῃ. 250
αἲ γὰρ Τηλέμαχον βάλοι ἀργυρότοξος Ἀπόλλων
σήμερον ἐν μεγάροις, ἢ ὑπὸ μνηστῆρσι δαμείη,
ὡς Ὀδυσῆΐ γε τηλοῦ ἀπώλετο νόστιμον ἦμαρ."

Ὣς εἰπὼν τοὺς μὲν λίπεν αὐτόθι ἦκα κιόντας,
αὐτὰρ ὁ βῆ, μάλα δ' ὦκα δόμους ἵκανεν ἄνακτος. 255
αὐτίκα δ' εἴσω ἴεν, μετὰ δὲ μνηστῆρσι καθῖζεν,
ἀντίον Εὐρυμάχου· τὸν γὰρ φιλέεσκε μάλιστα.
τῷ πάρα μὲν κρειῶν μοῖραν θέσαν οἱ πονέοντο,
σῖτον δ' αἰδοίη ταμίη παρέθηκε φέρουσα
ἔδμεναι. ἀγχίμολον δ' Ὀδυσεὺς καὶ δῖος ὑφορβὸς 260

Hüter des Hofes wär er bei mir, wenn du ihn mir gäbest;
Hürden müßt er versorgen und Laub für die Zicklein mir sammeln,
Molke dürfte er trinken und so seinen Hinteren mästen.
Nichts aber hat er gelernt als schurkische Streiche, an Arbeit
Will er ja doch nicht heran; er zieht es wohl vor, hier im Volke
Heimlich zu schleichen, den endlos hungernden Magen zu füttern.
Aber ich sag dirs heraus und so wird die Sache auch enden:
Käme er etwa gar ins Haus des erhabnen Odysseus,
Schemel flögen aus Männerfäusten ihm dicht um den Schädel,
Fetzen würde die Haut an den Rippen von Würfen im Hause."

Also sprach er, der Tor, und sprang im Vorbeigehn Odysseus
Grad mit dem Fuß in die Hüfte, doch drängte er nicht ihn vom Wege,
Vielmehr blieb er ohne zu straucheln und grübelte zögernd,
Sollte er hinter ihm her mit dem Knüppel das Leben ihm nehmen,
Oder vom Boden ihn hebend den Kopf in die Erde ihm rammen.
Aber er blieb bei Besinnung und wagte zu dulden. Der Sauhirt
Freilich schalt ins Gesicht ihm und hob laut flehend die Hände:

„Nymphen der Quelle, ihr Töchter des Zeus! Wenn jemals Odysseus
Schenkel von Schafen und Zicklein in reichlich fettiger Hülle
Euch zu Ehren verbrannte, erfüllt mir, was jetzt ich mir wünsche:
Käm er doch, jener Mann! O brächte ihn her eine Gottheit!
Dann wohl vertriebe er dir dein ganzes eitles Getue!
Dauernd treibst du herum in der Stadt und zeigst deinen Hochmut,
Während die Tiere indessen verkommen durch schurkische Hirten!"

Aber Melantheus, der Geißhirt, hielt ihm da wieder entgegen:
„Was nicht gar! Was sagte der Hund da, der Meister in Ränken!
Einmal bring ich ihn doch noch im Schiff mit trefflichen Borden
Weit von Ithaka weg, daß er reichlich Vermögen mir schaffe.
Schösse doch heut noch Apollon mit silbernem Bogen im Saale
Tot den Telemachos, oder er fiele den Freiern zum Opfer,
Wie für Odysseus entschwand in der Ferne die Stunde der Heimkehr!"

Sprachs und ließ sie dort stehen: sie gingen ganz sachte dann weiter.
Er aber schritt und gelangte sehr rasch zum Palast seines Herrschers,
Trat auf der Stelle hinein und setzte sich unter die Freier
Grad gegenüber Eurymachos, da er am meisten ihn liebte.
Fleisch aber stellten die Diener ihm hin in gebührenden Stücken,
Brot auch brachte die ehrfurchtgebietende Schaffnerin, daß er
Esse. Da nahten Odysseus und mit ihm der göttliche Sauhirt.

στήτην ἐρχομένω, περὶ δέ σφεας ἤλυθ' ἰωὴ
φόρμιγγος γλαφυρῆς· ἀνὰ γάρ σφισι βάλλετ' ἀείδειν
Φήμιος. αὐτὰρ ὁ χειρὸς ἑλὼν προσέειπε συβώτην·
"Εὔμαι', ἦ μάλα δὴ τάδε δώματα κάλ' Ὀδυσῆος·
ῥεῖα δ' ἀρίγνωτ' ἐστὶ καὶ ἐν πολλοῖσιν ἰδέσθαι. 265
ἐξ ἑτέρων ἕτερ' ἐστίν, ἐπήσκηται δέ οἱ αὐλὴ
τοίχῳ καὶ θριγκοῖσι, θύραι δ' εὐερκέες εἰσὶ
δικλίδες· οὔ κέν τίς μιν ἀνὴρ ὑπεροπλίσσαιτο.
γινώσκω δ', ὅτι πολλοὶ ἐν αὐτῷ δαῖτα τίθενται
ἄνδρες, ἐπεὶ κνίση μὲν ἐνήνοθεν, ἐν δέ τε φόρμιγξ 270
ἠπύει, ἣν ἄρα δαιτὶ θεοὶ ποίησαν ἑταίρην."

τὸν δ' ἀπαμειβόμενος προσέφης, Εὔμαιε συβῶτα·
"ῥεῖ' ἔγνως, ἐπεὶ οὐδὲ τά τ' ἄλλα πέρ ἐσσ' ἀνοήμων.
ἀλλ' ἄγε δὴ φραζώμεθ', ὅπως ἔσται τάδε ἔργα.
ἠὲ σὺ πρῶτος ἔσελθε δόμους εὖ ναιετάοντας, 275
δύσεο δὲ μνηστῆρας, ἐγὼ δ' ὑπολείψομαι αὐτοῦ·
εἰ δ' ἐθέλεις, ἐπίμεινον, ἐγὼ δ' εἶμι προπάροιθεν.
μηδὲ σὺ δηθύνειν, μή τίς σ' ἔκτοσθε νοήσας
ἢ βάλῃ ἢ ἐλάσῃ· τὰ δέ σε φράζεσθαι ἄνωγα."

τὸν δ' ἠμείβετ' ἔπειτα πολύτλας δῖος Ὀδυσσεύς· 280
"γινώσκω, φρονέω· τά γε δὴ νοέοντι κελεύεις.
ἀλλ' ἔρχευ προπάροιθεν, ἐγὼ δ' ὑπολείψομαι αὐτοῦ.
οὐ γάρ τι πληγέων ἀδαήμων οὐδὲ βολάων·
τολμήεις μοι θυμός, ἐπεὶ κακὰ πολλὰ πέπονθα
κύμασι καὶ πολέμῳ· μετὰ καὶ τόδε τοῖσι γενέσθω. 285
γαστέρα δ' οὔ πως ἔστιν ἀποκρύψαι μεμαυῖαν,
οὐλομένην, ἣ πολλὰ κάκ' ἀνθρώποισι δίδωσι·
τῆς ἕνεκεν καὶ νῆες ἐΰζυγοι ὁπλίζονται
πόντον ἐπ' ἀτρύγετον κακὰ δυσμενέεσσι φέρουσαι."

ὣς οἱ μὲν τοιαῦτα πρὸς ἀλλήλους ἀγόρευον· 290
ἂν δὲ κύων κεφαλήν τε καὶ οὔατα κείμενος ἔσχεν,
Ἄργος, Ὀδυσσῆος ταλασίφρονος, ὅν ῥά ποτ' αὐτὸς
θρέψε μέν, οὐδ' ἀπόνητο, πάρος δ' εἰς Ἴλιον ἱρὴν
ᾤχετο. τὸν δὲ πάροιθεν ἀγίνεσκον νέοι ἄνδρες
αἶγας ἐπ' ἀγροτέρας ἠδὲ πρόκας ἠδὲ λαγωούς· 295
δὴ τότε κεῖτ' ἀπόθεστος ἀποιχομένοιο ἄνακτος
ἐν πολλῇ κόπρῳ, ἥ οἱ προπάροιθε θυράων
ἡμιόνων τε βοῶν τε ἅλις κέχυτ', ὄφρ' ἂν ἄγοιεν

Siebzehnter Gesang

Jetzt aber machten sie halt; denn Musik aus dem Bauch einer Laute
Drang an ihr Ohr, da Phemios anhob, ihnen zu singen.
Er aber griff nach der Hand seines Sauhirts, um ihm zu sagen:
„Sicher, Eumaios, ist dies da der schöne Palast des Odysseus;
Jeder erkennt ihn leicht und säh er ihn auch unter vielen.
Ein Teil hängt mit dem andern zusammen, der Anbau des Hofes
Zeigt in Gesimsen und Mauer den Meister und treffliche Arbeit
Ist auch die doppelte Türe; die schlägt ihm wohl keiner zusammen.
Doch ich erkenne, daß zahlreiche Männer ein Schmausen dort halten,
Weithin riecht es nach rauchendem Fett und drinnen ertönen
Klänge der Leier, die freilich die Götter zum Schmause gesellten."
  Antwort gabst du ihm dann und sagtest, Sauhirt Eumaios:
Leicht erkanntest du alles, du bist ja auch sonst recht verständig.
Aber nun wollen wir gründlich bedenken, wie weiter wir wirken.
Gehe vielleicht erst du in das Haus mit der herrlichen Wohnung,
Schleiche dich ein bei den Freiern, ich bleibe dann hier auf der Stelle;
Oder du bleibst, wenn du willst, daß ich den ersten dann mache.
Steh nur nicht lange herum; denn sähe dich einer hier außen,
Gleich gäbs Werfen und Hetzen. Das heiß ich dich wohl zu bedenken."
  Antwort gab ihm der große Dulder, der hehre Odysseus:
„Wohl erkannt und bedacht; einem Denkenden gibst du Befehle.
Du gehst jetzt mir voraus und ich bleib hier auf der Stelle.
Allzu gut nur kenn ich mich aus in Schlägen und Würfen,
Harren kann mein Gemüt; denn vieles schon hab ich erlitten;
Wogen und Krieg; was jetzt kommt—mag es denn auch noch geschehen!
Freilich der Magen! Er drängt und es kann ihn doch keiner verbergen,
Diesen verwünschten, der so viele Übel den Menschen verursacht.
Er ist schuld, daß sie Schiffe mit trefflichen Ruderbänken
Rüsten aufs ruhlose Meer und Unheil bringen den Feinden."
  Solcherlei sprachen die beiden untereinander. Auf einmal
Hob da ein liegender Hund seinen Kopf und spitzte die Ohren.
Argos war es, ein Hund des standhaft klugen Odysseus.
Der hatte selbst ihn einstens gezogen; doch mußte er vorher
Fort nach dem heiligen Ilion, eh er ihm nützte. Und früher
Jagten die Jungen mit ihm auf Hasen und Rehe und wilde
Ziegen. Doch jetzt, da der Herrscher nicht da war, lag er verwahrlost
Mitten in Mengen von Mist der Bastarde und Rinder, der draußen
Reichlich um ihn sich häufte am Hoftor, bis ihn die Diener

δμῶες Ὀδυσσῆος τέμενος μέγα κοπρήσοντες·
ἔνθα κύων κεῖτ' Ἄργος ἐνίπλειος κυνοραιστέων. 300
δὴ τότε γ', ὡς ἐνόησεν Ὀδυσσέα ἐγγὺς ἐόντα,
οὐρῇ μέν ῥ' ὅ γ' ἔσηνε καὶ οὔατα κάββαλεν ἄμφω,
ἆσσον δ' οὐκέτ' ἔπειτα δυνήσατο οἷο ἄνακτος
ἐλθέμεν· αὐτὰρ ὁ νόσφιν ἰδὼν ἀπομόρξατο δάκρυ,
ῥεῖα λαθὼν Εὔμαιον, ἄφαρ δ' ἐρεείνετο μύθῳ· 305
"Εὔμαι', ἦ μάλα θαῦμα κύων ὅδε κεῖτ' ἐνὶ κόπρῳ.
καλὸς μὲν δέμας ἐστίν, ἀτὰρ τόδε γ' οὐ σάφα οἶδα,
ἢ δὴ καὶ ταχὺς ἔσκε θέειν ἐπὶ εἴδεϊ τῷδε,
ἦ αὔτως οἷοί τε τραπεζῆες κύνες ἀνδρῶν
γίνοντ', ἀγλαΐης δ' ἕνεκεν κομέουσιν ἄνακτες." 310
τὸν δ' ἀπαμειβόμενος προσέφης, Εὔμαιε συβῶτα·
"καὶ λίην ἀνδρός γε κύων ὅδε τῆλε θανόντος·
εἰ τοιόσδ' εἴη ἠμὲν δέμας ἠδὲ καὶ ἔργα,
οἷόν μιν Τροίηνδε κιὼν κατέλειπεν Ὀδυσσεύς,
αἶψά κε θηήσαιο ἰδὼν ταχυτῆτα καὶ ἀλκήν. 315
οὐ μὲν γάρ τι φύγεσκε βαθείης βένθεσιν ὕλης
κνώδαλον, ὅττι δίοιτο· καὶ ἴχνεσι γὰρ περιῄδη.
νῦν δ' ἔχεται κακότητι, ἄναξ δέ οἱ ἄλλοθι πάτρης
ὤλετο, τὸν δὲ γυναῖκες ἀκηδέες οὐ κομέουσι.
δμῶες δ', εὖτ' ἂν μηκέτ' ἐπικρατέωσιν ἄνακτες, 320
οὐκέτ' ἔπειτ' ἐθέλουσιν ἐναίσιμα ἐργάζεσθαι·
ἥμισυ γάρ τ' ἀρετῆς ἀποαίνυται εὐρύοπα Ζεὺς
ἀνέρος, εὖτ' ἄν μιν κατὰ δούλιον ἦμαρ ἕλῃσιν."
ὣς εἰπὼν εἰσῆλθε δόμους ἐῢ ναιετάοντας,
βῆ δ' ἰθὺς μεγάροιο μετὰ μνηστῆρας ἀγαυούς. 325
Ἄργον δ' αὖ κατὰ μοῖρ' ἔλαβεν μέλανος θανάτοιο,
αὐτίκ' ἰδόντ' Ὀδυσῆα ἐεικοστῷ ἐνιαυτῷ.

τὸν δὲ πολὺ πρῶτος ἴδε Τηλέμαχος θεοειδὴς
ἐρχόμενον κατὰ δῶμα συβώτην, ὦκα δ' ἔπειτα
νεῦσ' ἐπὶ οἷ καλέσας· ὁ δὲ παπτήνας ἕλε δίφρον 330
κείμενον, ἔνθα τε δαιτρὸς ἐφίζεσκε κρέα πολλὰ
δαιόμενος μνηστῆρσι δόμον κάτα δαινυμένοισι·
τὸν κατέθηκε φέρων πρὸς Τηλεμάχοιο τράπεζαν
ἀντίον, ἔνθα δ' ἄρ' αὐτὸς ἐφέζετο· τῷ δ' ἄρα κῆρυξ
μοῖραν ἑλὼν ἐτίθει κανέου τ' ἐκ σῖτον ἀείρας. 335
ἀγχίμολον δὲ μετ' αὐτὸν ἐδύσετο δώματ' Ὀδυσσεύς,

Holten als Dung auf das riesige Gut des Odysseus. Da lag denn
Argos der Hund voll Ungeziefers, wie Hunde es haben.
Jetzt doch, als er Odysseus bemerkte, der nahe herankam,
Fing er an mit dem Schwanze zu wedeln und senkte die Ohren;
Doch seinem Herrscher noch näher zu kommen, fehlten die Kräfte.
Der aber blickte beiseite und wischte sich Tränen vom Auge,
Barg es geschickt vor Eumaios und fragte sogleich mit den Worten:

„Sag Eumaios, der Hund auf dem Mist da ist wahrlich ein Wunder!
Schön ist die ganze Gestalt, aber darüber bin ich mir nicht klar:
War er so schnell auch im Lauf, daß es paßte zu dieser Erscheinung?
Oder war es ein Hund, wie an Männertischen sie werden?
Nur um zu prunken halten die Herrscher sich dort solche Tiere."

Antwort gabst du darauf und sagtest, Sauhirt Eumaios:
„Freilich, der Hund da gehörte dem Manne, der ferne den Tod fand.
Wär er noch so an Gestalt und an Leistung, wie ihn Odysseus
Hier hinterließ, als nach Troja er zog, du sähst seine Schnelle,
Sähst seine Kraft sich zu wehren und würdest dich eilig verwundern.
Niemals geschahs, daß ein Tier ihm entrann in den Schluchten der tiefen
Wälder, wenn er es verfolgte; er war der vortrefflichste Spürhund.
Jetzt freilich ist er mit Übeln beladen; sein Herr ist gestorben
Fern von der Heimat, und Sorge und Pflege versagen die Weiber.
So ja hält es der Knecht: Wenn der Herrscher nicht mehr die Macht hat,
Dann hat auch er keinen Trieb mehr zu tun, was an Leistung ihm zukommt.
Denn mit dem Tag, da der weithin blickende Zeus ihn versklavte,
Läßt er am Manne auch immer die Hälfte des Besten verkümmern.

Also sprach er und ging in das Haus mit der trefflichen Wohnung,
Schritt durch den Männersaal gradwegs zu den adligen Freiern.
Argos indessen entraffte das Schicksal des schwarzen Todes,
Kaum daß Odysseus er wiedergesehen im zwanzigsten Jahre.

Aber der göttergleiche Telemachos sah nun den Sauhirt
Weitaus zuerst, als das Haus er betrat, und er nickte und rief ihn
Gleich zu sich hin. Der schaute sich um und ergriff einen Sessel;
Der stand neben dem Sitz des Verteilers der Masse des Fleisches,
Die er den Freiern beim Schmausen im Hause in Stücken verteilte.
Diesen Sessel nun schob er zum Sitz des Telemachos, grade
Ihm gegenüber an seinen gewöhnlichen Platz. Doch der Rufer
Setzte vor ihn seinen Teil und hob ihm auch Brot aus dem Korbe.

Leise betrat den Palast nicht weit hinter ihm auch Odysseus.

πτωχῷ λευγαλέῳ ἐναλίγκιος ἠδὲ γέροντι,
σκηπτόμενος· τὰ δὲ λυγρὰ περὶ χροῒ εἵματα ἕστο.
ἷζε δ' ἐπὶ μελίνου οὐδοῦ ἔντοσθε θυράων
κλινάμενος σταθμῷ κυπαρισσίνῳ, ὅν ποτε τέκτων   340
ξέσσεν ἐπισταμένως καὶ ἐπὶ στάθμην ἴθυνε.
Τηλέμαχος δ' ἐπὶ οἷ καλέσας προσέειπε συβώτην,
ἄρτον τ' οὖλον ἑλὼν περικαλλέος ἐκ κανέοιο
καὶ κρέας, ὥς οἱ χεῖρες ἐχάνδανον ἀμφιβαλόντι·
"δὸς τῷ ξείνῳ ταῦτα φέρων αὐτόν τε κέλευε   345
αἰτίζειν μάλα πάντας ἐποιχόμενον μνηστῆρας·
αἰδὼς δ' οὐκ ἀγαθὴ κεχρημένῳ ἀνδρὶ παρεῖναι."
ὣς φάτο, βῆ δὲ συφορβός, ἐπεὶ τὸν μῦθον ἄκουσεν,
ἀγχοῦ δ' ἱστάμενος ἔπεα πτερόεντ' ἀγόρευε·
"Τηλέμαχός τοι, ξεῖνε, διδοῖ τάδε καί σε κελεύει   350
αἰτίζειν μάλα πάντας ἐποιχόμενον μνηστῆρας·
αἰδῶ δ' οὐκ ἀγαθὴν φησ' ἔμμεναι ἀνδρὶ προΐκτῃ."
τὸν δ' ἀπαμειβόμενος προσέφη πολύμητις Ὀδυσσεύς.
"Ζεῦ ἄνα, Τηλέμαχόν μοι ἐν ἀνδράσιν ὄλβιον εἶναι,
καί οἱ πάντα γένοιτο, ὅσα φρεσὶν ᾗσι μενοινᾷ."   355
ἦ ῥα, καὶ ἀμφοτέρῃσιν ἐδέξατο καὶ κατέθηκεν
αὖθι ποδῶν προπάροιθεν, ἀεικελίης ἐπὶ πήρης,
ἤσθιε δ' εἷος ἀοιδὸς ἐνὶ μεγάροισιν ἄειδεν.
εὖθ' ὁ δεδειπνήκειν, ὁ δ' ἐπαύετο θεῖος ἀοιδός·
μνηστῆρες δ' ὁμάδησαν ἀνὰ μέγαρ'. αὐτὰρ Ἀθήνη   360
ἄγχι παρισταμένη Λαερτιάδην Ὀδυσῆα
ὤτρυν', ὡς ἂν πύρνα κατὰ μνηστῆρας ἀγείροι
γνοίη θ' οἵ τινές εἰσιν ἐναίσιμοι οἵ τ' ἀθέμιστοι·
ἀλλ' οὐδ' ὧς τιν' ἔμελλ' ἀπαλεξήσειν κακότητος.
βῆ δ' ἴμεν αἰτήσων ἐνδέξια φῶτα ἕκαστον,   365
πάντοσε χεῖρ' ὀρέγων, ὡς εἰ πτωχὸς πάλαι εἴη.
οἱ δ' ἐλεαίροντες δίδοσαν καὶ ἐθάμβεον αὐτὸν
ἀλλήλους τ' εἴροντο, τίς εἴη καὶ πόθεν ἔλθοι.
τοῖσι δὲ καὶ μετέειπε Μελάνθιος, αἰπόλος αἰγῶν·
"κέκλυτέ μευ, μνηστῆρες ἀγακλειτῆς βασιλείης,   370
τοῦδε περὶ ξείνου· ἦ γὰρ πρόσθεν μιν ὄπωπα.
ἦ τοι μέν οἱ δεῦρο συβώτης ἡγεμόνευεν,
αὐτὸν δ' οὐ σάφα οἶδα, πόθεν γένος εὔχεται εἶναι."
ὣς ἔφατ', Ἀντίνοος δ' ἔπεσιν νείκεσσε συβώτην·

Aber er sah so aus wie ein Greis, der des Stabes bedürfte,
So wie ein elender Bettler mit grauslichen Kleidern am Leibe;
Setzte sich hin an die Türe des Saals auf die eschene Schwelle,
Nahm die Zypressensäule zur Lehne, die einstens der Zimmrer
Recht verständig geglättet und grade gemacht nach der Richtschnur.
Aber Telemachos rief sich den Sauhirt her und holte
Brot aus dem herrlichen Körbchen, ein ganzes Stück, und er tat auch
Fleisch noch dazu, was die hohlen Hände umfaßten, und sagte:
 „Bring dies und gib es dem Fremden und heiß ihn, er solle dann selber
Restlos sämtliche Freier besuchen und weiter dort betteln.
Sag ihm: Verschämtheit macht sich nicht gut am bedürftigen Manne."
 Sprachs und der Sauhirt ging, sobald er die Rede vernommen,
Trat recht nahe heran und sagte geflügelte Worte:
 „Fremder Mann, Telemachos spendet dir dieses und heißt dich
Restlos sämtliche Freier besuchen um weiter zu betteln.
Denn Verschämtheit macht sich nicht gut am bedürftigen Manne."
 Antwort gab ihm und sagte der einfallreiche Odysseus:
 „Herrscher Zeus! Telemachos sei bei den Menschen gesegnet!
Alles möge ihm werden, was immer im Sinn er sich ausdenkt."
 Sprachs und empfing es mit beiden Händen und legte sich alles,
Grad wo er war, vor die Füße, den häßlichen Ranzen darunter;
Aß dann, während der Sänger im Saale noch sang. Aber schließlich
Waren die Speisen verzehrt, und der göttliche Sänger verstummte.
Plötzlich begannen die Freier im Saale zu lärmen. Athene
Trat recht nahe zum Sohn des Laërtes Odysseus und sagte,
Weizenbrote solle er sammeln bei sämtlichen Freiern,
Damit möge er prüfen, wer ordentlich sei und wer zuchtlos.
Aber sie wollte auch so nicht einen erretten vom Unheil.
Er aber ging um zu betteln rechtsum und trat neben jeden,
Streckte allseits die Hände, als wär er ein Bettler von jeher.
Die aber gaben; er tat ihnen leid und sie waren verwundert,
Fragten einander, wer er denn sei und woher er wohl komme.
Aber da sagte zu ihnen der Ziegenhirte Melantheus:
 „Hört mich, ihr Freier der Königin, die ja so herrlich berühmt ist,
Was von dem Fremden ich sage: Ich hab ihn schon vorher gesehen.
Dabei diente zum Führer hieher wahrhaftig der Sauhirt.   [sagen."
Freilich er selbst, welches Stamms er sich rühmt, kann klar ich nicht
 Sprachs und Antinoos sagte mit scheltenden Worten zum Sauhirt:

Ὀδυσσείας ρ

"ὦ ἀρίγνωτε συβῶτα, τίη δὲ σὺ τόνδε πόλινδε 375
ἤγαγες; ἦ οὐχ ἅλις ἧμιν ἀλήμονές εἰσι καὶ ἄλλοι,
πτωχοὶ ἀνιηροί, δαιτῶν ἀπολυμαντῆρες;
ἦ ὄνοσαι, ὅτι τοι βίοτον κατέδουσιν ἄνακτος
ἐνθάδ' ἀγειρόμενοι, σὺ δὲ καί ποθι τόνδ' ἐκάλεσσας;"
    τὸν δ' ἀπαμειβόμενος προσέφης, Εὔμαιε συβῶτα· 380
"Ἀντίνο', οὐ μὲν καλὰ καὶ ἐσθλὸς ἐὼν ἀγορεύεις·
τίς γὰρ δὴ ξεῖνον καλεῖ ἄλλοθεν αὐτὸς ἐπελθὼν
ἄλλον γ', εἰ μὴ τῶν, οἳ δημιοεργοὶ ἔασι;
μάντιν ἢ ἰητῆρα κακῶν ἢ τέκτονα δούρων,
ἢ καὶ θέσπιν ἀοιδόν, ὅ κεν τέρπῃσιν ἀείδων. 385
οὗτοι γὰρ κλητοί γε βροτῶν ἐπ' ἀπείρονα γαῖαν·
πτωχὸν δ' οὐκ ἄν τις καλέοι τρύξοντα ἓ αὐτόν.
ἀλλ' αἰεὶ χαλεπὸς περὶ πάντων εἰς μνηστήρων
δμωσὶν Ὀδυσσῆος, περὶ δ' αὖτ' ἐμοί· αὐτὰρ ἐγώ γε
οὐκ ἀλέγω, εἷός μοι ἐχέφρων Πηνελόπεια 390
ζώει ἐνὶ μεγάροις καὶ Τηλέμαχος θεοειδής."
    τὸν δ' αὖ Τηλέμαχος πεπνυμένος ἀντίον ηὔδα·
"σίγα, μή μοι τοῦτον ἀμείβεο πόλλ' ἐπέεσσιν·
Ἀντίνοος δ' εἴωθε κακῶς ἐρεθιζέμεν αἰεὶ
μύθοισιν χαλεποῖσιν, ἐποτρύνει δὲ καὶ ἄλλους." 395
    ἦ ῥα, καὶ Ἀντίνοον ἔπεα πτερόεντα προσηύδα·
"Ἀντίνο', ἦ μευ καλὰ πατὴρ ὣς κήδεαι υἷος,
ὃς τὸν ξεῖνον ἄνωγας ἀπὸ μεγάροιο δίεσθαι
μύθῳ ἀναγκαίῳ· μὴ τοῦτο θεὸς τελέσειε.
δός οἱ ἑλών· οὔ τοι φθονέω· κέλομαι γὰρ ἐγώ γε. 400
μήτ' οὖν μητέρ' ἐμὴν ἅζευ τό γε μήτε τιν' ἄλλον
δμώων, οἳ κατὰ δώματ' Ὀδυσσῆος θείοιο.
ἀλλ' οὔ τοι τοιοῦτον ἐνὶ στήθεσσι νόημα·
αὐτὸς γὰρ φαγέμεν πολὺ βούλεαι ἢ δόμεν ἄλλῳ."
    τὸν δ' αὖτ' Ἀντίνοος ἀπαμειβόμενος προσέειπε· 405
"Τηλέμαχ' ὑψαγόρη, μένος ἄσχετε, ποῖον ἔειπες.
εἴ οἱ τόσσον πάντες ὀρέξειαν μνηστῆρες,
καί κέν μιν τρεῖς μῆνας ἀπόπροθεν οἶκος ἐρύκοι."
    ὣς ἄρ' ἔφη, καὶ θρῆνυν ἑλὼν ὑπέφηνε τραπέζης
κείμενον, ᾧ ῥ' ἔπεχεν λιπαροὺς πόδας εἰλαπινάζων. 410
οἱ δ' ἄλλοι πάντες δίδοσαν, πλῆσαν δ' ἄρα πήρην
σίτου καὶ κρειῶν. τάχα δὴ καὶ μέλλεν Ὀδυσσεὺς

„Sauhirt, allzu bekannter, was brachtest du den in die Stadt da?
Gibt es nicht wirklich genug schon andere fahrende Leute,
Solche störenden Bettler und Saubermacher der Tafel?
Tadelst du nicht, daß die da im Kreise vom Gute des Herrschers
Prassen? Und trotzdem hast du jetzt diesen da auch noch gerufen?"

Ihm entgegnetest du und sagtest, Sauhirt Eumaios:
„Tüchtig bist du, Antinoos, unschön ist, was du sagtest.
Wer geht wirklich selber daran und ruft einen Fremden,
Irgendwo her, einen andern, es sei denn ein Mann des Gewerbes?
Sei es ein Seher, ein Arzt für die Übel, ein Meister im Zimmern,
Sei es ein göttlicher Sänger, daß singend er Freuden errege.
Das sind Sterbliche, die man sich ruft, auf der endlosen Erde.
Doch einen Bettler, der ihn nur arm ißt, ruft sich wohl keiner.
Du aber machst dich Odysseus' Dienern immer nur schwierig,
Mehr als die sämtlichen Freier und mir noch vor allen. Doch macht mirs
Gar keine Sorge; mir lebt ja die kluge Penelopeia,
Lebt im Palast mein Telemachos, dieses Bild eines Gottes."

Ihm aber hielt der gewandte Telemachos wieder entgegen:
„Schweig und mache mir nicht soviel Worte, um dem zu erwidern!
Ist doch Antinoos so, daß er stets mit belastenden Reden
Böse Händel erregt und andere auch dazu antreibt."

Sprachs und sagte Antinoos auch noch geflügelte Worte:
„Wahrlich, Antinoos, herrlich sorgst du für mich wie ein Vater
Sorgt für den Sohn; du heißt mich, ich soll aus dem Saal hier den Fremd-
Jagen mit herrischen Worten. Ein Gott sei davor, daß es werde. [ling
Gib ihm, du nimmst ja, ich karg dirs nicht ab, da ich ja befehle.
Meine Mutter brauchst du in dieser Sache nicht scheuen,
Ebensowenig die Diener im Haus des erhabnen Odysseus.
Solch ein Gedanke indessen entstand in der Brust dir noch niemals,
Viel mehr lüstet dichs selber zu essen als andern zu geben."

Aber Antinoos sagte und gab ihm wieder zur Antwort:
„Hoher Redner Telemachos, unwiderstehlich und mutig!
Was du nicht sagtest! Reichten ihm alle die Freier soviel nur —
Drei volle Monate lüde das Haus ihn zum Bleiben — doch draußen!"

Sprachs und holte und zeigte den Schemel, der unter dem Tisch stand;
Gerne ließ er beim Schmausen die weichen Füße dort ruhen.
Dennoch gaben die anderen Brot und Fleisch, daß der Ranzen
Voll war, und warteten alle, Odysseus eile zur Schwelle

Ὀδυσσείας ρ

αὖτις ἐπ' οὐδὸν ἰὼν προικὸς γεύσασθαι Ἀχαιῶν·
στῆ δὲ παρ' Ἀντίνοον καί μιν πρὸς μῦθον ἔειπε·
 "δός, φίλος· οὐ μέν μοι δοκέεις ὁ κάκιστος Ἀχαιῶν   415
ἔμμεναι, ἀλλ' ὥριστος, ἐπεὶ βασιλῆϊ ἔοικας.
τῷ σε χρὴ δόμεναι καὶ λώϊον ἠέ περ ἄλλοι
σίτου· ἐγὼ δέ κέ σε κλείω κατ' ἀπείρονα γαῖαν.
καὶ γὰρ ἐγώ ποτε οἶκον ἐν ἀνθρώποισιν ἔναιον
ὄλβιος ἀφνειὸν καὶ πολλάκι δόσκον ἀλήτῃ   420
τοίῳ, ὁποῖος ἔοι καὶ ὅτευ κεχρημένος ἔλθοι·
ἦσαν δὲ δμῶες μάλα μυρίοι ἄλλα τε πολλά,
οἷσίν τ' εὖ ζώουσι καὶ ἀφνειοὶ καλέονται.
ἀλλὰ Ζεὺς ἀλάπαξε Κρονίων· — ἤθελε γάρ που· —
ὅς μ' ἅμα ληϊστῆρσι πολυπλάγκτοισιν ἀνῆκεν   425
Αἴγυπτόνδ' ἰέναι, δολιχὴν ὁδόν, ὄφρ' ἀπολοίμην.
στῆσα δ' ἐν Αἰγύπτῳ ποταμῷ νέας ἀμφιελίσσας.
ἔνθ' ἦ τοι μὲν ἐγὼ κελόμην ἐρίηρας ἑταίρους
αὐτοῦ πὰρ νήεσσι μένειν καὶ νῆας ἔρυσθαι,
ὀπτῆρας δὲ κατὰ σκοπιὰς ὤτρυνα νέεσθαι.   430
οἱ δ' ὕβρει εἴξαντες, ἐπισπόμενοι μένεϊ σφῷ,
αἶψα μάλ' Αἰγυπτίων ἀνδρῶν περικαλλέας ἀγροὺς
πόρθεον, ἐκ δὲ γυναῖκας ἄγον καὶ νήπια τέκνα
αὐτούς τ' ἔκτεινον· τάχα δ' ἐς πόλιν ἵκετ' ἀϋτή.
οἱ δὲ βοῆς ἀΐοντες ἅμ' ἠοῖ φαινομένηφι   435
ἦλθον· πλῆτο δὲ πᾶν πεδίον πεζῶν τε καὶ ἵππων
χαλκοῦ τε στεροπῆς. ἐν δὲ Ζεὺς τερπικέραυνος
φύζαν ἐμοῖς ἑτάροισι κακὴν βάλεν, οὐδέ τις ἔτλη
στῆναι ἐναντίβιον· περὶ γὰρ κακὰ πάντοθεν ἔστη.
ἔνθ' ἡμέων πολλοὺς μὲν ἀπέκτανον ὀξέϊ χαλκῷ,   440
τοὺς δ' ἄναγον ζωούς, σφίσιν ἐργάζεσθαι ἀνάγκῃ.
αὐτὰρ ἔμ' ἐς Κύπρον ξείνῳ δόσαν ἀντιάσαντι,
Δμήτορι Ἰασίδῃ, ὃς Κύπρου ἶφι ἄνασσεν.
ἔνθεν δὴ νῦν δεῦρο τόδ' ἵκω πήματα πάσχων."
 τὸν δ' αὖτ' Ἀντίνοος ἀπαμείβετο φώνησέν τε·   445
"τίς δαίμων τόδε πῆμα προσήγαγε, δαιτὸς ἀνίην;
στῆθ' οὕτως ἐς μέσσον, ἐμῆς ἀπάνευθε τραπέζης,
μὴ τάχα πικρὴν Αἴγυπτον καὶ Κύπρον ἴδηαι·
ὡς τις θαρσαλέος καὶ ἀναιδής ἐσσι προΐκτης.
ἐξείης πάντεσσι παρίστασαι· οἱ δὲ διδοῦσι   450

Wieder zurück und genieße den Freitisch, den die Achaier
Spendeten. Er aber blieb bei Antinoos stehn und erzählte:
 „Freund, so gib doch! Du scheinst mir hier unter diesen Achaiern
Gar nicht der Schlechteste, sondern der Beste! Du gleichst einem König!
Darum mußt du noch bessere Speise mir geben als andre.
Ich aber will dann dein Lob auf der endlosen Erde verkünden.
Ja, auch ich war einst glücklich, bewohnte ein Haus bei den Menschen,
Strotzend von Gütern, und so einem Bettler hab oft ich gegeben,
Wer er auch war und welchem Bedürfnis sein Kommen auch diente.
Zahllose Diener hatte ich da und andres in Fülle;
Wer es so hat, lebt gut und man nennt solche Menschen begütert.
Aber Zeus der Kronide zerschlug es — es war wohl sein Wille —
Gab mir den Drang, mit Räubern, die weit sich umher schon getrieben,
Fort nach Ägypten zu gehn, einen langen Weg — ins Verderben.
Ankern ließ ich im Fluß die doppelt geschweiften Schiffe.
Dort nun gab ich den trauten Gefährten Befehl, bei den Schiffen
Selber zu bleiben und hoch sie zu ziehen. Dann ließ ich in Eile
Stellen, die Ausblick boten, mit Spähern alle besetzen.
Diese indessen erlaubten sich bald im Gefühl ihrer Kräfte
Übermütig und schleunigst das herrliche Land der Ägypter
Auszuplündern, entführten die Weiber, die lallenden Kinder,
Mordeten Männer; man hörte gar bald in der Stadt ihren Kampfruf.
Diese vernahmen die Schreie und kamen beim Lichte des Morgens.
Überall füllte das ebene Land sich mit Rossen und Mannen,
Funkelten eherne Waffen. Und Zeus, der Meister des Blitzes,
Trieb die Gefährten in übelste Flucht und so hatte nicht einer
Mut für den Nahkampf. Unheil drohte von vorn und von hinten.
Massen der Unsrigen schlugen sie tot mit den spitzigen Eisen,
Andere fingen sie lebend, als Sklaven ihnen zu fronen.
Mich aber gab man nach Kypros; ein Gastfreund war grad zugegen,
Dmetor, Iasos Sohn, der Kypros kraftvoll beherrschte.
Dorther komm ich jetzt endlich zu euch hier nach Leiden und Qualen."
 Aber Antinoos sagte ihm wieder und gab ihm zur Antwort:
„Welcher Unhold schickt diese Qual da zur Störung der Mahlzeit?
Stell dich nur so in die Mitte! mein Tisch bleibt tüchtig im Abstand!
Sonst, ich fürchte, erlebst du ein bitteres Ägypten und Kypros.
Du bist wahrlich ein dreister, ein schamlos fordernder Bettler;
Trittst nach der Reihe an alle heran und diese verschenken

μαψιδίως, ἐπεὶ οὔ τις ἐπίσχεσις οὐδ' ἐλεητὺς
ἀλλοτρίων χαρίσασθαι, ἐπεὶ πάρα πολλὰ ἑκάστῳ."
 τὸν δ' ἀναχωρήσας προσέφη πολύμητις Ὀδυσσεύς·
"ὢ πόποι, οὐκ ἄρα σοί γ' ἐπὶ εἴδεϊ καὶ φρένες ἦσαν.
οὐ σύ γ' ἂν ἐξ οἴκου σῷ ἐπιστάτῃ οὐδ' ἅλα δοίης,   455
ὃς νῦν ἀλλοτρίοισι παρήμενος οὔ τί μοι ἔτλης
σίτου ἀποπροελὼν δόμεναι· τὰ δὲ πολλὰ πάρεστιν."
 ὣς ἔφατ', Ἀντίνοος δὲ χολώσατο κηρόθι μᾶλλον
καί μιν ὑπόδρα ἰδὼν ἔπεα πτερόεντα προσηύδα·
"νῦν δή σ' οὐκέτι καλὰ διὲκ μεγάροιο ὀΐω   460
ἂψ ἀναχωρήσειν, ὅτε δὴ καὶ ὀνείδεα βάζεις."
 ὣς ἄρ' ἔφη, καὶ θρῆνυν ἑλὼν βάλε δεξιὸν ὦμον,
πρυμνότατον κατὰ νῶτον. ὁ δ' ἐστάθη ἠΰτε πέτρη
ἔμπεδον, οὐδ' ἄρα μιν σφῆλεν βέλος Ἀντινόοιο,
ἀλλ' ἀκέων κίνησε κάρη, κακὰ βυσσοδομεύων.   465
ἂψ δ' ὅ γ' ἐπ' οὐδὸν ἰὼν κατ' ἄρ' ἕζετο, κὰδ δ' ἄρα πήρην
θῆκεν ἐϋπλείην, μετὰ δὲ μνηστῆρσιν ἔειπε·
 "κέκλυτέ μευ, μνηστῆρες ἀγακλειτῆς βασιλείης,
ὄφρ' εἴπω τά με θυμὸς ἐνὶ στήθεσσι κελεύει.
οὐ μὰν οὔτ' ἄχος ἐστὶ μετὰ φρεσὶν οὔτε τι πένθος,   470
ὁππότ' ἀνὴρ περὶ οἷσι μαχειόμενος κτεάτεσσι
βλήεται ἢ περὶ βουσὶν ἢ ἀργεννῇς ὀΐεσσιν·
αὐτὰρ ἔμ' Ἀντίνοος βάλε γαστέρος εἵνεκα λυγρῆς,
οὐλομένης, ἣ πολλὰ κάκ' ἀνθρώποισι δίδωσιν.
ἀλλ' εἴ που πτωχῶν γε θεοὶ καὶ ἐρινύες εἰσίν,   475
Ἀντίνοον πρὸ γάμοιο τέλος θανάτοιο κιχείη."
 τὸν δ' αὖτ' Ἀντίνοος προσέφη, Εὐπείθεος υἱός·
"ἔσθι' ἕκηλος, ξεῖνε, καθήμενος, ἢ ἄπιθ' ἄλλῃ,
μή σε νέοι διὰ δώματ' ἐρύσσωσ', οἷ' ἀγορεύεις,
ἢ ποδὸς ἢ καὶ χειρός, ἀποδρύψωσι δὲ πάντα."   480
 ὣς ἔφαθ', οἱ δ' ἄρα πάντες ὑπερφιάλως νεμέσησαν·
ὧδε δέ τις εἴπεσκε νέων ὑπερηνορεόντων·
 "Ἀντίνο', οὐ μὲν κάλ' ἔβαλες δύστηνον ἀλήτην.
οὐλόμεν', εἰ δή πού τις ἐπουράνιος θεός ἐστι·
καί τε θεοὶ ξείνοισιν ἐοικότες ἀλλοδαποῖσι,   485
παντοῖοι τελέθοντες, ἐπιστρωφῶσι πόληας,
ἀνθρώπων ὕβριν τε καὶ εὐνομίην ἐφορῶντες."
 ὣς ἄρ' ἔφαν μνηστῆρες, ὁ δ' οὐκ ἐμπάζετο μύθων.
Τηλέμαχος δ' ἐν μὲν κραδίῃ μέγα πένθος ἄεξε

Siebzehnter Gesang

Nur so drauf los, ja sie lassen für Fremdes sich danken. Kein bißchen
Mitleid gibt es, kein Schonen; es steht doch vor jedem die Menge."

Ihm aber sagte beim Gehen der einfallreiche Odysseus:
„Was nicht gar! dein Sinn entsprach also nicht deinem Aussehn.
Nicht ein Salzkorn gäbst du dem eignen Verwalter im Hause;
Hier aber sitzt du bei Gütern, die dir nicht gehören, und bringst nicht
Fertig ein Stückchen Brot mir zu geben, wo Mengen bereitstehn."

Sprachs und Antinoos wurde im Herzen noch grimmiger zornig,
Finster sah er ihn an und sagte geflügelte Worte:
„Wahrlich, jetzt will es mir dünken, dein Weggang hier aus dem Saale
Wird sich wohl nicht mehr in Schönheit vollziehn, da du Schmähungen ausstößt."

Sprachs und holte den Schemel und traf ihn rechts an der Schulter,
Grad wo der Rücken beginnt. Doch er stand fest wie der Felsen,
Nicht einmal straucheln ließ ihn der Wurf des Antinoos; lautlos
Rührte er nur seinen Kopf und versank in böse Gedanken;
Ging dann wieder zur Schwelle und setzte sich, legte den Ranzen
Hin auf den Boden, er war nun gefüllt; und er sprach zu den Freiern:
„Hört mich, ihr Freier der Königin, die ja so herrlich berühmt ist,
Sagen will ich, was mein Gemüt in der Brust mir gebietet. [Trauer,
Wahrlich, es lastet nicht schwer und versetzt auch den Sinn nicht in
Trifft es den Mann, wenn er kämpft um das eigne Besitztum, um Rinder
Oder um weiße Schafe; doch hier wars der grausige Magen,
Dieser verwünschte, der so viele Übel dem Menschen verursacht.
Seinetwegen traf mich Antinoos. Aber wenn Götter,
Wenn es Erinyen gibt, die den Bettlern helfen, dann soll noch
Vor seiner Hochzeit Tod und Ende Antinoos finden!"

Aber der Sohn des Eupeithes, Antinoos, gab ihm zur Antwort:
„Fremdling! Iß jetzt in Ruhe! Und setz dich oder verzieh dich!
Was du da sagst — ich befürchte, es könnten die Jungen im Haus dich
Zerren an Händen und Füßen und alles an dir dann zerschinden."

Also sprach er, doch alle verfielen in trotziges Wüten.
Mancher der allzu männlichen Jungen ließ sich vernehmen:
„Nein, Antinoos, dies war nicht schön, dieser Wurf auf den armen
Bettler. Verwünschter du! Wenn ein Gott es, ein Himmlischer wäre!
Götter gehn ja doch auch durch die Städte, in manchen Gestalten
Kommen sie, sehen dann aus, als wären sie Fremde vom Ausland,
Prüfen indessen der Menschen Stolz und ihr rechtliches Wesen."

Also sprachen die Freier; für ihn aber blieben es Worte.
Doch dem Telemachos mehrte der Wurf noch die Trauer im Herzen;

βλημένου, οὐδ' ἄρα δάκρυ χαμαὶ βάλεν ἐκ βλεφάροιιν, 490
ἀλλ' ἀκέων κίνησε κάρη, κακὰ βυσσοδομεύων.
τοῦ δ' ὡς οὖν ἤκουσε περίφρων Πηνελόπεια
βλημένου ἐν μεγάρῳ, μετ' ἄρα δμωῇσιν ἔειπεν·
"αἴθ' οὕτως αὐτόν σε βάλοι κλυτότοξος Ἀπόλλων."
τὴν δ' αὖτ' Εὐρυνόμη ταμίη πρὸς μῦθον ἔειπεν· 495
"εἰ γὰρ ἐπ' ἀρῇσιν τέλος ἡμετέρῃσι γένοιτο·
οὐκ ἄν τις τούτων γε ἐΰθρονον Ἠῶ ἵκοιτο."
τὴν δ' αὖτε προσέειπε περίφρων Πηνελόπεια·
"μαῖ', ἐχθροὶ μὲν πάντες, ἐπεὶ κακὰ μηχανόωνται·
Ἀντίνοος δὲ μάλιστα μελαίνῃ κηρὶ ἔοικε. 500
ξεῖνός τις δύστηνος ἀλητεύει κατὰ δῶμα
ἀνέρας αἰτίζων· ἀχρημοσύνη γὰρ ἀνώγει·
ἔνθ' ἄλλοι μὲν πάντες ἐνέπλησάν τ' ἔδοσάν τε,
οὗτος, δὲ θρήνυι πρυμνὸν βάλε δεξιὸν ὦμον."
ἡ μὲν ἄρ' ὣς ἀγόρευε μετὰ δμωῇσι γυναιξὶν 505
ἡμένη ἐν θαλάμῳ· ὁ δ' ἐδείπνει δῖος Ὀδυσσεύς.
ἡ δ' ἐπὶ οἷ καλέσασα προσηύδα δῖον ὑφορβόν·
"ἔρχεο, δῖ' Εὔμαιε, κιὼν τὸν ξεῖνον ἄνωχθι
ἐλθέμεν, ὄφρα τί μιν προσπτύξομαι ἠδ' ἐρέωμαι,
εἴ που Ὀδυσσῆος ταλασίφρονος ἠὲ πέπυσται 510
ἢ ἴδεν ὀφθαλμοῖσι· πολυπλάγκτῳ γὰρ ἔοικε."
τὴν δ' ἀπαμειβόμενος προσέφης, Εὔμαιε συβῶτα·
"εἰ γάρ τοι, βασίλεια, σιωπήσειαν Ἀχαιοί·
οἷ' ὅ γε μυθεῖται, θέλγοιτό κέ τοι φίλον ἦτορ.
τρεῖς γὰρ δή μιν νύκτας ἔχον, τρία δ' ἤματ' ἔρυξα 515
ἐν κλισίῃ· πρῶτον γὰρ ἔμ' ἵκετο νηὸς ἀποδράς·
ἀλλ' οὔ πω κακότητα διήνυσεν ἣν ἀγορεύων.
ὡς δ' ὅτ' ἀοιδὸν ἀνὴρ ποτιδέρκεται, ὅς τε θεῶν ἒξ
ἀείδῃ δεδαὼς ἔπε' ἱμερόεντα βροτοῖσι,
τοῦ δ' ἄμοτον μεμάασιν ἀκουέμεν, ὁππότ' ἀείδῃ· 520
ὣς ἐμὲ κεῖνος ἔθελγε παρήμενος ἐν μεγάροισι.
φησὶ δ' Ὀδυσσῆος ξεῖνος πατρώιος εἶναι,
Κρήτῃ ναιετάων, ὅθι Μίνωος γένος ἐστίν.
ἔνθεν δὴ νῦν δεῦρο τόδ' ἵκετο πήματα πάσχων
προπροκυλινδόμενος· στεῦται δ' Ὀδυσῆος ἀκοῦσαι 525
ἀγχοῦ, Θεσπρωτῶν ἀνδρῶν ἐν πίονι δήμῳ,
ζωοῦ· πολλὰ δ' ἄγει κειμήλια ὅνδε δόμονδε."
τὸν δ' αὖτε προσέειπε περίφρων Πηνελόπεια·

Trotzdem ließ aus den Lidern kein Tränlein zu Boden er rinnen;
Rührte nur lautlos den Kopf und versank in böse Gedanken.
 Da auch die kluge Penelopeia das Werfen im Saale
Deutlich vernommen, sprach sie im Kreis ihrer dienenden Frauen:
„Wenn doch Apollon, der ruhmvolle Schütze, dich selber so träfe!
 Aber Eurýnome gab ihr, die Schaffnerin, wieder zur Antwort:
„Möchte doch endlich Erhörung werden unsren Gebeten;
Keiner von ihnen erlebte dann Eos auf goldenem Throne."
 Ihr entgegnete wieder die kluge Penelopeia:
„Mütterchen, feind sind sie alle, sie wollen ja Böses betreiben.
Aber Antinoos gleicht doch vor allen der schwarzen Vernichtung.
Kommt da ein armer Fremder und bettelt herum im Palaste,
Bittet die Männer, es treibt ihn, er hat ja doch gar keine Mittel;
Alle anderen geben und füllen, doch er mit dem Schemel
Wirft und trifft ihn rechts an der Schulter gerade am Ende."
 Also redete sie im Gemach, wo sie saß, zu den Frauen,
Die sie bedienten, als er, der hehre Odysseus noch speiste.
Nun aber rief sie ihn her und sagte zum göttlichen Sauhirt:
 „Göttlicher Sauhirt! Geh du! Befiehl, wenn du dort bist, dem Fremd-
Kommen soll er, ich möchte ihn fragen, Seite an Seite,   [ling,
Ob er Kunde wohl hat vom standhaft klugen Odysseus,
Ob er vor Augen ihn sah; denn er scheint ja ein weitum Getriebner."
 Ihr erwidernd gabst du zur Antwort, Sauhirt Eumaios:
„Königin! wenn die Achaier doch endlich stille sein wollten.
Wie er Geschichten erzählt, wird das liebe Herz dir bezaubern.
Dreimal hatte ich nachts ihn bei mir und drei volle Tage
Hielt ich ihn fest in der Hütte, denn ich war der Erste, zu dem er
Kam nach der Flucht vom Schiff, und ist noch nicht fertig geworden,
All sein Leid zu berichten. Und wie ein Mann einen Sänger
Ansieht, der, von den Göttern begnadet, Worte der Sehnsucht
Singt vor den Menschen — sie hören und werden nicht müde vom Sange —
Gradso hat mich er bezaubert; er saß ja bei mir in der Hütte.
Gastfreund sei er unsres Odysseus seit Vaters Zeiten,
Sagte, er wohne in Kreta, wo Minos' Sippe daheim ist.
Dorther kam er jetzt endlich zu uns nach Leiden und Qualen.
Immer sei er gewalzt, und so pocht er darauf, daß Odysseus
Lebe! Nahe, im reichen Volk der thesprotischen Männer
Hab ers gehört, und viele Kleinodien bringt er nach Hause."
 Ihm entgegnete wieder die kluge Penelopeia:

"ἔρχεο, δεῦρο κάλεσσον, ἵν' ἀντίον αὐτὸς ἐνίσπῃ.
οὗτοι δ' ἠὲ θύρῃσι καθήμενοι ἐψιαάσθων 530
ἢ αὐτοῦ κατὰ δώματ', ἐπεί σφισι θυμὸς ἐΰφρων.
αὐτῶν μὲν γὰρ κτήματ' ἀκήρατα κεῖτ' ἐνὶ οἴκῳ,
σῖτος καὶ μέθυ ἡδύ· τὰ μέν τ' οἰκῆες ἔδουσιν,
οἱ δ' εἰς ἡμετέρου πωλεύμενοι ἤματα πάντα,
βοῦς ἱερεύοντες καὶ ὄϊς καὶ πίονας αἶγας, 535
εἰλαπινάζουσιν πίνουσί τε αἴθοπα οἶνον
μαψιδίως· τὰ δὲ πολλὰ κατάνεται· οὐ γὰρ ἔπ' ἀνήρ,
οἷος Ὀδυσσεὺς ἔσκεν, ἀρὴν ἀπὸ οἴκου ἀμῦναι.
εἰ δ' Ὀδυσεὺς ἔλθοι καὶ ἵκοιτ' ἐς πατρίδα γαῖαν,
αἶψά κε σὺν ᾧ παιδὶ βίας ἀποτείσεται ἀνδρῶν." 540
ὣς φάτο, Τηλέμαχος δὲ μέγ' ἔπταρεν, ἀμφὶ δὲ δῶμα
σμερδαλέον κονάβησε· γέλασσε δὲ Πηνελόπεια,
αἶψα δ' ἄρ' Εὔμαιον ἔπεα πτερόεντα προσηύδα·
"ἔρχεό μοι, τὸν ξεῖνον ἐναντίον ὧδε κάλεσσον.
οὐχ ὁράᾳς, ὅ μοι υἱὸς ἐπέπταρε πᾶσιν ἔπεσσι; 545
τῷ κε καὶ οὐκ ἀτελὴς θάνατος μνηστῆρσι γένοιτο
πᾶσι μάλ', οὐδέ κέ τις θάνατον καὶ κῆρας ἀλύξει.
ἄλλο δέ τοι ἐρέω, σὺ δ' ἐνὶ φρεσὶ βάλλεο σῇσιν·
αἴ κ' αὐτὸν γνώω νημερτέα πάντ' ἐνέποντα,
ἕσσω μιν χλαῖνάν τε χιτῶνά τε, εἵματα καλά." 550
ὣς φάτο, βῆ δὲ συφορβός, ἐπεὶ τὸν μῦθον ἄκουσεν,
ἀγχοῦ δ' ἱστάμενος ἔπεα πτερόεντα προσηύδα·
"ξεῖνε πάτερ, καλέει σε περίφρων Πηνελόπεια,
μήτηρ Τηλεμάχοιο· μεταλλῆσαί τί ἑ θυμὸς
ἀμφὶ πόσει κέλεται, καὶ κήδεά περ πεπαθυίῃ. 555
εἰ δέ κέ σε γνώῃ νημερτέα πάντ' ἐνέποντα,
ἕσσει σε χλαῖνάν τε χιτῶνά τε, τῶν σὺ μάλιστα
χρηΐζεις· σῖτον δὲ καὶ αἰτίζων κατὰ δῆμον
γαστέρα βοσκήσεις· δώσει δέ τοι ὅς κ' ἐθέλῃσι."
τὸν δ' αὖτε προσέειπε πολύτλας δῖος Ὀδυσσεύς· 560
"Εὔμαι', αἶψά κ' ἐγὼ νημερτέα πάντ' ἐνέποιμι
κούρῃ Ἰκαρίοιο, περίφρονι Πηνελοπείῃ·
οἶδα γὰρ εὖ περὶ κείνου, ὁμὴν δ' ἀνεδέγμεθ' ὀϊζύν.
ἀλλὰ μνηστήρων χαλεπῶν ὑποδείδι' ὅμιλον,
τῶν ὕβρις τε βίη τε σιδήρεον οὐρανὸν ἵκει. 565
καὶ γὰρ νῦν, ὅτε μ' οὗτος ἀνὴρ κατὰ δῶμα κιόντα
οὔ τι κακὸν ῥέξαντα βαλὼν ὀδύνῃσιν ἔδωκεν,

„Geh du und rufe ihn her; ich will, daß er selbst es mir sage!
Denen dort ist fröhlich zumut; sie mögen vergnügt sein,
Wo es zu sitzen beliebt, vor der Tür oder hier im Palaste.
Ja, ihr eigner Besitz liegt wohlbehütet zu Hause,
Brot und süßer Wein, und es zehren davon ihre Diener.
Selbst aber gehen sie alle die Tage an unser Besitztum,
Opfern und schlachten die Rinder, die Schafe, die fettesten Ziegen,
Schlemmen und schmausen und trinken die funkelnden Weine, und das
So drauf los; diese Fülle vertut man, es fehlt ja am Manne, [nur
So wie Odysseus es war, diese Schmach vom Hause zu bannen.
Aber käme Odysseus, erreichte das Land seiner Heimat,
Schnell dann strafte er wohl mit dem Sohn dieser Männer Gewalttat."

Also sprach sie. Da nieste Telemachos mächtig, es dröhnte
Rundum grausig das Haus. Nun lachte Penelopeia.
Gleich aber sagte sie dann zu Eumaios geflügelte Worte:

„Geh mir und rufe den Fremdling, daß hier vor mir ich ihn habe!
Siehst du denn nicht, wie der Sohn meine Worte alle benieste?
Darum muß wohl der Tod diesen Freiern als Ende bevorstehn,
Allen zusammen, und keiner entgeht seinem Tod und dem Schicksal.
Andres doch will ich dir sagen und du behalt es im Sinne:
Finde ich, daß er nicht flunkert bei allem, was er berichtet,
Geb ich ihm Kleider, Leibrock, Mantel und schöne Gewänder."

Sprachs und der Sauhirt ging, so wie er die Rede vernommen,
Trat ganz nahe heran und sagte geflügelte Worte:

„Fremder Vater, es ruft dich die kluge Penelopeia;
Sie ist Telemachos' Mutter. Bei dir nach dem Gatten zu forschen
Drängt ihr Gemüt; denn Leiden hat sie seit langem erduldet.
Findet sie, daß du nicht flunkerst bei allem, was du berichtest,
Wird sie mit Mantel dich kleiden und Leibrock, was du vor allem
Brauchst. Deinen Magen wirst du dann füllen, indem du im Volke
Brot dir erbettelst; es werden dir alle dann schenken, die wollen."

Ihm aber sagte der große Dulder, der hehre Odysseus:
„Gerne, Eumaios, und ohne zu flunkern möcht ich der klugen
Penelopeia, Ikarios' Tochter, alles berichten.
Weiß ich genug doch von ihm; wir erlebten ja einerlei Jammer.
Aber ich fürchte den Haufen der schwierigen Freier; es schlägt ja,
Was an Gewalt und an Frechheit sie tun, bis zum eisernen Himmel.
Grade auch jetzt hat dort dieser Mann mich schmerzhaft geworfen,
Böses tat ich ihm nicht, ich bin durch das Haus nur gegangen.

Ὀδυσσείας ρ

οὔτε τι Τηλέμαχος τό γ' ἐπήρκεσεν οὔτε τις ἄλλος.
τῷ νῦν Πηνελόπειαν ἐνὶ μεγάροισιν ἄνωχθι
μεῖναι, ἐπειγομένην περ, ἐς ἠέλιον καταδύντα· 570
καὶ τότε μ' εἰρέσθω πόσιος πέρι νόστιμον ἦμαρ
ἀσσοτέρω καθίσασα παραὶ πυρί· εἵματα γάρ τοι
λύγρ' ἔχω· οἶσθα καὶ αὐτός, ἐπεί σε πρῶθ' ἱκέτευσα."

ὣς φάτο, βῆ δὲ συφορβός, ἐπεὶ τὸν μῦθον ἄκουσε.
τὸν δ' ὑπὲρ οὐδοῦ βάντα προσηύδα Πηνελόπεια· 575
"οὐ σύ γ' ἄγεις, Εὔμαιε; τί τοῦτ' ἐνόησεν ἀλήτης;
ἦ τινά που δείσας ἐξαίσιον ἦε καὶ ἄλλως
αἰδεῖται κατὰ δῶμα; κακὸς δ' αἰδοῖος ἀλήτης."

τὴν δ' ἀπαμειβόμενος προσέφης, Εὔμαιε συβῶτα·
"μυθεῖται κατὰ μοῖραν, ἅ πέρ κ' οἴοιτο καὶ ἄλλος, 580
ὕβριν ἀλυσκάζων ἀνδρῶν ὑπερηνορεόντων·
ἀλλά σε μεῖναι ἄνωγεν ἐς ἠέλιον καταδύντα.
καὶ δὲ σοὶ ὧδ' αὐτῇ πολὺ κάλλιον, ὦ βασίλεια,
οἴην πρὸς ξεῖνον φάσθαι ἔπος ἠδ' ἐπακοῦσαι."

τὸν δ' αὖτε προσέειπε περίφρων Πηνελόπεια· 585
"οὐκ ἄφρων ὁ ξεῖνος ὀίεται, ὥς περ ἂν εἴη·
οὐ γάρ πώ τινες ὧδε καταθνητῶν ἀνθρώπων
ἀνέρες ὑβρίζοντες ἀτάσθαλα μηχανόωνται."

ἡ μὲν ἄρ' ὣς ἀγόρευεν, ὁ δ' ᾤχετο δῖος ὑφορβὸς
μνηστήρων ἐς ὅμιλον, ἐπεὶ διεπέφραδε πάντα. 590
αἶψα δὲ Τηλέμαχον ἔπεα πτερόεντα προσηύδα,
ἄγχι σχὼν κεφαλήν, ἵνα μὴ πευθοίαθ' οἱ ἄλλοι·
"ὦ φίλ', ἐγὼ μὲν ἄπειμι σύας καὶ κεῖνα φυλάξων,
σὸν καὶ ἐμὸν βίοτον· σοὶ δ' ἐνθάδε πάντα μελόντων.
αὐτὸν μέν σε πρῶτα σάω, καὶ φράζεο θυμῷ, 595
μή τι πάθῃς· πολλοὶ δὲ κακὰ φρονέουσιν Ἀχαιῶν,
τοὺς Ζεὺς ἐξολέσειε πρὶν ἡμῖν πῆμα γενέσθαι."

τὸν δ' αὖ Τηλέμαχος πεπνυμένος ἀντίον ηὔδα·
"ἔσσεται οὕτως, ἄττα· σὺ δ' ἔρχεο δειελιήσας·
ἠῶθεν δ' ἰέναι καὶ ἄγειν ἱερήια καλά. 600
αὐτὰρ ἐμοὶ τάδε πάντα καὶ ἀθανάτοισι μελήσει."

ὣς φάθ', ὁ δ' αὖτις ἄρ' ἕζετ' ἐϋξέστου ἐπὶ δίφρου.
πλησάμενος δ' ἄρα θυμὸν ἐδητύος ἠδὲ ποτῆτος
βῆ ῥ' ἴμεναι μεθ' ὕας, λίπε δ' ἕρκεά τε μέγαρόν τε
πλεῖον δαιτυμόνων· οἱ δ' ὀρχηστυῖ καὶ ἀοιδῇ 605
τέρποντ'· ἤδη γὰρ καὶ ἐπήλυθε δείελον ἦμαρ.

Siebzehnter Gesang

Keiner doch half mir, Telemachos nicht und ein anderer auch nicht.
Darum heiße jetzt Penelopeia, sie möge im Saale
Warten, so sehr es sie drängt, bis die Sonne hinuntergegangen.
Dann mag Fragen sie tun nach des Gatten endlicher Heimkehr.
Näher ans Feuer mag sie sich setzen; ich habe ja Kleider,
Selber weißt du wie grauslich; du warst ja mein erster Beschützer."

Sprachs und der Sauhirt ging, sobald er die Rede vernommen.
Als er die Schwelle betrat, sprach Penelopeia: „Eumaios,
Was? Du bringst ihn nicht her? Was denkt sich dabei denn der Bettler?
Fürchtet er etwa einen von ungefähr? Schämt er sich sonstwie
Hier im Palast? Ein verschämter Bettler wäre wohl übel."

Antwort gabst du ihr wieder und sagtest, Sauhirt Eumaios:
„Nein, er sagt, was wohl andre auch meinen, und sagt es gebührlich:
Meiden will er die Frechheit der allzu männlichen Männer.
Darum gibt er den Rat, bis die Sonne hinuntergegangen,
Mögest du warten. Und schließlich ists ja für dich auch viel schöner,
Königin, nur du allein besprichst dich und hörst auf den Fremdling."

Ihm doch entgegnete wieder die kluge Penelopeia:
„Dieser Fremdling ist wirklich nicht dumm, er bedenkt, wie es werde.
Fanden doch nie noch bei sterblichen Menschen sich Männer von sol-
Frechheit; Frevler sind es und töricht begehn sie Verbrechen." [cher
 Also redete sie. Da ging nun der göttliche Sauhirt,
Richtete alles erst aus und suchte den Haufen der Freier.
Doch zu Telemachos sagte er gleich geflügelte Worte,
Nahe Kopf an Kopf, daß keiner der andern es höre:

„Freund, ich gehe, die Schweine und alles, was dort ist, zu hüten;
Deinen und meinen Besitz; aber dir sei befohlen, was hier ist.
Rette vor allem dich selber, denk im Gemüte: es darf dir
Nichts widerfahren! Denn viele Achaier sinnen auf Böses.
Möge doch Zeus sie vernichten, eh uns sie werden zum Unheil."

Ihm aber hielt der gewandte Telemachos wieder entgegen:
„Väterchen, so wird es werden! Doch iß erst zu Abend und geh dann.
Komm dann morgen und schöne Tiere bring uns zum Opfer!
Ich jedoch werde hier alles besorgen im Bund mit den Göttern."

Sprachs und jener nahm wieder Platz auf dem glänzenden Sessel,
Sättigte erst noch mit Speise und Trank sein Gemüt und verließ dann
Saal und Umfriedung und schickte sich an zu den Schweinen zu gehen.
Voll war der Saal noch von Schmausern; sie freuten an Tanz sich und
Zeit ja war es bereits, daß der Tag sich zum Abend neigte. [Liedern.

ΟΔΥΣΣΕΙΑΣ Σ

Ὀδυσσέως καὶ Ἴρου πυγμή

Ἦλθε δ' ἐπὶ πτωχὸς πανδήμιος, ὃς κατὰ ἄστυ
πτωχεύεσκ' Ἰθάκης, μετὰ δ' ἔπρεπε γαστέρι μάργῃ
ἀζηχὲς φαγέμεν καὶ πιέμεν· οὐδέ οἱ ἦν ἲς
οὐδὲ βίη, εἶδος δὲ μάλα μέγας ἦν ὁράασθαι.
Ἀρναῖος δ' ὄνομ' ἔσκε· τὸ γὰρ θέτο πότνια μήτηρ 5
ἐκ γενετῆς· Ἶρον δὲ νέοι κίκλησκον ἅπαντες,
οὕνεκ' ἀπαγγέλλεσκε κιών, ὅτε πού τις ἀνώγοι.
ὅς ῥ' ἐλθὼν Ὀδυσῆα διώκετο οἷο δόμοιο,
καί μιν νεικείων ἔπεα πτερόεντα προσηύδα·
"εἶκε, γέρον, προθύρου, μὴ δὴ τάχα καὶ ποδὸς ἕλκῃ. 10
οὐκ ἀΐεις, ὅτι δή μοι ἐπιλλίζουσιν ἅπαντες,
ἑλκέμεναι δὲ κέλονται; ἐγὼ δ' αἰσχύνομαι ἔμπης.
ἀλλ' ἄνα, μὴ τάχα νῶϊν ἔρις καὶ χερσὶ γένηται."
τὸν δ' ἄρ' ὑπόδρα ἰδὼν προσέφη πολύμητις Ὀδυσσεύς·
"δαιμόνι', οὔτε τί σε ῥέζω κακὸν οὔτ' ἀγορεύω, 15
οὔτε τινὰ φθονέω δόμεναι καὶ πόλλ' ἀνελόντα.
οὐδὸς δ' ἀμφοτέρους ὅδε χείσεται, οὐδέ τί σε χρὴ
ἀλλοτρίων φθονέειν· δοκέεις δέ μοι εἶναι ἀλήτης
ὥς περ ἐγών, ὄλβον δὲ θεοὶ μέλλουσιν ὀπάζειν.
χερσὶ δὲ μή τι λίην προκαλίζεο, μή με χολώσῃς, 20
μή σε γέρων περ ἐὼν στῆθος καὶ χείλεα φύρσω
αἵματος· ἡσυχίη δ' ἂν ἐμοὶ καὶ μᾶλλον ἔτ' εἴη
αὔριον· οὐ μὲν γάρ τί σ' ὑποστρέψεσθαι ὀΐω
δεύτερον ἐς μέγαρον Λαερτιάδεω Ὀδυσῆος."
τὸν δὲ χολωσάμενος προσεφώνεεν Ἶρος ἀλήτης· 25
"ὢ πόποι, ὡς ὁ μολοβρὸς ἐπιτροχάδην ἀγορεύει,
γρηῒ καμινοῖ ἶσος· ὃν ἂν κακὰ μητισαίμην
κόπτων ἀμφοτέρῃσι, χαμαὶ δέ κε πάντας ὀδόντας
γναθμῶν ἐξελάσαιμι συὸς ὣς ληϊβοτείρης.
ζῶσαι νῦν, ἵνα πάντες ἐπιγνώωσι καὶ οἵδε 30
μαρναμένους· πῶς δ' ἂν σὺ νεωτέρῳ ἀνδρὶ μάχοιο;"
ὣς οἱ μὲν προπάροιθε θυράων ὑψηλάων

ACHTZEHNTER GESANG

Der Faustkampf mit Iros

Kam da ein Bettler, den kannte ein jeder; er pflegte zu betteln
Weit herum in Ithakas Stadt. Er war schon berüchtigt
Ob seines rüstigen Magens; er wollte nur essen und trinken
Ohne Pause; es fehlten ihm Stärke und Kraft, und sah doch
Aus wie ein Riese. Arnaios hieß er von Haus aus, den Namen
Gab ihm die waltende Mutter, doch Iros hieß ihn die Jugend;
Botendienste nämlich versah er, so oft man ihn anrief.
Der aber kam und gönnte Odysseus im eigenen Hause
Kaum einen Platz; er schalt ihn und sagte geflügelte Worte:

„Alter! geh weg von der Vortür, sonst wird dir ans Bein hier gegangen.
Merkst du denn wirklich nicht, wie alle mir blinzelnd befehlen,
Zerren solle ich dich; nun freilich, da müßt ich mich schämen.
Auf jetzt und fort, sonst gibt es noch tätlichen Streit für uns beide!"

Finster blickend sprach da der einfallreiche Odysseus:
„Tu oder sag ich dir Böses, du Unhold? bin ich dir neidisch,
Wenn dich so mancher mit vollen Händen beschenkt? Und die Schwelle
Hier ist für beide genug, auch in Zukunft! Anderer Gabe
Scheel zu betrachten ist wirklich nicht nötig; du scheinst mir ein Bettler
Grad so wie ich; von den Göttern erwarten wir glücklichen Wohlstand.
Fordre ja mich nicht tätlich heraus und mach mich nicht gallig!
Alt bin ich freilich — doch schlag ich dir Brust und Rippen noch blutig.
Morgen dann hätte ich größere Ruhe, vermut ich: ich meine
Nämlich, du würdest in gar keiner Weise den Weg wieder finden,
Nochmal ins Haus des Sohns des Laërtes, Odysseus, zu kommen."

Iros dem Bettler schwoll da die Galle; so gab er ihm Antwort:
„Was nicht gar! Was redet der Zungendrescher, der Schlemmer?
Grad wie ein Weib hinterm Ofen? Den könnte ich schlagen mit beiden
Händen; dann plante ich Böses und triebe ihm sämtliche Zähne
So aus den Kiefern zu Boden, als wär er ein Eber im Saatfeld.
Gürte dich jetzt; denn auch diese da sollen doch alle es merken,
Daß wir hier kämpfen. Wie magst aber du mit dem Jüngeren streiten?"

Also machten sie scharf vor der hohen Tür auf der glatten

οὐδοῦ ἔπι ξεστοῦ πανθυμαδὸν ὀκριόωντο.
τοῖιν δὲ ξυνέηχ' ἱερὸν μένος Ἀντινόοιο,
ἡδὺ δ' ἄρ' ἐκγελάσας μετεφώνει μνηστήρεσσιν· 35
 "ὦ φίλοι, οὐ μέν πώ τι πάρος τοιοῦτον ἐτύχθη,
οἵην τερπωλὴν θεὸς ἤγαγεν ἐς τόδε δῶμα·
ὁ ξεῖνός τε καὶ Ἶρος ἐρίζετον ἀλλήλοιιν
χερσὶ μαχέσσασθαι· ἀλλὰ ξυνελάσσομεν ὦκα."
 ὣς ἔφαθ', οἱ δ' ἄρα πάντες ἀνήϊξαν γελόωντες, 40
ἀμφὶ δ' ἄρα πτωχοὺς κακοείμονας ἠγερέθοντο.
τοῖσιν δ' Ἀντίνοος μετέφη, Εὐπείθεος υἱός·
 "κέκλυτέ μευ, μνηστῆρες ἀγήνορες, ὄφρα τι εἴπω.
γαστέρες αἵδ' αἰγῶν κέατ' ἐν πυρί, τὰς ἐπὶ δόρπῳ
κατθέμεθα κνίσης τε καὶ αἵματος ἐμπλήσαντες. 45
ὁππότερος δέ κε νικήσῃ κρείσσων τε γένηται,
τάων ἥν κ' ἐθέλῃσιν ἀναστὰς αὐτὸς ἑλέσθω·
αἰεὶ δ' αὖθ' ἡμῖν μεταδαίσεται, οὐδέ τιν' ἄλλον
πτωχὸν ἔσω μίσγεσθαι ἐάσομεν αἰτήσοντα."
 ὣς ἔφατ' Ἀντίνοος, τοῖσιν δ' ἐπιήνδανε μῦθος. 50
τοῖς δὲ δολοφρονέων μετέφη πολύμητις Ὀδυσσεύς·
 "ὦ φίλοι, οὔ πως ἔστι νεωτέρῳ ἀνδρὶ μάχεσθαι
ἄνδρα γέροντα δύῃ ἀρημένον· ἀλλά με γαστὴρ
ὀτρύνει κακοεργός, ἵνα πληγῇσι δαμείω.
ἀλλ' ἄγε νῦν μοι πάντες ὀμόσσατε καρτερὸν ὅρκον, 55
μή τις ἐπ' Ἴρῳ ἦρα φέρων ἐμὲ χειρὶ βαρείῃ
πλήξῃ ἀτασθάλλων, τούτῳ δέ με ἶφι δαμάσσῃ."
 ὣς ἔφαθ', οἱ δ' ἄρα πάντες ἐπώμνυον, ὡς ἐκέλευεν.
αὐτὰρ ἐπεί ῥ' ὄμοσάν τε τελεύτησάν τε τὸν ὅρκον,
τοῖς δ' αὖτις μετέειφ' ἱερὴ ἲς Τηλεμάχοιο· 60
 "ξεῖν', εἴ σ' ὀτρύνει κραδίη καὶ θυμὸς ἀγήνωρ
τοῦτον ἀλέξασθαι, τῶν δ' ἄλλων μή τιν' Ἀχαιῶν
δείδιθ', ἐπεὶ πλεόνεσσι μαχήσεται ὅς κέ σε θείνῃ.
ξεινοδόκος μὲν ἐγών, ἐπὶ δ' αἰνεῖτον βασιλῆες,
Εὐρύμαχός τε καὶ Ἀντίνοος, πεπνυμένω ἄμφω." 65
 ὣς ἔφαθ', οἱ δ' ἄρα πάντες ἐπῄνεον. αὐτὰρ Ὀδυσσεὺς
ζώσατο μὲν ῥάκεσιν περὶ μήδεα, φαῖνε δὲ μηροὺς
καλούς τε μεγάλους τε, φάνεν δέ οἱ εὐρέες ὦμοι
στήθεά τε στιβαροί τε βραχίονες· αὐτὰρ Ἀθήνη
ἄγχι παρισταμένη μέλε' ἤλδανε ποιμένι λαῶν. 70

Schwelle, die zwei: es dampften schon ihre Gemüter. Und weiter
Trieb noch Antinoos' heilige Stärke sie gegeneinander,
Weil er mit herzlich lautem Gelächter den Freiern nun zurief:
„Freunde! Noch nie hat sich so etwas früher ereignet! Da seht doch,
Welch ergötzliche Stunde im Haus hier ein Gott uns bereitet!
Unser Gast und Iros kamen in Streit und sie wollen
Tätlich den Kampf nun beginnen. Wir hetzen sie rasch aufeinander!"
    Also sprach er; da lachten sie alle, verließen die Sitze,
Stellten sich eilig im Kreis um die übel gekleideten Bettler.
Aber der Sohn des Eupeithes, Antinoos, sagte zu ihnen:
    „Hört auf mich, ihr trutzigen Freier, ich will etwas sagen:
Hier auf dem Feuer liegen zwei Mägen von Ziegen; wir wollten
Tüchtig mit Blut und mit Fett gestopft sie am Abend verzehren.
Wer nun von beiden hier siegt und Herr wird über den andern,
Dieser trete heran und wähle sich selbst einen Magen,
Ganz wie er will, und er darf auch mit uns wieder speisen und keinen
Anderen lassen wir künftig herein, um zu bitten und betteln."
    Also sagte Antinoos; sie aber zollten ihm Beifall.
Schlau überlegend sprach da der einfallreiche Odysseus:
    „Freunde! Ein alter, von Leid überwältigter Mann kann wohl schwerlich
Kämpfen mit jüngeren Männern! Es ist nur der Magen, der treibt mich,
Übles stiftet er an; nun soll ich gar Schlägen erliegen.
Darum kommt und beschwört mir jetzt alle mit kräftigem Eide:
Keiner begünstige Iros und schlage mit wuchtigen Händen
Frevelnd auf mich, daß er so durch Gewaltstreich ganz mich erledigt."
    Also sprach er; da schwuren sie alle, so wie ers befohlen.
Als sie den Schwur dann getan, bis aufs letzte Wort ihn geleistet,
Sprach des Telemachos heilige Stärke wieder zu ihnen:
    „Fremdling! treibt dich dein trutziges Herz und Gemüt dich zu wehren
Hier gegen den da, dann fürchte nur keinen der andern Achaier!
Stieße dich einer, so hätte er bald gegen viele zu kämpfen.
Ich bin der Wirt und hier zwei Könige gaben ihr Jawort,
Hier Antinoos, hier Eurymachos, regsame Männer!"
    Sprachs und alle gaben das Jawort. Aber Odysseus
Nahm seine Lumpen, die Scham damit zu umgürten und zeigte
Große und prächtige Schenkel; breite Schultern erschienen,
Wuchtige Arme, die Brust; denn nahe kam ihm Athene,
Frische und Fülle den Gliedern des Hirten der Mannen zu geben.

μνηστῆρες δ' ἄρα πάντες ὑπερφιάλως ἀγάσαντο·
ὧδε δέ τις εἴπεσκεν ἰδὼν ἐς πλησίον ἄλλον·
"ἦ τάχα Ἶρος Ἄϊρος ἐπίσπαστον κακὸν ἕξει,
οἵην ἐκ ῥακέων ὁ γέρων ἐπιγουνίδα φαίνει."
ὣς ἄρ' ἔφαν, Ἴρῳ δὲ κακῶς ὠρίνετο θυμός.   75
ἀλλὰ καὶ ὧς δρηστῆρες ἄγον ζώσαντες ἀνάγκῃ
δειδιότα· σάρκες δὲ περιτρομέοντο μέλεσσιν.
Ἀντίνοος δ' ἐνένιπεν ἔπος τ' ἔφατ' ἔκ τ' ὀνόμαζε·
"νῦν μὲν μήτ' εἴης, βουγάϊε, μήτε γένοιο,
εἰ δὴ τοῦτόν γε τρομέεις καὶ δείδιας αἰνῶς,   80
ἄνδρα γέροντα δύῃ ἀρημένον, ἥ μιν ἱκάνει.
ἀλλ' ἔκ τοι ἐρέω, τὸ δὲ καὶ τετελεσμένον ἔσται·
αἴ κέν σ' οὗτος νικήσῃ κρείσσων τε γένηται,
πέμψω σ' ἤπειρόνδε, βαλὼν ἐν νηῒ μελαίνῃ,
εἰς Ἔχετον βασιλῆα, βροτῶν δηλήμονα πάντων, 85
ὅς κ' ἀπὸ ῥῖνα τάμῃσι καὶ οὔατα νηλέϊ χαλκῷ
μήδεά τ' ἐξερύσας δώῃ κυσὶν ὠμὰ δάσασθαι."
ὣς φάτο, τῷ δ' ἔτι μᾶλλον ὑπὸ τρόμος ἤλυθε γυῖα.
ἐς μέσσον δ' ἄναγον· τὼ δ' ἄμφω χεῖρας ἀνέσχον.
δὴ τότε μερμήριξε πολύτλας δῖος Ὀδυσσεύς,   90
ἢ ἐλάσει', ὥς μιν ψυχὴ λίποι αὖθι πεσόντα,
ἦέ μιν ἧκ' ἐλάσειε τανύσσειέν τ' ἐπὶ γαίῃ.
ὧδε δέ οἱ φρονέοντι δοάσσατο κέρδιον εἶναι,
ἦκ' ἐλάσαι, ἵνα μή μιν ἐπιφρασσαίατ' Ἀχαιοί.
δὴ τότ' ἀνασχομένω ὁ μὲν ἤλασε δεξιὸν ὦμον 95
Ἶρος, ὁ δ' αὐχέν' ἔλασσεν ὑπ' οὔατος, ὀστέα δ' εἴσω
ἔθλασεν· αὐτίκα δ' ἦλθεν ἀνὰ στόμα φοίνιον αἷμα,
κὰδ δ' ἔπεσ' ἐν κονίῃσι μακών, σὺν δ' ἤλασ' ὀδόντας
λακτίζων ποσὶ γαῖαν· ἀτὰρ μνηστῆρες ἀγαυοὶ
χεῖρας ἀνασχόμενοι γέλῳ ἔκθανον. αὐτὰρ Ὀδυσσεὺς 100
ἕλκε διὲκ προθύροιο λαβὼν ποδός, ὄφρ' ἵκετ' αὐλὴν
αἰθούσης τε θύρας· καί μιν ποτὶ ἑρκίον αὐλῆς
εἷσεν ἀνακλίνας, σκῆπτρον δέ οἱ ἔμβαλε χειρί,
καί μιν φωνήσας ἔπεα πτερόεντα προσηύδα·
"ἐνταυθοῖ νῦν ἧσο κύνας τε σύας τ' ἀπερύκων, 105
μηδὲ σύ γε ξείνων καὶ πτωχῶν κοίρανος εἶναι
λυγρὸς ἐών, μή πού τι κακὸν καὶ μεῖζον ἐπαύρῃ."
ἦ ῥα, καὶ ἀμφ' ὤμοισιν ἀνικέα βάλλετο πήρην,

Sämtliche Freier befiel da indessen ein haltloses Staunen,
Mancher ließ sich vernehmen und blickte dabei auf den Nachbarn:
„Jetzt trifft Iros Aïros das Unheil, das er herbeirief:
Welch einen Hinteren zeigt uns der Alte da unter den Lumpen!"
Sagtens; dem Iros geriet das Gemüt nun in schlimme Erregung;
Trotzdem gürteten ihn mit Gewalt die Bedienten und führten
Trotz seiner Furcht ihn herbei; denn es bebte sein Fleisch an den Gliedern.
Aber Antinoos schalt und sagte bedeutsam die Worte:
„Jetzt ist mein Wunsch, du wärest nicht da, du wärst nicht geboren,
Prahlhans! Zitterst du gar und fürchtest dich schrecklich vor dem da,
Diesem Greis, den das Leid überwältigt, das ihn getroffen.
Aber ich sag dirs heraus und es geht auch gewiß in Erfüllung:
Wird jetzt der andere Sieger und Herr über dich: In ein schwarzes
Fahrzeug werd ich dich werfen, aufs Festland werd ich dich bringen,
Dort ist der Echetos König, der Sterblichen aller Vernichter,
Nase und Ohren schneidet er ab mit dem herzlosen Eisen,
Reißt dir heraus das Geschlecht, daß roh dann die Hunde es fressen."
Sprachs und des anderen Knie befiel ein noch stärkeres Zittern.
Aber man stieß ihn zum Ring und beide erhoben die Arme.
Grübelnd sann da der große Dulder, der hehre Odysseus,
Ob er ihn schlage, daß gleich beim Sturz ihn die Seele verlasse,
Oder wenig ihn schlage und nur auf den Boden ihn strecke.
Während er so es bedachte, erschien es ihm schließlich von Vorteil,
Wenig zu schlagen, sonst schöpften vielleicht Verdacht die Achaier.
Also die Hände erhoben — und Iros landete einen
Rechts an der Schulter, der andere aber am Ohr in den Nacken,
Quetschte die Knochen nach innen, da quoll schon heraus aus dem Munde
Rotes Blut, daß er zähneknirschend und schreiend im Staub lag.
Immer wieder schlugen die Fersen den Boden. Da lachten
Halb sich tot die erlauchten Freier und hoben die Hände.
Aber Odysseus zerrte am Fuß ihn zuerst durch die Vortür,
Dann durch die Türe der Halle hinaus in den Hof. An der Mauer,
Gab er ihm Sitz und Lehne, dazu einen Stock in die Hände,
Redete dort ihn auch an und sagte geflügelte Worte:
„Hier hast du jetzt deinen Sitz! Vertreibe die Hunde, die Schweine!
Aber spiel nicht den Herrn über Fremde und Bettler! Zu elend
Siehst du ja aus; sonst erlebst du vielleicht ein noch größeres Übel!"
Also sprach er und warf um die Schultern den häßlichen Ranzen;

πυκνὰ ῥωγαλέην, ἐν δὲ στρόφος ἦεν ἀορτήρ.
ἂψ δ' ὅ γ' ἐπ' οὐδὸν ἰὼν κατ' ἄρ' ἕζετο· τοὶ δ' ἴσαν εἴσω 110
ἡδὺ γελώοντες καὶ δεικανόωντ' ἐπέεσσι·
"Ζεύς τοι δοίη, ξεῖνε, καὶ ἀθάνατοι θεοὶ ἄλλοι,
ὅττι μάλιστ' ἐθέλεις καί τοι φίλον ἔπλετο θυμῷ,
ὃς τοῦτον τὸν ἄναλτον ἀλητεύειν ἀπέπαυσας
ἐν δήμῳ· τάχα γάρ μιν ἀνάξομεν ἤπειρόνδε 115
εἰς Ἔχετον βασιλῆα, βροτῶν δηλήμονα πάντων."
ὣς ἄρ' ἔφαν, χαῖρεν δὲ κληδόνι δῖος Ὀδυσσεύς.
Ἀντίνοος δ' ἄρα οἱ μεγάλην παρὰ γαστέρα θῆκεν,
ἐμπλείην κνίσης τε καὶ αἵματος· Ἀμφίνομος δὲ
ἄρτους ἐκ κανέοιο δύω παρέθηκεν ἀείρας 120
καὶ δέπαϊ χρυσέῳ δειδίσκετο φώνησέν τε·
'χαῖρε, πάτερ ὦ ξεῖνε· γένοιτό τοι ἔς περ ὀπίσσω
ὄλβος· ἀτὰρ μὲν νῦν γε κακοῖς ἔχεαι πολέεσσι."
τὸν δ' ἀπαμειβόμενος προσέφη πολύμητις Ὀδυσσεύς·
" Ἀμφίνομ', ἦ μάλα μοι δοκέεις πεπνυμένος εἶναι· 125
τοίου γὰρ καὶ πατρός, ἐπεὶ κλέος ἐσθλὸν ἄκουον
Νῖσον Δουλιχιῆα ἐΰν τ' ἔμεν ἀφνειόν τε·
τοῦ σ' ἔκ φασι γενέσθαι, ἐπητῇ δ' ἀνδρὶ ἔοικας.
τοὔνεκά τοι ἐρέω, σὺ δὲ σύνθεο καί μευ ἄκουσον·
οὐδὲν ἀκιδνότερον γαῖα τρέφει ἀνθρώποιο 130
πάντων, ὅσσα τε γαῖαν ἔπι πνείει τε καὶ ἕρπει.
οὐ μὲν γάρ ποτέ φησι κακὸν πείσεσθαι ὀπίσσω,
ὄφρ' ἀρετὴν παρέχωσι θεοὶ καὶ γούνατ' ὀρώρῃ·
ἀλλ' ὅτε δὴ καὶ λυγρὰ θεοὶ μάκαρες τελέσωσι,
καὶ τὰ φέρει ἀεκαζόμενος τετληότι θυμῷ. 135
τοῖος γὰρ νόος ἐστὶν ἐπιχθονίων ἀνθρώπων,
οἷον ἐπ' ἦμαρ ἄγῃσι πατὴρ ἀνδρῶν τε θεῶν τε.
καὶ γὰρ ἐγώ ποτ' ἔμελλον ἐν ἀνδράσιν ὄλβιος εἶναι,
πολλὰ δ' ἀτάσθαλ' ἔρεξα βίῃ καὶ κάρτεϊ εἴκων,
πατρί τ' ἐμῷ πίσυνος καὶ ἐμοῖσι κασιγνήτοισι. 140
τῷ μή τίς ποτε πάμπαν ἀνὴρ ἀθεμίστιος εἴη,
ἀλλ' ὅ γε σιγῇ δῶρα θεῶν ἔχοι, ὅττι διδοῖεν.
οἷ' ὁρόω μνηστῆρας ἀτάσθαλα μηχανόωντας,
κτήματα κείροντας καὶ ἀτιμάζοντας ἄκοιτιν
ἀνδρός, ὃν οὐκέτι φημὶ φίλων καὶ πατρίδος αἴης 145
δηρὸν ἀπέσσεσθαι· μάλα δὲ σχεδόν. ἀλλά σε δαίμων

Überall war er zerfetzt, eine Schnur bloß diente als Träger;
Ging dann wieder zur Schwelle zurück und setzte sich nieder.
Herzlich lachend kamen die andern mit lauter Begrüßung:
„Fremdling! Gebe dir Zeus und die andern unsterblichen Götter,
Was du vor allem dir wünschest und was im Gemüte dir lieb ist!
Hast du doch endlich dem unersättlichen Fresser im Volke
Gründlich das Betteln vertrieben. Wir schicken ihn bald jetzt aufs Fest-
Dort ist der Echetos König, der Sterblichen aller Vernichter." [land.
 Diesen Glückruf hörte mit Freuden der hehre Odysseus.
Aber Antinoos legte vor ihn einen mächtigen Magen,
Tüchtig gestopft mit Blut und mit Fett, und Amphinomos holte
Brote heraus aus dem Korb, gleich zwei, und schob sie daneben,
Hob dann den goldenen Becher und sagte mit grüßendem Zuruf:
 „Heil dir, fremder Vater! Die Zukunft wenigstens möge
Glück dir bescheren; denn eben noch hast du ja Leiden in Fülle."
 Antwort gab ihm und sagte der einfallreiche Odysseus:
„Ja, Amphinomos, wahrlich du zeigst mir dein reges Verständnis;
Hast du doch auch einen Vater — ich höre als edel ihn rühmen;
Nisos ists aus Dulichion, reich begütert und tüchtig.
Du bist, sagt man, sein Sohn und gleichst einem Manne mit Umsicht.
Darum will ich dir sagen, vernimm mich und ziehe den Schluß dann:
Was unsre Erde ernährt: Der Mensch ist das brüchigste Wesen
Wirklich von allen, die atmen und kriechen auf unserer Erde.
Machen die Götter ihn tüchtig und regen sich sicher die Knie,
Meint er, es sei wohl nicht möglich, daß später ein Unheil ihn treffe.
Aber die seligen Götter verhängen doch öfter auch Elend —
Nun, dann trägt er auch dies, hält durch, weil er muß, im Gemüte.
Ganz so ist ja das Sinnen und Trachten der Menschen auf Erden,
Je wie die Tage gestaltet der Vater der Menschen und Götter.
Ich habe selber von mir einst erwartet, daß unter den Männern
Reich ich werde: Da ließ ich von Kraft und Gewalt mich verführen,
Törichtes tat ich genug im Vertrauen auf Vater und Brüder.
Also werde doch niemals ein Mensch so völlig gesetzlos!
Nein! — Mit Schweigen nehme er hin, was die Götter auch geben.
Was muß ich sehen, daß törichte Freier Verbrechen betreiben:
Güter verzehren sie, ja sie mißehren die Gattin des Mannes,
Der nicht ferne mehr weilt — ich sag es — von Freunden und Heimat;
Lange dauert es nicht mehr; er ist schon ganz nahe! So möge

οἴκαδ' ὑπεξαγάγοι, μηδ' ἀντιάσειας ἐκείνῳ,
ὁππότε νοστήσειε φίλην ἐς πατρίδα γαῖαν·
οὐ γὰρ ἀναιμωτί γε διακρινέεσθαι ὀΐω
μνηστῆρας καὶ κεῖνον, ἐπεί κε μέλαθρον ὑπέλθῃ." 150

ὣς φάτο, καὶ σπείσας ἔπιεν μελιηδέα οἶνον,
ἂψ δ' ἐν χερσὶν ἔθηκε δέπας κοσμήτορι λαῶν.
αὐτὰρ ὁ βῆ κατὰ δῶμα φίλον τετιημένος ἦτορ,
νευστάζων κεφαλῇ· δὴ γὰρ κακὸν ὄσσετο θυμῷ.
ἀλλ' οὐδ' ὣς φύγε κῆρα· πέδησε δὲ καὶ τὸν Ἀθήνη 155
Τηλεμάχου ὑπὸ χερσὶ καὶ ἔγχεϊ ἶφι δαμῆναι.
ἂψ δ' αὖτις κατ' ἄρ' ἕζετ' ἐπὶ θρόνου ἔνθεν ἀνέστη.

τῇ δ' ἄρ' ἐπὶ φρεσὶ θῆκε θεὰ γλαυκῶπις Ἀθήνη,
κούρῃ Ἰκαρίοιο, περίφρονι Πηνελοπείῃ,
μνηστήρεσσι φανῆναι, ὅπως πετάσειε μάλιστα 160
θυμὸν μνηστήρων ἰδὲ τιμήεσσα γένοιτο
μᾶλλον πρὸς πόσιός τε καὶ υἱέος ἢ πάρος ἦεν.
ἀχρεῖον δ' ἐγέλασσεν ἔπος τ' ἔφατ' ἔκ τ' ὀνόμαζεν·

"Εὐρυνόμη, θυμός μοι ἐέλδεται, οὔ τι πάρος γε,
μνηστήρεσσι φανῆναι, ἀπεχθομένοισί περ ἔμπης· 165
παιδὶ δέ κεν εἴποιμι ἔπος, τό κε κέρδιον εἴη,
μὴ πάντα μνηστῆρσιν ὑπερφιάλοισιν ὁμιλεῖν,
οἵ τ' εὖ μὲν βάζουσι, κακῶς δ' ὄπιθεν φρονέουσι."

τὴν δ' αὖτ' Εὐρυνόμη ταμίη πρὸς μῦθον ἔειπε·
"ναὶ δὴ ταῦτά γε πάντα, τέκος, κατὰ μοῖραν ἔειπες. 170
ἀλλ' ἴθι καὶ σῷ παιδὶ ἔπος φάο μηδ' ἐπίκευθε,
χρῶτ' ἀπονιψαμένη καὶ ἐπιχρίσασα παρειάς,
μηδ' οὕτω δακρύοισι πεφυρμένη ἀμφὶ πρόσωπα
ἔρχευ, ἐπεὶ κάκιον πενθήμεναι ἄκριτον αἰεί.
ἤδη μὲν γάρ τοι παῖς τηλίκος, ὃν σὺ μάλιστα 175
ἠρῶ ἀθανάτοισι γενειήσαντα ἰδέσθαι."

τὴν δ' αὖτε προσέειπε περίφρων Πηνελόπεια·
"Εὐρυνόμη, μὴ ταῦτα παραύδα, κηδομένη περ,
χρῶτ' ἀπονίπτεσθαι καὶ ἐπιχρίεσθαι ἀλοιφῇ·
ἀγλαΐην γὰρ ἐμοί γε θεοί, τοὶ Ὄλυμπον ἔχουσιν, 180
ὤλεσαν, ἐξ οὗ κεῖνος ἔβη κοίλῃς ἐνὶ νηυσίν.
ἀλλά μοι Αὐτονόην τε καὶ Ἱπποδάμειαν ἄνωχθι
ἐλθέμεν, ὄφρα κέ μοι παρστήετον ἐν μεγάροισιν·
οἴη δ' οὐ κεῖσ' εἶμι μετ' ἀνέρας· αἰδέομαι γάρ."

Achtzehnter Gesang

Dich denn ein Gott noch entführen, daß ihm du nicht leibhaft begeg-
Kehrt er zurück in das liebe Land seiner Heimat. Ich meine   [nest.
Freilich, es wird dann ein blutig entscheidendes Ringen entstehen
Zwischen den Freiern und ihm, sobald seinen Saal er beschreitet'."
 Sprachs und spendend trank er den Wein, der süß war wie Honig,
Gab dann den Becher zurück in die Hände des Ordners der Männer.
Der aber schritt durch das liebe Haus und im Herzen betroffen
Senkte er nickend das Haupt; sein Gemüt sah kommendes Unheil.
Trotzdem verfiel er dem tödlichen Schicksal: gestellt von Athene
Traf ihn vernichtend der kraftvolle Speer aus Telemachos Händen.
Jetzt besetzte er wieder den Stuhl, den zuvor er verlassen.
 Nun aber fügte Athene, die Göttin mit Augen der Eule,
Daß sich Ikarios' Tochter, die kluge Penelopeia
Darauf besann sich den Freiern zu zeigen; so sollte sie Einblick
Tief in ihr inneres Drängen gewinnen und gleich ihre Ehre
Heben bei Mann und Sohn und mehr als es bisher gewesen.
Grundlos lachte sie auf und sprach und sagte bedeutsam:
 „Früher nicht, Eurýnome, jetzt aber will mein Gemüt es,
Daß ich den Freiern mich zeige, so sehr ich wahrhaftig sie hasse:
Dabei kann ich dem Sohn recht nützliche Worte auch sagen,
Nicht mit den zuchtlosen Freiern in allem gemein sich zu machen.
Reden können sie schön, doch im Rücken sinnen sie Böses."
 Aber Eurynome gab ihr, die Schaffnerin, wieder zur Antwort:
„Ja, mein Kind, da hast du in allem sachlich gesprochen.
Geh denn und sag deinem Sohn so ein Wort, um ihm nichts zu verhehlen!
Vorher doch wasche dich ab und tu auf die Wangen auch Salben!
Geh nicht mit diesem Gesicht, das entstellt ist von ewigen Tränen!
Geh aber! schlimmer doch ist ja fürwahr dieses endlose Trauern!
Jetzt ist der Sohn so alt, daß der Bart ihm wächst, und es war doch
Immer dein heißestes Flehn an die Götter, noch dies zu erleben."
 Ihr entgegnete wieder die kluge Penelopeia:
„Rede nicht fälschende Worte, Eurynome, trotz deiner Güte!
Waschen soll ich mich erst und mit Schminke die Wangen bestreichen?
Ach, mir haben die Götter, die Herrn im Olympos, die Schönheit
Lange verdorben, seit er mit den hohlen Schiffen davonzog.
Aber laß mir Autónoe kommen und Hippodameia,
Beide müssen im Saal zur Seite mir stehen. Ich will nicht,
Daß ich allein vor die Männer dort trete. Ich müßte mich schämen."

ὣς ἄρ' ἔφη, γρηῢς δὲ διὲκ μεγάροιο βεβήκει 185
ἀγγελέουσα γυναιξὶ καὶ ὀτρυνέουσα νέεσθαι.
ἔνθ' αὖτ' ἄλλ' ἐνόησε θεὰ γλαυκῶπις Ἀθήνη·
κούρῃ Ἰκαρίοιο κατὰ γλυκὺν ὕπνον ἔχευεν,
εὗδε δ' ἀνακλινθεῖσα, λύθεν δέ οἱ ἅψεα πάντα
αὐτοῦ ἐνὶ κλιντῆρι· τέως δ' ἄρα δῖα θεάων 190
ἄμβροτα δῶρα δίδου, ἵνα θησαίατ' Ἀχαιοί.
κάλλεϊ μέν οἱ πρῶτα προσώπατα καλὰ κάθηρεν
ἀμβροσίῳ, οἵῳ περ ἐϋστέφανος Κυθέρεια
χρίεται, εὖτ' ἂν ἴῃ Χαρίτων χορὸν ἱμερόεντα·
καί μιν μακροτέρην καὶ πάσσονα θῆκεν ἰδέσθαι, 195
λευκοτέρην δ' ἄρα μιν θῆκε πριστοῦ ἐλέφαντος.
ἡ μὲν ἄρ' ὣς ἔρξασ' ἀπεβήσετο δῖα θεάων·
ἦλθον δ' ἀμφίπολοι λευκώλενοι ἐκ μεγάροιο
φθόγγῳ ἐπερχόμεναι· τὴν δὲ γλυκὺς ὕπνος ἀνῆκε,
καί ῥ' ἀπομόρξατο χερσὶ παρειάς φώνησέν τε· 200
"ἦ με μάλ' αἰνοπαθῆ μαλακὸν περὶ κῶμ' ἐκάλυψεν.
αἴθε μοι ὣς μαλακὸν θάνατον πόροι Ἄρτεμις ἁγνὴ
αὐτίκα νῦν, ἵνα μηκέτ' ὀδυρομένη κατὰ θυμὸν
αἰῶνα φθινύθω, πόσιος ποθέουσα φίλοιο
παντοίην ἀρετήν, ἐπεὶ ἔξοχος ἦεν Ἀχαιῶν." 205
ὣς φαμένη κατέβαιν' ὑπερώϊα σιγαλόεντα,
οὐκ οἴη, ἅμα τῇ γε καὶ ἀμφίπολοι δύ' ἕποντο.
ἡ δ' ὅτε δὴ μνηστῆρας ἀφίκετο δῖα γυναικῶν,
στῆ ῥα παρὰ σταθμὸν τέγεος πύκα ποιητοῖο
ἄντα παρειάων σχομένη λιπαρὰ κρήδεμνα· 210
ἀμφίπολος δ' ἄρα οἱ κεδνὴ ἑκάτερθε παρέστη.
τῶν δ' αὐτοῦ λύτο γούνατ', ἔρῳ δ' ἄρα θυμὸν ἔθελχθεν,
πάντες δ' ἠρήσαντο παραὶ λεχέεσσι κλιθῆναι.
ἡ δ' αὖ Τηλέμαχον προσεφώνεεν, ὃν φίλον υἱόν·
"Τηλέμαχ', οὐκέτι τοι φρένες ἔμπεδοι οὐδὲ νόημα. 215
παῖς ἔτ' ἐὼν καὶ μᾶλλον ἐνὶ φρεσὶ κέρδε' ἐνώμας·
νῦν δ', ὅτε δὴ μέγας ἐσσὶ καὶ ἥβης μέτρον ἱκάνεις,
καί κέν τις φαίη γόνον ἔμμεναι ὀλβίου ἀνδρὸς
ἐς μέγεθος καὶ κάλλος ὁρώμενος, ἀλλότριος φώς,
οὐκέτι τοι φρένες εἰσὶν ἐναίσιμοι οὐδὲ νόημα. 220
οἷον δὴ τόδε ἔργον ἐνὶ μεγάροισιν ἐτύχθη,
ὃς τὸν ξεῖνον ἔασας ἀεικισθήμεναι οὕτω.

Also sprach sie. Die Alte doch ging aus dem Saale; den Weibern
Wollte die Meldung sie bringen und eilig zum Kommen sie treiben.

Da ersann Athene, die Göttin mit Augen der Eule,
Nochmal ein andres. Sie senkte Ikarios' Tochter in süßen
Schlaf. Und so sank sie schlafend zurück gleich dort in den Lehnstuhl;
Alle Gelenke erschlafften. Die hehre Göttin indessen
Brachte unsterbliche Kleider zum Staunen und Schaun der Achaier;
Reinigte erst ihr schönes Gesicht mit ambrosischer Schönheit,
Salbte sie so, wie die herrlich bekränzte Göttin Kytheras,
Immer wenn sie zum lieblichen Tanz der Charitinnen schreitet.
Schließlich bewirkte sie, daß sie noch größer und fülliger aussah,
Daß sie noch weißer erschien als elfenbeinernes Schnitzwerk.
Als sie sich so bemüht, ging weg die erhabene Göttin.
Dann aber kamen die Mägde mit weißen Armen; geräuschvoll
Traten sie an aus dem Raum, daß vom süßen Schlummer entlassen
Jene die Wangen trocken sich strich mit den Händen und sagte:

„Lindernder Tiefschlaf hat mich umfangen, mich schrecklich Gequälte.
Daß mir doch linderndes Sterben die heilige Artemis schenkte
Jetzt und sofort; mein Gemüt ist voll Leid, ich verliere die Tage,
Sehne mich stets nach dem lieben Gemahl, seinem tüchtigen Wesen;
Allseits zeigte es sich, denn er war doch der erste Achaier."

Sprachs und stieg nun herab von den glänzenden Obergemächern,
Doch nicht allein, denn es gingen mit ihr die zwei Mägde zusammen.
Als die erhabene Frau nun wirklich den Freiern sich nahte,
Trat sie neben die Stütze des festgezimmerten Daches,
Hielt ihre Wangen verhüllt in weichen, glänzenden Schleiern;
Links und rechts aber stand eine sorgende Magd ihr zur Seite.
Jenen wurde da schwach in den Knien; im Gemüte bezaubert
Gierten sie alle begehrlich, im Lager an sie sich zu schmiegen.

Sie aber sagte zum lieben Sohne Telemachos wieder:
„Nicht mehr bewährt sich dein Denken und Sinnen, Telemachos! Als du
Kind noch warst, hast du besser im Sinn dich bedacht auf den Vorteil.
Jetzt bist du groß und wirklich dem Alter entsprechend erwachsen,
Mancher wohl sagt auch, du seist der Sproß eines glücklichen Mannes.
Freilich sagt das ein Mann aus der Fremde; er sieht deine Schönheit,
Sieht deine Größe; und doch fehlt schickliches Sinnen und Denken.
Sieh nur! Wie konnte die Untat jetzt im Palaste geschehen —
Du ja ließest den fremden Mann so schändlich mißhandeln.

πῶς νῦν, εἴ τι ξεῖνος ἐν ἡμετέροισι δόμοισιν
ἥμενος ὧδε πάθοι ῥυστακτύος ἐξ ἀλεγεινῆς;
σοί κ' αἶσχος λώβη τε μετ' ἀνθρώποισι πέλοιτο." 225
 τὴν δ' αὖ Τηλέμαχος πεπνυμένος ἀντίον ηὔδα·
"μῆτερ ἐμή, τὸ μὲν οὔ σε νεμεσσῶμαι κεχολῶσθαι·
αὐτὰρ ἐγὼ θυμῷ νοέω καὶ οἶδα ἕκαστα,
ἐσθλά τε καὶ τὰ χέρεια· πάρος δ' ἔτι νήπιος ἦα.
ἀλλά τοι οὐ δύναμαι πεπνυμένα πάντα νοῆσαι· 230
ἐκ γάρ με πλήσσουσι παρήμενοι ἄλλοθεν ἄλλος
οἵδε κακὰ φρονέοντες, ἐμοὶ δ' οὐκ εἰσὶν ἀρωγοί.
οὐ μέν τοι ξείνου γε καὶ Ἴρου μῶλος ἐτύχθη
μνηστήρων ἰότητι, βίῃ δ' ὅ γε φέρτερος ἦεν.
αἲ γάρ, Ζεῦ τε πάτερ καὶ Ἀθηναίη καὶ Ἄπολλον, 235
οὕτω νῦν μνηστῆρες ἐν ἡμετέροισι δόμοισι
νεύοιεν κεφαλὰς δεδμημένοι, οἱ μὲν ἐν αὐλῇ,
οἱ δ' ἔντοσθε δόμοιο, λελῦτο δὲ γυῖα ἑκάστου,
ὡς νῦν Ἴρος ἐκεῖνος ἐπ' αὐλείῃσι θύρῃσιν
ἧσται νευστάζων κεφαλῇ, μεθύοντι ἐοικώς, 240
οὐδ' ὀρθὸς στῆναι δύναται ποσὶν οὐδὲ νέεσθαι
οἴκαδ', ὅπῃ οἱ νόστος, ἐπεὶ φίλα γυῖα λέλυνται."
 ὣς οἱ μὲν τοιαῦτα πρὸς ἀλλήλους ἀγόρευον·
Εὐρύμαχος δ' ἐπέεσσι προσηύδα Πηνελόπειαν·
 "κούρη Ἰκαρίοιο, περίφρων Πηνελόπεια, 245
εἰ πάντες σε ἴδοιεν ἀν' Ἴασον Ἄργος Ἀχαιοί,
πλέονές κε μνηστῆρες ἐν ὑμετέροισι δόμοισιν
ἠῶθεν δαινύατ', ἐπεὶ περίεσσι γυναικῶν
εἶδός τε μέγεθός τε ἰδὲ φρένας ἔνδον ἐΐσας."
 τὸν δ' ἠμείβετ' ἔπειτα περίφρων Πηνελόπεια· 250
"Εὐρύμαχ', ἦ τοι ἐμὴν ἀρετὴν εἶδός τε δέμας τε
ὤλεσαν ἀθάνατοι, ὅτε Ἴλιον εἰσανέβαινον
Ἀργεῖοι, μετὰ τοῖσι δ' ἐμὸς πόσις ἦεν Ὀδυσσεύς.
εἰ κεῖνός γ' ἐλθὼν τὸν ἐμὸν βίον ἀμφιπολεύοι,
μεῖζόν κε κλέος εἴη ἐμὸν καὶ κάλλιον οὕτω. 255
νῦν δ' ἄχομαι· τόσα γάρ μοι ἐπέσσευεν κακὰ δαίμων.
ἦ μὲν δὴ ὅτε τ' ᾖε λιπὼν κάτα πατρίδα γαῖαν,
δεξιτερὴν ἐπὶ καρπῷ ἑλὼν ἐμὲ χεῖρα προσηύδα·
'ὦ γύναι, οὐ γὰρ ὀΐω ἐϋκνήμιδας Ἀχαιοὺς
ἐκ Τροίης εὖ πάντας ἀπήμονας ἀπονέεσθαι· 260

Achtzehnter Gesang

Wie denn jetzt, wenn etwa ein Gast in unserem Hause
Sitzt und ein gleiches erleidet an schmerzendem Zerren und Stoßen?
Dich trifft, denk ich, dafür von den Menschen Schimpf dann und Schande."
   Ihr aber hielt der gewandte Telemachos wieder entgegen:
„Meine Mutter! Ich zürne dir nicht, wenn du deshalb dich ärgerst.
Ich aber hege Gedanken im eignen Gemüte und weiß auch
Alles, was edel und schlecht ist; doch früher war ich noch kindisch.
Aber ich kann dir nicht alles bedenken, was jeweils am Platz ist:
Sitzen doch diese da, jeder woanders, herum mich zu schrecken,
Sinnen auf Böses dabei und ich bin so ganz ohne Helfer.
Freilich, der Kampf zwischen Fremdling und Iros ist gar nicht verlaufen
So, wie die Freier es wünschten: der eine war glatt überlegen.
Vater Zeus, Athene, Apollon, hört, was ich wünschte!
Würden doch jetzt so die Freier in unsrem Palast überwältigt,
Senkten sie so ihre Köpfe zu Boden, die einen im Hofe,
Andre im Haus, und würde doch jedem so schwach in den Knieen,
So, wie jetzt jener Iros da draußen am Tor unsres Hofes
Sitzt, als wär er betrunken und wackelt nur so mit dem Kopfe.
Aufrecht kann er sich nicht auf die Füße mehr stellen, und Heimkehr
Gibt es nach Hause nicht mehr, so zerschlagen sind seine Glieder."
   Solches redeten beide untereinander. Indessen
Sagte Eurymachos Penelopeia folgende Worte:
„Höre Ikarios' Tochter, gescheite Penelopeia!
Sähen dich alle Achaier in Argos, wo Iasos herrschte,
Dann wohl wären schon morgen es mehr, die in eurem Palaste
Freien und speisen; denn du bist die erste unter den Frauen,
Bist es an Größe, Erscheinung und richtig erwägendem Sinnen."
   Antwort gab ihm darauf die gescheite Penelopeia:
„Nein, Eurymachos! Tüchtige Art, die Gestalt, die Erscheinung
Tilgten an mir die Unsterblichen, als die Achaier nach Troja
Fuhren, mit ihnen mein Gatte Odysseus. Käme er wieder,
Hegte und pflegte mein Leben, dann wäre mein Ruhm wohl auch größer,
Schöner als so. Jetzt drücken die Sorgen mich nieder; denn alles,
Was es an Unheil gibt — ein Unhold schickt es in Eile.
Ja, als er damals ging und verließ das Land seiner Heimat,
Faßte er mich bei der Rechten am Knöchel und sagte die Worte:
‚Du mein Weib! Daß alle geschienten Achaier aus Troja
Heil und ohne Gebrechen die Heimat wieder erreichen,

καὶ γὰρ Τρῶάς φασι μαχητὰς ἔμμεναι ἄνδρας,
ἠμὲν ἀκοντιστὰς ἠδὲ ῥυτῆρας ὀϊστῶν
ἵππων τ' ὠκυπόδων ἐπιβήτορας, οἵ τε τάχιστα
ἔκριναν μέγα νεῖκος ὁμοιΐου πτολέμοιο.
τῷ οὐκ οἶδ', ἤ κέν μ' ἀνέσει θεός, ἦ κεν ἁλώω 265
αὐτοῦ ἐνὶ Τροίῃ· σοὶ δ' ἐνθάδε πάντα μελόντων·
μεμνῆσθαι πατρὸς καὶ μητέρος ἐν μεγάροισιν
ὡς νῦν, ἢ ἔτι μᾶλλον, ἐμεῦ ἀπονόσφιν ἐόντος·
αὐτὰρ ἐπὴν δὴ παῖδα γενειήσαντα ἴδηαι,
γήμασθ' ᾧ κ' ἐθέλῃσθα, τεὸν κατὰ δῶμα λιποῦσα.' 270
κεῖνος τὼς ἀγόρευε· τὰ δὴ νῦν πάντα τελεῖται.
νὺξ δ' ἔσται, ὅτε δὴ στυγερὸς γάμος ἀντιβολήσει
οὐλομένης ἐμέθεν, τῆς τε Ζεὺς ὄλβον ἀπηύρα.
ἀλλὰ τόδ' αἰνὸν ἄχος κραδίην καὶ θυμὸν ἱκάνει·
μνηστήρων οὐχ ἥδε δίκη τὸ πάροιθε τέτυκτο, 275
οἵ τ' ἀγαθήν τε γυναῖκα καὶ ἀφνειοῖο θύγατρα
μνηστεύειν ἐθέλωσι καὶ ἀλλήλοις ἐρίσωσιν·
αὐτοὶ τοί γ' ἀπάγουσι βόας καὶ ἴφια μῆλα
κούρης δαῖτα φίλοισι, καὶ ἀγλαὰ δῶρα διδοῦσιν·
ἀλλ' οὐκ ἀλλότριον βίοτον νήποινον ἔδουσιν." 280

ὣς φάτο, γήθησεν δὲ πολύτλας δῖος Ὀδυσσεύς,
οὕνεκα τῶν μὲν δῶρα παρέλκετο, θέλγε δὲ θυμὸν
μειλιχίοις ἐπέεσσι, νόος δέ οἱ ἄλλα μενοίνα.

τὴν δ' αὖτ' Ἀντίνοος προσέφη, Εὐπείθεος υἱός·
"κούρη Ἰκαρίοιο, περίφρων Πηνελόπεια, 285
δῶρα μὲν ὅς κ' ἐθέλῃσιν Ἀχαιῶν ἐνθάδ' ἐνεῖκαι,
δέξασθ'· οὐ γὰρ καλὸν ἀνήνασθαι δόσιν ἐστίν·
ἡμεῖς δ' οὔτ' ἐπὶ ἔργα πάρος γ' ἴμεν οὔτε πῃ ἄλλῃ,
πρίν γέ σε τῷ γήμασθαι Ἀχαιῶν, ὅς τις ἄριστος."

ὣς ἔφατ' Ἀντίνοος, τοῖσιν δ' ἐπιήνδανε μῦθος. 290
δῶρα δ' ἄρ' οἰσέμεναι πρόεσαν κήρυκα ἕκαστος.
Ἀντινόῳ μὲν ἔνεικε μέγαν περικαλλέα πέπλον,
ποικίλον· ἐν δ' ἄρ' ἔσαν περόναι δυοκαίδεκα πᾶσαι
χρύσειαι, κληῖσιν ἐϋγνάμπτοις ἀραρυῖαι·
ὅρμον δ' Εὐρυμάχῳ πολυδαίδαλον αὐτίκ' ἔνεικε, 295
χρύσεον, ἠλέκτροισιν ἐερμένον, ἠέλιον ὥς·
ἕρματα δ' Εὐρυδάμαντι δύω θεράποντες ἔνεικαν
τρίγληνα μορόεντα, χάρις δ' ἀπελάμπετο πολλή·

Glaube ich nicht; die Troer, so heißt es, sind männliche Kämpfer,
Meister im Ziehen des Bogens, im Speerkampf, steigen auf Wagen;
Rosse auf eilenden Füßen erbrachten in mächtigem Ringen
Oft schon schnellste Entscheidung im Krieg, wo die Kräfte sich messen.
Ob es vor Troja mich trifft, ob ein Gott mich errettet — ich weiß nicht!
Darum sollst du mir alles, was hier ist, treulich besorgen.
Denk meines Vaters und denk meiner Mutter hier im Palaste,
Jetzt schon tust dus —, doch tu es noch mehr, wenn ich dir so fern bin.
Siehst du dann gar schon sprossenden Bart an dem Sohne, dann sollst du
Ganz wie du willst, dich vermählen und hier dieses Haus verlassen.'
Also sprach er und all das wird sich jetzt wirklich erfüllen.
Nacht wird es werden, dann steht sie vor mir, die entsetzliche Ehe,
Mir, der Verfluchten, der Zeus ein beglückendes Leben verwehrte.
Trifft doch mein Herz und Gemüt noch weiterer grausiger Kummer;
Bisher war es nicht Sitte gewesen bei freienden Männern:
Wollte ein andrer ein tüchtiges Weib, eine Tochter mit Mitgift
Heim sich holen zur Frau und mit andern Bewerbern sich messen,
Brachte er selber die Rinder zum Mahl der Freundschaft des Mädchens,
Brachte auch kräftiges Kleinvieh, schenkte auch glänzende Gaben;
Nicht doch verzehrte er ohne Vergütung das fremde Besitztum."

Sprach es, dem großen Dulder, dem hehren Odysseus, zur Freude,
Wie sie mit schmeichelndem Wort die Gemüter berückte und Gaben
Schlau sich zu sichern gewußt, ihr Verstand aber anderes dachte.

Aber Eupeithes' Sohn Antinoos sagte dagegen:
„Tochter Ikarios' höre, gescheite Penelopeia!
Hat ein Achaier die Absicht, Gaben hieher dir zu bringen,
Nimm sie nur an; denn unschön ist eine Gabe zu weigern.
Wir aber gehen im Feld oder sonstwo nicht an die Arbeit,
Ehe du nicht dich zur Heirat entschließt mit dem besten Achaier."

Also sagte Antinoos, sie aber zollten ihm Beifall.
Jeder schickte den Rufer nach Hause, Geschenke zu bringen.
Der des Antinoos brachte ein herrliches, großes und buntes
Kleid, und es steckte daran ein Dutzend goldener Spangen;
Diese paßten hinein in vortrefflich gebogene Hülsen.
Der des Eurymachos brachte sofort eine kunstvolle, goldne
Kette; mit Bernstein war sie gereiht und gliß wie die Sonne.
Doch dem Eurýdamas brachten die Diener ein Paar von Gehängen,
Je drei Tropfen und groß wie Beeren und strahlend von Anmut.

ἐκ δ' ἄρα Πεισάνδροιο Πολυκτορίδαο ἄνακτος
ἴσθμιον ἤνεικεν θεράπων, περικαλλὲς ἄγαλμα· 300
ἄλλο δ' ἄρ' ἄλλος δῶρον Ἀχαιῶν καλὸν ἔνεικεν.

ἡ μὲν ἔπειτ' ἀνέβαιν' ὑπερώια δῖα γυναικῶν,
τῇ δ' ἄρ' ἅμ' ἀμφίπολοι ἔφερον περικαλλέα δῶρα·
οἱ δ' εἰς ὀρχηστύν τε καὶ ἱμερόεσσαν ἀοιδὴν
τρεψάμενοι τέρποντο, μένον δ' ἐπὶ ἕσπερον ἐλθεῖν. 305
τοῖσι δὲ τερπομένοισι μέλας ἐπὶ ἕσπερος ἦλθεν.
αὐτίκα λαμπτῆρας τρεῖς ἵστασαν ἐν μεγάροισιν,
ὄφρα φαείνοιεν· περὶ δὲ ξύλα κάγκανα θῆκαν,
αὖα πάλαι, περίκηλα, νέον κεκεασμένα χαλκῷ,
καὶ δαΐδας μετέμισγον· ἀμοιβηδὶς δ' ἀνέφαινον 310
δμῳαὶ Ὀδυσσῆος ταλασίφρονος. αὐτὰρ ὁ τῇσιν
αὐτὸς διογενὴς μετέφη πολύμητις Ὀδυσσεύς·

"δμῳαὶ Ὀδυσσῆος, δὴν οἰχομένοιο ἄνακτος,
ἔρχεσθε πρὸς δώμαθ', ἵν' αἰδοίη βασίλεια·
τῇ δὲ παρ' ἠλάκατα στροφαλίζετε, τέρπετε δ' αὐτὴν 315
ἥμεναι ἐν μεγάρῳ, ἢ εἴρια πείκετε χερσίν·
αὐτὰρ ἐγὼ τούτοισι φάος πάντεσσι παρέξω.
εἴ περ γάρ κ' ἐθέλωσιν ἐΰθρονον Ἠῶ μίμνειν,
οὔ τί με νικήσουσι· πολυτλήμων δὲ μάλ' εἰμί."

ὣς ἔφαθ', αἱ δ' ἐγέλασσαν, ἐς ἀλλήλας δὲ ἴδοντο. 320
τὸν δ' αἰσχρῶς ἐνένιπε Μελανθὼ καλλιπάρῃος,
τὴν Δολίος μὲν ἔτικτε, κόμισσε δὲ Πηνελόπεια,
παῖδα δὲ ὣς ἀτίταλλε, δίδου δ' ἄρ' ἀθύρματα θυμῷ·
ἀλλ' οὐδ' ὣς ἔχε πένθος ἐνὶ φρεσὶ Πηνελοπείης,
ἀλλ' ἥ γ' Εὐρυμάχῳ μισγέσκετο καὶ φιλέεσκεν. 325
ἥ ῥ' Ὀδυσῆ' ἐνένιπεν ὀνειδείοις ἐπέεσσι·

"ξεῖνε τάλαν, σύ γέ τις φρένας ἐκπεπαταγμένος ἐσσί,
οὐδ' ἐθέλεις εὕδειν χαλκήιον ἐς δόμον ἐλθὼν
ἠέ που ἐς λέσχην, ἀλλ' ἐνθάδε πόλλ' ἀγορεύεις
θαρσαλέως πολλοῖσι μετ' ἀνδράσιν, οὐδέ τι θυμῷ 330
ταρβεῖς· ἦ ῥά σε οἶνος ἔχει φρένας, ἤ νύ τοι αἰεὶ
τοιοῦτος νόος ἐστίν, ὃ καὶ μεταμώνια βάζεις.
ἦ ἀλύεις ὅτι Ἶρον ἐνίκησας τὸν ἀλήτην;
μή τίς τοι τάχα Ἴρου ἀμείνων ἄλλος ἀναστῇ,
ὅς τίς σ' ἀμφὶ κάρη κεκοπὼς χερσὶ στιβαρῇσι 335
δώματος ἐκπέμψῃσι φορύξας αἵματι πολλῷ."

Aber der Diener des Sohns des Polyktor, des Herrschers Peisandros,
Brachte ein Stück von besonderer Schöne, ein prächtiges Halsband.
Andre Achaier brachten noch andere schöne Geschenke.
  Hierauf stieg das erhabene Weib in die Obergemächer,
Mägde doch halfen die wunderschönen Geschenke ihr tragen.
Aber den Männern behagte bei Tänzen und Liedern der Sehnsucht
Fröhlich zu sein bis zum Abend und wirklich währte die frohe
Stimmung, bis finsterer Abend es wurde. Dann stellten im Saale
Gleich drei Becken sie auf: sie dienten wie Fackeln zum Leuchten.
Brennholz taten sie rundum hinein, man hatte es unlängst
Völlig dürr und ausgetrocknet mit Äxten gespalten,
Kienholz mischten sie bei und im Wechsel sorgten für Helle
Mägde des standhaft klugen Odysseus. Von sich aus nun sagte
Diesen der Göttersproß, der einfallreiche Odysseus:
  „Mägde des Herrschers Odysseus, der lange schon fort ist, begebt euch
Jetzt in das Haus, wo die ehrfurchtgebietende Königin auch ist,
Setzt euch zu ihr ins Gemach, laßt Spindeln sich drehen, ergötzt sie
Oder krempelt mit fleißigen Händen die Wolle! Für alle,
Wie sie hier sind, will ich die Beleuchtung versehen und wollten
Eos auf herrlichem Throne sie gar noch erwarten: sie sind mir
Nicht überlegen; ich bin ja ein Mann, der gar viel schon erduldet."
  Sprachs; da lachten sie auf und eine sah auf die andre.
Schändlich doch schimpfte auf ihn die Melantho mit herrlichen Wangen,
Dolios' Tochter und Penelopeias Pflegling, der sie
Nahrung und Sachen zum Spielen geschenkt, ihr Gemüt zu erfreuen.
Trotzdem dachte sie niemals an Trauer um Penelopeia,
Trieb es vielmehr mit Eurymachos lang schon in lüsterner Buhlschaft.
Diese nun schimpfte Odysseus und sagte mit schmähenden Worten:
  „Elender Fremder, du bist wohl so einer, den traf es am Zwerchfell!
Hast nicht die Absicht schlafen zu gehn in das Haus eines Schmiedes
Oder in sonst eine Herberg? Lieber hältst du viel Reden
Hier vor der Menge der Männer, recht dreist ohne Scheu im Gemüte!
Wahrlich der Wein umnebelt den Sinn dir oder dein Denken
Ist wohl immer derart; denn zwecklos ist dein Gerede!
Oder bist du verrückt vom Sieg über Iros, den Bettler?
Daß nur kein andrer, ein beßrer als Iros, jetzt gegen dich auftritt,
Der dir rundum deinen Schädel mit wuchtigen Fäusten verbleue,
Dann aus dem Hause dich schicke und färbe in strömendem Blute!"

τὴν δ' ἄρ' ὑπόδρα ἰδὼν προσέφη πολύμητις Ὀδυσσεύς·
"ἦ τάχα Τηλεμάχῳ ἐρέω, κύον, οἷ' ἀγορεύεις,
κεῖσ' ἐλθών, ἵνα σ' αὖθι διὰ μελεϊστὶ τάμῃσιν."
ὣς εἰπὼν ἐπέεσσι διεπτοίησε γυναῖκας. 340
βὰν δ' ἴμεναι διὰ δῶμα, λύθεν δ' ὑπὸ γυῖα ἑκάστης
ταρβοσύνῃ· φὰν γάρ μιν ἀληθέα μυθήσασθαι.
αὐτὰρ ὁ πὰρ λαμπτῆρσι φαείνων αἰθομένοισιν
ἑστήκειν ἐς πάντας ὁρώμενος· ἄλλα δέ οἱ κῆρ
ὥρμαινε φρεσὶν ᾗσιν, ἅ ῥ' οὐκ ἀτέλεστα γένοντο. 345

μνηστῆρας δ' οὐ πάμπαν ἀγήνορας εἴα Ἀθήνη
λώβης ἴσχεσθαι θυμαλγέος, ὄφρ' ἔτι μᾶλλον
δύη ἄχος κραδίην Λαερτιάδεω Ὀδυσῆος.
τοῖσιν δ' Εὐρύμαχος, Πολύβου πάϊς, ἦρχ' ἀγορεύειν
κερτομέων Ὀδυσῆα· γέλω δ' ἑτάροισιν ἔτευχε· 350
"κέκλυτέ μευ, μνηστῆρες ἀγακλειτῆς βασιλείης,
ὄφρ' εἴπω, τά με θυμὸς ἐνὶ στήθεσσι κελεύει.
οὐκ ἀθεεὶ ὅδ' ἀνὴρ Ὀδυσήϊον ἐς δόμον ἵκει·
ἔμπης μοι δοκέει δαΐδων σέλας ἔμμεναι αὐτοῦ
κὰκ κεφαλῆς, ἐπεὶ οὔ οἱ ἔνι τρίχες οὐδ' ἠβαιαί." 355

ἦ ῥ', ἄμα τε προσέειπεν Ὀδυσσῆα πτολίπορθον·
"ξεῖν', ἦ ἄρ κ' ἐθέλοις θητευέμεν, εἴ σ' ἀνελοίμην,
ἀγροῦ ἐπ' ἐσχατιῆς, — μισθὸς δέ τοι ἄρκιος ἔσται, —
αἱμασιάς τε λέγων καὶ δένδρεα μακρὰ φυτεύων;
ἔνθα κ' ἐγὼ σῖτον μὲν ἐπηετανὸν παρέχοιμι, 360
εἵματα δ' ἀμφιέσαιμι ποσίν θ' ὑποδήματα δοίην.
ἀλλ' ἐπεὶ οὖν δὴ ἔργα κάκ' ἔμμαθες, οὐκ ἐθελήσεις
ἔργον ἐποίχεσθαι, ἀλλὰ πτώσσειν κατὰ δῆμον
βούλεαι, ὄφρ' ἂν ἔχῃς βόσκειν σὴν γαστέρ' ἄναλτον."

τὸν δ' ἀπαμειβόμενος προσέφη πολύμητις Ὀδυσσεύς· 365
"Εὐρύμαχ', εἰ γὰρ νῶϊν ἔρις ἔργοιο γένοιτο
ὥρῃ ἐν εἰαρινῇ, ὅτε τ' ἤματα μακρὰ πέλονται,
ἐν ποίῃ, δρέπανον μὲν ἐγὼν εὐκαμπὲς ἔχοιμι,
καὶ δὲ σὺ τοῖον ἔχοις, ἵνα πειρησαίμεθα ἔργου
νήστιες ἄχρι μάλα κνέφαος, ποίη δὲ παρείη. 370
εἰ δ' αὖ καὶ βόες εἶεν ἐλαυνέμεν, οἵ περ ἄριστοι,
αἴθωνες μεγάλοι, ἄμφω κεκορηότε ποίης,
ἥλικες ἰσοφόροι, τῶν τε σθένος οὐκ ἀλαπαδνόν,
τετράγυον δ' εἴη, εἴκοι δ' ὑπὸ βῶλος ἀρότρῳ·

Finster blickend sprach da der einfallreiche Odysseus:
„Hündin! was du da sagst, gleich sag ichs Telemachos wieder,
Gehe dahin mit der Bitte dich hier schon in Stücke zu hauen!"
  Sprachs; und versetzte allein durch die Worte die Weiber in Schrecken.
Diese eilten durchs Haus und jeder knickten die Kniee;
Bang ward ihnen zumut; denn sie ahnten, er spreche die Wahrheit.
Er doch sorgte für Licht und stand bei den brennenden Schalen,
Stand und besah sie sich alle; sein Herz aber hieß ihn doch andres
Gründlich im Sinn überlegen, was ganz sich sollte erfüllen.
  Nicht aber wollte Athene, daß sich die trotzigen Freier
Gänzlich kränkenden Spottes enthielten; es sollte noch tiefer
Leid in das Herz des Sohns des Laërtes, Odysseus, sich senken.
Darum begann nun Eurymachos, Polybos' Sohn, unter ihnen,
Recht zum Gelächter der andern, Odysseus zu schmähen und sagte:
  „Hört mich ihr Freier der Königin, die so herrlich berühmt ist,
Sagen möchte ich, was mein Gemüt in der Brust mir gebietet:
Nicht ohne Gott ist der Mann da ins Haus des Odysseus gekommen;
Jedenfalls scheint es mir so, daß aus seinem Kopf auch ein Leuchten
Kommt wie von Fackeln; dort sitzt ja kein Härchen, auch nicht ein
  Sprachs und sagte zugleich zum Städtezerstörer Odysseus: [kleinstes."
„Fremdling, hättest du Lust als Knecht auf dem Feld mir zu dienen
Draußen am äußersten Ende? Ich nähme dich, lohnte auch reichlich;
Dornen wären zu sammeln und lange Bäume zu pflanzen.
Nahrung könnte ich dort wohl beschaffen, als wär es für Jahre,
Kleider zög ich dir an und Schuhzeug gäbs an die Füße.
Aber du lerntest ja nichts als schurkische Streiche; an Arbeit
Willst du ja doch nicht heran; du ziehst es doch vor, hier im Volke
Heimlich zu schleichen, den endlos hungernden Magen zu füttern."
  Antwort gab ihm und sagte der einfallreiche Odysseus:
„Nein, Eurymachos! könnten wir zwei bei der Arbeit streiten —
Frühling wär es; es wüchsen die Tage. Auf grasigem Boden —
Hätte ich dann eine trefflich gebogene Sense und du auch
Hättest dergleichen und nun wäre Probe, wieweit wir es schafften,
Nüchtern bis tief in den Abend; das Gras wäre reichlich — und gält es
Dann wieder Rinder am Pfluge zu treiben; es wären die besten,
Blank am Fell und groß und beide gesättigt mit Grünzeug,
Gleich an Alter, an Leistung und unerschöpflich an Stärke, —
Wären es gar vier Morgen, dem Pflug aber wichen die Schollen —:

τῷ κέ μ' ἴδοις, εἰ ὧλκα διηνεκέα προταμοίμην. 375
εἰ δ' αὖ καὶ πόλεμόν ποθεν ὁρμήσειε Κρονίων
σήμερον, αὐτὰρ ἐμοὶ σάκος εἴη καὶ δύο δοῦρε
καὶ κυνέη πάγχαλκος ἐπὶ κροτάφοις ἀραρυῖα,
τῷ κέ μ' ἴδοις πρώτοισιν ἐνὶ προμάχοισι μιγέντα,
οὐδ' ἄν μοι τὴν γαστέρ' ὀνειδίζων ἀγορεύοις. 380
ἀλλὰ μάλ' ὑβρίζεις καί τοι νόος ἐστὶν ἀπηνής·
καί πού τις δοκέεις μέγας ἔμμεναι ἠδὲ κραταιός,
οὕνεκα πὰρ παύροισι καὶ οὐκ ἀγαθοῖσιν ὁμιλεῖς.
εἰ δ' Ὀδυσεὺς ἔλθοι καὶ ἵκοιτ' ἐς πατρίδα γαῖαν,
αἶψά κέ τοι τὰ θύρετρα, καὶ εὐρέα περ μάλ' ἐόντα, 385
φεύγοντι στείνοιτο διὲκ προθύροιο θύραζε."
ὣς ἔφατ', Εὐρύμαχος δὲ χολώσατο κηρόθι μᾶλλον
καί μιν ὑπόδρα ἰδὼν ἔπεα πτερόεντα προσηύδα·
"ἆ δείλ', ἦ τάχα τοι τελέω κακόν, οἷ' ἀγορεύεις
θαρσαλέως πολλοῖσι μετ' ἀνδράσιν, οὐδέ τι θυμῷ 390
ταρβεῖς· ἦ ῥά σε οἶνος ἔχει φρένας, ἤ νύ τοι αἰεὶ
τοιοῦτος νόος ἐστίν, ὃ καὶ μεταμώνια βάζεις.
ἦ ἀλύεις, ὅτι Ἶρον ἐνίκησας τὸν ἀλήτην;"
ὣς ἄρα φωνήσας σφέλας ἔλλαβεν· αὐτὰρ Ὀδυσσεὺς
Ἀμφινόμου πρὸς γοῦνα καθέζετο Δουλιχιῆος, 395
Εὐρύμαχον δείσας. ὁ δ' ἄρ' οἰνοχόον βάλε χεῖρα
δεξιτερήν· πρόχοος δὲ χαμαὶ βόμβησε πεσοῦσα,
αὐτὰρ ὅ γ' οἰμώξας πέσεν ὕπτιος ἐν κονίῃσι.
μνηστῆρες δ' ὁμάδησαν ἀνὰ μέγαρα σκιόεντα,
ὧδε δέ τις εἴπεσκεν ἰδὼν ἐς πλησίον ἄλλον· 400
"αἴθ' ὤφελλ' ὁ ξεῖνος ἀλώμενος ἄλλοθ' ὀλέσθαι
πρὶν ἐλθεῖν· τῷ κ' οὔ τι τόσον κέλαδον μετέθηκε.
νῦν δὲ περὶ πτωχῶν ἐριδαίνομεν, οὐδέ τι δαιτὸς
ἐσθλῆς ἔσσεται ἦδος, ἐπεὶ τὰ χερείονα νικᾷ."
τοῖσι δὲ καὶ μετέειφ' ἱερὴ ἲς Τηλεμάχοιο· 405
"δαιμόνιοι. μαίνεσθε καὶ οὐκέτι κεύθετε θυμῷ
βρωτὺν οὐδὲ ποτῆτα· θεῶν νύ τις ὔμμ' ὀροθύνει.
ἀλλ' εὖ δαισάμενοι κατακείετε οἴκαδ' ἰόντες,
ὁππότε θυμὸς ἄνωγε· διώκω δ' οὔ τιν' ἐγώ γε."
ὣς ἔφαθ', οἱ δ' ἄρα πάντες ὀδὰξ ἐν χείλεσι φύντες 410
Τηλέμαχον θαύμαζον, ὃ θαρσαλέως ἀγόρευε.
τοῖσιν δ' Ἀμφίνομος ἀγορήσατο καὶ μετέειπε

Furchen schnitt ich in einem Zuge; das könntest du sehen.
Wollte dann wieder schon heute Kronion Krieg wo erregen, —
Hätt ich dann freilich zur Hand einen Schild und dazu ein Paar Speere,
Auch einen erznen, die Schläfen schützenden, passenden Sturmhelm:
Vorndran wär ich im Kampfgetümmel; das könntest du sehen.
Schwerlich, mein ich, erhielte mein Magen von dir dann ein Schmähwort.
Aber du frönst deinem heftigen Hochmut; hart ist dein Denken;
Hast von dir selbst wohl den Glauben, du seist so ein Starker und Großer,
Weil nur wenige um dich sind und das keine Guten.
Käme Odysseus, und fänd er das Land seiner Heimat, ich meine:
Schmal gleich wären die Türen, und hätten sie mächtige Breite,
Wolltest du etwa ins Freie in eiligster Flucht durch die Vortür."

Sprachs und Eurymachos wurde im Herzen noch grimmiger zornig;
Finster sah er ihn an und sagte geflügelte Worte:
„Elender! wahrlich, ich bringe dein Unheil rasch an das Ende,
Weil du so redest vor vielen, recht dreist, ohne Scheu im Gemüte.
Wahrlich, der Wein umnebelt den Sinn dir oder dein Denken
Ist wohl immer derart; denn zwecklos ist dein Gerede.
Oder bist du verrückt vom Sieg über Iros den Bettler?"

Also sprach er und nahm einen Schemel. Aber Odysseus
Setzte sich hin zu Antinoos, griff des Dulichiers Kniee,
Richtig aus Furcht vor Eurymachos. Der aber traf nur den Weinschenk
Grad an die rechte Hand, daß am Boden die Kanne erdröhnte;
Nieder fiel sie und er in den Staub auf den Rücken und klagte.
Aber die Freier erfüllten den schattigen Saal mit Getobe;
Mancher sagte es öfter und schaute dabei auf den Nachbarn:
„Wäre der fahrende Fremde woanders zugrunde gegangen,
Ehe er kam; er hätte erspart uns dieses Getöse!
Jetzt aber zetteln wir Streit an um Bettler! Für edle Gerichte
Ist uns die Freude verdorben: Das Niedere drängt ja nach oben."

Aber Telemachos' heilige Kraft sprach auch noch zu ihnen:
„Ungut seid ihr und könnt im Gemüt es ja nicht mehr verbergen,
Daß ihr gespeist und getrunken; ihr rast und ein Gott ist dahinter!
Da ihr jetzt trefflich gegessen, so geht und begebt euch zur Ruhe,
Wenn euch danach zumut ist; verjagen doch werde ich keinen."

Also sprach er; sie aber alle bissen die Zähne
Fest in die Lippen, bewundernd Telemachos' mutige Rede.
Aber Amphinomos griff da zum Wort und sagte zu ihnen,

Νίσου φαίδιμος υἱός, Ἀρητιάδαο ἄνακτος.
"ὦ φίλοι, οὐκ ἂν δή τις ἐπὶ ῥηθέντι δικαίῳ
ἀντιβίοις ἐπέεσσι καθαπτόμενος χαλεπαίνοι· 415
μήτε τι τὸν ξεῖνον στυφελίζετε μήτε τιν' ἄλλον
δμώων, οἳ κατὰ δώματ' Ὀδυσσῆος θείοιο.
ἀλλ' ἄγετ', οἰνοχόος μὲν ἐπαρξάσθω δεπάεσσιν,
ὄφρα σπείσαντες κατακείομεν οἴκαδ' ἰόντες·
τὸν ξεῖνον δὲ ἐῶμεν ἐνὶ μεγάροις Ὀδυσῆος 420
Τηλεμάχῳ μελέμεν· τοῦ γὰρ φίλον ἵκετο δῶμα."
ὣς φάτο, τοῖσι δὲ πᾶσιν ἑαδότα μῦθον ἔειπε.
τοῖσιν δὲ κρητῆρα κεράσσατο Μούλιος ἥρως,
κῆρυξ Δουλιχιεύς· θεράπων δ' ἦν Ἀμφινόμοιο·
νώμησεν δ' ἄρα πᾶσιν ἐπισταδόν· οἱ δὲ θεοῖσι 425
λείψαντες μακάρεσσι πίον μελιηδέα οἶνον.
αὐτὰρ ἐπεὶ σπεῖσάν τε πίον θ' ὅσον ἤθελε θυμός,
βάν ῥ' ἴμεναι κείοντες ἑὰ πρὸς δώμαθ' ἕκαστος.

Nisos' strahlender Sohn und Enkel des Herrschers Aretos:
„Freunde, es ist kein Grund, wenn gerecht man sich äußert, zu zürnen,
Einzugreifen gewaltsam mit feindlichen Worten und darum
Laßt es, den Gast zu mißhandeln, nicht minder die anderen Diener,
Wie sie im Haus des Odysseus, des göttlichen, hier sich befinden.
Auf denn! Der Mundschenk fülle die Becher, beginne das Opfer,
Daß wir es spenden und dann uns nach Hause zur Ruhe begeben.
Aber den Fremdling lassen wir hier im Palast des Odysseus,
Mag dann Telemachos sorgen; in sein Haus ist er gekommen!"
    Also sprach er und allen gefiel seine Rede. Den Mischkrug
Machte zurecht Held Mulios, der aus Dulichion stammte.
Dort war er Rufer. Als Diener Amphinomos' trat er zu jedem,
Teilte ihm zu, daß die Spende den seligen Göttern sie brächten.
Dann aber tranken sie alle den Wein, der süß war wie Honig.
Als sie gespendet und, was ihr Gemüt verlangte, getrunken,
Brachen sie auf sich zu legen, ein jeder im eigenen Hause.

ΟΔΥΣΣΕΙΑΣ Τ

Ὀδυσσέως καὶ Πηνελόπης ὁμιλία · τὰ νίπτρα

Αὐτὰρ ὁ ἐν μεγάρῳ ὑπελείπετο δῖος Ὀδυσσεύς,
μνηστήρεσσι φόνον σὺν Ἀθήνῃ μερμηρίζων.
αἶψα δὲ Τηλέμαχον ἔπεα πτερόεντα προσηύδα·
"Τηλέμαχε, χρὴ τεύχε' ἀρήϊα κατθέμεν εἴσω
πάντα μάλ', αὐτὰρ μνηστῆρας μαλακοῖς ἐπέεσσι   5
παρφάσθαι, ὅτε κέν σε μεταλλῶσιν ποθέοντες·
'ἐκ καπνοῦ κατέθηκ', ἐπεὶ οὐκέτι τοῖσιν ἐῴκει,
οἷά ποτε Τροίηνδε κιὼν κατέλειπεν Ὀδυσσεύς,
ἀλλὰ κατῄκισται, ὅσσον πυρὸς ἵκετ' ἀϋτμή.
πρὸς δ' ἔτι καὶ τόδε μεῖζον ἐνὶ φρεσὶν ἔμβαλε δαίμων·   10
μή πως οἰνωθέντες, ἔριν στήσαντες ἐν ὑμῖν,
ἀλλήλους τρώσητε καταισχύνητέ τε δαῖτα
καὶ μνηστύν· αὐτὸς γὰρ ἐφέλκεται ἄνδρα σίδηρος.'"
ὣς φάτο, Τηλέμαχος δὲ φίλῳ ἐπεπείθετο πατρί,
ἐκ δὲ καλεσσάμενος προσέφη τροφὸν Εὐρύκλειαν·   15
"μαῖ', ἄγε δή μοι ἔρυξον ἐνὶ μεγάροισι γυναῖκας,
ὄφρα κεν ἐς θάλαμον καταθείομαι ἔντεα πατρός,
καλά, τά μοι κατὰ οἶκον ἀκηδέα καπνὸς ἀμέρδει
πατρὸς ἀποιχομένοιο· ἐγὼ δ' ἔτι νήπιος ἦα·
νῦν δ' ἐθέλω καταθέσθαι, ἵν' οὐ πυρὸς ἵξετ' ἀϋτμή."   20
τὸν δ' αὖτε προσέειπε φίλη τροφὸς Εὐρύκλεια·
"αἲ γὰρ δή ποτε, τέκνον, ἐπιφροσύνας ἀνέλοιο
οἴκου κήδεσθαι καὶ κτήματα πάντα φυλάσσειν.
ἀλλ' ἄγε, τίς τοι ἔπειτα μετοιχομένη φάος οἴσει;
δμῳὰς δ' οὐκ εἴας προβλωσκέμεν, αἵ κεν ἔφαινον."   25
τὴν δ' αὖ Τηλέμαχος πεπνυμένος ἀντίον ηὔδα·
"ξεῖνος ὅδ'· οὐ γὰρ ἀεργὸν ἀνέξομαι, ὅς κεν ἐμῆς γε
χοίνικος ἅπτηται, καὶ τηλόθεν εἰληλουθώς."
ὣς ἄρ' ἐφώνησεν, τῇ δ' ἄπτερος ἔπλετο μῦθος·
κλήϊσεν δὲ θύρας μεγάρων ἐὺ ναιεταόντων.   30
τὼ δ' ἄρ' ἀναΐξαντ' Ὀδυσεὺς καὶ φαίδιμος υἱὸς
ἐσφόρεον κόρυθάς τε καὶ ἀσπίδας ὀμφαλοέσσας

NEUNZEHNTER GESANG

Das Gespräch mit Penelopeia / Das Fußbad

Er aber blieb zurück im Saale, der hehre Odysseus,
Grübelnd, wie er die Freier im Bund mit Athene erschlage.
Gleich aber sprach er Telemachos an mit geflügelten Worten:
„Waffen zum Kämpfen, Telemachos, müssen hinein in die Kammer,
Dort werden alle geborgen. Die Freier indessen berede,
Rede verbindlich herum, sobald sie vermissen und forschen:
‚Nur aus dem Rauch hier tat ich sie weg; denn es war kein Vergleich mehr,
So wie sie einstens Odysseus hier ließ, als nach Troja er auszog.
Schändlich sind sie geworden vom Rauch, den das Feuer verbreitet.
Doch ein noch größeres Zweites ließ mich ein Gott wohl bedenken:
Manchmal seid ihr betrunken und streitet euch untereinander;
Dann ist zu fürchten, ihr schlagt euch gar blutig und schändet die Mahlzeit,
Schändet die Freiung; denn Männer holt sich das Eisen von selber.‘ "

Also sprach er; Telemachos folgte dem lieben Vater,
Rief Eurykleia heraus, die Amme, um ihr zu sagen:
„Mütterchen, halte die Weiber jetzt richtig mir fest im Palaste,
Bis ich des Vaters Rüstzeug dort in die Kammer verbringe.
Herrlich ist es, doch kümmert es keinen im Hause und blind nur
Macht es der Rauch und der Vater ist fort und ich war noch kindisch.
Bergen will ich es jetzt, wo der Rauch des Feuers nicht hinkommt."

Antwort gab ihm die liebe Amme Eurykleia,:
„Kind, ich wünschte mir wirklich, du kämst zu besonnenem Denken,
Sorgtest für Haus und Hut des gesamten Besitzes. Doch sage:
Wer wird denn mitgehn, wer wird das Licht dir dann tragen? Du hast doch
Eben verboten, daß Mägde herausgehn; die könnten ja leuchten."

Ihr aber hielt der gewandte Telemachos wieder entgegen:
„Hier dieser Fremde! Mein Kornmaß — hält es erst einer in Händen,
Will ich nicht faul ihn haben, und käme er weither gegangen."

Also ließ er verlauten, doch ihr versagten die Worte;
Aber sie sperrte die Türen des Hauses mit herrlicher Wohnung.

Beide nun stürmten sie auf, der strahlende Sohn und Odysseus,
Trugen die Helme und buckligen Schilde, die spitzigen Speere

ἔγχεά τ' ὀξυόεντα· πάροιθε δὲ Παλλὰς Ἀθήνη
χρύσεον λύχνον ἔχουσα φάος περικαλλὲς ἐποίει.
δὴ τότε Τηλέμαχος προσεφώνεεν ὃν πατέρ' αἶψα· 35
"ὦ πάτερ, ἦ μέγα θαῦμα τόδ' ὀφθαλμοῖσιν ὁρῶμαι·
ἔμπης μοι τοῖχοι μεγάρων καλαί τε μεσόδμαι
εἰλάτιναί τε δοκοὶ καὶ κίονες ὑψόσ' ἔχοντες
φαίνοντ' ὀφθαλμοῖς ὡς εἰ πυρὸς αἰθομένοιο.
ἦ μάλα τις θεὸς ἔνδον, οἳ οὐρανὸν εὐρὺν ἔχουσι." 40
τὸν δ' ἀπαμειβόμενος προσέφη πολύμητις Ὀδυσσεύς·
"σῖγα καὶ κατὰ σὸν νόον ἴσχανε μηδ' ἐρέεινε·
αὕτη τοι δίκη ἐστὶ θεῶν, οἳ Ὄλυμπον ἔχουσιν.
ἀλλὰ σὺ μὲν κατάλεξαι, ἐγὼ δ' ὑπολείψομαι αὐτοῦ,
ὄφρα κ' ἔτι δμωὰς καὶ μητέρα σὴν ἐρεθίζω· 45
ἡ δέ μ' ὀδυρομένη εἰρήσεται ἀμφὶς ἕκαστα."
ὣς φάτο, Τηλέμαχος δὲ διὲκ μεγάροιο βεβήκει
κείων ἐς θάλαμον δαΐδων ὕπο λαμπομενάων,
ἔνθα πάρος κοιμᾶθ', ὅτε μιν γλυκὺς ὕπνος ἱκάνοι·
ἔνθ' ἄρα καὶ τότ' ἔλεκτο καὶ Ἠῶ δῖαν ἔμιμνεν. 50
αὐτὰρ ὁ ἐν μεγάρῳ ὑπελείπετο δῖος Ὀδυσσεὺς
μνηστήρεσσι φόνον σὺν Ἀθήνῃ μερμηρίζων.
ἡ δ' ἴεν ἐκ θαλάμοιο περίφρων Πηνελόπεια,
Ἀρτέμιδι ἰκέλη ἠὲ χρυσῇ Ἀφροδίτῃ.
τῇ παρὰ μὲν κλισίην πυρὶ κάτθεσαν, ἔνθ' ἄρ' ἐφῖζε, 55
δινωτὴν ἐλέφαντι καὶ ἀργύρῳ, ἥν ποτε τέκτων
ποίησ' Ἰκμάλιος καὶ ὑπὸ θρῆνυν ποσὶν ἧκε
προσφυέ' ἐξ αὐτῆς, ὅθ' ἐπὶ μέγα βάλλετο κῶας.
ἔνθα καθέζετ' ἔπειτα περίφρων Πηνελόπεια.
ἦλθον δὲ δμωαὶ λευκώλενοι ἐκ μεγάροιο. 60
αἱ δ' ἀπὸ μὲν σῖτον πολὺν ᾕρεον ἠδὲ τραπέζας
καὶ δέπα, ἔνθεν ἄρ' ἄνδρες ὑπερμενέοντες ἔπινον·
πῦρ δ' ἀπὸ λαμπτήρων χαμάδις βάλον, ἄλλα δ' ἐπ' αὐτῶν
νήησαν ξύλα πολλά, φόως ἔμεν ἠδὲ θέρεσθαι.
ἡ δ' Ὀδυσῆ' ἐνένιπε Μελανθὼ δεύτερον αὖτις· 65
"ξεῖν', ἔτι καὶ νῦν ἐνθάδ' ἀνιήσεις διὰ νύκτα
δινεύων κατὰ οἶκον, ὀπιπεύσεις δὲ γυναῖκας;
ἀλλ' ἔξελθε θύραζε, τάλαν, καὶ δαιτὸς ὄνησο·
ἦ τάχα καὶ δαλῷ βεβλημένος εἶσθα θύραζε."
τὴν δ' ἄρ' ὑπόδρα ἰδὼν προσέφη πολύμητις Ὀδυσσεύς· 70

Weg und hinein, indessen vor ihnen mit goldener Fackel
Herrlichste Helle im Raume verbreitete Pallas Athene.
Wörtlich sagte Telemachos jetzt sofort seinem Vater:
 „Vater, ich sehe ein Wunder, ein großes, hier vor den Augen!
Deutlich hab ichs vor Augen: die Mauern des Hauses, die schönen
Balken und tannenen Sparren und aufwärts ragenden Säulen
Machen den Eindruck, alles strahle in loderndem Feuer.
Wahrlich, ein Gott ist hier innen, ein Herr aus dem breiten Himmel."
 Antwort gab ihm und sagte der einfallreiche Odysseus:
 „Schweige und gib deinem Denken nicht Raum und stelle nicht Fragen!
So ist es Brauch bei den Göttern, den Herrn im Olympos. Doch du nun
Leg dich zu Bett, denn ich will hier noch verweilen; ich will noch
Weiter die Mägde zum Reden verleiten sowie deine Mutter.
Freilich, diese wird jammernd mich fragen nach allem und jedem."
 Also sprach er; Telemachos ging aber weg aus dem Saale,
Legte sich hin in der Kammer zu schlafen, beim Scheine von Fackeln,
Dort, wo er sonst auch ruhte, wenn süßer Schlummer ihn ankam.
Dort nun lag er auch jetzt in Erwartung der göttlichen Eos.
Er aber blieb zurück im Saale, der hehre Odysseus,
Grübelnd, wie er die Freier im Bund mit Athene erschlage.
 Sie aber kam aus der Kammer, die kluge Penelopeia,
Artemis glich sie, sie glich auch der goldenen Aphrodite.
Nahe ans Feuer, wo gerne sie saß, verschob man den Lehnstuhl,
Elfenbein war er und silbern; der Meister Ikmálios hatte
Einst ihn gedrechselt und gleich aus dem nämlichen Stück für die Füße
Unten den Schemel befestigt; ein mächtiges Vlies lag darüber.
Dort nun setzte sich nieder die kluge Penelopeia.
Mägde mit weißen Armen kamen aus ihren Gemächern,
Räumten das viele Essen hinweg, die Becher, die Tische,
Wo jene überkräftigen Männer gewöhnlich tranken.
Brennende Reste warfen sie weg aus den Leuchtern, zur Erde,
Häuften dann andere Hölzer darauf zum Leuchten und Wärmen.
Aber Melantho schalt den Odysseus nun wieder und nochmal:
 „Fremdling, willst du auch hier und jetzt in der Nacht uns noch ärgern,
Drückst dich im Hause herum und begaffst hier die Weiber? Mach
Dort ist die Türe, du übler Geselle! Das Essen bekomm dir! [weiter!
Sonst trifft schnell dich ein brennendes Stück und du findest die Türe!"
 Finster blickend sprach da der einfallreiche Odysseus:

"δαιμονίη, τί μοι ὧδ' ἐπέχεις κεκοτηότι θυμῷ;
ἦ ὅτι δὴ ῥυπόω, κακὰ δὲ χροΐ εἵματα εἷμαι,
πτωχεύω δ' ἀνὰ δῆμον; ἀναγκαίη γὰρ ἐπείγει.
τοιοῦτοι πτωχοὶ καὶ ἀλήμονες ἄνδρες ἔασι.
καὶ γὰρ ἐγώ ποτε οἶκον ἐν ἀνθρώποισιν ἔναιον 75
ὄλβιος ἀφνειὸν καὶ πολλάκι δόσκον ἀλήτῃ
τοίῳ, ὁποῖος ἔοι καὶ ὅτευ κεχρημένος ἔλθοι·
ἦσαν δὲ δμῶες μάλα μυρίοι ἄλλα τε πολλά,
οἷσίν τ' εὖ ζώουσι καὶ ἀφνειοὶ καλέονται.
ἀλλὰ Ζεὺς ἀλάπαξε Κρονίων· ἤθελε γάρ που. 80
τῷ νῦν μή ποτε καὶ σύ, γύναι, ἀπὸ πᾶσαν ὀλέσσῃς
ἀγλαΐην, τῇ νῦν γε μετὰ δμωῇσι κέκασσαι,
ἤν πώς τοι δέσποινα κοτεσσαμένη χαλεπήνῃ
ἢ Ὀδυσεὺς ἔλθῃ· ἔτι γὰρ καὶ ἐλπίδος αἶσα.
εἰ δ' ὁ μὲν ὣς ἀπόλωλε καὶ οὐκέτι νόστιμός ἐστιν, 85
ἀλλ' ἤδη παῖς τοῖος Ἀπόλλωνός γε ἕκητι,
Τηλέμαχος· τὸν δ' οὔ τις ἐνὶ μεγάροισι γυναικῶν
λήθει ἀτασθάλλουσ', ἐπεὶ οὐκέτι τηλίκος ἐστίν."
ὣς φάτο, τοῦ δ' ἤκουσε περίφρων Πηνελόπεια,
ἀμφίπολον δ' ἐνένιπεν ἔπος τ' ἔφατ' ἔκ τ' ὀνόμαζε· 90
"πάντως, θαρσαλέη, κύον ἀδεές, οὔ τί με λήθεις
ἔρδουσα μέγα ἔργον, ὃ σῇ κεφαλῇ ἀναμάξεις.
πάντα γὰρ εὖ ᾔδησθ', ἐπεὶ ἐξ ἐμεῦ ἔκλυες αὐτῆς,
ὡς τὸν ξεῖνον ἔμελλον ἐνὶ μεγάροισιν ἐμοῖσιν
ἀμφὶ πόσει εἴρεσθαι, ἐπεὶ πυκινῶς ἀκάχημαι." 95
ἦ ῥα, καὶ Εὐρυνόμην ταμίην πρὸς μῦθον ἔειπεν·
"Εὐρυνόμη, φέρε δὴ δίφρον καὶ κῶας ἐπ' αὐτοῦ,
ὄφρα καθεζόμενος εἴπῃ ἔπος ἠδ' ἐπακούσῃ
ὁ ξεῖνος ἐμέθεν· ἐθέλω δέ μιν ἐξερέεσθαι."
ὣς ἔφαθ', ἡ δὲ μάλ' ὀτραλέως κατέθηκε φέρουσα 100
δίφρον ἐΰξεστον καὶ ἐπ' αὐτῷ κῶας ἔβαλλεν·
ἔνθα καθέζετ' ἔπειτα πολύτλας δῖος Ὀδυσσεύς.
τοῖσι δὲ μύθων ἦρχε περίφρων Πηνελόπεια·
"ξεῖνε, τὸ μέν σε πρῶτον ἐγὼν εἰρήσομαι αὐτή·
τίς πόθεν εἰς ἀνδρῶν; πόθι τοι πόλις ἠδὲ τοκῆες;" 105
τὴν δ' ἀπαμειβόμενος προσέφη πολύμητις Ὀδυσσεύς·
"ὦ γύναι, οὐκ ἄν τίς σε βροτῶν ἐπ' ἀπείρονα γαῖαν
νεικέοι· ἦ γάρ σευ κλέος οὐρανὸν εὐρὺν ἱκάνει,

„Ungutes Weib du! was paßt du mir auf voll Groll im Gemüte?
Freilich von Salben triefe ich nicht und bin übel bekleidet —
Oder wohl gar, weil im Volk hier ich bettle? Da treibt nur die Not mich!
Das ist nun eben die Lage der Bettler und fahrenden Leute.
Ja, auch ich war einst glücklich, bewohnte ein Haus unter Menschen,
Strotzend von Gütern, und so einem Bettler hab oft ich gegeben,
Wer er auch war, und welchem Bedürfnis sein Kommen auch diente.
Zahllose Diener hatte ich da und andres in Fülle,
Wer es besitzt, lebt gut und man nennt solche Leute begütert.
Aber Zeus der Kronide zerschlug es; es war wohl sein Wille.
Darum fürchte ich jetzt, daß auch du deine Flitter noch ablegst
Irgend einmal und ganz, trotz all deines Prunks vor den Mägden!
Auch deine Herrin im Haus kann leicht dir grollen und zürnen,
Oder es kommt gar Odysseus, ein Stückchen von Hoffnung besteht noch.
Ist er indessen verloren und kehrt also nimmer nachhause,
Dann ist Telemachos da, sein Sohn, durch die Gnade Apollons;
Er ist soweit, daß ihm keines entgeht von den Weibern, die töricht
Hier im Palast sich vergehn; denn nicht mehr ist er der Jüngste."
    Sprachs und es hörte ihn wohl die gescheite Penelopeia.
Darum schalt sie das Mädchen und sagte bedeutsame Worte:
    „Haltlose Hündin, dreistes Geschöpf du! Dein großes Getue
Bleibt mir durchaus nicht verborgen! Es wird deinen Kopf dir noch
Gut war dir ja bekannt, du wußtest es doch von mir selber: [kosten!
Fragen wollte ich hier in meinem Saale den Fremdling,
Was vom Gemahl er weiß; denn ewig muß ich mich grämen."
    Sprachs und sagte Eurýnome, Schaffnerin war sie, die Worte:
„Komm jetzt, Eurýnome, bring einen Stuhl und ein Vlies auch darüber!
Sitzend soll mir der fremde Mann seine Worte berichten,
Soll aber mich auch hören; ich will ihn nämlich befragen."
    Also sprach sie und jene stellte den glänzenden Stuhl hin,
Tat es in Eile und legte ein Vlies als Decke darüber.
Da nun saß er, der große Dulder, der hehre Odysseus.
Nun begann das Gespräch die gescheite Penelopeia:
    „Fremder Mann, ich selbst will zuerst um das Eine dich fragen:
Wer und woher von den Menschen, und wo ist die Stadt deiner Eltern?"
    Antwort gab ihr und sagte der einfallreiche Odysseus:
„Edle Frau! Kein Mensch auf der unermeßlichen Erde
Könnte dich schelten; dein Ruhm steigt auf bis zum breiten Himmel,

ὥς τέ τευ ἦ βασιλῆος ἀμύμονος, ὅς τε θεουδὴς
ἀνδράσιν ἐν πολλοῖσι καὶ ἰφθίμοισιν ἀνάσσων   110
εὐδικίας ἀνέχῃσι, φέρῃσι δὲ γαῖα μέλαινα
πυροὺς καὶ κριθάς, βρίθῃσι δὲ δένδρεα καρπῷ,
τίκτῃ δ' ἔμπεδα μῆλα, θάλασσα δὲ παρέχῃ ἰχθῦς
ἐξ εὐηγεσίης, ἀρετῶσι δὲ λαοὶ ὑπ' αὐτοῦ.
τῷ ἐμὲ νῦν τὰ μὲν ἄλλα μετάλλα σῷ ἐνὶ οἴκῳ,   115
μηδέ μοι ἐξερέεινε γένος καὶ πατρίδα γαῖαν,
μή μοι μᾶλλον θυμὸν ἐνιπλήσῃς ὀδυνάων
μνησαμένῳ· μάλα δ' εἰμὶ πολύστονος· οὐδέ τί με χρὴ
οἴκῳ ἐν ἀλλοτρίῳ γοόωντά τε μυρόμενόν τε
ἦσθαι, ἐπεὶ κάκιον πενθήμεναι ἄκριτον αἰεί·   120
μή τίς μοι δμωῶν νεμεσήσεται ἠὲ σύ γ' αὐτή,
φῇ δὲ δάκρυ πλώειν βεβαρηότα με φρένας οἴνῳ."
   τὸν δ' ἠμείβετ' ἔπειτα περίφρων Πηνελόπεια·
"ξεῖν', ἦ τοι μὲν ἐμὴν ἀρετὴν εἶδός τε δέμας τε
ὤλεσαν ἀθάνατοι, ὅτε Ἴλιον εἰσανέβαινον   125
Ἀργεῖοι, μετὰ τοῖσι δ' ἐμὸς πόσις ἦεν Ὀδυσσεύς.
εἰ κεῖνός γ' ἐλθὼν τὸν ἐμὸν βίον ἀμφιπολεύοι,
μεῖζόν κε κλέος εἴη ἐμὸν καὶ κάλλιον οὕτω.
νῦν δ' ἄχομαι· τόσα γάρ μοι ἐπέσσευεν κακὰ δαίμων.
ὅσσοι γὰρ νήσοισιν ἐπικρατέουσιν ἄριστοι,   130
Δουλιχίῳ τε Σάμῃ τε καὶ ὑλήεντι Ζακύνθῳ,
οἵ τ' αὐτὴν Ἰθάκην εὐδείελον ἀμφινέμονται,
οἵ μ' ἀεκαζομένην μνῶνται, τρύχουσι δὲ οἶκον.
τῷ οὔτε ξείνων ἐμπάζομαι οὔθ' ἱκετάων
οὔτε τι κηρύκων, οἳ δημιοεργοὶ ἔασιν·   135
ἀλλ' Ὀδυσῆ ποθέουσα φίλον κατατήκομαι ἦτορ.
οἱ δὲ γάμον σπεύδουσιν· ἐγὼ δὲ δόλους τολυπεύω.
φᾶρος μέν μοι πρῶτον ἐνέπνευσε φρεσὶ δαίμων
στησαμένῃ μέγαν ἱστὸν ἐνὶ μεγάροισιν ὑφαίνειν,
λεπτὸν καὶ περίμετρον· ἄφαρ δ' αὐτοῖς μετέειπον·   140
'κοῦροι, ἐμοὶ μνηστῆρες, ἐπεὶ θάνε δῖος Ὀδυσσεύς,
μίμνετ' ἐπειγόμενοι τὸν ἐμὸν γάμον, εἰς ὅ κε φᾶρος
ἐκτελέσω, μή μοι μεταμώνια νήματ' ὄληται,
Λαέρτῃ ἥρωι ταφήιον, εἰς ὅτε κέν μιν
μοῖρ' ὀλοὴ καθέλῃσι τανηλεγέος θανάτοιο·   145
μή τίς μοι κατὰ δῆμον Ἀχαιιάδων νεμεσήσῃ,

Neunzehnter Gesang

Wahrlich wie der eines trefflichen Königs, der gottesfürchtig
Herrscht über Scharen kräftiger Männer; er sorgt für die Wahrung
Guter Gesetze; die schwarze Erde des Landes beschert dann
Weizen und Gerste in Fülle; da biegen sich Bäume vor Früchten,
Kraftvolles Kleinvieh wirft seine Jungen, das Meer ist voll Fischen.
Dank seiner trefflichen Führung ertüchtigt sein Volk sich im Guten.
Deshalb forsche nach anderem jetzt in deinem Palaste,
Frage auch nicht nach dem Land meiner Heimat, nicht nach der Her-
Anders würdest du nur mein Gemüt mit weiteren Schmerzen, [kunft;
Müßt' ich dran denken, belasten; denn Jammer hab ich in Fülle.
Wozu säß' ich im Haus eines Fremden mit Seufzen und Klagen?
Ist es doch schlimmer als schlimm in ewiger Trauer zu leben.
Zürnen soll mir kein Diener und sagen, vielleicht auch du selber:
Weinschwer sei mein Verstand; so schwämme ich dauernd in Tränen."

Antwort gab ihm sodann die gescheite Penelopeia:
„Fremder Mann, meine tüchtige Art, die Gestalt, die Erscheinung
Tilgten an mir die Unsterblichen, als die Achaier nach Troja
Fuhren, mit ihnen mein Gatte Odysseus. Ja, käme er wieder,
Hegte und pflegte mein Leben, dann wäre mein Ruhm wohl noch größer,
Schöner als so; jetzt drücken die Sorgen mich nieder; denn alles,
Was es an Unheil gibt — ein Unhold schickt es in Eile.
Alle die Besten, die Herrschaft führen hier auf den Inseln
Same, Dulichion, auch auf Zakynthos, das reich ist an Wäldern,
Jene sogar, die im weithin sichtbaren Ithaka hausen,
Freien um mich trotz all meinem Nein und verprassen das Hausgut.
Darum schenk ich den Fremden und Schützlingen keine Beachtung,
Auch nicht den Rufern, die tätig sich zeigen im Volke. Ich habe
Sehnsucht nur nach Odysseus: das zehrt mir am lieben Herzen.
Sie nun betreiben die Hochzeit; doch ich umgarne sie listig.
Erst hat ein Gott in den Sinn mir gehaucht an ein Tuch mich zu machen.
Darum stellte ich auf im Palast einen mächtigen Webstuhl.
Groß und umfassend sollte es werden. So wob ich und sagte:
Jünglinge, ihr meine Freier; tot ist der hehre Odysseus!
Wartet! drängt nicht zur Ehe! Ich möchte ein Tuch erst vollenden —
Nutzlos, fürchte ich, müßte das Garn sonst verderben; — für unsren
Helden Laertes das Grabtuch, eh noch das grausige Schicksal
Endlich ihn packt, wenn der Tod an ihn kommt, der keinen noch schone.
Soll mich doch keine Achaierin schelten im Volke und sagen:

αἴ κεν ἄτερ σπείρου κεῖται πολλὰ κτεατίσσας.'
ὣς ἐφάμην, τοῖσιν δ' ἐπεπείθετο θυμὸς ἀγήνωρ.
ἔνθα καὶ ἡματίη μὲν ὑφαίνεσκον μέγαν ἱστόν,
νύκτας δ' ἀλλύεσκον, ἐπὴν δαΐδας παραθείμην. 150
ὣς τρίετες μὲν ἔληθον ἐγὼ καὶ ἔπειθον Ἀχαιούς·
ἀλλ' ὅτε τέτρατον ἦλθεν ἔτος καὶ ἐπήλυθον ὧραι,
μηνῶν φθινόντων, περὶ δ' ἤματα πόλλ' ἐτελέσθη,
καὶ τότε δή με διὰ δμωάς, κύνας οὐκ ἀλεγούσας,
εἷλον ἐπελθόντες καὶ ὁμόκλησαν ἐπέεσσιν. 155
ὣς τὸ μὲν ἐξετέλεσσα καὶ οὐκ ἐθέλουσ', ὑπ' ἀνάγκης·
νῦν δ' οὔτ' ἐκφυγέειν δύναμαι γάμον οὔτε τιν' ἄλλην
μῆτιν ἔθ' εὑρίσκω· μάλα δ' ὀτρύνουσι τοκῆες
γήμασθ', ἀσχαλάᾳ δὲ πάϊς βίοτον κατεδόντων,
γινώσκων· ἤδη γὰρ ἀνὴρ οἷός τε μάλιστα 160
οἴκου κήδεσθαι, τῷ τε Ζεὺς κῦδος ὀπάζει.
ἀλλὰ καὶ ὧς μοι εἰπὲ τεὸν γένος, ὁππόθεν ἐσσί·
οὐ γὰρ ἀπὸ δρυός ἐσσι παλαιφάτου οὐδ' ἀπὸ πέτρης."
τὴν δ' ἀπαμειβόμενος προσέφη πολύμητις Ὀδυσσεύς·
"ὦ γύναι αἰδοίη Λαερτιάδεω Ὀδυσῆος, 165
οὐκέτ' ἀπολλήξεις τὸν ἐμὸν γόνον ἐξερέουσα;
ἀλλ' ἔκ τοι ἐρέω. ἦ μέν μ' ἀχέεσσί γε δώσεις
πλείοσιν ἢ ἔχομαι· ἡ γὰρ δίκη, ὁππότε πάτρης
ἧς ἀπέῃσιν ἀνὴρ τόσσον χρόνον ὅσσον ἐγὼ νῦν,
πολλὰ βροτῶν ἐπὶ ἄστε' ἀλώμενος, ἄλγεα πάσχων. 170
ἀλλὰ καὶ ὧς ἐρέω ὅ μ' ἀνείρεαι ἠδὲ μεταλλᾷς.
Κρήτη τις γαῖ' ἔστι μέσῳ ἐνὶ οἴνοπι πόντῳ,
καλὴ καὶ πίειρα, περίρρυτος· ἐν δ' ἄνθρωποι
πολλοὶ ἀπειρέσιοι, καὶ ἐννήκοντα πόληες· —
ἄλλη δ' ἄλλων γλῶσσα μεμιγμένη· ἐν μὲν Ἀχαιοί, 175
ἐν δ' Ἐτεόκρητες μεγαλήτορες, ἐν δὲ Κύδωνες
Δωριέες τε τριχάϊκες δῖοί τε Πελασγοί· —
τῇσι δ' ἐνὶ Κνωσός, μεγάλη πόλις, ἔνθα τε Μίνως
ἐννέωρος βασίλευε Διὸς μεγάλου ὀαριστής,
πατρὸς ἐμοῖο πατήρ, μεγαθύμου Δευκαλίωνος. 180
Δευκαλίων δ' ἐμὲ τίκτε καὶ Ἰδομενῆα ἄνακτα·
ἀλλ' ὁ μὲν ἐν νήεσσι κορωνίσιν Ἴλιον εἴσω
ᾤχεθ' ἅμ' Ἀτρεΐδῃσιν· ἐμοὶ δ' ὄνομα κλυτὸν Αἴθων,
ὁπλότερος γενεῇ· ὁ δ' ἅμα πρότερος καὶ ἀρείων.

Vieles hat er erworben, doch fehlt seiner Leiche das Laken.
Trotzig war ihr Gemüt; meinen Worten doch blieb es gehorsam.
Jetzt nun wob ich am großen Webstuhl alle die Tage;
Nachts aber nahm ich mir Fackeln und trennte und trennte. So blieb ich
Drei volle Jahre verborgen und hielt die Achaier beim Glauben.
Schließlich war es das vierte Jahr, daß die Jahreszeiten
Kamen, die Monate schwanden und viele Tage vergingen;
Da erst halfen die Mägde, die treulosen Hündinnen, daß sie
Endlich mich faßten und kamen und laut mich beschimpften. So mußt ich
Schließlich die Arbeit vollenden aus Zwang, was nie ich doch wollte.
Jetzt bin ich machtlos der Heirat noch zu entgehen, noch find ich
Irgendwie andre Gedanken mein Ziel zu erreichen. Die Eltern
Drängen mich heftig zur Ehe, der Sohn ist nun wissend geworden,
Zürnt, daß sein Gut sie verprassen, er fühlt sich als Mann und befähigt,
Tüchtig das Haus zu besorgen; denn Zeus verhilft ihm zu Ehren.
Aber erzähl mir auch so deine Abkunft, wo du daheim bist;
Sicherlich stammst du nicht ab von uralten Eichen und Felsen."
 Antwort gab ihr und sagte der einfallreiche Odysseus:
„Ehrfurchtgebietendes Weib des Sohns des Laërtes, Odysseus,
Willst du es nicht mehr lassen zu fragen, woher ich wohl stamme?
Nun denn! ich will es dir sagen und freilich: du wirst mir die Fülle
All meiner Qualen noch steigern. Es muß ja ein jeder es büßen,
Weilt er so lang nicht im Lande wie ich und geht es ihm übel,
Wenn er so dauernd der Sterblichen zahllose Städte durchwandert.
Aber auch so erzähle ich, was du mich fragst und erkundest:
Kreta ist ein Land inmitten des weinroten Meeres,
Schön und ertragreich und wellenumflutet; es leben dort Menschen
Viele, ja grenzenlos viele in neunzig Städten, doch jede
Spricht eine andere Sprache. Es ist ein Gemisch; denn Achaier
Finden sich dort und hochbeherzte Eteokreter,
Dorer mit fliegenden Haaren, Kydonen und hehre Pelasger.
Unter den Städten ist Knosos, die große, und Minos als König
Pflegte mit Zeus, dem Gewaltigen, Rat, je neun volle Jahre.
Vater war er des hochbeherzten Deukalion. Dieser
Zeugte mich, zeugte den Herrscher Idomeneus, der dann nach Troja
Fuhr auf geschweiften Schiffen im Bund mit den Söhnen des Atreus.
Ich aber heiße Aithon, ein ruhmvoller Name; an Jahren
War ich der Jüngere; er aber war doch der erste und beste.

ἔνθ' Ὀδυσῆα ἐγὼν ἰδόμην καὶ ξείνια δῶκα.   185
καὶ γὰρ τὸν Κρήτηνδε κατήγαγεν ἲς ἀνέμοιο
ἱέμενον Τροίηνδε, παραπλάγξασα Μαλειῶν·
στῆσε δ' ἐν Ἀμνισῷ, ὅθι τε σπέος Εἰλειθυίης,
ἐν λιμέσιν χαλεποῖσι, μόγις δ' ὑπάλυξεν ἀέλλας.
αὐτίκα δ' Ἰδομενῆα μετάλλα ἄστυδ' ἀνελθών·   190
ξεῖνον γάρ οἱ ἔφασκε φίλον τ' ἔμεν αἰδοῖόν τε.
τῷ δ' ἤδη δεκάτη ἢ ἑνδεκάτη πέλεν ἠώς
οἰχομένῳ σὺν νηυσὶ κορωνίσιν Ἴλιον εἴσω.
τὸν μὲν ἐγὼ πρὸς δώματ' ἄγων ἐῢ ἐξείνισσα,
ἐνδυκέως φιλέων, πολλῶν κατὰ οἶκον ἐόντων·   195
καί οἱ τοῖς ἄλλοις ἑτάροις, οἳ ἅμ' αὐτῷ ἕποντο,
δημόθεν ἄλφιτα δῶκα καὶ αἴθοπα οἶνον ἀγείρας
καὶ βοῦς ἱρεύσασθαι, ἵνα πλησαίατο θυμόν.
ἔνθα δυώδεκα μὲν μένον ἤματα δῖοι Ἀχαιοί·
εἴλει γὰρ βορέης ἄνεμος μέγας οὐδ' ἐπὶ γαίῃ   200
εἴα ἵστασθαι, χαλεπὸς δέ τις ὤρορε δαίμων·
τῇ τρισκαιδεκάτῃ δ' ἄνεμος πέσε, τοὶ δ' ἀνάγοντο."
   ἴσκε ψεύδεα πολλὰ λέγων ἐτύμοισιν ὁμοῖα·
τῆς δ' ἄρ' ἀκουούσης ῥέε δάκρυα, τήκετο δὲ χρώς.
ὡς δὲ χιὼν κατατήκετ' ἐν ἀκροπόλοισιν ὄρεσσιν,   205
ἥν τ' εὖρος κατέτηξεν, ἐπὴν ζέφυρος καταχεύῃ,
τηκομένης δ' ἄρα τῆς ποταμοὶ πλήθουσι ῥέοντες·
ὣς τῆς τήκετο καλὰ παρήϊα δάκρυ χεούσης,
κλαιούσης ἑὸν ἄνδρα, παρήμενον. αὐτὰρ Ὀδυσσεὺς
θυμῷ μὲν γοόωσαν ἑὴν ἐλέαιρε γυναῖκα,   210
ὀφθαλμοὶ δ' ὡς εἰ κέρα ἕστασαν ἠὲ σίδηρος
ἀτρέμας ἐν βλεφάροισι· δόλῳ δ' ὅ γε δάκρυα κεῦθεν.
   ἡ δ' ἐπεὶ οὖν τάρφθη πολυδακρύτοιο γόοιο,
ἐξαῦτίς μιν ἔπεσσιν ἀμειβομένη προσέειπε·
   "νῦν μὲν δή σευ ξεῖνέ γ' ὀΐω πειρήσεσθαι,   215
εἰ ἐτεὸν δὴ κεῖθι σὺν ἀντιθέοις ἑτάροισι
ξείνισας ἐν μεγάροισιν ἐμὸν πόσιν, ὡς ἀγορεύεις.
εἰπέ μοι, ὁπποῖ' ἄσσα περὶ χροῒ εἵματα ἕστο,
αὐτός θ' οἷος ἔην, καὶ ἑταίρους, οἵ οἱ ἕποντο."
   τὴν δ' ἀπαμειβόμενος προσέφη πολύμητις Ὀδυσσεύς·   220
"ὦ γύναι, ἀργαλέον τόσσον χρόνον ἀμφὶς ἐόντα
εἰπεῖν· ἤδη γὰρ τόδ' ἐεικοστὸν ἔτος ἐστίν,

Dort sah sinst ich Odysseus und brachte ihm gastliche Gaben.
Denn auch ihn verschlugen nach Kreta kräftige Winde,
Trieben ihn ab von Maleia; als Ziel aber hatte er Troja.
Ankern mußte er dann in Amnisos, dem schwierigen Hafen;
Kaum entrann er dem Sturm bei der Grotte der Eileithya.
Stadtwärts stieg er und wollte dann gleich nach Idomeneus forschen,
Sagte, er sei ihm ein lieber und ehrfurchtgebietender Gastfreund.
Dem aber war es schon zehn- oder elfmal Morgen geworden,
Seit er in Richtung nach Ilion fuhr auf geschweiften Schiffen.
Jetzt nahm ich ihn auf und führte ihn heim in die Wohnung,
Sorgte liebend für ihn: im Palaste war ja die Fülle.
Gab ihm zu lieb auch den andern Gefährten, die mit ihm gekommen,
Mehl auf Kosten des Volkes und sammelte funkelnde Weine.
Rinder sollten sie opfern und sättigen ihre Gemüter.
Zwölf volle Tage blieben sie da, die erhabnen Achaier;
Denn ein gewaltiger Nordwind hielt sie zurück; ja man konnte
Selbst auf dem Boden nicht stehn; ihn erregte ein schwieriger Unhold.
Endlich fiel dann am dreizehnten Tage der Wind und sie fuhren."

Vielerlei log er zusammen und manches war ähnlich der Wahrheit.
Sie aber hörte und hörte. Da rannen die Tränen, die Haut schmolz,
Grad wie der Schnee auf den Höhen der Berge zerschmilzt, da der Südwind
Schmelzen ihn läßt, wenn der Westwind vorher ihn niedergeschüttet —
Doch bei der Schmelze füllen ihr Bette die strömenden Flüsse —
Gradso schmolzen die herrlichen Wangen im Strome der Tränen.
Weinte sie doch um den eigenen Mann ihr zur Seite, und diesen
Rührten die Klagen des eigenen Weibes zu tiefst im Gemüte.
Ihm aber standen die Augen wie Eisen, wie Horn in den Lidern
Ohne Bewegung, und listig verstand er die Tränen zu bergen.

Als sie Erquickung gefunden in Gram und in reichlichen Tränen,
Sagte sie wieder zu ihm und gab ihm deutliche Antwort:
„Fremder Mann! jetzt endlich glaub ich, kann ich dich prüfen.
Hast du wirklich dort mit den göttergleichen Gefährten
Meinen Gemahl, wie du sagst, im Palaste gastlich empfangen,
Sag mir dann doch, welche Kleider am Leib er getragen und wie er
Selber wohl aussah; nenne Gefährten aus seinem Gefolge!"

Antwort gab ihr und sagte der einfallreiche Odysseus:
„Edle Frau, es ist schwer und viel Zeit ist inzwischen verflossen,
Davon zu reden; es sind ja für ihn doch schon zwanzig Jahre,

ἐξ οὗ κεῖθεν ἔβη καὶ ἐμῆς ἀπελήλυθε πάτρης·
αὐτάρ τοι ἐρέω, ὥς μοι ἰνδάλλεται ἦτορ.
χλαῖναν πορφυρέην οὔλην ἔχε δῖος Ὀδυσσεύς, 225
διπλῆν· ἐν δ' ἄρα οἱ περόνη χρυσοῖο τέτυκτο
αὐλοῖσιν διδύμοισι· πάροιθε δὲ δαίδαλον ἦεν·
ἐν προτέροισι πόδεσσι κύων ἔχε ποικίλον ἑλλόν,
ἀσπαίροντα λάων· τὸ δὲ θαυμάζεσκον ἅπαντες,
ὡς οἱ χρύσεοι ἐόντες ὁ μὲν λάε νεβρὸν ἀπάγχων, 230
αὐτὰρ ὁ ἐκφυγέειν μεμαὼς ἤσπαιρε πόδεσσι.
τὸν δὲ χιτῶν' ἐνόησα περὶ χροῒ σιγαλόεντα,
οἷόν τε κρομύοιο λοπὸν κάτα ἰσχαλέοιο·
τὼς μὲν ἔην μαλακός, λαμπρὸς δ' ἦν ἠέλιος ὥς.
ἦ μὲν πολλαί γ' αὐτὸν ἐθηήσαντο γυναῖκες. 235
ἄλλο δέ τοι ἐρέω, σὺ δ' ἐνὶ φρεσὶ βάλλεο σῇσιν·
οὐκ οἶδ', ἦ τάδε ἕστο περὶ χροῒ οἴκοθ' Ὀδυσσεύς,
ἦ τις ἑταίρων δῶκε θοῆς ἐπὶ νηὸς ἰόντι
ἦ τίς που καὶ ξεῖνος, ἐπεὶ πολλοῖσιν Ὀδυσσεὺς
ἔσκε φίλος· παῦροι γὰρ Ἀχαιῶν ἦσαν ὁμοῖοι. 240
καί οἱ ἐγὼ χάλκειον ἄορ καὶ δίπλακα δῶκα
καλὴν πορφυρέην καὶ τερμιόεντα χιτῶνα,
αἰδοίως δ' ἀπέπεμπον ἐϋσσέλμου ἐπὶ νηός.
καὶ μέν οἱ κῆρυξ ὀλίγον προγενέστερος αὐτοῦ
εἵπετο· καὶ τόν τοι μυθήσομαι, οἷος ἔην περ· 245
γυρὸς ἐν ὤμοισιν, μελανόχροος, οὐλοκάρηνος,
Εὐρυβάτης δ' ὄνομ' ἔσκε· τίεν δέ μιν ἔξοχον ἄλλων
ὧν ἑτάρων Ὀδυσσεύς, ὅτι οἱ φρεσὶν ἄρτια ᾔδη."

ὣς φάτο, τῇ δ' ἔτι μᾶλλον ὑφ' ἵμερον ὦρσε γόοιο
σήματ' ἀναγνούσῃ, τά οἱ ἔμπεδα πέφραδ' Ὀδυσσεύς. 250
ἡ δ' ἐπεὶ οὖν τάρφθη πολυδακρύτοιο γόοιο,
καὶ τότε μιν μύθοισιν ἀμειβομένη προσέειπε·

"νῦν μὲν δή μοι, ξεῖνε, πάρος περ ἐὼν ἐλεεινός,
ἐν μεγάροισιν ἐμοῖσι φίλος τ' ἔσῃ αἰδοῖός τε·
αὐτὴ γὰρ τάδε εἵματ' ἐγὼ πόρον, οἷ' ἀγορεύεις, 255
πτύξασ' ἐκ θαλάμου, περόνην τ' ἐπέθηκα φαεινὴν
κείνῳ ἄγαλμ' ἔμεναι. τὸν δ' οὐχ ὑποδέξομαι αὖτις
οἴκαδε νοστήσαντα φίλην ἐς πατρίδα γαῖαν.
τῷ ῥα κακῇ αἴσῃ κοίλης ἐπὶ νηὸς Ὀδυσσεὺς
ᾤχετ' ἐποψόμενος Κακοΐλιον οὐκ ὀνομαστήν." 260

Seit er von dort sich entfernte und fern ist dem Land meiner Heimat.
Aber ich will dir doch sagen, wie jetzt noch mein Herz es sich vorstellt.
Zunächst hatte der hehre Odysseus am Leib einen Mantel,
Purpurn, aus Wolle und doppelt; daran eine goldene Spange;
Diese hatte zwei Hülsen, doch vorne war sie ein Kunstwerk:
Packte ein Hund mit den vorderen Füßen ein fleckiges Hirschkalb;
Dieses zappelte, er aber biß es; da staunten sie alle,
Wie er das Kälbchen würgend zerbiß und dies mit den Füßen
Zappelnd versuchte ihm doch zu entrinnen — und war doch von Golde.
Ferner sah ich sodann auch am Körper den schimmernden Leibrock.
Dieser kam mir so vor, wie die Schalen getrockneter Zwiebeln,
Faßte recht weich sich an und erglänzte wie sonnige Strahlen.
Wahrlich nicht wenige Weiber staunten bewundernd darüber.
Freilich, ich sag dir noch andres, du doch behalt es im Sinne:
Ob noch daheim diese Kleider Odysseus am Leibe getragen,
Oder beim Gang auf das eilende Schiff ein Gefährte sie brachte,
Oder ob es woanders ein Gastfreund tat; denn bei vielen
War ja Odysseus beliebt, da nur wenig Achaier ihm glichen,
All das weiß ich ja nicht. Ich selbst gab ein ehernes Schlachtschwert,
Gab einen doppelten, purpurnen, herrlich umsäumten Leibrock,
Ließ ihn mit Ehren dann gehn auf das Schiff mit den trefflichen Borden.
Mit ihm ging auch ein Rufer; er war etwas älter; ich will auch
Diesen dir schildern, so wie er gewesen. Rund an den Schultern,
Dunkel gebräunt war die Haut und wollig die Haare; mit Namen
Hieß er Eurýbates; mehr als die anderen seiner Gefährten
Schätzte Odysseus ihn hoch; denn er wußte im Sinn, was ihm recht war."

Sprachs und erregte in ihr zu klagen noch größere Sehnsucht,
Da sie die Zeichen erkannte, die treffend Odysseus ihr sagte.
Als sie Erquickung gefunden im Gram und in reichlichen Tränen,
Sprach sie ihn wiederum an und gab ihm deutliche Antwort:

„Fremder Mann, du hast mich schon vorher erbarmt, aber jetzt nun
Sollst du in meinem Palast hier Freundschaft finden und Ehrfurcht.
Ich ja war es, ich selbst! Aus der Kammer bracht ich die Kleider
Ganz wie du sagst; ich hab sie gefaltet; die glänzende Spange
Fügte ich an und als Schmuckstück sollte sie prangen. Ach, niemals
Werd ich ihn wieder begrüßen im lieben Land seiner Heimat.
Fuhr doch Odysseus zu bösem Geschick im geräumigen Schiffe
Fort um Bösilion mitzuerleben; verflucht sei der Name!"

τὴν δ' ἀπαμειβόμενος προσέφη πολύμητις Ὀδυσσεύς·
"ὦ γύναι αἰδοίη Λαερτιάδεω Ὀδυσῆος,
μηκέτι νῦν χρόα καλὸν ἐναίρεο μηδέ τι θυμὸν
τῆκε πόσιν γοόωσα. νεμεσσῶμαί γε μὲν οὐδέν·
καὶ γάρ τίς τ' ἀλλοῖον ὀδύρεται ἄνδρ' ὀλέσασα 265
κουρίδιον, τῷ τέκνα τέκῃ φιλότητι μιγεῖσα,
ἢ Ὀδυσῆ', ὅν φασι θεοῖς ἐναλίγκιον εἶναι.
ἀλλὰ γόου μὲν παῦσαι, ἐμεῖο δὲ σύνθεο μῦθον·
νημερτέως γάρ τοι μυθήσομαι οὐδ' ἐπικεύσω,
ὡς ἤδη Ὀδυσῆος ἐγὼ περὶ νόστου ἄκουσα 270
ἀγχοῦ, Θεσπρωτῶν ἀνδρῶν ἐν πίονι δήμῳ,
ζωοῦ· αὐτὰρ ἄγει κειμήλια πολλὰ καὶ ἐσθλά,
αἰτίζων ἀνὰ δῆμον. ἀτὰρ ἐρίηρας ἑταίρους
ὤλεσε καὶ νῆα γλαφυρὴν ἐνὶ οἴνοπι πόντῳ,
Θρινακίης ἄπο νήσου ἰών· ὀδύσαντο γὰρ αὐτῷ 275
Ζεύς τε καὶ Ἠέλιος· τοῦ γὰρ βόας ἔκταν ἑταῖροι.
οἱ μὲν πάντες ὄλοντο πολυκλύστῳ ἐνὶ πόντῳ·
τὸν δ' ἄρ' ἐπὶ τρόπιος νηὸς βάλε κῦμ' ἐπὶ χέρσου,
Φαιήκων ἐς γαῖαν, οἳ ἀγχίθεοι γεγάασιν·
οἳ δή μιν περὶ κῆρι θεὸν ὣς τιμήσαντο 280
καί οἱ πολλὰ δόσαν πέμπειν τέ μιν ἤθελον αὐτοὶ
οἴκαδ' ἀπήμαντον. καί κεν πάλαι ἐνθάδ' Ὀδυσσεὺς
ἤην· ἀλλ' ἄρα οἱ τό γε κέρδιον εἴσατο θυμῷ,
χρήματ' ἀγυρτάζειν πολλὴν ἐπὶ γαῖαν ἰόντι·
ὣς περὶ κέρδεα πολλὰ καταθνητῶν ἀνθρώπων 285
οἶδ' Ὀδυσεύς, οὐδ' ἄν τις ἐρίσσειε βροτὸς ἄλλος.
ὥς μοι Θεσπρωτῶν βασιλεὺς μυθήσατο Φείδων·
ὤμνυε δὲ πρὸς ἔμ' αὐτόν, ἀποσπένδων ἐνὶ οἴκῳ,
νῆα κατειρύσθαι καὶ ἐπαρτέας ἔμμεν ἑταίρους,
οἳ δή μιν πέμψουσι φίλην ἐς πατρίδα γαῖαν. 290
ἀλλ' ἐμὲ πρὶν ἀπέπεμψε· τύχησε γὰρ ἐρχομένη νηῦς
ἀνδρῶν Θεσπρωτῶν ἐς Δουλίχιον πολύπυρον.
καί μοι κτήματ' ἔδειξεν, ὅσα ξυναγείρατ' Ὀδυσσεύς·
καί νύ κεν ἐς δεκάτην γενεὴν ἕτερόν γ' ἔτι βόσκοι·
τόσσα οἱ ἐν μεγάροις κειμήλια κεῖτο ἄνακτος. 295
τὸν δ' ἐς Δωδώνην φάτο βήμεναι, ὄφρα θεοῖο
ἐκ δρυὸς ὑψικόμοιο Διὸς βουλὴν ἐπακοῦσαι,
ὅππως νοστήσειε φίλην ἐς πατρίδα γαῖαν,

Antwort gab ihr dann wieder der einfallreiche Odysseus:
„Ehrfurchtgebietendes Weib des Sohns des Laërtes, Odysseus:
Nicht mehr solltest du jetzt deine herrliche Haut so entstellen.
Laß dein Gemüt nicht zerfließen im Schmerz um den Gatten; es jammert
Manche beim Tode des Ehmanns, dem sie in Liebe verbunden
Kinder gebar. Drum will ich nicht zürnen; und dennoch ist beides
Nicht zu vergleichen. Man sagt doch Odysseus gleiche den Göttern.
Laß von dem Harm; denn ich weiß eine Kunde, die sollst du bedenken;
Ehrlich will ich es künden und gar nichts werd ich verhehlen:
Ganz in der Nähe im reichen Volk der thesprotischen Männer
Hörte ich schon von Odysseus' Heimkehr. Also, er lebt noch!
Aber er bringt auch Kleinodien mit, gar viele und edle,
Die er im Volk sich erbittet. Er hat ja die trauten Gefährten
Samt dem geräumigen Schiff auf dem weinroten Meere verloren,
Als er die Insel Thrinakia hinter sich hatte. Es zürnten
Zeus ihm und Helios, weil die Gefährten die Rinder getötet.
Alle gingen da unter im Schwall des rauschenden Meeres.
Er aber hielt sich am Kiel und die Woge warf ihn ans Festland,
Hin zum Land der Phaiaken, die Göttern nahe verwandt sind.
Herzlich ehrten sie ihn, als wäre er Gott, und in Fülle
Gaben sie ihm und bezeigten den Willen, ihn selber nach Hause
Ohne jegliches Leid zu geleiten. So wäre Odysseus
Lange schon hier. Doch dünkt im Gemüt ihm noch größer der Vorteil,
Weit über Land erst zu gehn und noch reichere Schätze zu werben.
Ja, was reicher Gewinn ist, da reicht von den sterblichen Menschen
Keiner heran an Odysseus; ein Wettstreit wäre erfolglos,
Wagten es andere Irdische. Pheidon, der Fürst der Thesproten,
Hat mirs erzählt und er schwur in die Hand mir beim Opfer im Hause:
Schon sei das Schiff im Wasser, Gefährten seien geworben,
Die ihn nun endlich brächten ins liebe Land seiner Heimat.
Mich doch entließ er schon vorher: ein Schiff thesprotischer Männer
Fuhr da gerade zur Insel voll Weizen, Dulichion. Und er
Zeigte mir allen Besitz, soviel schon Odysseus gesammelt.
Andere hätten zu leben für weitere zehn Geschlechter,
Soviel Kostbares lag für ihn dort im Hause des Herrschers.
Noch sei er fort nach Dodona: aus hochgewipfelter Eiche
Spricht dort Zeus, der Gott, dessen Rat er zu hören verlange,
Wie er wohl Rückkehr finde ins liebe Land seiner Heimat,

ἤδη δὴν ἀπεών, ἢ ἀμφαδὸν ἦε κρυφηδόν.
ὣς ὁ μὲν οὕτως ἐστὶ σόος καὶ ἐλεύσεται ἤδη   300
ἄγχι μάλ', οὐδ' ἔτι τῆλε φίλων καὶ πατρίδος αἴης
δηρὸν ἀπεσσεῖται· ἔμπης δέ τοι ὅρκια δώσω.
ἴστω νῦν Ζεὺς πρῶτα, θεῶν ὕπατος καὶ ἄριστος,
ἱστίη τ' Ὀδυσῆος ἀμύμονος, ἣν ἀφικάνω·
ἦ μέν τοι τάδε πάντα τελείεται ὡς ἀγορεύω.   305
τοῦδ' αὐτοῦ λυκάβαντος ἐλεύσεται ἐνθάδ' Ὀδυσσεύς,
τοῦ μὲν φθίνοντος μηνός, τοῦ δ' ἱσταμένοιο."
   τὸν δ' αὖτε προσέειπε περίφρων Πηνελόπεια·
"αἲ γὰρ τοῦτο, ξεῖνε, ἔπος τετελεσμένον εἴη·
τῷ κε τάχα γνοίης φιλότητά τε πολλά τε δῶρα   310
ἐξ ἐμεῦ, ὡς ἄν τίς σε συναντόμενος μακαρίζοι.
ἀλλά μοι ὧδ' ἀνὰ θυμὸν ὀΐεται, ὡς ἔσεταί περ·
οὔτ' Ὀδυσεὺς ἔτι οἶκον ἐλεύσεται, οὔτε σὺ πομπῆς
τεύξῃ, ἐπεὶ οὐ τοῖοι σημάντορές εἰσ' ἐνὶ οἴκῳ,
οἷος Ὀδυσσεὺς ἔσκε μετ' ἀνδράσιν, εἴ ποτ' ἔην γε,   315
ξείνους αἰδοίους ἀποπεμπέμεν ἠδὲ δέχεσθαι.
ἀλλά μιν, ἀμφίπολοι, ἀπονίψατε, κάτθετε δ' εὐνήν,
δέμνια καὶ χλαίνας καὶ ῥήγεα σιγαλόεντα,
ὥς κ' εὖ θαλπιόων χρυσόθρονον Ἠῶ ἵκηται.
ἠῶθεν δὲ μάλ' ἦρι λοέσσαι τε χρῖσαί τε,   320
ὥς κ' ἔνδον παρὰ Τηλεμάχῳ δείπνοιο μέδηται
ἥμενος ἐν μεγάρῳ. τῷ δ' ἄλγιον, ὅς κεν ἐκείνων
τοῦτον ἀνιάζῃ θυμοφθόρος· οὐδέ τι ἔργον
ἐνθάδ' ἔτι πρήξει, μάλα περ κεχολωμένος αἰνῶς.
πῶς γὰρ ἐμεῦ σύ, ξεῖνε, δαήσεαι, εἴ τι γυναικῶν   325
ἀλλάων περίειμι νόον καὶ ἐπίφρονα μῆτιν,
εἴ κεν ἀϋσταλέος, κακὰ εἱμένος ἐν μεγάροισι
δαινύῃ; ἄνθρωποι δὲ μινυνθάδιοι τελέθουσιν.
ὃς μὲν ἀπηνὴς αὐτὸς ἔῃ καὶ ἀπηνέα εἰδῇ,
τῷ δὲ καταρῶνται πάντες βροτοὶ ἄλγε' ὀπίσσω   330
ζωῷ, ἀτὰρ τεθνεῶτί γ' ἐφεψιόωνται ἅπαντες·
ὃς δ' ἂν ἀμύμων αὐτὸς ἔῃ καὶ ἀμύμονα εἰδῇ,
τοῦ μέν τε κλέος εὐρὺ διὰ ξεῖνοι φορέουσι
πάντας ἐπ' ἀνθρώπους, πολλοί τέ μιν ἐσθλὸν ἔειπον."
   τὴν δ' ἀπαμειβόμενος προσέφη πολύμητις Ὀδυσσεύς·   335
"ὦ γύναι αἰδοίη Λαερτιάδεω Ὀδυσῆος,

Heimlich oder daß alle ihn sähen; denn lang sei er ferne.
Ja, er ist wirklich außer Gefahr und jetzt wird er kommen,
Ganz aus der Nähe, nicht fern mehr den Freunden, dem Lande der Heimat.
Lange säumt er nicht mehr; ich will es sogar noch beschwören.
Zeus soll es wissen vor allem, der Götter Höchster und Bester,
Hier dieser Herd des Odysseus, des trefflichen, dem ich mich nahe,
Was ich jetzt sage, wird alles wahrhaftig und so sich vollenden:
Dieses Jahr noch wird Odysseus hieher gelangen,
Jetzt, wenn der Mond verschwindet und wieder tritt in Erscheinung."

Ihm entgegnete wieder die kluge Penelopeia:
„Fremdling! möchte doch dieses Wort sich endlich erfüllen!
Rasch dann fändest du Liebesbeweise in vielen Geschenken,
Die ich dir gäbe; es priese dich glücklich, wer je dir begegnet.
Aber es sitzt im Gemüt mir ein Ahnen — und so wird es enden:
Nicht mehr kommt mein Odysseus nach Hause; so mußt du verzichten
Heimfahrt hier zu erhalten. Es fehlen im Haus die Gebieter,
So wie Odysseus vor Männern es konnte — wenn je er es konnte —
Ehrbare Gäste wohl zu empfangen und heimzugeleiten.
Auf denn ihr Mägde und wascht ihn, ein Bett aber richtet zusammen,
Legt ins Gestell ihm Decken und glänzende Kissen; er soll doch
Tüchtig sich wärmen, bis Eos erscheint auf goldenem Throne.
Früh schon, nach ihrem Kommen, dann sollt ihr ihn waschen und salben!
Neben Telemachos wird er dann sitzen und drinnen die Mahlzeit
Nehmen im Saal. Und sollte gar einer von jenen ihn kränken,
Sollte sein Leben bedrohen — dann weh ihm! Er hat dann im Hause
Nichts mehr weiter zu schaffen, und zürnte er noch so entsetzlich.
Fremder Mann, wie könntest du sonst es erfahren, ob wirklich
Anderen Fraun ich im Denken und findigen Planen voraus bin,
Wenn du nur übel bekleidet, verwahrlost hier im Palaste
Essen erhältst? Was sind denn die Menschen! Sie kommen und gehen!
Kennt aber einer nur Härte und ist er gar selber ein Hartherz,
Dann verfolgen ihn Flüche, die Sterblichen wünschen ihm alle
Leiden im Leben und höhnen ihn alle noch lang nach dem Tode.
Weiß aber einer, was trefflich, und ist er gar selber vortrefflich,
Dann ist des breitesten Ruhmes kein Ende; die Fremdlinge tragen
Weit in die Welt ihn hinaus und bei vielen heißt er: der Edle."

Antwort gab ihr da wieder der einfallreiche Odysseus:
„Ehrfurchtgebietendes Weib des Sohns des Laërtes, Odysseus:

ἦ τοι ἐμοὶ χλαῖναι καὶ ῥήγεα σιγαλόεντα
ἤχθεθ', ὅτε πρῶτον Κρήτης ὄρεα νιφόεντα
νοσφισάμην ἐπὶ νηὸς ἰὼν δολιχηρέτμοιο·
κείω δ' ὡς τὸ πάρος περ ἀΰπνους νύκτας ἴαυον. 340
πολλὰς γὰρ δὴ νύκτας ἀεικελίῳ ἐνὶ κοίτῃ
ἄεσα καί τ' ἀνέμεινα ἐΰθρονον Ἠῶ δῖαν.
οὐδέ τί μοι ποδάνιπτρα ποδῶν ἐπιήρανα θυμῷ
γίνεται· οὐδὲ γυνὴ ποδὸς ἅψεται ἡμετέροιο
τάων, αἵ τοι δῶμα κάτα δρήστειραι ἔασιν, 345
εἰ μή τις γρηῦς ἐστι παλαιή, κεδνὰ ἰδυῖα,
ἥ τις δὴ τέτληκε τόσα φρεσὶν ὅσσα τ' ἐγώ περ·
τῇ δ' οὐκ ἂν φθονέοιμι ποδῶν ἅψασθαι ἐμεῖο."

τὸν δ' αὖτε προσέειπε περίφρων Πηνελόπεια·
"ξεῖνε φίλ'· οὐ γάρ πώ τις ἀνὴρ πεπνυμένος ὧδε 350
ξείνων τηλεδαπῶν φιλίων ἐμὸν ἵκετο δῶμα,
ὡς σὺ μάλ' εὐφραδέως πεπνυμένα πάντ' ἀγορεύεις·
ἔστι δέ μοι γρηῦς πυκινὰ φρεσὶ μήδε' ἔχουσα,
ἣ κεῖνον δύστηνον ἐῢ τρέφεν ἠδ' ἀτίταλλε
δεξαμένη χείρεσσ', ὅτε μιν πρῶτον τέκε μήτηρ· 355
ἥ σε πόδας νίψει, ὀλιγηπελέουσά περ ἔμπης.
ἀλλ' ἄγε νῦν ἀνστᾶσα, περίφρων Εὐρύκλεια,
νίψον σοῖο ἄνακτος ὁμήλικα· καί που Ὀδυσσεὺς
ἤδη τοιόσδ' ἐστὶ πόδας τοιόσδε τε χεῖρας·
αἶψα γὰρ ἐν κακότητι βροτοὶ καταγηράσκουσιν." 360

ὣς ἄρ' ἔφη, γρηῦς δὲ κατέσχετο χερσὶ πρόσωπα,
δάκρυα δ' ἔκβαλε θερμά, ἔπος δ' ὀλοφυδνὸν ἔειπεν·
"ὤ μοι ἐγὼ σέο, τέκνον, ἀμήχανος· ἦ σε περὶ Ζεὺς
ἀνθρώπων ἤχθηρε θεουδέα θυμὸν ἔχοντα.
οὐ γάρ πώ τις τόσσα βροτῶν Διὶ τερπικεραύνῳ 365
πίονα μηρί' ἔκη' οὐδ' ἐξαίτους ἑκατόμβας,
ὅσσα σὺ τῷ ἐδίδους ἀρώμενος, εἷος ἵκοιο
γῆράς τε λιπαρὸν θρέψαιό τε φαίδιμον υἱόν·
νῦν δέ τοι οἴῳ πάμπαν ἀφείλετο νόστιμον ἦμαρ.
οὕτω που καὶ κείνῳ ἐφεψιόωντο γυναῖκες 370
ξείνων τηλεδαπῶν, ὅτε τευ κλυτὰ δώμαθ' ἵκοιτο,
ὡς σέθεν αἱ κύνες αἵδε καθεψιόωνται ἅπασαι,
τάων νῦν λώβην τε καὶ αἴσχεα πόλλ' ἀλεείνων
οὐκ ἐᾷς νίζειν· ἐμὲ δ' οὐκ ἀέκουσαν ἄνωγε

Glaube mir, Decken und glänzende Kissen sind längst mir ein Greuel,
Seit ich einst Abschied nahm von Kretas schneeigen Gipfeln,
Als ich mein Schiff mit den langen Rudern bestieg. Und so möcht ich
Schlafen, wie immer ich schlaflose Nächte verdämmert; denn wirklich
Viele Nächte hab ich auf schändlichen Lagern geschlafen;
So hab ich Eos erwartet, die Hehre auf goldenem Throne.
Aber es ist mir auch gar nicht erwünscht im Gemüt, daß die Füße
Jemand mir wasche; kein Weib unter denen, die hier im Palaste
Arbeit tun, wird am Fuß mich berühren, es sei denn, du hättest
Irgendein greises, besorgtes Weib, das wirklich auch selber
Soviel Leiden im Sinn schon ertragen, wie ich sie erduldet.
Diesem sei nicht es versagt, an den Füßen mich zu berühren."

Ihm entgegnete wieder die kluge Penelopeia:
„Lieber Gast! Mein Haus hat noch kein so Gewandter betreten,
Keiner, der lieber mir war von den Fremden aus weitester Ferne:
Denn was du sagst, ist alles gewandt und vortrefflichst erwogen.
Ja, eine Alte ist da, voll tüchtiger Pläne im Sinne.
Ihn, den Unseligen, hat sie genährt und erzogen; die erste
Wars, die in Armen ihn hielt, als die Mutter das Leben ihm schenkte.
Freilich, sie ist nicht mehr viel; doch wird sie die Füße dir waschen.
Komm denn und stehe jetzt auf, meine kluge Eurykleia,
Hier ist ein Freund deines Herrn aus der Zeit ihrer Jugend, den wasche!
Ach, mein Odysseus, jetzt ist er wohl auch so an Händen und Füßen;
Sterbliche werden im Unglück schnell ja vom Alter befallen."

Also sprach sie, die Alte doch hielt vors Gesicht sich die Hände,
Heißeste Tränen vergoß sie und sagte mit klagenden Worten:
„Ach, du mein Söhnchen, ich kann ja nicht helfen; denn Zeus war vor allen
Menschen mit dir verfeindet, und warst doch so fromm im Gemüte.
Keiner der Sterblichen hat noch dem Zeus, dem Meister des Blitzes,
Soviele fetteste Schenkel verbrannt und erlesene Rinder
Hundertweise geopfert, wie Du es betend getan hast,
Fülle im Alter und Wachstum des strahlenden Sohns zu erleben.
Jetzt hat er dir, nur dir, den Tag deiner Heimkehr entzogen,
Ganz und gar; und irgendwo höhnten auch jenen die Weiber
Draußen bei Fremden, in manchem berühmten Palaste, wie alle
Frech dich verhöhnen die Hündinnen hier. Ihrem schändlichen Wortschwall,
Ihrem Geschimpfe entfliehst du und läßt dich von ihnen nicht waschen.
Mir aber war es willkommen, als mir des Ikarios Tochter

κούρη Ἰκαρίοιο, περίφρων Πηνελόπεια. 375
τῷ σε πόδας νίψω ἅμα τ' αὐτῆς Πηνελοπείης
καὶ σέθεν εἵνεκ', ἐπεί μοι ὀρώρεται ἔνδοθι θυμὸς
κήδεσιν. ἀλλ' ἄγε νῦν ξυνίει ἔπος, ὅττι κεν εἴπω·
πολλοὶ δὴ ξεῖνοι ταλαπείριοι ἐνθάδ' ἵκοντο,
ἀλλ' οὔ πώ τινά φημι ἐοικότα ὧδε ἰδέσθαι 380
ὡς σὺ δέμας φωνήν τε πόδας τ' Ὀδυσῆϊ ἔοικας."
  τὴν δ' ἀπαμειβόμενος προσέφη πολύμητις Ὀδυσσεύς·
"ὦ γρῆϋ, οὕτω φασὶν ὅσοι ἴδον ὀφθαλμοῖσιν
ἡμέας ἀμφοτέρους, μάλα εἰκέλω ἀλλήλοιιν
ἔμμεναι, ὡς σύ περ αὐτὴ ἐπιφρονέουσ' ἀγορεύεις." 385
  ὣς ἄρ' ἔφη, γρηῢς δὲ λέβηθ' ἕλε παμφανόωντα,
τῷ πόδας ἐξαπένιζεν, ὕδωρ δ' ἐνεχεύατο πολλόν,
ψυχρόν, ἔπειτα δὲ θερμὸν ἐπήφυσεν. αὐτὰρ Ὀδυσσεὺς
ἷζεν ἀπ' ἐσχαρόφιν, ποτὶ δὲ σκότον ἐτράπετ' αἶψα·
αὐτίκα γὰρ κατὰ θυμὸν ὀΐσατο, μή ἑ λαβοῦσα 390
οὐλὴν ἀμφράσσαιτο καὶ ἀμφαδὰ ἔργα γένοιτο.
νίζε δ' ἄρ' ἆσσον ἰοῦσα ἄναχθ' ἑόν· αὐτίκα δ' ἔγνω
οὐλήν, τήν ποτέ μιν σῦς ἤλασε λευκῷ ὀδόντι
Παρνησόνδ' ἐλθόντα μετ' Αὐτόλυκόν τε καὶ υἷας,
μητρὸς ἑῆς πατέρ' ἐσθλόν, ὃς ἀνθρώπους ἐκέκαστο 395
κλεπτοσύνῃ θ' ὅρκῳ τε· θεὸς δέ οἱ αὐτὸς ἔδωκεν
Ἑρμείας· τῷ γὰρ κεχαρισμένα μηρία καῖεν
ἀρνῶν ἠδ' ἐρίφων· ὁ δέ οἱ πρόφρων ἅμ' ὀπήδει.
Αὐτόλυκος δ' ἐλθὼν Ἰθάκης ἐς πίονα δῆμον
παῖδα νέον γεγαῶτα κιχήσατο θυγατέρος ἧς· 400
τόν ῥά οἱ Εὐρύκλεια φίλοις ἐπὶ γούνασι θῆκε
παυομένῳ δόρποιο, ἔπος τ' ἔφατ' ἔκ τ' ὀνόμαζεν·
  "Αὐτόλυκ', αὐτὸς νῦν ὄνομ' εὕρεο, ὅττι κε θεῖο
παιδὸς παιδὶ φίλῳ· πολυάρητος δέ τοί ἐστι."
  τὴν δ' αὖτ' Αὐτόλυκος ἀπαμείβετο φώνησέν τε· 405
"γαμβρὸς ἐμὸς θύγατέρ τε, τίθεσθ' ὄνομ', ὅττι κεν εἴπω·
πολλοῖσιν γὰρ ἐγώ γε ὀδυσσάμενος τόδ' ἱκάνω,
ἀνδράσιν ἠδὲ γυναιξὶν ἀνὰ χθόνα βωτιάνειραν·
τῷ δ' Ὀδυσεὺς ὄνομ' ἔστω ἐπώνυμον. αὐτὰρ ἐγώ γε,
ὁππότ' ἂν ἡβήσας μητρώϊον ἐς μέγα δῶμα 410
ἔλθῃ Παρνησόνδ', ὅθι πού μοι κτήματ' ἔασι,
τῶν οἱ ἐγὼ δώσω καί μιν χαίροντ' ἀποπέμψω."

Diesen Befehl erteilte, die kluge Penelopeia.
Penelopeias wegen will ich die Füße dir waschen,
Aber auch deinetwegen: es wogt das Gemüt mir da drinnen,
Sorge ist es und Kummer. Vernimm denn, was jetzt ich dir sage:
Viele Fremde sind hier schon gewesen, die Schweres durchlitten;
Keinen doch sah ich bisher, der so dem Odysseus geglichen,
Wie grade du es tust an Gestalt, im Gang und an Stimme."

Antwort gab ihr da wieder der einfallreiche Odysseus:
„Liebe Alte, das sagen gar viele, die jemals uns beide
Leibhaft gesehen; auch sie erklärten, wir seien uns völlig
Ähnlich, so wie denn auch du nun mit gutem Verständnis es aussprichst."

Sprachs und die Alte holte ein glänzendes Becken, worin sie
Füße zu waschen pflegte. Sie füllte es reichlich mit Wasser,
Kaltem zuerst und mit warmem darnach. Da setzte Odysseus
Plötzlich sich weg vom Herd und rückte ins Dunkel. Es kam ihm
Flugs im Gemüt eine Ahnung, sie könnte bei dieser Berührung
Leicht seine Narbe erkennen, und alles wäre verraten.
Nahe schon kam sie heran und begann ihren Herrscher zu waschen,
Fand auch sofort jene Narbe, die tief mit dem leuchtenden Hauer
Einst ihm ein Eber geschlagen. Er war zum Parnassos gegangen,
Wollte Autolykos sehn und die Söhne, den tüchtigen Vater
Seiner Mutter, den Meister vor allen im Trügen und Schwören.
Hermes gabs ihm, der Gott! Dem waren die Schenkel willkommen,
Wenn er ihm Schafe und Zicklein verbrannte; so half er ihm gütig.
Einst nun besuchte Autolykos Ithakas fette Gefilde.
Dort aber traf er das eben geborene Knäblein der Tochter.
Dieses legte ihm Eurykleia hin auf die lieben
Knie, grad nach dem Essen, und sprach und sagte bedeutsam:

„Du jetzt finde den Namen, Autolykos, den du dem lieben
Kind deines Kindes wohl zulegst; oft hast darum du gebetet."

Darauf sagte Autolykos wieder und gab ihr zur Antwort:
„Tochter und Schwieger: den jetzt ich euch sage, den gebt ihm, den Namen!
Viele verfolgt mein Groll und ich komme deswegen zu ihnen,
Männer sind es und Fraun auf der viele ernährenden Erde:
Darum soll er Odysseus heißen, der Groller. Ich selber —
Kommt er als Jüngling einmal ins große Haus seiner Mutter,
Dort am Parnassos, wo all mein Hab und Gut sich befindet,
Will ich ihm gern davon geben und froh soll er werden beim Abschied."

τῶν ἕνεκ' ἦλθ' Ὀδυσεύς, ἵνα οἱ πόροι ἀγλαὰ δῶρα.
τὸν μὲν ἄρ' Αὐτόλυκός τε καὶ υἱέες Αὐτολύκοιο
χερσίν τ' ἠσπάζοντο ἔπεσσί τε μειλιχίοισι· 415
μήτηρ δ' Ἀμφιθέη μητρὸς περιφῦσ' Ὀδυσῆι
κύσσ' ἄρα μιν κεφαλήν τε καὶ ἄμφω φάεα καλά.
Αὐτόλυκος δ' υἱοῖσιν ἐκέκλετο κυδαλίμοισι
δεῖπνον ἐφοπλίσσαι· τοὶ δ' ὀτρύνοντος ἄκουσαν.
αὐτίκα δ' εἰσάγαγον βοῦν ἄρσενα πενταέτηρον· 420
τὸν δέρον ἀμφί θ' ἕπον καί μιν διέχευαν ἅπαντα
μίστυλλόν τ' ἄρ' ἐπισταμένως πεῖράν τ' ὀβελοῖσιν
ὤπτησάν τε περιφραδέως δάσσαντό τε μοίρας.
ὣς τότε μὲν πρόπαν ἦμαρ ἐς ἠέλιον καταδύντα
δαίνυντ', οὐδέ τι θυμὸς ἐδεύετο δαιτὸς ἐΐσης· 425
ἦμος δ' ἠέλιος κατέδυ καὶ ἐπὶ κνέφας ἦλθε,
δὴ τότε κοιμήσαντο καὶ ὕπνου δῶρον ἕλοντο.

ἦμος δ' ἠριγένεια φάνη ῥοδοδάκτυλος Ἠώς,
βάν ῥ' ἴμεν ἐς θήρην, ἠμὲν κύνες ἠδὲ καὶ αὐτοὶ
υἱέες Αὐτολύκου· μετὰ τοῖσι δὲ δῖος Ὀδυσσεὺς 430
ἤιεν· αἰπὺ δ' ὄρος προσέβαν καταειμένον ὕλῃ
Παρνησοῦ, τάχα δ' ἵκανον πτύχας ἠνεμοέσσας.
Ἠέλιος μὲν ἔπειτα νέον προσέβαλλεν ἀρούρας
ἐξ ἀκαλαρρείταο βαθυρρόου Ὠκεανοῖο,
οἱ δ' ἐς βῆσσαν ἵκανον ἐπακτῆρες· πρὸ δ' ἄρ' αὐτῶν 435
ἴχνι' ἐρευνῶντες κύνες ἤισαν, αὐτὰρ ὄπισθεν
υἱέες Αὐτολύκου· μετὰ τοῖσι δὲ δῖος Ὀδυσσεὺς
ἤιεν ἄγχι κυνῶν, κραδάων δολιχόσκιον ἔγχος.
ἔνθα δ' ἄρ' ἐν λόχμῃ πυκινῇ κατέκειτο μέγας σῦς·
τὴν μὲν ἄρ' οὔτ' ἀνέμων διάη μένος ὑγρὸν ἀέντων, 440
οὔτε μιν ἠέλιος φαέθων ἀκτῖσιν ἔβαλλεν,
οὔτ' ὄμβρος περάασκε διαμπερές· ὣς ἄρα πυκνὴ
ἦεν, ἀτὰρ φύλλων ἐνέην χύσις ἤλιθα πολλή.
τὸν δ' ἀνδρῶν τε κυνῶν τε περὶ κτύπος ἦλθε ποδοῖιν,
ὡς ἐπάγοντες ἐπῆισαν· ὁ δ' ἀντίος ἐκ ξυλόχοιο 445
φρίξας εὖ λοφιήν, πῦρ δ' ὀφθαλμοῖσι δεδορκώς,
στῆ ῥ' αὐτῶν σχεδόθεν. ὁ δ' ἄρα πρώτιστος Ὀδυσσεὺς
ἔσσυτ' ἀνασχόμενος δολιχὸν δόρυ χειρὶ παχείῃ,
οὐτάμεναι μεμαώς· ὁ δέ μιν φθάμενος ἔλασεν σῦς
γουνὸς ὕπερ, πολλὸν δὲ διήφυσε σαρκὸς ὀδόντι 450

Daß er die herrlichen Gaben ihm gebe, kam nun Odysseus.
Herzlich empfing ihn Autolykos, herzlich die Söhne mit Handschlag.
Innige Worte wurden gesprochen; Amphithea nahm dann
Ihren Odysseus fest in die Arme, die Mutter der Mutter,
Drückte ihm Küsse aufs Haupt und auf beide herrlichen Augen.
Aber Autolykos rief seine stattlichen Söhne, sie sollten
Rüsten zur Mahlzeit; sie aber folgten dem drängenden Anruf,
Führten sofort einen Ochsen herbei, er hatte fünf Jahre,
Häuteten, machten ihn fertig, zerteilten den ganzen in Stücke,
Schnitten bewandert sie klein und spießten sie dann an die Gabeln,
Brieten mit hohem Verständnis und teilten, was jedem gebührte.
Mahlzeit gab es den ganzen Tag bis zum Sinken der Sonne,
Daß ihr Gemüt nichts vermißte an diesem richtigen Essen.
Als dann die Sonne versank und Dämmerung nieder sich senkte,
Gingen sie endlich schlafen, beschenkt von den Gaben des Schlummers.

Als dann die Frühe sich zeigte, Eos mit rosigen Fingern,
Kamen mit all ihren Hunden zur Jagd des Autolykos Söhne,
Kam aber auch der hehre Odysseus. Es ging dann in steilem
Anstieg weiter zum Berg des Parnassos, den Wälder bekleiden.
Schnell dann ging es hinein in die windigen Schluchten und alsbald
Warf ihre Strahlen von neuem die Sonne auf Felder und Fluren,
Dort, wo sich Helios hebt aus Okeanos' ruhigem Tiefstrom.
Jetzt erreichten die Jäger ein Waldtal; vor ihnen waren
Spuren suchend die Hunde gegangen und hinten am Ende
Kamen Autolykos' Söhne, mit ihnen der hehre Odysseus.
Nahe blieb er den Hunden und schwang seine Lanze, die langen
Schatten bewirkte. Da lag nun ein großer Eber im Dickicht.
Dieses durchdrang kein kräftiges Wehen von feuchtenden Winden,
Niemals konnte die leuchtende Sonne es funkelnd bestrahlen,
Auch kein Regen durchrann es, so kräftig war es verwachsen.
Laub aber gab es darinnen in riesiger Menge. Da drangen
Stampfende Tritte von Männern und Hunden ihm in die Ohren,
Fertig zum Angriff. Jetzt aber trat er heraus aus dem Lager,
Sträubte herrlich den Kamm, schoß Feuer aus Augen und Blicken,
Stellte sich grad vor sie hin. Da stürmte Odysseus als erster
Los, schwang hoch in der wuchtigen Hand seine mächtige, lange
Lanze; denn tödlich wollte er treffen. Der Eber doch kam ihm
Grad noch zuvor: er schoß von der Seite heran und sein Hauer

λικριφὶς ἀίξας, οὐδ' ὀστέον ἵκετο φωτός.
τὸν δ' Ὀδυσεὺς οὔτησε τυχὼν κατὰ δεξιὸν ὦμον,
ἀντικρὺ δὲ διῆλθε φαεινοῦ δουρὸς ἀκωκή·
κὰδ δ' ἔπεσ' ἐν κονίῃσι μακών, ἀπὸ δ' ἔπτατο θυμός.
τὸν μὲν ἄρ' Αὐτολύκου παῖδες φίλοι ἀμφεπένοντο, 455
ὠτειλὴν δ' Ὀδυσῆος ἀμύμονος ἀντιθέοιο
δῆσαν ἐπισταμένως, ἐπαοιδῇ δ' αἷμα κελαινὸν
ἔσχεθον, αἶψα δ' ἵκοντο φίλου πρὸς δώματα πατρός.
τὸν μὲν ἄρ' Αὐτόλυκός τε καὶ υἰέες Αὐτολύκοιο
εὖ ἰησάμενοι ἠδ' ἀγλαὰ δῶρα πορόντες 460
καρπαλίμως χαίροντα φίλως χαίροντες ἔπεμπον
εἰς Ἰθάκην. τῷ μέν ῥα πατὴρ καὶ πότνια μήτηρ
χαῖρον νοστήσαντι καὶ ἐξερέεινον ἕκαστα,
οὐλὴν ὅττι πάθοι· ὁ δ' ἄρα σφίσιν εὖ κατέλεξεν,
ὥς μιν θηρεύοντ' ἔλασεν σῦς λευκῷ ὀδόντι 465
Παρνησόνδ' ἐλθόντα σὺν υἰάσιν Αὐτολύκοιο.

τὴν γρηῦς χείρεσσι καταπρηνέσσι λαβοῦσα
γνῶ ῥ' ἐπιμασσαμένη, πόδα δὲ προέηκε φέρεσθαι·
ἐν δὲ λέβητι πέσε κνήμη, κανάχησε δὲ χαλκός,
ἂψ δ' ἑτέρωσ' ἐκλίθη· τὸ δ' ἐπὶ χθονὸς ἐξέχυθ' ὕδωρ. 470
τὴν δ' ἅμα χάρμα καὶ ἄλγος ἕλε φρένα, τὼ δέ οἱ ὄσσε
δακρυόφιν πλῆσθεν, θαλερὴ δέ οἱ ἔσχετο φωνή.
ἁψαμένη δὲ γενείου Ὀδυσσῆα προσέειπεν·
"ἦ μάλ' Ὀδυσσεύς ἐσσι, φίλον τέκος· οὐδέ σ' ἐγώ γε
πρὶν ἔγνων, πρὶν πάντα ἄνακτ' ἐμὸν ἀμφαφάασθαι." 475

ἦ, καὶ Πηνελόπειαν ἐσέδρακεν ὀφθαλμοῖσι,
πεφραδέειν ἐθέλουσα φίλον πόσιν ἔνδον ἐόντα.
ἡ δ' οὔτ' ἀθρῆσαι δύνατ' ἀντίη οὔτε νοῆσαι·
τῇ γὰρ Ἀθηναίη νόον ἔτραπεν. αὐτὰρ Ὀδυσσεὺς
χεῖρ' ἐπιμασσάμενος φάρυγος λάβε δεξιτερῆφι, 480
τῇ δ' ἑτέρῃ ἕθεν ἆσσον ἐρύσσατο φώνησέν τε·
"μαῖα, τίη μ' ἐθέλεις ὀλέσαι; σὺ δέ μ' ἔτρεφες αὐτὴ
τῷ σῷ ἐπὶ μαζῷ· νῦν δ' ἄλγεα πολλὰ μογήσας
ἤλυθον εἰκοστῷ ἔτεϊ ἐς πατρίδα γαῖαν.
ἀλλ' ἐπεὶ ἐφράσθης καί τοι θεὸς ἔμβαλε θυμῷ, 485
σίγα, μή τίς τ' ἄλλος ἐνὶ μεγάροισι πύθηται.
ὧδε γὰρ ἐξερέω, καὶ μὴν τετελεσμένον ἔσται·
εἴ χ' ὑπ' ἐμοί γε θεὸς δαμάσῃ μνηστῆρας ἀγαυούς,

Riß aus dem Fleisch überm Knie ein tüchtiges Stück; doch er drang nicht
Durch auf den Knochen. Noch traf ihn Odysseus rechts in die Schulter
So, daß die Spitze des glänzenden Speeres den Körper durchbohrte.
Heulend fiel er im Staube zu Boden; das Leben entflog ihm.
Jenen besorgten sodann des Autolykos liebe Söhne,
Banden geschickt die Wunde erst ab und brachten die dunkle
Blutung des tüchtigen, göttergleichen Odysseus zum Stocken.
Dies gelang durch Besprechung. Dann ging es zum lieben Vater
Eilig nachhause. Autolykos selbst und Autolykos' Söhne
Förderten trefflich die Heilung und brachten berühmte Geschenke.
Bald war er fröhlich und fröhlich entließen sie ihn in die Heimat.
Als er nach Ithaka kam, empfing ihn die waltende Mutter,
Fröhlich empfing ihn der Vater; er mußte alles erzählen,
Wie zu der Narbe er kam. Er berichtete trefflich den Hergang,
Wie ihn beim Jagen der Eber mit leuchtendem Hauer geschlagen,
Als zum Parnassos er ging im Verein mit Autolykos' Söhnen.

Diese nun fand beim Berühren die Alte; sie hatte die Hände
Auf und ab beim Waschen bewegt. Da stieß sie den Fuß weg,
Daß ohne Stütze die Wade ins eherne Becken zurückfiel.
Dröhnend kippte das Becken — das Wasser rann auf den Boden.
Jubel und Leid miteinander bestürmten ihr Innres, die Augen
Gingen ihr über von Tränen, die frische Stimme versagte.
Doch sie berührte Odysseus am Kinn und sagte: „Odysseus!
Ja, du bist es, geliebtes Kind, und — ach — ich begriff es
Dann erst, als meinen Herrscher ich ganz und leiblich berührte."

Sprachs und richtete Blicke auf Penelopeia und wollte
Voller Verlangen ihr melden, der liebe Gemahl sei im Hause.
Diese indeß, auf der anderen Seite, merkte und sah nichts,
Konnte nicht, da die Gedanken Athene auf anderes lenkte;
Aber Odysseus griff nach der Kehle fest mit der Rechten,
Zog mit der Linken sie nahe an sich und ließ sich vernehmen:

„Mütterchen, willst du mein Unglück? Du bist es selbst doch gewesen,
Die an der Brust mich genährt. Nun bin ich nach Leiden in Fülle
Endlich im zwanzigsten Jahre gekommen ins Land meiner Heimat.
Da du es eben bemerktest, ein Gott ins Gemüt es dir senkte,
Gilt es zu schweigen! Kein anderer darf es im Haus hier erfahren.
Denn ich will es nur sagen, und so wird die Sache auch enden:
Wenn ein Gott durch mich diese adligen Freier vernichtet,

οὐδὲ τροφοῦ οὔσης σεῦ ἀφέξομαι, ὁππότ' ἂν ἄλλας
δμωὰς ἐν μεγάροισιν ἐμοῖς κτείνωμι γυναῖκας." 490
   τὸν δ' αὖτε προσέειπε περίφρων Εὐρύκλεια·
"τέκνον ἐμόν, ποῖόν σε ἔπος φύγεν ἕρκος ὀδόντων.
οἶσθα μέν, οἷον ἐμὸν μένος ἔμπεδον οὐδ' ἐπιεικτόν·
ἕξω δ' ὡς ὅτε τις στερεὴ λίθος ἠὲ σίδηρος.
ἄλλο δέ τοι ἐρέω, σὺ δ' ἐνὶ φρεσὶ βάλλεο σῇσιν· 495
εἴ χ' ὑπὸ σοί γε θεὸς δαμάσῃ μνηστῆρας ἀγαυούς,
δὴ τότε τοι καταλέξω ἐνὶ μεγάροισι γυναῖκας,
αἵ τέ σ' ἀτιμάζουσι καὶ αἳ νηλείτιδές εἰσι."
   τὴν δ' ἀπαμειβόμενος προσέφη πολύμητις Ὀδυσσεύς·
"μαῖα, τίη δὲ σὺ τὰς μυθήσεαι; οὐδέ τί σε χρή· 500
εὖ νυ καὶ αὐτὸς ἐγὼ φράσομαι καὶ εἴσομ' ἑκάστην.
ἀλλ' ἔχε σιγῇ μῦθον, ἐπίτρεψον δὲ θεοῖσιν."
   ὣς ἄρ' ἔφη, γρηῦς δὲ διὲκ μεγάροιο βεβήκει
οἰσομένη ποδάνιπτρα· τὰ γὰρ πρότερ' ἔκχυτο πάντα.
αὐτὰρ ἐπεὶ νίψεν τε καὶ ἤλειψεν λίπ' ἐλαίῳ, 505
αὖτις ἄρ' ἀσσοτέρω πυρὸς ἕλκετο δίφρον Ὀδυσσεὺς
θερσόμενος, οὐλὴν δὲ κατὰ ῥακέεσσι κάλυψε.
   τοῖσι δὲ μύθων ἦρχε περίφρων Πηνελόπεια·
"ξεῖνε, τὸ μέν σ' ἔτι τυτθὸν ἐγὼν εἰρήσομαι αὐτή·
καὶ γὰρ δὴ κοίτοιο τάχ' ἔσσεται ἡδέος ὥρη, 510
ὅν τινά γ' ὕπνος ἕλῃ γλυκερὸς καὶ κηδόμενόν περ.
αὐτὰρ ἐμοὶ καὶ πένθος ἀμέτρητον πόρε δαίμων·
ἤματα μὲν γὰρ τέρπομ' ὀδυρομένη γοόωσα,
ἔς τ' ἐμὰ ἔργ' ὁρόωσα καὶ ἀμφιπόλων ἐνὶ οἴκῳ·
αὐτὰρ ἐπὴν νὺξ ἔλθῃ ἕλῃσί τε κοῖτος ἅπαντας, 515
κεῖμαι ἐνὶ λέκτρῳ, πυκιναὶ δέ μοι ἀμφ' ἁδινὸν κῆρ
ὀξεῖαι μελεδῶναι ὀδυρομένην ἐρέθουσιν.
ὡς δ' ὅτε Πανδαρέου κούρη, χλωρηῒς ἀηδών,
καλὸν ἀείδῃσιν ἔαρος νέον ἱσταμένοιο,
δενδρέων ἐν πετάλοισι καθεζομένη πυκινοῖσιν, 520
ἥ τε θαμὰ τρωπῶσα χέει πολυδευκέα φωνήν,
παῖδ' ὀλοφυρομένη Ἴτυλον φίλον, ὅν ποτε χαλκῷ
κτεῖνε δι' ἀφραδίας, κοῦρον Ζήθοιο ἄνακτος·
ὣς καὶ ἐμοὶ δίχα θυμὸς ὀρώρεται ἔνθα καὶ ἔνθα,
ἠὲ μένω παρὰ παιδὶ καὶ ἔμπεδα πάντα φυλάσσω, 525
κτῆσιν ἐμήν, δμωάς τε καὶ ὑψερεφὲς μέγα δῶμα,

Neunzehnter Gesang

Halte bei dir ich nicht ein, meine Amme werd' ich nicht schonen,
Wenn ich die anderen Mägde erschlage in meinem Palaste."
  Ihm aber sagte erwidernd die kluge Eurykleia:
„O du mein Kind, welches Wort entschlüpfte dem Zaun deiner Zähne!
Mutig bin ich! fest und ohne zu wanken: das weißt du.
Hart wie ein Stein und wie Eisen, so sei meine künftige Haltung.
Freilich ich sage dir andres und du besinn es im Innern:
Tötet ein Gott durch dich die erlauchten Freier, dann werd ich
Alle die Weiber mit Namen dir nennen, die hier im Palaste
Immer sich tadellos hielten, und jene, die heut noch dich schänden."
  Antwort gab ihr und sagte der einfallreiche Odysseus:
„Mütterchen, sag, warum willst du mir diese berichten, das ist doch
Wirklich nicht nötig; ich selber will forschen und jede durchschauen.
Denk meines Wortes und schweige und lasse die Götter gewähren!"
  Sprachs und die Alte war weg, hinaus aus dem Saale gegangen,
Wasser zu holen zum Fußbad; das erste war alles verschüttet.
Als dann die Waschung vollzogen, die Salbung mit glänzenden Ölen,
Suchte Odysseus wieder die Wärme und rückte den Sessel
Näher heran an das Feuer und deckte mit Lumpen die Narbe.
  Nun begann das Gespräch die gescheite Penelopeia:
„Fremder Mann, ich selbst will noch einmal ein kleines dich fragen:
Bald ja naht sich jetzt wirklich die Stunde des freundlichen Schlafes
Freilich nur dem, der süß entschläft trotz vielerlei Sorgen.
Mir aber brachte ein Unhold Trauer, die nicht zu ermessen.
Tagsüber schwelg ich in Jammer und Klagen und schau auf die Arbeit,
Meine und die meiner Mägde im Hause; doch kommen die Nächte,
Lieg ich im Bett, und birgt alle anderen Menschen ihr Lager,
Dann erst beginnen mich scharfe und dauernd drängende Sorgen
Tief zu erregen im ängstlichen Herzen; da bleibt nur der Jammer.
Wie wenn die fahle Nachtigall, des Pandáreos Tochter,
Herrlich singt, wenn der Lenz sich erneut; da sitzt sie auf Bäumen
Mitten im dichtesten Laub; sie läßt ihre Stimme verströmen;
Vielfaches Echo erwidert, doch wechselt sie häufig die Weise;
Itylos muß sie beklagen, ihr eigenes Söhnchen, das einst sie
Selber im Wahnsinn getötet, den Sohn des herrschenden Zethos:
Gradso tobt mein Gemüt und entzweit sich bald hierhin bald dorthin,
Soll ich beim Sohn hier bleiben und alles beim alten belassen,
Meinen Besitz und das Haus mit dem hohen Dach und die Diener,

εὐνήν τ' αἰδομένη πόσιος δήμοιό τε φῆμιν,
ἢ ἤδη ἅμ' ἕπωμαι, Ἀχαιῶν ὅς τις ἄριστος
μνᾶται ἐνὶ μεγάροισι, πορὼν ἀπερείσια ἕδνα.
παῖς δ' ἐμὸς εἷος ἔην ἔτι νήπιος ἠδὲ χαλίφρων, 530
γήμασθ' οὔ μ' εἴα πόσιος κατὰ δῶμα λιποῦσαν·
νῦν δ' ὅτε δὴ μέγας ἐστὶ καὶ ἥβης μέτρον ἱκάνει,
καὶ δή μ' ἀρᾶται πάλιν ἐλθέμεν ἐκ μεγάροιο,
κτήσιος ἀσχαλόων, τήν οἱ κατέδουσιν Ἀχαιοί.
ἀλλ' ἄγε μοι τὸν ὄνειρον ὑπόκριναι καὶ ἄκουσον. 535
χῆνές μοι κατὰ οἶκον ἐείκοσι πυρὸν ἔδουσιν
ἐξ ὕδατος, καί τέ σφιν ἰαίνομαι εἰσορόωσα·
ἐλθὼν δ' ἐξ ὄρεος μέγας αἰετὸς ἀγκυλοχήλης
πᾶσι κατ' αὐχένας ἦξε καὶ ἔκτανεν· οἱ δ' ἐκέχυντο
ἀθρόοι ἐν μεγάροις, ὁ δ' ἐς αἰθέρα δῖαν ἀέρθη. 540
αὐτὰρ ἐγὼ κλαῖον καὶ ἐκώκυον ἔν περ ὀνείρῳ,
ἀμφὶ δέ μ' ἠγερέθοντο ἐϋπλοκαμῖδες Ἀχαιαί,
οἴκτρ' ὀλοφυρομένην, ὅ μοι αἰετὸς ἔκτανε χῆνας.
ἂψ δ' ἐλθὼν κατ' ἄρ' ἕζετ' ἐπὶ προὔχοντι μελάθρῳ,
φωνῇ δὲ βροτέῃ κατερήτυε φώνησέν τε· 545
'θάρσει, Ἰκαρίου κούρη τηλεκλειτοῖο·
οὐκ ὄναρ, ἀλλ' ὕπαρ ἐσθλόν, ὅ τοι τετελεσμένον ἔσται.
χῆνες μὲν μνηστῆρες, ἐγὼ δέ τοι αἰετὸς ὄρνις
ἦα πάρος, νῦν αὖτε τεὸς πόσις εἰλήλουθα,
ὃς πᾶσι μνηστῆρσιν ἀεικέα πότμον ἐφήσω.' 550
ὣς ἔφατ', αὐτὰρ ἐμὲ μελιηδὴς ὕπνος ἀνῆκε·
παπτήνασα δὲ χῆνας ἐνὶ μεγάροις ἐνόησα
πυρὸν ἐρεπτομένους παρὰ πύελον, ἧχι πάρος περ."
    τὴν δ' ἀπαμειβόμενος προσέφη πολύμητις Ὀδυσσεύς·
"ὦ γύναι, οὔ πως ἔστιν ὑποκρίνασθαι ὄνειρον 555
ἄλλῃ ἀποκλίναντ', ἐπεὶ ἦ ῥά τοι αὐτὸς Ὀδυσσεὺς
πέφραδ', ὅπως τελέει· μνηστῆρσι δὲ φαίνετ' ὄλεθρος
πᾶσι μάλ', οὐδέ κέ τις θάνατον καὶ κῆρας ἀλύξει."
    τὸν δ' αὖτε προσέειπε περίφρων Πηνελόπεια·
"ξεῖν', ἦ τοι μὲν ὄνειροι ἀμήχανοι ἀκριτόμυθοι 560
γίνοντ', οὐδέ τι πάντα τελείεται ἀνθρώποισι.
δοιαὶ γάρ τε πύλαι ἀμενηνῶν εἰσὶν ὀνείρων·
αἱ μὲν γὰρ κεράεσσι τετεύχαται, αἱ δ' ἐλέφαντι.
τῶν οἱ μέν κ' ἔλθωσι διὰ πριστοῦ ἐλέφαντος,
οἵ ῥ' ἐλεφαίρονται, ἔπε' ἀκράαντα φέροντες· 565

Soll ich noch achten das Bett des Gemahls und beim Volke den Leumund,
Oder nun folgen dem besten Achaier, der mir als Freier
Hier im Palaste sich naht und endlose Gaben mir bietet.
Aber mein Sohn — solang er noch klein war und ohne Verständnis,
Stand einer Heirat im Weg und der Flucht aus dem Haus meines Mannes.
Jetzt, da er groß ist und wirklich dem Alter entsprechend erwachsen,
Bittet er mich aus dem Hause zu gehn und in meines zu kehren;
Bang ist er um den Besitz — denn es zehren ihn auf die Achaier.
Aber wohlan! nun höre und deute mir folgendes Traumbild!
Zwanzig Gänse hab ich, die Weizen und Wasser verzehren.
Jedesmal werd ich ganz warm beim Anblick. Kam da ein Adler
Her vom Gebirg; gewaltig war er und krumm war der Schnabel;
Brach ihnen allen den Hals und sämtliche lagen im Hause
Tot und in Haufen. Er aber stieg in den göttlichen Äther.
Ich aber weinte und stöhnte, freilich noch immer in Träumen,
Daß mich umringten achaiische Frauen mit herrlichen Flechten;
Jämmerlich klagte ich da, weil der Adler die Gänse getötet.
Der aber kehrte zurück und setzte sich hier auf den Dachfirst,
Einhalt wollt er gebieten und rief nun mit menschlicher Stimme:
„Starkmut zeige, Ikarios' Tochter, des weithin berühmten!
Schlaftraum? Nein! Doch echtester Wahrtraum, sichre Erfüllung
Kommt; denn die Gänse bedeuten die Freier, ein Adler, ein Vogel
War ich noch eben; doch jetzt bin ich da, dein Gatte ist kommen!
Nunmehr bereite ich sämtlichen Freiern ein schandbares Schicksal!"
Riefs und der Schlummer, der süß war wie Honig, ließ mich erwachen.
Angstvoll ging ich durchs Haus und da sah ich, wie meine Gänse
Weizen am Trog wie sonst sich holten und gierig verschluckten.',

Antwort gab ihr da wieder der einfallreiche Odysseus:
„Edle Frau, es ist gar nicht möglich mit Drehen und Wenden
Anders zu deuten; denn sicher war es Odysseus; er selber
Kündete, wie ers vollende. Den Freiern tagt die Vernichtung,
Allen zusammen, und keiner entrinnt seinem Tod und dem Schicksal."

Ihm entgegnete wieder die kluge Penelopeia:
„Fremdling! Träume sind Schäume; man weiß nicht, was wirklich sie [meinen,
Gar nicht jeder von ihnen erfüllt sich den Menschen. Es gibt ja
Zweierlei Pforten, durch die uns die kraftlosen Träume erscheinen:
Horn ist die eine, die andre aus Zähnen des Elefanten.
Jeder von ihnen, der kommt aus dem elfenbeinernen Schnitzwerk,
Huscht nur mit Worten vorüber, die nie sich richtig erfüllen.

οἳ δὲ διὰ ξεστῶν κεράων ἔλθωσι θύραζε,
οἵ ῥ' ἔτυμα κραίνουσι, βροτῶν ὅτε κέν τις ἴδηται.
ἀλλ' ἐμοὶ οὐκ ἐντεῦθεν ὀίομαι αἰνὸν ὄνειρον
ἐλθέμεν· ἦ κ' ἀσπαστὸν ἐμοὶ καὶ παιδὶ γένοιτο.
ἄλλο δέ τοι ἐρέω, σὺ δ' ἐνὶ φρεσὶ βάλλεο σῇσιν· 570
ἥδε δὴ ἠὼς εἶσι δυσώνυμος, ἥ μ' Ὀδυσῆος
οἴκου ἀποσχήσει· νῦν γὰρ καταθήσω ἄεθλον,
τοὺς πελέκεας, τοὺς κεῖνος ἐνὶ μεγάροισιν ἑοῖσιν
ἵστασχ' ἑξείης, δρυόχους ὥς, δώδεκα πάντας·
στὰς δ' ὅ γε πολλὸν ἄνευθε διαρρίπτασκεν ὀϊστόν. 575
νῦν δὲ μνηστήρεσσιν ἄεθλον τοῦτον ἐφήσω·
ὃς δέ κε ῥηίτατ' ἐντανύσῃ βιὸν ἐν παλάμῃσι
καὶ διοϊστεύσῃ πελέκεων δυοκαίδεκα πάντων,
τῷ κεν ἅμ' ἑσποίμην, νοσφισσαμένη τόδε δῶμα
κουρίδιον, μάλα καλόν, ἐνίπλειον βιότοιο, 580
τοῦ ποτε μεμνήσεσθαι ὀίομαι ἔν περ ὀνείρῳ."
 τὴν δ' ἀπαμειβόμενος προσέφη πολύμητις Ὀδυσσεύς·
"ὦ γύναι αἰδοίη Λαερτιάδεω Ὀδυσῆος,
μηκέτι νῦν ἀνάβαλλε δόμοις ἔνι τοῦτον ἄεθλον·
πρὶν γάρ τοι πολύμητις ἐλεύσεται ἐνθάδ' Ὀδυσσεύς, 585
πρὶν τούτους τόδε τόξον ἐΰξοον ἀμφαφόωντας
νευρήν τ' ἐντανύσαι διοϊστεῦσαί τε σιδήρου."
 τὸν δ' αὖτε προσέειπε περίφρων Πηνελόπεια·
"εἴ κ' ἐθέλοις μοι, ξεῖνε, παρήμενος ἐν μεγάροισι
τέρπειν, οὔ κέ μοι ὕπνος ἐπὶ βλεφάροισι χυθείη. 590
ἀλλ' οὐ γάρ πως ἔστιν ἀΰπνους ἔμμεναι αἰὲν
ἀνθρώπους· ἐπὶ γάρ τοι ἑκάστῳ μοῖραν ἔθηκαν
ἀθάνατοι θνητοῖσιν ἐπὶ ζείδωρον ἄρουραν.
ἀλλ' ἦ τοι μὲν ἐγὼν ὑπερώιον εἰσαναβᾶσα
λέξομαι εἰς εὐνήν, ἥ μοι στονόεσσα τέτυκται, 595
αἰεὶ δάκρυσ' ἐμοῖσι πεφυρμένη, ἐξ οὗ Ὀδυσσεὺς
ᾤχετ' ἐποψόμενος Κακοΐλιον οὐκ ὀνομαστήν.
ἔνθα κε λεξαίμην· σὺ δὲ λέξεο τῷδ' ἐνὶ οἴκῳ,
ἢ χαμάδις στορέσας, ἤ τοι κατὰ δέμνια θέντων."
 ὣς εἰποῦσ' ἀνέβαιν' ὑπερώια σιγαλόεντα, 600
οὐκ οἴη, ἅμα τῇ γε καὶ ἀμφίπολοι κίον ἄλλαι.
ἐς δ' ὑπερῷ' ἀναβᾶσα σὺν ἀμφιπόλοισι γυναιξὶ
κλαῖεν ἔπειτ' Ὀδυσῆα φίλον πόσιν, ὄφρα οἱ ὕπνον
ἡδὺν ἐπὶ βλεφάροισι βάλε γλαυκῶπις Ἀθήνη.

Jene indessen der glatten, hörnernen Pforte, die bringen
Echtes und haben Gesichte der Sterblichen oft schon verwirklicht.
Daher kam mir der Traum wohl nicht, denn er war doch zu grausig.
Wahrlich, er wäre wohl mir und wäre dem Sohne willkommen.
Andres doch will ich dir sagen, erwäg es in deinem Sinne!
Morgen will es nun werden, ein Unheilsmorgen, er drängt mich
Fort aus dem Haus des Odysseus; ich werde zum Wettkampf rüsten.
Äxte hole ich jetzt, die jener in seinem Palaste
Oftmals hintereinander stellte wie Rippen der Bordwand,
Alle zwölf, trat weit dann zurück und schoß, und der Pfeil flog
Durch und hindurch bis zur letzten. Nun setz ich den Freiern als Kampfpreis:
Wer es auch sei, der den Bogen am leichtesten spannt mit den Händen,
Wer mir durch alle die zwölf bis zur letzten der Äxte hindurchschießt —
Diesem werde ich folgen. Verlassen will ich das Haus hier,
Haus meiner Ehe, so wunderschön, so üppig an Wohlstand;
O, ich weiß es, gar manchmal denke ich seiner in Träumen."

Antwort gab ihr und sagte der einfallreiche Odysseus:
„Ehrfurchtgebietendes Weib des Sohns des Laërtes, Odysseus!
Säume nicht mehr diesen Wettkampf jetzt im Haus zu betreiben!
Eher noch wird ja der einfallreiche Odysseus erscheinen,
Ehe diese den glänzend gefegten Bogen betasten,
Jene Sehne dann spannen und gar die Eisen durchschießen."

Wieder sprach da zu ihm die gescheite Penelopeia:
„Fremdling, hättest du Lust neben mir im Palaste zu sitzen,
Freude wär es für mich und kein Schlaf befiele die Lider.
Aber es geht doch nicht an, daß die Menschen dauernd nicht schlafen.
Schließlich gaben sein Teil die Unsterblichen jedem der Dinge,
Daß es den Sterblichen nützt auf der früchtespendenden Erde.
Aber nein! Ich steige hinauf ins Gemach auf mein Lager;
Naß von Tränen und Stätte von Seufzern ist es geworden,
Seit mein Odysseus nicht mehr daheim ist: er ist ja seit langem
Fort, um Bösilion mitzuerleben — verflucht sei der Name!
Da kann ich liegen. Du aber bette dich hier in dem Hause,
Grad auf dem Boden; oder man stelle dir her eine Bettstatt!"

Sprachs und stieg nun hinauf zu den glänzenden Obergemächern
Nicht allein; mit ihr auch gingen noch andere Mägde.
Als mit den dienenden Fraun sie die Obergemächer betreten,
Weinte sie lang um Odysseus, den lieben Gemahl, bis ihr sanften
Schlaf auf die Lider senkte Athene mit Augen der Eule.

ΟΔΥΣΣΕΙΑΣ Υ

τὰ πρὸ τῆς μνηστηροφονίας

Αὐτὰρ ὁ ἐν προδόμῳ εὐνάζετο δῖος Ὀδυσσεύς·
κὰμ μὲν ἀδέψητον βοέην στόρεσ᾽, αὐτὰρ ὕπερθεν
κώεα πόλλ᾽ ὀίων, τοὺς ἱρεύεσκον Ἀχαιοί·
Εὐρυνόμη δ᾽ ἄρ᾽ ἐπὶ χλαῖναν βάλε κοιμηθέντι.
ἔνθ᾽ Ὀδυσεὺς μνηστῆρσι κακὰ φρονέων ἐνὶ θυμῷ 5
κεῖτ᾽ ἐγρηγορόων· ταὶ δ᾽ ἐκ μεγάροιο γυναῖκες
ἤισαν, αἳ μνηστῆρσιν ἐμισγέσκοντο πάρος περ,
ἀλλήλῃσι γέλω τε καὶ εὐφροσύνην παρέχουσαι.
τοῦ δ᾽ ὠρίνετο θυμὸς ἐνὶ στήθεσσι φίλοισι·
πολλὰ δὲ μερμήριζε κατὰ φρένα καὶ κατὰ θυμόν, 10
ἠὲ μεταΐξας θάνατον τεύξειεν ἑκάστῃ,
ἦ ἔτ᾽ ἐῷ μνηστῆρσιν ὑπερφιάλοισι μιγῆναι
ὕστατα καὶ πύματα· κραδίη δέ οἱ ἔνδον ὑλάκτει.
ὡς δὲ κύων ἀμαλῇσι περὶ σκυλάκεσσι βεβῶσα
ἄνδρ᾽ ἀγνοιήσασ᾽ ὑλάει μέμονέν τε μάχεσθαι, 15
ὥς ῥα τοῦ ἔνδον ὑλάκτει ἀγαιομένου κακὰ ἔργα.
στῆθος δὲ πλήξας κραδίην ἠνίπαπε μύθῳ·

"τέτλαθι δή, κραδίη· καὶ κύντερον ἄλλο ποτ᾽ ἔτλης,
ἤματι τῷ, ὅτε μοι μένος ἄσχετος ἤσθιε Κύκλωψ
ἰφθίμους ἑτάρους· σὺ δ᾽ ἐτόλμας, ὄφρα σε μῆτις 20
ἐξάγαγ᾽ ἐξ ἄντροιο ὀιόμενον θανέεσθαι."

ὣς ἔφατ᾽, ἐν στήθεσσι καθαπτόμενος φίλον ἦτορ·
τῷ δὲ μάλ᾽ ἐν πείσῃ κραδίη μένε τετληυῖα
νωλεμέως· ἀτὰρ αὐτὸς ἑλίσσετο ἔνθα καὶ ἔνθα.
ὡς δ᾽ ὅτε γαστέρ᾽ ἀνὴρ πολέος πυρὸς αἰθομένοιο, 25
ἐμπλείην κνίσης τε καὶ αἵματος, ἔνθα καὶ ἔνθα
αἰόλλῃ, μάλα δ᾽ ὦκα λιλαίεται ὀπτηθῆναι,
ὣς ἄρ᾽ ὅ γ᾽ ἔνθα καὶ ἔνθα ἑλίσσετο μερμηρίζων,
ὅππως δὴ μνηστῆρσιν ἀναιδέσι χεῖρας ἐφήσει,
μοῦνος ἐὼν πολέσι. σχεδόθεν δέ οἱ ἦλθεν Ἀθήνη 30
οὐρανόθεν καταβᾶσα, δέμας δ᾽ ἤικτο γυναικί·
στῆ δ᾽ ἄρ᾽ ὑπὲρ κεφαλῆς καί μιν πρὸς μῦθον ἔειπε·

ZWANZIGSTER GESANG

Vor dem Freiermord

Aber der hehre Odysseus machte sein Bett in der Halle,
Legte zu unterst die Haut eines Rindes, die noch nicht gegerbt war,
Viele Felle darüber von Schafen, den täglichen Opfern
Jener Achaier. Eurynome warf auf den Schläfer ein Wolltuch.
Aber Odysseus lag und schlief nicht; er sann im Gemüte
Unheil den Freiern. Jetzt kamen die Weiber heraus aus dem Saale,
Lange schon trieb es sie täglich hin zu den Freiern und lachend
Schufen sie untereinander fröhlichste Stimmung. In ihm doch
Kam in der lieben Brust das Gemüt in Bewegung und immer
Grübelte viel er herum im Sinne wie im Gemüte,
Sollte er stürmisch jede dem Tod überliefern oder
Zusehn, wie mit den haltlosen Freiern sie buhlten, zum letzten,
Allerletzten Mal. Es bellte das Herz ihm im Leibe.
Wie eine Hündin, wenn einen Mann sie nicht kennt, ihre zarten
Jungen umkreist und bellt und zum Kämpfen sich anschickt, grad so
Bellte es ihm auch im Leibe vor Wut über diese Verbrechen.
Er aber schlug an die Brust und schalt sein Herz mit den Worten:
,,Herz, halt aus! schon anderes Hündisches hast du ertragen,
Einst an dem Tag, da die starken Gefährten der Kýklops mir auffraß,
Kräfte hatte er, nicht zu bezwingen; ich meinte zu sterben.
Du aber wagtest und planvolles Denken erschloß dir die Höhle."
  Also sprach er und griff sich ans liebe Herz in der Brust und
Dies blieb duldend gehorsam, unentwegt. Doch er selber
Drehte und wand sich hin und her. Denn grad wie den Sausack
Voll von Fett und Blut über großem, loderndem Feuer
Irgendein Mann bald hin bald her in steter Bewegung
Hält; denn er möchte recht gerne, daß schleunigst er brate, gerad so
Drehte Odysseus sich hin und her und grübelte dauernd,
Wie er den schamlosen Freiern die Fäuste zeige, als einer
Gegen gar viele. Da trat ihm Athene nahe, hernieder
War sie vom Himmel gestiegen; sie glich an Gestalt einem Weibe,
Stellte sich über sein Haupt und begann ihm Kunde zu sagen:

"τίπτ' αὖτ' ἐγρήσσεις, πάντων περὶ κάμμορε φωτῶν;
οἶκος μέν τοι ὅδ' ἐστί, γυνὴ δέ τοι ἥδ' ἐνὶ οἴκῳ
καὶ πάϊς, οἷόν πού τις ἐέλδεται ἔμμεναι υἷα." 35

τὴν δ' ἀπαμειβόμενος προσέφη πολύμητις Ὀδυσσεύς·
"ναὶ δὴ ταῦτά γε πάντα, θεά, κατὰ μοῖραν ἔειπες·
ἀλλά τί μοι τόδε θυμὸς ἐνὶ φρεσὶ μερμηρίζει,
ὅππως δὴ μνηστῆρσιν ἀναιδέσι χεῖρας ἐφήσω,
μοῦνος ἐών· οἱ δ' αἰὲν ἀολλέες ἔνδον ἔασι. 40
πρὸς δ' ἔτι καὶ τόδε μεῖζον ἐνὶ φρεσὶ μερμηρίζω·
εἴ περ γὰρ κτείναιμι Διός τε σέθεν τε ἕκητι,
πῆ κεν ὑπεκπροφύγοιμι; τά σε φράζεσθαι ἄνωγα."

τὸν δ' αὖτε προσέειπε θεὰ γλαυκῶπις Ἀθήνη·
"σχέτλιε, καὶ μέν τίς τε χερείονι πείθεθ' ἑταίρῳ, 45
ὅς περ θνητός τ' ἐστὶ καὶ οὐ τόσα μήδεα οἶδεν·
αὐτὰρ ἐγὼ θεός εἰμι, διαμπερὲς ἥ σε φυλάσσω
ἐν πάντεσσι πόνοις. ἐρέω δέ τοι ἐξαναφανδόν·
εἴ περ πεντήκοντα λόχοι μερόπων ἀνθρώπων
νῶϊ περισταῖεν, κτεῖναι μεμαῶτες Ἄρηϊ, 50
καί κεν τῶν ἐλάσαιο βόας καὶ ἴφια μῆλα.
ἀλλ' ἑλέτω σε καὶ ὕπνος· ἀνίη καὶ τὸ φυλάσσειν
πάννυχον ἐγρήσσοντα, κακῶν δ' ὑποδύσεαι ἤδη."

ὣς φάτο, καί ῥά οἱ ὕπνον ἐπὶ βλεφάροισιν ἔχευεν,
αὐτὴ δ' ἂψ ἐς Ὄλυμπον ἀπέστιχε δῖα θεάων. 55

εὖτε τὸν ὕπνος ἔμαρπτε, λύων μελεδήματα θυμοῦ,
λυσιμελής, ἄλοχος δ' ἄρ' ἐπέγρετο κεδνὰ ἰδυῖα,
κλαῖεν δ' ἐν λέκτροισι καθεζομένη μαλακοῖσιν.
αὐτὰρ ἐπεὶ κλαίουσα κορέσσατο ὃν κατὰ θυμόν,
Ἀρτέμιδι πρώτιστον ἐπεύξατο δῖα γυναικῶν· 60
"Ἄρτεμι, πότνα θεά, θύγατερ Διός, αἴθε μοι ἤδη
ἰὸν ἐνὶ στήθεσσι βαλοῦσ' ἐκ θυμὸν ἕλοιο
αὐτίκα νῦν, ἢ ἔπειτά μ' ἀναρπάξασα θύελλα
οἴχοιτο προφέρουσα κατ' ἠερόεντα κέλευθα,
ἐν προχοῇς δὲ βάλοι ἀψορρόου Ὠκεανοῖο. 65
ὡς δ' ὅτε Πανδαρέου κούρας ἀνέλοντο θύελλαι·
τῇσι τοκῆας μὲν φθῖσαν θεοί, αἱ δ' ἐλίποντο
ὀρφαναὶ ἐν μεγάροισι, κόμισσε δὲ δῖ' Ἀφροδίτη
τυρῷ καὶ μέλιτι γλυκερῷ καὶ ἡδέϊ οἴνῳ·
Ἥρη δ' αὐτῇσιν περὶ πασέων δῶκε γυναικῶν 70

„Wachst du wieder, du Mann des Unglücks, mehr als die andern
Alle? Warum? Hier ist doch dein Haus, dein Weib ist im Hause,
Dazu ein Sohn, wie mancher sich wünschte, er wäre der seine."

Antwort gab ihr und sagte der einfallreiche Odysseus:
„Wirklich, Göttin, in allem hast du da schicklich gesprochen.
Aber es grübelt im Innern mir doch das Gemüt nach dem Einen:
Wie ich den schamlosen Freiern die Fäuste nun zeige; ich Einer;
Sie aber hausen da drinnen allzeit alle zusammen.
Darüber muß ich im Innern auch grübeln, es wiegt ja noch schwerer:
Schlag ich sie tot, weil du und Zeus mir die Gnade verleihen,
Kann ich dann fliehend mich retten? Das heiß' ich dich gründlich be-
Ihm aber sagte die Göttin Athene mit Augen der Eule: [denken."
„Zähe bist du! Gar mancher gehorcht einem mindern Gefährten,
Sterblich ist er und so viele Pläne weiß er ja gar nicht.
Ich aber bin deine Göttin, von mir bist du dauernd behütet,
Kommen auch Mühen in Fülle. So sag ich dir offen und ehrlich:
Laß sie doch kommen fünfzig Haufen sterblicher Menschen,
Daß sie im Kreis uns umschließen voll Gier uns dem Ares zu schlachten:
Ich bin der Meinung, du holst ihre fetten Schafe und Kühe.
Jetzt soll Schlaf dich umfangen, das Wachen in nächtlichen Stunden
Macht doch verdrießlich. Tief genug schon steckst du im Unheil."

Also sprach sie und senkte ihm süßen Schlaf auf die Lider.
Dann aber ging die erhabene Göttin zurück zum Olympos.
Während nun ihn der Schlaf umfing, der die Glieder entlastet,
Ihm das Gemüt von Sorgen entlastete, wachte und weinte
Sitzend im weichen Bett seine sorgliche Gattin. Sie weinte
Satt sich in ihrem Gemüt. Das erhabene Weib aber flehte
Artemis an und rief vor allem zu ihr im Gebete:
„Artemis, Tochter des Zeus, du erhabene Göttin, so schieß doch
Endlich den Pfeil mir tief in die Brust und nimm mir das Leben,
Jetzt und gleich oder käme doch baldigst ein stürmischer Windstoß,
Packte mich, führte mich weg auf den Pfaden der Lüfte und würfe
Dort mich hin, wo Okeanos mündet und wieder zurückströmt.
Wie des Pandareos Töchter die Winde einstens entrafften —
Einsam mußten sie leben als Waisen im Hause, da ihnen
Götter die Eltern vernichtet. Die hehre Aphrodite
Sorgte freilich für sie mit Käse und süßestem Honig,
Brachte auch lieblichen Wein und Hera hob sie aus allen

εἶδος καὶ πινυτήν, μῆκος δ' ἔπορ' Ἄρτεμις ἁγνή,
ἔργα δ' Ἀθηναίη δέδαε κλυτὰ ἐργάζεσθαι.
εὖτ' Ἀφροδίτη δῖα προσέστιχε μακρὸν Ὄλυμπον,
κούρης αἰτήσουσα τέλος θαλεροῖο γάμοιο,
ἐς Δία τερπικέραυνον, — ὁ γάρ τ' ἐῢ οἶδεν ἅπαντα, 75
μοῖράν τ' ἀμμορίην τε καταθνητῶν ἀνθρώπων, —
τόφρα δὲ τὰς κούρας Ἅρπυιαι ἀνηρέψαντο
καί ῥ' ἔδοσαν στυγερῇσιν Ἐρινύσιν ἀμφιπολεύειν·
ὣς ἔμ' ἀϊστώσειαν Ὀλύμπια δώματ' ἔχοντες,
ἠέ μ' ἐϋπλόκαμος βάλοι Ἄρτεμις, ὄφρ' Ὀδυσῆα 80
ὀσσομένη καὶ γαῖαν ὕπο στυγερὴν ἀφικοίμην,
μηδέ τι χείρονος ἀνδρὸς ἐϋφραίνοιμι νόημα.
ἀλλὰ τὸ μὲν καὶ ἀνεκτὸν ἔχει κακόν, ὁππότε κέν τις
ἤματα μὲν κλαίῃ, πυκινῶς ἀκαχήμενος ἦτορ,
νύκτας δ' ὕπνος ἔχῃσιν, — ὁ γάρ τ' ἐπέλησεν ἁπάντων, 85
ἐσθλῶν ἠδὲ κακῶν, ἐπεὶ ἄρ βλέφαρ' ἀμφικαλύψῃ· —
αὐτὰρ ἐμοὶ καὶ ὀνείρατ' ἐπέσσευεν κακὰ δαίμων.
τῇδε γὰρ αὖ μοι νυκτὶ παρέδραθεν εἴκελος αὐτῷ,
τοῖος ἐών, οἷος ἦεν ἅμα στρατῷ· αὐτὰρ ἐμὸν κῆρ
χαῖρ', ἐπεὶ οὐκ ἐφάμην ὄναρ ἔμμεναι, ἀλλ' ὕπαρ ἤδη." 90
ὣς ἔφατ', αὐτίκα δὲ χρυσόθρονος ἤλυθεν Ἠώς.
τῆς δ' ἄρα κλαιούσης ὄπα σύνθετο δῖος Ὀδυσσεύς·
μερμήριξε δ' ἔπειτα, δόκησε δέ οἱ κατὰ θυμὸν
ἤδη γινώσκουσα παρεστάμεναι κεφαλῆφι.
χλαῖναν μὲν συνελὼν καὶ κώεα, τοῖσιν ἐνεῦδεν, 95
ἐς μέγαρον κατέθηκεν ἐπὶ θρόνου, ἐκ δὲ βοείην
θῆκε θύραζε φέρων, Διὶ δ' εὔξατο χεῖρας ἀνασχών·

"Ζεῦ πάτερ, εἴ μ' ἐθέλοντες ἐπὶ τραφερήν τε καὶ ὑγρὴν
ἤγετ' ἐμὴν ἐς γαῖαν, ἐπεί μ' ἐκακώσατε λίην,
φήμην τίς μοι φάσθω ἐγειρομένων ἀνθρώπων 100
ἔνδοθεν, ἔκτοσθεν δὲ Διὸς τέρας ἄλλο φανήτω."

ὣς ἔφατ' εὐχόμενος· τοῦ δ' ἔκλυε μητίετα Ζεύς,
αὐτίκα δ' ἐβρόντησεν ἀπ' αἰγλήεντος Ὀλύμπου,
ὑψόθεν ἐκ νεφέων· γήθησε δὲ δῖος Ὀδυσσεύς.
φήμην δ' ἐξ οἴκοιο γυνὴ προέηκεν ἀλετρὶς 105
πλησίον, ἔνθ' ἄρα οἱ μύλαι εἴατο ποιμένι λαῶν.
τῇσιν δώδεκα πᾶσαι ἐπερρώοντο γυναῖκες
ἄλφιτα τεύχουσαι καὶ ἀλείατα, μυελὸν ἀνδρῶν·

Weibern heraus durch Verstand und Erscheinung; Artemis aber
Gab ihnen Größe, die heilige, während Athene sie lehrte
Rühmliche Arbeit. Da ging die erhabene Aphrodite
Hin zu Zeus im weiten Olympos, dem Meister des Donners,
Bat ihn zum Schluß für die Mädchen um blühende Ehe — er weiß ja
Alles, gutes und schlechtes Geschick für die sterblichen Menschen.
Aber indessen entrafften Harpyen die Mädchen und diese
Gaben sie dann den Erinyen, grausigen Wesen, in Pflege —
O, daß so mich die Herrn im Palast des Olympos entführten,
So mich die Göttin mit herrlichen Flechten, Artemis, träfe!
Sehen möcht ich Odysseus, und müßt ich ins Grauen hinunter,
Keinem minderen Manne Gedanken an Lust mehr erregen!
Aber es ist ein erträgliches Übel, wenn einer die Tage
Immer weinend verbringt, sein Herz recht heftig betrübt ist,
Findet er nachts seinen Schlaf; der läßt uns alles vergessen,
Edles und Böses, umhüllt er uns einmal die Lider; auf mich doch
Stürmen selber die Träume noch ein, die ein Unhold sendet.
Diese Nacht schlief wiederum einer bei mir, der ihm gleich war;
Sah so aus, wie er war, als er ging mit dem Heer; und mein Herz war
Froh; denn ich meinte, es sei nicht Traum — es sei schon die Wahr-
    Also sprach sie und gleich kam Eos auf goldenem Throne.   [heit."
Aber der hehre Odysseus vernahm dieses Weinen und Rufen,
Faßte den Sinn und es war ihm bei weiterem Grübeln zumute,
Daß sie bereits ihn erkenne und nah seinem Haupt zu ihm trete.
Wo er geschlafen, packte er Decken und Felle zusammen,
Legte sie hin auf den Stuhl im Saal, doch nahm er die Rindshaut
Mit und hinaus. Dort hob er die Hände zu Zeus im Gebete:
  „Vater Zeus, und war euer Wille, durch Trocknes und Nasses
Heim mich zu führen: An Unheil ließt ihr es freilich nicht fehlen.
Drinnen erwachen die Menschen; von denen sage mir einer
Deutbare Worte; von Zeus doch erscheine ein Wunder hier außen!"
    Betend sprach er es aus und der waltende Zeus vernahm ihn.
Gleich ließ er donnern herunter vom glanzumstrahlten Olympos,
Hoch aus den Wolken. Da freute sich herzlich der hehre Odysseus.
Dann aber ließ aus dem Haus eine Müllerin Deutbares hören,
Nahher kams aus dem Raum für die Mühlen des Hirten der Mannen.
Weiber drehten daran, ein ganzes Dutzend; sie machten
Mehl aus Gerste und Weizen, das Mark der Männer. Die andern

αἱ μὲν ἄρ' ἄλλαι εὖδον, ἐπεὶ κατὰ πυρὸν ἄλεσσαν,
ἡ δὲ μί' οὔ πω παύετ' ἀφαυροτάτη δὲ τέτυκτο·
ἥ ῥα μύλην στήσασα ἔπος φάτο, σῆμα ἄνακτι·
"Ζεῦ πάτερ, ὅς τε θεοῖσι καὶ ἀνθρώποισιν ἀνάσσεις,
ἦ μεγάλ' ἐβρόντησας ἀπ' οὐρανοῦ ἀστερόεντος,
οὐδέ ποθι νέφος ἐστί· τέρας νύ τεῳ τόδε φαίνεις.
κρῆνον νῦν καὶ ἐμοὶ δειλῇ ἔπος, ὅττι κεν εἴπω·
μνηστῆρες πύματόν τε καὶ ὕστατον ἤματι τῷδε
ἐν μεγάροις Ὀδυσῆος ἑλοίατο δαῖτ' ἐρατεινήν,
οἳ δή μοι καμάτῳ θυμαλγέϊ γούνατ' ἔλυσαν
ἄλφιτα τευχούσῃ· νῦν ὕστατα δειπνήσειαν."
  ὣς ἄρ' ἔφη, χαῖρεν δὲ κληδόνι δῖος Ὀδυσσεὺς
Ζηνός τε βροντῇ· φάτο γὰρ τείσασθαι ἀλείτας.
  αἱ δ' ἄλλαι δμωαὶ κατὰ δώματα κάλ' Ὀδυσῆος
ἐγρόμεναι ἀνέκαιον ἐπ' ἐσχάρῃ ἀκάματον πῦρ.
Τηλέμαχος δ' εὐνῆθεν ἀνίστατο, ἰσόθεος φώς,
εἵματα ἑσσάμενος, περὶ δὲ ξίφος ὀξὺ θέτ' ὤμῳ,
ποσσὶ δ' ὑπὸ λιπαροῖσιν ἐδήσατο καλὰ πέδιλα,
εἵλετο δ' ἄλκιμον ἔγχος ἀκαχμένον ὀξέϊ χαλκῷ.
στῆ δ' ἄρ' ἐπ' οὐδὸν ἰών, πρὸς δ' Εὐρύκλειαν ἔειπε·
  "μαῖα φίλη, πῶς ξεῖνον ἐτιμήσασθ' ἐνὶ οἴκῳ
εὐνῇ καὶ σίτῳ, ἦ αὔτως κεῖται ἀκηδής;
τοιαύτη γὰρ ἐμὴ μήτηρ, πινυτή περ ἐοῦσα·
ἐμπλήγδην ἕτερόν γε τίει μερόπων ἀνθρώπων
χείρονα, τὸν δέ τ' ἀρείον' ἀτιμήσασ' ἀποπέμπει."
  τὸν δ' αὖτε προσέειπε περίφρων Εὐρύκλεια·
"οὔκ ἄν μιν νῦν, τέκνον, ἀναίτιον αἰτιόῳο.
οἶνον μὲν γὰρ πῖνε καθήμενος, ὄφρ' ἔθελ' αὐτός,
σίτου δ' οὐκέτ' ἔφη πεινήμεναι· εἴρετο γάρ μιν.
ἀλλ' ὅτε δὴ κοίτοιο καὶ ὕπνου μιμνήσκοντο,
ἡ μὲν δέμνι' ἄνωγεν ὑποστορέσαι δμῳῇσιν,
αὐτὰρ ὅ γ', ὥς τις πάμπαν ὀϊζυρὸς καὶ ἄποτμος,
οὐκ ἔθελ' ἐν λέκτροισι καὶ ἐν ῥήγεσσι καθεύδειν,
ἀλλ' ἐν ἀδεψήτῳ βοέῃ καὶ κώεσιν οἰῶν
ἔδραθ' ἐνὶ προδόμῳ· χλαῖναν δ' ἐπιέσσαμεν ἡμεῖς."
  ὣς φάτο, Τηλέμαχος δὲ διὲκ μεγάροιο βεβήκει
ἔγχος ἔχων· ἅμα τῷ γε κύνες πόδας ἀργοὶ ἕποντο.
βῆ δ' ἴμεν εἰς ἀγορὴν μετ' ἐϋκνήμιδας Ἀχαιούς.

Zwanzigster Gesang

Schliefen noch immer; sie hatten den Weizen fertig gemahlen;
Nur jene eine, das schwächlichste Wesen, war noch nicht zuende.
Jetzt aber ließ sie die Mühle und sagte dem Herrscher als Zeichen:
    „Vater Zeus, du Herrscher der Götter und Menschen! soeben
Hast du gewaltig gedonnert herab von den Sternen am Himmel.
Nirgends seh ich ein Wölkchen, du zeigst also jemand ein Wunder.
Gib auch mir Armen Erfüllung, erhöre, was immer ich sage:
Heute zuletzt und zu allerletzt vergönn ich den Freiern
Hier im Haus des Odysseus ein liebliches Mahl zu genießen;
Sie sind schuld, daß die Kniee versagen vor Müde und Herzweh,
Während ich Mehl ihnen mache. Das heutige Mahl sei ihr letztes!"
    Also sprach sie; der Glücksruf freute den hehren Odysseus,
Grad wie der Donner des Zeus: nun beginne die Strafe der Frevler.
    Aber die anderen Mägde im schönen Palast des Odysseus
Waren nun wach, auf dem Herde das rastlose Feuer zu schüren.
Auch Telemachos stieg aus dem Bette, ein Mann wie ein Gottkind,
Kleidete sich und legte sein scharfes Schwert um die Schultern,
Band an die zarten Füße schöne Sandalen und endlich
Griff er zum wehrhaften Speer mit geschärfter, eherner Spitze.
Noch im Fortgehn betrat er die Schwelle und rief Eurykleia:
    „Mütterchen, liebes, wie habt ihr den Fremden im Hause versehen?
Ehrtet ihr ihn mit Speise und Bett, oder fehlte die Pflege?
Liegt er nur grad so da? Ich kenn meine Mutter; sie ist wohl
Klug, doch macht sies mit sterblichen Menschen, wie es sie ankommt;
Ehrt einen Mindren und schickt einen Bessren mit Schande nach Hause."
    Ihm aber sagte erwidernd die kluge Eurykleia:
    „Diesmal kannst du nicht schelten; sie gab ja dazu keinen Anlaß!
Saß er ja doch beim Wein und trank nach eignem Belieben;
Hunger nach Brot aber hatte er nicht mehr, als sie ihn fragte.
Als er dann wirklich selber an Lager und Schlafen gedachte,
Gab sie den Mägden Befehl, ein Bettgestell zu errichten.
Er aber tat wie ein Mann des völligen Jammers und Unglücks,
Wollte im Bett nicht schlafen und nicht auf Kissen, er holte
Ungegerbte Rindshaut, Felle von Schafen und darin
Schlief er im Vorraum; wir aber legten darauf noch ein Wolltuch."
    Sprachs und Telemachos ging mit dem Speer in der Hand aus dem [Saale,
Neben ihm liefen zwei hurtige Hunde und folgten ihm, als er
Eben zum Markt sich begab zu den wohlgeschienten Achaiern.

ἡ δ' αὖτε δμωῇσιν ἐκέκλετο δῖα γυναικῶν,
Εὐρύκλει', Ὤπος θυγάτηρ Πεισηνορίδαο·
"ἄγρειθ', αἱ μὲν δῶμα κορήσατε ποιπνύσασαι
ῥάσσατέ τ' ἔν τε θρόνοις εὐποιήτοισι τάπητας   150
βάλλετε πορφυρέους· αἱ δὲ σπόγγοισι τραπέζας
πάσας ἀμφιμάσασθε, καθήρατε δὲ κρητῆρας
καὶ δέπα ἀμφικύπελλα τετυγμένα· ταὶ δὲ μεθ' ὕδωρ
ἔρχεσθε κρήνηνδε καὶ οἴσετε θᾶσσον ἰοῦσαι.
οὐ γὰρ δὴν μνηστῆρες ἀπέσσονται μεγάροιο,   155
ἀλλὰ μάλ' ἦρι νέονται, ἐπεὶ καὶ πᾶσιν ἑορτή."
    ὣς ἔφαθ', αἱ δ' ἄρα τῆς μάλα μὲν κλύον ἠδ' ἐπίθοντο.
αἱ μὲν ἐείκοσι βῆσαν ἐπὶ κρήνην μελάνυδρον,
αἱ δ' αὐτοῦ κατὰ δώματ' ἐπισταμένως πονέοντο.
    ἐς δ' ἦλθον δρηστῆρες ἀγήνορες· οἱ μὲν ἔπειτα   160
εὖ καὶ ἐπισταμένως κέασαν ξύλα, ταὶ δὲ γυναῖκες
ἦλθον ἀπὸ κρήνης. ἐπὶ δέ σφισιν ἦλθε συβώτης
τρεῖς σιάλους κατάγων, οἳ ἔσαν μετὰ πᾶσιν ἄριστοι.
καὶ τοὺς μέν ῥ' εἴασε καθ' ἕρκεα καλὰ νέμεσθαι,
αὐτὸς δ' αὖτ' Ὀδυσῆα προσηύδα μειλιχίοισι·   165
    "ξεῖν', ἦ ἄρ τί σε μᾶλλον Ἀχαιοὶ εἰσορόωσιν,
ἠέ σ' ἀτιμάζουσι κατὰ μέγαρ' ὡς τὸ πάρος περ;"
    τὸν δ' ἀπαμειβόμενος προσέφη πολύμητις Ὀδυσσεύς·
"αἲ γὰρ δή, Εὔμαιε, θεοὶ τεισαίατο λώβην,
ἣν οἵδ' ὑβρίζοντες ἀτάσθαλα μηχανόωνται   170
οἴκῳ ἐν ἀλλοτρίῳ, οὐδ' αἰδοῦς μοῖραν ἔχουσιν."
    ὣς οἱ μὲν τοιαῦτα πρὸς ἀλλήλους ἀγόρευον·
ἀγχίμολον δέ σφ' ἦλθε Μελάνθιος, αἰπόλος αἰγῶν,
αἶγας ἄγων, αἳ πᾶσι μετέπρεπον αἰπολίοισι,
δεῖπνον μνηστήρεσσι· δύω δ' ἅμ' ἕποντο νομῆες.   175
καὶ τὰς μὲν κατέδησαν ὑπ' αἰθούσῃ ἐριδούπῳ,
αὐτὸς δ' αὖτ' Ὀδυσῆα προσηύδα κερτομίοισι·
    "ξεῖν', ἔτι καὶ νῦν ἐνθάδ' ἀνιήσεις κατὰ δῶμα
ἀνέρας αἰτίζων, ἀτὰρ οὐκ ἔξεισθα θύραζε;
πάντως οὐκέτι νῶι διακρινέεσθαι ὀίω   180
πρὶν χειρῶν γεύσασθαι, ἐπεὶ σύ περ οὐ κατὰ κόσμον
αἰτίζεις· εἰσὶν δὲ καὶ ἄλλοθι δαῖτες Ἀχαιῶν."
    ὣς φάτο, τὸν δ' οὔ τι προσέφη πολύμητις Ὀδυσσεύς,
ἀλλ' ἀκέων κίνησε κάρη, κακὰ βυσσοδομεύων.

Doch Eurykleia, die Tochter des Ops, des Sohns des Peisenor,
Dieses erhabene Weib, rief wieder zu sich nun die Mägde:
  „Auf da! Ihr einen tummelt euch, sprengt mir den Boden und fegt mir
Sauber das Haus! Auf die schöngefertigten Stühle legt dann
Purpurne Decken; ihr anderen wischt alle Tische mit Schwämmen,
Säubert die Krüge zum Mischen, die künstlich gefertigten Becher,
Die mit den doppelten Henkeln; die dritten gehen um Wasser,
Eilen schleunig zur Quelle und bringen es. Unsere Freier
Lassen nicht lange mehr warten, dann sind sie im Saale; sie kehren
Wieder in aller Frühe; denn heut ist für alle ein Festtag!"
  Sprachs und jene hörten genau auf ihr Wort und gehorchten.
Zwanzig gingen zur Quelle voll dunkelströmenden Wassers,
Aber der Rest blieb da und mühte geschickt sich im Hause.
  Alsbald kamen herein die trotzigen Diener. Sie wußten
Schön und verständig Holz zu zerkleinern, während die Weiber
Wiederkehrten vom Wasser. Da kam noch zu ihnen der Sauhirt,
Fette Tiere brachte er drei, die besten von allen.
Diese ließ er im schönen Hofe dann weiden, doch selber
Sprach er Odysseus wiederum an mit schmeichelnden Worten:
  „Fremdling! Giltst du jetzt mehr in den Augen unsrer Achaier,
Oder mißehren sie dich im Palaste grade wie vorher?"
  Antwort gab ihm und sagte der einfallreiche Odysseus:
„Ach, Eumaios, möchten doch wirklich die Götter die Schmach hier
Strafen! Frevler sind es und töricht begehn sie Verbrechen!
Gar noch im fremden Haus. Sie haben von Scham nicht ein bißchen."
  Solcherlei redeten diese in Wechselgesprächen. Da kam noch
Nahe auf sie Melanthios zu, der Hirt bei den Ziegen;
Ziegen brachte er her, die besten aus sämtlichen Herden.
Mahlzeit wars für die Freier. Es folgten ihm zwei seiner Hirten.
Diese Ziegen band er gut fest an der tönenden Halle,
Selber dann schalt er wieder Odysseus und sagte: „Du Fremdling,
Willst du auch jetzt noch im Haus hier mit Betteln die Männer verärgern?
Willst du nicht doch durch die Tür dich verziehn? und ich meine ja durchaus:
Zwischen uns gilt nur noch eine Entscheidung: die Fäuste zu kosten;
Denn dein Gebettel vollziehst du ja nicht grad in Schönheit. Es gibt doch
Sicher auch anderswo bei Achaiern mancherlei Mahlzeit."
  Sprachs; doch der einfallreiche Odysseus erwiderte gar nichts;
Schüttelte nur seinen Kopf und versank in böse Gedanken.

τοῖσι δ' ἐπὶ τρίτος ἦλθε Φιλοίτιος, ὄρχαμος ἀνδρῶν, 185
βοῦν στεῖραν μνηστῆρσιν ἄγων καὶ πίονας αἶγας.
πορθμῆες δ' ἄρα τούς γε διήγαγον, οἵ τε καὶ ἄλλους
ἀνθρώπους πέμπουσιν, ὅτίς σφεας εἰσαφίκηται.
καὶ τὰ μὲν εὖ κατέδησεν ὑπ' αἰθούσῃ ἐριδούπῳ,
αὐτὸς δ' αὖτ' ἐρέεινε συβώτην ἄγχι παραστάς· 190
"τίς δὴ ὅδε ξεῖνος νέον εἰλήλουθε, συβῶτα,
ἡμέτερον πρὸς δῶμα; τέων δ' ἐξ εὔχεται εἶναι
ἀνδρῶν; ποῦ δέ νύ οἱ γενεὴ καὶ πατρὶς ἄρουρα;
δύσμορος· ἦ τε ἔοικε δέμας βασιλῆϊ ἄνακτι·
ἀλλὰ θεοὶ δυόωσι πολυπλάγκτους ἀνθρώπους, 195
ὁππότε καὶ βασιλεῦσιν ἐπικλώσωνται ὀϊζύν."

ἦ, καὶ δεξιτερῇ δειδίσκετο χειρὶ παραστὰς
καί μιν φωνήσας ἔπεα πτερόεντα προσηύδα·
"χαῖρε, πάτερ ὦ ξεῖνε· γένοιτό τοι ἔς περ ὀπίσσω
ὄλβος· ἀτὰρ μὲν νῦν γε κακοῖς ἔχεαι πολέεσσι. 200
Ζεῦ πάτερ, οὔ τις σεῖο θεῶν ὀλοώτερος ἄλλος·
οὐκ ἐλεαίρεις ἄνδρας, ἐπὴν δὴ γείνεαι αὐτός,
μισγέμεναι κακότητι καὶ ἄλγεσι λευγαλέοισιν.
ἴδιον, ὡς ἐνόησα, δεδάκρυνται δέ μοι ὄσσε
μνησαμένῳ Ὀδυσῆος, ἐπεὶ καὶ κεῖνον ὀΐω 205
τοιάδε λαίφε' ἔχοντα κατ' ἀνθρώπους ἀλάλησθαι,
εἴ που ἔτι ζώει καὶ ὁρᾷ φάος ἠελίοιο.
εἰ δ' ἤδη τέθνηκε καὶ εἰν Ἀίδαο δόμοισιν,
ὤ μοι ἔπειτ' Ὀδυσῆος ἀμύμονος, ὅς μ' ἐπὶ βουσὶν
εἷσ' ἔτι τυτθὸν ἐόντα Κεφαλλήνων ἐνὶ δήμῳ. 210
νῦν δ' αἱ μὲν γίνονται ἀθέσφατοι, οὐδέ κεν ἄλλως
ἀνδρί γ' ὑποσταχύοιτο βοῶν γένος εὐρυμετώπων·
τὰς δ' ἄλλοι με κέλονται ἀγινέμεναι σφίσιν αὐτοῖς
ἔδμεναι· οὐδέ τι παιδὸς ἐνὶ μεγάροις ἀλέγουσιν,
οὐδ' ὄπιδα τρομέουσι θεῶν· μεμάασι γὰρ ἤδη 215
κτήματα δάσσασθαι δὴν οἰχομένοιο ἄνακτος.
αὐτὰρ ἐμοὶ τόδε θυμὸς ἐνὶ στήθεσσι φίλοισι
πόλλ' ἐπιδινεῖται· μάλα μὲν κακὸν υἱὸς ἐόντος
ἄλλων δῆμον ἱκέσθαι ἰόντ' αὐτῇσι βόεσσιν
ἄνδρας ἐς ἀλλοδαπούς· τὸ δὲ ῥίγιον αὖθι μένοντα 220
βουσὶν ἐπ' ἀλλοτρίῃσι καθήμενον ἄλγεα πάσχειν.
καί κεν δὴ πάλαι ἄλλον ὑπερμενέων βασιλήων

Zwanzigster Gesang

Dann aber kam noch als Dritter Philoítios, Herr seiner Leute,
Brachte den Freiern ein Rind, das noch niemals getragen, und fette
Ziegen; Männer mit Fähren, die andere gleichfalls befördern,
Hatten sie übergesetzt, wie alle, die zu ihnen kommen.
Alle die Tiere band er gut fest an der tönenden Halle,
Selbst aber trat er jetzt nahe heran und fragte den Sauhirt:
  „Sauhirt, wer ist der Fremde da? ist er erst jüngstens gekommen
Hieher in unsern Palast? Welcher Männer rühmt er sich Landsmann?
Wo ist denn wohl sein Geschlecht und wo denn die Flur seiner Heimat?
Glückloser Mann! Fürwahr an Gestalt ein Herrscher und König!
Aber die Götter bedrängen die Menschen auf vielerlei Irrfahrt,
Spinnen sie doch auch Königen jammervolle Geschicke."
  Sprachs und trat zu ihm hin und faßte grüßend die Rechte,
Redete dann ihn an und sagte geflügelte Worte:
  „Heil dir, fremder Vater! Die Zukunft wenigstens möge
Glück dir bescheren, denn eben noch hast du ja Leiden in Fülle.
Vater Zeus! kein Gott ist vernichtungsfroher als du bist;
Männer zeugst du dir schon, doch denkst du niemals an Mitleid,
Mögen sie noch so in Übel und traurige Leiden verfallen.
Schweiß überkam mich, beim Anblick schwimmen die Augen in Tränen,
Mußt ich doch gleich an Odysseus denken: ich meine, in solchen
Lumpen zieht wohl auch er bei den Menschen herum und als Bettler,
Wenn er noch irgendwo lebt und sieht das Licht unsrer Sonne.
Ist er indessen schon tot und drunten im Hause des Hades:
Weh dann, Odysseus, du trefflicher, gabst mir die Rinder in Pflege,
Als ich ein Knabe noch war im Lande der Kephallenen.
Jetzt aber wächst dieses Vieh mit den breiten Stirnen unsagbar,
Keinem Menschen gelänge, daß so es wie Ähren ihm wachse.
Diese doch heißen mich andere bringen; die wollen sie selber
Essen und kümmern sich gar nicht darum, daß ein Sohn im Palast lebt,
Zittern vor keinem göttlichen Auge und trachten nun gar schon
Aufzuteilen die Habe des Herrn, der so lange schon fort ist.
Doch mein Gemüt in der lieben Brust tobt oft mir im Wirbel:
Was soll ich tun? es lebt noch der Sohn und es wäre recht übel
Auf mich zu machen mitsamt meinen Kühen zu anderen Völkern,
Anderen Männern weit in der Ferne. Hier doch zu bleiben,
Sitzen und leiden für Kühe, die uns nicht gehören, macht schaudern.
Wirklich wäre ich längst schon gefiohn, einen mutigen andern

ἐξικόμην φεύγων, ἐπεὶ οὐκέτ' ἀνεκτὰ πέλονται·
ἀλλ' ἔτι τὸν δύστηνον ὀίομαι, εἴ ποθεν ἐλθὼν
ἀνδρῶν μνηστήρων σκέδασιν κατὰ δώματα θείη." 225

τὸν δ' ἀπαμειβόμενος προσέφη πολύμητις 'Οδυσσεύς·
"βουκόλ', ἐπεὶ οὔτε κακῷ οὔτ' ἄφρονι φωτὶ ἔοικας,
γινώσκω δὲ καὶ αὐτός, ὅ τοι πινυτὴ φρένας ἵκει,
τοὔνεκά τοι ἐρέω καὶ ἐπὶ μέγαν ὅρκον ὀμοῦμαι·
ἴστω νῦν Ζεὺς πρῶτα, θεῶν ὕπατος καὶ ἄριστος, 230
ἱστίη τ' 'Οδυσῆος ἀμύμονος, ἣν ἀφικάνω·
ἦ σέθεν ἐνθάδ' ἐόντος ἐλεύσεται οἴκαδ' 'Οδυσσεύς·
σοῖσιν δ' ὀφθαλμοῖσιν ἐπόψεαι, αἴ κ' ἐθέλησθα,
κτεινομένους μνηστῆρας, οἳ ἐνθάδε κοιρανέουσι."

τὸν δ' αὖτε προσέειπε βοῶν ἐπιβουκόλος ἀνήρ· 235
"αἲ γὰρ τοῦτο, ξεῖνε, ἔπος τελέσειε Κρονίων·
γνοίης χ', οἵη ἐμὴ δύναμις καὶ χεῖρες ἕπονται."

ὣς δ' αὔτως Εὔμαιος ἐπεύξατο πᾶσι θεοῖσι
νοστῆσαι 'Οδυσῆα πολύφρονα ὅνδε δόμονδε.

ὣς οἱ μὲν τοιαῦτα πρὸς ἀλλήλους ἀγόρευον· 240
μνηστῆρες δ' ἄρα Τηλεμάχῳ θάνατόν τε μόρον τε
ἤρτυον· αὐτὰρ ὁ τοῖσιν ἀριστερὸς ἤλυθεν ὄρνις,
αἰετὸς ὑψιπέτης, ἔχε δὲ τρήρωνα πέλειαν.
τοῖσιν δ' 'Αμφίνομος ἀγορήσατο καὶ μετέειπεν·

"ὦ φίλοι, οὐχ ἥμιν συνθεύσεται ἥδε γε βουλή, 245
Τηλεμάχοιο φόνος· ἀλλὰ μνησώμεθα δαιτός."

ὣς ἔφατ' 'Αμφίνομος, τοῖσιν δ' ἐπιήνδανε μῦθος.
ἐλθόντες δ' ἐς δώματ' 'Οδυσσῆος θείοιο
χλαίνας μὲν κατέθεντο κατὰ κλισμούς τε θρόνους τε,
οἱ δ' ἱέρευον ὄϊς μεγάλους καὶ πίονας αἶγας, 250
ἵρευον δὲ σύας σιάλους καὶ βοῦν ἀγελαίην·
σπλάγχνα δ' ἄρ' ὀπτήσαντες ἐνώμων, ἐν δέ τε οἶνον
κρητῆρσιν κερόωντο· κύπελλα δὲ νεῖμε συβώτης.
σῖτον δέ σφ' ἐπένειμε Φιλοίτιος, ὄρχαμος ἀνδρῶν,
καλοῖς ἐν κανέοισιν, ἐῳνοχόει δὲ Μελανθεύς. 255
οἱ δ' ἐπ' ὀνείαθ' ἑτοῖμα προκείμενα χεῖρας ἴαλλον.

Τηλέμαχος δ' 'Οδυσῆα καθίδρυε, κέρδεα νωμῶν,
ἐντὸς ἐϋσταθέος μεγάρου, παρὰ λάϊνον οὐδόν,
δίφρον ἀεικέλιον καταθεὶς ὀλίγην τε τράπεζαν·
πὰρ δ' ἐτίθει σπλάγχνων μοίρας, ἐν δ' οἶνον ἔχευεν 260

König zu finden; denn nicht mehr erträglich ist ja die Lage.
Aber ein Ahnen lebt noch in mir, daß der Arme erscheine,
Irgendwie, und die freienden Männer im Hause zersprenge."

Antwort gab ihm und sagte der einfallreiche Odysseus:
„Rinderhirt, du scheinst mir nicht böse und töricht und nunmehr
Merke ich selbst, wie in dir sich Verstand zur Besinnung geselle.
Darum will ich dir sagen und schwören den großen Eidschwur:
Wisse es Zeus vor allem, der Götter Höchster und Bester,
Und auch der Herd des Odysseus, des trefflichen, dem ich mich nahe:
Glaub mir! Kommen wird Odysseus, noch während du hier bist,
Sehen wirst du ihn leibhaft vor Augen, wenn du gewillt bist,
Wie er die Freier erschlägt, die wie Herren hier sich gebärden."

Ihm erwiderte aber der Mann, der die Rinder betreute:
„Fremdling, ja dieses Wort, o daß es Kronion erfülle!
Merken könntest du dann, wie mir Kräfte und Fäuste gehorchen."

Ebenso flehte betend Eumaios zu sämtlichen Göttern,
Heim und nach Hause kehre zurück der gescheite Odysseus.

Solcherlei sprachen die drei miteinander; die Freier indessen
Wollten Telemachos Tod und Verderben bereiten; doch flog da
Linker Hand über ihnen ein kündender Vogel, ein Adler,
Hoch in der Luft, eine ängstliche Taube fest in den Krallen.
Aber Amphinomos griff da zum Wort und sagte zu ihnen:

„Unser Plan, der Mord an Telemachos, wird nicht zum guten
Ende gelangen, ihr Freunde; wir denken wohl besser ans Essen."

Also sagte Amphinomos, sie aber zollten ihm Beifall.
Gingen ins Haus des Odysseus, des göttlichen, legten sich Decken
Über die Sessel und Stühle. Die anderen aber begannen
Mächtige Schafe als Opfer zu schlachten und fetteste Ziegen,
Feist gemästete Schweine, dazu noch ein Rind aus der Herde,
Brieten die inneren Stücke, verteilten sie; aber in Krügen
Mischten sie Wein; doch die einzelnen Becher verteilte der Sauhirt.
Brot aber stellte Philoitios, Herr seiner Leute, in schönen
Körbchen vor sie noch dazu und Melantheus machte den Mundschenk.
Sie aber streckten die Hände, das Essen lag fertig vor ihnen.

Aber Telemachos setzte im festgemauerten Saale
Neben die steinerne Schwelle Odysseus in kluger Berechnung;
Stellte vor ihn ein Tischchen, dazu einen häßlichen Sessel;
Stücke der inneren Teile legte er auf und den goldnen

ἐν δέπαϊ χρυσέῳ, καί μιν πρὸς μῦθον ἔειπεν·
"ἐνταυθοῖ νῦν ἧσο μετ' ἀνδράσιν οἰνοποτάζων·
κερτομίας δέ τοι αὐτὸς ἐγὼ καὶ χεῖρας ἀφέξω
πάντων μνηστήρων, ἐπεὶ οὔ τοι δήμιός ἐστιν
οἶκος ὅδ', ἀλλ' Ὀδυσῆος, ἐμοὶ δ' ἐκτήσατο κεῖνος. 265
ὑμεῖς δέ, μνηστῆρες, ἐπίσχετε θυμὸν ἐνιπῆς
καὶ χειρῶν, ἵνα μή τις ἔρις καὶ νεῖκος ὄρηται."

ὣς ἔφαθ', οἱ δ' ἄρα πάντες ὀδὰξ ἐν χείλεσι φύντες
Τηλέμαχον θαύμαζον, ὃ θαρσαλέως ἀγόρευε.
τοῖσιν δ' Ἀντίνοος μετέφη, Εὐπείθεος υἱός· 270
"καὶ χαλεπόν περ ἐόντα δεχώμεθα μῦθον, Ἀχαιοί,
Τηλεμάχου· μάλα δ' ἧμιν ἀπειλήσας ἀγορεύει.
οὐ γὰρ Ζεὺς εἴασε Κρονίων· τῷ κέ μιν ἤδη
παύσαμεν ἐν μεγάροισι, λιγύν περ ἐόντ' ἀγορητήν."

ὣς ἔφατ' Ἀντίνοος· ὁ δ' ἄρ' οὐκ ἐμπάζετο μύθων. 275
κήρυκες δ' ἀνὰ ἄστυ θεῶν ἱερὴν ἑκατόμβην
ἧγον· τοὶ δ' ἀγέροντο κάρη κομόωντες Ἀχαιοὶ
ἄλσος ὕπο σκιερὸν ἑκατηβόλου Ἀπόλλωνος.

οἱ δ' ἐπεὶ ὤπτησαν κρέ' ὑπέρτερα καὶ ἐρύσαντο,
μοίρας δασσάμενοι δαίνυντ' ἐρικυδέα δαῖτα. 280
πὰρ δ' ἄρ' Ὀδυσσῆϊ μοῖραν θέσαν, οἳ πονέοντο,
ἴσην, ὡς αὐτοί περ ἐλάγχανον· ὣς γὰρ ἀνώγει
Τηλέμαχος, φίλος υἱὸς Ὀδυσσῆος θείοιο.

μνηστῆρας δ' οὐ πάμπαν ἀγήνορας εἴα Ἀθήνη
λώβης ἴσχεσθαι θυμαλγέος, ὄφρ' ἔτι μᾶλλον 285
δύη ἄχος κραδίην Λαερτιάδεω Ὀδυσῆος.
ἦν δέ τις ἐν μνηστῆρσιν ἀνὴρ ἀθεμίστια εἰδώς,
Κτήσιππος δ' ὄνομ' ἔσκε, Σάμῃ δ' ἐνὶ οἰκία ναῖεν·
ὃς δή τοι κτεάτεσσι πεποιθὼς θεσπεσίοισιν
μνάσκετ' Ὀδυσσῆος δὴν οἰχομένοιο δάμαρτα. 290
ὅς ῥα τότε μνηστῆρσιν ὑπερφιάλοισι μετηύδα·

"κέκλυτέ μευ, μνηστῆρες ἀγήνορες, ὄφρα τι εἴπω·
μοῖραν μὲν δὴ ξεῖνος ἔχει πάλαι, ὡς ἐπέοικεν,
ἴσην· οὐ γὰρ καλὸν ἀτέμβειν οὐδὲ δίκαιον
ξείνους Τηλεμάχου, ὅς κεν τάδε δώμαθ' ἵκηται. 295
ἀλλ' ἄγε οἱ καὶ ἐγὼ δῶ ξείνιον, ὄφρα καὶ αὐτὸς
ἠὲ λοετροχόῳ δώῃ γέρας ἠέ τῳ ἄλλῳ
δμώων, οἳ κατὰ δώματ' Ὀδυσσῆος θείοιο."

Becher goß er voll Wein und sprach ihn dann an mit den Worten:

„Hier ist jetzt dein Sitz, nun trinke den Wein mit den Männern!
Schimpfereien und Raufereien mit all diesen Freiern
Wehre ich selber dir ab; dies Haus hier gehört dem Odysseus!
Hier ist kein offenes Haus; für mich hat er es erworben.
Freier, ich sag euch, zähmt euren Drang hier zu schimpfen und gar erst
Etwa zu raufen! daß ja kein Streit und kein Zank hier entstehe!"

Also sprach er; sie aber alle bissen die Zähne
Fest in die Lippen, bewundernd Telemachos' mutige Rede.
Aber Antinoos sagte zu ihnen, der Sohn des Eupeithes:

„Das war ein Wort, Achaier! das sitzt! Doch lassen wirs hingehn!
Freilich Telemachos redet zu uns mit deutlicher Drohung.
Zeus hat es nicht so gefügt, der Kronide, sonst hätten wir längst schon
Hier im Palast ihn zum Schweigen gezwungen den tönenden Redner."

Also sagte Antinoos, jenem doch blieben es Worte.
Rufer trieben indessen die hundert den Göttern geweihten
Tiere die Stadt entlang und Apollons, des Schützen ins Weite,
Schattiger Hain war das Ziel der langbehaarten Achaier.

Jene doch zogen das feste, gebratene Fleisch von den Spießen,
Teilten die Stücke dann zu und hielten gar rühmliche Mahlzeit.
Auch dem Odysseus legten die Diener den richtigen Teil hin,
Wie sie ihn selber empfingen; so hatte Telemachos ihnen
Aufgetragen, der liebe Sohn des hehren Odysseus.

Nicht aber wollte Athene, daß sich die trotzigen Freier
Gänzlich kränkenden Spottes enthielten; es sollte noch tiefer
Leid in das Herz des Sohns des Laërtes, Odysseus, sich senken.
Ktesippos hieß bei den Freiern ein Mann, der verbrecherisch dachte;
Dieser wohnte in Same; berückender eigener Reichtum
Wiegte ihn fest im Vertrauen, er solle es immer versuchen,
Auch um die Gattin des lang schon fernen Odysseus zu werben.
Der nun sagte jetzt in der Schar der haltlosen Freier:

„Hört auf mich, ihr trotzigen Freier, ich will etwas sagen:
Wirklich, der Fremde da hat schon lang seinen Teil, wie es recht ist,
Grade wie wir; es wäre nicht schön und auch unrecht, die Gäste
Unsres Telemachos schlecht zu behandeln, soviele auch kommen
Hier in das Haus; so schenke denn ich auch ihm gastliche Gaben;
Daß dann er selber sie weiter verschenken, wenn eine ihn badet,
Oder auch sonst einem Diener im Haus des erhabnen Odysseus."

ὣς εἰπὼν ἔρριψε βοὸς πόδα χειρὶ παχείῃ,
κείμενον ἐκ κανέοιο λαβών· ὁ δ' ἀλεύατ' Ὀδυσσεὺς
ἦκα παρακλίνας κεφαλήν, μείδησε δὲ θυμῷ
σαρδάνιον μάλα τοῖον· ὁ δ' εὔδμητον βάλε τοῖχον.
Κτήσιππον δ' ἄρα Τηλέμαχος ἠνίπαπε μύθῳ·
"Κτήσιππ', ἦ μάλα τοι τόδε κέρδιον ἔπλετο θυμῷ·
οὐκ ἔβαλες τὸν ξεῖνον· ἀλεύατο γὰρ βέλος αὐτός.
ἦ γάρ κέν σε μέσον βάλον ἔγχεϊ ὀξυόεντι,
καί κέ τοι ἀντὶ γάμοιο πατὴρ τάφον ἀμφεπονεῖτο
ἐνθάδε. τῷ μή τίς μοι ἀεικείας ἐνὶ οἴκῳ
φαινέτω· ἤδη γὰρ νοέω καὶ οἶδα ἕκαστα,
ἐσθλά τε καὶ τὰ χέρεια· πάρος δ' ἔτι νήπιος ἦα.
ἀλλ' ἔμπης τάδε μὲν καὶ τέτλαμεν εἰσορόωντες,
μήλων σφαζομένων οἴνοιό τε πινομένοιο
καὶ σίτου· χαλεπὸν γὰρ ἐρυκακέειν ἕνα πολλούς.
ἀλλ' ἄγε μηκέτι μοι κακὰ ῥέζετε δυσμενέοντες·
εἰ δ' ἤδη μ' αὐτὸν κτεῖναι μενεαίνετε χαλκῷ,
καί κε τὸ βουλοίμην, καί κεν πολὺ κέρδιον εἴη
τεθνάμεν ἢ τάδε γ' αἰὲν ἀεικέα ἔργ' ὁράασθαι,
ξείνους τε στυφελιζομένους δμῳάς τε γυναῖκας
ῥυστάζοντας ἀεικελίως κατὰ δώματα καλά."
ὣς ἔφαθ', οἱ δ' ἄρα πάντες ἀκὴν ἐγένοντο σιωπῇ.
ὀψὲ δὲ δὴ μετέειπε Δαμαστορίδης Ἀγέλαος·
"ὦ φίλοι, οὐκ ἂν δή τις ἐπὶ ῥηθέντι δικαίῳ
ἀντιβίοις ἐπέεσσι καθαπτόμενος χαλεπαίνοι·
μήτε τι τὸν ξεῖνον στυφελίζετε μήτε τιν' ἄλλον
δμώων, οἳ κατὰ δώματ' Ὀδυσσῆος θείοιο.
Τηλεμάχῳ δέ κε μῦθον ἐγὼ καὶ μητέρι φαίην
ἤπιον, εἴ σφωιν κραδίῃ ἅδοι ἀμφοτέροιιν.
ὄφρα μὲν ὕμιν θυμὸς ἐνὶ στήθεσσιν ἐώλπει
νοστήσειν Ὀδυσῆα πολύφρονα ὅνδε δόμονδε,
τόφρ' οὔ τις νέμεσις μενέμεν τ' ἦν ἰσχέμεναί τε
μνηστῆρας κατὰ δώματ', ἐπεὶ τόδε κέρδιον ἦεν,
εἰ νόστησ' Ὀδυσεὺς καὶ ὑπότροπος ἵκετο δῶμα·
νῦν δ' ἤδη τόδε δῆλον, ὅ τ' οὐκέτι νόστιμός ἐστιν.
ἀλλ' ἄγε σῇ τάδε μητρὶ παρεζόμενος κατάλεξον,
γήμασθ' ὅς τις ἄριστος ἀνὴρ καὶ πλεῖστα πόρῃσιν,
ὄφρα σὺ μὲν χαίρων πατρώια πάντα νέμηαι,

Sprachs und mit feister Hand entnahm er dem Korb einen Kuhfuß,
Warf auf Odysseus, doch dieser verstand es dem Wurf zu entgehen,
Neigte ein wenig den Kopf, im Gemüt doch lachte er grimmig,
Ganz wie es paßte; der Werfer doch traf nur die steinerne Mauer.
Laut aber hielt da Telemachos Ktesippos scheltend entgegen:

„Wahrlich, ein richtiger Vorteil war es für dich im Gemüte,
Daß du den Fremdling verfehltest; er selber vermied ja den Treffer.
Wahrlich! Ich hätte dich sonst in die Mitte mit spitziger Lanze
Sicher getroffen und nicht eine Hochzeit hätte dein Vater,
Vielmehr hätte dein Grab er gerichtet. So wag mir denn keiner
Hier im Haus eine Untat; jetzt kann ich denken und weiß auch
Alles, was edel und schlecht ist; doch früher war ich noch kindisch.
Freilich, was wir da sehen, das wollen wir dulden und tragen,
Wie ihr die Schafe mir schlachtet, den Wein mir vertrinkt und die Brote.
Schwierig ists ja, daß einer der Obmacht Einhalt gebietet:
Aber laßt mir Verbrechen, tut nicht mehr, als wären wir Feinde!
Denkt ihr schon dran mich selber zu töten mit eherner Waffe,
Gut, ich sage dann Ja; mich dünkt es ein größerer Vorteil
Tot hier zu liegen als immer dies schurkische Treiben zu sehen,
Wie ihr die Fremden mißhandelt und wie ihr die dienenden Weiber
Ohne Gefühl für Anstand zerrt in dem schönen Gebäude."

Sprachs und sie alle fanden nicht Worte; sie schwiegen und spät erst
Sagte dann endlich Damastors Sohn Agelaos zu ihnen:

„Freunde, es ist kein Grund, wenn gerecht man sich äußert, zu zürnen,
Einzugreifen gewaltsam mit feindlichen Worten und darum
Laßt es, den Gast zu mißhandeln, nicht minder die anderen Diener,
Wie sie im Haus des Odysseus, des göttlichen, hier sich befinden.
Doch dem Telemachos wie seiner Mutter möcht ich zur Güte
Raten, wenn es euch beiden im Herzen gefällt, was ich sage:
Als das Gemüt in der Brust euch noch hoffte, der kluge Odysseus
Kehre zurück in sein Haus, da konnte es niemand verargen,
Daß ihr erwartend die Freier im Hause geduldet; denn schließlich
Wäre die heutige Lage wohl vorteilhafter geworden,
Kehrte Odysseus heim und erreichte sein Haus auf der Rückfahrt.
Jetzt aber ist es doch klar, daß er nicht mehr den Heimweg findet,
Darum setz dich zur Mutter und rede mit ihr von der Heirat:
Nehmen soll sie den besten Mann, der das meiste ihr zubringt;
Du aber kannst dich dann freun, dein Erbgut alles genießen,

ἔσθων καὶ πίνων, ἡ δ' ἄλλου δῶμα κομίζῃ."
 τὸν δ' αὖ Τηλέμαχος πεπνυμένος ἀντίον ηὔδα·
"οὐ μὰ Ζῆν', Ἀγέλαε, καὶ ἄλγεα πατρὸς ἐμοῖο,
ὅς που τῆλ' Ἰθάκης ἢ ἔφθιται ἢ ἀλάληται,   340
οὔ τι διατρίβω μητρὸς γάμον, ἀλλὰ κελεύω
γήμασθ' ᾧ κ' ἐθέλῃ, ποτὶ δ' ἄσπετα δῶρα δίδωμι·
αἰδέομαι δ' ἀέκουσαν ἀπὸ μεγάροιο δίεσθαι
μύθῳ ἀναγκαίῳ· μὴ τοῦτο θεὸς τελέσειεν."
 ὣς φάτο Τηλέμαχος· μνηστῆρσι δὲ Παλλὰς Ἀθήνη   345
ἄσβεστον γέλω ὦρσε, παρέπλαγξεν δὲ νόημα.
οἱ δ' ἤδη γναθμοῖσι γελώων ἀλλοτρίοισιν,
αἱμοφόρυκτα δὲ δὴ κρέα ἤσθιον· ὄσσε δ' ἄρα σφέων
δακρυόφιν πίμπλαντο, γόον δ' ὠίετο θυμός.
τοῖσι δὲ καὶ μετέειπε Θεοκλύμενος θεοειδής·   350
 "ἆ δειλοί, τί κακὸν τόδε πάσχετε; νυκτὶ μὲν ὑμέων
εἰλύαται κεφαλαί τε πρόσωπά τε νέρθε τε γοῦνα,
οἰμωγὴ δὲ δέδηε, δεδάκρυνται δὲ παρειαί,
αἵματι δ' ἐρράδαται τοῖχοι καλαί τε μεσόδμαι·
εἰδώλων δὲ πλέον πρόθυρον, πλείη δὲ καὶ αὐλή, 355
ἱεμένων Ἔρεβόσδε ὑπὸ ζόφον· ἠέλιος δὲ
οὐρανοῦ ἐξαπόλωλε, κακὴ δ' ἐπιδέδρομεν ἀχλύς."
 ὣς ἔφαθ', οἱ δ' ἄρα πάντες ἐπ' αὐτῷ ἡδὺ γέλασσαν.
τοῖσιν δ' Εὐρύμαχος, Πολύβου πάϊς, ἦρχ' ἀγορεύειν·
 "ἀφραίνει ξεῖνος νέον ἄλλοθεν εἰληλουθώς.   360
ἀλλά μιν αἶψα, νέοι, δόμου ἐκπέμψασθε θύραζε
εἰς ἀγορὴν ἔρχεσθαι, ἐπεὶ τάδε νυκτὶ ἐΐσκει."
 τὸν δ' αὖτε προσέειπε Θεοκλύμενος θεοειδής·
 "Εὐρύμαχ', οὔ τί σ' ἄνωγα ἐμοὶ πομπῆας ὀπάζειν.
εἰσί μοι ὀφθαλμοί τε καὶ οὔατα καὶ πόδες ἄμφω   365
καὶ νόος ἐν στήθεσσι τετυγμένος, οὐδὲν ἀεικής·
τοῖς ἔξειμι θύραζε, ἐπεὶ νοέω κακὸν ὔμμιν
ἐρχόμενον, τό κεν οὔ τις ὑπεκφύγοι οὐδ' ἀλέαιτο
μνηστήρων, οἳ δῶμα κατ' ἀντιθέου Ὀδυσῆος
ἀνέρας ὑβρίζοντες ἀτάσθαλα μηχανάασθε."   370
 ὣς εἰπὼν ἐξῆλθε δόμων ἐῢ ναιεταόντων,
ἵκετο δ' ἐς Πείραιον, ὅ μιν πρόφρων ὑπέδεκτο.
μνηστῆρες δ' ἄρα πάντες ἐς ἀλλήλους ὁρόωντες
Τηλέμαχον ἐρέθιζον, ἐπὶ ξείνοις γελόωντες.

Essen kannst du und trinken und sie wird des anderen Hausfrau."
 Ihm aber hielt der gewandte Telemachos wieder entgegen:
„Nein beim Zeus, Agelaos, und auch beim Leid meines Vaters,
Der wohl ferne von Ithaka starb oder irgendwo bettelt:
Ich verzögere nicht die Heirat der Mutter, viel eher
Dräng ich zur Ehe, mit wem sie will, und gebe Geschenke
Ohne Maß noch dazu. Doch fort aus dem Saal sie zu stoßen
Ohne ihr Jawort, scheu ich; ein Gott sei davor, daß es werde!"
Also sagte Telemachos. Pallas Athene indessen
Reizte die Freier zu unauslöschlichem Lachen. Ihr Denken
Ging in die Irre. Sie lachten bereits mit fremden Gesichtern.
Blutig wurde das Fleisch, das sie aßen, es füllten die Augen
Voll sich mit Tränen: es sah ihr Gemüt schon den kommenden Jammer.
Theoklymenos sprach da zu ihnen — er sah wie ein Gott aus:
 „Elende ihr, was habt ihr? Welch Unheil! Euere Köpfe
Stecken in Nacht, die Gesichter, es geht an die Knie hinunter!
Lodernd erhebt sich heulendes Wehe, die Wangen voll Tränen,
Wände und schöne Balken des Daches triefen vom Blute,
Voll ist der Raum vor der Tür und der Hof voller Schattengebilde:
Alle drängen ins Dunkel des Erebos, Finsternis breitet
Schrecklich sich aus und am Himmel ging schon die Sonne verloren."
 Also sprach er, doch alle lachten nur herzlich darüber.
Aber Eurymachos, Polybos' Sohn, begann unter ihnen:
 „Ist da jüngst ein verrückter Fremdling von auswärts gekommen;
Schickt ihn doch schleunigst hinaus aus dem Hause, ihr jüngeren Leute,
Laßt auf den Markt ihn gehn! Hier, meint er, Nacht sei geworden!"
 Theoklymenos sprach da zu ihm — er sah wie ein Gott aus:
 „Ich habe nicht dir befohlen, Eurymachos, Leute zu stellen,
Die mich geleiten; Augen und Ohren, dazu ein paar Füße
Hab ich und gar noch gediegnen Verstand in der Brust, wie es recht ist;
Damit geh ich zum Hause hinaus; denn soviel versteh ich:
Unheil kommt über euch; kein Freier kann ihm entrinnen;
Keiner kann es vermeiden; ihr sucht ja den törichten Frevel,
Höhnt ihr die Männer im Hause des göttergleichen Odysseus."
 Also sprach er und machte sich fort aus dem wohnlichen Hause,
Trat bei Peiraios dann ein, der ihn gütig empfing. Doch die Freier
Lachten nur über die Fremden und sahen sich alle einander,
Einer den anderen, an; denn sie wollten Telemachos reizen.

ὧδε δέ τις εἴπεσκε νέων ὑπερηνορεόντων· 375

"Τηλέμαχ', οὔ τις σεῖο κακοξεινώτερος ἄλλος,
οἷον μέν τινα τοῦτον ἔχεις ἐπίμαστον ἀλήτην,
σίτου καὶ οἴνου κεχρημένον, οὐδέ τι ἔργων
ἔμπαιον οὐδὲ βίης, ἀλλ' αὔτως ἄχθος ἀρούρης·
ἄλλος δ' αὖτέ τις οὗτος ἀνέστη μαντεύεσθαι. 380
ἀλλ' εἴ μοί τι πίθοιο, τό κεν πολὺ κέρδιον εἴη·
τοὺς ξείνους ἐν νηὶ πολυκληίδι βαλόντες
ἐς Σικελοὺς πέμψωμεν, ὅθεν κέ τοι ἄξιον ἄλφοι."

ὣς ἔφασαν μνηστῆρες· ὁ δ' οὐκ ἐμπάζετο μύθων,
ἀλλ' ἀκέων πατέρα προσεδέρκετο, δέγμενος αἰεί, 385
ὁππότε δὴ μνηστῆρσιν ἀναιδέσι χεῖρας ἐφήσει.

ἡ δὲ κατ' ἄντηστιν θεμένη περικαλλέα δίφρον
κούρη Ἰκαρίοιο, περίφρων Πηνελόπεια,
ἀνδρῶν ἐν μεγάροισιν ἑκάστου μῦθον ἄκουε.
δεῖπνον μὲν γάρ τοί γε γελώοντες τετύκοντο 390
ἡδύ τε καὶ μενοεικές, ἐπεὶ μάλα πόλλ' ἱέρευσαν·
δόρπου δ' οὐκ ἄν πως ἀχαρίστερον ἄλλο γένοιτο,
οἷον δὴ τάχ' ἔμελλε θεὰ καὶ καρτερὸς ἀνὴρ
θησέμεναι· πρότεροι γὰρ ἀεικέα μηχανόωντο.

Mancher der allzu männlichen Jünglinge ließ da verlauten:
 „Schlechtere Gäste als du, Telemachos, bringt uns kein andrer.
Einmal holst du uns her diesen abgegriffenen Bettler,
Brot verlangt er und Wein, doch für Arbeit fehlt das Verständnis,
Fehlen die Kräfte; er sitzt nur da, eine Last auf der Erde.
Dieser, der andere, trat dann hier auf, als wäre er Seher.
Wolltest du mir doch gehorchen, ich glaube, es wäre dein Vorteil.
Stecken wir doch diese Fremden ins Schiff mit zahlreichen Rudern,
Schicken sie dann nach Sizilien, dort aber brächten sie Geld ein."
 Also sprachen die Freier; für ihn aber blieben es Worte.
Lautlos blickte er hin auf den Vater, als warte er immer,
Wann er wohl endlich den schamlosen Freiern mit Fäusten begegne.
 Gegenüber rückte indessen den herrlichen Sessel
So sich zurecht, daß sie jede Rede im Saale vernehme,
Penelopeia, die kluge Tochter Ikarios'. Jene
Hatten sich nämlich die Mahlzeit immer noch lachend bereitet.
Schmackhaft war sie und kräftig, sie hatten ja vieles geopfert.
Freilich, es gibt wohl kaum eine weniger liebliche Mahlzeit:
War es doch so, daß ein kräftiger Held und die Göttin sie gaben
Ohne Verzug; denn die anderen pflegten zuerst sie zu schänden.

ΟΔΥΣΣΕΙΑΣ Φ

τόξου θέσις

Τῇ δ' ἄρ' ἐπὶ φρεσὶ θῆκε θεὰ γλαυκῶπις Ἀθήνη,
κούρῃ Ἰκαρίοιο, περίφρονι Πηνελοπείῃ,
τόξον μνηστήρεσσι θέμεν πολιόν τε σίδηρον
ἐν μεγάροις Ὀδυσῆος, ἄεθλια καὶ φόνου ἀρχήν.
κλίμακα δ' ὑψηλὴν προσεβήσετο οἷο δόμοιο, 5
εἵλετο δὲ κληῖδ' εὐκαμπέα χειρὶ παχείῃ,
καλὴν χαλκείην· κώπη δ' ἐλέφαντος ἐπῆεν.
βῆ δ' ἴμεναι θάλαμόνδε σὺν ἀμφιπόλοισι γυναιξὶν
ἔσχατον· ἔνθα δέ οἱ κειμήλια κεῖτο ἄνακτος,
χαλκός τε χρυσός τε πολύκμητός τε σίδηρος. 10
ἔνθα δὲ τόξον κεῖτο παλίντονον ἠδὲ φαρέτρη
ἰοδόκος, πολλοὶ δ' ἔνεσαν στονόεντες ὀϊστοί,
δῶρα τά οἱ ξεῖνος Λακεδαίμονι δῶκε τυχήσας
Ἴφιτος Εὐρυτίδης, ἐπιείκελος ἀθανάτοισι.
τὼ δ' ἐν Μεσσήνῃ ξυμβλήτην ἀλλήλοιιν 15
οἴκῳ ἐν Ὀρτιλόχοιο δαΐφρονος. ἦ τοι Ὀδυσσεὺς
ἦλθε μετὰ χρεῖος, τό ῥά οἱ πᾶς δῆμος ὄφελλε·
μῆλα γὰρ ἐξ Ἰθάκης Μεσσήνιοι ἄνδρες ἄειραν
νηυσὶ πολυκλήϊσι τριηκόσι' ἠδὲ νομῆας.
τῶν ἕνεκ' ἐξεσίην πολλὴν ὁδὸν ἦλθεν Ὀδυσσεύς, 20
παιδνὸς ἐών· πρὸ γὰρ ἧκε πατὴρ ἄλλοι τε γέροντες·
Ἴφιτος αὖθ' ἵππους διζήμενος, αἵ οἱ ὄλοντο
δώδεκα θήλειαι, ὑπὸ δ' ἡμίονοι ταλαεργοί·
αἳ δή οἱ καὶ ἔπειτα φόνος καὶ μοῖρα γένοντο,
ἐπεὶ δὴ Διὸς υἱὸν ἀφίκετο καρτερόθυμον, 25
φῶθ' Ἡρακλῆα, μεγάλων ἐπιίστορα ἔργων,
ὅς μιν ξεῖνον ἐόντα κατέκτανεν ᾧ ἐνὶ οἴκῳ,
σχέτλιος, οὐδὲ θεῶν ὄπιν αἰδέσατ' οὐδὲ τράπεζαν,
τὴν ἥν οἱ παρέθηκεν· ἔπειτα δὲ πέφνε καὶ αὐτόν,
ἵππους δ' αὐτὸς ἔχε κρατερώνυχας ἐν μεγάροισι. 30
τὰς ἐρέων Ὀδυσῆι συνήντετο, δῶκε δὲ τόξον,
τὸ πρὶν μὲν ἐφόρει μέγας Εὔρυτος, αὐτὰρ ὁ παιδὶ

EINUNDZWANZIGSTER GESANG

Der Bogen

Dann aber fügte Athene, die Göttin mit Augen der Eule,
Daß des Ikarios Tochter, die kluge Penelopeia,
Sann, des Odysseus Bogen und düstere Eisen den Freiern
Hinzustellen zum Streit und zum Anfang des Mordens im Hause.
Also ging sie hinan die hohe Stiege des Hauses,
Hielt in der kräftigen Hand den schönen, gebogenen Schlüssel —
Selber war er aus Erz, doch elfenbeinern am Griffe —
Machte sich auf mit dienenden Frauen zur hinteren Kammer.
Wertvoll waren die Schätze des Herrschers, die dort sie geborgen:
Gold und Erz und Eisen, das viele Hände geschmiedet.
Dort aber war nun auch der schnellende Bogen geborgen
Samt dem Köcher mit Pfeilen, die Seufzer erregen, und viele
Waren darinnen. In Sparta schenkte sie einst ihm ein Gastfreund;
Iphitos, Eurytos' Sohn, den Unsterblichen war er vergleichbar.
Einst in Messenien hatten sich beide getroffen; es war im
Hause des klug bedachten Ortilochos. Dort aber suchte
Sühne beim ganzen Volke Odysseus. Es war ihm verschuldet:
Männer Messeniens hatten aus Ithaka Schafe gestohlen,
Dreimalhundert auf Schiffen mit vielen Ruderbänken
Samt ihren Hirten. Da kam als Gesandter der junge Odysseus,
Weit war der Weg, den sein Vater und andere Greise ihn schickten.
Nun war auch Iphithos dort auf der Suche; ein Dutzend Stuten
War ihm abhanden gekommen samt arbeitstarken Bastarden.
Freilich brachten ihm diese dann später den Tod und sein Schicksal.
Wahrlich, er traf auf den Sohn des Zeus mit dem mächtigen Willen,
Herakles traf er, den Mann, den Sinner auf riesige Taten.
Dieser erschlug ihn im eigenen Hause, der Frevler den Gastfreund;
Ohne Scheu vor dem Tisch, den er bot, und den Blicken der Götter
Wurde er später sogar noch der Mörder des Mannes, obwohl er
Selber die Rosse mit kräftigen Hufen im Hause schon hatte.
Iphitos fragte danach und traf dabei den Odysseus,
Gab ihm den Bogen, den früher der mächtige Eurytos führte,

κάλλιπ' ἀποθνῄσκων ἐν δώμασιν ὑψηλοῖσι.
τῷ δ' Ὀδυσεὺς ξίφος ὀξὺ καὶ ἄλκιμον ἔγχος ἔδωκεν,
ἀρχὴν ξεινοσύνης προσκηδέος· οὐδὲ τραπέζῃ 35
γνώτην ἀλλήλω· πρὶν γὰρ Διὸς υἱὸς ἔπεφνεν
Ἴφιτον Εὐρυτίδην, ἐπιείκελον ἀθανάτοισιν,
ὅς οἱ τόξον ἔδωκε. τὸ δ' οὔ ποτε δῖος Ὀδυσσεὺς
ἐρχόμενος πόλεμόνδε μελαινάων ἐπὶ νηῶν
ᾑρεῖτ', ἀλλ' αὐτοῦ μνῆμα ξείνοιο φίλοιο 40
κέσκετ' ἐνὶ μεγάροισι, φόρει δέ μιν ἧς ἐπὶ γαίης.

ἡ δ' ὅτε δὴ θάλαμον τὸν ἀφίκετο δῖα γυναικῶν
οὐδόν τε δρύινον προσεβήσετο, τόν ποτε τέκτων
ξέσσεν ἐπισταμένως καὶ ἐπὶ στάθμην ἴθυνεν,
ἐν δὲ σταθμοὺς ἄρσε, θύρας δ' ἐπέθηκε φαεινάς. 45
αὐτίκ' ἄρ' ἥ γ' ἱμάντα θοῶς ἀπέλυσε κορώνης,
ἐν δὲ κληῒδ' ἧκε, θυρέων δ' ἀνέκοπτεν ὀχῆας
ἄντα τιτυσκομένη. τὰ δ' ἀνέβραχεν ἠΰτε ταῦρος
βοσκόμενος λειμῶνι· τόσ' ἔβραχε καλὰ θύρετρα
πληγέντα κληῒδι, πετάσθησαν δέ οἱ ὦκα. 50
ἡ δ' ἄρ' ἐφ' ὑψηλῆς σανίδος βῆ· ἔνθα δὲ χηλοὶ
ἕστασαν, ἐν δ' ἄρα τῇσι θυώδεα εἵματ' ἔκειτο.
ἔνθεν ὀρεξαμένη ἀπὸ πασσάλου αἴνυτο τόξον
αὐτῷ γωρυτῷ, ὅς οἱ περίκειτο φαεινός.
ἑζομένη δὲ κατ' αὖθι, φίλοις ἐπὶ γούνασι θεῖσα, 55
κλαῖε μάλα λιγέως, ἐκ δ' ᾕρεε τόξον ἄνακτος.
ἡ δ' ἐπεὶ οὖν τάρφθη πολυδακρύτοιο γόοιο,
βῆ ῥ' ἴμεναι μέγαρόνδε μετὰ μνηστῆρας ἀγαυοὺς
τόξον ἔχουσ' ἐν χειρὶ παλίντονον ἠδὲ φαρέτρην
ἰοδόκον· πολλοὶ δ' ἔνεσαν στονόεντες ὀϊστοί. 60
τῇ δ' ἄρ' ἅμ' ἀμφίπολοι φέρον ὄγκιον, ἔνθα σίδηρος
κεῖτο πολὺς καὶ χαλκός, ἀέθλια τοῖο ἄνακτος.
ἡ δ' ὅτε δὴ μνηστῆρας ἀφίκετο δῖα γυναικῶν,
στῆ ῥα παρὰ σταθμὸν τέγεος πύκα ποιητοῖο,
ἄντα παρειάων σχομένη λιπαρὰ κρήδεμνα· 65
ἀμφίπολος δ' ἄρα οἱ κεδνὴ ἑκάτερθε παρέστη.
αὐτίκα δὲ μνηστῆρσι μετηύδα καὶ φάτο μῦθον·

"κέκλυτέ μευ, μνηστῆρες ἀγήνορες, οἳ τόδε δῶμα
ἐχράετ' ἐσθιέμεν καὶ πινέμεν ἐμμενὲς αἰεὶ
ἀνδρὸς ἀποιχομένοιο πολὺν χρόνον, οὐδέ τιν' ἄλλην 70

Der seinem Sohn ihn gelassen beim Sterben im hohen Palaste.
Ihm aber schenkte als erste Gabe der innigen Freundschaft
Damals Odysseus ein spitziges Schwert, eine wehrhafte Lanze.
Freilich, ehe sie Tischgast wurden, erschlug schon des Zeus Sohn
Iphitos, Eurytos' Sohn — den Unsterblichen war er vergleichbar —
Der ihm den Bogen gegeben; doch niemals, wenn auf den schwarzen
Schiffen der hehre Odysseus zu Feld zog, nahm er den Bogen.
Immer lag er an einem Platz im Palaste; er war ja
Denkmal gastlicher Liebe; doch trug er ihn oft in der Heimat.

Als die erhabene Frau nun jene Kammer betreten,
Überschritt sie die eichene Schwelle, die vordem der Zimmrer
Kunstverständig geglättet und grade gemacht nach der Richtschnur;
Pfosten hat er gesetzt und mit glänzenden Türen versehen.
Sie nun löste sofort und eilig den Riemen vom Ringe,
Steckte den Schlüssel hinein und stieß von den Flügeln die Riegel:
Zielen mußte dabei sie genau. Es krachte, als wäre
Draußen im Grase ein weidender Stier, so krachten die schönen
Türen beim Schlag mit dem Schlüssel und weiteten rasch ihr den Zugang.
Sie aber stieg auf ein hohes Gestell, da standen die Truhen,
Duftende Kleider lagen darinnen, darüber der Bogen.
Hoch sich reckend holte sie ihn vom Nagel herunter
Samt seiner Hülle; diese umgab ihn glänzend und völlig.
Dann aber setzte sie sich und legte ihn sich auf die Kniee,
Weinte durchdringend und holte heraus den Bogen des Herrschers.
Als sie Erquickung gefunden in Gram und in reichlichen Tränen,
Schritt sie hinein in den Saal, in den Kreis der adligen Freier,
Hielt in den Händen den schnellenden Bogen, den Köcher, der Pfeile
Barg, die Seufzer erregen, und viele waren darinnen.
Mägde hinter ihr trugen die Kiste voll Eisen; in Menge
Lag es verwahrt, auch Erz: es waren Preise des Herrschers.
Als die erhabene Frau nun wirklich den Freiern sich nahte,
Trat sie neben die Säule des festgezimmerten Daches,
Hielt ihre Wangen verhüllt in weichen, glänzenden Schleiern.
Links und rechts aber stand eine sorgende Magd ihr zur Seite.
Gleich aber sprach sie die Freier jetzt an und begann ihre Rede:
  „Hört mich, ihr trutzigen Freier, ihr treibt im Palaste hier Mißbrauch;
Essen wollt ihr und trinken und immer wollt ihr hier bleiben,
Da ja der Mann solange nicht da ist; ihr konntet doch keinen

μύθου ποιήσασθαι ἐπισχεσίην ἐδύνασθε,
ἀλλ' ἐμὲ ἱέμενοι γῆμαι θέσθαι τε γυναῖκα.
ἀλλ' ἄγετε, μνηστῆρες, ἐπεὶ τόδε φαίνετ' ἄεθλον·
θήσω γὰρ μέγα τόξον Ὀδυσσῆος θείοιο·
ὃς δέ κε ῥηίτατ' ἐντανύσῃ βιὸν ἐν παλάμῃσι 75
καὶ διοϊστεύσῃ πελέκεων δυοκαίδεκα πάντων,
τῷ κεν ἅμ' ἑσποίμην, νοσφισσαμένη τόδε δῶμα
κουρίδιον, μάλα καλόν, ἐνίπλειον βιότοιο,
τοῦ ποτε μεμνήσεσθαι ὀΐομαι ἔν περ ὀνείρῳ."
ὣς φάτο, καί ῥ' Εὔμαιον ἀνώγει, δῖον ὑφορβόν, 80
τόξον μνηστήρεσσι θέμεν πολιόν τε σίδηρον.
δακρύσας δ' Εὔμαιος ἐδέξατο καὶ κατέθηκε.
κλαῖε δὲ βουκόλος ἄλλοθ', ἐπεὶ ἴδε τόξον ἄνακτος.
Ἀντίνοος δ' ἐνένιπεν ἔπος τ' ἔφατ' ἔκ τ' ὀνόμαζε·
"νήπιοι ἀγροιῶται, ἐφημέρια φρονέοντες, 85
ἆ δειλώ, τί νυ δάκρυ κατείβετον ἠδὲ γυναικὶ
θυμὸν ἐνὶ στήθεσσιν ὀρίνετον; ἧ τε καὶ ἄλλως
κεῖται ἐν ἄλγεσι θυμός, ἐπεὶ φίλον ὤλεσ' ἀκοίτην.
ἀλλ' ἀκέων δαίνυσθε καθήμενοι, ἠὲ θύραζε
κλαίετον ἐξελθόντες κατ' αὐτόθι τόξα λιπόντε, 90
μνηστήρεσσιν ἄεθλον ἀάατον· οὐ γὰρ ὀΐω
ῥηϊδίως τόδε τόξον ἐΰξοον ἐντανύεσθαι.
οὐ γάρ τις μέτα τοῖος ἀνὴρ ἐν τοίσδεσι πᾶσιν,
οἷος Ὀδυσσεὺς ἔσκεν· ἐγὼ δέ μιν αὐτὸς ὄπωπα,
καὶ γὰρ μνήμων εἰμί, πάϊς δ' ἔτι νήπιος ἦα." 95
ὣς φάτο, τῷ δ' ἄρα θυμὸς ἐνὶ στήθεσσιν ἐώλπει
νευρὴν ἐντανύειν διοϊστεύσειν τε σιδήρου.
ἦ τοι ὀϊστοῦ γε πρῶτος γεύσασθαι ἔμελλεν
ἐκ χειρῶν Ὀδυσῆος ἀμύμονος, ὃν τότ' ἀτίμα
ἥμενος ἐν μεγάροις, ἐπὶ δ' ὤρνυε πάντας ἑταίρους. 100
τοῖσι δὲ καὶ μετέειφ' ἱερὴ ἲς Τηλεμάχοιο·
"ὢ πόποι, ἦ μάλα με Ζεὺς ἄφρονα θῆκε Κρονίων·
μήτηρ μέν μοί φησι φίλη, πινυτή περ ἐοῦσα,
ἄλλῳ ἅμ' ἕψεσθαι νοσφισσαμένη τόδε δῶμα·
αὐτὰρ ἐγὼ γελόω καὶ τέρπομαι ἄφρονι θυμῷ. 105
ἀλλ' ἄγετε, μνηστῆρες, ἐπεὶ τόδε φαίνετ' ἄεθλον,
οἵη νῦν οὐκ ἔστι γυνὴ κατ' Ἀχαιΐδα γαῖαν,
οὔτε Πύλου ἱερῆς οὔτ' Ἄργεος οὔτε Μυκήνης,

Anderen Vorwand finden für euere Reden als diesen,
Daß ihr begehrt mich zu freien und heimzuführen als Ehweib.
Also heran ihr Freier, der Kampfpreis steht euch vor Augen!
Hieher setz ich des hehren Odysseus gewaltigen Bogen.
Wer ihn am leichtesten spannt mit den Händen, hier diesen Bogen,
Wer mir durch alle die zwölf bis zur letzten der Äxte hindurchschießt:
Diesem werde ich folgen; verlassen will ich das Haus hier,
Haus meiner Ehe, so wunderschön, so üppig im Wohlstand —
O, ich weiß es, gar manchmal denke ich seiner in Träumen."

Also sprach sie und hieß dann Eumaios, den göttlichen Sauhirt,
Hinzustellen den Freiern den Bogen, die düsteren Eisen.
Weinend empfing sie Eumaios und legte sie hin auf den Boden;
Irgendwo weinte beim Blick auf den Bogen des Herrn auch der Kuhhirt.
Aber Antinoos schalt und ließ sich deutlich vernehmen:

„Törichte Bauern, ihr denkt ja auf nichts als auf gestern und heute.
Elende Burschen, was bringt das Gemüt in der Brust ihr des Weibes
So in Erregung? Was sollen die Tränen? Beschwert ihr Gemüt nicht
Sonst schon Fülle des Leids? Sie verlor doch den liebenden Gatten!
Setzt euch und eßt ohne Worte, sonst müßtet ihr schließlich da draußen,
Dort vor der Tür, eure Tränen vergießen! Den Bogen doch laßt ihr
Hier bei den Freiern zum heillosen Wettkampf; nimmermehr, glaub ich,
Wird es ein Leichtes wohl sein, diesen glatten Bogen zu spannen.
Keiner nämlich von allen, die hier sind, ist so, wie Odysseus
Immer sich zeigte; ich hab ihn ja selbst noch gesehen und kann mich
Gut noch erinnern; doch war ich noch Kind und konnte kaum sprechen."

Also sprach er, und doch: sein Gemüt in der Brust war der Hoffnung,
Spannen werd' er den Bogen und schießen durch sämtliche Eisen.
Freilich war ihm bestimmt aus Odysseus, des trefflichen, Händen
Einen der Pfeile als Erster zu kosten; er saß ja im Hause,
Pflegte ihn da zu mißehren und hetzte bei allen Gefährten.

Aber Telemachos' heilige Kraft sprach auch unter ihnen:
„Was nicht gar! Zum Tölpel machte mich Zeus der Kronide.
Sagt mir die liebe Mutter, die wahrlich doch klug ist, sie wolle
Folgen dem anderen Manne und scheiden aus diesem Palaste.
Ich aber lache und freu mich in meinem Tölpelgemüte.
Also denn her meine Freier! der Kampfpreis steht euch vor Augen!
Solch ein Weib ist keines rundum im achaischen Lande,
Keines im heiligen Pylos, in Argos nicht, in Mykene,

οὔτ' αὐτῆς Ἰθάκης οὔτ' ἠπείροιο μελαίνης·
καὶ δ' αὐτοὶ τόδε ἴστε· τί με χρὴ μητέρος αἴνου; — 110
ἀλλ' ἄγε μὴ μύνῃσι παρέλκετε μηδ' ἔτι τόξου
δηρὸν ἀποτρωπᾶσθε τανυστύος, ὄφρα ἴδωμεν.
καὶ δέ κεν αὐτὸς ἐγὼ τοῦ τόξου πειρησαίμην·
εἰ δέ κεν ἐντανύσω διοϊστεύσω τε σιδήρου,
οὔ κέ μοι ἀχνυμένῳ τάδε δώματα πότνια μήτηρ 115
λείποι ἅμ' ἄλλῳ ἰοῦσ', ὅτ' ἐγὼ κατόπισθε λιποίμην
οἷός τ' ἤδη πατρὸς ἀέθλια κάλ' ἀνελέσθαι."

ἦ, καὶ ἀπ' ὤμοιιν χλαῖναν θέτο φοινικόεσσαν
ὀρθὸς ἀναΐξας, ἀπὸ δὲ ξίφος ὀξὺ θέτ' ὤμων.
πρῶτον μὲν πελέκεας στῆσεν, διὰ τάφρον ὀρύξας 120
πᾶσι μίαν μακρήν, καὶ ἐπὶ στάθμην ἴθυνεν,
ἀμφὶ δὲ γαῖαν ἔναξε. τάφος δ' ἕλε πάντας ἰδόντας,
ὡς εὐκόσμως στῆσε· πάρος δ' οὔ πώ ποτ' ὀπώπει.
στῆ δ' ἄρ' ἐπ' οὐδὸν ἰὼν καὶ τόξου πειρήτιζε.
τρὶς μέν μιν πελέμιξεν ἐρύσσεσθαι μενεαίνων, 125
τρὶς δὲ μεθῆκε βίης, ἐπιελπόμενος τό γε θυμῷ,
νευρὴν ἐντανύειν διοϊστεύσειν τε σιδήρου.
καί νύ κε δή ἐτάνυσσε βίῃ τὸ τέταρτον ἀνέλκων,
ἀλλ' Ὀδυσεὺς ἀνένευε καὶ ἔσχεθεν ἱέμενόν περ.

τοῖς δ' αὖτις μετέειφ' ἱερὴ ἲς Τηλεμάχοιο· 130
"ὢ πόποι, ἦ καὶ ἔπειτα κακός τ' ἔσομαι καὶ ἄκικυς,
ἠὲ νεώτερός εἰμι καὶ οὔ πω χερσὶ πέποιθα
ἄνδρ' ἀπαμύνασθαι, ὅτε τις πρότερος χαλεπήνῃ.
ἀλλ' ἄγεθ', οἵ περ ἐμεῖο βίῃ προφερέστεροί ἐστε,
τόξου πειρήσασθε, καὶ ἐκτελέωμεν ἄεθλον." 135

ὣς εἰπὼν τόξον μὲν ἀπὸ ἕο θῆκε χαμᾶζε,
κλίνας κολλητῇσιν ἐϋξέστῃς σανίδεσσιν,
αὐτοῦ δ' ὠκὺ βέλος καλῇ προσέκλινε κορώνῃ,
ἂψ δ' αὖτις κατ' ἄρ' ἕζετ' ἐπὶ θρόνου, ἔνθεν ἀνέστη.
τοῖσιν δ' Ἀντίνοος μετέφη, Εὐπείθεος υἱός· 140
"ὄρνυσθ' ἐξείης ἐπιδέξια πάντες ἑταῖροι,
ἀρξάμενοι τοῦ χώρου, ὅθεν τέ περ οἰνοχοεύει."

ὣς ἔφατ' Ἀντίνοος, τοῖσιν δ' ἐπιήνδανε μῦθος.
Λειώδης δὲ πρῶτος ἀνίστατο, Οἴνοπος υἱός,
ὅ σφι θυοσκόος ἔσκε, παρὰ κρητῆρα δὲ καλὸν 145
ἷζε μυχοίτατος αἰεί· ἀτασθαλίαι δέ οἱ οἴῳ

Auch nicht in Ithaka hier und nicht im schwarzen Festland.
All das wißt ihr ja selber; was brauch ich die Mutter zu loben?
Auf denn! Verschleppt nicht zögernd die Sache und drückt nicht mehr
Jetzt euch herum, den Bogen zu spannen, daß endlich wir sehen! [lange
Freilich, ich könnt es wohl selber mit diesem Bogen versuchen;
Spannte ich nämlich und schösse durch sämtliche Eisen, verließe
Dann meine waltende Mutter das Haus hier und folgte dem andern —
Wäre kein Grund mich zu grämen, daß ich der Verlassene wäre:
Tauglich wäre ich ja für des Vaters herrliche Preise."

Also sprach er und nahm von den Schultern den purpurnen Mantel,
Richtete stürmisch sich auf und nahm auch das Schwert von der Schulter.
Zunächst stellte die Äxte er auf und zog einen langen,
Einzigen Graben für alle; den zog er genau nach der Richtschnur,
Stampfte den Boden daneben, daß alle ein Staunen erfaßte;
Sahen sie doch, wie geordnet er stellte: er hatte ja vorher
Nie es gesehn. Er betrat dann die Schwelle und prüfte den Bogen.
Dreimal ging er daran ihn zu biegen und löste die Starre.
Dreimal verließ ihn die Kraft; doch hoffte er fest im Gemüte,
Schließlich die Sehne zu spannen, die Eisen doch zu durchschießen.
Wirklich hätte er doch noch gespannt, als zum vierten Male
Kräftig er zog; da winkte Odysseus und hemmte sein Mühen.
Aber Telemachos' heilige Kraft sprach wieder zu ihnen:

„Was nicht gar! Als ein übler Schwächling werd ich auch später
Gelten; ich bin noch zu jung, bin der Hände noch immer nicht sicher,
Muß einem Manne ich wehren, der anfängt zornig zu drohen.
Also heran ihr! Ihr seid ja an Kräften mir weit überlegen!
Macht den Versuch mit dem Bogen und bringen den Streit wir zu Ende!"

Also sprach er und legte den Bogen weg auf die Erde,
Lehnte ihn dort an die Tür, die gefegt und kräftig gefügt war,
Lehnte dazu noch das schnelle Geschoß mit dem herrlichen Ringe,
Setzte dann wieder sich hin auf den Stuhl, den zuvor er verlassen.

Aber der Sohn des Eupeithes, Antinoos, sagte zu ihnen:
„Macht nun voran, und rechts nach der Reihe, Gefährten ihr alle!
Dort beginnt ihr, am Platz, wo der Weinschenk ebenfalls anfängt!"

Also sagte Antinoos, sie aber zollten ihm Beifall.
Aufstand nunmehr als erster der Sohn des Oinops, Leiodes.
Opferschauer war er bei ihnen und saß bei dem schönen
Mischkrug immer im Winkel; als Feind ihres sinnlosen Treibens

ἐχθραὶ ἔσαν, πᾶσιν δὲ νεμέσσα μνηστήρεσσιν·
ὅς ῥα τότε πρῶτος τόξον λάβε καὶ βέλος ὠκύ.
στῆ δ' ἄρ' ἐπ' οὐδὸν ἰὼν καὶ τόξου πειρήτιζεν,
οὐδέ μιν ἐντάνυσε· πρὶν γὰρ κάμε χεῖρας ἀνέλκων 150
ἀτρίπτους ἁπαλάς. μετὰ δὲ μνηστῆρσιν ἔειπεν·
"ὢ φίλοι, οὐ μὲν ἐγὼ τανύω, λαβέτω δὲ καὶ ἄλλος.
πολλοὺς γὰρ τόδε τόξον ἀριστῆας κεκαδήσει
θυμοῦ καὶ ψυχῆς, ἐπεὶ ἦ πολὺ φέρτερόν ἐστι
τεθνάμεν ἢ ζώοντας ἁμαρτεῖν, οὗ θ' ἕνεκ' αἰεὶ 155
ἐνθάδ' ὁμιλέομεν, ποτιδέγμενοι ἤματα πάντα.
νῦν μέν τις καὶ ἔλπετ' ἐνὶ φρεσὶν ἠδὲ μενοινᾷ
γῆμαι Πηνελόπειαν, Ὀδυσσῆος παράκοιτιν·
αὐτὰρ ἐπὴν τόξου πειρήσεται ἠδὲ ἴδηται, —
ἄλλην δή τιν' ἔπειτα Ἀχαιϊάδων εὐπέπλων 160
μνάσθω ἐέδνοισιν διζήμενος· ἡ δέ κ' ἔπειτα
γήμαιθ' ὅς κε πλεῖστα πόροι καὶ μόρσιμος ἔλθοι."
ὣς ἄρ' ἐφώνησεν καὶ ἀπὸ ἕο τόξον ἔθηκε,
κλίνας κολλητῇσιν ἐϋξέστῃς σανίδεσσιν,
αὐτοῦ δ' ὠκὺ βέλος καλῇ προσέκλινε κορώνῃ, 165
ἂψ δ' αὖτις κατ' ἄρ' ἕζετ' ἐπὶ θρόνου, ἔνθεν ἀνέστη.
Ἀντίνοος δ' ἐνένιπεν ἔπος τ' ἔφατ' ἔκ τ' ὀνόμαζε·
"Λειῶδες, ποῖόν σε ἔπος φύγεν ἕρκος ὀδόντων,
δεινόν τ' ἀργαλέον τε, νεμεσσῶμαι δέ τ' ἀκούων,
εἰ δὴ τοῦτό γε τόξον ἀριστῆας κεκαδήσει 170
θυμοῦ καὶ ψυχῆς, ἐπεὶ οὐ δύνασαι σὺ τανύσσαι.
οὐ γάρ τοι σέ γε τοῖον ἐγείνατο πότνια μήτηρ,
οἷόν τε ῥυτῆρα βιοῦ τ' ἔμεναι καὶ ὀϊστῶν·
ἀλλ' ἄλλοι τανύουσι τάχα μνηστῆρες ἀγαυοί."
ὣς φάτο, καί ῥ' ἐκέλευσε Μελάνθιον, αἰπόλον αἰγῶν· 175
"ἄγρει δή, πῦρ κῆον ἐνὶ μεγάροισι, Μελανθεῦ,
πὰρ δὲ τίθει δίφρον τε μέγαν καὶ κῶας ἐπ' αὐτοῦ,
ἐκ δὲ στέατος ἔνεικε μέγαν τροχὸν ἔνδον ἐόντος,
ὄφρα νέοι θάλποντες, ἐπιχρίοντες ἀλοιφῇ,
τόξου πειρώμεσθα καὶ ἐκτελέωμεν ἄεθλον." 180
ὣς φάθ', ὁ δ' αἶψ' ἀνέκαιε Μελάνθιος ἀκάματον πῦρ,
πὰρ δὲ φέρων δίφρον θῆκεν καὶ κῶας ἐπ' αὐτοῦ,
ἐκ δὲ στέατος ἔνεικε μέγαν τροχὸν ἔνδον ἐόντος.
τῷ ῥα νέοι θάλποντες ἐπειρῶντ', οὐδ' ἐδύναντο

Einundzwanzigster Gesang

Zürnte er sämtlichen Freiern, als einziger solcher Gesinnung.
Dieser griff nun zuerst einen schnellen Pfeil und den Bogen,
Ging und stellte sich dann auf die Schwelle und prüfte den Bogen.
Aber er konnt ihn nicht spannen; die Hände versagten beim Ziehen
Schnell; verzärtelt und weich wie sie waren; da rief er den Freiern:

„Freunde, ich kann ihn nicht spannen, ein anderer mag danach greifen!
Ja, dieser Bogen wird vielen der Besten Gemüt und Seele
Schwer noch betrüben; und wahrlich: Tot sein, ist schon ein Vorteil
Gegen ein Leben, das doch nicht erreicht, weswegen wir immer
Hier uns versammeln und warten alle die Tage. So hofft denn
Mancher und denkt auch im Sinne, er werde wohl Penelopeia
Schließlich zur Frau noch bekommen, das ehliche Weib des Odysseus.
Aber wenn er den Bogen versucht und sieht — eine andre
Such er als Freier der herrlich gekleideten Fraun in Achaia,
Komme mit bräutlichen Gaben und unsere mag sich vermählen
Jenem, der ihr am reichlichsten bringt und kommt wie das Schicksal."

Also ließ er sich hören und legte den Bogen beiseite,
Lehnte ihn dort an die Tür, die gefegt und kräftig gefügt war,
Lehnte dazu das schnelle Geschoß mit dem herrlichen Ringe.
Setzte dann wieder sich hin auf den Stuhl, den zuvor er verlassen.

Aber Antinoos schalt und ließ sich deutlich vernehmen:
„Welches Wort, Leiodes, entschlüpfte dem Zaun deiner Zähne!
Schrecklich klingt es und arg; ich zürne, daß ich es hörte.
Wird dieser Bogen wirklich der Besten Gemüt und Seele
Schwer noch betrüben, weil du nicht die Kraft hast, selbst ihn zu span-
Freilich, dich hat die waltende Mutter nicht dazu geboren, [nen?
Daß du ein fähiger Schütze würdest für Pfeile und Bogen.
Aber die edlen anderen Freier — die werden ihn spannen."

Sprachs und gab dann dem Hirten der Ziegen, Melanthios, Auftrag:
„Vorwärts und frisch, Melanthios! mache uns Feuer im Saale,
Stell einen großen Stuhl dann dazu und lege ein Fell auf.
Talg liegt drinnen; da bring eine tüchtige Scheibe, damit ihn
Jüngere Leute erwärmen, mit Fett ihn bestreichen und wir dann
prüfend den Bogen versuchen; so bringen den Streit wir zu Ende."

Sprachs und Melanthios schürte sofort ein rastloses Feuer,
Stellte den großen Stuhl dann dazu und legte ein Fell auf.
Talg lag drinnen; er brachte herbei eine tüchtige Scheibe,
Jüngere Leute wärmten und machten Versuche, doch spannen

ἐντανύσαι, πολλὸν δὲ βίης ἐπιδευέες ἦσαν. 185
Ἀντίνοος δ' ἔτ' ἐπεῖχε καὶ Εὐρύμαχος θεοειδής,
ἀρχοὶ μνηστήρων· ἀρετῇ δ' ἔσαν ἔξοχ' ἄριστοι.
τὼ δ' ἐξ οἴκου βῆσαν ὁμαρτήσαντες ἅμ' ἄμφω
βουκόλος ἠδὲ συφορβὸς Ὀδυσσῆος θείοιο·
ἐκ δ' αὐτὸς μετὰ τοὺς δόμου ἤλυθε δῖος Ὀδυσσεύς. 190
ἀλλ' ὅτε δή ῥ' ἐκτὸς θυρέων ἔσαν ἠδὲ καὶ αὐλῆς,
φθεγξάμενός σφ' ἐπέεσσι προσηύδα μειλιχίοισι·
"βουκόλε καὶ σύ, συφορβέ, ἔπος τί κε μυθησαίμην,
ἦ αὐτὸς κεύθω; φάσθαι δέ με θυμὸς ἀνώγει.
ποῖοί κ' εἶτ' Ὀδυσῆϊ ἀμυνέμεν, εἴ ποθεν ἔλθοι 195
ὧδε μάλ' ἐξαπίνης καί τις θεὸς αὐτὸν ἐνείκαι;
ἦ κε μνηστήρεσσιν ἀμύνοιτ' ἢ Ὀδυσῆϊ;
εἴπαθ' ὅπως ὑμέας κραδίη θυμός τε κελεύει."
τὸν δ' αὖτε προσέειπε βοῶν ἐπιβουκόλος ἀνήρ·
"Ζεῦ πάτερ, αἲ γὰρ τοῦτο τελευτήσειας ἐέλδωρ, 200
ὡς ἔλθοι μὲν κεῖνος ἀνήρ, ἀγάγοι δέ ἑ δαίμων·
γνοίης χ', οἵη ἐμὴ δύναμις καὶ χεῖρες ἕπονται."
ὣς δ' αὔτως Εὔμαιος ἐπεύξατο πᾶσι θεοῖσι
νοστῆσαι Ὀδυσῆα πολύφρονα ὅνδε δόμονδε.
αὐτὰρ ἐπεὶ δὴ τῶν γε νόον νημερτέ' ἀνέγνω, 205
ἐξαῦτίς σφ' ἐπέεσσιν ἀμειβόμενος προσέειπεν·
"ἔνδον μὲν δὴ ὅδ' αὐτὸς ἐγώ, κακὰ πολλὰ μογήσας,
ἤλυθον εἰκοστῷ ἔτεϊ ἐς πατρίδα γαῖαν.
γινώσκω δ' ὡς σφῶϊν ἐελδομένοισιν ἱκάνω
οἴοισι δμώων· τῶν ἄλλων οὔ τευ ἄκουσα 210
εὐξαμένου ἐμὲ αὖτις ὑπότροπον οἴκαδ' ἱκέσθαι.
σφῶϊν δ', ὡς ἔσεταί περ, ἀληθείην καταλέξω·
εἴ χ' ὑπ' ἐμοί γε θεὸς δαμάσῃ μνηστῆρας ἀγαυούς,
ἄξομαι ἀμφοτέροις ἀλόχους καὶ κτήματ' ὀπάσσω
οἰκία τ' ἐγγὺς ἐμεῖο τετυγμένα· καί μοι ἔπειτα 215
Τηλεμάχου ἑτάρω τε κασιγνήτω τε ἔσεσθον.
εἰ δ' ἄγε δὴ καὶ σῆμα ἀριφραδὲς ἄλλο τι δείξω,
ὄφρα μ' ἐῢ γνῶτον πιστωθῆτόν τ' ἐνὶ θυμῷ,
οὐλήν, τήν ποτέ με σῦς ἤλασε λευκῷ ὀδόντι
Παρνησόνδ' ἐλθόντα σὺν υἱάσιν Αὐτολύκοιο." 220
ὣς εἰπὼν ῥάκεα μεγάλης ἀποέργαθεν οὐλῆς.
τὼ δ' ἐπεὶ εἰσιδέτην εὖ τ' ἐφράσσαντο ἕκαστα,

Konnten sie nicht; es versagten die Kräfte. Antinoos aber
Hielt noch zurück, auch der göttergleiche Eurymachos, beides
Führer der Freier; sie waren an Tüchtigkeit weitaus die besten.
    Aber die Hirten der Kühe und Schweine gingen zusammen
Beide heraus aus dem Hause des göttergleichen Odysseus;
Gleich hinter ihnen verließ dann das Haus auch der hehre Odysseus
Selber, und als sie dann richtig die Tür und sogar noch den Hofraum
Hinter sich hatten, da sprach er zu ihnen mit schmeichelnden Worten:
    „Kuhhirt du, und du Sauhirt, kann ich ein Wort euch erzählen?
Oder behalt ichs bei mir? Doch heißt mein Gemüt mich zu sprechen.
Wärt ihr bereit dem Odysseus zu helfen, wenn er grad käme
Irgendwoher, so ganz plötzlich, ein Gott ihn brächte; wem wolltet
Helfend ihr beistehn, dort jenen Freiern oder Odysseus?
Sprecht es nur aus, grad so, wie Gemüt und Herz es euch heißen!"
    Ihm erwiderte aber der Mann, der die Rinder betreute:
„Vater Zeus! O möchtest du doch diesen Wunsch mir erfüllen!
Käme er doch, jener Mann, o brächte ihn her eine Gottheit!
Merken könntest du dann, wie Kraft mir und Fäuste gehorchen."
    Ebenso flehte dann betend Eumaios zu sämtlichen Göttern,
Heim und nach Hause kehre zurück der gescheite Odysseus.
Aber da er nun wirklich ihr ehrliches Denken erkannte,
Hob er von neuem an und gab ihnen deutliche Antwort:
    „Drinnen, ich bin es, wirklich ich selbst! Nach Leiden in Fülle
Fand ich im zwanzigsten Jahre den Weg ins Land meiner Heimat.
Ja, ich weiß es. Ihr seid meine einzigen Diener, bei denen
Harrendes Wünschen sich doch noch erfüllt durch mein Kommen; ich habe
Keinen der anderen beten gehört, daß nach Hause ich kehre.
Euch aber will ich die Wahrheit sagen für künftige Zeiten:
Wenn ein Gott durch mich jene adligen Freier vernichtet,
Dann werd ich Weiber euch geben zur Ehe, Besitz auch verschaffen,
Feste Häuser neben dem meinen; ihr werdet Gefährten,
Brüder werdet ihr sein des Telemachos. Aber nun weiter!
Zeigen will ich euch auch noch ein anderes deutliches Zeichen:
Daran erkennt ihr mich gut und glaubt mir fest im Gemüte:
Hier diese Narbe, sie schlug mir mit leuchtendem Hauer der Eber,
Als zum Parnassos ich ging dereinst mit Autolykos' Söhnen."
    Also sprach er und schob von der mächtigen Narbe die Lumpen.
Beide schauten sie an und erwogen das Einzelne gründlich.

κλαῖον ἄρ' ἀμφ' Ὀδυσῆι δαΐφρονι χεῖρε βαλόντε
καὶ κύνεον ἀγαπαζόμενοι κεφαλήν τε καὶ ὤμους·
ὣς δ' αὔτως Ὀδυσεὺς κεφαλὰς καὶ χεῖρας ἔκυσσε. 225
καί νύ κ' ὀδυρομένοισιν ἔδυ φάος ἠελίοιο,
εἰ μὴ Ὀδυσσεὺς αὐτὸς ἐρύκακε φώνησέν τε·

"παύεσθον κλαυθμοῖο γόοιό τε, μή τις ἴδηται
ἐξελθὼν μεγάροιο, ἀτὰρ εἴπῃσι καὶ εἴσω.
ἀλλὰ προμνηστῖνοι ἐσέλθετε, μηδ' ἅμα πάντες, 230
πρῶτος ἐγώ, μετὰ δ' ὕμμες. ἀτὰρ τόδε σῆμα τετύχθω·
ἄλλοι μὲν γὰρ πάντες, ὅσοι μνηστῆρες ἀγαυοί,
οὐκ ἐάσουσιν ἐμοὶ δόμεναι βιὸν ἠδὲ φαρέτρην·
ἀλλὰ σύ, δῖ' Εὔμαιε, φέρων ἀνὰ δώματα τόξον
ἐν χείρεσσιν ἐμοὶ θέμεναι, εἰπεῖν δὲ γυναιξὶ 235
κληῖσαι μεγάροιο θύρας πυκινῶς ἀραρυίας·
ἢν δέ τις ἢ στοναχῆς ἠὲ κτύπου ἔνδον ἀκούσῃ
ἀνδρῶν ἡμετέροισιν ἐν ἕρκεσι, μή τι θύραζε
προβλώσκειν, ἀλλ' αὐτοῦ ἀκὴν ἔμεναι παρὰ ἔργῳ.
σοὶ δέ, Φιλοίτιε δῖε, θύρας ἐπιτέλλομαι αὐλῆς 240
κληῖσαι κληῖδι, θοῶς δ' ἐπὶ δεσμὸν ἰῆλαι."

ὣς εἰπὼν εἰσῆλθε δόμους εὖ ναιετάοντας·
ἕζετ' ἔπειτ' ἐπὶ δίφρον ἰών, ἔνθεν περ ἀνέστη.
ἐς δ' ἄρα καὶ τὼ δμῶε ἴτην θείου Ὀδυσῆος.

Εὐρύμαχος δ' ἤδη τόξον μετὰ χερσὶν ἐνώμα, 245
θάλπων ἔνθα καὶ ἔνθα σέλᾳ πυρός· ἀλλά μιν οὐδ' ὣς
ἐντανύσαι δύνατο, μέγα δ' ἔστενε κυδάλιμον κῆρ·
ὀχθήσας δ' ἄρα εἶπεν ἔπος τ' ἔφατ' ἔκ τ' ὀνόμαζεν·

"ὢ πόποι, ἦ μοι ἄχος περί τ' αὐτοῦ καὶ περὶ πάντων.
οὔ τι γάμου τοσσοῦτον ὀδύρομαι, ἀχνύμενός περ· — 250
εἰσὶ καὶ ἄλλαι πολλαὶ Ἀχαιΐδες, αἱ μὲν ἐν αὐτῇ
ἀμφιάλῳ Ἰθάκῃ, αἱ δ' ἄλλῃσιν πολίεσσιν· —
ἀλλ' εἰ δὴ τοσσόνδε βίης ἐπιδευέες εἰμὲν
ἀντιθέου Ὀδυσῆος, ὅ τ' οὐ δυνάμεσθα τανύσσαι
τόξον· ἐλεγχείη δὲ καὶ ἐσσομένοισι πυθέσθαι." 255

τὸν δ' αὖτ' Ἀντίνοος προσέφη, Εὐπείθεος υἱός·
"Εὐρύμαχ', οὐχ οὕτως ἔσται· νοέεις δὲ καὶ αὐτός.
νῦν μὲν γὰρ κατὰ δῆμον ἑορτὴ τοῖο θεοῖο
ἁγνή· τίς δέ κε τόξα τιταίνοιτ'; ἀλλὰ ἕκηλοι
κάτθετ'. ἀτὰρ πελέκεάς γε καὶ εἴ κ' εἰῶμεν ἅπαντας 260

Weinend schlugen sie dann um den klugen Odysseus die Arme,
Küßten ihm Kopf und Schulter und hießen ihn herzlich willkommen.
Ebenso küßte auch ihnen Odysseus den Kopf und die Hände.
Rührung und Klagen wurden nicht stumm bis zum Sinken der Sonne,
Hätte Odysseus nicht selber gesprochen und Einhalt geboten:
„Hört jetzt auf mit Weinen und Jammern; es darf uns doch niemand
Sehn, der den Saal verläßt, und keiner darf drinnen uns melden.
Geht nun hinein, nicht beide! Wir gehen hintereinander,
Ich zuerst, dann ihr! Und dieses gelte als Zeichen:
Alle andern, so viele es sind, die adligen Freier,
Werden nicht dulden, daß mir einer Bogen und Pfeile verabreicht;
Du aber, hehrer Eumaios, bring mir den Bogen im Saale,
Lege ihn mir in die Hände und sage den Weibern, sie sollen
Sämtliche festgezimmerten Türen des Saales versperren;
Keine darf mehr ins Freie hinaus, auch wenn sie Gestöhne
Hört oder Lärmen von Männern und Krachen in unseren Räumen.
Jede tu ihre Arbeit und bleibe dabei und schweige!
Du aber, hehrer Philoitios, schließe mit Schlüssel das Hoftor,
Schling auch ein Seil noch in Eile darum; so lautet dein Auftrag!"

Also sprach er und ging in das Haus mit der trefflichen Wohnung,
Setzte dann wieder sich hin auf den Stuhl, den zuvor er verlassen.
Ebenso taten die Diener des göttergleichen Odysseus.

Aber Eurymachos drehte den Bogen bereits mit den Händen,
Wärmte ihn allseits an im Glanze des Feuers, doch spannen
Konnt er ihn trotzdem nicht; nur ein laut vernehmbarer Seufzer
Quoll aus dem stolzen Herzen; er zürnte und sagte bedeutsam:
„Was nicht gar! ich leide um mich und leide um alle.
Traurig bin ich ja wohl, doch klag ich nicht so um die Heirat.
Viele andere Fraun in Achaia sind noch zu haben,
Dort in den Städten und hier im umströmten Ithaka selber.
Aber wenn im Vergleich zum göttergleichen Odysseus
So unsere Kräfte versagen und wir nicht vermögen den Bogen
Wirklich zu spannen, sind Schande und Schimpf uns gewiß bei der Nach-
    Aber Eupeithes' Sohn, Antinoos, sagte dagegen: [welt."
„Nimmer, Eurymachos, wird es so kommen, das weißt du doch selber.
Heute feiern wir doch im Volke das Fest unsres Gottes,
Heilig ist es; wer schießt da mit Bogen? Legt ihn in Ruhe
Weg! doch die Beile, auch wenn wir sie lassen, die bleiben wohl stehen;

ἑστάμεν· οὐ μὲν γάρ τιν' ἀναιρήσεσθαι ὀΐω,
ἐλθόντ' ἐς μέγαρον Λαερτιάδεω Ὀδυσῆος.
ἀλλ' ἄγετ', οἰνοχόος μὲν ἐπαρξάσθω δεπάεσσιν,
ὄφρα σπείσαντες καταθείομεν ἀγκύλα τόξα·
ἠῶθεν δὲ κέλεσθε Μελάνθιον, αἰπόλον αἰγῶν, 265
αἶγας ἄγειν, αἳ πᾶσι μέγ' ἔξοχοι αἰπολίοισιν,
ὄφρ' ἐπὶ μηρία θέντες Ἀπόλλωνι κλυτοτόξῳ
τόξου πειρώμεσθα καὶ ἐκτελέωμεν ἄεθλον."

ὣς ἔφατ' Ἀντίνοος, τοῖσιν δ' ἐπιήνδανε μῦθος.
τοῖσι δὲ κήρυκες μὲν ὕδωρ ἐπὶ χεῖρας ἔχευαν, 270
κοῦροι δὲ κρητῆρας ἐπεστέψαντο ποτοῖο,
νώμησαν δ' ἄρα πᾶσιν ἐπαρξάμενοι δεπάεσσιν.
οἱ δ' ἐπεὶ οὖν σπεῖσάν τε πίον θ', ὅσον ἤθελε θυμός,
τοῖς δὲ δολοφρονέων μετέφη πολύμητις Ὀδυσσεύς·

"κέκλυτέ μευ, μνηστῆρες ἀγακλειτῆς βασιλείης, 275
ὄφρ' εἴπω, τά με θυμὸς ἐνὶ στήθεσσι κελεύει·
Εὐρύμαχον δὲ μάλιστα καὶ Ἀντίνοον θεοειδέα
λίσσομ', ἐπεὶ καὶ τοῦτο ἔπος κατὰ μοῖραν ἔειπε,
νῦν μὲν παῦσαι τόξον, ἐπιτρέψαι δὲ θεοῖσιν·
ἠῶθεν δὲ θεὸς δώσει κράτος, ᾧ κ' ἐθέλησιν. 280
ἀλλ' ἄγ' ἐμοὶ δότε τόξον ἐΰξοον, ὄφρα μεθ' ὑμῖν
χειρῶν καὶ σθένεος πειρήσομαι, ἤ μοι ἔτ' ἐστὶν
ἴς, οἵη πάρος ἔσκεν ἐνὶ γναμπτοῖσι μέλεσσιν,
ἦ ἤδη μοι ὄλεσσεν ἄλη τ' ἀκομιστίη τε."

ὣς ἔφαθ', οἱ δ' ἄρα πάντες ὑπερφιάλως νεμέσησαν, 285
δείσαντες μὴ τόξον ἐΰξοον ἐντανύσειεν.
Ἀντίνοος δ' ἐνένιπεν ἔπος τ' ἔφατ' ἔκ τ' ὀνόμαζεν·

"ἆ δειλὲ ξείνων, ἔνι τοι φρένες οὐδ' ἡβαιαί.
οὐκ ἀγαπᾷς, ὃ ἕκηλος ὑπερφιάλοισι μεθ' ἡμῖν
δαίνυσαι οὐδέ τι δαιτὸς ἀμέρδεαι, αὐτὰρ ἀκούεις 290
μύθων ἡμετέρων καὶ ῥήσιος; οὐδέ τις ἄλλος
ἡμετέρων μύθων ξεῖνος καὶ πτωχὸς ἀκούει.
οἶνός σε τρώει μελιηδής, ὅς τε καὶ ἄλλους
βλάπτει, ὃς ἄν μιν χανδὸν ἕλῃ μηδ' αἴσιμα πίνῃ.
οἶνος καὶ Κένταυρον, ἀγακλυτὸν Εὐρυτίωνα, 295
ἄασ' ἐνὶ μεγάρῳ μεγαθύμου Πειριθόοιο,
ἐς Λαπίθας ἐλθόνθ'· ὁ δ' ἐπεὶ φρένας ἄασεν οἴνῳ,
μαινόμενος κάκ' ἔρεξε δόμον κάτα Πειριθόοιο.

Niemand kommt in den Saal des Sohns des Laërtes, Odysseus,
Mein ich, und holt sie uns weg. Wir beginnen! Der Mundschenk fülle
Uns hier die Becher zur ersten Spende; wir wollen sie bringen.
Dann aber werden den krummen Bogen zur Seite wir legen!
Morgen erhält der Hirte der Ziegen, Melanthios, Auftrag,
Ziegen zu bringen, die besten von allen den Herden. Die Schenkel
Opfern zuerst wir dem ruhmvollen Schützen Apollo und wollen
Dann erst den Bogen prüfend versuchen und enden den Wettstreit."
  Also sagte Antinoos, sie aber zollten ihm Beifall.
Ihnen nun gossen die Rufer Wasser über die Hände,
Randvoll füllten die Krüge zum Mischen die jüngeren Diener,
Schenkten in sämtliche Becher, damit sie das Opfer begännen.
Als sie gespendet und, was ihr Gemüt verlangte, getrunken,
Sprach mit listigem Sinn der einfallreiche Odysseus:
  „Hört auf mich, ihr Freier der Königin, die so berühmt ist,
Sagen möchte ich, was mein Gemüt in der Brust mir gebietet:
Herzlich bitt ich Eurymachos, herzlich Antinoos, der ja
Göttern gleicht, und den Vorschlag, jetzt den Bogen zu lassen,
Vielmehr euch an die Götter zu wenden, ganz sachlich gemacht hat —
Morgen gibt dann der Gott, wem er will, die entscheidende Stärke —
Gebt also mir auch den trefflich geglätteten Bogen; ich möchte
Gerne vor eueren Augen die Kraft meiner Hände versuchen,
Ob mich mein Elend, ob mich der Mangel an Pflege verdarben,
Oder die Stärke noch da ist wie sonst in den biegsamen Gliedern!"
  Also sprach er, doch jene verfielen in haltloses Wüten,
Freilich aus Furcht, er könnte den glatten Bogen wohl spannen.
Aber Antinoos schalt und ließ sich deutlich vernehmen:
  „Elender Fremdling, Verstand steckt wahrlich in dir nicht ein bißchen.
Hast nicht genug, so in Ruhe bei haltlosen Männern zu schmausen,
Keiner enthält dir was vor bei der Mahlzeit; dazu vernimmst du
Gar unsre Worte und Reden! Kein einziger anderer Fremder,
Nicht ein einziger Bettler, vernimmt unsre Worte. Es quält dich
Sicher der Wein, der süß ist wie Honig und der ja auch andre
Schädigt, säuft man mit offenem Mund, statt gebührlich zu trinken.
Wein hat im Saale des hochgemuten Peirithoos einst auch
Jenen berühmten Kentauren Eurytion völlig verblendet:
Als den Verstand er als Gast der Lapithen mit Wein sich verdorben,
Raste er los um im Haus des Peirithoos Übles zu stiften.

ἥρωας δ' ἄχος εἷλε, διὲκ προθύρου δὲ θύραζε
ἕλκον ἀναΐξαντες, ἀπ' οὔατα νηλέι χαλκῷ 300
ῥῖνάς τ' ἀμήσαντες· ὁ δὲ φρεσὶν ᾗσιν ἀασθεὶς
ἤιεν ἥν ἄτην ὀχέων ἀεσίφρονι θυμῷ.
ἐξ οὗ Κενταύροισι καὶ ἀνδράσι νεῖκος ἐτύχθη,
οἱ δ' αὐτῷ πρώτῳ κακὸν εὕρετο οἰνοβαρείων.
ὣς καὶ σοὶ μέγα πῆμα πιφαύσκομαι, αἴ κε τὸ τόξον 305
ἐντανύσῃς· οὐ γάρ τευ ἐπητύος ἀντιβολήσεις
ἡμετέρῳ ἐνὶ δήμῳ, ἄφαρ δέ σε νηὶ μελαίνῃ
εἰς Ἔχετον βασιλῆα, βροτῶν δηλήμονα πάντων,
πέμψομεν· ἔνθεν δ' οὔ τι σαώσεαι. ἀλλὰ ἕκηλος
πῖνέ τε μηδ' ἐρίδαινε μετ' ἀνδράσι κουροτέροισι." 310
  τὸν δ' αὖτε προσέειπε περίφρων Πηνελόπεια·
"Ἀντίνο', οὐ μὲν καλὸν ἀτέμβειν οὐδὲ δίκαιον
ξείνους Τηλεμάχου, ὅς κεν τάδε δώμαθ' ἵκηται.
ἔλπεαι, αἴ χ' ὁ ξεῖνος Ὀδυσσῆος μέγα τόξον
ἐντανύσῃ χερσίν τε βίηφί τε ἧφι πιθήσας, 315
οἴκαδέ μ' ἄξεσθαι καὶ ἑὴν θήσεσθαι ἄκοιτιν;
οὐδ' αὐτός που τοῦτό γ' ἐνὶ στήθεσσιν ἔολπε·
μηδέ τις ὑμείων τοῦ γ' εἵνεκα θυμὸν ἀχεύων
ἐνθάδε δαινύσθω, ἐπεὶ οὐδὲ μὲν οὐδὲ ἔοικε."
  τὴν δ' αὖτ' Εὐρύμαχος, Πολύβου πάϊς, ἀντίον ηὔδα· 320
"κούρη Ἰκαρίοιο, περίφρων Πηνελόπεια,
οὔ τί σε τόνδ' ἄξεσθαι ὀιόμεθ', οὐδὲ ἔοικεν,
ἀλλ' αἰσχυνόμενοι φάτιν ἀνδρῶν ἠδὲ γυναικῶν,
μή ποτέ τις εἴπῃσι κακώτερος ἄλλος Ἀχαιῶν·
'ἦ πολὺ χείρονες ἄνδρες ἀμύμονος ἀνδρὸς ἄκοιτιν 325
μνῶνται, οὐδέ τι τόξον ἐΰξοον ἐντανύουσιν·
ἀλλ' ἄλλος τις πτωχὸς ἀνὴρ ἀλαλήμενος ἐλθὼν
ῥηιδίως ἐτάνυσσε βιόν, διὰ δ' ἧκε σιδήρου.'
ὣς ἐρέουσ', ἡμῖν δ' ἂν ἐλέγχεα ταῦτα γένοιτο."
  τὸν δ' αὖτε προσέειπε περίφρων Πηνελόπεια· 330
"Εὐρύμαχ', οὔ πως ἔστιν ἐϋκλεῖας κατὰ δῆμον
ἔμμεναι, οἳ δὴ οἶκον ἀτιμάζοντες ἔδουσιν
ἀνδρὸς ἀριστῆος· τί δ' ἐλέγχεα ταῦτα τίθεσθε;
οὗτος δὲ ξεῖνος μάλα μὲν μέγας ἠδ' εὐπηγής,
πατρὸς δ' ἐξ ἀγαθοῦ γένος εὔχεται ἔμμεναι υἱός. 335
ἀλλ' ἄγε οἱ δότε τόξον ἐΰξοον, ὄφρα ἴδωμεν.

Ärger ergriff da die Helden, sie stürmten empor; durch die Vortür
Zerrten sie ihn dann ins Freie und mähten mit herzlosem Eisen
Ohren und Nase ihm ab. Sein Sinn ward so ihm verblendet,
Daß die Verblendung er schleppte und schlich mit betörtem Gemüte.
Seitdem streiten Kentauren und Männer; den Anfang vom Unheil
Machte doch er bei sich selber und fand ihn im schweren Weinrausch.
Gradso verkünd ich auch dir ein gewaltiges Leid beim Versuche
Einzuhängen den Bogen; nicht Mitleid wirst du dann finden
Hier in unserem Volke; auf schwarzem Schiffe zum König
Echetos schicken wir dich, der Sterblichen aller Vernichter,
Und das sofort; von dort ist kein Heil. Drum trinke in Ruhe,
Stifte nicht Streit unter Männern, die doch noch jünger als du sind!"
 Ihm entgegnete wieder die kluge Penelopeia:
„Nein, Antinoos; Gäste Telemachos', die in dies Haus hier
Kommen, nicht gelten zu lassen, ist unschön, wäre auch unrecht.
Oder erwartest du gar, wenn Odysseus' mächtigen Bogen
Hier dieser Fremdling spannt im Vertrauen auf Hände und Kräfte,
Daß er mich heim dann führe, zur eigenen Gattin mich mache?
Solche Hoffnung hegt in der Brust er wohl selbst nicht. Von euch doch
Gräme sich keiner deswegen in seinem Gemüte; er schmause
Weiter bei uns; der Gedanke ziemt sich, er ziemt sich doch gar nicht."
 Ihr entgegnete Polybos' Sohn Eurymachos wieder:
„Nein, Ikarios' Tochter, gescheite Penelopeia:
Dieser führt dich nicht heim, das glauben wir nicht und es ziemte
Wahrlich sich nicht. Doch der Ruf bei Männern und Frauen — es wäre
Schändlich, wenn einst ein Achaier, ein anderer, schlechterer sagte:
Werben da mindere Männer die Frau eines trefflichen Mannes,
Sind aber gar nicht im Stand, seinen glatten Bogen zu spannen.
Aber ein anderer kam, ein Bettelmann und ein Stromer;
Der aber spannte den Bogen leicht und schoß durch die Eisen.
Also werden sie reden, für uns doch wär es ein Vorwurf."
 Ihm doch erwiderte da die gescheite Penelopeia:
„Nein, Eurymachos! Ruhm beim Volke genießen nicht Leute,
Wenn sie im Haus eines vornehmen Mannes nur essen und dieses
Dadurch wirklich mißehren. Was meint ihr zu solcherlei Vorwurf?
Hier ist ein Gast von besonderer Größe und kräftig gewachsen,
Rühmt sich als Sohn eines tüchtigen Vaters seines Geschlechtes:
Also gebt ihm den Bogen, den glatten, wir wollen doch sehen.

ὧδε γὰρ ἐξερέω, τὸ δὲ καὶ τετελεσμένον ἔσται·
εἴ κέ μιν ἐντανύσῃ, δώῃ δέ οἱ εὖχος Ἀπόλλων,
ἕσσω μιν χλαῖνάν τε χιτῶνά τε, εἵματα καλά,
δώσω δ' ὀξὺν ἄκοντα, κυνῶν ἀλκτῆρα καὶ ἀνδρῶν, 340
καὶ ξίφος ἄμφηκες· δώσω δ' ὑπὸ ποσσὶ πέδιλα,
πέμψω δ' ὅππῃ μιν κραδίη θυμός τε κελεύει."
  τὴν δ' αὖ Τηλέμαχος πεπνυμένος ἀντίον ηὔδα·
"μῆτερ ἐμή, τόξον μὲν Ἀχαιῶν οὔ τις ἐμεῖο
κρείσσων, ᾧ κ' ἐθέλω, δόμεναί τε καὶ ἀρνήσασθαι, 345
οὔθ' ὅσσοι κραναὴν Ἰθάκην κάτα κοιρανέουσιν,
οὔθ' ὅσσοι νήσοισι πρὸς Ἤλιδος ἱπποβότοιο·
τῶν οὔ τίς μ' ἀέκοντα βιήσεται, αἴ κ' ἐθέλωμι
καὶ καθάπαξ ξείνῳ δόμεναι τάδε τόξα φέρεσθαι.
ἀλλ' εἰς οἶκον ἰοῦσα τὰ σ' αὐτῆς ἔργα κόμιζε, 350
ἱστόν τ' ἠλακάτην τε, καὶ ἀμφιπόλοισι κέλευε
ἔργον ἐποίχεσθαι· τόξον δ' ἄνδρεσσι μελήσει
πᾶσι, μάλιστα δ' ἐμοί· τοῦ γὰρ κράτος ἔστ' ἐνὶ οἴκῳ."
  ἡ μὲν θαμβήσασα πάλιν οἰκόνδε βεβήκει·
παιδὸς γὰρ μῦθον πεπνυμένον ἔνθετο θυμῷ. 355
ἐς δ' ὑπερῷ' ἀναβᾶσα σὺν ἀμφιπόλοισι γυναιξὶ
κλαῖεν ἔπειτ' Ὀδυσῆα, φίλον πόσιν, ὄφρα οἱ ὕπνον
ἡδὺν ἐπὶ βλεφάροισι βάλε γλαυκῶπις Ἀθήνη.
  αὐτὰρ ὁ τόξα λαβὼν φέρε καμπύλα δῖος ὑφορβός·
μνηστῆρες δ' ἄρα πάντες ὁμόκλεον ἐν μεγάροισιν· 360
ὧδε δέ τις εἴπεσκε νέων ὑπερηνορεόντων·
  "πῇ δὴ καμπύλα τόξα φέρεις, ἀμέγαρτε συβῶτα,
πλαγκτέ; τάχ' αὖ σ' ἐφ' ὕεσσι κύνες ταχέες κατέδονται
οἷον ἀπ' ἀνθρώπων, οὓς ἔτρεφες, εἴ κεν Ἀπόλλων
ἡμῖν ἱλήκῃσι καὶ ἀθάνατοι θεοὶ ἄλλοι." 365
  ὣς φάσαν, αὐτὰρ ὁ θῆκε φέρων αὐτῇ ἐνὶ χώρῃ,
δείσας, οὕνεκα πολλοὶ ὁμόκλεον ἐν μεγάροισι.
Τηλέμαχος δ' ἑτέρωθεν ἀπειλήσας ἐγεγώνει·
  "ἄττα, πρόσω φέρε τόξα· τάχ' οὐκ εὖ πᾶσι πιθήσεις·
μή σε καὶ ὁπλότερός περ ἐὼν ἀγρόνδε δίωμαι 370
βάλλων χερμαδίοισι· βίηφι δὲ φέρτερός εἰμι.
αἲ γὰρ πάντων τόσσον, ὅσοι κατὰ δώματ' ἔασι,
μνηστήρων χερσίν τε βίηφί τε φέρτερος εἴην·
τῷ κε τάχα στυγερῶς τιν' ἐγὼ πέμψαιμι νέεσθαι

So aber künde ich laut, und so wird die Sache auch enden:
Hängt er den Bogen jetzt ein und verleiht ihm Ehre Apollon,
Kleide ich ihn mit Leibrock, Mantel und schönen Gewändern;
Auch einen spitzigen Speer, den Hunden zu wehren und Männern,
Auch noch ein Schwert mit doppeltem Schliff, für die Füße Sandalen
Gebe ich ihm und Geleit, wie sein Herz und Gemüt es verlangen."

Ihr aber hielt der gewandte Telemachos wieder entgegen:
„Meine Mutter, befugter als ich ist kein andrer Achaier
Hier diesen Bogen zu geben, zu weigern nach meinem Belieben,
Sämtliche nicht, die im steinigen Ithaka sitzen als Herren,
Sämtliche nicht auf den Inseln vor Elis, der Weide für Rosse;
Wenn ich es will, so hindert mich keiner von ihnen, und wenn ich
Hier diesen Bogen für immer dem Fremden zum Tragen auch gäbe!
Du aber gehe ins Haus und besorge die eignen Geschäfte,
Spindel und Webstuhl, heiß deine dienenden Frauen, sie sollen
Auch ans Geschäft sich begeben. Der Bogen ist Sache der Männer;
Aller, vor allem die meine; denn mein ist die Macht hier im Hause."

Sie aber ging voll Staunens zurück in die Wohnung und wahrte
Dieses gewandte Wort ihres Sohnes tief im Gemüte,
Stieg mit den dienenden Frauen hinauf in die Obergemächer,
Weinte dann dort um Odysseus, den Mann, den geliebten, bis süßen
Schlaf auf die Lider ihr senkte Athene mit Augen der Eule.

Er aber holte den krummen Bogen, der göttliche Sauhirt,
Während die sämtlichen Freier im Saale ihn schreiend beschimpften.
Mancher der allzu männlichen Jungen ließ da verlauten:

„Wohin trägst du den krummen Bogen, du heilloser Sauhirt?
Strolch du! Dich fressen die hurtigen Hunde, die selber du aufzogst,
Fern von den Menschen und gleich bei den Schweinen, wenn uns Apollon,
Wenn uns die andern unsterblichen Götter Gnade verleihen."

Sagtens und furchtsam legte er ihn so grad auf den Boden,
Schalt doch die ganze Menge auf ihn im Palaste. Da drohte
Laut auf der anderen Seite Telemachos, daß er es hörte:

„Vorwärts, Väterchen! Bring ihm den Bogen! Der Menge gehorchen
Wird dir nicht gut tun in Kürze; ich bin ja wohl jünger, daß nur nicht
Fort auf das Feld ich dich jage mit Steinen! Ich bin dir ja über,
Gilt es die Kräfte. Ich wollte, dies gälte für alle im Hause,
Alle die Freier, daß stärker ich wäre an Kräften und Fäusten:
Rasch und so, daß ihm graut, wollte manchen nach Hause ich schicken,

ἡμετέρου ἐξ οἴκου, ἐπεὶ κακὰ μηχανόωνται."   375
    ὣς ἔφαθ', οἱ δ' ἄρα πάντες ἐπ' αὐτῷ ἡδὺ γέλασσαν
μνηστῆρες καὶ δὴ μέθιεν χαλεποῖο χόλοιο
Τηλεμάχῳ· τὰ δὲ τόξα φέρων ἀνὰ δῶμα συβώτης
ἐν χείρεσσ' Ὀδυσῆϊ δαΐφρονι θῆκε παραστάς.
ἐκ΄ δὲ καλεσσάμενος προσέφη τροφὸν Εὐρύκλειαν·   380
    "Τηλέμαχος κέλεταί σε, περίφρων Εὐρύκλεια,
κληῖσαι μεγάροιο θύρας πυκινῶς ἀραρυίας·
ἢν δέ τις ἢ στοναχῆς ἠὲ κτύπου ἔνδον ἀκούσῃ
ἀνδρῶν ἡμετέροισιν ἐν ἕρκεσι, μή τι θύραζε
προβλώσκειν, ἀλλ' αὐτοῦ ἀκὴν ἔμεναι παρὰ ἔργῳ."   385
    ὣς ἄρ' ἐφώνησεν, τῇ δ' ἄπτερος ἔπλετο μῦθος,
κλήϊσεν δὲ θύρας μεγάρων ἐῢ ναιεταόντων.
    σιγῇ δ' ἐξ οἴκοιο Φιλοίτιος ἆλτο θύραζε,
κλήϊσεν δ' ἄρ' ἔπειτα θύρας εὐερκέος αὐλῆς.
κεῖτο δ' ὑπ' αἰθούσῃ σοῦσον νεὸς ἀμφιελίσσης   390
βύβλινον, ᾧ ῥ' ἐπέδησε θύρας, ἐς δ' ἤϊεν αὐτός·
ἕζετ' ἔπειτ' ἐπὶ δίφρον ἰών, ἔνθεν περ ἀνέστη,
εἰσορόων Ὀδυσῆα. ὁ δ' ἤδη τόξον ἐνώμα
πάντῃ ἀναστρωφῶν, πειρώμενος ἔνθα καὶ ἔνθα,
μὴ κέρα ἶπες ἔδοιεν ἀποιχομένοιο ἄνακτος.   395
ὧδε δέ τις εἴπεσκεν ἰδὼν ἐς πλησίον ἄλλον·
    "ἦ τις θηητὴρ καὶ ἐπίκλοπος ἔπλετο τόξων·
ἦ ῥά νύ που τοιαῦτα καὶ αὐτῷ οἴκοθι κεῖται,
ἢ ὅ γ' ἐφορμᾶται ποιησέμεν, ὡς ἐνὶ χερσὶ
νωμᾷ ἔνθα καὶ ἔνθα κακῶν ἔμπαιος ἀλήτης."   400
    ἄλλος δ' αὖτ' εἴπεσκε νέων ὑπερηνορεόντων·
    "αἲ γὰρ δὴ τοσσοῦτον ὀνήσιος ἀντιάσειεν,
ὡς οὗτός ποτε τοῦτο δυνήσεται ἐντανύσασθαι."
    ὣς ἄρ' ἔφαν μνηστῆρες· ἀτὰρ πολύμητις Ὀδυσσεύς,
αὐτίκ' ἐπεὶ μέγα τόξον ἐβάστασε καὶ ἴδε πάντῃ,   405
ὡς ὅτ' ἀνὴρ φόρμιγγος ἐπιστάμενος καὶ ἀοιδῆς
ῥηϊδίως ἐτάνυσσε νέῳ περὶ κόλλοπι χορδήν,
ἅψας ἀμφοτέρωθεν ἐϋστρεφὲς ἔντερον οἰός,
ὣς ἄρ' ἄτερ σπουδῆς τάνυσεν μέγα τόξον Ὀδυσσεύς.
δεξιτερῇ δ' ἄρα χειρὶ λαβὼν πειρήσατο νευρῆς·   410
ἡ δ' ὑπὸ καλὸν ἄεισε, χελιδόνι εἰκέλη αὐδήν.
μνηστῆρσιν δ' ἄρ' ἄχος γένετο μέγα, πᾶσι δ' ἄρα χρὼς

Fort hier aus unserem Haus, sie wollen ja Böses betreiben."
  Sprachs und sämtliche Freier lachten herzlich darüber,
Ließen auch wirklich nach, dem Telemachos schwer zu grollen.
Aber der Sauhirt trug nun den Bogen weiter im Hause,
Trat zu dem klugen Odysseus und legte ihn ihm in die Hände,
Rief Eurykleia heraus, die Amme, um ihr zu sagen:
  „Hör, du gescheite Eurykleia! Telemachos heißt dich
Sämtliche festgezimmerte Türen des Saales zu sperren,
Keine darf ins Freie hinaus, auch wenn sie Gestöhne
Hört oder Lärmen von Männern und Krachen in unseren Räumen.
Jede tu ihre Arbeit, bleibe dabei und schweige!"
  Also ließ er verlauten, doch ihr versagte das Wort; sie
Sperrte indessen die Türen des Hauses mit herrlicher Wohnung.
  Still aber sprang auch Philoitios jetzt aus dem Hause ins Freie,
Sperrte dann auch die Türen des wohl umhegten Gehöftes.
Aber ein Seil aus Byblos für doppelt gebordete Schiffe
Lag in der Halle; er schlangs um die Türe und ging dann ins Innere,
Setzte sich wieder hin auf den Stuhl, den zuvor er verlassen,
Starr mit dem Blick auf Odysseus. Der drehte bereits den Bogen,
Allseits wandte er ihn und versuchte, wo es ihm gut schien,
Ob nicht Käfer fraßen am Horn, da der Herr doch nicht da war.
Mancher ließ sich vernehmen und schaute dabei auf den Nachbarn:
  „Der hat ein Auge für Bogen und weiß wohl die rechten zu stehlen,
Entweder hat er wo selber zu Hause solcherlei Bogen,
Oder er geht darauf aus, sich solche zu machen; wie weiß er
Hin und her ihn zu drehn mit den Händen, der Bettler, der Gauner!"
  Wieder ein anderer sagte der allzu männlichen Jungen:
  „Möchte doch dem grad so viel Nutzen im Leben begegnen,
Als er jemals imstand ist das Ding da einzuhängen."
  Also sprachen die Freier; der einfallreiche Odysseus
Hatte indessen den Bogen betastet und alles besehen.
Leichter Hand, wie ein Künstler des Leierspiels und Gesanges,
Wenn an erneuertem Wirbel die Saite er spannt und aufzieht —
Beiderseits macht er sie fest, den trefflich gedrehten Schafdarm;
Gradso spannte Odysseus nun mühlos den mächtigen Bogen,
Nahm ihn an sich mit der rechten Hand und prüfte die Sehne.
Herrlich sang sie dabei, es war wie ein Zwitschern der Schwalbe.
Schreckliche Angst überfiel da die Freier; die Farben entwichen

ἐτράπετο. Ζεὺς δὲ μεγάλ' ἔκτυπε σήματα φαίνων·
γήθησέν τ' ἄρ' ἔπειτα πολύτλας δῖος Ὀδυσσεύς,
ὅττι ῥά οἱ τέρας ἧκε Κρόνου πάϊς ἀγκυλομήτεω. 415
εἵλετο δ' ὠκὺν ὀϊστόν, ὅ οἱ παρέκειτο τραπέζῃ
γυμνός· τοὶ δ' ἄλλοι κοίλης ἔντοσθε φαρέτρης
κείατο, τῶν τάχ' ἔμελλον Ἀχαιοὶ πειρήσεσθαι.
τόν ῥ' ἐπὶ πήχει ἑλὼν ἕλκεν νευρὴν γλυφίδας τε,
αὐτόθεν ἐκ δίφροιο καθήμενος, ἧκε δ' ὀϊστὸν 420
ἄντα τιτυσκόμενος, πελέκεων δ' οὐκ ἤμβροτε πάντων
πρώτης στειλειῆς, διὰ δ' ἀμπερὲς ἦλθε θύραζε
ἰὸς χαλκοβαρής. ὁ δὲ Τηλέμαχον προσέειπε·

"Τηλέμαχ', οὔ σ' ὁ ξεῖνος ἐνὶ μεγάροισιν ἐλέγχει
ἥμενος, οὐδέ τι τοῦ σκοποῦ ἤμβροτον οὐδέ τι τόξον 425
δὴν ἔκαμον τανύων· ἔτι μοι μένος ἔμπεδόν ἐστιν,
οὐχ ὥς με μνηστῆρες ἀτιμάζοντες ὄνονται.
νῦν δ' ὥρη καὶ δόρπον Ἀχαιοῖσιν τετυκέσθαι
ἐν φάει, αὐτὰρ ἔπειτα καὶ ἄλλως ἑψιάασθαι
μολπῇ καὶ φόρμιγγι· τὰ γάρ τ' ἀναθήματα δαιτός." 430

ἦ, καὶ ἐπ' ὀφρύσι νεῦσεν· ὁ δ' ἀμφέθετο ξίφος ὀξὺ
Τηλέμαχος, φίλος υἱὸς Ὀδυσσῆος θείοιο,
ἀμφὶ δὲ χεῖρα φίλην βάλεν ἔγχεϊ, ἄγχι δ' ἄρ' αὐτοῦ
πὰρ θρόνον ἑστήκει κεκορυθμένος αἴθοπι χαλκῷ.

Allen Gesichtern, und Zeus gab Zeichen mit mächtigem Donner.
Freude durchfuhr da den großen Dulder, den hehren Odysseus,
Daß ihm der Sohn des verschlagnen Kronos dies Wunder nun sandte.
Und er griff nach dem sausenden Pfeil; der lag auf dem Tische
Ohne Hülle vor ihm; doch die anderen steckten im hohlen
Köcher; sie lagen bereit zur Prüfung an den Achaiern.
Diesen legte er jetzt auf den Bug, zog Sehne und Kerben,
Blieb auf dem Stuhle sitzen, suchte das Ziel und schoß — — und
Fehlte kein einziges Ende der Stiele an sämtlichen Äxten,
Alle durchsauste der schwere Pfeil mit der ehernen Spitze
Bis an das Ende. Er aber gab dem Telemachos Kunde:

„Nicht dir zur Schande, Telemachos, sitzt im Palaste dein Gastfreund!
Nicht verfehlt ich das Ziel, nicht müde ward ich durch langes
Spannen des Bogens! Ich habe noch Kräfte, die sind nicht gebrochen,
Nicht wie die Freier mich ehrlos beschimpfen. Doch jetzt ist die Stunde
Auch noch ein Nachtmahl fertig zu richten unsern Achaiern.
Noch ist es hell; doch später dann treiben wir andere Kurzweil,
Tun es mit Leier und Tanz; sie steigern ein Mahl ja zur Feier!"

Sprachs und gab mit den Brauen sein Zeichen. Telemachos aber
Hing um die Brust sich das spitzige Schwert und griff nach der Lanze,
Stand als der liebe Sohn des erhabnen Odysseus ihm nahe
Neben dem hohen Stuhl, gewappnet mit funkelndem Erze.

ΟΔΥΣΣΕΙΑΣ Χ

μνηστηροφονία

Αὐτὰρ ὁ γυμνώθη ῥακέων πολύμητις Ὀδυσσεύς,
ἆλτο δ' ἐπὶ μέγαν οὐδὸν ἔχων βιὸν ἠδὲ φαρέτρην
ἰῶν ἐμπλείην, ταχέας δ' ἐκχεύατ' ὀϊστοὺς
αὐτοῦ πρόσθε ποδῶν, μετὰ δὲ μνηστῆρσιν ἔειπεν·
"οὗτος μὲν δὴ ἄεθλος ἀάατος ἐκτετέλεσται· 5
νῦν αὖτε σκοπὸν ἄλλον, ὃν οὔ πώ τις βάλεν ἀνήρ,
εἴσομαι, αἴ κε τύχωμι, πόρῃ δέ μοι εὖχος Ἀπόλλων."
ἦ, καὶ ἐπ' Ἀντινόῳ ἰθύνετο πικρὸν ὀϊστόν.
ἦ τοι ὁ καλὸν ἄλεισον ἀναιρήσεσθαι ἔμελλε,
χρύσεον ἄμφωτον, καὶ δὴ μετὰ χερσὶν ἐνώμα, 10
ὄφρα πίοι οἴνοιο· φόνος δέ οἱ οὐκ ἐνὶ θυμῷ
μέμβλετο. τίς κ' οἴοιτο μετ' ἀνδράσι δαιτυμόνεσσι
μοῦνον ἐνὶ πλεόνεσσι, καὶ εἰ μάλα καρτερὸς εἴη,
οἷ τεύξειν θάνατόν τε κακὸν καὶ κῆρα μέλαιναν;
τὸν δ' Ὀδυσεὺς κατὰ λαιμὸν ἐπισχόμενος βάλεν ἰῷ, 15
ἀντικρὺ δ' ἁπαλοῖο δι' αὐχένος ἤλυθ' ἀκωκή.
ἐκλίνθη δ' ἑτέρωσε, δέπας δέ οἱ ἔκπεσε χειρὸς
βλημένου, αὐτίκα δ' αὐλὸς ἀνὰ ῥῖνας παχὺς ἦλθεν
αἵματος ἀνδρομέοιο· θοῶς δ' ἀπὸ εἷο τράπεζαν
ὦσε ποδὶ πλήξας, ἀπὸ δ' εἴδατα χεῦεν ἔραζε· 20
σῖτός τε κρέα τ' ὀπτὰ φορύνετο. τοὶ δ' ὁμάδησαν
μνηστῆρες κατὰ δώμαθ', ὅπως ἴδον ἄνδρα πεσόντα,
ἐκ δὲ θρόνων ἀνόρουσαν ὀρινθέντες κατὰ δῶμα,
πάντοσε παπταίνοντες ἐϋδμήτους ποτὶ τοίχους·
οὐδέ που ἀσπὶς ἔην οὐδ' ἄλκιμον ἔγχος ἑλέσθαι. 25
νείκειον δ' Ὀδυσῆα χολωτοῖσιν ἐπέεσσι·
"ξεῖνε, κακῶς ἀνδρῶν τοξάζεαι· οὐκέτ' ἀέθλων
ἄλλων ἀντιάσεις· νῦν τοι σῶς αἰπὺς ὄλεθρος.
καὶ γὰρ δὴ νῦν φῶτα κατέκτανες, ὃς μέγ' ἄριστος
κούρων εἰν Ἰθάκῃ· τῷ σ' ἐνθάδε γῦπες ἔδονται." 30
ἴσκεν ἕκαστος ἀνήρ, ἐπεὶ ἦ φάσαν οὐκ ἐθέλοντα
ἄνδρα κατακτεῖναι· τὸ δὲ νήπιοι οὐκ ἐνόησαν,

ZWEIUNDZWANZIGSTER GESANG

Der Freiermord

Jetzt aber riß sich der einfallreiche Odysseus die Fetzen
Ab und sprang auf die mächtige Schwelle, mit Bogen und Köcher
Voll von Pfeilen, und schüttete sich diese schnellen Geschosse
Eben dort vor die Füße und rief dann hinein in die Freier:
„Dieser heillose Wettkampf ist nun völlig entschieden!
Jetzt aber werd ich ein anderes Ziel, das noch keiner getroffen,
Finden, wenn es mir glückt und mit Ruhm mich Apollon begnadet!"
Sprachs und zielte das bittre Geschoß auf Antinoos. Der war
Eben dabei seinen Becher mit doppelten Henkeln, den schönen,
Goldnen, zu heben und schwang ihn wirklich bereits mit den Händen;
Trinken wollt er vom Wein; denn er sorgte sich nicht im Gemüte,
Daß es ein Morden jetzt gäbe. Wer denkt unter schmausenden Männern,
Einer werde, und wär es der Stärkste, im Kreise von vielen,
Üblen Tod ihm und düsteres Schicksal planen und bringen?
Grad auf ihn aber zielte Odysseus und traf seine Gurgel
So, daß die Spitze des Pfeiles beim zarten Nacken herausstand.
Er aber sank auf die Seite, der Becher entfiel seinen Händen,
Tödlich war er getroffen; ein dicker Strahl seines Blutes
Schoß durch die Nase; den Tisch stieß schnell er von sich mit dem Fuße,
Schlug und fegte die Speisen zur Erde, daß Brote und Braten
Völlig verschmutzten. Die Freier indessen erhoben im Hause
Lautesten Lärm, als den Sturz des Mannes sie sahen; sie sprangen
Stürmisch empor von den Stühlen im Haus von Erregung getrieben,
Tasteten rings herum an den trefflich errichteten Wänden.
Aber es war kein Schild, kein Speer mehr zu greifen zur Abwehr.
Daher schalten sie ein auf Odysseus mit wütenden Worten:
„Fremdling! Dein Schießen auf Männer ist übel! Bei anderen Kämpfen
Wirst du nicht wieder dabei sein: dein jäher Tod ist jetzt sicher!
Hast du doch wirklich den Mann jetzt getötet, der weitaus der beste
Jüngling Ithakas war, drum fressen dich hier auch die Geier!"
Also sagte ein jeder; sie meinten noch immer, er habe
Gar nicht mit Absicht den andern erschossen; die Toren verstanden

ὡς δή σφιν καὶ πᾶσιν ὀλέθρου πείρατ' ἐφῆπτο.
τοὺς δ' ἄρ' ὑπόδρα ἰδὼν προσέφη πολύμητις Ὀδυσσεύς·
"ὦ κύνες, οὔ μ' ἔτ' ἐφάσκεθ' ὑπότροπον οἴκαδε νεῖσθαι 35
δήμου ἄπο Τρώων, ὅτι μοι κατεκείρετε οἶκον
δμῳῆσίν τε γυναιξὶ παρευνάζεσθε βιαίως
αὐτοῦ τε ζώοντος ὑπεμνάασθε γυναῖκα,
οὔτε θεοὺς δείσαντες, οἳ οὐρανὸν εὐρὺν ἔχουσιν,
οὔτε τιν' ἀνθρώπων νέμεσιν κατόπισθεν ἔσεσθαι. 40
νῦν ὑμῖν καὶ πᾶσιν ὀλέθρου πείρατ' ἐφῆπται."

ὣς φάτο, τοὺς δ' ἄρα πάντες ὑπὸ χλωρὸν δέος εἷλε·
πάπτηνεν δὲ ἕκαστος, ὅπῃ φύγοι αἰπὺν ὄλεθρον.
Εὐρύμαχος δέ μιν οἶος ἀμειβόμενος προσέειπεν·
"εἰ μὲν δὴ Ὀδυσεὺς Ἰθακήσιος εἰλήλουθας, 45
ταῦτα μὲν αἴσιμα εἶπες, ὅσα ῥέζεσκον Ἀχαιοί,
πολλὰ μὲν ἐν μεγάροισιν ἀτάσθαλα, πολλὰ δ' ἐπ' ἀγροῦ.
ἀλλ' ὁ μὲν ἤδη κεῖται, ὃς αἴτιος ἔπλετο πάντων,
Ἀντίνοος· οὗτος γὰρ ἐπίηλεν τάδε ἔργα,
οὔ τι γάμου τόσσον κεχρημένος οὐδὲ χατίζων, 50
ἀλλ' ἄλλα φρονέων, τά οἱ οὐκ ἐτέλεσσε Κρονίων,
ὄφρ' Ἰθάκης κατὰ δῆμον ἐϋκτιμένης βασιλεύοι
αὐτός, ἀτὰρ σὸν παῖδα κατακτείνειε λοχήσας.
νῦν δ' ὁ μὲν ἐν μοίρῃ πέφαται, σὺ δὲ φείδεο λαῶν
σῶν· ἀτὰρ ἄμμες ὄπισθεν ἀρεσσάμενοι κατὰ δῆμον, 55
ὅσσα τοι ἐκπέποται καὶ ἐδήδοται ἐν μεγάροισι,
τιμὴν ἀμφὶς ἄγοντες ἐεικοσάβοιον ἕκαστος,
χαλκόν τε χρυσόν τ' ἀποδώσομεν, εἰς ὅ κε σὸν κῆρ
ἰανθῇ· πρὶν δ' οὔ τι νεμεσσητὸν κεχολῶσθαι."

τὸν δ' ἄρ' ὑπόδρα ἰδὼν προσέφη πολύμητις Ὀδυσσεύς· 60
"Εὐρύμαχ', οὐδ' εἴ μοι πατρώϊα πάντ' ἀποδοῖτε,
ὅσσα τε νῦν ὔμμ' ἐστὶ καὶ εἴ ποθεν ἄλλ' ἐπιθεῖτε,
οὐδέ κεν ὧς ἔτι χεῖρας ἐμὰς λήξαιμι φόνοιο,
πρὶν πᾶσαν μνηστῆρας ὑπερβασίην ἀποτεῖσαι.
νῦν ὑμῖν παράκειται ἐναντίον ἠὲ μάχεσθαι 65
ἢ φεύγειν, ὅς κεν θάνατον καὶ κῆρας ἀλύξῃ·
ἀλλά τιν' οὐ φεύξεσθαι ὀίομαι αἰπὺν ὄλεθρον."

ὣς φάτο, τῶν δ' αὐτοῦ λύτο γούνατα καὶ φίλον ἦτορ.
τοῖσιν δ' Εὐρύμαχος μετεφώνεε δεύτερον αὖτις·
"ὦ φίλοι, οὐ γὰρ σχήσει ἀνὴρ ὅδε χεῖρας ἀάπτους, 70

Immer noch nicht, daß der Strick der Vernichtung allen gelegt war.
Finster blickte und rief da der einfallreiche Odysseus:
  „Hunde! ihr meintet, ich komme nicht wieder vom Volke der Troer
Heim und hieher in mein Haus! Ihr habt es mir ausgeplündert,
Seid zu den Weibern ins Bett mit Gewalt gestiegen und habt gar,
Als ich noch lebte, mein Weib mit Werben bedrängt. Ihr kanntet
Keine Furcht vor den Göttern, den Herren im breiten Himmel,
Dachtet an keine Vergeltung, die Menschen schließlich noch fordern.
Jetzt ist um euch und um alle der Strick der Vernichtung geschlungen."
  Also sprach er und alle ergriff nun das bleiche Erschrecken.
Jeder tappte herum, wie das jähe Verderben er fliehe.
Einzig Eurymachos fand ein Erwidern und sagte dagegen:
  „Bist du wirklich Odysseus aus Ithaka, wirklich gekommen?
Ja! du hast trefflich gesagt, was alles Achaier verbrachen,
Hier im Palast viel törichte Untat, viel auf den Feldern.
Aber da liegt ja bereits der Mann, der schuld war an allem:
Ja! der Antinoos zettelte an, was geschah, und die Ehe
War es gar nicht so sehr, was vor allem und heiß er begehrte:
Anderes hat er gedacht, was Kronion zunichte ihm machte:
König im festgegründeten Ithaka wollte er werden,
Herrschen selber im Volk, deinen Sohn überfallen und morden!
Jetzt erhielt er sein Teil, er ist tot; doch verschone die Leute!
Wir aber bringen dir späte Vergütung aus allen Bezirken.
Alles, was hier im Palast wir veraßen und was wir vertranken,
Jeder zahlt dir für sich eine Buße, die zwanzig Rinder
Wert ist; wir aber werden dir Erz und Gold dazu spenden;
Warm soll dir werden ums Herz; deinen Groll jetzt verargt dir ja keiner!"
  Finster blickend rief da der einfallreiche Odysseus:
  „Nein, Eurymachos! Gäbt ihr mir alle die Güter der Väter,
Gäbt ihr mir alles, was jetzt euch gehört, und legtet ihr andres
Auch noch dazu: meine Hand wird auch dann nicht müde vom Morden,
Bis mir die Freier die zuchtlosen Frevel nicht alle bezahlen.
Jetzt aber liegt es bei euch, euch hier zum Kampfe zu stellen
Oder zu fliehn, daß mancher dem Tod und dem Unheil entrinne.
Aber ich meine, das jähe Verderben wird mancher nicht fliehen."
  Sprachs und sofort versagten ihr liebes Herz und die Kniee.
Aber Eurymachos sprach unter ihnen ein zweites Mal wieder:
  „Freunde! Der Mann da denkt nicht daran seine Hände zu senken,

ἀλλ' ἐπεὶ ἔλλαβε τόξον ἐΰξοον ἠδὲ φαρέτρην,
οὐδοῦ ἄπο ξεστοῦ τοξάσσεται, εἰς ὅ κε πάντας
ἄμμε κατακτείνῃ. ἀλλὰ μνησώμεθα χάρμης·
φάσγανά τε σπάσσασθε καὶ ἀντίσχεσθε τραπέζας
ἰῶν ὠκυμόρων· ἐπὶ δ' αὐτῷ πάντες ἔχωμεν   75
ἀθρόοι, εἴ κέ μιν οὐδοῦ ἀπώσομεν ἠδὲ θυράων,
ἔλθωμεν δ' ἀνὰ ἄστυ, βοὴ δ' ὤκιστα γένηται·
τῷ κε τάχ' οὗτος ἀνὴρ νῦν ὕστατα τοξάσσαιτο."
   ὣς ἄρα φωνήσας εἰρύσσατο φάσγανον ὀξύ,
χάλκεον, ἀμφοτέρωθεν ἀκαχμένον, ἆλτο δ' ἐπ' αὐτῷ 80
σμερδαλέα ἰάχων· ὁ δ' ἁμαρτῇ δῖος Ὀδυσσεὺς
ἰὸν ἀποπροΐει, βάλε δὲ στῆθος παρὰ μαζόν,
ἐν δέ οἱ ἥπατι πῆξε θοὸν βέλος. ἐκ δ' ἄρα χειρὸς
φάσγανον ἧκε χαμᾶζε, περιρρηδὴς δὲ τραπέζῃ
κάππεσεν ἰδνωθείς, ἀπὸ δ' εἴδατα χεῦεν ἔραζε   85
καὶ δέπας ἀμφικύπελλον· ὁ δὲ χθόνα τύπτε μετώπῳ
θυμῷ ἀνιάζων, ποσὶ δὲ θρόνον ἀμφοτέροισι
λακτίζων ἐτίνασσε· κατ' ὀφθαλμῶν δ' ἔχυτ' ἀχλύς.
   Ἀμφίνομος δ' Ὀδυσῆος ἐείσατο κυδαλίμοιο
ἀντίος ἀΐξας, εἴρυτο δὲ φάσγανον ὀξύ,   90
εἴ πώς οἱ εἴξειε θυράων. ἀλλ' ἄρα μιν φθῆ
Τηλέμαχος κατόπισθε βαλὼν χαλκήρεϊ δουρὶ
ὤμων μεσσηγύς, διὰ δὲ στήθεσφιν ἔλασσε·
δούπησεν δὲ πεσών, χθόνα δ' ἤλασε παντὶ μετώπῳ.
Τηλέμαχος δ' ἀπόρουσε, λιπὼν δολιχόσκιον ἔγχος   95
αὐτοῦ ἐν Ἀμφινόμῳ· περὶ γὰρ δίε, μή τις Ἀχαιῶν
ἔγχος ἀνελκόμενον δολιχόσκιον ἢ ἐλάσειε
φασγάνῳ ἀΐξας ἠὲ προπρηνέα τύψας.
βῆ δὲ θέειν, μάλα δ' ὦκα φίλον πατέρ' εἰσαφίκανεν,
ἀγχοῦ δ' ἱστάμενος ἔπεα πτερόεντα προσηύδα·   100
   "ὦ πάτερ, ἤδη τοι σάκος οἴσω καὶ δύο δοῦρε
καὶ κυνέην πάγχαλκον, ἐπὶ κροτάφοις ἀραρυῖαν,
αὐτός τ' ἀμφιβαλεῦμαι ἰών, δώσω δὲ συβώτῃ
καὶ τῷ βουκόλῳ ἄλλα· τετευχῆσθαι γὰρ ἄμεινον."
   τὸν δ' ἀπαμειβόμενος προσέφη πολύμητις Ὀδυσσεύς· 105
"οἶσε θέων, εἷως μοι ἀμύνεσθαι πάρ' ὀϊστοί,
μή μ' ἀποκινήσωσι θυράων μοῦνον ἐόντα."
   ὣς φάτο, Τηλέμαχος δὲ φίλῳ ἐπεπείθετο πατρί,

Fassen kann man sie nicht; nun hat er den glänzenden Bogen,
Hat auch den Köcher; da wird von der glatten Schwelle er schießen,
Bis er uns alle vernichtet. Drum auf! wir gedenken zu kämpfen!
Reißt eure Schwerter heraus, benützt auch die Tische als Schutzwehr
Gegen die Pfeile des schnellen Verderbens! Geschlossen dann gehn wir
Alle ihn an; vielleicht, daß von Schwelle und Tür wir ihn stoßen,
Dann in die Stadt gelangen um Lärm auf schnellste zu schlagen.
Dann wohl hätte der Mann da zum letzten Male geschossen."

Also sprach er und zog sein ehernes, doppelgeschliffnes,
Spitziges Schwert und sprang auf ihn los mit grausigem Schreien.
Aber der Pfeil, den der hehre Odysseus gegen ihn sandte,
Kam nicht zu spät; er traf seine Brust in der Nähe der Warze,
Tief in die Leber noch fuhr ihm das schnelle Geschoß. Aus den Händen
Ließ er das Schwert auf den Boden da fallen; er krümmte sich tau-
Sank auf den Tisch und die Speisen, den doppelhenkligen Becher [melnd,
Fegte er nieder. Er schlug mit der Stirn auf die Erde, mit beiden
Füßen stieß er und brachte den Sessel ins Wanken. Es war ihm
Weh im Gemüt; und Dunkelheit legte sich über die Augen.

Aber Amphinomos stürmte heran, den berühmten Odysseus
Mann gegen Mann mit dem scharfen Schwert zu bedrängen, daß frei er
Gebe die Tür; doch Telemachos traf ihn zuvor noch von hinten
Zwischen den Schultern mit ehernem Speer, der die Brust durchbohrte.
Dröhnend fiel er hin und die Stirn schlug breit auf den Boden.
Eilig sprang da Telemachos weg; die Lanze mit langem
Schatten ließ er im Leib des Amphinomos; war doch zu fürchten,
Zög er den Speer mit dem langen Schatten heraus, ein Achaier
Käme gleich stürmend heran mit dem Schwert und zwänge zum Fliehen,
Oder erschlüg ihn, wenn er sich bücke. Da ging er im Laufschritt
Los und erreichte den lieben Vater, so schnell er nur konnte,
Trat ganz nahe heran und sagte geflügelte Worte:

„Vater, ich will einen Schild dir nun holen dazu ein Paar Speere,
Auch einen erznen, die Schläfen schützenden, passenden Sturmhelm.
Selber leg ich sie an, wenn ich komme, und gebe dem Sauhirt
Andere wie auch dem Kuhhirt; besser doch kämpft sichs gerüstet."

Antwort gab ihm und sagte der einfallreiche Odysseus:
„Lauf nur und bringe, so lang mir die Pfeile noch reichen zur Abwehr;
Bin ich allein, dann fürcht ich, sie stoßen mich weg von der Türe."

Sprachs und Telemachos folgte dem lieben Vater; er eilte

βῆ δ' ἴμεναι θάλαμόνδ', ὅθι οἱ κλυτὰ τεύχεα κεῖτο.
ἔνθεν τέσσαρα μὲν σάκε' εἵλετο, δούρατα δ' ὀκτὼ 110
καὶ πίσυρας κυνέας χαλκήρεας ἱπποδασείας·
βῆ δὲ φέρων, μάλα δ' ὦκα φίλον πατέρ' εἰσαφίκανεν.
αὐτὸς δὲ πρώτιστα περὶ χροῒ δύσετο χαλκόν·
ὣς δ' αὕτως τὼ δμῶε δυέσθην τεύχεα καλά,
ἔσταν δ' ἀμφ' Ὀδυσῆα δαΐφρονα ποικιλομήτην. 115

αὐτὰρ ὅ γ' ὄφρα μὲν αὐτῷ ἀμύνεσθαι ἔσαν ἰοί,
τόφρα μνηστήρων ἕνα γ' αἰεὶ ᾧ ἐνὶ οἴκῳ
βάλλε τιτυσκόμενος· τοὶ δ' ἀγχιστῖνοι ἔπιπτον.
αὐτὰρ ἐπεὶ λίπον ἰοὶ ὀϊστεύοντα ἄνακτα,
τόξον μὲν πρὸς σταθμὸν ἐϋσταθέος μεγάροιο 120
ἔκλιν' ἑστάμεναι, πρὸς ἐνώπια παμφανόωντα,
αὐτὸς δ' ἀμφ' ὤμοισι σάκος θέτο τετραθέλυμνον,
κρατὶ δ' ἐπ' ἰφθίμῳ κυνέην εὔτυκτον ἔθηκεν,
ἵππουριν, δεινὸν δὲ λόφος καθύπερθεν ἔνευεν·
εἵλετο δ' ἄλκιμα δοῦρε δύω κεκορυθμένα χαλκῷ. 125

ὀρσοθύρη δέ τις ἔσκεν ἐϋδμήτῳ ἐνὶ τοίχῳ,
ἀκρότατον δὲ παρ' οὐδὸν ἐϋσταθέος μεγάροιο
ἦν ὁδὸς ἐς λαύρην, σανίδες δ' ἔχον εὖ ἀραρυῖαι·
τὴν Ὀδυσεὺς φράζεσθαι ἀνώγει δῖον ὑφορβὸν
ἑσταότ' ἄγχ' αὐτῆς· μία δ' οἴη γίνετ' ἐφορμή. 130
τοῖς δ' Ἀγέλεως μετέειπεν ἔπος πάντεσσι πιφαύσκων·
"ὦ φίλοι, οὐκ ἂν δή τις ἀν' ὀρσοθύρην ἀναβαίη
καὶ εἴποι λαοῖσι, βοὴ δ' ὤκιστα γένοιτο;
τῷ κε τάχ' οὗτος ἀνὴρ νῦν ὕστατα τοξάσσαιτο."

τὸν δ' αὖτε προσέειπε Μελάνθιος, αἰπόλος αἰγῶν· 135
"οὔ πως ἔστ', Ἀγέλαε διοτρεφές· ἄγχι γὰρ αἰνῶς
αὐλῆς καλὰ θύρετρα, καὶ ἀργαλέον στόμα λαύρης·
καί χ' εἷς πάντας ἐρύκοι ἀνήρ, ὅς τ' ἄλκιμος εἴη.
ἀλλ' ἄγεθ', ὑμῖν τεύχε' ἐνείκω θωρηχθῆναι
ἐκ θαλάμου· ἔνδον γάρ, ὀΐομαι, οὐδέ πῃ ἄλλῃ 140
τεύχεα κατθέσθην Ὀδυσεὺς καὶ φαίδιμος υἱός."

ὣς εἰπὼν ἀνέβαινε Μελάνθιος, αἰπόλος αἰγῶν,
ἐς θαλάμους Ὀδυσῆος ἀνὰ ῥῶγας μεγάροιο.
ἔνθεν δώδεκα μὲν σάκε' ἔξελε, τόσσα δὲ δοῦρα
καὶ τόσσας κυνέας χαλκήρεας ἱπποδασείας· 145
βῆ δ' ἴμεναι, μάλα δ' ὦκα φέρων μνηστῆρσιν ἔδωκε.

Gleich in die Kammer; da lagen die ruhmvollen Waffen geborgen,
Holte heraus von den Schilden vier und acht von den Speeren,
Ferner noch vier von den ehernen Helmen mit üppigem Roßschweif,
Trug und ging und erreichte aufs schnellste den lieben Vater.
Er vor allem legte das Erz an den Körper; desgleichen
Schlüpften die beiden Diener hinein in die herrlichen Waffen,
Stellten sich dann zu Odysseus, dem klugen, findigen Manne.

Er aber zielte und schoß von den Freiern stets wieder einen
Nieder im eigenen Hause, solange die Pfeile zur Abwehr
Reichten; sie aber fielen, und tot lag einer am andern.
Doch als der Herrscher die Pfeile verschossen und keine mehr hatte,
Lehnte er endlich den Bogen an eine der glänzenden Wände,
So, daß am Pfosten er stand des trefflich errichteten Saales.
Selbst aber legte er sich um die Schultern den Schild aus vier Häuten,
Setzte den trefflich gefertigten Helm auf den wuchtigen Schädel,
Schrecklich nickte der Busch seines Roßschweifs oben hernieder.
Zwei der Speere mit eherner Spitze ergriff er zur Abwehr.

Aber es gab in der trefflich gebauten Mauer ein Türchen,
Hinten im trefflich errichteten Saal auf der Höhe der Schwelle;
Diese führte zum Gang; eine doppelte, trefflich gefügte
Türe verschloß ihn. Nah dort zu stehn um den einzigen Zugang
Gut zu beachten, befahl nun Odysseus dem göttlichen Sauhirt.
Doch Ageláos rief, daß alle die Rede verstanden:

„Freunde, steigt denn nicht endlich einer zum hinteren Türchen;
Daß er den Leuten es sage und gleich sich ein Lärmen erhebe?
Dann wohl hätte der Mann da zum letzten Male geschossen."

Aber der Geißhirt Melanthios hielt ihm da wieder entgegen:
„Göttersproß Ageláos, das ist nicht möglich; denn schrecklich
Nahe beim Hof ist die herrliche Tür und die Mündung ist schwierig
Jenes Ganges; da könnte ein einziger wehrhafter Mann wohl
Alle verhindern weiter zu gehen. Ich bringe euch Waffen,
Rüstungen her aus der Kammer dort drinnen; denn nirgend woanders,
Mein ich, barg sie Odysseus mit Hilfe des strahlenden Sohnes."

Also sagte der Geißhirt Melanthios, stieg durch die Gänge
Auf zu den Kammern im Haus des Odysseus. Er holte ein Dutzend
Schilde heraus und grad soviel Speere und grad soviel Helme;
Alle waren aus Erz und alle umwehte der Roßschweif.
Damit ging er und bracht es den Freiern so schnell er nur konnte.

Ὀδυσσείας χ

καὶ τότ' Ὀδυσσῆος λύτο γούνατα καὶ φίλον ἦτορ,
ὡς περιβαλλομένους ἴδε τεύχεα χερσί τε δοῦρα
μακρὰ τινάσσοντας· μέγα δ' αὐτῷ φαίνετο ἔργον.
αἶψα δὲ Τηλέμαχον ἔπεα πτερόεντα προσηύδα· 150
"Τηλέμαχ', ἦ μάλα δή τις ἐνὶ μεγάροισι γυναικῶν
νῶϊν ἐποτρύνει πόλεμον κακὸν ἠὲ Μελανθεύς."

τὸν δ' αὖ Τηλέμαχος πεπνυμένος ἀντίον ηὔδα·
"ὦ πάτερ, αὐτὸς ἐγὼ τόδε γ' ἤμβροτον, — οὐδέ τις ἄλλος
αἴτιος, — ὃς θαλάμοιο θύρην πυκινῶς ἀραρυῖαν 155
κάλλιπον ἀγκλίνας· τῶν δὲ σκοπὸς ἦεν ἀμείνων.
ἀλλ' ἴθι, δῖ' Εὔμαιε, θύρην ἐπίθες θαλάμοιο,
καὶ φράσαι, ἤ τις ἄρ' ἐστὶ γυναικῶν, ἣ τάδε ῥέζει,
ἦ υἱὸς Δολίοιο Μελανθεύς, τόν περ ὀΐω."

ὣς οἱ μὲν τοιαῦτα πρὸς ἀλλήλους ἀγόρευον. 160
βῆ δ' αὖτις θαλαμόνδε Μελάνθιος, αἰπόλος αἰγῶν,
οἴσων τεύχεα καλά· νόησε δὲ δῖος ὑφορβός,
αἶψα δ' Ὀδυσσῆα προσεφώνεεν ἐγγὺς ἐόντα·
"διογενὲς Λαερτιάδη, πολυμήχαν' Ὀδυσσεῦ,
κεῖνος δὴ αὖτ' ἀΐδηλος ἀνήρ, ὃν ὀϊόμεθ' αὐτοί, 165
ἔρχεται ἐς θάλαμον· σὺ δέ μοι νημερτὲς ἐνίσπες,
ἦ μιν ἀποκτείνω, αἴ κε κρείσσων γε γένωμαι,
ἦέ σοι ἐνθάδ' ἄγω, ἵν' ὑπερβασίας ἀποτείσῃ
πολλάς, ὅσσας οὗτος ἐμήσατο σῷ ἐνὶ οἴκῳ."

τὸν δ' ἀπαμειβόμενος προσέφη πολύμητις Ὀδυσσεύς· 170
"ἦ τοι ἐγὼ καὶ Τηλέμαχος μνηστῆρας ἀγαυοὺς
σχήσομεν ἔντοσθεν μεγάρων μάλα περ μεμαῶτας·
σφῶϊ δ' ἀποστρέψαντε πόδας καὶ χεῖρας ὕπερθεν
ἐς θάλαμον βαλέειν, σανίδας δ' ἐκδῆσαι ὄπισθε,
σειρὴν δὲ πλεκτὴν ἐξ αὐτοῦ πειρήναντε 175
κίον' ἀν' ὑψηλὴν ἐρύσαι πελάσαι τε δοκοῖσιν,
ὥς κεν δηθὰ ζωὸς ἐὼν χαλέπ' ἄλγεα πάσχῃ."

ὣς ἔφαθ', οἱ δ' ἄρα τοῦ μάλα μὲν κλύον ἠδ' ἐπίθοντο,
βὰν δ' ἴμεν ἐς θάλαμον, λαθέτην δέ μιν ἔνδον ἐόντα.
ἦ τοι ὁ μὲν θαλάμοιο μυχὸν κάτα τεύχε' ἐρεύνα, 180
τὼ δ' ἔσταν ἑκάτερθε παρὰ σταθμοῖσι μένοντε.
εὖθ' ὑπὲρ οὐδὸν ἔβαινε Μελάνθιος, αἰπόλος αἰγῶν,
τῇ ἑτέρῃ μὲν χειρὶ φέρων καλὴν τρυφάλειαν,
τῇ δ' ἑτέρῃ σάκος εὐρὺ γέρον, πεπαλαγμένον ἄζῃ,

Jetzt versagten Odysseus das liebe Herz und die Kniee;
Mußt er doch merken, wie alle sich rüsteten, wie sie die langen
Speere schwangen in Händen. Nun sah er die Größe des Kampfes.
Gleich aber sprach er Telemachos an mit geflügelten Worten:

„Sicherlich hat hier ein Weib im Palast, mein Telemachos, Absicht,
Bösesten Krieg auf uns beide zu hetzen, vielleicht auch Melantheus."

Ihm aber hielt der gewandte Telemachos wieder entgegen:
„Lieber Vater, bei mir liegt der Fehler; kein andrer ist schuldig.
Ich ließ offen die festgezimmerte Türe der Kammer,
Lehnte nur an, und jene erspähten es besser. So geh denn,
Hehrer Eumaios, verschließe die Türe der Kammer und melde,
Ob wohl eines der Weiber die Hände im Spiel hat; oder.
Ist es Dolios' Sohn, Melanthios, den ich vermute!"

Also sprachen die beiden untereinander. Da ging schon
Wieder der Geißhirt Melanthios weg in die Kammer um schöne
Waffen zu bringen; doch sah ihn diesmal der göttliche Sauhirt.
Gleich aber sprach er Odysseus an, der nahe bei ihm stand:

„Göttersproß, du findiger Sohn des Laërtes, Odysseus:
Jener ist wirklich der dunkle Mann, von dem wirs vermuten;
Grad ist er dran in die Kammer zu gehen. Nun sage mir ehrlich:
Soll ich ihn töten, wenn ich der Stärkere bin, oder soll ich
Hieher ihn führen zu dir, daß sein haltloses Treiben er büße,
Wie er in vielen Taten es plante in deinem Palaste?"

Antwort gab ihm und sagte der einfallreiche Odysseus:
„Gut denn; ich und Telemachos werden die adligen Freier
Fest hier halten im Innern des Saales, so sehr sie auch drängen.
Ihr aber dreht ihm Hände und Füße übereinander,
Werft ihn hinein und bindet ein Brett ihm fest in den Rücken,
Knüpft dann zu zweit ein geflochtenes Seil an ihn selber und zieht ihn
Hoch hinauf an der stützenden Säule hinein in die Sparren:
Böse Schmerzen soll er erdulden und lange dort leben!"

Also sprach er; die aber hörten ihn gern und gehorchten,
Machten sich auf in die Kammer, daß jener im Innern nichts merkte.
Er nun spürte nach Waffen herum in den Winkeln der Kammer,
Sie aber warteten draußen und stellten sich neben die Pfosten.
Schon überschritt der Hirte der Geißen, Melantheus, die Schwelle,
Rechts in der Hand einen herrlichen Helm mit mehreren Bügeln,
Links einen breiten Schild, den vor Alter der Rost schon bedeckte.

Λαέρτεω ἥρωος, ὃ κουρίζων φορέεσκε· 185
δὴ τότε γ' ἤδη κεῖτο, ῥαφαὶ δ' ἐλέλυντο ἱμάντων·
τὼ δ' ἄρ' ἐπαΐξανθ' ἑλέτην ἔρυσάν τέ μιν εἴσω
κουρίξ, ἐν δαπέδῳ δὲ χαμαὶ βάλον ἀχνύμενον κῆρ,
σὺν δὲ πόδας χεῖράς τε δέον θυμαλγέϊ δεσμῷ
εὖ μάλ' ἀποστρέψαντε διαμπερές, ὡς ἐκέλευσεν 190
υἱὸς Λαέρταο, πολύτλας δῖος Ὀδυσσεύς·
σειρὴν δὲ πλεκτὴν ἐξ αὐτοῦ πειρήναντε
κίον' ἀν' ὑψηλὴν ἔρυσαν πέλασάν τε δοκοῖσι.
τὸν δ' ἐπικερτομέων προσέφης, Εὔμαιε συβῶτα·
"νῦν μὲν δὴ μάλα πάγχυ, Μελάνθιε, νύκτα φυλάξεις, 195
εὐνῇ ἔνι μαλακῇ καταλέγμενος, ὥς σε ἔοικεν·
οὐδὲ σέ γ' ἠριγένεια παρ' Ὠκεανοῖο ῥοάων
λήσει ἀνερχομένη χρυσόθρονος, ἡνίκ' ἀγινεῖς
αἶγας μνηστήρεσσι δόμον κάτα δαῖτα πένεσθαι."

ὣς ὁ μὲν αὖθι λέλειπτο, ταθεὶς ὀλοῷ ἐνὶ δεσμῷ· 200
τὼ δ' ἐς τεύχεα δύντε, θύρην ἐπιθέντε φαεινήν,
βήτην εἰς Ὀδυσῆα δαΐφρονα ποικιλομήτην.
ἔνθα μένος πνείοντες ἐφέστασαν, οἱ μὲν ἐπ' οὐδοῦ
τέσσαρες, οἱ δ' ἔντοσθε δόμων πολέες τε καὶ ἐσθλοί.
τοῖσι δ' ἐπ' ἀγχίμολον θυγάτηρ Διὸς ἦλθεν Ἀθήνη 205
Μέντορι εἰδομένη ἠμὲν δέμας ἠδὲ καὶ αὐδήν.
τὴν δ' Ὀδυσεὺς γήθησεν ἰδὼν καὶ μῦθον ἔειπε·
"Μέντορ, ἄμυνον ἀρήν, μνῆσαι δ' ἑτάροιο φίλοιο,
ὅς σ' ἀγαθὰ ῥέζεσκον· ὁμηλικίη δέ μοί ἐσσι."

ὣς φάτ', ὀϊόμενος λαοσσόον ἔμμεν' Ἀθήνην. 210
μνηστῆρες δ' ἑτέρωθεν ὁμόκλεον ἐν μεγάροισι·
πρῶτος τήν γ' ἐνένιπε Δαμαστορίδης Ἀγέλαος·
"Μέντορ, μή σ' ἐπέεσσι παραιπεπίθῃσιν Ὀδυσσεὺς
μνηστήρεσσι μάχεσθαι, ἀμυνέμεναι δὲ οἷ αὐτῷ.
ὧδε γὰρ ἡμέτερόν γε νόον τελέεσθαι ὀΐω· 215
ὁππότε κεν τούτους κτέωμεν, πατέρ' ἠδὲ καὶ υἱόν,
ἐν δὲ σὺ τοῖσιν ἔπειτα πεφήσεαι, οἷα μενοινᾷς
ἔρδειν ἐν μεγάροις· σῷ δ' αὐτοῦ κράατι τείσεις.
αὐτὰρ ἐπὴν ὑμέων γε βίας ἀφελώμεθα χαλκῷ,
κτήμαθ' ὁπόσσα τοί ἐστι, τά τ' ἔνδοθι καὶ τὰ θύρηφι, 220
τοῖσιν Ὀδυσσῆος μεταμείξομεν· οὐδέ τοι υἷας
ζώειν ἐν μεγάροισιν ἐάσομεν, οὐδὲ θύγατρας

Held Laërtes trug ihn recht gern in den Tagen der Jugend;
Jetzt aber lag er da mit geplatzten Nähten am Riemen.
Beide nun stürzten auf ihn und zerrten am Schopf ihn ins Innere,
Warfen ihn hin auf den Boden — er war recht traurig im Herzen —
Banden ihm Hände und Füße mit ungemütlichen Fesseln,
Fest auf den Rücken gedreht und ganz, wie der Sohn des Laërtes,
Wie es der große Dulder, der hehre Odysseus, befohlen;
Schlangen dann einen kräftigen Strick um den Körper und zogen
Hoch ihn hinauf an der stützenden Säule hinein in die Sparren.
Ihm aber riefst du mit höhnendem Schelten, Sauhirt Eumaios:
„Jetzt, Melantheus, hältst du wohl gründlich hier nächtliche Wache,
Hingebettet auf schwellendes Lager, ganz wie dirs zukommt.
Steigt sie herauf aus Okeanos Strömen, auf goldenem Throne,
Wird sich die Göttin der Frühe vor dir nicht verbergen; du kannst dann
Ziegen bringen den Freiern, daß Mahlzeit werde im Hause."
  Bleiben mußte er dort, verrenkt durch die grausigen Fesseln.
Die aber waffneten sich und versperrten die glänzende Türe,
Gingen zurück zu Odysseus, dem klugen, findigen Manne.
Kraftvoll atmend standen sie da, diese vier auf der Schwelle,
Während die Edlen und Vielen im Innern des Hauses sich scharten.
Nah aber trat da zu ihnen die Tochter des Zeus, Athene,
Mentor glich sie genau an äußrer Gestalt und an Stimme.
Fröhlich wurde Odysseus, als er sie sah, und er sagte:
„Mentor, wehre dem Angriff, denk deines lieben Gefährten!
Gutes tat ich dir oft, wir sind ja doch Altersgenossen."
  Sprachs und ahnte, es sei wohl Athene, die Männer zum Kampf treibt,
Während die Freier von anderer Seite sie schalten im Saale.
Zunächst sprach auf sie ein Ageláos, der Sohn des Damastor:
„Mentor, kämpfe du ja nicht gegen uns Freier und laß nicht
Gar den Odysseus mit Worten dich locken, ihm selber zu helfen!
So nämlich, glaub ich, vollendet sich schließlich unser Gedanke:
Töten wir diese da oben, den Sohn und den Vater, dann wirst du
Selber erschlagen mit ihnen zusammen für das, was du tun willst,
Hier im Palast. Mit dem eigenen Kopf wirst Buße du zahlen.
Haben wir dann euch die Lust zur Gewalt mit den Schwertern vertrieben,
Dann wird, was an Besitz dir gehört im Hause und draußen,
Alles von uns zu dem des Odysseus geschlagen; wir lassen
Keinen Sohn dir im Hause am Leben; dein sorgendes Ehweib,

οὐδ' ἄλοχον κεδνὴν Ἰθάκης κατὰ ἄστυ πολεύειν."
 ὣς φάτ', Ἀθηναίη δὲ χολώσατο κηρόθι μᾶλλον,
νείκεσσεν δ' Ὀδυσῆα χολωτοῖσιν ἐπέεσσιν· 225
 "οὐκέτι σοί γ', Ὀδυσεῦ, μένος ἔμπεδον οὐδέ τις ἀλκή,
οἵη ὅτ' ἀμφ' Ἑλένῃ λευκωλένῳ εὐπατερείῃ
εἰνάετες Τρώεσσιν ἐμάρναο νωλεμὲς αἰεί,
πολλοὺς δ' ἄνδρας ἔπεφνες ἐν αἰνῇ δηιοτῆτι,
σῇ δ' ἥλω βουλῇ Πριάμου πόλις εὐρυάγυια. 230
πῶς δὴ νῦν, ὅτε σόν γε δόμον καὶ κτήμαθ' ἱκάνεις,
ἄντα μνηστήρων ὀλοφύρεαι ἄλκιμος εἶναι;
ἀλλ' ἄγε δεῦρο, πέπον, παρ' ἔμ' ἵστασο καὶ ἴδε ἔργον,
ὄφρ' εἰδῇς, οἷός τοι ἐν ἀνδράσι δυσμενέεσσι
Μέντωρ Ἀλκιμίδης εὐεργεσίας ἀποτίνειν." 235
 ἦ ῥα, καὶ οὔ πω πάγχυ δίδου ἑτεραλκέα νίκην,
ἀλλ' ἔτ' ἄρα σθένεός τε καὶ ἀλκῆς πειρήτιζεν
ἠμὲν Ὀδυσσῆος ἠδ' υἱοῦ κυδαλίμοιο.
αὐτὴ δ' αἰθαλόεντος ἀνὰ μεγάροιο μέλαθρον
ἕζετ' ἀναΐξασα, χελιδόνι εἰκέλη ἄντην. 240
 μνηστῆρας δ' ὤτρυνε Δαμαστορίδης Ἀγέλαος
Εὐρύνομός τε καὶ Ἀμφιμέδων Δημοπτόλεμός τε
Πείσανδρός τε Πολυκτορίδης Πόλυβός τε δαΐφρων·
οἱ γὰρ μνηστήρων ἀρετῇ ἔσαν ἔξοχ' ἄριστοι,
ὅσσοι ἔτ' ἔζωον περί τε ψυχέων ἐμάχοντο· 245
τοὺς δ' ἤδη ἐδάμασσε βιὸς καὶ ταρφέες ἰοί.
τοῖς δ' Ἀγέλεως μετέειπεν ἔπος πάντεσσι πιφαύσκων·
 "ὦ φίλοι, ἤδη σχήσει ἀνὴρ ὅδε χεῖρας ἀάπτους·
καὶ δή οἱ Μέντωρ μὲν ἔβη κενὰ εὔγματα εἰπών,
οἱ δ' οἶοι λείπονται ἐπὶ πρώτῃσι θύρῃσι. 250
τῷ νῦν μὴ ἅμα πάντες ἐφίετε δούρατα μακρά,
ἀλλ' ἄγεθ' οἱ ἓξ πρῶτον ἀκοντίσατ', αἴ κέ ποθι Ζεὺς
δώῃ Ὀδυσσῆα βλῆσθαι καὶ κῦδος ἀρέσθαι.
τῶν δ' ἄλλων οὐ κῆδος, ἐπὴν οὗτός γε πέσῃσιν."
 ὣς ἔφαθ', οἱ δ' ἄρα πάντες ἀκόντισαν, ὡς ἐκέλευεν, 255
ἱέμενοι· τὰ δὲ πάντα ἐτώσια θῆκεν Ἀθήνη.
τῶν ἄλλος μὲν σταθμὸν ἐϋσταθέος μεγάροιο
βεβλήκειν, ἄλλος δὲ θύρην πυκινῶς ἀραρυῖαν·
ἄλλου δ' ἐν τοίχῳ μελίη πέσε χαλκοβάρεια.
αὐτὰρ ἐπεὶ δὴ δούρατ' ἀλεύαντο μνηστήρων, 260

Auch deine Töchter verlieren in Ithakas Stadt ihre Freiheit."

Sprachs und Athene wurde im Herzen noch grimmiger zornig;
Schalt auf Odysseus ein und sagte mit wütenden Worten:

„Nein, Odysseus, du hast ihn nicht mehr, jenen Willen zur Abwehr,
Auch nicht den Starkmut, wie du vor Troja um Helena kämpftest,
Jene Frau mit weißen Armen aus ältestem Adel,
Neun volle Jahre, und Männer erschlugst in dem schrecklichen Morden.
Dein Rat war es, der Priamos Stadt mit den breiten Straßen
Fällte. Und wie ist es jetzt? Wo dein Haus, den Besitz du gefunden,
Aug in Aug mit den Freiern dies Jammern um eigene Wehrkraft?
Nein, mein Liebling! Tritt du zu mir und schau meine Taten!
Lernen sollst du, wie Mentor, der Alkimide, gewillt ist,
Gute Taten zurück zu vergüten vor feindlichen Männern!"

Also sprach sie, doch gab sie noch nicht eine klare Entscheidung,
Immer noch war es kein Sieg; noch weiter wollte sie prüfen
Kraft und Wehr des Odysseus und die seines rühmlichen Sohnes.
Dann flog sie auf in Gestalt einer Schwalbe und setzte sich nieder
Oben hinein ins Dachgebälk des rußigen Saales.

Doch Ageláos, der Sohn des Damastor, reizte die Freier.
Ebenso taten Eurýnomos, Démoptólemos und der
Sohn des Polyktor, Peisandros, Amphímedon auch und der kluge
Polybos, weitaus die tüchtigsten unter den Freiern, soweit sie
Überhaupt noch lebten und kämpften um ihre Seelen;
Viele ja hatte schon Pfeil auf Pfeil und der Bogen vernichtet.
Doch Ageláos rief und redete deutlich zu allen:

„Freunde, dem Manne dort sinken nun bald seine ungreifbaren
Hände; denn Mentor ging nach leeren Versprechungen wieder;
Einsam stehen sie nun und verlassen am Eingang der Türe.
Darum schießt jetzt nicht alle zu gleicher Zeit eure langen
Speere; es sollen als erste nur sechs jetzt schleudern; vielleicht gibt
Zeus uns die Gnade, Odysseus zu treffen und Ruhm zu erwerben.
Er muß fallen! Gelingt es, so machen die andern nicht Sorge."

Also sprach er, die anderen schossen nach seinem Befehle
Ganz versessen aufs Ziel; doch Athene vereitelte alles.
Einer von ihnen traf im trefflich errichteten Saale
Nur einen Pfosten, ein andrer die festgezimmerte Türe;
Schwer von Erz fuhr tief in die Mauer der Speer eines Dritten.
Als sie den Lanzen der Freier auf diese Weise entronnen,

τοῖς ἄρα μύθων ἦρχε πολύτλας δῖος Ὀδυσσεύς·
"ὦ φίλοι, ἤδη μέν κεν ἐγών εἴποιμι καὶ ἄμμι
μνηστήρων ἐς ὅμιλον ἀκοντίσαι, οἳ μεμάασιν
ἡμέας ἐξεναρίξαι ἐπὶ προτέροισι κακοῖσιν."
ὣς ἔφαθ', οἱ δ' ἄρα πάντες ἀκόντισαν ὀξέα δοῦρα 265
ἄντα τιτυσκόμενοι· Δημοπτόλεμον μὲν Ὀδυσσεύς,
Εὐρυάδην δ' ἄρα Τηλέμαχος, Ἔλατον δὲ συβώτης,
Πείσανδρον δ' ἄρ' ἔπεφνε βοῶν ἐπιβουκόλος ἀνήρ.
οἱ μὲν ἔπειθ' ἅμα πάντες ὀδὰξ ἕλον ἄσπετον οὖδας,
μνηστῆρες δ' ἀνεχώρησαν μεγάροιο μυχόνδε· 270
τοὶ δ' ἄρ' ἐπήϊξαν, νεκύων δ' ἐξ ἔγχε' ἕλοντο.
αὖτις δὲ μνηστῆρες ἀκόντισαν ὀξέα δοῦρα
ἱέμενοι· τὰ δὲ πολλὰ ἐτώσια θῆκεν Ἀθήνη.
τῶν ἄλλος μὲν σταθμὸν ἐϋσταθέος μεγάροιο
βεβλήκειν, ἄλλος δὲ θύρην πυκινῶς ἀραρυῖαν· 275
ἄλλου δ' ἐν τοίχῳ μελίη πέσε χαλκοβάρεια.
Ἀμφιμέδων δ' ἄρα Τηλέμαχον βάλε χεῖρ' ἐπὶ καρπῷ
λίγδην, ἄκρην δὲ ῥινὸν δηλήσατο χαλκός.
Κτήσιππος δ' Εὔμαιον ὑπὲρ σάκος ἔγχεϊ μακρῷ
ὦμον ἐπέγραψεν· τὸ δ' ὑπέρπτατο, πῖπτε δ' ἔραζε. 280
τοὶ δ' αὖτ' ἀμφ' Ὀδυσῆα δαΐφρονα ποικιλομήτην
μνηστήρων ἐς ὅμιλον ἀκόντισαν ὀξέα δοῦρα.
ἔνθ' αὖτ' Εὐρυδάμαντα βάλε πτολίπορθος Ὀδυσσεύς,
Ἀμφιμέδοντα δὲ Τηλέμαχος, Πόλυβον δὲ συβώτης·
Κτήσιππον δ' ἄρ' ἔπειτα βοῶν ἐπιβουκόλος ἀνὴρ 285
βεβλήκει πρὸς στῆθος, ἐπευχόμενος δὲ προσηύδα·
"ὦ Πολυθερσεΐδη φιλοκέρτομε, μή ποτε πάμπαν
εἴκων ἀφραδίης μέγα εἰπεῖν, ἀλλὰ θεοῖσι
μῦθον ἐπιτρέψαι, ἐπεὶ ἦ πολὺ φέρτεροί εἰσι.
τοῦτό τοι ἀντὶ ποδὸς ξεινήϊον, ὅν ποτ' ἔδωκας 290
ἀντιθέῳ Ὀδυσῆϊ δόμον κάτ' ἀλητεύοντι."
ἦ ῥα βοῶν ἑλίκων ἐπιβουκόλος· αὐτὰρ Ὀδυσσεὺς
οὖτα Δαμαστορίδην αὐτοσχεδὸν ἔγχεϊ μακρῷ·
Τηλέμαχος δ' Εὐηνορίδην Λειώκριτον οὖτα
δουρὶ μέσον κενεῶνα, διαπρὸ δὲ χαλκὸν ἔλασσεν· 295
ἤριπε δὲ πρηνής, χθόνα δ' ἤλασε παντὶ μετώπῳ.
δὴ τότ' Ἀθηναίη φθισίμβροτον αἰγίδ' ἀνέσχεν
ὑψόθεν ἐξ ὀροφῆς· τῶν δὲ φρένες ἐπτοίηθεν.

Zweiundzwanzigster Gesang

Sprach als erster der große Dulder, der hehre Odysseus:
„Freunde! Jetzt ist es so weit, daß ich nun rede und rate:
Schießen wir grade hinein in den Haufen der Freier, da sie ja
Uns zu erlegen begehrten nach all ihrer früheren Untat."

Also sprach er, da schossen sie alle die spitzigen Speere,
Zielten genau und Odysseus traf Demoptólemos, weiter
Glückt' es Telemachos gegen Euryades, weiter dem Sauhirt
Gegen den Elados; schließlich erschlug den Peisandros der Kuhhirt.
Alle lagen, die Zähne verbissen im endlosen Boden.
Jetzt aber wichen die Freier zurück in den Winkel des Saales.
Jene stürmten heran und entrissen den Leichen die Speere.

Aber die Freier schossen jetzt nochmals die spitzigen Speere
Ganz versessen aufs Ziel, doch die meisten vereitelt' Athene.
Einer von ihnen traf im trefflich errichteten Saale
Nur einen Pfosten, ein andrer die festgezimmerte Türe;
Schwer von Erz fuhr tief in die Mauer der Speer eines Dritten.
Nur dem Telemachos streifte Amphimedon leicht einen Knöchel,
Obenhin an der Hand; nur ein bißchen schürfte das Eisen;
Auch dem Eumaios ritzte die Schulter über dem Schilde
Ktesippos leicht mit dem langen Speer, doch flog er zu hoch und
Fiel auf den Boden. Nun schossen hinein in den Haufen der Freier
Wieder die Freunde des findigen, klugen Odysseus die spitzen
Speere. Eurydamas traf da der Städtezerstörer Odysseus,
Ferner der Sohn den Amphímedon; Polybos fällte der Sauhirt.
Aber den Ktesippos traf dann der Mann, der die Kühe betreute,
Grad auf die Brust; er jauchzte darüber und schrie ihm entgegen:

„Nun, du Sohn Polytherses'! nun mache, du Freund des Gespöttes,
Nie mehr und niemals im Drang deiner Torheit riesige Sprüche!
Jetzt wohl läßt du den Göttern das Wort; sie sind ja viel stärker.
Dies sei das Gegengeschenk für den Kuhfuß, den du Odysseus
Damals, dem göttlichen, gabst, als hier im Haus er gebettelt."

Also der Hirte der glänzenden Rinder; aber Odysseus
Stieß mit dem langen Speer auf den Sohn des Damastor im Nahkampf,
Während Telemachos grad in die Weichen den Sohn des Euenor
Traf, den Leiókritos; tief in das Innere trieb er die Waffe.
Dieser fiel aufs Gesicht und die Stirn schlug breit auf den Boden.
Jetzt hob endlich Athene die Aigis, die Menschen vernichtet,
Oben tat sies im Dach. Da verzagte den andern ihr Innres.

Ὀδυσσείας χ

οἱ δ' ἐφέβοντο κατὰ μέγαρον βόες ὣς ἀγελαῖαι·
τὰς μέν τ' αἰόλος οἶστρος ἐφορμηθεὶς ἐδόνησεν 300
ὥρῃ ἐν εἰαρινῇ, ὅτε τ' ἤματα μακρὰ πέλονται·
οἱ δ' ὥς τ' αἰγυπιοὶ γαμψώνυχες ἀγκυλοχῆλαι
ἐξ ὀρέων ἐλθόντες ἐπ' ὀρνίθεσσι θόρωσι.
ταὶ μέν τ' ἐν πεδίῳ νέφεα πτώσσουσαι ἴενται,
οἱ δέ τε τὰς ὀλέκουσιν ἐπάλμενοι, οὐδέ τις ἀλκή 305
γίνεται οὐδὲ φυγή· χαίρουσι δέ τ' ἀνέρες ἄγρῃ·
ὣς ἄρα τοὶ μνηστῆρας ἐπεσσύμενοι κατὰ δῶμα
τύπτον ἐπιστροφάδην· τῶν δὲ στόνος ὤρνυτ' ἀεικὴς
κράτων τυπτομένων, δάπεδον δ' ἅπαν αἵματι θῦεν.

Λειώδης δ' Ὀδυσῆος ἐπεσσύμενος λάβε γούνων 310
καί μιν λισσόμενος ἔπεα πτερόεντα προσηύδα·

"γουνοῦμαί σ', Ὀδυσεῦ· σὺ δέ μ' αἴδεο καί μ' ἐλέησον·
οὐ γάρ πώ τινά φημι γυναικῶν ἐν μεγάροισιν
εἰπεῖν οὐδέ τι ῥέξαι ἀτάσθαλον· ἀλλὰ καὶ ἄλλους
παύεσκον μνηστῆρας, ὅτις τοιαῦτά γε ῥέζοι. 315
ἀλλά μοι οὐ πείθοντο κακῶν ἄπο χεῖρας ἔχεσθαι·
τῷ καὶ ἀτασθαλίῃσιν ἀεικέα πότμον ἐπέσπον.
αὐτὰρ ἐγὼ μετὰ τοῖσι θυοσκόος οὐδὲν ἐοργὼς
κείσομαι, ὡς οὐκ ἔστι χάρις μετόπισθ' εὐεργέων."

τὸν δ' ἄρ' ὑπόδρα ἰδὼν προσέφη πολύμητις Ὀδυσσεύς· 320
"εἰ μὲν δὴ μετὰ τοῖσι θυοσκόος εὔχεαι εἶναι,
πολλάκι που μέλλεις ἀρήμεναι ἐν μεγάροισι
τηλοῦ ἐμοὶ νόστοιο τέλος γλυκεροῖο γενέσθαι,
σοὶ δ' ἄλοχόν τε φίλην σπέσθαι καὶ τέκνα τεκέσθαι·
τῷ οὐκ ἂν θάνατόν γε δυσηλεγέα προφύγοισθα." 325

ὣς ἄρα φωνήσας ξίφος εἵλετο χειρὶ παχείῃ
κείμενον, ὅ ῥ' Ἀγέλαος ἀποπροέηκε χαμᾶζε
κτεινόμενος· τῷ τόν γε κατ' αὐχένα μέσσον ἔλασσε·
φθεγγομένου δ' ἄρα τοῦ γε κάρη κονίῃσιν ἐμίχθη.

Τερπιάδης δ' ἔτ' ἀοιδὸς ἀλύσκανε κῆρα μέλαιναν, 330
Φήμιος, ὅς ῥ' ἤειδε παρὰ μνηστῆρσιν ἀνάγκῃ.
ἔστη δ' ἐν χείρεσσιν ἔχων φόρμιγγα λίγειαν
ἄγχι παρ' ὀρσοθύρην· δίχα δὲ φρεσὶ μερμήριζεν,
ἢ ἐκδὺς μεγάροιο Διὸς μεγάλου ποτὶ βωμὸν
ἑρκείου ἕζοιτο τετυγμένον, ἔνθ' ἄρα πολλὰ 335
Λαέρτης Ὀδυσεύς τε βοῶν ἐπὶ μηρί' ἔκηαν,

Flüchtend rannten sie wild durch den Saal wie Rinder der Herde,
Wenn eine schillernde Bremse, die Tiere jagend, daher fährt,
Immer zur Zeit, wenn die wachsenden Tage des Frühlings erscheinen.
Aber wie Geier mit krummen Krallen und Schnäbeln vom Berge
Kommen und Vögel wild überfallen, so taten die Viere.
Jene ducken sich unters Gewölk und schießen ins Flachland;
Sie aber stürmen heran und morden, es gibt keine Abwehr,
Gibt keine Flucht; an dem Jagen erfreun sich die Leute im Felde:
Grad so jagten die Vier nun im Hause die Freier und schlugen
Rechts und links sie zusammen. Es krachten die Schädel, der ganze
Boden dampfte von Blut, es erhob sich ein häßliches Stöhnen.

Aber Leiodes eilte herzu und faßte Odysseus
Bittend beim Knie und sagte zugleich ihm geflügelte Worte:
„Hier auf den Knieen, Odysseus, lieg ich vor dir; hab Ehrfurcht;
Mitleid zeige an mir! Noch an keinem Weib im Palaste
Hab ich mit Wort und Tat je gefrevelt; ich habe die andern
Freier zurückgehalten, wenn je einer solcherlei wagte.
Freilich gehorchten sie nicht und ließen die Hand nicht vom Unrecht,
Darum folgte dem törichten Frevel das häßliche Schicksal.
Ich, der Opferbeschauer, läge dann ohne Verschulden
Hier unter denen; das wäre kein Dank für das frühere Guttun!"

Finster blickend rief da der einfallreiche Odysseus:
„Rühmst du dich gar, du seist ihr Opferbeschauer gewesen,
Dann ist wohl sicher, daß oft im Palast du gebetet, es möge
Draußen zu Ende doch gehn mit den süßen Gedanken an Heimkehr,
Daß dann mein liebes Weib dir folge und Kinder gebäre.
Darum kannst du unmöglich dem schmerzlichen Tod jetzt entgehen."

Sprachs und ergriff ein Schwert mit wuchtiger Hand; Agelaos
Hatte es, tödlich getroffen, zu Boden geworfen. Mit diesem
Stieß er ihn mitten hinein in den Nacken; er konnte noch rufen;
Aber sein Kopf verrollte im Staub noch während des Rufens.

Phemios, Terpis' Sohn, entging dem schwarzen Verhängnis.
Sänger war er, doch sang er den Freiern nur, weil er mußte.
Der nun stellte sich hin an die hinterste Türe, in Händen
Trug er die klingende Leier und grübelte zweifelnd im Sinne,
Sollte dem Saal er entschlüpfen, im Hof am gemauerten Altar
Nieder sich setzen vor Zeus, dem Schützer des Hauses, wo früher
Viele Schenkel von Rindern Laërtes verbrannt und Odysseus;

ἤ γούνων λίσσοιτο προσαΐξας Ὀδυσῆα.
ὧδε δέ οἱ φρονέοντι δοάσσατο κέρδιον εἶναι,
γούνων ἅψασθαι Λαερτιάδεω Ὀδυσῆος.
ἦ τοι ὁ φόρμιγγα γλαφυρὴν κατέθηκε χαμᾶζε 340
μεσσηγὺς κρητῆρος ἰδὲ θρόνου ἀργυροήλου,
αὐτὸς δ' αὖτ' Ὀδυσῆα προσαΐξας λάβε γούνων
καί μιν λισσόμενος ἔπεα πτερόεντα προσηύδα·
"γουνοῦμαί σ', Ὀδυσεῦ· σὺ δέ μ' αἴδεο καί μ' ἐλέησον.
αὐτῷ τοι μετόπισθ' ἄχος ἔσσεται, εἴ κεν ἀοιδὸν 345
πέφνῃς, ὅς τε θεοῖσι καὶ ἀνθρώποισιν ἀείδω.
αὐτοδίδακτος δ' εἰμί, θεὸς δέ μοι ἐν φρεσὶν οἴμας
παντοίας ἐνέφυσεν· ἔοικα δέ τοι παραείδειν
ὥς τε θεῷ· τῷ μή με λιλαίεο δειροτομῆσαι.
καί κεν Τηλέμαχος τάδε γ' εἴποι, σὸς φίλος υἱός, 350
ὡς ἐγὼ οὔ τι ἑκὼν ἐς σὸν δόμον οὐδὲ χατίζων
πωλεύμην μνηστῆρσιν ἀεισόμενος μετὰ δαῖτας,
ἀλλὰ πολὺ πλέονες καὶ κρείσσονες ἦγον ἀνάγκῃ."
ὣς φάτο, τοῦ δ' ἤκουσ' ἱερὴ ἲς Τηλεμάχοιο,
αἶψα δ' ἑὸν πατέρα προσεφώνεεν ἐγγὺς ἐόντα· 355
"ἴσχεο, μηδέ τι τοῦτον ἀναίτιον οὔταε χαλκῷ.
καὶ κήρυκα Μέδοντα σαώσομεν, ὅς τέ μευ αἰεὶ
οἴκῳ ἐν ἡμετέρῳ κηδέσκετο παιδὸς ἐόντος,
εἰ δὴ μή μιν ἔπεφνε Φιλοίτιος ἠὲ συβώτης,
ἠὲ σοὶ ἀντεβόλησεν ὀρινομένῳ κατὰ δῶμα." 360
ὣς φάτο, τοῦ δ' ἤκουσε Μέδων πεπνυμένα εἰδώς·
πεπτηὼς γὰρ ἔκειτο ὑπὸ θρόνον, ἀμφὶ δὲ δέρμα
ἕστο βοὸς νεόδαρτον, ἀλύσκων κῆρα μέλαιναν.
αἶψα δ' ὑπὸ θρόνου ὦρτο, βοὸς δ' ἀπέδυνε βοείην,
Τηλέμαχον δ' ἄρ' ἔπειτα προσαΐξας λάβε γούνων 365
καί μιν λισσόμενος ἔπεα πτερόεντα προσηύδα·
"ὦ φίλ', ἐγὼ μὲν ὅδ' εἰμί, σὺ δ' ἴσχεο· εἰπὲ δὲ πατρί,
μή με περισθενέων δηλήσεται ὀξέϊ χαλκῷ,
ἀνδρῶν μνηστήρων κεχολωμένος, οἵ οἱ ἔκειρον
κτήματ' ἐνὶ μεγάροις, σὲ δὲ νήπιοι οὐδὲν ἔτιον." 370
τὸν δ' ἐπιμειδήσας προσέφη πολύμητις Ὀδυσσεύς·
"θάρσει, ἐπεὶ δή σ' οὗτος ἐρύσατο καὶ ἐσάωσεν,
ὄφρα γνῷς κατὰ θυμόν, ἀτὰρ εἴπῃσθα καὶ ἄλλῳ,
ὡς κακοεργίης εὐεργεσίη μέγ' ἀμείνων.

Oder sollt er Odysseus bestürmen und kniend ihn bitten.
Während er so es bedachte, erschien es ihm schließlich von Vorteil,
Wenn er das Knie des Odysseus, des Sohns des Laërtes, umfasse.
Wirklich legte die glänzende Leier er hin auf den Boden
Mitten zwischen den silbern genagelten Stuhl und den Mischkrug,
Selbst aber stürmte er hin zu Odysseus und faßte
Bittend sein Knie und sagte zugleich geflügelte Worte:
„Hier auf den Knieen, Odysseus, lieg ich vor dir; hab' Ehrfurcht;
Mitleid zeige an mir; denn schmerzen würd es dich später,
Mörder zu sein eines Sängers, da Göttern und Menschen ich singe.
Wohl hab ich selbst mich belehrt; doch die Keime zu vielerlei Weisen
Gab mir ein Gott in den Sinn, und es ist mir, als gälte mein Singen
Dir wie dem Gott. So bezähme die Lust, mir den Hals zu durchschnei-
Auch dein lieber Sohn Telemachos kann es dir sagen: [den.
Wenn ich in deinem Hause mich einfand, tat ich es niemals,
Weil ich es wollte oder gar wünschte den Freiern zur Mahlzeit
Lieder zu singen; sie zwangen mich her als die Starken und Vielen."
Sprachs und die heilige Kraft des Telemachos konnte es hören.
Darum sagte er gleich seinem Vater, der nahe dabei stand;
„Nein, halt ein! Er hat keine Schuld, stoß nicht mit der Waffe!
Retten wir auch noch den Medon, den Rufer; in unserem Hause
Sorgte er immer für mich seit den frühen Tagen der Kindheit.
Freilich der Sauhirt oder Philoitios konnten ihn töten
Oder auch du hier im Haus, wenn er dir beim Sturm in die Hand lief."
  Also sprach er und Medon, der wissend Gewandte, vernahm ihn.
Eingehüllt in die Haut eines frischgeschlachteten Rindes
Hockte er unter dem Stuhl und entging so dem schwarzen Verhängnis.
Eilig und drängend kam er hervor aus dem Stuhl und die Rindshaut
Warf er von sich und stürmte dann hin zu Telemachos, faßte
Bittend sein Knie und sagte zugleich ihm geflügelte Worte:
„Freund! Hier bin ich, halt ein und sage dem Vater, er möge
Nicht auch mich, da er alle bewältigt mit spitzigem Schwerte,
Töten aus Wut, weil die freienden Männer ihm all sein Besitztum
Hier im Palaste verpraßten und dich mißehrten; die Toren!"
  Lächelnd sprach da zu ihm der einfallreiche Odysseus:
„Mut! Er hat dich nun wirklich gerettet und wurde dein Schützer.
Aber lerne daraus im Gemüte und sag es auch andern:
Gute Taten sind doch viel besser als schimpfliche Werke.

ἀλλ' ἐξελθόντες μεγάρων ἕζεσθε θύραζε 375
ἐκ φόνου εἰς αὐλήν, σύ τε καὶ πολύφημος ἀοιδός,
ὄφρ' ἂν ἐγὼ κατὰ δῶμα πονήσομαι ὅττεό με χρή."
  ὣς φάτο, τὼ δ' ἔξω βήτην μεγάροιο κιόντε·
ἑζέσθην δ' ἄρα τώ γε Διὸς μεγάλου ποτὶ βωμόν,
πάντοσε παπταίνοντε, φόνον ποτιδεγμένω αἰεί. 380
  πάπτηνεν δ' Ὀδυσεὺς καθ' ἑὸν δόμον, εἴ τις ἔτ' ἀνδρῶν
ζωὸς ὑποκλοπέοιτο, ἀλύσκων κῆρα μέλαιναν.
τοὺς δὲ ἴδεν μάλα πάντας ἐν αἵματι καὶ κονίῃσι
πεπτεῶτας πολλούς, ὥς τ' ἰχθύας, οὕς θ' ἁλιῆες
κοῖλον ἐς αἰγιαλὸν πολιῆς ἔκτοσθε θαλάσσης 385
δικτύῳ ἐξέρυσαν πολυωπῷ· οἱ δέ τε πάντες
κύμαθ' ἁλὸς ποθέοντες ἐπὶ ψαμάθοισι κέχυνται·
τῶν μέν τ' ἠέλιος φαέθων ἐξείλετο θυμόν·
ὣς τότ' ἄρα μνηστῆρες ἐπ' ἀλλήλοισι κέχυντο.
δὴ τότε Τηλέμαχον προσέφη πολύμητις Ὀδυσσεύς· 390
  "Τηλέμαχ', εἰ δ' ἄγε μοι κάλεσον τροφὸν Εὐρύκλειαν,
ὄφρα ἔπος εἴπωμι, τό μοι καταθύμιόν ἐστιν."
  ὣς φάτο, Τηλέμαχος δὲ φίλῳ ἐπεπείθετο πατρί,
κινήσας δὲ θύρην προσέφη τροφὸν Εὐρύκλειαν·
  "δεῦρο δὴ ὄρσο, γρηῦ παλαιγενές, ἥ τε γυναικῶν 395
δμῳάων σκοπός ἐσσι κατὰ μέγαρ' ἡμετεράων,
ἔρχεο· κικλήσκει σε πατὴρ ἐμός, ὄφρα τι εἴπῃ."
  ὣς ἄρ' ἐφώνησεν, τῇ δ' ἄπτερος ἔπλετο μῦθος,
ὤϊξεν δὲ θύρας μεγάρων ἐῢ ναιεταόντων,
βῆ δ' ἴμεν· αὐτὰρ Τηλέμαχος πρόσθ' ἡγεμόνευεν. 400
εὗρεν ἔπειτ' Ὀδυσῆα μετὰ κταμένοισι νέκυσσιν
αἵματι καὶ λύθρῳ πεπαλαγμένον ὥς τε λέοντα,
ὅς ῥά τε βεβρωκὼς βοὸς ἔρχεται ἀγραύλοιο·
πᾶν δ' ἄρα οἱ στῆθός τε παρηϊά τ' ἀμφοτέρωθεν
αἱματόεντα πέλει, δεινὸς δ' εἰς ὦπα ἰδέσθαι· 405
ὣς Ὀδυσεὺς πεπάλακτο πόδας καὶ χεῖρας ὕπερθεν.
ἡ δ' ὡς οὖν νέκυάς τε καὶ ἄσπετον εἴσιδεν αἷμα,
ἴθυσέν ῥ' ὀλολύξαι, ἐπεὶ μέγα εἴσιδεν ἔργον·
ἀλλ' Ὀδυσεὺς κατέρυκε καὶ ἔσχεθεν ἱεμένην περ
καί μιν φωνήσας ἔπεα πτερόεντα προσηύδα· 410
  "ἐν θυμῷ, γρηῦ, χαῖρε καὶ ἴσχεο μηδ' ὀλόλυζε·
οὐχ ὁσίη κταμένοισιν ἐπ' ἀνδράσιν εὐχετάασθαι.

Geht jetzt ihr beide hinaus aus dem Saal in den Hof, aus dem Mordraum,
Setzt euch, du und der Sänger, der reich ist an Liedern, dort nieder;
Ich will hier im Hause zuerst noch tun, was vonnöten!"

Sprachs und beide verließen den Saal und gingen ins Freie,
Setzten sich dann zum Altar des großen Zeus, um von dort aus
Allseits auszuspähen, noch immer des Todes gewärtig.

Aber im Hause spähte Odysseus, ob noch ein Freier
Irgendwo stecke und lebe, entronnen dem schwarzen Verhängnis.
Aber nun sah er sie alle im Staub und im Blute da liegen,
Hingeworfen in Menge wie Fische. Wie draußen vom grauen
Meere Fischer sie holen in enggeflochtenen Netzen,
Dann am Strand in der Bucht auf den Sand sie schütten, die alle
Gern in das Wogen der Salzflut wiederum kämen; vergeblich!
Strahlende Sonne vernichtet ihr Leben: So lagen die Freier
Einer über dem andern wie hingeschüttet am Boden.
Doch dem Telemachos rief nun der einfallreiche Odysseus:

„Komm, Telemachos, ruf Eurykleia, die Amme, zu mir her,
Worte hab ich zu sagen, die künden, wie mir zu Mut ist."

Sprachs und Telemachos folgte dem lieben Vater gehorsam;
Rüttelnd die Türe sprach er zur Amme Eurykleia:

„Auf und hieher, du alte Uralte, du bist doch die Wache
Hier in unserem Haus für die dienenden Weiber; so geh denn,
Folge dem Ruf meines Vaters! Er hat dir jetzt manches zu sagen!"

Also ließ er verlauten, doch ihr versagten die Worte.
Auf aber tat sie die Türen des wohnlichen Raumes, zu gehen
Schickte sie sich, da Telemachos vor ihr führend einherschritt.
Und nun fand sie umgeben von totgeschlagenen Menschen
Blutübergossen Odysseus; es war ihr, als sei er ein Löwe,
Wenn er vom Fraß eines Rindes draußen im Felde daherkommt.
Alles ist blutig an ihm, die Seiten, die Brust und die Lefzen.
Schrecklich erscheint er dem, der ihn leibhaft erblickt, und geradso
Blutübergossen an Füßen und Händen war auch Odysseus.
Als da die Alte die Toten nun sah und das riesige Blutbad,
Reckte sie jauchzend sich hoch, da die Größe des Werkes sie schaute.
Aber Odysseus hielt sie zurück, so sehr sie sich sträubte,
Redete laut dann zu ihr und sagte geflügelte Worte:

„Alte Frau, nicht jauchzen! halt ein, sei froh im Gemüte!
Nicht ist es heiliger Brauch vor den Leichen Gefallner zu prahlen.

τούσδε δὲ μοῖρ' ἐδάμασσε θεῶν καὶ σχέτλια ἔργα·
οὔ τινα γὰρ τίεσκον ἐπιχθονίων ἀνθρώπων,
οὐ κακὸν οὐδὲ μὲν ἐσθλόν, ὅτίς σφεας εἰσαφίκοιτο· 415
τῷ καὶ ἀτασθαλίῃσιν ἀεικέα πότμον ἐπέσπον.
ἀλλ' ἄγε μοι σὺ γυναῖκας ἐνὶ μεγάροις κατάλεξον,
αἵ τέ μ' ἀτιμάζουσι καὶ αἳ νηλείτιδές εἰσι."
 τὸν δ' αὖτε προσέειπε φίλη τροφὸς Εὐρύκλεια·
"τοιγὰρ ἐγώ τοι, τέκνον, ἀληθείην καταλέξω. 420
πεντήκοντά τοί εἰσιν ἐνὶ μεγάροισι γυναῖκες
δμῳαί, τὰς μέν τ' ἔργα διδάξαμεν ἐργάζεσθαι,
εἴριά τε ξαίνειν καὶ δουλοσύνην ἀνέχεσθαι·
τάων δώδεκα πᾶσαι ἀναιδείης ἐπέβησαν,
οὔτ' ἐμὲ τίουσαι οὔτ' αὐτὴν Πηνελόπειαν. 425
Τηλέμαχος δὲ νέον μὲν ἀέξετο, οὐδέ ἑ μήτηρ
σημαίνειν εἴασκεν ἐπὶ δμῳῇσι γυναιξίν.
ἀλλ' ἄγ' ἐγὼν ἀναβᾶσ' ὑπερώια σιγαλόεντα
εἴπω σῇ ἀλόχῳ, τῇ τις θεὸς ὕπνον ἐπῶρσε."
 τὴν δ' ἀπαμειβόμενος προσέφη πολύμητις Ὀδυσσεύς· 430
"μή πω τήν γ' ἐπέγειρε· σὺ δ' ἐνθάδε εἰπὲ γυναιξὶν
ἐλθέμεν, αἵ περ πρόσθεν ἀεικέα μηχανόωντο."
 ὣς ἄρ' ἔφη, γρηῢς δὲ διὲκ μεγάροιο βεβήκει
ἀγγελέουσα γυναιξὶ καὶ ὀτρυνέουσα νέεσθαι.
αὐτὰρ ὁ Τηλέμαχον καὶ βουκόλον ἠδὲ συβώτην 435
εἰς ἓ καλεσσάμενος ἔπεα πτερόεντα προσηύδα·
 "ἄρχετε νῦν νέκυας φορέειν καὶ ἄνωχθε γυναῖκας·
αὐτὰρ ἔπειτα θρόνους περικαλλέας ἠδὲ τραπέζας
ὕδατι καὶ σπόγγοισι πολυτρήτοισι καθαίρειν.
αὐτὰρ ἐπὴν δὴ πάντα δόμον διακοσμήσησθε, 440
δμῳὰς ἐξαγαγόντες ἐϋσταθέος μεγάροιο,
μεσσηγύς τε θόλου καὶ ἀμύμονος ἕρκεος αὐλῆς,
θεινέμεναι ξίφεσιν τανυήκεσιν, εἰς ὅ κε πασέων
ψυχὰς ἐξαφέλησθε καὶ ἐκλελάθωντ' Ἀφροδίτης,
τὴν ἄρ' ὑπὸ μνηστῆρσιν ἔχον μίσγοντό τε λάθρῃ." 445
 ὣς ἔφαθ', αἱ δὲ γυναῖκες ἀολλέες ἦλθον ἅπασαι,
αἴν' ὀλοφυρόμεναι, θαλερὸν κατὰ δάκρυ χέουσαι.
πρῶτα μὲν οὖν νέκυας φόρεον κατατεθνηῶτας,
κὰδ δ' ἄρ' ὑπ' αἰθούσῃ τίθεσαν ἐϋερκέος αὐλῆς,
ἀλλήλοισιν ἐρείδουσαι· σήμαινε δ' Ὀδυσσεὺς 450

Diesen da brachte ihr dauerndes Treiben und göttliches Schicksal
Endlich Vernichtung. Keinem irdischen Menschen, der herkam,
Mochte er gut oder schlecht sein, pflegten sie Ehre zu zollen.
Darum folgte dem törichten Frevel das häßliche Schicksal.
Aber nun sag mir die Reihe der Weiber hier im Palaste,
Alle, die mich mißehren, und alle, die ganz ohne Tadel!"

Eurykleia, die liebe Amme, sagte da wieder:
„Ja, mein Kind, die Wahrheit will ich in Ordnung berichten:
Fünfzig dienende Frauen sind hier im Palaste; die einen
Lernten wir an, was alles zu tun ist, recht zu verrichten,
Wolle zu krempeln, als dienende Mägde Arbeit zu leisten.
Unter diesen ist schamlos geworden ein volles Dutzend.
Keine achtete mich und selbst nicht Penelopeia.
Aber Telemachos ist ja seit kurzem erst mannbar geworden;
Darum versagte die Mutter ihm immer den Herren zu spielen
Gegen die Mägde. Doch ich geh hinauf in die glänzende Stube;
Sprechen will ich dein Weib; sie schläft, wie ein Gott es wohl fügte."

Antwort gab ihr da wieder der einfallreiche Odysseus:
„Wecke sie noch nicht auf! Befiehl du den Weibern, es müssen
Alle zu mir jetzt kommen, die schändliche Taten begingen."

Also sprach er; die Alte doch ging aus dem Saale, den Weibern
Wollte die Meldung sie bringen und eilig sie treiben zu kommen.
Er aber rief den Telemachos zu sich heran, auch den Sauhirt,
Und auch den Hirten der Kühe und sagte geflügelte Worte:

„Macht euch daran, entfernt jetzt die Leichen! Befehlt auch den Wei-
Rein zu waschen die herrlichen Tische und Stühle, sie müssen   [bern,
Wasser holen dazu und Schwämme mit vielen Löchern.
Habt ihr alles aufs schönste geputzt in den sämtlichen Räumen,
Holt dann heraus aus dem trefflich errichteten Saale die Mägde,
Stellt sie zwischen die tüchtige Mauer des Hofs und den Rundbau,
Schlagt sie mit langen Schwertern und nehmt ihnen allen die Seele!
Aphrodites sollen sie gründlich vergessen, die ihnen
Helferin war bei der heimlichen Buhlerei mit den Freiern."

Also sprach er, da kamen die Weiber, alle die zwölfe,
Schrecklich jammernd und schwellende Tränen vergießend. Sie holten
Vorerst die Leichen der Toten und legten sie hin in der Halle
Draußen im trefflich verschlossenen Hofe. Sie legten sie schichtweis
Übereinander. Odysseus kam, um selbst zu befehlen;

αὐτὸς ἐπισπέρχων· ταὶ δ' ἐκφόρεον καὶ ἀνάγκη.
αὐτὰρ ἔπειτα θρόνους περικαλλέας ἠδὲ τραπέζας
ὕδατι καὶ σπόγγοισι πολυτρήτοισι κάθαιρον.
αὐτὰρ Τηλέμαχος καὶ βουκόλος ἠδὲ συβώτης
λίστροισιν δάπεδον πύκα ποιητοῖο δόμοιο   455
ξῦον· ταὶ δ' ἐφόρεον δμῳαί, τίθεσαν δὲ θύραζε.
αὐτὰρ ἐπεὶ δὴ πᾶν μέγαρον διεκοσμήσαντο,
δμῳὰς ἐξαγαγόντες ἐϋσταθέος μεγάροιο,
μεσσηγύς τε θόλου καὶ ἀμύμονος ἕρκεος αὐλῆς,
εἴλεον ἐν στείνει, ὅθεν οὔ πως ἦεν ἀλύξαι.   460
τοῖσι δὲ Τηλέμαχος πεπνυμένος ἦρχ' ἀγορεύειν·
"μὴ μὲν δὴ καθαρῷ θανάτῳ ἀπὸ θυμὸν ἑλοίμην
τάων, αἳ δὴ ἐμῇ κεφαλῇ κατ' ὀνείδεα χεῦαν
μητέρι θ' ἡμετέρῃ, παρά τε μνηστῆρσιν ἴαυον."
ὣς ἄρ' ἔφη, καὶ πεῖσμα νεὸς κυανοπρῴροιο   465
κίονος ἐξάψας μεγάλης περίβαλλε θόλοιο,
ὑψόσ' ἐπεντανύσας, μή τις ποσὶν οὖδας ἵκοιτο.
ὡς δ' ὅτ' ἂν ἢ κίχλαι τανυσίπτεροι ἠὲ πέλειαι
ἕρκει ἐνιπλήξωσι, τό θ' ἑστήκῃ ἐνὶ θάμνῳ,
αὖλιν ἐσιέμεναι, στυγερὸς δ' ὑπεδέξατο κοῖτος,   470
ὣς αἵ γ' ἑξείης κεφαλὰς ἔχον, ἀμφὶ δὲ πάσαις
δειρῇσι βρόχοι ἦσαν, ὅπως οἴκτιστα θάνοιεν.
ἤσπαιρον δὲ πόδεσσι μίνυνθά περ, οὔ τι μάλα δήν.
ἐκ δὲ Μελάνθιον ἦγον ἀνὰ πρόθυρόν τε καὶ αὐλήν·
τοῦ δ' ἀπὸ μὲν ῥῖνάς τε καὶ οὔατα νηλέϊ χαλκῷ   475
τάμνον μήδεά τ' ἐξέρυσαν, κυσὶν ὠμὰ δάσασθαι,
χεῖράς τ' ἠδὲ πόδας κόπτον κεκοτηότι θυμῷ.
οἱ μὲν ἔπειτ' ἀπονιψάμενοι χεῖράς τε πόδας τε
εἰς Ὀδυσῆα δόμονδε κίον, τετέλεστο δὲ ἔργον.
αὐτὰρ ὅ γε προσέειπε φίλην τροφὸν Εὐρύκλειαν·   480
"οἶσε θέειον, γρηΰ, κακῶν ἄκος, οἶσε δέ μοι πῦρ,
ὄφρα θεειώσω μέγαρον· σὺ δὲ Πηνελόπειαν
ἐλθεῖν ἐνθάδ' ἄνωχθι σὺν ἀμφιπόλοισι γυναιξί·
πάσας δ' ὄτρυνον δμῳὰς κατὰ δῶμα νέεσθαι."
τὸν δ' αὖτε προσέειπε φίλη τροφὸς Εὐρύκλεια·   485
"ναὶ δὴ ταῦτά γε, τέκνον ἐμόν, κατὰ μοῖραν ἔειπες.
ἀλλ' ἄγε τοι χλαῖνάν τε χιτῶνά τε εἵματ' ἐνείκω,
μηδ' οὕτω ῥάκεσιν πεπυκασμένος εὐρέας ὤμους

Dann erst trugen sie weiter heraus und nur weil sie mußten.
Darnach wuschen sie sauber die herrlichen Stühle und Tische,
Wasser brauchten sie da und Schwämme mit vielen Löchern.
Aber Telemachos schabte den Boden des festen Gebäudes,
Schabeeisen benutzten die Hirten der Kühe und Schweine,
Während die Mägde Trägerdienste ins Freie versahen.
Als sie dann alles aufs schönste im Männersaale geordnet,
Holten sie her aus dem trefflich errichteten Saale die Mägde,
Drängten sie gleich von der tüchtigen Mauer des Hofs bis zum Rundbau
Eng aneinander; von dort war jedes Entkommen unmöglich.
Doch der gewandte Telemachos sagte als erster zu ihnen:

„Solcherlei Weibern durch sauberen Tod das Leben zu nehmen
Lehne ich gründlich ab, die das Haupt unsrer Mutter und meines
Schimpflich geschändet, den Freiern indessen aufs Lager gefolgt sind."

Also sprach er und band das Seil eines Schiffes mit dunklem
Bug an eine der großen Säulen des stattlichen Rundbaus,
Zog es dann straff und hoch; kein Fuß erreichte den Boden.
Wie wenn Drosseln mit langen Schwingen und Tauben in Schlingen
Plötzlich geraten — gestellt ist die Falle in dichten Gebüschen —
Heimwärts ziehn sie zum Nest, nun empfing sie ein grausiges Lager;
Gradso hingen sie nebeneinander und senkten die Köpfe.
Jeden Nacken umwand der Strick — ein klägliches Ende —
Kurz nur zappelten sie mit den Füßen, doch gar nicht sehr lange.

Her nun führten sie auch durch Türe und Hof den Melantheus,
Schnitten die Nase ihm ab und die Ohren mit grausigen Waffen,
Rissen heraus das Geschlecht, daß roh es fräßen die Hunde;
Hände und Füße schlugen sie ab voll Wut im Gemüte.

Alsdann wuschen sie Hände und Füße und gingen ins Innere
Hin zu Odysseus: sein Werk aber war jetzt völlig zu Ende.
Dann aber sprach er zur lieben Amme Eurykleia:

„Bringe uns Feuer und Schwefel, Alte, das Mittel für Unheil!
Ich will schwefeln im Saal, doch du mußt Penelopeia
Hieher kommen heißen zugleich mit den dienenden Frauen.
Treib aber, daß auch sämtliche Mägde des Hauses erscheinen!"

Ihm aber sagte die liebe Amme Eurykleia:

„Ja, mein Kind, das hast du wirklich schicklich gesprochen.
Aber nun höre, ich bringe dir Mantel, Kleider und Leibrock;
Steh nicht so da im Palaste, so schlecht an den breiten Schultern

ἔσταθ' ἐνὶ μεγάροισι· νεμεσσητὸν δέ κεν εἴη."
    τὴν δ' ἀπαμειβόμενος προσέφη πολύμητις Ὀδυσσεύς· 490
"πῦρ νῦν μοι πρώτιστον ἐνὶ μεγάροισι γενέσθω."
    ὣς ἔφατ', οὐδ' ἀπίθησε φίλη τροφὸς Εὐρύκλεια,
ἤνεικεν δ' ἄρα πῦρ καὶ θήιον· αὐτὰρ Ὀδυσσεὺς
εὖ διεθείωσεν μέγαρον καὶ δῶμα καὶ αὐλήν.
    γρηῦς δ' αὖτ' ἀπέβη διὰ δώματα κάλ' Ὀδυσῆος 495
ἀγγελέουσα γυναιξὶ καὶ ὀτρυνέουσα νέεσθαι·
αἱ δ' ἴσαν ἐκ μεγάροιο δάος μετὰ χερσὶν ἔχουσαι.
αἱ μὲν ἄρ' ἀμφεχέοντο καὶ ἠσπάζοντ' Ὀδυσῆα
καὶ κύνεον ἀγαπαζόμεναι κεφαλήν τε καὶ ὤμους
χεῖράς τ' αἰνύμεναι· τὸν δὲ γλυκὺς ἵμερος ᾕρει 500
κλαυθμοῦ καὶ στοναχῆς, γίνωσκε δ' ἄρα φρεσὶ πάσας.

Lumpig mit Fetzen behangen; das kann zum Ärger nur reizen."
  Antwort gab ihr und sagte der einfallreiche Odysseus:
„Feuer muß jetzt vor allem zuerst im Haus ich bekommen!"
  Sprachs und die liebe Amme Eurykleia gehorchte
Ohne Verzug und brachte Odysseus Feuer und Schwefel.
Dieser schwefelte gründlich den Saal und das Haus und den Hofraum.
  Aber die Alte ging durch das schöne Haus des Odysseus,
Meldung gab sie den Weibern und trieb sie, daß alle erschienen.
Und sie kamen heraus aus dem Saal mit Fackeln in Händen,
Stellten sich rund um Odysseus und sagten Willkommen und küßten
Kopf ihm und Schultern liebkosend und faßten die Hände. Indessen
Packte Odysseus ein süßes Sehnen nach Weinen und Stöhnen,
Konnte er doch durch Besinnen sie alle wieder erkennen.

ΟΔΥΣΣΕΙΑΣ Ψ

Ὀδυσσέως ὑπὸ Πηνελόπης ἀναγνωρισμός

Γρηῦς δ' εἰς ὑπερῷ' ἀνεβήσετο καγχαλόωσα,
δεσποίνῃ ἐρέουσα φίλον πόσιν ἔνδον ἐόντα·
γούνατα δ' ἐρρώσαντο, πόδες δ' ὑπερικταίνοντο.
στῆ δ' ἄρ' ὑπὲρ κεφαλῆς καί μιν πρὸς μῦθον ἔειπεν·
" ἔγρεο, Πηνελόπεια, φίλον τέκος, ὄφρα ἴδηαι   5
ὀφθαλμοῖσι τεοῖσι τά τ' ἔλδεαι ἤματα πάντα.
ἦλθ' Ὀδυσεὺς καὶ οἶκον ἱκάνεται, ὀψέ περ ἐλθών·
μνηστῆρας δ' ἔκτεινεν ἀγήνορας, οἵ θ' ἑὸν οἶκον
κήδεσκον καὶ κτήματ' ἔδον βιόωντό τε παῖδα."
    τὴν δ' αὖτε προσέειπε περίφρων Πηνελόπεια·   10
"μαῖα φίλη, μάργην σε θεοὶ θέσαν, οἵ τε δύνανται
ἄφρονα ποιῆσαι καὶ ἐπίφρονά περ μάλ' ἐόντα,
καί τε χαλιφρονέοντα σαοφροσύνης ἐπέβησαν·
οἵ σέ περ ἔβλαψαν· πρὶν δὲ φρένας αἰσίμη ἦσθα.
τίπτε με λωβεύεις πολυπενθέα θυμὸν ἔχουσαν   15
ταῦτα παρὲξ ἐρέουσα, καὶ ἐξ ὕπνου μ' ἀνεγείρεις
ἡδέος, ὅς μ' ἐπέδησε φίλα βλέφαρ' ἀμφικαλύψας;
οὐ γάρ πω τοιόνδε κατέδραθον, ἐξ οὗ Ὀδυσσεὺς
ᾤχετ' ἐποψόμενος Κακοΐλιον οὐκ ὀνομαστήν.
ἀλλ' ἄγε νῦν κατάβηθι καὶ ἂψ ἔρχευ μέγαρόνδε. 20
εἰ γάρ τίς μ' ἄλλη γε γυναικῶν, αἵ μοι ἔασι,
ταῦτ' ἐλθοῦσ' ἤγγειλε καὶ ἐξ ὕπνου ἀνέγειρε,
τῷ κε τάχα στυγερῶς μιν ἐγὼν ἀπέπεμψα νέεσθαι
αὖτις ἔσω μέγαρον· σὲ δὲ τοῦτό γε γῆρας ὀνήσει."
    τὴν δ' αὖτε προσέειπε φίλη τροφὸς Εὐρύκλεια·   25
"οὔ τί σε λωβεύω, τέκνον φίλον, ἀλλ' ἔτυμόν τοι
ἦλθ' Ὀδυσεὺς καὶ οἶκον ἱκάνεται, ὡς ἀγορεύω,
ὁ ξεῖνος, τὸν πάντες ἀτίμων ἐν μεγάροισι.
Τηλέμαχος δ' ἄρα μιν πάλαι ᾔδεεν ἔνδον ἐόντα,
ἀλλὰ σαοφροσύνῃσι νοήματα πατρὸς ἔκευθεν,   30
ὄφρ' ἀνδρῶν τείσαιτο βίην ὑπερηνορεόντων."
    ὣς ἔφαθ', ἡ δ' ἐχάρη καὶ ἀπὸ λέκτροιο θοροῦσα

DREIUNDZWANZIGSTER GESANG

Die Erkennung

Jetzt aber stieg nun die Alte hinauf in die oberen Räume,
Jubelnd der Herrin zu melden, ihr lieber Mann sei im Hause.
Kniee und Füße versagten beinahe schlotternd und taumelnd;
Aber sie trat doch hin ihr zu Häupten und sagte ihr Kunde:
 „Komm! Wach auf! Du geliebte Tochter Penelopeia!
Schau du mit eigenen Augen dein Sehnen alle die Tage!
Kommen ist dein Odysseus! Nach Hause! Wohl spät ist er kommen;
Doch er erschlug auch die trutzigen Freier, die dauernd im Hause
Plündernd die Habe verpraßten, Gewalt gar am Sohne verübten."
 Ihr entgegnete da die gescheite Penelopeia:
„Mütterchen, liebes! Die Götter wohl machen dich toll, denn sie könnens:
Unbesonnen machen sie manchen, der tüchtig besonnen,
Brachten so manchen mit schwächerem Sinn auf die Bahn des gesunden;
Dir aber taten sie Schaden; dein Sinn war bisher doch in Ordnung.
Warum willst du mich höhnen? Ist nicht mein Gemüt voller Trauer?
Sagst mir verrückteste Dinge und weckst mich aus süßestem Schlummer,
Der mir die lieben Lider umhüllte und tief mich gefesselt.
So fest hab ich noch niemals geschlafen, seitdem mein Odysseus
Ging, um Bösilion mitzuerleben — verflucht sei sein Name!
Steige denn jetzt hinunter und gehe zurück in die Kammer!
Hätte ein anderes Weib von denen, die mir gehören,
Solche Meldung gebracht und gestört mich im Schlafe, ich hätte
Rasch und so, daß ihr graut, in die Kammer sie wieder befördert.
Freilich in deinem Fall soll das Alter zugute dir kommen."
 Ihr aber sagte die liebe Amme Eurykleia:
„Nein, ich höhne dich nicht, meine Tochter, es ist schon ganz ehrlich!
Kommen ist dein Odysseus! Nach Hause! Ganz wie ich sagte.
Jener Fremdling ist es, den alle im Saale mißehrten.
Lange ja wußte Telemachos, daß er schon da ist; doch barg er
Stets mit gesundem Sinn seines Vaters Gedanken solange,
Bis die Gewalt jener allzu männlichen Männer er strafte."
 Also sagte sie, jene doch sprang aus dem Lager voll Freude,

γρηὶ περιπλέχθη, βλεφάρων δ' ἀπὸ δάκρυον ἧκε,
καί μιν φωνήσασ' ἔπεα πτερόεντα προσηύδα·
"εἰ δ' ἄγε δή μοι, μαῖα φίλη, νημερτὲς ἐνίσπες, 35
εἰ ἐτεὸν δὴ οἶκον ἱκάνεται, ὡς ἀγορεύεις,
ὅππως δὴ μνηστῆρσιν ἀναιδέσι χεῖρας ἐφῆκε
μοῦνος ἐών, οἱ δ' αἰὲν ἀολλέες ἔνδον ἔμιμνον."
  τὴν δ' αὖτε προσέειπε φίλη τροφὸς Εὐρύκλεια·
"οὐκ ἴδον, οὐ πυθόμην, ἀλλὰ στόνον οἶον ἄκουσα 40
κτεινομένων· ἡμεῖς δὲ μυχῷ θαλάμων εὐπήκτων
ἥμεθ' ἀτυζόμεναι, σανίδες δ' ἔχον εὖ ἀραρυῖαι,
πρίν γ' ὅτε δή με σὸς υἱὸς ἀπὸ μεγάροιο κάλεσσε
Τηλέμαχος· τὸν γάρ ῥα πατὴρ προέηκε καλέσσαι.
εὗρον ἔπειτ' Ὀδυσῆα μετὰ κταμένοισι νέκυσσιν 45
ἑσταόθ'· οἱ δέ μιν ἀμφί, κραταίπεδον οὖδας ἔχοντες,
κείατ' ἐπ' ἀλλήλοισιν· ἰδοῦσά κε θυμὸν ἰάνθης
αἵματι καὶ λύθρῳ πεπαλαγμένον ὥς τε λέοντα.
νῦν δ' οἱ μὲν δὴ πάντες ἐπ' αὐλείῃσι θύρῃσιν
ἀθρόοι, αὐτὰρ ὁ δῶμα θεειοῦται περικαλλές, 50
πῦρ μέγα κηάμενος· σὲ δέ με προέηκε καλέσσαι.
ἀλλ' ἕπευ, ὄφρα σφῶιν ἐϋφροσύνης ἐπιβῆτον
ἀμφοτέρω φίλον ἦτορ, ἐπεὶ κακὰ πολλὰ πέπασθε.
νῦν δ' ἤδη τόδε μακρὸν ἐέλδωρ ἐκτετέλεσται·
ἦλθε μὲν αὐτὸς ζωὸς ἐφέστιος, εὗρε δὲ καὶ σὲ 55
καὶ παῖδ' ἐν μεγάροισι· κακῶς δ' οἵ πέρ μιν ἔρεζον
μνηστῆρες, τοὺς πάντας ἐτείσατο ᾧ ἐνὶ οἴκῳ."
  τὴν δ' αὖτε προσέειπε περίφρων Πηνελόπεια·
"μαῖα φίλη, μή πω μέγ' ἐπεύχεο καγχαλόωσα.
οἶσθα γὰρ ὥς κ' ἀσπαστὸς ἐνὶ μεγάροισι φανείη 60
πᾶσι, μάλιστα δ' ἐμοί τε καὶ υἱέϊ, τὸν τεκόμεσθα·
ἀλλ' οὐκ ἔσθ' ὅδε μῦθος ἐτήτυμος, ὡς ἀγορεύεις,
ἀλλά τις ἀθανάτων κτεῖνε μνηστῆρας ἀγαυούς,
ὕβριν ἀγασσάμενος θυμαλγέα καὶ κακὰ ἔργα.
οὔ τινα γὰρ τίεσκον ἐπιχθονίων ἀνθρώπων, 65
οὐ κακὸν οὐδὲ μὲν ἐσθλόν, ὅτίς σφεας εἰσαφίκοιτο·
τῷ δι' ἀτασθαλίας ἔπαθον κακόν. αὐτὰρ Ὀδυσσεὺς
ὤλεσε τηλοῦ νόστον Ἀχαιΐδος, ὤλετο δ' αὐτός."
  τὴν δ' ἠμείβετ' ἔπειτα φίλη τροφὸς Εὐρύκλεια·
"τέκνον ἐμόν, ποῖόν σε ἔπος φύγεν ἕρκος ὀδόντων, 70

Schlang um die Greisin die Arme und ließ aus den Lidern es rinnen,
Sprach sie dann an und sagte zu ihr geflügelte Worte:
„Mütterchen, liebes, ja nun sag mir und sag es in Klarheit:
Ist er denn wirklich und wahrhaft im Hause, so wie du mir meldest,
Daß er den schamlosen Freiern die Fäuste nun zeigte, er Einer;
Sie aber hausten da drinnen allzeit alle zusammen."

Ihr aber sagte die liebe Amme Eurykleia:
„Nichts erfuhr, nichts sah ich; ich hörte nur deutlich das Stöhnen
Sterbender Männer; doch wir im Winkel der festen Gemächer
Saßen verschüchtert; es hemmten die trefflich gezimmerten Türen,
Bis mich endlich dein Sohn Telemachos rief, den der Vater
Schickte, er solle mich rufen. Da fand ich Odysseus inmitten
Totgeschlagener Menschen, aufrecht stehend, und um ihn
Lagen sie übereinander am hartgestampften Boden.
Hättest du so ihn gesehen, es wäre dir heiß im Gemüte,
Mein ich, geworden; blutübergossen, als wär er ein Löwe.
Jetzt aber liegen sie wirklich alle draußen am Hoftor,
Sämtliche; er aber schwefelt das herrliche Haus; denn ein großes
Feuer hat er entzündet und hat mich geschickt, dich zu rufen.
Komm denn und folge und öffnet ihr beide die liebenden Herzen
Weit für den Frohsinn; Leiden in Fülle ja habt ihr erduldet.
Nun ist endlich dein langer Wunsch in Erfüllung gegangen;
Er ist kommen, er selber! Er lebt! Hat den Herd, hat auch dich nun,
Hat deinen Sohn im Palaste gefunden und hat diese Freier
Alle gestraft und im eigenen Haus, die so bös es getrieben."

Ihr entgegnete dann die gescheite Penelopeia:
„Mütterchen, liebes! Jauchze noch nicht so laut und so prahlend!
Freilich weißt du, wie hoch willkommen im Haus er erschiene,
Allen, am meisten wohl mir und dem Kind, das beide wir zeugten.
Doch die Geschichte, wie du sie erzählst, ist sicher nicht richtig:
Nein! ein Unsterblicher schlug die erlauchten Freier zu Tode.
Sah er doch ihre Verbrechen, verwundert, wie sehr die Gemüter
Kränkte ihr Hochmut. Keinem irdischen Menschen, der herkam,
Gut oder schlecht, ward Ehre gezollt. So mußten sie leiden:
Unheil kam für den törichten Frevel. Aber Odysseus —
Fern der Achaiis ging selbst er verloren, verlor er die Heimkehr."

Antwort gab ihr die liebe Amme Eurykleia:
„Nein, mein Kind, welch ein Wort entschlüpfte dem Zaun deiner Zähne!

ἢ πόσιν ἔνδον ἐόντα παρ' ἐσχάρῃ οὔ ποτε φῇσθα
οἴκαδ' ἐλεύσεσθαι· θυμὸς δέ τοι αἰὲν ἄπιστος.
ἀλλ' ἄγε τοι καὶ σῆμα ἀριφραδὲς ἄλλο τι εἴπω,
οὐλήν, τήν ποτέ μιν σῦς ἤλασε λευκῷ ὀδόντι·
τὴν ἀπονίζουσα φρασάμην, ἔθελον δὲ σοὶ αὐτῇ 75
εἰπέμεν· ἀλλά με κεῖνος ἑλὼν ἐπὶ μάστακα χερσὶν
οὐκ εἴα εἰπεῖν πολυκερδείῃσι νόοιο.
ἀλλ' ἕπευ· αὐτὰρ ἐγὼν ἐμέθεν περιδώσομαι αὐτῆς,
αἴ κέν σ' ἐξαπάφω, κτεῖναί μ' οἰκτίστῳ ὀλέθρῳ."
  τὴν δ' ἠμείβετ' ἔπειτα περίφρων Πηνελόπεια· 80
"μαῖα φίλη, χαλεπόν σε θεῶν αἰειγενετάων
δήνεα εἴρυσθαι, μάλα περ πολύϊδριν ἐοῦσαν·
ἀλλ' ἔμπης ἴομεν μετὰ παῖδ' ἐμόν, ὄφρα ἴδωμαι
ἄνδρας μνηστῆρας τεθνηότας, ἠδ' ὃς ἔπεφνεν."
  ὣς φαμένη κατέβαιν' ὑπερώϊα· πολλὰ δέ οἱ κῆρ 85
ὥρμαιν', ἢ ἀπάνευθε φίλον πόσιν ἐξερέοινοι,
ἢ παρστᾶσα κύσειε κάρη καὶ χεῖρε λαβοῦσα.
ἡ δ' ἐπεὶ εἰσῆλθεν καὶ ὑπέρβη λάϊνον οὐδόν,
ἕζετ' ἔπειτ' Ὀδυσῆος ἐναντίον, ἐν πυρὸς αὐγῇ,
τοίχου τοῦ ἑτέρου· ὁ δ' ἄρα πρὸς κίονα μακρὴν 90
ἧστο κάτω ὁρόων, ποτιδέγμενος εἴ τί μιν εἴποι
ἰφθίμη παράκοιτις, ἐπεὶ ἴδεν ὀφθαλμοῖσιν.
ἡ δ' ἄνεω δὴν ἧστο, τάφος δέ οἱ ἦτορ ἵκανεν·
ὄψει δ' ἄλλοτε μέν μιν ἐνωπαδίως ἐσίδεσκεν,
ἄλλοτε δ' ἀγνώσασκε κακὰ χροῒ εἵματ' ἔχοντα. 95
  Τηλέμαχος δ' ἐνένιπεν ἔπος τ' ἔφατ' ἔκ τ' ὀνόμαζε·
"μῆτερ ἐμή, δύσμητερ, ἀπηνέα θυμὸν ἔχουσα,
τίφθ' οὕτω πατρὸς νοσφίζεαι, οὐδὲ παρ' αὐτὸν
ἑζομένη μύθοισιν ἀνείρεαι οὐδὲ μεταλλᾷς;
οὐ μέν κ' ἄλλη γ' ὧδε γυνὴ τετληότι θυμῷ 100
ἀνδρὸς ἀποσταίη, ὅς οἱ κακὰ πολλὰ μογήσας
ἔλθοι ἐεικοστῷ ἔτεϊ ἐς πατρίδα γαῖαν·
σοὶ δ' αἰεὶ κραδίη στερεωτέρη ἐστὶ λίθοιο."
  τὸν δ' αὖτε προσέειπε περίφρων Πηνελόπεια·
"τέκνον ἐμόν, θυμός μοι ἐνὶ στήθεσσι τέθηπεν, 105
οὐδέ τι προσφάσθαι δύναμαι ἔπος οὐδ' ἐρέεσθαι
οὐδ' εἰς ὦπα ἰδέσθαι ἐναντίον. εἰ δ' ἐτεὸν δὴ
ἔστ' Ὀδυσεὺς καὶ οἶκον ἱκάνεται, ἦ μάλα νῶϊ

Drinnen saß dein Gemahl am Herd und du sagtest, er komme
Nie mehr nach Haus; dein Gemüt war immer dem Glauben verschlossen.
Aber nun schau, ich sag dir ein anderes deutliches Zeichen:
Jene Narbe! Ein Eber schlug sie mit weißem Hauer.
Als ich ihn wusch, bemerkte ich sie und ich wollt es dir sagen.
Er aber fuhr mit der Hand an den Mund mir und ließ mich nicht spre-
Tat es bedacht und mit viel Überlegung. Folge mir also! [chen,
Ich aber setze mich selbst dir zum Pfande. Führ ich dich irre,
Bring mich dann um und wähle die fürchterlichste Vernichtung!"

Antwort gab ihr darauf die gescheite Penelopeia:
„Mütterchen, liebes, daß du grad die Pläne ewiger Götter
Richtig erkänntest, das ist wohl zu schwer bei all deinem Wissen.
Aber nun denn, wir gehen zum Sohn; dort kann ich ja sehen
Unsre ermordeten Männer, die Freier, und i h n auch, den Mörder."

Sprachs und stieg nun herab von den oberen Räumen. Sie spürte
Schweres Drängen im Herzen: Sollte den lieben Gemahl sie
Nur aus der Ferne befragen? Sollte sie nahe ihm kommen,
Küssen ihm Haupt und Hand? Da betrat sie die steinerne Schwelle,
Ging in den Raum an die andere Wand gegenüber Odysseus,
Setzte sich hin, während er im Glanze des Feuers beim langen
Pfeiler gesenkten Blickes nun hoffte, die kraftvolle Gattin
Werde ein Wort für ihn finden: sie sah ihn ja leibhaft vor Augen.
Sie aber saß und saß und schwieg, das Herz voll Verwirrung;
Immer wieder doch drang mit dem Blick sie ihm tief in das Antlitz,
Immer doch wieder mißkannte sie ihn durch die Lumpen am Leibe.

Jetzt aber schalt sie Telemachos, sprach und sagte bedeutsam:
„Mutter, du schreckliche Mutter, wie ist dein Gemüt so zuwider?
Hältst dich so ferne vom Vater? bei ihm doch solltest du sitzen!
Warum fragst du ihn nicht? Wo bleiben die forschenden Worte?
Wahrlich, es könnte kein anderes Weib im Gemüt es ertragen,
So einem Manne fern sich zu halten, der Leiden in Fülle
Trug und im zwanzigsten Jahre im Land seiner Heimat erschiene.
Immer doch hast du ein Herz wie ein Stein und noch härter als dieser."

Ihm doch entgegnete dann die gescheite Penelopeia:
„Lieber Sohn, mein Gemüt in der Brust ist staunend benommen.
Kräfte fehlen mir noch, nur ein Wörtchen zu sagen, zu fragen,
Aber erst recht für den Blick von Auge zu Auge. Doch wenn es
Wirklich Odysseus ist, wenn sein Haus er betrat, — dann glaub mir:

γνωσόμεθ' ἀλλήλω καὶ λώϊον· ἔστι γὰρ ἥμιν
σήμαθ', ἃ δὴ καὶ νῶϊ κεκρυμμένα ἴδμεν ἀπ' ἄλλων." 110
 ὣς φάτο, μείδησεν δὲ πολύτλας δῖος Ὀδυσσεύς,
αἶψα δὲ Τηλέμαχον ἔπεα πτερόεντα προσηύδα·
 "Τηλέμαχ', ἦ τοι μητέρ' ἐνὶ μεγάροισιν ἔασον
πειράζειν ἐμέθεν· τάχα δὲ φράσεται καὶ ἄρειον.
νῦν δ' ὅττι ῥυπόω, κακὰ δὲ χροῒ εἵματα εἷμαι, 115
τοὔνεκ' ἀτιμάζει με καὶ οὔ πώ φησι τὸν εἶναι.
ἡμεῖς δὲ φραζώμεθ', ὅπως ὄχ' ἄριστα γένηται.
καὶ γάρ τίς θ' ἕνα φῶτα κατακτείνας ἐνὶ δήμῳ,
ᾧ μὴ πολλοὶ ἔωσιν ἀοσσητῆρες ὀπίσσω,
φεύγει πηούς τε προλιπὼν καὶ πατρίδα γαῖαν· 120
ἡμεῖς δ' ἕρμα πόληος ἀπέκταμεν, οἳ μέγ' ἄριστοι
κούρων εἰν Ἰθάκῃ· τὰ δέ σε φράζεσθαι ἄνωγα."
 τὸν δ' αὖ Τηλέμαχος πεπνυμένος ἀντίον ηὔδα·
 "αὐτὸς ταῦτά γε λεῦσσε, πάτερ φίλε· σὴν γὰρ ἀρίστην
μῆτιν ἐπ' ἀνθρώπους φάσ' ἔμμεναι, οὐδέ κέ τίς τοι 125
ἄλλος ἀνὴρ ἐρίσειε καταθνητῶν ἀνθρώπων.
ἡμεῖς δὲ μεμαῶτες ἅμ' ἑψόμεθ', οὐδέ τί φημι
ἀλκῆς δευήσεσθαι, ὅση δύναμίς γε πάρεστι."
 τὸν δ' ἀπαμειβόμενος προσέφη πολύμητις Ὀδυσσεύς·
 "τοιγὰρ ἐγὼν ἐρέω, ὥς μοι δοκεῖ εἶναι ἄριστα. 130
πρῶτα μὲν ἄρ λούσασθε καὶ ἀμφιέσασθε χιτῶνας,
δμωὰς δ' ἐν μεγάροισιν ἀνώγετε εἵμαθ' ἑλέσθαι·
αὐτὰρ θεῖος ἀοιδὸς ἔχων φόρμιγγα λίγειαν
ὑμῖν ἡγείσθω πολυπαίγμονος ὀρχηθμοῖο,
ὥς κέν τις φαίη γάμον ἔμμεναι ἐκτὸς ἀκούων, 135
ἢ ἀν' ὁδὸν στείχων ἢ οἳ περιναιετάουσι·
μὴ πρόσθε κλέος εὐρὺ φόνου κατὰ ἄστυ γένηται
ἀνδρῶν μνηστήρων, πρίν γ' ἡμέας ἐλθέμεν ἔξω
ἀγρὸν ἐς ἡμέτερον πολυδένδρεον. ἔνθα δ' ἔπειτα
φρασσόμεθ', ὅττί κε κέρδος Ὀλύμπιος ἐγγυαλίξῃ." 140
 ὣς ἔφαθ', οἱ δ' ἄρα τοῦ μάλα μὲν κλύον ἠδ' ἐπίθοντο.
πρῶτα μὲν ἄρ λούσαντο καὶ ἀμφιέσαντο χιτῶνας,
ὅπλισθεν δὲ γυναῖκες· ὁ δ' εἵλετο θεῖος ἀοιδὸς
φόρμιγγα γλαφυρήν, ἐν δέ σφισιν ἵμερον ὦρσε
μολπῆς τε γλυκερῆς καὶ ἀμύμονος ὀρχηθμοῖο. 145
τοῖσιν δὲ μέγα δῶμα περιστεναχίζετο ποσσὶν

Wir werden besser einander erkennen, wir beiden; wir haben
Zeichen, die wirklich andre nicht kennen; die wissen wir beide."

Sprachs und es lachte der große Dulder, der hehre Odysseus,
Leise und sagte Telemachos eilig geflügelte Worte:

„Komm, Telemachos! laß deine Mutter in unseren Räumen
Richtig mich prüfen; dort wird sie es besser und schneller verrichten.
Lumpige Kleider trag ich am Leib und starre von Unrat.
Muß sie mich so nicht mißehren und zweifeln, ich sei schon der Rechte?
Wollen wir lieber bedenken, wie bestens sich alles gestalte!
Wer auch immer im Volk einen einzigen Mann nur erschlagen,
Obendrein, wenn nicht viele er hat, die ihm hinterher helfen —
Fliehen muß er und fort von Verwandten, vom Land seiner Heimat.
Wir doch erschlugen von Ithakas Söhnen weitaus die Besten,
Tragende Stützen der Stadt; ich heiße dich daran zu denken!"

Ihm aber hielt der gewandte Telemachos wieder entgegen:
„Darauf richte doch du deine Blicke, mein Vater; man hält doch
Deinen planenden Sinn für den besten der Welt, und es könnte
Sicher kein andrer der sterblichen Menschen im Streit dir begegnen.
Wir aber werden geschlossen und stürmisch dir folgen; ich meine:
Mut zur Abwehr wird uns nicht fehlen, soweit wir es können."

Antwort gab ihm und sagte der einfallreiche Odysseus:
„Also sage ich denn, wie ich glaube, so sei es am besten:
Badet vor allem, zieht euch dann an, ein jeder den Leibrock,
Gebt auch den Mägden im Hause Befehl ihre Kleider zu holen!
Weiter nehme der göttliche Sänger die klingende Leier,
Gehe uns führend voran bei den lieben, lustigen Tänzen!
Wer es draußen vernimmt, soll meinen, es gebe hier Hochzeit,
Mags einer sein, der vorbei bloß geht, oder einer der Nachbarn.
Nicht darf breites Geschrei in der Stadt entstehen, die Freier
Seien ermordet, bevor uns nicht glückt, auf unsere Felder
Draußen im Baumgelände zu kommen. Dort wird es dann Zeit sein,
Was der Olympier bietet an Vorteil, gut zu bedenken."

Sprachs und jene hörten genau auf sein Wort und gehorchten.
Nahmen vor allem ihr Bad und ein jeder nahm seinen Leibrock.
Aber die Weiber machten sich fertig, der göttliche Sänger
Griff die gewölbte Leier und weckte in ihnen Verlangen,
Süße Weisen und tadellosen Tanz zu genießen.
Rundum dröhnte im großen Palast das Gestampf ihrer Füße:

ἀνδρῶν παιζόντων καλλιζώνων τε γυναικῶν.
ὧδε δέ τις εἴπεσκε δόμων ἔκτοσθεν ἀκούων·
"ἦ μάλα δή τις ἔγημε πολυμνήστην βασίλειαν·
σχετλίη, οὐδ' ἔτλη πόσιος οὗ κουριδίοιο 150
εἴρυσθαι μέγα δῶμα διαμπερές, εἷος ἵκοιτο."
ὣς ἄρα τις εἴπεσκε, τὰ δ' οὐκ ἴσαν ὡς ἐτέτυκτο.
αὐτὰρ Ὀδυσσῆα μεγαλήτορα ᾧ ἐνὶ οἴκῳ
Εὐρυνόμη ταμίη λοῦσεν καὶ χρῖσεν ἐλαίῳ,
ἀμφὶ δέ μιν φᾶρος καλὸν βάλεν ἠδὲ χιτῶνα· 155
αὐτὰρ κὰκ κεφαλῆς χεῦεν πολὺ κάλλος Ἀθήνη
μείζονά τ' εἰσιδέειν καὶ πάσσονα· κὰδ δὲ κάρητος
οὔλας ἧκε κόμας, ὑακινθίνῳ ἄνθει ὁμοίας.
ὡς δ' ὅτε τις χρυσὸν περιχεύεται ἀργύρῳ ἀνὴρ
ἴδρις, ὃν Ἥφαιστος δέδαεν καὶ Παλλὰς Ἀθήνη 160
τέχνην παντοίην, χαρίεντα δὲ ἔργα τελείει,
ὣς ἄρα τῷ κατέχευε χάριν κεφαλῇ τε καὶ ὤμοις.
ἐκ δ' ἀσαμίνθου βῆ δέμας ἀθανάτοισιν ὁμοῖος·
ἂψ δ' αὖτις κατ' ἄρ' ἕζετ' ἐπὶ θρόνου, ἔνθεν ἀνέστη,
ἀντίον ἧς ἀλόχου, καί μιν πρὸς μῦθον ἔειπε· 165
"δαιμονίη, περὶ σοί γε γυναικῶν θηλυτεράων
κῆρ ἀτέραμνον ἔθηκαν Ὀλύμπια δώματ' ἔχοντες·
οὐ μέν κ' ἄλλη γ' ὧδε γυνὴ τετληότι θυμῷ
ἀνδρὸς ἀποσταίη, ὅς οἱ κακὰ πολλὰ μογήσας
ἔλθοι ἐεικοστῷ ἔτεϊ ἐς πατρίδα γαῖαν. 170
ἀλλ' ἄγε μοι, μαῖα, στόρεσον λέχος, ὄφρα καὶ αὐτὸς
λέξομαι· ἦ γὰρ τῇ γε σιδήρεον ἐν φρεσὶν ἦτορ."
τὸν δ' αὖτε προσέειπε περίφρων Πηνελόπεια·
"δαιμόνι', οὔ γάρ τι μεγαλίζομαι οὐδ' ἀθερίζω
οὐδὲ λίην ἄγαμαι, μάλα δ' εὖ οἶδ' οἷος ἔησθα 175
ἐξ Ἰθάκης ἐπὶ νηὸς ἰὼν δολιχηρέτμοιο.
ἀλλ' ἄγε οἱ στόρεσον πυκινὸν λέχος, Εὐρύκλεια,
ἐκτὸς ἐϋσταθέος θαλάμου, τόν ῥ' αὐτὸς ἐποίει·
ἔνθα οἱ ἐκθεῖσαι πυκινὸν λέχος ἐμβάλετ' εὐνήν,
κώεα καὶ χλαίνας καὶ ῥήγεα σιγαλόεντα." 180
ὣς ἄρ' ἔφη πόσιος πειρωμένη· αὐτὰρ Ὀδυσσεὺς
ὀχθήσας ἄλοχον προσεφώνεε κεδνὰ ἰδυῖαν·
"ὦ γύναι, ἦ μάλα τοῦτο ἔπος θυμαλγὲς ἔειπες.
τίς δέ μοι ἄλλοσε θῆκε λέχος; χαλεπὸν δέ κεν εἴη

Wars doch ein Spiel von Männern und schön gegürteten Weibern.
Mancher, der draußen am Hause es hörte, sagte da öfter:
„Wirklich! da macht ja die vielumworbene Königin Hochzeit!
Schrecklich! sie brachte nicht fertig, den großen Palast ihres Gatten
Ihm zu bewahren und durchzuhalten, bis er noch käme!"
  So sprach mancher, es wußte ja keiner das wahre Geschehen.
Doch als Eurynome jetzt ihren hochbeherzten Odysseus
Frisch gebadet und reichlich gesalbt im eigenen Hause,
Tat sie als Schaffnerin schöne Tücher ihm um und den Leibrock.
Schönheit in Fülle ließ dann am Kopf Athene erstrahlen,
Ließ ihn beleibter und größer erscheinen, vom Haupte herunter
Wollig die Haare ihm wallen wie blühende Hyazinthen.
Wie ein Mann, der versteht ein silbernes Stück zu vergolden —
Lehrer war ihm Hephaistos und Pallas Athene in mancher
Kunst; er vollendet reizende Werke — nicht anders als dieser
Übergoß nun sie ihn an Haupt und an Schultern mit Anmut.
So entstieg er der Wanne, Unsterblichen ähnlich an Aussehn,
Setzte dann wieder sich hin auf den Stuhl, den zuvor er verlassen,
Grad gegenüber der Gattin und sprach sie an mit den Worten:
  „Bist du ein Unhold? Keiner der anderen fraulichen Weiber
Gaben die Herrn des Olympos ein Herz so bar jeder Rührung!
Wahrlich, es könnte kein anderes Weib im Gemüt es ertragen,
So einem Manne fern sich zu halten, der Leiden in Fülle
Trug und im zwanzigsten Jahre im Land seiner Heimat erschiene.
Komm denn, Mütterchen, richte ein Lager, auch ich will mich legen.
Wahrlich, sie hat ein Herz im Innern, als wär es von Eisen."
  Ihm doch entgegnete wieder die kluge Penelopeia:
„Bist du ein Unhold? Weder mach ich mich groß noch geringer,
Bin auch nicht allzu verwundert: Ich weiß noch, wie einst du gewesen,
Weiß es noch gut, wie ins Schiff mit den langen Rudern du einstiegst
Hier in Ithaka. Auf Eurykleia! Rüste ein festes
Lager, doch nicht in der trefflich errichteten Kammer, die selber
Einst er erbaute. Und habt ihr das Lager nach außen getragen,
Füllt es mit Bettzeug, Vliesen und Decken und glänzenden Kissen."
  Also sprach sie, den Ehegemahl auf die Probe zu stellen.
Grollend doch sagte darauf seiner sorglichen Gattin Odysseus:
  „Weib, das ist wahrlich ein Wort, das schmerzt mich tief im Gemüte.
Wer hat mein Bett woanders errichtet? So klug ist wohl keiner,

καὶ μάλ' ἐπισταμένῳ, ὅτε μὴ θεὸς αὐτὸς ἐπελθὼν 185
ῥηιδίως ἐθέλων θείη ἄλλῃ ἐνὶ χώρῃ.
ἀνδρῶν δ' οὔ κέν τις ζωὸς βροτός, οὐδὲ μάλ' ἡβῶν,
ῥεῖα μετοχλίσσειεν, ἐπεὶ μέγα σῆμα τέτυκται
ἐν λέχει ἀσκητῷ· τὸ δ' ἐγὼ κάμον οὐδέ τις ἄλλος.
θάμνος ἔφυ τανύφυλλος ἐλαίης ἕρκεος ἐντός, 190
ἀκμηνὸς θαλέθων· πάχετος δ' ἦν ἠύτε κίων.
τῷ δ' ἐγὼ ἀμφιβαλὼν θάλαμον δέμον, ὄφρ' ἐτέλεσσα,
πυκνῇσιν λιθάδεσσι, καὶ εὖ καθύπερθεν ἔρεψα,
κολλητὰς δ' ἐπέθηκα θύρας, πυκινῶς ἀραρυίας.
καὶ τότ' ἔπειτ' ἀπέκοψα κόμην τανυφύλλου ἐλαίης, 195
κορμὸν δ' ἐκ ῥίζης προταμὼν ἀμφέξεσα χαλκῷ
εὖ καὶ ἐπισταμένως καὶ ἐπὶ στάθμην ἴθυνα,
ἑρμῖν' ἀσκήσας, τέτρηνα δὲ πάντα τερέτρῳ.
ἐκ δὲ τοῦ ἀρχόμενος λέχος ἔξεον, ὄφρ' ἐτέλεσσα,
δαιδάλλων χρυσῷ τε καὶ ἀργύρῳ ἠδ' ἐλέφαντι· 200
ἐν δ' ἐτάνυσσ' ἱμάντα βοὸς φοίνικι φαεινόν.
οὕτω τοι τόδε σῆμα πιφαύσκομαι· οὐδέ τι οἶδα,
ἤ μοι ἔτ' ἔμπεδόν ἐστι, γύναι, λέχος, ἦέ τις ἤδη
ἀνδρῶν ἄλλοσε θῆκε, ταμὼν ὕπο πυθμέν' ἐλαίης."

ὣς φάτο, τῆς δ' αὐτοῦ λύτο γούνατα καὶ φίλον ἦτορ, 205
σήματ' ἀναγνούσῃ, τά οἱ ἔμπεδα πέφραδ' Ὀδυσσεύς·
δακρύσασα δ' ἔπειτ' ἰθὺς κίεν, ἀμφὶ δὲ χεῖρας
δειρῇ βάλλ' Ὀδυσῆι, κάρη δ' ἔκυσ' ἠδὲ προσηύδα·
"μή μοι, Ὀδυσσεῦ, σκύζευ, ἐπεὶ τά περ ἄλλα μάλιστα
ἀνθρώπων πέπνυσο· θεοὶ δ' ὤπαζον ὀιζύν, 210
οἳ νῶιν ἀγάσαντο παρ' ἀλλήλοισι μένοντε
ἥβης ταρπῆναι καὶ γήραος οὐδὸν ἱκέσθαι.
αὐτὰρ μὴ νῦν μοι τόδε χώεο μηδὲ νεμέσσα,
οὕνεκά σ' οὐ τὸ πρῶτον, ἐπεὶ ἴδον, ὧδ' ἀγάπησα.
αἰεὶ γάρ μοι θυμὸς ἐνὶ στήθεσσι φίλοισιν 215
ἐρρίγει, μή τίς με βροτῶν ἀπάφοιτ' ἐπέεσσιν
ἐλθών· πολλοὶ γὰρ κακὰ κέρδεα βουλεύουσιν.
οὐδέ κεν Ἀργείη Ἑλένη, Διὸς ἐκγεγαυῖα,
ἀνδρὶ παρ' ἀλλοδαπῷ ἐμίγη φιλότητι καὶ εὐνῇ,
εἰ ᾔδη, ὅ μιν αὖτις ἀρήιοι υἷες Ἀχαιῶν 220
ἀξέμεναι οἶκόνδε φίλην ἐς πατρίδ' ἔμελλον.
τὴν δ' ἦ τοι ῥέξαι θεὸς ὤρορεν ἔργον ἀεικές·

Denk ich; es wäre zu schwierig; es müßte ein Gott sein, der käme;
Freilich, der könnte es leicht, wenn er wollte, wo anders errichten;
Aber es lebt kein Mensch, und ständ er im kräftigsten Alter,
Der es so leicht mit Hebeln bewegte. Ein mächtiges Zeugnis
Birgt ja dies Bett eines Meisters; das machte nur ich und kein andrer.
Wuchs doch in unserem Hofe ein Ölbaum mit länglichen Blättern,
Blühte und wipfelte auf und dick war er wie eine Säule.
Um diesen Ölbaum baut' ich die Kammer; ich machte sie fertig,
Fest ineinander schob ich die Steine und deckte sie trefflich;
Setzte die Türe dann ein, die glatt und kräftig gefügt war.
Schließlich köpfte ich noch den Baum mit den länglichen Blättern.
Gut und verständig glättete ich mit dem Beil dann den Baumstumpf,
Fing bei der Wurzel schon an und hieb ihn zurecht nach der Richtschnur.
Kunstvolle Mühe verlangte der Bettfuß; sämtliche Löcher
Bohrte ich aus und begann dann bei ihm mit dem Glätten des Lagers,
Zierte es reich mit Elfenbein, mit Gold und mit Silber,
Um dann die purpurn glänzenden Lederriemen zu spannen.
Damit verrate ich dir mein Zeichen; doch kann ich nicht wissen,
Fußt mir das Bett, o Weib, noch im Erdreich? Oder verschob es
Irgend ein Mann, der den Stamm der Olive am Grunde entzweite?"

Sprachs, und sofort versagten ihr liebes Herz und die Kniee,
Denn sie erkannte das Zeichen, das treffend Odysseus ihr sagte.
Weinend ging sie jetzt grad auf ihn zu und schlang ihre Arme
Fest um den Hals des Odysseus, küßte das Haupt ihm und sagte:
„Grolle mir nicht, mein Odysseus! Du hast ja auch sonst für die Menschen
Tiefstes Verständnis; es waren die Götter; sie schickten den Kummer,
Gönnten uns nicht beisammen zu bleiben, die Freuden der Jugend
Froh zu durchleben und so zur Schwelle des Alters zu kommen.
Räche es jetzt nicht an mir und ergib dich nicht dauerndem Zürnen,
Daß ich beim ersten Erblicken nicht gleich dich zärtlich liebkoste.
Schauder empfand mein Gemüt in der lieben Brust ja doch immer,
Wieder käme ein Sterblicher, der mit Geschwätz mich betörte.
Viele ja treiben es so und sinnen auf üble Gewinne.
Selbst die Tochter des Zeus, die Argeierin Helena, hätte
Nicht sich dem fremden Manne gesellt auf dem Lager der Liebe,
Hätte sie Ahnung gehabt, die Heldensöhne Achaias
Brächten sie wieder nach Hause ins liebe Land ihrer Heimat.
Doch eine Göttin trieb sie, ihr schändliches Werk zu begehen.

τὴν δ' ἄτην οὐ πρόσθεν ἑῷ ἐγκάτθετο θυμῷ
λυγρήν, ἐξ ἧς πρῶτα καὶ ἡμέας ἵκετο πένθος.
νῦν δ', ἐπεὶ ἤδη σήματ' ἀριφραδέα κατέλεξας 225
εὐνῆς ἡμετέρης, τὴν οὐ βροτὸς ἄλλος ὀπώπει,
ἀλλ' οἶοι σύ τ' ἐγώ τε καὶ ἀμφίπολος μία μούνη,
Ἀκτορίς, ἥν μοι δῶκε πατὴρ ἔτι δεῦρο κιούσῃ,
ἣ νῶιν εἴρυτο θύρας πυκινοῦ θαλάμοιο,
πείθεις δή μευ θυμόν, ἀπηνέα περ μάλ' ἐόντα." 230
ὣς φάτο, τῷ δ' ἔτι μᾶλλον ὑφ' ἵμερον ὦρσε γόοιο·
κλαῖε δ' ἔχων ἄλοχον θυμαρέα, κεδνὰ ἰδυῖαν.
ὡς δ' ὅτ' ἂν ἀσπάσιος γῆ νηχομένοισι φανήῃ,
ὧν τε Ποσειδάων εὐεργέα νῆ' ἐνὶ πόντῳ
ῥαίσῃ, ἐπειγομένην ἀνέμῳ καὶ κύματι πηγῷ· 235
παῦροι δ' ἐξέφυγον πολιῆς ἁλὸς ἤπειρόνδε
νηχόμενοι, πολλὴ δὲ περὶ χροῒ τέτροφεν ἅλμη,
ἀσπάσιοι δ' ἐπέβαν γαίης, κακότητα φυγόντες·
ὣς ἄρα τῇ ἀσπαστὸς ἔην πόσις εἰσοροώσῃ,
δειρῆς δ' οὔ πω πάμπαν ἀφίετο πήχεε λευκώ. 240
καί νύ κ' ὀδυρομένοισι φάνη ῥοδοδάκτυλος Ἠώς,
εἰ μὴ ἄρ' ἄλλ' ἐνόησε θεὰ γλαυκῶπις Ἀθήνη.
νύκτα μὲν ἐν περάτῃ δολιχὴν σχέθεν, Ἠῶ δ' αὖτε
ῥύσατ' ἐπ' Ὠκεανῷ χρυσόθρονον οὐδ' ἔα ἵππους
ζεύγνυσθ' ὠκύποδας φάος ἀνθρώποισι φέροντας, 245
Λάμπον καὶ Φαέθονθ', οἵ τ' Ἠῶ πῶλοι ἄγουσι.
καὶ τότ' ἄρ' ᾗ ἄλοχον προσέφη πολύμητις Ὀδυσσεύς·
"ὦ γύναι, οὐ γάρ πω πάντων ἐπὶ πείρατ' ἀέθλων
ἤλθομεν, ἀλλ' ἔτ' ὄπισθεν ἀμέτρητος πόνος ἔσται,
πολλὸς καὶ χαλεπός, τὸν ἐμὲ χρὴ πάντα τελέσσαι. 250
ὣς γάρ μοι ψυχὴ μαντεύσατο Τειρεσίαο
ἤματι τῷ, ὅτε δὴ κατέβην δόμον Ἄϊδος εἴσω,
νόστον ἑταίροισιν διζήμενος ἠδ' ἐμοὶ αὐτῷ.
ἀλλ' ἔρχευ, λέκτρονδ' ἴομεν, γύναι, ὄφρα καὶ ἤδη
ὕπνῳ ὕπο γλυκερῷ ταρπώμεθα κοιμηθέντες." 255
τὸν δ' αὖτε προσέειπε περίφρων Πηνελόπεια·
"εὐνὴ μὲν δὴ σοί γε τότ' ἔσσεται, ὁππότε θυμῷ
σῷ ἐθέλῃς, ἐπεὶ ἄρ σε θεοὶ ποίησαν ἱκέσθαι
οἶκον ἐϋκτίμενον καὶ σὴν ἐς πατρίδα γαῖαν·
ἀλλ' ἐπεὶ ἐφράσθης καί τοι θεὸς ἔμβαλε θυμῷ, 260

Früher ergab sie sich nicht im Gemüt ihrer grausen Verblendung;
Die aber wurde zuerst auch für uns eine Quelle der Trauer.
Jetzt aber sagtest du mir das Zeugnis unseres Bettes
Klar und deutlich, das niemals ein anderer jemals gesehen,
Du nur und ich und als allereinzige Aktoris, die mir
Damals mein Vater zur Dienerin gab, als einst ich hieher zog.
Wächterin war sie für uns an der Türe des festen Gemaches.
Richtig zuwider war mein Gemüt; du machtest es sicher."

Sprachs und erregte in ihm zu Klagen noch stärkere Sehnsucht.
Weinend hielt er die sorgende Gattin, den Wunsch seines Herzens.
So wie von Schwimmern ein sichtbares Ufer freudig begrüßt wird,
Denen Poseidon auf See ihr festgezimmertes Fahrzeug
Völlig zerriß, da Winde es trieben und prallende Wogen —
Wenige kommen heraus aus den schäumenden Fluten ans Festland,
Salziges Wasser trieft dann den Schwimmern vom Körper, doch glück-
Treten sie endlich auf Grund, ihrem Unheil sind sie entronnen [lich
So beglückend erschien der Gemahl ihr, sooft sie ihn ansah;
Immer noch gab seinen Hals sie nicht frei aus den weißen Armen.
Eos selbst mit rosigen Fingern sah noch den Jammer,
Hätte nichts andres ersonnen die Göttin mit Augen der Eule:
Lange ließ sie die Nacht noch säumen am Rand ihrer Laufbahn,
Ließ auch Eos auf goldenem Thron im Okeanos warten,
Ließ sie die hurtigen Rosse nicht schirren, den Menschen zu leuchten:
Phaëthon war es und Lampos, die Fohlen am Wagen der Eos.
Jetzt sprach endlich zur Gattin der einfallreiche Odysseus:

„Liebes Weib, wir stehn ja noch gar nicht am Ende der Plagen;
Unermeßliche Mühen wird es noch kosten; ich muß sie
Alle zu Ende noch bringen, so viel und so schwer sie auch seien;
Denn meine Zukunft hat mir Teiresias' Seele geweissagt.
Stieg ich doch wirklich hinab eines Tages und drang in des Hades
Haus, als ich Heimkehr suchte für mich und für meine Gefährten.
Aber nun komm, du mein Weib, wir gehen aufs Lager und wollen
Endlich in süßestem Schlummer der Ruhe des Schlafes genießen."

Ihm doch erwiderte dann die gescheite Penelopeia:
„Allzeit steht dir das Lager bereit, so oft du Verlangen
Spürst in dem eignen Gemüt; denn die Götter ließen dich wieder
Finden dein festgegründetes Haus und das Land deiner Heimat.
Da du dies eben erfuhrst und ein Gott ins Gemüt es dir legte,

εἴπ' ἄγε μοι τὸν ἄεθλον, ἐπεὶ καὶ ὄπισθεν, ὀίω,
πεύσομαι, αὐτίκα δ' ἐστὶ δαήμεναι οὔ τι χέρειον."
 τὴν δ' ἀπαμειβόμενος προσέφη πολύμητις Ὀδυσσεύς·
"δαιμονίη, τί τ' ἄρ' αὖ με μάλ' ὀτρύνουσα κελεύεις
εἰπέμεν; αὐτὰρ ἐγὼ μυθήσομαι οὐδ' ἐπικεύσω. 265
οὐ μέν τοι θυμὸς κεχαρήσεται· οὐδὲ γὰρ αὐτὸς
χαίρω, ἐπεὶ μάλα πολλὰ βροτῶν ἐπὶ ἄστε' ἄνωγεν
ἐλθεῖν, ἐν χείρεσσιν ἔχοντ' εὐῆρες ἐρετμόν,
εἰς ὅ κε τοὺς ἀφίκωμαι, οἳ οὐκ ἴσασι θάλασσαν
ἀνέρες οὐδέ θ' ἅλεσσι μεμιγμένον εἶδαρ ἔδουσιν· 270
οὐδ' ἄρα τοὶ ἴσασι νέας φοινικοπαρῄους
οὐδ' εὐήρε' ἐρετμά, τά τε πτερὰ νηυσὶ πέλονται.
σῆμα δέ μοι τόδ' ἔειπεν ἀριφραδές, οὐδέ σε κεύσω·
ὁππότε κεν δή μοι συμβλήμενος ἄλλος ὁδίτης
φήῃ ἀθηρηλοιγὸν ἔχειν ἀνὰ φαιδίμῳ ὤμῳ, 275
καὶ τότε μ' ἐν γαίῃ πήξαντ' ἐκέλευσεν ἐρετμόν,
ἔρξανθ' ἱερὰ καλὰ Ποσειδάωνι ἄνακτι,
ἀρνειὸν ταῦρόν τε συῶν τ' ἐπιβήτορα κάπρον,
οἴκαδ' ἀποστείχειν ἔρδειν θ' ἱερὰς ἑκατόμβας
ἀθανάτοισι θεοῖσι, τοὶ οὐρανὸν εὐρὺν ἔχουσι, 280
πᾶσι μάλ' ἑξείης· θάνατος δέ μοι ἐξ ἁλὸς αὐτῷ
ἀβληχρὸς μάλα τοῖος ἐλεύσεται, ὅς κέ με πέφνῃ
γήρᾳ ὕπο λιπαρῷ ἀρημένον· ἀμφὶ δὲ λαοὶ
ὄλβιοι ἔσσονται. τὰ δέ μοι φάτο πάντα τελεῖσθαι."
 τὸν δ' αὖτε προσέειπε περίφρων Πηνελόπεια. 285
"εἰ μὲν δὴ γῆράς γε θεοὶ τελέουσιν ἄρειον,
ἐλπωρή τοι ἔπειτα κακῶν ὑπάλυξιν ἔσεσθαι."
 ὣς οἱ μὲν τοιαῦτα πρὸς ἀλλήλους ἀγόρευον·
τόφρα δ' ἄρ' Εὐρυνόμη τε ἰδὲ τροφὸς ἔντυον εὐνὴν
ἐσθῆτος μαλακῆς δαΐδων ὕπο λαμπομενάων. 290
αὐτὰρ ἐπεὶ στόρεσαν πυκινὸν λέχος ἐγκονέουσαι,
γρηῢς μὲν κείουσα πάλιν οἰκόνδε βεβήκει,
τοῖσιν δ' Εὐρυνόμη θαλαμηπόλος ἡγεμόνευεν
ἐρχομένοισι λέχοσδε δάος μετὰ χερσὶν ἔχουσα·
ἐς θάλαμον δ' ἀγαγοῦσα πάλιν κίεν. οἱ μὲν ἔπειτα 295
ἀσπάσιοι λέκτροιο παλαιοῦ θεσμὸν ἵκοντο·
αὐτὰρ Τηλέμαχος καὶ βουκόλος ἠδὲ συβώτης
παῦσαν ἄρ' ὀρχηθμοῖο πόδας, παῦσαν δὲ γυναῖκας,

Komm und berichte die Mühe! Ich meine, ich werde sie später
Doch noch vernehmen; doch gleich sie zu wissen ist auch nicht von Übel."

Antwort gab ihr und sagte der einfallreiche Odysseus:
„Bist du ein Unhold, daß du mich wieder so drängst und zu sprechen
Nötigst? Nun denn, ich will dir erzählen und nichts dir verbergen.
Freilich wird dein Gemüt keine Freude dran haben; ich selber
Freue mich nicht; denn er hieß mich, zahllose Städte der Menschen
Aufzusuchen, in Händen ein handliches Ruder zu tragen,
Bis ich zu jenen dann käme, die nichts mehr wissen vom Meere,
Menschen, die Salz auch nicht mit den Speisen genießen, die also
Gar nichts wissen von Schiffen mit rotgestrichenen Seiten,
Nichts von handlichen Rudern, die Schiffen Flügel verleihen.
Folgendes klare Zeichen verriet er, du sollst es vernehmen:
Träfe mich endlich ein anderer Wandrer und sagte, ich trüge
Wohl eine Schaufel zum Worfeln bei mir auf der glänzenden Schulter,
Dann sei es Zeit, das Ruder im Boden fest zu verstauen.
Schöne Opfer sollte ich bringen dem Herrscher Poseidon,
Schaf und Stier und ein männliches Zuchtschwein. Sei dies geschehen,
Sollte ich heimwärts ziehen und heilige Hekatomben
Allen unsterblichen Göttern, den Herren im breiten Himmel,
Opfern, ganz nach der Reihe. Der Tod aber werde mir nahen
Sanft und nicht aus dem Meere; zermürbt vom behäbigen Alter
Wird er mich töten, mein Volk aber wird mich umringen und glücklich
Werden sie sein. Und so soll alles bei mir sich vollenden."

Ihm doch erwiderte da die gescheite Penelopeia:
„Wenn denn wirklich die Götter ein besseres Alter dir schenken,
Hoffnung haben wir dann, daß von Unheil endlich du frei wirst."

Solches sprachen die beiden untereinander. Inzwischen
Hatten Eurynome und auch die Amme beim Scheine der Fackeln
Fertig das Bett aus weichsten Stoffen bereitet, und als sie
Schließlich das tüchtige Lager geschäftig und eilig gerichtet,
Ging die Greisin hinweg um selber im Hause zu schlafen,
Während Eurynome, jetzt als Kämmerin, Fackeln in Händen
Führerin war, als die beiden sich endlich zum Lager begaben.
Nach dem Geleit verließ sie die Kammer. Doch jene gelangten
Glückes voll an die Stätte des altehrwürdigen Bettes.
Aber Telemachos wie auch die Hüter der Rinder und Schweine
Ließen die Beine vom Tanzen jetzt ruhen und riefen die Weiber

αὐτοὶ δ' εὐνάζοντο κατὰ μέγαρα σκιόεντα.
τὼ δ' ἐπεὶ οὖν φιλότητος ἐταρπήτην ἐρατεινῆς, 300
τερπέσθην μύθοισι, πρὸς ἀλλήλους ἐνέποντες,
ἡ μὲν ὅσ' ἐν μεγάροισιν ἀνέσχετο δῖα γυναικῶν
ἀνδρῶν μνηστήρων ἐσορῶσ' ἀίδηλον ὅμιλον,
οἳ ἕθεν εἵνεκα πολλά, βόας καὶ ἴφια μῆλα,
ἔσφαζον, πολλὸς δὲ πίθων ἠφύσσετο οἶνος· 305
αὐτὰρ διογενὴς Ὀδυσεύς, ὅσα κήδε' ἔθηκεν
ἀνθρώποις ὅσα τ' αὐτὸς ὀϊζύσας ἐμόγησε,
πάντ' ἔλεγ'· ἡ δ' ἄρα τέρπετ' ἀκούουσ', οὐδέ οἱ ὕπνος
πῖπτεν ἐπὶ βλεφάροισι πάρος καταλέξαι ἅπαντα.
ἤρξατο δ', ὡς πρῶτον Κίκονας δάμασ', αὐτὰρ ἔπειτα 310
ἦλθεν Λωτοφάγων ἀνδρῶν πίειραν ἄρουραν·
ἠδ' ὅσα Κύκλωψ ἔρξε, καὶ ὡς ἀπετείσατο ποινὴν
ἰφθίμων ἑτάρων, οὓς ἤσθιεν οὐδ' ἐλέαιρεν·
ἠδ' ὡς Αἴολον ἵκεθ', ὅ μιν πρόφρων ὑπέδεκτο
καὶ πέμπ', οὐδέ πω αἶσα φίλην ἐς πατρίδ' ἱκέσθαι 315
ἤην, ἀλλά μιν αὖτις ἀναρπάξασα θύελλα
πόντον ἐπ' ἰχθυόεντα φέρεν βαρέα στενάχοντα·
ἠδ' ὡς Τηλέπυλον Λαιστρυγονίην ἀφίκανεν,
οἳ νῆάς τ' ὄλεσαν καὶ ἐϋκνήμιδας ἑταίρους
πάντας· Ὀδυσσεὺς δ' οἶος ὑπέκφυγε νηὶ μελαίνῃ. 320
καὶ Κίρκης κατέλεξε δόλον πολυμηχανίην τε,
ἠδ' ὡς εἰς Ἀΐδεω δόμον ἤλυθεν εὐρώεντα
ψυχῇ χρησόμενος Θηβαίου Τειρεσίαο
νηὶ πολυκληΐδι, καὶ εἴσιδε πάντας ἑταίρους
μητέρα θ', ἥ μιν ἔτικτε καὶ ἔτρεφε τυτθὸν ἐόντα· 325
ἠδ' ὡς Σειρήνων ἀδινάων φθόγγον ἄκουσεν,
ὥς θ' ἵκετο Πλαγκτὰς πέτρας δεινήν τε Χάρυβδιν
Σκύλλην θ', ἣν οὔ πώ ποτ' ἀκήριοι ἄνδρες ἄλυξαν·
ἠδ' ὡς Ἠελίοιο βόας κατέπεφνον ἑταῖροι·
ἠδ' ὡς νῆα θοὴν ἔβαλε ψολόεντι κεραυνῷ 330
Ζεὺς ὑψιβρεμέτης, ἀπὸ δ' ἔφθιθεν ἐσθλοὶ ἑταῖροι
πάντες ὁμῶς, αὐτὸς δὲ κακὰς ὑπὸ κῆρας ἄλυξεν·
ὥς θ' ἵκετ' Ὠγυγίην νῆσον νύμφην τε Καλυψώ,
ἣ δή μιν κατέρυκε, λιλαιομένη πόσιν εἶναι,
ἐν σπέσσι γλαφυροῖσι καὶ ἔτρεφεν ἠδὲ ἔφασκεν 335
θήσειν ἀθάνατον καὶ ἀγήραον ἤματα πάντα·

Auch zur Ruhe und legten sich nieder im schattigen Saale.
 So wie die beiden nun schwelgten in innigster Liebe, so schwelgten
Dann sie im Wechselgespräch der Geschichten. Die eine erzählte,
Was im Palast sie erduldet, die hehrste der Frauen, beim Anblick
Jener dunklen Gesellschaft freiender Männer, die Mengen
Kräftiger Schafe und Rinder um ihretwillen geschlachtet,
Wie auch den Wein aus den mächtigen Krügen in Menge sie schöpften.
Aber der Sproß der Götter, Odysseus, erzählte von Leiden,
Die er den Menschen getan, und von jenen, die selbst er erduldet;
Sagte der schwelgenden Hörerin all seinen Jammer, und dieser
Fiel kein Schlaf auf die Lider, bevor er nicht alles berichtet.
 Und so begann er, wie er zuerst die Kikonen vernichtet,
Wie er die fetten Gefilde der Lotophagen betreten,
Was ihm der Kyklops getan und wie er die starken Gefährten
Mitleidlos gefressen, doch er dann Rache vollzogen;
Wie er zu Aiolos kam, der gütig im Haus ihn beherbergt,
Wie er Geleit ihm gab, doch wie es ihm noch nicht bestimmt war,
Damals die Heimat zu finden, wie vielmehr wieder ein Windstoß
Fort ihn riß auf das fischreiche Meer, so sehr er auch stöhnte.
Wie er Telépylos fand im Lande der Laistrygonen,
Die ihm die Schiffe vernichtet und alle geschienten Gefährten.
Er nur, Odysseus allein, entkam mit dem schwarzen Schiffe.
Kirkes listige Art, ihre Machenschaften erzählt' er,
Dann seinen Gang hinab in des Hades modrige Stätte,
Wo bei der Seele des Thebers Teiresias Kunde er suchte —
Viele Ruder hatte sein Schiff — und alle Gefährten
Konnte er sehen, vor allen die Mutter, die ihn geboren,
Die ihn von klein auf erzog. Er erzählte, wie der Sirenen
Helle Stimmen er hörte, und wie er die schlagenden Felsen,
Wie die Charybdis, wie er die schreckliche Skylla erreichte,
Der noch keiner lebend entkam, und wie die Gefährten
Helios' Rinder getötet, daß Zeus dann mit qualmenden Blitzen
Donnernd von oben das eilende Schiff ihm getroffen, daß alle
Edlen Gefährten mit einem Schlage verkamen und er nur
Üblem Tode entrann, und wie er die Nymphe Kalypso
Fand auf der Insel Ogygia, wie sie zurück ihn gehalten,
Ihn zum Gemahl sich gewünscht in geräumiger Grotte und pflegte,
Wie sie unsterblich ihn machen wollte und niemals alternd

ἀλλὰ τοῦ οὔ ποτε θυμὸν ἐνὶ στήθεσσιν ἔπειθεν·
ἡ δ' ὡς ἐς Φαίηκας ἀφίκετο πολλὰ μογήσας,
οἵ δή μιν περὶ κῆρι θεὸν ὣς τιμήσαντο
καὶ πέμψαν σὺν νηὶ φίλην ἐς πατρίδα γαῖαν, 340
χαλκόν τε χρυσόν τε ἅλις ἐσθῆτά τε δόντες.
τοῦτ' ἄρα δεύτατον εἶπεν ἔπος, ὅτε οἱ γλυκὺς ὕπνος
λυσιμελὴς ἐπόρουσε, λύων μελεδήματα θυμοῦ.

ἡ δ' αὖτ' ἄλλ' ἐνόησε θεὰ γλαυκῶπις Ἀθήνη·
ὁππότε δή ῥ' Ὀδυσῆα ἐέλπετο ὃν κατὰ θυμὸν 345
εὐνῆς ἧς ἀλόχου ταρπήμεναι ἠδὲ καὶ ὕπνου,
αὐτίκ' ἀπ' Ὠκεανοῦ χρυσόθρονον ἠριγένειαν
ὦρσεν, ἵν' ἀνθρώποισι φόως φέροι. ὦρτο δ' Ὀδυσσεὺς
εὐνῆς ἐκ μαλακῆς, ἀλόχῳ δ' ἐπὶ μῦθον ἔτελλεν·

"ὦ γύναι, ἤδη μὲν πολέων κεκορήμεθ' ἀέθλων 350
ἀμφοτέρω, σὺ μὲν ἐνθάδ' ἐμὸν πολυκηδέα νόστον
κλαίουσ'· αὐτὰρ ἐμὲ Ζεὺς ἄλγεσι καὶ θεοὶ ἄλλοι
ἱέμενον πεδάασκον ἐμῆς ἀπὸ πατρίδος αἴης.
νῦν δ' ἐπεὶ ἀμφοτέρω πολυήρατον ἱκόμεθ' εὐνήν,
κτήματα μέν, τά μοί ἐστι, κομιζέμεν ἐν μεγάροισι, 355
μῆλα δ', ἅ μοι μνηστῆρες ὑπερφίαλοι κατέκειρον,
πολλὰ μὲν αὐτὸς ἐγὼ ληίσσομαι, ἄλλα δ' Ἀχαιοὶ
δώσουσ', εἰς ὅ κε πάντας ἐνιπλήσωσιν ἐπαύλους.
ἀλλ' ἦ τοι μὲν ἐγὼ πολυδένδρεον ἀγρὸν ἄπειμι
ὀψόμενος πατέρ' ἐσθλόν, ὅ μοι πυκινῶς ἀκάχηται· 360
σοὶ δέ, γύναι, τόδ' ἐπιστέλλω πινυτῇ περ ἐούσῃ·
αὐτίκα γὰρ φάτις εἶσιν ἅμ' ἠελίῳ ἀνιόντι
ἀνδρῶν μνηστήρων, οὓς ἔκτανον ἐν μεγάροισιν·
εἰς ὑπερῷ' ἀναβᾶσα σὺν ἀμφιπόλοισι γυναιξὶν
ἧσθαι, μηδέ τινα προτιόσσεο μηδ' ἐρέεινε." 365

ἦ ῥα, καὶ ἀμφ' ὤμοισιν ἐδύσετο τεύχεα καλά,
ὦρσε δὲ Τηλέμαχον καὶ βουκόλον ἠδὲ συβώτην,
πάντας δ' ἔντε' ἄνωγεν ἀρήια χερσὶν ἑλέσθαι.
οἱ δέ οἱ οὐκ ἀπίθησαν, ἐθωρήσσοντο δὲ χαλκῷ,
ὤιξαν δὲ θύρας, ἐκ δ' ἤιον· ἦρχε δ' Ὀδυσσεύς. 370
ἤδη μὲν φάος ἦεν ἐπὶ χθόνα, τοὺς δ' ἄρ' Ἀθήνη
νυκτὶ κατακρύψασα θοῶς ἐξῆγε πόληος.

Alle die Tage; doch wurde er nie im Gemüte ihr hörig.
Weiter erzählt' er die leidvolle Fahrt zum Land der Phaiaken,
Die ihn im Herzen ehrten, als wär er ein Gott, und ihn endlich
Sicher zu Schiff verbrachten ins liebe Land seiner Heimat,
Erz und Gold und genügend Gewandung als Gaben ihm brachten.
Damit schloß die Erzählung; denn süßer Schlummer befiel ihn
Plötzlich und löste die Glieder und löste den Gram des Gemütes.

Aber Athene mit Augen der Eule besann sich auf andres:
Als sie hoffte, Odysseus habe in seinem Gemüte
Freudig genossen das Lager der Gattin und kräftig geschlummert,
Hieß sie Eos auf goldenem Throne sofort sich erheben,
Licht vom Okeanos her zu den Menschen zu senden. Odysseus
Aber erhob sich vom weichen Bett und beriet nun die Gattin:

„Liebes Weib, wir beide sind satt von der Fülle der Plagen;
Du warst daheim und weintest herbei meine leidvolle Rückkehr,
Mir doch versperrten, so sehr ich mich mühte, das Land meiner Heimat
Zeus und die anderen Götter. Doch jetzt, da wir beide uns fanden,
Endlich am Ziel unsrer Wünsche, im Lager der Liebe, da sollst du
All unsre Habe, soweit sie noch mein ist, im Hause besorgen.
Aber die Schafe, die übermütige Freier verringert,
Werde ich selber durch Raub mir reichlich ergänzen; die andern
Geben mir dann die Achaier, bis alle Gehöfte gefüllt sind.
Ich aber gehe hinaus auf das Feld, das mit Bäumen besetzt ist,
Wiedersehen möcht ich den Vater, den edlen, der ewig
Meinetwegen sich grämte. Doch dir, der verständigen Gattin,
Rate ich dringend: Sogleich wenn die Sonne sich hebt, wird die Kunde
Überallhin sich verbreiten, daß ich im Palaste die Freier
Tötete. Du aber geh mit den dienenden Frauen nach oben;
Bleibe dort sitzen und stelle nicht Fragen und halte nicht Umschau!"

Sprachs und legte die herrliche Rüstung sich fest um die Schultern,
Weckte Telemachos auf und die Hirten der Rinder und Schweine;
Allen befahl er, Waffen zum Kampf in die Hände zu nehmen.
Diese gehorchten genau und nahmen die ehernen Waffen,
Gingen hinaus zum geöffneten Tor und als erster Odysseus.
Licht schon wurde es über der Erde; aber Athene
Barg sie in nächtliches Dunkel und führte sie schnell aus dem Stadtkreis.

ΟΔΥΣΣΕΙΑΣ Ω

νέκυια δευτέρα σπονδαί

Ἑρμῆς δὲ ψυχὰς Κυλλήνιος ἐξεκαλεῖτο
ἀνδρῶν μνηστήρων· ἔχε δὲ ῥάβδον μετὰ χερσὶ
καλὴν χρυσείην, τῇ τ' ἀνδρῶν ὄμματα θέλγει,
ὧν ἐθέλει, τοὺς δ' αὖτε καὶ ὑπνώοντας ἐγείρει·
τῇ ῥ' ἄγε κινήσας, ταὶ δὲ τρίζουσαι ἕποντο.   5
ὡς δ' ὅτε νυκτερίδες μυχῷ ἄντρου θεσπεσίοιο
τρίζουσαι ποτέονται, ἐπεί κέ τις ἀποπέσῃσιν
ὁρμαθοῦ ἐκ πέτρης, ἀνά τ' ἀλλήλῃσιν ἔχονται,
ὣς αἱ τετριγυῖαι ἅμ' ἤισαν· ἦρχε δ' ἄρα σφιν
Ἑρμείας ἀκάκητα κατ' εὐρώεντα κέλευθα.   10
πὰρ δ' ἴσαν Ὠκεανοῦ τε ῥοὰς καὶ Λευκάδα πέτρην,
ἠδὲ παρ' Ἠελίοιο πύλας καὶ δῆμον Ὀνείρων
ἤισαν· αἶψα δ' ἵκοντο κατ' ἀσφοδελὸν λειμῶνα,
ἔνθα τε ναίουσι ψυχαί, εἴδωλα καμόντων.

εὗρον δὲ ψυχὴν Πηληιάδεω Ἀχιλῆος   15
καὶ Πατροκλῆος καὶ ἀμύμονος Ἀντιλόχοιο
Αἴαντός θ', ὃς ἄριστος ἔην εἶδός τε δέμας τε
τῶν ἄλλων Δαναῶν μετ' ἀμύμονα Πηλεΐωνα.
ὣς οἱ μὲν περὶ κεῖνον ὁμίλεον· ἀγχίμολον δὲ
ἤλυθ' ἔπι ψυχὴ Ἀγαμέμνονος Ἀτρεΐδαο   20
ἀχνυμένη· περὶ δ' ἄλλαι ἀγηγέραθ', ὅσσοι ἅμ' αὐτῷ
οἴκῳ ἐν Αἰγίσθοιο θάνον καὶ πότμον ἐπέσπον.
τὸν προτέρη ψυχὴ προσεφώνεε Πηλεΐωνος·

" Ἀτρεΐδη, περὶ μέν σε φάμεν Διὶ τερπικεραύνῳ
ἀνδρῶν ἡρώων φίλον ἔμμεναι ἤματα πάντα,   25
οὕνεκα πολλοῖσίν τε καὶ ἰφθίμοισιν ἄνασσες
δήμῳ ἔνι Τρώων, ὅθι πάσχομεν ἄλγε' Ἀχαιοί.
ἦ τ' ἄρα καὶ σοὶ πρῶι παραστήσεσθαι ἔμελλε
μοῖρ' ὀλοή, τὴν οὔ τις ἀλεύεται, ὅς κε γένηται.
ὡς ὄφελες τιμῆς ἀπονήμενος, ἧς περ ἄνασσες,   30
δήμῳ ἔνι Τρώων θάνατον καὶ πότμον ἐπισπεῖν·
τῷ κέν τοι τύμβον μὲν ἐποίησαν Παναχαιοί,

VIERUNDZWANZIGSTER GESANG

Der Vertrag

Hermes von der Kyllene holte der freienden Männer
Seelen, indem er sie rief; er trug in der Hand seinen schönen,
Goldenen Stab, womit er die Augen von Menschen bezaubert,
Wo er es will, und andere wieder erweckt, wenn sie schlafen;
Setzte sie so in Bewegung: ein schwirrendes, ganzes Gefolge.
Wie wenn Fledermäuse im Eck einer göttlichen Grotte
Schwirren und flattern, so oft sich nur eine der Kette am Felsen
Loslöst, daß sie herabfällt — hängen doch alle zusammen —
Grad so schwirrten sie drängend heran und folgten dem Führer
Hermes, dem Retter, entlang den Pfaden im dämmrigen Düster;
Gingen vorbei an Okeanos' Strömung, am Felsen Leukas,
Gingen vorüber an Helios' Toren, am Ort, wo die Träume
Wohnen, und kamen dann schnell an ihr Ziel, zur Asphodeloswiese.
Diese ist Raum und Behausung der Seelen, der Masken der Müden.
 Dort aber fanden sie jetzt des Peliden Achilleus Seele,
Die des tadellosen Antilochos, die des Patroklos,
Die auch des Aias, des ersten Manns an Gestalt und Erscheinung
Sämtlicher Danaer neben dem tadellosen Peliden.
Diese waren sein stetes Gefolge; doch nahe zu ihnen
Kam Agamemnons, des Sohnes des Atreus, Seele gegangen,
Traurig im Kreise der anderen Seelen, derer, die mit ihm
Alle im Haus des Aigisthos den Tod und ihr Schicksal gefunden.
Diesen nun grüßte zuerst des Peliden Seele und sagte:
 „Sohn des Atreus, wir meinten, du seist von den heldischen Mannen
All deine Tage dem Meister des Blitzes, Zeus, wohl der liebste.
Warst du doch Herrscher von vielen und Starken im Lande der Troer,
Wo wir Achaier so bitter gelitten. Und nun gar mußtest
Du auch und viel zu früh in vernichtendes Schicksal geraten?
Freilich entrinnt ihm nicht einer, sobald er zu leben begonnen.
Hättest du doch im Genuß deiner Ehre und Würde als Herrscher
Dort im Lande der Troer den Tod und dein Schicksal gefunden,
Dann wohl hätten dir alle Achaier den Hügel errichtet.

ἠδέ κε καὶ σῷ παιδὶ μέγα κλέος ἦρα' ὀπίσσω·
νῦν δ' ἄρα σ' οἰκτίστῳ θανάτῳ εἵμαρτο ἁλῶναι.''
  τὸν δ' αὖτε ψυχὴ προσεφώνεεν Ἀτρεΐδαο· 35
"ὄλβιε Πηλέος υἱέ, θεοῖς ἐπιείκελ' Ἀχιλλεῦ,
ὃς θάνες ἐν Τροίῃ ἑκὰς Ἄργεος· ἀμφὶ δέ σ' ἄλλοι
κτείνοντο Τρώων καὶ Ἀχαιῶν υἷες ἄριστοι,
μαρνάμενοι περὶ σεῖο· σὺ δ' ἐν στροφάλιγγι κονίης
κεῖσο μέγας μεγαλωστί, λελασμένος ἱπποσυνάων. 40
ἡμεῖς δὲ πρόπαν ἦμαρ ἐμαρνάμεθ'· οὐδέ κε πάμπαν
παυσάμεθα πτολέμου, εἰ μὴ Ζεὺς λαίλαπι παῦσεν.
αὐτὰρ ἐπεί σ' ἐπὶ νῆας ἐνείκαμεν ἐκ πολέμοιο,
κάτθεμεν ἐν λεχέεσσι, καθήραντες χρόα καλὸν
ὕδατί τε λιαρῷ καὶ ἀλείφατι· πολλὰ δέ σ' ἀμφὶ 45
δάκρυα θερμὰ χέον Δαναοὶ κείροντό τε χαίτας.
μήτηρ δ' ἐξ ἁλὸς ἦλθε σὺν ἀθανάτῃς ἁλίῃσιν
ἀγγελίης ἀΐουσα· βοὴ δ' ἐπὶ πόντον ὀρώρει
θεσπεσίη, ὑπὸ δὲ τρόμος ἤλυθε πάντας Ἀχαιούς.
καί νύ κ' ἀναΐξαντες ἔβαν κοίλας ἐπὶ νῆας, 50
εἰ μὴ ἀνὴρ κατέρυκε παλαιά τε πολλά τε εἰδώς
Νέστωρ, οὗ καὶ πρόσθεν ἀρίστη φαίνετο βουλή·
ὅ σφιν ἐῢ φρονέων ἀγορήσατο καὶ μετέειπεν·
'ἴσχεσθ', Ἀργεῖοι, μὴ φεύγετε, κοῦροι Ἀχαιῶν.
μήτηρ ἐξ ἁλὸς ἥδε σὺν ἀθανάτῃς ἁλίῃσιν 55
ἔρχεται, οὗ παιδὸς τεθνηότος ἀντιόωσα.'
ὣς ἔφαθ', οἱ δ' ἔσχοντο φόβου μεγάθυμοι Ἀχαιοί.
ἀμφὶ δέ σ' ἔστησαν κοῦραι ἁλίοιο γέροντος
οἴκτρ' ὀλοφυρόμεναι, περὶ δ' ἄμβροτα εἵματα ἕσσαν.
Μοῦσαι δ' ἐννέα πᾶσαι ἀμειβόμεναι ὀπὶ καλῇ 60
θρήνεον· ἔνθα κεν οὔ τιν' ἀδάκρυτόν γ' ἐνόησας
Ἀργείων· τοῖον γὰρ ὑπώρορε Μοῦσα λίγεια.
ἑπτὰ δὲ καὶ δέκα μὲν σε ὁμῶς νύκτας τε καὶ ἦμαρ
κλαίομεν ἀθάνατοί τε θεοὶ θνητοί τ' ἄνθρωποι·
ὀκτωκαιδεκάτῃ δ' ἔδομεν πυρί· πολλὰ δ' ἐπ' αὐτῷ 65
μῆλα κατεκτάνομεν μάλα πίονα καὶ ἕλικας βοῦς.
καίεο δ' ἔν τ' ἐσθῆτι θεῶν καὶ ἀλείφατι πολλῷ
καὶ μέλιτι γλυκερῷ· πολλοὶ δ' ἥρωες Ἀχαιοὶ
τεύχεσιν ἐρρώσαντο πυρὴν πέρι καιομένοιο,
πεζοί θ' ἱππῆές τε· πολὺς δ' ὀρυμαγδὸς ὀρώρει. 70

Selbst deinem Sohn noch vermachtest du großen Ruhm für die Zukunft.
Jetzt aber war es dein Schicksal, dem kläglichstem Tod zu verfallen."
Darauf sagte ihm wieder die Seele des Sohnes des Atreus:
„Glücklich bist du, Pelide, du göttergleicher Achilleus,
Weil du vor Troja und ferne von Argos gefallen. Da wurden
Andere heldische Söhne Achaias und Trojas erschlagen,
Neben dir wie auch im Kampf um dich. In den Wirbeln des Staubes
Lagst du, ein Riese mit riesigen Gliedern, und Kämpfe mit Pferden
Hast du vergessen. Für uns aber war es ein endloser Kriegstag.
Auch nicht ein Weilchen hätten vom Krieg wir gelassen, doch ließ es
Zeus durch Orkane nicht zu. So trugen wir dich aus dem Kampfe,
Betteten dich bei den Schiffen und während den herrlichen Körper
Rein wir dir wuschen mit Fett und mit warmem Wasser, verströmten
Heißeste Tränen die Danaer, scherten die Haare und standen
Um dich im Kreis. Aus der Salzflut stieg mit unsterblichen Nymphen
Auch deine Mutter, die Kunde erhalten. Und göttliches Schreien
Hallte da über die See; es erzitterten alle Achaier.
Jetzt war Gefahr, daß sie stürmisch die hohlen Schiffe bestiegen,
Hätte nicht Nestor, der Mann, der Altes wußte und vieles,
Fest sie gehalten; von jeher erschien ja sein Rat als der beste.
Der nun verkündete laut und in gütigem Sinne und sagte:
„Halt, ihr Argeier, ihr Söhne Achaias! So laßt doch das Fliehen!
Seht da! Die Mutter entsteigt mit unsterblichen Nymphen der Salzflut,
Schreitet voran und will dem gefallenen Sohne begegnen."
Sprachs und die hochbeherzten Achaier hemmten ihr Fliehen.
Jammernd und klagend schlossen die Töchter des Alten vom Meere
Rund um dich einen Kreis; sie trugen unsterbliche Kleider.
Alle neun Musen begannen in Wechselgesängen mit schöner
Stimme die Lieder der Trauer. Da sahst du nicht einen Argeier
Tränenlos, so mächtig erhob sich die tönende Weise.
Siebzehn Tage weinten um dich die unsterblichen Götter,
Siebzehn Nächte, und immer mit ihnen die sterblichen Menschen.
Achtzehn waren es, als wir dem Feuer dich gaben und rundum
Mengen von fettesten Schafen und glänzenden Rindern dir schlugen.
Du aber branntest in süßestem Honig und strömenden Ölen,
Branntest in göttlicher Hülle, und viele achaische Helden
Zogen vorüber am Holzstoß, wo du verbranntest. Die einen
Gingen, die anderen fuhren mit Rossen, es dröhnte und lärmte.

αὐτὰρ ἐπεὶ δή σε φλὸξ ἤνυσεν Ἡφαίστοιο,
ἠῶθεν δή τοι λέγομεν λεύκ' ὀστέ', Ἀχιλλεῦ,
οἴνῳ ἐν ἀκρήτῳ καὶ ἀλείφατι. δῶκε δὲ μήτηρ
χρύσεον ἀμφιφορῆα· Διωνύσοιο δὲ δῶρον
φάσκ' ἔμεναι, ἔργον δὲ περικλυτοῦ Ἡφαίστοιο. 75
ἐν τῷ τοι κεῖται λεύκ' ὀστέα, φαίδιμ' Ἀχιλλεῦ,
μίγδα δὲ Πατρόκλοιο Μενοιτιάδαο θανόντος,
χωρὶς δ' Ἀντιλόχοιο, τὸν ἔξοχα τῖες ἁπάντων
τῶν ἄλλων ἑτάρων μετὰ Πάτροκλόν γε θανόντα.
ἀμφ' αὐτοῖσι δ' ἔπειτα μέγαν καὶ ἀμύμονα τύμβον 80
χεύαμεν Ἀργείων ἱερὸς στρατὸς αἰχμητάων
ἀκτῇ ἔπι προὐχούσῃ, ἐπὶ πλατεῖ Ἑλλησπόντῳ,
ὥς κεν τηλεφανὴς ἐκ ποντόφιν ἀνδράσιν εἴη
τοῖς, οἳ νῦν γεγάασι καὶ οἳ μετόπισθεν ἔσονται.
μήτηρ δ' αἰτήσασα θεοὺς περικαλλέ' ἄεθλα 85
θῆκε μέσῳ ἐν ἀγῶνι ἀριστήεσσιν Ἀχαιῶν.
ἤδη μὲν πολέων τάφῳ ἀνδρῶν ἀντεβόλησας
ἡρώων, ὅτε κέν ποτ' ἀποφθιμένου βασιλῆος
ζώννυνταί τε νέοι καὶ ἐπεντύνωνται ἄεθλα·
ἀλλά κε κεῖνα μάλιστα ἰδὼν θηήσαο θυμῷ, 90
οἷ' ἐπὶ σοὶ κατέθηκε θεὰ περικαλλέ' ἄεθλα,
ἀργυρόπεζα Θέτις· μάλα γὰρ φίλος ἦσθα θεοῖσιν.
ὣς σὺ μὲν οὐδὲ θανὼν ὄνομ' ὤλεσας, ἀλλά τοι αἰεὶ
πάντας ἐπ' ἀνθρώπους κλέος ἔσσεται ἐσθλόν, Ἀχιλλεῦ·
αὐτὰρ ἐμοὶ τί τόδ' ἦδος, ἐπεὶ πόλεμον τολύπευσα; 95
ἐν νόστῳ γάρ μοι Ζεὺς μήσατο λυγρὸν ὄλεθρον
Αἰγίσθου ὑπὸ χερσὶ καὶ οὐλομένης ἀλόχοιο."
ὣς οἱ μὲν τοιαῦτα πρὸς ἀλλήλους ἀγόρευον·
ἀγχίμολον δέ σφ' ἦλθε διάκτορος Ἀργεϊφόντης
ψυχὰς μνηστήρων κατάγων Ὀδυσῆι δαμέντων. 100
τὼ δ' ἄρα θαμβήσαντ' ἰθὺς κίον, ὡς ἐσιδέσθην.
ἔγνω δὲ ψυχὴ Ἀγαμέμνονος Ἀτρεΐδαο
παῖδα φίλον Μελανῆος, ἀγακλυτὸν Ἀμφιμέδοντα·
ξεῖνος γάρ οἱ ἔην Ἰθάκῃ ἔνι οἰκία ναίων.
τὸν προτέρη ψυχὴ προσεφώνεεν Ἀτρεΐδαο· 105
" Ἀμφίμεδον, τί παθόντες ἐρεμνὴν γαῖαν ἔδυτε
πάντες κεκριμένοι καὶ ὁμήλικες; οὐδέ κεν ἄλλως
κρινάμενος λέξαιτο κατὰ πτόλιν ἄνδρας ἀρίστους.

Doch als Hephaistos' Flammen dich endlich gänzlich vernichtet,
Wurde dein weißes Gebein in der Frühe gesammelt, Achilleus,
Wurde in reinen Wein und in Salbe getan. Deine Mutter
Gab uns dazu einen goldenen Schrein mit Griffen; sie nannte
Dionysos den Schenker, als ruhmvollen Schöpfer Hephaistos.
Darin, Achilleus, Strahlender, ruhn deine weißen Gebeine,
Einig mit denen des Sohns des Menoitios, deines Patroklos.
Abseits liegen dann die des Antilochos, den du vor allen
Andern Gefährten geehrt hast, fast wie den toten Patroklos.
Nachher bauten wir ihnen den großen, untadligen Hügel,
Wir, das heilige Heer der mit Speeren bewehrten Achaier;
Alle umschloß er und ragte empor auf der Höhe der Küste:
Weither vom Meer, in des breiten Hellespontos Gebieten,
Sollten die Menschen ihn sehen, so jetzt wie in künftigen Zeiten.
Aber die Mutter erbat von den Göttern ein herrliches Wettspiel,
Ließ es dann mitten im Feld von den edlen Achaiern vollführen.
Sicherlich hast du schon zahlloser heldischer Männer Bestattung
Selber erlebt, wo die Jungen sich gürten, zum Kampfe sich rüsten,
Gilt es, die Leiche des Königs zu ehren. Doch sahst du erst diese,
Hättest auch du im Gemüt das Schauspiel höchlichst bewundert.
Dir zu Ehren setzte die Göttin die herrlichsten Preise,
Thetis mit silbernen Füßen; du warst ja ein Liebling der Götter.
Also verlorst du den Namen, Achilleus, selbst nicht im Tode;
Edelster Ruhm wird immer dich zieren bei sämtlichen Menschen.
Aber nun ich — den Krieg wohl bestand ich — doch darf ich mich freuen?
Grause Vernichtung plante mir Zeus, und das bei der Heimkehr:
Mord durch die Hand des Aigisthos und die der verfluchten Gemahlin."

  Also redeten diese zusammen in Wechselgesprächen.
Nun aber kam ihnen nah der Geleitmann, der Schimmernde; führte
Eben die Seelen der Freier herab, die Odysseus erschlagen.
Beide erstaunten und gingen gradaus, sobald sie sie sahen.
Da nun sah Agamemnons, des Sohnes des Atreus, Seele
Mélaneus' lieben Sohn, den berühmten Amphímedon. Diesen
Kannte er, war er doch Freund ihm in Ithaka, wo er wohnte.
Diesen nun grüßte zuerst des Atriden Seele und sagte:

  „Was widerfuhr euch, Amphímedon? Lauter erlesene Leute
Gleichen Alters kommt ihr herab in das Dunkel der Erde?
Suchte sich einer die Besten der Stadt, er wählte nicht anders.

ἢ ὕμμ' ἐν νήεσσι Ποσειδάων ἐδάμασσεν
ὄρσας ἀργαλέους ἀνέμους καὶ κύματα μακρά, 110
ἦ που ἀνάρσιοι ἄνδρες ἐδηλήσαντ' ἐπὶ χέρσου
βοῦς περιταμνομένους ἠδ' οἰῶν πώεα καλά,
ἠὲ περὶ πτόλιος μαχεούμενοι ἠδὲ γυναικῶν;
εἰπέ μοι εἰρομένῳ· ξεῖνος δέ τοι εὔχομαι εἶναι.
ἦ οὐ μέμνῃ, ὅτε κεῖσε κατήλυθον ὑμέτερον δῶ 115
ὀτρυνέων Ὀδυσῆα σὺν ἀντιθέῳ Μενελάῳ
Ἴλιον εἰς ἅμ' ἕπεσθαι ἐϋσσέλμων ἐπὶ νηῶν;
μηνὶ δ' ἐν οὔλῳ πάντα περήσαμεν εὐρέα πόντον,
σπουδῇ παρπεπιθόντες Ὀδυσσῆα πτολίπορθον."
  τὸν δ' αὖτε ψυχὴ προσεφώνεεν Ἀμφιμέδοντος· 120
" Ἀτρεΐδη κύδιστε, ἄναξ ἀνδρῶν Ἀγάμεμνον,
μέμνημαι τάδε πάντα, διοτρεφές, ὡς ἀγορεύεις·
σοὶ δ' ἐγὼ εὖ μάλα πάντα καὶ ἀτρεκέως καταλέξω,
ἡμετέρου θανάτοιο κακὸν τέλος, οἷον ἐτύχθη.
μνώμεθ' Ὀδυσσῆος δὴν οἰχομένοιο δάμαρτα· 125
ἡ δ' οὔτ' ἠρνεῖτο στυγερὸν γάμον οὔτε τελεύτα,
ἡμῖν φραζομένη θάνατον καὶ κῆρα μέλαιναν,
ἀλλὰ δόλον τόνδ' ἄλλον ἐνὶ φρεσὶ μερμήριξε·
στησαμένη μέγαν ἱστὸν ἐνὶ μεγάροισιν ὕφαινε,
λεπτὸν καὶ περίμετρον· ἄφαρ δ' ἡμῖν μετέειπε· 130
'κοῦροι, ἐμοὶ μνηστῆρες, ἐπεὶ θάνε δῖος Ὀδυσσεύς,
μίμνετ' ἐπειγόμενοι τὸν ἐμὸν γάμον, εἰς ὅ κε φᾶρος
ἐκτελέσω, μή μοι μεταμώνια νήματ' ὄληται,
Λαέρτῃ ἥρωι ταφήιον, εἰς ὅτε κέν μιν
μοῖρ' ὀλοὴ καθέλῃσι τανηλεγέος θανάτοιο, 135
μή τίς μοι κατὰ δῆμον Ἀχαιιάδων νεμεσήσῃ,
αἴ κεν ἄτερ σπείρου κεῖται πολλὰ κτεατίσσας.'
ὣς ἔφαθ', ἡμῖν δ' αὖτ' ἐπεπείθετο θυμὸς ἀγήνωρ.
ἔνθα καὶ ἠματίη μὲν ὑφαίνεσκεν μέγαν ἱστόν,
νύκτας δ' ἀλλύεσκεν, ἐπὴν δαΐδας παραθεῖτο. 140
ὣς τρίετες μὲν ἔληθε δόλῳ καὶ ἔπειθεν Ἀχαιούς·
ἀλλ' ὅτε τέτρατον ἦλθεν ἔτος καὶ ἐπήλυθον ὧραι,
μηνῶν φθινόντων, περὶ δ' ἤματα πόλλ' ἐτελέσθη,
καὶ τότε δή τις ἔειπε γυναικῶν, ἣ σάφα ᾔδη,
καὶ τήν γ' ἀλλύουσαν ἐφεύρομεν ἀγλαὸν ἱστόν. 145
ὣς τὸ μὲν ἐξετέλεσσε καὶ οὐκ ἐθέλουσ', ὑπ' ἀνάγκης.

Hat auf der Fahrt mit den Schiffen Poseidon euch gänzlich vernichtet?
Hat er euch schreckliche Winde erregt oder lange Wogen?
Haben euch Feinde Schaden getan auf dem Festland, weil ihr
Scharen von Rindern euch holtet und herrliche Herden von Schafen?
Suchten sie etwa den Kampf, um die Stadt und die Weiber zu retten?
Sag, was ich frage! Ich bin dir doch rühmlich verbunden als Gastfreund.
Sicherlich weißt du es noch: Menelaos war mit und wir kamen
Dorthin zu euch ins Haus; denn ich wollte Odysseus bereden,
Uns auf die Schiffe mit trefflichen Borden nach Troja zu folgen.
Schwierig war es, Odysseus, den Städtezerstörer, zu locken,
Während die Fahrt auf der breiten See einen Monat gekostet."

Darauf gab ihm die Seele Amphimedons wieder zur Antwort:
„Agamemnon, Herrscher der Männer, berühmter Atride,
Götterkind! Ich weiß noch alles, wie du es sagtest.
Dir aber sag ich nun alles genau und ohne Verdrehung,
Wie es gekommen, das böse Ende unseres Todes.
Freier sind wir der Gattin des lange schon fernen Odysseus.
Diese nun sagte nicht Nein und nicht Ja zu der häßlichen Hochzeit,
Wenn sie den Tod auch und düsteres Schicksal allen uns wünschte.
Doch sie ersann und erdachte sich folgende andere Falle:
Zunächst stellte sie auf im Palast einen mächtigen Webstuhl,
Wob ein feines, umfassendes Stück und sagte uns plötzlich:
Jünglinge, ihr meine Freier! Tot ist der hehre Odysseus!
Wartet, drängt nicht zur Ehe! Ich möchte ein Tuch erst vollenden —
Nutzlos, fürcht ich, müßte das Garn sonst verderben — für unsren
Helden Laertes das Grabtuch, eh noch das grausige Schicksal
Endlich ihn packt, wenn der Tod an ihn kommt, der keinen noch schonte.
Soll mich doch keine Achaierin schelten im Volke und sagen:
Vieles hat er erworben, doch fehlt seiner Leiche das Laken.
Trotzig war unser Gemüt; ihrem Wort doch gehorchte es wieder.
So nun wob sie am großen Webstuhl alle die Tage,
Nachts aber nahm sie sich Fackeln und trennte und trennte. So blieb sie
Drei volle Jahre verborgen und hielt die Achaier beim Glauben.
Schließlich war es das vierte Jahr, daß die Jahreszeiten
Kreisten, die Monate schwanden, die Tage wuchsen und wuchsen.
Da erst sagte es eines der Weiber, die Gründliches wußte,
Und wir entdeckten sie wirklich beim Trennen des glänzenden Tuches.
Nun aber mußte, was nie sie doch wollte, aus Zwang sie vollenden.

εὖθ' ἡ φᾶρος ἔδειξεν, ὑφήνασα μέγαν ἱστόν,
πλύνασ', ἠελίῳ ἐναλίγκιον ἠὲ σελήνῃ,
καὶ τότε δή ῥ' Ὀδυσῆα κακὸς ποθεν ἤγαγε δαίμων
ἀγροῦ ἐπ' ἐσχατιήν, ὅθι δώματα ναῖε συβώτης.   150
ἔνθ' ἦλθεν φίλος υἱὸς Ὀδυσσῆος θείοιο,
ἐκ Πύλου ἠμαθόεντος ἰὼν σὺν νηὶ μελαίνῃ·
τὼ δὲ μνηστῆρσιν θάνατον κακὸν ἀρτύναντε
ἵκοντο προτὶ ἄστυ περικλυτόν, ἦ τοι Ὀδυσσεὺς
ὕστερος, αὐτὰρ Τηλέμαχος πρόσθ' ἡγεμόνευε.   155
τὸν δὲ συβώτης ἦγε κακὰ χροῒ εἵματ' ἔχοντα,
πτωχῷ λευγαλέῳ ἐναλίγκιον ἠδὲ γέροντι,
σκηπτόμενον· τὰ δὲ λυγρὰ περὶ χροῒ εἵματα ἕστο·
οὐδέ τις ἡμείων δύνατο γνῶναι τὸν ἐόντα,
ἐξαπίνης προφανέντ', οὐδ' οἳ προγενέστεροι ἦσαν,   160
ἀλλ' ἔπεσίν τε κακοῖσιν ἐνίσσομεν ἠδὲ βολῇσιν.
αὐτὰρ ὁ τεῖος ἐτόλμα ἐνὶ μεγάροισιν ἑοῖσι
βαλλόμενος καὶ ἐνισσόμενος τετληότι θυμῷ·
ἀλλ' ὅτε δή μιν ἔγειρε Διὸς νόος αἰγιόχοιο,
σὺν μὲν Τηλεμάχῳ περικαλλέα τεύχε' ἀείρας   165
ἐς θάλαμον κατέθηκε καὶ ἐκλήισεν ὀχῆας,
αὐτὰρ ὁ ἣν ἄλοχον πολυκερδείῃσιν ἄνωγε
τόξον μνηστήρεσσι θέμεν πολιόν τε σίδηρον,
ἡμῖν αἰνομόροισιν ἀέθλια καὶ φόνου ἀρχήν.
οὐδέ τις ἡμείων δύνατο κρατεροῖο βιοῖο   170
νευρὴν ἐντανύσαι, πολλὸν δ' ἐπιδευέες ἦμεν.
ἀλλ' ὅτε χεῖρας ἵκανεν Ὀδυσσῆος μέγα τόξον,
ἔνθ' ἡμεῖς μὲν πάντες ὁμοκλέομεν ἐπέεσσι
τόξον μὴ δόμεναι, μηδ' εἰ μάλα πόλλ' ἀγορεύοι,
Τηλέμαχος δέ μιν οἶος ἐποτρύνων ἐκέλευσεν.   175
αὐτὰρ ὁ δέξατο χειρὶ πολύτλας δῖος Ὀδυσσεύς,
ῥηιδίως δ' ἐτάνυσσε βιόν, διὰ δ' ἧκε σιδήρου·
στῆ δ' ἄρ' ἐπ' οὐδὸν ἰών, ταχέας δ' ἐκχεύατ' ὀιστοὺς
δεινὸν παπταίνων, βάλε δ' Ἀντίνοον βασιλῆα.
αὐτὰρ ἔπειτ' ἄλλοις ἐφίει βέλεα στονόεντα   180
ἄντα τιτυσκόμενος· τοὶ δ' ἀγχιστῖνοι ἔπιπτον.
γνωτὸν δ' ἦν, ὅ ῥά τίς σφι θεῶν ἐπιτάρροθος ἦεν·
αὐτίκα γὰρ κατὰ δώματ' ἐπισπόμενοι μένεϊ σφῷ
κτεῖνον ἐπιστροφάδην, τῶν δὲ στόνος ὤρνυτ' ἀεικὴς

Aber als sie das Tuch uns dann zeigte, das groß sie gewoben,
Schön gewaschen und glänzend wie Funkeln des Monds und der Sonne,
Da grad führte ein Unhold, wer weiß es woher, den Odysseus
Weit hinaus auf das Feld, wo sein Sauhirt wohnte. Und eben
Kam auch auf schwarzem Schiffe zurück des erhabnen Odysseus
Lieber Sohn aus dem sandigen Pylos. Er ging dann zu ihnen.
Beide nun planten übelsten Tod für die Freier; sie gingen
Bald in die Stadt, die so weithin berühmt ist; als Zweiter Odysseus,
Während Telemachos führend vorausging. Jenen indessen
Brachte der Sauhirt hin. Er trug da die schlechteste Kleidung,
Sah so aus wie ein alter Mann, der des Stabes bedürfte,
So wie ein elender Bettler mit grauslichen Kleidern am Leibe.
Nun war er da; doch keiner der Unsrigen konnte ihn kennen,
Auch von den Älteren keiner; so plötzlich trat er zutage;
Vielmehr gingen wir los mit scheltenden Worten und Würfen.
Er aber hielt im Gemüte durch, litt Würfe und Schelte
Mutig im eigenen Hause, bis Zeus', des Schwingers der Aigis,
Großer Gedanke zur Tat ihn weckte. Da hob er die schönen
Waffen herab mit Telemachos' Hilfe. Es gab eine Kammer;
Dorthin brachte er alle und schloß dann den Raum noch mit Riegeln.
Weiter hieß er sein Weib — er wußte ja jeglichen Vorteil —,
Bogen und düstere Eisen zu holen, uns Freiern zum Wettkampf —
Nein — zum Anfang des Mordens: es nahte das grausige Schicksal.
Keiner von uns vermochte die Sehne des mächtigen Bogens
Einzuhängen; es fehlte uns allen beträchtlich an Kräften.
Jetzt war Gefahr, daß Odysseus den mächtigen Bogen bekäme.
Da nun verlangten wir alle zusammen mit kräftigem Schelten,
Nicht ihm den Bogen zu geben, auch wenn er es tausendmal sage,
Während der eine Telemachos drängend dazu den Befehl gab.
Wirklich empfing ihn der große Dulder, der hehre Odysseus,
Spannte den Bogen dann leicht und schoß hindurch durch die Eisen,
Trat auf die Schwelle und legte bereit seine sausenden Pfeile,
Spähte entsetzlich und traf einen König — Antinoos traf er,
Richtete dann die Geschosse, die Schmerzen erregen, auf andre,
Zielte genau und sie fielen — einer neben dem andern.
Jeder mußte erkennen, hier walte ein göttlicher Helfer.
Sie aber stürmten sogleich durch das Haus im Gefühl ihrer Kräfte,
Mordeten rechts und links; es krachten die Schädel, der ganze

κράτων τυπτομένων, δάπεδον δ' ἅπαν αἵματι θῦεν. 185
ὣς ἡμεῖς, Ἀγάμεμνον, ἀπωλόμεθ', ὧν ἔτι καὶ νῦν
σώματ' ἀκηδέα κεῖται ἐνὶ μεγάροις Ὀδυσῆος·
οὐ γάρ πω ἴσασι φίλοι κατὰ δώμαθ' ἑκάστου,
οἵ κ' ἀπονίψαντες μέλανα βρότον ἐξ ὠτειλέων
κατθέμενοι γοάοιεν· ὃ γὰρ γέρας ἐστὶ θανόντων." 190
  τὸν δ' αὖτε ψυχὴ προσεφώνεεν Ἀτρεΐδαο·
"ὄλβιε Λαέρταο πάϊ, πολυμήχαν' Ὀδυσσεῦ,
ἦ ἄρα σὺν μεγάλῃ ἀρετῇ ἐκτήσω ἄκοιτιν·
ὡς ἀγαθαὶ φρένες ἦσαν ἀμύμονι Πηνελοπείῃ,
κούρῃ Ἰκαρίου, ὡς εὖ μέμνητ' Ὀδυσῆος, 195
ἀνδρὸς κουριδίου. τῷ οἱ κλέος οὔ ποτ' ὀλεῖται
ἧς ἀρετῆς, τεύξουσι δ' ἐπιχθονίοισιν ἀοιδὴν
ἀθάνατοι χαρίεσσαν ἐχέφρονι Πηνελοπείῃ,
οὐχ ὡς Τυνδαρέου κούρη κακὰ μήσατο ἔργα,
κουρίδιον κτείνασα πόσιν, στυγερὴ δέ τ' ἀοιδὴ 200
ἔσσετ' ἐπ' ἀνθρώπους, χαλεπὴν δέ τε φῆμιν ὀπάσσει
θηλυτέρῃσι γυναιξί, καὶ ἥ κ' εὐεργὸς ἔῃσιν."
  ὣς οἱ μὲν τοιαῦτα πρὸς ἀλλήλους ἀγόρευον,
ἑσταότ' εἰν Ἀΐδαο δόμοις, ὑπὸ κεύθεσι γαίης·
οἱ δ' ἐπεὶ ἐκ πόλιος κατέβαν, τάχα δ' ἀγρὸν ἵκοντο 205
καλὸν Λαέρταο τετυγμένον, ὅν ῥά ποτ' αὐτὸς
Λαέρτης κτεάτισσεν, ἐπεὶ μάλα πολλὰ μόγησεν.
ἔνθα οἱ οἶκος ἔην, περὶ δὲ κλίσιον θέε πάντῃ,
ἐν τῷ σιτέσκοντο καὶ ἵζανον ἠδὲ ἴαυον
δμῶες ἀναγκαῖοι, τοί οἱ φίλα ἐργάζοντο. 210
ἐν δὲ γυνὴ Σικελὴ γρηῢς πέλεν, ἥ ῥα γέροντα
ἐνδυκέως κομέεσκεν ἐπ' ἀγροῦ νόσφι πόληος.
ἔνθ' Ὀδυσεὺς δμώεσσι καὶ υἱέϊ μῦθον ἔειπεν·
  "ὑμεῖς μὲν νῦν ἔλθετ' ἐϋκτίμενον δόμον εἴσω,
δεῖπνον δ' αἶψα συῶν ἱερεύσατε ὅς τις ἄριστος· 215
αὐτὰρ ἐγὼ πατρὸς πειρήσομαι ἡμετέροιο,
αἴ κέ μ' ἐπιγνώῃ καὶ φράσσεται ὀφθαλμοῖσιν,
ἦέ κεν ἀγνοιῇσι πολὺν χρόνον ἀμφὶς ἐόντα."
  ὣς εἰπὼν δμώεσσιν ἀρήϊα τεύχε' ἔδωκεν.
οἱ μὲν ἔπειτα δόμονδε θοῶς κίον, αὐτὰρ Ὀδυσσεὺς 220
ἆσσον ἴεν πολυκάρπου ἀλῳῆς πειρητίζων.
οὐδ' εὗρεν Δολίον, μέγαν ὄρχατον ἐσκαταβαίνων,

Boden dampfte vom Blut; es erhob sich ein häßliches Stöhnen.
Ja, Agamemnon! so war unser Ende; und unsere Leiber
Liegen auch jetzt noch im Haus des Odysseus und keiner besorgt sie.
Unsere Lieben im Haus eines jeden erfuhren noch gar nichts;
Die aber könnten das schwarze Blut aus den Wunden uns waschen,
Könnten uns betten und klagen: das gilt doch als Ehre der Toten."

Ihm entgegnete wieder die Seele des Sohnes des Atreus:
„Glücklich bist du, Odysseus, du findiger Sohn des Laërtes!
Wahrlich du hast dir ein Weib mit vortrefflichen Gaben erworben!
Gute Gesinnung hatte die kluge Penelopeia,
Herzlich dachte Ikarios' Tochter ihres Odysseus,
Ihres Gemahls. So wird denn der Ruhm ihres trefflichen Wesens
Niemals vergehen. Unsterbliche werden die Menschen auf Erden
Liebliche Lieder zu Ehren der klugen Penelopeia
Lehren; sie sann nicht auf Untat, so wie Tyndareos' Tochter.
Diese erschlug ihren Mann; das gibt wohl für häßliche Lieder
Stoff in der Welt und in Zukunft. Fraulichen Weibern indessen
Schafft sie bedrückenden Leumund, auch denen, die tüchtig geraten."

All dies besprachen sie untereinander in Wechselgesprächen,
Wie sie da standen im Hause des Hades und tief in der Erde.
Jene indessen gingen herab aus der Stadt und erreichten
Eilig den schönen, gepflegten Grund, der Laertes gehörte.
Dies war sein eigner Besitz, er hatte ihn mühsam gewonnen.
Dort war sein Haus, von den Räumen zur Wirtschaft allseits umgeben;
Darin aßen und saßen und schliefen gezwungene Leute,
Knechte, die Arbeit taten und so, wie ihm es beliebte.
Auch eine Alte war da, ein sizilisches Weib, das den Alten
Weit entfernt von der Stadt auf dem Lande tüchtig versorgte.
Dort nun sagte Odysseus ein Wort an den Sohn und die Knechte:
„Ihr geht jetzt hinein in das Haus, das so trefflich gebaut ist,
Richtet sofort ein Mahl und opfert das Beste der Schweine!
Ich aber gehe und will es mit unserem Vater versuchen,
Ob er mich richtig erkennt, mit den Augen mich richtig noch wahrnimmt,
Oder mich nicht mehr erkennt: viel Zeit ist inzwischen verflossen."

Also sprach er und gab seinen Dienern die Waffen zum Kampfe.
Diese eilten dann rasch in das Haus. Odysseus indessen
Ging nun näher und prüfte das früchteschwere Gelände,
Fand aber Dolios nicht beim Betreten des riesigen Gartens,

οὐδέ τινα δμώων οὐδ' υἱῶν· ἀλλ' ἄρα τοί γε
αἱμασιὰς λέξοντες ἀλωῆς ἔμμεναι ἕρκος
ᾤχοντ', αὐτὰρ ὁ τοῖσι γέρων ὁδὸν ἡγεμόνευε. 225
τὸν δ' οἶον πατέρ' εὗρεν ἐϋκτιμένῃ ἐν ἀλωῇ,
λιστρεύοντα φυτόν· ῥυπόωντα δὲ ἕστο χιτῶνα,
ῥαπτὸν ἀεικέλιον, περὶ δὲ κνήμῃσι βοείας
κνημῖδας ῥαπτὰς δέδετο, γραπτῦς ἀλεείνων,
χειρῖδάς τ' ἐπὶ χερσὶ βάτων ἕνεκ'· αὐτὰρ ὕπερθεν 230
αἰγείην κυνέην κεφαλῇ ἔχε, πένθος ἀέξων.
τὸν δ' ὡς οὖν ἐνόησε πολύτλας δῖος Ὀδυσσεὺς
γήραϊ τειρόμενον, μέγα δὲ φρεσὶ πένθος ἔχοντα,
στὰς ἄρ' ὑπὸ βλωθρὴν ὄγχνην κατὰ δάκρυον εἶβε.
μερμήριξε δ' ἔπειτα κατὰ φρένα καὶ κατὰ θυμὸν 235
κύσσαι καὶ περιφῦναι ἑὸν πατέρ' ἠδὲ ἕκαστα
εἰπεῖν, ὡς ἔλθοι καὶ ἵκοιτ' ἐς πατρίδα γαῖαν,
ἦ πρῶτ' ἐξερέοιτο ἕκαστά τε πειρήσαιτο.
ὧδε δέ οἱ φρονέοντι δοάσσατο κέρδιον εἶναι,
πρῶτον κερτομίοις ἔπεσιν διαπειρηθῆναι. 240
τὰ φρονέων ἰθὺς κίεν αὐτοῦ δῖος Ὀδυσσεύς.
ἦ τοι ὁ μὲν κατέχων κεφαλὴν φυτὸν ἀμφελάχαινε·
τὸν δὲ παριστάμενος προσεφώνεε φαίδιμος υἱός·

"ὦ γέρον, οὐκ ἀδαημονίη σ' ἔχει ἀμφιπολεύειν
ὄρχατον, ἀλλ' εὖ τοι κομιδὴ ἔχει, οὐδέ τι πάμπαν, 245
οὐ φυτόν, οὐ συκῆ, οὐκ ἄμπελος, οὐ μὲν ἐλαίη,
οὐκ ὄγχνη, οὐ πρασιή τοι ἄνευ κομιδῆς κατὰ κῆπον.
ἄλλο δέ τοι ἐρέω, σὺ δὲ μὴ χόλον ἔνθεο θυμῷ·
αὐτόν σ' οὐκ ἀγαθὴ κομιδὴ ἔχει, ἀλλ' ἅμα γῆρας
λυγρὸν ἔχεις αὐχμεῖς τε κακῶς καὶ ἀεικέα ἕσσαι. 250
οὐ μὲν ἀεργίης γε ἄναξ ἕνεκ' οὔ σε κομίζει,
οὐδέ τί τοι δούλειον ἐπιπρέπει εἰσοράασθαι
εἶδος καὶ μέγεθος· βασιλῆϊ γὰρ ἀνδρὶ ἔοικας.
τοιούτῳ δὲ ἔοικεν, ἐπεὶ λούσαιτο φάγοι τε,
εὑδέμεναι μαλακῶς· ἡ γὰρ δίκη ἐστὶ γερόντων. 255
ἀλλ' ἄγε μοι τόδε εἰπὲ καὶ ἀτρεκέως κατάλεξον·
τεῦ δμώς εἶς ἀνδρῶν; τεῦ δ' ὄρχατον ἀμφιπολεύεις;
καί μοι τοῦτ' ἀγόρευσον ἐτήτυμον, ὄφρ' ἐῢ εἰδῶ,
εἰ ἐτεόν γ' Ἰθάκην τήνδ' ἱκόμεθ', ὥς μοι ἔειπεν
οὗτος ἀνὴρ νῦν δὴ ξυμβλήμενος ἐνθάδ' ἰόντι, 260

Auch keinen Knecht und nicht einen der Söhne; sie waren gegangen,
Dornenhecken zu sammeln zum Schutz des bebauten Geländes;
Diesen aber diente der Alte als Kenner des Weges.
Einzig fand er den Vater. Im trefflich bestellten Gelände
Hackte er eben Gewächse. Er trug einen schmutzigen Leibrock,
Übel geflickt, und geflickte Schützer aus Rindshaut waren
Fest um die Waden gewickelt, sie mußten vor Rissen ihn schützen.
Fäustlinge wehrten dem Dorn; eine ziegenlederne Haube
Schützte oben den Kopf. So verriet er wachsende Trauer.
Als ihn der große Dulder, der hehre Odysseus erblickte,
Völlig zerrieben vom Alter, voll tiefer Trauer im Sinne,
Mußte er weinen und trat in den Schutz eines stattlichen Birnbaums.
Dort aber grübelte er im Sinne wie im Gemüte,
Sollte den Vater er küssen, umarmen, ihm alles erzählen,
Daß er gekommen, das Land seiner Heimat endlich erreichte;
Oder zunächst ihn befragen nach allem und richtig ihn prüfen.
Während er so es bedachte, erschien es ihm schließlich von Vorteil,
Zunächst richtige Prüfung zu halten mit zänkischen Reden.
Darauf bedacht ging grad auf ihn zu der erhabne Odysseus.
Er aber hielt seinen Kopf gesenkt, da Gewächse er umgrub.
Neben ihn trat nun der strahlende Sohn und ließ sich vernehmen:
„Alter Mann! Du scheinst recht geschickt in der Pflege des Gartens;
Trefflich ist er besorgt, es fehlt ihm wirklich schon gar nichts:
Feigen, Gewächse, Oliven, der Wein, das Gemüse, die Birnen:
Wahrlich im ganzen Garten ist nichts ohne tüchtige Pflege.
Andres doch will ich dir sagen, nur hege nicht Groll im Gemüte:
Selber hast du doch gar keine Pflege, daß gut es dir täte!
Alles trifft da zusammen: grausiges Alter und übler
Schmutz und die schändliche Kleidung; du bist nicht so träg, daß dein
Nicht für dich sorgte; Größe und Aussehn haben vom Sklaven [Herrscher
Gar nichts; sieht man dich an, so gleichst du vielmehr einem König,
Gleichst einem Mann, der das Recht hat, auf weicherem Lager zu schlafen.
Essen brauchst du und Bad; denn dies ist das Recht eines Greises.
Aber nun sage mir dies und erzähl es mir ohne Verdrehung:
Welchem Manne gehörst du als Helfer? Und wessen Garten
Pflegst du? Das sag mir und sage es ehrlich, damit ich wohl wisse,
Ob wir denn wirklich hier nach Ithaka kamen; so sagte
Nämlich der Mann da dort, der jetzt mich traf auf dem Wege.

οὔ τι μάλ' ἀρτίφρων, ἐπεὶ οὐ τόλμησεν ἕκαστα
εἰπεῖν ἠδ' ἐπακοῦσαι ἐμὸν ἔπος, ὡς ἐρέεινον
ἀμφὶ ξείνῳ ἐμῷ, ἤ που ζώει τε καὶ ἔστιν,
ἤ ἤδη τέθνηκε καὶ εἰν Ἀίδαο δόμοισιν.
ἐκ γάρ τοι ἐρέω, σὺ δὲ σύνθεο καί μευ ἄκουσον· 265
ἄνδρα ποτ' ἐξείνισσα φίλῃ ἐν πατρίδι γαίῃ
ἡμέτερόνδ' ἐλθόντα, καὶ οὔ πώ τις βροτὸς ἄλλος
ξείνων τηλεδαπῶν φιλίων ἐμὸν ἵκετο δῶμα·
εὔχετο δ' ἐξ Ἰθάκης γένος ἔμμεναι, αὐτὰρ ἔφασκε
Λαέρτην Ἀρκεισιάδην πατέρ' ἔμμεναι αὐτῷ. 270
τὸν μὲν ἐγὼ πρὸς δώματ' ἄγων ἐὺ ἐξείνισσα,
ἐνδυκέως φιλέων, πολλῶν κατὰ οἶκον ἐόντων,
καί οἱ δῶρα πόρον ξεινήια, οἷα ἐῴκει.
χρυσοῦ μέν οἱ δῶκ' εὐεργέος ἑπτὰ τάλαντα,
δῶκα δέ οἱ κρητῆρα πανάργυρον ἀνθεμόεντα, 275
δώδεκα δ' ἁπλοΐδας χλαίνας, τόσσους δὲ τάπητας,
τόσσα δὲ φάρεα καλά, τόσους δ' ἐπὶ τοῖσι χιτῶνας,
χωρὶς δ' αὖτε γυναῖκας ἀμύμονα ἔργα ἰδυίας
τέσσαρας εἰδαλίμας, ἃς ἤθελεν αὐτὸς ἑλέσθαι."
τὸν δ' ἠμείβετ' ἔπειτα πατὴρ κατὰ δάκρυον εἴβων· 280
"ξεῖν', ἤ τοι μὲν γαῖαν ἱκάνεις, ἣν ἐρεείνεις,
ὑβρισταὶ δ' αὐτὴν καὶ ἀτάσθαλοι ἄνδρες ἔχουσι.
δῶρα δ' ἐτώσια ταῦτα χαρίζεο, μυρί' ὀπάζων·
εἰ γάρ μιν ζωόν γε κίχεις Ἰθάκης ἐνὶ δήμῳ,
τῷ κέν σ' εὖ δώροισιν ἀμειψάμενος ἀπέπεμψε 285
καὶ ξενίῃ ἀγαθῇ· ἡ γὰρ θέμις, ὅς τις ὑπάρξῃ.
ἀλλ' ἄγε μοι τόδε εἰπὲ καὶ ἀτρεκέως κατάλεξον·
πόστον δὴ ἔτος ἐστίν, ὅτε ξείνισσας ἐκεῖνον,
σὸν ξεῖνον δύστηνον, ἐμὸν παῖδ', εἴ ποτ' ἔην γε;
δύσμορον· ὅν που τῆλε φίλων καὶ πατρίδος αἴης 290
ἠέ που ἐν πόντῳ φάγον ἰχθύες, ἢ ἐπὶ χέρσου
θηρσὶ καὶ οἰωνοῖσιν ἕλωρ γένετ'· οὐδέ ἑ μήτηρ
κλαῦσε περιστείλασα πατήρ θ', οἵ μιν τεκόμεσθα·
οὐδ' ἄλοχος πολύδωρος, ἐχέφρων Πηνελόπεια,
κώκυσ' ἐν λεχέεσσιν ἑὸν πόσιν, ὡς ἐπεῴκει, 295
ὀφθαλμοὺς καθελοῦσα· τὸ γὰρ γέρας ἐστὶ θανόντων.
καί μοι τοῦτ' ἀγόρευσον ἐτήτυμον, ὄφρ' ἐὺ εἰδῶ·
τίς πόθεν εἰς ἀνδρῶν; πόθι τοι πόλις ἠδὲ τοκῆες;

Recht gescheit war er nicht, noch wagte er alles zu sagen,
Hörte auch nicht auf mein Wort, als ich fragte, ob wohl mein Gastfreund,
Den ich hier habe, wirklich noch da sei und irgendwo lebe,
Oder ob er schon tot sei und unten im Hause des Hades.
Denn ich sag dirs heraus, du ziehe den Schluß dann und höre:
Einst kam einer zu uns ins Haus in der lieben Heimat;
Gastlich empfing ich den Mann, kein anderer Sterblicher war mir
Jemals ein lieberer Gast aus der Ferne in meinem Palaste.
Rühmend sagte er mir, sein Geschlecht sei in Ithaka heimisch;
Aber sein Vater, ein Sohn des Arkeisias, heiße Laertes.
Gastlich nahm ich ihn auf und führte ihn gleich in die Wohnung,
Sorgte liebend für ihn, im Palaste war ja die Fülle.
Gastgeschenke brachte ich ihm, so wie es sich ziemte:
Gab ihm sieben Talente aufbereiteten Goldes,
Gab einen Mischkrug, lauteres Silber mit blumigem Zierat,
Gab ihm ein Dutzend einfacher Stoffe aus Wolle, ein Dutzend
Herrlicher Tücher und Decken und Röcke dann auch noch ein Dutzend.
Obendrein und nach eigener Wahl erhielt er noch Weiber,
Vier von schönster Gestalt und bewandert in trefflichen Werken."

Tränen vergoß da der Vater; doch gab er darauf ihm zur Antwort:
„Fremder Mann, du bist in dem Land, wonach du mich fragtest.
Aber es ist im Besitz von töricht frevelnden Männern.
All dieses gütige Schenken war nutzlos, soviel du auch brachtest.
Träfst du ihn lebend noch an hier im Volke von Ithaka, dann wohl
Gäbe freilich bei guter Bewirtung er Gegengeschenke,
Gäbe Geleit, wie mit Recht es dem ersten Geber wohl zusteht.
Aber nun sage mir dies und erzähl es mir ohne Verdrehung:
Wie viele Jahre wohl sind es, seitdem du jenen bewirtet?
Deinen unseligen Gast und meinen vom Schicksal geschlagnen
Sohn — wenn je er's gewesen! Ach, fern wohl von Freunden und Heimat
Fraßen ihn Fische, wer weiß wo im Meer, oder Vögeln und Tieren
Fiel er zum Raub auf dem Festland. Vater und Mutter durften
Nicht in das Laken ihn hüllen, beim Sohn, den sie zeugten, nicht weinen.
Penelopeia, sein kluges Weib mit reichlicher Mitgift,
Konnte nicht, wie es sich ziemt, auf dem Lager den Gatten beklagen,
Auch nicht die Augen ihm schließen — die letzte Ehre der Toten.
Und auch dies noch sage mir ehrlich, daß recht ich es wisse:
Wer und woher von den Menschen? und wo ist die Stadt deiner Eltern?

ποῦ τοι νηῦς ἕστηκε θοή, ἥ σ' ἤγαγε δεῦρο
ἀντιθέους θ' ἑτάρους; ἦ ἔμπορος εἰλήλουθας   300
νηὸς ἐπ' ἀλλοτρίης, οἱ δ' ἐκβήσαντες ἔβησαν;"
   τὸν δ' ἀπαμειβόμενος προσέφη πολύμητις Ὀδυσσεύς·
"τοιγὰρ ἐγώ τοι πάντα μάλ' ἀτρεκέως καταλέξω.
εἰμὶ μὲν ἐξ Ἀλύβαντος, ὅθι κλυτὰ δώματα ναίω,
υἱὸς Ἀφείδαντος Πολυπημονίδαο ἄνακτος·   305
αὐτὰρ ἐμοί γ' ὄνομ' ἐστὶν Ἐπήριτος· ἀλλά με δαίμων
πλάγξ' ἀπὸ Σικανίης δεῦρ' ἐλθέμεν οὐκ ἐθέλοντα·
νηῦς δέ μοι ἥδ' ἕστηκεν ἐπ' ἀγροῦ νόσφι πόληος.
αὐτὰρ Ὀδυσσῆϊ τόδε δὴ πέμπτον ἔτος ἐστίν,
ἐξ οὗ κεῖθεν ἔβη καὶ ἐμῆς ἀπελήλυθε πάτρης,   310
δύσμορος· ἦ τέ οἱ ἐσθλοὶ ἔσαν ὄρνιθες ἰόντι,
δεξιοί, οἷς χαίρων μὲν ἐγὼν ἀπέπεμπον ἐκεῖνον,
χαῖρε δὲ κεῖνος ἰών· θυμὸς δ' ἔτι νῶϊν ἐώλπει
μείξεσθαι ξενίῃ ἠδ' ἀγλαὰ δῶρα διδώσειν."
   ὣς φάτο, τὸν δ' ἄχεος νεφέλη ἐκάλυψε μέλαινα·   315
ἀμφοτέρῃσι δὲ χερσὶν ἑλὼν κόνιν αἰθαλόεσσαν
χεύατο κὰκ κεφαλῆς πολιῆς, ἁδινὰ στεναχίζων.
τοῦ δ' ὠρίνετο θυμός, ἀνὰ ῥῖνας δέ οἱ ἤδη
δριμὺ μένος προύτυψε φίλον πατέρ' εἰσορόωντι.
κύσσε δέ μιν περιφὺς ἐπιάλμενος ἠδὲ προσηύδα·   320
   "κεῖνος μὲν δὴ ὅδ' αὐτὸς ἐγώ, πάτερ, ὃν σὺ μεταλλᾷς,
ἤλυθον εἰκοστῷ ἔτεϊ ἐς πατρίδα γαῖαν.
ἀλλ' ἴσχευ κλαυθμοῖο γόοιό τε δακρυόεντος.
ἐκ γάρ τοι ἐρέω· — μάλα δὲ χρὴ σπευδέμεν ἔμπης· —
μνηστῆρας κατέπεφνον ἐν ἡμετέροισι δόμοισι   325
λώβην τεινύμενος θυμαλγέα καὶ κακὰ ἔργα."
   τὸν δ' αὖ Λαέρτης ἀπαμείβετο φώνησέν τε·
"εἰ μὲν δὴ Ὀδυσσεύς γε, ἐμὸς πάϊς, εἰλήλουθας,
σῆμά τί μοι νῦν εἰπὲ ἀριφραδές, ὄφρα πεποίθω."
   τὸν δ' ἀπαμειβόμενος προσέφη πολύμητις Ὀδυσσεύς· 330
"οὐλὴν μὲν πρῶτον τήνδε φράσαι ὀφθαλμοῖσι,
τὴν ἐν Παρνησῷ μ' ἔλασεν σῦς λευκῷ ὀδόντι
οἰχόμενον· σὺ δέ με προΐεις καὶ πότνια μήτηρ
ἐς πατέρ' Αὐτόλυκον μητρὸς φίλον, ὄφρ' ἂν ἑλοίμην
δῶρα, τὰ δεῦρο μολὼν μοι ὑπέσχετο καὶ κατένευσεν. 335
εἰ δ' ἄγε τοι καὶ δένδρε' ἐϋκτιμένην κατ' ἀλῳὴν

Wo steht jetzt dein eilendes Schiff, das hieher dich gebracht hat?
Dich und die göttergleichen Gefährten? Kamst du als Kaufmann?
Setzten vom fremden Schiff sie dich ab und fuhren dann weiter?"
  Antwort gab ihm und sagte der einfallreiche Odysseus:
„Also will ich dir alles erzählen und gar nichts verdrehen.
Ich bin aus Alybas, wohne in rühmlichen Häusern; Apheidas
Heißt mein Vater, der Herrscher dort ist als der Sohn Polypemons.
Ich doch heiße Epéritos. Aber es trieb mich ein Unhold
Weg von Sikanien, hieher zu fahren, was gar nicht ich wollte.
Aber mein Fahrzeug ankert nicht weit von der Stadt, bei den Feldern.
Doch für Odysseus ist es nun wirklich das fünfte Jahr schon,
Seit er dort von mir schied und verließ das Land meiner Heimat.
Ach! Dieser Unglücksmann! Und doch beim Gehen, da flogen
Gute Vögel zur Rechten. Das freute uns: ihn als er wegging,
Mich beim Geleiten; es barg das Gemüt in uns beiden die Hoffnung,
Daß wir als Gäste uns wiederum fänden und glänzend beschenkten."
  Sprachs und den anderen deckte die düstere Wolke des Leides.
Schwärzesten Staub, den mit beiden Händen er faßte, ließ er
Rinnen aufs graue Haupt unter lautem, kläglichem Stöhnen.
Jetzt aber wallte dem Sohn das Gemüt; in der Nase schon spürte
Scharf er ein Drängen beim Blick auf den lieben Vater. Da sprang er
Stürmisch heran, umschlang ihn und küßte ihn; dann aber sprach er:
„Vater! Hier bin ich! Ich selber! Der Jener, nach dem du geforscht hast.
Kommen bin ich im zwanzigsten Jahr in das Land meiner Heimat.
Höre denn auf mit dem Weinen, den tränenseligen Klagen!
Denn ich sag dirs heraus: bei allem ist Eile geboten;
Totgeschlagen in unserm Palaste hab ich die Freier,
Schande und übelste Taten gerächt, die das Leben verbittern."
  Aber Laertes sagte dann wieder und gab ihm zur Antwort:
„Bist du wirklich Odysseus und bist du mein Sohn, wie du dastehst,
Nun, dann sag mir ein deutliches Zeichen, damit ich es glaube!"
  Antwort gab ihm darauf der einfallreiche Odysseus:
„Hier zuerst diese Narbe: betrachte sie gut mit den Augen!
Diese schlug mir einstens der Eber mit leuchtendem Hauer,
Dort am Parnassos. Ich ging, weil du selbst und die waltende Mutter
Mich zu Autolykos, Mutters lieben Vater, geschickt habt,
Gaben zu holen, die hier er mit Nicken einst mir versprochen.
Aber nun komm! Ich sage die Bäume dir, die du mir schenktest

εἴπω, ἅ μοί ποτ' ἔδωκας, ἐγὼ δ' ᾔτεόν σε ἕκαστα
παιδνὸς ἐών, κατὰ κῆπον ἐπισπόμενος· διὰ δ' αὐτῶν
ἱκνεύμεσθα, σὺ δ' ὠνόμασας καὶ ἔειπες ἕκαστα.
ὄγχνας μοι δῶκας τρεισκαίδεκα καὶ δέκα μηλέας, 340
συκέας τεσσαράκοντ'· ὄρχους δέ μοι ὧδ' ὀνόμηνας
δώσειν πεντήκοντα, διατρύγιος δὲ ἕκαστος
ἤην; ἔνθα δ' ἀνὰ σταφυλαὶ παντοῖαι ἔασιν,
ὁππότε δὴ Διὸς ὧραι ἐπιβρίσειαν ὕπερθεν."
  ὣς φάτο, τοῦ δ' αὐτοῦ λύτο γούνατα καὶ φίλον ἦτορ, 345
σήματ' ἀναγνόντος, τά οἱ ἔμπεδα πέφραδ' Ὀδυσσεύς·
ἀμφὶ δὲ παιδὶ φίλῳ βάλε πήχεε· τὸν δὲ ποτὶ οἷ
εἷλεν ἀποψύχοντα πολύτλας δῖος Ὀδυσσεύς.
αὐτὰρ ἐπεί ῥ' ἄμπνυτο καὶ ἐς φρένα θυμὸς ἀγέρθη,
ἐξαῦτις μύθοισιν ἀμειβόμενος προσέειπε· 350
  "Ζεῦ πάτερ, ἦ ῥ' ἔτι ἐστὲ θεοὶ κατὰ μακρὸν Ὄλυμπον,
εἰ ἐτεὸν μνηστῆρες ἀτάσθαλον ὕβριν ἔτεισαν.
νῦν δ' αἰνῶς δείδοικα κατὰ φρένα, μὴ τάχα πάντες
ἐνθάδ' ἐπέλθωσιν Ἰθακήσιοι, ἀγγελίας δὲ
πάντῃ ἐποτρύνωσι Κεφαλλήνων πολίεσσι." 355
  τὸν δ' ἀπαμειβόμενος προσέφη πολύμητις Ὀδυσσεύς·
"θάρσει· μή τοι ταῦτα μετὰ φρεσὶ σῇσι μελόντων.
ἀλλ' ἴομεν προτὶ οἶκον, ὃς ὀρχάτου ἐγγύθι κεῖται·
ἔνθα δὲ Τηλέμαχον καὶ βουκόλον ἠδὲ συβώτην
προὔπεμψ', ὡς ἂν δεῖπνον ἐφοπλίσσωσι τάχιστα." 360
  ὣς ἄρα φωνήσαντε βάτην πρὸς δώματα καλά.
οἱ δ' ὅτε δή ῥ' ἵκοντο δόμους ἐῢ ναιετάοντας,
εὗρον Τηλέμαχον καὶ βουκόλον ἠδὲ συβώτην
ταμνομένους κρέα πολλὰ κερῶντάς τ' αἴθοπα οἶνον.
  τόφρα δὲ Λαέρτην μεγαλήτορα ᾧ ἐνὶ οἴκῳ 365
ἀμφίπολος Σικελὴ λοῦσεν καὶ χρῖσεν ἐλαίῳ,
ἀμφὶ δ' ἄρα χλαῖναν καλὴν βάλεν· αὐτὰρ Ἀθήνη
ἄγχι παρισταμένη μέλε' ἤλδανε ποιμένι λαῶν,
μείζονα δ' ἠὲ πάρος καὶ πάσσονα θῆκεν ἰδέσθαι.
ἐκ δ' ἀσαμίνθου βῆ· θαύμαζε δέ μιν φίλος υἱός, 370
ὡς ἴδεν ἀθανάτοισι θεοῖς ἐναλίγκιον ἄντην,
καί μιν φωνήσας ἔπεα πτερόεντα προσηύδα·
  "ὦ πάτερ, ἦ μάλα τίς σε θεῶν αἰειγενετάων
εἶδός τε μέγεθός τε ἀμείνονα θῆκεν ἰδέσθαι."

Hier im trefflich bebauten Gelände. Ich folgte als Kind schon
Gern dir den Garten entlang und pflegte bei jedem zu bitten.
Alles gingen wir durch; du sprachst und benanntest ein jedes.
Bäumchen gabst du mir, dreizehn mit Birnen und zehn mit Äpfeln,
Vierzig mit Feigen, mit Reben bestandene Reihen gar fünfzig.
Diese wolltest du schenken; man hatte dort immer zu ernten:
Trauben von allerlei Art ja hängen daran und sie reifen
Je nach den Zeiten des Jahres, wenn Zeus sie von oben her kräftigt."

Sprachs und sofort versagten sein liebes Herz und die Knice,
Denn er erkannte die Zeichen, die treffend Odysseus ihm sagte.
Innig umschlang er den lieben Sohn und er war am Verhauchen,
Hielt ihn der große Dulder, der hehre Odysseus nicht aufrecht.
Als er zu Atem dann kam, im Verstand das Gemüt sich gesammelt,
Fand er auch wieder ein Wort der Entgegnung und ließ sich vernehmen:
„Vater Zeus! ihr Götter! ihr lebt noch im hohen Olympos,
Wenn denn wirklich die Freier gebüßt ihre frevelnde Torheit.
Jetzt aber bin ich im Sinn von schrecklichen Ängsten befallen:
Kommen werden die Ithaker alle um hier uns zu greifen,
Allseits eilig es melden den Städten der Kephallenen."

Antwort gab ihm und sagte der einfallreiche Odysseus:
„Sei du beruhigt, du brauchst dich darüber nicht selber besinnen.
Gehen wir jetzt in das Haus in nächster Nähe vom Garten,
Dorthin schickte ich schon den Telemachos, mit ihm die Hirten
Unserer Rinder und Schweine, uns schleunigst ein Essen zu richten."

Also sprachen die beiden und gingen zum schönen Gebäude.
Als sie dann wirklich das Haus mit der trefflichen Wohnung erreichten,
Sahn sie Telemachos neben den Hirten der Rinder und Schweine
Mengen von Fleisch zerteilen und mischen die funkelnden Weine.

Bald aber hatte den hochbeherzten Laërtes inzwischen
Jene sizilische Magd im eigenen Hause gebadet,
Hatte mit Öl ihn gesalbt und gehüllt in den herrlichsten Mantel.
Aber Athene kam ihm nun nahe, dem Hirten der Mannen,
Gab seinen Gliedern Frische und Fülle und ließ ihn so größer,
Voller als früher erscheinen. Er stieg aus der Wanne und staunend
Sah ihn der liebe Sohn; denn er glich den unsterblichen Göttern.
Deshalb sprach er zu ihm und sagte geflügelte Worte:
„Vater! Gewiß hat dich einer der ewig lebenden Götter
Besser gemacht; an Erscheinung und Größe ist es zu sehen."

τὸν δ' αὖ Λαέρτης πεπνυμένος ἀντίον ηὔδα· 375
"αἲ γάρ, Ζεῦ τε πάτερ καὶ Ἀθηναίη καὶ Ἄπολλον,
οἷος Νήρικον εἷλον, ἐϋκτίμενον πτολίεθρον,
ἀκτὴν ἠπείροιο, Κεφαλλήνεσσιν ἀνάσσων,
τοῖος ἐών τοι χθιζὸς ἐν ἡμετέροισι δόμοισι
τεύχε' ἔχων ὤμοισιν ἐφεστάμεναι καὶ ἀμύνειν 380
ἄνδρας μνηστῆρας· τῷ κέ σφεων γούνατ' ἔλυσα
πολλῶν ἐν μεγάροισι, σὺ δὲ φρένας ἔνδον ἐγήθεις."
ὣς οἱ μὲν τοιαῦτα πρὸς ἀλλήλους ἀγόρευον.
οἱ δ' ἐπεὶ οὖν παύσαντο πόνου τετύκοντό τε δαῖτα,
ἑξείης ἕζοντο κατὰ κλισμούς τε θρόνους τε. 385
ἔνθ' οἱ μὲν δείπνῳ ἐπεχείρεον· ἀγχίμολον δὲ
ἦλθ' ὁ γέρων Δολίος, σὺν δ' υἱεῖς τοῖο γέροντος,
ἐξ ἔργων μογέοντες, ἐπεὶ προμολοῦσα κάλεσσε
μήτηρ, γρηῦς Σικελή, ἥ σφεας τρέφε καί ῥα γέροντα
ἐνδυκέως κομέεσκεν, ἐπεὶ κατὰ γῆρας ἔμαρψεν. 390
οἱ δ' ὡς οὖν Ὀδυσῆα ἴδον φράσσαντό τε θυμῷ,
ἔσταν ἐνὶ μεγάροισι τεθηπότες· αὐτὰρ Ὀδυσσεὺς
μειλιχίοις ἐπέεσσι καθαπτόμενος προσέειπεν·
"ὦ γέρον, ἵζ' ἐπὶ δεῖπνον, ἀπεκλελάθεσθε δὲ θάμβευς·
δηρὸν γὰρ σίτῳ ἐπιχειρήσειν μεμαῶτες 395
μίμνομεν ἐν μεγάροις, ὑμέας ποτιδέγμενοι αἰεί."
ὣς ἄρ' ἔφη, Δολίος δ' ἰθὺς κίε χεῖρε πετάσσας
ἀμφοτέρας, Ὀδυσεῦς δὲ λαβὼν κύσε χεῖρ' ἐπὶ καρπῷ
καί μιν φωνήσας ἔπεα πτερόεντα προσηύδα·
"ὦ φίλ', ἐπεὶ νόστησας ἐελδομένοισι μάλ' ἡμῖν 400
οὐδ' ἔτ' ὀϊομένοισι, θεοὶ δέ σε ἤγαγον αὐτοί,
οὖλέ τε καὶ μέγα χαῖρε, θεοὶ δέ τοι ὄλβια δοῖεν.
καί μοι τοῦτ' ἀγόρευσον ἐτήτυμον, ὄφρ' ἐῢ εἰδῶ,
ἢ ἤδη σάφα οἶδε περίφρων Πηνελόπεια
νοστήσαντά σε δεῦρ', ἦ ἄγγελον ὀτρύνωμεν." 405
τὸν δ' ἀπαμειβόμενος προσέφη πολύμητις Ὀδυσσεύς·
"ὦ γέρον, ἤδη οἶδε· τί σε χρὴ ταῦτα πένεσθαι;"
ὣς φάθ', ὁ δ' αὖτις ἄρ' ἕζετ' ἐϋξέστου ἐπὶ δίφρου.
ὣς δ' αὔτως παῖδες Δολίου κλυτὸν ἀμφ' Ὀδυσῆα
δεικανόωντ' ἐπέεσσι καὶ ἐν χείρεσσι φύοντο, 410
ἑξείης δ' ἕζοντο παραὶ Δολίον, πατέρα σφόν.
ὣς οἱ μὲν περὶ δεῖπνον ἐνὶ μεγάροισι πένοντο·

Antwort gab ihm darauf der gewandte Laërtes und sagte:
„Vater Zeus, Athene, Apollon! Nerikon stürmt' ich,
Jene festgegründete Stadt an der Küste des Festlands,
Kephallenier führte ich an — o wär ich doch gestern
Stark, so wie damals ich war, und mit Waffen über den Schultern
Helfend gegen die Freier in unserm Palaste gestanden!
Dann wohl hätte im Saal ich die Kniee gar vieler gebrochen.
Du aber hättest im Sinn und im Innern Freude empfunden."
  Also redeten beide zusammen in Wechselgesprächen.
Als aber jene die Mühe, das Essen zu richten, beendet,
Saßen sie alle in Ordnung auf hohen Stühlen und Sesseln.
Diese nun rückten dem Mahle zu Leibe, als Dolios nahte.
Der war ein alter Mann und es folgten die Söhne des Alten,
Müde vom Feld. Ihre Mutter war sie zu rufen gegangen,
Jene greise Sizilerin, die sie erzog und den Alten
Immer trefflich versorgte, denn drückend wurde das Alter.
Als sie Odysseus nun sahen und gleich im Gemüt es begriffen,
Blieben sie staunend stehen im Haus. Da begann denn Odysseus
Schmeichelnde Worte zu sprechen; er wollte sie packen und sagte:
  „Alter! Setz dich zum Essen, vergeßt jetzt völlig das Wundern!
Dauernd warten wir hier im Raum um euch zu empfangen,
Spüren schon lange den Drang, den Speisen zu Leibe zu rücken."
  Sprachs und Dolios ging ihm mit offenen Armen entgegen,
Griff nach der Hand des Odysseus, bedeckte den Knöchel mit Küssen.
Dann aber sprach er zu ihm und sagte geflügelte Worte:
  „Freund, nun bist du ja kommen! Wir wünschten es immer und innig;
Freilich, wir glaubten es nicht mehr. Die Götter wohl brachten dich selber.
Heil dir und lautester Glücksgruß! Mögen die Götter dich segnen!
Und auch dies noch erzähle mir ehrlich, daß recht ich es wisse:
Weiß die gescheite Penelopeia bereits deine Heimkehr?
Weiß sie genau, daß du hier bist? Sonst schicken wir eilige Botschaft."
  Antwort gab ihm und sagte der einfallreiche Odysseus:
„Alter, sie weiß es bereits; was solltest denn du dies besorgen?"
  Sprachs und setzte sich hin auf den Sessel, der glänzend gefegt war.
Ebenso traten nun Dolios' Söhne herzu und begrüßten
Laut den berühmten Odysseus und drückten ihm herzlich die Hände,
Bis sie geordnet dann saßen bei Dolios, ihrem Vater.
  Während nun diese im Haus um die Mahlzeit tüchtig sich mühten,

ὅσσα δ' ἄρ' ἄγγελος ὦκα κατὰ πτόλιν ᾤχετο πάντῃ
μνηστήρων στυγερὸν θάνατον καὶ κῆρ' ἐνέπουσα.
οἱ δ' ἄρ' ὁμῶς ἀΐοντες ἐφοίτων ἄλλοθεν ἄλλος   415
μυχμῷ τε στοναχῇ τε δόμων προπάροιθ' Ὀδυσῆος,
ἐκ δὲ νέκυς οἴκων φόρεον καὶ θάπτον ἕκαστοι,
τοὺς δ' ἐξ ἀλλάων πολίων οἰκόνδε ἕκαστον
μέμπον ἄγειν ἁλιεῦσι θοῇς ἐπὶ νηυσὶ τιθέντες·
αὐτοὶ δ' εἰς ἀγορὴν κίον ἀθρόοι, ἀχνύμενοι κῆρ.   420
αὐτὰρ ἐπεί ῥ' ἤγερθεν ὁμηγερέες τ' ἐγένοντο,
τοῖσιν δ' Εὐπείθης ἀνά θ' ἵστατο καὶ μετέειπε·
παιδὸς γάρ οἱ ἄλαστον ἐνὶ φρεσὶ πένθος ἔκειτο,
Ἀντινόου, τὸν πρῶτον ἐνήρατο δῖος Ὀδυσσεύς·
τοῦ ὅ γε δάκρυ χέων ἀγορήσατο καὶ μετέειπεν·   425
  "ὦ φίλοι, ἦ μέγα ἔργον ἀνὴρ ὅδε μήσατ' Ἀχαιοῖς·
τοὺς μὲν σὺν νήεσσιν ἄγων πολέας τε καὶ ἐσθλοὺς
ὤλεσε μὲν νῆας γλαφυράς, ἀπὸ δ' ὤλεσε λαούς,
τοὺς δ' ἐλθὼν ἔκτεινε Κεφαλλήνων ὄχ' ἀρίστους.
ἀλλ' ἄγετε, πρὶν τοῦτον ἢ ἐς Πύλον ὦκα ἱκέσθαι   430
ἢ καὶ ἐς Ἤλιδα δῖαν, ὅθι κρατέουσιν Ἐπειοί,
ἴομεν· ἦ καὶ ἔπειτα κατηφέες ἐσσόμεθ' αἰεί.
λώβη γὰρ τάδε γ' ἐστὶ καὶ ἐσσομένοισι πυθέσθαι,
εἰ δὴ μὴ παίδων τε κασιγνήτων τε φονῆας
τεισόμεθ'· οὐκ ἂν ἐμοί γε μετὰ φρεσὶν ἡδὺ γένοιτο   435
ζωέμεν, ἀλλὰ τάχιστα θανὼν φθιμένοισι μετείην.
ἀλλ' ἴομεν, μὴ φθέωσι περαιωθέντες ἐκεῖνοι."
  ὣς φάτο δάκρυ χέων, οἶκτος δ' ἕλε πάντας Ἀχαιούς.
ἀγχίμολον δέ σφ' ἦλθε Μέδων καὶ θεῖος ἀοιδὸς
ἐκ μεγάρων Ὀδυσῆος, ἐπεί σφεας ὕπνος ἀνῆκεν,   440
ἔσταν δ' ἐν μέσσοισι· τάφος δ' ἕλεν ἄνδρα ἕκαστον.
τοῖσι δὲ καὶ μετέειπε Μέδων πεπνυμένα εἰδώς·
  "κέκλυτε δὴ νῦν μευ, Ἰθακήσιοι· οὐ γὰρ Ὀδυσσεὺς
ἀθανάτων ἀέκητι θεῶν τάδε μήσατο ἔργα·
αὐτὸς ἐγὼν εἶδον θεὸν ἄμβροτον, ὅς ῥ' Ὀδυσῆι   445
ἐγγύθεν ἑστήκει καὶ Μέντορι πάντα ἐῴκει.
ἀθάνατος δὲ θεὸς τοτὲ μὲν προπάροιθ' Ὀδυσῆος
φαίνετο θαρσύνων, τοτὲ δὲ μνηστῆρας ὀρίνων
θῦνε κατὰ μέγαρον· τοὶ δ' ἀγχιστῖνοι ἔπιπτον."
  ὣς φάτο, τοὺς δ' ἄρα πάντας ὑπὸ χλωρὸν δέος ᾕρει.   450

Vierundzwanzigster Gesang

Lief durch die Ecken und Enden der Stadt schon die Kunde und Bot-
Die von dem häßlichen Tod und dem Ende der Freier erzählte. [schaft,
Alle zusammen von hieher und dorther mit Ächzen und Stöhnen
Gingen zum Haus des Odysseus, als sie es hörten, und jeder
Trug seinen Toten heraus zur Bestattung. Die andern indessen,
Die aus den Städten, verfrachteten sie auf die eilenden Schiffe,
Gaben sie Fischern, daß jeden nach Hause sie brächten. Sie selber
Schritten betrübten Herzens dann alle vereint auf den Marktplatz.
Als dann alle sich fanden und nicht ein einziger fehlte,
Trat Eupeithes stehend vor sie und begann eine Rede,
Schwer belastet im Sinn von unvergeßlicher Trauer:
Sein Sohn fiel ja als erstes Opfer des hehren Odysseus.
Weinend um diesen Antinoos sprach er nun vor der Versammlung:
„Freunde! Gewaltige Untat sann jener Mann den Achaiern.
Erst hat er viele und Edle auf Schiffen entführt, dann verlor er
Jene geräumigen Schiffe und hat auch die Leute verloren.
Jetzt aber kam er und tötete diese, die weitaus Besten
Unter den Kephallenen. Doch ehe nach Pylos er forteilt
Oder ins heilige Elis zum Herrschersitz der Epeier,
Gehn wir! Sonst müssen wir später und immer uns unter ihm ducken.
Schande wohl wär es und Schmach, wenn die Späteren gar noch erführen,
Daß wir wirklich die Mörder der Söhne und Brüder nicht straften.
Mir zumindest verginge die Lust am bewußten Erleben,
Eiligst möchte ich sterben und mich zu den Toten gesellen.
Auf denn und fort! Sonst kommen sie durch und behalten den Vor-
Weinend sprach ers und alle Achaier ergriff nun das Mitleid. [sprung."
Jetzt aber nahten der göttliche Sänger und Medon; sie kamen
Grad aus dem Haus des Odysseus, befreit aus der Starre des Schlafes,
Traten hinein in die Mitte, daß jeden ein Staunen erfaßte.
Nun sprach Medon auch noch zu ihnen mit regem Verständnis:
„Hört, Ithakesier, jetzt auf mich! Es plante Odysseus
Sicher nicht all diese Werke ohne die Götter; ich selber
Sah den unsterblichen Gott; er stand ganz nah bei Odysseus,
Mentor glich er in allem, ein Gott doch ist es gewesen.
Eben noch sah den Unsterblichen neben Odysseus ich stehen,
Wie er mit Mut ihn erfüllte, dann wieder die Freier im Saale
Stürmisch umhertrieb. Die aber fielen einer beim andern."
Also sprach er und alle ergriff nun das bleiche Erschrecken.

τοῖσι δὲ καὶ μετέειπε γέρων ἥρως Ἁλιθέρσης
Μαστορίδης· ὁ γὰρ οἶος ὅρα πρόσσω καὶ ὀπίσσω·
ὅ σφιν ἐῢ φρονέων ἀγορήσατο καὶ μετέειπε·
"κέκλυτε δὴ νῦν μευ, Ἰθακήσιοι, ὅττι κεν εἴπω.
ὑμετέρῃ κακότητι, φίλοι, τάδε ἔργα γένοντο· 455
οὐ γὰρ ἐμοὶ πείθεσθ', οὐ Μέντορι ποιμένι λαῶν,
ὑμετέρους παῖδας καταπαυέμεν ἀφροσυνάων,
οἳ μέγα ἔργον ἔρεζον ἀτασθαλίῃσι κακῇσι,
κτήματα κείροντες καὶ ἀτιμάζοντες ἄκοιτιν
ἀνδρὸς ἀριστῆος· τὸν δ' οὐκέτι φάντο νέεσθαι. 460
καὶ νῦν ὧδε γένοιτο, πίθεσθέ μοι, ὡς ἀγορεύω·
μὴ ἴομεν, μή πού τις ἐπίσπαστον κακὸν εὕρῃ."
 ὣς ἔφαθ', οἱ δ' ἄρ' ἀνήϊξαν μεγάλῳ ἀλαλητῷ
ἡμίσεων πλείους· — τοὶ δ' ἀθρόοι αὐτόθι μεῖναν· —
οὐ γάρ σφιν ἅδε μῦθος ἐνὶ φρεσίν, ἀλλ' Εὐπείθει 465
πείθοντ'· αἶψα δ' ἔπειτ' ἐπὶ τεύχεα ἐσσεύοντο.
αὐτὰρ ἐπεί ῥ' ἕσσαντο περὶ χροῒ νώροπα χαλκόν,
ἀθρόοι ἠγερέθοντο πρὸ ἄστεος εὐρυχόροιο.
τοῖσιν δ' Εὐπείθης ἡγήσατο νηπιέῃσι·
φῆ δ' ὅ γε τείσεσθαι παιδὸς φόνον, οὐδ' ἄρ' ἔμελλεν 470
ἂψ ἀπονοστήσειν, ἀλλ' αὐτοῦ πότμον ἐφέψειν.
 αὐτὰρ Ἀθηναίη Ζῆνα Κρονίωνα προσηύδα·
"ὦ πάτερ ἡμέτερε Κρονίδη, ὕπατε κρειόντων,
εἰπέ μοι εἰρομένῃ· τί νύ τοι νόος ἔνδοθι κεύθει;
ἦ προτέρω πόλεμόν τε κακὸν καὶ φύλοπιν αἰνὴν 475
τεύξεις, ἦ φιλότητα μετ' ἀμφοτέροισι τίθησθα;"
 τὴν δ' ἀπαμειβόμενος προσέφη νεφεληγερέτα Ζεύς·
"τέκνον ἐμόν, τί με ταῦτα διείρεαι ἠδὲ μεταλλᾷς;
οὐ γὰρ δὴ τοῦτον μὲν ἐβουλευσας νόον αὐτή,
ὡς ἦ τοι κείνους Ὀδυσεὺς ἀποτείσεται ἐλθών; 480
ἔρξον, ὅπως ἐθέλεις· ἐρέω δέ τοι ὡς ἐπέοικεν.
ἐπεὶ δὴ μνηστῆρας ἐτείσατο δῖος Ὀδυσσεύς,
ὅρκια πιστὰ ταμόντες ὁ μὲν βασιλευέτω αἰεί,
ἡμεῖς δ' αὖ παίδων τε κασιγνήτων τε φόνοιο
ἔκλησιν θέωμεν· τοὶ δ' ἀλλήλους φιλεόντων 485
ὡς τὸ πάρος, πλοῦτος δὲ καὶ εἰρήνη ἅλις ἔστω."
 ὣς εἰπὼν ὤτρυνε πάρος μεμαυῖαν Ἀθήνην,
βῆ δὲ κατ' Οὐλύμποιο καρήνων ἀΐξασα.

Dann aber sprach auch zu ihnen der greise Held Halitherses,
Mastors Sohn: denn er nur wußte, was war und was sein wird.
Der nun meinte es gut mit ihnen und sprach zur Versammlung:
„Männer von Ithaka, hört jetzt mich, was alles ich sage:
Freunde! Durch euer Verschulden ist diese Lage entstanden.
Mir gehorchtet ihr nicht, nicht Mentor, dem Hirten der Mannen.
Eueren Söhnen verbotet ihr nicht dieses törichte Treiben!
Sie aber schritten in sinnlosem Frevel zu schrecklicher Untat,
Machten zunichte Hab und Gut eines adligen Mannes,
Ja, sie mißehrten sein Weib: sie meinten, er kehre nicht wieder.
Jetzt aber laßt es denn gut sein und tut, was ich offen hier sage:
Gehen wir nicht! sonst holt sich noch mancher selber sein Unglück!"

Sprachs, da erhoben die einen sich stürmisch mit lautestem Zuruf;
Mehr als die Hälfte; die anderen blieben geschlossen am Platze,
Denn sie wurden im Sinn dieser Rede nicht froh und gehorchten
Lieber Eupeithes und stürmten daher auch sofort zu den Waffen.
Aber als sie das männliche Erz auf dem Leibe nun hatten,
Trafen sich alle am Rande der Stadt auf dem breiten Tanzplatz.
Führend ging Eupeithes voran; in all seiner Torheit
Wähnend, er räche den Mord seines Sohnes; er wollte nicht sehen,
Daß er nicht wiederkehre und dort gleich erfülle sein Schicksal.
Aber Athene sprach zu Zeus, dem Sohne des Kronos:
„Du, unser Vater, Kronide, du Oberster sämtlicher Herrscher,
Sag es mir, da ich dich frage: Was birgt denn dein innerstes Denken?
Läßt du den übelsten Krieg und das grausige Morden noch weiter
Gehn? oder stiftest du lieber bei beiden ehrliche Freundschaft?"

Ihr erwiderte Zeus, der Wolkentürmer, und sagte:
Du meine Tochter! was soll denn bei mir dieses Forschen und Fragen?
Hast denn nicht wirklich du selber zu diesem Gedanken geraten,
Daß Odysseus endlich komme und jene bestrafe?
Tu, wie du willst; doch ich will dir sagen, wie es wohl recht ist:
Da nun endlich der hehre Odysseus die Freier gestraft hat,
Schwört euch Eide der Treue und er sei König für immer!
Wir hingegen verfügen: Der Mord an den Söhnen und Brüdern
Sei nun vergessen! Sie sollen sich lieben einander wie früher;
Wohlstand aber und Fülle des Friedens herrsche bei ihnen!"

Sprachs und brachte Athene, die lange schon drängte, in Wallung.
Stürmisch brach sie nun auf, herab von den Höhn des Olympos.

οἱ δ' ἐπεὶ οὖν σίτοιο μελίφρονος ἐξ ἔρον ἕντο,
τοῖς ἄρα μύθων ἦρχε πολύτλας δῖος Ὀδυσσεύς· 490
"ἐξελθών τις ἴδοι, μὴ δὴ σχεδὸν ὦσι κιόντες."
ὣς ἔφατ'· ἐκ δ' υἱὸς Δολίου κίεν, ὡς ἐκέλευε,
στῆ δ' ἄρ' ἐπ' οὐδὸν ἰών, τοὺς δὲ σχεδὸν εἴσιδε πάντας.
αἶψα δ' Ὀδυσσῆα ἔπεα πτερόεντα προσηύδα·
"οἵδε δὴ ἐγγὺς ἔασ'· ἀλλ' ὁπλιζώμεθα θᾶσσον." 495
ὣς ἔφαθ', οἱ δ' ὤρνυντο καὶ ἐν τεύχεσσιν ἔδυνον,
τέσσαρες ἀμφ' Ὀδυσῆ', ἓξ δ' υἱεῖς οἱ Δολίοιο·
ἐν δ' ἄρα Λαέρτης Δολίος τ' ἐς τεύχε' ἔδυνον,
καὶ πολιοί περ ἐόντες, ἀναγκαῖοι πολεμισταί.
αὐτὰρ ἐπεί ῥ' ἕσσαντο περὶ χροῒ νώροπα χαλκόν, 500
ὤϊξάν ῥα θύρας, ἐκ δ' ἤϊον, ἦρχε δ' Ὀδυσσεύς.
τοῖσι δ' ἐπ' ἀγχίμολον θυγάτηρ Διὸς ἦλθεν Ἀθήνη,
Μέντορι εἰδομένη ἠμὲν δέμας ἠδὲ καὶ αὐδήν.
τὴν μὲν ἰδὼν γήθησε πολύτλας δῖος Ὀδυσσεύς,
αἶψα δὲ Τηλέμαχον προσεφώνεεν ὃν φίλον υἱόν· 505
"Τηλέμαχ', ἤδη μὲν τό γε εἴσεαι αὐτὸς ἐπελθών,
ἀνδρῶν μαρναμένων ἵνα τε κρίνονται ἄριστοι,
μή τι καταισχύνειν πατέρων γένος, οἳ τὸ πάρος περ
ἀλκῇ τ' ἠνορέῃ τε κεκάσμεθα πᾶσαν ἐπ' αἶαν."
τὸν δ' αὖ Τηλέμαχος πεπνυμένος ἀντίον ηὔδα· 510
"ὄψεαι, αἴ κ' ἐθέλῃσθα, πάτερ φίλε, τῷδ' ἐπὶ θυμῷ
οὔ τι καταισχύνοντα τεὸν γένος, ὡς ἀγορεύεις."
ὣς φάτο, Λαέρτης δ' ἐχάρη καὶ μῦθον ἔειπε·
"τίς νύ μοι ἡμέρη ἥδε, θεοὶ φίλοι; ἦ μάλα χαίρω·
υἱός θ' υἱωνός τ' ἀρετῆς πέρι δῆριν ἔχουσι." 515
τὸν δὲ παρισταμένη προσέφη γλαυκῶπις Ἀθήνη·
"ὦ Ἀρκεισιάδη, πάντων πολὺ φίλταθ' ἑταίρων,
εὐξάμενος κούρῃ γλαυκώπιδι καὶ Διὶ πατρί,
αἶψα μάλ' ἀμπεπαλὼν προΐει δολιχόσκιον ἔγχος."
ὣς φάτο, καί ῥ' ἔμπνευσε μένος μέγα Παλλὰς Ἀθήνη. 520
εὐξάμενος δ' ἄρ' ἔπειτα Διὸς κούρῃ μεγάλοιο,
αἶψα μάλ' ἀμπεπαλὼν προΐει δολιχόσκιον ἔγχος
καὶ βάλεν Εὐπείθεα κόρυθος διὰ χαλκοπαρῄου.
ἡ δ' οὐκ ἔγχος ἔρυτο, διαπρὸ δὲ εἴσατο χαλκός·
δούπησεν δὲ πεσών, ἀράβησε δὲ τεύχε' ἐπ' αὐτῷ. 525
ἐν δ' ἔπεσον προμάχοις Ὀδυσεὺς καὶ φαίδιμος υἱός,

Doch als den andern die Lust nach erquickender Speise verflogen,
Sagte zu ihnen der große Dulder, der hehre Odysseus:
„Geh jetzt einer und schaue; vielleicht sind sie wirklich schon nahe."

Sprachs und ein Sohn des Dolios ging gemäß dem Befehle,
Ging und trat auf die Schwelle und sah auch die Menge schon nahen.
Dann aber sprach er sogleich zu Odysseus geflügelte Worte:
„Jetzt sind sie wirklich nah, so wollen wir rascher uns waffnen!"

Sprachs und sie stürmten empor und schlüpften hinein in die Rüstung:
Vier um Odysseus, sechs aber waren des Dolios Söhne.
Doch auch Laërtes und Dolios schlüpften hinein in die Rüstung;
Beide waren schon grau und kämpften, weil sie nun mußten.
Aber als sie das männliche Erz auf dem Leibe nun hatten,
Rückten sie aus durch die offenen Türen, als Erster Odysseus.

Nah aber trat da zu ihnen die Tochter des Zeus, Athene,
Mentor glich sie genau an äußrer Gestalt und an Stimme,
Freudig sah sie der große Dulder, der hehre Odysseus.
Schnell noch rief er Telemachos zu, seinem lieben Sohne:

„Jetzt ist die Stunde, Telemachos! Du auch schreitest zum Angriff!
Männer streiten! Die Besten bestehen die Probe; da weißt du:
Unserer Väter Sippe verträgt keine Schande! Wir waren
Überall hoch geehrt in der Welt durch Mannheit und Wehrkraft!"

Ihm aber hielt der gewandte Telemachos wieder entgegen:
„Lieber Vater! Wie jetzt mir zumut ist — willst du — dann wirst du
Sehen, ich mache gemäß deinem Wort deiner Sippe nicht Schande."

Sprachs. Da geriet auch Laërtes in Freude und sagte die Worte:
„Liebe Götter, was für ein Tag ist heute! Die Freude!
Sohn und Enkel stehen im Kampf, ihren Wert zu beweisen."

Neben ihn trat da Athene mit Augen der Eule und sagte:
„Sohn des Arkeisios, weitaus mir liebster von allen Gefährten:
Bitte die Tochter mit Augen der Eule und Zeus, ihren Vater!
Schwing dann den Speer mit langem Schatten und schleudre ihn eiligst!"

Pallas Athene sprach es und hauchte ihm mächtigen Mut ein.
Als er sodann zur Tochter des großen Zeus noch gebetet,
Schwang er den Speer mit langem Schatten um schnell ihn zu schleudern:
Brachte Eupeithes' Helm mit den ehernen Schützern zum Bersten;
Nicht war er fest genug für den Speer, dessen Erz ihn durchbohrte.
Dröhnend fiel er zu Boden, die Waffen klirrten am Leibe.
Aber Odysseus brach mit dem strahlenden Sohn in die ersten

τύπτον δὲ ξίφεσίν τε καὶ ἔγχεσιν ἀμφιγύοισι.
καὶ νύ κε δὴ πάντας ὄλεσαν καὶ θῆκαν ἀνόστους,
εἰ μὴ Ἀθηναίη, κούρη Διὸς αἰγιόχοιο,
ἤϋσεν φωνῇ, κατὰ δ' ἔσχεθε λαὸν ἅπαντα· 530
"ἴσχεσθε πτολέμου, Ἰθακήσιοι, ἀργαλέοιο,
ὥς κεν ἀναιμωτί γε διακρινθῆτε τάχιστα."
ὣς φάτ' Ἀθηναίη, τοὺς δὲ χλωρὸν δέος εἷλε·
τῶν δ' ἄρα δεισάντων ἐκ χειρῶν ἔπτατο τεύχεα,
πάντα δ' ἐπὶ χθονὶ πῖπτε, θεᾶς ὄπα φωνησάσης· 535
πρὸς δὲ πόλιν τρωπῶντο λιλαιόμενοι βιότοιο.
σμερδαλέον δ' ἐβόησε πολύτλας δῖος Ὀδυσσεύς,
οἴμησεν δὲ ἀλεὶς ὥς τ' αἰετὸς ὑψιπετήεις.
καὶ τότε δὴ Κρονίδης ἀφίει ψολόεντα κεραυνόν,
κὰδ δ' ἔπεσε πρόσθε γλαυκώπιδος ὀβριμοπάτρης. 540
δὴ τότ' Ὀδυσσῆα προσέφη γλαυκῶπις Ἀθήνη·
"διογενὲς Λαερτιάδη, πολυμήχαν' Ὀδυσσεῦ,
ἴσχεο, παῦε δὲ νεῖκος ὁμοιίου πολέμοιο,
μή πώς τοι Κρονίδης κεχολώσεται εὐρύοπα Ζεύς."
ὣς φάτ' Ἀθηναίη, ὁ δ' ἐπείθετο, χαῖρε δὲ θυμῷ. 545
ὅρκια δ' αὖ κατόπισθε μετ' ἀμφοτέροισιν ἔθηκε
Παλλὰς Ἀθηναίη, κούρη Διὸς αἰγιόχοιο,
Μέντορι εἰδομένη ἠμὲν δέμας ἠδὲ καὶ αὐδήν.

Reihen; sie schlugen darein mit Schwertern und doppelt gespitzten
Speeren und hätten nun alle erschlagen, daß keiner mehr heimkam.
Aber Athene, die Tochter des Zeus, des Schwingers der Aigis,
Schrie, was sie konnte, und brachte die Leute nun alle zum Halten:
  „Nichts mehr von schrecklichem Krieg, Ithakesier, haltet jetzt Ruhe,
Trennt euch und spart euer Blut und tut es in möglichster Eile!"
  Also rief da Athene und bleiches Entsetzen befiel sie.
Furcht bekamen die Männer, die Waffen entfielen den Händen,
Fielen zu Boden, es ließ ja die Göttin die Stimme erschallen.
Alles floh in die Stadt aus Liebe zu Leben und Habe.
Nach aber drängte der große Dulder, der hehre Odysseus,
Grausig schreiend und stürmisch gestrafft wie ein Adler im Hochflug.
Schließlich warf der Kronide den schweflichten Blitz, daß er einschlug,
Grad vor des mächtigen Vaters Tochter mit Augen der Eule.
Da nun sprach zu Odysseus Athene mit Augen der Eule:
  „Göttersproß! Du findiger Sohn des Laërtes, Odysseus,
Jetzt halt ein und beende den Streit des gemeinsamen Kampfes.
Denn sonst zürnt dir Zeus der Kronide, der weit in die Welt schaut!"
  Also sagte Athene; er fügte sich froh im Gemüte.
Freund und Feind aber ließ am Ende den Frieden beschwören
Pallas Athene, die Tochter des Zeus, des Schwingers der Aigis;
Mentor glich sie genau an äußrer Gestalt und an Stimme.

ZU HOMERS ODYSSEE

BLICK AUF DIE NEUERE FORSCHUNG

Man weiß es von der Schule her: Homer steht mit seinen beiden
Epen Ilias und Odyssee am Anfang der griechischen Literatur, mit
ihm beginnt die europäische Geistesgeschichte; darauf beruht seine
unvergleichliche Bedeutung, das macht seinen unsterblichen Ruhm
aus, den ihm niemand wird streitig machen wollen.

Nun, diese summarische Formulierung, so allgemein und unverbindlich sie gehalten ist, wird sicherlich nicht den uneingeschränkten
Beifall aller finden, ja es gibt in ihr vielleicht kaum ein Aussageelement, dessen Richtigkeit nicht in Frage gestellt worden wäre. Vor
allem der Fachgelehrte wird mit erhobenem Finger davor warnen, sie
allzu ernst und allzu wörtlich zu nehmen, und man sollte seine Warnungen vielleicht doch zur Kenntnis nehmen und sie nicht *a limine*
als lästige Querelen, als Produkte kleinlicher Besserwisserei, als Auswüchse üblen Philologengezänks mit leichter Hand beiseite schieben.
Sind sie doch — und der Berichterstatter glaubt hier nicht zu irren —
aus dem ehrlichen und ernsthaften Bemühen um ein Phänomen erwachsen, dem man nicht mit simplifizierenden Formeln und erst recht
nicht mit enkomiastischen Schwärmereien gerecht werden zu können
glaubt und wohl in der Tat auch nicht gerecht werden kann. Lassen
wir also, wenn auch in aller gebotenen Kürze und in Beschränkung
auf Wesentliches, die philologische Wissenschaft zu Worte kommen,
mag sie auch den Zweifel in Dinge setzen, die wir bisher gerne geglaubt
haben, und gar die eine oder andere lieb gewordene Illusion zerstören.

Die wissenschaftliche Bemühung um Homer ist uralt; sie geht letztlich auf die Griechen selbst zurück, die sich schon sehr frühzeitig um
denjenigen Gedanken gemacht haben, der ihr ganzes Leben und Denken wie kein anderer geformt und bestimmt hat. Sie ist heute nicht
minder lebendig als im 19. Jahrhundert, als die hervorragendsten
Geister um das Verständnis der homerischen Dichtung gerungen haben, und so gibt es kaum einen Aspekt, unter welchem diese Dichtung
nicht auf das intensivste unter die Lupe genommen worden wäre;
die Zahl der Bücher und Aufsätze, die über Homer geschrieben worden
sind, ist kaum abzuschätzen, und selbst der Spezialist wird trotz eifri-

gen Bemühens nur jeweils einen Bruchteil von ihnen kennen. Wir greifen nur weniges heraus: vor allem Fragen, die sich an die Formulierung anschließen lassen, mit der wir unsere Betrachtungen eröffnet haben.

Mit welchem Recht sprechen wir von Homer als dem Dichter der Ilias? Von einem Dichter namens Homer fehlt jede zuverlässige Überlieferung, und daß derjenige, der die Ilias gedichtet hat, Homer geheißen habe, behaupten die Griechen zwar schon in früher Zeit — aber mit welchem Recht tun sie das? Weiter: Dürfen wir der alten Überlieferung glauben, daß ein einziger Dichter sowohl Ilias als auch Odyssee gedichtet hat, oder sprechen nicht vielmehr recht gewichtige Überlegungen für die — im Altertum freilich vereinzelt gebliebene — Auffassung einiger alexandrinischer Gelehrter, die sich als Chorizonten, d. h. ,,Trenner" bekannt und an zwei verschiedene Verfasser der beiden Epen geglaubt haben?

Nun, diese Fragen und Zweifel bleiben immer noch am Rand, sie treffen noch nicht die Substanz. Ganz anders jedoch die folgenden Erwägungen: Da eine authentische Bestätigung für die Annahme fehlt, daß unsere beiden Epen der Schöpferkraft eines einzigen oder, wenn wir chorizontisch gestimmt sind, zweier großer Dichter ihre Entstehung verdanken, sind wir ganz auf unseren Kunstverstand, auf unser interpretatorisches Vermögen, auf unser Gefühl verwiesen; und lassen uns diese Instanzen nicht öfter an der Einheit der epischen Dichtungen zweifeln, lassen sie nicht immer wieder Vermutungen aufkommen, daß hier mehrere Dichterhände am Werk gewesen seien, daß das, was uns als geschlossenes Ganzes überliefert ist, in Wirklichkeit als Einheit weder geplant noch geschaffen worden sei? Die Ilias und die Odyssee also vielleicht nicht Schöpfungen eines oder zweier großer Dichter, sondern eher Zufallsprodukte, willkürlich zu einem bestimmten Zeitpunkt zur Erstarrung gebrachte Phasen eines langen Traditionsstromes epischen Dichtens, oder auch vielleicht Produkte von mehr oder minder begabten Kompositoren, die die Fülle des Überlieferungsgutes zusammengefaßt und bewahrt hätten, und die man — je nach der Beurteilung ihrer Leistung — entweder als treffliche Baumeister oder auch als erbärmliche Flickschuster charakterisieren mag; oder sind unsere beiden Epen vielleicht Werke einer anonymen Gemeinschaft, einer korporativ wirkenden Gilde, einer Sängerzunft, gar des dichtenden Volksgeistes selbst?

Mit diesen Fragen sind die wichtigsten Spielarten analytischer Homerinterpretation angedeutet, die gerade in Deutschland lange Zeit hindurch das Feld beherrscht haben und bei aller Verschiedenheit des Argumentierens und Folgerns das eine Gemeinsame besitzen, daß sie den Gedanken an den Dichter Homer, von dem wir ausgegangen sind, als höchst fragwürdige Voraussetzung literarischer Betrachtung erscheinen lassen, daß sie den Dichter in eine Vielheit von Dichtern auflösen oder gar in der nebulosen Anonymität einer unzählbaren und ungreifbaren Menge verschwinden lassen.

Und schließlich noch ein Letztes: Wir haben zu Anfang von Homer als dem ersten griechischen Dichter, von den beiden großen Epen, die unter seinem Namen stehen, als dem Anfang der griechischen Literatur gesprochen: Ist das nicht, bei Licht besehen, eine Leugnung jeglicher Wahrscheinlichkeit, ja geradezu eine Entstellung der Wahrheit? Schon vor einem halben Jahrhundert hat ein Forscher, dem gewiß keine analytischen Tendenzen nachgesagt werden können und der seinerzeit als Verfechter der Einheit auf schier verlorenem Posten gestanden hat, seiner Überzeugung mit der provokatorisch wirkenden und auch so intendierten Formulierung Ausdruck verliehen, daß Homer nicht am Anfang, sondern am Ende der Geschichte epischen Singens gestanden habe. Ja, wir dürfen noch einen Schritt weitergehen und als nächste Frage stellen, ob es überhaupt sinnvoll und erlaubt sei, von Homer und von Literatur in einem Atemzug zu sprechen. Wer von Literatur redet, denkt — mit Recht — an den Literaten, an den Schriftkundigen, schlicht gesagt: an den Dichter am Schreibtisch, der mit Feder und Papier umzugehen und seine unsterblichen Gedanken und Entwürfe mit Hilfe vergänglichen Materials festzuhalten versteht. Aischylos und Pindar sind sicher Literaten in diesem Sinn, „literarische" Dichter, gewesen; aber dürfen wir Homer mit ihnen auf die gleiche Stufe stellen, sind Ilias und Odyssee wirklich Literatur im eigentlichen Wortsinn?

In diesem Zusammenhang scheinen uns die Zweifel, ob Homer — wenn wir hier den Namen vorläufig als Chiffre verwenden dürfen — überhaupt habe schreiben können, oder die Bedenken, daß wir uns mit der Annahme einer schriftlichen Niederlegung von Werken eines immerhin höchst beträchtlichen Umfangs in der 2. Hälfte des 8. Jahrhunderts eines unverzeihlichen Anachronismus schuldig machen könnten, zwar nicht unbegründet, aber doch nicht von entscheidendem

Gewicht. Die Kunst des Schreibens ist den Griechen damals schon bekannt, und sie gerade Homer nicht zuerkennen zu wollen, wäre seltsam; und wenn wir auch die Frage nach der Herkunft, der Beschaffung und der Beschaffenheit des Schreibmaterials, dessen sich der Dichter bedient haben mag, heute noch nicht in jeder Hinsicht befriedigend beantworten können: nicht allzu lange Zeit nach Homer hat ein anderer großer Dichter, Hesiod, zwei Bücher — in welcher äußeren Form und mit welchen Mitteln auch immer — geschrieben; was diesem im kulturell rückständigen Boiotien möglich gewesen ist, sollte und kann im Prinzip auch dem Ioner Homer kaum abgestritten werden.

Viel wichtiger ist hingegen die andere Frage, ob die beiden Epen überhaupt als schriftliche Werke konzipiert und intendiert gewesen sind, ob Homer, mag er des Schreibens kundig gewesen sein oder nicht, einen Anlaß zum Schreiben gesehen und empfunden hat. Die Relevanz dieser Frage, die im ersten Moment recht theoretisch klingen mag und keine klare Beantwortung zuzulassen scheint, ist durch eine Forschungsrichtung, die in Deutschland bislang nur wenig Aufmerksamkeit gefunden hat, erst in den letzten Dezennien deutlicher ins Bewußtsein gerückt worden. Wir meinen die von dem Amerikaner M. Parry begründete Schule, die die homerische Dichtung in den weltweiten Zusammenhang mündlicher Heldenepik gestellt und vor allem, wenn auch nicht ausschließlich, auf komparatistischem Weg Zugang zu den zentralen Fragen des Homerverständnisses gesucht hat. Wir sollten in diesem Bereich wohl etwas weiter ausholen.

Der unbefangene Homerleser hat sich schon immer einer ganzen Reihe von Besonderheiten der homerischen Diktion konfrontiert gesehen, die es hinzunehmen oder besser: zu erklären und zu verstehen galt. Da ist einmal die doch recht seltsame sprachliche Form, in der die Epen abgefaßt sind. Offensichtlich stehen hier altertümliche und junge, ionische und aiolische, sprachrichtige und geradezu sprachwidrige Formen friedlich nebeneinander, derart daß sich der Gedanke, es habe irgendein Grieche zu irgendeiner Zeit und an irgendeinem Ort so auf der Straße und auf dem Markt reden können, von vorneherein verbietet. Die ganze Physiognomie der epischen Diktion läßt klar erkennen, daß wir hier keinen metrisch gebändigten Dialekt, sondern eine Kunstsprache vor uns haben, die nur im Raum epischer Dichtung und sonst nirgends ihren legitimen Platz hat.

Eine weitere Beobachtung hängt mit der eben genannten eng zusammen. Der Zwang zur hexametrischen Versifizierung des Auszusagenden hat in zahllosen Fällen die sprachliche Gestaltung so entscheidend geformt, daß man in pointierter Formulierung hat sagen können, ,,daß die Sprache der homerischen Gedichte ein Gebilde des epischen Verses ist" (K. Witte). Eine besondere Eigenart der homerischen Dichtung stellen weiterhin die stereotypen, stets wiederholten Beiwörter dar, die oft genug auch dann erscheinen, wenn wir sie nicht erwarten oder nicht für sinnvoll gesetzt halten: der ,,vielduldende Odysseus", der ,,fußschnelle Achill", die ,,schnellen Schiffe" sind bekannte Beispiele.

Wir notieren weiter die stereotypen Wiederholungen ganzer Verse an jeweils geeigneter Stelle (,,darum sprach er zu ihm und sagte geflügelte Worte"), ja die Wiederholung ganzer Versgruppen, vor allem wenn es galt, Vorgänge zu schildern, die im Leben der Heroen immer wieder zu erwähnen waren: wenn sie sich ankleiden, rüsten, auskleiden, wenn sie ihr Mahl bereiten und wenn sie speisen, wenn sie auf die Schiffe steigen oder an Land gehen usw.; es hat sich eingebürgert, hier von ,,typischen Szenen" zu sprechen. Man hat errechnet, daß in beiden Epen etwa ein Drittel aller Verse ,,wiederholte Verse", Iterata sind, und wollte man die wiederholten Versteile noch dazu rechnen, dann ergäbe sich die Feststellung, daß ein recht beträchtlicher Teil der homerischen Dichtung aus festem, geprägtem Material besteht.

Wie sind all diese verschiedenartigen Besonderheiten, durch die die homerische Diktion ausgezeichnet erscheint, zu erklären, läßt sich vielleicht für sie alle eine gemeinsame Deutung finden? Wenn wir es recht sehen, bleibt nur eine mögliche Antwort, und sie ist schon lange, wenn auch jeweils mit verschiedenen Akzenten und Nuancen, gegeben worden. Homer steht mit seiner Dichtung, wie wir schon in anderem Zusammenhang betont haben, am Ende einer langen Tradition epischen Singens. In einer wohl Jahrhunderte andauernden, nie abgerissenen Entwicklung haben schon vor Homer zahllose, unbenennbar bleibende Dichter von den Heldentaten der Vorzeit gesungen, haben in immer neuem Ringen um die sprachliche Gestaltung des Auszusagenden und um die Einpassung dieser Aussagen in das tradierte Metrum, den *versus heroicus*, die Sprachform geschaffen, die dem Inhalt der Aussage adäquat schien; die Besonderheit des verpflichtenden Metrums, die viele sprachliche Möglichkeiten von vornherein ausschloß, zwang zu steter Neuerfindung — auch gegen die Sprachrichtigkeit — ebenso wie zur Bewahrung des einmal glücklich Gelungenen. Die Heroenepik entwickelte geradezu in immanenter Eigengesetzlichkeit eine sprachliche Form, die man — neben der Muttersprache — erlernen konnte und mit der es umzugehen galt, und so bestimmten geprägte Formen und Formeln — von der einfachen Wortverwendung bis zu der mehrere Verse umfassenden Formulierung „typischer" Vorgänge — weithin das Bild dieser epischen Sprachform. Und was für den Sänger bindenden Zwang einer alten Tradition und zugleich Hilfe und Erleichterung, ja überhaupt Ermöglichung epischen Berichtens bildet, wird in einem ganz besonderen Sinn zum Stil, dem man sich verpflichtet fühlt, einem Stil, der allein dem erhabenen Gegenstand des Singens, den Taten der Heroen der Vorzeit, angemessen erscheint.

Auf die Herausarbeitung dessen, daß die homerische Dichtung gänzlich von einem traditionellen Stilwillen geprägt sei, und auf die Absetzung des traditionellen vom individuellen Stil sind auch die Erstlingsarbeiten von M. Parry ausschließlich abgestellt. Erst die Einbeziehung eines weiteren Bereichs hat ihn dann dazu gebracht, den eben angedeuteten Unterschied anders zu formulieren. Parry gewinnt einen tiefen Einblick in die seinerzeit noch in ihren letzten Resten faßbare südslawische Heldenepik, die nun eine rein mündliche Epik gewesen ist. Er wird vertraut mit der Kunst der serbischen Sänger, die nach dem Saiteninstrument, mit dem sie ihre Lieder begleiten, der Gusle, den Namen Guslare tragen. Gegenstände ihres Singens sind die Heldentaten serbischer Freiheitskämpfer gegen die Türken; und was die Meister dieses Heldensangs besonders auszeichnet, ist die Kunst der Improvisation, ihre Fähigkeit, irgendein heroisches Geschehen der vergangenen Zeit, das ihnen vom Inhalt her vertraut ist, aus dem Stegreif in Verse zu fassen. Die metrische Form ihrer Aussage ist die Langzeile (in ihrem Umfang etwa dem griechischen Hexameter entsprechend); sie dichten also monostichisch. Ihre Diktion ist weithin geprägt durch das sprachliche Vorbild ihrer geistigen Väter und Ahnen, von denen sie die Kunst des Singens gelernt haben. Sie bedienen sich, soweit das jeweils der Zusammenhang zuläßt, fester Formulierungen zur Bezeichnung von Personen, Dingen und Vorgängen; der feste Besitz erlernten Wort- und Formelgutes erleichtert, ja ermöglicht geradezu erst die freie Improvisation. Öfter wiederkehrende Szenen, die für das Leben der Helden typisch sind, können fast mühelos aus dem Gedächtnis in Worte gefaßt werden; ihre Schilderung schenkt dem Dichter eine Verschnaufpause und zugleich die Möglichkeit, sich auf das im Folgenden zu Singende vorzubereiten. Und so entsteht jedes Lied des Sängers, auch wenn er zu wiederholten Malen vom gleichen Ereignis berichtet, jedesmal wieder von neuem, sieht mehr oder minder anders aus als sein früheres Gedicht gleichen Inhalts: eine Erscheinung, die eine zweite Möglichkeit nicht auszuschließen braucht, nämlich daß etwa ein zuhörender anderer Sänger auf Grund einer erstaunlichen Gedächtniskraft, die nur in einer Welt denkbar ist, die dem Menschen noch nicht durch die Kunst des Schreibens die Fähigkeit zur Bewahrung mündlicher Erinnerungen geraubt hat, in der Lage ist, das eben Gehörte mit geringfügigen Veränderungen erneut vorzutragen.

Weitere Forschungen haben nun — zum Teil in Wiederentdeckung und Neubelebung schon früher gewonnener Erkenntnisse (genannt seien nur die Arbeiten von M. Murko zur serbischen Epik am Anfang unseres Jahrhunderts) — das Bild in entscheidender Weise ergänzen lassen. Es hat sich gezeigt, daß Heroenepik unter gewissen äußeren Voraussetzungen bei den verschiedensten Völkern entstehen kann und entstanden ist, und daß ihre entscheidenden Merkmale — bei aller räumlich und zeitlich bedingten Verschiedenheit — überall vergleichbar sind. Das betrifft die Gegenstände dieser Epik, die sich stets auf Heldentaten von Männern vergangener ruhmvoller Zeiten bezieht — Taten und Schicksale dieser Männer sind in ihrer Motivik weithin vergleichbar —, das betrifft die durch Tradition geprägte Form: Wortwahl und formelhafte Diktion ebenso wie das Metrum. Von gegenseitiger Abhängigkeit kann wohl nur in wenigen Fällen die Rede sein; vielmehr stellen diese Epiken aus verschiedenen Bereichen eine Art von Elementarparallelen dar, derart daß gleiche Intentionen — oft genug ist es die jämmerliche Gegenwart, die den Blick sehnsüchtig auf eine ruhm- und glanzvolle Vergangenheit zurückschweifen läßt — aus gleicher menschlicher Disposition in geheimnisvoller Eigengesetzlichkeit vergleichbare Kunstformen erwachsen lassen. Von besonderer Bedeutsamkeit aber ist, daß diese Heldenepik ihr eigentliches Leben in schriftlosen Räumen und Epochen entfaltet, mit zunehmender Schriftlichkeit jedoch verkümmert; es ist eine mündliche Epik, *oral poetry*, wie man mit den Amerikanern zu sagen sich gewöhnt hat, die nicht dadurch am Leben bleibt, daß ihre Einzel- und Augenblicksschöpfungen durch das Gedächtnis oder gar durch die Schrift für die Nachwelt festgehalten werden, sondern dadurch, daß sie sich durch stetes Neu- und Umschaffen immer wieder erneuert: Bewahrung des Lebens nicht durch Konservierung, sondern durch stetes Fortzeugen.

Unser Bericht hat uns weit weg von den Griechen und von Homer geführt ... oder doch nicht? Trifft nicht all das, was von außergriechischer Heldenepik zu erzählen war, fast in allen Einzelheiten auch und gerade auf Homer zu? Trägt nicht die homerische Dichtung genau all die Züge, durch die die *oral poetry* anderer Völker weithin geprägt ist? Wir brauchen sie hier im einzelnen nicht mehr aufzuzählen; die Parallelen drängen sich von selbst auf. Sind also letztlich nicht Ilias und Odyssee auch Produkte einer mündlichen Sangeskunst, repräsentieren sie nicht, wie wir oben angedeutet haben, eine Phase eines langen Traditionsstroms epischen Dichtens, eine Phase, die durch irgendwelche Umstände, vielleicht gewaltsam, zur Endphase geworden und zur Erstarrung gebracht worden ist? Vielleicht dadurch, daß die mit unerhörter Wirkungskraft in die griechische Welt einbrechende Schriftlichkeit — wie auch anderswo — einer alten Kunst den Todesstoß versetzt, aber sich zugleich der letzten Werke dieser alten Kunst bemächtigt hat, oder auch dadurch, daß die Ahnung der besonderen Leistung dessen, der die Ilias, und dessen, der die Odyssee seinen Hörern vorgetragen hat, irgendjemandem den Anstoß gegeben hat, die neugewonnene Fähigkeit des Schreibens dazu zu benützen, diese Werke der Nachwelt zu erhalten, oder daß vielleicht gar Homer selbst den Zwang gespürt hat, sein als besonders gut gelungen empfundenes und von anderen hochgelobtes Werk für sich und andere zu bewahren?

In der Tat hat die Schule des allzufrüh verstorbenen M. Parry und seines bedeutendsten Schülers A. B. Lord diese Schlüsse gezogen — in verschiedenen Variationen allerdings, auf die hier nicht eingegangen zu werden braucht. Wären sie zu Recht gezogen, dann wäre — und damit greifen wir noch einmal zurück auf den Satz, den wir an den Anfang unserer Betrachtung gestellt haben — hinter die Formulierung: Homer stehe am Anfang der griechischen Literatur noch ein letztes Fragezeichen zu setzen. Die Einreihung Homers unter die mündlichen Dichter verböte es, seine Werke zur Literatur im engeren Wortsinn zu rechnen; es wären eher vorliterarische Werke, die mehr oder minder durch Zufall zu Literatur geworden wären und die, so dürfen wir weiter folgern, mit anderen Maßstäben zu messen wären als Literatur, und für die ein System adäquater Beurteilungs- und Würdigungskategorien erst gefunden und erarbeitet werden müßte.

Vielleicht ist es das Mißbehagen an der Vorstellung, Homer als *oral poet* betrachten und ihn somit etwa mit den südslawischen Guslaren auf eine Stufe stellen zu sollen, welches die in fester Tradition tief verwurzelte deutsche Forschung gegenüber der Parry-Lord-Theorie so skeptisch und zurückhaltend gemacht hat. Der Unitarier kann und will den Glauben an den Dichter nicht aufgeben, der mit überlegenem Kunstverstand eine gewaltige Stoffmenge im Großen und Kleinen klar und einsichtig durchkomponiert und sprachlich bis in die Einzelheiten hinein durchgefeilt habe, der mithin niemals aus der Improvisation heraus, sondern in langer Vorbereitung und stetem Bemühen um letzte Vollendung, und das heißt letztlich nichts anderes als: am Schreibtisch entwerfend und formend, geschaffen habe. Aber nicht minder ist der Analytiker an die Vorstellung einer schriftlichen Genesis der Epen gebunden; ja ohne diese Vorstellung ist seiner ganzen Arbeitsweise jeglicher Boden entzogen. Nur ein schriftlich vorliegendes Werk kann man in der Weise bearbeiten, wie sich die Analyse, je nach Intention in etwas anderer Form, solche Bearbeitungen denkt: als Erweiterungen des vorliegenden Textes durch Einschübe, gewissermaßen durch dazwischen gelegte Seiten, mit den dabei notwendigen sprachlichen Retuschen an dem in seinen Formulierungen fest überlieferten Text, den es zu erweitern galt; als Zusammenfügungen von ursprünglich nicht zusammengehörigen Stücken mit Hilfe von Umstellungen, von Veränderungen des tradierten Wortlauts und der Schaffung verbindender und harmonisierender Stücke. Kurz: die Arbeitsweise der modernen Homeranalyse, die man als ein Hantieren „mit Schere und Kleister" an den Pranger gestellt hat, setzt ein entsprechendes Vorgehen der von ihr vorausgesetzten Dichter, Dichterlinge, Interpolatoren, Kompositoren usw., setzt die Arbeit am Schreibtisch ebenfalls voraus.

Nun, es kann kein Zweifel sein, daß eine wissenschaftliche Bemühung um Homer, die die Ergebnisse der anglo-amerikanischen Forschung als *quantité négligeable* ansieht, sich wertvollster Möglichkeiten beraubt, tiefere Einsicht in die Genesis und das Wesen der homerischen

Dichtung zu gewinnen. Die homerische Dichtung, das ist nicht zu übersehen, fordert zum Vergleich mit der außergriechischen mündlichen Heldenepik heraus; und vielleicht sollten wir diesem Vergleich eine ähnliche Funktion zuerteilen, wie sie Homer den von ihm gesetzten Vergleichen, deren Schönheit mit Recht immer wieder gepriesen worden ist, gegeben hat. Vergleichen heißt nicht Gleichsetzen, Vergleichen intendiert ein Verdeutlichen und Veranschaulichen, ein Vertiefen des Verstehens und ein Verlebendigen des Anschauens. In diesem Sinn mag uns ein Blick auf die außergriechische Epik Homer wirklich besser verstehen lehren, ihn gerechter und sachgerechter zugleich zu beurteilen, seine Eigenart genauer zu sehen und klarer in den Griff zu bekommen. Und dann stellt sich, so meinen wir wenigstens, heraus, daß der Vergleich nicht zur Gleichsetzung, sondern zur Absetzung führt, daß die allzu oft und allzu leicht vorgenommene Einordnung der homerischen Poesie in mündliche Poesie kurzschlüssig ist: eine Erkenntnis, der sich übrigens auch Adam Parry, der den von seinem Vater Milman gezeigten Weg konsequenter weiter gegangen ist als viele andere, die letztlich auf halbem Wege stehen geblieben sind, nicht entzogen hat. Es ist zutiefst zu beklagen, daß sein tragischer früher Tod uns das nicht mehr vernehmen läßt, was er uns zu sagen gehabt hätte.

Ein Vergleich der homerischen Dichtung etwa mit dem, was bisher aus der jugoslawischen Heldendichtung bekannt geworden ist, lehrt zum einen, daß sie — bei allen äußeren Ähnlichkeiten — gänzlich anderer Art ist (F. Dirlmeier hat in seiner letzten Arbeit über „das serbokroatische Heldenlied und Homer" sehr schön an einem Beispiel die Verschiedenheiten aufgezeigt), und daß ihre künstlerische Qualität um Stufen höher einzuschätzen ist. Allerdings würde das wohl für die prinzipielle Frage, die uns im Augenblick beschäftigt, wenig besagen; dieser Vergleich erweist aber auch die schlechthinnige Inkommensurabilität der beiden Größen. Vielleicht können wir so sagen:

Die genauere Kenntnis der außergriechischen Heldendichtung erlaubt es uns, im Homer das schon lange Bekannte besser zu verstehen, einem umfassenderen Bild einzuordnen. Homer ist, so glauben wir verstehen zu dürfen, mit dem Handwerkszeug, das sich eine generationenlange, von Sänger zu Sänger tradierte und weiterentwickelte Kunst mündlichen Heldensangs geschaffen hat, auf das innigste vertraut. Welche Sprache man im heroischen Lied zu sprechen hatte, wie man sie einem ebenso strengen wie flexiblen Metrum einzupassen vermochte, mit welchen formelhaften Wendungen, mit welchen Versgruppen man Ähnliches, Wiederkehrendes, Typisches auszudrücken vermochte: all das hat er von Dichtern, die vor ihm gesungen haben und die seine Lehrmeister gewesen sind, aufs trefflichste gelernt; er versteht es, mit seinem Handwerkszeug umzugehen. Aber auch in anderer Hinsicht meinen wir die Wirkung der Tradition, der Homer verpflichtet ist, deutlich zu spüren. Er hat von seinen Lehrern gelernt, welche Art von Ereignissen episch zu gestalten war und unter welche typisch episch-heroischen Motive sie zu stellen waren; es kann kein Zweifel sein, daß schon in der vorhomerischen Epik Geschehnisse wie Rachefeldzüge für erlittene Unbill, Bewährung von Freundestreue, Verletzung von Heldenehre und ihre Wiederherstellung, Einsatz des Lebens für ein höheres Ziel, heldenhaftes Bestehen von Abenteuern, Kämpfe mit übermächtigen Gegnern — seien es wilde Tiere, menschengestaltige Ungeheuer oder ein zahlenmäßig überlegener Feind — usw., Geschehnisse, die von der Gestalt eines einzelnen großen Helden oder einer Versammlung von Helden entscheidend getragen und gestaltet waren, von zentralem Rang gewesen sind, und weiterhin, daß es üblich war, diese und ähnliche feste Motive wechselnd mit verschiedenen Gestalten zu verbinden und sie in jeweils neuer Verwendung mit anderen Motiven zu kombinieren.

Daß dieses vorhomerische Dichten nach ganz bestimmten Regeln des Formulierens, des Formens und Komponierens ein rein mündliches Dichten gewesen ist, daß als eine der höchsten Tugenden des Aoiden die Kunst der Improvisation, des Stegreifsanges gegolten hat, das scheinen die Stellen der Odyssee zu beweisen, an denen der Dichter den Sänger Demodokos am Phaiakenhof und seinen 'Kollegen' Phemios im Palast des Odysseus auftreten läßt. Bezeichnend etwa die Stelle 8, 487 ff., wo Odysseus den Demodokos bittet, ein ganz bestimmtes Lied, nämlich vom Hölzernen Pferd und der Eroberung Troias zu singen, und der Sänger, einen ganz bestimmten Einsatzpunkt der Handlung wählend, augenblicks mit seinem Singen beginnt. Wir werden hier an ein Stegreiflied zu denken haben, das der Sänger — aus dem jüngst erst erfahrenen Wissen um die troischen Geschehnisse — mit dem ihm zur Verfügung stehenden Formular gestaltet. Wir erfahren nicht, wie lange Demodokos singt, welchen äußeren Umfang sein Lied besitzt, ebensowenig wie bei analogen Gelegenheiten (8, 73—82; 266—366; 1, 154 f.; 325—7; 337 ff.); die Themen der Lieder jedoch, von denen berichtet wird, und der Handlungszusammenhang, in den das Singen gestellt ist, lassen am ehesten an so etwas wie Kleinepen mit begrenzter Thematik denken.

Worauf es uns in diesem Zusammenhang besonders ankommt, ist dies: Die aus unmittelbarer Anschauung und Anhörung gewonnene Kenntnis der mündlichen Heldenpoesie außerhalb Griechenlands einerseits und zum anderen das, was wir aus den verschiedensten Beobachtungen zu Sprache, Stil und Thematik Homers und dazu noch aus dem, was Homer selbst über die Sänger der von ihm geschilderten Zeit zu berichten weiß, für den vorhomerischen, noch rein mündlichen Heldensang zu erschließen vermögen: all das stützt, ergänzt und erklärt sich gegenseitig. Der geistige Nährboden, der Urgrund, in dem Homer wurzelt und aus dem er zu einsamer Größe hervorwächst, ist uns in vieler Hinsicht durch die *oral-poetry*-Forschung deutlicher und besser verstehbar geworden, und damit fällt neues Licht auch auf Homer selbst, wenn wir uns nur dessen bewußt bleiben, daß eine genauere Kenntnis der mündlichen (auch der vorhomerischen) Dichtung für unser Bemühen um ihn eben nur eine mittelbare Hilfe zu leisten vermag. Denn davon sind wir überzeugt, daß Homers Bedeutung weniger in der ruhmvollen Fortführung einer alten Tradition, sondern in ihrer Überwindung liegt, daß er die Schranken des Überlieferten durchbrochen und das Tor zu einem neuen Bereich dichterischen Gestaltens aufgestoßen hat.

Nun hat man gelegentlich gemeint, Homer sei vor allem dadurch zum Bahnbrecher des Neuen geworden, daß er der erste gewesen sei, der sich an eine großepische Komposition gewagt und die Kleinepik der früheren Zeit — wir haben andeutend schon von diesen Liedern begrenzten Umfangs, von denen in der Odyssee am Rande die Rede ist, gesprochen: Liedern vom Streit des Odysseus und Achill, von der Eroberung Trojas, von der Heimkehr der Helden — durch das neue Genos abgelöst habe. In der Tat liegt dieser Gedanke nahe. Doch kann offensichtlich nicht ausgeschlossen werden, daß schon frühere mündliche Sänger sich in Bahnen der Großepik bewegt haben, wenn sie nämlich durch Reihung von Einzelepisoden, die vielleicht an mehreren Tagen nacheinander vorgetragen wurden, Gesamtbilder entworfen haben: etwa vom Ablauf des Gesamtgeschehens um Troia oder auch von der mythischen Geschichte Thebens oder vom Argonautenzug, Zyklen also von einzeln vorzutragenden episodischen Stücken, geordnet durch die äußere Abfolge der Ereignisse und verknüpft durch die inhaltliche Zusammengehörigkeit eines Sagenkomplexes, gewissermaßen chronologische Epen. Sie liegen durchaus im Bereich und innerhalb der Möglichkeiten mündlichen epischen Singens. Unter solchen Voraussetzungen wäre die Leistung dessen, der die Ilias gedichtet hat, anders zu beurteilen: nicht Erweiterung des kleinen zum großen Epos, sondern Überwindung des chronologischen, 'kyklischen' Epos zu einem Epos neuer Art, dessen Wesen nicht in der Addition kleinerer Einheiten, sondern in der Einheit liegt, in der Episoden zu dienenden Gliedern des Ganzen geworden sind.

Doch ist von der Ilias hier im einzelnen nicht zu reden. Wichtiger ist das Allgemeinere, was beide Epen, Ilias und Odyssee, in gleicher Weise auszeichnet gegenüber dem, was mit ihnen überwunden ist. Gewiß arbeitet auch Homer weitgehend mit den ihm zur Verfügung stehenden formelhaften Ausdrücken und Formelversen; aber sie sind — und das hat H. Patzer für die Ilias kürzlich in seiner Arbeit über „Dichterische Kunst und poetisches Handwerk im homerischen Epos" an einem Beispiel überzeugend dargetan — alles andere als nur eine ebenso unabdingbare wie bequeme Hilfe für mündliches Dichten; sie sind in vielen Fällen, freilich nicht überall, zu höchst prägnanten Aussageträgern geworden, können kompositionelle Funktionen übernehmen, Beziehungen herstellen, indem sie Früheres bedeutsam in Erinnerung rufen und Kommendes ebenso bedeutsam vorahnen lassen, sie vermögen Marken zu setzen, die das Geschehen gliedern, usw. Nicht anders steht es um die Schilderung typischer Szenen und Vorgänge; auch hier ist das Mittel des mündlichen Dichters, sich gedankliche Ruhepunkte des Vortrags zu schaffen, mit neuen Funktionen gefüllt, die geprägte Formulierung ist nicht mehr Selbstzweck, sondern Mittel zu höheren Zwecken geworden; aus der Fülle der tradierten Möglichkeiten der Aussage ist mit Bedacht von Homer das gewählt, was den neuen Zwecken der neuen dichterischen Konzeption nutzbar gemacht werden kann.

Und schließlich, denken wir daran, daß für all das, was wir aus anderen Erwägungen als das spezifisch Homerische im Homer zu betrachten geneigt sind, was Homer in Thematik und Intention über das Frühere, Ältere hinauswachsen und es überwinden läßt, für das eigentlich Humane, den seelischen Bereich seiner Helden, das faszinierende Spiel der zwischenmenschlichen Beziehungen: daß für all das geprägte

Formulierungen wohl nur in begrenztem Umfang vorgelegen haben, daß er hier ganz auf sich gestellt war.

Es fragt sich nun, ob eine Realisierung dieser neuen Konzeption großepischen Singens, bei der die Tugend des Improvisierens weitgehend an Bedeutung verloren hatte, ja fast irrelevant geworden war, und bei der ganz andere, bislang kaum gefragte Fähigkeiten gefordert waren: die Kunst eines über weite Strecken hinweg reichenden Planens, Gliederns und Komponierens, des Beziehungen-Setzens, die Kunst des Vorbereitens und Vordeutens, des Verflechtens und Verschlingens, ... ob diese Art von Arbeit ohne die Kenntnis und ohne die Benützung der Schrift denkbar und möglich ist. Die Kunst des mündlichen Singens mit all ihren Eigenarten und Besonderheiten ist aufs engste in die Welt der Schriftlosigkeit eingebettet und in ihr und aus ihr in konsequenter Logik entwickelt. Umgekehrt meinen wir, daß Homer ohne die Kunst des Schreibens nicht vorstellbar sei — mag er nun in genialer Einsicht in die ihm durch die Möglichkeit des Schreibens gebotenen Vorteile die Schrift seinen Zielen zunutze gemacht, oder mag seine neue Konzeption epischen Dichtens ihn geradezu gezwungen haben, sich der Schrift zu bedienen. Wir meinen, daß ein Epos, in dem eine einzige, alles umspannende Grundidee, ein stoffordnender Gedanke bis in die letzten Verästelungen durchzuhalten war, nicht auf dem Weg einer noch so ingeniösen Improvisation, in einem Anlauf sozusagen, geschaffen werden konnte; es muß in einem längeren Zeitraum erarbeitet worden sein, in dem der Dichter geplant, entworfen, in immer neuen Ansätzen das gedankliche Gerüst mit der Gestaltung von Einzelstücken gefüllt hat, Beziehungen knüpfend und Markierungen setzend, bessernd und verwerfend, feilend und glättend, bis es die Gestalt erlangt hatte, die seiner Idee entsprach. Diese Arbeit ist, wir wiederholen es, ohne die Kenntnis und Verwendung der Schrift schlechthin undenkbar.

Unsere bisherigen Bemerkungen, die uns auf verschiedenen Pfaden und Umwegen geführt haben, sind ausgegangen von einem thematischen Satz, den wir an den Anfang gestellt haben. Wir haben berichtet von den Einwänden, die man gegen ihn zu erheben Anlaß haben kann, und die bereits einen beträchtlichen Teil von Gedanken und Argumenten bergen, die die moderne Homerforschung bestimmen. Wir sind dabei vom reinen Berichten immer mehr zur kritischen Betrachtung und eigenen Stellungnahme übergegangen. In der Tat ist es, wenn man von Homer sprechen will, wohl unumgänglich, eine eigene Position zu beziehen und ein Bekenntnis abzulegen, auch auf die Gefahr, daß man damit aneckt und den Protest der Andersgläubigen provoziert. Deshalb sei hier in Kürze das eigene Bekenntnis formuliert, das weder irgendeinen Anspruch auf objektive Richtigkeit erheben kann noch den Beifall aller finden wird, zumal vom Inhalt dieses Bekenntnisses auch ein Großteil dessen bestimmt ist, was über das bisher im Grundsätzlichen Erörterte hinaus noch zu sagen ist.

Wir meinen, daß in der zweiten Hälfte des 8. Jahrhunderts ein großer Dichter, der wahrscheinlich Homer geheißen hat, die Ilias geschaffen hat, ein Werk, das — abgesehen von dem später hinzugefügten 10. Gesang — uns mit nur geringfügigen Abweichungen des Wortlauts, die sich im Lauf der Tradition eingestellt haben, heute noch in der Form vorliegt, in der es der Dichter geplant und vollendet hat. Diese Ilias ist ein schriftlich abgefaßtes Werk, mit dem ihr Dichter eine Jahrhunderte lange, vor ihm liegende Tradition mündlicher Heldenepik in jenem berühmten dreifachen Wortsinn 'aufgehoben' hat, mit der er also das Ältere, Frühere bewahrt, erhöht und überwunden hat zugleich. Mit ihm beginnt in der Tat das, was wir die griechische Literatur nennen. Wir meinen weiter, daß derjenige, der die Odyssee — eine unbestimmte Zeit nach der Ilias, aber wohl noch vor dem Ende des Jahrhunderts — gedichtet hat, nicht mit dem Dichter der Ilias identisch ist. Seinen Namen kennen wir nicht und sprechen daher behelfsweise vom Odysseedichter; Deuterohomer hat ihn G. Nebel genannt. Es deutet Vieles darauf hin, daß er in der Ilias das Vorbild seines epischen Schaffens gesehen, ja daß er vielleicht Homer als Lehrmeister gehabt hat. Vorliterarische Tradition und literarisches Exemplum haben also sein Dichten in wesentlichen Zügen ermöglicht und gefördert; wer jedoch seinem Werk gerecht werden will, muß als das entscheidende Element seines Dichtens sein künstlerischen Wollen und Vermögen in Rechnung stellen, das in ganz individuellen und unverwechselbaren Voraussetzungen und Vorstellungen wurzelt und sich deutlich von dem Homers ebenso wie der vorhomerischen Dichtung absetzt. Davon wird noch die Rede sein.

Es muß genügen, mit wenigen Worten darauf hinzuweisen, inwiefern diese — zugegebenermaßen subjektive — Stellungnahme von der Odysseeauffassung abweicht, die vor allem in Deutschland seit längerer Zeit — mit verschiedenen Variationen allerdings, jedoch im

Grundsätzlichen übereinstimmend — immer wieder vertreten worden ist und vielfältige Zustimmung gefunden hat. Es ist eine Auffassung, die, in der im vorigen Jahrhundert begründeten auflösenden Kritik wurzelnd, die Odyssee in der uns heute vorliegenden Gestalt als das Werk eines Mannes, der relativ spät, teilweise erst im 6. Jahrhundert angesetzt wird, betrachtet. Dieser Mann habe ein älteres Odysseusgedicht durch die Einarbeitung der sog. Telemachie, also all der längeren Partien der Dichtung, in denen ausführlich von den Taten und Erlebnissen des Odysseussohnes die Rede ist, zur jetzigen Odyssee erweitert, sei es daß er eine ursprünglich selbständige, neben der Urodyssee entstandene Dichtung, eben eine Telemachie, mit dieser Urodyssee zu einem neuen Ganzen vereinigt (P. Von der Mühll, W. Theiler), sei es daß er die ursprüngliche Dichtung durch die von ihm selbst stammenden Telemachosstücke erweitert habe (F. Focke, W. Schadewaldt). Dabei kommen so divergierende Beurteilungen heraus wie die, daß der Dichter der Urodyssee geradezu iliadisch gedichtet habe und vielleicht mit dem Dichter der Ilias identisch sei (W. Schadewaldt), oder auch die andere, daß der Enddichter der Odyssee seine Erweiterung mit dem Blick auf das Vorbild der Ilias geformt habe (E. Howald). Ebensosehr gehen die Urteile über die poetischen Qualitäten des Enddichters auseinander; wenn man ihn einmal als stümperhaften und unfähigen Kompilator und ein andermal als echten und in hohem Maße ernstzunehmenden Dichter charakterisiert, so ist mit diesen Urteilen die ganze Spannweite der Möglichkeiten angedeutet, innerhalb deren eine reiche Skala von Schattierungen angeordnet liegt.

Für uns ist der Odysseedichter eine poetische Individualität höchsten Ranges. Daß ihm die Anerkennung seines Wertes — vor allem im Kreis der Fachwissenschaft — immer wieder versagt worden ist, liegt nicht zuletzt daran, daß man an ihn allzu oft unangemessene Maßstäbe angelegt und es versäumt hat, seinem Werk unvoreingenommen gegenüberzutreten. So hat man das Fehlen von wesentlichen darstellerischen Elementen der Ilias als ein Manko, das Uniliadische und Wideriliadische in der Odyssee als Merkmale des Verfalls, des Mißverständnisses, des mangelnden Vermögens betrachtet; die Wirkung der in der Homerforschung so verhängnisvoll gewordenen Doppelgleichsetzung alt = gut, neu = schlecht ist auch bei den Bemühungen um das Verständnis der Odyssee deutlich spürbar.

Eine Würdigung der jüngeren Dichtung, die in erster Linie von dem uns vorliegenden Werk ihren Ausgang nimmt und alles, was wir von seinen Vorläufern und Vorbildern wissen oder auch nur erschließen können, nur als zusätzliches Hilfsmittel der Interpretation in Anspruch nimmt, die also primär nach dem Was und Wie fragt und aus anderen Bereichen gewonnene Maßstäbe nur mit Zurückhaltung anlegt, weil einer jeden Dichtung eine eigene Meßlatte gebührt: eine solche Würdigung bahnt sich erst langsam an. An fruchtbaren Ansätzen fehlt es nicht.

F. Jacoby hat vor Jahrzehnten in einer glänzenden Studie den Versuch unternommen, die „geistige Physiognomie der Odyssee" zu umreißen und dabei klare Wege gewiesen. Was fehlt, was ein echtes Desiderat der Homerforschung darstellt und mit aller Behutsamkeit und komplexiver Einbeziehung aller möglichen Phänomene in Angriff genommen werden sollte, ist der Entwurf eines Bildes, in dem die „geistige und poetische Physiognomie des Odysseedichters" nachgezeichnet wäre. Daß in den Bildern, die u. a. Von der Mühll und Schadewaldt von ihren Enddichtern entworfen haben, wichtige Elemente stecken, die in das neue Bild Eingang finden müßten, bleibt unbestritten. Noch wichtiger aber und erfolgversprechender scheinen uns die Arbeiten, die unter ganz bestimmten Aspekten Wesentliches über die Dichtung und ihren Dichter wahrzunehmen und auszusagen vermögen. Wir nennen hier nach der schon erwähnten Arbeit von F. Jacoby in chronologischer Folge aus dem Bereich der deutschen Forschung die größeren und kleineren Untersuchungen von U. Hölscher, K. Reinhardt, Walter Nestle, F. Klingner, O. Seel, H. Hommel, W. Marg, W. Mattes, W. Burkert, R. Harder, F. Dirlmeier, S. Beßlich, W. Suerbaum, K. Rüter, H. Erbse.

DER DICHTER UND SEIN WERK

Der Inhalt der Odyssee ist in vielfältiger Weise stets und überall bezogen auf die Gestalt des Odysseus; seine Taten und Schicksale in den zehn Jahren, die zwischen der Zerstörung von Troia und der Wiederherstellung des Friedenszustandes auf Ithaka liegen, stehen im Mittelpunkt, nicht anders wie in der Ilias alles letztlich auf Achill zentriert ist, auch dann wenn der Held — nicht selbst agierend und im Hintergrund bleibend — nur mittelbar das Geschehen bestimmt.

Die Vergleichbarkeit geht noch weiter: Die Schilderung des um die Menis Achills gruppierten und durch sie bestimmten iliadischen Geschehens ermöglicht dem Dichter zugleich die Gestaltung eines Werkes, das nicht nur eine Achilleis, sondern zugleich im wahrsten Sinn eine Ilias darstellt, eine umfassende Vorstellung vom gesamten troischen Geschehen vom Parisurteil bis zur Zerstörung vermittelt. Nicht anders in der Odyssee, die die Heimkehr des Helden in den umspannenden Rahmen des großen mythischen Bereiches stellt, den man am ehesten mit dem griechischen Begriff *Nostoi*, Heimkehrgeschichten der Troiakämpfer, fassen kann.

Die vorbildhafte Wirksamkeit der Ilias wird aber auch darin faßbar, daß der Dichter der Odyssee bestrebt ist, den Bericht der Ilias zu ergänzen; das heißt im Negativen, daß das jüngere Epos sich mit keinem Wort auf das iliadische Geschehen bezieht; seine Kenntnis ist vorausgesetzt. Umgekehrt liefert es in zahllosen, über das ganze Epos verteilten Anspielungen und Berichten, meist in Form von Erinnerungen handelnder Personen, nicht weniger als eine umfassende Information über das ganze mythische Geschehen nach dem Tode Hektors bis zu den letzten Schicksalen aller Heimkehrer nach dem Fall der feindlichen Stadt; aber immer geht es um mehr als simple Komplettierung und faktischtendenzlose Informierung. Alles zielt irgendwie auf Odysseus und sein Schicksal: Beim Streit um die Waffen des toten Achill steht er gegen Aias, bei der Eroberung der Stadt spielt er eine entscheidende Rolle; die dreijährigen Irrfahrten des Menelaos in dem damals bekannten Teil der Welt sind das reale Gegenbild zu den unvergleichlich längeren, größeren und gefährlicheren Fahrten des Odysseus in einer Welt, die dem Zugriff und Zugang der Heroen normalerweise verschlossen bleibt. Am deutlichsten aber sind die Beziehungen zur Heimkehr des Agamemnon gestaltet: Telemachos erscheint gewissermaßen in die Rolle des Orestes gedrängt, die Freier der Penelope wandeln auf der verhängnisvollen Bahn des Aigisthos, die Treue Penelopes hebt sich strahlend auf dem dunklen Hintergrund der ehebrecherischen Klytaimnestra ab, dem Verhängnis des siegreichen und rechtzeitig heimkehrenden Agamemnon ist die glückliche, wenn auch späte, fast zu späte Heimkehr des Laërtessohnes eindrucksvoll gegenübergestellt. In Odysseus und seinem Schicksal sind alle Heimkehrerschicksale gleichermaßen vereinigt und überhöht. Er ist der berühmteste Heimkehrer, der Heimkehrer schlechthin.

Es lohnt, sich einige Gedanken darüber zu machen, in welcher Form unser Dichter diese Heimkehrergeschichte gestaltet hat. Sein Bericht setzt an einem späten Punkte des Geschehens ein: Odysseus ist schon lange, allzu lange bei der Nymphe Kalypso; da bringen die Götter endlich die Dinge in Bewegung, und jetzt rollen die Geschehnisse in schneller Folge ab: Fahrt zu den Phaiaken — Heimkehr nach Ithaka — Bestrafung der Freier, um die wichtigsten Punkte zu nennen. Ein relativ kurzer, wenn auch der entscheidende, Zeitraum also, den der Dichter im direkten Bericht gestaltet. Die Geschehnisse der neun davorliegenden Jahre hat er in den Irrfahrtenbericht gestellt, den Odysseus vor den Phaiaken gibt, und so — mit einem vielbewunderten Kunstgriff — die so naheliegende Möglichkeit, chronologisch zu berichten, bewußt vermieden. Wiederum ist das Vorbild der Ilias mit ihrer Konzentrierung des Geschehens auf wenige Tage zu spüren. Der Odysseedichter hat die Konzeption des Meisters richtig verstanden; die innere Unabhängigkeit und Originalität, mit der er die Anregung seinen eigenen Zwecken dienstbar gemacht hat, erweist die Kongenialität des Schülers, der mit seiner kompositionellen Umordnung zugleich ein zweites Problem gemeistert hat: Die Irrfahrten, die in einer dem heroischen Leben entrückten Welt stattfinden, waren nicht mit dem Bericht von den Vorgängen etwa auf Ithaka zu koordinieren; die andere Ebene des Geschehens verlangte eine andere Ebene der Darstellung. Die Abenteuer in der Welt des Irrealen sind dadurch, daß Odysseus selbst von ihnen berichtet, zugleich mit ihm aufs engste verbunden wie vom rein epischen Bericht des Dichters deutlich abgehoben. Daß sie gerade am Phaiakenhof, einem Teil jener imaginären Welt, erzählt werden, kommt nicht von ungefähr: die Phaiaken sind die menschlichsten von allen Märchengestalten, sie sind ja auch die einzigen, die mit der Heimbringung des Odysseus nach Ithaka die Verbindung zur Menschenwelt herzustellen vermögen.

Deutlich wird das kompositionelle Vorbild der Ilias noch in einer anderen Hinsicht. Gleich am Anfang seines Epos lenkt der Dichter den Blick auf das Treiben der Freier in Ithaka, die in ihrer Hybris dem Odysseus alles zu rauben suchen, was seine Existenz ausmacht: seinen Besitz, seine Frau, seine königliche Ehre. Damit ist von Anfang an auf das Telos der Handlung gezielt; solche Hybris kann nicht ungestraft bleiben. Der Dichter hat also bewußt mit dem zentralen Motiv der Sage, der späten, glücklichen Heimkehr und der Wiedervereinigung mit der geliebten Frau, ein zweites verbunden: Die Heimkehr wird zugleich zur Rache für erlittenes Unrecht. Entehrung und Wiederherstellung der Ehre: dieser Bogen spannt sich über das ganze Epos, und es kann keine Frage sein, wie der Dichter zu dieser ganz speziellen Akzentuierung des Heimkehrmotives gekommen ist: Auch die Ilias ist die Geschichte von schwerer Ehrverletzung und ihrer Sühnung. Einzelgestaltungen im äußeren Aufbau unterstreichen die Parallelität: Volksversammlungen jeweils im 2. Buch beider Epen, die entscheidenden Kämpfe im 22. Buch (dort des Achill gegen Hektor, hier des Odysseus gegen die Freier), und beim Zusammentreffen des Odysseus mit dem greisen Laërtes (24. Buch der Odyssee) denken wir — sicherlich nach dem Willen des Dichters — an die im letzten Buch der Ilias geschilderte Begegnung Achills mit Priamos.

*

Daß Odysseus und seine heroischen Schicksale im epischen Heldensang der vorhomerischen Epoche einen festen Platz gehabt haben, glauben wir mit derselben Sicherheit annehmen zu dürfen wie das andere, daß die in der Odyssee erzählten Geschehnisse inhaltlich weitgehend und in der formalen Gestaltung ausschließlich dem Dichter dieses Epos zugehören. Nun ist es zwar ein schier aussichtsloses Unterfangen, in unserem Gedicht zwischen Tradiertem und Neuem abzugrenzen, aber vielleicht läßt sich Einiges mit einiger Wahrscheinlichkeit vermuten. Wir teilen nicht die Kühnheit derer, die glauben, in dem von Odysseus erzählten Bericht von seinen Abenteuern die nur wenig veränderte und dem neuen Zusammenhang adaptierte Umsetzung eines älteren Gedichtes in die Form der Ich-Erzählung erkennen zu können, und auch nicht derer, die hoffen, durch die Auslösung all dessen, was in unserer Odyssee von Telemach berichtet wird, und die Entfernung der Retuschen, die nötig gewesen seien, um die „Telemachie" mit einer älteren, einer Urodyssee zu verbinden, diese Urodyssee wiedergewinnen zu können. Unser Gedicht ist aus einem Guß; es ist nicht durch eine mehr oder minder geschickte Verbindung größerer und kleinerer Fertigteile entstanden, sondern ein in sich geschlossenes Gefüge mit zahllosen Verbindungen und Verstrebungen.

Wer aus ihm Stücke herauszieht, bringt das Gefüge zum Einsturz. „Zu meinen, daß es irgendwo und irgendwann einmal eine reine und unentstellte Odyssee gegeben habe, die durch geschickte Messerführung, unterstützt durch Schere und Kleister, in ihrer vermuteten urtümlichen Schönheit für das verzückte Auge der Menschheit wiedergewonnen werden könne, bedeutet, einer Wahnvorstellung nachzulaufen" (W. J. Woodhouse).

Aber das andere ist, wie angedeutet, ebenso sicher: Odysseus ist eine alte Gestalt der Sage, die Stoffgeschichte reicht vielleicht sogar noch weiter zurück in vorzeitliche Bereiche märchenhaften Erzählens und schamanistischer Vorstellungen; doch das mag auf sich beruhen. Wichtiger ist, daß Odysseus schon vor Homer eine Figur heroischen Zuschnitts gewesen ist. Wenn ihm der Dichter der Ilias das ehrende Beiwort des „Städtezerstörers" gibt, dann kann das nur darauf gehen, daß schon in der vorhomerischen Epik seiner Erfindung des Hölzernen Pferdes die entscheidende Rolle bei der Eroberung Trojas zugeschrieben worden ist. In den Kreis der Troiakämpfer ist Odysseus also schon seit geraumer Zeit eingeordnet. Sein Sohn Telemach ist schon in der Ilias genannt, er stellt also keine Erfindung des Dichters der Odyssee dar.

Wie so oft bezeichnet auch hier der Name des Sohnes etwas, was für den Vater besonders kennzeichnend ist; er ruft eine doppelte Assoziation hervor: Er bedeutet „den in der Ferne Kämpfenden" ebensowohl wie den „aus der Ferne Kämpfenden". Odysseus ist derjenige, der am längsten fern der Heimat kämpft, aber auch derjenige, der aus der Ferne zu kämpfen, d.h. mit dem Bogen umzugehen weiß. Die Giftpfeile des Odysseus, von denen der Dichter zu berichten weiß (1, 255—266), und die so gar nicht zum heroischen Kolorit und zur heroischen Mentalität der homerischen Epik zu passen scheinen, muten an wie ein stehengebliebener, unamalgamierter Rest älterer, außerepischer Überlieferung; und auch wenn der ehrwürdige Odysseusbogen beim friedlichen Agon und dem anschließenden Freiermorden seine entscheidende Rolle zugeteilt erhält, dann kommt das, wenn wir's recht sehen, irgendwie überraschend; denn überall sonst tritt Odysseus in Hoplitenrüstung auf. Der Bogenheld Odysseus: hier ist Älteres zu fassen. Bereits in der Ilias erscheint dieses Bild heroisiert, und in der Odyssee sind es nur wenige Luken, durch die uns der Dichter in eine ältere Vorstellung hineinsehen läßt.

Vorhomerisches Überlieferungsgut glauben wir aber vor allem zu spüren, wenn der Dichter seinen Helden von seinen Abenteuern in fernen Ländern berichten läßt. Hier ist so viel Fremdes und Dunkles, Zauberhaftes und Magisches, Irrationales und Phantastisches, sind so viele Dinge und Vorstellungen, die in die lichte und klare Welt, die das frühgriechische Epos sonst vor unseren Augen erstehen läßt, so gar nicht hineinpassen wollen; hier scheint an allen Ecken und Enden das kaum erst Überwundene, nur unter einer dünnen Schicht verborgen Liegende hervorzulugen und seine Lebendigkeit zu demonstrieren. Und doch wird uns eine sorgsame Betrachtung des Abenteuerberichts davon abhalten — es war schon anzudeuten —, in diesem Bericht eine nur äußerlich adaptierte Fassung eines vorhomerischen Irrfahrtenliedes zu erblicken. Es ist zu viel in ihm, was bei einer Um- und Rückversetzung unverständlich und beziehungslos würde, was durch Zertrennung der Fäden, die den Bericht mit dem Epos verbinden, Sinn und Leben einbüßen würde.

K. Reinhardt hat in seinem meisterhaften Essay über „die Abenteuer des Odysseus" eigentlich alles Entscheidende gesagt; es muß genügen, hier wahlweise einiges anzudeuten. Eine Grobgliederung der Irrfahrten ist unter einem äußerlich scheinenden Gesichtspunkt vorgenommen. Den ersten großen Abschnitt, der bis zu den Laistrygonen reicht, übersteht Odysseus als Admiral einer Flotte; nach dem Verlust der Flotte durch die Laistrygonen fährt Odysseus als Kapitän auf seinem allein übrig gebliebenen Schiff, und nach dem Verlust auch dieses Schiffes wiederum gelangt der Held auf einem Kielbalken schwimmend zu Kalypso. Das Alte ist sicherlich Odysseus als Kapitän eines einzigen Seglers. Mit dem Kunstgriff des Dichters, seinen Helden die ersten Abenteuer als Admiral überstehen zu lassen — nicht alle Abenteuer ließen sich dieser Vorstellung unterordnen —, gelingt es, die Verbindung herzustellen zwischen dem Herrn von Ithaka, der mit einem beträchtlichen Flottenkontingent das Unternehmen der Achaier gegen Troia unterstützt hat und auf der Heimfahrt ist, und dem Helden der alten Erzählung, der gleich dem mit einem einzigen Schiff segelnden Sindbad auf allen Weltmeeren seine Abenteuer besteht.

Weitere Beobachtungen können zeigen, wie auch die Abfolge der Einzelabenteuer von vielfältigen Ordnungsprinzipien bestimmt ist, wie hier mit Verbindungen hin und her, Vorbereitungen und Erfüllungen, Pausen und Steigerungen kunstvoll gegliedert ist. Man mache den Versuch, die Abfolge von Ereignissen zu vertauschen: das ganze Gefüge bricht zusammen. Überall die ordnende, über weite Strecken hin gliedernde Hand des Dichters; es ist dieselbe Arbeitsweise, die wir auch im ganzen Epos verspüren, in das die Irrfahrten eingegliedert sind.

Ähnliches gilt vom Inhalt: Immer wieder bemüht sich der Dichter, nicht vergessen zu lassen, daß es der Troiaheld ist, der hier in fernen Gewässern segelt. Das Lied der Seirenen, das den Helden betören soll, birgt die Rühmung der Troiakämpfer; gegen die Skylla legt Odysseus seine Hoplitenrüstung an: eine schaurige Ironie, die der Dichter hier aufklingen läßt; in der Unterwelt trifft er seine Mutter und seine Kampfgefährten von Troia und spricht mit ihnen; dort wo er der Welt der Lebendigen am fernsten ist, findet er die, die seinem heroischen Lebenskreis am nächsten gestanden haben. Wieder an anderen Stellen schimmert durch den Bericht die alte Form der Erzählung durch. Im Märchen gehörten sicherlich die Abenteuer mit Skylla und Charybdis, von wem auch immer sie erlebt wurden, eng zusammen; unser Dichter hat hier getrennt und zwischen die beiden Gefahren die Episode von Thrinakia gestellt. Erst dezimiert Skylla die Mannschaft des Odysseus; es folgt der Frevel der Gefährten auf der Sonneninsel, der die Vernichtung des Schiffes samt den Frevlern im zeusgesandten Sturm motiviert; das Charybdis-Abenteuer besteht und übersteht der Held allein.

Und noch ein Letztes: Das Volk der letzten Abenteuerstation, die Phaiaken, in der Sage ein Märchenvolk mit Zauberschiffen, die selbst denken und lenken können, ist bei allem märchenhaften Glanz, den ihm der Dichter belassen hat, in einer ganz eigenartigen Weise auf die Welt des Odysseus bezogen. Es sind offensichtlich ganz bestimmte soziale und politische Vorstellungen, die den Dichter bei der Zeichnung seines Phaiakenbildes geleitet haben. Die Phaiaken wohnen in einer prächtigen, an einem idealen Hafen gelegenen Stadt. Sie leben fern von allen Menschen und genießen den Idealstatus völliger Unabhängigkeit; die Natur schenkt ihnen alles, was sie brauchen, und so freuen sie sich eines blühenden Wohlstandes, der durch den seit langem andauernden äußeren und inneren Frieden gesichert ist. An der Spitze des Gemeinwesens steht ein König, aber im Kreis der neben ihm stehenden zwölf „skeptertragenden Könige" ist er nur ein *primus inter pares*, der keine Mühe aufzuwenden braucht, seine hervorragende

Stellung zu bewahren. Seine unangefochtene patriarchalische Würde und das harmonische Einverständnis seiner Mitkönige sichern Ordnung und Gleichklang. Der Dichter zeichnet das Idealbild einer griechischen Polis, die, autonom und autark, im Zustand der Eunomia, der Wohlgesetzlichkeit blüht, einer Eunomia, in der die Ansprüche des Königtums und des Adels in wunderbarer Weise gegeneinander abgeglichen sind. In dieser ungestörten staatlichen Ordnung hat auch die Gattin des Königs den ihr zukommenden Platz: Arete erfreut sich höchsten Ansehens, ihr kluger Rat gilt etwas am Hof; vor allen anderen weiß sie, was sich geziemt und was edler Takt gebietet; in ihrem Schutz kann sich der Fremdling sicher geborgen wissen.

Der Zustand im Phaiakenland fordert zu einem Vergleich mit den Verhältnissen auf Ithaka, wie sie der Dichter schildert, geradezu heraus. Auch dort gibt es neben dem Haus des regierenden Königs „Mitkönige": als *basilēes* bezeichnet der Dichter mehrmals die Freier. Aber was dort bei den Phaiaken in Ordnung ist, das ist auf Ithaka durch die Abwesenheit des Herren und die unrechtmäßigen Ansprüche des Adels in Unordnung, in Anomia geraten. Unvernunft, Überheblichkeit und Unbotmäßigkeit sprechen hier das entscheidende Wort. In diesem Gemeinwesen, in dem seit zwei Jahrzehnten die regelnde und ausgleichende Autorität des Herrschers fehlt, in dem gerade bei denjenigen, die zu Hütern von Anstand, Würde und Recht berufen wären, das Gefühl für das Geziemende verloren gegangen ist: in diesem Gemeinwesen ist auch die Königin nicht mehr in der Lage, die Rolle zu spielen, die ihrer Würde zukäme. Nicht nur daß sie dem Fremden nicht das geben kann, was gerade sie ihm zu geben hätte und so gerne — wie Arete — geben möchte: sie muß hilflos zusehen, wie schandbar die „edlen Freier" mit dem umgehen, dessen Schutz ihre königliche Aufgabe wäre.

Zwei Gegenbilder also — sie ließen sich noch weiter ausmalen —, die der Dichter bis in die Einzelheiten aufeinander bezogen hat. Die gleichen günstigen Voraussetzungen und Vorbedingungen für ein glückliches Leben hier und dort: die Gunst der Inselsituation, die Lage fernab vom Getriebe einer unruhigen und unsicheren Welt, Fruchtbarkeit des Landes, Fleiß und Friedfertigkeit der Bewohner; und doch welch ein Unterschied: das Ideal und seine deplorable Entstellung, die festgefügte und die aus den Fugen geratene Ordnung, der ungetrübte Glanz und die jammervolle Realität.

Noch ein anderes Gegenbild hat der Dichter, wieder in seinem Irrfahrtenbericht, geschaffen, und wiederum wird sein Interesse an den Fragen menschlich-politischer Existenz deutlich sichtbar; wir meinen die Geschichte von Polyphem. In ihrem Kern ist die Fabel vom menschenfressenden Riesen uralt und in zahllosen Varianten über die ganze Erde verbreitet (L. Radermacher und G. Germain haben Vergleichsmaterial in Fülle gesammelt), aber was unser Dichter aus ihr gemacht hat, ist ganz sein Werk. Phaiaken und Ithakesier leben beide in der Welt der Polis; Polyphem ist der Musterfall des Einzelgängers, des apolitischen Wesens. Nicht nur, daß er und die anderen Stammesangehörigen — sie tauchen nur ganz am Rande auf — ganz auf sich gestellt ihr Leben gestalten: sie leben ohne Recht, ohne Gesetze, ohne die Regeln der Gastfreundschaft, ohne Gottesfurcht. Sie pflegen keinen Verkehr untereinander, sie bauen keine Häuser und keine Schiffe; es fehlt ihnen nicht weniger als alles, was nach griechischer Auffassung den Menschen ausmacht. Das grauenerregende Aussehen und die entsetzlichen Taten und Gelüste der menschenfressenden Märchengestalt Polyphem sind vom Dichter unter einen ganz besonderen Aspekt gestellt: so ist und so handelt nur der Un-Mensch schlechthin.

Es sind also ganz klar umrissene Vorstellungen von der Art, dem Wesen und der Bestimmung dessen, was Menschenantlitz trägt, die der Dichter immer wieder zum Ausdruck bringt, durch den Mund des Odysseus und in eigener Aussage, mit Bildern und Gegenbildern; bestimmte Vorstellungen auch über soziale und politische Ordnungen, und damit kehren wir noch einmal zu Phaiaken und Ithakesiern zurück. Vermuten wir zu viel, wenn wir annehmen, daß der Dichter bei der Schilderung der Zustände auf Scheria und Ithaka seine eigene Gegenwart im Auge gehabt hat? Dürfen wie vielleicht annehmen, daß seine Zeit eine Epoche gesellschaftlicher Spannungen und politischer Wandlungen gewesen ist, eine Zeit, in der in den einzelnen Gemeinwesen das ererbte Königtum in einen immer schwereren Stand gegenüber dem stets mächtiger werdenden Adel gedrängt wurde, sich mit diesem politisch arrangieren oder ihm gar weichen mußte? Der Dichter hätte dann bei seinen Schilderungen, sei es im Märchenland der Phaiaken, sei es im heroisch-mythischen Ithaka, sich geradezu politisch engagiert, hätte versucht, im Bild der vergangenen Welt das Gegenwärtige bewußt zu machen und mit den Gefahren zugleich auch die Möglichkeiten aufzuzeigen, ihnen zu entrinnen. Wir werden noch in einem weiteren Betracht sehen, wie die Sicht der Gegenwart die Zeichnung, die Umzeichnung der mythischen Tradition veranlaßt hat.

Vorerst sollte deutlich gemacht werden, wie die Gestaltung der Abenteuer des Odysseus, die sicher mit Recht als das älteste 'Element' der Dichtung betrachtet werden, in jeder Beziehung durch den Dichter entscheidend geprägt ist und ganz sein Werk darstellt. Man mag sogar noch einen Schritt weiter gehen und fragen, ob in der vorhomerischen Heldenepik überhaupt jemals Odysseus mit Abenteuern derart verbunden gewesen ist, wie sie unser Dichter erzählt. Dort ist Odysseus der edle König von Ithaka, der Eroberer von Troia, der nach langen Fahrten endlich heimkommt — gerade noch im rechten Augenblick. Es lag wohl mehr im Stil mündlicher Heldendichtung, ihm solche Erlebnisse zu geben, wie sie nach der Darstellung der Odyssee vor allem Menelaos von sich zu berichten weiß, wie sie aber auch Odysseus selbst in seinen sog. „Lügengeschichten" erzählt; und so könnte man fragen, ob es nicht der geniale Einfall des Dichters unserer Odyssee gewesen ist, die bisher ausschließlich im Bereich volkstümlicher Märchenerzählung umlaufenden Seefahrergeschichten voll fabuloser Phantastik und magischer Dämonie, die an Träger verschiedener Namen angeknüpft gewesen sein mögen, erstmalig in Verbindung mit Odysseus zu setzen und in epische Gestaltung zu bannen.

Unter diesen Umständen hätte der Dichter in seine vier Irrfahrtenbücher („Apologe") nur einen geringen Teil dessen, was da im Volksmund an Sindbadgeschichten in Umlauf gewesen sein dürfte, einbezogen, vielmehr eine ausschließlich von poetischen Erwägungen und Prinzipien diktierte Auswahl getroffen und dabei nach Fall und Lage inhaltliche Veränderungen überlieferten Gutes, neue Verbindungen alter Motive, Erweiterungen und Verkürzungen mannigfacher Art vorgenommen.

An einer Stelle verrät der Dichter sogar recht deutlich, daß er eine mythische Vorstellung, die ursprünglich einem ganz anderen Sagenbereich angehört hat, in seinen Irrfahrtenbericht hat einfließen lassen. Kirke nennt dem Odysseus eine Gefahr, der er nur entgehen könne, wenn er den Alternativweg wähle, der zwischen Skylla und Charybdis hindurchführe: es sind die verhängnisvollen Felsen, die Plankten heißen, denen bisher nur ein Schiff, die berühmte Argo („Argo, die allen am Herzen liegt": 12, 70) entgangen sei. Hier ist geradezu ein vorhomerisches Argonautenepos zitiert, das noch zur Zeit des Odysseedichters Berühmtheit besessen haben muß. In der Argosage haben die Plankten ihren eigentlichen und festen Platz; unser Dichter hat sie als mögliche Gefährdung auch in die Irrfahrtenroute des Odysseus einbezogen.

Die Einpassung auch des Unheroischen in die Welt der Helden, die Adaptierung volkstümlichen Erzählens an die heroische Aussage ist gelungen durch die Verschiebung der Märchenerzählung in den Ich-Bericht des Odysseus, durch die vielfältige Beziehung der Märchenwelt auf die Welt des Helden und die Gestalt des erzählenden Odysseus selbst, der erkennen läßt, daß er auch in fabuloser Ferne der gleiche gewesen und geblieben ist wie der, dessen Taten in der Menschenwelt der Dichter im unmittelbaren Bericht lebendig werden läßt.

Eine Frage sei in diesem Zusammenhang mehr beiläufig erwähnt; sie verdient ein kritisches Wort, da auch und gerade in den letzten Jahren die Diskussionen über sie lebhafte Formen angenommen haben. Seit den Zeiten der alten Griechen ist es ein beliebtes Gedankenspiel gewesen, die Irrfahrtenstationen des Odysseus an verschiedenen Orten der realen Welt anzusiedeln und so auf der Landkarte eine Reiseroute des Odysseus einzuzeichnen, so als ob der Dichter mit seinen Schilderungen von den durch den Helden besuchten Gegenden und ihren Bewohnern ein mythisch verhülltes und verschlüsseltes Bild von Realitäten habe geben wollen, zu dessen Dechiffrierung es nur den rechten Code zu finden gelte. Die Zahl der bisher gezeichneten Fahrtrouten ist nicht abzuschätzen, und diejenigen Versuche, die sich nur auf den Mittelmeerraum beschränken, halten sich noch in maßvollen Grenzen. Daß keine dieser Routen mit irgendeiner anderen übereinstimmt, stört denjenigen nicht, der davon überzeugt ist, daß hier unendlich viel Mühe nutzlos verschwendet ist. Der Weg des Odysseus ist nun eben auf keine Landkarte zu übertragen. In dem Augenblick, wo Odysseus vom Kap Malea, dem südlichsten Punkt seines Heimweges von Troia nach Ithaka durch einen Sturm hinausverschlagen wird ins offene Meer, gerät er — anders als der irrfahrende Menelaos — in eine Welt, die nicht mehr der Realität, sondern der irrationalen Phantasie angehört: in eine Welt des Imaginären, des Märchens, in der nicht nur die Laistrygonen und die Kyklopen, sondern auch die Sieben Zwerge wohnen, in der nicht nur die Insel Thrinakia, sondern auch der Berg

Sesam liegt. Es ist kein Zufall, daß die Lotophagen die erste Station der Irrfahrten bilden: Mit dem Genuß der Lotospflanze verlieren die Gefährten des Odysseus die Erinnerung an ihre heroische Vergangenheit, an ihr bisheriges reales Leben und Erleben; sie sind Teil einer anderen Welt geworden, die mit der Menschenwelt nichts zu tun hat. In dieser Welt gibt es ein unendlich großes Meer, gibt es Länder und Inseln, auch in ihr geht die Sonne auf und unter. Man kann also auf dem Märchenmeer nach Osten und nach Westen fahren, und tatsächlich bewegt sich Odysseus in verschiedenen Richtungen; ganz eindeutig ist Kirke im Osten, sind die Kimmerier und der Eingang in die Unterwelt im Westen lokalisiert. Man versuche nicht, diese Welt zu finden; nur wenige sind in sie vorgedrungen und die wenigsten sind aus ihr nach Hause gekommen. Nach dem Willen des Dichters ist Odysseus einer dieser wenigen.

Kehren wir zu unserer Frage nach den 'Elementen' der Dichtung zurück! Wie in den Irrfahrten, so scheint sich auch hinter der eigentlichen Heimkehrergeschichte uralte Märchenüberlieferung zu verbergen. Die Erzählung von dem nach langer Fahrt spät, aber gerade noch zu rechter Zeit in die Heimat und zur Frau zurückkehrenden Gatten ist in verschiedenen Varianten über die ganze Welt verbreitet; sie verbindet sich oft mit dem Motiv einer irgendwie gearteten Bedrohung, die den beiden Gatten oder einem von ihnen gilt, bzw. dem Motiv des Kampfes, den der Heimkehrer in der entscheidenden Stunde noch zu bestehen hat. Und außerdem kennen wir in wechselnden Formen die Geschichte von dem anderen Helden, der auf einer seiner Unternehmungen in fremden Landen die Gelegenheit bekommt, sich an einem Wettkampf zu beteiligen, dessen Preis die Hand der Königin oder — öfter — der schönen Königstochter und damit die Königswürde selbst ist. Daß all das — und noch anderes, was hier außer Betracht bleiben mag — auch im Hintergrund der Odyssee steht, unterliegt keinem Zweifel. Aber ebenso deutlich ist, daß die Handlung unserer Odyssee mehr ist als eine schlichte, in geschickter Kombinierung verschiedener Erzählmotive erfolgende epische Nacherzählung überlieferten Gutes. Die Odysseusgeschichte, wie sie unser Dichter erzählt, ist ganz entscheidend bestimmt durch die Gestalt des Sohnes Telemach. Zwar mag die Terminbestimmung, die in unserem Epos vorausgesetzt ist, daß nämlich Penelope, entsprechend dem Wunsche ihres Gatten, so lange warten solle, bis dem Sohn der Bart sprosse, schon in früheren Erzählfassungen vorgelegen haben; aber die Art und Weise, wie Telemach jetzt maßgeblich in die Ereignisse um die Heimkehr des Odysseus mit einbezogen ist, wie er fast zum gleichberechtigten Partner des Vaters beim Kampf um die Wiedergewinnung alter Rechte geformt ist, das verrät die Hand des epischen Dichters. Zugleich aber wird eine gewisse Unsicherheit des Dichters bei der Bewältigung dieser Aufgabe sichtbar — und das ist keineswegs abwertend gesagt. Wir meinen Folgendes: Die alte Sage vom Wettkampf der Freier um die Hand der schönen Königin (oder Königstochter) impliziert, wie schon angedeutet, die Vorstellung, daß der Sieger auch die Würde des Königs zur Belohnung erhält. Andererseits entspricht es der Auffassung des Heroenzeitalters, daß der Sohn der Erbe der väterlichen Würde ebenso wie des väterlichen Besitztums ist. Wenn in den gelegentlich in der Odyssee anklingenden Spekulationen, was in dem Fall eintrete, daß Odysseus nicht mehr heimkehre, die Vorstellungen der Beteiligten irgendwie unscharf und widersprüchlich aussehen, dann spiegelt sich darin die Unvereinbarkeit tradierter Erzählelemente und neuerer Vorstellungen. Allerdings war der Dichter gar nicht gezwungen, hier eindeutig zu formulieren; ob Penelope nach ihrer hypothetischen Heirat mit einem Freier in dessen Haus gehen und ihrem Sohn das bisher von ihr kommissarisch verwaltete Königtum des Odysseus übergeben würde, oder ob der erwählte Freier in das Haus des Odysseus einziehen und mit der Frau Besitz und Würde des Odysseus übernehmen würde: das konnte und wollte der Dichter in der Schwebe lassen; schließlich ging ja alles gut aus.

Es ist, so hoffen wir, deutlich geworden, wieviel an Anregungen unser Dichter den mündlichen Überlieferungen aus dunkler Zeit verdankt, aber auch in welchem Maße und in welcher Form er dieses uralte Gut in seine Vorstellung eingeschmolzen, wie er es episiert und humanisiert hat. Das Alte schimmert nur noch an einzelnen Stellen mehr oder minder deutlich durch, so daß sich seine ursprüngliche Struktur gerade noch ahnen läßt, nicht zuletzt durch die vergleichende Heranziehung von Lebens- und Vorstellungsweisen und von Erzählformen anderer Völker, bei denen wir die Phase der menschlichen Entwicklung noch deutlicher fassen können, die die Griechen mit Homer spätestens hinter sich gelassen und überwunden haben.

*

Aber da ist noch ein zweites konstitutives Element, das die Formung von Gestalten und Geschehnissen in der Odyssee entscheidend, ja vielleicht in höherem Maße noch mitbestimmt hat. Es ist die heroische Epik der archaischen Zeit, vor allem ihr Vollender und Überwinder, der Dichter der Ilias. Das Geschehen der Odyssee ist — abgesehen von den Irrfahrten — in den Raum gestellt, der durch die Troiaepik seit langem abgesteckt ist. Es ist die Zeit und die Welt der heldenhaften Belagerer und Eroberer von Troia, die nach unverbrüchlichen Maximen und festgelegten Regeln ihr heroisches Dasein gestalten, deren Lebenselemente Kampf und Sieg, Ruhm und Ehre darstellen. Auch der Odysseus der Odyssee ist von den Idealen dieser mythischen Adelsgesellschaft geprägt, mehr als von dem, was er aus alter Märchentradition mitgebracht haben mag. Selbst im Märchenland vergißt er seine heroischen Ambitionen nicht — so fehl sie auch dort am Platz scheinen —, sein Vorgehen auf Ithaka ist von dem Wunsch, die ihm angetane Unbill zu rächen, entscheidend bestimmt, und im Freierkampf läßt ihn der Dichter noch einmal in iliadische Ausmaße hineinwachsen: die Rache an den Freiern vollzieht er in einer ebenso gefährlichen wie ruhmvollen Schlacht, ähnlich wie es die Feldschlachten vor Troia gewesen sind, und in iliadischer Diktion ist denn auch dieses ruhmvolle Ringen gestaltet.

Und doch hat sich auch hier einiges gewandelt, haben sich die Akzente verschoben, und wiederum wird die Hand des Dichters spürbar, der die ihm von der Überlieferung überkommene Welt seiner Gestalten und diese Gestalten selbst zum Teil mit ganz anderen Augen, eben mit seinen Augen gesehen hat. Auch hier nur einige Andeutungen.

Telemach kommt auf seiner Erkundungsfahrt auch nach Sparta, und Staunen ergreift ihn beim Anblick der königlichen Prachtentfaltung. Im herrlichen Palast wohnen Menelaos und Helena, um derentwillen der Troische Krieg entbrannt ist. Die ganze Welt der Ilias wird wieder vor unseren Augen lebendig, nicht zuletzt durch die Erinnerungen, die das herrscherliche Paar vor seinem Gast ausbreitet. Aber wirkt diese Welt des spartanischen Königshofs mit ihrem höfischen Zeremoniell nicht irgendwie seltsam und befremdlich? Sie ist einerseits fast unheroisch geworden, und zugleich wirkt sie wiederum beinahe antiquiert, wie ein stehengebliebener Rest aus einer Zeit, die schon längst einen Schritt weitergegangen ist. Hier ist ein patriarchalisches Königtum erhalten, das von dem Hauch neuer Entwicklung noch nicht getroffen ist. Menelaos, der mutige Kämpfer vor Troia, ist zu einem Herrscher mit weltmännischem Auftreten, zu einem Friedensfürsten geworden: ein ehrfurchtgebietender Grandseigneur, und Helena, der Fürstin, ist so gut wie alles von der unheimlichen Amphibolie, von jenem unfaßbaren und faszinierenden Fluidum genommen, das ihr in der Ilias gegeben war. Ihre Affäre mit Paris liegt weit zurück; in ungefährdeter Sicherheit bewegt sich jetzt die ebenso gütige wie kluge Landesherrin mit unbeschreiblicher Grandezza. An ihrer Integrität ist nicht zu zweifeln.

Aber auch Odysseus hat sich gewandelt. Zwar ist er auch schon in der Ilias gezeichnet als derjenige, der körperliche und geistige Tugenden in harmonischer Weise vereinigt und sich allen Aufgaben, die ihm gestellt sind, in vorbildlicher Weise gewachsen zeigt; er bleibt dort ganz im Rahmen der Möglichkeiten, mit denen sich heroisches Dasein verwirklichen läßt, ja er steht dort irgendwie in der Mitte: Nestor, der das Nachlassen seiner Heldenkraft beklagt, ist ihm an geistiger Potenz überlegen, Aias, den schlichte und unkomplizierte Geradheit auszeichnet und der im Rate schweigt, übertrifft ihn bei weitem an Körperkraft.

Der Dichter der Odyssee hat dieses Bild belassen und zugleich verändert und vertieft. Odysseus beweist seine Tapferkeit, seine überragenden physischen Qualitäten auf den Irrfahrten, am Phaiakenhof und zuhause in Ithaka gleichermaßen. Ruhm und Ehre sind nach wie vor wesensbestimmende Elemente seines Adels, mögen sie auch in den existenzbedrohenden Gefahren der Irrfahrten hinter dem puren Willen, die nackte Existenz zu retten, zurücktreten. In den epischen Situationen der Ilias weiß Odysseus auf Grund seiner edlen Natur und seiner Erziehung die rechte Wahl, die ihm allein angemessene Entscheidung zu treffen; die neuen Situationen des Heimkehrerschicksals aber bereichern das Bild adliger Weisheit und Klugheit mit neuen Zügen. Ungewöhnliche Situationen wecken in ihm intellektuelle Fähigkeiten, die ihm vielleicht in vorhomerischer Zeit (damals schon, wie auch später, dürfte der schlaue Sisyphos als sein Vater fungiert haben, eine Überlieferung, die bei Homer überdeckt erscheint) angehört und in ihm geschlummert haben: List und Verschlagenheit, Freude an Verhüllung und Verstellung, Erfindungskraft und Einfallsreichtum in allen noch so vertrackten Lebenslagen, und nicht zuletzt die intellektuelle Lust am — teils ernstgemeinten, teils spielerisch, um seiner selbst willen geübten — Prüfen und Auf-die-Probe-Stellen, das an manchen Stellen geradezu frivole und makabre Züge anzunehmen scheint.

Seine Weltgewandtheit hilft ihm überall den rechten Ton treffen, wo auch immer das Schicksal ihn hinstellen mag. Vor Nausikaa und am Phaiakenhof findet er mit Selbstverständlichkeit die seiner Situation angemessenen Worte, welche Bescheidenheit und kluge Berechnung, Selbstbewußtsein und die Fähigkeit, auf königlichem Parkett sich zu bewegen, gleichermaßen erkennen lassen; eindrucksvoll seine von Mäßigung und Stolz zugleich getragene Erwiderung an den vorlauten und arroganten Euryalos (8, 166—185). Nicht minder imponierend aber auch, wie er, als Bettler verkleidet, durch kluge Wahl der Worte das Vertrauen des göttlichen Sauhirten Eumaios zu gewinnen vermag, wie er, demütig-bescheiden sich gebend, ohne jedoch jemals sein adliges Wesen zu verleugnen und preiszugeben, die Freier mit überlegener Raffinesse in Sicherheit wiegt und mit ihnen, die mit ihm zu spielen meinen, selbst sein wohldurchdachtes Spiel treibt.

Was Odysseus ganz fehlt, ist das, was man ihm so gerne angedichtet hat: die Natur des Abenteurers. Nicht der Drang, Gewaltiges und immer Neues zu erleben, nicht die unbändige Lust an der Gefahr um der Gefahr willen, nicht die Ruhelosigkeit eines neugierig-unsteten Herzens ist es, die ihn in weite Fernen treibt; er ist kein „Herumtreiber", sondern ein „Herumgeschlagener", wie ihn der Dichter gleich in den ersten Zeilen des Werkes vorstellt, und ein übermächtiges Schicksal läßt ihn — wider sein Wollen und Wünschen — in Situationen unerhörter Dimensionen geraten: Situationen tiefster Demütigung, bitterster Verzweiflung und purer Existenzangst, wie sie noch kaum einem Sterblichen zugemutet worden sind. Nichts Menschliches bleibt ihm erspart. Er meistert diese Lagen mit einer unfaßbaren Kraft des Duldens und Ertragens, die ihn zum „Dulder" schlechthin und zum Urbild des Menschen werden läßt: Leben heißt Leiden.

Der Dichter dringt mit seiner neuen Zeichnung des Odysseus in seelische Bereiche vor, die erst dem Bewußtsein und der Aussage zu erschließen gewesen sind; er hat seine Gestalt, bei aller Bewahrung des Überlieferten, ins Psychologische vertieft und ihr seelische Dimensionen verliehen, die epischem Dichten und Denken bisher fremd gewesen sind.

Vielleicht läßt gerade das Odysseusbild durch die Möglichkeit des Vergleichs mit der Ilias das Ingenium und die Individualität unseres Dichters besonders deutlich fassen, noch besser vielleicht als die Zeichnung der drei anderen Gestalten, die ihm neben dem Dulder besonders am Herzen liegen: Penelope und Telemach sind in der überlieferten Sage wohl kaum mehr als Namen und verkörperte Begriffe von „Gattentreue" und „Ebenbildlichkeit des Sohnes" gewesen; ihr Bild in unserer Dichtung ist ganz das Werk des Dichters, ebenso wie das Bild des Eumaios, der ausschließlich der schöpferischen Kraft des Dichters seine Existenz verdanken dürfte.

Mit der gewandelten Sicht des Menschen hängt zutiefst der Wandel des Götterbildes zusammen. Zwar thront nach wie vor in Erhabenheit die olympische Götterfamilie hoch über der Menschenwelt; Götterversammlungen, in deren Mittelpunkt menschliche Schicksale stehen, auch in der Odyssee. Aber die Ähnlichkeit bleibt im Äußerlichen. Von der blutvollen Vitalität einer Götterwelt, in der menschliches Wesen ins Maßlose gesteigert ist, in der mit vollem Einsatz geliebt und gestritten, geholfen und betrogen wird, die von leidenschaftlichen Zuneigungen und abgrundtief hassenden Feindschaften — gegeneinander und gegen die Menschen — erfüllt ist, von der Not und dem schnaubenden Begehren des Göttervaters, mit seiner Familie fertigzuwerden, von den menschlich-allzumenschlichen Situationen im Götterhimmel, die auf der Kippe von Erhabenheit und Burleske stehen: von all dem ist in der Odyssee nichts mehr zu spüren ... es müßte denn sein, an der einen Stelle, wo der Dichter, in seltsamer Weise zitierend und sich distanzierend, Iliadisches aufklingen läßt, in dem zweiten Lied des Demodokos von dem Liebesabenteuer Aphroditens mit Ares (8, 266—366).

In der Odyssee liegt das Schicksal in den Händen des weisen, gütig und gerecht regierenden Vaters Zeus. Athene, die Freundin des göttlichen Dulders, und Poseidon, sein Feind, sind fast nur noch Schachfiguren in seinem überlegenen Spiel; sie glauben, selbständig zu handeln, aber was sie selbst zu initiieren vermeinen, ist letztlich schon längst durch die Initiative des obersten Gottes bestimmt, ist Plan und Ergebnis seines überlegenen Fügens. Die gütige Helferin des Odysseus und Telemach läßt nichts mehr ahnen von der Unheimlichkeit und Grausamkeit, die der iliadischen Göttin ebenso eignet wie Kühnheit, Tatkraft und Klugheit, und der Zorn des Poseidon läßt die urtümliche Gewalt vermissen, mit der die iliadischen Götter zu hassen vermögen.

Und noch etwas: Der Weltenherrscher Zeus des Dichters der Odyssee hat alles trefflich gefügt und den Menschen ihr Schicksal bestimmt, ein Schicksal, dem nicht zu entrinnen ist — mit einer Ausnahme, geradezu einer negativen Ausnahme. Ein freier Raum bleibt dem Menschen: Wer wider die Schicksalsbestimmung frevelt, der erfährt auch ein Leid, das „über das Schicksal hinaus" (1, 34 f.) geht, der findet sein Ende noch vor der bestimmten Stunde. Rache folgt der Freveltat; das ist die schlichte Rechnung, die in dichterischer Aussage in der Odyssee das erste Mal aufgemacht wird. Die Moral triumphiert, von der Amoralität, die die Götterzeichnung und Schicksalsauffassung des Iliasdichters bestimmt hatte, ist kaum mehr eine Spur. Das ist der Geist einer anderen Welt.

Immer wieder und in allen Bereichen das gleiche Bild. Das Vorgegebene, aus verschiedenen Bereichen Überkommene verwandelt sich in den Händen des Dichters mit Leichtigkeit zu Neuem, das durch seine Persönlichkeit geformt und geprägt erscheint; nicht die Fülle dessen, was der Dichter erfahren und verwendet hat, macht sein Werk aus, sondern das, was in seinen Händen daraus geworden ist.

In einer besonderen Richtung sei dieser Gedanke noch etwas weiter verfolgt. Bezeichnend für den Dichter scheint uns u. a. das, was man seine Gegenwartsbezogenheit nennen mag. Zugegeben, eine besondere Art von Gegenwartsbezogenheit findet sich auch in der Ilias; nicht nur daß ihr Dichter durch seine Gleichnisse immer wieder und durch die Beschreibung des Achilleusschildes *in extenso* Einblicke in seine eigene Gegenwartswelt gewährt; seine Schilderung ist darüber hinaus ganz auf den Gegensatz zwischen der oft recht mühe- und jammervollen, so ganz der heroischen Dimensionen entratenden Welt der Menschen, „wie sie heute sind", und der idealen mythischen Welt des heroischen Ruhmes und Glanzes, die unwiederbringlich verloren ist, abgestellt. Unerfüllbare Sehnsucht verbindet und trennt zugleich Gegenwart und Vergangenheit. Solche Gedanken nun klingen in der Odyssee viel weniger deutlich und eindringlich auf, in ihr scheint auf eine ganz andere Weise die Gegenwart in die dichterische Aussage einbezogen. Doch sehen wir zu!

Man hat immer als ein besonderes Kennzeichen des frühgriechischen Epos die Tendenz des Archaisierens — im Sprachlichen wie im Sachlichen, das uns hier besonders angeht — gesehen, durchaus mit Recht, wenn man den Begriff so versteht, wie er hier gemeint ist: Die Dichter bemühen sich, den von ihnen gezeichneten Helden das zu geben, was ihnen in einer längst vergangenen Welt zukommt, und das von ihnen fernzuhalten, was dieser früheren Welt fremd ist. So stattet sie der Iliasdichter, der in einer Zeit lebt, die den Gebrauch des Eisens gelernt hat, konsequent mit eherner Rüstung aus, die allein der zurückliegenden Heroenzeit angemessen ist. Er redet in seinem Epos mit keinem Wort von den Doriern, die zu seiner Zeit schon weite Teile von Griechenland fest in ihrem Besitz haben. Die Erinnerung daran, daß diese Stämme erst relativ spät — wir würden heute sagen: in nachmykenischer Zeit — in ihre späteren Wohnsitze eingedrungen sind und die dort vor ihnen lebenden Griechenstämme abgelöst haben, bestimmt sein absichtsvolles Schweigen. In der Odyssee treten solche Tendenzen in den Hintergrund. Dabei ist nur am Rande bedeutsam, daß der Dichter an einer Stelle (19,177) die Dorier als einen der in Kreta siedelnden Stämme nennt; wichtiger ist das andere, Grundsätzliche. Wir glauben zu spüren, wie in der Odyssee anstelle des Archaisierens sich eine gewisse Tendenz des Modernisierens in den Vordergrund schiebt, wobei es gleichgültig ist, ob wir sagen, der Dichter projiziere gegenwärtige Zustände in die Welt der Heroen oder er präsentiere Gegenwärtiges im Gewand des Heroischen. So erscheinen des öfteren in seinem Werk, vor allem in den Ich-Erzählungen, die er seinem Helden außer den Apologen in den Mund legt, die Phoiniker, die durch ihre Raub- und Kauffahrten im ganzen östlichen Mittelmeerraum dessen Anwohner mehr beunruhigen als erfreuen und durch ihre Verschlagenheit und Habgier (Ausnahmen bestätigen die Regel: 13, 272—286) eine zweifelhafte Berühmtheit erlangt haben. Damit ist, wie neuere Forschung deutlich gemacht hat, nicht etwa die Erinnerung an Handelsunternehmungen nordsyrischer Gemeinwesen in mykenischer Zeit beschworen, sondern die Gegenwart in die Zeit der Troiahelden verlegt. In der Zeit vom 10. zum 8. Jahrhundert haben die Phoiniker im Ostmittelmeergebiet in der Tat eine reiche handelspolitische Aktivität entfaltet. Es sind solche und ähnliche Beobachtungen, die uns vermuten lassen, daß auch die vom Dichter geschilderten Zustände in Ithaka beinahe als Spiegelbild einer realen politischen Gegenwart gelten dürfen: Gegenwart, versetzt in ein mythisch-heroisches Szenarium. Hier liegt keine dunkle Erinnerung an Zustände der unmittelbar zurückliegenden Jahrhunderte vor — das Stammeskönigtum war zu jenen Zeiten noch in ungefährdeter Situation — und erst recht nicht an die mykenische Zeit, die in den stürmischen Dezennien um 1200 gewaltsam zu Ende gegangen war, ohne — abgesehen von eindrucksvollen Ruinen — deutliche Spuren hinterlasen zu haben. Hinter den ungebärdigen Junkern, die um Penelope werben, verbirgt sich der aufstrebende Adel, der in homerischer Zeit sich anschickt, dem Königtum dessen angestammte Rechte streitig zu machen, und sich immer selbstbewußter in den Vordergrund schiebt. Wir haben in anderem Zusammenhang schon davon gesprochen.

Noch anderes wäre in diesem Zusammenhang anzuführen, etwa die mit aller Liebe gestaltete Idylle auf dem Land, draußen im Gehöft des Eumaios. Die Gestalt des Knechtes, der seinem Herren über 20 Jahre lang die Treue gehalten hat, ist nicht minder Eigentum des Dichters als die Schilderung des ländlichen Milieus, die ganz aus der Anschauung der lebendigen Gegenwart gewonnen scheint; hier ist nichts von Tradition, hier bewegt sich der Dichter auf einem Feld, das ihm aus eigenem Erleben vertraut ist und das er als erster der epischen Aussage erschlossen hat.

*

Es war bisher sehr ausführlich davon die Rede, wie der Dichter den ihm aus verschiedenen Quellen zukommenden Stoff seinen eigenen Vorstellungen eingeordnet hat und wie eigene und fremde Elemente in seinem Epos eine so enge innere Verbindung eingegangen sind, daß dieses Gedicht alle Züge einer einheitlichen Konzeption aus einem Guß aufweist, und daß ihm seine heterogenen Ursprünge nicht mehr anzusehen sind; nur der glückliche Zufall, daß wir einiges von dem, was seiner Darstellung vorangegangen ist, kennen oder zumindest mit einiger Wahrscheinlichkeit vermuten dürfen, gewährt uns einen bescheidenen Einblick in seine Schaffensweise.

Was von der Bewältigung des Stoffes im Inhaltlichen zu sagen ist, gilt in ganz analoger Form auch von der Sprache des Dichters. Fast jede Zeile seines Gedichtes legt Zeugnis davon ab, wie eng er mit der Diktion des epischen Singens vertraut ist und wie eng er sich offenbar vor allem an das Vorbild der Ilias anschließt. Und doch läßt sich nachweisen, daß diese Sprache des Odysseedichters jüngere Züge aufweist, die über das aus der Ilias Bekannte einen Schritt hinausgehen, wie er neu formuliert und dabei auch Formen, Wörter, Wendungen gebraucht, die gegenüber dem Früheren einen jüngeren Sprachstand aufweisen. Überraschendes hat das nicht an sich. Sachbereiche, die zum ersten Mal in das Genos Epik einbezogen sind, wie Zustände und Geschehnisse in fernen Märchenländern, aber auch in einem kleinen Königreich, das den großen, zentralen Ereignissen des Heroenlebens ganz fern liegt und mit internen Problemen zu kämpfen hat, und in dem das Leben am Hof und das bäuerliche Dasein draußen auf dem Land im Mittelpunkt stehen: all das war mit der überlieferten Formeltradition nur zum kleineren Teil zu fassen.

Schließlich noch ein Wort zu Stil, Darstellungs- und Kompositionskunst der Odyssee. Wiederum ist nicht verwunderlich, daß auch hier maßgebliche Einflüsse der vorangehenden Dichtung, vor allem der Ilias, nicht zu verkennen sind. Allerdings hat man sich auch in diesem Bereich nur allzu leicht dazu verführen lassen, das Vorbild in unangemessener Verbindlichkeit zu verabsolutieren und die Odyssee der Ilias nicht nur vergleichend gegenüberzustellen, sondern sie an ihr zu messen und vorzugsweise den Finger darauf zu legen, wo sich die Odyssee scheinbar dem Vorbild nicht gewachsen zeige; verkannt wird dabei oft, daß dieses Gewandelte, Andere der Odyssee nicht nur Verlust, sondern zugleich Gewinn bedeutet, Eröffnung von neuen Valenzen und Nuancen, Vertiefung und Steigerung des Nachgeahmten, das zugleich überwunden wird: „schöpferische Imitation", wie es F. Jacoby einmal genannt hat.

Dieses Neue ist u. a. im Bereich der Gespräche in aller Deutlichkeit zu fassen. Der Dialog der Ilias, gestaltet in der Form einfacher Rede und Gegenrede bis hin zu kunstvollen Strukturen längerer Gespräche zwischen mehreren Partnern, ist durch seine logische Klarheit und Ausgewogenheit ausgezeichnet, die auch bei kunstvoller Verschlingung von Themen sichtbar erhalten bleibt. In der Odyssee ist die Gedankenführung differenzierter und komplizierter geworden. Wer erwartet, überall auf eine Frage eine sofortige klare Antwort, auf eine Anregung, einen Anstoß eine unmittelbare Reaktion zu finden, wird oft genug enttäuscht. Man muß genau zusehen um zu erkennen, was hinter diesen Eigenarten der odysseeischen Gesprächsführung steckt, die S. Beßlich bereits mit dem Titel seiner Untersuchungen durch die Begriffe „Schweigen — Verschweigen — Übergehen" so treffend umrissen hat. Sie erwachsen nicht aus mangelnder logischer Konzentration und Straffheit, und erst recht sind sie natürlich nicht das Zufallsprodukt redaktioneller Texterweiterungen durch Interpolatoren irgendwelcher Art, die ursprüngliche Zusammenhänge gesprengt hätten: sie erweisen sich stets als Träger überlegener pyschologischer Linienführung.

Nicht minder deutlich fassen wir die Eigenart des Dichters, wenn wir den Aufbau des Gesamtwerkes zu verstehen suchen. Nehmen wir zum Ausgangspunkt die schon immer als besonders auffällig empfundene Tatsache, daß der Gestalt des Odysseussohnes im Epos ein solch breiter Raum zugestanden ist. Die Götterversammlung am Anfang des Gedichts soll nach dem Willen Athenes das Geschehen in doppelter Weise in Gang bringen. Kalypso soll Odysseus entlassen, Telemach in Ithaka soll zur Tat, zum selbständigen Handeln erweckt werden. Die Aktivitäten des Vaters und des Sohnes sollen parallel laufen, von zwei verschiedenen Positionen soll das gleiche Ziel angesteuert werden. Aber da der Dichter, ebensowenig wie der Meister der Ilias, nicht in der Lage ist, zwei Handlungen nebeneinander laufen zu lassen, muß er aus dem, was von der inneren Logik her ein gleichzeitiges Nebeneinander sein sollte, ein darstellungsmäßig ebenso wie faktisches Hintereinander machen. Und so bleibt bis zu dem Augenblick, wo Telemach bei Menelaos in Sparta empfangen wird, Odysseus noch zur Untätigkeit verdammt; und während sich Telemach in der Folgezeit untätig in Sparta verliegt, gestaltet Odysseus die erste entscheidende Phase seiner Rückkehr: er kommt von Kalypso zu den Phaiaken, und diese bringen ihn heim nach Ithaka. Von der ingeniösen Linienführung, durch die von einem gemeinsamen Ausgangspunkt zwei verschiedene Handlungen nebeneinander hergeführt werden, bis sie sich schließlich verschlingen und vereinigen, ist der äußere Aufbau der Odyssee entscheidend geprägt. Hier ist die Ilias anders, wenn auch nicht verkannt werden darf, wie die Gestaltung von Einzelszenen in der Ilias dem Dichter der Odyssee die Möglichkeiten demonstriert und dargeboten hat, in welcher Weise sein Anliegen verwirklicht werden konnte.

Beobachtungen dieser Art treffen allerdings mehr das Äußerliche, Fragen des äußeren Aufbaus, der Linienführung, der Gliederung des Stoffes; aber hinter diesen äußeren Strukturen steckt mehr. Sehen wir zu! Was besagt die vom Dichter gewählte Ausgangssituation? Odysseus steht kurz vor dem Ende eines lebenslangen Abenteuer-

und Leidensweges; die Erfüllung seines sehnlichsten Wunsches, glücklich heimzukehren, bahnt sich an. Telemach, der eben durch Athene zum Mannsein Erweckte, steht am Anfang seiner Heldenlaufbahn; er beginnt zu zeigen, daß er ganz vom Blut und Geist seines Vaters, daß er willens und in der Lage ist, es ihm gleich zu tun. Der Fahrt des Odysseus, an deren Ende Ithaka stehen wird, ist die — wenngleich weit weniger gefährliche und letztlich auch (äußerlich!) erfolglose — Fahrt des Telemach gegenübergestellt, die ihn zu einem Zeitpunkt von der Heimat weg in die Ferne führt, wo Odysseus vom äußersten Ende der Welt zur Heimat aufbrechen wird. Die Abenteuer des Odysseus nähern sich ihrem Ende, die des Telemach beginnen erst. Die Linien laufen in Gegenrichtung, und in der Tat scheinen sich die beiden Männer zu verfehlen. Als Odysseus zu Hause bei Eumaios ist, erfährt er von der Abwesenheit des Sohnes, der ihn in der Ferne sucht. Aber dieses äußerliche Sich-Verfehlen, das erst auf Umwegen zum glücklichen Sich-Finden führt, ist kein leeres Spiel mit Strukturen: Telemach hat sich mit seiner Fahrt bewährt, er hat seine Probe als eben zum Mann Erwachter glänzend bestanden, und als Bewährter kann er mit Odysseus *pari passu* zum Entscheidungskampf mit den Freiern antreten.

Menschliches Handeln und Streben hat der Dichter gern unter dem Aspekt des Sich-Suchens, Sich-Verfehlens und schließlich Sich-Findens gesehen und darzustellen sich bemüht; diese inneren und äußeren Bewegungen scheinen ihm Wesentliches im menschlichen Miteinander auszumachen. In immer neuen Variationen wird, gerade am Beispiel des Odysseus, gezeigt, wie Menschen aufeinander zustreben, sich wiederfinden wollen und doch noch nicht finden können und dürfen oder wie sie mit Willen oder auch unabsichtlich dieses Finden vereiteln oder zumindest hinauszögern; Verstellung und Verhüllung, Lügen und Auf-die-Probe-Stellen: all das hat in dem faszinierenden zwischenmenschlichen Geschehen, das auf Enthüllung und auf die Wahrheit zustrebt, seinen festen Platz. Unter welchen Irrungen und Wirrungen, auf welchen Umwegen und Irrwegen vollzieht sich die Wiederfindung der beiden Ehegatten, das Telos des ganzen Geschehens! Vom ersten bis zum letzten Zusammentreffen die Spannung zwischen räumlicher Nähe und innerer Ferne, zwischen Fremdheit und Vertrautheit; Verstellung und Maskierung auf der einen Seite, Verhärtung und Sehnsucht zugleich auf der anderen, und immer wieder ein gegenseitiges Erproben und Versuchen. Im 19. Gesang steht die Wiedererkennung unmittelbar bevor, aber es bleibt beim Fast, beim Gerade-noch-nicht; denn im entscheidenden Augenblick biegt das so zielstrebig laufende Geschehen plötzlich in eine unvorhersehbare Richtung ab: nicht Penelope, sondern Eurykleia erkennt Odysseus, und Penelope bleibt ausgeschlossen. Und welches Spiel innerer Bewegung im 23. Gesang, wo unmittelbar vor dem glücklichen Ende sich die Barrieren zwischen den beiden noch einmal zu türmen scheinen, wo geradezu die Rollen vertauscht werden, wo aus dem sich Verstellenden, sich Zurückhaltenden der Suchende und Drängende wird und die Maske fallen läßt und Penelope schließlich aus der Passivität heraustritt und den auf die Probe stellt, der bis jetzt der Erprobende gewesen ist. Es ist ein bewundernswertes Spiel innermenschlicher und zwischenmenschlicher Bewegungen, das der Dichter vor uns abrollen läßt, gründend auf psychologischen Einsichten, die erst neu gewonnen sind, ein Spiel, für das der Dichter in der vorangegangenen Poesie sicherlich kein Vorbild gefunden hat und nicht hat finden können.

*

Die Wiedererkennung der beiden Ehegatten (23. Gesang) ist ein wesentliches Element des Telos der gesamtepischen Handlung, ebenso wie die ihr vorangehende Vernichtung der Freier (22. Gesang) und die ihr folgende Versöhnung mit den Angehörigen der Freier (24. Gesang). Die Zuordnung des ganzen Geschehens auf ein dreifaches Ziel, das der Dichter und der Hörer von Anfang an im Auge haben: die Ausmerzung der Frevler und die damit verbundene Wiederaufrichtung von Recht und Ordnung, die Wiedervereinigung der allzu lange auseinandergerissenen Familie, die Versöhnung aller mit allen, kurz, die Wiederherstellung des alten rechtmäßigen und glücklichen Zustandes im Bereich von Familie und Staat: diese Zielgerichtetheit des Geschehens ist eine Besonderheit der Odyssee, die sie deutlich von der Ilias abhebt, deren Handlung eher einem gewaltigen Bogen, einer einzigen Retardation inmitten eines umfassenden größeren Geschehens gleicht. Wie der Dichter der Odyssee sein Anliegen, das schon mit den ersten Szenen deutlich anvisierte Telos zu erreichen, verwirklicht, wie er die Linien vom gewählten Einsatzpunkt bis zum Ende geführt hat, das haben wir unter verschiedenen Aspekten deutlich zu machen versucht, Aspekten, die andere Betrachtungsweisen nicht ausschließen und auch ihnen ihr Recht lassen. Eine von ihnen sei zum Schluß noch angedeutet.

Wir haben davon gesprochen, wie in der Odyssee alles Geschehen auf Odysseus als die zentrale Figur bezogen ist, ähnlich wie Homer den Achill in den Mittelpunkt seines Werkes gestellt hat. Aber während die Ilias mit dem Geschehen um Achill und wegen Achill das gewaltige Szenarium eines erhabenen Spektakels mit zahllosen größeren und kleineren Akteuren entfaltet, beschränkt sich die Odyssee — bei aller Fülle und Weite der Geschehnisse — doch sehr deutlich: Ist sie nicht letztlich ein Dreipersonenstück, dessen Ablauf ganz auf die Trias Odysseus—Penelope—Telemach konzentriert ist? Wie in einem Dreieck sind die tragenden Figuren der Geschichte angeordnet, und die Dynamisierung dieser Konstellation erfolgt durch wechselnde Betonung der Linien, die jeweils zwei Personen miteinander verbinden. Erst ist es die enge Verbindung zwischen Mutter und Sohn, die das Bild bestimmt: beide zu gleichem Schicksal verurteilt, beide zuhause verzweifelt und sehnsüchtig wartend auf den, der noch in der Ferne weilt. Aber schon bahnt sich durch die Erweckung des Telemach eine Lockerung der Bande, ja fast so etwas wie ein Bruch an, und vor allem durch seine Reise rückt der Sohn äußerlich und innerlich ebenso von der Mutter ab, wie er seinem Vater näher kommt, und als er schließlich wieder bei Eumaios eintrifft, wo Odysseus schon auf ihn wartet, wird zwischen Vater und Sohn der enge Bund geschlossen, der die Mutter aus den gemeinsamen Plänen noch bewußt ausschließt. Und schließlich am Ende die glückliche Vereinigung der beiden Ehegatten, bei der der Sohn „draußen" bleiben muß. Vielleicht liegt gerade in dieser großangelegten Verschiebung von Schwerlinien etwas, was den dramatischen Charakter der Dichtung ausmacht.

Diese Form der Dramatisierung, wir sagten es schon, geht über das hinaus, was in der Ilias realisiert ist; daß sie etwa erst durch nachträgliche Erweiterung eines älteren, vielleicht sogar besseren Werkes sich geradezu von selbst und ungewollt eingestellt hätte, vermag man nicht zu glauben. Sie ist das Werk eines Dichters, der sich mit ihm ebenbürtig neben den stellt, der die Ilias geschaffen hat und den man Homer nennt, des Dichters der Odyssee.

Alfred Heubeck

NAMENREGISTER

Achaier, Gesamtname für die vor Troja kämpfenden Griechen passim; mit ehernem Leibrock I 286 IV 496; Achaia, Name für die Landschaft II 101 III 261 XI 166, 481 XIII 249 XIX 146 XXI 107, 160 XXIII 68 XXIV 136.

Acheron, See und Fluß bei den Unterirdischen X 513.

Achilleus, Sohn des Peleus und der Meergöttin Thetis; der erste Held vor Troja, III 106, 109, 189 VIII 75 XI 467–557 6mal XXIV 15–94 5mal; schneller Läufer XI 471, 538; Männerreihen durchbrechend IV 5.

Adreste, Magd der Helena IV 123.

Agamemnon, Oberbefehlshaber vor Troja, Sohn des Atreus, daher: der Atride; König von Argos und Mykene, III 143, 164, 234 IV 584 VIII 77 IX 263 XI 387, 397 XIII 383 XIV 70, 117 XXIV 20, 102, 121, 186; weit herrschend III 248; Hirte der Völker III 156 IV 532 XIV 497; göttlich XI 168.

Agelaos, unbedeutender Freier, Sohn des Damastor, XX 321, 339 XXII 131, 136, 212, 241, 247, 327.

Aiaia, Insel der Kirke und diese selbst IX 32 X 135 XI 70 XII 3, 268, 273.

Aiakide, Nachkomme des Aiakos: Achilleus XI 471, 538.

Aias, 1. Sohn des Oileus, von Poseidon getötet IV 499, 509; 2. heldenhafter Sohn des Telamon III 109; nach Achill der beste Kämpfer XI 469, 543, 550, 553 XXIV 17.

Aietes, Sohn des Sonnengottes, Kirkes Bruder X 137 XII 70.

Aigai, Heiligtum des Poseidon im Norden der Peloponnes V 381.

Aigisthos, Verführer der Klytaimestra und Mörder des Agamemnon I 29, 35, 42, 300 III 194–310 8mal IV 518, 525, 529, 537 XI 389, 409 XXIV 22, 97; Führer der Mannen IV 528.

Aigyptios, alter Ithaker und Vater eines Gefährten des Odysseus II 15.

Aigyptos, 1. Fluß Ägyptens; 2. das Land; 3. im Plural: die Ägypter III 300 IV 83, 351, 355, 477, 483, 581 XIV 246, 257, 258, 263, 275, 286 XVII 426, 427, 432, 448.

Aiolie, Insel des Aiolos X 1.

Aiolos, 1. Herrscher der Winde, Sohn des Hippotes X 2, 36, 44, 60 XXIII 314; 2. Vater des Kretheus, König von Thessalien XI 237.

Aison, Vater des Iason XI 259.

Namenregister 713

Aithioper, geheimnisvolles Volk am Rande der Welt I 22, 23 IV 84 V 282, 287.

Aithon, Deckname des Odysseus XIX 185.

Aitolos, Lügner aus der Landschaft Aitolien XIV 379

Akastos, sonst nicht genannter König von Dulichion XIV 336.

Akroneos, Phaiake VIII 111.

Aktoris, vertraute alte Magd der Penelope XXIII 228.

Alektor, Vater einer Spartanerin IV 10.

Alkandra, Ägypterin IV 126.

Alkimos, Vater des Mentor XXII 235.

Alkinoos, König der Phaiaken VI-VIII 54 mal; XI 346, 347, 355, 362, 378 XIII 3–64 10mal; 171; klug VI 256; göttergleich VII 231; Herrscher und Vorbild IX 2; hochbeherzt VI 27.

Alkippe, Magd der Helena IV 124.

Alkmaon, Held aus dem Geschlecht des Sehers Melampus XV 248.

Alkmene, Mutter des Herakles II 120 XI 266.

Aloeus, Vater des Riesenpaares Otos und Ephialtes XI 305.

Alpheios, Flußgott; Vater des Ortilochos III 489 XV 187.

Alybas, unbekannter Ort XXIV 304.

Amnisos, Hafenstadt in Kreta XIX 188.

Amphialos, Phaiake VIII 114, 128.

Amphiaraos, Held aus dem Geschlecht des Melampus XV 244, 253.

Amphilochos, Held aus dem Geschlecht des Melampus XV 248.

Amphimedon, Freier XXII 242, 277, 284 XXIV 103, 106, 120.

Amphinomos, Freier XVI 351, 394, 406 XVIII 119, 125, 395, 412, 424 XX 244, 247 XXII 89, 96.

Amphion, 1. König der Minyer in Orchomenos XI 283; 2. Sohn des Zeus und der Antiope XI 262.

Amphithea, Großmutter des Odysseus, Mutter Antikleias XIX 416.

Amphitrite, Göttin des Meeres III 91 V 422 XII 97; Meerfrau IV 404; mit dunklem Antlitz XII 60.

Amphitryon, Gemahl der Alkmene XI 266, 270.

Amythaon, Sohn des Kretheus und der Tyro XI 259.

Anabesineos, Phaiake VIII 113.

Anchialos, 1. Phaiake VIII 112; 2. angeblicher König der Taphier und Gastfreund des Odysseus I 180, 418.

Andraimon, Krieger vor Troja XIV 499.

Antikleia, Mutter des Odysseus XI 85 (152 XV 347, 356).

Antikios, Achaier im hölzernen Pferd IV 286.

Antilochos, Sohn Nestors, der vor Troja fiel III 112 IV 187, 202 XI 468 XXIV 16, 78.

Antinoos, Führer der Freier I 383, 389 II 84, 130, 301, 310, 321 IV 628,

631, 632, 641, 660, 773 XVI 363, 417, 418 XVII 374–500 15mal
XVIII 34–292 9mal XX 270, 275 XXI 84–312 10mal XXII 8, 49
XXIV 179, 424.
Antiope, Geliebte des Zeus, die Mutter des Amphion und Zethos,
thebanischer Führer XI 260.
Antiphates, 1. König der Laistrygonen X 106, 114, 199; 2. Sohn des
Sehers Melampus XV 242, 243.
Antiphos, 1. Sohn des Aigyptios II 19; 2. Ithaker XVII 68.
Apeira, Land VII 8. 9.
Apheidas, von Odysseus erfundener Name XXIV 305.
Aphrodite, Göttin der Anmut und Liebe IV 261 XX 68, 73 XXII 444;
Kultstätte Kypros und Paphos VIII 362; Kythera VIII 288 XVIII
193; golden IV 14 VIII 337, 342 XVII 37 XIX 54; hold lächelnd
VIII 362; hundsäugig VIII 319; bekränzt VIII 267, 288 XVIII
193.
Apollon, Sohn des Zeus und der Leto, III 279 IV 341 VI 162 VII 311
VIII 334 IX 198, 201 XV 526 XVII 132, 434 XVIII 235 XXI 338,
364 XXII 7 XXIV 376; Gott des Bogens VIII 226 XXI 267; der
Weissagung VIII 79 XV 245, 251; der Musik VIII 488; des Todes
VII 64 XV 402 XVII 251; Fest am Neujahrsneumond XX 276
XXI 258; Schütze ins Weite VIII 323, 339 XX 278; Erzieher der
Jünglinge XIX 86; silberbogner VII 64 XV 410 XVII 251.
Ares, Gott des Krieges VIII 267–355 8mal, 518 XI 537 XIV 216 XVI
269 XX 50; menschenverderbend VIII 115.
Arete, Königin der Phaiaken, eine Verwandte des Königs, VII 54, 66,
141, 142, 146, 231, 233, 335 VIII 423, 433, 438 XIII 57, 66; weiß-
armig XI 335.
Arethusa, Quelle auf Ithaka XIII 408.
Aretos, Sohn des Nestor III 414, 440.
Argeier, Argos, 1. Stadt und Land in der Peloponnes (auch für Griechen-
land) I 344 III 180, 251, 260 IV 174, 726, 816 XV 80, 224, 274
XVIII 246 XXI 108 XXIV 37; pferdenährend III 263 IV 99, 562
XV 239. 2. die Bewohner des Landes I 61, 211 II 173 III 129, 133
309, 379 IV 172 184, 200, 258, 273 279, 296 VIII 502, 513 578 X 15
XI 369, 485, 500 518, 524, 555 XII 190 XV 240 XVII 118, 119
XVIII 253 XIX 126 XXIII 218 XXIV 54, 62, 81.
Argeiphontes, Beinamen des Hermes: der Hellschimmernde, oder der
Töter des Argos I 38, 84 V 43, 49, 75, 94, 145, 148 VII 137 VIII 338
X 302, 331 XXIV 99.
Argo, das Schiff der Argonautensage XII 70.
Argos, Name eines Hundes des Odysseus XVII 292, 300, 326.
Ariadne, Tochter des Kreterkönigs Minos XI 321.

Arkeisios, Vater des Laërtes XIV 182 XVI 118.
Arnaios, Bettler, genannt Iros XVIII 5.
Artakia, Quelle der Laistrygonen X 108.
Artemis, die jungfräuliche Schwester Apollons, VI 151 XV 410 XVII 37 XIX 54; Todesgöttin der Frauen XI 324 XV 478 XVIII 201 XX 60, 61, 80; Schützin VI 102 XI 172, 198 XV 478; mit goldener Spindel IV 122; goldthronend V 123; rein V 123 XVIII 202 XX 71.
Arybas, Phoiniker aus Sidon XV 426.
Asopos, Fluß in Boiotien, Vater der Antiope XI 260.
Asphalion, Diener des Menelaos IV 216.
Asteris, sonst unbekannte Insel nahe bei Ithaka IV 846.
Athenai, Stadt Athen III 278, 307 XI 323; breitstraßig VII 80.
Athene, die große Tochter des Zeus, 161 mal; veranlaßt die Bogenprobe XXI 1; lenkt Penelope ab XIX 479; verlängert die Nacht XXIII 242; erscheint Telemach I 320 II 399 III 371; Odysseus XVI 160; leuchtet mit der Lampe XIX 33; schmückt Penelope XVIII 190; verjüngt Laërtes XXIV 367; hüllt Odysseus in Nebel VII 19; hilft in Seenot V 382; Handwerksgöttin VI 233; der Webkunst VII 109 XX 72; im Haus des Erechtheus VII 80. hell-(eulen)äugig 57 mal; Mannen antreibend XXII 210; Beutespenderin III 378 XIII 359 XVI 207; unbezwinglich IV 762 VI 324; Tochter des mächtigen Vaters I 101 III 135 XXIV 540; hochgemut XIII 121; Tritogeneia III 378.
Atlas, Träger des Himmelsgewölbes und Vater der Kalypso I 52 VII 245.
Atreide, Name für einen Sohn des Atreus, also für Agamemnon und Menelaos I 35, 40 III 136–304 9 mal IV 11 mal V 307 IX 263 XI 387, 397, 463 XIII 383, 424 XIV 470, 497 XV 52, 64, 87, 102, 121, 147 XVII 104, 116, 147 XIX 183 XXIV 20–191 7 mal.
Atreus, IV 462, 543 XI 436.
Atrytone, Beiname der Athene IV 762 XIV 324.
Autolykos, Großvater des Odysseus XI 85 XIX 394–466 13 mal XXI 220 XXIV 334.
Autonoe, Dienerin der Penelopeia XVIII 182.

Boethoide, Stammname eines Dieners des Menelaos IV 31 XV 95, 140.
Bootes, Sternbild, früh untergehend V 272.

Chalkis, Stadt in Elis XV 295.
Chariten, Göttinnen der Anmut VI 18 VIII 364 XVIII 194.
Charybdis, Meerungeheuer XII 260, 436, 441; schrecklich XII 430 XXIII 327; göttlich XII 104, 235; grausig XII 113, 428.

Chios, Insel III 170, 172.
Chloris, Tochter des Amphion von Orchomenos XI 172.
Chromios, Bruder des Nestor XI 286.

Damastoride, der Sohn des Damastor, der Freier Agelaos XX 321 XXII 212, 241, 293.
Danaer, Gesamtname für die Griechen I 350 IV 278, 725, 815 V 306 VIII 82, 578 XI 470, 526, 551 559 XXIV 18, 46.
Deiphobos, der zweite Gemahl der Helena in Troja, IV 276 VIII 517.
Delos, Insel und Geburtstätte Apollons im ägäischen Meer VI 162.
Demeter, Göttin des Ackerbaus V 126.
Demodokos, der Sänger bei den Phaiaken VIII 10 mal XIII 28.
Demoptolemos, Freier XXII 242, 266.
Deukalion, Vater des Idomeneus XIX 180, 181.
Dia, Die, Insel im ägäischen Meer XI 325.
Diokles, Gastfreund des Nestor in Pherai III 488 XV 186.
Diomedes, Held vor Troja, der Sohn des Tydeus III 181.
Dionysos, Gott des Weines XI 325 XXIV 74.
Dmetor, von Odysseus erfundener König von Kypern XVII 443.
Dodona, berühmte Weissagungsstätte in Epeiros XIV 327 XIX 296.
Dolios, Diener auf dem Feld des Laërtes IV 735 XVIII 322 XXIV 222, 387–498 7mal; Vater des Melanthios XVII 212 XXII 159.
Dorier, Volksstamm auf Kreta XIX 177.
Dulichion, Insel nahe bei Ithaka I 246 IX 24 XIV 335, 397 XVI 123, 247, 396 XVIII 127, 395, 424 XIX 131, 292.
Dymas, Phaiake VI 22.

Echeneos, Phaiake VII 155 XI 342.
Echephron, Sohn des Nestor III 413, 439.
Echetos, ferner wilder König XVIII 85, 116 XXI 308.
Eidothea, Tochter des Meergottes Proteus IV 366.
Eileithyia, göttliche Helferin gebärender Frauen XIX 188.
Elatos, Freier XXII 267.
Elatreus, Phaiake VIII 111, 129.
Elis, Landschaft in Nordgriechenland IV 635 XIII 275 XV 298 XXI 347 XXIV 431.
Elpenor, Gefährte des Odysseus X 552 XI 51, 57 XII 10.
Elysion, Ort der nach dem Tod beglückten Sterblichen IV 563.
Enipeus, Fluß in Thessalien XI 238, 240.
Eos, Göttin des Morgens 51 mal; frühgeboren 25 mal, rosenfingerig; 22 mal; schönthronend VI 48 XV 495 XVII 497 XVIII 318 XIX 342.

Epeier, Bewohner von Elis XIII 275 XV 298 XXIV 431.
Epeios, Erbauer des hölzernen Pferdes VIII 493 XI 523.
Eperitos, von Odysseus erfundener Name XXIV 306.
Ephialtes, Riese, Bruder des Otos Otos XI 308.
Ephyra, Stadt der Thesproter I 259, II 328.
Epikaste, Mutter und Gemahlin des Oidipus XI 271.
Erebos, Unterwelt X 528 XI 37, 564 XII 81 XV 356.
Erechtheus, Gott auf dem Burgberg Athens VII 81.
Erember, Volk im fernsten Osten IV 84.
Eretmeus, Phaiake VIII 112.
Erinys, die Rachegöttin II 135 XI 280 XV 234 XVII 475 XX 78.
Eriphyle, Verräterin an ihrem Gatten (Amphiaraos) XI 326.
Erymanthos, Gebirge in Arkadien VI 103.
Eteokreter, Volksstamm auf Kreta XIX 176.
Eteoneus, Diener des Menelaos IV 22, 31 XV 95.
Euanthes, Vater des Apollonpriesters Maron IX 197.
Euboia, im Osten Griechenlands vorgelagerte Insel III 174 VII 321.
Euenor, Vater des Freiers Leiokritos II 242 XXII 294.
Eumaios, Sauhirt des Odysseus XVI–XVII und XX–XXII 42mal göttlich 17mal.
Eumelos, Gemahl einer Schwester der Penelopeia IV 798.
Eupeithes, Vater des Freiers Antinoos, I 383 IV 641, 660 XVI 363 XVII 477 XVIII 42, 284 XX 270 XXI 140, 256 XXIV 422, 465, 469, 523.
Euryades, Freier XXII 267.
Euryalos, Phaiake VIII 115, 127, 140, 158, 396, 400.
Eurybates, Diener des Odysseus bei der Ausfahrt XIX 247.
Eurydamas, Freier XVIII 297 XXII 283.
Eurydike, Gemahlin des Nestor III 452.
Eurykleia, Amme des Telemach, Tochter des Ops, I 429 II 347, 361 IV 742 XVII 31 XIX 15, 21, 357, 401, 491 XX 128, 134, 148 XXI 380, 381 XXII 391, 394, 419, 480, 485, 492 XXIII 25, 39, 69, 177.
Eurylochos, Gefährte des Odysseus X 205, 207, 232, 244, 271, 429, 447 XI 23 XII 195, 278, 294, 297, 339, 352.
Eurymachos, Freier I 399, 413 II 177, 209 IV 628 XV 17, 519 XVI 345, 434 XVII 257 XVIII 65, 244–396 8mal XX 359, 364 XXI 186–331 6mal XXII 44, 61, 69.
Eurymedon, Vater der Periboia König der Giganten VII 58.
Eurymedusa, Kinderfrau der Nausikaa VII 8.
Eurymos, Vater des Sehers Telemos IX 509.

Eurynome, Verwalterin des Palastes IV 366 XVII 495; XVIII 164, 169, 178 XIX 96, 97 XX 4 XXIII 154, 289, 293.
Eurynomos, Freier II 22 XXII 242.
Eurypylos, Sohn des Telephos, Troer XI 520.
Eurytion, Kentaure XXI 295.
Eurytos, berühmter Bogenschütze VIII 224, 226 XXI 32.

Gaia, die Erde, Mutter des Tityos VII 324; ruhmvoll XI 576.
Geraistos, Vorgebirge Euboias III 177.
Gerenios, Beiname des Nestor aus Gerenia in Lakonien III 10 mal IV 161.
Gigantes, Volk von Riesen VII 59, 206 X 120.
Gorgo, Ungeheuer der Unterwelt, dessen Anblick versteinert XI 634.
Gortyn, Stadt auf Kreta III 294.
Gyrai, felsiges Ufer, an dem Aias unterging IV 500, 507.

Hades, der Gott der Unterwelt und Bruder des Zeus, III 410 IV 834 VI 11 IX 524 X 175, 491–VI 635 19 mal XII 17, 21, 383 XIV 156, 208 XV 350 XX 208 XXIII 252, 322 XXIV 204, 264; Torschließer XI 277.
Halios, Sohn des Phaiakenkönigs VIII 119, 370.
Halitherses, greiser Ithaker, der Vogelzeichen deuten konnte, II 157, 253 XVII 68 XXIV 451.
Harpyen, räuberische Windwesen I 241 XIV 371 XX 77.
Hebe, Gemahlin des Herakles im Olympos XI 503.
Helena, Tochter des Zeus und Gemahlin des Menelaos, IV 12, 121, 130, 183, 219, 296, 305, 569 XI 438 XIV 68 XV 58, 100, 104, 106, 123, 126, 171 XVII 118 XXII 227 XXIII 218.
Helios, Sonnengott I 8; III 1; VIII 271, 302 XII 4, 128–398 13 mal XIX 276, 433 XXIII 329 XXIV 12; sieht und hört alles XI 109 XII 323; strahlend V 479 XI 16 XIX 441 XXII 388; bringt den Menschen das Licht X 138, 191.
Hellas, Gesamtname für Griechenland I 344 IV 726, 816 XI 496 XV 80.
Hellespontos, Eingang zum schwarzen Meer XXIV 82.
Hephaistos, kunstvoller Schmied, Gemahl der Aphrodite, IV 617 VI 233 VII 92 VIII 268–359 12 mal XV 117; XXIII 160 XXIX 71, 75; an beiden Füßen lahm VIII 300, 349, 357; berühmter Künstler VIII 286.
Hera, Gemahlin des Zeus, VIII 465; XI 604 XV 112, 180 XX 70; Schutzgöttin Agamemnons IV 513; Jasons XII 72; Herrin IV 513.

Herakles, Sohn des Zeus und der Alkmene, VIII 224 XI 267, 601 ff. XXI 26.

Hermes, Sohn des Zeus, Götterbote, Erfinder und schlauer Helfer, I 42 V 28, 29, 54, 85, 87, 176 VIII 334 X 307 XI 626 XXIV 1, 10; schlafspendend VII 137; Geschäftsgott XV 319; Truggott XIX 396; Geleiter I 84 V 43, 75, 94, 145 VIII 338 XII 390 XV 319 XXIV 99; schimmernd (Argostöter) 13 mal; mit dem Goldstab V 87 X 277, 331; mit dem er bezaubert und aufweckt XX 3; Läufer (Segenspender?) VIII 322; Späher I 38; Schützer der Herden XIV 436; Spender der Güter VIII 335; Hügel zu seinen Ehren XVI 471.

Hermione, Tochter der Helena IV 14.

Hippodameia, Magd der Penelopeia XVIII 182.

Hippotade, Sohn des Hippotes, Aiolos X 2, 36.

Hylakide, Sohn des Hylakos, ein erdichteter Name XIV 204.

Hypereia, alter Sitz der Phaiaken VI 4.

Hyperesia, Stadt in Achaia XV 254.

Hyperion, Beiname des Helios I 8, 24 XII 133, 263, 346, 374.

Hyperionide, Beiname des Helios XII 176.

Iaolkos, Landschaft Jolkos in Thessalien XI 256.

Iardanos, Fluß auf Kreta III 292.

Iaside, Amphion XI 283; Dmetor XVII 443.

Iasion, Geliebter der Demeter V 125.

Iason, Führer der Argonauten XII 72.

Iasos, Fürst in Argos XVII 246.

Idomeneus, Führer der Kreter I 285 III 191 XIII 259 XIV 382 XIX 190; Fürst XIX 181; hochberühmt XIV 237.

Ikarios, Vater der Penelopeia, I 329 II 53, 133 IV 797, 840 XI 446 XVI 435 XVII 562 XVIII 159, 188, 245, 285 XIX 375, 546 XX 388 XXI 2, 321 XXIX 195.

Ikmalios, Kunstschreiner XIX 57.

Ilios, Stadt der Troer II 18, 172 VIII 495, 578, 581, IX 39 X 15 XI 86, 169, 372 XIV 71, 238 XVII 104, 293 XVIII 252 XIX 125, 182, 193 XXIV 117.

Ilos, Sohn des Mermeros, Einwohner Ephyras I 259.

Ino, Meergottheit; sie heißt auch Leukothea V 333, 461.

Iphiklos, Besitzer großer Rinderherden XI 290, 296.

Iphimedeia, Mutter des Ephialtes und Otos XI 305.

Iphthime, Schwester der Penelopeia IV 797.

Iphitos, Gastfreund des Odysseus XXI 14, 22, 37.

Iros, Bettler, Spottname für Arnaios XVIII 12 mal.

Ismaros, die Stadt der Kikonen IX 40, 198.

Ithaka, die Insel 81 mal; weithin sichtbar II 167 IX 21 XIII 212, 325 XIV 344 XIX 132; felsig I 247 XV 510 XVI 124 XXI 346; rauh X 417, 463; umströmt I 386, 395, 401 II 293 XXI 252; die Bewohner II 25, 161, 229, 246 XV 520 XXII 45 XXIV 354, 443, 454, 531.
Ithakos, Baumeister XVII 207.
Itylos, Sohn des Zethos, den die Mutter ermordet XIX 522.

Kadmeier, Einwohner Thebens XI 276.
Kadmos, Vater der Ino (Leukothea) V 333.
Kalypso, Nymphe, Retterin des Odysseus, IV 557 V 14–372 13 mal VII 260 IX 29, XVII 143, XXIII 333; listig XVII 245; mit herrlichen Flechten VII 246, 255 VIII 452 XII 389, 449; mit menschlicher Stimme begabt XII 449.
Kassandra, weissagende Tochter des Priamos XI 422.
Kastor, 1. Sohn des Zeus und der Leda, Bruder der Helena XI 300. 2. erfundener Name XIV 204.
Kaukonen, Stamm in Elis III 366.
Kentauren, Mischwesen aus Pferd und Mensch XXI 295, 303.
Kephallenen, Untertanen des Odysseus auf dem Festland XX 210 XXIV 355, 378, 429.
Keteier, Kleinasiatischer Stamm XI 521.
Kikonen, thrakischer Stamm IX 39, 47, 59, 66, 165 XXIII 310.
Kimmerier, Volk am Rande der Unterwelt XI 14.
Kirke, Zauberin und Göttin, Tochter des Helios, VIII 448 X 136–571 30 mal XI 22, 53, 62 XII 9, 16, 36, 155, 226, 268 273, 302 XXIII 321; listig IX 32; mit schönen Flechten und menschlicher Stimme X 136 XI 8 XII 150.
Kleitos, Enkel des Melampus XV 249, 250.
Klothen, Parzen VII 197.
Klymene, Heroine XI 326.
Klymenos, Vater der Eurydike, Gattin des Nestor III 452.
Klytaimnestra, Frau und Mörderin des Agamemnon III 266; XI 422, 439 XXIV 199.
Klytios, Vater des Peiraios XV 540; XVI 327.
Klytoneos, Sohn des Alkinoos VIII 119, 123.
Knosos, Stadt auf Kreta XIX 178.
Kokytos, Fluß im Hades X 514.
Korax, Felsen von Ithaka XIII 408.
Kratais, Mutter der Skylla XII 124.
Kreion, König von Theben, Vater der Megara XI 269.
Kreta, große Insel südlich von Griechenland mit verschiedenen

Stämmen III 191, 291 XI 323 XIII 256, 260 XIV 199, 205, 234, 252, 300, 301, 382 XVI 62 XVII 523 XIX 172, 186, 338.
Kretheus, Gemahl der Tyro XI 237, 258.
Kronide, Kronion, Name des Zeus als Sohn des Kronos I 45, 81, 386 III 88, 119; IV 207, 699 VIII 289 IX 552 X 21 XI 620 XII 399, 405 XIII 25 XIV 184, 303, 406 XV 477, 536 XVI 117, 291 XVII 424 XVIII 376 XIX 80 XX 236, 273 XXI 102 XXII 51 XXIV 472, 473, 539, 544.
Kronos, Vater des Zeus, verschlagen XXI 415.
Krunoi, Ort in Elis XV 295.
Ktesios, Vater des Eumaios XV 414.
Ktesippos, Freier XX 288, 303, 304 XXII 279, 285.
Ktimene, Schwester des Odysseus XV 363.
Kydonen, Stamm der Kreter III 292 XIX 176.
Kyklopen, Riesenvolk I 69, 71 II 19 VII 206 IX ab 106 22mal X 200, 435 XII 209 XX 19 XXIII 312; gesetzlos IX 106, 189, 428; übermenschlich VI 5.
Kyllenios, Beiname des Hermes vom Gebirge Kyllene in Arkadien, seiner Geburtsstätte XXIV 1.
Kypros, Insel im östlichen Mittelmeer IV 83 VIII 362 XVII 442, 443, 448.
Kythera, Kythereia, Insel, der Peloponnes vorgelagert, Heiligtum der Aphrodite, daher ihre Beiname VIII 288 IX 81 XVIII 193.

Laërkes, Goldschmied in Pylos III 425.
Laërtes, Vater des Odysseus, daher die Bezeichnung Laërtiade, I 189, 430 II 99 IV 111, 555, 738 VIII 18 IX 505, 531 XIV 9, 173, 451 XV 353, 483 XVI 118, 138, 302 XIX 144 XXII 185, 191, 336 XXIV 10mal; Führer der Mannen XXIV 368.
Laistrygonia, Reich der *Laistrygonen* X 82, 106, 119, 199 XXIII 318.
Lakedaimon, Reich des Menelaos, XXI 13; göttlich III 326; IV 313, 702 V 20 XIII 440 XVII 121; hohl IV 1; schluchtenreich IV 1; mit breiten (Tanz)plätzen XIII 414 XV 1.
Lamos, König der Laistrygonen X 81.
Lampetia, Nymphe, Tochter des Helios XII 132, 375.
Lampos, Pferd der Eos XXIII 246.
Laodamas, Sohn des Alkinoos VII 170 VIII 117, 119, 130, 132, 141, 153, 207, 370.
Lapithen, starkes Volk in Thessalien XXI 297.
Leda, Geliebte des Zeus, Mutter des Kastor und Pollux XI 298.
Leiodes, Opferschauer im Palast XXI 144, 168 XXII 310.
Leiokritos, Sohn des Euenor, Freier II 242; XXII 294.

Lemnos, Insel vor der troischen Küste VIII 283, 294, 301.
Lesbos, Insel vor Kleinasien III 169 IV 342 XVII 133.
Leto, Geliebte des Zeus, Mutter des Apollo und der Artemis VI 106 XI 318, 580.
Leukas, Felsen am Eingang in die Unterwelt XXIV 11.
Leukothea, Meergöttin V 334.
Libyen, Lybien IV 85 XIV 295.
Lotophagen, die Lotosesser IX 84, 91, 92, 96 XXIII 311.

Maia, Mutter des Hermes XIV 435.
Maira, Heroine XI 326.
Maleia, Vorgebirge der Peloponnes III 287 IV 514 IX 80 XIX 187.
Mantios, Seher aus der Familie des Melampus XV 242, 249.
Marathon, Gau in Attika VII 80.
Maron, ein Priester in Ismaros IX 197.
Mastoride, der Sohn des Mastor, ein Ithaker II 158 XXIV 452.
Medon, Rufer im Palast des Odysseus IV 677, 696, 711 XVI 252, 412 XVII 172 XXII 357, 361 XXIV 439, 442.
Megapenthes, Nebensohn des Menelaos IV 11 XV 100, 103, 122.
Megara, Gattin des Herakles XI 269.
Melampus, Gründer eines Sehergeschlechtes XV 225.
Melaneus, Ithaker, Vater des Amphimedon XXIV 103.
Melanthios, (Melantheus) Ziegenhirt des Odysseus XVII 212, 247, 369 XX 173, 255 XXI 175, 176, 181, 265 XXII 135–195 7mal, 474.
Melantho, Dienerin im Palast des Odysseus, Schwester des Melanthios XVIII 321 XIX 65.
Memnon, Sohn der Eos (IV 188) XI 522.
Menelaos, König von Sparta, Sohn des Atreus, I 285 III ab 141 8mal IV 26mal VIII 518 XI 460 XIII 414 XIV 470 XV 1–207 15mal XVII 76, 116, 120, 147 XXIV 116; Führer der Völker IV 24, 156, 291, 316 XV 64, 87, 167; blond 16mal.
Menoitiade, Patroklos, Sohn des Menoitios XXIV 77.
Mentes, Führer der Taphier I 105, 180, 418.
Mentor, treuer Freund des Odysseus, II 225, 243, 253, 268, 401 III 22, 240 IV 654, 655 XVII 68 XXII 206, 208, 213, 235, 249 XXIV 446, 503, 548; Führer der Mannen XXIV 456.
Mermeride, Sohn des Mermeros, Ilos I 259.
Mesaulios, Sklave des Eumaios XIV 449, 455.
Messene, Landschaft in der Peloponnes XXI 15, 18.
Mimas, kleinasiatisches Vorgebirge III 172.
Minos, Sohn des Zeus, Richter in der Unterwelt XI 322, 568; XVII 523 XIX 178.

Minyeios, Beiname der boiotischen Stadt Orchomenos im Gebiet der Minyer XI 284.

Mulios, Rufer der Freier XVIII 423.

Muse, Göttin des Gesangs I 1; VIII 63, 73, 481, 488; XXIV 62; Neunzahl XXIV 60.

Mykene, 1. Stadt des Agamemnon in der Argolis XXI 108; goldreich III 305. 2. Heroine II 120.

Myrmidonen, die Leute des Achilleus III 188 IV 9 XI 495.

Naiaden, Nymphen XIII 104, 348, 356.

Naubolides, Phaiake VIII 116.

Nausikaa, Tochter des Alkinoos VI 8 mal VIII 457, 464; weißarmig VI 49, 101, 186, 251 VII 12.

Nausithoos, Sohn des Poseidon, Führer der Phaiaken VI 7 VII 56, 62, 63 VIII 565.

Nauteus, Phaiake VIII 112.

Neaira, Geliebte des Helios XII 133.

Neiaden, Nymphen der Gewässer XIII 104, 348, 356.

Neïon, Berg auf Ithaka I 186; III 81 IX 22.

Neleus, Gründer von Pylos III 4, 409 XI 254, 281, 288 XV 229, 233, 237; sein Sohn Nestor III 79, 202, 247, 465; neleisches Pylos IV 639.

Neoptolemos, Sohn des Achilleus XI 506.

Nerikos, Stadt der Kephallenen XXIV 377.

Neriton, Berg auf Ithaka IX 22 XIII 351.

Neritos, Baumeister auf Ithaka XVII 207.

Nestor, der alte König in Pylos I 284 III 24 mal IV 21, 69, 186, 191, 209, 303, 488 XI 286, 512 XV 4, 144, 194 XXIV 52; Meister der Rosse III 9 mal IV 161; Führer der Männer III 469 XV 151 XVII 109; seine Söhne heißen Nestoriden III 36, 482 IV 71, 155 XV 6, 44, 46, 48, 166, 195, 202.

Nisos, Dulichier, Vater des Amphinomos XVI 395 XVIII 127, 413.

Noëmon, Ithaker II 386 IV 630, 648.

Nymphen, göttliche Wesen in Wasser, Wald und Flur VI 105, 123 IX 145 XII 318 XIII 104, 107, 348, 350, 355, 356 XIV 435 XVII 211, 240; Schützerinnen der Herden XV 436; Einteilung X 350ff.

Odysseus passim; listenreich 67 mal; reich an Mitteln 16 mal; voll bunter Klugheit III 163 VII 168 XIII 293 XXII 115, 202, 281; klug I 48 III 163, VII 168 XXI 223, 379 XXII 115, 202, 281; vielbedacht I 83 XIV 424 XX 239, 329 XXI 204; vielduldend 37 mal; ausdauernden Sinnes I 87, 129 III 84 IV 241, 270 V 31 XVII 34, 114, 292, 510 XVIII 311; Städtezerstörer VIII 3 IX 504, 530 XIV 447,

XVI 442 XVIII 356 XXII 283 XXIV 119; Führer der Mannen X 538 XVIII 70.
Ogygia, Insel der Kalypso I 85 VI 172 VII 244, 254 XII 448 XXIII 333.
Oichalieus, Bewohner der Stadt Oichalia in Thessalien VIII 224.
Oidipodes, König von Theben XI 271.
Oïkles, aus der Familie des Melampus, Vater des Amphiaraos XV 243, 244.
Oinops, Vater des Freiers Leiodes XXI 144.
Okeanos, das die Erde umströmende Meer, IV 568 V 275 X 139, 508, 511 XI 21, 158 XII 1 XXII 197 XXIII 244, 347 XXIV 11; Fluß XI 639; sanftfließend XIX 434; zurückströmend XX 65; tieffließend XI 13, XIX 434.
Okyalos, Phaiake VIII 111.
Olympos, Berg der Götter I 27, 60, 102 II 68 III 377 IV 74, 173, 722 VI 42, 188, 240 VIII 331 X 307 XI 313, 315 XII 337 XIV 394 XV 43, 523 XVIII 180 XIX 43 XX 55, 73, 79, 103 XXIII 140, 167 XXIV 351, 488; der Olympier (Zeus) I 27 II 68 IV 74, 173, 722 VI 188 XV 523 XXIII 140.
Onetor, Vater des Steuermanns Phrontis III 282.
Ops, Sohn des Peisenor, Vater der Eurykleia I 429 II 347 XX 148.
Orchomenos, Stadt in Boiotien XI 284, 459.
Orestes, Sohn des Agamemnon I 30, 40, 298 III 306 IV 546 XI 461.
Orion, Büßer in der Unterwelt V 121, 123, 274 XI 310 572.
Ormenide, Sohn des Ormenos, Ktesios XV 414.
Orsilochos, Sohn des Kreters Idomeneus XIII 260,
Ortilochos, Sohn des Flußgottes Alpheios, III 489 XV 187 XXI 16.
Ortygia, unbekannte Insel V 123 XV 404.
Ossa, 1. Berg in Thessalien XI 315. 2. Botin des Zeus XXIV 412.
Otos, Riese, Bruder des Ephialtes XI 308.

Paieon, Arzt der Götter IV 232.
Pallas, Beiname der Athene I 125, 252, 327; II 405 III 29, 42, 222, 385 IV 289, 828 VI 233, 328 VII 37 VIII 7 XI 547 XIII 190, 252, 300, 371 XV 1; XVI 298 XIX 33 XX 345 XXIII 160 XXIV 520, 547.
Panachaier, Gesamtname der Griechen I 239 XIV 369 XXIV 32.
Pandareos, Vater der Aëdon XIX 518 XX 66.
Panopeus, Ort in der Landschaft Phokis mit schönen Tanzplätzen XI 581.
Paphos, Stadt auf Kypros VIII 363.

Parnassos, Gebirge über Delphi XIX 394, 411, 432, 466 XXI 220 XXIV 332.

Patroklos, Sohn des Menoitios, Freund des Achilleus, III 110; XI 468; XXIV 16, 77, 79.

Peiraios, Fahrtgenosse des Telemach, XV 539, 540, 544 XVII 55, 71, 74, 78; XX 372.

Peirithoos, König der Lapithen XI 631 XXI 296, 298.

Peisandros, Freier XVIII 299 XXII 243, 268.

Peisenor, 1. Rufer in Ithaka II 38; 2. Vater des Ops I 429 II 347 XX 148.

Peisistratos, Sohn des Nestor III 36, 400, 415, 454, 482 IV 155 XV 46, 48, 131, 166.

Pelasger, Stamm auf Kreta XIX 177.

Peleide, Peleiade, Peleion, der Sohn des Peleus, Achilleus V 310 VIII 75 XI 467, 470, 551, 557, XXIV 15, 18, 23.

Peleus, Vater des Achilleus XI 478, 494, 505 XXIV 36.

Pelies, Sohn des Poseidon XI 254, 256.

Pelion, Berg in Thessalien XI 316.

Penelopeia, Gemahlin des Odysseus passim; verständig 50mal; klug IV 111 XIII 406 XVI 130, 458 XVII 390 XXIV 198, 294; mit reicher Mitgift XXIV 294.

Periboia, Geliebte des Poseidon, Mutter des Nausithoos VII 57.

Periklymenos, Bruder des Nestor XI 286.

Perimedes, Ithaker XI 23 XII 195.

Pero, Tochter des Neleus XI 287.

Perse, Gemahlin des Helios X 139.

Persephoneia, Gemahlin des Hades, X 494, 509 XI 217, 386; erlaucht XI 213, 226, 635; schrecklich X 491, 534, 564 XI 47.

Perseus, Sohn des Nestor III 414, 444.

Phaëthon, Pferd der Eos XXIII 246.

Phaëthusa, Tochter des Hyperion XII 132.

Phaiaken, Bewohner der Insel Scheria, V–XIII 74 mal XVI 227 XIX 279 XXIII 338; ruderliebend V 386 VIII 96, 386, 535 XI 349 XIII 36; mit langen Rudern VIII 191, 369 XIII 166.

Phaidimos, König der Phoiniker IV 617 XV 117.

Phaidra, Heroine XI 321.

Phaistos, Stadt auf Kreta III 296.

Pharos, Insel vor der Nilmündung IV 355.

Pheai, Stadt in Elis XV 297.

Pheidon, König der Thesproter XVI 316 XIX 287.

Phemios, der Sänger in Ithaka I 154, 337 XVII 263 XXII 331.

Pherai, 1. Stadt in Thessalien IV 798. 2. Stadt in Elis III 488 XV 186.

Pheres, Sohn des Kretheus XI 259.
Philoitios, Rinderhirt des Odysseus XX 185, 254 XXI 240, 388 XXII 359.
Philoktetes, berühmter Bogenschütze III 190 VIII 219.
Philomeleides, Lesbier IV 343 XVII 134.
Phoibos, Beiname des Apollon III 279 VIII 79 IX 201.
Phoiniker, Bewohner von Phoenizien IV 83 XIII 272 XIV 288, 291 XV 415, 417, 419, 473.
Phorkys, Meergott I 72; XIII 96, 345.
Phronios, Ithaker II 386 IV 630, 648.
Phrontis, Steuermann des Menelaos III 282.
Phthia, thessalische Landschaft XI 496.
Phylake, Stadt in Thessalien XI 290 XV 236.
Phylakos, Thessalier XV 231.
Phylo, Dienerin der Helena IV 125, 133.
Piërïen, Landschaft am Fuß des Olympos V 50.
Plankten, zusammenschlagende Felsen XII 61 XXIII 327.
Pleiaden, Sternbild V 272.
Poiantios, der Sohn des Poias, Philoktetes III 190.
Polites, Gefährte des Odysseus X 224.
Polybos, 1. Ägypter IV 126; 2. Phaiake VIII 373; 3. Vater des Freiers Eurymachos I 399 II 177 XV 519 XVI 345, 434 XVIII 349 XX 359 XXI 320; 4. Freier XXII 243, 284.
Polydamna, Ägypterin IV 228.
Polydeukes, Bruder der Helena XI 300.
Polykaste, Tochter des Nestor III 464.
Polyktoride, Sohn des Polyktor, Peisandros XVIII 299 XXII 243.
Polyktor, Baumeister XVII 207.
Polyneos, Phaiake VIII 114.
Polypemonide, Sohn des Polypemon, Apheidas XXIV 305.
Polypheides, aus dem Geschlechte des Melampus XV 249, 252.
Polyphemos, der Kyklops Polyphem I 70 IX 403, 407, 446.
Polytherseïde, Sohn des Polytherses, Ktesippos XXII 287.
Ponteus, Phaiake VIII 113.
Pontonoos, Rufer der Phaiaken VII 179, 182 VIII 65 XIII 50, 53.
Poseidon, der Gott der Meere I 20, 73, 74, 77 III 43, 54, 178, 333 IV 386, 500, 505 V 339, 366, 446 VII 56, 61, 271 VIII 344, 354, 565 IX 283, 412, 526 XI 130, 252, 306, 399, 406 XIII 146, 159, 173, 181, 185, 341 XXIII 234, 277 XXIV 109. Erdbeweger I 68 III 55 VIII 322, 350 IX 528; Erderschütterer 24mal; mit dunklem Scheitel III 6 IX 528, 536; sein Tempel VI 246.
Pramneios, nicht bestimmbarer Weinort X 235.

Priamos, König der Troer, III 107, 130 V 106 XI 421, 533 XIII 316 XIV 241 XXII 230.
Prokris, Heroine XI 321.
Proreus, Phaiake VIII 113.
Proteus, Meergreis IV 365 385.
Prymneus, Phaiake VIII 112.
Psyria, Insel bei Chios III 171.
Pylos, Pylier, Stadt und Volk von Pylos I 284 II 317 III 4, 31, 59, 182, 485 IV 639, 656, 713, XI 285 XIII 274 XV 42, 193, 216, 226, 227, 236, 541 XVI 24, 131, 142, 323, 337 XVII 42, 109, XXI 108 XXIV 430; hochheilig II 308 IV 599, 702 V 20 XIV 180; sandig I 93 II 214, 326, 359 IV 633 XI 257, 459 XXIV 152.
Pyriphlegethon, Fluß der Unterwelt X 513.
Pytho, Gegend um Delphi VIII 80 XI 581.

Rhadamanthys, Sohn des Zeus IV 564 VII 323.
Rheithron, Hafen von Ithaka I 186.
Rhexenor, Vater der Arete VII 63, 146.

Salmoneus, Vater der Heroine Tyro XI 236.
Same (Samos), Insel bei Ithaka I 246 IV 671, 845 IX 24 XV 29, 367 XVI 123, 249 XIX 131 XX 288.
Scheria, Insel der Phaiaken V 34 VI 8 VII 79 XIII 160.
Sidon, die Hauptstadt Phoeniziens XV 425.
Sidonier, Bewohner Phoeniziens IV 84, 618 XIII 285 XV 118.
Sikanie, Sikelos, alter Name für Sizilien XX 383 XXIV 211, 307, 366, 389.
Sintier, Bewohner der Insel Lemnos VIII 294.
Sirenen, Zauberwesen des Meeres XII 39, 42, 44, 52, 158, 167, 198 XXIII 326.
Sisyphos, Titan im Hades XI 593.
Skylla, Meerungeheuer XII 11mal XXIII 328.
Skyros, Insel bei Chios XI 509.
Solymer, Volk in Kleinasien V 283.
Sparta, Sparta oder Lakedaimon, Sitz des Menelaos, I 93, 285 II 214, 327, 359 IV 10; weites Gefild XI 460; mit schönen Frauen XIII 412.
Stratios, Sohn des Nestor III 413, 439.
Styx, Fluß der Unterwelt V 185 X 514.
Sunion, Kap an der Südspitze Attikas III 278.
Syria, Insel bei Ortygia XV 403.

Tantalos, Büßer im Hades XI 582.

Taphier, Volk der Insel Taphos nördlich von Ithaka I 105; ruderliebend
 I 181, 419 XIV 452 XV 427 XVI 426; die Insel I 417.
Taÿgetos, Gebirgszug in der Peloponnes VI 103.
Teiresias, thebanischer Seher im Hades X 492, 524, 537, 565, XI
 32–165 7 mal; 479 XII 267, 272 XXIII 251, 323.
Tektonide, der Sohn des Tekton, Polyneos VIII 114.
Telemachos, Sohn des Odysseus und der Penelopeia I–IV V 25 XI
 68, 185 XIII 413 XIV 173, 175 XV–XXIV; verständig 45 mal;
 göttergleich XX 124.
Telemos, Seher bei den Kyklopen IX 509.
Telephide, der Sohn des Telephos, Eurypylos XI 519.
Telepylos, Stadt der Laistrygonen X 82 XXIII 318.
Temesa, Kupferbergwerk in Süditalien, I 184.
Tenedos, Insel vor Troja III 159.
Terpiade, Sohn des Terpios, Phemios XXII 330.
Theben, 1. Stadt in Ägypten IV 126; 2. Stadt in Boiotien X 492, 565
 XI 90, 165, 265, 275 XII 267 XV 247 XXIII 323; siebentorig XI
 263.
Themis, Göttin des Rechtes II 68.
Theoklymenos, Seher und Flüchtling XV 256, 271, 286, 508, 529
 XVII 151 XX 350, 363.
Theseus, König von Athen XI 322, 631.
Thesproter, Stamm in Epeiros XIV 315, 316, 335 XVI 65, 427 XVII
 526 XIX 271, 287, 292.
Thetis, Mutter des Achilleus, eine Okeanide; silberfüßig XXIV 92.
Thoas, Grieche XIV 499.
Thon, Ägypter IV 228.
Thoon, Phaiake VIII 113.
Thoosa, Geliebte des Poseidon, Nymphe I 71.
Thrasymedes, Sohn des Nestor III 39, 414, 442, 448.
Threke, die Landschaft Thrakien, im Norden Griechenlands VIII 361.
Thrinakia, Insel des Sonnengottes XI 107 XII 127, 135 XIX 275.
Thyestes, Bruder des Atreus und Vater des Aigisthos IV 517.
Tithonos, Gemahl der Eos V 1.
Tityos, Büßer im Hades VII 324 XI 576.
Tritogeneia, Beiname der Athene III 378.
Troia, die feindliche Stadt an der Propontis, I 2, 62, 210, 327, 355
 III 257, 268, 276 IV 6, 99, 146, 488 V 39, 307 IX 38, 259 X 40,
 332 XI 160, 499, 510, 513 XII 189 XIII 137, 248, 315, 388 XIV
 229, 469 XV 153 XVI 289 XVII 314 XVIII 260, 266 XIX 8, 187
 XXIV 37.
Troer, I 237 III 85, 86, 87, 100, 220 IV 243–275 6 mal, 330 V 310

VIII 81, 220, 503, 504, 513 XI 169, 383, 510, 513, 532, 547 XII 190 XIII 266 XIV 71, 367 XVII 119 XVIII 261 XXII 36, 228 XXIV 27, 31, 38; Troerinnen IV 259; Beute XIII 263.

Tydeide, der Sohn des Tydeus, Diomedes III 181 IV 280.

Tydeus, Vater des Diomedes III 167.

Tyndareos, Gemahl der Leda XI 298, 299 XXIV 199.

Tyro, Heroine, Tochter des Salmoneus, Geliebte des Stromgottes Enipeus II 120 XI 235.

Uranionen, die Himmlischen, die Götter VII 242 IX 15 XIII 41.

Zakynthos, waldreiche Insel bei Ithaka I 246; IX 24; XVI 123, 250 XIX 131.

Zethos, Sohn des Zeus und der Antiope, Gründer Thebens, XI 262 XIX 523.

Zeus, passim; Kronion 24mal; Kronide I 45, 81 IX 552 XIII 25; XXIV 473, 539, 544; der Vater der Götter und Menschen I 28 XII 445 XVIII 137; Schwinger der Aigis 14mal; Donnergott V 4 XXIII 331; donnernder Gatte der Hera VIII 465 XV 112, 180; Blitzgott VII 164, 180 XIV 268 XIX 365 XX 75 XXI 437 XXIV 24; dunkelwolkig IX 552; XI 36, 153 XIII 25, 147; Wolkentürmer I 63 V 21 IX 67 XII 318, 384 XIII 139, 153 XXIV 477; Schützer des Hauses XXII 35; weithin schauend II 146 III 28 IV 173 XI 436 XIV 235 XVII 322 XXIV 544; Berater XIV 243 XVI 298 XX 102; Schützer des Gastrechts VI 207 VII 165 IX 270, 478 XIV 57, 284, 389, 406; der Fremden XIII 203; schickt Tag und Nacht XIV 93; günstigen Wind V 176; sein Wille der höchste V 163; vermag alles IV 236; spinnt das Geschick zu IV 207; gibt Gutes und Schlechtes IV 236 XV 488; „Kunde" seine Botin I 283; sein Palast I 26; Eichenorakel zu Dodona XIV 328; s. a. Olymp.

Stammbaum des Odysseus

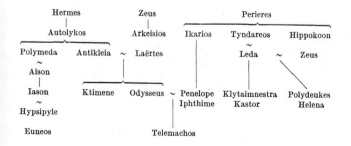

SACHREGISTER

Das Sachregister bietet in subjektiver Auswahl wichtige Realiengruppen; Vollständigkeit ist nicht erstrebt. Wer diese sucht, sei auf die einzelnen unentbehrlichen Bände der ,,Archäologia Homerica", Göttingen und Zürich, 1964 ff., verwiesen. Auch die Verteilung der Begriffe auf die Lemmata der Sachgruppen bleibt subjektiv; Überschneidungen sind unvermeidlich. Die Vorangestellte Einteilung soll das Auffinden der Unterbegriffe erleichtern.

Einteilung

1. Bestattung, Tod, Krankheit – 2. Ehe, Familie – 3. Gleichnisse – 4. Handwerk, öffentlicher Dienst – 5. Haus – 6. Hausgerät – 7. Kleidung – 8. Körperpflege, Sport – 9. Landwirtschaft – 10. Maße – 11. Metalle, Werkstoffe – 12. Musik – 13. Nahrung – 14. Naturerscheinungen – 15. Pflanzenwelt – 16. Rechtsverhältnisse, Völkerrecht – 17. Redensarten – 18. Religion – 19. Sage – 20. Schiff – 21. Schimpfworte – 22. Soziale Verhältnisse – 23. Sprichwörtliches und Sentenzen – 24. Tierwelt, Jagd – 25. Waffen – 26. Wagen – 27. Zeit.

Ackerbau 9
Adel 22
Altar 5, 18
Amme 2
Arbeiter 5, 22
Arzt 1, 4
Bad 5, 8
Badedienerin 8, 22
Ball 4, 8, 12
Bäume 1, 3, 9, 15, 18
Beleuchtung 6
Bernstein 7, 11
Bett 6
Bettler 16, 23
Biene 9
Blitz 14
Blumen 1, 3, 9, 15
Blutrache 16
Blutwurst 3, 13
Bodenmaß 10
Bogen 8, 11, 25
Braut 2
Brettspiel 8
Bronzewaffen 11, 25
Brot 9, 13
Brunnen 5
Dämon 18
Dienerschaft 22
Donner 14, 18
Düngerhaufen 5, 9
Dutzend 10, 22
Ehebett 2, 3, 6, 23
Ehebruch 2, 16
Eid 18
Eisen 3, 11, 23
Eisenwaffen 11, 25
Elfenbein 3, 11, 25
Erziehung 2, 23

Essenszeit 27
Feierabend 27
Fischfang 3, 24
Fremdarbeiter 4, 22
Gast 5, 6, 16, 23
Gebet 18
Gefäße 3, 6
Geflügelte Worte 17
Geflügelzucht 9
Gelübde 18
Gerücht 18
Geschick 18
Getreide 9, 18
Gewichte 10
Gift 1, 25
Götter 3, 13, 17, 18, 23
Grabbeigaben 1
Gräser 9, 3, 15
Gürtel 7
Handwerker 3, 4
Helm 25
Herd 5, 6, 16, 18
Himmel 11, 14, 18
Himmelsrichtung 14
Hochzeit 2, 13
Hof 5, 15
Hohlmaß 10
Honig 1, 9
Horn 3, 11, 25
Hund 3, 9, 18, 21, 23, 24
Jagd 9, 24
Jahr 17, 27
Jahreszeit 27
Käse 9
Kasten 6
Kaufmann 4
Keule 9, 25
König 3, 22, 23

Korb 6, 13
Kräuter 9
Krankheit 1
Küche 13
Landfahrer 16
Längenmaß 10
Ledersack 6, 9
Ledererzeugnisse 9, 25
Leumund 22
Lied 12
Lohnarbeit 4, 22, 23
Los 18
Mahlzeit 13, 22
Mast 3, 20
Maultierzucht 9, 26
Milchwirtschaft 3, 6, 9
Mord 16
Mondphasen 27
Monat 27
Mühle 4, 5, 9, 22
Musikinstrumente 3, 9, 12
Nacht 27
Namengebung 2, 23
Naturerscheinungen 3, 14
Nebel 14
Neumond 18, 27
Obst 9
Ölbau 1, 4, 6, 8, 9, 15
Opfer 9, 13, 18
Orakel 18
Pflanzenreich 3, 15
Pferd 3, 5, 8, 9, 25, 26
Pflug 3, 9, 10
Priester 18
Ratsversammlung 22
Raub 16
Rausch 3, 9
Regen 14

Sachregister 731

Reiseproviant 9, 13
Rind 3, 7, 9, 10, 18
Sänger 4, 12, 23
Sandale 7, 9, 11
Schaf 9, 12, 18
Schild 9, 25
Schiff 3, 4, 15, 18, 20
Schiffahrt 20
Schlachtung 9, 13, 18
Schleier 7
Schlüssel 5
Schminke 8
Schmuck 7
Schnee 3, 14, 27
Schutzflehender 16
Schwefel 11
Schwein 3, 9, 18, 27
Seele 1
Seeraub 16, 20
Seher 4, 18
Servieren 13, 22
Sitzmöbel 5
Sklaverei 22, 23

Sonne 3, 14
Speisebereitung 13
Sport 1, 8
Sterne 14, 20
Tag 27
Tanz 12
Tau 14
Tauchen 3, 24
Tempel 18
Textilbearbeitung 4, 9, 22
Tierwelt 3, 18, 24
Tierzucht 3, 9
Tisch 5, 6, 13, 16, 18
Tischsitten 13, 22
Tod 1, 3, 18, 23
Tracht 7
Traum 3, 18, 23
Trinksitten 13, 18
Türe 5
Umzäunung 5
Unterwelt 1, 23
Urne 1, 6
Verhängnis 18
Vertrag 18

Vögel 3, 9, 12, 18, 24
Völkerbündnis 16
Volk 22
Vorzeichen 18
Wachs 9
Währung 10, 15
Waffen 1, 5, 9, 11, 15, 25
Wagen 9, 26
Waschgrube 4
Weideland 9
Weihgeschenk 18
Wein 1, 9, 13, 18
Weissagung 18
Werkzeug 3, 4, 9, 11
Winde 3, 14, 18, 20, 27
Wild 3
Witterung 3, 14
Woche 27
Wolke 14
Wolle 7, 9
Zeit der Handlung 27
Zeiträume 27
Ziege 7, 9, 18, 25
Zügel 26

Bestattung, Tod, Krankheit: Tod (= Ker) II 165 III 410 IV 273, 502 VI 11 VIII 513 XI 171, 398 XII 157 XV 235 XVI 169 XVII 82 XVIII 155 XXIV 414; schwarz II 283 XV 275 XVII 500 XXII 14, 330, 363, 382 XXIV 127; Todesgöttinnen II 316, 352 IV 512 V 387 XVII 547 XIX 558 XXII 66 XXIII 332; bringen den Tod XIV 207; Auflösung des Körpers XI 218 XII 45; Entschweben der Seele XI 222 XXIV 6; in den Hades X 560 XI 65; dreimaliger Anruf IX 65; Respekt vor dem Toten XXII 412. – Pflicht der Bestattung I 161 XI 72; Bestrafung durch Entzug der Bestattung III 259 XXI 363 XXII 30; Beschreibung der Bestattung XXIV 60ff.; Schmerz um den Toten XXIV 43, 189; schließen von Augen und Mund XI 425 XXIV 296; Waschung XXIV 45, 189; Einhüllung XXIV 293; Totentuch II 99 XVIII 138, 142 XIX 144 XXIV 134, 147; Aufbarung II 102 XXIV 137, 190; Umschreiten XXIV 69; Haaropfer IV 197 XXIV 46; Totenklage XI 54, 72 XXIV 293; Tieropfer XI 29 XXIV 66; Totenspende XI 27; Beigaben I 291 II 222 III 285 V 311; Verbrennung XI 220 XXIV 67; Scheiterhaufen XXIV 69; mit Waffen XI 74 XII 13; in Öl und Honig XXIV 67; Beisetzung der Asche III 284; Urne XXIV 74; Knochen in Wein und Fett XXIV 72; Grabhügel I 239 IV 584 XI 74 XII 15 XIV 369 XXIV 24, 32, 80; Grabstele XII 14; Kenotaph I 289 II 291 IV 584; Leichenspiele XXIV 85; Unterwelt XI; XXIV 1–204; Weg ins Totenreich X 512 XI 1 XXIV 1; Totenbäume (Weide, Pappel) X 510; Asphodelos XI 538 XXIV 13; Elysion IV 564; Erebos X 528 XI 37, 564 XII 81 XV 356. – Krankheit V 395 IX 411 XI 172, 200

XV 408; Genickbruch X 559; Schock IV 703; Heilmittel IV 230; Gift I 261 II 329 IV 230 X 214, 237, 317, 326, 392; Gegengift X 287, 290, 302; Beruhigungstrunk IV 222; Besprechung des Blutes XIX 457; Arzt IV 231; XVII 384.

Ehe und Familie: Lob der Ehe VI 182 f.; Brautkauf VIII 318 XI 287 XV 367; Brautgeschenke I 277 II 196 VI 159 XI 117, 282 XIII 378 XV 18, 127 XVI 391 XVIII 277 XIX 528 XXI 161; Rückgabe der Mitgift II 132; Hochzeitsfest IV 3 VI 28 XVIII 491 XXIII 135; im Hause des Mannes IV 10 XXIII 133; Stellung der Hausfrau VII 53, 67 XI 344; Geschwisterehe im Mythos X 7; zwischen Onkel und Nichte VII 65; Ehebruch VIII 332; Kebsweib XIV 203. – Namengebung XVIII 5 XIX 403; Amme II 361 IV 742 XVII 31 XIX 15, 21, 489 XXI 380 XXII 391, 419, 480, 485 492 XXIII 25, 39, 69, 285; Geschwisterliebe XVI 97; Erziehungsziel VIII 168; der Frau XX 71 f.

Gleichnisse[1]): a) Menschliche Verhältnisse: *Gl.* Vater-Kinder V 394; Sohn XVI 17; Gatte-Gattin VIII 523; König XIX 109; Goldschmied VI 232 XXIII 159; Schmied IX 391; Pflüger XIII 31; Fischfang XII 251 XXII 384; Schiffbruch XXIII 233; Leier XXI 406; Drillbohrer IX 384; Blutwurst XX 25. – *Kv.* Vater-Sohn I 308 II 47, 234 XV 152 XVII 111, 397; Kind IV 32; Heimat X 416 XIV 140; Berauschter XVIII 240; Hirte IV 413; Taucher XII 413; Backofenweib XVIII 27; Fischfang X 124; Mastbaum IX 321; Schiffsrippe XIX 574; Köcherdeckel IX 314; Wasserkessel XII 237.

b) Götter und Abstrakta: *Gl.* Artemis VI 102. – *Kv.* Götter II 5 III 468 IV 14, 122, 310 VI 16, 243, 309 VIII 518 XVII 37 XVIII 193 XIX 54 XXIV 371; Olymp IV 74; Giganten X 120; Gedanke VII 36; Schatten XI 207 Traum XI 207, 222; Tod XVII 500.

c) Naturerscheinungen: *Gl.* Wind V 368; Schneeschmelze XIX 205. – *Kv.* Berg III 90 XI 243; Gipfel IX 190 X 113; Fels XVII 463; Wind VI 20; Reif XIV 476; Sonnen- und Mondglanz IV 45 VII 84 XVIII 296 XIX 234 XXIV 148; Nacht XI 606.

d) Materie: *Gl.* Feuer in Asche V 488. – *Kv.* Feuer IV 662 XIX 446; Stein XIX 494 XXIII 103; Eisen V 191 XIX 211, 494 XXIII 173; Elfenbein XVIII 196; Horn XIX 211.

e) Pflanzenwelt: *Gl.* Baum VI 162; Disteln V 328. – *Kv.* Blume VI 231 XXIII 158; Baum XIV 175; Blätter VII 106 IX 51; Halm XIV 214; Zwiebel XIX 233.

---

[1]) *Gl.* = ausgeführte Gleichnisse; *Kv.* = kurze Vergleiche

f) Tierwelt: *Gl.* Löwe IV 335, 791 VI 139 XXII 402; Polyp V 432; Hund X 216 XX 14; Kalb X 410; Pferd XIII 81; Möve V 51; Nachtigall XIX 518; Geier XXII 302; Drosseln XXII 468; Fledermaus XXIV 6. – *Kv.* Vogel I 320 VII 36 XI 125, 605 XII 418 XIII 86 XIV 308 XV 479 XVI 216 XXI 411 XXIV 538; Löwe IX 292; Hund IV 146 IX 289; Rind IV 535 XI 411 XXII 299; Milch X 304; Stier XXI 48; Pferd IV 788 V 371; Schwein XI 413; Wildschwein XVIII 29; Fledermaus XII 433.

Handwerk, öffentlicher Dienst: Tischler XIX 56; Metallarbeiter III 432 VI 232 IX 391; Goldschmied III 425; Schmiede VIII 273 XVIII 328; Kaufmann II 319 XXIV 300; öffentlicher Dienst XVII 383 XIX 135; Seher (s. Teiresias, Amphiaraos, Melampus, Polypheides, Telemos, Halitherses, Theoklymenos) I 202 IX 508 X 493, 538 XI 99, 281 XII 267 XV 225, 252 XVII 384; Arzt IV 231 XVII 384; Schiffsbaumeister IX 126; Zimmerer XVII 340, 384 XXI 42; Hersteller von Bällen VIII 372; des hölzernen Rosses VIII 492; Sänger (s. Demodokos, Phemios, Musik) 37mal; Herold 44mal; Fremde als Facharbeiter XVII 382; Lohnarbeiter IV 644; XI 489 XVIII 357. – Textilbearbeitung: Webstuhl I 357 II 94, 104 V 62 VII 105, 110 X 222, 226, 254 XIII 107 XV 517 XIX 139, 149 XXI 351 XXIV 129, 139; Weberschiffchen V 62; Gewebe II 109 III 274 XIII 136, 218 XXIV 145, 147; Leinengewebe XIII 73, 118; dichtgewoben VII 107; spinnen VII 198; Spindel I 357 IV 131, 135 VII 105 XVIII 315 XXI 357; Faden VI 53, 306; XVII 97; Leinenfaden VII 198; krempeln XVIII 316; nähen mit Riemen XXII 186; geflickter Chiton XXIV 228; Beinschützer XXIV 229; waschen VI 31, 59, 93 XXIV 148; Waschgruben VI 40, 86. – Werkzeuge: Beil III 442, 449 IX 391 XIX 573, 578 XXI 76, 120, 260, 421; zweischneidig V 234; Axt V 237 IX 391; Stiel aus Olivenholz V 236; Richtschnur V 245 XVII 341 XXI 44, 121 XXIII 197; Bohrer V 246 XXIII 198; mit Drillriemen IX 385; Handmühle II 355 VII 104 XX 106, 111; Ambos III 434 VIII 274; Hammer III 434; Feuerzange III 434.

Haus: Umzäunung VII 113 XVI 341 XVII 604 XXI 238, 384 XXIII 190; Außenmauer XVI 165, 343 XVII 267 XVIII 112; Zinnen VII 87 XVII 267; Hoftor XVII 297 XVIII 239 XXI 240, 389 XXIII 49; Hofvorhalle XXI 390 XXII 449; dröhnend III 493 XV 146, 191 XX 176, 189; Hoftorweg I 103, 119 XV 146 XVIII 101; Hofschwelle VII 130 XVIII 17. – Hof I 425 II 300 IV 74, 678 VI 603 VII 112, 130 IX 184, 239, 348, 462 X 10 XIV 5, 13 XV 162, 555 XVI 165, 343 XVII 266 XVIII 101, 237 XX 355 XXI 191, 240, 389 XXII 137, 376, 442, 449, 459, 474, 494, 499; gestampfter Estrich

IV 627; Düngerhaufen XVII 297, 306; Altar des Zeus XXII 334; Mühle XX 106, 111; Rundbau mit Säulen XXII 467; für Tische und Geräte XXII 442, 459, 466; Arbeiterwohnung XXIV 208; Stallungen XVIII 105; Palastvorhalle (Nachtlager der Gäste) IV 297 VII 336 VIII 57 XVIII 102; dröhnend III 399 VII 345. – Haus passim Hauptsaal passim; von Ruß geschwärzt XVI 288 XIX 18; Palastvorhaus IV 302; Palasttorweg XVIII 10, 101, 386 XX 355 XXI 299 XXII 474; Vordertüre I 255 XXI 387 XXII 250; Saalschwelle I 103 X 62 XVII 339 XX 258; Säule I 127 VI 307 VIII 66, 473 XVII 29 XIX 38 XXII 176, 193 XXIII 90; Herd VI 52, 305 VII 153, 160, 169 XIV 159, 420 XVII 156 XIX 304 XX 123, 231 XXIII 71; Hintertür XXI 236, 382 XXII 257; verdeckte Hochtüre XXII 126, 132, 333; Pfosten (Dachstütze) I 333 VIII 458 XVIII 209; (Saalpfosten) XVII 96 XXII 120, 257; (Türpfosten) IV 838 VII 89 X 62 XVII 340; Pfeilerverbindung XIX 37 XX 354; Lehmfußboden XXI 120; dessen Abschaben XXII 455; Kalkwände IV 42 XXII 120; Wandbekleidung VII 126; Waffenschmuck XXII 25; Dachbalken XIX 38 XXII 176, 193; Dach I 133 VIII 458 X 559 XI 64 XVI 415 XVIII 209 XXI 64; Korridor XXII 128, 137; schmaler Gang XXII 143. – Hinterhaus Schlafzimmer IV 303, 310 VII 346 XXIII 192, 295; der Penelope XVII 36 XIX 53; der Frauen IV 121 XXIII 41; der Tochter VI 15; des Sohnes I 425 XIX 48; Badezimmer XVII 87; Waffenkammer XXII 138, 179; Schatzraum II 339 VIII 439 XV 99 XXI 8; Treppe I 330 X 558 XI 63 XXI 5; Oberstock I 328, 362 II 358 IV 751, 760, 787 XV 517 XVI 449 XVII 49, 101 XVIII 206, 302 XIX 594, 600, 602 XXI 356 XXII 428 XXIII 1, 85, 364; Tür zweiflügelig II 345 XVII 268; Pfosten silberbeschlagen VII 89; Schwelle aus Steinplatten VIII 80 XVI 41 XVII 30 XX 258 XXIII 88; hölzern XVII 339 XXI 43; erzbeschlagen VII 88; Türsturz VII 90; Bohlen XXI 137, 164 XXII 128 XXIII 42; Türring I 441 VII 90 XXI 46; Riegel IV 442, 802, 838; Riegelriemen I 442 IV 802 XXI 46; Schlüssel XXI 6, 47, 240; Schließbolzen XXI 47 XXIV 166; Schlüsselloch IV 802; mit Seilen verschnürt XXI 241. – Brunnenanlage V 70 VI 292 VII 129 IX 141 X 107 XX 154, 158, 162.

Hausgerät: Gefäße Mischkrug 26 mal; doppelhenkeliger Trinkbecher 27 mal; Holzbecher XIV 112; Trinkgefäß I 142 II 396 IV 58 X 357 XX 253; Pokal III 50, 53 IV 591 VIII 430 XV 85, 469 XXII 9; Schälchen XV 312 XVII 12; Wasserkrug VII 20; Wasserkanne I 136 IV 52 VII 172 X 368 XV 135 XVII 91; Becken I 137 III 440 IV 53 VII 173 X 369 XII 237 XIII 13, 217 XV 84, 136 XVII 92, 222 XIX 386, 469; Tonfaß II 340 XXIII 305; dessen Verschluß

III 392; Krug II 290, 349, 379 IX 164, 204 XIII 105; Urne XXIV 74; Holznapf IX 346 XIV 78 XVI 52; Napf IX 223; Melkeimer IX 223; Gefäß II 289 IX 222, 248 XVI 13; Ölflasche XIV 79, 215; Ranzen XIII 437 XVII 197, 357, 411, 466 XVIII 108; Schlauch III 247 V 265 VI 78 IX 196, 212 X 19, 47; Ledersack V 267 IX 213; Lederschlauch II 354, 380, Kochkessel auf drei Füßen IV 129 VIII 434, 437 X 359 XIII 13, 217 XV 84. – Sitzmöbel Sitz III 31, 428 VIII 16 XIII 56 XVI 42, 44; Hocker IV 717 XVII 330, 602; XIX 55, 97, 101, 106 XX 259, 307, 387 XXI 177, 243, 392, 420 XXIV 408; Bank XXI 177; Armstuhl 36mal; hoch VIII 422 XXII 362; mit Silbernägeln VII 162, X 314; goldbeschlagen X 541; mit Polstern belegt I 130 X 352 XIII 118 XX 150; Überzüge VII 96; Arbeitsstuhl für Frauen IV 123 XIX 55; Lehnstuhl XVIII 190; Lehnsessel I 132, 145 III 389 IV 136 X 233 XV 134 XVII 86, 90, 97, 179 XX 249 XXIV 385; Fußbank I 131 IV 136 X 315, 367 XVII 409, 462, 504 XIX 57; Schemel XVII 231 XVIII 394; Sitz in der Versammlung II 14. – Tisch 31mal; hinstellen V 92; abräumen VII 232 XIX 40; abwaschen I 111 X 151 XXII 439, 453; Zeichen des Reichtums IX 8 XV 333; der Gastfreundschaft XXI 28, 35; Klapptisch(?) I 138 IV 54 XV 137. – Bett passim; I 427 III 403 VII 342 XVI 34 XVII 102 XIX 317, 595 XXIII 225; Bettstelle, Lager passim; Bettgestell mit Gurten IV 297, 301 VI 20 VII 336 VIII 277, 282, 296, 314 XIX 318, 599 XX 139 XXIII 201; mit Löchern für Gurte I 440 III 399 VII 345 X 12; Ehebett I 366 III 403 IV 333 VII 347 VIII 269 X 335 XV 421 XVI 75 XVIII 213 XIX 527 XXIII 226; Bettbau des Odysseus XXIII 190ff.; Liegestatt I 437 VIII 292, 337 XIX 516 XX 58, 141 XXIII 32, 254, 296; Herrichten des Bettes IV 296ff. VII 336ff. XXIII 291; Bettzeug III 348 IV 296 VII 336 XI 188 XIII 73 XIV 520 XIX 317, 337 XX 143 XXIII 180, 290. – Aufbewahrung: Lade II 339 VIII 424, 438 XIII 10, 68 XXI 51; Tragtruhe XV 104; Gerätekiste XXI 61; Deckelkorb VI 76; Arbeitskörbchen IV 125, 131 IX 247; Speisekorb I 147 III 442 IV 761 VIII 69 X 355 XVI 51 XVII 335, 343 XVIII 120 XX 255, 300. – Beleuchtung: Kienfackel I 428, 434 II 105 VII 101 XVIII 310, 354 XIX 48, 150 XXIII 290 XXIV 140; Fackel IV 300 VII 339 XXII 497 XXIII 294; Leuchtpfanne XVIII 307, 343 XIX 63; Lampe (?) XIX 34; Herdfeuer VI 305.

Kleidung: Fertigung in Hausarbeit II 97 VII 236 XV 105 XIX 255. – Männertracht: Chiton Leibrock passim; breitsäumig XIX 242; zur Arbeit aufgeschürzt XIV 72 XVIII 30; gleicht Zwiebelschalen XIX 233. Chlaina mantelartiger Überrock 35mal, dabei

22 mal zusammen mit dem Chiton; purpurn IV 115, 154 XIV 500 XIX 225 XXI 118; aus Wolle IV 50 X 451 XVII 89; Bekleidung armer Leute XIV 513; mit doppeltem Stoff XIX 226, 241; linnener Prachtüberwurf III 467 VI 214 VII 234 VIII 186 XIII 67 XV 61 XVI 173 XXIII 155; Wams XIII 224; kleiner Leibrock XIV 482; Ziegenfell XIV 530; Gamasche XXIV 229; Geißfellkappe XXIV 231; Arbeitshandschuhe XXIV 230. – Frauentracht Peplos VI 38 XV 124; bunt XV 105; mit 12 Spangen XVIII 292; Prachtüberwurf V 230 X 543; Fibel XVIII 293 XIX 226 (Prachtspange), 256; Gürtel V 231 X 544 XI 245 VI 38; Bausch des Gewandes XV 469; Linnengewebe VII 107; Kopfbinde(-tuch) I 334 V 346, 351, 373, 459; VI 100 XVI 416 XVIII 210; XXI 65; Schleier V 232 X 545. – Fußbekleidung: Sandale I 96 II 4 IV 309 V 44 XIII 225 XV 550 XVI 80, 154 XVII 2 XX 126 XXI 341; aus Rindsleder XIV 23. – Schmuck: Ohrgehänge in Tropfen XVIII 297; Halskette (-band) aus Gold und Bernstein XV 460 XVIII 296; enges Halsband XVIII 380; Kranz II 120 VIII 267, 288 XVIII 193.

Körperpflege – Sport: Baden (waschen) 28 mal; baden und salben mit Öl III 466 IV 48, 252 VI 96, 221 VIII 364, 454 X 364, 450 XVII 88 XIX 320, 505 XXIII 154 XXIV 366; Badewanne III 468 IV 48, 128 VIII 450, 456 X 361 XVII 87, 90 XXIII 163 XXIV 370; Warmbad VIII 249, 451 VIII 427; Wasserkessel VIII 427, 435; Badedienerin XX 297; Fußbad XIX 386, 504; Bad im Meer V 275; im Fluß VI 96, 210 ff. VII 296; salben (schminken) XVIII 172, 179, 194. – Sport: Speerwurf und Diskus IV 626 XVII 168; Diskus VIII 129, 187; Markierung VIII 193; Speerwurf VII 229; Boxkampf VIII 103, 130 XI 300 XIII 66 ff.; Ringen IV 343 VIII 103, 126 XVII 134; Weitsprung VIII 103, 128; Lauf VIII 121; Startplatz VIII 121; Bogenschießen VIII 215 ff. XIX 572 XXI; XXIV 170; Pferdesport IV 605; Viergespann XIII 81; Brettspiel I 107 Ballspiel VI 100; Kampfordner VIII 258.

Landwirtschaft: a) Anbau: Gehöft des Laërtes XXIV 207 ff.; Acker passim; fett IV 757 VIII 560; schön XIV 263 XVII 432; mit Baumbestand XXIII 139; bebautes Ackerland I 407 II 328 VI 10 X 29 XIX 433 XX 194, 379 XXIII 311; getreidespendend III 3 IV 229 V 463 VII 332 IX 357 XI 309 XII 386 XIII 354 XIX 593; Brachfeld VIII 124 XIII 32; dreimal gepflügt V 127; Saatfeld IX 134; Humus IX 135; Pflügen IX 108, 122; Pflugland IX 134; Pflug XIII 32 XVIII 374; von Rindern gezogen X 98 XIII 31 XVIII 371; Sichelmesser XVIII 368; Mähwerttkampf XVIII 368; mähen IX 135; Worfschaufel XI 128 XXIII 275; Mühle II 355 VII 104, 111 XX 106; Getreide passim; Weizen III 495 IV 604 IX 110 XIV

335 XIX 112, 292, 536, 553 XX 109; Weizenbrot XV 312 XVII 12, 362; Emmer IV 41, 604; Gerste IV 41, 604 XII 358; Gerstenkörner IX 110 XIX 112; Gerstenmehl XIV 77, 429 X 119 XIV 77 XIX 197 XX 108; als Proviant II 290, 354, 380 XIX 197; im Mischgericht X 234, 520 XI 208; ungeschrotene Gerste im Opfer III 441, 445, 447 IV 761. – Weideland IV 605 V 72 VI 292 IX 132 XI 539, 573 XII 45, 159 XXI 49 XXIV 13; Gras XIX 449 XVIII 368, 370, 372; grasreich IV 373 VI 124 XVI 396 XVII 128; Zyperngras IV 602; Klee IV 603; Eppich V 71; Hyazinthe VI 231 XXIII 158; Feldkraut VI 90. – Gartenbau IV 737 VII 129 XXIV 247, 338; Beet VII 127 XXIV 247; Zwiebel XIX 233; Baumgarten IV 737 VII 112 XXIV 222, 245, 257, 358; Feigen VII 116, 121 XI 590 XXIV 246, 341; Granatapfel VII 115 XI 589; Birnen VII 115, 120 XI 589 XXIV 234, 247, 340; Äpfel VII 115, 120 XI 589 XXIV 340. – Ölbau: Ölbaum V 477 VII 116 XI 590 XIII 102, 122, 146, 372 XXIII 190, 195, 204 XXIV 246; hartes Holz: Pfahl 378, 382, 394; Keule IX 320; Stiel V 236; Öl zur Körperpflege III 466 IV 49, 252; VI 79, 96, 215, 219 VIII 364, 454 X 364, 450 XVII 88 XIX 505 XXIII 154 XXIV 366; duftend II 339; bei Geweben VII 107. – Weinbau: Wein 89mal; berauschender Süßwein 15mal; Wirkung XIV 464 XIX 122; Rausch (außer Polyphem IX 366ff.) III 139 X 555 XI 61 XVI 292 XVIII 240, 331, 391 XIX 11 XXI 293, 304; Ehrenwein XIII 8; rot V 165 IX 163, 208 XII 19, 327 XIII 69 XVI 444; dunkel V 265 IX 196, 346; stark IV 622; funkelnd 12mal; honigsüß VII 182 IX 208 X 356 XIII 53 XIV 78 XVI 52 XVIII 151, 426; ismarisch IX 205; pramnisch X 235; getrocknete Trauben VII 125; Wingert I 193 VII 122 XI 193; Weinstock IX 110, 133 XXIV 246; Edelstock V 69; Traube V 69 VII 121 XXIV 343; Herling VII 125; in Reihen gepflanzt VII 127 XXIV 341; Weinfaß II 340 XXIII 305; elf Jahre verschlossen III 390. –

b) Tierzucht: Rind passim; 9 jährig X 19; 5 jährig XIX 420; Stier I 25 III 6, 8, 178 XI 131 XIII 181, 184 XXI 48 XXIII 278; Jungrind X 410; schleppfüßig I 92 IV 320 VIII 60 IX 46; glänzend (fußdrehend?) I 92 IV 320 IX 46 XI 289 XII 136, 355 XXII 292 XXIV 66; brüllend XV 235; breitstirnig III 382 XI 289 XII 262, 353 XX 212; schwarz III 6; braunrot XIII 32, rötlich XVIII 372; geradhörnig XII 348; Opfertier nicht gekalbt X 522 XI 30 XX 186; einjährig III 382; Hirt XV 304 XIV 102 XVII 200; Rinderhirt XI 293 XX 227 XXI 88, 139, 189, 193 XXII 104, 435, 454 XXIII 297 XXIV 359, 363 III 422 XX 235 XXI 199 XXII 268, 285 292; Rinderherden auf dem Festland XIV 100; Mist IX 329 X 411 XVII 297, 306; Lederschild XVI 296; Beinschutz XXIV 228; Rindsfell

I 108 XII 395 XX 96, 142 XXII 364; Riemen II 426 XII 423 XV 291; Sandalen XIV 24; Rindstalg XXI 178, 183. – **Pferd** passim; Rennpferd V 371; Viergespann XIII 81; Beipferd IV 590; Rossezucht in Argos III 263 IV 99, 562 XV 239, 274; in Elis XXI 347; Ithaka ungeeignet IV 606 XIII 243; Futter: Gerste, Spelt IV 41; Klee, Weizen, Gerste IV 604; Krippe IV 40, 535 XI 411. – **Maultier** IV 636 VI 10mal als Zugtier; VII 2, 6 VIII 124 XV 85 XVII 298 XXI 23; leistungsfähig IV 635 XXI 23. – **Hund** passim; Jagdhund XIX 429; Tischhund XVII 310. – **Schwein** 57mal; Mastschwein II 300 X 390 (9 jährig) XIV 19, 41, 81, 419 (5 jährig) XVII 181 XX 163, 251; Schweinehirt 28mal; Gehöft des Eumaios XIV 10ff.; Koben X 238, 320, 389 XIV 13, 73; Eichelmast XIII 407; Schlachtung XIV 419ff. – **Kleinvieh**: 52mal; bevorzugt in Lybien IV 86ff.; Hirte XIII 222; mit weißem Fell X 85; Mastvieh IX 464; feist XI 108 XVIII 278 XX 51 XXIII 304; mit schönen Haaren IX 336, 469; dünnbeinig IX 464; männlich IX 238; Milch IV 88 IX 246, 297; Käse IV 88 IX 219, 225 232 X 234 XX 69. – **Schaf** 33mal; Schafherde IV 413 XI 402 XII 129, 299 XIV 100 XXIV 112; auf dem Festland XIV 100; Schafhirte IV 87 X 82; Lamm IV 85 IX 220, 226 XVII 242 XIX 398; männlich I 25 IX 239, 463, 550 X 527, 572 XI 131 XXIII 278; Widder IX 447, 461; Sommerlamm IX 221; Jungtier IX 221; Schaffell III 38 XVI 47 XX 3, 95, 142 XXIII 180; als Stuhldecke XVII 32 XIX 101; am Wagensitz XIX 97 XXI 177, 182; weiß XVII 472; schwarz X 527, 572; wollig IX 443; Wolle IV 135 IX 426 XVIII 316 XXII 423; Schafpelz I 443 IX 434; Schafdarmsaiten XXI 407; Schafweide IX 122. – **Ziege** 35mal; Ziegenherde XIV 101 XVII 213 XX 174 XXI 266; Ziegenhirt XVII 247, 369 XX 173 XXI 175, 265 XXII 135, 142 161, 182; Bock V 239; Ziegenfell XIV 531; Leder XXIV 230; Schlauch V 265 VI 78 IX 196, 212; Milchwirtschaft und Käserei IX 237ff; Käse IV 88, X 234 XX 69. – **Geflügel**: Gänse XV 161, 174 XIX 536, 543, 548, 552. – **Bienen**: XIII 106; Honig X 234, 519 XX 69 XXIV 68; Wachs XII 48, 173, 199.

Maße: Elle X 517 XI 25, 311; Klafter (soweit man die Arme ausstreckt) IX 325 X 167 XI 312; Hufe XI 577; Morgen VII 113; XVIII 374; Pflugmaß VIII 124; Hohlmaß II 355 IX 209; Kornmaß XIX 28; Gewicht IV 129, 526 VIII 393 IX 202 XXIV 274; Währung in Rindern I 430. – Dutzend: II 353 IV 636 VIII 59 IX 203 X 5 XII 89 XIII 182 XIV 13, 99 XVI 251 XVIII 295 XIX 574, 578 XX 107 XXI 23, 76 XXII 144, 424 XXIV 276.

Metalle, Werkstoffe (s.a. Handwerk): **Bronze** 57mal; aus Sidon XV 425; aus Temesa I 184; bronzene Axt V 235; Waffen III 433; Speer

I 121 II 10 V 309 X 162, 164 XIII 267 XVI 40 XXII 92; Lanze I 104 IX 55 XI 40, 532 XV 282 XXIII 259, 276; Schwert X 262 XIX 241 XXII 80; Pfeile I 262 XXI 423; Sturmhaube X 206 XXII 111, 145; Helm mit Bronzebacken XXIV 523; eherner Leibrock I 286 IV 496; erzbeschlagene Mauer VII 86 X 4; Schwelle VII 83, 89 VIII 321 XIII 4. – Eisen 18mal; eisern (nur übertragen) Mut V 191; Herz IV 293 XXIII 172; Körper XII 280; Himmel XV 329 XVII 565; Fesseln I 204; Augen XIX 211; Gemüt XIX 494; grau XXI 3, 81 XXIV 168; Eisen zieht den Mörder an XVI 294 XIX 13; Härten des Eisens IX 391; Eisenexport I 184. – Gold 37mal; Goldlasierung IV 615; golden 49mal; mit goldener Spindel IV 122; goldenem Zügel VIII 285; goldthronend V 123 X 541 XII 142 XIV 502 XV 56, 250 XIX 319 XX 91 XXII 198 XXIII 244, 347; mit goldener Sandale XI 604; goldenem Stabe V 87 X 277, 331. – Silber IV 73 VI 232 X 35, 45 XIX 56 XXIII 159, 200; silbern 21mal; silberbeschlagen VII 162 VIII 65, 406, 416 X 261, 314, 366 XI 97 XXII 341; silberfüßig XXIV 92; mit silbernem Bogen VII 64 XV 410 XVII 251. – Schwefel XII 417 XIV 307 XXII 481, 493 XXIII 50. – Blaustein VII 87. – Bernstein IV 73 XV 460 XVIII 296. – Elfenbein IV 73 VIII 404 XVIII 196 XIX 56, 563 XXI 7 XXIII 200. – Horn Härte XIX 211; Pforte XIX 566; Bogen XXI 395.

Musik: Gesang 21mal; Heldenlied VIII 73; epischer Gesang I 326, 351 VIII 74, 481 XXII 347; Hymnos VIII 429; Sänger s. Phemios, Demodokos; ferner 37mal; Gaben der Muse (Verlust des Augenlichts) VIII 64; gottgegeben VIII 488 XXII 347; selbstgelehrt XXII 347; Chorgesang XII 44, 183; Wechselgesang XXIV 60; Einzelgesang V 61 X 221; der Vögel XIX 518 XXI 411. – Instrumente: Phorminx IV 18 VIII 8mal XVII 262 XXI 406, 430 XXII 332, 340 XXIII 133; Saite aus Schafdarm XXI 408; Wirbel XXI 407; Kitharis I 153, 159 VIII 248; Vorspiel I 155 XVII 262. – Tanz I 152, 421 VIII 253, 263, 371, 378 XIV 465 XVII 605 XVIII 304 XXIII 134, 145, 298; Tänzer VIII 250, 383; Tanzplatz VI 64, 157 VIII 260 XII 4, 318; Ringtanz VIII 248, 264 XVIII 194; Spiel mit Gesang und Tanz I 152 IV 19 XXI 430 XXIII 145; mit Ball VI 101 VIII 371.

Nahrung: Mahlzeit: Frühmahl XVI 2; Hauptmahl (deipnon) 25mal; Abendmahl (dorpon) 25mal; Opfermahl s. Religion; Abschiedsmahl VIII 42; Göttermahl III 336, 420 VIII 76; festliches Mahl I 225 IV 531 VIII 61, 99, 429 XIII 26 XV 507 XVII 269 XVIII 279, 403 XX 280 XXI 430 XXII 352; Festgelage I 226 II 57 XI 415 XVII 410, 536 Freundschaftsmahl auf gemeinsame Kosten I 226

IV 620 XI 415; Hochzeitsmahl I 226 IV 3 XI 415 XXIII 135. – Speisen (s. Landwirtschaft): Weizenbrot (artos) XVII 343 XVIII 120; Brot in Körben I 147 VIII 161 XVI 51 XVII 335, 343 XVIII 120 XX 255, 300; Brot und Fleisch IX 9 XII 19 XV 334 XIV 156 XVII 412; Brot und Wein IV 746 VII 265 XIV 46 XVII 533; Fleisch 33 mal (s. Landwirtschaft, Tierwelt); gebraten IV 66; XII 396 XVI 50, 443 XXII 21; soll fett sein IV 65, 764 VIII 475 XIX 366; Blutwurst XVIII 45, 119 XX 25; Salz XI 123 XVII 455 XXIII 270. – Küche und Bedienung: Aufgabe der Frauen III 428 XV 77, 93; wasserholen X 105 XVII 205; schlachten III 453 XIV 420 ff.; absengen II 300 XIV 75, 426; zerlegen III 426 XII 365 XIV 75, 430 XIX 422; braten 13 mal; Bratspieß III 462 XII 365, 395 XIV 75, 430 XIX 422; fünfzackige Gabel III 460; vorschneiden XIV 433 XV 323; Vorschneider I 141 IV 57 XVII 331; Vorschneidekunst XVI 253; mit Mehl bestreuen XIV 77, 429; Rückstück als Ehrengabe IV 65 XIV 437; Anrichte XIV 432; getragene Tische XV 466 XIX 61; Servierplatte I 141 IV 57 XIV 428; gesamter Serviervorgang I 136–42 IV 52–58 VII 172–76 X 368–72 XV 135–39 XVII 91–93; abdecken VII 232; essen mit den Fingern I 149 IV 67, 217 V 200 VIII 71, 484 XV 142 XVI 54 XVII 98 XIX 453 XX 256; Waschen der Hände I 136, 146 III 440, 445 IV 52, 216 VII 172 X 182, 368 XV 135 XVII 91. – Trinken: Mischen des Weines VII 163 XIV 78 XVI 14, 52; mit Wasser IX 209; Mischgetränk X 234; Mundschenk I 143 IX 10 XV 141 XVIII 396, 418 XX 255 XXI 142, 263; Zutrunk III 41 XV 150 XVIII 121; Abschlußspende an Hermes VII 138. – Reiseproviant II 289 ff. V 165, 265 f.

Naturerscheinungen: Himmel ehern III 2; bestirnt IX 527 XI 17 XII 380 XX 113; ruht auf Säulen I 53. – Sonne vgl. Helios; steigt aus dem Ozean III 1 X 192 XIX 434; Ort des Aufgangs XII 3 XXIV 12; mittags in der Mitte des Himmels IV 400; abends zur Erde II 388 III 487, 497 VI 321 VII 289 VIII 417 XI 12 XV 185, 296, 471; unter die Erde X 191; Mitternachtssonne X 86; Polarnacht XI 14 ff. – Sterne: s. Bootes, Plejaden, Orion; Bär (Wagen) geht nicht unter V 273 f.; Morgenstern XIII 93; – 4 Himmelsrichtungen IV 70; Ost-Westrichtung X 190 XIII 240. – Winde: Euros (südost) V 295, 332 XII 326; warm XIX 206; Zephyros (West) II 421 IV 402 V 295, 332 X 25 XII 289, 408, 426; fruchtbar VII 119; feucht XIV 458; schneebringend XIX 206; kühl IV 547; Notos (süd) V 295, 331 XII 289, 325, 427 XIII 111; türmt die Wogen III 295; Boreas (nord) V 296, 331, 385 IX 67, 81 X 507 XIII 110 XIV 253, 299, 475, 533 XIX 200; herbstlich V 328. s. auch Aiolos. – Donner XII 415 XIV 305 XX 103, 113, 120; Blitz V 128, 131 VII

250 XII 387, 415 XIV 305 XXIII 330 XXIV 539. – Witterung: s. a. Zeit; Regen I 161 IV 566 V 480 VI 43 IX 111, 358 XIII 245 XIX 442; Tau V 467 XIII 245; Windstoß III 283, 320 V 292, 304 VIII 409 XIV 383 XIX 189; Windsbraut IV 515, 727 V 317, 419 VI 171 VII 275 X 45, 54, 68 XII 288, 409 XX 63, 66 XXIII 316; Orkan V 295 XII 314, 400, 408, 426 XXIV 42; s. a. Harpyen; Wolke V 291 XII 74, 405 XIV 303; düstere Wolke IX 68, 145 XI 592 XVI 264 XX 104, 114; Wolkendunst V 293, 303 VIII 374 XII 314 XXII 304; Nebel VIII 562 XIII 15.

Pflanzenreich: (s. auch Landwirtschaft für Nutzpflanzen und -bäume). Bäume: Tanne V 239; Ruder XII 172. Fichte IX 186. Eiche IX 186 XII 357 XIV 12, 425 XIX 163, 297; Schwelle XXI 43; Eichel X 242 XIII 409; Frucht der Steineiche X 242. Esche Speer XIV 281 XXII 259, 276. Kornelkirsche X 242. Zypresse V 64; Holz XVII 340. Erle V 64, 239. Schwarzpappel V 64, 239 VI 292 VII 106 IX 141 X 510 XVII 208. Zeder V 60. Lärche V 60. wilde Feige XII 163, 432. Dattelpalme VI 163. wilder Birnbaum XIV 10. Lorbeer IX 183. Weide X 510. wilder Ölbaum V 477. – Blumen: Asphodelos XI 539, 573 XXIV 13. Hyazinthe VI 231 XXIII 158. Veilchen V 72; dunkelblau IV 135 IX 426; tiefblau V 56 XI 107. Rose rosenfingerig 22mal. – Gräser: Pfeilrohr XIV 474. Binsen V 463. Stoppeln XIV 214.

Rechtsverhältnisse, Völkerrecht: Rechtsordnung IX 112, 215; Rechtswahrer XI 569 XVI 403; Recht III 244 IX 255 XIV 84; Rechtsanspruch IV 691 XIV 59 XXIV 255; Rechtsspruch XI 547, 570; Rechtsstreit XI 545 XII 440; Rechtssprecher XI 186 XII 439; rechtloser Zustand IX 106, 189, 428 XVIII 141; Mord XIV 380 XV 224, 272 XVI 400 XXIII 118; Mörder XXIV 434; Blutrache XXIII 312; Strafe für Ehebruch VIII 332; Räuber XVI 426 XVII 425; Herdenraub XI 402 XX 51 XXI 18 XXIII 357 XXIV 111; Menschenraub I 398 VII 8 X 41 XI 403 XIV 264 XV 427 XVII 433; Seeraub III 72, 106 IX 254 XIV 86 XVII 425. – Gast passim; bewirten III 355 VII 190 XIV 322 XIX 194, 217 XXIV 267, 271, 288; Wirt VIII 210, 543 XV 55, 70 XVIII 64; Gastlichkeit VI 121 VIII 576 IX 176 XIII 202 XXI 35 XXIV 271; gastliche Pflege XV 514, 546; gastlicher Tisch XIV 158 XVII 155 XX 230; Zeus Schützer der Gastfreundschaft IV 208; IX 271 XIII 213 XIV 53, 58, 284, 389; Gastgeschenk I 311, 318 III 490 IV 33, 589, 600, 615 V 91 VIII 389, 431, 546 IX 6mal XIII 14 XIV 404 XV 116, 125, 188, 196 XIX 185, 238, 271 XX 296 XXI 13, 26, 40 XXIV 273; Dauer der Gastfreundschaft XV 54. – Schutzflehender V 450 VI 193 VIII 546 IX 269 XIV 511 XVI 67 XIX 134; Zeus als Beschützer

VII 165, 181 IX 270 XIII 213 XVI 422; Asyl XV 276; am Herd VII 153; Bettler XIV 158 XVI 209, 273 XVII 7mal XVIII 1, 41, 49, 106, 403 XIX 74 XXI 292, 327 XXIII 157; im Schutze des Zeus VI 208 XIV 58; der Erinyen XVII 475; Landfahrer XIV 124 XVII 376, 420, 483, 576 XVIII 18, 25, 333 XIX 74, 76 XX 377 XXI 400. – Völkerbündnis XVI 427. Krieg mit den Nachbarn XXI 89.

Redensarten: Geflügelte Worte I 122, ferner 60mal; Gehege der Zähne I 64 III 230 V 22 (X 328) XIX 492 XXI 168 XXIII 70; Schoß der Götter I 267, 400 XVI 129; schwarze Seele IX 661; heiße Tränen IV 523 XXIV 46; dreimal soviel VIII 340, dreifach und vierfach IX 71; nach vorwärts und rückwärts XXIV 452; bebende Knie XVIII 88 XI 527; sardonisches Gelächter XX 302; auf die Lippen beißen I 381 XVIII 410 XX 268; das verderbliche Geschick des leidvollen Todes II 100 III 238 XIX 145 XXIV 135; Herz von Eisen IV 293; bleiches Entsetzen XI 43, 633 XII 243 XXII 42 XXIV 450, 533; verhaßt wie der Hades XIV 156; abstammen von Eichen und Felsen XIX 163; im Lauf der Jahre I 16 VII 261 XI 248, 295 XIV 287, 294.

Religion: a) Eid: II 377 IV 253, 746 V 178 X 343, 381 XII 298, 304 XIV 151 XV 436 XVIII 55; bei Zeus, Tisch, Herd XIV 158 XVII 155; Zeus, Herd XIX 302 XX 230; Erde, Himmel, Styx V 184; Selige X 299; Eidopfern XXIV 483, 546; hinterhältiger Eid XIX 396; Verfluchung XIX 330; Vertrag bei den Göttern XIV 393.

b) Gebet: V 445 XVII 497; Erheben der Hände IX 295, 527 XIII 355; XVII 239 XX 97; Waschen der Hände II 261; zu Zeus VII 331 XVII 354 XX 97, 112 XXI 200; Athene II 262 III 380 IV 762 VI 324; Poseidon III 55 IX 528; Nymphen XIII 355 XVII 239; Gelübde III 382 X 523 XI 31 XVII 51, 60; Gottesfurcht VI 121 VIII 576 IX 176 XIII 202 XIX 109, 364.

c) Kultstätten: Tempel VI 10 VIII 80 XII 346; heiliger Bezirk VIII 363; Hain VI 291, 321 IX 200 X 509 XVII 208, XX 278; Grotte XIII 104, 347, 363 XXIV 6; Altar III 273 VI 162 VII 100 VIII 363 XIII 187 XVII 210; im Hofe XXII 335, 379.

d) Opfer: ausführliche Beschreibung III 421–463; ferner III 5ff., 446 XII 366 XIV 426 XIX 419; auf dem Schiff XV 222; an die zürnende Gottheit III 145; umsonst III 146; Teilnahme des Gottes I 25 III 435 V 282 VII 201; Opferfest III 5; Neumondsfest XX 156 XXI 258; Brandopfer IX 231 X 523 XIV 446 XV 222, 260; Trankopfer II 432 III 341, 459 XIV 331; Ausgießen des Weins 23mal; zu Beginn des Trinkens III 340 VII 183 XXI 272; Ersatz durch Wasser XII 363; Abendspende VII 136; am Ende der Seefahrt II 432; Schlachtopfer VIII 59 X 524 XI 32 XIII 24, 182; Opfergerste

IV 761; Opfertiere XI 23 XIV 94, 250 XVII 600; schwarze Farbe III 6 X 525 XI 32; Hekatombe I 25 III 59, 144 IV 478 V 102 VII 202 XI 132 XIX 366 XX 276 XXIII 279; vollendete IV 352, 582 XIII 350 XVII 50, 59; Rinder VIII 60 XIII 26 XVII 535 XIX 366 XXII 336; Kuh, die noch nicht gebar X 523 XI 30 XX 186; Stiere I 25 III 179 IV 764 XI 131 XIII 182 XXIII 278; Kleinvieh VIII 60; Schafe I 25 IV 764 X 525 XI 32, 131 XVII 241 XIX 397 XXIII 278; Ziegen XVII 241 XIX 397 XX 186 XXI 267; Schweine VIII 60 XI 131 XXIII 278; Eber XI 131 XXIII 278; Schenkelstücke 14 mal; Einhüllen in Fett XIV 428 XVII 241; Weihgeschenke III 273 VIII 509 XII 347.

e) **Priester**: Opferpriester IX 198; Seher I 102 IX 508 X 493, 538 XI 99 XII 267, 291 XV 225, 252 XVII 384. Opferdeuter XXI 145 XXII 318, 321; Vogeldeuter II 161; Gottbefrager I 146.

f) **Weissagung, Vorzeichen**: Weissagung XII 272; Prophetengabe IX 509; voraussagen I 200 II 170, 180 IX 510 XV 172, 255 XX 380 XXIII 251; Vogelzeichen I 202 II 148 (Adler) XV 160 (Adler, Gans) XV 525 (Habicht, Taube) XVII 160 XIX 537 (Adler, Gans) XX 242 (Adler, Taube); von rechts XV 532 XXIV 310; Mißtrauen II 181; Donner XX 103, 113, 120 XXI 413; Orakel VIII 79 (Pytho) XIV 327 u. XIX 296 (Baumorakel zu Dodona); Wunderzeichen III 173 XII 394 XV 168 XVI 320 XX 101, 114 XXI 415; Niesen XVII 541; göttliche Stimme I 282 II 216 III 215; menschliche Worte XVIII 117 XX 105 ff.; Göttersprüche IV 561 IX 507 X 230 XII 155 XIII 172; Deutung der Sprüche I 415; Mißtrauen II 201; Götter um Entscheidung angerufen XVI 403 ff.; Traum IV 796 ff VI 21 ff. XIV 495 XIX 535 ff.; Tore IV 809 XIX 562; undeutbar XIX 560; Wohnung an Helios' Tor XXIV 12; vom Unhold gesendet XX 87; Vision XX 346 ff.

g) **Götter**: Götterrat I 16 ff. V 3 ff.; wohnen im Äther XV 523 XVI 264; auf dem Olymp VI 41, 240 VIII 331 X 307 XII 337 XIV 394 XV 43 XVIII 180 XIX 43 XX 55. 73, 103 XXIV 351; Göttersprache X 305; Ambrosia Parfüm IV 445; Speise V 93, 199 XII 63; Nektar V 93, 199; verkleidet unter den Menschen XVII 485; von Hunden gewittert XVI 162; unsichtbar X 572; verwandeln sich in Tiere I 320 III 371 V 337, 353 XXII 240; in Menschen I 104 II 401 VII 20 VIII 8, 194 XIII 221 XVI 157 XXII 206 XXIV 503, 548; in alles XIII 312; verwandeln Menschen VI 230 VIII 20 XIII 430 XVI 455 XXIV 368; mit Zauberstab X 237, 293 XIII 429 XVI 172; beeinflussen Menschen XXIII 12; schicken Träume IV 797; erhöhen und erniedrigen XVI 211; spinnen Geschick zu I 16 III 208 IV 237 VIII 579 XI 139 XX 196; setzen Maß XIX 592;

schätzen das Rechte I 261 XIV 83 XXI 28 XXII 39; Zorn der
Götter XI 72; Mitleid IV 364, 828 V 336; Neid IV 181 V 118 XIII
173 XXIII 211; können alles IV 237 X 306 XIV 445; nicht alles
V 341 IX 525 XII 107, 289; wissen alles IV 379, 468 XIII 339,
417; sind nicht allwissend V 282 XII 374; halten die Zeit auf
XXIII 246; Götterdreiheit IV 341 VII 311 XVII 132 XVIII 235
XXIV 376.

h) Unpersönliche Mächte: Gottheit (Daimon): XV 261;
hilfreich XVI 370 XVII 243 XVIII 146 XXI 207; sendet Gedanken
III 27 XIX 10, 138; verleiht Ruhm IV 275; haucht Mut ein IX
381 sendet Windstille XII 169; lenkt den Menschen XIV 386;
sendet Träume XX 87; bringt Unheil II 134 III 166 VI 172 VII
248 X 64 XI 61, 587 XII 295 XIV 488 XVI 64, 194 XVII 446
XVIII 256 XIX 129, 201, 512 XXIV 149, 306; sendet Untier V
421; Krankheit V 396. – Geschick (Moira): XIX 592 IV 475 V 41,
114, 345 IX 532 XXI 24; unentrinnbar XXIV 29; Todesgeschick
II 100 III 238 XVII 326, XIX 145 XXIV 135; von Zeus gesendet
XI 560 XX 76; von den Göttern III 269 XI 292 XIX 592 XXII
413; Handeln gegen das Schicksal I 34, 35 V 436. – Bestimmung
(Aisa) V 113, 206, 288 VII 197 VIII 571 XIII 306 XIV 359 XV
276 XXIII 315; von Zeus IX 52; Hoffnung XVI 101 XIX 84. –
Los (Moros) I 166 XI 618; Todeslos IX 61 XI 409 XVI 421 XX 241. –
Verhängnis (Potmos) III 16 IV 714 XI 372 XXIV 471; schändlich
II 250 IV 339/40 XVII 130f. XIX 530 XXII 317, 416; ruhmlos
X 245; Tod IV 196, 562 V 308 XI 197, 389 XII 342 XIV 274 XXIV
22, 31. – Gerücht XXIV 413; im Dienste des Zeus I 282 II 216. –
s. a. Erinys; Bestattung (Keren).

Sage (s. a. Namenregister) Troischer Sagenkreis: Raub der
Helena IV 261 XXIII 217; Odysseus zur Fahrt veranlaßt XI 447
XXIV 115; sein Streit mit Achill VIII 74; Spähergang nach Troja
IV 235ff.; Rettung der Leiche des Achill V 310; Leichenbegängnis
des Achill XXIV 36ff.; Streit um die Waffen XI 540ff.; vgl. Aias,
Antilochos, Memnon, Philoktet, Neoptolemos; hölzernes Pferd IV
272 VIII 492ff. XI 523 XXII 230; Untergang Trojas VIII 514ff.;
Abfahrt von Troja III 130ff.; Nostos des Menelaos III 276ff. IV
82, 126, 351ff.; des Aias IV 499ff.; des Nestor III 165ff.; des Diomedes III 180. – andere Mythen: s. vor allem XI; dort der Frauen-
katalog XI 225ff.; Orestie (Agamemnon, Klytaimnestra, Aigisth,
Kassandra, Orest) I 29, 300 III 235, 264, 303 IV 510ff.; XI 387ff.;
421 XIII 384 XXIV 20, 96, 198; Ares und Aphrodite VIII 266ff.;
Oidipodie XI 271ff.; Aëdon XIX 522; Töchter des Pandareos XX
66; Neoptolemos' Heirat mit Hermione IV 5; Argonautensage X

137 XII 70; Sieben vor Theben XV 244 ff.; Kentauren und Lapithen XXI 295; Odysseus' Ringkampf mit Philomeleides IV 342; XVII 132; Wanderung nach dem Freiermord XI 121; Tod XI 134; XXIII 281; vgl. auch Eurytos, Iphitos, Herakles, Eurytion; Melampus; Orion; Iasion.

Schiff: über 400 mal; Lastschiff V 250 IX 323; Anstrich rot IX 125 XI 124 XXIII 271; dunkel(blau) III 299 IX 482, 539 X 127 XI 6 XII 100, 148, 354 XIV 311 XXII 465; schwarz 18 mal; Rosse des Meeres IV 708. – Segel II 426 f.; III 10 IV 578, 781 V 259, 269, 318 VIII 52, 54 IX 70, 77, 149 X 506 XI 3, 11 XII 170, 402 XV 291, 496 XVI 352; Kleinsegel V 318; Ziehtau XII 423; Stagtau II 425 XII 409 XV 290; Brassen V 260; Schote V 260 X 32; Rahenstange V 260; Segelstange V 254, 318. – Mast II 578, 781, V 254, 316 VI 271 VIII 781 IX 322 XI 3 XII 410, 422, 424, 438 XIV 311 XV 496; aus Tannenholz II 424 XV 289; Aufstellen bei der Abfahrt II 424 ⁓X 77 X 506 XII 402 XV 289; Mastbarren II 424 XV 289; Mastschuh XII 51, 162, 179. – Verdeck III 353 XII 229, 414 XIII 74 XV 283, 552; Bordbalken V 253; Ruderpflöcke II 419 IV 579 VIII 37 IX 103, 179, 471, 563 XII 146 XIII 76 XV 221, 549; Ruderbänke IX 99 XIII 21; Stauraum darunter XIII 20; Spanten V 163, 252; Rippen XIX 574; Kiel V 130 VII 252 XII 421, 424, 438 XIX 278; Bodenfläche V 249; Kielwasser XII 411 XV 479. – Stoßstange IX 487; Ruder 25 mal; auf dem Grabmal XI 77; handlich XI 121, 125, 129 XII 15 XXIII 268, 272; Rudergriff IX 489 X 129 XII 214; Ruderblatt VII 328 XVII 78; Befestigungsriemen IV 782 VIII 53; Steuerruder III 281; V 255, 270, 315 VIII 558; Steuergriff (Pinne) IX 483, 540 XII 218. – Vorderschiff XII 230; Vordersteven II 428; Hinderdeck II 417, XII 411 XIII 75, 84 XV 206, 223, 285; Schiffswand XII 420. – Halteta ue II 418 IX 178, 562 XI 137, 637 XII 32, 145 XV 286, 498, 548, 552; Ankerstein IX 137 XV 498; durchlöcherten Hafenhaltstein XIII 77; Tau VI 269 IX 136; X 96, 127, 167 XIII 77 XXII 465; Sturmtau VI 269; Papyrosbastseil XXI 390; Schiffsleiter (?) XIV 350. – Floß (Notkahn) V 6 mal; VII 264, 274: Spreizen V 252; Bolzen V 248; Querbänder V 248, 361. – Schiffahrt VIII 253; Leuchtfeuer X 30; Schiffsbaumeister IX 126; Reeder VIII 161; Bemannung (52) VIII 35, 48 XVI 247; (20) I 280 II 212 IV 530, 669, 778; Steuermann III 279; IX 78 XI 10 XII 152, 217, 412 XIX 256; Landung IX 546 XI 20 XII 5 XV 495; Abfahrt II 418 ff. IV 576 ff., 782 XII 147 XV 283 ff.; Fahrwind 21 mal; V 268 VII 266; Passagierfahrt II 319 XIII 272 XIV 334 XV 449 XXIV 300; Fährdienst XX 187 XXIV 418; Seehandel I 184 VIII 161 ff.; s. a. Phoiniker; Seeraub III 72 IX 254

XIV 85f. XVII 425; Gefahren des Meeres II 369 VIII 138 XII 284 XVI 24 XXIII 233; Seesturm V 291ff. XII 405ff.; Orientierung nach den Sternen V 273f.; Nachtfahrt XV 34.

Schimpfworte: schamlos XVII 449; hundsäugig IV 145 VIII 319 XI 424; Hund XVIII 338 XIX 91 XXII 35; Nichtsnutz VIII 209 IX 460, 515; besessen IV 774 X 472 XIV 442 XVIII 15, 408 XIX 71 XXIII 166, 174, 214; Prahlhans XVIII 79; schrecklich III 161 IV 729 V 118 IX 351, 478, 494 XII 116 XXI 28; Unheilstifter XVI 418; verwünscht XVII 484.

Soziale Verhältnisse: König 41mal; Königin 17mal; Königswürde von Zeus II 480 IV 44, 63 VII 49; zeusgeschützt XVI 402; Führer der Gemeinde VI 197 XI 353; erblich I 387; im Geschlecht XV 583 XVI 401; auch über die Fürstin XV 521 XXII 49ff.; Königsgut VI 293 XI 185 XVII 299; Szepter II 231 IV 64 V 9 VIII 41; Vorteile I 392; Segen eines guten Königs XIX 109ff.— Adel: bei den Phaiaken VI 54 VII 49, 186 VIII 26, 536 XIII 186; auf 13 beschränkt VIII 391; auf Ithaka I 394 XVIII 64; Ratsherrn XIII 13; Ratsversammlung III 127 VI 55, 61; Friedensrichter XII 439; Richterwürde XI 186. — Volk: II 239 III 215 IV 691 VII 11, 150 VIII 157 XIII 14 XV 468 XVI 96, 114, 425 XXII 55; Volksbesitz XIX 331 XX 264; Leute des Volkes VIII 259; Anliegen des Volkes II 32, 44 III 82 IV 314; Volksversammlung II 6–256 I 90, 272 III 127, 137 V 12 IX 112; Redegabe VIII 168; öffentlicher Leumund II 101; VI 273 XIV 239 XVI 75 XIX 146, 131, 527 XXIV 136, 201; Stadtbürger VII 131; XVII 206; gemeinsames Männermahl in Sparta IV 621ff.; Leute vom Lande XI 293 XVI 218 XXI 86; erblicher Landanteil XIV 64; Erbteilung XIV 289; Lohnarbeiter IV 644 XI 489; Fremdarbeiter XIV 102 XV 321 XVII 19, 186 XVIII 356; Gesinde IV 245 XIV 4, 63 XVI 303 XVII 533; Aufgabe der Frauen XXI 350; s. a. Landwirtschaft, Handwerk. — Sklave 33mal; Sklavin 47mal. 50 Sklavinnen des Odysseus VII 103 XXII 421; Sklavenraub I 398 XIV 340 XV 387, 425, 450; Sklavenhandel I 430 XIV 297 XV 387, 483 XX 384; rechtlose Stellung XIX 92; Tötung XXII 443, 465ff.; Privateigentum der Sklaven und Ehe (Freilassung) XIV 62 XXI 213; Leibsklave IV 736; Spielgenossen der Kinder XV 365; Lieblingsklavin XVIII 321; „Väterchen" XVI 31, 57, 130 XVII 6, 599 XXI 369; Arbeitsteilung: Oberhirten XIV 23 XX 185; Unterhirten XIV 25; Gartenbau XXIV 222; Oberin XXII 396; Müllerin VII 105; ein Dutzend bei Odysseus XX 107; Textilarbeit VII 105 XVIII 315; Reinigung I 111, XX 149; Badedienerin IV 49 VIII 454 XVII 88 XXIII 154 XXIV 366; Zofen VI 18; Tafelbedienung I 147 III 339, 447 XXI 271; Vorschneider I 141 IV 57

XVII 331; Haushofmeister IV 22, 37 XV 95 140; Schaffnerin 18 mal. – Gastfreunde, Bettler und Landfahrer s. Rechtsverhältnisse.

Sprichwörtliches und Sentenzen:

I 46 Dieser verfiel der Vernichtung, wie ers verdiente; / mög auch ein andrer, der solches verübt, dem Verderben verfallen.

57 um den Rauch nur der Heimat steigen zu sehen.

82 wenn dies lieb ist den seligen Göttern.

169 Wer und woher von den Menschen? Und wo ist die Stadt deiner Eltern? (VII 238 X 325 XVI 187 XV 264 XV 264 XIX 105 XXIV 298).

170 Aber nun sage mir dies und erzähl es mir ohne Verdrehung (I 206, 224 IV 486 VIII 572 XI 140, 170, 370, 457 XV 383 XVI 137 XXIV 256, 287).

216 Noch keiner erkannte den eignen Erzeuger.

271 Jetzt aber merke mir auf und bedenk meine Worte.

351 Die Menschen hören/immer am liebsten das neueste Lied, das gerade im Schwang ist.

392 Herrschen als König ist wirklich kein Übel.

II 187 Aber ich sag dirs heraus und es geht auch gewiß in Erfüllung. (XVI 440 XVII 229 XVIII 82 XIX 487 XXI 337).

276 Wenige Kinder geraten doch ganz in der Art ihrer Väter;/ meistens sind sie nur minder, kaum einer ist über dem Vater.

III 48 Alle Menschen brauchen die Götter.

147 Schnell ja ändert sich nicht ein Gedanke der ewigen Götter.

196 Ja, es ist gut, wenn beim Tod eines Mannes ein Sohn noch da ist.

231 Will ein Gott, dann errettet er leicht auch den Mann in der Ferne.

236 Freilich, es können auch Götter den Tod, dem alle verfallen,/ selbst dem geliebtesten Manne nicht schenken.

IV 103 Schnell ist man satt von so grausigem Klagen.

120 Während im Sinn und auch im Gemüt er sich dies überlegte ... (V 365, 424).

236 Der Gott gibt/Glück und Leid heut diesem, dann jenem; er kannn ja doch alles.

600 Die Gabe, die du mir bietest, sei mir ein Kleinod.

VI 182 Darin liegt ja die Kraft: In versöhnlichem Denken den Haushalt/klug überlegend zu führen, für Mann und Weib.

187 Zeus verteilt ja den Menschen das Glück, der Olympier

Sachregister

> selber,/ ganz wie er will, einem jeden, dem Schurken wie auch dem Edlen.
> 207 Wenig und lieb doch ist unsere Spende (XIV 58).

VII 51 Bei allen/Taten gewinnt doch ein Mann, der mutig beherrscht ist.
187 Ich will jetzt verkünden,/was mein Gemüt in der Brust mir befiehlt (VIII 27 XVII 469 XVIII 352 XXI 276).
216 Schuld ist der schreckliche Magen, nichts andres benimmt sich so hündisch.
294 Allzeit fehlt ja den jüngeren Männern das rechte Verständnis.
307 Böser Eifer beherrscht ja uns Menschenvolk auf der Erde.
310 Besser ist alles, was rechtens (XV 71).

VIII 138 Übel gibt es gewiß, doch kein andres vergleicht sich dem Meere.
479 Bei allen den Menschen auf Erden genießen die Sänger/ Ehre und Ehrfurcht.
552 Keinen Menschen gibt es Führwahr, der ganz ohne Namen/ bliebe sobald er zur Welt kommt, gleich ob schlecht oder edel.

IX 34 Läßt sich doch nichts an Süße mit Eltern vergleichen und Heimat.

X 153 Während ich so es bedachte, erschien es mir schließlich von Vorteil (XV 204 XVIII 93 XXII 338 XXIV 239).

XI 182 Nächte endlosen Jammerns,/Tage schwinden dahin, und immer noch rinnen die Tränen.
489 Lieber wär ich ein Knecht auf den Feldern und fronte/ dort einem anderen Mann ohne Land und mit wenig Vermögen;/ lieber tät ichs als herrschen bei allen verstorbenen Toten.

XIV 228 Anderer Mann erfreut sich an anderen Werken.
445 Einmal gibt uns der Gott, ein andermal wird er es nicht tun,/wie er es will im Gemüt; und freilich: er kann ja auch alles.

XV 394 Viel Schlaf ist ja auch eine Plage.
400 Hinterher schwelgt ja der Mensch und freut sich sogar noch den Leiden.

XVI 136 Wohl erkannt und bedacht; einem Denkenden gibst du Befehle (XVII 192, 281).
210 Es ist für die Götter.../ ein Leichtes, die Menschen /... hoch zu erheben und wieder zu schänden.

281 Andres doch will ich dir sagen und du behalt es im Sinne!
294 Männer holt sich das Eisen von selber (XIX 13).
XVII 217 Immer in Paaren vereinigt ein Gott doch die Gleichen.
286 Freilich der Magen! Er drängt und es kann ihn doch keiner verbergen.
320 So ja hält es der Knecht: Wenn der Herrscher nicht mehr die Macht hat,/ dann hat auch er keinen Trieb mehr zu tun, was an Leistung ihm zukommt./ Denn mit dem Tag, da der weithin blickende Zeus ihn versklavte,/ läßt er am Manne auch immer die Hälfte des Besten verkümmern.
347 Verschämtheit macht sich nicht gut am bedürftigen Manne. (vgl. 578).
XVIII 137 Ganz so ist ja das Sinnen und Trachten der Menschen auf Erden,/Je wie die Tage gestaltet der Vater der Menschen und Götter.
287 Unschön ist, eine Gabe zu weigern.
XIX 120 Ist es doch schlimmer als schlimm, in ewiger Trauer zu leben.
328 Was sind denn die Menschen? Sie kommen und gehen!
340 Sterbliche werden im Unglück schnell ja vom Alter befallen.
560 Träume sind Schäume; man weiß nicht, was wirklich sie meinen.
XX 18 Herz, halt aus! schon Hündischres hast du ertragen.
85 Der Schlaf läßt uns alle vergessen.
XXII 374 Gute Taten sind doch viel besser als schimpfliche Werke.
XXIII 217 Unbesonnen manch tüchtig Besonnenen machen die Götter.
XXIV 29 Dem Schicksal/freilich entrinnt nicht einer, sobald er zu leben begonnen.

Tierwelt, Jagd: Haustiere s. Landwirtschaft – Hirsch IV 335 VI 104, 133 X 158, 180 XIII 436 XVII 126; Hirschkalb IV 336 XVII 127 XIX 230; Wildziege IX 154 XIV 50 XVII 295; Eber IV 457 VI 104 XI 131 XXIII 278; Rückenborste XIX 446.; Reh XVII 295; Hase XVII 295. – Löwe IV 335, 456, 791 VI 130 IX 292 X 212, 218, 433 XI 611 XVII 126 XXII 402 XXIII 48; Panther IV 457; Wolf X 212, 218, 433. – Habicht V 66 XIII 86; Kreisfalke XIII 87; XV 526; Adler II 146 XV 161 XIX 538, 543, 548 XX 243 XXIV 538; Seeadler III 372 XVI 217; Geier XI 578 XXII 30; großer Raubvogel (Lämmergeier?) XVI 217 XXII 302; Eule V 66; Taube XII 62 XV 527 XX 243 XXII 468; Drossel XXII 468; Nachtigall

XIX 518; Schwalbe XXI 411; XXII 240; Wasserhuhn V 337, 353; Seehuhn XV 479; Möve V 51; Seekrähe V 66; XII 418 XIV 308. – Fische V 53 X 124 XII 252, 331 XIV 135 XV 480 XXII 384 XXIV 291; Fischreichtum XIX 113; Delphin XII 96; Hai V 421 XII 96; Robbe IV 404ff. XV 480; Polyp V 432. – Schlange IV 457. – Viehbremse XXII 300; Bohrkäfer XXI 395. – Eberjagd XIX 427ff.; Jagd mit Hunden XVII 292 XIX 436; mit Schlingen auf Vögel XXII 469; mit Haken XII 331; Wegnahme der Eier XVI 216; Fischfang mit Spieß X 124; mit Netz XXII 334; mit Angel IV 368; XII 252, 331; Tauchen XII 413.

Waffen: volle Rüstung XVIII 377 XXII 122; Helm XIX 32, mit ehernem Wangenschutz XXIV 523; Sturmhaube aus Erz X 206 XIV 276; XVIII 378 XXII 102, 111, 123; mit Roßschweif XXII 145; aus Ziegenleder XXIV 231; Kesselhaube I 256; Helm mit Bügeln XXII 183; Helmbusch XXII 124. – Rundschild I 256 XXII 25; Schildbuckel XIX 32; Langschild XIV 277, 477, 479, 482 XVI 474 XVIII 377 XXII 101, 110, 122, 144, 184, 279; aus vier Lederschichten XXII 122; Schildriemen XXII 186. – Lanze 35mal; geschärft I 99 XV 551 XX 127; scharf XIX 33 XX 306; mit doppelter Schneide XVI 474; Speer IX 55 XI 40; Speerschaft (= Speer) passim; speerberühmt XV 52, 544 XVII 71, 147; Spitze XIX 453; zwei Speere I 256 XII 228 XVI 295 XVIII 377 XXII 101, 110, 125; erzschwer XI 532; Speerständer I 128; Eschenspeer XIV 281; erzschwer XXII 259, 276; Wurfspieß XI 225; XIV 531 XXI 340. – Schwert 20mal; doppelschneidig XVI 80; XXI 341 XXIV 527; mit silbernen Nägeln VIII 406, 416 X 261 XI 97; am Schenkel IX 300; X 126, 294, 535 XI 48; Schwert am Wehrgehenk VIII 403; X 321, 333, 439 XI 24, 231, XVII 222 XIX 241; Gehenk XI 609; Schlachtschwert X 145 XI 82, 95, 424 XVI 295 XXII 74, 79, 84, 90, 98; Griff XI 531; silbern VIII 403; Scheide X 333 XI 98; elfenbeinverziert VIII 404; Tragband XI 610, 614. – Schußwaffe passim; XXI 48mal, Bogen VI 270 XIX 577 XXI 75, 173, 233, 328 XXII 2, 246 XXIV 170, 177; Sehne XI 607 XIX 587 XXI 97, 127, 410, 419 XXIV 171; Verbindungssteg XXI 419; Öse (Haken) am Bogenende XXI 138, 165; Horn, vom Fraß bedroht XXI 395; Bogenfuteral XXI 54; Pfeil 26mal, vergiftet I 262; Haltekerben XXI 419 VI 270 IX 314 XXI 11, 59, 233, 417 XXII 2, 71. – Geschoß (allgemein) III 280 V 124 X 495 XI 173, 199 XV 411 XVI 277 XVII 464 XX 305 XXI 138, 148, 165 XXII 83 XXIV 180. – Keule XI 575.

Wagen: Lastwagen X 103; vierräderig IX 241; maultierbespannt VI 37, 72, 260; großer Lastwagen VI 75, 78, 88, 90, 252; hoch VI 57;

maultierbespannt VI 73, VII 5; überdacht VI 70; Zweiradwagen IV 8, 42; III 436 XV 47; bunt bemalt III 492 XV 145, 190; festgefügt XVII 117; leichter Reisewagen III 324, 369, 481 IV 590 XIV 280; Gefährt IV 533; Einspannen III 476 VI 111, 253 XV 47; Ausspannen IV 39. – Wagenkorb XV 51, 55, 131. – Joch III 383, 486 IV 39 XV 184; Lenkzügel III 483 VI 81; Peitsche III 484, 494 VI 81, 316 XV 182, 192; Peitschenriemen V 380 VI 320 XIII 82.

Zeit: Lichtjahr XIV 161 XIX 306. – Einteilung in Jahr, Jahreszeit, Monat, Tag X 470 XI 294 XIV 293 XIX 153 XXIV 143. – Jahreszeit IX 135 XXIV 344; Winter V 485 VII 118 XI 190 XIV 457, 485; Schnee IV 566 VI 44 XIV 476 XIX 205; Frostnacht XIV 476; Morgenreif V 467 XVII 25; lange Nacht XV 392; Wintersturm IV 566 XIV 522. – Frühling XVIII 367 XIX 519 XXII 301; Schneeschmelze XIX 206. – Sommer VII 118 XI 192 XII 76 XIV 384. – Erntezeit V 328 XI 192 XII 76 XIV 384 XXII 27; ein volles Jahr IV 86 X 467 XIV 292 XV 230. – Monat X 14 XI 294 XII 325 XIV 244 XVII 408 XXIV 118; Mondphasen XIV 162 XIX 307; Neumond XIX 307 XIV 457. – Neuntagewoche VII 253 IX 82 X 28 XII 447 XIV 314. – Einteilung der Nacht XIV 483. – Morgen s. Eos; Spätnachmittag XVII 599, 606; Feierabend IX 58; Abend s. Helios; I 423 II 357, 388 III 497 IV 786 VIII 29 IX 336, 452 XIV 344 XV 505 XVI 452 XVII 191 XIX 305; Essenzeit zu Mittag XVII 170; zum Abend XII 439 XIII 31; nach dem Abendessen IV 194. – Zeiträume: Tag (Nächte) **1:** II 434 III 486 IV 357 XII 429 XIII 31 XIV 458 XV 184 XX 53. **3:** V 390 IX 76 X 144 XVII 515. **4:** III 180 V 262. **5:** (V 263) XIV 257. **6:** X 80 XII 397 XIV 249 XV 476 XVI 248. **7:** (X 81 XII 399 XIV 252 XV 477). **9:** VII 253 IX 82 X 28 XII 447 XIV 314. **10:** (VII 253 IX 83 X 29 XII 448 XIV 315) XIX 192. **11:** II 374 IV 588 XIX 192. **12:** II 374 IV 588, 747 XIX 198. **13:** (XIX 202). **17:** V 278 VII 267 XXIV 63. **18:** (V 278 XVII 268 XXIV 65). **360:** XIV 20 (zu schlachtende Schweine). Monate: **3:** XVII 408. Jahre: **3:** II 89, 106 XIII 377 XIX 151 XXIV 141. **4:** (II 89, 107 XIX 152 XXIV 142). **50** III 115 XXIV 309. **6:** (III 115). **7:** III 305 VII 259 XIV 285. **8:** (III 306) IV 82 (VII 261 XXIV 287). **9:** III 118 V 107 XIV 240 XIX 179 XXII 228. **10:** (V 107 XIV 241) XVI 18. **11:** III 391. **20:** II 175 XVI 206 XVII 327 XIX 222, 484 XXI 208 XXIII 102, 170 XXIV 322. – 10 Geschlechter: XIV 225 XIX 294. – Zeitangaben zur Handlung II 1 III 1, 404, 491 IV 306 V 1, 228, 262, 278, 388, 390 VI 48 VIII 1 XIII 18, 93 XV 56, 189 494 XVII 1 XX 91 XXIII 347.

DIE NEUERE LITERATUR

Das Verzeichnis will vor allem auf die wichtigste Literatur hinweisen, die seit 1945 zu Homer im allgemeinen und zur Odyssee im besonderen erschienen ist. Ein spezielles Literaturverzeichnis zur Ilias ist für die Neuauflage der Ilias (Tusculum) in Aussicht genommen.

Nicht aufgenommen wurden Veröffentlichungen zur Textüberlieferung und zu den Homer-Papyri, sowie in der Regel auch nicht fremdsprachige Übersetzungen und Schulausgaben. Für diesen Bereich sei auf die genannten Literatur- und Forschungsberichte verwiesen, sowie auf die Bände der „Année philologique" (von J. Marouzeau † und seinen Fortsetzern).

Hinsichtlich aller berücksichtigten Gebiete jedoch wurde für die Jahre seit 1955 größtmögliche Breite und Vollständigkeit angestrebt. Daß sich innerhalb der genannten Sachgebiete Überschneidungen nicht vermeiden ließen, wird jedem Kundigen klar sein.

Dank dem freundlichen Entgegenkommen der Institute für klassische Philologie an den Universitäten München und Salzburg konnte das Verzeichnis erstellt und für diese Auflage reich ergänzt werden.

1. Allgemeine Darstellungen

W. Schmid – O. Stählin, Geschichte der griechischen Literatur I, München 1939.
P. Von der Mühll, Odyssee, RE Suppl. 7 (1940), Sp. 696.
W. Schadewaldt, Die Legende von Homer, dem fah.enden Sänger, Leipzig 1942.
F. Focke, Die Odyssee, Stuttgart 1943.
A. Severyns, Homère. Le poète e son oeuvre, Brüssel 1946.
A. Severyns, Homère, L' artiste, Brüssel 1948.
A. Piero, Introduzione allo studio dei poemi omerici, Rieti 1949.
F. Robert, Homère, Paris 1950.
D. Page, The Homeric Odyssey, Oxford 1955.
L. A. Stella, Il poëma di Ulisse, Florenz 1955.
G. Nebel, Homer, Stuttgart 1959.
A. B. Lord, The singer of tales, Harvard Studies 1960.
G. S. Kirk, The songs of Homer, Cambridge 1962.
A. J. B. Wace – F. H. Stubbings, A companion to Homer, London 1962.
A. Lesky, Geschichte der griechischen Literatur, Bern 1963².
J. G. A. Pocock, Odyssean essays, Oxford 1964.
F. Codino, Introduzione a Omero, Turin 1965.
F. Eichhorn, Homers Odyssee, Ein Führer durch die Dichtung, Göttingen 1965.
W. Schadewaldt, Von Homers Welt und Werk, Stuttgart 1966⁴.
G. Bona, Studi sull' Odissea, Turin 1966.
E. Lessing, The voyage of Ulysses. A photographic interpretation of Homer's classic, London 1966.
A. Lesky, Homeros, Sonderdruck aus der Pauly'schen RE, Stuttgart 1967.
G. Kahl – Furthmann, Wann lebte Homer? Eine verschollene Menschheit tritt ans Licht, Meisenheim 1967.
A. Lesky, Homeros, RE Suppl. 11 (1968), Sp. 687–846.
W. F. Knight, Many-minded Homer. An introduction, ed. by *J. D. Christie*, London 1968.
R. Merkelbach, Untersuchungen zur Odyssee (Zetemata 2), München 1969².
C. Nelson, Homer's Odyssey, A critical handbook, Belmont/Calif. 1969.
F. Codino, Einführung in Homer, übers. v. *R. Enking*, Berlin 1970.
A. Dihle, Homer-Probleme, Opplanden 1970.
W. J. Verdenius, Homer the educator of the Greeks, Meded. Nederl. Akad. van Wet. Afd. Letterk. 33,5 (1970), S. 207.
V. Bérard, Les navigations d'Ulysse, 4 Bde., Paris 1971.

J. Th. Kakridis, Homer revisited, Lund 1971.
W. Schadewaldt, Homer und das Dichterische. Überlebte oder bleibende Antike? Bremen 1971.
W. Schadewaldt, La „Odisea" como poesia, Cuadernos de la ‚Fundacion Pastor' 18 (1971), S. 11.
C. M. Bowra, Homer, London 1972.
Th. Blackwell, An enquiry into the life and writings of Homer, Menston 1972.
H. Erbse, Beiträge zum Verständnis der Odyssee, Berlin/New York 1972.
W. Schadewaldt, Die Odyssee als Dichtung, Fortwirkende Antike (1972) S. 33.
H. Eisenberger, Studien zur Odyssee, Palingenesia Bd. 7, Wiesbaden 1973.
W. Marg, Zur Eigenart der Odyssee, Antike und Abendland 18 (1973) S. 1.

2. Literatur- und Forschungsberichte

A. Lesky, Die Homerforschung in der Gegenwart, Wien 1952.
A. Lesky, fortgesetzt von *E. Dönt*, Der Forschungsbericht. Homer. Anzeiger für die Altertumswissenschaft 4 (1951) Sp. 65 und Sp. 195; 5 (1952) Sp. 1; 6 (1953) Sp. 129; 8 (1955) Sp. 129; 12 (1959) Sp. 129; 13 (1960) Sp. 129; 17 (1964) Sp. 129; 18 (1965) Sp. 1; 21 (1968) Sp. 129; 23 (1970) Sp. 129; 25 (1972) Sp. 163 und 257; O. Panagl und S. Hiller 29 (1976) Sp. 1; 6. Passorek 30 (1977) Sp. 1.
A. Heubeck, Zur neueren Homerforschung, Gymnasium 58 (1951) S. 262; 62 (1955) S. 112; 63 (1956) S. 87; 66 (1959) S. 380; 71 (1964) S. 43; 78 (1971) S. 98.
H. J. Mette, Homer 1930–1956, Lustrum 1 (1956) S. 7; Ergänzungen: Lustrum 2 (1957) S. 294; 4 (1959) S. 309; 5 (1960) S. 649; 11 (1966) S. 33; 15 (1970/2) S. 99.
M. M. Willcock, The present state of Homeric studies, Didaskalos II, 2 (1967) S. 59.

3. Ausgaben

A. Ludwich, Scholia in Homeri Odysseam ed. A. Ludwich, Königsberg 1888–1890, Nachdr. hrsg. u. m. e. Vorw. vers. von Hartmut Erbse, Hildesheim.
V. Bérard, Odyssée, Paris 1924.
W. B. Stanford, The Odyssey of Homer, London 1950.
T. W. Allen, Homer Odyssee, Oxford 1950/51.
H. Färber, Odyssee, München 1952.
E. Schwartz, Homeri Odyssea, Berlin 1956.
P. Von der Mühll, Homeri Odyssea, Basel 1957.
B. Snell, Homer. Ilias, Odyssee, griech. und deutsch, Darmstadt 1964.
W. Schadewaldt, Homer, Die Odyssee (deutsch), Zürich/Stuttgart 1966.

4. Zur Entstehung des Epos

P. Von der Mühll, Die Dichter der Odyssee, Aarau 1940.
E. Bickel, Die Lösung der homerischen Frage, Bonn 1949.
F. M. Combellack, Contemporary Unitarians and Homeric Originality, Am. Journ. of Philol. 71 (1950), S. 337.
J. A. Notopoulos, Continuity and Interconnexion in Homeric oral Composition, Trans. and Proc. of the Am. Philol. Ass. 82/1951, S. 81.
J. F. Cruz, La Cuestion Homerica, Mendoza 1952.
B. Marzullo, Il problema Omerico, Florenz 1952.
W. Schadewaldt, Die Wandlung des Homerbildes in der Gegenwart, Universitas 7 (1952), S. 233; ferner in: Hellas und Hesperien, Zürich 1960, S. 9.
G. Germain, Genèse de l'Odysseé, Paris 1954.
A. Heubeck, Der Odysseedichter und die Ilias, Erlangen 1954.
C. M. Bowra, Homer and his Forerunners, Edinburgh 1955.
L. G. Pocock, The Sicilian origin of the Odyssey, Wellington 1957.
K. Marót, Zur Entstehungsgeschichte der Odyssee, L'Antiquité Classique 27 (1958) S. 328.
W. Mattes, Odysseus bei den Phäaken, Kritisches zur Homeranalyse, Würzburg 1958.

C. H. Whitman, Homer and Heroic Tradition, Harvard Univ. Press 1958.
W. Schadewaldt, Neue Kriterien zur Odyssee-Analyse, Sitz. Ber. Heidelberger Akad. d. Wiss. 1959, 2.
G. P. Goold, Homer and the alphabet, Tarns. and Proc. of the Am. Philol. Ass. 91 (1960) S. 272.
B. Kalogeras, Τὸ ὁμηρικὸν ζήτημα, Platon 13 (1961) S. 264.
B. Hemmerdinger, Wolf, Homère et le papyrus, Archiv f. Papyrusforschung 17 (1962) S. 186.
W. Theiler, Ilias und Odyssee in der Verflechtung ihres Entstehens, Mus. Helv. 19 (1962) S. 1.
M. W. M. Pope, The Parry-Lord theory of Homeric composition, Acta Classica 6 (1963) S. 1.
E. Turolla, Struttura simmetrica nella redazione rapsodica dei poemi omerici II: L'Odissea, Giorn. Italiano die Filologia 16 (1963) S. 243.
C. Del Grande, Il poeta di α e la rotta della nave di Atena-Mente, Vichiana I, 2 (1964) S. 73.
E. Turolla, La questione omerica. Prospettive e resoluzioni nuove, Giorn. Italiano die Filologia 17 (1964) S. 342.
G. Scheibner, Ein Versuch, Entstehungszeit und -ort der Endform der Odyssee zu bestimmen, in: Kunst und Politik in der Antike, Wiss. Ztschr. d. Univ. Jena 14 (1965).
S. S. Bertmann, A study of analogy and contrast as elements of symmetrical design in the structure of the Odyssey, Diss. Columb. Univ. New York 1965.
S. Bertmann, The Telemachy and structural symmetry, Trans. and Proc. of the Am. Philol. Ass. 97 (1966) S. 15.
Ch. W. Dunmore, Homer. The Odyssey. A critical analysis in depth, New York 1966.
L. G. Pocock, The importance of Odyssey IX, 25–26, or how the Odyssey came to be composed, Proceed. of the African Class. Association 9 (1966) S. 31.
G. Broccia, La forma poetica dell'Iliade e la genesi dell'epos omerico, Messina 1967.
S. S. Bertmann, Structural symmetry at the end of the Odysssey, Greek, Roman and Byz. Studies 9 (1968) S. 115.
M. L. Lang, Homer and oral techniques, Hesperia 38 (1969) S. 159.
B. Marzullo, Il problema omerico, Museum Critericum 4 (1969) S. 3.
K. Foerstel, Sprachliche Kriterien für eine innerhomerische Chronologie?, Glotta 48 (1970) S. 163.
D. M. Gunn, Narrative inconsistency and the oral dictated text in the Homeric epic, Am. Journ. of Philol. 91 (1970) S. 192.
J. B. Hainsworth, Criticism of an oral Homer, Journal of Hell. Stud. 90 (1970) S. 90.
B. Marzullo, Il problema omerico, Mailand/Neapel 1970[2].
F. Dirlmeier, Das serbokroatische Heldenlied und Homer, Heidelberg 1971.
D. M. Gunn, Thematic composition and Homeric authorship, Harvard Stud. 75 (1971) S. 1.
J. Russo e B. Simon, Psicologia omerica e tradizione epica orale, QUCC 12 (1971) S. 40.
M. Parry, The making of Homeric verse. The collected papers of M. Parry, ed. by *Adam Perry*, Oxford 1971.
A. Heubeck, Nochmal zur „innerhomerischen Chronologie", Glotta 50 (1972) S. 129.

5. Metrik

H. N. Portner, The early Greek hexameter, Yale Class. Studies 1951.
H. Fränkel, Der homerische und der kallimachische Hexameter, in: Wege und Formen frühgriechischen Denkens, München 1955.
H. J. Mette, Die Struktur des ältesten daktylischen Hexameters, Glotta 35 (1956) S. 1.
D. W. Pye, Wholly spondaic lines in Homer, Greece and Rome 11 (1964) S. 2.
A. G. Tsopanakis, Problems in the Homeric hexameter, Ἐπιστημονικὴ ἐπετηρίς (1966) S. 337.
R. Ch. Schmiel, Rhythm and accent in Homer, Diss. Washington 1968.
W. F. Wyatt, Metrical lengthening in Homer, Incunabula Graeca 35 (Rom 1969).

W. B. *Ingalls*, The structure of the Homeric hexameter. A review. Phoenix 24 (1970). S. 1.
R. *Beck*, A principle of composition in Homeric verse, Phoenix 26 (1972) S. 213.
D. L. *Page*, Folktales in Homer's Odyssey, Cambridge Mass. 1973.

6. Sprache und Wortforschung

E. *Schwyzer*, Griechische Grammatik I, München 1934.
A. *Lesky*, Thalatta, Wien 1947.
C. *Gallavotti* – A. *Ronconi*, La lingua Omerica, Bari 1948.
M. *Leumann*, Homerische Wörter, Basel 1950.
P. *Chantraine*, Grammaire homérique I/II, Paris 1948/53.
G. P. *Shipp*, Studies in the language of Homer, Cambridge 1953.
P. *Chantraine*, Les noms de l' ,,agneau" en grec (ἀρήν et ἀμνός), Festschrift Ferd. Sommer, München 1955, S. 12.
J. *Defradas*, Epithètes homériques à valeur religieuse, Rev. de Philol. 29 (1955), S. 206.
H. *Färber*, Abriß der homerischen Grammatik, München 1955.
H. *Humbach*, Θεά und feminines Θεός bei Homer, Münchn. Stud. zur Sprachwiss. 7 (1955) S. 46.
W. *Burkert*, Zum altgriechischen Mitleidsbegriff, Diss. Erlangen 1955.
J. *Sánchez Lasso De La Vega*, La oración nominal en Homero, Madrid 1955.
M. *Treu*, Von Homer zur Lyrik, München 1955.
P. *Vivante*, Sulla designazione del ,,corpo" in Omero, Arch. Glottol. Ital. 40 (1955) S. 39.
J. *Gonda*, The character of the indoeuropean moods, Wiesbaden 1956.
T. B. L. *Webster*, Early and Late in Homeric Diction, Eranos 54 (1956) S. 34.
H. *Färber*, Epische Grammatik, in Lindemann-Färber, Griechische Grammatik II, München 1957.
F. *Sommer*, Homerica, Gedenkschrift Kretschmer, Wiesbaden 1957, S. 142.
K. *Strunk*, Die sogenannten Aeolismen der homerischen Sprache, Diss. Köln 1957.
W. *Luther*, Der frühgriechische Wahrheitsgedanke im Lichte der Sprache, Gymnasium 65 (1958) S. 75.
F. *Sommer*, Zu Odyssee XI 11, Festschrift Krahe, Wiesbaden 1958, S. 146.
P. *Wülfing von Martitz*, ΙΕΡΟΣ bei Homer, Diss. Göttingen 1958.
G. *Bona*, Il ,,νόος" e i ,,νόοι" nell'Odissea, Turin 1959.
A. C. *Moorhouse*, Studies in the Greek negatives, Cardiff 1959.
A. *Liveris*, Les épithètes chez Homère, Athen 1960.
J. J. *Skardasis*, Κοσμητικά ἐπίθετα λυτρούμενα ὑπὸ τῆς ποιήσεως, Platon 12 (1960) S. 55.
J. M. *Tronskij*, Les formations en -φι dans l'épopée homérique (russisch), Eirene 1 (1960) S. 37.
W. *Whallon*, The name of Penelope, Greek, Roman and Byz. Studies 3 (1960) S. 57.
W. *Beringer*, Zu den Begriffen für Sklaven und Unfreie bei Homer, Historia 10 (1961) S. 259.
J. *Grimm*, Die Partikel ἄρα im frühen griechischen Epos, Diss. Hamburg 1961.
D. J. N. *Lee*, Homeric κῆρ and others, Glotta 39 (1960/61) S. 191.
A. C. *Moorhouse*, Ἄαστος and some other negative compounds, Class. Quart. 11 (1961) S. 10.
W. *Whallon*, The Homeric epithets, Yale Class. Studies 17 (1961) S. 95.
O. *Bouquiaux – Simon*, Sur le sens d'αἴθρος dans Homère (ξ 318), L'Antiquité Classique 31 (1962) S. 25.
P. *Bussolino*, La lingua di Omero in rapporto alla psicologia femminile, Riv. di Studi Classici 10 (1962) S. 213.
H. *Dunbar*, A complete concordance to the Odyssey of Homer (Oxford 1880), Hildesheim 1962.
M. *Durante*, Ricerche sulla preistoria della lingua poetica greca. L'epiteto, Rendiconti della Classe di Science morali, storiche e fologiche dell' Academia dei Lincei 17 (1962) S. 25.
C. *Gioffredi*, Su i concetti di θέμις e δίκη in Omero, Boll. dell'Istit. di Diritto Rom. 65 (1962) S. 69.

M. Golias, L'étymologie homérique du nom d'Odysseus et le problème de sa traduction (polnisch), Rozprawy Komis. Jezyk 8 (1962) S. 55.
D. J. N. Lee, Homeric λυκάβας and others, Glotta 40 (1962) S. 168.
V. Lejnieks, Mood, tense and aspect in Homeric Greek, Diss. Princeton 1962.
V. N. Jarkho, Notions de culpabilité et de responsabilité chez Homère, Vestnik Drevney Istorii 80 (1962) S. 3. (russisch)
J. N. Tsitsiklis, 'Εεδνόομαι (Od. II, 50–54), Hellenica 17 (1962) S. 24.
P. Wathelet, Mycénien et grec d'Homère, L'Antiquité Classique 31 (1962) S. 5.
K. Ziegler, Odysseus, Utuse, Utis. Gymnasium 69 (1962) S. 396.
R. J. Cunliffe, A lexicon of the Homeric dialect, Oklahoma 1963.
G. Devoto, La lingua omerica, Florenz 1963.
C. Gallavotti, Il valore di hieros in Omero e in miceneo, L'Antiquité Classique 32 (1963) S. 409.
J. P. Locher, Untersuchungen zu ἱερός, hauptsächlich bei Homer, Bern 1963.
J. Wöhrmann, Noch einmal: Utis – Odysseus, Gymnasium 70 (1963) S. 549.
R. Arena, Osservazioni su alcune parole greche risalenti ad una comune radice κτερ, Rendiconti dell' Istituto Lombardo 98 (1964) S. 3.
J. Bechert, Die Diathesen von ἰδεῖν und ὁρᾶν bei Homer, Diss. München 1964.
P. Chantraine, Les noms d'action répondant aux verbes signifiant manger et boire chez Homère, Bull. de la Soc. de Linguist. de Paris 59 (1964) S. 11.
R. R. Dyer, The use of καλύπτω in Homer, Glotta 42 (1964) S. 29.
R. R. Dyer, On describing some Homeric glosses, Glotta 42 (1964) S. 121.
J. B. Hainsworth, Homeric haplologies, Class. Rev. 14 (1964) S. 127.
G. S. Kirk, The language and background of Homer. Some recent studies and controversies. Selected and introduced by G. S. Kirk, Cambridge 1964.
V. Lejnieks, Morphosyntax of the Homeric Greek verb, Den Haag 1964.
W. McLeod, γλυφίδες, Class. Rev. 14 (1964) S. 140.
C. Sandulescu, Remarques sur la terminologie du bronze et du fer chez Homère, Studi classice 6 (1964) S. 277.
W. F. Wyatt, Homeric Αἰπύ, Class. Philol. 59 (1964) S. 184.
J. Zsilka, Das Passiv in Homers Heldengesängen. Das Aufkommen der Funktion des Passivs und seine grammatischen bzw. lexikalischen Belange, Acta Ant. Hung. 12 (1964) S. 277.
L. Graz, Le feu dans l'Iliade et l'Odyssée. Πῦρ. Champ d'emploi et signification, Paris 1965.
O. S. Due, The meaning of the Homeric formula χρυσηλάκατος κελαδεινή, Classica et Mediaevalia 26 (1965) S. 1.
Gr. Munno, La lingua di Omero, Rom 1965.
J. Latacz, Zum Wortfeld Freude in der Sprache Homers, Heidelberg 1966.
Ph. N. Lockhart, φρονεῖν in Homer, Class, Phil. 61 (1966) S. 99.
P. von der Mühll, δαὶς ἐίση, Wien. Stud. 79 (1966) S. 9.
A. Heubeck, Die Entzifferung von Linear B und die homerische Dichtersprache, Acta philol. Aenipontana I, S. 53.
G. Scheibner, Klanganalytische Erwägungen bei der Kritik des Homertextes, Misc. crit. Teubner I, S. 245.
P. Considine, Some Homeric terms for anger, Acta Class. 9 (1966) S. 15.
N. Majnarić, Ausnahmefälle bei der Modusverschiebung in den homerischen Finalsätzen, Ziva Antika 16 (1966) S. 43.
E. Turolla, Valori simbolistici nella narrazione dell'Iliade e dell' Odissea, Giorn. Ital. di Filol. 19 (1966) S. 193.
A. Cheyns, Sens et valeurs du mot αἰδώς dans les contextes homériques, Rech. de Philol. et Ling. 1 (1967) S. 3.
J. T. Hooker, Homeric nominatives in -ta, Glotta 45 (1967) S. 14.
R. Lazzeroni, Su alcuni aspetti della lingua di Omero, Studi e Saggi ling. 7 (1967) S. 49.
S. Levin, Anomalies of Homeric Greek, clarified by Semitic parallels, Festschr. Grumach Berlin 1967, S. 194.
H. B. Rosén, Strukturalgrammatische Beiträge zum Verständnis Homers, Amsterdam 1967.
A. Cheyns, La signification religieuse du verbe ἅζομαι dans les poèmes homériques, Rech. d. Philol. et Ling. 2 (1968) S. 109.
V. S. Crisafulli, Aspect and tense distribution in Homeric Greek, Diss. Univ. of North Carol. Chapel Hill 1968.

E. Handschur, Die Farb- und Glanzwörter bei Homer und Hesiod, Diss. Wien 1968.
E. Heitsch, Epische Kunstsprache und homerische Chronologie, Heidelberg 1968.
Z. Ritoók, The epithets for minstrels in the Odyssey, Acta Ant. Hung. 16 (1968) S. 89.
G. P. Shipp, Nouns in -σις and -τύς in Homer, Antichthon 2 (1968) S. 15.
J. Zsilka, Bemerkungen über die Bedeutung homerischer Wörter, Acta Ant. Hung. 16 (1968) S. 93.
A. W. H. Adkins, Threatening, abusing and feeling angry in the Homeric poems, JHS 89 (1969) S. 7.
A. W. H. Adkins, Εὔχομαι, εὐχωλή and εὖχος in Homer, Class. Quart. 19 (1969) S. 20.
R. S. P. Beekes, ἔτος and ἐνιαυτός in Homeric formulae, Glotta 47 (1969) S. 138.
L. Bottin, Studio dell'aumento in Omero, Studi micenei ed egeo-anatolici 10 (1969) S. 69.
M. W. Edwards, On some answering expressions in Homer, Class. Philol. 64 (1969) S. 81.
E. D. Floyd, The singular uses of ἡμέτερος and ἡμεῖς in Homer, Glotta 47 (1969) S. 116.
K. A. Garbrah, A linguistic analysis of selected portions of the Homeric Odyssey, Glotta 47 (1969) S. 144.
W. B. Owen – E. J. Goodspeed, Homeric vocabularies. Greek and English wordlists for the study of Homer, Norman Univ. of Oklahoma Press 1969.
J. Warden, Ἴφθιμος. A semantic analysis, Phoenix 23 (1969) S. 143.
B. Alexanderson, Homeric formulae for ships, Eranos 68 (1970) S. 1.
A. Dihle, Leumanns homerische Wörter und die Sprache der mündlichen Dichtung, Glotta 48 (1970) S. 1.
P. Wathelet, Les traits éoliens dans la langue de l'épopée grecque, Incunabula Graeca 37, Rom 1970.
J. Muñoz Valle, Las oposiciones entre el optativo y el indicativo modal y tres pasajes de la Odisea, Emerita 38 (1970) S. 95.
C. L. Prince, Some mixed aorists in Homer, Glotta 48 (1970) S. 155.
P. Vidal-Naquet, Valeurs religieuses et mythiques de la terre et du sacrifice dans l'Odyssée, Annales 25 (1970) S. 1278.
J. Muñoz Valle, Interpretación de la fórmula homérica ἔπος τ' ἔφατ' ἔκ τ' ὀνομαζε, Emerita 39 (1971) S. 305.
J. Muñoz Valle, Las motivaciones del hipérbaton en los poemas homéricos, Cuadernos de filol. clás. 2 (1971) S. 165.
G. J. Stagakis, Ἑτα(ι)ρίζω, in Homer, as testimony for the establishment of an hetairos relation, Historia 20 (1971) S. 524.
A. W. H. Adkins, Truth, κοσμος, and ἀρετη in the Homeric poems, Class. Quart. 22 (1972) S. 5.
J. Clay, The Planktai and Moly. Divine naming and knowing in Homer, Hermes 100 (1972) S. 127.
K. Matsumoto, Dialectal and chronological aspects of the Homeric language, Journ. of Class. Stud. 20 (1972) S. 20.
A. A. Parry, Language and characterization in Homer, Harvard Stud. 76 (1972) S. 1.
J.-L. Perpillou, Signification du verbe εὔχομαι dans l'épopée, Mélanges de linguistique ... offerts à Chantraine (1972) S. 169.
Gary St. Schwartz, Certain selected words denoting and connoting ease and difficulty in the Homeric and Hesiodic corpora, Diss. Columbia Univ. 1972.
G. P. Shipp, Studies in the language of Homer, London 1972[2].
W. Wróblewski, Pojęcie ἄριστος i ἀρετή w poematach Homera, Eos 60 (1972) S. 21.
R. Hiersche, Die Sprache Homers im Lichte neuerer Forschungen, Innsbruck 1972 (Innsbr. Beitr. z. Sprachwiss. Vorträge 7).
Anne A. Parry Blameless Aegisthus. A Study of ΑΜΥΜΩΝ and other Homeric Epithets, Mnemosyne Suppl. 26, Leiden 1973.

7. Menschen der Odyssee

F. Focke, Odysseus, Wandlungen eines Heldenideals, Antike, Alte Spr. u. deutsche Bildung 2 (1944) S. 41.

P. Kretschmer, Penelope, Anz. Akad. Wien (1945) S. 80.
E. F. D'Arms and *C. H. Hulley*, The Oresteia Story in the Odyssey, Trans. and Proc. of the Am. Philol. Ass. 77 (1946) S. 207
E. Auerbach, Mimesis. Dargestellte Wirklichkeit in der abendländischen Literatur, Bern 1946.
V. Pisani, Penelope, Paideia 1 (1946) S. 339.
P. Philippson, Die vorhomerische und homerische Gestalt des Odysseus, Mus. Helv. 4 (1947) S. 8.
E. Beaujon, Acte et passion du héros. Essai sur l'actualité d'Homère, Neuchâtel 1948.
A. Lesky, Aia (Kirke), Wien. Stud. 63 (1948) S. 22.
Ph. W. Harsh, Penelope and Odysseus in Odyssey XIX, AJPh 71 (1950) S. 1.
K. Ledergerber, Kassandra, Diss. Freiburg 1950.
E. Schwarz, Die soziale Stellung der Frau in den homerischen Epen, Diss. Marburg 1950.
W. B. Stanford, Studies in the Characterization of Ulysses I-IV, Hermathena 73 (1949), 75 (1950), 77 (1951).
O. Brinkmann, Telemach in Sparta, Gymnasium 59 (1952) S. 97.
C. R. Trahman, Odysseus' lies, Phoenix 6 (1952) S. 31.
P. Herrmann, Menschliche Wertbegriffe bei Homer, Diss. Hamburg 1954.
W. B. Stanford, The Ulysses theme, Oxford 1954.
H. Hommel, Aigisthos und die Freier, Stud. Gener. 8 (1955) S. 237.
B. Stockem, Die Gestalt der Penelope in der Odyssee, Diss. Köln 1955.
B. Snell, Die Auffassung des Menschen bei Homer, in: Entdeckung des Geistes, Hamburg 1955, S. 21.
T. Attisani Bonanno, Su alcune figure minori dell' Odissea, Orpheus 4 (1957) S. 111.
G. Devereux – D. Kouretas, Ὁ χαρακτὴρ τῆς Πηνελόπης, Platon 10 (1958) S.250.
L. A. MacKay, The person of Penelope, Greece and Rome (1958) S. 123.
T. Attisani Bonanno, Ulisse, Maia 11 (1959) S. 132.
F. Wehrli, Penelope und Telemachos, Mus. Helv. 16 (1959) S. 228.
U. Hölscher, Das Schweigen der Arete, Hermes 88 (1960) S. 257.
J. B. Hainsworth, Odysseus and the dogs, Greece and Rome 8 (1961) S. 122.
D. N. Levin, Odysseus' truthful untruths, The Class. Bull. 37 (1961) S. 76.
P. Bussolino, Figure femminili in Omero I-IV, Riv. di Studi Classici (1960-1962).
M. N. Durič, Drei Frauengestalten in Homers Odyssee, Ziva Antika 11 (1962) S. 231.
F. Fugariu, Le personnage anonyme dans l'épopée homérique, Studii Classice 4 (1962) S. 71.
G. Hunger, Die Odysseusgestalt in Odyssee und Ilias, Diss. Kiel 1962.
L. Allione, Telemaco e Penelope nell'Odissea, Turin 1963.
H. L. Levy, The Odyssean suitors and the host-guest relationship, Trans. and Proc. of the Am. Phil. Ass. 94 (1963) S. 145.
A. H. F. Thornton, Why do the suitors feast in the house of Odysseus?, Journ. of the Australasian Univ. Lang. and Lit. Ass. 20 (1963) S. 341.
W. M. A. van de Wijnpersse, Nausikaa en Penelope (Odyssee boek ζ, τ en ψ), Hermeneus 35 (1963) S. 27.
J. Th. Kakridis, Helena und Odysseus, Serta philol. Aenipontana (1961) S. 27.
Ch. G. Starr, Homeric cowards and heroes, The class. tradition, Studies ... Caplan, (1966) S. 58.
E. Wüst, Penelope, RE I 19, Sp. 460.
C. S. Brown, Odysseus and Polyphemus. The name and the curse, Comp. Lit. 18 (1966) S. 193.
W. M. A. van de Wijnpersse, Menelaos, Hermeneus 37 (1966) S. 270.
D. E. Belmont, Telemachus and Nausicaa. A study of youth, The Class. Journ. Athens, Ohio 63 (1967) S. 1.
U. Hölscher, Penelope vor den Freiern, Symp. f. R. Sühnel, Berlin 1967, S. 27.
A. J. Mariani, The forged feature. Created identity in Homer's Odyssey, Diss. Yale Univ. New Haven 1967.
G. P. Rose, The quest of Telemachus, Trans. and Proc. of the Am. Philol. Ass. 98 (1967) S. 391.
C. P. Segal, Transition and ritual in Odysseus' return, Parola del Passato 40 (1967) S. 321.

B. Snell, Die menschliche Gesellschaft bei Homer, Antiquitas Graeco-Romana (1968) S. 36.
Th. S. Tzannetatos, Οἱ Κεφαλλῆνες καὶ ὁ 'Οδυσσεύς, Epist. Epet. Athen 17 (1966–67) S. 362.
E. M. Bradley, The hybris of Odysseus, Soundings 51 (1968) S. 33.
F. J. Groten, Homer's Helen, Greece and Rome 15 (1968) S. 33.
A. Mele, Società e lavoro nei poemi omerici, Neapel 1968.
K. Hirvonen, Matriarchal survivals and certain trends in Homer's female characters, Helsinki 1968.
D. N. Maronitis, 'Ἀναζήτηση καὶ νόστος τοῦ 'Οδυσσέα I, Hellenica 21(1968) S. 291.
N. Austin, Telemachos polymechanos, California Studies in Classical Antiquity 2 (1969) S. 45.
R. Dion, Les anthropophages de l'Odyssée, Cyclopes et Lestrygons, Paris 1969.
J. Th. Kakridis, Ναυσικάα θεῶν ἄπο κάλλος ἔχουσα, Hellenica 22 (1969) S. 313.
R. Lattimore, Nausikaa's suitors, Class. Stud. pres. to B. E. Perry, Illinois 1969, S. 88.
D. N. Maronitis, 'Ἀναζήτηση καὶ νόστος τοῦ 'Οδυσσέα II, Hellenica 22 (1969) S. 3.
G. P. Rose, The unfriendly Phaeacians, Trans. and Proc. of the Am. Phil. Ass. 100 (1969) S. 387.
M. M. Barroso de Albuquerque – M. Flor de Oliveira, A humanidade de Ulisses, Euphrosyne 4 (1970) S. 165.
Ch. Fantazzi, Courtly Odysseus: International Homeric Symposium Athen 1970, S. 33.
J. Th. Kakridis, Poetische Gestalten und wirkliche Menschen bei Homer, Festschr. Schadewaldt, Stuttgart 1970, S. 51.
D. N. Maronitis, Quête et retour d'Ulysse. La quête intérieure, Hellenica 23 (1970) S. 181.
S. L. Schein, Odysseus and Polyphemus in the Odyssey, Greek, Roman and Byz. Stud. 11 (1970) S. 73.
A. Thornton, People and themes in Homer's Odyssey, London 1970.
A. W. H. Adkins, Homeric values and Homeric society, Journ. of. Hell. Stud. 91 (1971) S. 1.
Ch. Barck, Menelaos bei Homer, Wien. Stud. N. F. 5 (1971) S. 5.
G. Blümlein, Die Trugreden des Odysseus, Diss. Frankfurt 1971.
M. Rousseaux, Ulysse et les mangeurs de coquelicots, Bull. Budé 3 (1971) S. 333.
William K. Freiert, The motifs of confrontation with women in Homer's Odyssey, Diss. Univ. of Minnesota 1972.
Chr. Voigt, Überlegung und Entscheidung. Studien zur Selbstauffassung des Menschen bei Homer, Meisenheim 1972².

8. Kultur, Religion, Archäologie

K. Latte, Der Rechtsgedanke im archaischen Griechentum, Antike und Abendland 2 (1946) S. 63.
J. Duffy, Homer's Conception of Fate, Class. Journ. (1947) S. 477.
Fr. Litschmann, Die gesellschaftlichen Formen im homerischen Epos, Diss. Wien 1947.
L. Deroy, Le mégaron homérique. Recherches d'étymologie grecque, Revue Belge 26 (1948) S. 515.
W. Ch. Greene, Moira, Harvard Univ. Press, Cambridge – Massach. 1948.
W. Hadamowski, Studien zur Entwicklung des Hybrisbegriffs, Diss. Wien 1948.
W. Körner, Die Gottesvorstellung in der Sprache der homerischen Epen, Diss. Insbruck 1948.
O. Regenbogen, Δαιμόνιον ψυχῆς φῶς (Erwin Rohdes Psyche und die neuere Kritik). Ein Beitrag zum homerischen Seelenglauben. Festgabe A. Weber, Heidelberg 1948, S. 359 (und Kl. Schriften, München 1961, S. 1).
W. Krause, Zeus und Moira, Wien. Stud. 64 (1949) S. 10.
W. B. Stanford, A Reconsideration of the Probleme of the Axes in Odyssey XIX, Class. Rev. 63 (1949) S. 3.
A. Heubeck, Die homerische Göttersprache, Würzb. Jahrb. 4 (1949/50) S. 197.

J. Irmscher, Götterzorn bei Homer, Leipzig 1950 (Diss. Berlin 1947).
R. Köstler, Homerisches Recht, Wien 1950.
G. Patroni, Commenti mediterranei all' Odissea die Omero, Mailand 1950.
H. Schrade, Der homerische Hephaistos, Gymnasium 57 (1950) S. 38.
E. R. Dodds, The Greeks and the irrational, Univ. of Calif. Press 1951.
J. Fantini, Θεός y δαίμων en Homero, Helmantica 2 (1951) S. 3.
H. L. Lorimer, Stars and Constellations in Homer and Hesiod, Ann. Brit. Sch. Ath. 46 (1951) S. 86.
A. J. B. Wace, Notes on the Homeric House, Journ. of Hell. Stud. 71 (1951) S. 203.
K. Deichgräber, Der listensinnende Trug des Gottes, Göttingen 1952.
G. Meiwes, Die Kalos-Vorstellung bei Homer, Diss. Hamburg 1952.
H. Schrade, Götter und Menschen Homers, Stuttgart 1952.
U. Bianchi, Διòς αἶσα, Destino, uomini e divinità nell' epos, nelle teogonie e nel culto dei Greci, Rom 1953.
G. Jachmann, Das homerische Königtum, Maia 6 (1953) S. 241.
A. Klocker, Das Mitleid in der griechischen Dichtung, Diss. Innsbruck 1953.
H. Rahn, Tier und Mensch in der homerischen Auffassung der Wirklichkeit, Paideuma 5 (1953) S. 277.
W. Schadewaldt, Die homerische Gleichniswelt und die kretisch-mykenische Kunst (Homers Welt und Werk, S. 130), Gymnasium 60 (1953) S. 193.
H. Strasburger, Der soziologische Aspekt der homerischen Epen, Gymnasium 60 (1953) S. 97.
A. Becker, Homer im Lichte geschichtlicher Forschung, Tübingen 1954.
J. Bérard, Le plan du palais d'Ulysse d'après l'Odyssée, Rev. Et. Gr. 67 (1954) S. 1.
M. J. Finley, The world of Odysseus, New York 1954.
G. Germain, Homère et la mystique de nombres, Paris 1954.
D. H. F. Gray, Metal working in Homer, Journ. of Hell. Stud. 74 (1954) S. 1.
W. Hofmann, Die Götter, ihre Funktionen und Epitheta bei Homer, Diss. Leipzig 1954.
E. Mireaux, La vie quotidienne au temps d'Homère, Paris 1954.
R. Br. Onians, The origins of european thought about the body, the mind, the soul, the world, time and fate, Cambridge 1954.
P. Ortmayr, Phaistos auf Kreta: Die Stadt der Phäaken, Bote von Seitenstetten 31 (1954) S. 55.
V. Cocco, Relitti semitici a Creta. Hom. ' Ηλύσιον πεδίον, Rev. da Fac. de Letras de Coimbra 31 (1955) S. 401.
D. H. F. Gray, Houses in the Odyssey, Class. Quart. 5 (1955) S. 1.
P. Joos, Studien zur Thematik frühgriechischer Lebensbetrachtung, Diss. Zürich 1955.
H. K. Makris, ' Η προϊστορικὴ 'Αρτάκη καὶ αἱ περιπλανήσεις τοῦ 'Οδυσσέως, AE 1955 Suppl.
L. G. Pocock, The landfalls of Odysseus, Clue and detection in the Odyssey, Christchurch 1955.
K. Schefold, Archäoligisches zum Stil Homers, Mus. Helv. 12 (1955) S. 132.
A. Szabó, Sur la question de l'esprit de classe chez le poète de l'Odyssée, Antik Tanulmányok 2 (1955) S. 1.
M. Treu, Homer und das Elfenbein, Philol. 99 (1955) S. 149.
R. Hampe, Die homerische Welt im Lichte der neuesten Ausgrabungen, Gymnasium 63 (1956) S. 1.
W. Hofmann, Die Polis bei Homer, Festschr. Snell, München 1956, S. 153.
D. M. Jones, Ethical themes in the plot of the Odyssey, Diss. London 1954 (1956).
J. Th. Kakridis, Homer ein Philhellene, Wien. Stud. 69 (1956) S. 26.
A. R. Amory, Omens and dreams in the Odyssey, Diss. Harvard 1957.
G. François, Le polytheisme et l'emploi au singulier des mots θεός δαίμων dans la littérature Grecque, Paris 1957.
W. Marg, Homer über die Dichtung, Münster 1971².
G. Capovilla, L'Odissea e problemi sull' estremo occidente alla luce delle nuove scoperte, Rendiconti Ist. Lombardo Lett. (1958) S. 3.
O. Falsirol, Problemi omerici di psicologia e di religione alla luce dell' entnologia, Neapel 1958.
J. B. Hainsworth, No flames in the Odyssey, Journ. of Hell. Stud. 78 (1958) S. 49.
T. B. L. Webster, From Mycenae to Homer, London 1958.

G. Plamböck, Erfassen, Gegenwärtigen, Innesein. Aspekte homerischer Psychologie, Diss. Kiel 1959.
W. Schadewaldt, Kleiderdinge. Zur Analyse der Odyssee, Hermes 87 (1959) S. 13.
H. Stockinger, Die Vorzeichen im homerischen Epos. Ihre Typik und ihre Bedeutung, St. Ottilien 1959.
M. Aposkitou, Κρήτη καὶ Ὅμηρος, Kretika Chronika 14 (1960) S. 147.
E. L. Harrison, Notes on Homeric Psychology, Phoenix 14 (1960) S. 63.
M. W. M. Pope, Athena's development in Homeric epic, Am. Journ. of Philol. 81 (1960) S. 113.
H. W. Clarke, The lion and the altar. Myth, rite, and symbol in the Odyssey, Harv. Stud. in Class. Philol. 65 (1961) S. 353.
R. Dion, Où placer, dans l'espace odysséen, le séjour de Circé et le lieu de la Nekyia?, Rev. Archéol. 1961 II, S. 18.
M. J. Finley, El mundo de Odiseo, Mexiko 1961.
W. E. Gwatkin, Dodona, Odysseus and Aeneas, The Class. Journ. 57 (1961) S. 97.
D. J. N. Lee, Motifs dans la littérature épique des peuples indoeuropéens, Orbis 10 (1961) S. 527.
S. Marinatos, Die messenischen Grabungen und das Problem des homerischen Pylos, Anz. d. österr. Akad. d. Wiss. Wien 98 (1961) S. 235.
H. Mertz, A new aspect of Homeric geography. Wanderings of Odysseus, Athene 22,2 (1961) S. 17.
P. B. S. Andrews, Was Corcyra the original Ithaca?, Bull. of the Inst. of Class. Studies of the Univ. of London 9 (1962) S. 17.
D. E. Belmont, Early Greek guest-friendship and its role in Homer's Odyssey, Diss. Princeton 1962.
R. Beny, A time of gods. A photographer in the wake of Odysseus, New York 1962.
B. C. Dietrich, The spinning of fate in Homer, Phoenix 16 (1962) S. 86.
A. Fanfani, Poemi omerici ed economia antica, Bibl. della Riv. Economia e Storia IV, Mailand 1962².
M. J. Finley, De wereld van Odysseus, Utrecht 1962.
A. Heubeck, Κιμμέριοι, Hermes 91 (1963) S. 490.
Ch. Mugler, Les origines de la science grecque chez Homère, Paris 1963.
L. G. Pocock, More argument concerning the Elymi and the Odyssey, Proc. of the African Class. Ass. 6 (1963) S. 24.
W. Beringer, Der Standort des οἰκεύς in der Gesellschaft des homerischen Epos, Historia 13 (1964) S. 1.
B. C. Dietrich, The judgment of Zeus, Rhein. Mus. 107 (1964) S. 97.
H. Drerup, Griechische Architektur zur Zeit Homers, Archäolog. Anzeiger (1964) S. 181.
D. L. Page, A problem in Homer's Odyssey, The arrow and the axes, EEATh 14 (1963/64) S. 541.
A. Paul, Die Barmherzigkeit der Götter im griechischen Epos, Diss. Wien 1964.
A. Rousseau – Liessens, Géographie de l'Odyssée I (La Phéacie. Enquête), II, 1 (Les récits) und 2 (Mycènes, Sparte), III (Les récits, 2ᵉ partie: Mycènes, Sparte, Pylos), IV (Les récits, 3ᵉ partie: L'Atlantide, Troie, Ithaque), Brüssel 1961–1964.
W. Steffen, A Zeusa stawal się vola (Et Iovis explebatur voluntas), Meander 19 (1964) S. 425 (polnisch).
W. Stolting, Mythical Mycenaean island Dulichion found?, Athene 25,3 (1964) S. 3 und 17.
A. Georgiades, Can Western Akarnania really be Dulichion?, Athene 25,4 (1965) S. 18 und 62.
U. Sauer, Manifestation des Göttlichen in der Odyssee, Diss. Tübingen 1965.
M. Müller, Athene als göttliche Helferin in der Odyssee, Heidelberg 1966.
A. Severyns, Les dieux d'Homère, Paris 1966.
K. Völkl, Zur Lage des homerischen Ithaka, Serta philol. Aenipontana (1962) S. 65.
A. Amory, The gates of horn and ivory, Yale Class. Stud. 20 (1966) S. 3.
H. van den Brink, Een schandaal op de Olympos, Hermeneus 37 (1966) S. 221.
L. Moulinier, Psyche. Zum homerischen Seelenglauben, Universitas 21 (1966) S. 1077.
F. Dirlmeier, Die schreckliche Kalypso, Symp. R. Sühnel, Berlin 1967, S. 20.
F. Dirlmeier, Die Vogelgestalt homerischer Götter, Sitz. Ber. Heidelb. Akad. d. Wiss. 1967, 2.

A. J. Podlecki, Omens in the Odyssey, Greece and Rome 14 (1967) S. 12.
M. J. Finley, Die Welt des Odysseus, Darmstadt 1968.
P. Janni, Θεοὶ αἰὲν ἐόντες, Studi Ital. di Filol. Class. 40 (1968) S. 148.
C. P. Segal, Circean temptations. Homer. Vergil, Ovid, Trans. and Proc. of the Am. Philol. Ass. 99 (1968) S. 419.
D. E. Belmont, Athena and Telemachus, The Class. Journ. Athens, Ohio 65 (1969) S. 109.
M. J. Finley, Le monde d'Ulysse, Paris 1969.
J. E. Mellitzer, Das Wirken der Götter in der Odyssee, Diss. Wien 1969.
J. Padró, Algunas consideraciones sobre las primeras relaciones griegas con Egipto, Pyrenae 5 (1969) S. 95.
P. Plass, Menelaus and Proteus, The Class. Journ. Athens, Ohio 65 (1969) S. 104.
C. W. Shelmerdine, The pattern of guest welcome in the Odyssey, The Class. Journ. Athens, Ohio 65 (1969) S. 124.
A. G. Tsopanakis, Moral and legal aspects of aggression and defence in Homer, Ἀριστοτ. Πανεπιστ. Θεσσαλονίκης. Ἐπιστημ. ἐπετηρίς 11 (1969) S. 335.
W. Schadewaldt, Der Helios-Zorn in der Odyssee, Studi Castiglioni 2 (1960) S. 859.
S. Deger, Herrschaftsformen bei Homer, Diss. Wien 1970.
G. Dietz, Das Bett des Odysseus, Symbolon, Jb. f. Symbolforschung 7 (1970) S. 9.
K. Gross, Götterhand und Menschenhand im homerischen Epos, Gymnasium 77 (1970) S. 365.
M. O. Knox, „House" and „palace" in Homer, Journ. of Hell. Stud. 90 (1970) S. 117.
R. Lattimore, Man and God in Homer, Proc. of the Am. Philosoph. Soc. 114 (1970) S. 411.
A. A. Long, Morals and values in Homer, Journ. of Hell. Stud. 90 (1970) S. 121.
A. F. Tilley, The ship of Odysseus, Antiquity 44 (1970) S. 100.
J. Vives, El sentido religioso en Homero, Bol. del. Inst. de Estudios helènicos 4 (1970) S. 7.
A. Schnaufer, Frühgriech. Totenglaube. Untersuchgn. zum Totenglauben der myk. u. hom. Zeit. Spudasmata 20 (1970).
Peter Bergmann, Der Atridenmythos in Epos, Lyrik und Drama, Diss. Erlangen 1970.
V. Cilento, Omero magico e misterico, Studi De Falco, 1971, S. 17.
F. Gschnitzer, Stadt und Stamm bei Homer, Chiron 1 (1971) S. 1.
M. O. Knox, Huts and farm buildings in Homer, Cl. Quart. 21 (1971) S. 27.
J. Warden, Ψυχή in Homeric death-descriptions, Phoenix 25 (1971) S. 95.
A. W. H. Adkins, Homeric gods and the value of Homeric society, Journ. of Hell. Stud. 92 (1972) S. 1.
G. Ramming, Die Dienerschaft in der Odyssee. Diss. Erlangen 1973.

9. Zu einzelnen Gesängen, Szenen und Stellen

W. Nestle, Odyssee-Interpretationen, Hermes 77 (1942) S. 46.
F. Klingner, Über die vier ersten Bücher der Odyssee, Abh. Sächs. Akad. d. Wiss. 1944, S. 55.
B. A. van Groningen, The Proems of the Iliad and the Odyssey, Akad. Amsterdam 1946.
M. Untersteiner, Omero, Odissea 11, Florenz 1948.
R. Wildhaber, Kirke und die Schweine, Festschrift Meuli, 1951, S. 253.
E. Bornemann, Odyssee-Interpretationen, Frankfurt 1953.
W. Marg, Das erste Lied des Demodokos, Festschr. Jacoby, Leiden 1955, S. 16.
V. Sirago, Il libro dell' Ade (Od. 11), Neapel 1955.
G. Vallilee, The Nausicaa episode, Phoenix 9 (1955) S. 175.
J. Th. Kakridis, Ὀδυσσέως ἀναγνωρισμός, Arist. Panepist. Thessalon., Philosoph. Sekt. 6 (1956) S. 251.
W. Mattes, Die drei Tage des Odysseus bei den Phäaken, Diss. Frankfurt 1956.
L. Lacroix, Ikmalios (τ 57), Latomus 28 (1957) S. 309.
H. Reynen, Schmährede und Schemelwurf in der Odyssee, Hermes 85 (1957) S. 129.
J. I. Armstrong, The marriage song, Odyssey XXIII, Trans. and Proc. of the Am. Philol. Ass. 89 (1958) S. 38.

G. Baglio, Odisseo nel Mare Mediterraneo Centrale secondo i libri 5 e 9–12 dell' Odissea, Rom 1958².
W. Schadewaldt, Der Prolog der Odyssee, Harvard Stud. 63 (1958) S. 15.
W. J. Verdenius, Odyssey 14, 388, Mnemosyne 4 II (1958) S. 24.
A. J. van Windekens, Réflexions sur le passage 19, 407–409 de l'Odyssée, Hermes 86 (1958) S. 121.
A. Correia, Anotação a un passo da Odisseia, Euphrosyne 2 (1959) S. 165.
H. Haakh, Der Schleier der Penelope, Gymnasium 66 (1959) S. 374.
G. L. Huxley, Hittites in Homer, La Parola del Passato 14 (1959) S. 281.
K. J. MacKay, Dramatic tension in Odyssey VI, 210ff., Am. Journ. of Philol. 80 (1959) S. 388.
H. Philipp, Das Gift der Kirke, Gymnasium 66 (1959) S. 509.
W. von Soden, Die Eremboi der Odyssee und die Irrfahrt des Menelaos, Wien. Studien 72 (1959) S. 26.
P. Walcot, The theme of unhappy love in the Odyssey, Euphrosyne 2 (1959) S. 173.
G. Etna, Il viaggio di Ulisse, Rom 1960.
R. Harder, Odysseus und Kalypso, in: Kl. Schriften, ed. W. Marg, München 1960, S. 148.
J. Pinsent, Odyssey XI, 57–58, The Class. Journ. 56 (1961) S. 351.
L. G. Pocock, The arrow and the axe-heads in the Odyssey, Am. Journ. of Philol. 82 (1961) S. 346.
A. J. Podlecki, Guest-gifts and nobodies in Odyssey 9, Phoenix 15 (1961) S. 125.
W. Schadewaldt, Die erste Begegnung des Odysseus und der Penelope, Jahresheft 1960–61 der Heidelb. Akad. d. Wiss. S. 3.
Ch. H. Taylor, The obstacles to Odysseus' return. Identity and consciousness in the Odyssey, Yale Rev. 50 (1961) S. 569.
O. Touchefeu-Meynier, Ulysse et Circé. Notes sur le chant X de l'Odyssée, Rev. des Et. Anc. 63 (1961) S. 264.
Ch. P. Segal, The Phaeacians and the symbolism of Odysseus' return, Arion 1 (1962) S. 17.
A. Ortega, El baño de Ulises en el canto XXIII de la Odisea. Un problema de interpolación, Emerita 31 (1963) S. 11.
L. G. Pocock, A note on Odyssey 23, 178, Philologus 107 (1963) 309.
H. Vos, Die Bahnen von Nacht und Tag, Mnemosyne 16 (1963) S. 18.
L. Casson, Odysseus' boat (Od. V, 244–257), Am. Journ. of Philol. 85 (1964) S. 61.
J. H. Quincey, The testing of Odysseus (Od. 23, 177–184), Philologus 108 (1964) S. 288.
G. Beck, Beobachtungen zur Kirke-Episode in der Odyssee, Philologus 109 (1965) S. 1.
F. Dirlmeier, Die Giftpfeile des Odysseus (Zu Odysse 1, 252–266), Heidelberg 1966.
W. K. Lacey, Odyssey 19, 526, Class. Rev. 16 (1966) S. 1.
K. Reinhardt, Die Abenteuer der Odyssee (Von Werken und Formen, S. 52).
W. Schadewaldt, Die erste Begegnung des Odysseus und der Penelope im 18. Buch der Odyssee, Festschr. H. Hommel.
W. Schadewaldt, Der Helioszorn im 12. Buch der Odyssee, Festschr. Castiglioni.
N. Matsumoto, Athene's advice in α 271–296, Journ. of Class. Stud. 14 (1966) S. 42.
B. Glavičić, Bisogna leggere keima invece di keina, nell'Odissea XVII, 593?, Ziva Antika 17 (1967) S. 81.
J. Meunier, A propos d'un passage d' Homère, Didaskalikon 1967 Nr. 22, S. 24 (zu Od. 9, 497ff.).
L. G. Pocock, Notes on Odyssey VII 7–13 and related passages, Journ. of the Australasian Univ. Lang. and Lit. Ass. 27 (1967) S. 86.
F. R. Bliss, Homer and the critics. The structural unity of Odyssey eight, Bucknell Review 16, 3 (1968) S. 53.
L. G. Pocock, A note on Odyssey 10,86, Class. Quart. 18 (1968) S. 1.
H. Vester, Das 19. Buch der Odyssee, Gymnasium 75 (1968) S. 417.
K. Hirvonen, Cledonomancy and the grinding slave Od. XX, 91–121, Arctos 6 (1969) S. 5.
G. Petzl, Antike Diskussionen über die beiden Nekyiai, Beitr. z. Klass. Philol. 29, Meisenheim 1969.
M. Marcovich, On ρ 593–594, Platon 21 (1969) S. 297.

G. P. Rose, The song of Ares and Aphrodite. Recurrent motifs in Homer's Odyssey, Diss. Univ. of California, Berkeley 1969.

K. Rueter, Odysseeinterpretationen, Untersuchungen zum 1. Buch und zur Phaiakis, hg. v. K. Mathiessen, Göttingen 1969.

R. Spieker, Die Beschreibung des Olympos (Hom. Od. VI, 41–47), Hermes 97 (1969) S. 136.

G. Dietz, Das Bett des Odysseus, Symbolon, Jahrbuch f. Symbolforschung, 7 (1970) S. 9.

A. Heubeck, Zu Odyssee α 148, 148a, Živa Antika 20 (1970) S. 73.

B. Paetz, Kirke und Odysseus. Überlieferung u. Deutung von Homer bis Calderón, Berlin 1970.

D. S. Barrett, Homer Odyssey 21, 406–9, Class. Philol. 65 (1970) S. 38.

R. Dion, Le pamphlet contre Corinthe dans les récits d'Ulysse, Bull. de l'Assoc. G. Budé (1970) S. 87.

M. Dyson, The second assembly of the gods in the Odyssey, Antichthon 4 (1970) S. 1.

G. K. Gresseth, The Homeric sirens, Trans. and Proc. of the Am. Philol. Ass. 101 (1970) S. 203.

D. Page, Odysseus and the Laestrygonians: International Homeric Symposium, Athen 1970, S. 20.

B. B. Powell, Narrative pattern in the Homeric tale of Menelaus, Trans. and Proc. of the Am. Philol. Ass. 101 (1970) S. 419.

G. P. Rose, Odyssey 15, 143–82: A narrative inconsistency?, Trans. and Proc. of the Am. Philol. Ass. 102 (1971) S. 509.

W. C. Scott, A repeated episode at Odyssey 1, 125–48, Trans. and Proc. of the Am. Philol. Ass. 102 (1971) S. 541.

L. Casson, Ships and Seamanship in the Ancient World, Princeton UP 1971.

J. Glenn, The Polyphemus Folktale and Homer's Kyklopeia, Transact. Am. Ph. Ass. 102 (1971) 133–181.

R. Nickel, Der Zwang der Kalypso (Od. 5, 151–155), Philologus 116 (1972) S. 137.

Anna Sacconi, Un problema di interpretazione omerica: La freccia e le asce del libro XXI dell'Odissea. Roma 1971.

G. Steiner, Die Unterweltsbeschwörung des Odysseus im Lichte hethitischer Texte, Ugarit-Forschungen 3 (1971) S. 265.

W. Glenn, Homer's „god-trusting" Cyclopes, Class. Weekly 65 (1072) S. 218.

U. Hölscher, Die Erkennungsszene im 23. Buch der Odyssee, in: Griechisch in der Schule (1972), S. 156.

H. A. Shapiro, Odyssey 2,40–79: Telemachus as rhetorician, Class. Bull. 48 (1972) S. 57.

Th. J. Steele, The oral patterning of the Cyclops episode, Odyssey IX, Class. Bull. 48 (1972) S. 54.

Wolfgang Bauer, Vermutungen zur Herkunft der Kirke und Kalypso, in: Festschr. f. K. J. Merentitis, Athen 1972, S. 41.

W. Burkert, Von Amenophis II. zur Bogenprobe des Odysseus, Grazer Beiträge 1 (1973) S. 69.

F. Eichhorn, Die Telemachie, 1973 (Selbstverl., Garmisch-P.).

10. Epik

W. A. A. van Otterlo, De ringcompositie als opbouwprincipe in de epische gedichten van Homerus, Nederl. Ak. van Wet. Afd. Letterkunde 51,1 (1948).

A. Rüegg, Kunst und Menschlichkeit Homers, Einsiedeln 1948.

K. Reinhardt, Homer und die Telemachie (Von Werken und Formen, 1948, S. 35).

E. Majer, Mensch- und Tiervergleich, Diss. Tübingen 1949.

H. Seyffert, Die Gleichnisse der Odyssee, Diss. Kiel 1949.

R. Schröter, Die Aristie als Grundform homerischer Dichtung, Diss. Marburg 1950.

A. Pagliaro, La terminologia poetica di Omero e l'origine dell'epica, Ric. Linguist. 2 (1951) S. 1.

K. Reinhardt, Tradition und Geist in homerischen Epos, Stud. Gener. (1951) S. 334, auch in: Tradition und Geist, Göttingen 1960, S. 5.

E. Seitz, Die Stellung der Telemachie im Aufbau der Odyssee, Diss. Marburg 1951.

R. Hampe, Die Gleichnisse Homers und die Bildkunst seiner Zeit, Tübingen 1952.

J. L. Myres, The pattern of the Odyssey, Journ. of Hell. Stud. 72 (1952) S. 1.
M. Riemschneider, Homer, Entwicklung und Stil, Leipzig 1952.
F. Merz, Die Heldenbiographie als Stilmittel Homers, Diss. Zürich 1953.
H. Sauter, Die Beschreibungen und ihre dichterische Funktion, Diss. Tübingen 1953.
Sh. Kure, On the Homeric similes, especially those in the Odyssey, Journ. of Class. Stud. 2 (1954) S. 14.
M. Ogawa, The imagery of Homer, Journ. of Class. Stud. 2 (1954) S. 25.
J. W. Spurgeon, Personification in Homer, Diss. London 1954.
P. Vivante, Sull'espressione del „tutto" e della „parte" im Omero, Atti Acc. Tosc. „La Colombaria" 19 (1954) S. 1.
O. Seel, Variante und Konvergenz in der Odyssee, Festschr. Paoli, 1955, S. 643.
W. Elliger, Gleichnis und Vergleich bei Homer und den griechischen Tragikern, Diss. Tübingen 1956.
M. Coffey, The function of the Homeric simile, Am. Journ. of Philol. 78 (1957) S. 312.
H. Storch, Die Erzählfunktion der homerischen Gleichnisse, Diss. Tübingen 1957.
E. Delebecque, Télémaque et la structure de l'Odyssée, Aix-en-Prov. 1958.
H. Fahrenholz, Farbe, Licht und Dunkel im frühgriechischen Epos, Diss. Hamburg 1958.
G. Germain, Du conte à l'épopée. L'exemple de l'Odyssée, L'épopée vivante, La Table Ronde Nr. 132, Paris 1958, S. 77.
B. A. van Groningen, La composition littéraire archaique Grecque, Verhand. Nederl. Ak. Afd. Lett. N. R. 65,2 (1958).
S. Laser, Über das Verhältnis der Dolonie zur Odyssee, Hermes 86 (1958) S. 385.
A. M. Scarcella, Il pianto nella poesia di Omero, Rend. Ist. Lombardo 92 (1958) S. 799.
P. Lévêque, Aurea catena Homeri. Une étude sur l'allégorie grecque, Paris 1959.
L. G. Pocock, Reality and allegory in the Odyssey, Amsterdam 1959.
E. Dias Palmeira, O formulismo da poesia homérica, Humanitas 11/12 (1959/60) S. 171.
W. W. Minton, Homer's invocations of the Muses. Traditional pat erns. Trans. and Proc. of the Am. Philol. Ass. 91 (1960) S. 292.
A. A. Berman, The transmigrations of form. Recurrent patterns of imagination in the Odyssey and the Aeneid, Harvard Stud. in Class. Philol. 65 (1961) S. 348.
M. L. Deshayes, Visions d'aurore. Humanités. Rev. d'Enseign. sec. et d'Education 37 (1960/61) S. 24.
A. Lesky, Griechen lachen über ihre Götter, Wien. Humanist. Blätter 4 (1961) S. 30.
E. Ch. Welskopf, Muße und Darstellungsform bei Homer. Das Problem der epischen Breite, Ziva Antika 11 (1961) S. 3.
G. J. de Vries, Vergelijking van vergelijkingen, Hermeneus 33 (1961) S. 49.
A. Lesky, Göttliche und menschliche Motivation im homerischen Epos, Sitz. Ber. d. Heidelb. Akad. d. Wiss. 1961, 4.
F. Codino, Epica e carrattere, Belfagor 17 (1962) S. 171.
G. Germain, Coordonnées poétiques de l'Odyssée, Bull. Ass. G. Budé (1962) S. 317.
J. B. Hainsworth, The Homeric formula and the problem of its transmission, Bull. of the Inst. of Class. Stud. of the Univ. of London 9 (1962) S. 57.
S. Accame, L'invocazione alla Musa e la verità in Omero, Riv. di Filol. e di Istruz. Class. 41 (1963) S. 257.
Ch. W. Eckert, Initiatory motifs in the story of Telemachus, The Class. Journ. 59 (1963) S. 49.
J. A. Russo, A closer look at Homeric formulas, Trans. and Proc. of the Am. Philol. Ass. 94 (1963) S. 235.
G. J. de Vries, Het tertium comparationis in de homerische vergelijking, Forum der Letteren 4 (1963) S. 41.
J. B. Hainsworth, Structure and content in epic formulae. The question of the unique expression, Class. Quart. 14 (1964) S. 155.
E. Kaiser, Odyssee-Szenen als Topoi, Mus. Helv. 21 (1964) S. 109 und 197.
D. J. N. Lee, The similes of the Iliad and the Odyssey compared, Melbourne U. P. 1964.
H. Wójtowicz, De comparationibus apud Homerum, Meander 19 (1964) S. 475 (polnisch).

B. Hellwig, Raum und Zeit im homerischen Epos, Hildesheim 1964.
A. F. Dekker, Ironie in de Odyssee, Leiden 1965.
A. Hoekstra, Homeric modifications of formulaic prototypes. Studies in the development of Greek epic diction, Amsterdam 1965.
G. S. Kirk, Homer and the epic. A shortened version of ,,The songs of Homer", Cambridge U.P. 1965.
P. Vivante, Homer and the aesthetic moment, Arion 4 (1965) S. 415.
J. C. Hogan, The oral nature of the Homeric simile, Diss. Cornell Univ. Ithaca 1966.
G. S. Kirk, Studies in some technical aspects of Homeric style, Yale Class. Stud. 20 (1966) S. 73.
P. Vivante, On the representation of nature and reality in Homer, Arion 5 (1966) S. 149.
H. W. Clarke, The art of the Odyssey, Englewood Cliffs, N. J., 1967.
J. A. Russo, Homer against his tradition, Arion 7 (1968) S. 275.
J. B. Hainsworth, The flexibility of the Homeric formula, Oxford 1968.
W. Suerbaum, Die Ich-Erzählungen des Odysseus. Überlegungen zur epischen Technik der Odyssee, Poetica 2 (1968) S. 150.
J. H. Gaisser, A structural analysis of the digressions in the Iliad and the Odyssey, Harvard Stud. in Class. Philol. 73 (1969) S. 1.
O. Komnenou-Kakridi, Σχέδιο καὶ τεχνικὴ τῆς Ὀδυσσείας, Thessaloniki 1969.
G. Petersmann, Die monologischen Reden der homerischen Epen, Diss. Graz 1969.
W. B. Stanford, Euphonic reasons for the choice of Homeric formulae?, Hermathena 108 (1969) S. 14.
D. F. Rauber, Some metaphysical aspects of the Homeric simile, The Class. Journ. Athens, Ohio 65 (1969) S. 97.
M. W. Edwards, Homeric speech introductions, Harvard Stud. in Class. Philol. 74 (1970) S. 1.
J. de Hoz, Superposición, Un procediemento poético en Homero, Habis 1 (1970) S. 11.
T. Krischer, Formale Konventionen der homerischen Epik, München 1971.
A. A. Parry, Homer as artist, Class. Quart. 21 (1971) S. 1.
W. F. Hansen, The conference sequence. Patterned narration and narrative inconsistency in the Odyssey, Berkeley/Los Angeles 1972.
Wayne B. Ingalls, Another dimension of the Homeric formula, Phoenix 26 (1972) S. 111.
H. Patzer, Dichterische Kunst und poetisches Handwerk im homerischen Epos, Wiesbaden 1972.

11. Literaturgeschichtliches

R. Carpenter, Folk Tale, Fiction and Saga in the Homeric Epics, Sather Class. Lect. 20, Univ. of Calif. Press 1946.
D. M. Foerster, Homer in English Criticism, Oxford 1947.
V. Vikentiev, Le retour d'Ulysse du point de vue égyptologique et folklorique, Parallèles anciens et moyenageux, Bull. de l'inst. d'Egypte 29 (1946/47) S. 183.
J. Labarbe, L'Homère de Platon, Bibl. de la Faculté de Philosoph. et Lettres de l'Univ. de Liège, Fasc. 117 (1949).
E. Mireaux, Les poèmes homériques et l'histoire grecque I/II, Paris 1948/49.
W. Schadewaldt, Goethe und Homer, Trivium (1949) S. 200.
C. M. Bowra, The Comparative Study of Homer, Am. Journ. Arch. (1950) S. 184.
W. Krause, Homer in der Neuzeit, Jahresber. des Bundesgymn. Wien IX 1949/50.
R. Matzig, Odysseus. Studien zu antiken Stoffen in der modernen Literatur, besonders im Drama, St. Gallen 1950.
W. Theiler, Vermutungen zur Odyssee, Mus. Helv. 7 (1950) S. 102.
F. Focke, Ilias und Odyssee im Rahmen Alteuropas, Saeculum 2 (1951) S. 575.
A. B. Lord, Composition by Theme in Homer and Southslavic Epos, Trans. and Proc. of the Am. Philol. Ass. 82 (1951) S. 71.
L. A. Post, From Homer to Menander, Univ. of Calif. Press 1951.
A. Klotz, Die Irrfahrten des Odysseus und ihre Deutung im Altertum, Gymnasium 59 (1952) S. 289.
R. Merkelbach, Die peisistratische Redaktion, Rhein. Mus. 95 (1952) S. 23.

F. Snell, Homer und die Entstehung des geschichtlichen Bewußtseins bei den Griechen, Festgabe Reinhardt, 1952, S. 2.
F. Mehmel, Homer und die Griechen, Antike und Abendland 4 (1954) S. 16.
P. von der Mühll, Wie sich die Kyprien zur Odyssee verhalten, Festschr. Tschudi, Wiesbaden 1954, S. 1.
J. A. Davison, Peisistratus and Homer, Trans. and Proc. of the Am. Philol. Ass. 86 (1955) S. 1.
F. Dirlmeier, Homerisches Epos und Vorderer Orient, Rhein. Mus. 98 (1955) S. 18.
A. Heubeck, Mythologische Vorstellungen des alten Orients im archaischen Griechentum, Gymnasium 62 (1955) S. 508.
H. Munding, Eine Anspielung auf Hesiods Erga in der Odyssee (τ 357ff.), Hermes 83 (1955) S. 51.
O. v. Weber, Die Beziehungen zwischen Homer und den Lyrikern, Diss. Bonn 1955.
J. A. Davison, The Study of Homer in Graeco-Roman Egypt, Mitt. Papyr. Erzhzg. Rainer N. S. 5 (1956) S. 51.
D. Kaufmann-Bühler, Hesiod und die Tisis in der Odyssee, Hermes 84 (1956) S. 267.
Th. B. L. Webster, Homer and eastern poetry, Minos 4 (1956) S. 104.
J. Courtoy, L'Odyssée, poème de fidélité, Etud. Class. 25 (1957) S. 65.
D. M. Robinson, Homer, der größte Dichter der Welt, Das Altertum 3 (1957) S. 79.
H. Kleinknecht, Platonisches im Homer, Gymnasium 65 (1958) S. 59.
F. Pfister, Studien zum homerischen Epos, Würzb. Jahrb. (1958) S. 137.
P. Von der Mühll, Die Kimmerier der Odyssee und Theopomp, Mus. Helv. 16 (1959) S. 145.
M. Budimir, Die Kerberier in der Odyssee und im attischen Drama, Ziva Antika 10 (1960) S. 17.
W. Burkert, Das Lied von Ares und Aphrodite. Zum Verhältnis von Odyssee und Ilias, Rhein. Mus. 103 (1960) S. 130.
W. Schadewaldt, Winkelmann und Homer, Leipzig 1941 (auch in: Hellas und Hesperien, Zürich 1960, S. 600).
F. Jacoby, Die geistige Physiognomie der Odyssee, Antike 9 (1933) S. 159 (auch: Kl. Philol. Schriften 1, Berlin 1961, S. 107).
L. G. Pocock, Hesiod and the Odyssey, Journ. of the Australasian Univ. Lang. and Lit. Ass. 15 (1961) S. 40.
G. Solero, Omero e i pensatori greci, Riv. di Studi Class. 9 (1961) S. 157.
J. Moreau, Homère, poète moderne, Bull. Ass. G. Budé (1962) S. 298.
L. Röhrich, Die mittelalterlichen Redaktionen des Polyphem-Märchens und ihr Verhältnis zur außerhomerischen Tradition, Fabula 5 (1962) S. 48.
G. Kahlo, Dichtung und Forschung, Helikon 3 (1963) S. 461.
F. Krafft, Vergleichende Untersuchungen zu Homer und Hesiod, Göttingen 1963.
J. E. Nyenhuis, Homer and Euripides. A Study in characterization, Diss. Stanford 1963.
M. Balasch, Sobre la entidad poética de Homero, Estudios Clás. 7 (1964) S. 1.
J. A. Notopoulos, Studies in early Greek oral poetry, Harvard Stud. in Class. Philol. 68 (1964) S. 1.
A. Severyns, Homère et l'histoire, L'Antiquité Class. 33 (1964) S. 325.
G. Glockmann, Das Homerbild der altchristlichen Literatur in der Forschung der Gegenwart, Klio 43/45 (1965) S. 270.
J. Perret, Du nouveaux sur Homère et Virgile, Rev. des Etud. Lat. 43 (1965) S. 125.
C. Daude, Homère, un humanisme pessimiste, Actes VIIe Congrès Assoc. Budé, S. 543.
C. R. Beye, The Iliad, the Odyssey and the epic tradition, Garden City 1966.
M. van der Valk, The formulaic character of Homeric poetry and the relation between the Iliad and the Odyssey, L'Antiquité Class. 35 (1966) S. 5.
F. Carvalho Barata, Homero. A grande dúvida de Pisistrato até nossos dias, Romanitas (1967) S. 191.
C. H. Gordon, Homer and Bible. The origin and character of East Mediterranean Literature, ed. by H. Hoffner, Ventnor, N. J., 1967[2].
G. Bonfante, Il nome di Omero, La Parola del Passato 23 (1968) S. 360.
A. Severyns, Homeric formulas and Achaean history, Bucknell Review 18, 1 (1970) S. 26.
W. Marg, Homer über die Dichtung. Der Schild des Achilleus, Münster 1971[2].

Th. Bleicher, Homer in der deutschen Dichtung (1450–1740). Zur Rezeption der Antike und zur Poetologie der Neuzeit, Stuttgart 1972.
E. Risch, Les traits no- homériques chez Homère, Melanges de linguistique ... off. à Chantraine (1972) S. 191.
H. Strasburger, Homer und die Geschichtsschreibung, Heidelberg 1972.
J. Th. Kakridis, Probleme der griech. Heldensage, Poetica 5 (1972) S. 152.

12. Verschiedenes

P. Kretschmer, Altindische Zeugnisse für die Gattenliebe der Wildente Penelope, Anz. Akad. Wien. (1947) S. 33.
H. W. Eppelsheimer, Homer – ein Originalgenie, Fulda 1948.
H. J. Lorimer, Homer and the art of writing. A Sketch of Opinion between 1713 and 1939, Am. Journ. Arch. 52 (1948) S. 11.
J. Whatmough, ΩΣΠΕΡ ΟΜΗΡΟΣ ΦΗΣΙ, Am. Journ. Arch. 52 (1948) S. 45.
J. Egli, Die Heteroklisie im Griechischen, Diss. Zürich 1954.
A. Lesky, Mündlichkeit und Schriftlichkeit im homerischen Epos, Festschr. Kralik 1954, S. 1.
P. Krarup, Homer and the art of Writing, Eranos 54 (1956) S. 28.
L. Moulinier, Quelques hypothèses relatives à la géographie d'Homère dans l'Odyssée, Aix-en-Prov. 1958.
M. Erim, La nature dans l'Odyssée, Litera 6 (1959) S. 34.
G. Nenci, Il μάρτυς nei poemi omerici, Parola del Passato 14 (1959) S. 221.
J. Werner, Blauer Himmel bei Homer?, Forschungen und Fortschritte 33 (1959) S. 311.
A. W. H. Adkins, Honour and punishment in the Homeric poems, Bull. of the Inst. of Class. Stud. London 7 (1960) S. 23.
J. Carrière, Humour homérique, Pallas 10 (1961) S. 5.
Th. R. Fitzgerald, Homer and Greek freedom of speech, The C ass. Bull. 37 (1961) S. 87.
K. Giannoulidou, 'Ενδογαμία παρ' 'Ομήρῳ καὶ 'Απολλοδώρῳ, Platon 13 (1961) S. 108.
H. Schenck, Die Quellen des Homerlexikons des Apollonius Sophista, Diss. Hamburg 1961.
V. Georgiev, J. Irmscher u.a., Minoica und Homer, Berlin 1961.
H. W. Clarke, Fire imagery in the Odyssey, The Class. Journ. 57 (1962) S. 358.
L. G. Pocock, The nature of Ocean in the early epic, Proc. of the African Class. Ass. 5 (1962) S. 1.
H. J. Kakridis, La notion de l'amitié et de l'hospitalité chez Homère (Diss. Paris), Thessaloniki 1963.
F. X. Quinn, Note on Ilias versus Odyssea, The Class. Bull. 49 (1963) S. 73.
L. G. Pocock, Odyssean retrospect, Proc. of the African Class. Ass. 7 (1964) S. 25.
T. Krischer, Die Entschuldigung des Sängers, Rhein. Mus. 108 (1965) S. 1.
F. Kudlien, Zum Thema „Homer und die Medizin", Rhein. Mus. 108 (1965) S. 293.
I. Schudoma, Raum und Natur bei Homer, Synusia, Festgabe Schadewaldt, 1965, S. 11.
A. D. Skiadas, Homer im griechischen Epigramm, Athen 1965.
S. Besslich, Schweigen – Verschweigen – Übergehen. Die Darstellung des Unausgesprochenen in der Odyssee, Heidelberg 1966.
J. A. Davison, The foam of perilous seas, Wien. Stud. 79 (1966) S. 13.
J. Cavalcante de Souza, A experiência do mar na Odisséia, Alfa 9 (1966) S. 63.
H. Rahn, Das Tier in der homerischen Dichtung, Stud. Gener. 20 (1967) S. 90.
B. Moreux, La nuit, l'ombre et la mort chez Homère, Phoenix 21 (1967 S. 237.
L. G. Pocock, The Odyssey, the Symplegades, and the name of Homer, Studi micenei ed egeo-anatolici 4 (1967) S. 92.
J. Th. Kakridis, Ἡ προσωπικότητα τοῦ Ὁμήρου, Stasinos 3 (1966/67) S. 1.
N. Yalouris, Πύλος ἠμαθόεις, Mitt. d. Deutsch. Arch. Instit. Athen 82 (1967) S. 68.
L. Ferrari, Realtà e fantasia nella geografia dell'Odissea, Palermo 1968.
Fr. Müller, Darstellung und poetische Funktion der Gegenstände in der Odyssee, Diss. Marburg 1968.

G. B. Pighi, La Cronaca del ritorno d'Ulisse e il Giornale di bordo, Aegyptus 48 (1968) S. 36.
J. A. G. van der Veer, Homerus, poet in a land- and seascape, Hermeneus 39 (1968) S. 279.
H. H. und A. Wolf, Der Weg des Odysseus. Tunis – Malta – Italien in den Augen Homers, Tübingen 1968.
H. W. Clarke, The humor of Homer, The Class. Journ. Athens, Ohio 64 (1969) S. 246.
G. Pillot, Le code secret de l'Odyssée. Les Grecs dans l'Atlantique, Paris 1969.
M. Faust, Die künstlerische Verwendung von κύων, Hund in den homerischen Epen, Glotta 48 (1970) S. 8.
S. Hiller, Die Aithusa bei Homer, Wien. Stud. 4 (1970) S. 14.
M. J. de Waard – Radijs, In verleden en heden naar de grotten van Circe, Hermeneus 41 (1970) S. 322.
M. Mühl, Relikte der Tier- und Sachstrafe bei Homer, REG 84 (1971) S. 1.
Z. Ritoók, Anmerkungen zu Homer, Acta Antiqua Hung. 19 (1971) S. 201.
G. L. Koniaris, Homer and the riddle of the lice, Wien. Stud. N. F. 5 (1971) S. 29.
A. J. Podlecki, Some Odyssean Similes, Greece and Rome 18 (1971) S. 81.

13. Archaeologia Homerica, Die Denkmäler und das frühgriechische Epos, hg. von *Fr. Matz und HG. Buchholz*. Göttingen-Zürich (1967 ff.). Stand 1974

S. Marinatos: Kleidung, Haar- und Barttracht
E. Bielefeld: Schmuck
J. Wiesner: Fahren, Reiten
W. Richter: Landwirtschaft, Gartenbau, Tierhaltung
HG. Buchholz, G. Jöhrens, I. Maull: Jagd, Fischfang
RJ. Forbes: Bergbau, Steinbruchtätigkeit, Hüttenwesen
F. Eckstein: Handwerk, Teil 1, Die Aussagen des frühgriechischen Epos
K. Fittschen: Bildkunst, Teil 1, Der Schild des Achilleus
H. Drerup: Baukunst
S. Laser: Hausrat
G. Bruns: Küchenwesen, Mahlzeiten
M. Wegner: Musik, Tanz
ET. Vermeule: Götterkult
M. Andronikos: Totenkult

Max Faltner

NACHWORT ZUR 1. AUFLAGE

Die vorliegende neue Übersetzung schuldet großen Dank allen, die mit der Odyssee sich deutend befaßt haben, ihren Inhalt im einzelnen klärten und das Augenmerk auf ihre Fragwürdigkeiten lenkten. Da das Werk klar gegliedert ist, lockt es von selbst zu prüfen, ob die Teile sich zu einer Einheit fügen oder ob aus Gründen des Inhalts oder aus sprachlichen Beobachtungen oder aus mangelnder Folgerichtigkeit der Darstellung sich Anzeichen eher für ein Aggregat als für einen Organismus ergeben. Die mehr oder weniger scharfsinnigen Beobachtungen haben zu einhelligen Urteilen nicht geführt. Anderseits steht fest, daß die heute seit alten Zeiten vorliegende Odyssee ihren Inhalt einer wohl lange vorhergehenden Überlieferung und wohl auch Vorbildnern verdankt, die bei den damals üblichen Mitteln der schriftlichen und mündlichen Weitergabe und Verwertung einen noch ungefertigten Stoff überkamen. So entstand das Suchen nach einer Urodyssee, nach Weiterbildungen und Umgestaltungen des Stoffes, also nach einer Arbeit vieler, so daß die Einheitlichkeit des Ganzen fragwürdig wurde. Aber all diese Bemühungen können die Geschlossenheit des uns vorliegenden Epos nicht wirklich lösen, wenn man diesem nur zugesteht, was es ist: Schöpfung einer den Stoff beherrschenden und ordnenden künstlerischen Kraft, eine ausholende, große Dichtung, in die der und jener ergänzend, aber nie in wesentlichem Widerspruch mit dem Ganzen, hineingearbeitet haben mag.

Die Odyssee ist jünger als die Ilias — der Verfasser der Schrift περί ὕψους vergleicht sie der untergehenden Sonne über dem verebbenden Meer — fügt aber bedeutsam hinzu, daß sie doch von einem Meister Homer stammt.

Verlegt wird die Entstehung der Odyssee in das siebente Jahrhundert.

Vorliegende Übersetzung strebt nach dem Ideal: so wörtlich wie möglich und so frei wie nötig; frei von sprachlichen Verrenkungen; so wörtlich, daß die dichterischen Lichter durch die deutsche Fassung möglichst nicht gelöscht werden.

Der abgedruckte Text folgt der verdienstvollen Ausgabe von P. von der Mühll, Basel 1946, stimmt aber in der griechischen Orthographie und in manchen Lesarten nicht mit ihr überein.

Nachwort zu Homers Odyssee

Wie den Männern der Wissenschaft, so sei zum Schluß auch allen den vielen aus vielen Jahren Dank ausgesprochen, die im Westen und Süden des größeren Vaterlandes meine Schüler gewesen sind und als solche ihr Gemüt an der Dichtung bereicherten, mir aber Gelegenheit gaben, ihnen das Werk des Vaters Homer aufzuschließen.

Im Chiemgau, im Nachsommer 1955.

Dr. Anton Weiher
Honorarprofessor der Universität München
Oberstudiendirektor i. R.

INHALT

1. Der Götterrat; Athene mahnt Telemachos   6
2. Die Versammlung der Ithakesier   30
3. Die Ereignisse in Pylos   54
4. Die Ereignisse in Lakedaimon   80
5. Kalypsos Grotte; das Floß des Odysseus 128
6. Die Ankunft bei den Phaiaken 156
7. Odysseus bei Alkinoos 174
8. Der Aufenthalt bei den Phaiaken 194
9. Die Kyklopengeschichte 226
10. Aiolos, Laistrygonen, Kirke 256
11. Die Totenwelt 288
12. Sirenen, Skylla, Charybdis, Helios' Rinder 322
13. Die Landung in Ithaka 346
14. Odysseus bei Eumaios 370
15. Telemachos bei Eumaios 400
16. Telemachos erkennt den Vater 430
17. Telemachos geht zur Stadt 456
18. Der Faustkampf mit Iros 488
19. Das Gespräch mit Penelope; das Fußbad 512
20. Vor dem Freiermord 544
21. Der Bogen 566
22. Der Freiermord 590
23. Die Erkennung 618
24. Der Vertrag 638

ZU HOMERS ODYSSEE

Blick auf die neuere Forschung – Der Dichter und sein
   Werk von A. Heubeck 671
Namenregister 712
Sachregister 730
Die neuere Literatur 752
Nachwort zur 1. Auflage 770

Griechisch-deutsche Ausgaben in der

Sammlung Tusculum

Aischylos: Tragödien und Fragmente
Alkaios: Lieder
Anthologia Graeca in 4 Bänden
Antike Atomphysik
Archilochos
Arzt im Altertum
Euripides: Sämtliche Tragödien und Fragmente.
  Erste griechisch-deutsche Gesamtausgabe sämtlicher
  Werke des Euripides in 6 Bänden.
Fabeln der Antike
Griechische Inschriften
Griechische Papyri
Heraklit: Fragmente
Herodot: Historien
Homer: Ilias
Homerische Hymnen
Julian: Briefe
Libanios: Briefe
Lukian: Hauptwerke

Parmenides: Die Anfänge der Ontologie, Logik und
    Naturwissenschaft
Philogelos: Der Lachfreund
Philostratos: Die Bilder
Pindar: Siegesgesänge und Fragmente
Platon: Gastmahl
Prokop: Werke in 5 Bänden
Reutern: Hellas
Sappho: Lieder
Simonides-Bakchylides: Chorlyrik
Sophokles: Tragödien und Fragmente
Theokrit: Gedichte
Xenophon: Erinnerungen an Sokrates
— Hellenika
Tusculum-Lexikon griechischer und lateinischer Autoren
    des Altertums und des Mittelalters
Lesebuch der Antike in 3 Bänden

Wenn Sie über unser weiteres Programm zum Thema
Antike informiert werden wollen, fordern Sie bitte unseren
Prospekt „Im Gespräch mit der Antike" an!

Artemis & Winkler
Postfach 26, 8000 München 44